INVENTAIRE ANALYTIQUE

DES

ARCHIVES ANCIENNES

DE LA MAIRIE D'ANGERS

suivi de

TABLES ET DE DOCUMENTS INÉDITS,

PUBLIÉ SOUS LES AUSPICES DU CONSEIL MUNICIPAL,

PAR

M. CÉLESTIN PORT,

correspondant du Ministère de l'Instruction publique pour les travaux historiques,
ancien élève de l'École des chartes,

ARCHIVISTE DU DÉPARTEMENT DE MAINE ET LOIRE.

PARIS,	ANGERS,
J. DUMOULIN,	COSNIER ET LACHÈSE,
quai des Augustins, 13.	chaussée Saint-Pierre, 13.

1861

INVENTAIRE ANALYTIQUE

DES

ARCHIVES ANCIENNES

DE LA MAIRIE D'ANGERS.

INVENTAIRE ANALYTIQUE

DES

ARCHIVES ANCIENNES

DE LA MAIRIE D'ANGERS

suivi de

TABLES ET DE DOCUMENTS INÉDITS,

PUBLIÉ SOUS LES AUSPICES DU CONSEIL MUNICIPAL,

PAR

M. CÉLESTIN PORT,

correspondant du Ministère de l'instruction publique pour les travaux historiques,
ancien élève de l'École des chartes,

ARCHIVISTE DU DÉPARTEMENT DE MAINE ET LOIRE.

PARIS,	ANGERS,
J. DUMOULIN,	COSNIER ET LACHÈSE,
quai des Augustins, 13.	chaussée Saint-Pierre, 13.

1861

PRÉLIMINAIRES.

Les archives anciennes d'Angers, dont ce volume comprend l'inventaire analytique, ne composent point une collection aussi considérable que le pourraient promettre l'antiquité de la ville, et les intérêts divers qui se rattachent à son histoire. Erigée tardivement en commune, Angers s'est trouvée mêlée tout d'abord aux événements les plus désastreux des guerres civiles et religieuses, et la valeur, alors bien appréciée, de ces titres, seuls gardiens des franchises et des libertés publiques, en les signalant aux violences des partis, avait peine à les recommander assez à la vigilance des administrations distraites par les nécessités de chaque jour.

Au XVe siècle, au commencement encore du XVIe, la collection tout entière de ces lettres de priviléges et autres *escriptures* appartenant à la ville tenait dans « un grand coffre, » dont le maire devint dépositaire dès la fondation de la mairie. La difficulté à chaque mutation nouvelle était de recouvrer ces titres, trop souvent livrés à tous les hasards de procès lointains. L'inventaire en fut décidé en 1506, mais confié seulement en 1519 au greffier « ad ce que à l'advenir, quand l'on en aura affaire, plus facilement l'on les puisse trouver et finer. » Deux commissaires pris dans le conseil, lui furent adjoints, et une triple serrure, dont les clefs furent partagées, dut en assurer la garde. Six ans plus tard on en était encore à presser les délégués d'achever la tâche, et ce ne fut qu'en 1533 (14 novembre) que le conseil se décida à renouveler la commission, en lui allouant cette fois une indemnité, sous l'obligation d'en finir avant le premier janvier. Au temps convenu le travail est achevé. Les archives occupaient alors, outre le grand coffre déposé chez le concierge de la mairie, une partie des armoires des greniers. On les fait descendre dans la chambre même du conseil, à portée de tous les besoins (19 janvier 1537). On avait déjà aux premiers jours du règne de Charles VIII et de la mairie, obtenu des lettres patentes (27 décembre 1484), portant ordre au sénéchal d'Anjou de contraindre par toutes voies de droit les particuliers aux réintégrations des chartes usurpées. Un bref du pape Paul III autorisa la publication de monitoires contre tout larron ou receleur des archives de la ville (février 1538). En même temps que le conseil s'occupait ainsi de reconstituer ses collections, il avisait à en assurer la conservation en sollicitant du roi l'autorisation d'en faire expédier des *vidisse* sous scel royal, ayant la valeur de l'acte authentique (1516) et « de séparer les lettres de chartres, qui sont attachées ensemble, parce que de brief, s'il n'y est pourveu, les dites chartres seront dégastées et perdues, actendu que, quant il est question de faire quelque extraict, il convient le tout mettre en évidence (1519). »

Malheureusement, dans le désordre des temps et des esprits, au milieu de l'incertitude de la vie publique, du tumulte des guerres, des remaniements violents ou subits des administrations locales, l'œuvre, sans cesse abandonnée, se détruit d'elle-même et reste à refaire. Au commencement du XVIIe siècle (1623), le greffier, qui a charge de relever le nom des maires, n'y peut parvenir qu'à grand'peine. Vingt volumes des Conclusions sont perdus ou entre les mains d'étrangers. Le conseil recourt, à son ordinaire, à la publication de monitoires, arme souveraine encore sur les consciences, et ordonne la confection d'armoires dans la salle de l'Arsenal ; mais cette dernière mesure n'est pas exécutée, et les rats s'ébattent à loisir dans les greniers de la maison de ville (1628). — Il est enfin conclu (7 mai 1647) qu'il sera dressé « inventaire solennel de tous les tiltres, » qui de deux ans en deux ans, à chaque changement de maire, devra être vérifié par une commission spéciale assistée du maire entrant en charge, et défense est faite au greffier « de bailler ou communiquer à l'avenir aucun des dits titres soit à officiers de corps ou autres, sans en tirer récépissé sur un papier relié, à peine de suspension et destitution en cas de récidive. » On complète ces dispositions par la confection, déjà ordonnée depuis longtemps, d'armoires et de placards fermant à clef dans la salle des armes ; mais les circonstances se prêtent mal au bon succès de ces utiles mesures. C'est l'heure critique où les constitutions municipales s'altèrent sous l'influence envahissante des rois. La chute de la Fronde, qu'Angers défend jusqu'au dernier jour, livre la ville au gouvernement des arrêts d'état et des lettres de cachet. Quand l'habitude en semble prise et le calme rétabli partout, les titres, fort réduits sans doute, sont reportés dans un nouveau coffre à trois serrures (1667) ; après trois ans d'abandon, la confusion s'y est mise à tel point « qu'il est impossible de les trouver quand on en a besoin » (1670). On crut y rétablir l'ordre en installant le dépôt dans une partie du bureau concédé au greffe des marchands drapiers, puis dans le cabinet du sous-secrétaire de la mairie (1679). Comme à l'ordinaire, les déplacements, funestes à toutes les collections, ne font qu'ajouter au pêle-mêle antérieurement constaté. La poursuite des affaires et des procès est entravée. Il faut revenir aux grandes mesures. Un sieur Chouinière, clerc du palais, s'offre à entreprendre l'ouvrage pour une somme de 1,500 livres; mais le maire fait observer au conseil de ville qu'il « serait d'une extrême conséquence et même dangereux que les secrets de la compagnie fussent révélés au public, et confiés à un étranger. Le greffier de l'hôtel de ville, Dupin, « qui est obligé par le devoir de sa charge » à la discrétion, est prié et accepte « de faire avec toute l'exactitude possible l'inventaire des titres et papiers et les mettre dans un bon ordre alphabétique, moyennant la somme de 1,000 livres, qui lui sera payée au fur et à mesure de son travail » (1715).

Cependant les archives s'augmentent, sans qu'on y prenne garde; des restitutions s'opèrent, des documents perdus se retrouvent; l'inventaire précédent ne suffit plus: d'ailleurs « il n'est pas correct; beaucoup de dates sont transposées et des pièces mises dans des liasses qui ne les concernent point. » Le secrétaire, de son propre aveu, ne s'y reconnaît plus, et en demandant qu'on s'assure de l'état du greffe pour prendre une idée du travail, offre de dresser un nouvel inventaire « qui contiendra généralement tous les titres et pièces, tant celles déjà inventoriées, que celles depuis déposées, qu'il mettra de dates en dates, et par liasses concernant chaque matière et affaire qui seront cotées par première et dernière et par lettre alphabétique, » avec un relevé particulier des édits, déclarations, arrêts du conseil, et un dépouillement de tous les registres (1735). Cette proposition est acceptée, mais c'était peine perdue. Malgré les prescriptions réitérées du gouvernement royal, qui alors, comme aujourd'hui, ne cessait de rappeler aux administrations locales la conservation de leurs collections, il ne reste bientôt plus trace de classification dans le dépôt: tous les registres sont confondus sans ordre de dates, les pièces retirées des boîtes, les liasses brisées, les titres jetés çà et là et pêle-mêle entassés, sans qu'on sache où les pouvoir prendre. « Souhaitant rétablir l'ordre dans une partie aussi essentielle de l'administration, » la compagnie, qui s'est assurée par ses yeux de cette confusion déplorable, charge le sieur Bancelin, secrétaire greffier, d'y pourvoir, en le laissant libre de s'adjoindre des auxiliaires capables, dont les honoraires seront réglés d'après un journal de travail (1773). Cette fois la tâche est prise à cœur par la ville et ne se ralentit pas en passant aux mains du sieur Fombeure. Il est constaté au 2 janvier 1775, qu'il a été employé par lui 201 journées de travail et 140 journées par ses deux aides.

L'ouvrage marche mais lentement. Quatre ans plus tard, il n'est encore qu'aux trois quarts achevé, et sur le rapport de M. Raimbault, la ville alloue 1,800 livres, qui, avec une somme de 600 livres déjà payée, établissent la balance entre la tâche accomplie et l'allocation de 3,200 livres consentie par traité, dont le dernier quart ne doit être perçu qu'en échange de l'inventaire (juillet 1779). Les volumes déjà formés sont reliés en parchemin blanc ou en basane aux armes de la ville sur les plats, par le sieur Tripier, relieur, qui s'engage à se mettre incessamment à la besogne, dans la grande salle haute de la mairie.

Le difficile, en pareille œuvre, n'est point d'entamer mais de mener à bonne fin la tâche entreprise. En 1784, le conseil de ville est réduit à rappeler au sieur Fombeure ses obligations, dont il semble s'être fatigué. MM. Raimbault de la Douve et Planchenault de la Chevalerie ont charge de vérifier l'état d'avancement du travail ; et ce n'est qu'en août 1786 que l'inventaire semble à peu près terminé ; encore reste-t-il à rédiger, tout au moins à compléter les tables ; mais le secrétaire-greffier peut dès lors prendre en charge les titres reliés, les registres de délibérations, les livres et recueils de l'Hôtel-de-Ville, sous sa responsabilité entière, avec défense expresse de les communiquer à personne sans récépissé.

La Révolution arrive et reconstitue partout dans un esprit nouveau les communes en municipalités. La loi, en remplaçant priviléges et concessions, rend à l'indifférence ce patrimoine inoffensif de chartes locales, où tous les intérêts avaient, jusqu'à la dernière heure, trouvé leur sécurité. Quand dans des jours encore près de nous, la mairie, confinée dans le vieil hôtel, au bord extrême de ses vieux remparts, se rapproche du cœur de la ville et prend installation nouvelle, c'est par charretées qu'on exhume des caves humides les parchemins pourris, les papiers tombés en pâte que revendique le pilon des cartonniers. Là sont restés, avec force fatras que je ne regretterai pas, les cent trente-six volumes qui manquent au Cartulaire municipal, collection d'une valeur infinie, dont la perte est tout à la fois appréciable et, autant qu'il se peut, compensée par l'inventaire spécial, dont les onze registres in-folio en comprennent la description analytique. Du travail du sieur Fombeure, qui a coûté tant de peine et tant d'argent, il est triste de le dire, c'est la seule trace que j'aie rencontrée.

Telles qu'elles sont pourtant, après tant d'épreuves, les archives anciennes de la ville d'Angers, aujourd'hui bien abritées, et par un juste retour des idées généreuses de notre temps, recommandées à l'attention publique, méritent une visite des curieux et des savants.

La série des Délibérations municipales, qui est presque complète, offre à elle seule un fonds incomparable d'enseignements de tout genre sur les origines, les traditions, les mœurs, la vie tout entière de la cité. A feuilleter page à page ces registres, dont l'aspect extérieur trahit assez les mésaventures, j'ai eu cette fortune, que d'autres ne m'envieront pas de longtemps sans doute, de la suivre comme pas à pas depuis les premières heures de ses manifestations publiques jusqu'à son entrée dans la vie commune de la France. Un siècle même avant les libéralités politiques de Louis XI, les comptes de la Cloison nous la montrent animée déjà d'une organisation régulière, en pleine possession de ses franchises; et ce n'est pas sans une répugnance, dont il fallut pendant longues années dominer la réaction, que la bourgeoisie angevine subit cette charte octroyée, qu'elle allait bientôt être réduite à défendre comme le palladium sans cesse menacé de ses suprêmes libertés. Cette histoire de la ville désormais royale, n'est-ce pas, à dominer d'un peu haut ce spectacle tumultueux de misères locales et de préoccupations mesquines, l'histoire même de la France, qui se constitue et se transforme, siècle à siècle, à travers les courants contraires des regrets et des aspirations sans fin ? Notre temps vaut mieux que le bon vieux temps. C'est une joie de le redire. Quand il serait vrai que le sentiment public, que la conscience générale n'eussent rien à gagner à ces ressouvenirs des expériences passées, ce ne serait pas une richesse de peu de prix, ni une vaine provision pour les mauvais jours, que ce trésor de convictions, promis d'avance aux études sincères, où l'esprit s'élève, dans une contemplation lumineuse, à comprendre, à aimer les destinées généreuses de la patrie, les libres devoirs de la société nouvelle.

Quelques mots seulement sur le plan de ce livre. Il m'était officiellement imposé par la Circulaire du 25 août 1857, communiquée à toutes les administrations communales. Je me suis permis seulement d'en élargir le cadre et de transformer en analyse le sommaire exigé pour l'inventaire. Il n'a été publié ni, que je sache, exécuté nulle part un travail d'ensemble aussi considérable que celui dont je me suis donné la tâche, en entreprenant folio à folio le relevé des indications historiques ou des singularités intéressantes semées à pleines mains dans les 134 registres des délibérations communales. On comprend pourtant que j'ai dû choisir et laisser de côté, sous peine d'échouer à l'impossible, non seulement les faits vulgaires ou de retour régulier (1), mais aussi et surtout les documents déjà connus ou

(1) Les élections des maires, par exemple, quand rien ne les signale à l'attention ; les détails annuels sur la procession du Sacre, tout ce qu'à une date connue on sait sans guide facilement trouver. Il est aussi nombre d'événements même locaux, dont les registres ne font aucune mention.

reproduits. L'énorme *Billot* de la mairie, commandé par le conseil de ville à M. Robert (1), m'a sur ce point rendu grand service. En s'attachant à peu près exclusivement aux titres des priviléges ou des intérêts contentieux de la ville, il m'a laissé là le champ libre, et quoique je n'aie point dû absolument me refuser même à m'y rencontrer quelquefois avec lui, une rapide comparaison des tables des deux ouvrages suffit assez à démontrer dans quel esprit différent ils ont été composés. Je n'ai du moins été devancé par personne dans l'exploration pénible mais parfois si intéressante des 350 volumes des Actes des paroisses, aujourd'hui déposés dans le bureau de l'État civil. Là, réduit à glaner, j'espère avoir épuisé la chance, en relevant d'abord avec soin toutes les indications utiles, et presque partout en insérant dans la rédaction même de l'inventaire la substance, souvent le texte complet des renseignements signalés. J'en ai fait autant partout où je l'ai pu, et il arrivera plus d'une fois, j'en avertis si l'on craint la peine, qu'une recherche, qui promettait mieux, n'apprendra rien de plus que l'analyse ou la mention sommaire dont on aurait cru s'autoriser.

J'ai d'ailleurs complété ce travail, dans la mesure qui m'était laissée, par un ensemble de documents inédits, choisis, autant que possible, dans les différents fonds des collections municipales, du XIVe siècle aux premiers jours de la Révolution. On y trouvera sans doute quelque variété. Borné par l'espace, j'ai cru devoir m'abstenir, ou peu s'en faut, de notes critiques, pour mieux saisir l'occasion, partout où je l'ai trouvée propice, d'éclairer le texte par le commentaire de quelque document nouveau et le rapprochement d'extraits originaux puisés d'ordinaire dans les collections municipales, parfois aussi dans les archives, bien autrement riches, du département de Maine et Loire. Ceux-là qui

---

(1) Voyez ci-après aux Documents, page 491.

n'aiment point à travailler de seconde main m'en sauront peut-être gré.

En achevant ce travail qui m'a occupé trois ans, non point tout mon temps, mais le meilleur de mes heures, j'espère avoir rendu quelque service. C'est pourtant, s'il faut être juste, à l'Administration municipale, dont la bienveillance éclairée a si généreusement favorisé cette publication et livré ainsi à toutes les curiosités un répertoire, menacé autrement d'indifférence et d'oubli, que *les amants*, comme dit le poète, *des loisirs studieux* devront, et je les en prie de bon cœur, en reporter tout l'honneur et toute la reconnaissance.

Célestin Port.

Angers, 17 décembre 1860.

CADRE DE CLASSEMENT.

AA. Actes constitutifs et politiques de la commune.
BB. Administration communale.
CC. Impôts et Comptabilité.
DD. Propriétés communales. — Eaux et forêts. — Travaux publics. — Ponts et Chaussées. — Voirie.
EE. Affaires militaires. — Marine.
FF. Justice. — Procédures. — Police.
GG. Cultes. — Instruction. — Assistance publique.
HH. Agriculture. — Industrie. — Commerce.
II. Documents divers. — Inventaires. — Objets d'art.

INVENTAIRE ANALYTIQUE

DES

ARCHIVES ANCIENNES

DE LA MAIRIE D'ANGERS

SÉRIE AA.

Actes constitutifs et politiques de la commune.

Lettres patentes du roi Louis XI « faictes en forme de chartre, contenant les privilaiges, prérogatives, franchises, libertez, exemptions, justice, juridicion et autres prééminences données, concédées et octroyées par le roy aux maire, eschevins, conseilliers, gens d'esglise, nobles, recteur, docteurs, régens, escoliers, suppots, bourgois, marchans et tous autres manans et habitans des ville et cité, forsbourgs et quintes d'Angiers, présens et a venir, en ce comprins le Pont de Sée... à Paris au mois de Février l'an de grace mil CCCC soixante quatorze. » — Lettres de confirmation desdits priviléges, par les rois Louis XII (1498), François I (1514), Henri II (1547), François II (1560), Louis XIII (1610). — Arrêts de vérification, par le Parlement de Paris, des lettres royaux de 1547 et 1568.

AA 1.
1474-1610.

10 parch., 1 pièce pap. — Les archives possèdent deux exemplaires originaux de la charte de fondation de la Mairie, portant tous deux la signature autographe de Louis XI (parch. de 1m 20 sur 0m 70m, en mauvais état), jadis scellés en cire verte sur lacs de soie rouges et verts. — La charte de confirmation de 1610 porte la signature autographe de Louis XIII.

AA 2.
1475—1741.

Lettres patentes, déclarations royales, édits et arrêts du Conseil d'État, concernant la propriété et les priviléges des charges et offices dépendant du corps de ville.

1 parch., 16 pièces pap., dont 6 imprimées, endommagées par l'humidité.

AA 3.
22 août 1557.
26 avril 1677.

Lettres de rois de France, princes, gouverneurs d'Anjou, et autres personnages, adressées à la ville d'Angers, et ayant trait aux affaires politiques. — Lettres originales de *Henri II :* Il mande à lui « l'evesque d'Angiers et M⁰ Guillaume Le Rat... pour leur faire entendre aucuns grands et importans affaires. » (Paris, 22 août 1557). — Du *duc de Montpensier :* Il recommande aux échevins d'avoir l'œil ouvert à maintenir le repos et tranquillité du pays, promettant de rendre bientôt l'artillerie de ville qu'il a fait porter au château, et dès qu'il sera à la cour, « aller trouver le roy là par où il sera et leur estre envers Sa Majesté advocat et protecteur. » (Chauvigny, 13 juillet 1561. Toutes les lettres du duc sont signées, de sa main : *Le bien fort voustre Loys de Bourbon.* Celle-ci a de plus conservé le cachet aux armes). — Du *même :* Ordre d'expulser du Conseil de ville les séditieux et suspects de la nouvelle religion, et notamment Jean Belhomme et Pierre Lemal. (Angers, 27 juin 1562). — D'*Antoine de Bourbon :* Il met en la protection du roy et la sienne la personne, la famille et les biens d'un nommé René Laurens, marchand de soie, expulsé de la ville « au prochatz d'aulchuns ses hayneulx et ennemys. » (Viarron, 18 août 1562. Signé : *Vostre bon amy Anthoyne*). — Du *duc de Montpensier :* Il donne avis de la victoire de Dreux, de la prise du prince de Condé, « du piteux désarroi » des rebelles, dont il « ne s'est réchappé que quelques ungs qui par la bonté de leurs chevaulx ont peu gaigner la ville d'Orléans. » (Paris, 22 décembre 1562). — Du *duc de Guise :* Il prie qu'on envoie « en la plus grande et extrême diligence que faire se pourra.. par la rivière de Loire jusqu'en la ville de Beaugency... cent muidz de bled. pour le moings » pour l'approvisionnement de l'armée royale.» (Du camp de Messas, près Beaugency, 12 janvier 1562). — Du *même :* Pour presser l'envoi demandé. (28 janvier. Le duc a signé de sa main les deux lettres : *Vostre bon amy le duc de Guize*). — De *Charles IX :* Il enjoint expressément de faire ledit envoi « dedans huict jours pour le plus tard.. sur peine d'encourir nostre indignation et d'estre chastiez comme désobéissans. » (Blois, 29 janvier). — Du receveur *Charlot :* Il rend compte de ses démarches pour dégager la ville de cette surcharge, n'était qu'il a été empêché « par le grand désastre qui est arivé du jour d'hier en France en la personne de M⁹ʳ le duc de Guize.» Suivent de curieux détails sur l'assassinat du duc. (Blois, 19 février

1562). — De *Chavigny* : Il recommande bonne garde par suite « du trouble.. survenu à Paris, à l'occasion de quelques particularitez qui se sont passées entre Mgr le cardinal de Lorraine et M. le maréchal de Montmorency. » (Chavigny, 17 janvier 1564). — Du *même* : Il demande des nouvelles de la ville et donne avis qu' « il est advenu une esmotion au Château du Loir dimanche dernier, dont il s'est ensuyvy des meurtres de quatre ou cinq personnes et mesme du mynistre faisant la presche, et ceulx qui ont faict ces meurtres sont gens incogneuz qui estoient la plus part marquez, et ne sçait l'on qu'ilz sont devenuz. » (24 août 1565). — Du *même* : Il avertit de l'arrivée prochaine du roi et de la reine à Beaupreau, et « que chacun se contienne en paix.. à ce qu'ilz en puissent recepvoir contentement. » (15 septembre 1465. Les trois lettres signées : *Vostre mylleur et plus seur amy Chavygny*, la 1re et la 3e avec cachet aux armes). — Du *prince de Condé* : « Je vous prie, incontinant la présente receue, m'envoyer le plus de chevaulx que vous pourrez trouver en vostre ville pour me mener de ce lieu à Beaupreau. » (De Chalonne, 14 septembre 1565. Signé : *Loys de Bourbon*). — Du *duc de Montpensier* : « Il n'est pas besoin de se mettre en peine pour les préparatifs de la réception du roi, qui ne passera en ville qu'à son retour de Bretagne.» (24 septembre). — Du *maréchal de Vieilleville* : Le roi ne viendra à Angers « que vers la Toussaint, qui est le temps que les foinz seront recueilliz et par ce moyen ne vous sera incommode recepvoir Sa Majesté, n'estant la court pour le jourd'hui guères grosse. » (Thouars, 25 septembre). — De *François de Bourbon* : Il informe le Conseil de la charge que lui a donnée le roi du gouvernement d'Anjou, que tenait ci-devant son père. Il se promet d'être, deux jours avant l'arrrivée du roi, à Angers, pour s'entendre avec M. de Chavigny et le Conseil de ville, sur les honneurs à rendre à Leurs Majestés. (Chateaubriand, 19 octobre). — Du *maréchal de Gonnord* : Il s'est informé « à Leurs Majestés qui l'ont asseuré qu'il n'y aura faulte qu'ilz arriveront.. Angiers, la veille de la Toussaintz » et recommande « que le chasteau soit bien appuyé.. afin que Leurs Majestés y puissent louger. » (Chateaubriand, 22 octobre). — Du *même* : Le roi a remis son départ après la fête; qu'on se tienne prêt à le recevoir au château. (23 octobre. Les deux lettres sont signées : *Vostre bien bon vezin et sûr amy Gonnort*). — De *François de Bourbon* : Il envoie au Conseil de ville copie de lettres royaux à lui adressées (20 octobre 1565), pour donner ordre à tous les officiers et habitants de son gouvernement de rendre grâces à Dieu à l'occasion de la levée du siége de Malte par les Turcs. (Chateaubriand, 31 octobre 1565. Les deux lettres du prince sont signées : *Le bien fort vostre François de Bourbon*). — Du *duc de Montpensier :* Il loue le Conseil de ville « de la doulceur qui a esté gardée à faire contenir le peuple en l'obéyssance du roy » et recommande bonne vigilance. (Champigny, 15 août 1584). — De *M. de Laval :* Il assure la ville de toute son affection et de son dévouement. (26 mai 1612, Vannes. Lettre olographe).— De *Louis XIV :* Notification de la naissance d'un fils de France. (Fontainebleau, 1er novembre 1661). — De *M. de la Varenne :* Lettre d'envoi (olographe) de la lettre précédente (avec double cachet aux armes). — De *Louis XIV :* Notification de la naissance d'une fille de France. (Paris, 20 novembre 1662). — De *M. de La Vrillère :* Lettre d'envoi de la précédente. — Du *comte d'Harcourt :* Il demande, pour le lieutenant-criminel d'Angers, « les mesmes préséances.. accordées à feu M. le président de Saint-Lambert.. sans conséquence pour ceux qui viendront cy après. » (Paris, 3 février 1663, avec double cachet aux armes). — De *Louis XIV :* Notification de la naissance d'une fille de France. (Saint-Germain, 12 janvier 1667). — De *M. de la Varenne :* Il donne avis, de la part du roi, de la victoire de Cassel « en laquelle occation monsieur d'Orléans à remply dignement tous les devoirs d'un grand capitaine, que non-seulement il a luy mesme plusieurs fois mené les escadrons à la charge, mais encore il a eu beaucoup de personnes de condition et d'officiers tuez ou blessez à ses costés et receu mesme un coup dans ses armes.» Ordre d'assister au *Te Deum* et de faire tirer le canon. (La Flèche, 26 avril 1677, olographe). — Requête des nobles, bourgeois, manans et habitants de la ville et cité de Nantes au Conseil de ville d'Angers, afin d'avoir communication et copie « collationnée à son original des chartres et érection » de la mairie « pour leur en ajder à l'érection et establissement de leur mairie de Nantes. » (Février 1559).

30 pièces pap., dont 5 avec cachets armoriés.

AA 4.
21 juillet 1548.
16 septembre.

Correspondance concernant la réception de Marie Stuart à Angers. — Du *roi Henri II :* Copie de trois lettres « escriptes par le roy Henri II à Mgr le duc d'Estampes gouverneur et son lieutenant général en Bretaigne pour la venue de la rayne d'Escosse en France. » 1° « La petite royne » pouvant arriver à Brest sur la fin du mois, pour venir à Saint-Germain-en-Laye, « où elle sera nourrie avecques les enfants du roi, » il recommande « qu'elle soit receue, honorée, traictée et accompaignée tout ainsi que si c'estoit sa propre fille.. et que par les villes où elle passera on luy face honorable recueil avecques présens de vin, fruictz et aultres honestelez. » (Tournus, 21 juillet 1548). — 2° Il adresse des instructions « par Cabassolles, un de ses valets de chambre. » (Saint-Michel, 7 août). — 3° Il veut et entend de plus « qu'elle face délivrer les prisonniers à ses d. entrées et qu'elle leur donne rémissions suyvant les lettres de pouvoir » qu'il lui envoie. « Et pour ce que j'estime qu'elle n'a avecques elle homme de l'estat de la justice qui entende la forme et ordre qu'il fault tenir en l'espédicion desd. remissions, je veulx que l'évesque de Rennes qui est là, maistre des requestes de mon hostel, aict ceste charge sous elle. » (Montcallier, 25 août). — 4º Du *même*, au Conseil de ville d'Angers : Ordre qu'on ait à aller au devant de lad. reine « avecques la meilleure compaignye de gens de qualité » qui se pourra assembler, et conformément aux instructions qu'est chargé de transmettre le sieur de Cabassolles. (Mâcon, 24 juillet 1548. Original). — Du *duc d'Estampes* aux officiers du roi, à Angers : Il recommande de recevoir la jeune reine « le plus honorablement qu'il.. sera possible avec le poêlle et les rues tendues… mais il fault y pourveoir de bonne heure, car elle pourra estre par dela d'icy à neuf ou dix jours. » — Du *même*, à M. de la Porte, conseiller du roi au Parlement de Bretagne : La reine d'Ecosse sera à Angers « vers neuf ou dix jours d'icy ; » il leur en donne avis pour qu'ils se tiennent prêts. (Les deux lettres, datées de Blaing, 9 septembre, sont signées : *Vostre entierement bon ami Jehan de Bretaigne*). — De *M. de la Porte*, au Conseil de ville : lettre d'envoi de la précédente lettre. (Nantes, 10 septembre). — Du *sieur Cabassolle du Réal* : La petite reine sera dans 4 ou 5 jours à Angers ; le roi désire qu'elle soit honorée « tout ainsi que si c'estoyt la propre fame ou filhe dud. sʳ…. J'ay advisé que lad. rayne pourra loger chez Baraut ou chez Bréront ou chez le feu lieutenant Poyet, par quoy donneres ordre de faire préparer le plus comode d'iceux. » (14 septembre, olographe). — De *M. de la Porte* : La reine d'Ecosse a fait la veille son entrée à Nantes. « M. le gouverneur m'a ce jourd'huy chargé de vous escripre qu'il faudra garnyr de touz meubles la maison où vous la logerez ; car elle n'en porte point encores par ce que son estat ne sera faict jusques à ce qu'elle soyt à St-Germain. Elle partira de ceste ville samedi prochain et s'en ira séjourner 3 ou quatre jours Ancenis, ainsi on estime qu'elle pourra estre Angiers dedans six ou sept jours. » (Nantes, 14 septembre). — Du *même* : « .. La reyne entrera en vostre ville par la porte S. Nycolas ; … elle ne bougera d'Ancenys plus tost que deux millors d'Ecosse, qui sont venuz avecq elle et demourez malades par les chemyns, la soynt venus trouver aud. Ancenys. » (Nantes, 16 septembre).

Registre pour servir à inscrire les lettres patentes, édits, déclarations, arrêts, chartes et autres titres concernant la constitution

AA 5.
7 février 1501.
12 août 1606.

et les priviléges de la mairie et la police de la ville. — Fol. 63 : Lettres d'office « de maistre-voyeur des œuvres de macsonnerie d'Anjou, » pour Dagobert Guillot, architecte. — Fol. 73 : Arrêt du Parlement de Paris au profit des rôtisseurs contre les bouchers d'Angers. (7 septembre 1601). — Fol. 78 : Lettres du roi Henri IV, portant notification de la naissance d'un dauphin. (Fontainebleau, 27 septembre 1601). — Fol. 82 : de la naissance d'une fille. (Fontainebleau, 22 novembre 1602). — Fol. 81 : Lettres de réception de Jehan Perrier « en l'estat et maistrise de chirurgie.. à la charge de traicter, penser et médicamenter à l'advenir les malades contagiez. » — Fol. 94 : Lettres patentes portant érection du métier de vinaigrier, buffetier et moutardier d'Angers, en communauté jurée, conformément aux statuts dudit métier à Paris et à Tours. — Fol. 97 : Statuts des vinaigriers de Tours. — Fol. 111 : Arrêt ordonnant le retrait de l'adjudication du port Ligner, déclaré place publique en dehors du domaine du roi. — Fol. 126 : Lettres royaux pour presser l'établissement du sanitat. (Paris, 11 juin, 4 octobre, 15 novembre 1603). — Fol. 147 : Traité passé par l'Université d'Angers avec Guillaume de Barclay, docteur en droit, par lequel il s'engage « à y venir faire profession ordinaire et actuelle de la jurisprudence avec les aultres docteurs régens.. durant le temps et espace de cinq années entières. » — Fol. 162 : Arrêt de décharge du sol pour livre sur la draperie. — Fol. 166 : Contrat de prise à rente par la ville de l'emplacement de l'église et couvent des Capucins. — Fol. 182 : Contrat du bail de la maison dans la Cité pour le logement de M. de la Rochepot, gouverneur. — Fol. 186 : Arrêt concernant le droit de jaulge du vin passant par Angers. — Fol. 203 : Affermement du droit de pontonnage des ponts de la ville. — Fol. 206 : du port et passage par eau vulgairement appelé le Port-Ayrault.

6 cah. in-fol., pap., ensemble de 211 fol., en mauvais état et le dernier cahier incomplet.

AA 6.
31 octobre 1750.
1784.

Registre pour servir à inscrire les ordres extraordinaires « qu'on recevra de la cour, les ordonnances qui seront rendues par le corps de ville, les démarches dudit corps de ville dans les différentes cérémonies auxquelles il assiste par autorité ou par invitation, la conduite des autres compagnies à son égard et lés édits, déclarations du roy, arrets et reglemens qui ont raport aux interets du corps de ville et des citoyens d'icelle. » — Fol. 3 : Requête au roi pour l'établissement d'une manufacture de toile à voiles à Angers. — Fol. 13 : Requête du corps de ville au contrôleur général des finances afin d'obtenir réduction d'impôt, attendu les désastres des inondations. —

Fol. 14 : Mémoire en réponse aux prétentions du sieur Fabre, tendant à obtenir le privilége des jeux de hasard. — Fol. 19 : Réplique à la requête des marchands et fabricants de draps pour l'établissement d'un moulin à foulon. — Mémoires pour le maintien des priviléges de l'Hôtel-Dieu. — Fol. 22 : contre la translation du marché des toiles dans la grande rue des Halles-Couvertes. — Fol. 30 : Lettres de francbourgeois pour les sieurs Guérin de la Chouanière, Jauneaux, Bougler, Benoist, Bardoul, Chauveau de Rousson. — Fol. 33 : Réplique du Conseil de ville au mémoire présenté par les R. P. Jésuites pour l'établissement d'une raffinerie de sucre dans la maison du Cheval-Moreau. — Fol. 37 : Etat des différentes espèces de chevaux en service dans la ville. — Fol. 43-66 : Observations concernant les prétentions du major du château d'Angers. — Fol. 63 : Brevets « d'aide de fruiterie de la maison du roy.. pour aller chercher des fruits en Provence » au profit du sieur Louis Baron et de son fils. — Fol. 78 : Examen des prétentions des militaires Suisses à l'exemption du centième denier sur la vente de leurs meubles. — Fol. 80 : Ordonnance concernant la ferme et régie générale des biens des religionnaires fugitifs. — Fol. 96 : Placet au roi contre les prétentions du fermier des insinuations laïques sur les contrats, contenant la clause de reprise des sommes mobilisées, des habits, des hardes, vêtements, servant à l'usage de la femme. — Fol. 109 : Placet au roi pour obtenir l'établissement à Angers d'un pensionnat. — Fol. 125 : Mémoire sur la perception des gabelles et excès et violences des employés. — Fol. 143-202 : Mémoires au soutien des priviléges des habitants d'Angers pour la récolte de leurs vignes. — Fol. 150 : Lettre à M. le comte de Provence en remerciement de l'envoi annoncé de son portrait. — Fol. 155 : Requête pour obtenir l'exemption de la milice en faveur des conseillers de ville et de leur famille. — Fol. 157 : Mémoire pour l'achèvement du collége. — Fol. 166 : Projet de cession par l'évêque d'Angers du bâtiment de la Rossignolerie aux frères des Ecoles chrétiennes. — Fol. 179 : Brevet de parcheminier de l'Université. — Fol. 184 : Requête contre le droit prétendu sur le Mont-de-Piété de quatre deniers pour livre du produit des ventes. — Fol. 190 : Brevet de maître de la poste d'Angers. — Fol. 191 : Demande par le sieur Pierre Putaud d'une subvention de 2,000 liv. pour l'établissement de bains gratuits pour les pauvres. — Fol. 200 : Brevets de sage-femme pour Mme Ducoudray ; de démonstrateur ordinaire de physique de Monsieur, pour le sieur Damoreau. — Fol. 209 : Brevet de directeur du théâtre pour le sieur Desmarets. — Fol. 217 : Brevet de maître en fait d'armes pour le sieur Devert. — Fol. 222 : Arrêt du Conseil d'Etat concernant l'organisation de cours d'accouchement dans la généralité de Tours. — Fol. 238 : Mémoire des quatre professeurs de droit civil et canonique de l'Université d'Angers pour le maintien de leurs priviléges. — Fol. 240 : Rôle des officiers de l'Université pour l'année 1780. — Fol. 245 : Mémoire pour les fabricants de bas contre les prétentions des bonnetiers. — Fol. 253 : Brevet d'imprimeur de Monsieur, à Angers, pour le sieur Mame. — Fol. 268 : Plainte contre le sieur Simonot, sous-ingénieur. — Fol. 274 : Requête de l'Hôpital général pour obtenir une manufacture de bas de fil.

Registre in-fol., pap., de 278 fol. « Interrompu, dit une note en tête, au mois de juillet 1765 jusqu'au mois d'août 1773, pendant lequel temps il a été fait deux autres registres qui étant remplis, on a rétrogradé et porté sur le présent. » Une table de 7 fol.

AA 7.
1616—1775.

Cartulaire de la Mairie (t. 33) (1). — Titres concernant les promenades publiques : Le grand mail (1616-1775), le mail Martineau (1617), le mail des Lices ou Gizeux (1764), et les corderies municipales.

Volume relié, ainsi que les autres volumes de la collection, aux armes de la ville, contenant 4 parch., 45 pièces pap. (fol. 1-591). Inventorié au t. 3 du *Cartulaire analysé*, JJ 3 (fol. 1-180).

AA 8.
1623—1787.

Cartulaire (t. 34). — Titres concernant les revenus patrimoniaux (1716-1757) et les rentes dues pour concessions municipales à la porte Cupif, rue des Pommiers, vallée Saint-Samson et aux environs, jusqu'à la porte Saint-Michel (1623-1787).

Volume in-folio contenant 80 pièces pap., dont 6 imprimés, 5 parch. (fol. 1-624). Inventorié au t. 3 du *Cartulaire analysé*, JJ 3 (fol. 181-252).

AA 9.
1601—1764.

Cartulaire (t. 35). — Titres concernant les revenus patrimoniaux de la ville et les rentes dues pour concessions près la porte Saint-Michel, entre les portes Saint-Michel et Saint-Blaise, dans la rue Saint-Michel, à la porte Saint-Michel.

Volume in-fol., pap., contenant 1 parch. et 88 pièces pap. (fol. 1-530) ; des onglets remplacent les fol. 15-35, 40-59, 65-83, 102-120, 139-159, 168-186, 199-215, 217-251, 257-263, 291-309, 318-336, 359-375, 457-475, 497-515. Les fol. 341-343 sont détachés. Inventorié au t. 3 du *Cartulaire analysé*, JJ. 3 (fol. 259-307).

AA 10.
1604—1788.

Cartulaire (t. 36). — Titres concernant les rentes dues pour concessions près la porte Saint-Michel, les petits murs, le faubourg Saint-Michel, la rue du Collége.

Volume in-fol., contenant 68 pièces pap., dont 14 imprimés (fol. 1-488). Inventorié au t. IV du *Cartulaire analysé*, JJ. 4 (fol. 1-47).

(1) La collection comprenait 151 volumes, dont les premiers et les derniers sont perdus ; mais un résumé de toutes les pièces se retrouve à l'Inventaire dit *Cartulaire analysé* (JJ. 1-11).

ACTES CONSTITUTIFS ET POLITIQUES DE LA COMMUNE.

Cartulaire (t. 37). — Titres concernant les rentes dues pour concessions à la porte Neuve ou Saint-Blaise, au Champ-de-Foire.

AA 11.
1619—1788.

Volume in-fol., contenant 47 pièces pap., dont 8 imprimés, 2 parch. (fol. 1-378). Des onglets remplacent les folios 189-209, 247-263, 273-291, 299-307, 313-319, 326-344, 350-369. Inventorié au t. IV du *Cartulaire analysé*, JJ. 4 (fol. 53-80).

Cartulaire (t. 39) (1). — Titres de revenus patrimoniaux de la ville à la porte Saint-Aubin et aux environs.

AA 12.
1606–1757.

Volume in-fol., contenant 24 pièces pap. (fol. 1-321). Des onglets remplacent les fol. 220-228, 231-239, 242-250, 253-271, 274-295, 298-319. Inventorié au t. IV du *Cartulaire analysé*, JJ. 4 (fol. 110-130).

Cartulaire (t. 41) (2). — Titres concernant les rentes dues pour concessions à la porte Toussaint et à la place des Lices.

AA 13.
1510–1775.

Volume in-fol., contenant 41 pièces pap., dont 2 imprimés, 7 parch., 1 sceau, 3 plans (fol. 1-411). Manquent les fol. 23-49, 67-89, 167-189, 344-391, 399-409. Inventorié au t. IV du *Cartulaire analysé*, JJ. 4 (fol. 157-191).

Cartulaire (t. 42). — Titres de rente pour concessions à la tour Guillou, à la porte Saint-Nicolas, à la porte Lyonnaise, à la Haute-Chaîne et environs.

AA 14.
1487--1788.

Volume in-fol., contenant 95 pièces pap., dont 19 imprimés, 8 parch. (fol. 1-763). Des onglets remplacent les fol. 37-57, 73-93, 119-139, 152-174, 179-199, 202-220, 223-241, 251-267, 278-297, 304-323, 326-347, 350-359, 397-419, 424-443, 446-463, 466-487, 505-523, 566-584, 588-596, 606-619, 624-632, 635-643, 702-719, 738-749, 752-760. Inventorié au *Cartulaire analysé*, JJ. 4, t. IV (fol. 191-261).

Cartulaire (t. 43). — Titres concernant les rentes dues pour concessions à la place des Halles, à la place du Pilori, rue Cordelle, rue entre Saint-Maurille et Saint-Mainbeuf, place Neuve, rue du Cornet, rue des Aix, rue Valdemaine.

AA 15.
1598–1777.

Volume in-fol., contenant 56 pièces pap., dont 3 imp., 10 parch., 1 sceau (fol. 1-487). Des onglets remplacent les fol. 26-29, 48-95, 100-113, 118-126, 135-143, 160-179, 200-219, 229-233, 238-246, 250-258, 264-272, 300-324, 329-344, 349-352, 371-384, 397-411, 315-423, 442-460, 464-483. Inventorié au t. IV du *Cartulaire analysé*, JJ. 4 (fol. 263-318).

Cartulaire (t. 44). — Titres concernant les rentes dues pour concessions à la place et le long de la rue Boisnet, du côté de la rivière de Maine.

AA 16.
1630–1779.

Volume in-fol., contenant 58 pièces pap., dont 12 imprimés, 5 parch., 1 sceau

---

(1) Le t. 38 est perdu; l'analyse s'en trouve au t. IV du *Cartulaire analysé*, fol. 81-110.

(2) Le t. 40 est perdu; l'analyse s'en trouve au t. IV du *Cartulaire analysé*, fol. 130-156.

(fol. 1-545): Manquent les fol. 96-124, 138-155, 165-183, 203-219, 246-249, 262-280, 290-309, 315-333, 351-418, 441-454, 457-497, et les derniers de 546 à 611 au moins. Inventorié au t. v du *Cartulaire analysé*, JJ. 5 (fol. 1-49).

AA 17.
1654-1788.

Cartulaire (t. 45). — Titres concernant les rentes dues pour concessions le long de la rue Boisnet, du côté de la rivière (*suite*) et du côté de la ville.

Volume in-fol., contenant 39 pièces pap., dont 6 imp., 2 parch. (fol. 45-615). Manquent les fol. 1-44, 51-149, 155-169, 183-251, 258-270, 279-379, 404-461, 465-472, 486-499, 515-529, 536-544, 550-559, 569-577, 600-609. Inventorié au t. v du *Cartulaire analysé*, JJ. 5 (fol. 52-117).

AA 18.
1622-1760.

Cartulaire (t. 46). — Titres concernant les rentes dues pour concessions dans la rue de la Romaine, sur le pont des Treilles, sur le quai Richard ou motte de la Poissonnerie.

Volume in-fol., contenant 42 pièces papier, dont 6 imprimés, 1 plan, 1 parch. (fol. 55-455). Manquent les fol. 1-54, 72-81, 89-103, 111-124, 133-147, 155-169, 177-191, 209-223, 248-263, 293-359, 371-389, 398-409, 420-439, 441-450. Inventorié au t. v du *Cartulaire analysé*, JJ. 5 (fol. 118-163).

AA 19.
1603-1786.

Cartulaire (t. 47). — Titres concernant les rentes dues pour concessions en la place du Port-Ligner, au quai Thomasseau, au port Ligner.

Volume in-fol., contenant 51 pièces pap., dont 5 impr., 1 parch. (fol. 1-424). Manquent les fol. 61-82, 113-201, 219-229, 237-247, 250-268, 274-311, 328-363, 401-411, et les derniers au moins jusqu'à 446. Inventorié au t. v du *Cartulaire analysé*, JJ. 5 (fol. 164).

AA 20.
1616-1787.

Cartulaire (t. 48). — Titres concernant les rentes dues pour concessions au port Ligner (*suite*).

Volume in-fol., contenant 39 pièces pap., dont 1 impr., 1 parch. (fol. 1-386). Manquent les fol. 25-34, 44-57, 64-144, 152-165, 174-187, 192-205, 228-239, 273-288, 299-311, 320-333, 335-351, 357-371. Inventorié au t. v du *Cartulaire analysé*, JJ. 5 (fol. 208-253).

AA 21.
1501-1770.

Cartulaire (t. 49). — Titres concernant les rentes dues pour concessions rue Bourgeoise, sur les grands ponts, sur les petits ponts, rue des Grands-Ponts, au pré de la Savatte ou des Carmes, rue des Carmes, place de la Tannerie, rue de la Tannerie, quai du Ronceray, rue et quai Saint-Jean, à la culée de l'ancien pont des Treilles, à la tour du Barreau, au tertre Saint-Laurent.

Volume in-fol., contenant 48 pièces pap., dont 3 impr., 2 parch. (fol. 1-613). Manquent les fol. 24-93, 101-117, 128-144, 153-169, 211-227, 236-252, 310-326, 334-350, 357-373, 383-455, 464-480, 510-526, 535-551, 578-595. Inventorié au t. v du *Cartulaire analysé*, t. 5 (fol. 254-304).

États provinciaux. — Extrait du procès-verbal de l'Assemblée générale de la ville d'Angers (24 décembre 1788) contenant requête au roi pour l'établissement d'États particuliers à la province. — Lettre circulaire de la municipalité d'Angers aux villes et paroisses d'Anjou. — Lettres d'adhésion des villes de Beaufort, La Flèche, Pouancé, et des paroisses de Congrier, Grugé, Bourg-l'Évêque, Senonne, La Prévière, Vergonne, Saint-Herblon, Renazé, Carbay, Noellet, Chazé-Henry, La Chapelle-Hullin, La Rouaudière, Saint-Aubin-de-Pouancé, Saint-Michel-du-Bois, Armaillé.

AA 22.
1788—1789.

7 pièces papier, dont 4 imprimés.

Mémoires, arrêtés, requêtes, extraits des délibérations des diverses municipalités, concernant la convocation des États généraux et de l'assemblée nationale, adressés au Conseil de ville d'Angers, par les villes d'Abbeville, Agde, Aix, Albert, Alençon, Baugé, Bayonne, Béziers, Bourg, Bourges, Brest, Caen, Cambrai, Carcassonne, Chaource, Chartres, Chateaugiron, Cherbourg, Clermont-Ferrand, Condom, Dieppe, Dijon, Draguignan, Etain, Foix, Saint-Germain-Laval, Grenoble, Guérande, Le Havre, Honfleur, Josselin, Laon, Libourne, Limoges, Lizieux, Lunéville, Lyon, Meaux, Metz, Montreuil-Bellay, Mortagne, Nancy, Nantes, Narbonne, Nisme, Orléans, Paris, Ploërmel, Poitiers, Quimper, Quimperlé, Rennes, Rheims, Riom, Romorantin, Rouen, Sarrelouis, Saumur, Sens, Toulon, Tours, Tourves, Troyes, Tulles, Vannes, Vence, Vesoul, Vienne, Villeneuve-de-Berg, Viviers-en-Vivarais, Vire.

AA 23.
1788—1789.

129 pièces papier, dont 120 imprimés.

Mémoires, projets, requêtes, brochures, traitant de questions politiques, adressés au Conseil de ville d'Angers, par des particuliers, entre autres : *Très courtes réflexions sur les États généraux, par un gentilhomme angevin, dont on ne trouvera les titres ni à l'Hôtel-de-Ville, ni dans les archives du Majorat ou du Capitoulat,* etc. — *Lettre à MM. du Tiers-État,* signée : C. D. A. G. D. L. G. D. R. (4 p. in-4°). — *Le droit des nations, et particulièrement de la France* (in-8° de 68 p.). — *Observations sur l'organisation de l'Assemblée nationale* (par Fondeville-Labalut; in-8° de 26 p.). — *L'amour de l'ordre, ou dénonciation à l'Assemblée nationale d'un abus dont la réformation intéresse toutes les classes de citoyens* (in-8° de 35 p., avec envoi et note autographe du sieur Turban de Guny, chef du bureau des cautionnements de la régie générale).

AA 24.
1789.

38 imprimés.

SÉRIE BB.

Administration communale.

BB 1.
25 novembre 1479
5 avril 1481
(N. S.).

Registre des conclusions de la Mairie. — Fol. 1 : Réquisition de métayers « tant d'emprès le bois l'Abbé que près la Haye aux Bons-Hommes, » pour amener du bois en ville. — Fol. 2 : Police de la Poissonnerie. — Fol. 3 : Envoi d'un sergent de ville en pèlerinage à Béhuard, « nuz piez et ung cierge de une livre en sa main. » — Fol. 4 : Révision des statuts des barbiers. — Fol. 5 : Liste des notables internés à Saumur pendant le séjour du roi à Angers. — Fol. 10 : Serment d'un maître juré détailleur de poisson en la Poissonnerie. — Fol. 14 : Jugement d'un blasphémateur. — Fol. 47 : Taxe du pain. — Fol. 69 : Ordonnance contre les revendeurs de paille et de foin. — Fol. 72 : Coutume et « anxienne ordonnance » pour l'alignement des maisons : « Quant on besongne en ediffice, on se retire de demi pié et troys doitz. » — Fol. 85 : Les boulangers astreints à approvisionner suffisamment « la chambre qui est ordonnée à la place Neufve pour vendre pain. »

Registre petit in-fol., pap., de 96 fol., couvert en parchemin.

BB 2.
17 avril 1481.
(N. S.).
28 mars 1485.
(N. S.).

Registre des conclusions. — Fol. 4-5 : Mesures de sûreté à l'occasion de l'arrivée en ville du prince d'Orange, du sire de Guémené et de seigneurs Bretons. — Fol. 5 : Modification des statuts de la Mairie. — Fol. 10 : Election du maire. — Fol. 23 : Enquête sur une conjuration tendant à surprendre et à piller la ville. — Fol. 29 : Etablissement de chaînes dans les rues. — Fol. 32-33 : Location de la maison Godeline pour tenir le Conseil de ville. — Fol. 32 : Don de cent sols tournois « aux joueux du mystère de madame Ste Barbe. » — Fol. 59 : Délibération sur le fait des monnaies. — Fol. 87-89 : Enquête sur le commerce du bois. — Fol. 94 : Tremblement de terre « en la ville d'Angers et ès environs.. et apparessoit le soulail, fors qu'il fist lors ung peu de breuée, laquelle tantoust après.. se départist. » (14 mars 1485 N.-S.). — Fol. 94-80 : « Celui jour (16 mars) a l'ure de deux heures apres mydi fist grande éclipse de soulail. »

Reg. petit in-fol., pap., de 97 fol., couvert en parch.

BB 3.
8 avril. — 14 septembre 1485.

Registre des conclusions. — Fol. 9 : Délibération sur l'ordre du roi de recevoir à Angers la comtesse de Laval et les seigneurs Bretons résidant à Saumur. — Fol. 24 : Arrestation et interrogatoire d'un écuyer du prince de Salerne et d'un chevaucheur du duc de

.Bretagne, à l'hôtellerie de la Baleine, en Bressigny. — Fol. 31 : Gages des artilleurs de la ville. — Fol. 45 : Démission offerte par le Conseil de ville et refusée par le roi. — Ordonnance pour mettre hors les réfugiés de Chateaugontier, Sablé et autres paroisses infectées de peste.

Reg. petit in-fol., pap., de 45 fol., couvert en parch.

Registre des conclusions. — Fol. 14-15 etc. : Réparation des ponts de Cé, près la chapelle du Louet. — Fol. 18 : Requête des ladres de la Madelaine, en Bressigny. — Fol. 22 : Articles arrêtés dans l'assemblée des députés des villes, convoqués à Paris pour mettre provision sur le fait des monnaies. — Fol. 29 : Mesures de sûreté publique à l'occasion de la représentation du mystère de la Passion (12 août 1486). — Fol. 33 : Nomination de deux médecins de ville. — Fol. 34 : Marché, pour la réparation de l'horloge, avec un horloger de Doué. — Fol. 36 : Mesures contre le colportage. — Fol. 41 : Demande d'une foire franche. — Fol. 44 etc. : Préparatifs pour la venue du roi à Angers. — Fol. 79 : Envoi de Me Guillaume Miette, son médecin, et réunion des médecins et curés de la ville pour s'enquérir « s'il y a quelque danger de mortalité. » — Fol. 76 : Tremblement de terre (22 mars 1487). — Fol. 52 : Présent à M. du Plessis-Bourré.

BB 4.
30 mars 1486.
4 avril 1487.

Reg. petit in-fol., pap., couvert en parch., de 80 fol.

Registre des conclusions. — Fol. 1 : Etablissement d'un bac à Lesvière, pour le service de la poste royale. — Fol. 2 : Commission donnée à Jeh. Michel, pour faire les faintes des mystères de la venue du roi. — Fol. 4 : Emprunt pour les frais de la réception du roi. — Fol. 8 : Entrée du roi. — Fol. 11 : Election du maire au scrutin secret. — Fol. 12, 17, 18, 19, etc. : Mesures pour l'approvisionnement de l'armée du roi, durant la guerre de Bretagne. — Fol. 25 : Réception de l'ambassade de Hongrie. — Fol. 47 : Incendie de Bourges. — Fol. 57 : Suspension des séances du Conseil pour cause de peste. — Fol. 59 : Organisation du commun peuple des paroisses rurales contre les courses des Bretons. — Fol. 79 : Serment prêté sur la vraie-croix de Saint-Laud par les écoliers, les bénéficiers, les gens mariés de Bretagne résidant à Angers. — Fol. 24 : Etuves d'Angers. — Fol. 64 : Nomination de médecins de ville.

BB 5.
15 avril 1487.
8 février 1488.
(N. S.).

Reg. petit in-fol., pap., de 87 fol., couv. en parch.

Registre des conclusions. — Fol. 4 : Ordonnance royale du 29 janvier 1487, touchant l'état et prix de l'or des différentes monnaies y énumérées que le roi veut avoir cours en son royaume. — Fol. 17 :

BB 6.
15 février 1488.
14 avril 1489.

Tarif donné aux hôteliers, en prévision de la venue du roi. — Fol. 19 : Adjudication au rabais de l'approvisionnement de l'armée royale pour le compte de la ville. — Fol. 24 : Donation faite au crieur nocturne des patenôtres. — Fol. 30 : Nouvelles dispositions pour la tenue des assemblées de ville. — Fol. 41-49 : Mesures de salubrité contre la peste. — Fol. 41 : Expropriation demandée, pour cause d'utilité publique, pour la fondation de la chapelle Fallet. — Fol. 45 : Nomination d'un instituteur aux Ponts-de-Cé. — Fol. 46 : Evasion d'un larron réfugié en franchise dans l'église des Carmes. — Fol. 59 : Levée d'un corps de cent hommes, par la ville, contre les courses des Anglais et Bretons.

Reg. petit in-fol., pap., de 62 fol., couv. d'un parch. (La couverture est une contestation concernant les droits d'usage dans les landes de la Plesse, paroisse de Beaucouzé. (8 juin 1486).

BB 7.
1 mai 1489.
7 mars 1491
(N. S.).

Registre des conclusions. — Fol. 4 : Séquestration du fermier des pavages, par les archers du château. — Fol. 27 : Etablissement de garnisons, « pour la déffense du bas pays d'Anjou, » à Chantocé, Bourmont, La Bigeotière, La Possonnière, Saint-Michel-du-Bois. — Fol. 29 : Passage en ville du maréchal de Gyé. — Fol. 33 : Refus de deux pièces d'artillerie, demandées par le maréchal de Gyé, pour envoyer à Saint-Florent, « obstant les dangers et inconvénients qui en pourroient advenir. » — Fol. 36 : Requête « des frères et compagnons de l'arbalète » pour le rétablissement de leur subvention annuelle. — Fol. 39 : Présent de ville à M. de la Trémoille. — Fol. 59 : Réclamations des habitants contre le logement des gens de guerre. — Fol. 51 : Présent à M. le maréchal de Gyé. — Fol. 53 : Révolte au camp de l'armée royale établi à Bouchemaine. — Mesures de garde contre le pillage de la ville par les soldats. — Fol. 54 : Prise et incendie de Segré par les Bretons. — Fol. 55 : Défense aux sacristains de sonner le tocsin des églises sans ordre des connétables.

Reg. petit in-fol., pap., de 62 fol., couv. en parch. Le fol. 10 manque, le fol. 42 est détaché.

BB 8.
21 mars 1491.
10 mars 1494.

Registre des délibérations. — Fol. 38 : Réparation des ponts du Louet. — Fol. 43 : Frais de construction « des troys estaiges du chauffault de MM. les maire et eschevins de la ville estant au parc ouquel naguères a esté joué le mistère de madame sainte Catherine.» — Fol. 44 : Réjouissances pour la naissance du dauphin. — Fol. 56 : Nomination de médecins de ville. — Fol. 56 . Protestation du procureur du roi contre toute gratification en supplément des gages du maire. — Fol. 60 : Instructions données par la ville à Jacques Vallin, changeur, député à Paris, sur la demande du roi, pour lui conseiller

sur le fait des monnaies. — Fol. 63 : Arrivée du roi aux Ponts-de-Cé.
— Fol. 64 : A Angers. — Fol. 64 : Analyse de lettres du roi concernant les affaires d'Italie. (Amboise, 10 février). — Fol. 65 : Lettres de convocation de députés à l'assemblée des notables de Lyon (Moulins, 27 février). — Fol. 67 : Formule d'engagement solennel pris par la ville d'Angers, sur l'ordre du roi, conformément à une clause du traité de Senlis, d'observer ledit traité et de prendre parti contre le roi de France s'il y manquait. — Fol. 67 : Requête des arbalétriers d'Angers, pour le rétablissement de leur subvention annuelle.

Reg. petit in-fol., pap., couv. en parch., de 68 fol.

Registre des conclusions. — Fol. 6 : Remontrances des habitants en réponse à une demande d'emprunt présentée par le roi. — Fol. 32 : Délibération pour la réformation de la boucherie. — Fol. 37 : Lettre de M. le maréchal de Gyé, en demande d'exemption du péage de la Cloison pour son frère, M. de Guémené. — Fol. 39 : Mesures contre le brigandage de nuit. — Fol. 42 : Subvention pour établir une horloge aux prisons royales des Halles. — Fol. 43 : Démarches des Etats de la ville pour obtenir l'établissement à Angers d'un Parlement. — Fol. 57 : Rapport des ambassadeurs de la ville. — Fol. 55 : Lettre du maréchal de Gyé, pour recommander au choix des échevins Pierre d'Estriché, pour le poste de connétable. — Fol. 65 : Mesures contre la maladie de Naples. — Fol. 72 : Doléances du receveur de la Cloison. — Fol. 74 · Exemption d'impôt accordée par la ville à la veuve de Jeh. Fallet, ancien maire, en mémoire des services rendus par son mari. — Fol. 36, 76, 78, 85, 86 : Réparation du pont de Cé. — Fol. 79 : Le maire d'Angers élu aux fonctions d'échevin.

BB 9.
1 mai 1494.
17 avril 1497.

Reg. petit in-fol., pap., couv. de parch., de 91 fol.

Registre des conclusions. — Fol. 7 : Réparation des levées de la Loire dans la vallée de Beaufort. — Fol. 9 : Défense de vendre vin d'Orléans en ville. — Fol. 17-18 : Mesures contre le brigandage nocturne. — Fol. 18 : Allocation pour l'achèvement de l'horloge des Halles, qui doit appartenir à la ville dès qu'elle aura un hôtel. — Fol. 24 : Mort du roi Charles VIII. — Fol. 25 : Lettres du roi pour le recouvrement des tailles (Blois, 13 avril). — Fol. 37 : Mesures de précaution contre la peste. — Fol. 38 : Préparatifs pour l'entrée du roi. — Fol. 46 : Consultation des curés et de deux apothicaires, à la demande du roi, sur l'état sanitaire de la ville. — Fol. 52 : Entretien d'une poste royale à Lesvière. — Fol. 54 : Entrée du roi et de la reine. — Fol. 59 : Exemption de l'impôt de la Cloison accordée aux veuves d'échevins. — Fol. 61 : Contestation violente entre Jehan Bourjollais, connétable, agissant au nom du maire, et M. de Pincé,

BB 10.
1 mai 1497.
26 avril 1499.

à l'occasion de l'expulsion d'une bande d'Egyptiens et d'Egyptiennes.

Reg. pet. in-fol., pap., couv. en parch., de 64 fol.

BB 11.
1 mai 1499.
24 avril 1500.

Registre des conclusions. — Fol. 2, 6, 7 : Réparations de la fontaine Pié-Boulet. — Fol. 6, 20 : Bail à ferme de la pêche dans les douves.

Reg. pet. in-fol., pap., couv. en parch., de 28 fol. La couverture est la publication d'un mandat d'arrêt décerné par François Binel, juge d'Anjou, contre Nicolle de Neufchâtel, chevalier, sieur de Planchy, accusé d'assassinat commis en plein jour, à Angers, sur la personne de Martin de Troye (Février 1498?).

BB 12.
1 mai 1500.
14 avril 1501.

Registre des conclusions. — Fol. 1 : Distribution de vin dans les carrefours, à l'occasion de la prise de Ludovic Sforce. — Fol. 5-11 : Pose de grilles aux arches du pré de la Savatte. — Fol. 8 : Les meuniers des Ponts-de-Cé mis en prison « jusques à ce qu'ilz aient fait repparer les pilliers et aumurs des ponts qu'ils ont.. rompuz pour atacher leurs moulins à chalans. » — Fol. 16 : Lettre du roi pour recommander d'élire comme échevin Michel Boutonnais. (Aux Montils-les-Tours, 28 novembre). — Fol. 22, 25, 27 : Requête des libraires en réduction de la Cloison sur les livres. — Fol. 25 : Gratification à Jeh. Maillet, médecin de Brissac, rebouteur de membres.

Reg. petit in-fol., pap., couv. en parch., de 30 fol.

BB 13.
1 mai 1501.
9 avril 1507.

Registre des conclusions. — Fol. 7 : Lettre du roi demandant l'abandon par la ville de la somme à lui prêtée l'an passé, et qu'il n'espère plus pouvoir rembourser. (Blois, 10 décembre). — Fol. 11 : Exemption du droit de Cloison accordée à la veuve de Jeh. Michel. — Fol. 20 : Protestation contre l'élection du maire, par suite de l'admission d'un vote par procuration. — Fol. 24-35 : Réformation des Cordeliers d'Angers. — Fol. 31-32 : Ordonnance pour la boulangerie. — Fol. 106 : pour la boucherie. — Fol. 45, 138, 140 : Prohibition contre les débitants de vins étrangers. — Fol. 52 : Requête des arbalétriers. — Fol. 53 : Lettre du roi pour recommander au Conseil Estienne Charpentier, fermier de la Cloison d'Angers, où « il a eu de grandes et merveilleuses pertes. » (Lyon, 21 avril 1503). — Fol. 59 : Id. pour annoncer la rupture du dernier traité par le roi d'Espagne, et demander un emprunt pour la guerre (Lyon, 27 juin). — Fol. 66 : Pierre Peret, maistre d'œuvre du château de Martigné-Briand, mandé à Angers pour aviser à construire un pilier à la Basse-Chaîne. — Fol. 71 : Lettres du roi pour réclamer le complément de l'emprunt (Mâcon, 12 septembre). — Fol. 73 : Réplique par écrit de l'assemblée des habitants. — Fol. 76 : Lettres du roi en réponse (Mâcon, 24 octobre). — Fol. 89 : Transport du corps de Mme de Nemours au Verger. — Fol. 87 : Lettres de M. de Guise pour recommander Robert

Thevin aux suffrages du Conseil de ville, pour la place vacante d'échevin. — Fol. 91 : Inventaire de l'artillerie confiée à feu Guill. de Rezeau. — Fol. 94, 100, 102 : Fonte de l'horloge de la tour des prisons aux Halles. — Fol. 107 : Requête du procureur du roi et de la ville au Conseil, tendant à faire procéder au scrutin secret, en chaque élection d'échevin, comme il est fait à l'élection du maire, pour faire disparaître les brigues et inimitiés. — Fol. 110 : *Pardon* ordonné par le pape, pour la prospérité du roi et de la France. — Fol. 115-116 : Préparatifs pour l'entrée de l'évêque d'Angers. — Réparation des moulins du Louet. — Fol. 117 : Franchise des quatre bourgeois du prieur de la Haye aux Bonshommes. — Fol. 130 : Lettres du roi, priant le Conseil de ville d'envoyer par devers lui, à Tours, 2 ou 3 bons personnages, « ayans pouvoir de toute la ville, » comme ont fait Paris, Rouen, Bordeaux, Toulouse et autres villes. — Fol. 134 : Ratification, par les Etats de la ville et par le Conseil, du traité de mariage de madame Claude de France, conclu dans l'assemblée de Tours. — Fol. 136 : Préparatifs pour l'arrivée du roi. — Fol. 137 : Don de 10 l. t. et de poudre à canon à Mᵉ Loys Migon « pour servir et ayder au mistère de la Redempcion de nature humaine que l'on vieult jouer en ceste ville.. pourveu que l'on ne prendra riens du peupple à l'entrée dud. jeu ne autrement. »

Reg. petit in-fol., de 443 fol., pap., couv. en parch.

Registre des conclusions. — Fol. 4 : Ordonnances sur le fait de la boulangerie, de la boucherie et du commerce du vin. — Fol. 5 : Préparatifs pour la venue du roi. — Fol. 22 : Entrée du légat. — Fol. 28-29 : Réformation de la coutume d'Anjou. — Fol. 32 : Lettres du roi annonçant la paix de Cambray (Blois, 2 janvier 1509 N.-S.). — Fol. 40 : Arrêt du Parlement de Paris en faveur de la ville d'Angers contre les marchands fréquentant la rivière de Loire. — Fol. 44 : Lettres de M. le chancelier, donnant nouvelles de la victoire remportée par le roi sur les Vénitiens (17 mai 1509). — Fol. 45 : Lettre du roi sur le même sujet (14 mai). — Fol. 51, 54, 57, 58 : Jacques Corbel, maistre d'œuvre du pont Notre-Dame de Paris, mandé à Angers pour aviser à construire un pilier à la Basse-Chaîne. — Fol. 57, 60, 62, 72 : Ordonnances contre la vente des vins étrangers.

BB 14.
1 mai 1507.
30 avril 1510.

Reg. petit in-fol., pap., couv. en parch., de 75 fol.

Registre des conclusions. — Fol. 4, 77, 158 : Défense de vendre des vins étrangers. — Fol. 5 : Neuvaine à Saint-René, faite par un Jacobin au nom de la reine. — Fol. 23-25 : Préparatifs pour la réception de la reine. — Fol. 23 : Ordonnance contre les brigands de nuit. — Fol. 28 : Arrivée de mesdames d'Angoulême, d'Alençon et

BB 15.
1 mai 1510.
28 avril 1514.

de Dunois, en pèlerinage à Saint-René. — Fol. 33 : Protestation contre le monitoire obtenu par les écoliers d'Angers, à l'occasion d'arrestations opérées lors de leur dernière sédition. — Fol. 36 : Requête du prieur de l'Hôtel-Dieu; propriétaire des moulins du pont des Treilles, contre les chanoines de Saint-Laud, dont les moulins de Rusebouc entravent le cours de la Maine. — Fol. 48 : Ordonnance pour les obsèques de M. de Pincé, décédé maire. — Fol. 51 : Obsèques dud. maire. — Fol. 78 : Gratification accordée à frère Math. Grangier, prédicateur. — Fol. 82 : Conclusion portant que chaque année le maire élu donnera un dîner à ses électeurs. — Fol. 83 : Interdiction au roi de la Basoche de jouer, comme à l'ordinaire, les jeux au Pilory. — Fol. 85 : Logement du maître des hautes-œuvres. — Fol. 89 : Descente des Anglais en Bretagne. — Fol. 97 : Lettres du roi, requérant de la ville un don de 3,000 l. (Blois, 4 septembre). — Fol. 103 : Lettres de créance de MM. Jeh. Sallat et Richard Lemoine, commis à recevoir led. don (Blois, 3 septembre). — Fol. 106 : Lettres du roi demandant avance de 1,200 l. t. (Blois, 21 août). — Fol. 120-124 : Lettres du roi au sujet du don de 3,000 l. précédemment demandé à la ville (Blois, 18 octobre). — Fol. 123 : Lettres de M. le général de Beaune, annonçant le transfèrement du mesurage du sel d'Ingrande aux Ponts-de-Cé. — Fol. 129 : Jehan d'Alencé rend compte de l'accomplissement de la mission qu'il a reçue du roi contre les larrons, brigands et autres mauvais garçons d'Angers. — Fol. 143 : Articles et ordonnances pour la procession du Sacre. — Fol. 148 : Lettres du roi pour un nouveau don de 1,500 l. qu'il demande à la ville « pour résister à la descente que présentement le roy d'Angleterre est délibéré résolu faire en nostre royaulme à grosse puissance. » (Blois, 15 mai 1513). — Fol. 160 : Ordonnance touchant la garde des portes. — Fol. 165 : Lettres du roi pour requérir l'envoi de vivres à son armée de Picardie (Vincennes, 11 juillet 1513). — Fol. 174 : Chasse d'un cerf dans les douves de Saint-Aubin. — Fol. 178 : Le procureur du roi requiert l'arrestation des écoliers Flamands, « attendu la guerre que l'on dit puys naguères avoir esté cryée entre le roy et les Flamens. » — Fol. 192 : Artillerie de fer vendue au roi pour armer les galères, et le prix en être converti à fondre de l'artillerie de cuivre. — Fol. 202 : Consultation du sieur du Bué, couleuvrinier du roi, sur l'utilité des couleuvrines à crochet.

Reg. petit in-fol., de 215 fol., pap., couv. en parch.

BB 16.
1 mai 1514.
28 avril 1518.

Registre des conclusions. — Fol. 14 : Mort du roi Louis XII. — Fol. 13 : Lettres du roi annonçant son avénement au trône. (Paris, 1ᵉʳ janvier 1515 N.-S.). — Fol. 21-29 : Peste à Angers. — Fol. 22 :

Gratification à Pierre Vaudin, prédicateur de carême aux Cordeliers. — Fol. 24 : Lettres du roi annonçant son départ pour l'Italie et la régence de la duchesse d'Angoulême, sa mère (Amboise, 26 juin 1515). — Fol. 27 : Du même, « pour scavoir et entendre à la vérité la vraye valleur et revenu de tous les deniers communs que les villes.. lievent et prennent chascun an. » (Bourges, 5 juillet). — Fol. 28 : Du même, demandant octroi et don de 1,500 l. pour le secourir « ès gros et quasi insupportables frais et despenses » qu'il a présentement à supporter; (Lyon, 15 juillet). — Fol. 36 : Le maire présenté par le Conseil, pour succéder à messire Anceau Rayneau, docteur régent en droit civil de l'Université d'Angers. — Fol. 45 : Don au prédicateur des Cordeliers. — Fol. 51 : Pardon général et public en l'église d'Angers le jour du Sacre. — Fol. 54-58 : Lettres du roi pour l'octroi de 1,500 l. (Lyon, 28 avril; Amboise, 26 août). — Fol. 61 : Du même, portant convocation de députés des villes à Paris « afin d'estre.. pourveu au fait des monnoyes. » (Bléré, 10 septembre 1516). — Fol. 70 : Du même, demandant à la ville d'Angers acte scellé de consentement au mariage de Louise de France avec le roi catholique. — Fol. 72 : Meurtre d'un écolier par des écoliers, devant la maison de ville. — Fol. 81 : Mesures contre les brigands et mauvais garçons qui infestent la ville. — Fol. 85 : Statuts concernant les 25 archers levés par la ville contre lesd. perturbateurs. — Fol. 87 : Délibération sur l'utilité d'ouvrir une porte en Boisnet. — Fol. 92 : On envoie le capitaine des Ponts-de-Cé contre des gens de guerre qui pillent au Plessis-Grammoire et à Villevêque. — Fol. 24-114 : Annonce de la venue prochaine du roi et de la reine. — Fol. 99 : Sommation des marchands, au Conseil de ville assemblé pour l'élection d'un échevin, d'élire un marchand. — Vote motivé de chaque électeur. — Fol. 105 : Députation et présents envoyés de par la ville à M. de Boissy, à Brissac. — Fol. 107 : Lettres du roi concernant la gabelle (Amboise, 12 décembre 1517). — Fol. 115 : Du même, notifiant la naissance d'un dauphin (Amboise, 28 février). — Fol. 119 : Lettres de M. de Cossé-Brissac, gouverneur d'Anjou, pour convoquer une assemblée des Etats sur le fait de la gabelle.

Reg. petit in-fol., pap., couv. de parch., de 123 fol.

Registre des conclusions. — Fol. 4 : Lettre de M. de Cossé-Brissac concernant les mesures à prendre pour l'entrée du roi. — Fol. 5 : Préparatifs pour l'entrée du roi. — Fol. 8 : Requête des cordiers pour la fête du Sacre. — Fol. 14 : Entrée du roi. — Fol. 16 : Entrée du légat. — Fol. 15-17 : Délibération des Etats de la ville sur le fait de la gabelle. — Fol. 21 : Lettres du roi à ce sujet (Blain,

BB 17.
1 mai 1518.
16 avril 1521.

22 avril 1518). — Fol. 26 : Présentation au Conseil de ville, par Gilles de Commers, docteur régent de l'Université d'Angers, de lettres du roi et de la duchesse d'Anjou, portant ordre d'informer contre la conduite et les malversations de vie de l'évêque d'Angers. — Réponse du Conseil de ville. — Fol. 31 : Lettres du roi pour faire établir des chaînes sur la Maine et empêcher le passage des faux saulniers (Vincennes, 10 décembre 1518). — Fol. 36 : Lettres du roi et de la duchesse d'Anjou, pour recommander au Conseil sœur Françoise de La Chapelle, abbesse nommée du Ronceray. (Paris, 27 janvier 1519 N.-S). — Fol. 41 : Délibération concernant les mesures à prendre pour obvier à la décadence de l'Université. — Fol. 55 : Il est fait inventaire des archives de la ville. — Fol. 56 : Délibération sur la requête des marchands tendant à faire élire un marchand pour échevin. — Fol. 59 : Interdiction de faire « certains jeux... » — Fol. 22-59 : Peste. — Fol. 85, 89, 153 : Acquêt de la maison de la porte Chapelière, pour y installer la mairie. — Fol. 85-87 : Accord fait par la ville avec les bouchers. — Fol. 92 : Lettres du roi demandant octroi de 1,200 l. (Amboise, 18 novembre 1520). — Fol. 116 : Requête des paroissiens de Saint-Michel-du-Tertre, pour l'ouverture d'une porte en Boisnet. — Fol. 134 : Enquête au sujet des étrangers inconnus qui sont en ville. — Fol. 135 : Id. contre les accapareurs de blés. — Fol. 136 : Convocation des barbiers « pour faire scavoir où ilz en ont saigné de malades de peste. » — Fol. 141 : Les pauvres valides employés à curer les rues. — Fol. 142 : Enquête sur le prix du blé, pour établir la taxe du pain. — Fol. 143 : Mesures contre les pauvres et « bélistres » qui affluent en ville. — Fol. 146-147 : La grande maison, près les Halles, marchandée par l'Université pour y fonder un collége. — Fol. 150 : Lettres du roi autorisant le chapitre de Saint-Maurice à fermer la Cité la nuit (Troyes, avril 1521). — Fol. 155 : Opposition des paroisses. — Fol. 157 : Entretien de l'horloge confié à un horloger de Clermont, près La Flèche. — Fol. 161 : Sommation aux gens d'église de donner aux pauvres le tiers de leur revenu, comme « font ceulx des autres bonnes villes, mesmement les gens d'église de Poitou. »

Reg. petit in-fol., couv. en parch., de 170 fol., pap.

BB 18.
1 mai 1525.
27 avril 1528.

Registre des conclusions (1). — Fol. 4-19 : Assemblées générales des paroisses pour la fortification de la ville. — Fol. 10 : Réorganisation du guet, ordonnance contre les mauvais garçons. — Fol. 14 : Lettre

(1) Le registre des conclusions de 1522 à 1525 manque à la collection depuis le XVIIe siècle.

de M. de Cossé-Brissac, gouverneur d'Anjou, pour recommander de fortifier la ville. — Fol. 19 : Entérinement, consenti par la ville, des lettres royaux « touchant les boisseaux, pour faire une mesure commune en ce pays d'Anjou, dont les marchants pourroient user sans préjudice des mesures particulières des baronyes, chastellenyes et seigneuries. » — Fol. 21 : Lettres de madame Louise, régente de France, pour contraindre le clergé à contribuer pour sa part aux travaux de la ville. — Fol. 23 et 107 : Ordonnance contre les lépreux et les porcs. — Fol. 24 et 25 : Construction du boulevard Saint-Aubin. — Fol. 44 : Enquête contre les gentilshommes qui troublent la ville. — Fol. 51 : Lettres de madame régente de France, pour notifier la paix conclue avec l'empereur. — Fol. 53 : Garnison mise dans le château d'Angers. — Augmentation du guet. — Fol. 56 : Lettres de madame la duchesse d'Anjou, pour la clôture de la Basse-Chaîne. — Fol. 60 : Lettres de M. de Cossé-Brissac, gouverneur d'Anjou, concernant la garde de la ville. — Fol. 63 : Requête des habitants de la paroisse Saint-Maurille des Ponts-de-Cé, pour le pavage. — Fol. 64 : Levée d'hommes contre les aventuriers qui pillent les champs. — Fol. 69 : Statut réglementant la vente du bois. — Fol. 71 : Négociations avec l'évêque de Nantes, pour prendre à loyer sa maison Godeline, et y installer le Conseil de ville. — Fol. 72 : Cloches mises à la Basse-Chaîne et au portail Toussaint. — Fol. 74, 77, 80 : Délibération sur le droit de fermeture des portes de la Cité, prétendu par les chanoines de Saint-Maurice. — Fol. 78 : Vente de la maison de la porte Chapelière. — Fol. 88 : Sentence du juge royal d'Anjou confirmant l'interdiction de vente des vins étrangers. — Fol. 90 : Projet de reconstruction de la grande maison des Halles, pour y tenir l'Hôtel-de-Ville. — Fol. 91 : Mesures contre les mauvais garçons. — Fol. 95 : Exécution des sieurs Jeh. Ducouldray, orfèvre; Laurent Stella, vénitien; Pierre Riveron, aubergiste; Jehan Levannier, des Ponts-de-Cé; Thibault, sieur d'Orvaux; Jacques Leconte, le sieur de Launay de Thunes, faux-monnayeurs, bouillis vifs sur la place des Halles. — Fol. 99 : Requête du prédicateur des Cordeliers rejetée. — Fol. 102 et 123 : Ambassade en cour pour remontrer au roi les ravages des grandes eaux. — Fol. 104 et 105 : Lettres du roi demandant subside (Saint-Germain, 31 mars 1527 N. S.). — Fol. 107 : Injonction d'enterrer les bestiaux noyés par l'inondation. — Fol. 109 : Lettres du roi demandant un octroi de 1,500 liv. (Vincennes, 25 avril 1527). — Consentement des habitants. — Fol. 119 : Devis des faux-ponts de bois baillés au rabais pour remplacer les arches du Louet rompues par les grandes eaux. — Fol. 127 : Remontrances du procureur général de l'Université sur la cherté des vivres. — Fol. 129-130 : Mesures contre les faux saulniers. — Fol. 131 : Combat de Montreuil-Bellay contre les aventuriers de Commarque. — Fol. 136 : Lettres du roi demandant octroi de 300 liv. pour aider à la solde des gens de guerre (Paris, 30 novembre). — Fol. 141 : du même, concernant la fermeture de la ville pour interdire le passage des faux saulniers (Saint-Germain, 4 janvier 1528 N. S.). — Fol. 148 : du même, réclamant l'envoi de la moitié des deniers communs pour subsides de guerre (Saint-Germain, 27 mars 1528 N. S).

Reg. petit in-fol., de 154 fol., pap.; couv. en parch.

BB 19.
1 mai 1528.
24 avril 1532.

Registre des conclusions. — Fol. 3 : Lettres du roi demandant une contribution de 6,000 liv. pour aider à payer la rançon des fils de France détenus en Espagne (Paris, 29 mars 1528 N. S.). — Fol. 20 : Lettres de madame la duchesse d'Angoulême, portant défense au Conseil de mettre obstacle au droit qu'ont de par le roi les chanoines de fermer la Cité. — Fol. 47 : Mesures contre la cherté des blés. — Fol. 51 : On nomme des commissaires pour surveiller la vente au détail des vins étrangers. — Fol. 54 : Lettres du roi concernant la contribution demandée de 6,000 liv. (Saint-Germain, 10 décembre 1528). — Fol. 73-76 : Mesures contre les détenteurs de blé. — Fol. 19, 65, 78, 149, 151, 159, 167, 186 : Construction d'une maison de ville. — Fol. 85-104 : Lettres du roi pressant l'envoi des 6,000 livres (Paris, 12 octobre; Fontainebleau, 15 décembre 1529). — Fol. 93 : Serment prêté par la ville aux clauses du traité de Cambrai. — Fol. 109-112 : Mesures de sûreté contre les mauvais garçons. — Fol. 110 : contre les pauvres étrangers. — Fol. 132 : Feux de joie pour fêter le retour des fils de France. — Fol. 133 : Ordonnance à l'occasion de la peste. — Fol. 140 : Suppression des gagers de ville et création d'un capitaine du guet. — Fol. 160 : Ordonnance concernant les détailleurs et essayeurs de poisson de mer. — Fol. 171 : Requête des marchands d'Orléans. — Fol. 170 : Police des filles publiques. — Fol. 179 : Lettres de Guill. Poyet, pour recommander son cousin au choix des échevins.

Reg. petit in-fol., pap., couv. en parch., de 198 fol.

BB 20.
1 mai 1533.
15 avril 1538.
(N. S.).

Registre des conclusions. — Fol. 9, 11, 12 : Ordonnance sur la vente de la marée. — Fol. 18 : Réparation du clocher incendié de Saint-Maurice. — Fol. 28 : Ordonnance concernant les archers de la ville. — Fol. 31 : Id. pour la police du jubilé pendant la fête du Sacre. — Fol. 43 : Lettres du roi concernant le droit de cloison (Fontainebleau, août 1534). — Fol. 56 : Transfert de l'horloge de la prison sur la tour de la mairie. — Fol. 82 : Jean de Lespine nommé commissaire des œuvres et réparations de la ville. — Fol. 86 : Conflit entre les archers du guet et les gens du grenier à sel. — Fol. 88-90 : Don de poudre à canon et prêt par le Conseil des pièces d'artillerie de la ville à René Delaure « et aultres entrepreneurs des jeux de la Sainte-Hostie à ceste prochaine feste de Saint-Jacques. » — Fol. 117, 118, 196 : Délibération sur le fait des pauvres. — Fol. 120 : Lettres du roi portant délivrance des deniers communs saisis sur la ville (Lyon, 20 février 1536 N. S.). — Fol. 121 : Etat de la dépense faite par Jeh. Davoine dans sa mission à la cour. — Fol. 126, 132, 133 : Mesures de salubrité. — Fol. 137 : Procession générale à l'occasion de la paix. — Fol. 140 : Fondation d'un prix pour le jeu de l'arquebuse. — Fol. 151 : Lettres du roi concernant les réparations de la ville (Lyon, 15 juillet 1536). — Fol. 152 : Délibération de l'assemblée des Etats sur le fait de la fortification de la ville. — Fol. 180 : Le sieur Tronchot, capitaine du guet, démissionnaire, est remplacé par le sieur René de la Noë, commis du contrôleur des traites au baillage d'Ingrandes. — Fol. 190 : Ordonnance pour les réparations des portaux. — Fol. 200 : Id. sur la police du métier de boulangerie. — Fol. 206 : Envoi d'un courrier aux informations sur la marche des bandes d'aventuriers qu'on dit venir de Touraine et se diriger sur la ville. — Fol. 210 : Requête du tambourin de Suisse. — Fol. 218 : Annonce de la venue prochaine à Angers de la reine Marguerite de Navarre. — Fol. 232 : Lettres du roi demandant emprunt de 3,000 l. (Lyon, 7 novembre 1537). — Fol. 258 : Du même, mettant la solde de cent hommes de pied à la charge de la ville pendant 4 mois (Moulins, 4 mars 1538 N. S.). — Fol. 263 : Du même, portant ordre à la ville d'Angers de faire provision de 10 milliers de salpestre (Montpellier, 8 janvier 1538 N. S.).

Reg. petit in-fol., pap., couv. de parch., de 274 fol.

Registre des conclusions. — Fol. 6 : Demande par la ville d'un prieur des Carmes au chapitre de l'ordre réuni à Orléans. — Fol. 8 : Lettres du général des finances, Bohier, au sujet de la solde des gens de pied mise à la charge de la ville. — Fol. 20-23 : Mort et enterrement de M. Jehan de Pincé, maire. — Fol. 50 : Rôle des mises et dépenses de M. Davoines, sieur de la Maignannerie, dans son voyage en cour, d'Angers à Nice. — Fol. 52 : Procession pour la prospérité de messire Poyet, à l'occasion de sa nomination à la charge de chancelier de France. — Fol. 78 : Copie de la consultation de Mes Charlier, Brulart, Barjot et Regnart, pour l'exécution de l'édit concernant les attributions des sénéchaux. — Fol. 83 : Requête du roi du Papegay des arquebusiers. — Fol. 85 : Lettres du chancelier Poyet pour re-

BB 21.
1 mai 1538.
29 avril 1541.

commander de bien et honorablement traiter MM. des Grands-Jours qui vont tenir séance à Angers, « au moyen qu'il est né et natif de cette ville et qu'il a promis à Messeigneurs de la court qu'ils seraient très bien traictez... et qu'il est besoin faire achapter des vins tant d'Orléans, Gascoigne et Verron.. parce que MM. de la court plus communément boyvent vins cleretz. » — Fol. 88-111 : Préparatifs pour l'installation des Grands-Jours. — Fol. 89 : Construction et ameublement de l'auditoire de la sénéchaussée près la maison de ville. — Fol. 92 : Plainte contre les écoliers. — Rôle de la dépense de vins achetés à Nantes pour les Grands-Jours. — Fol. 93 : Don aux Cordeliers de la Baumette, à l'occasion de la tenue de leur chapitre général. — Fol. 99 : Réorganisation du guet sous le commandement du sieur Tronchot. — Fol. 103 : Lettres du roi réclamant l'envoi d'un état des revenus communaux et des trois derniers comptes de la recette. — Fol. 105 : Décès de M. Jeh. Cadu, lieutenant général. — Fol. 112 : Entrée des Grands-Jours. — Fol. 113 : Requête de la ville contre l'établissement projeté d'avocats jurés et pour la réformation de l'Université. — Fol. 121 : Arrêt des Grands-Jours en faveur de la maison de ville contre les paroissiens de Saint-Michel. — Fol. 137 : Défenses nouvelles contre les détaillants de vins étrangers. — Fol. 142 : Les amendes des 4 métiers ne seront plus baillées à ferme mais levées directement par le receveur de ville. — Fol. 170 : Décoration de la fontaine Pied-de-Boulet. — Présent de ville au cardinal de Mâcon, abbé de Saint-Aubin. — Fol. 172 : Mort dudit cardinal au Mans.—Fol. 175-184 : Ordonnance sur le fait de la voirie.—Fol. 186 : Contestation entre messire Hervé de Pincé et M. de Beauchamp pour la présidence du Conseil en l'absence du maire. — Fol. 209 : Proposition pour la canalisation de la Sarthe soumise au Conseil de ville par les échevins du Mans.

Reg. petit in-fol., pap., de 210 fol., couv. en parch.

BB 22.
1 mai 1541.
27 avril 1544.

Registre des conclusions. — Fol. 2 : Requête de MM. de l'église d'Angers, afin qu'il soit mis « ordre au fait des pauvres et des aultres bélitres vallétudinaires. » — Traité avec un horloger « pour faire sonner et aller les deux horloges de la ville. — Fol. 28 : Enquête concernant l'utilité d'une batterie au boulevard Saint-Aubin. — Fol. 40 : Assemblée générale pour le rétablissement du guet. — Fol. 45 : Achat par la ville des ponts d'Angers et du droit de pontonnage. — Fol. 56 : Plaintes de MM. de l'église d'Angers contre les mauvais garçons qui infestent la cité, et contre le grand nombre des pauvres réfugiés en ville. — Fol. 59 : Démission de M. Poyet, maire, refusée par le Conseil. — Fol. 62 : Entrée en ville de l'évêque d'Angers. —

Fol. 80 : Annonce de la venue du roi. — Fol. 87 : Statut qui établit le vote au scrutin secret pour les élections des échevins, « comme il est coutume pour les élections des sénateurs à Gênes, à Venise, à Milan, à Rome. » — Fol. 93 : Acquêt par la ville des moulins des grands ponts. — Fol. 95 : Décès de M. Poyet, maire. — Fol. 97 : Ses funérailles. — Fol. 104 et 128 : Rôles de la distribution des lamproies faite de par la ville à MM. du Parlement de Paris. — Fol. 105 et 232 : Délibération sur la taxe de la marée et la police de la vente du poisson. — Fol. 108 : Lettres du roi concernant la solde des gens de guerre mise à la charge des villes (Fontainebleau, 4 mars 1542). — Fol. 140 : Plainte du capitaine du guet contre le sieur de Lecé, accusé de connivence avec les mauvais garçons. — Fol. 142 : Demande de l'Université pour que la ville prenne part aux frais de réception des docteurs. — Fol. 154 : Réception de madame de Vendôme. — Fol. 171 : Edit touchant l'office de receveur de ville. — Fol. 184, 187, 188 : Requête de Michel d'Amboise, sieur de Chevillon, capitaine d'aventuriers, afin d'être autorisé à passer en ville avec sa bande. — Il comparaît en Conseil et présente ses lettres de commission. — Plaintes des habitants pillés par les soudards. — Interrogatoire dudit chef. — Le Conseil délibère s'il le faut arrêter et garder en ôtage. — Vote de chaque échevin. — Il est renvoyé avec semonce « de bien vivre et de payer luy et ses gens, sans fouler le peuple, autrement que l'on mectra gens à leur queue. » — Fol. 195 : Attaque du guet par les mauvais garçons de la ville armés et masqués. — Fol. 209 : Lettres du roi concernant l'approvisionnement requis de salpêtre (Fontainebleau, 14 mars 1543 N. S.). — Fol. 222 : Feux de joie pour la naissance du fils du dauphin. — Fol. 236 : Lettres du roi concernant la solde des gens de pied (Paris, 22 février 1544 N. S.). — Fol. 251 : Passage de gens d'armes.

Reg. petit in-fol., pap., de 251 fol., couv. en parch.

Registre des conclusions. — Fol. 7 : Lettres du roi concernant l'approvisionnement de salpêtre (Rouen, 28 avril 1544). — Fol. 15 : Id., enjoignant au Conseil de ville de trouver soumissionnaires ou de prendre à sa charge l'adjudication de la fourniture du pain et du vin aux armées royales, conformément au marché passé par les échevins d'Amiens (Saint-Germain, 18 mai 1544). — Fol. 17 : Traités conclus par la ville avec les fournisseurs. — Fol. 35 : Lettres royaux autorisant les villes à s'aider des deniers communs pour la solde des hommes de guerre (Paris, 30 mai). — Fol. 45 : Remontrances du maire aux docteurs de l'Université, contre l'insuffisance « des lectures » et des professeurs. — Fol. 56 : Expulsion des étrangers. —

BB 23.
1 mai 1544.
17 avril 1546.

Fol. 56 : Mesures contre les aventuriers. — Fol. 58 : contre des Ecossais séjournant en ville. — Fol. 59 : Police de la Poissonnerie. — Fol. 70 : Réformation de l'Université. — Présents à l'ambassade d'Ecosse. — Fol. 71, 74, 85, 88 : Envoi annoncé d'une garnison de lansquenets. — Délibérations du Conseil. — Fol. 82 : Procès-verbal dressé par les juges des traites des réparations nécessaires à la haute et à la basse Chaîne. — Fol. 86 : Contre-enquête du Conseil de ville. — Fol. 89, 113, 118, 119 : Réception de M. de Cossé-Brissac. — Fol. 94 : Police du commerce du bois. — Fol. 98 : Lettres royaux concernant l'approvisionnement des salpêtres (Corbeil, 29 novembre). — Fol. 111 : Rôle de la distribution des lamproies faite à Paris de par la ville. — Fol. 117, 126, 129 : Mesures contre les pauvres et bélistres. — Fol. 123 : Lettres du roi au sénéchal d'Anjou, pour dresser les étapes des gens d'armes qui vont prendre garnison au Lion-d'Angers (Chambourg, 26 janvier 1545 N. S.). — Fol. 126 : Régence en l'Université d'Angers proposée « a ung notable docteur à Poitiers nommé Pastorellus. » — Fol. 127, 130 : Délibération sur la venue annoncée des gens d'armes de M. de Lorges, en garnison au Lion-d'Angers. — Fol. 129 : Proposition d'établir un refuge pour les pauvres, à l'instar de l'hôpital des Incurables de Rome. — Fol. 131, 144, 147 : Lettres du sieur de Lorges concernant le passage de ses gens d'armes. — Fol. 136 : Délibération sur l'arrivée desdits gens d'armes. — Fol. 166 : Dégats de l'Anjou par les traînards débandés. — Fol. 168 : Présent de tables d'ardoise au trésorier des salpêtres. — Fol. 194 : Délibération sur la police de la boulangerie et des marchands de bois. — Fol. 136, 194, 241 : sur le fait des pauvres. — Fol. 197 : sur le guet.

Reg. petit in-fol., pap., de 254 fol., couv. en parch.

BB 24.
1 mai 1546.
26 avril 1549.

Registre des conclusions. — Fol. 15 : Requête de l'exécuteur des hautes-œuvres pour son logement. — Fol. 19 : Travaux pour occuper les pauvres valides. — Fol. 33 : Expulsion des pauvres valides, faute de fonds pour les travaux. — Fol. 36, 120 : Ordonnance pour la procession du Sacre. — Fol. 38, 44 : Obsèques du maire. — Fol. 66 : Lettres de M. de Brissac demandant qu'il lui soit passé bail de la maison de ville pour sa résidence à Angers. — Fol. 53-56 : Réponse du Conseil de ville. — Fol. 64 : Discord entre le capitaine et le lieutenant du guet. — Fol. 79 : Lettres de M. de Brissac pour recommander la veuve et le fils du dernier maire. — Fol. 90 : Armement du guet. — Fol. 92-94 : Plaintes contre les bouchers. — Fol. 121 : Restauration des « chauffaulx » de la mairie au parc des jeux de la place des Halles. — Fol. 123 : Requête de Jeh. Belhomme, receveur ordinaire du domaine d'Anjou, pour « avoir par prest de l'artillerye et pouldre à canon de la ville pour faire tirer et sonner aux jeux Saint-Jacques desquelz il est entrepreneur. » — Fol. 123 : Propriété du parc des jeux contestée. — Fol. 129 : Mœurs du clergé. — Fol. 133 : Appel d'une ordonnance du juge de la prévôté sur la taxe du pain. — Fol. 145-278 : Rôles des lamproies distribuées à MM. du Parlement de Paris et autres par le Conseil de ville. — Fol. 163 : Mesures contre le passage des gens d'armes. — Fol. 167 : Contre les revendeurs de bois. — Fol. 169 : Assemblée générale sur le fait de la gabelle. — Fol. 175 : Vacance d'une chaire à l'Université d'Angers. Demande d'une subvention pour y appeler un personnage de renom. — Fol. 183 : Expulsion d'Egyptiens. — Fol. 202 : Police de la boulangerie. — Fol. 204-207 : Préparatifs pour l'entrée de la reine d'Ecosse, Marie Stuart. — Fol. 208 : Devis de ce qui est à faire par les carrefours à ladite entrée. — Fol. 215 : Affaire de la gabelle. — Fol. 267 : Ouverture des portes de la ville pour la messe de minuit. — Fol. 269 : Annonce de l'envoi d'une garnison de 40 lances. — Fol. 275 : Passage des gens d'armes. — Fol. 279 : Rôle des droits perçus par le grenier à sel sur les paroisses. — Fol. 288 : Requête des monnayeurs de la monnaie d'Angers. — Fol. 290 : Consultation de MM. Chartier et de Thou, à Paris, sur le procès intenté par la ville aux habitants des Ponts-de-Cé.

Reg. petit in-fol., pap., de 304 fol., dont 6 de tables.

NOTA. *La série des conclusions municipales est interrompue du 1er mai 1549 au 1er mai 1557, par l'absence de cinq registres. — Le classement a fait retrouver quelques pièces originales et partie des minutes, et d'autres notes informes à l'usage du greffier, qu'on a réunies dans les trois articles qui suivent, pour suppléer à ce qui est perdu.*

Registre des conclusions. — Fol. 6, 14, 28 : Police du commerce du bois. — Mesures proposées pour en prévenir la disette qui persiste en ville. — Fol. 64 : Plaintes contre des péages illicites prétendus par le fermier des Ponts-de-Cé.

BB 25.
1 mai - 8 novembre 1549.

88 pièces pap., cotées par fol. 1-148.

Registre des conclusions. — Fol. 9 : Articles « pour la pollice de la ville proposez par le juge de la provousté pour obvier aux inconvéniens, perilz et dangiers ja advenuz aud. Angiers au moyen de la contagion d'aer pestilent. » — Fol. 101 : Mise « faicte.. par Fran. Chaston pour son voyage de la court pour lequel faire se bougea d'Angers le mercredi VI avril 1551 avant Pasques. »

BB 26.
21 décemb. 1551.
14 avril 1553.

92 pièces pap., fol. 1-224.

BB 27.
1 mai 1556.
23 avril 1557.

Registre des conclusions. — Fol. 3 : Requête du chapitre de Saint-Martin d'Angers, pour obtenir la fermeture « d'une venelle ou allée estant entre le vieil portail appellé Sainct-Jehan et le portal Sainct-Aulbin. » (Original). — Fol. 17 : Lettre du prince de la Roche-sur-Yon pour recommander M. de l'Effretière au choix du Conseil pour une charge d'échevin (Original signé : *Le bien vostre Charles de Bourbon*). — Fol. 36 : Remontrance de M. l'avocat du roi, requérant le rétablissement du guet de nuit, attendu « plusieurs meurtres, bapteryes, insidies faictz à toutes personnes.., voleryes, forces et opressions en noz maisons et autres semblables folyes qui empeschent le repos et tranquilité.., par faulte que nous n'avons aucune force en nostre ville preste pour corriger telz crimes...; aussi que de nouveau pour l'extirpation des hérésies sont arrivés plusieurs divisions.. et conventicules segrectz.. la nuyct. » (Original). — Fol. 37 : Réouverture de l'ancien canal comblé de Boisnet. — Fol. 59 : Sentence capitale rendue par Me Remy Ambroys, président en la cour du Parlement de Provence, commissaire du roi pour le fait des hérésies, « à la requeste du procureur du roy appellez avec nous Mes Mathieu Ory, inquisiteur général de la foy en ce royaulme, et René Vallin, viccayre et official de l'évesque d'Angiers, à l'encontre de Mes François Chacebeuf, Jehan Gentil, ung appellé le seigneur Desespoir, aultre appellé le sieur de Longueville et des Roziers, Lezin Guyet, Guill. Prieur, orpheuvre ; Lezin Guyet, Simonne, chambrière dudit Lezin Guyet, » et nombre d'autres, « accusez de crime d'hérésie. » (22 août 1556). — Fol. 84 : Requête des maîtres jurés et gardes du métier de panneterie et boulangerie, tendant à faire taxer le pain amené en vente par les boulangers des champs.—Fol. 129 : Supplique en remise de partie du prix de ferme par les fermiers de la perrière du Grand-Boucornu « pour les ruynes, cheutes et infortunes qui y sont advenues. » — Fol. 145 : Lettre de Georges Apvril, député de ville à Paris, rendant compte au Conseil des affaires traitées et des nouvelles politiques de la cour : « Il c'estoit faict quelques prinzes sur l'empereur au pays de Henaut, mais le roy a faict tout randre ; le roy a failly a prandre Calès....; l'empereur voyant tel armée, a commansé a bruler tout le païs.. dont l'Italye est fort esmue au moyen dud. brulement. » (Olographe).

100 pièces, dont 1 parchemin et 2 imprimés, la plupart pourries en partie par l'humidité (fol. 1-185).

BB 28.
1 mai 1557.
18 avril 1561.

Registre des conclusions. — Fol. 6 : Le Conseil écrit au connétable et au garde des sceaux « pour éviter le scandalle qui vers le roy pouroit estre de l'insolence commise en la fraction des ymaiges. » —

Fol. 7 : Les pauvres employés à nettoyer les égouts. — Fol. 11 : Requête de M. Jehan de Montortier pour la maîtrise particulière de la monnaie d'Angers, et information de vie et mœurs du postulant. — Fol. 13 : « Articles à tenir et garder pour les hacquebutters, arbalestriers et archiers qui seront receuz à jouer au pappegault ou à autre jeu qui sera ordonné, pour jouir des priviléges, franchises et libertez donnez par le roi aux maire, échevins et habitants d'Angers. » — Fol. 27 : Statut réglementant le fait de la boucherie, et portant tarif détaillé de la viande. —Fol. 32 : « Détail de chair de boucherie, présenté par Abel Apvril, maître des bouchiers, qui n'a esté observé. » — Fol. 41 : Assemblée générale pour déterminer les ressources en argent, en munitions, en hommes, que la ville peut mettre au service du roi. — Fol. 75, 202, 298 : Rôles des lamproies distribuées de par la ville au Parlement de Paris. — Fol. 92 : Requête de l'abbé de Saint-Serge pour la reconstruction de la prison de l'abbaye, abattue lors du passage du roi. — Fol. 103 : Le Conseil de ville recommande frères René Trioche et Estienne Lair, augustins, partant pour Tours. — Fol. 104 : Visite des pauvres de l'hôpital Saint-Jean par le Conseil. — Fol. 105 : Requête des fermiers des moulins des Treilles, contre les empêchements du cours de la Maine mis à Ruzebouc. — Fol. 107 : Police de la prostitution. — Fol. 111-117 : Nomination du sieur Hardouin Guyot, tailleur de la monnaie d'Angers en remplacement de Jeh. Hayeneuve, démissionnaire. — Fol. 121, 151, 158, 161, 162, 163, 190 : Réformation de l'hôpital Saint-Jean. — Fol. 136 : Requête des habitants de Brissac concernant l'imposition mise sur les villes closes. — Fol. 145 : Te Deum et feux de joie pour la paix avec l'Angleterre. — Fol. 166 : Délibération sur le subside de 1,500 liv. demandé par le roi. — Fol. 198 : Lettres d'érection de la mairie de Nantes (Blois, 15 janvier). — Fol. 200 : Lettres des habitants de Nantes pour obtenir copie des statuts de la mairie d'Angers. — Fol. 205 : Présents de ville à M. le comte et à Mme la comtesse de Crussol. — Fol. 206 : Lettres du roi portant ordre de convoquer à son de trompe tous les gentilshommes du ressort d'Anjou, pour se rendre, dans les six jours, auprès de lui, sous la conduite du sieur de Thévalle, et l'assister contre les conjurations des réformés (Amboise, 18 mars 1560 N. S.). — Fol. 208 : Mesures préventives de sûreté pour obvier « aux emotions et conspirations que aucuns malheureux et sédicieux pouroient faire en ceste ville. » — Fol. 218 : « Réponses faites par MM. de l'église d'Angers aux remontrances des maire et échevins, sur le bail du grenier à sel. » — Fol. 228 : Convocation d'une assemblée générale pour la mise sur pied d'un guet contre les perturbateurs de la paix publique. — Fol. 229 : Plaintes des paroissiens de Sainte-Croix contre l'administration municipale, à l'occasion de la précédente proposition. — Fol. 231 : Assemblée générale pour préparer les cahiers du tiers-état aux Etats généraux convoqués par le roi. — Fol. 243 : Préparatifs pour l'entrée de M. le duc de Montpensier. — Fol. 248 : Nomination de députés pour les Etats généraux. — 253 : Délibération sur l'entretien et la solde des soudarts. — Fol. 256 : Instruction à MM. les officiers et habitants de la ville d'Angers pour distribuer les munitions et vivres à la garnison. — Fol. 257 : « Estat au vrai des vivres et municions que doivent fournir par chacun jour MM. les échevins et habitants pour la nourriture des trois compagnies de pied. » — Fol. 261 : Lettres royaux requérant un don de 10,000 liv. (Orléans, 17 novembre 1560). — Fol. 263 : Lettres du duc de Montpensier portant ordre de se tenir prêt à faire monstre armée. — Fol. 265-270 : Election de capitaines de la milice bourgeoise. — Fol. 282 : Délibération sur le fait « des mauvais garçons qui sont revenus. » — Fol. 288 : Commission pour faire égail de la somme de 10,000 liv. réclamée par le roi pour subvenir aux frais occasionnés par les troubles. — Fol. 310 : Délibération sur l'utilité de continuer l'aumône publique. — Fol. 307 : Requête au roi pour l'allégement de la gabelle.

Reg. petit in-fol., pap., de 310 fol., couv. en parch.

BB 29.
1 mai 1561.
28 avril 1563.

Registre des conclusions. — Fol. 1 : Discours de M. Lasnier, en résignant ses fonctions de maire. — Fol. 3 : Opposition mise à l'élection des deux bourgeois chargés de surveiller l'entretien et la construction des levées. — Fol. 5 : Entrée de M. de Chavigny, gouverneur d'Anjou. — Fol. 6 : Musique de ville. — Fol. 10 : Ordonnance pour la procession du Sacre. — Fol. 12 : Id. contre le port d'armes. — Fol. 13 : Assemblées nocturnes de séditieux armés. — Délibération du Conseil de ville. — Fol. 22 : Le maire écrit au roi pour démentir les faux bruits qui lui sont parvenus. — Fol. 24 : Requête des habitants afin d'être autorisés à porter des armes et à s'organiser pour résister aux séditions. — Fol. 29 : Requête des religieux Franciscains d'être approvisionnés d'armes par la ville pour leur défense personnelle. — 36 : Remontrances du maire au Conseil pour porter ordre aux envahissements des réformés, et délibération sur la demande de transporter le prêche des Halles aux greniers de l'hôpital Saint-Jean. — Fol. 49 : Rôle des lamproies distribuées à Paris par la ville. — Fol. 51 : Délibération en assemblée générale des paroisses sur l'impôt nouveau de 7 s. 6 d. mis par le roi sur chaque pipe de vin. — Fol. 71 : Déblaiement de la porte Toussaint et des avances du château. — Fol. 74 : Délibération en assemblée générale sur la garnison à mettre en ville et le paiement des gens de guerre. — Fol. 76 : Solde des portefaix qui ont gardé l'artillerie dans la cité. — Fol. 81 : Inventaire, en assemblée générale, des cloches, cuivres et autres métaux des couvents, églises et communautés, pouvant servir à fondre de l'artillerie. — Mesures générales de salut public. — Fol. 90 : Requête du Conseil de ville à M. le duc de Montpensier, pour être autorisé à prendre sur les biens saisis des nouveaux réformés leur part des impositions communes. — Fol. 93 : Lettres de M. de Montpensier nommant gouverneur d'Anjou le sieur Jehan de Puygaillard. — Fol. 99 : Ordonnance concernant la surveillance des gens qui sortent et qui entrent en ville. — Fol. 101 : Requête du Conseil de ville à M. de Montpensier pour demander la punition des séditieux. — Etat de paiement de 200 hommes de guerre à pied pour un mois entier de solde. — Fol. 105 : Plaintes de frère Nicolas Cailleau, prêtre, bénédictin de l'abbaye Saint-Nicolas d'Angers, prieur de Chalonne, contre le sieur de Bourdigné dit Beauregard, lieutenant du capitaine Puygaillard, qui a fait mettre hors de prison un nommé Urbain Jouennaux dit Patoul, autrement Rémolière, arrêté pour vol et pillage d'église. — Fol. 108 : Les blessés du siége de Rochefort recueillis et soignés partie dans l'abbaye Saint-Aubin ou en l'aumônerie Saint-Michel du Tertre, partie en l'hôpital Saint-Jean ou de Fils-de-Prêtre. — Fol. 111 : Lettres de M. de Montpensier pour recommander au choix des échevins Me François Boylesve. — Fol. 112 : Ordonnance du duc de Montpensier qui exclut du Conseil de ville Jehan Belhomme et Pierre Lemal. — Autre ordonnance qui enjoint de les remplacer. — Fol. 114 : Autre qui enjoint aux suspects de la religion réformée de sortir de la ville. — Fol. 117 : Autre qui suspend de toute charge et fonction, s'ils ne se présentent à leur poste dans le délai de quinzaine, maîtres Jeh. Bonvoisin, juge et garde de la prévôté, Maurice Bautru, lieutenant et juge des cens d'Anjou, Guill. de la Collinière, Pierre Poisson, conseillers du roi au siége présidial, François Grimaudet, avocat du roi, Claude de la Vairie, Jehan Pineau, Jacques Ferragu, sergents royaux, et Nicolle Pellé, lieutenant des eaux et forêts d'Anjou. — Fol. 119 : « Mémoire responsif aux remonstrances faictes et présentées à Mgr le duc de Montpensier par le Conseil de ville. » — Fol. 123 : Offre du clergé de contribuer à la garde de la ville. — Fol. 124 : Ordre aux marguilliers des paroisses de faire un recensement secret des domestiques et serviteurs. — Fol. 125 : Taxe du blé. — Fol. 126 : Approvisionnement en munitions de guerre. — Fol. 128 : « Mise à la fonte de la poelerie des huguenots fugitifs et des pièces d'artillerie rompues du château. » — Fol. 132 : Il est dressé relevé des suspects de la religion sur les rôles du dernier emprunt. — Fol. 134 : Lettres royaux demandant octroi de 15,000 liv.—Fol. 135 : Ordonnance contre les pilleries des soudards. — Fol. 136 : Défense aux soudards de fouiller aux portes les passants sans l'avis des dizainiers. — Fol. 137 : Requête des habitants des ponts pour avoir un corps-de-garde. — Fol. 139 : Ordonnance de Puygaillard, gouverneur d'Anjou, portant défense d'occir, meurtrir, ni saccager « soit sous prétexte de nouvelle religion ou aultrement. » — Fol. 140 : Lettres de sauvegarde en faveur de René Jary, contrôleur, et René Laurens, marchand de drap de soie, adressées au sieur de Puygaillard par le roi de Navarre. — Fol. 143 : Lettres royaux de commission pour le sieur de Puygaillard. — Fol. 152 : Rôle des suspects dressé et livré aux capitaines et dizainiers. — Fol. 152 : Procès-verbal de la profession de foi de Guill. Liger, avocat, suspect de religion. — Fol. 153 : Lettres du duc de Montpensier pour M. Maurice Baultru, lieutenant de la prévôté. — Fol. 155 : Commission pour lever la solde des gens de guerre tenant garnison en ville. — Fol. 157 : Dénombrement des familles et domestiques. — Visites domiciliaires. — Fol. 166 : Internement des pauvres à l'hôpital Saint-Jacques. — Fol. 167 : Les impôts doublés sur les suspects de la religion. — Fol. 172 : Achats de munitions. — Fol. 180 : Lettres royaux concernant la solde des gens d'armes. — Fol. 186 : Enrôlement des paroisses pour travailler aux fortifications. — Fol. 196 : Feux de joie pour la prise du prince de Condé. — Ordre de saisir aux portes les biens que les protestants font sortir de ville. — Fol. 199 : Lettres de Louis de Bourbon pour donner avis de la victoire remportée par le duc de Guise sur les protestants. — Fol. 206 : Lettres du duc de Guise demandant envoi de 100 muids de blé à Orléans pour l'armée royale. — Fol. 210 : Visites domiciliaires dans les maisons et greniers pour trouver des blés. — Fol. 211 : Requête des marchands pour faire augmenter le maximum du prix du bois. — Fol. 211 : Vente forcée des blés saisis. — Fol. 213-219 : Taxe du blé. — Fol. 220 : Requête de frère Pierre Morselin, père général de l'ordre de Saint-François, pour être autorisé à convoquer librement le chapitre de l'ordre à Angers. — Fol. 222 : Lettres du roi et de la reine-mère concernant la solde de la garnison du château. — Fol. 229 : Ordonnance concernant les tanneurs, les bouchers, les boulangers. — Fol. 233 : Recensement dans les hôtelleries. — Fol. 238 : Publication de l'ordonnance qui enjoint aux réformés de vider la ville. — Fol. 239 : Tenue du marché hors ville. — Rôle des contributions volontaires pour les fortifications. — Fol. 241 : Requête des maîtres fourbisseurs contre des gens de leur métier suspects de religion réformée. — Fol. 245 : Réparation de l'artillerie de la ville. — Fol. 250 :

Rôle et taxe des aisés. — Fol. 260 : Ordonnance de M. le duc de Montpensier concernant la solde de la garnison du château. — Fol. 283 : Défense aux soudarts congédiés de vendre leurs armes à des réformés. — Fol. 284 : Protestation des paroissiens de Saint-Denis contre tout subside nouveau applicable à la solde des gens de guerre ou aux fortifications.

Reg. in-fol., pap., de 291 fol., couv. en parch.

Registre des conclusions. — Fol. 7 : Remontrances du gouverneur pour l'exécution de l'édit de paix « et mectre les armes bas. » — Fol. 8 . Refus de donner logement en ville à la compagnie de M. de Guemené, « autant que à présent l'on est en temps de paix et que les escolliers viennent et retournent chacun jour en grant nombre. » — Fol. 12 : Gratification au sieur de la Faucille, capitaine du château. — Fol. 13 : Police des pauvres. — Fol. 14 : Demande au roi de deux foires annuelles « moyennant qu'il n'en couste rien aux habitans que le coust du parchemin et le scel. » — Fol. 15 : Expulsion du docteur Thavard, régent de l'Université. — Marque et fermeture des maisons pestiférées. — Les maîtres artisans « reiglés du nombre des serviteurs qui se tiendront à l'advenir » et rendus responsables de leur religion. — Réparation du théâtre. — Fol. 27 : Ordonnance de police « pour remédier au dangier et contagion de peste qui de présent a cours. » — Fol. 28 : Conflit pour le logement du gouverneur. — Fol. 30 : Réintégration du sieur Belhomme dans sa charge d'échevin. — Fol. 34 : Solde de la garnison de la ville et du château. — Fol. 41 : Etablissement d'un poste de nuit à l'Hôtel-de-Ville. — Fol. 44 : Réouverture de toutes les portes de la ville. — Fol. 44 : Vingt citoyens ajoutés aux vingt soldats de garde. — Défense aux bateliers de passer gens sans passeport. — Fol. 45 : Avis « comme ceulx de la religion nouvelle font grant amas d'hommes tant en Poictou que ailleurs qui se délibèrent venir en ceste ville pour la piller et saccaiger. » — Fol. 46 : Envoi d'espions. — Fol. 54 : Requête de Pierre Lemal et Jeh. Belhomme, pour recouvrer voix délibérative au Conseil de ville. — Fol. 56 : Le sieur Thavard autorisé, sous conditions, à reprendre sa régence en l'Université. — Fol. 70 : Mesures de garde à l'occasion de la célébration de la Cène à Cantenay-Epinard par les protestants. — Fol. 77 : Vote au scrutin adopté pour les élections d'échevins. — Fol. 80 : Lettres de confirmation des privilèges de la Monnaie d'Angers. — Fol. 90 : Poste établi à la garde de l'artillerie pendant la procession du Sacre. — Fol. 97-100 : Réclamation des marchands d'Orléans pour le payement des vivres fournis pendant les troubles à la garnison du château d'Angers. — Fol. 102 : Lettres

BB 30.
1 mai 1563.
16 avril 1567.

royaux ordonnant de présenter pour cette année une liste double d'échevins au choix du roi (Crémieux, 14 juillet 1564). — Fol. 125 : Demande par la ville d'un privilége pour Pierre Jounot, libraire juré, de vendre et débiter une édition nouvelle des coutumes d'Anjou. — Ordonnance pour l'approvisionnement de la ville en bois de chauffage. — Fol. 127 : Annonce de la venue en ville de M. de Vieilleville. — Fol. 130 : Il assiste au Conseil de la Mairie. — Fol. 131 : Annonce de la venue de MM. de Soubise et d'Andelot. — Fol. 143 : Supplique adressée par le Conseil de ville au duc de Montpensier, pour le détourner de donner sa démission du gouvernement d'Anjou. — Fol. 141 : « Le Neptune de cuyvre qui estoit sur la fontaine Pied-de-Boullet » vendu à M. de l'Espinay. — Fol. 151 : Demande par l'Université d'une subvention municipale pour l'entretien de ses régents. — Offres transmises à Cujas et à François Baldouin. — Fol. 159 : Procès-verbal d'experts constatant la chute d'un pan de murailles de la ville entre la haute Chaîne et le portal Lionnais. — Fol. 171 : Lettres du roi portant choix et nomination du maire (Bayonne, 8 juin 1565). — Fol. 176 : Election des consuls des marchands. — Fol. 182-184-188 : Police des pauvres. — Fol. 183 : Réception de M. de Brissac. — Fol. 193 : Disette. — Requête au roi pour qu'il veuille autoriser l'importation des blés d'Auvergne, Bourgogne et basse Bretagne. — Fol. 194 : Procès-verbal de prestation de serment par les consuls des marchands. — Fol. 198 : Préparatifs pour la venue du roi. — Fol. 205 : On envoie à Brissac aux informations. — Fol. 206 : Lettre de M. de Brissac requérant le prêt des mortiers de la ville pour la réception du roi. — Fol. 208 : Restauration des logements du château. — Fol. 214-225 : Assemblée des Etats de la ville pour trouver l'argent de l'entrée. — Préparatifs. — Organisation des métiers de la ville. — Présents. — Trophées. — Lettres de M. de Gonnort, de M. Davenel, du duc François de Bourbon, concernant le voyage du roi. — Fol. 228, 230, 234 : Achat par la ville, à M. le maréchal de Vieilleville, « de nombre de pièces de sa vesselle d'argent doré honneste à faire présent au roy. » — Fol. 229 : Passeport de lord Smith, ambassadeur d'Angleterre. — Fol. 231 : Lettres à M. de Strozzi, « général du régiment de la garde du roy, » pour le prier de mettre ordre aux insolences de ses soldats. — Fol. 237 : Entrée en ville du prince dauphin, gouverneur d'Anjou. — Fol. 238 : Autorisation de par la ville à tous manants et habitants « de s'acoustrer d'acoustrements riches et honnestes telz qu'ilz verront estre à faire » pour l'entrée du roi seulement. — Fol. 239 : Entrée du roi Charles IX (5 novembre 1565). — Fol. 241 : Vente des échafauds et du théâtre élevés pour la fête. — Fol. 242 : Lettres du prince gouverneur d'Anjou, et de M. de Puygaillard, recommandant Philippe Varice au choix des échevins, pour le poste de maître de la Monnaie. — Fol. 243 : Réponse du Conseil de ville. — Fol. 245 : Nouvelles lettres du dauphin et de M. de Chavigny. — Fol. 255 : Concession d'une place au portal Toussaint, pour l'exercice du jeu de l'arc. — Fol. 256 : Requête des officiers de la Monnaie d'Angers, afin d'être aidés, sur les deniers communs, dans les réparations de leur hôtel. — Fol. 262 : Le Conseil fait abandon de tout recours sur l'argent avancé à M. de Puygaillard pour la solde de ses soldats, regrettant « de n'avoir eu le moien de myeulx le recompenser » de ses services. — Fol. 167 : Offre du sieur Dussault de prendre à bail pour 7 ans le droit de pavage. — Requête des maîtres paveurs en augmentation de salaire. — Fol. 269 : Réparation de l'horloge. — Fol. 275 : Rôles des langues de bœufs distribuées en présents de ville à Paris. — Fol. 277 : Statut ordonnant la construction du quai de la Poissonnerie. — Fol. 278 : Expulsion des pauvres valides. — Fol. 285 : Lettres royaux interdisant le port d'armes de guerre (Paris, 22 juillet 1566). — Fol. 186 : Saisie de bateaux chargés appartenant au prince de Poméranie. — Inventaire desdites armes. — Avis donné au roi. — Ordre de laisser passer.

Reg. petit in-fol., pap., de 324 fol., dont 13 de tables.

Registre des conclusions. — Fol. 5 : Réunion demandée des villes de Châteaugontier et de La Flèche au présidial d'Angers. — Fol. 25 : « Plaintes et clameurs des habitants contre ceulx de la religion... lesquelx d'heure en heure dellaissent et abandonnent la ville et leurs maisons, transportent, cachent et lattitent leurs meubles, s'assemblent près et ès environs de la ville, en trouppes portans armes à feu »... — Mesures prises par le Conseil de ville. — Fol. 27 : Ordre d'éclairer les rues la nuit, « de six maisons une lanterne. » — Fol. 27 : Lettres du Conseil portant « advertissement du souldain département » des réformés adressées au roi. — Fol. 29 : A la reine. — Au duc d'Anjou. — Fol. 30 : Au comte du Lude. — Fol. 32 : A M. de Gonnort. — A M. de Vieilleville. — Fol. 33 · A M. de Brissac, à MM. des Grands-Jours de Poitiers. — Fol. 36 : Le château approvisionné de fascines. — Fol. 39 : Le commandement de la ville offert à M. de Puygaillard. — Convocation de la noblesse. — Fol. 40 : Rapport du courrier de retour de Blois « que la route d'Orléans est interceptée. » — Fol. 43 : Le Conseil tiendra séance tous les matins. — Fol. 44 : Réarmement général de tous les habitants. — Rôle de l'emprunt à lever sur les aisés de la ville. — Fol. 50 : Délibération en assemblée générale pour organiser la garde de la ville. — Fol. 54-96 : Enquête contre les réformés qui sont partis de la ville pour rejoindre l'armée du prince de

BB 31.
1 mai 1567.
30 avril 1569.

Condé. — Fol. 55 : Offre « des jeunes enfants de la ville de faire bande et compaignée de 300 hommes de pied et plus, et faire le service pour la ville à leurs propres cousts. » — Le Conseil accepte et leur permet « de faire sonner le tabourin. » — Fol. 57 : Arrêt de la Cour des Grands-Jours de Poitiers qui permet aux échevins et manans d'Angers de porter armes de guerre. — Fol. 59 : Ordonnance de l'assemblée des Etats de la ville, qui n'admet que le maire et 4 échevins à ses délibérations. — Fol. 60 : Protestations du Conseil. — Fol. 61 : Confirmation des élections faites par les jeunes gens aux grades de leur compagnie de volontaires. — Fol. 63 : Visites domiciliaires chez les suspects. — Etablissement de postes armés sur la rivière. — Envoi de courriers « pour sçavoir l'estat des affaires.» — Fol. 64 : Réparation de l'artillerie, approvisionnement en munitions. — Fol. 65 : Nouvelles lettres adressées par le Conseil de ville au roi. — A la reine. — Fol. 66 : Au duc d'Anjou. — Requête pour obtenir garnison en ville. — Fol. 68-69 : Ordre au clergé de livrer « les métaulx et mintailles restans des derniers troubles, » pour employer « en confection de mousquetz. » — Ordre aux catholiques de s'armer. — Défense de donner retraite aux huguenots fugitifs. — Fol. 72 : Main mise, par mesure de sûreté, sur les échelles des couvreurs — et sur les bateaux. — Fol. 73 : Arrivée de M. de Vassé, gouverneur. — Fol. 74 : Montre des compagnies. — Fol. 77 : Arrêt des Grands-Jours de Poitiers qui autorise une levée de 8,000 liv. sur les aisés. — Fol. 78 : Remontrance des paroissiens de Saint-Michel du Tertre. — Fol. 81 : Défense de tirer des armes à feu en ville pendant la nuit. — Fol. 84 : Recherche d'armes dans les maisons suspectes. — Défense de laisser personne en ville « s'il n'est approuvé catholique. » — Fol. 86 : Commission au sieur des Roches-Béritault d'une compagnie de chevau-légers. — Fol. 88 : Tenue du marché hors la ville. — Fol. 89 : Mesures projetées de sûreté contre les huguenots. — Fol. 91 : Surprise de la ville de Parthenay. — Fol. 99 : Réponse du roi (Paris, 13 octobre 1567) aux lettres de la ville. — Fol. 100 : Réponse du duc d'Anjou. — Fol. 101 : De la reine. — Fol. 102 : Commissions royales pour lever 300 hommes de pied et 300 arquebusiers à cheval. — Fol. 109 : Lettres du Conseil de ville de Tours aux échevins d'Angers, sur l'état des affaires publiques. — Fol. 111 : Réponse des échevins d'Angers. — Fol. 130 : Démarches pour obtenir du roi « d'exempter cette ville d'avoir gendarmerie estrangère. » — Fol. 131 : On accorde au maire une escorte personnelle de 6 soldats. — Fol. 137 : Lettres royaux donnant mandat au sieur de Vassé pour lever les deniers de la solde des gens de guerre. — Fol. 139 : « Articles présentez au roy par M. de Vassé avec la réponce sur iceulx » touchant le gouvernement de l'Anjou. — Fol. 141 : « Estat des deniers que le roy veult estre levez pour la solde des gens de guerre. » — Fol. 143 : Remontrances du sieur de Vassé au Conseil de ville. — Fol. 147 : Rixe sanglante entre ledit seigneur et les compagnies d'habitants de Saint-Maurille et de la Trinité. — Fol. 149 : Remontrances du corps de ville à M. de Vassé. — Adresse du Conseil au roi contre les violences et prétentions arbitraires dudit sieur « qu'il a pleu à Dieu prévenir dès longtemps d'une malladie d'appoplexie qui luy a diminué sa vertu tellement que la parolle ny le commandement ne luy sont si vertueulx comme ilz ont esté. » — Fol. 155 : Lettres royaux en réponse au Conseil de ville (Paris, 25 décembre 1567). — Fol. 165 : Protestation du sieur Bonvoisin, juge de la prévôté, contre les bruits calomnieux qui l'accusent de favoriser les huguenots. — Fol. 179 : Les chefs de ménages astreints personnellement à la garde, sans faculté de remplacement. — Fol. 180 : Expulsion des étrangers inconnus. — Commission royale donnée au sieur de Thévalle pour lever gens de guerre. — Lettres de la reine-mère recommandant de rester « bons et fidèles sujets. » — Fol. 183 : Visites domiciliaires pour dresser état nominatif des étrangers. — Fol. 184 : Assemblée générale « pour adviser des forces de la ville. » — Fol. 187 : Levée de compagnie de gens de pied et de cheval. — Offres des paroisses et des communautés. — Fol. 208 : « Estat des forces que Mgr le prince dauphin a ordonnées estre mises et establies tant en la ville et château d'Angers que aultres lieux du duché d'Anjou. » — Fol. 212 : Ordonnance du prince dauphin pour la fortification du château. — Fol. 214 : Assemblée pour aviser au licenciement des gens de guerre. — Fol. 219 : Déclaration faite au Conseil de ville par M. l'abbé de Cormeilles, de la part de son père, M. de Vassé, qu'il se porte bien, quoi qu'on en ait pu dire, et « se sent assez fort pour faire à l'occasion bon et signalé service au roy et au pays, » et qu'il entend en conséquence garder son commandement, nonobstant la nomination du sieur de Puygaillard, surprise au roi sur faux renseignements.— Fol. 224 : Lettres royaux mandant au sieur de Vassé de licencier tous les gens d'armes levés depuis les troubles (Paris, 8 avril 1568). — Fol. 225 : Lettres de la reine-mère. — Fol. 226 : Du duc d'Anjou, au sujet du licenciement. — Fol. 230-242 : Articles présentés à M. de Vassé, concernant la garde de la ville. — Fol. 247 : Lettres du duc d'Anjou, portant don, au profit du sieur Sarred, son conseiller et secrétaire des finances, « de la conciergerie de l'hostel et maison de ville d'Angiers. » — Fol. 248 : Lettres de M. Sarred, assurant le Conseil de son empressement à venir faire résidence, « aymant trop mieux estre bourgeois d'Angiers que de Bloys, car le plus loing que l'on peult estre d'Orléans sera le mieulx. » — Fol. 249 : Protestation du Conseil de ville. — Fol. 250-252 : Réparations des fortifications et de l'artillerie. — Fol. 254 : Ordre aux réformés de tendre leurs maisons sur le passage de la procession du Sacre. — Fol. 258 : Lettres du duc d'Anjou, concernant le rétablissement de l'Université d'Angers (3 juin 1568). — Fol. 260 : Avis donné au roi de la prise d'armes des huguenots (8 juin). — Renouvellement des anciennes ordonnances pour la garde de la ville. — Fol. 271 : Arrivée en ville de M. de Vieilleville. — Fol. 272 : Lettres royaux avisant le Conseil de ville de la nomination du sieur de Puygaillard au gouvernement de la ville et du château d'Angers (16 juillet). — Fol. 273 : Ordonnance du duc d'Anjou et lettres de la reine-mère, pour procéder à son installation. — Fol. 280 : Engagement pris par le maire, au nom des catholiques, et par les échevins de la religion réformée, présents au Conseil, au nom de leurs coreligionnaires, de se maintenir en l'obéissance du roi sous le bénéfice de ses édits. — Fol. 283 : Ordre aux habitants de s'armer, et à chaque échevin de se munir, à ses frais, de six piques. — Fol. 290-302 : Assemblée générale pour pourvoir à la défense de la ville. — Fol. 291 : Requête au roi pour modérer le nombre des officiers. — Fol. 296 : Lettres royaux demandant état des frais et dépenses faits pendant les troubles (Paris, 23 juin 1568). — Fol. 308 : Destruction des échelles des perrières par mesure de sûreté publique. — Fol. 321 : Délai de 20 jours donné aux échevins et autres officiers de la religion nouvelle, avant de procéder à leur remplacement. — Fol. 334 : Serment de résidence et de foi catholique exigé des échevins. — Fol. 339 : Lettres du duc d'Anjou, enjoignant au Conseil de ville de fournir 800 paires de chausses et 1,500 paires de souliers à l'armée royale (4 novembre 1568). — Fol. 344 : Ordonnance du Conseil pour ladite fourniture. — Fol. 346 : Rôle des marchands drapiers chaussetiers, chargés du fournissement de chausses pour le camp royal. — Fol. 349 : Rôle des maîtres cordonniers pour le fournissement des souliers. — Fol. 351 : Ordre aux compagnons d'aider aux maîtres, tout ouvrage cessant. — Fol. 352 : Aux drapiers et aux tanneurs de fournir matière. — Fol. 355-356 : Avis donné, de la part du duc d'Anjou, de faire bonne garde à Angers, à Saumur, aux Ponts-de-Cé. — Fol. 356 : Ordre d'éclairer les maisons la nuit. — Fol. 357. Lettres du duc de Puygaillard à M. de la Boulaye, commandant pour le roi à Angers, pour mettre la main sur tous les bateaux en Loire. — Fol. 359 : Rôle du fournissement des paires de chausses et de souliers. — Fol. 379 : « Rolle de messieurs de la justice, eschevyns, officiers, advocatz et marchans de la ville, pour faire la garde en leur ranc et ordre. » — Fol. 381-382 : Lettre de M. de Puygaillard, demandant l'envoi en toute hâte, au château des Ponts-de-Cé, de poudre, d'artillerie et de mille pains boulangés. — Fol. 389 : Ordonnance pour distribuer foin, paille et avoine aux chevaux des gentilshommes retenus pour la garde de la ville. — Fol. 392 : Recherche et saisie des biens des huguenots. — Fol. 393 : Lettres du duc d'Anjou à M. de Puygaillard, portant ordre d'armer et de munir le château d'Angers. — Fol. 396 : Les soldats logés et nourris dans les maisons des huguenots. — Fol. 399 : Lettres de M. de Puygaillard au maire d'Angers, pour aviser la ville de l'arrivée des ennemis à Brissac et de leur marche sur les Ponts-de-Cé (22 décembre 1568). — Fol. 401 : Du même, recommandant bonne garde. — Fol. 402 : Lettres du duc d'Anjou pressant l'envoi demandé des chausses et des souliers. — Fol. 404 : Du même, mettant en réquisition toutes les piques, pelles, hoyaux, louchets et outils se trouvant en ville, pour envoyer à l'armée royale. — Fol. 405 : Lettres en réponse du Conseil de ville. — Fol. 410 : Lettres du duc d'Anjou, réclamant envoi de blés aux magasins de Saumur. — Fol. 414 : Ordonnance du duc, qui autorise les chaussetiers qui ont fourni les chausses à les débiter en ville ou dans l'armée, pour leur compte, et les cordonniers à vendre les souliers de la réquisition aux soldats du camp seulement, à prix débattu. — Fol. 416 : Lettres du même, pressant l'envoi des blés et des outils requis. — Fol. 417 : Du même, annonçant l'envoi des soldats malades à Angers. — Fol. 419 : Le Conseil de ville demande qu'ils soient envoyés à Baugé ou à La Flèche. — Fol. 441 : Requête au sieur d'Aubigné de venir commander en ville en l'absence de M. de Puygaillard. — Fol. 442 : Lettres du sieur de Puygaillard, requérant envoi de poudre à canon. — Fol. 444 : Nouvelles de la défaite du prince de Condé. — Fol. 439 : Protestation faite en séance par le gouverneur, à l'occasion des plaintes portées secrètement contre lui par le Conseil de ville à M. de Chiverny. Désaveu unanime de ces calomnies par l'assemblée. — Fol. 466 : Avis que les ennemis cherchent à surprendre un passage de la Loire. — Fol. 469 : Délibération pour l'approvisionnement des gens de guerre.

Reg. in-fol., de 478 fol., dont 5 de tables.

Registre des conclusions. — Fol. 5 : Délibération sur les moyens de fournir la solde des gens de guerre (2 mai 1569). — Fol. 7 : Requête de la dame de la Gallonnière, en exemption du logement des soldats. — Fol. 10 : Etat des fortifications de la ville et des Ponts-de-Cé. — Fol. 33 et 117 : Protestation contre certaines lettres subrepticement obtenues, tendant en réduction du nombre des échevins. — Fol. 40 : Lettres du duc d'Anjou, concernant l'approvisionnement

BB 32.
1 mai 1569.
27 avril 1571.

du château. — Lettres du roi à M. de Puygaillard, pressant l'envoi au camp de vins d'Anjou (Orléans, 22 juin). — Fol. 41 : Rapport des marchands « des lieux et endroits où il faut prendre vins pour fournir le camp. » — Fol. 47 : Lettres des officiers de Beaufort, concernant le subside de 7 sous 6 deniers mis par le roi sur chaque pipe de vin. — Fol. 48 : Ordonnance contre les assassins de M. Pierre Gouppilleau, échevin. — Fol. 62 : Frais d'entretien de la garnison des Ponts-de-Cé pris sur les biens des huguenots. — Fol. 62 : Fournitures de boulets de canon. — Fol. 65 : Travaux des fortifications exécutés par les paroisses. — Fol. 67 : Commission du duc d'Anjou adressant à ses officiers pour réunir vin, blés et fourrage. — Fol. 71 : Remontrances du corps de ville à ce sujet. — Fol. 72 : Ordre aux habitants de s'armer. — Fol. 76 : Lettres du duc d'Anjou recommandant d'approvisionner le château (3 août). — Fol. 95 : Lettres du roi au Conseil de ville, portant ordre de mettre dans le château 100 setiers de blé, 40 muids de vin, 10 setiers de fèves (Plessis-les-Tours, 2 septembre 1567). — Du même, pressant envoi des vins à son camp (6 sept.). — Du même, au sieur de Puygaillard. — Fol. 98 : Expulsion des étrangers. — Lettres du duc d'Anjou, portant ordre d'envoyer deux médecins d'Angers pour soigner à Poitiers les soldats blessés. — Du même, recommandant de prêter aide, en cas de besoin, au sieur de Landreau, commandant du château de Montaigu en Poitou (18 septembre). — Fol. 104 : Lettres royaux de recommandation pour le sieur Charbonnier, ancien receveur à Saumur (Plessis-les-Tours, 19 septembre). — Réquisition de charretiers pour l'armée à Loudun. — Fol. 207 : Lettres royaux enjoignant de convertir le blé requis en foin, pour l'envoyer aux greniers de Saumur (9 octobre). — Fol. 118 : Annonce de la venue du roi. — Fol. 120 : Préparatifs. — Fol. 121 : Rôle de distribution de vins à la cour. — Fol. 125 : Prêt au roi de 40,000 liv. pour deux mois. — Fol. 132 : Convocation de l'assemblée des paroisses « pour adviser de l'entretien d'un docteur célèbre en l'Université d'Angers. » — Vote d'une subvention annuelle de 200 liv. — Fol. 134 : Lettres du duc d'Anjou recommandant bonne garde pendant l'absence du sieur de Puygaillard et la maladie du sieur d'Aubigné. — Fol. 140 : Requête du roi pour faire égail de la somme de 10,000 liv. sur les aisés. — Fol. 123 : Lettres de M. de Gonnort, enjoignant de remettre à deux marchands d'Orléans les blés et farines conservés dans les magasins d'Angers. — Fol. 144 : de MM. les commissaires des vivres de l'armée du roi pour le même objet. — Fol. 151 : Remerciements de M. Jacques Migon, réélu maire. — Fol. 164 : Requête des maîtres couturiers, frippiers et pourpointiers contre les nouveaux statuts des drapiers.

— Fol. 178 : Assemblée des paroisses à propos de ladite requête. — Fol. 170 : Ordonnance pour la garde de la ville, concernant surtout les mesures de sûreté contre les habitants huguenots. — Fol. 176 : Lettres de M. le duc d'Anjou. — Fol. 177 : de M. Sarred, au sujet de la charge de receveur des deniers communs. — Fol. 180 : Plaintes des habitants contre les excès des gentilshommes et des gendarmes. — Fol. 186 : Ordonnance du gouverneur pour la garde de la ville. — Fol. 193 : Protestation du Conseil de ville qu'il entend de son mieux observer et faire respecter l'édit de pacification. — Fol. 199 : Lettres du roi à M. de Puygaillard, pour lui donner ordre de faire feux de joie et réjouissances à l'occasion de son prochain mariage avec la princesse Elisabeth, fille de l'empereur (Saint-Germain-des-Prés-lès-Paris, 4 novembre 1570). — Fol. 220 : Lettres du roi demandant argent pour payer les Suisses et les reîtres (Aux fors bourgs Saint-Honoré-lès-Paris, 5 mars 1571). — Fol. 222 : Envoi en cour du capitaine Regnault, pour détourner d'Angers le passage des voyageurs qui de Bretagne vont à Chartres.

Reg. petit in-fol., pap., de 232 fol., dont 7 de tables, couv. en parch.

Registre des conclusions. — Etablissement dans la ville d'Angers d'un commissaire de police par quartier. — Fol. 37 : Lettres royaux requérant l'envoi à Tours de 15,000 liv. (Blois, 20 septembre 1571). — Fol. 43 et 48 : Commission nommée pour faire accord entre le Conseil de ville et les habitants qui ont requis et obtenu réduction de la Mairie. — Fol. 56 : Galien Granger, horloger de la ville. — Fol. 58 : Lettres du duc d'Anjou, portant créance pour M. de Puygaillard (12 janvier 1572). — Fol. 61 : Obsèques de Gabriel Bouvery, évêque d'Angers. — Fol. 76 : Fondation, par M. Guillaume Deschamps, réélu maire, d'une messe du Saint-Esprit où devront assister chaque année, avant l'élection, tous les électeurs du maire. — Fol. 100 : Défense de circuler en ville après sept heures du soir. — Ordre d'éclairer les maisons. — Ordonnance pour la garde de la ville. — Fol. 101 : Lettres du duc d'Anjou à M. de Montsoreau, portant créance « pour chose qui concerne le service du roi, » dont M. de Puygaillard a charge d'écrire (26 août 1572). — Fol. 102 : Lettre de M. de Puygaillard à M. de Montsoreau : « Monsieur mon compaignon, je n'ay voullu faillir vous faire entendre comme dimanche matin le roy a faict faire une bien grande exécution à l'encontre des huguenotz.. et pour ce, sy vous désirez faire jamais service qui soit agréable au roy et à Monsieur, il fault que vous en allez à Saulmur avec le plus de voz amys et tout ce que vous y trouverez desdits huguenotz des principaulx les faire mourir.. Je vous pry vous en aller

BB 33.
1 mai 1571.
24 avril 1574.

à Angiers pour vous ayder avec le capitaine du chasteau pour en faire de mesme.. Je suys bien mary que je ne puis estre par delà pour vous y ayder à exécuter cela. » (Paris, 26 août). — Du même, à M. de la Touche, capitaine du château d'Angers : « ... Dimanche matin l'on a tué l'admiral et tous les autres huguenaudz que l'on a peu trouver en ceste ville et l'intention de Sa Majesté est que tous ceulx qui se voudront advouer de ses fidelles serviteurs en facent de mesme ès lieux où ilz seront et pour ce.. c'est de donner ordre promptement de faire mourir tout ce que vous trouverez de huguenoz dedans la ville d'Angiers et des principaulx et partout ailleurs où vous en pourrez trouver.. et n'en prendre pas ung seul prisonnier ny à ranczon... Je vous pry de conserver la maison, la femme et les biens de Jeh. Grimauldet, d'aubtant que j'an suys prye de la part de Monsieur. » (Paris, 26 août). — Fol. 103 : Ordre aux huguenots de comparaître au Palais-Royal, en toute sûreté, et à qui en a retiré en sa maison de les dénoncer. *Signé :* de Montsoreau, La Touche, de Lesrat, Louet, Ayrault, Chalopin, Deschamps, Sarguyn, Grimauldet (29 août). — Liste des capitaines de ville. — Fol. 104 : Renvoi à huitaine de la juridiction. — Fol. 105 : Ordonnance concernant le logement des gens de guerre chez les huguenots. — Fol. 108 : Lettre du duc d'Anjou, portant ordre de faire bonne garde (27 avril). — Fol. 110 : Du sieur de Puygaillard, annonçant l'arrivée du duc d'Anjou. — Fol. 111 : Du sieur de Montsoreau, portant ordre de faire saisie et inventaire des biens des huguenots. — Fol. 112 : Du duc d'Anjou, qui enjoint de garder les prisonniers détenus au château « jusques à ce que l'on sçaiche quelz ilz sont et s'ilz sçavent quelque chose de la conspiration. » — Fol. 113 : De M. de Puygaillard, recommandant bonne garde. — Du duc d'Anjou à M. de Montsoreau, pour lui faire part « du voulloir et intention du roi » au regard des huguenots (5 septembre 1572). — Fol. 114 : Du sieur de Puygaillard au sieur de La Touche, lui annonçant son arrivée prochaine et la satisfaction du roi « de ce qu'on a exécuté à Angers. » (6 septembre). — Fol. 117-118 : Enquête sur la récolte. — Fol. 119 : Lettres du duc d'Anjou, portant créance pour le sieur de Puygaillard (10 septembre). — Fol. 126-132 : Assemblée des paroisses pour le don gratuit. — Fol. 142-173 : Ordonnance pour la garde de la ville. — Fol. 160 : Rôle des lamproies distribuées à MM. du Parlement de Paris. — Fol. 166 : Remontrances du procureur du roi contre les roberies et pillages des gens d'armes vivant sur les champs. — Fol. 169 : Plaintes des gens du roi contre l'insuffisance du local de la Juridiction. — Fol. 187 : Lettres du roi à son général des finances de la généralité du Languedoil établie à Tours, concernant les abus des baux de la ferme des aides (10 décembre 1772).

— Fol. 188 : Règlement pour la réparation et l'entretien des turcies et levées de Loire (28 avril 1573). — Fol. 204 : Arrivée du roi de Pologne aux Ponts-de-Cé. — Présents de ville. — Fol. 208 : Lettres du roi à son général des finances Mesnager, demandant envoi du relevé de la recette de l'imposition sur les vins (Boulogne, 7 juillet). — Fol. 210 : Arrêt sur les malversations et abus qui se commettent en l'adjudication des fermes des aides et des octrois. — Fol. 214 : Déclaration, au nom du maire et du Conseil de ville, des impositions levées sur chaque pipe de vin. — Fol. 220 : Arrivée de M. du Bellay, avec mission de recueillir les plaintes et doléances des manants et habitants du pays d'Anjou. — Fol. 223 : Ordonnance pour la garde de la ville. — Fol. 224 : Augmentation des gages de l'horloger, attendu la cherté des vivres et des loyers. — Fol. 228 : Gratification à la veuve de François Baldouin, ancien docteur régent en l'Université d'Angers. — Fol. 229-230 : Lettres de M. de Puygaillard, pour recommander bonne garde (7 et 8 janvier 1574). — Fol. 231 : Nomination de députés pour donner ordre à la nourriture des pauvres. — Fol. 232-233 : Requête des vicaires-généraux de l'évêque d'Angers, afin d'obtenir règlement pour la suppression de la mendicité. — Fol. 234 : Edit du roi sur la police des pauvres (3 novembre 1572). — Fol. 238 : Commissaires pour l'établissement de l'aumône publique. — Fol. 238 : Lettres de M. J. du Bellay, rendant compte aux échevins de l'exposé qu'il a fait au roi et à la reine des doléances du pays d'Anjou (16 janvier 1574). — Fol. 244 : Nomination des Pères de l'aumône. — Règlement. — Fol. 244 : Réponse de MM. du clergé à l'ordonnance de l'Hôtel-de-Ville. — Offre du cinquième des frais pour la nourriture des pauvres. — Fol. 249 : Réouverture des portes de la ville. — Fol. 250 : Offre du gouverneur de lever compagnies pour la garde des ports et passages d'Anjou, le clergé s'engageant pour le quart des frais. — Fol. 253 : Délibération des paroisses. — Fol. 265 : Lettres du roi réclamant, par forme de prêt, une taxe de 5,000 liv. sur les aisés de la ville (Vincennes, 11 mars 1574). — Fol. 267 : Renouvellement des ordonnances pour la garde de la ville. — Fol. 270 : Main mise sur les bateaux de Loire depuis Ingrandes.

Reg. petit in-fol., pap., de 271 fol., couv. en parch.

Registre des conclusions. — Fol. 8 : Lettres du duc de Montpensier à M. d'Aubigné, donnant avis de l'approche d'une bande d'ennemis, et de bien garder les passages de Loire (2 mai 1574). — Fol. 10 : Ordonnance pour la garde de la ville. — Fol. 11 : Interruption de la justice en attendant nouvelles de la guerre. — Fol. 11-12 : Délibération des Etats sur la réception de M. d'Aubigné, présenté par

BB 34.
1 mai 1574.
26 avril 1576.

M. de Puygaillard pour le remplacer en son absence. — Fol. 14 : Les pouvoirs de gouverneur, en l'absence de M. de Puygaillard, maintenus au maire. — Fol. 15 : Augmentation des gages des tabourins et fifres de ville. — Fol. 19 : Lettres du prévôt et des échevins de Paris (30 mai 1574). — Fol. 20 : Du gouverneur et des habitants de Saumur (1er juin). — De M. de Montpensier (2 juin). — Fol. 21 : De l'évêque et des habitants de Nantes, des habitants de Craon. — Fol. 22 : De M. de Puygaillard (3 juin), à l'occasion de la mort de Charles IX (2 juin). — Fol. 26 : Mesures de sûreté pour la garde de la ville. — Fol. 28 : Ordonnance pour contraindre les fermiers du sieur de la Trémouille à munir d'armes et de vivres son château de Rochefort. — Fol. 33 : Subvention à Marin Liberge, docteur régent en l'Université d'Angers. — Fol. 34 : Convocation des gentilshommes pour garder les passages de Loire. — Fol. 49 : Procuration du corps de ville pour prendre partie dans le procès des maîtres rôtisseurs contre les maîtres bouchers. — Fol. 50 : Lettres de la reine-mère, approuvant le choix fait par M. de Puygaillard de M. d'Aubigné pour le remplacer en son absence (28 juin). — Fol. 51 : De M. de la Foucaudière, concernant les munitions du château d'Angers. — Fol. 52 : De M. de Puygaillard, « priant bien fort » de recevoir le sieur d'Aubigné pour commander en son absence. — Fol. 54 : Délibération des paroisses. — Lettres de commission royale pour lever 31 liv. 10 s. sur chaque paroisse de la généralité de Tours (Vincennes, 28 mai 1574). — Fol. 61 : Lettres de ratification de la reine-mère (Paris, 15 juillet). — Fol. 62 : Rôle de répartition sur les élections de la généralité. — Fol. 73 : Refus d'accepter M. d'Aubigné pour gouverneur en l'absence de M. de Puygaillard. — Fol. 82 : Requête du sieur Robert Noulleaux pour être autorisé à faire un quai au port Ligner. — Fol. 88 : Subvention accordée par la ville. — Fol. 90 : Feux de joie, *Te Deum* et sermon prêché en l'abbaye Saint-Aubin par le frère jacobin Eustache Houllay, pour la venue du roi de Pologne en France. — Fol. 96 : Mise en réquisition des chevaux et charrettes pour transport de poudre à canon. — Lettres de M. de Montpensier à ce sujet (20 septembre). — Fol. 108 : Autorisation donnée au sieur Thomasseau de faire un quai sur la place du port de la Teinture. — Fol. 109 : Lettres des habitants de Craon au sujet des droits sur les vins. — Fol. 118 : de l'évêque d'Angers aux maire et échevins, concernant le choix du prédicateur en remplacement d'Eustache Houllay, rappelé par son Provincial. — Fol. 127 : Du roi, donnant avis de la mort de son maître d'hôtel au passage du Rhône, sous le pont Saint-Esprit (Avignon, 22 novembre). — Fol. 128 : De M. de Montpensier, demandant envoi de poudre à canon (Du camp devant Luzignan, 31 décembre). — Fol. 142 : Du même, pour emprunter 12 ou 15,000 liv. sur sa vaisselle et joyaulx d'argent (Devant Luzignan, 15 janvier 1575). — Fol. 143 : « Mémoire du meuble d'argent contenu en ung escript fourny et baillé au greffe de ville, par M. de la Bouessière, gentilhomme envoyé de la part dudit seigneur de Montpensier, le 21 janvier 1575. » — Fol. 143 : Liste des habitants qui offrent de contribuer au prêt. — Fol. 149 : Liste des habitants invités à y prendre part.— Commissaires nommés pour recouvrer la somme. — Fol. 150 : Lettres du duc de Montpensier à MM. de la justice opposants audit prêt (Du camp devant Luzignan, 25 janvier 1575). — Fol. 151 : Délibération en Conseil de ville sur la demande de M. de Montpensier. — Fol. 156 : Plaintes du maire contre l'absence d'un certain nombre d'échevins aux assemblées de ville. — Fol. 158 : Restitution au sieur Aubry, marchand, d'une arquebuse et d'une épée induement saisies. — Fol. 160 : Mesures concernant la garde du château. — Fol. 163 : Recommandation pressante aux capitaines de surveiller leurs compagnies. — Fol. 166 : Avis donné au Conseil que des séditieux méditent de surprendre la ville. — Fol. 168 : Renouvellement de l'ordonnance pour la garde des portes. — Fol. 169-171 : Préparatifs pour l'entrée de M. du Bellay, gouverneur. — Fol. 170 : Lettres de M. du Bellay, donnant avis de son arrivée prochaine (Gizeux, 3 avril). — Fol. 172 : Du roi, nommant le sieur du Bellay gouverneur du pays et duché d'Anjou (Paris, 14 mars). — Poursuite contre le sieur de La Broce des Haies-de-Brion et ses complices, pour excès commis sur la personne d'un ambassadeur de la ville. — Fol. 173 : Entrée du sieur du Bellay (10 avril). — Fol. 175 : Lettres de commission royale adressant aux sieurs du Gast, pour lever emprunt de 50,000 liv. sur les aisés d'Anjou, Maine et Touraine (Paris, 27 mars). — Fol. 184 : Requête du sieur Thomasseau, pour prendre à bail la maison de la Romaine. — Fol. 185 : Avis donné du vol de la vraie croix de la Sainte-Chapelle de Paris. — Fol. 186 : Autorisation au roi des archers de tirer le Papegault. — Fol. 188 : Plaintes des capitaines contre le sieur Jardin, coupable de voie de fait sur un bourgeois de garde à la porte Saint-Nicolas. — Fol. 131 : Bail de la Romaine au sieur Thomasseau. — Fol. 196 : Lettres du roi, mandant envoi à la cour d'un notable d'Angers (Paris, 23 mai). — Fol. 197 : Lettres des délégués des marchands fréquentant la rivière de Loire. — Fol. 200 : Ordonnance pour la garde de la ville. — Lettres de commission royale au sénéchal d'Anjou de lever 4,000 liv. sur les bourgeois et marchands d'Angers pour aider à équiper en guerre « ung bon nombre de navires et vaisseaux ronds ès mers de Ponant. » (Paris, 24 juin). — Fol. 211 : Opposition des habitants. — Fol. 214 : Lettres du roi, portant levée de 500 liv. pour subvenir aux réparations du château d'Angers (Paris, 12 juillet). — Lettres de M. du Bellay. — Fol. 234 : Remontrances au roi à ce sujet. — Fol. 236 : Défense aux bourgeois de garde de quitter le poste pour dîner ou déjeuner. — Fol. 239 : Le salaire des tabourins et fifres augmenté pour qu'ils battent la diane au matin sur les murailles. — Fol. 240 : Fermeture du palais jusqu'à nouvel ordre. — Fol. 241 : Prière au gouverneur de s'adjoindre l'aide de quatre gentilshommes pour dresser et commander les compagnies des habitants. Ordre aux habitants de munir leurs maisons de poudre et de vivres. — Réquisition forcée des blés, vins, foins, dans un rayon de six lieues. — Autres mesures de police. — Fol. 247 : Réparations des fortifications d'Angers et de Rochefort. — Fol. 248 : Recherche en ville des suspects. — Fol. 249 : Emprunt forcé sur les riches. — Fol. 250 : Lettres du roi pour l'emprunt forcé (Paris, 22 août). — Fol. 252 : Lettres du roi donnant avis de la défection du duc d'Alençon (Paris, 27 septembre). — Fol. 253 : Le Conseil de ville tiendra deux fois la semaine. — Fol. 256 : Envoi d'arquebuses au château de Rochefort. — Fol. 249 : Lettres de la reine-mère, mandant envoi de vivres à Blois, pour l'armée du duc d'Alençon, pendant la durée de la trêve. — Fol. 260 : Etat des vivres à fournir. — Fol. 264 : Le sieur de La Fosse député par la ville pour faire remontrance de la misère du pays. — Fol. 268 : Le maire chargé de remontrer au roi l'importance du passage de Saumur. — Fol. 274-276 : M. Cujas, docteur régent à Bourges, mandé pour professer en l'Université d'Angers. — Fol. 274 : Lettres du roi sur l'état des affaires (Paris, 4 août 1575). — Fol. 280 : Réduction de la garnison. — Fol. 305 : Délibération des paroisses au sujet d'une subvention demandée pour la construction du pont de pierre de La Flèche. — Fol. 307 : Traitement de M. Cujas. — Fol. 308 : Lettres de M. Cujas. — Fol. 314 : Rupture des grands ponts d'Angers par les grandes eaux. — Fol. 319 : Reconstruction. — Avis des charpentiers. — Fol. 320 : Chute et reconstruction de la tour près la tour Salverte. — Fol. 322 : Reprise des travaux de fortification. — Fol. 324 : Plainte de M. le gouverneur contre le sieur Cloppin, chaussetier, qui a menacé de se faire justice par lui-même des excès des soldats logés en Bressigny. — Fol. 325 : Recensement général, par maison, des armes, vivres et gens valides. — Fol. 328 : Levée de 300 soldats, dont 100 pour les Ponts-de-Cé. — Fol. 329 : Nomination, par les paroisses, de députés, pour assister aux séances du conseil de ville. — Fol. 333-336 : Logement et entretien des gentilshommes mandés en ville pour la garde. — Fol. 336 : Envoi de poudre aux Ponts-de-Cé, menacés par l'ennemi. — Fol. 337 : Réquisition de bûcherons et de charretiers pour les fascines. — Fol. 339 : Levée de 50 arquebusiers à cheval et de 100 hommes de pied sous la charge des capitaines Grand-Maison et La Touche. — Fol. 340 : Travaux des fortifications. — Fol. 341 : Réduction des compagnies de ville en centaines avec capitaine élu. — Fol. 345 : Envoi de poudre à l'abbaye Saint-Florent, près Saumur. — Fol. 347 : Tranchées et barricades au pré de la Savatte. — Fol. 349 : Défense, sous peine de mort, de toucher à l'artillerie des murailles. — Réquisition sur les boulangers. — Fol. 350 : Plaintes du sieur Menard, échevin, sur la réduction de sa compagnie en centaine.

Reg. petit in-fol., de 493 fol., dont 18 de tables.

Registre des conclusions. — Fol. 28 : Lettres du roi, donnant avis de l'édit de la pacification (Paris, 17 mai 1576). — Fol. 31 : du même, pour lever la solde des gens de guerre (Paris, 17 avril). — Fol. 39 : Remontrances à MM. de Richelieu et du Bellay, contre le projet de faire entrer des soldats en ville ou dans le pays d'Anjou. — Fol. 41 : Lettres du roi concernant l'augmentation de l'apanage du duc d'Alençon (Paris, 25 mai). — Fol. 42 : Nomination du sieur de Tilly au gouvernement d'Anjou, en l'absence de M. de Bussy. — Fol. 43 : Lettres de M. de Bussy, recommandant le bon service du roi. — Fol. 45 : Protestation des manans et habitants d'Angers de se maintenir fidèles en l'obéissance du duc d'Alençon, frère du roi. — Fol. 46 : Lettre de remerciement du duc d'Alençon. — Fol. 47 : Et de M. de Bussy. — Fol. 48 : Requête au roi pour obtenir l'éloignement des gens d'armes, exception faite des garnisons des châteaux d'Angers et de Saumur. — Fol. 52 : Commission royale à M. du Gast, pour la levée de 24,000 liv. (Paris, 1er mai). — Fol. 58 : Lettres de M. le duc d'Alençon et du sieur de Bussy, portant créance au capitaine de La Salle, envoyé vers la Mairie d'Angers. — Fol. 61 : Demande d'artillerie pour le sieur de Nery, commandant des Ponts-de-Cé. — Fol. 62-86-97 : Lettres du duc d'Anjou, concernant l'approvisionnement et la solde de la garnison du château d'Angers. — Fol. 68 : Avis de la venue en ville de M. le duc d'Anjou. — Assemblée de paroisses pour préparer sa réception. — Fol. 69 : Lettres du duc, concernant la clôture de la ville. — Fol. 91 : Plaintes de M. de Tilly, contre l'insulte à lui faite par des habitants. — Fol. 94-99 : Préparatifs pour l'entrée du duc. — Fol. 99 : Lettres du duc et de M. de Bussy, donnant avis de la remise dudit voyage après les vendanges. — Fol. 113 : Avis de l'entrée prochaine de M. de Bussy. — Fol. 114 : Entrée de M. de Bussy. — Fol. 129 : Lettres du roi à M. de Bussy, pour lui recommander le maintien de la paix entre les habitants des deux religions (Blois, 6 décembre). — Fol. 131 : Envoi de munitions aux

BB 35.
1 mai 1576.
22 avril 1578.

Ponts-de-Cé. — Fol. 134 : Lettres du roi à M. de Bussy, pour se bien garder contre toute surprise (Blois, 20 décembre). — Fol. 136 : Établir des corps-de-garde aux portes (Blois, 2 janvier 1577). — Fol. 152 : Fermeture du palais — Fol. 153 : Ordonnance pour la garde de la ville. — Fol. 170 : Liste des avances offertes par des particuliers pour aider à solder les gens de guerre du sieur de Bussy. — Fol. 174 : Envoi d'une députation en cour pour obtenir le renvoi des compagnies. — Fol. 177 : Réparation des ponts. — Fol. 184 : Subvention aux PP. augustins pour leur chapitre provincial. — Fol. 188 : Requête de frère Gilles Chauveau, religieux, prieur de l'hôpital Saint-Jean d'Angers, afin d'obtenir les lieux de Cullay et Fontaine-Berson pour sa pension. — Fol. 189 : Lettres du roi, pour le renvoi des gens de guerre (Amboise, 20 avril 1577). — Fol. 196 : Prêt forcé. — Procession générale pour la réduction de la ville de La Charité. — Fol. 206 : Réception de M. de Villeroy. — Fol. 210 : Garnisaires logés chez les habitants qui se refusent à payer l'emprunt. — Fol. 218 : Lettres du roi pour la garde de la ville (Chenonceaux, 27 mai). — Fol. 219 : du même, pour mettre fin aux désordres des troupes des sieurs de Matignon, de Rambouillet et de Vassé (Chenonceaux, 14 mai). — Fol. 228-273 : Contestation entre le maire et le lieutenant général pour la présidence du Conseil. — Fol. 233 : Lettres du roi pour le recouvrement d'un emprunt (Chenonceaux, 23 mai). — Fol. 248 : Délibération, en assemblée générale des paroisses, sur la proposition de lever une compagnie de chevau-légers pour réprimer les courses et pillages dans les campagnes du pays d'Anjou. — Fol. 260-263 : Travaux de clôture à la Basse-Chaîne. — Fol. 281-283 : L'Hôtel-de-Ville prêté au sieur de Puygaillard, pour le banquet qu'il y veut donner, après la cérémonie du service célébré pour sa défunte femme aux Cordeliers. — Cessation de la garde de nuit. — Fol. 288 : Requête adressée à M. de Tilly, par les réformés des bâillages d'Angers, Saumur, Baugé et Beaufort, afin qu'il leur soit assigné lieu pour leurs prêches. — Fol. 291 : Dépêche du Conseil de ville à M. de Tilly, pour s'opposer à la demande des pétitionnaires. — Fol. 300 : Entrée du duc d'Anjou au château. — Fol. 305 : Fermeture du palais jusqu'à nouvel ordre. — Fol. 307-310 : Préparatifs pour l'entrée en ville du duc d'Anjou. — Traité avec Adam Vaudelant et Robert Grézil, peintres ; Claude Lancel, sculpteur ; Nicolas Viriau, dit le Lorrain, architecte ; Gilbert Colpin, orfèvre, pour l'ornementation des arcs de triomphe et des présents à offrir. — Fol. 321 : Le guet remplacé par des patrouilles. — Fol. 325 : Prêt de linge par la ville aux officiers du duc. — Fol. 326 : Présent de ville. — Fol. 329 : Préparatifs pour la représentation d'un combat naval sur la Maine. — Fol. 330 : Ordre à tenir à l'entrée de Monsieur.

ADMINISTRATION COMMUNALE. 49

— Fol. 333 : Entrée du duc d'Anjou en sa noble ville et cité d'Angers (13 avril 1578).

Reg. petit in-fol., pap., de 349 fol., une table de 20 fol.

Registre des conclusions. — Fol. 25 : Visite des travaux du port Ligner. — Fol. 42 : Pose d'une cloche en Boisnet, pour annoncer la fermeture de la porte. — Fol. 47 : Requête à M. de Tilly, de soulager l'Anjou des gens d'armes. — Fol. 49 : Construction de deux arches de pierre aux grands ponts. — Fol. 51 : Requête des bouchers, tendant à avoir liberté de se démettre de leur état et métier de boucherie à défaut d'un tarif mis sur la viande après essai. — Fol. 57 : Règlement de l'aumône générale. — Fol. 62 : Logement du bourreau. — Fol. 71-74 : Députation de ville à M. de Cossé, pour délivrer le pays des pilleries des gens de guerre. — Fol. 80 : Ordonnance royale qui met les prévôts provinciaux, lieutenants de robe courte et leurs archers sous les ordres des maréchaux de France (14 octobre 1570). — Fol. 94 · Lettres du duc d'Anjou, assurant le maire de ses bons offices (11 janvier 1579). — Fol. 94 : Du même au roi, pour le prier de décharger les habitants d'Angers de l'emprunt de 5,000 liv. — Fol. 98 : Lettres du roi à M. de Bussy, s'informant des lieux assignés aux réformés pour l'exercice de leur culte, et de tous renseignements pouvant servir à la reine-mère « en la conférence où elle est ces jours-ci entrée avec.. le roy de Navarre. » (Ivry, 29 janvier 1579). — Fol. 108 : Réparation des grands ponts. — Fol. 113 : Requête des protestants d'Angers au duc d'Anjou, afin d'obtenir liberté pour leur prêche à Cantenay, Sorges ou Avrillé, et non à Baugé, comme l'enjoint l'ordonnance de M. de Bussy. — Fol. 114 : Requête du maire au roi. — Fol. 115 : A l'évêque de Paris. — Fol. 115 : Au duc d'Anjou. — Fol. 116 : A l'évêque d'Angers, pour obtenir que le prêche reste à Baugé (Avril 1579). — Fol. 132 : Délibération en Conseil de ville sur le prêche à assigner aux protestants d'Anjou. — Fol. 137 : Lettres du duc d'Anjou à M. de Bussy, pour aviser sur le lieu à tenir le prêche. — Fol. 137 : Réponse de l'évêque d'Angers à la lettre du maire. — Fol. 138 : Lettres du duc d'Anjou au Conseil de ville, pour recommander de bien traiter de vivres et logis les Cordeliers qui passaient en ville, se rendant au prochain chapitre général de leur ordre à Paris. — Fol. 141 : Députation de ville à M. de Bussy, aux Ponts-de-Cé, au sujet du prêche. — Fol. 149 : Lettres de M. de Bussy au roi, au sujet du prêche. — Fol. 153 : Etat de la distribution et payement à faire par Mᵉ Samson Legauffre, receveur des tailles en cette ville d'Angers, sur la somme de 3,392 liv. qu'il est chargé de lever sur les manans et habitants dès l'année présente. — Fol. 158 : Assassinat

BB 36.
1 mai 1578.
24 avril 1582.

4

de M. de Bussy. — Fol. 170 : Lettres du duc d'Anjou, demandant nouvelles (Paris, 17 septembre 1579). — Fol. 181 : Etat par extrait de la pancarte des marchandises qui paient le pontonnage de la ville. — Fol. 187 : Réception de M. d'Aumale. — Fol. 189-239 : Ouverture d'une rue nouvelle aux vieilles halles. — 195-196 : Préparatifs pour la réception du duc d'Anjou. — Fol. 199 : Délibération sur les moyens de remédier à la rareté de la monnaie de billon dans le royaume. — Fol. 206 : Plaintes des habitants contre l'oppression des gens de guerre du château. — Le maire chargé par le Conseil de les présenter au duc d'Anjou. — Fol. 211 : Etablissement projeté d'une troisième boucherie aux Halles. — Fol. 223 : Plaintes contre les atteintes portées par le prévôt aux priviléges des habitants. — Fol. 225 : Lettres du duc d'Anjou, annonçant l'envoi d'officiers pour rechercher les auteurs de l'entreprise tentée sur le château d'Angers (Bourgueil, 26 avril 1580). — Fol. 227 : Réponse du Conseil de ville : « L'alarme qui s'est donnée a estée l'occasion du bruict que le cerf et la bische estans ou foussé du chasteau firent la nuictée de la vigille Saint-Marc. » — Fol. 232-241 : Demande en autorisation de construire un quai en Lesvière. — Fol. 233-235 : Requête au roi d'enjoindre au maître de la Monnaie d'Angers de fabriquer menue monnaie « comme liards, doubles et deniers, pour s'en aider au menu trafic et aux aulmosnes. » — Fol. 240 : Démolition de la vieille porte de Boisnet. — Lettres du duc d'Anjou, pour recommander M. Sarred, trésorier général des finances à Blois (20 mai 1580). — Fol. 242 : Requête des arbalétriers pour la conservation de leur maison des Halles. — Fol. 243 : Requête au roi, pour l'entretien des levées de la Loire. — Fol. 244 : Assemblée générale des paroisses pour délibérer sur l'enlèvement des bourbiers et immondices de la ville. — Fol. 249 : Visite du corps de ville à M. de Sausac, nouveau commandant du château. — « Les cartes des peinctures faites pour l'entrée » du duc d'Anjou, « mises en tableaux de bois » dans la salle du Conseil. — Fol. 253 : Lettres du duc d'Anjou, pour la bonne réception des ambassadeurs de Flandre. — Fol. 256 : Clôture des Halles. — Fol. 258 : Lettres du duc d'Anjou, qui exemptent son duché de levées d'hommes pour la Flandre. — Fol. 265 : Requête à M. de Tilly, pour garder le pays du passage des compagnies. — Fol. 266 : Visite et présent à M. d'Emery, fils du président de Thou. — Requête du Conseil de ville au duc d'Anjou, contre le prieur de l'hôpital Saint-Jean d'Angers. — Fol. 283 : Remboursement au sieur Guesdon de ses frais du voyage de Vihiers, pour s'enquérir du prix des bestiaux. — Fol. 285 : Lettres royaux autorisant les villes de l'apanage du duc d'Anjou à lui faire un don gratuit et le duc à l'accepter (5 novembre 1580). — Fol. 298 :

Visite du corps de ville aux ambassadeurs de Flandre. — Fol. 301 : Règlement de l'aumône générale et publique. — Fol. 305 : Commission chargée de visiter « les ruines advenues en la perrière du Petit-Boucornu. » — Fol. 309 : Remboursement des frais du banquet donné aux ambassadeurs de Flandre. — Fol. 318 : Contestation de préséance entre les échevins. — Fol. 331-134 : Nomination d'une commission pour assigner aux réformés l'emplacement de leur cimetière. — Fol. 339 : Demande du duc d'Anjou d'un subside de 25 chevaux de trait, 6 charrettes, et bon nombre de pionniers pour l'aider en la guerre de Flandre. — Fol. 341 : Délibération et refus des paroisses. — Fol. 344 : Lettres du duc d'Anjou, renouvelant sa demande (28 juin 1581). — Fol. 349 : Opposition mise par l'assemblée des députés des paroisses à toute contribution prétendue pour la réfection des ponts de La Flèche. — Fol. 350 : Nouvelles démarches pour maintenir le prêche des huguenots à Baugé et non à Cantenay. — Requête du corps de ville au sénéchal d'Anjou. — Fol. 353 : Requête des nouveaux réformés au roi. — Fol. 354 : Au duc d'Anjou, pour obtenir l'établissement du prêche dans les faubourgs d'Angers, aux Ponts-de-Cé, à Cantenay, à Sorges ou à Avrillé. — Fol. 354 : Lettres du duc d'Anjou, assignant le prêche à Cantenay. — Fol. 355 : Lettres royaux, confirmant la désignation faite par le duc d'Anjou (6 juillet 1581). — Fol. 358 : Opposition de par la ville à l'exécution des lettres royaux. — Fol. 359 : Emplacement, près l'église Saint-Ladre, assigné pour cimetière aux huguenots. — Fol. 360 : Mission de l'évêque d'Angers et de M. Liberge, auprès de M. le duc de Montpensier. — Fol. 381 : Lettres du roi, commandant des processions et prières publiques pendant un an, pour obtenir de Dieu qu'il lui donne un fils (Paris, 26 octobre 1581). — Fol. 395 : Le Conseil de ville décerne à Me René Chopin le titre et les droits d'échevin d'Angers, et à ses descendants qui viendront s'établir en ville les droits et honneurs des notables citoyens. — Fol. 388 : Mort de M. de Tilly. — Fol. 389 : Obsèques dudit lieutenant du roi. — Fol. 391 : Lettres au duc d'Anjou, pour lui annoncer la mort de M. de Tilly et le prier de ne pas le remplacer. — Fol. 397 : Procuration donnée par le corps de ville au maire, pour s'opposer à la création d'une nouvelle Élection à Beaufort. — Fol. 403 : Lettres du duc d'Anjou, nommant le sieur de Hallot au commandement du château d'Angers. — Fol. 417 : Lettres de M. le comte du Lude aux échevins d'Angers. — Fol. 418 : De la Mairie de Tours. — Fol. 419 : Du roi au duc de Montpensier (Paris, 22 janvier et 13 février 1582). — Fol. 422 : Du duc de Montpensier. — Fol. 427 : Du roi aux échevins d'Angers, pour mettre fin aux ravages des gens de guerre (Paris, 5 mars). — Fol. 434 : Du duc d'Anjou, donnant avis de la nomination de M. de Saint-Aignan pour gouverneur et lieutenant général en Anjou (6 janvier 1582). — Fol. 435 : Du même, aux échevins d'Angers (Anvers, 19 févr. 1582). Il leur explique longuement sa politique et la nécessité d'occuper par une guerre étrangère les esprits et les bras des turbulents et des ambitieux. — Fol. 438 : Lettre de M. de Saint-Aignan, annonçant son arrivée prochaine et ses bonnes intentions.

Reg. petit in–fol., de 445 pages ; une table de 17 fol.

BB 37.
1 mai 1582.
27 avril 1584.

Registre des conclusions. — Fol. 14 : Emplacement de tuerie demandé par les bouchers de la paroisse de la Trinité. — Fol. 21 : Requête présentée au Conseil privé du roi, par Pierre de Sarred, trésorier de France et général des finances au comté de Blois, en revendication des arrérages de la rente à lui due par la ville d'Angers sur l'emplacement de l'hôtel de la Mairie. — Fol. 25 : Plaintes contre les excès des gendarmes. — Fol. 44 : Arrêt de la cour des Monnaies qui autorise le maître et fermier de la Monnaie d'Angers à fabriquer pour 200 écus de petits deniers de cuivre (3 juillet 1582). — Fol. 46 : Lettres du duc d'Anjou à M. de Hallot, lui annonçant l'expédition du brevet en titre de gouverneur d'Anjou (Bruges, 24 juillet 1582). — Brevet du sieur de Hallot. — Fol. 48 : Projet d'une fontaine aux Cordeliers. — Fol. 49-56-58 : Mesures préventives à l'occasion de la peste qui règne à Nantes. — Fol. 53 : Lettres du duc d'Anjou annonçant l'arrivée de commissaires royaux chargés de recueillir les plaintes et doléances du pays d'Anjou et de réformer la justice (3 octobre 1582) — Fol. 55 : Règlement pour l'office de connétable des portes de la ville. — Fol. 56 : Requête des archers du jeu de l'arc afin d'être maintenus dans la jouissance de leur enclos du portail Toussaint. — Fol. 70 : Députation de ville au roi, afin d'obtenir aide et subside pour la restauration de l'Université d'Angers. — Fol. 71 : Règlement pour l'aumône. — Fol. 79 : Règlement de préséance pour le maire et les juges magistrats. — Fol. 87-88 : Projet de construction d'un hôpital pour les pestiférés. — Fol. 88 : Délibération en assemblée générale pour décider le maintien du sieur Des Roches au commandement du château de Rochefort. — Fol. 90 : Commande de chaises et brancards pour transporter les malades atteints de peste. — Fol. 99 : Mesures de salubrité. — Fol. 100 : Délibération en assemblée générale, sur l'emplacement à choisir pour le sanitat. — Fol. 103 : Plaintes du Conseil de ville à l'évêque contre les religieux de l'hôpital Saint-Jean qui demandent à partir. — Fol. 105 : Visite du corps de ville aux évêques réunis à Angers pour le concile provincial. — Fol. 106 : Subvention aux religieux de l'hôpital Saint-Jean, pour aider aux frais de nourriture et de médicaments qu'entraîne l'affluence des malades de la peste. — Fol. 107 : Transport des lits des aumôneries Saint-Michel et Fils-de-Prêtre à l'hôpital Saint-Jean. — Fol. 108 : Tenue du marché hors ville. — Fol. 109 : Ordre aux magistrats de la prévôté de revenir prendre les fonctions de leur charge, sous peine de révocation. — Fol. 110 : Règlement concernant le salaire des médecins, chirurgiens et apothicaires de l'Hôtel-Dieu. — Fol. 111 : Nomination de messire François Lethielleux, docteur en médecine, pour médecin ordinaire de l'hôpital, en remplacement de Jullian Boisineux, démissionnaire, et au refus de tous les autres médecins de remplir la charge pendant la contagion. — Fol. 112 : Sommation aux connétables des portes de remplir leur charge en personne. — Dédicace d'un cimetière pour les pestiférés des faubourgs, près l'église Saint-Sauveur. — Levée extraordinaire de deniers pour l'entretien des malades de l'hôpital Saint-Jean. — Fol. 117 : Lettres du duc d'Anjou au Conseil de ville, demandant aide et subside pour l'achèvement de ses desseins (Château-Thierry, 30 novembre 1583). — Fol. 118 : Assemblée des paroisses pour en délibérer. — Fol. 122 : Différend pour la préséance entre le lieutenant particulier et le lieutenant criminel. — Fol. 126 : La ville s'excuse au duc d'Anjou de ne lui pouvoir aider. — Lettre de M. Pinard, racontant au Conseil de ville la réconciliation du roi et du duc d'Anjou, son frère (Paris, 13 février 1584). — Fol. 129 : Saisies de poudre chez les marchands, pour fabrication et vente illicites, par Gratian Janvier, canonnier ordinaire et chargé des pouvoirs du sieur des Robinnières, commissaire général des magasins de poudres et salpêtres en les généralités de Bretagne et de Languedoil.

Reg. petit in-fol., pap., de 31 fol.

Registre des conclusions. — Fol. 1 : Arrêt du Parlement de Paris qui réduit le corps de ville d'Angers à un maire, 4 échevins et 12 conseillers (21 avril 1584). — Fol. 21 : Lettres de François, duc d'Anjou, demandant emprunt de 12,000 écus. — Du même, priant le Conseil d'accorder un logis en ville au sieur du Hallot. — Fol. 29 : Surprise du château d'Angers. — Fol. 33 : Réception de M. de Brissac. — Fol. 34 : Lettres royaux qui nomment ledit sieur capitaine de la ville et du château d'Angers (Fontainebleau, 13 juillet 1584). — Fol. 37 : Assemblée générale pour prévenir la contagion et pourvoir à la nourriture des pauvres. — Fol. 40 : Appropriation des grands greniers de l'hôpital Saint-Jean pour les malades. — Fol. 41 : Nomination d'un prévôt du Sanitat et de ses quatre corbeaux. — Leurs attributions. — Fol. 46 : Ordonnance contre les habitants « mal intentionnés à la santé de la

BB 38.
1 mai 1584.
25 avril 1586.

ville, » qui rompent les cadenats mis aux portes des pestiférés. — Fol. 48 : Ordre au portier du portail Saint-Aubin de tenir la porte et le guichet clos aux habitants de Bressigny, qui amènent « de force et à port d'armes » leurs morts au cimetière Saint-Martin. — Fol. 51 : Emigration générale des habitants, « estant plus du tiers.. jà decédez. » — Fol. 52 : Augmentation des gages de Me Giffard, chirurgien de l'hôpital, pour lui aider à payer ses aides. — Fol. 58 : Lettres du comte de Brissac, portant nomination à la lieutenance de la ville et du château d'Angers en faveur de Pierre de Normanville, sieur de Boucaulle (27 septembre 1584). — Fol. 61 : Allocation des arrérages de la rente constituée par la ville au profit de Marin Liberge. — Fol. 64 : Ordonnance concernant la perception du droit de pavage. — Fol. 68 : Bail à ferme des carrières du grand et du petit Boucornu, appartenant à l'Hôtel-Dieu d'Angers. — Fol. 72 : Lettre du roi et « mémoire déclaratif de ses vouloir et intention » concernant la religion, et l'administration des finances et de la justice (Paris, 26 mars 1585). — Fol. 75 : Ordonnance pour la garde de la ville. — Fol. 76 : Lettre de M. de Brissac, portant créance pour M. de Surgères, gouverneur du château (10 avril 1585). — Fol. 81 : La ville d'Angers, représentée par le maire, M. René Morin, parrain, et mesdemoiselles de Lancreau et Louet, tient sur les fonts de baptême la fille du comte de Brissac. — Fol. 82 : Lettre du duc de Montpensier, recommandant « d'avoir l'œil ouvert à la conservation » de la ville et de se garder de surprise. — Fol. 97-99 : Engagement réciproque conclu entre le corps de ville et le comte de Brissac, par lequel le comte « promet à tous ne les vexer.. d'aulcunes garnisons.. si par eulx mesmes.. ne luy estoient demandées, » à charge par la ville de ne reconnaître autre gouverneur que lui et de ne traiter avec personne sans son congé. — Fol. 101 : Lettre écrite au comte de Laval, par le sieur d'Avantigny, et interceptée sur un marchand de Vitré. — Fol. 104 : Tentative d'assassinat sur le maire d'Angers par un sieur Fleuriau, recors de sergents. — Fol. 110 : La veuve du sieur de Puygaillard maintenue dans la jouissance des privilèges de son mari. — Fol. 114 : Reprise de la contagion. — Fol. 120 : Accord avec M. de Puicharic pour la démolition du château. — Fol. 125 : Allocation « à une pauvre femme qui avait assisté et gouverné des blessés estans malades à Saint-Aulbin. » — — Fol. 132 : Nomination de deux « phiffres » de ville. — Fol. 133 : Réouverture d'enquête pour l'exploitation d'une carrière à Trélazé. — Réintégration aux maire et échevins de Nantes « des pouldres qu'ilz prestèrent.. pendant la surprise du chasteau. » — Fol. 137-139 : Lettres du roi, recommandant bonne garde de la ville et des passages des rivières (Paris, 1er avril 1586). — Main mise sur les charrières et bateaux, depuis Saint-Florent jusqu'à Saumur. — Soulèvement des habitants de Saumur contre le prévôt des maréchaux d'Angers et ses archers, chargés de la commission.

Reg. in-fol., pap., de 142 fol.

Registre des conclusions. — Fol. 1 : Prière aux nobles convoqués pour la défense de la ville de se loger ès faubourgs. — Ordre aux bouchers de doubler leurs approvisionnements, aux boulangers de faire deux sortes de pains de munition : de méteil pour les soldats, de seigle pour les pionniers ; à l'exécuteur de la haute justice, d'appréhender au corps tous les pauvres valides et de les mener aux tranchées. — Fol. 2 : Envoi d'armes et de munitions aux Ponts-de-Cé. — Fol. 3 : Travaux de fortification. — Fol. 4 : Levées d'hommes aux frais du pays. — Fol. 4 : MM. de Brissac, de Mercœur et de Montpensier priés, au nom de la ville, de ne point visiter les tranchées. — Fol. 5 : Défense de communiquer avec les soldats qui ont surpris le château. — Fol. 6 : Ordre de fermer les boutiques, de tendre les chaînes et de se tenir en armes, prêt à marcher pour la garde. — Sequestre des bateaux. — Fol. 8 : Poudre et munitions délivrées à M. de Saint-Offange, pour la garde du château de Rochefort. — Fol. 9 : Obsèques du capitaine du Fresne, échevin. — Fol. 11 : Nomination de commissaires pour faire le procès du sieur du Hallot.— Fol. 12 : Emprisonnement des proches parents des séditieux qui occupent le château. — Les huguenots de la ville internés dans leurs maisons. — Les ouvriers des perrières mandés pour travailler aux tranchées. — Fol. 13 : Ordre aux habitants des paroisses de Savennières et d'Epiré de faire la garde en armes, jour et nuit, au château de la Roche de Serrant. — Fol. 15 : Armement des bateaux montés par les troupes. — Fol. 16 : Envoi de commissaires à Nantes, pour acheter quatre milliers de poudre à canon. — Fol. 17 : Location et achat de linge pour le service de M. le comte du Bouchage, gouverneur. — Fol. 20 : Confiscation « des lits, charlits, tables et autres ustensiles de mesnage » de tous les protestants demeurant en ville, pour servir aux malades et blessés de l'armée royale recueillis dans l'abbaye Saint-Aubin. — Fol. 21 : Main mise sur tous les moulins de la Vallée, pour le service de la ville. — Prêt de poudre et d'armes aux religieux de St-Serge.—Visites dans les greniers et mise en vente forcée des blés. — Fol. 22 : Noms des gens qui ont surpris et rendu le château d'Angers. — Fol. 24 : Réquisition forcée de souliers pour les soldats. — Fol. 25 : Ambassade de ville à M. du Bouchage, gouverneur, pour autoriser les habitants d'Angers à mettre à exécution les lettres patentes du roi, qui commandent le rasement du château.

BB 39.
20 septembre.
5 décembre 1585.

— Les armoiries des gentilshommes qui sont venus au secours de la ville seront peintes autour de la salle du Conseil. — Gratification aux soldats. — Fol. 26 : La ville fait les frais des obsèques du sieur Martin d'Ahuillé, mort au service du roi, et de la maladie du sieur de Chavigné. — Fol. 28 : Les maçons, charpentiers, couvreurs de la ville requis pour le rasement du château. — Fol. 30 : Commencement des travaux. — Fol. 33-34 : Secours aux soldats blessés. — Fol. 37 : Payement des ouvriers employés à la démolition du château. — Fol. 50 : Ordonnance de police pour la garde de la ville.

Reg. petit in-fol., de 54 fol., pap., sans couverture.

BB 40.
9 avril 1589.
27 avril 1590.

Registre des conclusions. — Fol. 1 : Protestation du Conseil de ville « de vivre et mourir en l'obéissance du roi. » — Remise par les officiers de leurs charges entre les mains du maréchal d'Aumont. — Offre « de bailler pour ostages telz et en tel nombre des habitans.. qu'il luy plaira. » — Vœu pour le rétablissement de la Mairie en son ancien état. — Fol. 2 : Lettres du maréchal d'Aumont, contenant procès-verbal du rétablissement de l'ancienne forme de la Mairie d'Angers, de la réintégration en leurs charges des anciens échevins survivants, des nominations aux charges vacantes par décès, de l'institution des capitaines, cinquanteniers et sergents des compagnies bourgeoises, et de la teneur du serment prêté par tous les officiers de la ville. — Fol. 8 : Lettres du roi, approbatives desdites mesures (Tours, 1er mai 1589). — Fol. 9 : Commission royale à Me Charles Turquaut, pour procéder, à Angers et en Anjou, au règlement et à la réformation de la justice (Tours, 16 avril). — Fol. 15 : Allocation au sieur Gasteau, chirurgien, « pour le pensement, medicamans et nourriture de Martial Lavergne, soldat, recommandé par M. le maréchal d'Aumont. » — Fol. 18 : Requête des hôteliers des faubourgs, « afin de recompance des pertes.. pour avoir deffrayé durant quinze jours l'armée de M. le maréchal. » — Fol. 20 : Injonction aux habitants de s'approvisionner de poudre, d'armes et d'outils pour les travaux de guerre. — Fol. 21 : Mesures pour la garde de la ville. — Fol. 22 : Chaque compagnie bourgeoise tenue d'avoir « quatre moulins à bras pour moudre blés. » — Fol. 23 : Contribution de 100,000 écus mise par le roi « sur ceux de la Ligue, » à Angers. — Demande en réduction. — Fol. 26 : Escorte de 6 soldats donnée au maire, pendant l'absence du gouverneur. — Fol. 29 : Le maréchal de Retz et le marquis de Belle-Isle, son fils, priés de ne pas entrer en ville et de prendre logis aux Ponts-de-Cé. — Fol. 33 : Dépôt, par M. Jeh. Lemarié, ancien greffier, des archives et titres de l'Hôtel-de-Ville. — Recherche des détenteurs « du Neptune de bronze » autrefois placé sur la fontaine Pied-Boulet, et du plomb du canal des Cordeliers. — Fol. 37 : « Estat de ce qui est nécessaire pour la conduicte de troys pièces d'artillerie que baille M. de Puichariq, pour mener à M. de la Rochepot. » — Fol. 39 : Annonce de la blessure du roi. — Députation à MM. de la Rochepot et de Puicharic, « pour les supplier d'aymer tant cette compaignie qu'ilz entretiennent l'union et pays en cette ville. » — Fol. 43 : Mort du roi. — Déclaration du corps de ville « qui est, quand à la religion, ilz désirent vivre et mourir, comme devant, en la religion catholique, apostolique et romaine, et à l'estat, police et gouvernement de ladite ville et pays, s'en.. remettant du tout en l'obéissance de mesdits sieurs de la Rochepot et de Puichery leurs gouverneurs. » — Fol. 49 : Fourniture de vivres et de munitions pour la reprise du Lion-d'Angers. — Fol. 55-66 : Service funèbre pour le roi Henri III. — Fol. 56 : Règlement des frais de la reprise du château d'Angers. — Fol. 68 : Ordonnance pour la garde de la ville. — Fol. 77 : Fourniture de poudre, piques et bateaux pour la reprise de Briollay. — Fol. 105 : Opposition du corps de ville « à l'installation de M. Jeh. Boyleau dans l'office de général surintendant sur les deniers communs, patrimoniaux et d'octroys en la généralité de Tours. » — Fol. 106-108 : Levée d'une compagnie de 40 arquebusiers à cheval, et garnison mise à Saint-Jean des Mauvrets, « pour empescher les courses des ligueurs de Brissac et du fort de Mécrin. » — Fol. 114 : Fourniture de vivres et munitions pour le siége de Brissac. — Fol. 117 : Remontrances au roi du privilége de la ville d'être exempte des taxes. — Fol. 118 : Feux de joie pour la bataille d'Ivry. — Fol. 120 : Service funèbre pour la reine-mère. — Fol. 121 : Règlement pour la solde et la nourriture de la garnison. — La noblesse d'Anjou appelée à la défense de la ville.

Reg. in-fol., pap., de 129 fol. En très mauvais état; les 15 premiers folios en partie pourris par l'humidité, tout le volume très fort endommagé. — Le registre contenant les conclusions de mai 1586 - 1589 manque.

Registre des conclusions. — Plainte du maire contre les absences fréquentes des échevins. — Fol. 6 : Prière à M. l'évêque d'Angers d'enjoindre aux prédicateurs des ordres mendiants de rappeler dans leurs sermons l'obéissance due à la majesté royale. — Fol. 22 : Assemblée des paroisses pour consentir le prêt demandé pour la guerre. — Fol. 34 : Demande d'ouverture d'une rue aux Vieilles-Halles. — Fol. 37 : Envoi de secours à Châteaugontier. — Fol. 52 : Livraison de poudre pour le siége de Brissac. — Fol. 58 : Envoi de soldats à M. de Briacé, gouverneur des Ponts-de-Cé, de canons à M. de la Rochepot. — Fol. 65 : Marchés pour l'entretien et l'approvisionnement

BB 41.
1 mai 1590.
26 avril 1591.

des corps de garde ordinaires. — Fol. 66 : Liste des corps de garde « qui se posent extraordinairement quand l'occasion le requiert. » — Fol. 72 : Intervention du corps de ville au procès pendant au Conseil d'Etat contre M° Jehan Boyleau, afin d'obtenir la suppression de termes injurieux à l'honneur de la ville portés dans les écritures dudit Boyleau. — Fol. 79 : Requête au roi afin d'obtenir le doublement du droit de cloison sur les denrées et les marchandises afin de contribuer aux réparations urgentes des fortifications, demandées par M. de Puicharic. — Fol. 80 : Les habitants requis par corvées pour les travaux. — Fol. 95 : Assemblée des paroisses pour arriver aux moyens de payer les dettes de la ville. — Fol. 150 : Etat des payements que fera M° Laurens Davy, receveur des deniers communs, sur la retenue du dernier emprunt royal autorisé par les paroisses. — Fol. 160 : Ordre des gardes de ville.

Reg. petit in-fol., pap., couv. parch., de 171 fol.

BB 42.
1 mai 1591.
24 avril 1592.

Registre des conclusions. — Fol. 6 : Attestation délivrée par le Conseil de ville à M. de Puicharic des frais par lui faits à la reprise des forts de Morannes et du Lion-d'Angers, des châteaux de la Roche de Serrant et de Gilbourg. — Fol. 11-14 : Reprise des travaux de fortification. — Fol. 14 : Retrait des papiers de M. du Hallot. — Fol. 15 : Recherche et expulsion des habitants des villes rebelles réfugiés en ville. — Fol. 23 : Requête à M. de Conti d'amener l'armée royale au siége de Rochefort. — Fol. 25 : Requête de la communauté des archers, afin d'être maintenus en la maison qu'ils ont fait bâtir. — Fol. 26 : Opposition du Conseil à toute vente ou aliénation de la place des Halles. — Fol. 28 : Subvention de 2,000 écus accordée à l'hôpital Saint-Jean, pour lui aider à payer ses dettes. — Fol. 29 : Envoi de vivres aux soldats de M. de Puicharic qui assiégent le château de Sautray, surpris par les ennemis. — Fol. 30 : Ambassade de ville à MM. de Rambouillet et de Thouarcé, pour obtenir le démantellement du château de Sautray. — Fol. 31 : Etablissement d'un bac à Epinard. — Fol. 32 : Commission nommée pour procéder à l'égail des frais de la reprise du château d'Angers. — Fol. 37 : Délibération de l'assemblée des paroisses sur l'emprunt demandé par le roi pour l'entretien de ses troupes étrangères. — Fol. 45 : Gages de l'avocat du Conseil de ville. — Fol. 46 : Ambassade de ville à M. le prince de Conti, pour le prier d'amener en Anjou l'armée royale. — Fol. 55-73 : Assemblées des paroisses pour voter les frais d'entretien de l'armée de M. de Conti, appelée contre M. le duc de Mercœur. — Fol. 64 : Fortifications de la ville depuis la casemate Saint-Blaise jusqu'au boulevard Saint-Serge. — Creusement des fossés. — Fol. 68 : Adjudication des travaux au rabais.

Reg. petit in-fol., pap., de 78 fol.

Registre des conclusions. — Fol. 1 : Création d'une garde d'honneur du maire. — Fol. 3 : La ville soutiendra en justice son droit d'avoir poudres et poudrières, contesté par le sieur des Robinières, commissaire général des poudres et salpêtres. — Fol. 5 : Mesures de sûreté pour parer aux conséquences de la déroute de Craon. — M. de Puicharic blessé, M. de la Rochepot prisonnier. — Ordre aux habitants de s'approvisionner de vivres et de munitions, aux boulangers de garnir leurs greniers. — Fol. 7 : Emploi d'urgence des fonds libres pour achat de poudres et autres frais de guerre. — Fol. 8 : Nomination d'une commission spéciale pour assister M. de Puicharic en cas d'affaire imprévue. — Réparation des fortifications. — Fol. 10 : Subside à M. le prince de Conti, pour lui aider à rallier l'armée éparse sur les campagnes. — Fol. 15 : Ordre tenu aux obsèques de M. Hunault de la Thibaudière, décédé maire. — Fol. 18 : Plaintes des habitants contre les pillages des gens d'armes. — Fol. 19 : Semonce aux sergents de la Mairie. — Fol. 22 : Rôle des dépenses des fortifications. — Fol. 24 : Prière à M. de la Rochepot de représenter au roi la détresse du pays d'Anjou par suite des pillages sans fin des gens d'armes. — Fol. 25 : Travaux au port Ayrault. — Fol. 26 : Offre de six cents écus à M. de Puicharic, chargé de conduire les canons à M. le prince de Conti, pour lui aider à prendre et détruire en passant les forts de la Feslière, Morannes et les moulins de Dangé, qui incommodent les habitants. — Fol. 28 : Etablissement d'un four à chaux pour la ville dans la maison du château Gaillard, près Saint-Serge. — Fol. 29 : La ville avance cinq cents écus pour payer les frais de séjour des officiers de l'artillerie royale qui refusaient de partir. — Fol. 34 : Avis donné par M. le prince de Conti et le maréchal d'Aumont que l'armée royale est en marche pour assiéger Rochefort. — Fol. 35 : Préparatifs pour recevoir les blessés. — Fol. 37 : Assemblée des paroisses pour accorder un subside. — Fol. 44 : Construction de six moulins à blé en ville, pour les nécessités du siège. — Fol. 45 : Demande d'un nouveau subside pour les chefs de l'armée royale. — Fol. 46 : Pose solennelle, par M. de Puicharic, de la première pierre de la contre-escarpe Saint-Serge. — Envoi de poudre à l'armée devant Rochefort. — Fol. 47 : Mémoire de munitions fournies à l'armée royale. — Fol. 51 : Remontrances des habitants des frais par eux faits pour le siège. — Envoi de bateaux et d'armes. — Fol. 52 : Défense aux sergents d'enrôler de force, pour le siège, les mar-

BB 43.
1 mai 1592.
30 avril 1593.

chands, laboureurs ou autres gens de métier qui amènent des provisions en ville. — Fol. 53 : Nouvelle demande de subside adressée au Conseil par les chefs de l'armée royale. — Levée du siége de Rochefort. — Fol. 54 : Requête au roi pour l'éloignement des gens d'armes qui couvrent et ruinent le pays, en attendant le ralliement de l'armée. — Fol. 55 : Mesures de sûreté. — Garnisons mises à Montriou, Douces, Saint-Mathurin-sur-Loire, la Possonnière. — Galiote armée au confluent de la Maine et de la Loire. — Préparatifs contre les forts de la Feslière, Dangé, Morannes, Montreveau. — Fol. 56 : Renouvellement des ordonnances pour la garde de la ville. — Fol. 57 : Garnison des Ponts-de-Cé. — Fol. 63 : Annonce de la marche du duc de Mercœur sur la ville. — Fol. 64 : Ambassade de ville au roi, pour récuser le sieur de la Proustière comme intendant de la justice. — Fol. 71 : Délibération sur l'approvisionnement et la garde de la ville. — Fol. 74 : Députation pour saluer le roi à Tours. — Adresse de la ville. — Fol. 79 : Préparatifs pour la réception du roi. — Fol. 80 : Rapport des députés envoyés au devant du roi à Saumur. — Fol. 86 : Reconstruction des maisons sur les grands ponts. — Fol. 87 : La ville forme opposition à un monitoire publié aux prônes des paroisses et affiché aux portes des églises, « comme abusif, scandaleux, injurieux et tendant à sédition. » — Fol. 93 : Projet d'une rue aux Vieilles-Halles.

Reg. petit in-fol., pap., de 94 fol. Sur la couverture est écrit : « Il y a un pareil registre aux archives et armoires de la maison de ville... faict sur les minutes et feuilles volantes trouvées en l'Hostel-de-Ville par moy greffier de lad. mairie pendant que l'autre registre fut esgaré et depuis recouvert par M. Dumesnil la première année de son mairat en 1609. »

BB 44.
1 mai 1592.
30 avril 1593.

Registre des conclusions. — Double du précédent (Voir une note à l'article BB 38).

Reg. petit in-fol., pap., de 174 fol.

BB 45.
1 mai 1594.
27 avril 1596.

Registre des conclusions. — Fol. 4 : Députation aux Ponts-de-Cé pour prier la reine de venir loger en ville. — Fol. 9 : Retrait des garnisons des châteaux de Chaufour près Angers, Huillé, la Roche-d'Iré. — Fol. 10 : Avis de la reprise du château du Plessis-Bourré. — Fol. 20 : Siége de Bazouges. — Fol. 28-32 : Publication de la trève. — Fol. 49 : Saisie de tableaux volés à la ville. — Fol. 52 : Opposition de l'assemblée des paroisses à l'exécution des lettres patentes du 4 septembre, qui ordonnent la perception d'un subside sur le vin et les marchandises de passage, pour servir à l'entretien de la garnison du Plessis-Bourré. — Fol. 55 : Protestation des représentants de la famille Bourré contre l'usurpation faite de leur château par M. de Rambouillet, et offre d'en faire la garde au profit du pays, à leurs frais, sans aide ni subside. — Fol. 62 : Retrait de la garnison du château de la Courtoiserie en Saint-Remy en Mauges. — Fol. 69 : Interdiction demandée de la sortie des blés d'Anjou. — Fol. 80 : Te Deum à l'occasion de l'attentat de Pierre Chastel. — Fol. 81 : Requête au roi demandant l'expulsion des Jésuites. — Fol. 91 : La ville paie 12,000 écus à M. de Bois-Daulphin, 4,000 à M. de la Houssaye Saint-Offange, pour la prolongation des trèves. — Fol. 94 : Réclamation des bouchers contre les prétentions des commissaires royaux. — Fol. 95 : Défense du port d'armes de guerre. — Fol. 106 : Exposé par le maire des misères du plat pays d'Anjou. — Fol. 111 : Maître Maurice Joyau, médecin de Provins, déchargé de la taxe. — Fol. 115 : Demande de secours à M. de la Rochepot, contre les pillages commis par les troupes de M. de Mercœur, au mépris des trèves promises. — Fol. 129 : Requête au roi d'une part des décimes du diocèse, pour l'entretien des enfants trouvés et le salaire des docteurs régents de l'Université. — Fol. 132 : Octroi demandé par le Conseil de ville d'un impôt de vingt sols par pipe de vin vendue en détail, pour aider aux charges de la ville. — Fol. 136 : Députation du corps de ville pour saluer la reine aux Ponts-de-Cé, à son retour d'Ancenis. — Permis aux Pères des pauvres de l'hôpital Saint-Jean de quêter dans les maisons. — Fol. 143-164 : Envoi d'une députation du corps de ville aux villes de la rivière de Loire : Saumur, Tours, Amboise, Blois, Orléans, Beaugency, Moulins, Roanne, pour obtenir le passage libre de 6,000 muids de blé pour les nécessités d'Angers et des Ponts-de-Cé. — Fol. 154 : Assemblée des paroisses pour le règlement de l'aumône publique. — Fol. 162 : Délibération sur l'offre faite au Conseil de ville, par M. de Bois-Dauphin, d'une suspension d'armes. — Fol. 164 : Procession générale pour l'heureux succès des armes du roi. — Fol. 165 : Emprunt de 6,000 écus pour obtenir de M. de Bois-Dauphin l'observation de la trève pendant la saison de la récolte des fruits. — Fol. 175 : Assemblée générale pour mettre opposition à l'érection d'un présidial à La Flèche. — Fol. 189 : Contribution de la ville au rachat du sieur de Hurtault et des autres prisonniers détenus à Clisson par M. d'Avaugour. — Fol. 194 : Te Deum et feux de joie « pour l'absolution concédée par le saint père le pappe, pour la personne du roy receu premier filz de l'Eglise. » — Fol. 205 : Fourniture de 10,000 pains de munition à M. de la Rochepot, pour l'armée qu'il conduit contre le château de Tigné. — Fol. 213 : Mesures de sûreté sur l'avis reçu d'un rassemblement de troupes ennemies à Saint-Georges et à la Possonnière, pour faire diversion au siége de Tigné. — Fol. 230 : Certificat délivré par la ville à M. de Boistravers, de l'incendie et pillage de son château de la Cornouaille par les ennemis. — Fol. 240 : Remontrances au roi pour la liberté des places et étaux concédés par la ville aux maîtres bouchers et poissonniers. — Fol. 246 : Requête des maîtres teinturiers-drapans contre les marchands de draps. — Fol. 251 : Les boulangers exemptés de justifier de l'origine du sel dont ils se pourvoient. — Fol. 252 : Les sieurs du Plessis de Gesté et de la Girardière détenus par le sieur de la Sèverie, nonobstant la trêve. — Fol. 259 : Protestation et mise en liberté, par ordre du Conseil de ville, du sieur de la Plante, député du duc de Mercœur et des sieurs de Saint-Offange, arrêtés à Angers au mépris du sauf-conduit.

Reg. petit in-fol., pap., de 262 fol. Le parchemin qui sert de couverture est un fragment en français d'un roman de chevalerie (XIVe siècle) du cycle de Lancelot et du roi Artus (4 pages).

BB 44.
1 mai 1596.
24 avril 1598.

Registre des conclusions. — Fol. 2 : Renouvellement de la trêve avec le duc de Mercœur. — Fol. 4-31 : Suppression du tarif levé sur les marchands au Plessis-Bourré. — Clôture des Halles. — Fol. 5 : Te Deum pour la prise de La Fère. — Fol. 7 : Avis donné par le maire de l'approche d'une escadre espagnole. — Fol. 11 : Projet de construction d'un quai derrière la Poissonnerie. — Fol. 15 : Demande par le roi d'un prompt envoi de poudre de guerre. — Fol. 19 : Requête de Me Maurille des Landes, d'être rétabli en son office d'échevin, conformément aux édits du roi. — Le Conseil passe outre. — Fol. 21 : Envoi de députés à l'assemblée de Compiègne. — Fol. 23 : Commission nommée, sur la proposition de Marin Liberge, pour aviser à rouvrir le collége de la Porte-de-Fer. — Fol. 24 : Surprise du château de Serrant. — Fol. 25 : Conférence de MM. de La Trémouille, d'Elbeuf, de Malicorne, du Plessis-Mornay, d'Emery, de Thou, de Schomberg, pour traiter à Angers de la réduction de M. de Mercœur. — Fol. 26-27 : Envoi de députés à l'assemblée de Rouen. — Fol. 26 : Plaintes des cabaretiers contre les prétentions des officiers du roi. — Fol. 31 : Défense de vendre sans autorisation des vins étrangers. — Fol. 31-42 : Envoi d'instructions aux députés de la ville à Rouen. — Fol. 46-47 : Rapport des députés. — Fol. 50 : Réforme du couvent de la Baumette. — Fol. 51 : Etablissement d'une messagerie d'Angers à La Rochelle. — Fol. 52 : Statut pour la réglementation de l'aumône publique. — Fol. 55 : Interdiction mise sur l'exportation des blés d'Anjou. — Fol. 63 : Mesures de sûreté pour la garde de la ville contre le duc de Mercœur. — Fol. 65 : Démolition des fortifications intérieures de la Haute-Chaîne. — Les portes de Boisnet murées. — Fol. 70 : Rétablissement d'une messe du St-Esprit à célébrer chaque année, le 1ᵉʳ mai, dans l'église des Cordeliers, avant l'élection du maire. — Fol. 71 : Plaintes à M. de la Rochepot, contre l'enlèvement des laboureurs et des bestiaux par les gens du duc de Mercœur. — Fol. 74 : Délibération pour aviser à entretenir en ville une garnison de chevau-légers. — Fol. 77 : Quêtes publiques de linge et d'argent pour les pauvres de l'hôpital Saint-Jean. — Fol. 96 : Règlement touchant l'élection et le service des capitaines de ville. — Fol. 97 : Désordres commis par les écoliers. — Fol. 99 : Etablissement d'un minage sur le quai de la Poissonnerie. — Fol. 104-111 : Remontrances au roi des misères du pays d'Anjou.— Fol. 105 : Levée de deux compagnies de gens de pied. — Fol. 106 : Mesures pour prévenir la disette. — Fol. 108 : Feux de joie pour la prise d'Amiens. — Demande de secours par le roi. — Fol. 109 : Envoi de messagers en quête de nouvelles des ennemis. — Fol. 116 : Certificat délivré aux habitants de Saumur, par le corps de ville, qu'il n'y a jamais eu à Angers de corporation jurée de tonneliers faiseurs de fûts à mettre vin. — Fol. 123 : Autorisation donnée au Ronceray et à l'hôpital Saint-Jean de faire combler deux boires nuisibles près Boisnet dans la Maine. — Fol. 130 : Demande d'un second service de messagerie d'Angers à Laval. — Fol. 131-147 : Annonce de la venue du roi. — Préparatifs au logis Barrault pour le recevoir. — Fol. 131 : Ordre aux concierges des hôpitaux et aumôneries de loger gratis la nuit les pauvres qui n'ont pas de gîte. — Fol. 133 : Priviléges, pour l'entrée du vin, confirmés par le Conseil au roi du Papegault. — Fol. 135 : Offre faite au roi, en assemblée générale, de 24,000 livres pour les frais de la guerre de Bretagne. — Fol. 139 : Requête au roi pour la dotation de l'Université. — Projet de translation des écoles de droit au collége de Bueil. — Fol. 142 : Subvention à Mᵉ Jullien Savine, principal du collége de la Porte-de-Fer, pour remettre ledit collége en exercice. — Fol. 150 : Doublement des taxes pour les frais de la venue du roi. — Fol. 151 : Le clergé s'y refuse. — Fol. 155 : Présent à M. le maréchal de Retz. — Fol. 157 : Etat et rôle des seigneurs et dames de la cour qu'il faut gratifier en présent. — Fol. 158 : Etat de ceux qu'il faut gratifier en argent. — Fol. 162 : Nomination des commissaires chargés d'offrir les présents aux seigneurs de la cour. — Fol. 163 : Entrée du roi Henri IV. — Fol. 164 : Etat des présents de cire faits aux seigneurs de la cour.— Fol. 173-181 : Requête au roi pour la démolition du château de Rochefort. — Fol. 188 : Requête de Mᵉ Jehan Sursin, appuyée par la ville, pour la chaire nouvelle « de lecteur royal aux lettres grecques » en l'Université d'Angers.

Reg. petit in-fol., pap., de 289 fol.

BB 47.
1 mai 1598
21 avril 1600.

Registre des conclusions. — Fol. 8 et 150 : Liste « de ceulx auxquelz le corps de ville fera présent de torches et flambeaux pour conduire la procession du Sacre (1). » — Fol. 18 : Reconstruction des ponts d'Epinard, du Lion-d'Angers, Neuville et Grez. — Fol. 19 : Le roi autorise la destruction du château de Rochefort et du fort de Dieusie, sous condition de payer 6,000 écus d'indemnité aux sieurs de Saint-Offange, et 20,000 à MM. de La Trémouille et de Mirepoix. — Assemblée générale des paroisses. — Fol. 22 : Débat de préséance entre les échevins. — Fol. 35 : Contestation réglée par le Conseil de ville entre les archers du Papegault. — Fol. 38 : Requête des maîtres bouchers contre les rôtisseurs. — Fol. 42 : Requête au Conseil, présentée par Pierre Pertus, roi du Papegault, d'expulser le sieur Pierre Nepveu de la compagnie des archers, pour injures et blasphèmes du nom de Dieu. — Fol. 42 : Règlement des frais de démolition du château de Rochefort. — Fol. 46 : La ville intervient dans le procès contre les bouchers pour les rôtisseurs. — Fol. 50 : Peste. — Mesures de salubrité. — Expulsion des pauvres valides et des vagabonds. — Fol. 51 : Nettoiement des rues. — Feux sur les places publiques. — Etablissement d'un sanitat. — Fol. 55 : Convocation générale des médecins, chirurgiens et apothicaires de la ville. — Fol. 56 : Opposition du prieur de la Papillaye à l'établissement d'un sanitat dans sa maison. — Fol. 57 : Règlement de salubrité publique. — Fol. 58 : Fermeture du palais. — Le marché tenu hors ville. — Défense aux bouchers de souffler dans la chair qu'ils vendent pour l'enfler. — Traitement des pestiférés à l'hôpital Saint-Jean. — Fol. 59 : Nomination d'un prévôt de la santé et de quatre corbeaux pour enterrer les morts dans les cimetières Saint-Samson et Saint-Sauveur, la nuit et sans pompe. — Les maisons des pestiférés marquées d'une croix blanche ou fermées de cadenats. — Ordre aux médecins de résider en ville. — Fol. 60 : Costume et service du prévôt de la santé et des 4 corbeaux. — Fol. 61 : Offre des médecins de traiter à tour de rôle, par semaine, les pestiférés. — Fol. 62 : Me René Fournier, prêtre, confesseur des malades. — Fol. 64 : Pierre Garrande, docteur en théologie, principal du collège Neuf ou d'Anjou, autorisé à se retirer de la ville avec les régents et les enfants de son collège pendant la peste. — Fol. 65 : Assemblée des paroisses pour régler les dépenses de la contagion. — Fol. 66 : L'abbé de Saint-Aubin appuie l'opposition du prieur de la Papillaye à l'établissement du sanitat dans cette maison, attendu le voisinage de Molières. — Fol. 70 : Règlement

(1) Cette liste, mentionnée ici une fois pour toutes, revient tous les ans au mois de juin, et offre l'état nominatif des fonctionnaires.

pour l'entrée des vins. — Fol. 73 : Protestation des Pères des Pauvres de l'hôpital Saint-Jean contre l'insuffisance des sommes à eux allouées pour le traitement des malades. — Fol. 75 : Certificat donné à Guillaume Ruellan, docteur régent en la Faculté de médecine, qu'il est retenu en ville pour les besoins des malades. — Fol. 77 : Levée de deniers. — Fol. 78 : Convocation de la noblesse d'Anjou « pour faire la huée aux loups qui s'attacquent aux personnes.. relaissant le bestial. » — Fol. 80 : Le maire chargé de demander en cour la démolition du château de Craon. — Fol. 83 : Et de s'opposer à la distraction de la ville de Baugé du présidial d'Angers. — Fol. 84 : Plaintes des bouchers contre la conclusion prise en faveur des rôtisseurs. — Nouvelle décision du Conseil. — Fol. 93 : M. de Puicharic fait ses adieux au Conseil de ville. — Fol. 97 : Requête de René de Saint-Offange pour la conservation d'une petite maison qui lui appartient en la basse cour du château de Rochefort. — Fol. 98 : Procession le jour de Saint-Sébastien, pour la cessation de la peste. — Fol. 103 : Expulsion des pauvres étrangers. — Fol. 106 : Assemblée des paroisses pour le déplacement du Sanitat. — Fol. 119 : Levée de deniers pour l'entretien des enfants trouvés. — Fol. 120 : Rapport du maire de son voyage en cour. — Fol. 124 : Reprise de la peste. — Avis des médecins. — Renouvellement des anciens règlements de salubrité. — Fol. 137 : Etat des frais du Sanitat. — Fol. 143 : La ville prend fait et cause pour les marchands qui ont vendu de la poudre pendant la guerre, avec son autorisation, contre les poursuites intentées par les officiers du roi à Paris. — Fol. 146 : Assemblée générale des paroisses pour empêcher l'établissement de la douane. — Fol. 162 : Le Conseil met opposition, par-devant MM. de Ris et du Fau, commissaires royaux, aux demandes des huguenots tendant à obtenir prêche et cimetière en ville ou dans les faubourgs. — Fol. 163 : Lettres du roi, accréditant lesdits commissaires pour l'exécution de l'édit de pacification (Paris, 29 mai 1599). — Fol. 163 : « Remontrances que les maire et échevins, manans et habitans d'Angers, tous les ordres assemblés par convocation générale en l'hôtel et maison commune, font à MM. les commissaires royaux, à l'encontre de la requeste présentée par Me Mathurin Jousselin, sous le nom de ses co-religionnaires réformés. » — Fol. 170-173 : Démarches pour empêcher l'installation du prêche à Sorges. — Fol. 190-197 : Le jeu de l'arbalète transféré du portail Toussaint au tertre Saint-Laurent. — Fol. 200 : Lettre du roi, mandant au Conseil qu'il a nommé le sieur de la Rochepot, gouverneur d'Anjou, son ambassadeur en Espagne (Paris, 8 novembre). — Fol. 205 : Appui demandé aux Etats de Bretagne, pour obtenir la démolition du château de Craon. — Fol. 212 :

Refus des États. — Fol. 206 : Mort de Marin Liberge. — Fol. 211 : MM. de la Rochepot et de Puicharic priés par la ville d'offrir sa chaire à M. Charpentier fils ou à M. Bignon. — Fol. 222 : Convocation générale des médecins, pour savoir si la contagion est en ville. — Fol. 226 : Députation en cour, pour empêcher la réduction du corps de ville. — Fol. 227 : Règlement des dettes contractées pour les siéges de Craon et de Rochefort. — Fol. 231 : Offre de la chaire de droit à M. Charpentier. — Fol. 232 : Nouvelles démarches pour obtenir le démantèlement du château de Craon.

Reg. petit in-fol., pap., de 248 fol.

BB 48.
1 mai 1600.
28 avril 1601.

Registre des conclusions. — Fol. 8 : Assemblée générale pour aviser aux moyens d'acquitter la ville. — Fol. 10-14 : Le sieur de la Chaussée chargé de traiter à Paris avec M. Charpentier, pour la chaire de droit vacante en l'Université d'Angers. — Fol. 21 : L'entrée de la ville interdite, sous peine de mort, aux habitants des paroisses de Villevêque, Corzé, Briollay, infectées de contagion. — Fol. 22 : Statut qui transfère les écoles de droit au collége de Bueil. — Fol. 35 : Députation envoyée à Durtal pour empêcher l'assemblée illicite de la noblesse contre les commissaires royaux de la gabelle. — Fol. 49 : Réparation des grands ponts. — Fol. 54 : Le Conseil de ville écrit à Orléans, Poitiers, Toulouse, pour faire venir un docteur régent, au refus de M. Charpentier. — Fol. 55 : Défense de battre le tambour sans autorisation. — Fol. 58 : Dédicace de l'église des Capucins. — Indemnité au prieur de Sainte-Catherine de Laval. — Fol. 68 : Requête du Conseil au nonce, pour le maintien à la Baumette des religieux réformés. — Fol. 77 : M⁰ Simon Davy envoyé à Cahors traiter, avec M. Acosta, de la chaire de droit vacante en l'Université de droit. — Fol. 79 : Cas déclaré de peste en ville. — Fol. 82 : Plaintes et remontrances à M. Baudry, trésorier de France, contre l'exagération des tailles et la rareté du numéraire. — Fol. 87 : Paul de Gerby, écuyer, autorisé à établir deux coches pour faire le service d'Angers à Orléans, à l'occasion du Jubilé institué par le pape dans cette dernière ville. — Fol. 88-109 : Nouvelles démarches pour attirer en ville un docteur célèbre en remplacement de Marin Liberge. — Opposition du Conseil au concours ouvert par l'Université pour ladite chaire de droit canon. — Fol. 94 : Te Deum pour la prise de Montmélian en Savoie. — Fol. 107 : Le sieur de Quincé expulsé du Plessis-Bourré par M. de Rambouillet. — La ville y met garnison dans le château. — Fol. 112 : Mesures contre les coureurs de nuit. — Fol. 113 : Avis du Conseil favorable aux maîtres rôtisseurs. — Fol. 117 : Requête des habitants des faubourgs, pour être déchargés de l'impôt du sel. — Fol. 119 : Réception de M⁰ Guillaume Bereau en la chaire de droit canon. — Fol. 124 : Feux de joie et Te Deum pour l'arrivée de la reine de France. — Fol. 132 : Envoi d'une députation à Paris pour la saluer et implorer, par son intervention, la réduction des charges publiques.

Reg. petit in-fol., pap., de 153 fol.

Registre des conclusions. — Fol. 1 : Arrêt du Parlement (29 mars 1601) portant réduction du corps de ville à un maire, 4 échevins et 12 conseillers. — Fol. 12 : Arrêt du Parlement (21 avril 1584) portant réduction du corps de ville. — Fol. 14 : Exécution des arrêts du Parlement. — Fol. 26 : Nouvelles démarches pour attirer M. Charpentier en l'Université d'Angers. — Fol. 47 : Plaintes contre les jaugeurs de tonneaux. — Fol. 50 : La ville intervient en la cour du Parlement, pour s'opposer à ce que le comté de Durtal soit distrait du présidial de Baugé. — Restauration du collège d'Anjou. — Fol. 56 : Députation en cour pour protester contre la répartition inégale des tailles entre les diverses paroisses. — Fol. 57 et 75 : Suppression demandée de l'état de jaugeur. — Fol. 59 : Règlement pour les tambours de ville. — Fol. 67 : Maintien du double service de messagerie d'Angers à Paris. — Fol. 68, 76 et 87 : Offres nouvelles à M. Charpentier, pour la chaire de droit canon. — Fol. 69 : Reconstruction des ponts d'Epinard. — Fol. 71 : Et de l'arche Saint-Samson. — Fol. 71-79 : Démarches du Conseil pour s'opposer à la construction de la forteresse de la Guénaudière en Bierné. — Fol. 78 : Droit des pêcheurs de Reculée de vendre poisson en la Poissonnerie. — Fol. 83-99 : Règlement pour l'hôpital Saint-Jean. — Fol. 84 : Bail de la perrière du Petit-Boucornu. — Fol. 93 : Te Deum pour la naissance du dauphin. — Fol. 96 : Règlement entre les bouchers et les rôtisseurs. — Fol. 105 : Emplacements assignés aux rôtisseurs. — Fol. 129 : La ville intervient dans le procès des tanneurs, pour s'opposer à la taxe mise sur les cuirs. — Fol. 135 : Régence de langue grecque en l'Université d'Angers, accordée par le roi à M⁰ Jeh. Sursin. — Fol. 139 : Opposition des maîtres bouchers à l'établissement d'une nouvelle boucherie. — Fol. 147 : Levée de deniers pour l'entretien des enfants exposés. — Fol. 160 : Urgence des travaux de restauration au collège d'Anjou.

BB 49.
1 mai 1601.
26 avril 1602.

Reg. petit in-fol., pap., de 167 fol., taché et rongé en partie par l'humidité.

Registre des conclusions. — Fol. 1 : Arrêt de la cour du Parlement, concernant le mode d'élection du maire (7 mars 1602). — Fol. 17 : Restauration du collège d'Anjou. — Vente des bâtiments du

BB 50.
1 mai 1602.
26 avril 1603.

collége de la Porte-de-Fer. — Fol. 15-18 : Opposition de la ville à l'établissement de la boucherie des rôtisseurs dans la rue des Tonneliers. — Fol. 25 : Lettres du roi donnant avis de l'arrestation du comte d'Auvergne et du duc de Biron (4 juin 1602). — Ordonnance pour la garde de la ville. — Fol. 30 : Réparation du pont des Treilles. — Fol. 31 : Contagion à Baugé, Beaufort, Mazé, Corné, Andart, Brain et Trélazé. — Fol. 32 : Mesures de sûreté publique. — Fol. 34 : Lettres du roi aux maire et échevins, pour les remercier de l'envoi de lettres interceptées du duc de Biron (24 juin 1602). — Fol. 39 : Plainte des administrateurs de l'hôpital, sur le projet d'y recueillir les pestiférés. — L'eau-de-vie exempte du droit de cloison. — Fol. 43 : Achat de l'île Briant, près la rivière, pour y établir le Sanitat. — Fol. 41 : Secours à frère Alexis de Ravellis, pour l'aider à retourner à Milan, son pays. — Fol. 45 : Avis des députés des paroisses sur l'établissement du Sanitat. — Fol. 48 : Imposition nouvelle sur les marchands de vin. — Fol. 51 : Commission nommée pour choisir un lieu commode à l'établissement du Sanitat, ailleurs qu'à l'île Briant. — La chartrerie de l'hôpital Saint-Jean choisie, en attendant mieux, pour le Sanitat. — Fol. 59 : Permission aux marchands de ville d'étaler et de vendre aux Halles. — Fol. 64 : Délibération des paroisses sur l'emplacement du Sanitat. — Fol. 77 : Réparation de la croix dorée sur le grand pont. — Fol. 81 : Etablissement définitif du Sanitat dans la chartrerie de l'hôpital Saint-Jean. — Fol. 92 : Jeh. Perrier nommé chirurgien des pestiférés. — Fol. 104 : La ville supplie le roi de conserver à l'Université la recette du droit d'appetissement. - Fol. 107 : Requête de René Magdelin, M^e chirurgien de la maison du prince de Condé, afin d'être exempté des tailles. — Fol. 118 : Restauration de la fontaine Pied-Boulet. — Fol. 137 : Projet d'aliénation du port Ligner. — Fol. 141-153 : Nouvelles propositions à M. Charpentier, pour l'engager à venir enseigner en l'Université d'Angers. — Fol. 155 : Plaintes des taverniers et des cabaretiers contre les fermiers du dixième. — Fol. 161 : Permission au sieur Trajan Huet, maître du jeu de paume de la Serine, de mettre des filets le long du mur de ville. — Fol. 163 : Présent de livres et meubles à M. Charpentier, à Paris.

Reg. petit in-fol., pap., de 164 fol., piqué et endommagé par l'humidité.

BB 51.
2 mai 1603.
30 avril 1604.

Registre des conclusions. — Fol. 9 : Les délibérations du Conseil seront enregistrées séance tenante, et non plus sur minutes. — Fol. 15 : Assemblée pour l'acquit des dettes de la ville. — Fol. 17 : Recherche des malversateurs des deniers publics. — Fol. 19 : Projet d'achat du lieu de la Pantière, pour l'établissement du Sanitat. —

Fol. 32 : Opposition des paroisses à l'achat de la Pantière. — Fol. 37 : Ordre d'enterrer le corps de Beauregard, étudiant tué en duel et déposé dans une tour de la ville. — Fol. 46 : Offres à M. Dorléans, pour la chaire de droit refusée par M. Charpentier. — Fol. 48 : Requête de messire Jehan Sursin, professeur à la Faculté de médecine, afin d'occuper concurremment la chaire de grec à l'Université d'Angers. — Fol. 50 : Priviléges du roi du Papegault confirmés. — Fol. 51 · M. Charpentier renvoie les avances à lui faites par la ville. — Fol. 52 : Ordonnances pour débarrasser le port Ligner des ateliers et marchandises qui l'encombrent. — Fol. 53 : Cas de contagion en ville. — Appropriation de la Pantière en Sanitat. — Fol. 57 : Arrêt pour la ville contre le prieur de Sainte-Catherine de Laval, au sujet du bâtiment neuf des Capucins. — Fol. 60 : Visite des enfants trouvés. — Fol. 72 : Ordre au prévôt et aux officiers du Sanitat de ne sortir qu'en costume, « la verge blanche avec la casaque noire, » et défense de hanter les cabarets. — Fol. 80 : Permission donnée au principal du collége d'Anjou de se retirer pendant la peste, avec les enfants et les régents, à la Giraudière. — Fol. 82 et 90 : Nomination des médecins, chirurgiens et apothicaires du Sanitat. — Fermeture du Palais. — Fol. 106 : Etablissement d'un local pour les Capucins atteints de la peste. — Règlement de police pour les maisons contagiées. — Fol. 111-130 : Lettres du roi, ordonnant de porter meilleur remède au mal. — Fol. 114 : Règlement intérieur pour le Sanitat. — Fol. 118 : Emprunt pour les frais de médicaments des malades. — Fol. 128 : Gilles Poulain, nommé chirurgien du Sanitat en remplacement du sieur René Lefèvre, décédé. — Fol. 132 : Plainte contre les jaugeurs. — Fol. 136 : Procès entre les docteurs de l'Université, pour le partage des deniers de l'appétissement. — Fol. 137 : Démarches pour attirer M. Barclay, « Escossoys, un des grands personnages de ce temps, » à l'Université d'Angers. — Fol. 138 : La ville prend parti pour les tanneurs contre les marqueurs de cuir. — Fol. 144 : Procès-verbal de visite du Sanitat. — Fol. 148-157 : Offres à M. Barclay. — Fol. 160-161 : Avances d'argent à M. Barclay. — Fol. 166 : Assemblée des paroisses pour arrêter le payement des frais du Sanitat. — Fol. 176 : Expulsion des vagabonds. — Fol. 185-190 : Fermeture du Sanitat. — Fol. 193 : Le Conseil ratifie le contrat passé par M. Ayrault avec M. Barclay. — Fol. 201 : Gilles Poulain, chirurgien du Sanitat, demande la maîtrise. — Les conclusions de la Mairie, « qui depuis 1484 jusqu'en 1496 sont presque toutes en feuilles volantes, » seront reportées sur des registres reliés. — Fol. 206 : Le corps de ville appuie la demande du sieur Poulain, contre les maîtres chirurgiens opposants. — Fol. 210 : Lettres du roi, portant dénonciation et mandat d'arrêt contre Nicolas Lhoste, clerc et domestique de M. Villeroy, « ayant esté descouvert d'une insigne desloyauté qu'il a commise contre le service de Sa Majesté. » — Fol. 211 : Certificat de bons services donné par la ville à messire Pierre Garande, docteur en théologie, régent du collège d'Anjou.

Reg. petit in-fol., de 212 fol., pap.

BB 52.
1 mai 1604.
28 avril 1606.

Registre des conclusions. — Fol. 19 : M. Davy d'Argenté refuse au Conseil de ville de céder à M. Barclay ses droits à la préséance. — Fol. 22 : Envoi d'une députation à Saumur, pour saluer M. de Rosny, gouverneur de Poitou. — Fol. 23 : Reconstruction de l'arche du pré d'Alloyau. — Fol. 26 : Revendication, par M. Barclay, des droits de préséance sur les docteurs. — Fol. 27 : Arrentement d'une place, près le portail St-Michel, à Antoine Rafray, moyennant une redevance « de 25 paires de gants de chevrottin blanc à la Toussaint, et un bouquet de fleurs d'œillets pour le maire le jour du Sacre. » — Fol. 34 : Bail du collège d'Anjou à Me Jullien Savyne, prêtre, principal du collège de la Porte-de-Fer. — Fol. 36 : Lettres du roi, portant nomination du sieur de la Varanne à la charge de gouverneur de la ville et du château d'Angers. — Fol. 37 : Mémoire de l'ordre qui s'observe « ès entrées des gouverneurs particuliers des villes et châteaux, » adressé au Conseil par M. de la Rochepot. — Fol. 38 : Liste des invitations à porter en ville pour le souper offert à M. de la Varanne. — Fol. 45 : Solde des frais de la réception de M. le gouverneur. — Fol. 67 : Lettres patentes portant établissement, sur la généralité de Tours, d'une subvention de 20,000 liv. pour l'année 1605, en remplacement du droit de douane (Paris, 25 novembre 1604). — Fol. 69 : Ordonnances des généraux trésoriers des finances. — Fol. 74 : Des conséquences de la noblesse de l'échevinage pour le partage des successions. — Fol. 105 : Ordre du convoi, des funérailles et obsèques de M. de Puicharic. — Fol. 110 : Peste en ville. — Ordonnance de police. — Fol. 116 : Feux de joie pour l'élection du pape Léon XI. — Fol. 126 : Le concessionnaire des selles et lavoirs du port Airault tenu d'offrir chaque année, le 1er mai, au maire, « deux chapons ayant sonnettes aux pieds. » — Fol. 142 : Location du logis de Haute-Mule, pour l'habitation du gouverneur. — Fol. 146 : Nomination de quatre chasse-gueux, pour chasser « les Irlandoys et autres caiements. » — Fol. 147 : Les pestiférés recueillis à la tour Guillou. — Fol. 157 : Réouverture du Sanitat. — Fol. 170 : Assemblée des paroisses pour consentir la levée des deniers pour les dépenses du Sanitat. — Fol. 176 : Traitement du chirurgien. — Fol. 205 : Fermeture du Sanitat.

Reg. petit in-fol., pap., de 241 fol., en partie endommagé par l'humidité.

ADMINISTRATION COMMUNALE 71

Registre des conclusions. — Fol. 10 : Etat net des dettes de la ville. — Fol. 23 : Assemblée des paroisses pour autoriser la poursuite et recherche des anciennes malversations. — Fol. 37 : Arrêt du présidial, qui déclare confisquées au profit de la ville les armes saisies chez Florent Gruget. — Fol. 48 : Transaction avec l'abbesse du Ronceray, pour la séparation des dépendances de l'abbaye et du couvent des Capucins de Reculée. — Fol. 64 : Plaintes des habitants contre les officiers du grenier à sel. — Fol. 66 : Peste. — Levée de deniers pour les frais du traitement des pestiférés. — Fol. 68 : La ville se joint à la cause des marchands et teinturiers de drap contre les adjudicataires du droit du petit sceau et de la marque. — Fol. 75 : Assemblée de ville pour s'opposer à l'exercice de la religion prétendue réformée dans le fief de Vezins, à Angers. — Fol. 91 : Fermeture du Sanitat. — Fol. 122 : Projet de réformation de la coutume d'Anjou.

BB 53.
1 mai 1606.
27 avril 1607.

Reg. petit in-fol., pap., de 147 fol.,

Registre des conclusions. — Fol. 1 : Lettres du roi, qui décharge M. Davy de la Faultrière des fonctions de maire (Fontainebleau, 21 avril 1607). — Fol. 22 : Réception du gouverneur. — Présents de ville. — Fol. 39 : Visite des enfants trouvés. — Fol. 45 : Requête au Parlement pour obtenir que le sénéchal d'Anjou, et non le juge de la prévôté, connaisse des excès et insolences des étudiants. — Fol. 49 : Plaintes des marchands et voituriers par eau contre le défaut d'entretien des rivières. — Fol. 64 : Marché pour le nettoiement du port Ayrault. — Fol. 65 : On y fait travailler les pauvres valides. — Fol. 66 : Requête au roi, afin d'autoriser la ville à continuer le percement de la rue Neuve-des-Cordeliers. — Fol. 80-93 : Mesures pour réprimer l'insolence des écoliers qui ont fait barricades, brisé la maison de l'assesseur, occupé de force la porte Toussaint et le cimetière Saint-Laud. — Les habitants autorisés à repousser la force par la force. — Fol. 90 : Solde des frais extraordinaires occasionnés à l'hôpital Saint-Jean par l'épidémie de dyssenterie qui a régné en ville. — Fol. 102 : Démarches pour obtenir la reconstruction des ponts d'Epinard et de Châteauneuf. — Fol. 104 : Feux de joie pour l'heureux accouchement de la reine. — Fol. 120 : Plaintes des marchands contre la levée du sol pour livre. — Fol. 143 : Mesures de police pour prévenir la disette des blés.

BB 54.
1 mai 1607.
28 avril 1608.

Reg. petit in-fol., pap., de 147 fol.

Registre des conclusions. — Fol. 6 : Démarches de la ville pour obtenir ordre de reconstruire les ponts d'Epinard, ruinés depuis 1589,

BB 55.
1 mai 1608.
28 avril 1609.

et les Ponts-de-Cé depuis 6 mois. — Fol. 7 : Vente de la maison de la Porte-de-Fer, pour suffire aux réparations du collége d'Anjou. — Fol. 9 : Mise en vente de la patache établie par M. de Puicharic à la Basse-Chaîne, et effondrée dans la Maine. — Fol. 19 : Feux de joie pour la naissance d'un fils de France. — Fol. 25 : Assemblée des paroisses pour déterminer la part de contribution de la ville dans la réfection des ponts d'Epinard et des Ponts-de-Cé. — Fol. 30 : Adjudication au rabais des travaux de charpente. — Fol. 35 : Présents de ville au P. Cotton et à M. Dubois de Pincé. — Fol. 52 : Contestation entre les adjudicataires des travaux de charpente et les maçons travaillant à la réfection des Ponts-de-Cé. — Fol. 94 : Commission des officiers de ville chargés de percevoir la douane sur les marchandises. — Fol. 96 : Requête des administrateurs de l'hôpital Saint-Jean, pour obtenir la translation des rentes de la Baumette au bénéfice de l'Hôtel-Dieu. — Fol. 101 : Mesures de répression contre les insolences des écoliers. — Fol. 105 : Autorisation donnée à Luc Gaignard de construire un jeu de paume près celui du Pélican. — Fol. 107 : Démarches de la ville pour décider un docteur célèbre, et spécialement M. Dorléans, à accepter une des deux chaires de droit vacantes par le décès de M. Barclay et le départ de M. Legrand. — Fol. 108 : Requête au roi pour rendre le Loir navigable jusqu'à Vendôme. — Fol. 119 : Les frais des travaux seront fournis par une retenue annuelle sur la boîte d'Anjou. — Fol. 128 : Enquête sur le droit que s'arroge Mᵉ Gilles Fradet de décréter des amendes contre les marchands de cartes, dés et tarots. — Fol 129 : Plaintes au roi contre l'aggravation des charges publiques. — Fol. 130 : Créance prétendue par l'évêque d'Auxerre sur la ville. — Fol. 134 : Le corps de ville intervient en l'appel des maîtres drapiers et teinturiers contre une sentence du prévôt qui autorise le travail libre des compagnons du métier.

Reg. petit in-fol., pap., de 143 fol.

BB 56.
1 mai 1609.
30 avril 1610.

Registre des conclusions. — Fol. 12 : Convocation des créanciers de la ville à la Mairie, pour liquider la dette municipale. — Fol. 27-38 : Projet de transférer de la place des Halles en Boisnet le marché aux bestiaux. — Fol. 33 : Protestation contre les refus du clergé de payer sa part des dettes de la ville. — Avis demandé par le Parlement sur la création d'un maître visiteur juré des marchandises. — Fol. 36 : Secours d'hommes et de munitions envoyé à M. de la Varenne, pour le siège de Boisbernier. — Fol. 40 : Requête des adjudicataires des travaux de réparation des Ponts-de-Cé. — Fol. 43 : Ordonnance contre les coureurs de nuit. — Fol. 47 : Assemblée des paroisses au sujet des nouveaux subsides. — Fol. 64 : M. de Boisdauphin nommé gouverneur d'Anjou. — Fol. 70-72 : Opposition du Conseil et des paroisses à l'établissement de nouveaux subsides. — Fol. 73 : Visites domiciliaires pour saisir les pistolets qui se trouvent chez les particuliers. — Fol. 76 : Feux de joie pour l'accouchement de la reine. — Fol. 79 : Vérification des titres des étalagistes qui occupent des bancs aux Halles. — Nouveaux tarifs pour les places arrentées. — Fol. 88 : La ville autorise Denis Ragot, « adjudicataire de la nourriture et entretenement des pauvres enfants exposés, » à faire recherches « contre les expositeurs d'enfants. » — Fol. 89 : Le lieutenant de la prévôté se plaint des chanoines qui lui ont fermé la porte de la Cité et l'ont fait injurier dans l'exercice de ses fonctions. — Fol. 92 : Justification des chanoines. — Fol. 94 : Requête des propriétaires de la rue de la Poissonnerie, afin d'être autorisés à exhausser leur rue. — Fol. 115 : Opposition d'une partie des propriétaires. — Fol. 101 : Le logis de Lancreau loué par la ville pour le logement de M. de Boisdauphin. — Fol. 107 : Assemblée des paroisses pour traiter du remplacement de la douane par une subvention. — Fol. 111 : Règlement des dettes contractées pour la guerre des Mauges.—Fol. 118 : Lettres du roi portant ordre à la ville de loger M. de Boisdauphin (Paris, 26 février 1610). — Fol. 125 : Location d'armes autorisée pour la réception de M. le gouverneur. — Fol. 128 : Quêtes à domicile pour les frais de réparation du collége d'Anjou. — Fol. 134 : Députation envoyée à Langeais, au devant de M. de Boisdauphin. — Fol. 137 : Plaintes contre la négligence du sieur Denis Ragot, adjudicataire de l'entretien des enfants trouvés.

Reg. petit in-fol., pap., de 142 fol., endommagé par l'humidité.

Registre des conclusions. — Fol. 8 : Assassinat de Henri IV. — Fol. 11 : Mesures de sûreté pour la garde de la ville. — Fol. 13 : Nouvelles de Paris envoyées au Conseil par M. de Boisdauphin. — Fol. 14 : M. Dumesnil député en cour pour porter certains indices et conjectures « pour servir à découvrir quelque chose dudit assassinat et parricide. » — Fol. 15 : Lettres du roi Louis XIII annonçant son avénement et la mort de son père (Paris, 14 mai 1610). — Fol. 17 : Charge donnée au prévôt pour réprimer les voleurs qui infestent de jour les champs et de nuit la ville. — Fol. 28 : Offre des chirurgiens de traiter gratis les pauvres de l'hôpital. — Fol. 29 : Défense de porter armes la nuit et de faire bal le jour du Sacre. — Fol. 33 : Ordre aux habitants de s'approvisionner d'armes pour leur sûreté. — Fol. 35 : Service funèbre pour le roi Henri. — Fol. 50 : Assemblée des paroisses pour obtenir décharge des nouveaux subsides. —

BB 57.
1 mai 1610.
29 avril 1611.

Fol. 55 : Saisies de poudre chez les marchands, par ordre de maître Philibert Godet, commissaire général des salpêtres et poudres des quatre magasins de France. — Fol. 65 : Rapport du maire, député en cour pour la décharge des subsides. — Fol. 66 : Défense de vendre en détail les vins étrangers. — Fol. 84 : Autorisation donnée à Joseph Balsamo de vendre en ville « l'huile et liqueur par luy composée.. propre pour la guérison de plusieurs douleurs qui surviennent au corps humain. » — Fol. 91 : Règlement pour le pavage des rues. — Fol. 103 : Lettres du roi pour prévenir les faux bruits et donner avis à la ville de la fin du différend survenu entre les princes (Paris, 14 janvier 1611). — Fol. 120 : Ordre aux habitants de s'équiper d'armes. — Fol. 122 : Démolition du château de Dieusie. — Fol. 128 : Lettres de M. le gouverneur au conseil de ville, pour l'encourager dans sa ligne de conduite, nonobstant les menaces de M. d'Audigné (Paris, 1er mars 1611). — Fol. 148 : Préparatifs pour la réception de M. le gouverneur.

Reg. petit in-fol., pap., de 150 fol.

BB 58.
1 mai 1611.
27 avril 1612.

Registre des conclusions. — Fol. 12 : Ordre aux hôteliers de donner la liste de ceux qu'ils logent. — Fol. 14 : Service funèbre pour le roi Henri IV. — Fol. 15-35 : Mesures de police contre les coureurs de nuit. — Etablissement d'une « patouille. » — Fol. 23 : Préparatifs pour la réception de M. le gouverneur. — Frais pour le pansement des habitants blessés à la garde de nuit. — Fol. 27 : Demande par la ville du rétablissement de deux foires franches. — Fol. 32 : Réclamations des marchands. — Fol. 49 : Députation du Conseil à M. Menard, docteur régent ès droits en l'Université de Poitiers, pour le prier d'accepter une des chaires vacantes en l'Université d'Angers. — Fol. 50 : Confirmation des privilèges et du règlement des archers du Papegault. — Fol. 55 : Poursuites judiciaires contre les coureurs de nuit. — Fol. 59 : Dispositions arrêtées pour la réception de M. le gouverneur. — Fol. 60 : Expulsion des « Egyptiens. » — Fol. 61 : Plainte au Conseil, par un des capitaines de ville, contre le sieur de la Bouère Minsonnière, coureur de nuit. — Fol. 65 : Frais du souper de M. de Sainte-Suzanne. — Fol. 75 : Certificat délivré par le Conseil, que Reculée est faubourg de ville. — Fol. 89 : Requête au roi, afin d'être autorisé à achever l'ouverture d'une rue neuve, de la rue de l'Hôpital à la rue Saint-Michel. — Fol. 102 : Ordre aux hôteliers de porter deux fois par jour la liste de leurs hôtes. — Fol. 111 : Autorisation donnée aux habitants d'avoir des arquebuses à rouet. — Fol. 114-117 : Visite et réparation des canaux de la fontaine Pied-Boulet. — Fol. 118 : Défense d'y prendre de l'eau pour autres usages que pour le ménage. — Fol. 123 : Remplacement de la douane par une subvention annuelle. — Fol. 125 : Requête au roi, pour obtenir révocation du privilége concédé au sieur Isaac Bernard, marchand de Nantes, pour le commerce de l'eau-de-vie. — Fol. 131 : Le vin récolté par les habitants d'Angers porté au rôle des droits d'entrée. — Fol. 132 : Réparation des ponts de Chalonnes. — Fol. 135 : Réparation du manche des clés de la ville « couvert de velours incarnadin et attaché d'un cordon de soye de même couleur. » — Fol. 136 : Lettres de la reine à M. de Boisdauphin, au sujet des troubles advenus en la ville de Saint-Jean-d'Angély (Paris, 14 avril 1612). — Fol. 138 : Discours de ce qui s'est passé à Saint-Jean-d'Angély (joint à la lettre de la reine), 4 folios.

Reg. petit in-fol., pap., de 142 fol.

Registre des conclusions. — Fol. 25 : Dispositions pour la réception de M. le prince de Condé. — Fol. 27-61 : Opposition de la ville et du présidial à l'érection du comté de Brissac en duché-pairie. — Fol. 35 : Visites domiciliaires pour prendre liste des habitants qui ne sont pas approvisionnés d'armes. — Fol. 36 : Députation de ville pour saluer M. de Boisdauphin à Bourgon, dans le Maine. — Fol. 44 : Tirage au sort du rang des capitaines de ville pour l'entrée de M. le gouverneur. — Fol. 45-53 : Robert Grésil, peintre, payé pour un tableau. — Fol. 46-47 : Préparatifs pour la réception de M. de Boisdauphin. — Fol. 50 : Liste des invitations à envoyer en ville pour le dîner de la réception. — Fol. 58-63 : Plaintes au maréchal « des paroles piccantes et injurieuses dites en sa présence par Me Nicolas Martineau, juge de la prévosté, contre l'honneur du corps de ville. » — Fol. 61 : Confirmation du privilége des tambours de ville « de batre le tambour et jouer fifre privativement à tous autres. » — Fol. 70 : Explications données au corps de ville par M. Martineau. — Fol. 79 : Défense de tenir « blanques » en ville. — Fol. 85 : Jeu de bague établi aux Halles par la ville. — Fol. 95 : Plaintes contre les officiers du grenier à sel.

BB 59.
1 mai 1612
30 avril 1613.

Reg. petit in-fol., pap., de 198 fol., tout maculé, et les coins du haut emportés par l'humidité.

Registre des conclusions. — Fol. 11 : Bail, à Jehan Louvet, d'une petite tour près le portail Saint-Nicolas. — Fol. 14-15 : Lettres de M. le premier président et de M. le procureur général du Parlement de Paris au Conseil de ville, touchant l'opposition mise par les religieuses du Ronceray, au passage de la procession du Sacre par le chœur de leur église. — Fol. 49-50 : Autorisation de retirer de l'eau

BB 60.
1 mai 1613.
29 avril 1614.

le grand bateau havrien et l'ancienne patache effondrés dans la Maine. — Fol. 65 : Opposition des villes d'Angers et de Saumur à l'érection de la seigneurie de Mirebeau en duché-pairie. — Fol. 87 : Les « patouilles » de nuit remises sur pied prendront le mot d'ordre du maire. — Fol. 88 : Comparution au Conseil des tonneliers du port Ligner, cités pour produire leurs titres. — Fol. 90 : Défense aux habitants de prendre les armes par autre commandement que du gouverneur ou du maire. — Fol. 97 : Lettres de la reine-mère au Conseil, pour lui recommander bonne garde (Paris, 12 février 1614). — Fol. 104 : Requête au roi afin d'obtenir 600 liv. pour avoir des poudres. — Fol. 105 : Députation du Conseil pour réclamer les clés de la ville induement portées par M. de Sainte-Suzanne, commandant, au château d'Angers. — Fol. 107 : Elles sont remises au maire. — Fol. 110 : Défense de vendre hors ville des munitions de guerre. — Fol. 112 : Droit des pauvres de l'hôpital Saint-Jean de prendre leur bois dans les forêts de Beaufort et de Bellepoule.

Reg. petit in-fol., pap., de 136 fol., une table de 6 fol.

BB 64.
1 mai 1614.
30 avril 1615.

Registre des conclusions. — Fol. 12 : Délibération sur le refus que fait l'abbesse du Ronceray de laisser passer la procession par le chœur de son église. — Fol. 14 : Plaintes au roi contre les désordres des troupes de M. de Vendôme. — Fol. 20 : Acquisition, sur la demande de Claude Menard lieutenant à la prévôté, d'un emplacement en ville pour un prieuré de l'ordre de Fontevrauld. — Fol. 22 : Députation de ville pour aller à Tours saluer le roi et la reine. — Fol. 24 : Visites domiciliaires chez les armuriers. — Fol. 26, 28, 29, 30 : Préparatifs pour la réception du roi et de la reine. — Fol. 27 : Simulacre d'un combat naval sur la Maine. — Fol. 30 : Avances d'argent à Jehan Lagouz et Gilbert Vandelant, peintres ; à Jeh. Joullain, statuaire. — Fol. 31 : Autorisation au sieur Morel de choisir tel logis qu'il lui conviendra pour y préparer ses artifices. — Fol. 32 : Assemblée des paroisses pour aviser à la réception de Leurs Majestés. — Fol. 35 : Saisie des bateaux pour le combat naval. — Fol. 37-41 : Récit de l'entrée du roi et de la reine, et des fêtes de l'entrée. — Fol. 47 : Plaintes des cabaretiers contre les exactions des fermiers des huitièmes. — Fol. 48 : Assemblée des députés des villes d'Anjou pour dresser les cahiers du tiers-état aux Etats généraux de Paris. — Fol. 52 : Election des députés aux Etats généraux. — Fol. 68 : Solde des frais faits par la ville pour l'entrée du roi et de la reine. — Fol. 69 : Pose, dans la grande salle de la maison de ville, « d'un coffre ouvert par-dessus en forme de tronc, pour y recevoir les plaintes, advis et doléances que un chacun désire faire aux Etats. »

— Fol. 72 : René Gauldin, sculpteur, payé « de ce qu'il auroit encommancé un portraict du roy monté sur un cheval, le tout en bosse. » — Fol. 75 : La ville rachète aux valets de pied du roi les dais qui ont servi à l'entrée de Leurs Majestés. — Fol. 101 : Et les revend au maire. - - Fol. 82 : Lettres du roi donnant avis qu'étant parvenu à sa majorité, il prend en main l'administration du royaume (Paris, 8 octobre 1614). — Lettres de la reine sur le même sujet. — Fol. 107 : Ordonnance de police pour expulser les pauvres étrangers. — Fol. 112 : Remontrances des juges consuls au sujet des abus qui se commettent dans le commerce. — Fol. 115 : Requête du sieur de Moran, afin d'être autorisé « à planter et establir un moulin à fabriquer doubles et deniers... pour accommoder le peuple. » — Fol. 118 : Certificat, délivré audit de Moran, de la rareté de la même monnaie. — Fol. 124 : Retour de MM. Lasnier et Dumesnil, députés aux Etats généraux. — Fol. 125 : Lettres du roi au sujet des résolutions prises dans les Etats généraux (Paris, 31 mars 1615). — Fol. 127 : Requête présentée au au roi par les députés du tiers état, le 11 mars 1615. — Fol. 133 : Plaintes contre le défaut de réparation des ponts d'Epinard.

Reg. petit in-fol., pap., de 142 fol.

Registre des conclusions. — Fol. 4 : Les conclusions devront être relues au Conseil et signées du maire. — Fol. 7, 10, 28 : Ordre aux marchands de la place Neuve de produire leurs titres de concessions. Fol. 8 : Interdiction mise sur la sortie des blés d'Anjou. - Fol. 11 : Règlement pour les étaux de la place Neuve. — Fol. 17 : Statut concernant le passage de la procession du Sacre à travers le chœur du Ronceray. — Fol. 32 : L'aumônerie de Fils-de-Prêtre destinée à recueillir les pauvres de la ville. — Fol. 33 : Articles pour l'aumône générale. — Fol. 40 : Vœux du Conseil pour rouvrir le collège de la Porte-de-Fer. — Fol. 45 : Requête des habitants voisins de la fontaine Pied-Boulet. — Fol. 46 : Recherche de salpêtre dans les abbayes Saint-Serge, Saint-Nicolas, Saint-Aubin, Toussaint, Lesvière. — Fol. 49 : Envoi d'une députation à Tours pour saluer le roi. — Fol. 50 : Renouvellement des patrouilles de nuit.—Fol. 51 : Demande au roi pour obtenir l'entière démolition de Dieusie.—Fol. 52 : M⁰ Baptiste Poisson, avocat du roi en l'élection d'Angers, privilégié pour l'exploitation de nouvelles perrières. — Fol. 54 : Lettres du roi autorisant l'entière démolition de Dieusie (Paris, 16 septembre 1615). — Fol. 55 : Règlement pour les gardes de nuit. — Fol. 59 : Ordre des rondes. — Fol. 62 : Feux de joie pour le mariage du roi. — Fol. 64 : Autorisation donnée à Henri Tenouain, écuyer, sieur de Pillavoine, « maître en l'art et fait d'armes en la ville de Paris, »

BB 62.
1 mai 1615.
30 avril 1616.

d'ouvrir une salle d'escrime. — Fol. 67-68 : Les sieurs Beaugrand et Lezin Ossard punis pour avoir désobéi à leur capitaine de ronde. — Fol. 74 : Assemblée générale des paroisses pour aviser à trouver argent pour les besoins de la ville. — Fol. 76 : Plaintes contre les excès des gens de guerre. — Fol. 78 : Les ecclésiastiques tenus à monter la garde. — Fol. 70 : Lettres royaux pour remercier la ville de sa fidélité (Bordeaux, 8 décembre 1615). — Fol. 84 : Plaintes contre les exactions de la garnison des Ponts-de-Cé. — Fol. 91 : M. de la Varenne, gouverneur, prié de faire éloigner les troupes du pays d'Anjou. — Etablissement d'un chaland sur la Maine pour la garde de la Basse-Chaîne. — Fol. 97 : Ordonnance de M. de Sainte-Suzanne, gouverneur du château, portant ordre aux ecclésiastiques de monter la garde sous les ordres du sieur d'Aisnay, abbé de Saint-Nicolas.— Fol. 100 : Envoi d'une députation de ville à Bordeaux pour saluer le roi. — Fol. 104 : Les gardes doublées. — Fol. 105 : Triplées. — Fol. 108 : Plaintes à M. de Boisdauphin contre les troupes de M. de Vendôme qui enlèvent tous les bestiaux des champs. — Fol. 108 . Défense de transporter des blés. — Fol. 114 : Assemblée de paroisses pour subvenir aux nécessités de l'hôpital Saint-Jean. — Fol. 121 : Requête à M. de Boisdauphin pour obtenir la démolition des bâtiments reconstruits du château de Craon.

Reg. petit in-fol., pap , de 133 fol.

BB 63.
1 mai 1616.
28 avril 1617.

Registre des conclusions. — Fol. 7 : Te Deum pour la pacification des troubles. — Cessation des gardes et des patrouilles de nuit. — Réouverture de la porte de Boisnet. — Fol. 10 : Ordre au sieur de Saint-Martin, prévôt des maréchaux de France, de se transporter en la paroisse de Faye pour en faire déloger une des compagnies du régiment du sieur de la Jousselinière, « avecques pouvoir, en cas de résistance, d'assembler la commune à son de toxain et la tailler en pièces. » — Fol. 14-20 : Démarches pour obtenir la réparation du pont d'Epinard, ruiné par les gens de guerre de M. de Vendôme. — Fol. 36 : Requête au roi pour obtenir la révocation des lettres qui autorisent le sieur du Plessis-Mornay, gouverneur de Saumur, à lever un impôt nouveau sur les vins passant en Loire. — Fol. 42 : Plaintes des juges consuls contre les commis du fermier de la subvention. — Fol. 46 : Lettres du Conseil de ville au prince de Condé, pour lui rendre grâces du rétablissement de la paix et de son retour à la cour. — Fol. 52 : Etablissement d'un jeu de mail dans la prairie d'Allemagne. — Fol. 57 : Arrestation du prince de Condé au Louvre. — Achat d'armes pour les habitants. — Fol. 59 : Mesures de sûreté pour la garde de la ville. — Fol. 60 : Lettres du roi donnant avis de l'arrestation du prince de Condé (Paris, 1ᵉʳ septembre 1616). — Fol. 64 : Lettres de M. de Boisdauphin assurant le Conseil de ses bons offices. — Fol. 65 : Ordonnance royale qui interdit la vente et le transport des armes de guerre (8 septembre 1616). — Fol. 67-72 : Ordonnances de M. de Boisdauphin, enjoignant de courir sus à tout perturbateur du repos public (5 et 28 septembre 1616). — Fol. 69 : Levée d'une compagnie de deux cents volontaires pour la garde de la ville. — Fol. 89 : Ratification du traité passé avec Charles Goyer, pour l'établissement du jeu de mail. — Nomination et prestation de serment d'un nouveau crieur de patenôtres. — Fol. 95 : Traitement fixe assigné au sieur Collombon, « pour ses salaires de monstrer les exercices des armes aux habitans. » — Fol. 95 : Le portrait du maire nouvellement élu sera mis à l'avenir, aux frais de la ville, dans la salle du Conseil. — Fol. 97 : Lettres royaux portant ordre de continuer les gardes (Paris, 15 décembre 1616). — Fol. 99 : René Granger reçu, en la place de son père, au gouvernement de l'horloge de ville. — Fol. 102 : Plaintes des habitants des champs contre les archers de la gabelle. — Fol. 103-104 : Déclaration du roi contre le duc de Nevers et ses adhérents. — Fol. 115 : Les minimes autorisés à bâtir un couvent près le pré d'Allemagne. — Fol. 121 : Députation du Conseil pour assister aux disputes publiques du sieur Oudin, aspirant à la chaire de droit vacante par le décès du sieur Ledevin. — Fol. 135 : Le Conseil de ville se joint au procès des tanneurs contre l'évêque d'Angers, abbé de Saint-Nicolas, pour maintenir le droit de chasse des habitants dans toute l'étendue de la quinte d'Angers, y compris les bois et terres de l'abbaye. — Fol. 136 : Lettres du roi portant avis de l'arrestation du maréchal d'Ancre, « lequel s'estant mis en défense a esté tué. » (Paris, 24 avril 1617).

Reg. petit in-fol., pap., de 139 fol.

Registre des conclusions. — Fol. 6 : Lettres du roi qui autorise la cessation des gardes de nuit (Paris, 8 mai 1617). — Fol. 18 : Réception des travaux du jeu de mail. — Fol. 21 : Règlement avec le fermier des enfants exposés. — Fol. 23 : Répression des empiétements sur la voie publique faits au port Ligner par les tonneliers. — Fol. 26 : Vœu du Conseil pour le rétablissement des deux foires franches. — Fol. 27 : Le Conseil se joint au roi des arbalétriers pour obtenir le maintien de leurs priviléges. — Fol. 28 : Délibération sur l'établissement de l'aumône publique et la réclusion des pauvres. — Fol. 29 : Règlement pour les pauvres. — Fol. 31 : Plaintes des bouchers et des rôtisseurs contre la perception du droit de pied-fourché. — Fol. 32 : Lettres royaux nommant M. du Bellay, marquis de

BB 64.
1 mai 1617.
30 avril 1619.

Thouarcé, à la lieutenance du pays d'Anjou, vacante par la mort du sieur de la Varenne (Paris, 11 août 1617). — Fol. 33 : Lettres de M. du Bellay, annonçant la nomination de son fils à la lieutenance d'Anjou. — Fol. 34 : Ordonnance qui enjoint aux bouchers et rôtisseurs de rouvrir leurs boucheries, sous peine de confiscation de leurs bancs et d'emprisonnement de leurs personnes. — Fol. 35 : Préparatifs pour la réception de M. le marquis de Thouarcé. — Fol. 42 : Réception dudit lieutenant. — Fol. 46 : Plaintes contre les exactions des archers de la gabelle. — Fol. 48 : Conclusion sur la réclusion des pauvres dans l'aumônerie Fils-de-Prêtre. — Fol. 58 : Ordonnance contre les gabeleurs et archers de la gabelle. — Fol. 65 : Autorisation aux Ursulines de former en ville un établissement. — — Fol. 90 : Rapport des députés envoyés en cour pour appuyer les réclamations de la ville. — Fol. 113 : Ordonnance royale qui prescrit à tout étranger venant s'établir en ville, d'en faire déclaration à la Mairie (Paris, 2 juillet 1618). — Fol. 121 : Les habitants de la rue des Filles-Dieu autorisés à exhausser la rue à leurs frais. — Fol. 121 : Le Conseil accepte la charge de payer la rente nouvelle de cent livres aux Jacobins, fondée, en exécution du testament de M. de Puicharic, par M. l'évêque d'Auxerre, son frère. — Fol. 127 : Plaintes contre les prétentions nouvelles des fermiers du Trépas de Loire. — Fol. 153 : Refonte des cloches des portaux Saint-Michel et Saint-Nicolas. — Fol. 160 : Lettres royaux enjoignant de faire les gardes « dès lors que la reine... mère est partie de Bloys. » (28 mai 1619). — Fol. 162 : Plaintes contre les travaux de fortification entrepris par le sieur du Plessis-Mornay, gouverneur de Saumur, au préjudice des habitants. — Fol. 166-177 : Réforme de l'hôpital Saint-Jean. — Fol. 189 : Réparation des Halles.

Reg. petit in-fol., pap., de 190 fol.

BB 65.
1 mai 1619.
30 avril 1621.

Registre des conclusions. — Fol. 1 : Contestation entre M. Dufresne, député de l'Université, et Mᵉ Ossant, son procureur général, sur le droit de participer à l'élection du maire. — Fol. 2 : Avis du Conseil en faveur de M. Dufresne. — Fol. 6 : Défense aux corps-de-garde des portes « de prendre plus de deux bourrées et une busche par jour » sur les charettes de bois entrant en ville. — Fol. 17 : Rupture des ponts d'Epinard. — Fol. 20 · Réception de la reine à son passage le long des faubourgs, se rendant du Verger à Saumur. — Fol. 28 : Présent de gants au nom de la ville. — Fol. 28 : Occupation du château d'Angers par M. de la Mazure, exempt des gardes de la reine-mère. — Fol. 28 : Le maire député à Tours pour prendre instructions du roi sur l'accueil à faire par la ville à la reine-mère. —

Fol. 29 : Rixe entre un soldat de la garnison nouvelle du château et un habitant. — Fol. 30 : Retour du maire de son voyage de Tours. — Fol. 31 : La porte de Boisnet brisée pendant la nuit. — Fol. 32 : Députation du Conseil de ville à M. de la Porte, gouverneur de la ville et du château d'Angers. — Fol. 34-38 : Préparatifs pour la réception de la reine-mère. — Fol. 41 : Indemnité de logement à l'exécuteur des hautes-œuvres. — Fol. 42 : Achat de présents pour la reine. — Fol. 45 : Marchés avec Michel Hullin, architecte ; Jehan Lagouz, Gilbert Vandelant et Jacques Moufflart, peintres ; Jean et René Sallas, charpentiers, pour les décorations de l'entrée.—Fol. 47 : Inventaire des chambres, lits et provisions disponibles dans les hôtelleries. — Fol. 51 : Marché pour faire tirer un feu d'artifice. — Les religieuses Bénédictines réformées autorisées à fonder un établissement à Angers. — Fol. 57 : Entrée de la reine-mère. — René Morin, Mathurin Normandin, Michel Ménard, Jeh. Richardin et autres joueurs de hautbois demeurant en Poitou, payés de leur peine d'être venus jouer à ladite entrée. — Fol. 79 : Etablissement des PP. de l'Oratoire à Angers. — Fol. 101 : Opposition du Conseil à l'édit de création de procureurs. — Fol. 102 : Imposition nouvelle sur la vente du poisson. — Fol. 105 : Marin Préhoust et Estienne Vallet, sculpteurs, payés de leurs travaux faits au Palais-Royal. — Fol. 118-119 : Le corps de ville interviendra pour les Pères de l'hôpital Saint-Jean dans le procès contre les sieurs Coustard, Piolin et Froger, adjudicataires du forestage des carrières de la Noue et de Champrobert. — Fol. 120 : Quêtes publiques dans les maisons pour subvenir aux frais de l'hôpital Saint-Jean. — Fol. 120 : Travaux de réparation de la fontaine Pied-Boulet. — Fol. 124 : Allée nouvelle ajoutée au Mail. — Fol. 130 : Le Conseil autorise les Pères de l'Oratoire à acquérir l'hôtel de Lancreau et à disposer de l'hôpital Saint-Michel-du-Tertre.— Fol. 139 : Opposition de la ville à l'érection du comté de Brissac en duché-pairie. — Fol. 141 : Les travaux de la fontaine Pied-Boulet adjugés à René Chantepie. — Fol. 145 : Robert Plessis, charpentier, payé de la confection de deux ponts de bois faits au pont Bourguignon, pour le passage de la reine-mère. — Fol. 152 : Ordre tenu par les métiers et corporations laïques et religieuses à la procession générale du Sacre. — Fol. 156 : Présent de ville à M. le cardinal de Sourdis. — Fol. 158 : Requête des Cordeliers pour l'achèvement de leur nouvelle rue. — Fol. 160 : Lettre de M. Aubéry, maître des requêtes, au sujet de l'imposition foraine. — Le maire mandé auprès de la reine-mère. — Fol. 161 : Retour du maire. — Fol. 163 : Les gardes et rondes de nuit remises sur pied. — Fol. 171 : Ordonnance de la reine-mère portant mandement de travailler aux fortifications.

— Fol. 172 : Le maire, par ordre de la reine-mère, se retire à Nantes. — Fol. 173 : Les armes et munitions de la ville portées au château. — Te Deum pour la paix. — Fol. 174 : Députation de ville envoyée à Brissac pour saluer le roi. — Fol. 174 : Lettre du roi portant ordre de recueillir à l'hôpital Saint-Jean les blessés du combat des Ponts-de-Cé (Brissac, 15 août 1620). — Fol. 175 : Lettres de la reine-mère au maire, pour le rappeler de Nantes (13 août 1620). — Fol. 176 : De la même au Conseil, pour l'informer du rappel du maire (14 août 1620). — Fol. 177 : Revendication par la ville des armes portées au château. — Fol. 178 : Plaintes contre les pillages des soldats. — Fol. 180 : Don, par la reine-mère, de 200 mousquets, outre les armes portées au château. — Fol. 181 : Les chirurgiens de la ville mandés au Conseil pour expliquer leur refus de soigner les blessés recueillis à l'hôpital. — Fol. 185 : Plaintes des habitants contre la négligence des principaux et l'insuffisance des régents des divers colléges d'Angers. — Fol. 196-233 : Règlement pour le service des tambours de ville. — Fol. 199 : Demande en rectification de l'alignement projeté pour la rue nouvelle allant des Cordeliers au Palais-Royal, présentée par MM. de l'Oratoire. — Fol. 201 : Explications données au Conseil de ville par MM. André Drouet, principal au collége Neuf ; Charles Garsaulan, principal de la Porte-de-Fer, et Jehan Viémont, principal de la Fromagerie, sur les plaintes portées contre eux par les habitants. — Fol. 204 : Règlement des dettes de la ville. — Fol. 216 : Lettres du roi (Amiens, 20 décembre 1620) et de la reine-mère, portant ordre de reprendre les gardes et rondes de nuit. — Fol. 220 : Information contre les gens qui ont démoli la courtine de la tour où se tire le Papegay. — Fol. 221 : Les huguenots dispensés des gardes. — Fol. 223 : Obsèques de M. l'évêque d'Angers, Fouquet de la Varenne. — Fol. 224 : Lettres de M. Miron, son successeur, au corps de ville. — Fol. 204 : Aumône à un Grec passant. — Fol. 240 : Octroi par le roi d'un double droit de cloison pendant 6 ans. — Don, par la reine-mère, de 6,000 liv. pour réparer les ruines de la dernière guerre dans le faubourg de la Madeleine d'Angers. — Fol. 243 : Les marchands autorisés à construire une maison consulaire sur le produit du quart de la cloison doublée. — Fol. 245 : Le maire continué dans ses fonctions par ordre de la reine. — Avis divers des échevins sur cette mesure. — Protestation du maire.

Reg. petit in-fol., pap., de 249 fol.

BB 66.
1 mai 1621.
28 avril 1623.

Registre des conclusions. — Fol. 5 : Députation de ville envoyée à Saumur pour y saluer le roi. — Fol. 6 : Assemblée de police pour aviser « qu'il n'arrive des inconvénients des bestes enragées. » —

Fol. 9 : La ville de Saumur rendue au roi par les protestants. — Fol. 21 : Lettres du roi annonçant la prise de Saint-Jean-d'Angély (Au camp, devant Saint-Jean-d'Angély, 25 juin 1621). — Fol. 22 : Articles accordés par le roi aux habitants révoltés. — Fol. 26 : Envoi d'une députation à Bourgueil, pour obtenir de la reine-mère la cessation des travaux de fortification commencés à la Basse-Chaîne. — Fol. 28 : Réponse de la reine. — Fol. 33 : La ville prend fait et cause pour les boulangers de Bouchemaine, intimés de payer le droit de Trépas de Loire. — Fol. 35 : Et pour les chirurgiens contre Jehan Collombel, aspirant refusé à la maîtrise, appelant pour obtenir examen nouveau de sa cause au Parlement de Paris. — Fol. 44 : Avis favorable donné par le Conseil de ville sur le projet d'augmenter le nombre des orfèvres « pour l'honneur de la ville. » — Fol. 45 : Traité avec Benjamin Bourdais, fontainier, de Champigné-sur-Voide, en Touraine, pour la réparation de la fontaine Pied-Boulet. — Fol. 47 : Publication, au nom du corps de ville, pour rappeler le peuple à la concorde et au maintien de l'union entre les catholiques et les protestants. — Fol. 49 : Ratification du traité passé avec Guy Buret, pour le nettoiement de partie de la ville, à jours fixes. — Fol. 54 : Mémoire dressé pour mettre opposition aux articles accordés par le roi à Mᵉ Médard Ory, pour le commerce de la Loire (V. fol. 41, 43, 44, 50, 52, 53). — Fol. 60 : Plaintes contre les exactions de la garnison des Ponts-de-Cé sur les bateaux passant en Loire. — Fol. 62 : Le Conseil refuse d'exempter des gardes les suppôts de l'Université. — Fol. 65 : Obsèques de M. le maréchal de Brissac. — Fol. 72 : Réparation des ponts d'Epinard. — Fol. 75 : Le Conseil tient sa séance au parquet des gens du roi, « à cause du verglas. » — Fol. 76 : Les possesseurs des étaux des Halles sommés de produire leurs titres. — Fol. 79 : Rapport d'enquête sur le port de la Mothe et le canal de la rue de l'Ecole, près la Tannerie. — Fol. 84 : Règlement pour les étaux des Halles. — Fol. 85-87 : Réformation des Cordeliers d'Angers. — Fol. 95 : Lettre de M. le président Chevalier, père spirituel de l'ordre, à M. Lanier, lieutenant général d'Angers, au sujet de ladite réformation. — Fol. 96 : Règlement pour les gardes de la ville. — Fol. 103 : Lettre de M. du Bellay, pour annoncer sa nomination aux fonctions de lieutenant général d'Anjou. — Fol. 110-115 : Opposition des habitants de la rue Valdemaine et de la Parcheminerie à l'exhaussement du pavé desdites rues. — Fol. 118 : Députation envoyée à Saumur pour saluer le roi et la reine. — Fol. 118-121 : Arrivée du roi aux Ponts-de-Cé. — Fol. 122 : Envoi de compagnies de ville sous le commandement de M. de la Ricoulaye, pour assiéger le château de Beaufort. — Fol. 130 : La ville fait droit à la requête des habitants des rues Valdemaine et de la Parcheminerie. — Fol. 134 : Dégats commis à Sorges, dans le temple des huguenots, par des régiments royaux descendant à Nantes. — Fol. 135 : Chantepie, maître maçon, renvoyé des travaux de réparation de la fontaine Pied-Boulet, pour infraction aux devis, et poursuivi en restitution des avances reçues. — Fol. 148 : Acceptation du don de 2,000 liv. fait par mademoiselle Jacquine Ayrault, dame de Mue, aux hôpitaux d'Angers.— Fol. 153 : Soulèvement des habitants de Sorges, de la Daguenière et autres paroisses de la vallée, pour expulser des communs de Beaufort les bouchers d'Angers. — Fol. 163 : Projet d'un établissement de religieuses de l'ordre des Cordeliers aux Ponts-de-Cé. — Fol. 165 : Opposition des villes de Saumur et d'Angers à l'édit de création de courtiers de commerce. — Fol. 167 : Règlement pour les étaux des Halles. — Fol. 170 : Construction d'une turcie près « le vieil portal de la Tannerie. » — Fol. 173 : La ville écrit une lettre de félicitations à M. de Luçon (Richelieu) à l'occasion de sa nomination au cardinalat. — Fol. 196 : Les portraits du roi, de la reine et des maires d'Angers mis dans la salle du Conseil. — Fol. 198 : M. de Rohan, mort d'apoplexie à son logis de Casencuve d'Angers. — Fol. 204 : Lettres de la reine, pour recommander les intérêts des PP. Oratoriens au sujet de la rue nouvelle des Cordeliers (Lyon, 24 décembre 1622). — Fol. 206 : Indemnité de logement à l'exécuteur des hautes-œuvres. — Fol. 208 : Enquête pour retrouver les 20 volumes perdus des délibérations municipales. — Confection d'armoires pour les archives. — Fol. 211 : Le Conseil de ville appuie la requête des rois du Papegault, pour le maintien de leurs priviléges. — Fol. 215 : Marché avec Gilbert Vandelant, peintre, pour la confection de 16 tableaux contenant les noms et les armoiries des maires, les portraits des rois Louis XI et Louis XIII, de la reine, de M. du Bellay et du maire actuel. — Fol. 217 : La ville intervient pour les bouchers dans leur procès contre les habitants de la Daguenière et de la Chapelle-Bohalle, pour l'usage des communs de la Vallée. — Fol. 222 : Jugement rendu au Conseil de ville, sur la demande en indemnité du sieur Jouet, soldat de garde, blessé par l'explosion d'un mousquet. — Fol. 234 : Pose des tableaux des maires dans la salle du Conseil.

Reg. petit in-fol., pap., de 238 fol., le dernier détaché.

BB 67.
1 mai 1623.
29 avril 1625.

Registre des conclusions. — Fol. 5 : Défense « à toutes personnes, et notamment aux escoliers, » de porter des armes après neuf heures du soir en été, sept heures en hiver. — Fol. 7 : Monitoire pour recouvrer les titres perdus de la ville.—Fol. 10 : Requête de Mᵉ Claude du Mandel, principal du collège d'Anjou, pour obtenir une subvention. — Fol. 10 : Certificat de bonnes vie et mœurs délivré à Nicolas Ursin, menuisier, pour lui servir en son pèlerinage de Rome. — Fol. 17 : Les communautés des maîtres chapeliers et des maîtres arquebusiers admises à recevoir leur torche de la ville pour la procession du Sacre. — Fol. 18 : Restauration du pont des Treilles. — Fol. 24 : La saulaye de Boisnet sera comblée et exhaussée pour être convertie en promenade. — Fol. 27-29 : Les marchands invités à s'abstenir de tout trafic avec Paris, Rouen, et autres villes infectées de contagion. — Fol. 31 : Les caves des rues Saint-Michel et des Vieilles-Halles envahies par les eaux de sources. — Fol. 35 : Curage de la douve de Boisnet. — Fol. 39 : Adjudication à Pierre Leliepvre des travaux de réparation du Pont des Treilles. — Fol. 42 : Don de 8,000 liv. fait par M. de Malpère, pour la construction d'un cloître et d'un dortoir à l'hôpital Saint-Jean. — Fol. 49 : Permis au concierge de la Haute-Chaîne d'y faire une écluse « pour y conserver du poisson blanc pour la provision des habitans. » — Fol. 58 : Permis au sieur Desloges d'ouvrir un manége sous les Halles, « pour l'instruction de la noblesse et toutes autres personnes de condition et qualité. » — Fol. 60 : Le maire assailli, dans la rue Peinte, par un laquais. — Fol. 63 : Grâce du coupable, à la demande du maire. — Fol. 70-77 : Lettres de la reine-mère au sujet du serment refusé par les directeurs ecclésiastiques de l'hôpital. — Fol. 83 : Délibération sur la proposition faite, par le sieur Dubut, de faire un pont de pierre au lieu du pont de bois des Ponts-de-Cé. — Fol. 85 : La ville se joint à la cause des loueurs de chevaux contre le général des postes. — Fol. 91 : Lettres de la reine-mère, pour établir les Oratoriens dans le collége d'Anjou (Paris, 10 février 1624). — Fol. 94 : Les ponts des Ponts-de-Cé emportés par les grandes eaux. — Fol. 97 : Etablissement proposé d'un impôt sur les vins passant en Loire, pour reconstruire lesdits ponts. — Fol. 98 : Lettres de la reine-mère, pour l'établissement des Oratoriens au collége d'Anjou (Paris, 16 mars 1624). — Fol. 100 : De la même, pour presser le Conseil d'accepter les offres de Bourigault pour la réparation des Ponts-de-Cé (Paris, 4 avril 1624). — Fol. 107 : Délibération sur les offres dudit Bourigault. — Fol. 113 : Travaux au pont des Treilles. — Fol. 123 : La corporation des couvreurs admise à recevoir dorénavant une torche de ville pour la procession du Sacre. — Fol. 128 : Transaction avec les PP. de l'Oratoire, pour la direction du collége d'Anjou. — Fol. 141 : Dispositif de l'arrêt du Parlement, pour la reconstruction des Ponts-de-Cé. — Fol. 147-161 : Requête des maîtres langayeurs de porcs, pour obtenir le privilége dudit métier. — Fol. 154 : Les pauvres malades de la religion réformée reçus dorénavant à l'hôpital St-Jean. — Fol. 167 :

Envoi de 500 hommes pour prêter main-forte aux officiers du roi assaillis par le baron de Rochefort. — Fol. 127 : Les patrouilles remises sur pied contre les écoliers, gabeloux et autres coureurs de nuit. — Fol. 175 : Plaintes de François Odiau, aspirant à la maîtrise de chirurgie, contre les maîtres chirurgiens qui, après appel au Parlement et nouvel examen favorable « sur 5 à 600 questions, » ne veulent encore le recevoir « qu'à des conditions qui ne sont pas raisonnables. » — Fol. 180 : Ordonnance qui enjoint de porter les vidanges aux terre-pleins du pont des Treilles. — Fol. 183 : Défense au maître de poste de fournir chevaux sans ordre. — Fol. 183 : Demande de secours par le duc de Brissac, pour faire lever le siége de Port-Louis. — Fol. 184 : Lettres du roi ordonnant de reprendre les gardes de nuit (Paris, 19 janvier 1625). — Fol. 186 : Autorisation donnée au sieur Monnet « d'enseigner publicquement et en particulier l'exercice du jeu de longues armes. » — Fol. 187 : Plaintes contre les violences et pillages des soldats de M. du Plessis de Juigné. — Fol. 196 : Les vignerons et laboureurs exemptés des gardes. — Achèvement du pont des Treilles. — Pose d'inscriptions. — Fol. 206 : La reine fait connaître au Conseil qu'elle désire voir continuer M. Jouet, maire, en sa charge.

Reg. petit in-fol., pap., de 208 fol.

BB 68.
1 mai 1625.
28 avril 1626.

Registre des conclusions. — Fol. 5 : Lettres du roi et de la reine-mère, pour recommander au Conseil de continuer en sa charge de maire M. Jouet. — Election de M. Barbot. — Fol. 9 : Lettres du roi et de la reine-mère, pour suspendre le nouveau maire. — Fol. 14 : Arrestation d'un sieur Beaulieu, auteur soupçonné d'un pamphlet contre M. du Bellay. — Fol. 18 : M. du Bellay dénonce le sieur Jouet, ancien maire, comme auteur dudit pamphlet, et met opposition à ce qu'il soit continué dans sa charge. — Fol. 23 : Envoi d'une députation en cour. — Fol. 24 : Rapport de M. Barbot, à son retour de Paris. — Fol. 26 : Arrêt qui casse l'élection du sieur Barbot, et continue M. Jouet en sa charge. — Fol. 42 : Règlement pour le traitement des trompettes et tambours de ville. — Fol. 45 : La ville se joint à la cause des marchands d'eau-de-vie, pour les maintenir quittes et exempts des droits, notamment du droit de Trépas de Loire. — Fol. 46 : Mesures pour prévenir la contagion qui règne aux alentours. — Fol. 51 : Députation en cour pour obtenir modification du traité pour la construction d'un pont de pierre aux Ponts-de-Cé. — Fol. 52 : Les rôtisseurs autorisés à faire leurs tueries dans la rue de l'Ecorcherie. — Fol. 57 : Plaintes contre l'entrepreneur du pont des Ponts-de-Cé. — Fol. 69-78 : Plaintes des filassiers contre le fermier de la prévôté. — Fol. 71-77-79 : Etablissement projeté des Carmélites en ville. — Fol. 85 : Plaintes contre les officiers du grenier à sel d'Ingrande et de la Pointe. — Fol. 91 : Autorisation à M. de la Barre d'enrôler en ville cent hommes de pied pour conduire à Verdun, au régiment de M. de Marillac. — Fol. 95 : Service pour la comtesse de Caravas. — Fol. 97 : Plaintes contre les brutalités commises par M. de Saint-Offange sur le sieur Pierre Provost, capitaine de ville. — Fol. 98 : La peste se déclare dans le faubourg Saint-Michel. — Fol. 98 : Pose de chaînes aux avenues des Halles les jours d'exécution de criminels, pour prévenir les tentatives de la populace. — Fol 101 : Nomination du sieur Marc, dit Lagarde, maître chirurgien, pour soigner les pestiférés en ville, jusqu'à l'ouverture du Sanitat. — Fol. 104 : Les gardes de nuit cessées par suite de la paix conclue avec les réformés. — Fol. 105 : Offres des docteurs de la Faculté de médecine de soigner à tour de rôle les malades pestiférés. — Fol. 107 : Offres des PP. Récollets d'assister les malades. — Réouverture du Sanitat. — Fol. 108 : Le faubourg Saint-Michel barricadé pour intercepter la contagion. — Fol. 114 : Gages des officiers du Sanitat. — Fol. 117 : Procès-verbal de réception des travaux du pont de bois des Treilles. — Fol. 119 : Les Récollets reçus au Sanitat. — Fol. 123-131 : Dénombrement des pauvres. — Les indigents valides employés aux travaux publics. — Fol. 130 : Gages du chirurgien du Sanitat. — Fol. 134 : La ville donne 200 liv. à Jacquine Esnault, veuve de René Marc, chirurgien du Sanitat, mort de contagion, restée grosse et chargée de six enfants, et exempte l'aîné de ses fils des droits de maîtrise. — Fol. 133, 138, 139 : Les frais de la nourriture des pauvres portés aux rôles assignés sur chacune des maisons d'Angers.

Reg. petit in-fol., pap., de 139 fol.

Registre des conclusions. — Fol. 4 : Plaintes contre les pauvres mendiants. — Fol. 7 : Offres de M. Ruellan, docteur en médecine, de soigner les pestiférés par visites personnelles en ville et au Sanitat, et non plus d'après les notes du chirurgien. — Fol. 8 : Les pauvres « égaillés à nouveau » sur les habitants. — Fol. 9 : Les officiers du Sanitat logés à la Maison-Blanche, près la Pantière, appartenant à M. de Dieusie. — Fol. 13 : Les médicaments fournis par l'hôpital Saint-Jean. — Fol. 22 : Aumône donnée à un convoi de galériens pour le détourner de passer en ville. — Fol. 28 : Don de poudre et d'une arquebuse au récollet du Sanitat, pour chasser les chiens et les loups qui dévastent le cimetière. — Fol. 31 : Recrudescence de la peste. — Fol. 33 : Envoi d'une députation à Saumur pour saluer le

BB 69.
1 mai 1626.
30 avril 1627.

roi. — Fol. 34 : Rente hebdomadaire de 6 liv. aux religieux de la Baumette. — Fol. 36 : Confection de cinquante huttes pour abriter les malades du Sanitat encombré. — Le sieur Antoine Poignard, chirurgien du Sanitat, décédé en fonctions, est remplacé par Jehan Renou. — Fol. 39 : Procession générale pour obtenir la fin de la contagion. — Fol. 41 : Permis aux médecins et chirurgiens de traiter les malades en ville. — Prière aux Récollets de la Baumette de les assister. — Fol. 42 : L'entrée de la ville interdite aux pauvres. — Fol. 48 : Don par l'évêque de 250 liv. pour aider au traitement des malades. — Fol. 49 : L'hôpital Saint-Jean envahi par la contagion. — Fol. 50 : Deux religieux de la Baumette logés au prieuré de Saint-Sauveur, à portée des malades. — Fol. 51 : Confection de 50 lits par Michel Robillon, charpentier. — Fol. 52 : Traité avec les sieurs Brossay et Sancier, de Nantes, pour désinfecter les maisons des pestiférés. — Fol. 54 : Nomination de cinq apothicaires pour le fournissement des médicaments. — Fol. 55 : Mesures de salubrité. — Feux le soir sur les places. — Arrosement des rues trois fois par semaine. — Enterrement des morts la nuit. — Entrée de la ville interdite aux habitants des paroisses contagiées de Corzé, Villevêque, Mazé, le Plessis-Grammoire, Foudon, Andard. — Fol. 56 : Les boutiques des fripiers fermées. — Fol. 56 : Les religieux mendiants priés de quitter la ville « pour éviter au danger de contagion. » — Fol. 57 : Le prieuré de la Papillaye converti en succursale du Sanitat. — Fol. 58 : Défense aux habitants d'aller à Nantes, où se trouve le roi et la cour. — Recrudescence du mal. — Fol. 62 : Etablissement de gardes aux avenues du Sanitat, pour interdire toute communication avec les malades. — Plantation de poteaux avec carcans pour y attacher les réfractaires. — Fol. 64 : M. Ruellan, médecin, dispensé de tout service. — Le père Pierre Joseph, « qui avec beaucoup de courrage et de charrité a assisté, jusques icy les malades au lieu de la Panthière, » supplié de prendre « la supérintendance » du Sanitat, « ne pouvant cette charge estre donnée à un autre plus zellé et capable que luy. » — Fol. 66 : Ordonnance concernant la fréquentation des pestiférés. — Fol. 67 : Refus de Renou, chirurgien du Sanitat, de se soumettre aux ordres du père Joseph. — Fol. 69 : Nettoiement des rues. — Fol. 70 : Deux récollets logés au logis de Clermont pour assister les malades de la Doutre. — Fol. 71 : Le sieur Renou, chirurgien du Sanitat, réclame l'aide d'un médecin pour médicamenter les malades dont le mal présente des caractères nouveaux qui ne sont plus de son art : « grandes fièvres pestilentielles avec flux de sanc et mal de cœur, assoupissement et douleurs aux enjoinctures, qui font mourir promptement les malades, lesquelz se trouvent couvertz de taches noires, rouges, bleues et d'autres couleurs. » — Fol. 77 : Défense aux pestiférés guéris de sortir en ville, sinon avec une baguette blanche à la main, à peine d'être chassés à coups de pierre. — Fol. 78 : Traité avec quatre nouveaux « déhaireux », pour désinfecter les maisons des pestiférés. — Fol. 81 : Aumône de 6 liv. 8 s. par semaine aux religieux mendiants, pendant la durée de la contagion. — Fol. 84 : Défense de communiquer avec les malades du Sanitat. — Fol. 87 : Le nombre des malades est de huit à neuf cents. — Les frais, depuis six mois, estimés à plus de 100,000 liv. — Fol. 89 : Mise en quarantaine de toute personnne ayant eu rapport avec les contagiés. — Fol. 90 : Autorisation au sieur Renou, chirurgien, de cesser son service « pour vaquer à ses affaires domestiques. » — Fol. 91 : Jacques Roger, maître chirurgien des Ponts-de-Cé, « très expérimenté aux malades de contagion, » nommé en sa place. — Fol. 92 : Affaiblissement de la maladie. — Licenciement d'officiers du Sanitat. — Fol. 93 : Autorisation aux Récollets d'établir un hospice dans un faubourg de la ville. — Fol. 95 : Certificat de bons services délivré au sieur François Dupré, chirurgien. — Fol. 99 : M. le grand-vicaire prié de ne pas autoriser les prédications de l'Avent, « par crainte de la contagion. » — Fol. 106 : Nouveau licenciement de partie des officiers du Sanitat, par suite de la décroissance de la maladie. — Fol. 118 : Le cimetière de la Pantière clos de murs pour le défendre des loups. — Fol. 120 : Mandement aux paroisses, pour empêcher les exactions des chirurgiens du Sanitat, qui prétendent tirer argent des malades. — Fol. 124 : Le P. Mathurin, récollet, nommé à la direction du Sanitat, en remplacement du P. Pierre Joseph, rappelé par le père provincial. — Fol. 128 : Attestation des bons services rendus à la ville par Jacques Roger, maître chirurgien des Ponts-de-Cé. — Fol. 136 : La maison du Haut-Manoir, près les Lices, choisie par les Récollets pour y établir leur hospice. — Fol. 139 : Sentence des arbitres choisis entre les bouchers et les tanneurs de la ville. — Fol. 141 : Témoignage de satisfaction rendu par le Conseil au supérieur de l'Oratoire.

Reg. petit in-fol., pap., de 146 fol.

Registre des conclusions. — Fol. 2 : Commission nommée pour choisir l'emplacement d'un nouveau Sanitat à construire aux frais de la ville. — Fol. 10 : Délibération des paroisses sur l'édit du roi qui rend héréditaires les trafics de taverniers, cabaretiers, hôteliers et marchands de vins en gros. — Fol. 13 : Refus du legs fait par M. de la Marqueraye à l'hôpital Saint-Jean. — Fol. 21 : Fermeture du Sanitat. — Fol. 23 : Prières et procession publiques pour la ces-

BB 70.
1 mai 1627.
19 avril 1628.

sation de la peste. — Fol. 25 : Ordre aux pères Augustins de rétablir dans leur église les étendards et armes de M. Hunault de la Thibaudière, décédé maire, qui avaient été enlevées pendant les restaurations. — Fol. 26 : Les Carmes sommés de justifier leur refus d'assister aux enterrements. — Fol. 30 : Contestation de préséance entre le corps de ville et le présidial. — Fol. 43 : Certificat de bons services délivré au sieur Lecompte, chirurgien du Sanitat. — Fol. 45 : Ordre aux poudriers d'avoir en boutique deux cents livres de poudre au moins. — Fol. 53 : Te Deum et feux de joie pour la défaite des Anglais à l'île de Rhé. — Fol. 56 : Le sieur Lecommandeux reçu en la charge de crieur de patenôtres de nuit. — Fol. 57 : Contestation de préséance entre le corps de ville et l'Election. — Fol. 58-61 : Fourniture de 250 habits militaires imposée par le roi à la ville. — Fol. 60 : Confection du quai du Ronceray, près le pont des Treilles. — Fol. 63 : Décès de M. le marquis de Thouarcé, fils de M. du Bellay, gouverneur. — Fol. 66 : Nouvelle décision d'arbitres entre les bouchers et les tanneurs. — Fol. 69 : Recrudescence de la contagion aux Ponts-de-Cé. — Fol. 78 : Maintien des privilèges du roi du Papegault. — Fol. 91 : Règlement pour les trompettes de ville. — Fol. 96 : Les meubles du Sanitat donnés à l'hôpital Saint-Jean. — Fol. 100 : Règlement des frais de médicaments fournis aux malades. — Fol. 109, 110, 122 : Décès et obsèques de M. Barbot, sieur du Matras, maire. — Fol. 128 : Don de 12 liv. au P. provincial des Cordeliers, qui a fait l'oraison funèbre. — Fol. 136 : Paiement des apothicaires du Sanitat.

Reg. petit in-fol., pap., de 138 fol.

BB 74.
1 mai 1628.
27 avril 1629.

Registre des conclusions. — Fol. 10 : Paiement des frais du Sanitat. — Fol. 12 : Aumône donnée à deux religieux Grecs « pour estre employée au rachapt des vazes sacrez et liberté du révérend Père prédicateur du Saint-Sépulcre. » — Fol. 20 : Réparation des ponts d'Epinard. — Fol. 26 : Ordonnance de M. du Bellay, qui enjoint de mettre sus cent hommes d'armes pendant la procession du Sacre.— Fol. 36 : Confection du terre-plein de la pyramide des Treilles. — Défense aux habitants de prendre de la terre dans les fossés de la ville, non plus qu'aux prés des Carmes et de la Tannerie. — Fol. 38 : Lettres du roi demandant l'envoi immédiat de cent manœuvres, tant maçons, tailleurs de pierre que carrayeurs, pour travailler aux fortifications du Brouage (Du camp de La Rochelle, 22 juillet 1628). — Fol. 39 : Déposition des maîtres de perrières, architectes, maçons et autres chefs d'ouvrages convoqués pour obéir aux ordres du roi. — Fol. 41 : Traité passé avec les cent manœuvres envoyés au Brouage.

— Fol. 42 : Escorte fournie par la ville au sieur d'Arbouge, capitaine des chevau-légers du roi, pour la garde du sieur Dubreau, « prisonnier d'Estat et de grande consequence, » qu'il conduit à La Rochelle. — Fol. 43 : Rupture du pont des Ponts-de-Cé. — Fol. 44 : Confection d'un pont volant. — Fol. 47 : Lettres du roi pour presser l'envoi des cent manœuvres (3 août 1628). — Fol. 49 : Un cas de peste à la place Neuve dénoncé au Conseil. — Mesures de salubrité. — Fol. 52 : Nouveau cas de peste rue Baudrière. — Fol. 52 : Hierome Bazourdy, chirurgien, chargé de traiter les malades. — Fol. 55 : Opposition à l'établissement des offices de courtiers royaux des vins.— Fol. 62 : Offres du sieur Simon Lourdet, ouvrier en tapisserie, demeurant à Paris, d'enseigner gratuitement son métier aux pauvres renfermés d'Angers. — Fol. 63 : Don par la ville au Père Cirille, religieux récollet, présent au camp devant La Rochelle, « d'une petite horloge avec un réveille-matin. » — Fol. 64 : Ordre aux manœuvres, revenus sans congé, de retourner au Brouage. — Enquête sur une assemblée secrète des huguenots à Villesicart. — Fol. 69 : Avis de la prise de La Rochelle. — Fol. 72 : Te Deum et feux de joie. — Fol. 74 : Retour de la députation envoyée pour complimenter le roi. — Fol. 79 : Plaintes contre les exactions de la garnison des Ponts-de-Cé. — Fol. 82 : Présents de cire, bougies, langues de bœufs, andouilles et langues de porcs offerts par la ville au cardinal de Richelieu, au garde-des-sceaux, à M. d'Effiat, intendant des finances ; à M. du Bellay, gouverneur de la province, et à M. de la Porte, commandant du château ; à MM. Boutillier et de Cheverue. — Fol. 86 : Octroi fait par le roi aux marchands du quart de la double cloison.— Fol. 98 : Plaintes au Conseil de ville, par Estienne Lebloy, ministre, Pierre de Girard, Samuel Pelisson et autres huguenots, contre les insultes qui les assaillent par les rues. — Fol. 115 : Certificat délivré par le Conseil à Lazare Moisy, cabaretier, de ce qui s'est passé en ville lors de la publication de l'édit concernant l'hérédité du métier des taverniers et cabaretiers. — Fol. 125 : Quêtes publiques de linge pour l'hôpital. — Fol. 129 : Te Deum pour la levée du siége de Casal et la prise de Suze.

Reg. petit in-fol., pap., de 138 fol.

Registre des conclusions. — Fol. 15 : Te Deum pour la paix. — Fol. 28 : Contagion à Martigné-Briand et Chavagne. — Cas déclaré en ville, rue Chaperonnière. — Ouverture du Sanitat. — Fol. 30 : Gages du chirurgien René Aubry.— Fol. 34 : Fermeture du Sanitat.— Fol. 37 : Le sieur Ragot, adjudicataire de l'entretien des enfants trouvés, chargé de les mettre à huit ans en apprentissage. — Fol. 44-51 ;

BB 72.
2 mai 1629.
30 avril 1630.

Assemblées des paroisses de l'élection au sujet de la création des courtiers sur les vins et des jaugeurs de tonneaux. — Fol. 49 : Don de 800 liv. aux PP. Carmes, pour les aider à faire l'agrandissement du chœur de leur église. — Fol. 50 : Cas déclarés de peste au château. — Fol. 54 : Maintien des priviléges du roi du Papegault. — Fol. 62-70 : Députés de ville pour assister aux épreuves de M. Polycarpe Sangebert, aspirant à la chaire de droit vacante. — Fol. 65 : Présents de langues de bœuf et d'andouilles adressés à MM. le cardinal de Richelieu, au garde-des-sceaux, à M. du Bellay, au surintendant, au commandeur de la Porte, au président de Cheverue, à M. de la Vrillière.— Fol. 70 : Patrouilles de nuit pour réprimer les voleurs. — Fol. 80 : Mathieu Blouin, nommé chirurgien du Sanitat, en remplacement de Raoul Legrand, atteint de contagion. — Fol. 90 : Lettre du roi nommant le marquis d'Effiat au gouvernement d'Anjou (Paris, 12 février 1630). — Fol. 91 : Lettre de M. d'Effiat pour donner avis de sa nomination. — Fol. 93 : Dénonciation de placards diffamatoires et séditieux, affichés aux portes du Palais-Royal. — Fol. 97 : Soulèvement populaire contre le sieur Menard de la Brunetière, soupçonné de maltote. — Enquête contre les auteurs des placards. — Fol. 99 : Plaintes contre les archers de la gabelle. — Fol. 101 : Les malades du Sanitat, qui ont argent, se traiteront à leurs dépens. — Fol. 109 · Mise sur pied de deux cents hommes d'armes pour assurer, le jour de l'élection du maire, la paix publique compromise par des placards injurieux aux chefs de la justice et à l'autorité royale, qui s'affichent aux carrefours de la ville, aux portes des églises, au Mail. — Fol. 111 : Distribution de poudre auxdits gardes.

Reg. petit in-fol., pap , de 113 fol.

BB 73.
1 mai 1630.
8 juin 1632.

Registre des conclusions. — Fol. 17 : Opposition des villes de Nantes et d'Angers, à l'établissement d'un subside sur les drogues et épices montant en Loire. — Fol. 18 : La corporation des charpentiers admise à recevoir une torche de ville pour le jour du Sacre. — Fol. 19 : M. de la Laudière, maire de Nantes, prie le corps de ville d'Angers « d'aider de quelque quantité de bleds.. pour quelques jours. » en attendant l'arrivée de ceux qu'il a envoyé chercher en Flandre et à Danzick. — Fol. 20 : Poste établi à la Basse-Chaîne pour empêcher la sortie des farines et des blés. — Fol. 24 : Fausse nouvelle de l'assassinat du maire par le prévôt de La Lande, dans une visite au Sanitat. — Emeute. — Emprisonnement des tambours qui ont battu sans ordre. — Fol. 25 : Expulsion d'une troupe de comédiens. — Fol. 25 : Ordre aux archers des gabelles de Ruzebouc et de la Pointe de garder leurs garnisons qu'ils voulaient quitter par crainte du populaire. — Fol. 26 : La ville appuie la réclamation du messager de Châteaugontier contre l'abbesse du Ronceray, pour la perte de deux chevaux tués à Epinard par défaut d'entretien du pont. — Fol. 28 : Fermeture du Sanitat. — Fol. 35 : Monitoire pour découvrir l'auteur des placards diffamatoires. — Fol. 29, 33, 38 : Réparation de la fontaine Pied-Boulet. — Fol. 41 : Protestation du corps de ville contre des actes publics des docteurs de l'Université, passés sans convocation et en l'absence du Conseil et du maire. — Fol. 42 : Défense « de se méfaire ou médire ny d'uzer d'aulcunes menasses les ungs vers les autres, » sous peine de prison et de punition corporelle. — Fol. 48 : Disette de blé. — Emeute contre les boulangers. — Admission des boulangers forains. — Fol. 52 : Emprunt par la ville de 100,000 liv. pour achat de blés à l'étranger. — Fol. 57 : Témoignage public d'estime rendu par le corps de ville au sieur Sangebert, candidat refusé du concours ouvert pour la chaire de droit civil et canon, avec offres et prières pour l'engager à continuer d'enseigner en ville. — Fol. 59 : Grâce demandée par le corps de ville pour des habitants de Villevêque, emprisonnés pour violences commises sur des boulangers et arrestations de blés. — Fol. 61 : Remerciements du sieur Sangebert au Conseil de ville. — Fol. 63 : Continuation de l'enquête contre les auteurs des placards séditieux. — Fol. 83 : Le maire député à Sablé; M. Lallier, échevin, à Rouen, pour faire venir les blés interceptés. — Fol. 94 : Le maire se démet de sa charge par ordre du roi. — Etablissement des religieuses de la Fidélité à Angers. — Fol. 96 : Députation de ville adressée en cour, pour assurer le roi qu'il n'est rien négligé dans la recherche des auteurs des placards séditieux. — Fol. 98 : M. Eveillard chargé d'acheter en Bretagne 500 tonneaux de blé. — Fol. 102 : Lettres du roi créant des officiers des postes à Angers (Paris, 13 novembre 1630). — Fol. 103 : Aumône à un Turc baptisé, pour l'aider à gagner Paris. — Fol. 113 : Charles Papiau, Pierre Gendron et René Moreau, jardiniers, payés pour la plantation de 200 ormeaux sur les contre-escarpes des portes Saint-Michel, Saint-Aubin et Toussaint. — Fol. 119 : Désaveu par le Conseil d'un libelle imprimé qui court à Paris et se distribue en ville, « sur la couverture duquel estant en papier blanc sont imprimez ses motz : « *Pour M. Louet, conseiller des placarts, maire des faquins, premier cappitaine des volleurs, mutins, rebelles, et séditieux, et lieutenant particulier des pendartz de la ville d'Angers, demeurant à la potence, Angers.* — Et ensuite est le paraphe dudit sieur juge, daté du 7ᵐᵉ de ce mois... avec.. intitulation en ses termes : *Requeste des habitans d'Angers à monseigneur le marquis d'Effiat, leur gouverneur,* — commenczans par ses motz : *Monsei-*

gneur, *les bons habitans de la ville d'Angers,* — et finissans par ce vers : *Qui punira de mort tous les meschans.* » — Fol. 125 : Cas de peste dénoncés en la rue Saint-Laud. — Ouverture du Sanitat. — Fol. 126 : Isaac Pelisson nommé chirurgien. — Fol. 131 : Ordonnance pour la nourriture des pauvres. — Fol. 133 : François Dupré remplace Isaac Pelisson au Sanitat. — Fol. 125 : Lettres du roi recommandant bonne garde en vue des factions qui s'élèvent depuis le départ du duc d'Orléans (Paris, 9 mars 1631). — Fol. 143 : Lettres du roi à M. d'Effiat, au sujet de la rébellion du duc d'Orléans (Dijon, 30 mars 1631). — Fol. 153 : Démission de M. Louet, maire. — Fol. 155 : M⁰ Jehan Blondeau, prêtre du Sanitat, assassiné. — Le P. Mathurin, récollet, nommé en sa place. — Fol. 161 : Lettres du roi portant ordre de refuser la démission du maire. — Fol. 166 : La Maison-Blanche louée pour les malades du Sanitat en convalescence. — Fol. 170 : Augmentation de la contagion. — Jehan Renou, chirurgien, choisi pour visiter en ville les malades qui ont le moyen de se traiter chez eux. — Fol. 189 : Lettres du roi mandant de faire bonne garde, attendu le départ de la reine-mère. — Fol. 195 : Ameublement d'un logis près le portal Saint-Nicolas, pour le P. Ambroise, récollet, chargé d'assister les malades. — Fol. 203 : Lettres du roi concernant le pillage de la maison du sieur Delalande, prévôt provincial d'Anjou, et l'assassinat de deux employés des gabelles. — Fol. 221 : Décroissance de la contagion. — Renvoi de partie des officiers du Sanitat. — Fol. 229 : Le sieur Delalande indemnisé par la ville du pillage de sa maison. — Fol. 243 : Procession générale à l'occasion de la cessation de la peste. — Fol. 248 : Lettres du roi portant ordre au corps de ville d'avancer la solde au régiment de M. du Plessis-de-Juigné, qui va prendre garnison à Châteaugontier (Vic, 6 janvier 1632). — Fol. 249 : Lettre de M. le cardinal de la Valette, gouverneur d'Anjou, sur la même affaire. — Fol. 251 : Emprunt pour les frais dudit régiment. — Fol. 262 : Permis à Adrian de Frouille, premier sergent du régiment de Normandie, de lever des recrues en ville. — Fol. 269 : Certificat de bons services et demande du diplôme de maîtrise, par le corps de ville, pour François Dupré, ancien chirurgien du Sanitat. — Fol. 270 : Etablissement projeté des religieuses de la Fidélité à Casenove. — Fol. 287 : Lettre du roi qui rétablit le sieur Louet en sa charge de maire (Saint-Germain, 14 avril 1632). — Fol. 291 : Lettre du roi concernant l'élection du maire (Saint-Germain, 18 avril 1632). — — Fol. 292 : Les religieuses de la Fidélité autorisées à s'établir dans l'hôtel de Robert Plessis, près Bressigny. — Fol. 301 : Députation de ville envoyée en cour pour demander au roi l'ancienne liberté des élections du maire. — Fol. 302 : Charles Briant autorisé à établir un moulin à poudre à canon sur les murs, près Saint-Aubin.— Fol. 306 : Opposition du corps de ville à la création de l'office de chevalier du guet. — Fol. 309 : Les corporations des sargers et des vinaigriers recevront dorénavant une torche de ville pour la procession du Sacre. — Fol. 313 : Lettre du roi qui choisit pour maire M. Dupineau, sur la liste des trois candidats présentés par le Conseil (Amiens, 2 juin 1632).

Reg. petit in-fol., pap., de 313 fol.

Registre des conclusions. — Fol. 11 : Un ouragan ravage les paroisses circonvoisines et emporte une partie du pont de bois des Ponts-de-Cé. — Fol. 17 : Nouveaux cas de peste en ville. — Ouverture du Sanitat. — Fol. 24 : Préparatifs pour la venue prochaine du cardinal de la Valette, gouverneur d'Anjou. — Fol. 30 : Présent de 200 poires de bon-chrétien offert par la ville audit gouverneur.— Fol. 35 : Défense aux métayers d'amener en ville leurs charrettes avant midi, les jours de marché. — Fol. 50 : Aux marchands de tenir leurs chevaux dans les Halles. — Fol. 60 : Lettres du roi, pour enjoindre au Conseil de faire élection nouvelle de maire (Paris, 12 avril 1633). — Fol. 74 : Construction d'un bâtiment pour le tribunal de la maréchaussée. — Fol. 79 : La communauté des pâtissiers admise à recevoir chaque année à l'avenir une torche de ville pour le Sacre. — Fol. 88 : Autorisation aux dames Carmélites de faire une arcade voûtée sur la rue du Tabourin. — Fol. 100 : Cas déclaré de peste dans la rue de la Jaille. — Fol. 107 : Les malades portés à l'aumônerie de Fils-de-Prêtre. — Fol. 110 : Isaac Pelisson, chirurgien du Sanitat. — Fol. 112 : Mort de Michel Gaudin, prêtre du Sanitat. — Jehan Guillot nommé pour le remplacer. — Fol. 114 : Décroissance du mal. — Fol. 148 : Défense d'exporter des blés. — Fol. 150 : Avertissement aux habitants de s'en approvisionner. — Fol. 153 : Dégradation du fifre de ville, pour insultes aux officiers de la gabelle. — Fol. 164 : Défense au fermier de la cloison de prélever un droit sur les tonneaux. — Fol. 170 : Réforme des religieux de l'hôpital Saint-Jean. — Fol. 179 : Don de 17 liv. à Arnault Cazenault, de Bayonne, « joueur de haultes armes, pour avoir montré l'exercice tant de la pique, mousquet, que hallebarde à des habitans de cette ville. » — Fol. 191 : Ordonnance contre les habitants receleurs de faulx saulniers. — Fol. 196 : Deux arches des ponts des Ponts-de-Cé rompues. — Fol. 200 : Rabais au fermier du Mail où il ne se présente personne pour jouer. — Fol. 202 : Autorisation aux religieuses de la Visitation

BB 74.
15 juin 1632.
27 avril 1635.

de s'établir en ville. — Fol. 204 : Le château occupé par un exempt du roi pendant l'absence du commandant.

Reg. petit in-fol., pap., de 210 fol.

BB 75.
1 mai 1635.
28 avril 1637.

Registre des conclusions. — Fol. 3 : Monsieur, frère du roi, salué au nom de la ville à son passage aux Ponts-de-Cé. — Fol. 6 : Le Conseil appuie les prétentions de son greffier d'être admis et réintégré aux priviléges du corps de ville. — Fol. 19 : Sentence des officiers de l'Election qui confirme les priviléges de noblesse du corps de ville. — Fol. 22 : Convocation du ban et de l'arrière-ban. — Fol. 37 : Réparation du pont de bois des Treilles. — Fol. 41 : Restauration de la fontaine Frottepénil, sur le chemin des Ponts-de-Cé. — Fol. 59 : La ville prend fait et cause pour les maîtres chirurgiens, pour faire interdire à de simples compagnons « faire des bains et estufes en leurs maisons, ensemble faire des barbes et poil et eslever bassins. » — Fol. 66 : Le sieur Ambroise, batelier de la rivière, autorisé à enseigner en ville « les hautes et basses armes, faire faire aux habitants l'exercice de la milice, » et à annoncer ses leçons au son du tambour. — Fol. 75 : Le Conseil accepte l'invitation d'assister aux épreuves de maître Pierre Busson, avocat au Présidial, candidat à la chaire de droit vacante en l'Université d'Angers. — Fol. 76 : Lettres du roi demandant envoi « d'un bon secours d'hommes, » pour l'aider contre les ennemis qui ont envahi la Picardie (Paris, 13 août 1636). — Fol. 78 : Vote, par les paroisses, de 40,000 liv. pour lever les soldats réclamés par le roi. — Fol. 79 : Noms de 60 habitants chargés d'avancer la somme. — Fol. 85 : Addition de 32 noms nouveaux pour compléter l'emprunt. — Fol. 86 : La peste en ville. — Ouverture du Sanitat. — Fol. 88 : Présent de ville à M. de Brézé. — Fol. 89 : Lettres du roi pour presser l'envoi du secours demandé (Mons, 21 octobre 1636). — Fol. 94 : Visite du collége Neuf, inhabité et par suite en ruines. — Fol. 95 : Fermeture du Sanitat. — Fol. 96 : Certificats de bons services aux chirurgiens François Dupré et Isaac Pelisson. — Fol. 99 : Envoi d'une députation de ville à M. du Bellay, malade à Gizeux. — Fol. 100 : Sa mort. — Fol. 103 : Le logis de saint Eloi occupé par les dames de la Visitation. — Fol. 121 : Ouverture d'une porte neuve en Boisnet. — Fol. 127 : La peste continue et s'augmente en ville. — Fol. 129 : Bail du jeu de Mail.

Reg. petit in-fol., pap., de 139 fol.

BB 76.
1 mai 1637.
29 avril 1639.

Registre des conclusions. — Fol. 3, 6, 7. — Députation de ville nommée pour assister au concours ouvert pour la chaire de droit vacante en l'Université d'Angers. — Fol. 14 : Plaintes de marchands drapiers de Caen contre un droit prétendu par la communauté des marchands de drap d'Angers. — Fol. 18 : Réparation, aux frais de la ville, de l'escalier du couvent de la Baumette. — Fol. 29 : Demande en modération du droit de huitième sur les vins. — Valeur comparative des vins d'Anjou et des vins d'Orléans et de Bourgogne. — Fol. 32 : Etablissement autorisé d'un prieuré de religieuses du Perray au faubourg des Lices. — Fol. 37 : Abandon aux Ursulines d'une rue pour y construire leur église. — Fol. 44 : Certificat donné par le Conseil au prévôt, du rang qu'il occupe à la procession du Sacre. — Fol. 51 : Gardes établies aux portes pour empêcher la sortie des blés. — Fol. 53 : Plaintes contre les violences et les exactions des archers de la gabelle. — Fol. 60-70 : Fermeture du Sanitat. — Processions publiques à l'occasion de la cessation de la peste. — Fol. 61 : M. de Laubardemont, commissaire du roi, pour lever un emprunt mis sur la ville. — Fol. 64 : Offres des paroisses. — Fol. 82 : Plaintes des poudriers d'Angers contre la garnison des Ponts-de-Cé qui intercepte le passage des salpêtres envoyés de Doué. — Fol. 88 : Autorisation de fermer la rue des Curés de Saint-Maurille. — Fol. 115 : Tarif nouveau imposé sur les marchandises pour subvenir à l'emprunt réclamé par le roi pour la subsistance des armées. — Fol. 131 : Taxe sur le vin vendu en détail. — Fol. 138 : Arrestation à Paris de M. Cornuau de la Grandière, « à faute que les habitans de cette ville et fauxbourgs ont fait de payer leur emprunct. » — Fol. 142 : Le chirurgien et le Père Récollet du Sanitat logés dans la tour Guillou. — Fol. 146 : Rôle de la taxe mise sur les aisés. — Fol. 146 : Lettres du roi et du maréchal de Brézé, donnant avis de la naissance du Dauphin (Saint-Germain-en-Laye, 5 septembre 1638). — Feux de joie et Te Deum. — Fol. 158 : Rôle des soldats levés en ville par le sieur de la Robinière. — Fol. 164 : Déclaration du roi pour l'emprunt de l'an 1637. — Fol. 178 : Lettres du roi concernant la contribution réclamée pour la subsistance des gens de guerre (Saint-Germain, 8 janvier 1638). — Fol. 187 : Agrandissement demandé de la fontaine Frottepénil. — Fol. 196 : Procès-verbal des travaux de réparation des ponts des Ponts-de-Cé. — Fol. 208 : Nomination d'un crieur de patenôtres de nuit. — Fol. 223 : Propositions pour acquitter les dettes de la ville. — Fol. 226 : Lettres du roi au maréchal de Brézé, et du maréchal au Conseil de ville, pour presser l'envoi des deniers levés pour la subsistance des troupes. — Fol. 238 : Etat détaillé, présenté par le maire, des revenus et des charges de la ville. — Fol. 243 : Etat des dettes de la ville. — Fol. 268 : « Mémoires des pièces pour justifier que les habitants des Ponts-de-Cé doivent l'entretien desdits ponts au droit des voies de leurs moulins. » — Fol. 269 : Le Conseil révoque la délibération qui abandonne aux Ursulines la rue Neuve, pour violation des conditions consenties.

Reg. petit in-fol., pap., de 288 fol., couv. en parch.

BB 77.
1 mai 1639.
26 avril 1641.

Registre des conclusions. — Fol. 14 : Délibération sur la taxe de 22,000 liv. imposée pour la subsistance des troupes. — Fol. 33 : Opposition du Conseil à l'érection d'un présidial à Châteaugontier. — Fol. 35-46 : Peste en ville. — Fol. 51 : La ville d'Angers menacée de garnisaires, pour refus de payer la taxe. — Fol. 62 : Appréciation par experts du fief de Villesicard, mis en vente par l'hôpital d'Angers. — Fol. 66 : Opposition mise, au nom de la ville, à l'établissement de forges dans la forêt du Plessis-Macé. — Fol. 94 : Plaintes contre les exactions de l'entrepreneur des ponts des Ponts-de-Cé. — Fol. 96 : Dispositions pour l'entrée du maréchal de Brézé. — Fol. 106 : « Tarif des impositions que le roi a permis et octroyé aux bourgeois et habitants d'Angers de lever sur les denrées et marchandises qui se vendront ou consommeront en la ville et faubourgs, outre les impositions accoutumées. » — Fol. 120-121 : Opposition du Conseil à l'établissement de forges au lieu de la Chaussée-Hue, dans la paroisse du Louroux-Béconnais. — Fol. 123 : Autorisation d'établir un fourneau dans la forêt de Longuenée. — Fol. 124 : Rente viagère accordée par la ville à la veuve d'un charpentier tué par la chute du pont-levis de Saint-Michel. — Fol. 131 : Travaux de réparation des ponts des Ponts-de-Cé. — Fol. 133 : Te Deum et feux de joie pour la naissance d'un second fils de France. — Fol. 151-153 : Emprisonnement d'habitants d'Angers à Paris et à Châteaugontier, pour défaut de paiement par la ville de l'emprunt taxé par le roi. — Fol. 158 : Lettres royaux concernant la taxe des subsistances militaires (Paris, 21 février 1641). — Fol. 172 : Autorisation aux Visitandines de former un établissement en ville.

Reg. petit in-fol., pap., de 175 fol.

BB 78.
1 mai 1641.
28 avril 1643.

Registre des conclusions. — Fol. 5 : Plaintes contre les exactions du messager de Paris. — Fol. 20 : Lettres du roi donnant avis et détail des intrigues des sieurs de Soubise et de la Valette (Abbeville, 11 juin 1641). — Fol. 22 : Arrêt du Conseil privé qui interdit tout établissement de forges au lieu de la Chaussée-Hue et dans la forêt de Longuenée, et à moins de douze lieues de la ville d'Angers. — Fol. 25 : Arrêt du Conseil d'État qui remet aux habitants la somme de 24,000 livres, due sur l'emprunt. — Fol. 33 : Lettre du maréchal de Brézé, pour retirer l'autorisation donnée en son nom au sieur Cercueil d'établir des forges à la Chaussée-Hue. — Fol. 31 : Du même, à l'occasion de l'établissement du sol pour livre. — Fol. 32 : Tarif de la taxe du sol pour livre. — Fol. 36 : Opposition des paroisses. — Fol. 41 : Achat de hallebardes neuves « et de parades » pour les archers du corps de ville. — Fol. 44 : Mise en vente de la place de Boisnet. — Fol. 48 : Lettres du roi annonçant la prise de Bapaume et de Couy (Nesle, 27 septembre 1641). — Fol. 49-50 : Mesures pour assurer la perception du sol pour livre. — Fol. 63 : Imposition de 60,000 liv. mise sur la ville d'Angers, pour sa part de contribution aux subsistances des gens de guerre. — Fol. 70 : Enquête contre les gens qui ont mis le feu à la porte Saint-Michel. — Fol. 85 : Intervention du Conseil de ville avec les notaires, pour obtenir la suppression du droit de petit sceau. — Fol. 90 : Rôle de répartition de la taxe des subsistances militaires sur les villes de la généralité de Tours. — Fol. 92-172 : Aplanissement et remblayage du quartier de Boisnet. — Fol. 110 : Réformation des Cordeliers. — Fol. 138-142 : Testament de Jean Guyonnet, prêtre, sieur de Fougerolles, au profit des Renfermés d'Angers. — Fol. 145 : Service pour la défunte reine Marie de Médicis. — Fol. 152 : Concours pour l'adjudication de deux chaires de droit vacantes en l'Université par le décès de MM. Breau et Legros. — Fol. 162 : Projet soumis au roi par le Conseil de ville, d'un nouveau tarif des impositions à lever sur les denrées et marchandises, pour aider à payer la taxe des subsistances militaires. — Fol. 168 : Réparation du pont des Ponts-de-Cé. — Fol. 172 : Plantation d'ormeaux en Boisnet. — Fol. 190 : Projet d'établissement d'une manufacture de tapis à Angers, par le sieur Pierre Dupont, « tapissier ordinaire du roi en tapis de Turquie et autres ouvrages du Levant. » — Fol. 192 : Défense d'exporter les blés d'Anjou. — Fol. 199 : Ratification par le corps de ville du traité conclu par le directeur de l'hôpital des Renfermés, avec le sieur Pierre Dupont, pour l'établissement d'une fabrique de tapis. — Fol. 224 : Etablissement autorisé d'une confrérie de Saint-Sébastien dans l'église des Cordeliers d'Angers, « affin que cette ville soit, par la prière dudit saint, préservée du mal de contagion. » — Fol. 200-300 : Requêtes en modération de taxes.

Reg. petit in-fol., pap., de 300 fol.

Registre des conclusions. — Fol. 2 : Présent d'une épée à M. Gilles, sieur de la Grue, nouveau maire, par M. Eveillard, maire sortant. — Fol. 4 : Vente de blés saisis en l'hôtellerie du Cigne. — Fol. 6 : Mort du roi Louis XIII. — Fol. 6, 7, 14, 15 : Concours pour la chaire de droit vacante en l'Université par le décès de M. Guillaume Breau. —

BB 79.
1 mai 1643.
21 avril 1645.

Fol. 20 : Te Deum et feux de joie pour la victoire de Rocroy. — Fol. 21 : Service funèbre pour le roi Louis XIII. — Fol. 24-34 : Etablissement autorisé de la maison des Pénitentes. — Fol. 25, 27, 28 : Lettres du roi au maréchal de Brézé et au Conseil de ville, concernant le logement des Espagnols internés à Angers (Paris, 30 mai 1643). — Rôle des officiers Espagnols gardés au château. — Fol. 29 : Rôles d'internement et d'étapes des officiers et soldats Espagnols prisonniers de Rocroy. — Fol. 30-31 : Etat des prisonniers internés à Angers. — Fol. 55 : Procession générale pour le transport des reliques de saint Victor de l'église Saint-Laud à la Cathédrale. — Fol. 66 : Lettre de M. de Rambouillet, au sujet du droit de Trépas de Loire. — Fol. 62 : Plaintes contre les exactions des commis aux gabelles de la Pointe. — Fol. 74 : Lettres du roi annonçant l'envoi à Angers de dix-sept Espagnols internés à Langeais (Paris, 28 octobre 1643). — Fol. 76 : Ordonnance du maréchal de Brézé, gouverneur, pour autoriser le libre transport des blés. — Fol. 82 : Commission royale délivrée à M. Bautru de Serrant, de la charge d'intendant de la généralité de Touraine. — Fol. 84 : Messire Anne Jousselin, médecin de la garnison du château d'Angers, déchargé des impositions. — Fol. 88 : Lettres du maréchal de Brézé et du surintendant, concernant la perception abusive du droit de 30 sols par pipe de vin. — Fol. 91 : Lettres du roi au Conseil de ville et au maréchal de Brézé, concernant les dix-sept Espagnols de Langeais que la ville refusait de recevoir (Paris, 11 décembre 1643). — Fol. 94, 99, 107 : Délibération des paroisses sur l'établissement projeté par des particuliers, et recommandé par le duc d'Orléans, de forges à la Chaussée-Hue. — Fol. 97 : Instances des maîtres boulangers pour interdire à François Coutrie de prêter son four aux habitants. — Fol. 102 : Répartition sur les paroisses des frais de séjour des prisonniers Espagnols. — Fol. 110 : Avis aux habitants de s'approvisionner des blés de Danzick arrivés en ville. — Fol. 111 : Arrêt du Conseil d'Etat contre l'établissement de forges à la Chaussée-Hue (18 février 1644). — Fol. 115 : Plaintes contre le messager de Saumur à Angers. — Fol. 117 : Mise sur pied et dispositions des compagnies de ville pour empêcher le régiment de Navare de faire étape à Angers. — Fol. 126 : Chute d'une partie des ponts des Ponts-de-Cé. — Fol. 129 : Tarif du péage pour subvenir aux frais des réparations. — Fol. 148-152 : Plaintes des pêcheurs de Denée, Rochefort, les Lambardières, Bouchemaine, contre un droit nouveau réclamé par le fermier des traites de la Pointe. — Fol. 153 : Lettres patentes concernant la levée des subsistances militaires (Paris, 10 novembre 1643). — Fol. 176 : Procès-verbal des violences et rébellions commises par les prisonniers espagnols. — Fol. 182 : Annulation du traité passé avec le sieur Dupont, pour l'établissement d'une fabrique de tapis à l'hôpital des Renfermés. — Fol. 187-191 : Préparatifs pour la réception de la reine Henriette d'Angleterre à Angers. — Fol. 190 : Lettres du roi concernant le traitement des prisonniers Espagnols (Paris, 27 juillet 1644). — Fol. 193-194 : Récit de l'entrée de la reine d'Angleterre.—Fol. 200 : Te Deum pour la prise de Graveline. — Fol. 201 : Avis favorable pour l'érection du métier des talonniers-formiers en métier juré. — Fol. 241 : Avis sur l'union projetée de la châtellenie de Chantoceaux au duché de Bretagne. — Fol. 251 : Autorisation au sieur de Cocsme d'établir en ville des chaises à porteurs pour le public. — Fol. 253 : Erection projetée d'une sixième chaire de droit en l'Université d'Angers. — Fol. 261 : Arrêt du Conseil d'Etat concernant les priviléges de noblesse du corps de ville.

Reg. petit in-fol., pap., de 265 fol.,

Registre des conclusions. — Fol. 32 : Feux de joie pour les victoires du roi. — Fol. 33 : Lettres du roi au maréchal de Brézé, pour l'informer de la défaite des Espagnols (Paris, 12 juillet 1645). — Fol. 35 : Création projetée d'une sixième chaire de droit en l'Université d'Angers. — Fol. 39 : Plaintes contre l'ouverture de perrières d'ardoises sur le chemin de Saint-Augustin. — Fol. 71 : Le Conseil intervient pour les terrasseurs opposant à l'érection du métier de maçonnerie en maîtrise. — Fol. 79 : M. de Contades exempté d'impositions. — Fol. 95 : Arrêt du Conseil d'Etat portant modération de la taxe des subsistances militaires. — Fol. 115 : Ouverture d'une porte de ville à la casemate Saint-Blaise. — Fol. 121 : Offres faites au Conseil de ville d'Angers, par les échevins de Nantes, d'une part d'intérêt dans les entreprises projetées de commerce et de navigation. — Refus par défaut d'argent disponible. — Fol. 125 : Service et oraison funèbre de M. le duc de Fronsac, fils du maréchal de Brézé, tué au siége d'Orbitello. — Fol. 135 : Avis sur la canalisation de la Mayenne au-dessus de Laval. — Fol. 140 : Lettres du roi concernant l'établissement et la suppression d'une sixième chaire de droit en l'Université d'Angers. — Fol. 144 : Evasion des prisonniers Espagnols. — Fol. 154 : Feux de joie pour la prise de Dunkerque. — Fol. 160 : Passage et logement dans le faubourg de Bressigny du régiment de cavalerie de M. de la Meilleraye. — Mise sur pied, par précaution, des compagnies de ville. — Fol. 163 : Etablissement projeté de religieux de la congrégation de Sainte-Geneviève de Paris à l'hôpital Saint-Jean. — Fol. 190 : Rapport des députés envoyés, par

BB 80.
1 mai 1645.
30 avril 1647.

ordre du roi, auprès du maréchal de Brézé. — Lettre de cachet pour refus de contributions aux emprunts demandés.

Reg. petit in-fol., pap., de 206 fol.

BB 81.
1 mai 1647.
30 avril 1649.

Registre des conclusions. — Fol. 17 : Lettres patentes pour le rétablissement des foires de la ville (Paris, décembre 1646). — Fol. 22 : Détresse de l'hôpital des Renfermés. — Fol. 32 : Ordre aux marchands ayant étaux d'étaler pendant les foires, sous peine de perdre leurs étaux. — Fol. 40 : Ouverture de la première foire par le maire. — Fol. 62 : Mesures de police pour empêcher la sortie des blés. — Fol. 67 : Lettres du roi et du maréchal de Brézé concernant la levée de trois cents soldats dans la province, « pour servir à fortifier les vieils régimentz d'infanterie de l'armée de Flandres. » — Fol. 70 : Arrêt du Conseil d'Etat portant défense de transporter les blés hors du royaume, sous peine de la vie (17 août 1647). — Fol. 73 : Lettres du roi au maréchal de Brézé, concernant le paiement arriéré des subsistances militaires (Amiens, 23 juillet 1647). — Fol. 76 : Lettres du roi concernant la garde des nouvelles recrues (28 août). — Les trois cents soldats recrutés en Anjou internés dans un bastion du château d'Angers, sous la surveillance des compagnies bourgeoises, pour empêcher les désertions. — Fol. 80 : Plaintes de M. de Beauvais, lieutenant de la compagnie de la paroisse de la Trinité, contre deux de ses soldats. — Renvoi devant le Conseil de guerre. — Fol. 84 : Publication de la foire de la St-Martin. — Fol. 85 : Requête des sieurs Tonduty et de Roye, afin d'être admis à concourir pour la chaire de droit vacante à l'Université, nonobstant l'arrêt qui l'adjuge sans concours au sieur Bruneau. — Fol. 86 : Acquet du champ Glastin par la ville. — Fol. 91 : Ordonnance et règlement pour la foire de la Saint-Martin. — Fol. 99 : Arrêts de la Prévôté et de l'Election en faveur des marchands forains, contre les prétentions des marchands de la ville. — Fol. 107 : Noms des concessionnaires de bancs aux Halles, avec date de la concession. — Noms des acquéreurs ayant les droits des concessionnaires et demandant ratification de leurs contrats. — Fol. 121 : Plaintes au Conseil d'Etat contre les auteurs de faux bruits de prétendues séditions et pillages survenus en ville. — Fol. 126 : Envoi à Angers de gens de guerre pour y tenir garnison jusqu'au paiement des impositions arriérées. — Fol. 127 : Députation de ville à M. le maréchal de Brézé. — Réponse du maréchal. — Fol. 129 : Mort de M. Ménage. — Fol. 130 : Lettres du roi portant ordre de pourvoir au logement et à l'entretien des troupes (Paris, 31 décembre 1647). — Fol. 134 : Emprunt de 4,148 liv. réclamé par M. de Brézé pour solder la dépense des cavaliers hébergés aux hôtelleries par suite du départ des habitants qui les devaient loger. — Fol. 145 : Le sieur Jacques Berge demande d'être autorisé à enseigner chez lui la grammaire et les humanités. — Renvoi de la requête à l'Université. — Fol. 148-149 : Ordonnances du maréchal de Brézé concernant la garnison des gens de guerre; défense aux couvents de recueillir des habitants, aux habitants de sortir de la ville, sous peine de prison ; taxe de la solde des divers grades. — Défense aux soldats de sortir sur les champs, sous peine de mort. — Fol. 173 : Rapport du maire de sa députation en cour, pour obtenir le soulagement des misères de la ville. — Demande au roi d'une manufacture de toiles à Angers. — Fol. 215-227 : Ordonnances contre les marchands de Bretagne, du Maine et de Normandie, qui accaparent les blés d'Anjou. — Fol. 222 : Ordre d'expulser les gabeleurs des faubourgs. — Fol. 223 : Feux de joie pour la victoire de Lens.— Fol. 226 : Internement à Angers de prisonniers Espagnols. — Fol. 229 : Lettres du roi (Paris, 23 août 1648) et du maréchal de Brézé, concernant la garde des prisonniers internés à Angers. — Fol. 231 : Noms des officiers et des soldats internés. — Fol. 236 : Passage en ville du régiment de Brouage, « mèches allumées et tambour battant. » — Opposition d'une partie des compagnies bourgeoises. — Fol. 241 : Plaintes des prisonniers Espagnols logés à la Haute-Chaîne. — Fol. 250 : Subvention de 300 liv. au sieur Halot, pour la construction d'un manège. — Fol. 271 : Statut pour la vente de la poudre de guerre. — Fol. 272 : Rupture des ponts des Ponts-de-Cé. — Fol. 277 : Délibération des paroisses au sujet d'une députation de ville à adresser en cour par ordre du maréchal de Brézé. — Fol. 280 : Saisie en ville de poudre et d'armes de guerre chez les marchands, pour contravention aux ordonnances. — Fol. 282 : Gardes aux portes pour empêcher l'entrée des gens de guerre. — Fol. 284 : Rixes entre les bourgeois et les sieurs Charles d'Espeaux, sieur de Beauchesne, M. de Crissé, et François Lereste, sieur de l'Aubinière. — Fol. 286 : Arrestation, interrogatoire et mise en liberté desdits gentilshommes, après semonce publique en Conseil de ville. — Fol. 292 : Sédition populaire. — Envahissement du Conseil de ville par les habitants conduits par les sieurs Voisin, docteur régent en l'Université, et La Touche-Chéreau, à l'occasion de la nomination d'un major et d'un aide-major. — Fol. 294 : Places de ralliement des compagnies de ville. — Fol. 297 : Dépôts d'armes et de munitions de guerre découverts à la Pointe. — Fol. 302 : Troubles en ville. — Le maire, assailli et poursuivi par les séditieux, se réfugie chez M. de la Trémouille et s'enfuit de la ville. — Publication de la paix. — Prétentions de la noblesse d'être payée de ses frais de séjour à Angers. — Fol. 306 : Députation du Conseil au maréchal de Brézé pour détourner d'Angers la garnison des gens de guerre. — Fol. 308 : Les régiments de M. de la Valette et de M. de Nargonne logés en ville. — Délibération des paroisses.

Reg. petit in-fol., pap., de 314 fol.

BB 82.
1 mai 1649.
28 avril 1651.

Registre des conclusions. — Fol. 4-7 : Délibération au sujet de la garnison mise en ville. — Fol. 5 : Secours aux prisonniers Espagnols. — Fol. 12 : Don de 80 liv. aux habitants de la paroisse Saint-Maurice, pour leur aider à la construction de la pyramide du Loricart. — Fol. 16 : Ordonnance pour la recherche et la restitution des meubles pillés pendant les derniers troubles au Chaumineau, près Epluchard. — Fol. 23 : Refus des docteurs régents de la Faculté des Arts d'admettre les Pères de l'Oratoire en leur compagnie, ni leurs écoliers aux examens. — Fol. 31 : Claude Lagoux, peintre, payé pour le portrait de M. Lanier de la Guerche. — Fol. 32 : Garde des clés de la ville prétendue par le maréchal de Brézé, contre les privilèges de la Mairie. — Fol. 46 : Arrêt du Conseil d'Etat concernant la décharge des subsistances militaires. — Fol. 57 : Délibération des paroisses pour les frais des garnisons annoncées. — Fol. 63 : Lettres du roi portant envoi d'une compagnie et de l'état-major du régiment de cavalerie de Chamboy à Angers (Paris, 12 novembre 1649). — Fol. 68 : Chute de trois arches du pont des Treilles. — Fol. 80 : Lettre de M. de Rohan au Conseil de ville, pour rabattre les prétentions de la compagnie de gendarmes logée à Angers. — Fol. 81 : Lettre du roi licenciant la compagnie de M. de Chamboy (19 janvier 1650, Paris). — Fol. 82 : Etat des arrérages de rentes dus par la ville. — Fol. 86 : Lettre du roi annonçant l'envoi à Angers de deux compagnies du régiment du sieur du Rouvroy (Paris, 24 janvier 1650). — Fol. 102 : Dispositions pour la réception de M. de Rohan, gouverneur d'Anjou. — Fol. 104 : Présents d'orfévrerie acquis de François Lescot, orfèvre parisien. — Fol. 105 : Relation de l'entrée de M. le duc de Rohan. — Fol. 109 : Lettres du roi (Dijon, 9 avril 1650) et de M. Letellier, secrétaire d'Etat, portant recommandation de se bien garder, à l'occasion de l'entreprise du prince de Marcillac. — Fol. 113 : Paiement des violonneux qui ont joué au bal et au festin donnés pour l'entrée de M. de Rohan. — Fol. 114 : Lettres patentes portant établissement à Angers d'une manufacture de toiles (Paris, novembre 1649). — Lettres du roi pour faire cesser les gardes commandées à l'occasion de la rébellion du prince de Marcillac (Dijon, 19 avril 1650). — Fol. 123 : Procès-verbal de la cérémonie du may planté devant la porte du logis Barrauld. — Fol. 138 et 152 : Lettres de M. le marquis de Sainte-Suzanne, lieutenant-général d'Anjou, au corps de ville. — Fol. 139 : Lettre du roi portant ordre de poursuivre les procédures contre les fauteurs de troubles et d'assemblées séditieuses (Compiègne, 5 juin 1650). — Fol. 155 : Du même, donnant avis de son départ pour l'armée et de la nomination du duc d'Orléans aux fonctions de lieutenant-général (Paris, 4 juillet 1650). — Fol. 183 : Te Deum pour la défaite de l'armée ennemie commandée par le vicomte de Turenne. — Fol. 193 : Les gens de guerre seront logés chez les hôteliers et les cabaretiers. — Fol. 195 : Lettres du roi concernant l'envoi à Angers de quinze compagnies et de l'état-major du régiment d'infanterie du cardinal Mazarin (Paris, 20 novembre 1650). — Fol. 198 : Levée de deniers pour les frais de la garnison. — Fol. 200 : Ordre au propriétaire du moulin Trippault de procéder dans deux jours aux réparations du pont des Treilles. — Fol. 201 : Inondation en ville. — Fol. 212 : Délégués du Conseil commis à percevoir le péage du grand pont. — Fol. 213 : Bail au sieur Beaugeais du jeu de Mail, à charge d'entretien seulement. — Fol. 240 : Nouveau règlement pour la Mairie d'Angers.

Reg. petit in-fol., pap., de 249 fol.

Registre des conclusions. — Fol. 5 : René Babin, avocat, et Math. d'Estriché, droguiste, commis à la perception du péage du grand pont, battus par le peuple. — Fol. 13 : Désaveu par M. Banchereau, sieur du Portal, de prétendues lettres par lui écrites à son père, contenant nouvelles alarmantes pour la ville. — Fol. 18 : Expulsion des archers de la gabelle du faubourg Saint-Jacques, sur la plainte des habitants. — Fol. 22 : Itinéraire du régiment d'infanterie de M. le duc d'Enghien, de Tours à Amiens. — Fol. 24 : Arrêt de la Cour des aides confirmatif des immunités du sieur Jollivet, conseiller de ville. — Fol. 31 : Rapport de M. Bourceau, sur la « visitte des enfans trouvés et des nourrices. » — Estimation des travaux de réparation du pont des Treilles. — Fol. 29 et 33 : Assemblées préparatoires pour la nomination des députés et la rédaction des cahiers du tiers-état aux Etats-Généraux de Tours. — Opposition « à ce qu'autre ville ou paroisse de la campagne que les vingt dénommées au procès-verbal de l'année 1614, soyent convoquées et ayent voix auxdites députations et mesme que chacune d'icelle aye plus d'une voix. » — Fol. 37 : Nomination des députés. — Fol. 40 : Pose « d'un coffre ouvert en forme de tronc dans la grande salle de la maison de ville, pour recevoir les advis et mémoires que chacun y vouldra aporter pendant quinze jours, » pour la rédaction des cahiers. — Fol. 47 : Certificat

BB 83.
1 mai
19 sept. 1651.

délivré au sieur Tonduty, professeur en droit. — Fol. 52 : Plaintes contre les entraves apportées à la navigation de la Maine par la chute des arches des grands ponts. — Fol. 61 : Construction d'un moulin à vent autorisée sur le roc de Pierre-Lise. — Les forges du sieur René Caillau, en Boisnet, supprimées.

Reg. petit in-fol., pap., de 64 fol.

BB 84.
13 mai 1652.
20 avril 1653.

Registre des conclusions. — Fol. 3 : Lettre de cachet qui nomme M. Ménage maire, et les sieurs Gohin de Montreuil, Héard de Boissimon, Davy du Chiron et de Narbonne échevins (Saumur, 6 mars 1652). — Fol. 4 : Arrêt du Conseil d'Etat qui destitue et remplace les capitaines, lieutenants et enseignes des compagnies de ville. — Fol. 7 : Procès-verbal d'installation des maire et échevins nommés par le roi. — Fol. 13 : MM. Gohin et Davy députés en cour pour offrir au roi un don gratuit de 48,000 liv. — Fol. 27 : Etablissement d'un droit de 4 liv. par pipe de vin entrant en ville. — Fol. 31 : Lettre du roi qui nomme M. de Fourille, sieur de Montreuil, gouverneur de la ville et château d'Angers (Saumur, 4 mars 1652). — Fol. 37-38 : Désaveu solennel et dénonciation au présidial d'un libelle imprimé à Paris, sous le titre : *Lettre pastoralle de Mgr l'évesque d'Angers avecq la responce des habittans de ladite ville à ladite lettre pastoralle.* — Fol. 64 : Ordre d'arrêter à la Pointe les bateaux chargés de blé. — Fol. 67 : Lettre du roi annonçant l'envoi en ville des régiments de cavalerie du sieur de la Villette (Saint-Germain-en-Laye, 21 mai 1652). — Fol. 75 : Assemblée des paroisses à ce sujet. — Fol. 118 : Déclaration du roi donnée à Pontoise (6 août 1652), qui annule et casse toutes décisions prises ou à prendre par le Parlement et par l'Hôtel-de-Ville de Paris pendant l'absence du roi. — Fol. 134 : Procès-verbal des réparations urgentes des grands ponts. — Fol. 138 et 140 : Députation du Conseil de ville pour demander à M. de Fourille, gouverneur, le rappel, en vertu de l'amnistie royale, des habitants exilés à l'occasion des derniers troubles. — Fol. 140 : Défense aux marchands de vendre, le dimanche, pendant les foires. — Fol. 141 : Réparation des ponts des Ponts-de-Cé. — Fol. 154 : « Advis des maire, eschevins et officiers de l'Hôtel-de-Ville d'Angers, formé dans l'assemblée tenue audit hôtel, le XVII septembre 1652, avec les députez de tous les corps de justice, pour estre présenté à MM. les trésoriers généraux de France.. à Tours.., concernant le fond que l'on peut demander au roy pour la réfection des ponts de la ville des Ponts-de-Cé. » — Fol. 160 : Protestation du Conseil de ville contre une amnistie donnée par le roi, de prétendus troubles arrivés à Angers. — Fol. 162 : Rétablissement du péage sur les grands ponts. — Fol. 186 : MM. de Servien et Fouquet félicités, au nom de la ville, de leur promotion aux charges de surintendants des finances.

Reg. petit in-fol., pap., de 230 fol.

Registre des conclusions. — Fol. 4 : Arrêt du Conseil d'Etat qui nomme maire M. Gohin de Montreuil, et échevins les sieurs Davy du Chiron, des Chemineaux, Yver. — Fol. 42 : Etablissement de trois foires royales à Saumur. — Envoi de trois douzaines de melons de Langeais, par semaine, « à MM. les surintendans et autres principales personnes du Conseil, » à Paris. — Fol. 45 : Acceptation, par les maîtres filassiers, des offres d'indemnité faites par la ville pour l'établissement de la manufacture de toile. — Fol. 55 : Lettres patentes qui autorisent les Minimes à percer une porte dans la casemate Saint-Blaise (juillet 1563). — Fol. 60 : Lettres du roi nommant le sieur Herbereau des Chemineaux échevin perpétuel (26 août, Paris). — Fol. 64 : Portrait de M. Ménage, ancien maire, payé au peintre Claude Lagouz. — Fol. 66 : Présent d'un saumon à M. Fouquet, surintendant des finances. — 74 : Fixation, par le Conseil de ville, des tarifs des messagers. — Fol. 83 : Assemblée des paroisses pour les réparations des ponts d'Angers et l'établissement du nouveau péage. — Fol. 89 : Réclamation des prisonniers Espagnols. — Fol. 97 : Réparations de la Haute-Chaîne. — Fol. 105 : Députation du Conseil de ville à l'évêque d'Angers, pour le prier de régler la dot des filles qui entrent en religion.. à une somme raisonnable, attendu les exigences excessives des religieuses. — Fol. 126 : Plainte contre les prétentions des messagers. — Fol. 128 : Réponse de l'évêque à la députation du Conseil de ville. — Fol. 141 : Lettre de cachet nommant les sieurs Noël Herbereau et Bourceau échevins d'Angers. — Fol. 148 : Confection de flacons d'étain pour éviter « les grandes despences que ce corps est obligé de faire en bouteilles pour les présens de vin. » — Fol. 154 : Tarif des droits de péage sur les ponts de la Bourgeoisie et des Treilles. — Fol. 179 : Arrêt du Conseil d'Etat qui autorise la continuation du triple droit de cloison. — Fol. 181 : Rapport de la commission chargée d'informer à l'occasion de l'établissement d'une verrerie à Vern. — Fol. 189 : Etat de la recette du droit de cloison faite aux bureaux des Ponts-de-Cé, Ingrandes, Angers et autres lieux accoutumés. — Fol. 195 : Lettre du roi portant ordre de surseoir à l'élection d'un échevin (Paris, 18 septembre 1654). — Lettre des surintendants Servien et Fouquet concernant le rétablissement des anciens droits sur les vins, cidres, bières et poirés. — Fol. 196 : Lettre du roi qui nomme le sieur Avril échevin (28 sep-

BB 85.
1 mai 1653.
30 avril 1655.

tembre 1654). — Fol. 199 : Lettre du roi portant installation de religieux réformés de Toussaint dans le service de l'hôpital d'Angers (Paris, 23 septembre 1654). — Fol. 201 : Assemblée des paroisses à ce sujet. — Fol. 213 : Procès verbal de visite des ponts des Ponts-de-Cé. — Fol. 218 : Etat de situation des prisonniers Espagnols logés en ville. — Fol. 218 : Le Conseil confirme et renouvelle les immunités du sieur Hallot, directeur du manége. — Fol. 227 : Avis du Conseil de ville contre les prétentions des marchands de draps de laine, tendant à se séparer de la communauté des autres marchands. — Fol. 245 : Service funèbre pour M. le duc de Rohan, ancien gouverneur. — Fol. 247 : Opposition du Conseil de ville à la vente de la forêt de Bellepoule. — Fol. 268 : Présentation au Conseil, par le père Hugues de Saint-François, de ses thèses de théologie.

Reg. in-fol., pap., de 282 fol.

BB 86.
1 mai 1655.
30 avril 1657.

Registre des conclusions. — Fol. 3 : Lettre de cachet nommant le sieur Cupif maire, et les sieurs Siette et Herbereau échevins (Paris, 20 avril 1655). — Fol. 16 : Enquête sur les vols des soldats logés aux faubourgs Saint-Jacques et Saint-Lazare, et la violence commise par leur lieutenant contre le sieur Herbereau, échevin d'Angers. — Fol. 18 : Lettres du roi portant ordre de loger dans les faubourgs les dix compagnies du régiment de M. de la Meilleraye (Paris, 7 avril 1655). — Fol. 20 : Violences des soldats. — Fol. 23 : Assemblée des paroisses. — Fol. 24 : Lettres du roi portant ordre exprès de continuer le logement des soldats de M. de la Meilleraye (Paris, 14 mai). — Fol. 33 : Avis aux paroisses de la ville et des environs, de l'établissement de la manufacture des toiles, avec marché spécial le samedi. — Fol. 37 : Dispositions pour la venue de M. Servien, surintendant des finances. — Fol. 42 : Te Deum pour la prise de Landrecies. — Fol. 50 : Reconstruction des grands ponts. — Fol. 54 : Avis du sieur Gondouin, architecte de Saumur. — Fol. 83 : Lettre de cachet nommant le sieur Herbereau conseiller de ville. — Fol. 80, 101, 102, 104, etc. : Concession de terrains en Boisnet. — Fol. 113 : Lettre du roi qui rétablit les habitants d'Angers dans leur antique liberté d'élire leurs magistrats municipaux (Paris, 22 avril 1656). — Fol. 117 : Requête du sieur Besnard, apothicaire, afin d'être autorisé à construire une écluse pour l'exploitation de ses carrières de pierre et d'ardoise à Brionneau. — Fol. 157-162 : Curement du canal de la tour Guillou, desséché par les grandes chaleurs. — Fol. 168 : Les blés, farines, pains, beurre, œufs, lait, fruits, légumes, souliers, sabots et autres menues marchandises déclarées exemptes de tout droit d'entrée en ville. — Fol. 170 : Sédition pour l'abolition de la maltote.

— Le Conseil de ville envahi par la populace. — Menaces et violences contre les échevins; conclusions imposées par les mutins. — MM. Siette et de Marthou « battuz, excedder, et maltraittez de coups de poin, de bastons et de pierres, leurs habitz deschirez et emportez, » sont recueillis dans les maisons de MM. Grimaudet et Rossignol. — Fol. 173 : Ordre de M. de la Varenne, lieutenant d'Anjou, portant injonction à tout habitant d'Angers de rentrer en son logis. — Fol. 179 : Envoi de dix compagnies des gardes du roi à Angers. — Lettres du roi (Paris, 14 novembre) et du marquis de Forville. — Fol. 191 : Tarif du droit de cloison et de doublement et tiercement dudit droit à lever sur les marchandises et denrées entrant en ville. — Fol. 199 : Arrêt du Conseil et déclaration royale concernant la noblesse de l'échevinage. — Fol. 205 : Plaintes contre les exigences des soldats logés en ville. — Fol. 206 : Arrêt du Conseil d'Etat qui double le nombre des capitaines de ville.

Reg. in-fol., pap., de 253 fol., en partie endommagé par l'humidité.

Registre des conclusions. — Fol. 3 : Lettres de cachet nommant le sieur de Monac, exempt aux gardes du corps, maire; Brécheu et François de Monselet, échevins d'Angers (Paris, 21 avril 1657). — Fol. 10 : Abonnement des bouchers au droit de subvention. — Fol. 33 : Dispositions pour les obsèques de M. Gohin de Montreuil, capitaine de ville. — Fol. 39 : Opposition du corps de ville à la création de la maîtrise des maçons. — Fol. 60 : Présent de 28 douzaines de melons envoyé par la ville aux ministres d'Etat. — Fol. 82 : Arrêt du Conseil d'Etat qui astreint au paiement des droits d'entrée tous les habitants, même les ecclésiastiques (9 janvier 1658). — Fol. 116 : Lettre de cachet nommant les sieurs de Chenedé et de la Noue-Sicault échevins (12 avril 1658). — Fol. 125 : Les détenteurs des places du port Ligner sommés de produire leurs titres. — Fol. 135 : Les compagnons cardeurs fileurs de laine seront dorénavant gratifiés par la ville d'une torche pour le Sacre. — Fol. 149 : Te Deum pour la convalescence du roi. — Fol. 159 : Concession aux sieurs Lemanceau, architecte, et Legris, d'un terrain en Boisnet, à la charge de bâtir un quai. — Fol. 242 : Remplacement de l'horloge de ville par le sieur Christian Festin, horloger d'Angers.

BB 87.
1 mai 1657.
28 avril 1659.

Reg. in-fol., pap., de 255 fol., en partie endommagé par l'humidité.

Registre des conclusions. — Fol. 3 : Lettres du roi nommant les sieurs Eslis maire, de Roys et Moreau échevins d'Angers (mars 1659). — Fol. 26 : Restauration de la fontaine Godeline. — Fol. 28 et 58 : Les marchands fripiers consultés sur les nouveaux statuts accordés

BB 88.
2 mai 1659.
29 avril 1661.

par le roi aux menuisiers. — Fol. 38 : Le sieur Mirgallet, peintre, payé pour peintures et portraits par lui faits pour le corps de ville.— Fol. 71 : Remontrances à la Chambre des comptes de Paris au sujet des contraintes pour défaut de comptes de recette de prétendus droits levés en ville de 1573 à 1613. — Fol. 88 : Les maîtres couvreurs autorisés à courir la pelotte dans le champ Glastin, l'après-dînée du mardi gras. — Fol. 95 : Lettre du roi annonçant son mariage avec l'infante d'Espagne et la publication de la paix (Aix, 3 février 1660). — Fol. 125 : Du même, portant nomination du comte d'Harcourt au gouvernement d'Anjou (Toulouse, 20 décembre 1659). — Fol. 130 : Le logis Barrault mis à sa disposition. — Fol. 162 : Arrêt de la Chambre souveraine qui déclare les officiers du corps de ville et leurs descendants exempts du droit de francs fiefs (21 juillet 1660). — Fol. 168 : Commande par la ville d'un tableau « représentant à cheval son altesse d'Harcourt, gouverneur d'Anjou. » — Fol. 176 : L'impôt du don gratuit assigné sur les loyers des maisons, au sol la livre, par décision de l'assemblée des paroisses. — Fol. 178 et 189 : Le sieur Rodolphe, peintre, payé pour les tableaux, peintures et feux d'artifice par lui faits pour l'entrée de monseigneur le comte d'Harcourt. — Fol. 179 : Préparatifs pour l'entrée du gouverneur. — Fol. 182 : Présents de bougies et de vin « aux amis de Son Altesse. » — Fol. 183 : Procès-verbal de l'entrée de M. d'Harcourt. — Fol. 184 : Note sur la présentation des clés de la ville. — Fol. 192 : Sentence arbitrale de M. d'Harcourt sur le paiement des dettes de la ville. — Fol. 223 : Plainte du Conseil de ville à madame la duchesse de Brissac de n'avoir été convié aux obsèques du défunt duc. — Fol. 224 : La ville vend à M. de Camarsac, lieutenant au château d'Angers, le présent d'argenterie refusé par M. d'Harcourt, « pour n'en avoir jamais pris dans toutes les villes où il a esté. »

Reg. in-fol., pap., de 233 fol.

BB 89.
1 mai 1661.
28 avril 1663.

Registre des conclusions. — Fol. 15 : Deux régiments d'infanterie irlandaise logés en ville. — Fol. 17 : Etablissement de gardes pour empêcher la sortie des blés. — Fol. 19 : Lettres de M. de la Varenne concernant la poursuite des duellistes. — Fol. 23 : Ordre pour les obsèques de M. Chauvet de la Boulaye, capitaine de ville. — Dispositions pour la réception du roi. — Fol. 25 : Les gardes françaises logés à la Pointe et fournis de vivres. — Arrivée en ville du maréchal de Villeroy. — Fol. 26 : Le roi passe par Sorges, Sainte-Gemmes et Bouchemaine sans entrer en ville. — Députation de la ville à Nantes pour saluer le roi. — Lettre du roi qui charge le sieur d'Artagnan, sous-lieutenant des mousquetaires à cheval, de conduire au château d'Angers le sieur Fouquet, surintendant des finances, et ordonne de fournir vivres et logement aux soldats qui l'escortent (Nantes, 2 septembre 1661). — Fol. 29 : Ordonnance du roi. — Fol. 33 : Ordonnance du Présidial concernant le transport des blés. — Fol. 33 : M. Cossé, échevin, arrêté à Saumur, en gage des arriérés dus par la ville sur l'impôt des subsistances militaires. — Fol. 38 : Lettre du roi annonçant la naissance d'un dauphin (Fontainebleau, 1er novembre 1661). — Fol. 42 : Attestation des bons services rendus par les PP. de l'Oratoire à la ville, et de l'état d'insuffisance des revenus du collége. — Fol. 45 : Lettres du roi qui autorisent la ville à faire venir 600 tonneaux de blé de Bretagne (Fontainebleau, 19 novembre). — Fol. 46 : Poste d'habitants établi à la Pointe pour surveiller les arrivages. — Fol. 55 : Inventaire général de ce qui s'est trouvé « dans l'arsenac » de la maison de ville. — Fol. 66 : Le ministre de la religion réformée imposé au rôle des contributions, nonobstant ses protestations. — Fol. 67-68 : Lettres du roi portant ordre de loger une compagnie du régiment de Champagne. — Fol. 74 : Saisie et mise en vente des blés accaparés par les marchands. — Fol. 80 : L'argent du festin pour la nomination du maire converti en aumônes, « attendu la grande misère. » — Fol. 85 : Arrêt du Parlement concernant la nourriture des pauvres (26 avril 1662). — Assemblée générale à l'évêché. — Fol. 89 : Lettres du roi portant libre passage de 600 muids de blé pour le Maine (Paris, 12 avril 1662). — Ordonnant de prêter main-forte à la conduite des forçats qui passent en ville (Paris, 16 avril). — Fol. 97 et 106 : Portrait de M. Eslys, ancien maire, payé au peintre Rodolphe. — Fol. 98 : Lettres du roi portant ordre de loger à la Haute-Chaîne les faux sauniers et autres qui attendent leur départ pour les galères (3 juin, Paris). — Fol. 100 : L'eau-de-vie déclarée sujette au droit de cloison. — Fol. 108 : Arrêt du Parlement qui interdit d'acheter les blés en vert ou ailleurs qu'au marché (13 juillet 1662). — Fol. 110 : Bail au rabais de l'entretien du pont de bois des Treilles. — Fol. 115 : « Advis et relation de la part du roy de ce qui s'est passé en la ville de Rome le 26 du mois d'aoust dernier en la personne de monseigneur le duc de Créquy, ambassadeur de Sa Majesté près Sa Sainteté. » — Fol. 129 : Lettres du roi donnant avis de la naissance d'une fille de France (Paris, 20 novembre 1662). Fol. 145 : Assemblée des paroisses pour aviser au paiement des dettes de la ville par un impôt sur les loyers. — Fol. 161 : Concession à l'hôpital Saint-Jean du boulevard de la Haute-Chaîne, pour y bâtir un moulin. — Fol. 162 : La compagnie des gardes du comte d'Harcourt logée en ville. — Fol. 170 : Chute de deux arches du pont des Treilles.

Reg. in-fol., pap., de 178 fol., couv. en mauv. état.

BB 90.
1 mai 1663.
28 avril 1665.

Registre des conclusions. — Fol. 5 : Etablissement d'un bac à Lesvière. — Fol. 16 : Procession générale pour la convalescence du roi. — Fol. 20 : Suppression d'une des cinq chaires de droit de l'Université consentie par le corps de ville. — Fol. 36 : La compagnie des gardes de M. d'Harcourt logée en ville pour retard du payement des subsistances. — Fol. 40 : Autorisation aux religieux de Toussaint de continuer la construction qu'ils ont entreprise sur la rue. — Fol. 48 : Ordonnance du roi pour la solde des gens de guerre (Paris, 30 juin 1663). — Fol. 54 : Les curés de Saint-Maurille autorisés à faire clore la ruelle dite des Curés, à partir du coin de la rue de l'Hôpital. — Fol. 59 : Levée de 66,150 livres répartie sur les habitants au prorata de leur loyer, les artisans déchargés pour moitié. — Fol. 70 : Demande au roi, par le corps de ville, de lettres qui l'autorisent à nommer des gens capables « de faire les convoiz de parens et amiz conviez aux prières et cérémonies qui se font les jours des enterrements. » — Fol. 95 : Protestation contre le droit de préséance prétendu par M. Ayrault sur les conseillers de ville. — Fol. 97 : Arrêt du Conseil d'Etat qui applique les deniers de la cloison au payement des charges ordinaires de la ville. — Fol. 101 : Vœu du Conseil de ville pour maintenir à l'Hôtel-Dieu le privilége de la boucherie de Carême. — Fol. 102 : Le bouquet présenté au maire, le jour de son élection, ne sera plus porté à l'abbesse du Ronceray, qui prétend « exiger comme un debvoir de nécessité une action qui n'est que de bienséance. » — Fol. 108 : Frère François Martin, prieur de la chartreuse de N.-D. du Parc-au-Maine, autorisé à fonder une chartreuse à Saint-Augustin lès Angers. — Fol. 110 : Vœu du Conseil pour s'opposer à la réduction du nombre des notaires d'Angers. — Fol. 112 : Lettres du roi concernant l'établissement de la Compagnie des Indes (Fontainebleau, 13 juin 1664). — Convocation de l'assemblée des paroisses. — Fol. 117 : Avis du Conseil de ville à M. Colbert, ministre d'Etat, « qu'il ne s'est trouvé personne qui ait voulu entrer en ladite association, et que cela procède de la pauvreté des habitants. » — Fol. 128 : Arrêt de la Cour des aides confirmant la qualité d'écuyer aux officiers de la mairie de Bourges. — Fol. 135 : Rapport du maire de son entrevue avec M. Colbert, intendant à Tours. — Fol. 140 : Rapport de M. de Pégon, de l'assemblée du Mans. — Conférence avec M. l'intendant Colbert. — Fol. 152 : Prières pour la convalescence de la reine. — Fol. 172 : Règlement pour les connétables des portes. — Fol. 175 : Les habitants déchargés du logement des gardes. — Fol. 183 : Réunion approuvée par le corps de ville du prieuré de Saint-Georges-Châtelaison à l'Oratoire d'Angers.

Reg. in-fol., pap., de 186 fol.

ADMINISTRATION COMMUNALE. 113

Registre des conclusions. — Fol. 2 : Nouvelle invitation du maire aux habitants de prendre des actions de la compagnie des Indes. — Abstention générale. — Fol. 12 : Le corps de ville condamné à indemniser les maîtres tixiers de la suppression de leur maîtrise. — Fol. 47 : Rapport de la députation de MM. de Pégon et Eveillard à Tours, vers M. l'intendant Colbert. — Fol. 57 : Service funèbre pour la reine-mère. — Fol. 67-93 : Refus de reconnaître M. de Villemainseul, nommé par le grand maître de l'artillerie de France à la garde de l'arsenal d'Angers, au mépris des priviléges de la mairie. — Fol. 72 : Maximum imposé aux marchands pour la vente du foin et de l'avoine enchéris par le séjour des chevau-légers. — Fol. 85 : Assemblée des paroisses au sujet des frais de séjour des gens de guerre. — Fol. 92 : Projet d'une nouvelle porte de ville en Boisnet. — Fol. 105 : Lettre de M. de Louvois, concernant la garde de l'artillerie de ville. — Fol. 109 : Vœu exprimé par le Conseil de ville en faveur du maintien de la réforme mitigée de l'abbaye Saint-Nicolas. — Fol. 120 : Rapport de M. Serezin, maire, député à Paris. — Fol. 124 : Lettres du roi annonçant l'envoi de gens de guerre (29 septembre 1666). — Fol. 126 : Etablissement des coches d'eau d'Orléans à Nantes. — Fol. 130 : Réduction des charges et offices de l'Hôtel-de-Ville. — Fol. 141 : Feux de joie pour la naissance d'une fille de France. — Fol. 148 : Transcription sur registre spécial des arrêts et lettres patentes donnés au profit de la ville. — Fol. 152-173 : Députation pour obtenir le rétablissement du privilége de noblesse supprimé par le roi. — Fol. 156 : Vœu pour la réunion du collège de la Fromagerie à l'hôpital général des Renfermés. — Fol. 158 : Requête au Parlement pour obtenir, au bénéfice de l'hôpital des Renfermés, 18,000 liv. provenant de l'abbaye Saint-Nicolas. — Misère en ville. — Fol. 167 : Bail à Claude Piolin d'un terrain appelé la Terre-Rouge, pour y ouvrir une perrière d'ardoise.

BB 91.
1 mai 1665.
30 avril 1667.

Regist. in-fol., pap., de 174 fol.

Registre des conclusions. — Fol. 29 : M. d'Autichamp nommé commandant du château d'Angers. — Fol. 36, 45, 55 : Le Conseil s'oppose à l'admission des religieux réformés de Saint-Maur dans l'abbaye Saint-Nicolas, et fait dresser un mémoire « portant le nom, âge et qualité des enfants de la ville qui désirent s'y rendre religieux. » — Fol. 42 : Les sieurs Gilles Martineau et Roulleau, tonneliers, autorisés à construire un quai près les Carmes. — Fol. 47-58 : Le sieur Roger, garde de la Mairie, destitué pour insultes à M. Louzil, échevin, et réintégré à sa prière. — Fol. 53 : Rétablissement de l'hôpital général. — Fol. 59 : Publication de la paix avec l'Angleterre. —

BB 92.
1 mai 1667.
30 avril 1669.

8

Fol. 67 : Rédaction d'un nouveau tarif pour l'acquittement des dettes de la ville. — Fol. 73 : Abandon par l'Université de ses droits sur le collége de la Fromagerie réuni à l'hôpital des Renfermés. — Fol. 76, 83, 92, 126, 155, 166, 170 : Démarches, tant à Paris qu'auprès de l'évêque, au sujet de l'abbaye Saint-Nicolas. — Fol. 87 : Portrait de M. de Méguyon, ancien maire, payé au peintre Rodolphe. — Fol. 89 : Présent d'un saumon et de deux aloses à M. l'intendant Marin. — Fol. 91 : M. Gourreau député pour le rétablissement des priviléges de la ville. — Fol. 119 : Le sieur Cochon autorisé à construire un quai sur le port Ligner. — Fol. 127 : Feux de joie pour la naissance d'un second fils de France. — Fol. 131 : Gardes établis aux portes pour empêcher l'entrée des gens sans aveu, « pour éviter le mal contagieux qui est en Flandre, en la ville de Rouen et ailleurs. » — Fol. 133 : Excuses présentées à M. d'Autichamp que les gardes des portes ont arrêté. — Fol. 137 : Assemblée des paroisses pour l'établissement de l'Hôpital général. — Fol. 145 : Les administrateurs de l'hôpital Saint-Jean autorisés par le Conseil de ville à faire venir de Paris six nouvelles sœurs de charité. — Fol. 154 : Etablissement en ville d'une succursale de la manufacture de dentelles. — Fol. 176 : Portraits de MM. Surezin et Martineau, anciens maires, payés au peintre Rodolphe.

Reg. in-fol., pap., de 180 fol.

BB 93.
1 mai 1669.
29 avril 1673.

Registre des conclusions. — Fol. 5 : Béatification de la bienheureuse Rose. — Réfection du pont des Treilles. — Fol. 12-13 : La durée des foires réduite de huit à deux jours, à la demande des marchands, pour les bestiaux seulement. — Fol. 15 : Le médecin de l'Hôtel-Dieu payé, non plus à l'année, mais par visite, attendu l'irrégularité de ses services. — Fol. 16 : Convention avec le sieur Legris, charpentier, pour l'ouverture d'une nouvelle porte de ville en Boisnet. — Fol. 23 : Concession de terrains à l'abbesse du Ronceray. — Fol. 26 : Les administrateurs de l'Hôpital général autorisés à destituer le sieur de la Chapelle, prêtre habitué de l'Hôpital. — Fol. 28, 49, 57, 62, 122, 157, 302 : Compte-rendu, par le maire, des démarches faites à Paris pour le rétablissement des priviléges de la Mairie d'Angers. — Fol. 44, 47, 50, 59, 63, 67, 69, 106, 110, 258 : Démarches auprès de l'évêque pour le maintien de la règle mitigée à l'abbaye Saint-Nicolas. — Fol. 73 : Canonisation de Marie-Madeleine de Pazzi, carmélite. — Fol. 80 : Autorisation aux marchands drapiers et teinturiers d'établir un bureau dans la salle de l'Hôtel-de-Ville pour la visite et la marque des draps. — Fol. 87 : Feu de joie pour l'exaltation du pape Clément X. — Fol. 94 : Canonisation de

Pierre d'Alcantara, cordelier. — Fol. 116 : Les filassiers indemnisés de la suppression de leur maîtrise. — Fol. 136 : Cent livres allouées à M. Gourreau pour faire graver le poinçon des jetons de la Mairie. — Fol. 139 : Visite générale, par le maire, des manufactures. — Fol. 157 : Don par la duchesse de Brissac, à l'hôpital Saint-Jean, de 1,500 liv. de rente. — Fol. 182-206 : Offres des chirurgiens de la ville de servir à tour de rôle, par trimestre, à l'hôpital Saint-Jean. — Fol. 187-200 : Plaintes des habitants du faubourg Saint-Lazare contre les prétentions du fermier des entrées. — Fol. 219 : Avis du Conseil sur l'état des charges et revenus des couvents d'Angers. — Fol. 205 : Requête de M⁰ René Aubin, avocat ; René Maumusson, marchand droguiste ; Pierre Goubault, maître chirurgien, et Michel Desmazières, maître apothicaire, afin de jouir des priviléges accordés par le roi aux pères de famille ayant dix enfants en vie. — Fol. 217 : Avenues nouvelles ajoutées au Mail. — Fol. 222 : Concession d'une tour de ville aux religieuses du Calvaire, « à charge qu'elles feront présent tous les ans au maire.. le jour du Saint-Sacrement, d'un bouquet honneste.. qu'il portera à la procession.» — Fol. 225 : Les poutres du pont des Treilles employées au pilotis du boulevard du port Airault. — Fol. 235 : Publication de la déclaration de guerre à la Hollande. — Fol. 243 : Concession d'une tour de ville aux religieuses de Toussaint. — Fol. 244 : Procession générale « pour la conservation de la personne sacrée du roi » et le succès de ses armes. — Fol. 249 : Prolongation du Mail. — Fol. 256 : Te Deum pour les victoires du roi. — Fol. 257 : Suppression du droit de passage perçu à la porte Cupif. — Fol. 260 : Te Deum pour la naissance du duc d'Anjou. — Fol. 268 : Concession, à Ant. Tiretay, du boulevard du port Airault. — Fol. 277 : Curement du port Airault. — Fol. 277 : Bail à rente de la tour Guillou. — Fol. 285 : La charge de chirurgien en chef rétablie à l'hôpital Saint-Jean. — Fol. 286 : Défense de déplacer ou d'altérer en rien les tableaux et portraits des maires exposés dans la chambre du Conseil. — Fol. 287 : Concession à Estienne Edin, boulanger, de la tour du Viel-Portal. — Fol. 288 : Ordonnance contre le port d'armes et d'épées. — Fol. 292, 326, 330 : Construction de la place de la Chevrie. — Fol. 293 : Portrait de M. Martineau, ancien maire, payé au peintre Rodolphe. — Fol. 294, 307 : Délibération du Conseil de ville sur l'opposition des héritiers, appuyée par M. d'Autichamp, à l'installation dudit portrait « peint en robbe noire... quoiqu'il le doive être en robbe rouge. » — Fol. 306 : Obligations du concierge du Mail. — Fol. 324 : Les prêtres du séminaire du faubourg Saint-Jacques autorisés à s'établir en ville. -- Fol. 325 : M. de Teildras chargé de retirer à Paris, des mains des héritiers Vary, « les jetons qu'il avoit faits pour le corps de ville. » — Fol. 331 : Les administrateurs de l'Hôtel-Dieu autorisés à faire venir de Paris deux nouvelles sœurs de charité.

Reg. in-fol., pap., de 345 fol., la couv. en partie emportée.

BB 94.
1 mai 1673.
27 avril 1677.

Registre des conclusions. — Fol. 4 : Travaux au grand pont. — Fol. 5 : Au pont des Treilles. — Fol. 8 : Plainte contre le maître de poste, concernant le port des lettres. — Fol. 12 : Enquête contre « les personnes malicieuses » qui ont ébourgeonné les ormeaux du Mail. — Fol. 13 : Le portrait de M. Cupif, ancien maire, payé au peintre Arnoul. — Fol. 15-16 : Les voûtes des portes Saint-Nicolas et Lionnaise abattues. — Fol. 18 : Le Conseil, assemblé extraordinairement, proteste contre la détention de M. Cupif, ancien maire, témoigne de ses bons services et va lui rendre visite en corps au château. — Fol. 20 : Déclaration des religieux de Saint-Serge, concernant les droits d'usage et de propriété de la nouvelle turcie construite à leurs frais devant leur abbaye. — Fol. 47 : Une compagnie d'Irlandais logée en ville chez les habitants. — Fol. 51 : Feu de joie pour la prise de Besançon. — Fol. 55 : Pour la prise de Dol. — Fol. 57 : Pour la prise de Salins et la conquête du Palatinat. — Fol. 63, 68 : Pour les victoires de Turenne et de Condé. — Fol. 69 : Nomination d'un délégué pour s'opposer, au nom de la ville, « à l'establissement que le seigneur duc de la Feuillade veut faire d'un coche par eau sur la rivière de Loire. » — Fol. 75 : Le maire chargé de demander à M. l'intendant décharge de la taxe de 25,000 liv. imposée sur les marchands gens de métiers, attendu « la misère du temps et qu'il ne se fait aucun commerce en cette ville. ». — Fol. 79 : Rapport du maire des résultats de sa députation. — La taxe assignée sur le produit des droits d'entrée. — Fol. 82 : Le Conseil intervient pour le sieur Gaspard Vanbredenbec, raffineur de sucre et castonnades, « appelé par ce corps et les magistrats de la ville pour venir establir sa manufacture et exercer son commerce » à Angers, contre les gardes des marchands qui lui ont intenté procès devant l'élection et devant la prévôté. — Fol. 84 : Etablissement en ville des prêtres de la Mission. — Fol. 89 : Seize compagnies de gens de guerre détournées, moyennant financé, de passer en ville. — Fol. 98 : Les directeurs des Pénitentes autorisés à prendre une partie de la rue voisine pour accroître leur maison. — Fol. 99 : Dispositions pour la réception de M. le marquis Dangeau, gouverneur. — Fol. 106 : Procession générale pour la conservation des biens de la terre. — Fol. 128 : Prolongation d'une année du bail des octrois pour le paiement de l'ustensile des gens de guerre. — Fol. 133 : Certificat aux habitants du faubourg Saint-Laud, qu'ils jouissent des priviléges de la ville. — Fol. 144 : Feux de joie pour la prise des villes de Condé et du Bouchain. — Fol. 148 : Aumône au sieur de Fœnel, gentilhomme anglais, « qui s'est fait catholique. » — Fol. 151 : Estimation des réparations du grand pont. — Fol. 153 : Feux de joie pour la défaite des flottes hollandaise et espagnole. — Fol. 161 : Pour la prise d'Aire en Flandre. — Fol. 169 : Le canon sera tiré désormais, les jours de fête, non plus place des Halles, mais en Boisnet. — Fol. 178 : Ordonnance contenant le logement des gens de guerre. — Fol. 181 : Amende honorable, en Conseil de ville, du sieur Simon Gautereau, quincaillier, pour paroles séditieuses. — Fol. 183 : Plaintes contre les vols et les violences des soldats logés en ville. — Fol. 194 : Les échevins, conseillers, procureur et greffier de la ville autorisés à faire mettre leurs portraits dans la grande salle avec ceux des maires.

Reg. in-fol., pap., de 200 fol.

Registre des conclusions. — Fol. 3 : Feux de joie pour la prise de Cambrai et de Saint-Omer. — Fol. 7 : Pour la prise de Cayenne. — Fol. 29 : Pour la prise de Fribourg. — Fol. 48 : Pour la prise de Gand. — Fol. 53 : Pour la prise d'Ypre. — Fol. 64 : Pour la prise de Puicerda. — Fol. 4 : Les ponts du Louet emportés par les glaces.— Fol. 8 : Le repas du Conseil de ville, au retour de la procession du Sacre, supprimé. — Fol. 14 : Les denrées pour l'approvisionnement personnel des habitants exemptes du droit de cloison. — Fol. 15 : Recherche des sources qui alimentent la fontaine Pié-Boulet, par Jean-Baptiste Leclerc, maître fontainier et ingénieur du roi. — Fol. 16 : Traité avec ledit Leclerc pour la réparation et l'entretien de ladite fontaine. — Fol. 18 : Avis aux habitants de s'approvisionner de blé. — Fol. 18 : Demande en indemnité contre le propriétaire d'un canal qui infecte la fontaine Pié-Boulet. — Fol. 19-72 : Paiement des travaux de réparation au sieur Leclerc. — Fol. 21 : Assemblée des paroisses pour la levée des frais de logement des gens de guerre. — Fol. 32 : Restauration du Mail. — Fol. 33 : Essai de fabrication de pain aux frais de la ville, pour déterminer les bases du tarif de la boulangerie. — Fol. 35 : Le Conseil déclare que les échevins « n'ayant plus de priviléges pour reconnaître leur service, » obtiendront de la maison de ville « tous les priviléges et préférences qui pourroient dépendre d'elle dans les occasions. » — Fol. 37 : Dispositions pour la réception de M. le lieutenant-général. — Fol. 40 : Division de la ville en dix-sept quartiers, et nomination de bourgeois « pour veiller aux abus et contraventions.. des ordonnances de police. » — Fol. 46 : Aumône au sieur de Fœnel, sieur de Pontgollo,

BB 95.
1 mai 1677.
29 avril 1681.

« relégué de son païs d'Angleterre par les hérétiques, pour avoir persisté et continué la religion catholique.. et l'avoir privé de tous ses biens.» — Fol. 47 : Ordonnance fixant le prix des pavages. — Fol. 48 : Députation du Conseil auprès de l'évêque et du gouverneur pour réclamer satisfaction publique de l'impiété commise par des gentilshommes dans l'église des Minimes. — Fol. 49, 70, 113 : Les priviléges de franc-bourgeois de la Haie-aux-Bonshommes revendiqués par le sieur Cranier. — Dépôt de poudre établi à la Mairie. — Fol. 50 : Règlement pour le nettoiement des rues de la ville. — Fol. 54 : Réfection des grands ponts de bois. — Fol. 55 : Arrestation de M. Louet, lieutenant particulier, par M. d'Autichamp. — Fol. 59, 110, 112, 115, 116, 131 : Débat de préséance dans la confrérie des bourgeois, entre les officiers de la Mairie et du Présidial. — Fol. 65, 106 : Le recteur de l'Université et le supérieur de l'Oratoire priés, au nom du Conseil de ville, de mettre les vacances de leurs colléges à même époque que celles du Palais. — Fol. 75 : Publication de la paix conclue avec les Pays-Bas. — Fol. 76 : Excuses présentées, au nom des chanoines de Saint-Maurice, pour l'incivilité commise par M. Deniau, leur doyen, au regard de MM. du Présidial et de la Mairie, en leur fermant le chœur le jour du Te Deum chanté pour la paix. — Fol. 81 : Visite et saisie de pains chez les boulangers pour défaut de poids. — Fol. 81 : Plaintes du secrétaire de la Mairie contre des habitants qui l'insultent au sujet du logement des gens de guerre. — Fol. 83 : Paix avec l'Espagne. — Fol. 92 : Plaintes des habitants de la rue Saint-Nicolas contre les infections des bouchers. — Fol. 103 : Paix avec l'Empire. — Fol. 104 : Déclaration du corps de ville que les quatre imprimeurs-libraires, de présent établis en ville, suffisent aux besoins des habitants. — Fol. 109 : Recherche de sources et d'anciens canaux dans la rue de la Petite-Fontaine. — Fol. 127 : Le connétable de la Mairie réprimandé pour avoir, au dernier feu de joie, présenté deux flambeaux, au lieu d'un, à MM. du Présidial. — Fol. 125-128 : Défense de battre la caisse en ville sans autorisation. — Lettre de M. de Louvois reconnaissant le droit du maire. — Fol. 135 : Réception de M. le lieutenant-général. — Fol. 147 : Requête du Conseil de ville pour la suppression de l'Académie d'équitation de Saumur. — Fol. 152, 153, 171 : Démolition des deux portes de Boisnet. — Fol. 158 : Rétablissement du pavé dans la banlieue. — Fol. 159 : Traité avec Charles Lepelletier, horloger, rue Saint-Aubin, « pour mettre à pendule » l'horloge à balancier de la Mairie. — Fol. 170 : Paiement de charrettes et de chevaux pour mener d'Angers à Saint-Mathurin « trente-trois Maures prisonniers.. au château de Saumur. » — Fol. 176 : Bris de glaces en amont et en aval du pont des Ponts-de-Cé, pour prévenir les désastres de la débacle. — Fol. 183 : Portrait de M. Lezineau, maire, payé au peintre Besnard. — Fol. 191 : Ordre et corvées pour le rétablissement de la route de Nantes. — Fol. 196 : Les huguenots convertis exemptés du logement des gens de guerre.

Reg. in-fol., pap., de 197 fol.

Registre des conclusions. — Fol. 4 : Débat de préséance entre la Mairie et le Présidial dans la confrérie des bourgeois. — Fol. 6 : Vœu du Conseil pour obtenir un ordre de M. de Châteauneuf, secrétaire d'Etat, qui oblige les huguenots de la rue Baudrière à tendre leurs maisons le jour du Sacre. — Fol. 11-16 : Etablissement d'une chaire de mathématiques au collége de l'Oratoire. — Fol. 12 : Aumône à demoiselle Claire Kiffé de Pontgollo, Anglaise convertie. — Fol. 13 : Pose de tentures sur le grand pont le jour du Sacre. — Fol. 16 : Ordre de l'intendant de créer en ville deux glacières. — Fol. 23 : Le jardin de la Mairie transformé en promenade publique pour les personnes de qualité. — Fol. 25 : Etablissement d'une glacière au boulevard de la porte Saint-Aubin. — Fol. 29 : Suppression d'une butte de terre près la porte Toussaint, aux Lices. — Fol. 40 : Retrait de l'autorisation donnée aux sieurs Blondeau et Ledoux, faiseurs de corde à boyau, de travailler sur les murs de la ville, attendu « la grande puanteur et infection. » — Fol. 42 : Le corps de ville prié par M. Verdier, docteur en droit français, d'assister à son discours d'ouverture des grandes écoles. — Fol. 42 : Les discours de M. Verdier et du père Prestet, de l'Oratoire, professeurs de mathématiques, imprimés aux frais de la ville. — M. Louet poursuivi pour insultes aux échevins et menaces aux ouvriers qui travaillent au jardin de la Mairie. — Fol. 52 : Défense, de par le roi, aux aumôniers des régiments, « de célébrer aucun mariage des cavaliers et soldats.. avecq les filles ou femmes domiciliées dans les villes ou places où ils seront en garnison. » — Fol. 56 : Plaintes contre l'établissement des fabricants de clous dans la rue Baudrière. — Fol. 58 : Règlement pour les étapes et le logement des gens de guerre. — Fol. 64 : Etat des charges et revenus de la ville. — Fol. 78 : L'artillerie de ville sera tirée le jour du Sacre. — Fol. 87 : Offres et avis des marchands au sujet de l'établissement projeté de manufactures à Angers. — Fol. 95 : Fête et feu de joie pour la naissance du duc de Bourgogne. — Fol. 95 et 101 : Travaux de décoration à l'Hôtel-de-Ville. — Fol. 97 : Devis sommaire des travaux urgents de la ville. — Fol. 98 : Achat décidé par la ville de l'Académie d'équitation. — Fol. 99 : Craintes de disette. — Ordre aux marchands de s'approvisionner. — Achat de blé par la ville. — Fol. 105 : Ordre aux archers d'expulser les gueux

BB 96.
1 mai 1681.
30 avril 1685.

et les vagabonds étrangers. — Fol. 106 : Nouvelle division de la ville en huit quartiers et nomination de notables chargés de veiller à l'exécution des ordonnances de police. — Fol. 107 : Tentative d'assassinat sur la dame Ménager par les sieurs Cottard, Chemineau et Poupard, commis aux Aides. — Fol. 111-141 : L'exécuteur des hautes-œuvres payé de ses gages. — Fol. 112 : Plainte à M. Colbert, ministre d'Etat, du défaut d'entretien des ponts de Châteauneuf. — Fol. 119 : Obligation imposée au maire de loger et d'habiter dorénavant à l'Hôtel-de-Ville. — Fol. 123 : Distribution de blés aux paysans des campagnes voisines, « qui meurent de faim. » — Fol. 127 : Requête au roi pour obtenir une ordonnance concernant la police. — Fol. 129 et 150 : Pluvier, sculpteur, payé de travaux faits à la niche du jardin de l'Hôtel-de-Ville. — Fol. 132 : Relation de la cérémonie du service funèbre de la reine-mère. — Fol. 133 : Réception de M. l'intendant à l'Hôtel-de-Ville. — Fol. 136 : Plaintes contre les boulangers. — Saisie de pains pour défaut de poids. — Fol. 139 : Fête et feux de joie pour la naissance du duc d'Anjou. — Fol. 142 : Mesures de précaution contre la débacle des glaces aux Ponts-de-Cé. — Fol. 146 : Le sieur Dumesnil, chirurgien, admonesté en Conseil de ville pour la falsification d'un billet de logement. — Fol. 146 : Requête des Pères de l'Oratoire pour la reconstruction de leur collège. — Fol. 151 : La glacière de la porte Saint-Aubin prise en régie par la ville à défaut d'adjudicataire. — Fol. 152 et 163 : Achat d'un buste du roi, « en métal doré, » à Paris. — Fol. 153 : Commande de jetons pour la ville. — Fol. 154 : Le dîner du jour du Sacre supprimé et la dépense allouée à l'Hôpital général. — Fol. 156 : M. Pocquet de Livonnière, député à Paris, au nom de la ville, pour demander l'établissement à Angers d'une Académie des sciences et belles lettres. — Fol. 158 : Requête au Conseil pour la sanctification des fêtes et dimanches. — Fol. 160 : Aumône au sieur Fœnel de Pontgollo, gentilhomme anglais converti. — Fol. 161 : Achat de maisons pour l'agrandissement de l'Hôtel-de-Ville et de la place des Halles. — Fol. 163 : Achat de seaux de cuir et crocs de fer « pour servir le public » en cas d'incendie. — Fol. 164 : Mesures de police pour dégager les ports Ligner, Ayrault et de la Poissonnerie, encombrés de marchandises ou de matériaux. — Fol. 165 : Avis du Conseil sur les offres d'un entrepreneur pour la reconstruction des grands ponts et du pont des Treilles. — Fol. 168 : Demande, par M. de Louvois, secrétaire d'Etat, d'ouvriers terrassiers pour la construction d'un canal à Chambord. — Fol. 168 : Plaintes des marchands vinaigriers contre un nouveau droit prétendu par le fermier des Aides sur l'eau-de-vie. — Fol. 169 : Envoi, par M. de Louvois, des plans et devis des travaux du château de Chambord, pour distribuer aux ouvriers et entrepreneurs qui les voudraient soumissionner. — Fol. 174 : Droits prétendus par l'exécuteur des hautes-œuvres. — Fol. 175 : Députation du Conseil de ville à l'évêque d'Angers, pour le remercier d'avoir obtenu du roi la démolition du temple et de l'Académie des réformés de Saumur. — Fol. 175 : Etablissement autorisé à Angers des filles de la Propagation de la Foi.—Fol. 176 : Tableau des prix alloués pour le remboursement des étapes.— Fol. 180 : Expulsion des gueux et des vagabonds.—Fol. 184 : Requête du supérieur de l'Oratoire pour être autorisé à reporter l'ouverture du collège à la Saint-Luc.

Reg. petit in-fol., pap. de 189 fol.

Registre des conclusions. — Fol. 3 : Réparation de la fontaine Saint-Nicolas. — Fol. 3 : Aumône au sieur de Pontgollo, Anglais converti. — Fol. 7-9 : Fondation des filles de la Propagation de la Foi. — Fol. 9 : Plaintes à M. l'intendant contre les usurpations qui interceptent la boire de Rochefort. — Fol. 10 et 51 : Le maire autorisé, au nom du Conseil, à se pourvoir, comme il jugera à propos, contre les abus introduits dans la réception des religieuses et les exigences pécuniaires des communautés. — Fol. 11 : Ordre aux habitants de préparer les logements des gens de guerre pour le quartier d'hiver. — Fol. 13 : Fondation de l'Académie des belles lettres à Angers. — Fol. 18, 40, 41, 45 : Logement des gens de guerre. — Fol. 31 : Don, par la ville, de torches de cire blanche, pour la procession du Sacre, à Pierre Boismier, Isaac Théart, Michel Renault, Jean Phelipeau, Jacques et Isaac Mingon, Goyer le jeune, marchands grossiers ; André Peletier, Abel Thibault, Philippe et Mathieu Dallair, Henri Maisonneufve, orfèvres ; Pierre Besnart, apothicaire ; Poisson l'aîné, Duperché, Besnart, Besnart le jeune, Goyer, médecins ; Chapay et Besnart l'aîné, nouveaux convertis. — Fol. 32 : Cérémonie pour la pose du buste du roi et l'ouverture de l'Académie des belles lettres. — Fol. 32 : Rixes entre les habitants. — Fol. 34 : Pluvier, sculpteur, payé de travaux faits pour la Mairie. — Fol. 34 : Envoi à Ingrandes de deux carrosses, deux charrettes et seize chevaux de selle pour les ambassadeurs du roi de Siam. — Fol. 35 : Pierre Loiseau, peintre, payé « pour les illuminations et peintures par lui faites pour la cérémonie du buste du roi. » — Fol. 37 : Feux de joie pour la naissance du duc de Berry. — Fol. 38, 41, 48 : Achat de blés pour le soulagement des pauvres. — Fol. 44 : Nouveau passage à Angers de l'ambassade de Siam partant pour l'Inde. — Fol. 46 : Feu de joie pour la convalescence du roi. — Fol. 48 : Don par la ville, à l'Académie des belles lettres, de deux médailles d'or à décerner « pour

BB 97.
1 mai 1685.
26 avril 1689.

prix d'éloquence et de poésie française. » — Fol. 49 : Règlement pour la distribution des blés envoyés par le roi aux pauvres. — Fol. 50 : Mémoire en réponse aux difficultés proposées par le corps de ville pour la distribution des blés. — Fol. 54 : Vœu unanime des paroisses pour la translation de l'Hôpital général au prieuré de Lesvière. — Fol. 56 : Les dix-neuf pièces de canon de la ville emportées, par ordre du roi, à Paris. — Fol. 61 : Procès-verbal de la distribution des prix décernés, au nom de la ville, par l'Académie des belles lettres. — Fol. 63 : Dénonciation d'un mémoire calomnieux que font circuler les religieux du prieuré de Lesvière contre la translation de l'Hôpital général. — Fol. 69-89 : Arrentement de la Halle couverte. — Fol. 71 : Plaintes contre les vols des soldats logés en ville. — Fol. 77 : Etablissement des filles de la Providence. — Fol. 80 : A la requête du sieur Avril de Pignerolles, le Conseil décide l'achat d'un hôtel pour l'Académie d'équitation. — Fol. 87 : Le portier de la porte Toussaint emprisonné par des soldats. — Fol. 90 : Curement du canal de la Tannerie. — Exhaussement du pré des Carmes. — Fol. 90-97 : Désarmement des réformés convertis. — Fol. 94 : Les nouveaux convertis exclus des charges municipales. — Fol. 96 : Une arche du grand pont emportée par les eaux. — Fol. 99-100 : Réception du roi Jacques II d'Angleterre. — Fol. 107 : Revendication par le Conseil de ville du privilége d'exemption du ban et de l'arrière-ban accordé aux habitants d'Angers. — Fol. 109 : Besnard, peintre, chargé de faire les portraits des maires et conseillers de ville.

Reg. petit in-fol., pap., de 109 fol.

BB 98.
1 mai 1689.
28 novemb. 1690.

Registre des conclusions. — Fol. 2-3 : Réparation des ponts ruinés par les grandes eaux. — Fol. 3 : Rapport de la dernière séance de l'Académie des belles lettres. — Proposition et plan de M. Pétrineau pour la composition d'une histoire d'Anjou. — Les archives de la Mairie mises à la disposition de l'auteur. — Chaque échevin se charge de lire deux registres des conclusions et de lui en fournir l'analyse et les extraits. — Fol. 4 : Nouveau puits creusé dans la cour de l'Hôtel-de-Ville. — Fol. 6 : Offre de M. de Pignerolles, chef de l'Académie d'équitation, de réduire de moitié, soit à deux louis d'or par mois, le prix de la pension des enfants de la ville. — Fol. 9 : Les propriétaires de maisons et moulins sur le pont des Treilles tenus pour leur quote part aux réparations du pont. — Fol. 11 : Visites de police chez les marchands de bois mal approvisionnés. — Fol. 12 : Publication de la déclaration de guerre à l'Angleterre. — Fol. 13 : Logement en ville de compagnies suisses et de dragons. — Etablissement autorisé des filles de la Providence. — Fol. 14 : Protestation du Conseil contre les envahissements et les acquisitions continues des communautés, « d'autant qu'elles possèdent toutes les maisons les plus considérables de la ville.» — Fol. 15-16 : Le Conseil accepte la dédicace de la tragédie des Pères de l'Oratoire, et assiste à la représentation. — Fol. 18 : Tarif des denrées pour les étapes. — Fol. 19 : Remontrances du corps de ville contre la création de l'office de vendeur juré de poisson. — Fol. 20 : Requête des Ursulines contre la construction d'un collége neuf de l'Oratoire dans l'emplacement de l'ancien. — Réponse des Oratoriens. — Réplique des Ursulines. — Fol. 21 : Décision du Conseil en faveur des Ursulines. — Fol. 22 : Aumône au sieur Dali, gentilhomme irlandais. — Fol. 24 : Le sieur Isaac Mingon, nouveau converti, blâmé en séance publique de paroles injurieuses contre le Conseil. — Fol. 25 : Places du Conseil dans le chœur de Saint-Maurice. — Fol. 27 : Erection de deux pyramides sur le grand pont. — Fol. 28 : Recensement des habitants pour la taxe de l'ustencille. — Frais de voyage payés aux sieurs Lointier et Lecomte, architectes, envoyés à Tours pour mettre enchère à l'adjudication des travaux de la ville. — Fol. 29 : Réception de Michel Vernier, crieur de patenôtres. — Fol. 30 : Le passage de l'arche Saint-Samson intercepté. — Fol. 31 : Discussion des plans et emplacements proposés pour le collége de l'Oratoire et l'Académie d'équitation. — Fol. 35 : Contrat d'acquêt, par la ville, de la maison de Caseneuve pour l'Académie d'équitation. — Fol. 36-38 : Etablissement d'un bureau pour le change de la nouvelle monnaie. — Fol. 38 : Réparation de la porte Lionnaise. — Fol. 39 : Requête au roi pour l'établissement de deux nouvelles foires de bestiaux. — Fol. 40-42 : M. de Saint-Marthe, supérieur-général de l'Oratoire, et le maire, décident la reconstruction du collége neuf dans l'emplacement de l'ancien. — Fol. 43 : Ordonnance de l'intendant pour la fourniture de chevaux aux troupes. — Fol. 44 : Instructions pour Mᵉ Leroyer, avocat, contre les religieuses de la Visitation et leurs exigences exagérées des dots des novices. — Eloge de l'évêque. — Fol. 47 : Arrêt concernant le cours des monnaies. — Fol. 48 : Le Conseil maintient, nonobstant les abus, l'ordre et la marche antiques de la procession du Sacre. — Fol. 49 : Règlement pour les changeurs. — Fol. 50 : Demande, par le Conseil, d'une nouvelle foire. — Fol. 54 : Achat de rideaux pour protéger les portraits du roi, de la reine et de M. et Mᵐᵉ d'Armagnac, posés dans la grande salle du Conseil. — Fol. 55 : Adjudication des travaux du collége neuf à Lecomte, architecte. — Fol. 56-59 : Concession de deux foires nouvelles. — Fol. 60, 61, 65 : Construction de la porte Saint-Blaise. — Fol. 62 : Requête en révocation de l'arrêt qui convoque à Paris les candidats à la chaire de droit vacante en l'Université d'Angers par la mort de M. Voisin, doyen. — Fol. 64 : Rétablissement des routes de la Barre et des Banchets. — Fol. 66 : Concession de terrains à M. Pétrineau, près la porte Saint-Blaise, à la charge de fournir chaque année au maire une paire de gants blancs et de rédiger deux inscriptions à la gloire du roi.

Reg. in-fol. pap., de 67 fol, couv. en parch.

BB 90.
2 décembre 1690.
18 avril 1693.

Registre des conclusions. — Fol. 1 : Députation du Conseil de ville pour la pose de la première pierre du collége. — Fol. 2 : Citation en Conseil de l'entrepreneur, pour avoir commencé les travaux sans attendre ni le corps de ville ni l'Université. — Fol. 3 : Plantation d'arbres sur la place Martineau. — Fol. 3-56 : Ordonnance de M. d'Autichamp contre les enrôlements forcés. — Fol. 6 : M. d'Autichamp prié de poser la première pierre de la porte Grandet, et M. Frain du Tremblay, secrétaire de l'Académie des belles lettres, d'en composer l'inscription. — Fol. 9 : Le sieur Thibaut emprisonné pour refus de prêter sa charrette à la réquisition de l'Hôtel-de-Ville. — Publication des défenses de jouer aux jeux de la bassette, barbacolle et du pour-et-du-contre. — Fol. 10 : Les brèches des murs de ville réparées. — Fol. 11 : L'évêque prié d'autoriser l'usage des œufs pendant le Carême. — Fol. 13 : Besnard, peintre, payé « pour les tableaux qu'il a faits de MM. les officiers, pour estre mis dans la grande salle de cet hôtel. » — Fol. 14 : Teneur de l'inscription mise sur la première pierre de la porte Grandet. — Fol. 17 : Reconstruction du pont de Saint-Samson. — Fol. 18 : Refus du Conseil de fixer jour à la cérémonie de la pose de la première pierre du collége, que persistent à solemniser MM. de l'Université, bien que les travaux se continuent depuis trois mois. — Fol. 17-18 : Achat de rideaux pour protéger les tableaux de la grande salle. — Fol. 19 : Ordre aux habitants d'Ecouflant de travailler à la reconstruction du pont de Saint-Samson. — Fol. 20 : Autorisation aux Récollets de transférer dans leur maison de ville leur principal couvent, jusqu'alors à la Baumette, à charge de planter les Lices d'ormeaux. — Fol. 22 : Remontrances aux Pères de l'Oratoire contre l'abus des congés donnés aux écoliers. — Pose de la première pierre de la porte Saint-Blaise. — Fol. 23 : Feux de joie pour la prise de Nice, de Villefranche. — Fol. 24 : Et de la ville de Mons. — Fol. 27-29 : Destruction du porche de la commanderie de Saint-Blaise. — Fol. 29 : Projet pour la décoration des abords de la nouvelle porte de ville. — Fol. 30 : Concession nouvelle à M. Pétrineau. — Fol. 31-55 : Procédure contre les poëliers opposants à l'ordonnance de police qui leur enjoint d'habiter tous dans une même rue « destinée pour leur exercice. » — Fol. 34 :

Convention avec les gentilshommes de l'arrière-ban du Berry, pour leur entretien en ville. — Fol. 35 : Le lambris du cabinet de l'Hôtel-de-Ville payé au sieur Boulogne, menuisier. - Fol. 35-78 : Projet du rétablissement de l'ancienne fontaine du Pilory. — Fol. 36 : Enquête et projet pour la construction d'un quai du port Ayrault au port Ligner. — Fol. 37 : Garnisaires envoyés chez les habitants qui se refusent à payer la taxe de l'ustencille. — Fol. 37 : Le corps de ville appuie l'opposition de M. Lepelletier, abbé de Saint-Aubin, au concordat qui introduit dans cette abbaye les religieux de Saint-Maur. — Fol. 45 : Certificat donné par le Conseil à M. Pocquet de Livonnière, « de son assiduité à s'acquitter de ses devoirs » dans les diverses fonctions qu'il cumule. — Fol. 46 : Corvées imposées aux paroisses circonvoisines pour la réfection des ponts de la ville. — Fol. 48 : Chute de deux maisons sur les grands ponts. — Défense d'y bâtir à l'avenir. — Plantation d'ormeaux d'Orléans de la porte Saint-Michel à la place Martineau. — Fol. 50 : Procès-verbal de l'état des grands ponts. — Curement du lit de la Maine sous les arches. — Fol. 51 : Toisé des pavages exécutés sur les routes de Rennes et de Paris. — Fol. 56, 60 : Préparatifs pour la réception du roi d'Angleterre. — Fol. 57, 58, 65, 66, 67, 70, 71. Les bateliers des rivières de Maine, Sarthe et Loir enrôlés par classes, pour servir un an sur les vaisseaux du roi. — Fol. 58 : Poursuites contre les agents d'enrôlements forcés. — Fol. 62 : Ordonnance pour la patrouille de nuit. — Députation pour obtenir de l'évêque la réduction des nouvelles fêtes. — Fol. 64 : Intervention du corps de ville dans la cause des habitants de Châteauneuf, contre le marquis de Sablé, pour le rétablissement du pont sur la Sarthe. — Fol. 66 : Ordre aux commis des recettes d'Ingrandes, des Ponts-de-Cé, de la Pointe, d'arrêter les bateliers de Nantes non munis de passeports. — Fol. 68 : Nomination d'un nouvel horloger de ville. — Fol. 70 : Jugement et condamnation d'un soldat Irlandais, pour viol commis à Chantocé. — Droit maintenu par le maire de soumettre les gentilshommes au logement des gens de guerre. — Fol. 71 : Visite de l'Hôtel-Dieu. — Fol. 72 : Etablissement de rayons et de tablettes dans la salle de l'Académie des belles lettres, dans l'espérance « qu'il se formera par ce moyen une bibliothèque publique. » — Fol. 73 : Députation pour la pose de la première pierre de la maison des Récollets, aux Lices. — Fol. 78 : Mort de M. d'Autichamp. — Fol. 79 : Le projet de l'histoire d'Anjou, de M. Pétrineau, imprimé aux frais de la ville. — Fol. 80 : Mort de l'évêque, Henri Arnaud. — Son éloge. — Convention entre MM. du Présidial et de l'Hôtel-de-Ville, pour l'ordre à tenir aux obsèques de l'évêque. — Fol. 83 : Confection de jetons pour la Mairie. — Fol. 84 : Des particuliers de cette ville ayant porté « le jeu de lansquenet à un tel excez qu'il a esté perdu des sommes très considérables dont des familles pouroient estre incommodées, » le maire est autorisé et prié « establir des gens de guerre dans ces maisons..., sans complaisance, jusqu'à ce que la fureur du jeu soit dissipée. » — Fol. 85 : Les Récollets autorisés à acquérir la maison de la commanderie de Saint-Laud. — Fol. 86 : Etablissement de corderies royales à Angers. — Convention avec les cordiers. — Fol. 88-91 : Boulogne, menuisier, payé pour la bibliothèque de l'Académie. — Fol. 89 : Lettres de M. Lepelletier, évêque nommé d'Angers, et de M. Lepelletier, son père, ministre d'Etat. — Fol. 90 : Te Deum pour la victoire d'Enghien. — Fol. 94 : Ordre des corvées pour le rétablissement du chemin d'Angers à Nantes. — Fol. 97 : Enlèvement en plein jour, par des recruteurs, du valet du sieur Sicault, lieutenant de la prévôté. — Fol. 101 : Pluvier, sculpteur, payé pour les trois écussons de la porte Grandet. — Fol. 101 : Besnard, peintre, payé pour le portrait du maire. — Règlement pour l'ouverture et la fermeture des portes de la ville. — Fol. 103 : Quêtes publiques pour aider au départ des nombreuses familles d'Irlandais indigents qui surchargent la ville. — Fol. 104 : Paiement des jetons d'argent de la Mairie. — Fol. 107 : La boiserie de l'Académie des belles lettres commandée au sieur Boulogne. — Fol. 109 : Devis des ouvrages pour la construction d'un quai à prendre du port Airault au port Ligner. — Fol. 110 : Réception de M. l'évêque d'Angers à l'Académie. — L'éloge de M. d'Autichamp, par M. Daburon, imprimé aux frais de la ville. — Fol. 116 : Plaintes contre les envahissements et les manœuvres odieuses des communautés qui accaparent le bien des familles. — La ville intervient au Parlement contre les Carmes d'Angers, appelants d'une sentence du Présidial de La Flèche, qui les condamne à restitution vis-à-vis des héritiers de la Butte Sarra. — Conclusions de l'avocat du roi de La Flèche. — Fol. 119 : Relation de ce qui s'est fait au sujet du passage de Jacques II, roi d'Angleterre, par la ville d'Angers.

Reg. in-fol., pap., de 224 fol.

BB 100.
20 avril 1693.
24 novemb. 1696.

Registre des conclusions. — Fol. 2 : Renouvellement des ordonnances contre les jeux du pharaon et de la bassette. — Fol. 10 : Achat par la ville d'une partie des blés de l'abbaye de Saint-Georges-sur-Loire, pour soulager les pauvres d'Angers. — Fol. 11-13 : Une sédition des campagnes en empêche le transport. — Fol. 15 : Droits et servitudes dans les Halles couvertes reconnus aux sieurs Arthaud, Bruneau, Landevy et Guitton. — Fol. 16 : Te Deum pour la prise d'Haldelbert en Palatinat. — Fol. 20 : Ordre aux propriétaires d'entretenir le pavage vis-à-vis leurs maisons. — Fol. 22 : Te Deum pour la prise de Rose en Catalogne. — Fol. 26 : Rôle des paroisses chargées de corvées pour la réfection du chemin d'Avrillé. — Fol. 28 : Le sieur Ledoisne, docteur en la Faculté de médecine, admis aux priviléges « de médecin juré ordinaire du roi au ressort d'Angers. » Fol. 29 : Te Deum pour les victoires de Nerwingue. — Fol. 30 : Et de Marsalle. — Fol. 32 : Rétablissement des corderies royales à Angers. — Observations du maire sur les prix courants du vin et du blé. — Fol. 36 : Mise en réquisition des charretiers pour les travaux des grands ponts. — Fol. 46 : Le sieur Laurent Leroy, exécuteur des hautes-œuvres, payé de ses gages. — Fol. 47 : Vente au prix coûtant des blés achetés par la ville. — Fol. 56 : Achats nouveaux de blés pour les pauvres. — Fol. 59 : Les blés amenés de Nantes vendus partie à la Pointe, partie à Angers. — Fol. 60 : Visites domiciliaires en ville pour dresser état des blés conservés par les habitants. — Envoi de commissions du Conseil à Champigné, Brissac, au Lion-d'Angers, à Rochefort et dans les paroisses environnantes, pour s'informer des approvisionnements. — Fol. 62-63 : Envoi d'une escouade au Lion-d'Angers et à Segré pour escorter les blés. — Débat de préséance entre MM. du corps de ville et le Présidial dans la fête de la Confrérie des bourgeois. — Fol. 63, 64, 67, 68 : Vente, par la ville, de riz et de pois envoyés de Tours, et de blés achetés en Bretagne et en Craonais. — Fol. 68 : Te Deum pour la prise de Palamos en Catalogne. — Fol. 71 : Pour la prise de Girone. — Fol. 80 : Tarif des denrées pour la fourniture des étapes. — Fol. 82 : Déclaration du roi portant défense « aux tailleurs d'habits... de faire... aucuns boutons de drap et de toute autre sorte d'étoffe, et à toutes personnes d'en porter sur leurs habits après le premier janvier prochain. » — Fol. 85, 86 : Recherche de logements et de lits pour le régiment de dragons de Montalet, en quartier d'hiver à Angers. — Fol. 94 : Confection de jetons pour les échevins. — Fol. 111 : Pose de canaux à la fontaine Pied-Boulet. — Fol. 112 : Le champ de foire déclaré exempt de droits d'octroi. — Fol. 114 : Dédicace d'une énigme au Conseil de ville, par les écoliers de troisième de l'Oratoire. — Fol. 115 : Harangue des acteurs de l'énigme. — Fol. 120 : Plaintes contre les exactions de l'exécuteur des hautes-œuvres. — Fol. 123 : Réunion projetée du chapitre Saint-Julien au séminaire. — Fol. 125 : Conditions mises par le corps de ville à l'exécution de ce projet. — Fol. 127 : Opposition à la réception des statuts des ciriers. — Fol. 130 : Les vagabonds expulsés du faubourg Saint-Lazare et de la rue Normandie. — Fol. 135 : Les Ursulines déboutées de leur plainte contre les Pères de l'Oratoire. — Fol. 140 : Construction d'une buanderie et d'une orangerie pour la maison de ville. — Fol. 147 : Achat d'une tapisserie pour la grande salle. — Fol. 148 et 29 : Opposition à l'établissement d'une maîtrise des taillandiers. — Fol. 151 : Secours aux Pères de l'Oratoire pour l'achèvement de leur collége.—Fol. 160 : Tarif des denrées pour la fourniture des étapes.

Reg. in-fol., pap., de 163 fol., couv. en mauv. état.

BB 101.
4 décembre 1696.
27 février 1700.

Registre des conclusions. — Fol. 3 : Commande de jetons d'argent pour la Mairie. — Fol. 16 : Nouveau don de 2,000 liv. aux Pères de l'Oratoire pour l'achèvement de leur collége. — Fol. 24 : Requête au Conseil pour obtenir la continuation à Angers, et non ailleurs, du concours ouvert pour la chaire de droit vacante en l'Université. — Injonction du corps de ville, avec les maîtres chapeliers, contre les maîtres enjoliveurs. — La glacière mise en régie, faute d'adjudicataires. — Fol. 25 : Plaintes des maîtres sergers contre les compagnons. — Fol. 26 : Arrestation et condamnation des deux plus mutins. — Fol. 32 : Plaintes contre les poêliers qui prétendent travailler dans la rue du Cornet. — Fol. 33 : Mesures préparatoires pour l'établissement de lanternes. — Fol. 35 : Réparation du bassin de la fontaine Pied-Boulet. — Fol. 37 : Te Deum pour la prise de Barcelonne. — Fol. 43 : Pour la publication de la paix. — Fol. 39 : Tarif des denrées pour la fourniture des étapes. — Fol. 40, 42, 43, 46, 47, 69, 79, 91, 155 : Etablissement de lanternes. — Fol. 48 : Monitoire contre les coureurs de nuit qui ont cassé les lanternes et assassiné un des allumeurs. — Fol. 52 : Expulsion des gueux et des vagabonds étrangers à la ville. — Fol. 56-58 : Enquête contre les exactions des bateliers au passage des Ponts-de-Cé. — Fol. 84 : M. Robert nommé par concours a la chaire de droit vacante par la mort de M. Audouin de Danne. — Fol. 100 : Saisie de dépôts de blés à la Pointe. — Fol. 104-108 : Plainte de M. Riolland, échevin, contre M. Trochon, juge de la Prévôté. — Fol. 106 : Monitoire pour recouvrer les titres perdus de la Mairie. — Fol. 114 : Rejet de la requête présentée par la veuve Vanbredenbec contre le fermier de la cloison. — Fol. 117 : Lettres de M. de Pontchartrain, concernant l'administration des deniers patrimoniaux. — Fol. 119 : Les siéges et bureaux des échevins recouverts de tapisserie « à fond d'azur parsemée de fleurs de lys d'or avecq quatre écussons des armes de la ville. » — Fol. 121 : 1,200 liv. données par le roi pour faire travailler les pauvres valides. — Fol. 125 : Plaintes des directeurs de l'Hôpital général contre l'établissement nouveau fondé par le sieur de Blegny, médecin, dans la maison du Saint-Esprit. — Fol. 125 : Autorisation donnée par l'abbé de Saint-Serge au Conseil de ville, de combler la perrière de Saint-Samson. — Fol. 137 : Chamoreau, peintre, payé des travaux par lui faits dans la chambre du Conseil. — Fol. 139 : Opposition du Conseil à l'établissement d'une maîtrise des cabaretiers. — Fol. 140 : Vente de blés aux échevins de Laval. — Fol. 146 : Reconstruction d'une partie de la Poissonnerie. — Conditions imposées aux propriétaires. — Fol. 147-163 : Indemnité. — Assemblée des marchands sergers et cardeurs, au sujet du commerce des laines. — Fol. 149 : Sommation à M. Petrineau de réintégrer les registres des conclusions qu'on lui a prêtés depuis onze ans. — Fol. 152 : Postes établis aux portes pour interdire l'entrée de la ville aux vagabonds. — Fol. 153 : Adjudication des travaux de la Poissonnerie à Pierre Godard, architecte. — Fol. 155 : Concession d'un emplacement près la porte Toussaint, à maître Sebille, couvreur, à charge par lui et ses successeurs d'entretenir d'ardoise les bâtiments de l'Hôtel-de-Ville et le pavillon de l'Académie. — Fol. 158 : Paiement au sieur Barjon, marchand à Aubusson, de la tapisserie de la salle du Conseil. — Fol. 160 : Tarif des denrées pour la fourniture des étapes. — Fol. 176 : Restauration du puits de la place Neuve. — Fol. 178 : Achat de blé en prévision de la disette.

Reg. in-fol., pap., de 179 fol.

Registre des conclusions. — Fol. 11 : Bail à ferme de la culée du pont des Treilles. — Aubert et Boulogne payés de travaux faits dans la salle du Conseil. — Fol. 13, 14, 29, 69 : Organisation d'une loterie au profit de l'Hôpital général. — Fol. 8, 14, 15, 26, 35, 37, 52 : Etablissement des lanternes. — Fol. 16 : Insulte faite au corps de ville par le sieur Avril, major commandant du château d'Angers. — Fol. 19 : 19-20 : Il s'excuse. — Fol. 17 : Secours de route au sieur Joly et à la demoiselle Hélène de Hauteville. — Fol. 29 : Au sieur Figerel, catholiques anglais réfugiés. — Fol. 30 : Godard, architecte, chargé de dresser le plan des faubourgs de la ville. — Fol. 31 : Ouverture de la foire de Saint-Sauveur par le maire. — Fol. 33 : Plaintes contre les usurpations des Ursulines. — Fol. 35 : Restauration du bassin de la fontaine Pied-Boulet. — Fol. 38 : Recherche d'un nouvel emplacement pour la glacière. — Fol. 39 : Installation de M. Trochon, lieutenant-général de police. — Fol. 47 : Accommodement entre les Pères de l'Oratoire et les Ursulines. — Fol. 49 : Incendie chez le sieur Bault de Vilnières, en Boisnet. — Fol. 51 : Projets de travaux de ville pour occuper les pauvres. — Pose de bancs au Mail et en la place Martineau. — Fol. 56 : Opposition du Conseil de ville à l'établissement d'une maîtrise des vitriers. — Fol. 57 : Don de

BB 102.
2 mars 1700.
27 janvier 1703.

2,000 liv. aux Pères de l'Oratoire, pour l'achèvement de leur collége.
— Fol. 59 : Visite et présent de ville au général des Augustins. —
Fol. 61 : Opposition à l'établissement d'une maîtrise de tisserands.
— Fol. 68 : Concession d'un établissement près la porte Saint-Michel, pour l'établissement d'une glacière, au sieur Louis de Beaumont, bourgeois de Paris, privilégié par le roi pour « vendre seul et débiter de la glace par tout le royaume. » — Fol. 69 : Paiement de jetons de ville. — Fol. 70-134 : Tarif des denrées pour la fourniture des étapes. — Fol. 66, 67, 70, 71 : Restauration de la pyramide du pont des Treilles. — Fol. 74 : Assemblée générale pour obtenir le rétablissement de la Mairie élective. — Lettre de M. de Chamillard.
— Fol. 77 : Opposition à l'établissement d'une maîtrise des couturières. — Fol. 78 : Chamoreau, peintre, payé pour l'ornementation de l'horloge. — Fol. 79 : Convention avec le lieutenant de police pour le bail de la cloison. — Fol. 83 : Gages des officiers de police. —
Fol. 101, 102, 114 : Solde de deux archers de la maréchaussée, mandés de La Flèche, « pour faire payer les reliquataires des taxes des lanternes. » — Fol. 106 : Election du maire. — Fol. 117 : Dédicace d'une tragédie par les écoliers de l'Oratoire. — Fol. 121 : Besnard, peintre, payé pour des portraits d'échevins. — Fol. 122 : Assemblée générale au sujet de l'union projetée du chapitre de Saint-Mainbeuf au séminaire. — Fol. 127 : Réparation du pont des Treilles. —
Fol. 129 : Le maire, quoique élu et non plus perpétuel, autorisé à porter, comme auparavant, la robe rouge. — Fol. 138 : Pose de barrières et tracé des limites des faubourgs de ville pour la perception de l'octroi. — Fol. 140-145 : Mort et obsèques de M. Raimbault de la Foucherie, maire. — Fol. 149 : Don de deux flambeaux d'argent au P. Buard, de l'Oratoire, « pour avoir fait l'oraison funèbre. » —
Fol. 154 : Forme et inscriptions des jetons de ville.

Reg. in-fol., pap., de 163 fol.

BB 103.
30 janvier 1703.
30 avril 1707.

Registre des conclusions. — Fol. 18 : Règlement pour les obsèques des officiers de la Mairie. — Fol. 20 : Requête de M. de Pignerolle, directeur de l'Académie d'équitation. — Fol. 23 : La ville maintient son opposition au rétablissement d'une maîtrise des tisserands. — Fol. 24 : Lettre de M. d'Armenonville, au sujet du rachat des offices de lieutenant du maire et d'assesseur. — Fol. 25 : Assemblée générale pour la suppression desdits offices. — Fol. 28, 32, 39 : Renouvellement des arbres du Mail. — Fol. 35 : Agrandissement du Mail.
— Fol. 42 : Emplacement nouveau pour la glacière. — Le jardin de la Mairie replanté. — Fol. 47-51 : Mise en vente des blés acquis par la ville. — Fol. 50 : On abaisse les prix, faute d'acquéreurs. —

Fol. 56 : Préparatifs pour la réception de M. le comte de Toulouse. — Il couche aux Ponts-de-Cé et descend la Loire sans venir à Angers. — Fol. 57 : Le sieur Sebille, couvreur, emprisonné « autant de temps qu'il plaira au sieur Bouchard, » échevin, qu'il a insulté. — Fol. 58 : Réparation de la porte Toussaint. — Fol. 65 : Requête de l'Oratoire contre les avantages et priviléges prétendus par les supérieurs du séminaire pour leurs élèves de philosophie. — Fol. 67 : Assemblée générale pour s'opposer à ces prétentions. — Fol. 71 : Lettre du roi à l'occasion de la naissance du duc de Bourgogne (Versailles, 27 juin 1704). — Fol. 72 : Etat des quais et ponts de la ville. — Fol. 75 : Commande de jetons de ville. — Fol. 76-35 : Débat de préséance entre les officiers de la Mairie et du Présidial, dans les cémonies des Te Deum et feux de joie. — Fol. 77 : Portraits des maires payés au sieur Besnard, peintre. — Fol. 78 : Travaux du Mail. — Fol. 84 : Assemblée générale des nations de l'Université pour faire restituer à leurs bedeaux leurs masses saisies par le recteur. — Le Conseil de ville appuie la réclamation de la nation d'Anjou. — Fol. 85 : Sentence de la Sénéchaussée qui ordonne la restitution des masses des bedeaux. — Fol. 88 : Remerciements présentés au Conseil par M. Noullin, procureur et prévôt, secrétaire de la nation d'Anjou. — Fol. 88, 89, 93 : Rétablissement du pont incendié de la porte Saint-Nicolas. — Fol. 100 : Lettre du roi portant ordre de préparer des logements pour quatre cents prisonniers de guerre de l'armée du duc de Savoie (Versailles, 30 mai 1705). — Fol. 102 : Règlement pour les officiers de la milice bourgeoise. — Fol. 106 : Autorisation aux administrateurs de l'Hôpital d'enclore partie des rues Saint-Jacques-de-la-Forêt, Malmort et Tiremanteau. — Fol. 110 : Arrivée en ville des prisonniers de guerre. — Fol. 113-148 : Armoiries de la ville et du maire payées au sieur Baraudrie, sculpteur. — Fol. 114 : Défense aux Minimes d'affermer des places à des marchands forains. — Fol. 115 : Le champ Glaslin acquis des Ursulines pour la tenue de la foire aux chevaux. — Fol. 116 : Autorisation aux directeurs du séminaire de faire construire une arcade sur la rue Courte. — Fol. 117 : Jean-Henri Grume, prisonnier de guerre, abjure le luthérianisme entre les mains du P. Thimothée Balaszecki, jacobin. — Fol. 119-120 : La perrière de Hannelou comblée. — Fol. 122 : Le maire parrain du fils d'un des prisonniers de guerre, né à Angers. — Fol. 125 : Nomination d'un crieur de patenôtres. — Fol. 127-128 : Abandon, par les Minimes, d'un terrain pour l'agrandissement du Mail. — Fol. 130 : Les portraits de MM. Beucher, Boguais, Trochon et Jarry payés à Besnard, peintre. — Fol. 130 : Réparation du pont des Treilles. — Fol. 137 : Devis pour la restauration des ponts de la ville. — Fol. 138 : Etat des travaux du Mail. — Fol. 144 : Rétablissement du puits de la place Neuve. — Restauration de la Haute-Chaîne. — Fol. 146 : Prétentions des maîtres boulangers contre les boulangers forains. — Fol. 147 : Réception de M. Poncet, évêque d'Angers, à la cathédrale. — Fol. 148 : A l'Académie d'Angers. — Fol. 150 : Suppression du bureau des manufactures établi à l'Hôtel-de-Ville. — Fol. 151 : Opposition aux nouveaux statuts obtenus par les boulangers. — Fol. 155 : Lettre du roi pour le Te Deum en réjouissance de la naissance du duc de Bretagne (Versailles, 8 janvier 1707). — Fol. 156 : Les vins et eaux-de-vie reconnus exempts des droits de cloison. — Règlement pour la vente des saumons et aloses. — Fol. 161 : Commission chargée de veiller à l'entretien des arbres du Mail et du Marché-aux-Chevaux. — Fol. 165 : Les bêtes et chevaux amenés aux foires exempts de tout droit d'attache et de stationnement.

Reg. in-fol., pap., de 166 fol.

BB 104.
1 mai 1707.
26 avril 1711.

Registre des conclusions. — Fol. 5 : Le plan d'Angers dressé par le sieur Thibaudeau ne sera pas gravé. — Fol. 6 : Commission nommée pour aviser au rétablissement du port Ayrault. — Fol. 12 : Sentence du Présidial contre les particuliers qui prétendent exercer l'office de coupeurs de marée. — Fol. 23 : Boulogne, menuisier, payé « pour le mozollée à l'occasion de la pompe funèbre de Mme la comtesse d'Armagnac. » — Fol. 26, 27, 29 : Projet de rachat de la charge vacante de lieutenant-général de police, pour en réunir, comme autrefois, les attributions au Conseil de ville. — Fol. 35 : Marché avec le sieur Jouin, architecte, pour les réparations du mur de ville. — Fol. 37 : Mort de Louis Boylesve, sieur de la Gilière. — Fol. 44 : Achat de blés par le Conseil de ville. — Fol. 5, 47, 51, 58 : Vente en détail aux habitants. — Fol. 47-76 : L'argent du repas du 1er mai converti en aumônes. — Fol. 48 : Protestation contre des ordonnances abusives du Présidial. — Fol. 50 : Envoi d'une escorte de milice bourgeoise à Chemiré pour ramener une voiture de blé. — Fol. 53 : Démission de M. Grandet, conseiller de ville. — Fol. 57 : Mémoire récapitulatif du prix des blés vendus par la ville. — Fol. 58 : M. Romain fils remercié de la dédicace d'une thèse. — Fol. 60 : Le Conseil prend cent billets de la loterie de l'Hôpital général, pour appliquer le revenu des lots gagnants en achat de blés. — Fol. 63 : Arrêt du Conseil d'Etat qui réunit au corps de ville les offices de la police. — Fol. 73 : Lettre du roi portant ordre de chanter un Te Deum à l'occasion de la naissance du duc d'Anjou. — Fol. 81 : Les concessions faites aux marchands de place, sous le porche de la prison, révoquées. — Fol. 87 : Besnard, peintre, payé « pour sept portraits posés dans la grande salle de l'Hostel et vingt-quatre écussons. » — Fol. 90 : Commande de jetons de ville. — Fol. 96 : Procession générale pour obtenir du beau temps. — Fol. 102 : Marché pour l'entretien annuel des arbres du Mail et du Champ-de-Foire. — Fol. 103 : Le sieur Julien, vinaigrier, payé de pipes et tonneaux par lui fournis pour protéger le pont des Treilles lors de la dernière inondation.

Reg. in-fol., pap., de 105 fol.,

Registre des conclusions. — Fol. 2 : Lettre du roi à M. d'Antichamp pour annoncer la mort du dauphin (Marly, 22 avril 1711). — Fol. 6 : Rapport de la cérémonie faite lors de la pompe funèbre de Mgr le dauphin. — Fol. 7-9 : Thèse de mathématique dédiée au Conseil de ville par M de la Foucherie, étudiant au collége de l'Oratoire. — Démolition autorisée des moulins de l'Hôtel-Dieu sur le pont des Treilles. — Fol. 8 : Nomination de commissaires pour dresser procès-verbal des dégats causés par l'inondation. — Fol. 10, 11, 20 : Réparation des petits ponts et du pont de la Tannerie. — Fol. 16 : Jonction avec les notaires contre les prétentions des jurés crieurs de meubles. — Fol. 21 : Avis sur les statuts des bourreliers. — Fol. 25 : Les membres du Conseil de ville seront tenus d'assister aux cérémonies publiques en habits noirs. — Fol. 28 : Arrêt qui autorise la suppression, par rachat, des offices d'inspecteurs des boucheries créés en février 1704. — Fol. 31 : Lettre du roi à M. d'Autichamp, pour ordonner des prières publiques à l'occasion de la mort du dauphin et de la dauphine (Marly, 22 février 1712). — Fol. 34 : Rapport de la pompe funèbre célébrée pour le dauphin et la dauphine. — Fol. 35 : Avis sur les statuts des tailleurs et des couturières. — Fol. 36 : Service funèbre pour M. le comte de Brionne, fils de M. d'Armagnac. — Fol 37 : Arrêt du Conseil d'Etat pour la réunion de l'office d'avocat du roi au corps de ville. — Fol. 41 : Paiement de tableaux au peintre Besnard. — Fol. 43-52 : Reconstruction d'une arche du grand pont. — Fol. 44 : Réparation des canaux de la fontaine Pied-Boulet. — Fol. 45 : Dégradation du sieur Davy de la Roche de son office de conseiller du roi, assesseur du corps de ville. — Fol. 48 : Lettre du roi portant ordre de préparer des logements à quatre cents prisonniers de la bataille de Denain (Fontainebleau, 27 juillet 1712). — Fol. 55 : Les sergents de milice bourgeoise exemptés du logement des gens de guerre. — Fol. 63 : Les cloches des portes Saint-Michel, Saint-Aubin, Toussaint, Saint-Jacques et Saint-Nicolas, cédées à des fondeurs en échange de boîtes d'artifices. — Fol. 64 : Publication de la paix avec l'Angleterre, la Prusse, la Savoie et la Hollande. — Fol. 65 :

BB 105.
1 mai 1711.
30 avril 1715.

Le Conseil de ville tient une séance aux Ponts-de-Cé, « pour marque que cette compagnie y a droit de Mairie. » — Fol. 71 : Emprunt pour achat de blés. — Fol. 75 : Dîner offert par le Conseil à M. Lezineau, banquier expéditionnaire en cour de Rome. — Fol. 78 : Marché avec le sieur Contrée, plombier, pour le bassin de la fontaine Pied-Boulet. — Fol. 79 : Détail des blés amenés de Rotterdam pour le compte de la ville. — Fol. 81, 85, 107 : Acquisition de cinq maisons pour l'élargissement de la rue Cordelle. — Fol. 89 : Procession générale « pour supplier Dieu de nous délivrer de la morsure des loups enragés qui paraissent en cette province. » — Fol. 90 : Envoi de Paris et impression aux frais du corps de ville d'un remède infaillible contre la rage. — Fol. 91 : Prime de 10 liv. par tête de loup payée par la ville. — Fol. 94 : Indemnité aux propriétaires délogés pour l'installation des dragons. — Fol. 96 : Publication de la paix conclue avec l'Empire. — Fol. 97 : Commande de jetons de ville. — Fol. 102 : Projet de loterie pour la reconstruction de la chapelle du collège. — Fol. 103 : Supplique au roi pour le rétablissement de la Monnaie d'Angers. — Fol. 110 : Portraits payés au peintre Besnard. — Fol. 113 : Opposition du Conseil de ville à l'établissement de plusieurs petites communautés religieuses, projeté par des particuliers.

Reg. in-fol., pap., de 113 fol.

BB 106.
1 mai 1715.
23 avril 1720.

Registre des conclusions.—Fol. 2 : Présentation du bouquet de la Mairie à Mme l'abbesse du Ronceray. — Fol. 12-63 : Organisation de la loterie accordée par le roi pour la construction de la chapelle du collège. — Fol. 6-8 : Décès et obsèques de M. Jallet de la Véroulière, maire. — Fol. 13 : Le greffier de l'Hôtel-de-Ville commis à dresser l'inventaire des archives. — Fol. 16 : Rectifications au devis des travaux projetés pour l'Académie d'équitation. — Fol. 20, 29, 32, 45 : Elargissement de la rue Cordelle. — Fol. 21 : Les filles de mauvaise vie et les vagabonds renfermés dans les tours des portes Saint-Nicolas et Lionnaise. — Fol. 23 : Les docteurs régents de l'Université déclarés exempts des contributions pour l'amortissement des francs fiefs. — Fol. 25 : Avis aux habitants concernant le paiement du droit de cloison. — Fol. 26-83 : Requête au roi pour obtenir le rétablissement de la Monnaie d'Angers. — Fol. 30 : Guillaume Davenne, facteur d'orgues, exempté du logement des gens de guerre et des impôts, « à la condition d'entretenir l'orgue de Saint-Michel-du-Tertre. » — Fol. 30 : Obtention d'un monitoire pour découvrir les libertins qui coupent les arbres et les bancs des promenades. — Fol. 31-36 : Transaction avec le prieur de la Haye-aux-Bonshommes pour son droit d'élire quatre francs bourgeois. — Fol. 32-36 : Transaction avec le chapitre de Saint-Laud pour l'abandon de son droit de seigneuriage sur la Monnaie d'Angers. — Fol. 34 : Nouvelles augmentations au devis des travaux de l'Académie d'équitation, à charge pour le directeur du manège d'instruire gratuitement les enfants des maires. — Fol. 40 : Le Conseil de ville appuie les prétentions des marchands forains de vendre en ville, pendant les foires, à défaut de place sous les halles. — Fol. 46 : Renouvellement général des concessions de places sous les Halles couvertes. — Rôle et engagements des concessionnaires. — Fol. 55 : Opposition aux nouveaux statuts obtenus par les tailleurs. — Fol. 57 : Deux portraits acquis de M. Falloux, ancien maire. — Fol. 63 : Projet d'une place publique à la porte Chapelière. — Fol. 64 : Tenue du Conseil de ville aux Ponts-de-Cé. — Fol. 68-108 : Projet d'une place publique devant l'église Saint-Martin. — Fol. 69-74 : Requête au roi pour obtenir, au profit de l'Académie d'équitation, partie des pâturages communs de la Daguenière. — Fol. 70 : Concession au sieur Menard dans la rue du Griffon. — Fol. 73 : Portrait payé à Brie, peintre. — Fol. 74 : Projet d'acquisition d'immeubles, rue Godeline, pour le nouvel hôtel de la Monnaie.—Fol. 76 : Le sieur J.-B. Dené « souhaitant de s'établir en cette ville pour rendre service au public et apprendre à jouer en perfection de la flûte, » exempté du logement des gens de guerre et des autres charges publiques. — Fol. 77 : Aumône de 20 liv. au procureur des religieux de la Merci, pour le rachat des captifs. — Fol. 84 : Requête au Conseil d'Etat pour l'entretien des avenues de la ville et l'établissement de chirurgiens à l'Hôtel-Dieu. — Fol. 89 : Assemblée générale pour le rétablissement de la Monnaie d'Angers. — Fol. 91 : M. d'Etriché, prêtre, chargé de prononcer l'oraison funèbre de M. le comte d'Armagnac. — Fol. 91 : Les frères Saint-Simon, sculpteurs, exemptés du logement des gens de guerre et des impositions publiques, « à la charge par eux d'exercer avec honneur leur profession. » — Fol. 93 : Récit de la pompe funèbre de M. d'Armagnac. — Fol. 94 : Construction d'une chapelle au collège de l'Oratoire. — Fol. 94-97 : Marché avec le sieur Jouin, architecte. — Fol. 97 : Loups enragés dans les paroisses de Trélazé et de Saint-Barthélemy. — Fol. 99 : Mémoire, en guise d'instruction, dressé par M. Jouin, architecte, pour le curement du port Ayrault. — Fol. 100 : Les échevins exempts du logement des gens de guerre et du guet, pendant les dix années qui suivront leur sortie de charge.—Fol. 103 : Ordre du roi de surseoir à l'élection de deux échevins. — Fol. 104-110 : Portraits d'échevins payés au sieur Ernoul, peintre. — Fol. 105 : Lettre de M. de la Vrillière, qui lève le sursis mis aux élections. — Lettre du roi à M. d'Autichamp, pour lui annoncer la prise de Fontarabie (29 juin 1719). — Fol. 106 : Tragédie dédiée au corps de ville par les écoliers de l'Oratoire. — Fol. 109 : Remontrance du Conseil de ville pour empêcher le transport des blés. — Fol. 111 : Assemblée générale autorisant l'achat de blés par le Conseil de ville. — Fol. 118 : Projet pour l'établissement d'une Bourse de commerce à Angers. — Visites par les échevins de divers emplacements en ville.

Reg. in-fol., pap., de 119 fol.

BB 107.
1 mai 1720.
26 avril 1721.

Registre des conclusions. — Fol. 2 : Enregistrement des lettres patentes qui concèdent à l'Académie d'équitation d'Angers 67 arpens des communaux de la Daguenière. — Fol. 3 : Don de 200 liv. aux Pères de l'Oratoire pour la fonte d'une cloche. — Pose de la première pierre des casernes près l'avant-Mail. — Fol. 4 : Les blés restant des derniers achats, distribués aux boulangers pour maintenir le prix du pain. — Fol. 5 : Paiement au sieur Baguette « de drogues pour rétablir et retracer le cadran de cet Hôtel-de-Ville.. adossé au mur de l'Académie. » — Requête au roi pour interdire le transport des bois merrains et des tonneaux hors de la province. — Fol. 9 : Le sieur Nau, herboriste, payé « pour avoir peint et éclairé les appartements de M. le maire. » — Fol. 11 : Les officiers de la milice bourgeoise ne jouiront d'aucuns priviléges. — Fol. 14 : Assemblée générale pour aviser aux moyens d'entretenir l'Hôtel-Dieu. — Fol. 18 : Rôle et prestation de serment des officiers de la milice bourgeoise. — Fol. 22 : Lettres royaux portant nomination de M. le comte de Maulevrier au gouvernement d'Anjou (Paris, 19 août 1717). — Fol. 23 : Travaux payés à Brie, peintre. — Fol. 28 : Mandement concernant la marque des ballots de marchandises au coin et armes de la ville, par ordre de l'intendant. — Fol. 28 : Le sieur Joseph de la Hubertière, « joueur de basse de viole, » déchargé de toute charge publique. — Fol. 29 : Réjouissances publiques à l'occasion de la convalescence du roi. — Fol. 31-33 : Mesures préventives « pour éviter la communication du mal contagieux. » — Fol. 34 : Deux médecins commis à faire visite chez les apothicaires et droguistes « pour voir s'ils sont munis de drogues et remèdes suffisants » en cas de peste. — Fol. 37 : Rapport du maire de l'assemblée tenue à Tours pour aviser aux moyens de prévenir la peste. — Fol. 40 : Prêt aux sieurs Eloy et Brandy pour l'exploitation d'une carrière de marbre en Saint-Samson. — Fol. 42 : Requête du corps de ville à l'intendant, contre la perception indue des courtiers et des inspecteurs aux boucheries. — Fol. 43 : Pavage de la rue et de la place de Boisnet. — Fol. 49 : Réparation des moulins du pont des Treilles. — Arrestation des mendiants et vagabonds. — Fol. 53 : L'évêque prié de permettre qu'on célèbre la messe dans la maison du sieur Hamon, où l'on renferme les vagabonds. — Fol. 57 : Le maire chargé d'acheter une lettre de maîtrise pour établir à Angers « un cordonnier qui sût bien faire des bottes. » — Traité pour l'impression de la carte d'Anjou avec MM. Delisle, géographes de l'Académie des sciences de Paris. — Fol. 63 : Arrêt du Conseil d'Etat qui fixe le prix des offices municipaux réunis au corps de ville, et autorise un emprunt de 120,000 liv. — Fol. 70 : Pose de la première pierre de la chapelle Sainte-Anne dans l'église Saint-Michel-du-Tertre. — Fol. 75 : Etat des sommes dues par le corps de ville et remboursables sur le revenu des octrois. — Fol. 77 : Confection de jetons. — Fol. 83 : Le Conseil tient séance aux Ponts-de-Cé. — Fol. 85 : Remboursement au sieur de Pignerolles des avances par lui faites pour l'agrandissement de l'Académie.

Reg. in-fol., pap., de 87 fol.

Registre des conclusions. — Fol. 2 : Monitoire contre les libertins et coureurs de nuit qui rompent les bancs et dépècent les arbres des promenades. — Fol. 7 : Etat des sommes payées par le corps de ville pour l'acquisition des offices municipaux. — Fol. 8 : Relevé des pertes subies par la ville sur la revente des blés en 1720. — Fol. 12-13-14 : Adjudication de la fourniture des lits pour les casernes. — Fol. 16 : Le corps de ville invité par le chapitre de la cathédrale à la bénédiction de deux cloches. — Fol. 16 : Réparation des canaux de la fontaine Pied-Boulet. — Présent de perdrix rouges vivantes à M. le prince de Lambesc. — Fol. 19 : Récit de ce qui s'est passé à la procession générale pour l'ouverture du jubilé, et du trouble fait dans l'église Saint-Martin, à MM. du corps de ville, par les chanoines de Saint-Maurice. — Fol. 22, 23, 25 : Achat de blés pour le corps de ville. — Fol. 27 : Réponse, au nom du corps de ville, à la requête présentée par cinq des officiers municipaux supprimés. — Fol. 29 : Articles rectifiés des statuts des maîtres tailleurs. — Fol. 30 : Requêtes à M. le contrôleur général des finances pour la réduction du droit perçu sur les sardines. — Fol. 38 : Au Conseil d'Etat, afin d'être maintenu dans la jouissance entière des revenus de l'octroi. — Fol. 43 : Au roi, contre la création des offices de receveurs et de contrôleurs des octrois. — Fol. 44-76 : Pour obtenir une imposition extraordinaire en compensation des pertes subies sur la vente des blés en 1725. — Fol. 49 : Débat de préséance entre les députés du corps des marchands et les députés des notaires. — Fol. 51 : Arrêt du Conseil d'Etat pour l'indemnité des offices supprimés. — Fol. 53-

BB 108.
1 mai 1724.
10 janvier 1728.

72-76 : Droit prétendu par le bourreau sur les bouchers. — Fol. 62 : Projet approuvé par le Conseil de ville d'une Académie de musique à Angers.— Fol. 64 : Requêtes à M. le contrôleur général des finances pour obtenir réduction des deux tiers, pendant un an, des droits sur l'exportation des vins d'Anjou. — Fol. 65 : Au roi pour le rétablissement de la Monnaie d'Angers. — Fol. 66 : Te Deum pour la convalescence du roi. — Fol. 72 : Poursuites contre les regrattiers. — Fol. 76 : Requête pour l'obtention de garde gardienne en faveur du chef de l'Académie d'équitation. — Fol. 84 : Réparation de la fontaine des fossés de la porte Saint-Nicolas. — Fol. 39, 69, 85 : Portraits d'échevins payés à M. Barillat, peintre. — Fol. 96 : Arrestation, par ordre de M. le prince de Lambesc, du sieur Simon, commis-greffier de la Mairie. — Délibération du Conseil de ville en sa faveur. — Fol. 97 : Le sieur Berge nommé par le prince de Lambesc à la place du sieur Simon, et la délibération du Conseil rayée sur les registres. — Fol. 98 : Démarches inutiles du maire à Paris.

Reg. in-fol., pap., de 99 fol.

BB 109.
10 janvier 1728.
29 avril 1730.

Registre des conclusions. — Fol. 2 : Ordonnance du roi portant nouveaux règlements pour les étapes. — Fol. 18 : Modération des droits sur les sardines. — Fol. 18 : Prières publiques pour la guérison du prince de Lambesc. — Fol. 21 : Procession générale « pour la cessation de l'inondation.» — Fol. 28 : Lettre du prince de Lambesc donnant avis de son arrivée prochaine. — Fol. 35 : Requête au roi pour le rétablissement des élections libres. — Fol. 41 : Ordre de surseoir à la nomination des officiers municipaux. — Fol. 54 : Nouvelle requête pour obtenir réduction des deux tiers sur les droits à l'exportation des vins d'Anjou. — Fol. 57 : Le sieur Gaudicher, ancien président de l'élection, nommé gentilhomme de la grande vénerie du roi. — Fol. 42, 68, 85, 123 : Lettres de M. de Saint-Florentin concernant les élections municipales. — Fol. 69 : M. Delorme, échevin, commis à rechercher dans les archives l'usage suivi dans les élections des maires. — Fol. 73 : Débat de préséance entre le corps de ville et les officiers de la Prévôté aux obsèques de M. Gourreau. — Fol. 75 : Election de deux conseillers de ville. — Fol. 81 : Formation de la liste des trois candidats, au choix de M. d'Autichamp, pour les fonctions de maire. — Fol. 91 : Nomination de M. Boucault. — Fol. 97 : Arrêt du Conseil d'Etat qui rétablit dans sa charge de conseiller-échevin perpétuel le sieur Rousseau de Pantigny, destitué par le prince de Lambesc. — Fol. 107-108 : Lettres de MM. de Saint-Florentin et de Pommereul qui autorisent le corps de ville à réintégrer le sieur Simon dans sa charge de greffier de la Mairie. —

Fol. 111 : Etat des papiers remis au sieur Simon par le sieur Berge. — Fol. 113 : Peintures payées au sieur de Brie. — Fol. 118 : Fêtes et réjouissances à l'occasion de la naissance du dauphin. — Feux de joie. — Six fontaines de vin rouge et blanc. — Fol. 120 : Lettre du roi pour faire chanter un Te Deum (Versailles, 4 septembre 1729). — Fol. 121 : Arrêt du Conseil d'Etat qui réduit pour un an les droits sur l'exportation des vins d'Anjou. — Fol. 125 : Inventaire des titres produits à l'appui du droit de pavage prétendu par la Mairie contre les trésoriers de Tours. — Fol. 137-139 : Le maire chargé d'acquérir, au nom du corps de ville, l'office de lieutenant-général de police. — Fol. 143 : Opposition du Conseil au projet d'établissement d'une juridiction consulaire à Saumur. — Fol. 147 : Le sieur Simon rétabli à la recette des octrois et deniers patrimoniaux. — Fol. 148 : Béatification de saint Vincent de Paul.

Reg. in-fol., pap., de 150 fol.

Registre des conclusions. — Fol. 10 : Mort de M. Poncet de la Rivière, évêque d'Angers. — Son éloge par le maire. — Fol. 11 : Cérémonial de ses obsèques. — Fol. 14 : Lettre du roi pour le Te Deum à l'occasion de la naissance du duc d'Anjou (Versailles, 31 août 1730). — Fol. 29 : Procès-verbal de l'installation de M. de Vaugirault en l'évêché d'Angers. — Fol. 32 : Concession au sieur Goujon sur la place Cordelle. — Fol. 71, 78, 103 : Réparation de la fontaine Pied-Boulet. — Requête du Conseil de ville à M. Turgot, prévôt des marchands de la ville de Paris, pour l'élévation de la taxe des ardoises. — Fol. 72, 83, 135 : Réparation du pont des Treilles. — Fol. 113 : Opposition du Conseil de ville à la réunion projetée des offices de la Prévôté au Présidial, et du lieutenant-général de police au corps de ville. — Fol. 120 : Lettre de M. de Saint-Florentin concernant l'élection du maire. — Fol. 140 : Certificat délivré aux propriétaires du quartier des Carmes « qu'il n'y a à Angers ni île ni faubourg des Carmes. » — Fol. 150 : Portrait de M. Dupont, ancien échevin, payé à Raillart, peintre.

BB 110.
1 mai 1730.
21 avril 1733.

Reg. in-fol., pap., de 154 fol.

Registre des conclusions. — Fol. 8 : Le sieur Galpin nommé lieutenant de M. Maréchal, premier chirurgien du roi à Angers. — Requête du corps des marchands contre les marchands de toiles. — Fol. 11 : Le Conseil prend fait et cause pour les toiliers. — Fol. 12 : Aumône à un gentilhomme anglais réfugié. — Fol. 13 : Requête afin d'obtenir monitoire contre les coureurs de nuit qui brisent les arbres et les bancs des promenades. — Fol. 18 : Demande en prolongation

BB 111.
1 mai 1733.
26 juillet 1738.

des octrois municipaux pour subvenir aux frais de construction de casernes à bâtir dans la Doutre. — Fol. 20-23 : Réparations du collége. — Fol. 26 : Concession de terrains vagues en Boisnet. — Fol. 29 : Le sieur Simon des Granges chargé de lever le plan de la ville et du château d'Angers. — Fol. 31 : Arrêt du Conseil d'Etat qui confirme le Conseil de ville dans la perception du droit de péage sur les grands ponts d'Angers. — Fol. 34 : Les sieurs Simon et Jouin chargés de dresser les plans et devis pour les casernes projetées. — Fol. 36 : Restauration des tableaux de la Mairie par Raillard, peintre. — Fol. 38 : La maison de l'abbé Boylesve prise à bail pour pied à terre de l'intendant de Tours, pendant son séjour à Angers.— Fol. 39 : Adjudication du droit de péage sur les grands ponts. — Fol. 40 : Devis des réparations à faire au logis de M. Boylesve. — Fol. 49 : Détail du cérémonial observé au Te Deum pour la prise du château de Milan. — Fol. 53 : Don de 96 livres à Jean Kesserouanne Kasen, « prince ancien du mont Liban.. allant en Italie pour se rendre dans ses états d'où il a esté chassé pour le fait de la religion catholique.. qu'il professe.. n'estant pas en estat de faire un si long voyage sans des secours extraordinaires. » — Fol. 56 : Requête des juges-consuls afin d'avoir séance et voix délibérative aux assemblées générales de l'Hôtel-de-Ville. — Fol. 67-83 : Requête au roi pour le rétablissement des ponts des Ponts-de-Cé. — Fol. 69, 137, 169, 238 : Allocations au sieur de Bric, peintre. — Concession de terrain sur le quai de la Poissonnerie. — Fol. 70 : Assemblée générale pour l'établissement d'un hôpital général des Incurables. — Fol. 92 : Lettre de l'intendant portant refus du roi d'autoriser la prolongation des octrois à tout autre destination que le rachat des offices municipaux. — Fol. 97 : Délibération des paroisses. — Fol. 101, 111, 157, 160 : Indemnité de logement aux sieurs d'Artezay père et fils, ingénieurs des châteaux d'Angers, Saumur et les Ponts-de-Cé. — Fol. 102 : Allocation à Nicolle, peintre. — Fol. 103 : A Jumelle, sculpteur. — Fol. 104 : Offre « d'une compagnie de gens solvables » de prendre à sa charge l'acquisition des offices municipaux, moyennant l'abandon du revenu des octrois pendant douze ans. — Fol. 105 : Refus du Conseil. — Fol. 106-177 : Tableaux payés à Raillard, peintre. — Fol. 110-113 : Arrêt du Conseil qui fixe le prix des offices municipaux à 170,000 liv. et autorise l'ouverture d'un emprunt. — Fol. 119 : Le Conseil tient sa séance aux Ponts-de-Cé. — Fol. 130-134 : Le sieur Simon chargé de dresser inventaire nouveau des archives. — Fol. 134 : L'abbesse du Ronceray autorisée à faire abattre les moulins Barrault du pont des Treilles. — Fol. 141 : Démolition de la porte Chapelière décidée en Conseil de ville. — Fol. 165-166 : Projet d'une place publique

devant l'église Saint-Maurille. — Convention avec le chapitre. —
Fol. 167 : Dédicace d'une tragédie au corps de ville par les écoliers
de l'Oratoire. — Fol. 167-200 : L'avant-Mail abattu et replanté. —
Fol. 171 : Etat des emprunts et dettes de l'Hôtel-de-Ville pour l'acquisition des offices municipaux. — Fol. 173 : Allocation au sieur
Bernier « pour ouvrages de sculptures tant en pierre qu'en bois. »—
Fol. 174 : Confection de jetons de ville. — Fol. 181 : Le sieur Armenault, échevin perpétuel, nommé « homme du roi... pour obtenir en
son nom et dans une seule patente des provisions de tous les offices »
rachetés par la ville. — Fol. 184 : Envoi d'un saumon à M. Hérault,
lieutenant-général de police à Paris. — Fol. 190 : Autorisation aux
propriétaires intéressés de faire construire un mur dans la largeur
de la ruelle « traversant de la rue du Cornet à la rue des Poëliers. »
— Fol. 215 : Confection d'étalons de demi-boisseau, quart et demi-quart de boisseau pour la police du commerce. — Marque obligatoire des poids et des balances. — Fol. 220 : Requête afin d'obtenir
monitoire contre les malfaiteurs qui coupent et pèlent les arbres du
Mail et de l'avant-Mail. — Fol. 232 : Lettres royaux qui exemptent
de la retenue du dixième les rentes constituées par l'Hôtel-de-Ville
pour le rachat des offices municipaux. — Fol. 234 : Idem, qui autorisent la perception d'octrois sur les foins, vins, cidres et boissons
pendant 15 ans, et confirment la noblesse des maires. — Fol. 239 :
Lettres de cachet qui nomment le sieur Jallet de la Verroullère
maire, les sieurs Gouin, Bardoul, Janneaux et Le Page de Varancé
échevins.

Reg. in-fol., pap., de 240 fol.

Registre des conclusions. — Fol. 5 : Peintures payées au sieur
Raillard. — Fol. 6 : Pavage de la rue Boisnet. — Fol. 8-12 : Etablissement d'un bureau spécial pour la vente et l'achat de blés par la
ville, en prévision de la disette. — Fol. 15 : Confection de jetons. —
Fol. 17 : Restauration de la pyramide du pont des Treilles.—Fol. 18-27 : Portraits d'échevins payés au sieur Ernoul, peintre. — Fol. 18 :
Provisions obtenues par le sieur Joseph Drouet de la Feroussière « de
la charge de piqueur au vol pour héron de la grande fauconnerie du
roy. » — Fol. 19, 55, 173, 176 : Achats de blés. — Fol. 19 : Marque
des boisseaux. — Fol. 20, 23, 33 : Translation de l'hôpital des Incurables dans le clos du Présidial. — Fol. 30 : Assemblée pour la police
aux Ponts-de-Cé. — Fol. 39 : Allocation au sieur Boguet, sculpteur.
— Publication de la paix. — Fol. 42 : Cérémonial de la fête. —
Revue de la milice bourgeoise par le maire, « avec haussecol et esponton, comme colonel-général, la cocarde blanche à son chapeau. »

BB 112.
5 août 1738.
23 avril 1743.

— Bénédiction de drapeaux. — Fol. 45 : Sentence de l'Election qui interdit de percevoir aucun droit de graissage sur les beurres et huiles entrant en ville. — Fol. 49 : Allocation au sieur de Brie, peintre. — Fol. 50, 51, 52 : Adjudication de 40 boutiques sous les Halles couvertes. — Fol. 57 : Construction de boutiques dans les rues de Paris et de Rouen, sous les Halles couvertes. — Fol. 62 : Révocation des passages concédés sous les Halles, le long de la rue de Rouen. — Fol. 62 : Présent de deux chandeliers d'argent au sieur Van Keulen, négociant à Nantes, « pour ses peines et soins qu'il s'est donnés dans les achapts de blé pour la ville. » — Fol. 70 : Les conseillers de ville qui sont avocats se chargeront désormais des procédures du corps de ville. — Fol. 72, 82, 103, 104, 106 : MM. Gastineau, Prévost, Chauvin, Duboys, Guilmet, candidats à la chaire de droit vacante par la mort de M. Jauneaux. — Concours. — Fol. 75 : Opposition du corps de ville à l'établissement d'un chirurgien lithotomiste à l'Hôtel-Dieu. — Fol. 76-78 : Distribution de blé aux pauvres. — Fol. 77, 86, 88, 109, 166 : Lettres du roi et de M. de Saint-Florentin concernant les élections municipales. — Fol. 83 : Mortalité extraordinaire à l'Hôtel-Dieu. — Fourniture de chaux vive pour les sépultures. — Fol. 85 : Arrêt du Conseil d'Etat portant établissement du sieur Duverger, chirurgien lithotomiste, de Saumur, à l'Hôtel-Dieu. — Le corps de ville persiste dans son opposition. — Fol. 97 : Curage de la fontaine des Vignes. — Fol. 111 : M. Ollivier chargé de se pourvoir en restitution du saumon envoyé par la ville à M. de Lambesc, et saisi à La Flèche par les domestiques de M. le comte de la Luzerne. — Fol. 132 : Le corps des marchands déclaré exempt des droits de cloison pendant les foires franches, aux mêmes conditions seulement que les marchands forains. — Fol. 128-133 : Mémoire présenté par l'évêque d'Angers concernant des changements à introduire dans la procession du Sacre. — Lettre de M. de Saint-Florentin demandant l'avis du Conseil de ville. — Procès-verbal de l'assemblée chargée de dresser règlement nouveau pour ladite procession. — Fol. 143 : Teneur du nouveau règlement. — Fol. 147 : Les valets de ville armés de mousquetons au lieu de hallebardes. — Arrêt du Conseil d'Etat qui supprime la charge de chirurgien lithotomiste à l'Hôtel-Dieu d'Angers en allouant 1,500 liv. d'indemnité au sieur Duverger. — Fol. 150 : Arrêt du Conseil d'Etat portant prorogation des octrois pour subvenir aux restaurations des chemins d'Angers à Sorges. — Fol. 155 : Prétention de M. d'Autichamp d'avoir en garde les clés de la ville. — Fol. 161 : Cérémonial observé au service funèbre de Mme la comtesse de Brionne dans l'église des Cordeliers. — Fol. 167 : Ordonnance concernant la marche de la procession du Sacre. — Fol. 174 :

Emotion populaire aux Ponts-de-Cé pour empêcher l'enlèvement des blés. — Fol. 178 : Envoi d'une escorte de maréchaussée pour protéger les approvisionnements. — Fol. 183 : Requête au roi demandant avance de 50,000 liv. pour achats de blés. — Fol. 186 : Requête des marchands de Nantes contre le Conseil de ville d'Angers, en indemnité des blés saisis de force, pillés ou vendus aux Ponts-de-Cé, à Angers, aux Rosiers. — Requête du Conseil de ville en réponse à celle des marchands de Nantes. — Fol. 196 : Lettre de M. Orry, contrôleur-général, qui blâme la conduite du Conseil de ville, et met, de la part du roi, à la disposition du Conseil, des fournitures de blés jusqu'à concurrence d'une somme de 50,000 liv. payable fin d'année, sans diminution. — Une note en marge dit : « Ces bleds estoient » entièrement corrompus. Ils appartenoient à M. Orry, contrôleur-» général, qui fut dans la suite obligé de les faire jeter dans la rivière, » aussi bien que ceux qu'il avoit fait descendre sur la Loire, n'en » ayant pu trouver la défaite. Le refus que l'Hôtel-de-Ville fit de ses » blés lui mérita la haine de M. Orry. » — Fol. 198 : Réponse du corps de ville. — Fol. 204 : Vote, en assemblée générale des paroisses, d'un emprunt de 33,000 liv. pour approvisionnement de blés. — Fol. 211 : Levée de 30,000 hommes de milice sur les villes exemptes. — Fol. 212 : Lettre de l'intendant pour ladite milice. — Fol. 216 : Règlement pour la patrouille. — Fol. 219 : Intervention du corps de ville dans l'instance intentée au comte de la Luzerne contre le droit de primevert prétendu par lui sur les saumons. — Fol. 227 : Arrêt du Conseil d'Etat qui maintient l'Hôtel-de-Ville dans la possession des cinq grandes places d'Angers. — Fol. 236-238 : Confection et distribution de jetons.

Reg. in-fol., pap., de 239 fol.

Registre des conclusions. — Fol. 11 : Réponse des maire et échevins d'Angers au mémoire présenté par Jacques Bruand, fermier des aides de la généralité de Tours, pour l'établissement d'un bureau à Saumur. — Fol. 17 : Confection de jetons de ville. — Fol. 20, 21, 186 : Allocation au sieur Boguet, sculpteur. — Fol. 23, 119, 171 : Au sieur de Brie, peintre. — Fol. 24 : Avance de 200 liv. au sieur Launay, architecte, sur le prix des travaux de construction de la pyramide de Sorges. — Fol. 26 : Arrêt du Conseil d'Etat qui met à la charge de toutes les communautés d'arts et métiers, « même des libraires et des perruquiers, » les frais de construction et d'entretien des douze grosses torches du Sacre. — Fol. 29 : Relation du cérémonial observé pour la pompe funèbre de M. le prince de Lambesc. — Fol. 33 : Emprunt pour l'équipement de 178 miliciens. —

BB 113.
1 mai 1743.
29 avril 1747.

Fol. 38 : Procès-verbal des violences commises par M. d'Autichamp contre la patrouille bourgeoise. — Fol. 41 : Adjudication au sieur Pointier, architecte, de la restauration des grosses torches du Sacre. — Fol. 43 : La patrouille maintenue malgré M. d'Autichamp. — Fol. 48-58 : Translation, sur les grands ponts, de la pyramide du pont des Treilles. — Fol. 57 : Lettre de l'intendant portant règlement, au nom du roi, des contestations entre M. d'Autichamp et le corps de ville. — Fol. 60, 85, 186 : Allocation au sieur Raillard, peintre, pour tableaux et portraits d'échevins. — Fol. 63 : Etat des sommes à rembourser sur les emprunts faits par la ville. — Fol. 65 : Incendie du Palais. — Achat de pompes à un fabricant de Rouen. — Fol. 80 : Placet adressé au roi par l'Hôtel-de-Ville, pour qu'il soit permis aux Pères de l'Oratoire de recevoir des pensionnaires. — Fol. 83 : Arrêt du Conseil d'Etat portant réduction des droits d'entrée et de consommation sur les barriques de sardines. — Fol. 85 : Mise aux arrêts des officiers de la milice bourgeoise rebelles aux ordres du maire. — Fol. 86 : Lettre de l'intendant au sujet des charges et revenus ordinaires et extraordinaires de la ville. — Fol. 87 : Mémoire en réponse du Conseil de ville. — Fol. 95 : « Mémoire et représentations très humbles que font les maire et échevins de la ville d'Angers à l'effet d'estre déchargés de la nourriture des enfants exposés sur le domaine du roi. » — Fol. 98 : Procès verbal de l'insulte faite à M. le vice-maire par le sieur Loiseau de Maulny et autres officiers de la milice bourgeoise. — Fol. 100 : Les brasseurs de bière déclarés sujets aux droits d'octroi tant pour l'entrée que pour la vente. — Fol. 101 : Les sieurs Loiseau de Maulny et autres officiers rebelles au maire exilés à 30 lieues de la ville d'Angers. — Fol. 112 : Lettre du sieur Le Rat, de Rouen, portant envoi et description de la pompe à incendie acquise par l'Hôtel-de-Ville d'Angers. — Fol. 114 : Le sieur Marbrault, serrurier, nommé directeur de ladite pompe. — Fol. 122 : Règlement portant fixation des places que doivent occuper les officiers du Présidial et du corps de ville dans la confrérie des bourgeois. — Fol. 125 : Procès-verbal contre le sieur Taillandier, tenant débit de boissons non autorisé. — Fol. 128 : Droit contesté et maintenu au corps de ville de faire sonner le tocsin en cas d'incendie. — Fol. 132 : Les professeurs de médecine exempts des charges de l'ustencille et du casernement. — Fol. 147 : Lettre de M. l'intendant annonçant l'arrivée en ville de prisonniers de guerre hollandais. — Fol. 148 : Règlement pour la garde des prisonniers. — Fol. 161 : Autorisation au chapitre de Saint-Maurille de clore aux deux bouts la rue des Curés. — Fol. 165 : Relation du cérémonial observé pour la pompe funèbre de la comtesse de Brionne. — Fol. 183 : Règlement pour la régie des octrois. — Fol. 190 : Tenue de la séance de police aux Ponts-de-Cé. — Fol. 298 : Plantation du mail Romain.

Reg. in-fol., pap., de 199 fol.

Registre des conclusions. — Fol. 6-17 : Allocation au sieur Boguet, sculpteur. — Fol. 7 : Restauration de la fontaine Godeline par le sieur Pointier, architecte. — Fol. 8 : Les prisonniers de guerre logés à leurs frais en ville. — Fol. 12 : Secours de route à Joseph-Marie Morel, Turc converti. — Fol. 22 : Réparations des grands ponts. — Fol. 22, 77, 116, 190 : Allocations au sieur de Brie, peintre. — Fol. 23-105 : Certificat de réception des ouvrages du chemin d'Angers à Sorge. — Fol. 9, 29, 33, 44, 63, 105, 143, 235 : Lettres du roi et de M. de Saint-Florentin, concernant les nominations d'échevins. — Fol. 34 : Mandat donné à M. de la Véroullière, pour achat de livres de droit à l'usage du Conseil de ville. — Fol. 42 : Lettre de M. d'Autichamp concernant la répression « des tapages et des carillons qui se passent dans la ville, d'abord que la nuit vient. » — Fol. 49 : Demande d'un marché de bestiaux à Angers, attendu la cessation des marchés voisins, par suite des maladies épidémiques. — Fol. 60 : Députation et présent de flambeaux d'argent « d'un travail recherché » à M. Robert, « pour le remercier des peines et soins qu'il a pris à la compilation du recueil des priviléges de la Mairie. » — Fol. 75 : Invitation du corps de ville à la discussion de la thèse de M. Gontard. — Question de préséance. — Fol. 78-236 : Portraits payés au sieur Gilquin, peintre. — Fol. 69-81 : Allocation au sieur Raillard, peintre. — Fol. 91 : Ordonnance du roi pour la publication de la paix. — Fol. 112 : Construction de l'égout de la rue des Deux-Haies pour l'écoulement des eaux des caves. — Fol. 128 : Autorisation au sieur Tassin de faire construire une turcie ou levée le long de ses maisons où pend pour enseigne le Roy-de-Pologne. — Bal public donné par les sieurs Le Roy et La Roche, musiciens, dans la salle de la Mairie. — Défense de la prêter désormais pour aucun bal. — Fol. 129 : Les honoraires des médecins de l'Hôtel-Dieu doublés. — Fol. 133 : Prime pour une tête de loup. — Fol. 134 : Démarches pour l'établissement à Angers de la manufacture de mouchoirs. — Fol. 135 : Bail à rente à M. Prevost, avocat du roi, d'une pièce de terre près Aigrefoin. — Fol. 141-157 : Plaintes du Conseil de ville contre l'administration de la police. — Fol. 151-159 : Plaintes des chirurgiens contre les administrateurs de l'Hôtel-Dieu. — Enquête. — Fol. 158 : Caves pratiquées dans les piles des grands ponts. — Fol. 167 : Règlement entre les chirurgiens et les administrateurs de l'Hôtel-Dieu. — Fol. 171 : Refus du lieutenant-général de recevoir le serment des

BB 114.
1 mai 1747.
30 avril 1751.

nouveaux administrateurs. — Fol. 178 : Arrêt du Parlement qui l'y oblige. — Fol. 181 : Nouveau règlement pour le logement des gens de guerre. — Fol. 184 : Cérémonial de la pompe funèbre célébrée pour Mme Henriette de Durfort de Duras. — Fol. 185 : Te Deum à l'occasion de l'heureux accouchement de la dauphine. — Fol. 196 : Séance du Conseil tenue chez M. Marchand, les salles de l'Hôtel-de-Ville étant occupées par des lessives. — Refus absolu d'autoriser aucun bal public à la Mairie. — Fol. 199 : Remplacement du sieur Chauveau dans la charge d'avocat de la ville, « vu ses mauvaises manières d'agir. » — Fol. 204 : Privilége accordé aux ouvriers malades de la manufacture de toiles de coucher seuls dans un lit à l'Hôtel-Dieu. — Fol. 210 : Règlement pour la nomination des chirurgiens de l'Hôtel-Dieu. — Fol. 214 : Aumône au prince Elie Sedik, maronite. — Les vidanges de la ville déversées dans l'ancienne carrière Saint-Samson, près Saint-Nicolas et derrière la Visitation. — Fol. 215 : L'Hôtel-de-Ville intervient entre l'Université et l'Oratoire, en querelle à l'occasion des congés. — Fol. 216-217 : Distributions de pain aux pauvres inondés de la ville. — Fol. 238 : Paiement de jetons.

Reg. in-fol., pap., de 242 fol.

BB 115.
1 mai 1751.
29 avril 1755.

Registre des conclusions. — Fol. 5 : Les conclusions portant emploi de fonds reportées sur un registre spécial. — Fol. 7-19 : Trois corps de logis nouveaux ajoutés à l'Académie d'équitation. — Fol. 11 : Requête des médecins à l'intendant en exemption des charges de la ville. — Opposition du Conseil. — Fol. 12 : Réduction d'impôt en faveur des pauvres inondés. — Fol. 14 : Elargissement des rues Montauban et du Puids-Rond. — Fol. 16 : Réparation des arcades du grand Mail. — Fol. 28 : Invitation aux compagnies laïques et religieuses de contribuer pour leur part aux frais d'achats de blés, en vue de la disette imminente. — Fol. 30 : Mesures contre les sieurs Flon et Dénécheau, accapareurs. — Fol. 33 : Blés amenés de Nantes. — Fol. 34 : Vote en assemblée générale d'emprunts pour l'approvisionnement de la ville. — Fol. 37 : Rejet de la proposition des administrateurs de l'Hôtel-Dieu, tendant à exempter les médecins des charges publiques. — Fol. 48 : L'hôtel de Giseux meublé pour logement de l'intendant. — Voyage du maire à Nantes pour achats de blés. — Fol. 43 : Allocation au sieur de Saint-Julien pour les plans et devis de l'Académie. — Fol. 45 : Le sieur O'Sullivan breveté par le roi « pour avoir seul le droit d'ouvrir et tenir salle d'armes à Angers. » — Fol. 46 : 20,000 liv. avancées par le roi à l'Hôtel-de-Ville pour achat de blés. — Fol. 54 : Cinq filles pauvres mariées et dotées

par le Conseil en réjouissance de la naissance du duc de Bourgogne.
— Fol. 63 : L'argent du repas annuel du 1er mai distribué aux pauvres. — Fol. 64, 73, 74, 122 : Achat et vente de blés. — Fol. 67, 90, 110, 122, 173, 217, 225 : Lettres du roi et de M. de Saint-Florentin concernant la nomination des maires et échevins. — Fol. 77 : Demande en concession de terrain près les fossés de Toussaint, par M. de Giseux. —Opposition des propriétaires voisins.—Fol. 78 : M. de Giseux se désiste de sa requête. — Fol. 155 : Et la reprend. — Fol. 157 : Enquête et concession accordée, réserve faite d'un passage. — Fol. 82 : Devis des réfections à faire aux latrines publiques. — Fol. 88 : Rixe entre le sieur Gigault, cabaretier aux Ponts-de-Cé, et le trompette du régiment de Bezons. — Fol. 99 : Mémoire en forme de lettre écrit par M. de la Véroullière à M. Marchand, au sujet des droits dits *locaux* ou *concédés* prétendus par la Ferme générale. — Fol. 106 : Clauses et conditions du bail des revenus de la porte Saint-Nicolas. — Fol. 111 : Ordonnance pour l'expulsion des vagabonds. — Contestation avec le Présidial. — Fol. 129 : Embellissement de la place des Lices. — Passage de recrues pour la compagnie des Indes. — Fol. 131 : Les châtaigniers de l'Académie d'équitation abattus. — Fol. 132 : Arrêt du Conseil d'Etat qui proroge pendant 32 ans la perception des octrois et en applique les revenus à la construction du nouveau bâtiment de l'Académie d'équitation. — Fol. 130-134 : Déplacement des fourches patibulaires. — Fol. 138 : Adjudication des travaux de l'Académie au sieur Pointier, architecte. — Fol. 139 : Pose de la première pierre. — Fol. 145 : Modification du devis. — Fol. 145 : Commande à un sculpteur « de la figure d'un cheval » à mettre sur la porte du manége couvert. — Fol. 146 : Décès et obsèques de M. d'Autichamp. — Fol. 152 : Réception de M. de Paulmy, ministre de la guerre. — Fol. 156 : Le mail Martineau replanté. — Fol. 159 : Demande au roi d'un troisième brevet d'imprimeur en faveur de François Hernault. — Fol. 160 : M. de Giseux autorisé à planter d'ormeaux la place des Lices. — Fol. 163, 172, 178 : Opposition à l'établissement d'une raffinerie de sucre entreprise par les Jésuites de la rue de la Roe. — Bal à l'Hôtel-de-Ville. — Fol. 165-199 : Opposition à l'enregistrement des nouveaux statuts des maîtres menuisiers. - Fol. 167 : Les vingt livres de bougie et les vingt jetons dus annuellement au lieutenant-général seront accordés, sur sa demande, à l'assesseur qui en remplit les fonctions. — Ouverture d'une Bourse dans le palais des marchands.— Fol. 176 : Révolte dans les prisons. —Demande, par le procureur du roi, d'un détachement de milice bourgeoise pour rétablir l'ordre. — Le Conseil de ville refuse. —Fol. 178 : Poursuites contre un officier des grenadiers royaux qui a

assassiné un jeune homme nommé Joubert, orfèvre. — Fol. 182, 186, 188, 198, 214 : Contestation entre l'Hôtel-de-Ville et le Présidial. — Fol. 185 : Les sieurs Foulard et Roger, entrepreneurs de la manufacture de cotons et cotonnades à Angers, exemptés du droit d'octroi sur le vin, du logement des gens de guerre et autres charges publiques. — Fol. 190 : Elargissement de la rue Saint-Georges. — Fol. 192 : Ordonnance pour la milice bourgeoise. — Fol. 195-205 : Achat de seaux de cuir pour les incendies. — Fol. 195 : Confection de jetons. — Fol. 196 : Plaintes des administrateurs de l'Hôtel-Dieu contre les chirurgiens. — Fol. 203 : Avis motivé du Conseil de ville sur le projet des marchands d'établir une Bourse de commerce. — Fol. 213 : Requête du Conseil de ville tendant à maintenir aux professeurs de la Faculté de droit d'Angers le jugement du concours pour la chaire vacante en l'Université.

Reg. in-fol., pap., de 234 fol.

BB 116.
1 mai 1751.
15 avril 1755.

Registre des conclusions. — Premier registre particulier contenant les conclusions pour le paiement des charges municipales assignées sur les deniers patrimoniaux. — Fol. 8, 26, 51 : Allocation au sieur de Brye, peintre. — Fol. 11-49 : Aumônes aux sieurs Filgerald, capitaine de vaisseau, et son frère, qui ont eu la langue coupée par les Algériens. — Fol. 14 : Allocation au sieur Davy, peintre, pour le portrait de M. Esnault. — Fol. 18 : Dotation de cinq filles pauvres, mariées par la ville à l'occasion de la naissance du duc de Bourgogne. — Fol. 15, 30, 45 : Confection de jetons municipaux. — Fol. 35-64 : Allocation aux peintres Raillard et Boissier, pour les portraits de MM. Pays Duvau, ancien maire, Macé et Eon, anciens échevins.

Regist. in-fol., pap., de 65 fol.

BB 117.
1 mai 1755.
25 avril 1758.

Registre des conclusions. — Fol. 7 : Ordonnance de police contre ceux qui font tapage au parterre de la comédie. — Fol. 9 : Présents de ville et députation pour le mariage de M. Gourreau, maire, avec mademoiselle Thomas de la Houssaye. — Fol. 19 : Opposition au placet des médecins tendant à être exemptés des charges publiques. — Fol. 28 : Achat de quatre petits canons de fonte pour les cérémonies publiques. — Fol. 30 : Répartition de l'emprunt de 12,000 liv. sur les communautés de marchands, pour les frais d'établissement d'une Bourse à Angers. — Fol. 35 : Règlement pour la patrouille.— Fol. 38 : Réparation de l'escalier de la Baumette. — Fol. 39 : Arrêt du Conseil d'Etat qui confirme le corps de ville dans ses priviléges. — Fol. 43 : Présents de gibier offerts au nom de la ville. — Fol. 45 :

Requête des curés pour secours à distribuer aux pauvres inondés.— Fol. 47 : Aumône au sieur Georges Ohein, « ayant eu la langue coupée par les Algériens. » — Fol. 48 : Refus de la subvention demandée par le sieur Foulard pour sa manufacture de coton. — Fol. 49 : Accord entre les entrepreneurs de la manufacture des toiles à voiles et les salpêtriers de la ville pour la liberté du commerce des cendres.— Fol. 51 : Construction de salles annexes à l'Hôtel-Dieu pour les malades opérés du trépan, les galeux et les fous. — Fol. 60-61 : Lettres de M. de Brionne concernant les élections des échevins. — Fol. 61 : Représentation théâtrale au profit des pauvres. — Fol. 69 : Arrosage des arbres du mail Martineau. — La croix du carrefour de la Visitation rétablie. — Fol. 70 : Réparation de l'égoût rue Valdemaine. — Fol. 71, 74, 78 : Cérémonial pour le baptême du premier enfant du maire.—Mme de Brionne, marraine, représentée par Mme d'Autichamp. Présents de ville. — Fol. 73 : Les Pères de l'Oratoire autorisés à augmenter de 24 sous par an la pension des écoliers pour acheter des livres de prix. — Fol. 76 : Liste des personnes invitées au repas du baptême du fils du maire. — Fol. 87 : Plaintes au doyen de la Faculté de droit contre le sieur Saillant, aspirant à la chaire vacante, pour avoir négligé d'inviter le corps de ville. — Fol. 92 : Relevé des précédents qui attestent l'usage. — Fol. 94, 96, 97 : Débat de préséance suivi de rupture complète entre le corps de ville et la Faculté de droit. — Fol. 99, 133, 191 : Lettres du roi et de M. de Saint-Florentin concernant la nomination du maire et des échevins. — Fol. 107 : Arrêt du Conseil d'Etat concernant les priviléges des chirurgiens. — Fol. 109 : Attentat de Damiens. — Discours de M. Marchand, procureur du roi, en Conseil de ville. — Prières publiques. — Fol. 113 : Procession générale.—Cérémonial observé.—Fol. 114 : Règlement pour la distribution des jetons de ville. — Fol. 115 : Cérémonial observé par les juges-consuls pour la réception du Conseil de ville au palais des marchands. — Fol. 116 : Examen des plans proposés pour le tracé du chemin dans les terrains de la manufacture des toiles à voiles. — Fol. 118 : Subvention aux juges-consuls pour l'achèvement de la Bourse. — Fol. 121 : Convalescence du roi. — Te Deum. — Discours de M. Marchand. — Fol. 139 : Opposition du corps des marchands à la réception du sieur Sartre, nommé échevin. — Le Conseil passe outre. — Fol. 144 : Confection de jetons. — Fol. 149 : Reconnaissance des priviléges des quatre francs-bourgeois du prieuré de la Haye-aux-Bonshommes. — Fol. 151 : Arrêt du Conseil d'Etat qui accorde le titre de manufacture royale à la manufacture des toiles à voiles. — Fol. 152 : Rapport présenté par M. Sartre, au nom de la Commission des voies et moyens pour l'établissement d'un quai et port en Boisnet. — Fol. 161 : Démolition de la porte Gaultier. — Fol. 164 : Inscription commémorative de la construction du port de l'Ancre. — Fol. 166 : Aumône au sieur de Beaumont, marquis de Florentville, natif de Neufchâtel en Suisse, protestant converti. — Fol. 168 : Ordonnance pour le Te Deum à l'occasion de la naissance du comte d'Artois. — Fol. 171 : Les officiers du baschœur de l'église d'Angers, même mariés, reconnus exempts des charges publiques. — Fol. 173 : Demande en indemnité, par l'adjudicataire de la voirie, à raison de la démolition du parc aux boues en Boisnet. — Délibération. — Fol. 177 : Règlement de l'uniforme des gardes de l'Hôtel-de-Ville. — Fol. 178 : Lettres du corps de ville tant à l'intendant de Tours qu'à MM. de Brionne et de Saint-Florentin, portant dénonciation « du peu de ménagement que M. l'abbé Cotelle de la Blandinière a gardé.. par des traits trop violents contre le gouvernement, » dans son discours prononcé à l'Académie des belles-lettres, pour la réception de M. l'abbé de Montrioux. — Fol. 180, 183, 193 : Le Conseil met opposition à l'ordonnance de l'intendant qui fixe à 20 liv. la capitation des médecins et les exempte des charges publiques. — Fol. 195 : Emeute de bateliers du port Ligny contre des sergents recruteurs.

Reg. petit in-fol., pap , de 198 fol.

BB 118.
1 mai 1758.
30 avril 1759.

Registre des conclusions. — Fol. 7 : Retrait de l'autorisation autrefois donnée aux juifs d'étaler, durant les deux grandes foires, dans la grande salle de la Mairie. — Fol. 11, 25, 62 : Projet de quai entre les grands ponts et le pont des Treilles, sur les plans de M. de Voglie. — Délibérations du Conseil. — Fol. 12 : Mort de M. de Vaugirault, évêque d'Angers. — Fol. 14 : Autorisation aux entrepreneurs de la manufacture des toiles à voiles de construire un portail sur le Champ-de-Foire. — Fol. 30 : Lettres de M. de Saint-Florentin à M. de Brionne et au sieur Dubois Pottier, major du château, portant défense audit major « d'anticiper sur les droits et priviléges de la Mairie. » — Fol. 31 : Réparation de la fontaine de la Douve. — Fol. 40-51 : Concession gratuite, aux entrepreneurs, du terrain nécessaire à enclore leur manufacture de toiles à voiles. — Fol. 47 : Démarches pour l'établissement d'un pensionnat à l'Oratoire. — Fol. 48 : Restauration du grand escalier de la Mairie. — Fol. 52 : Confection de jetons. — Fol. 55 : Construction des routes d'Angers à Paris et d'Angers à Nantes. — Fol. 59 : Réclamations contre la qualité des bougies envoyées en présents par la ville. — Fol. 61 : Les pompiers exemptés des charges publiques. — Fol. 63 : Dénonciation des exactions des employés de la gabelle. — Fol. 69 : Rétablissement des patrouilles de nuit. — Fol. 70-78 : Violences des soldats de recrues contre des habitants. — Fol. 86 : Lettres du maréchal de Bellisle et de M. Lescalopier, concernant l'exemption des charges publiques pour les officiers de l'Election. — Fol. 83, 85, 90 : Décoration intérieure des bâtiments de l'Académie d'équitation. — Devis.

Reg. in-fol. pap., de 103 fol.

Registre des conclusions. — Fol. 13, 50, 72, 75 : Essai des grains pour régler la taxe du pain. — Fol. 14 : Installation de M. de Grasse, évêque d'Angers. — Autorisation à M. de la Potherie de construire un belvéder sur les murs de la ville. — Fol. 15 : Opposition du Conseil de ville à l'ordonnance de police concernant la marche des corporations à la procession du Sacre. — Fol. 3 et 22 : Privilége des conseillers de ville et du procureur du roi de la Mairie de faire admettre gratuitement un de leurs enfants à l'Académie d'équitation. — Fol. 24 : Elargissement de la rue Courte. — Fol. 24 : Arrêt du Parlement qui fait défense à M. le procureur du roi en la Sénéchaussée de troubler en ses fonctions le procureur du roi à l'Hôtel-de-Ville. — Fol. 25 : Agrandissement des bâtiments de l'Académie d'équitation. — Fol. 29 : Le sieur Fortin dégradé et chassé du corps de la milice bourgeoise.—Fol. 31 : Restauration des fenêtres et pose de balcons à l'Hôtel-de-Ville. — Fol. 32 : Fondation de deux prix pour les étudiants du cours libre de droit coutumier nouvellement institué par les professeurs de la Faculté d'Angers.—Fol. 35 : Le Conseil de ville, sur le rapport de M. Marchand, révoquant sa conclusion précédente, s'oppose à ce nouveau projet « tendant à déshonorer le professeur de droit français. » — Fol. 41-45 : Jubilé pour l'exaltation du pape Clément XIII. — Cérémonial. — Fol. 45 : Les ouvriers congédiés des ardoisières employés par la ville aux travaux du chemin neuf. — Fol. 46 : Concession d'un terrain vague, sur les Lices, vis-à-vis la porte du château. — Fol. 50 : Distribution de pain aux pauvres inondés.—Fol. 51 : Pavage des Halles couvertes.—Fol. 52 : Arrêt du Conseil d'Etat qui approuve et ordonne la réédification de l'Académie d'équitation sur les plans de M. de Voglie. — Fol. 56 : Etablissement à Angers d'une fabrique d'acier. — Fol. 63, 64, 102 : Lettres du roi et de M. de Saint-Florentin, concernant les élections des maires et échevins. — Fol. 69 : Rixes entre les compagnons menuisiers. — Fol. 77 : Les vidanges de la Doutre portées sur le pré des Carmes. — Fol. 79 : Adjudication à René Pointier, architecte, des travaux de l'Académie d'équitation. — Fol. 80 : Distributions de jetons de ville. — Fol. 82 : Conférence avec M. l'intendant au sujet de la capitation. — Fol. 87, 90, 93, 99, 109, 119, 129 : Opposition du

BB 119.
1 mai 1759.
15 février 1762.

Conseil aux prétentions du sieur Cordier, propriétaire des offices de juré-crieur. — Fol. 98-100 : Construction du chemin des Lices à la Croix-Montaillé. — Fol. 101 : Allocation aux sieurs Seigneuret et Lemasson, menuisiers de l'Académie. — Fol. 101 : Etablissement d'une société d'agriculture. — Fol. 109 : M. de la Jominière, frère de M. de Pignerolle, associé dans la direction de l'Académie.—Fol. 110 : Les entrepreneurs de la manufacture de toiles à voiles mis en demeure de rembourser les avances faites par la ville.—Fol. 125 : Mort de M. le comte de Brionne. — Fol. 126-142 : M. l'abbé Louet chargé de prononcer son oraison funèbre.—Fol. 134 : Proposition des boulangers de remplacer le pain de méteil par un nouveau pain dit bis-blanc. — Convocation de l'assemblée générale pour en délibérer. — Fol. 137 : Délibération. — Fol. 141 : Rejet de la proposition à l'unanimité, moins le député de la paroisse Saint-Maurice. — Fol. 144 : Patrouilles de nuit pour réprimer les turbulences des compagnons. —Fol. 143 : Nomination de prud'hommes chargés d'arrêter les mercuriales des blés.

Reg. in-fol., pap., de 148 fol.

BB 120.
16 février 1762.
27 avril 1763.

Registre des conclusions.—Fol. 3 : Le sieur Gaultier, contrôleur des octrois, dénoncé comme concussionnaire. — Enquête. — Rapport. — Révocation dudit Gaultier. — Fol. 8 : Privilége « de maître en fait d'armes » transmis au sieur O'Sullivan fils, après la mort de son père. — Fol. 17, 35, 71 : Lettres du roi et de M. de Saint-Florentin, concernant la nomination des maires et des échevins. — Fol. 18, 19, 26, 28, 31, 36 : Elargissement de la rue de la Poissonnerie. — Fol. 24 : Rapport de la réception malséante faite au Conseil de ville par le major commandant du château d'Angers. — Fol. 16, 26, 40, 73 : Démarches pour l'établissement d'un pensionnat. — Fol. 29 : Essai du blé pour la taxe du pain. — Contestation entre les boulangers et les délégués du corps de ville. — Fol. 30 : Privilége des sieurs Thoribet et Charier, pour la salle de spectacle.—Fol. 37-39 : Discours prononcés par M. Marchand de la Roche, à la cérémonie d'installation de M. Marchand du Brossay, son fils, dans la charge de procureur du roi à l'Hôtel-de-Ville. — Fol. 43 : Réception de Mme de Cossé au château de Brissac. — Rapport de la députation du Conseil de ville. — Fol. 44-47 : Achat par la ville de deux globes terrestres et d'un télescope pour l'usage du collége de l'Oratoire. — Fol. 53 : Tarif des droits que l'Hôpital général percevra dans la ville et faubourgs pour l'exercice des offices de juré-crieur. — Fol. 60 : Affaire du prieur de Saint-Nicolas, contre dom Devienne, pour écrits clandestins. — Fol. 66 : Projet de reconstruction de la porte Toussaint.

— Fol. 72-74 : Opposition du Conseil à l'établissement en ville des Frères des Ecoles-Chrétiennes. — Fol. 73 : Récit de la réception de Mme d'Aubeterre dans son abbaye du Ronceray. — Fol. 70-75 : Démolition projetée de l'église Saint-Maimbœuf.

Reg. petit in-fol., pap., de 77 fol.

Registre des conclusions. — Fol. 5 : Prières publiques pour la guérison du prince de Lambesc. — Fol. 10, 25, 27, 30, 32, 86, 109 : Démarches pour l'établissement d'un pensionnat à Angers. — Fol. 12-25 : Projet de reconstruction de la porte Toussaint dressé par M. de Voglie. — Observations du Conseil sur le plan présenté. — Fol. 19 : Cérémonial de la publication de la paix. — Fol. 29 : Elargissement du tournant de la rue de la Poissonnerie. — Arrestation de garçons perruquiers pour tapage nocturne. — Fol. 30 : Offre du duc de Choiseul d'établir à Angers une école de carabiniers. — Refus du Conseil de ville. — Fol. 31 : L'église de Saint-Laurent arrentée pour servir de magasin à fourrages. — Fol. 35-36 : Conférence avec les Pères de l'Oratoire au sujet de l'établissement du pensionnat. — Fol. 41 : Nouvelles plaintes contre la qualité des bougies envoyées en présents par la ville. — Fol. 47 : Arrêt du Conseil d'Etat et ordonnance de l'intendant portant ordre de procéder à la reconstruction de la porte Toussaint. — Fol. 55, 77, 127, 130 : Lettres du roi et de M. de Saint-Florentin concernant les nominations du maire et des échevins. — Fol. 56-83 : Etablissement proposé par l'intendant de casernes à Angers. — Rejeté par l'assemblée générale des habitants. — Fol. 65 : Arrêt du Conseil d'Etat concernant les attributions du lieutenant-général de police et du lieutenant-général civil de la Sénéchaussée. — Fol. 69 : Réparation des abords du théâtre. — Fol. 75 : Démarche auprès de M. d'Autichamp pour obtenir la rectification du plan de reconstruction de la porte Toussaint, proposé par M. de Voglie. — Fol. 76 : Bibliothèque établie à l'usage des membres du Conseil de ville. — Fol. 79 : Le sieur Devert breveté pour enseigner l'art des armes, concurremment avec les sieurs O'Sullivan père et fils. — Fol. 91 : Travaux du quai de la Poissonnerie repris. — Fol. 95 : Nouveau plan proposé par le sieur Danton pour les torches de la procession du Sacre. — Fol. 98-101 : Requêtes afin d'obtenir un délai de dix ou douze ans pour la reconstruction de la porte Toussaint. — Fol. 99 : Permis aux Pénitentes d'enclaver dans leur enclos une petite rue ou terrain vague entre la rue de la Gahouère et la rue du Mouton. — Fol. 100 : Autorisation au sieur Legris de faire construire dans le marais de Boisnet une partie de chaussée le long de sa maison, dans l'alignement du quai depuis longtemps projeté. — Fol. 100 :

BB 121.
1 mai 1763.
2 juillet 1765.

Allocation au sieur Leissner « pour le plan figuré d'une nouvelle forme de torches » du Sacre. — Fol. 102 : Construction d'un manége couvert et d'écuries pour quatre cents chevaux imposée à la ville par l'intendant.—Demande de fonds pour payer les ouvriers.—Fol. 105 : Remontrances du Conseil de ville tendant à obtenir la suspension des travaux. — Fol. 106 : Relevé des écuries disponibles dans les hôtelleries de la ville. — Fol. 113 : Etablissement proposé d'un pensionnat dans l'abbaye Saint-Aubin. — Fol. 114 : Protestation des Pères de l'Oratoire. — Fol. 118 : Délibération en assemblée générale. — Fol. 125 : Projet d'un hôpital d'enfants trouvés dans la Rossignolerie. — Fol. 137 : Arrêt du Conseil d'Etat qui suspend les travaux de la porte Toussaint. — Fol. 142 : Enquête ordonnée sur les cabales dénoncées pour les élections de l'assemblée des notables.

Reg. in-fol., pap., de 142 fol.

BB 122.
3 juillet 1765.
1 mai 1769.

Registre des conclusions. — Fol. 1 : Assemblée générale pour la nomination de quatorze notables. — Fol. 10 : Vœu du Conseil pour le maintien de la vaine pâture des communs de Beaufort. — Fol. 10 : 12, 13, 18, 20, 68, 71, 88, 133 : Continuation des démarches pour l'établissement d'un pensionnat. — Fol. 22 : Rapport de la Commission chargée « d'aviser aux moyens de soulager le peuple de partie des impôts. » — Fol. 26 : Lettre de franc-bourgeois accordée par le prieur de la Haie-aux-Bonshommes à Mᵉ P. Roch Deville, le jeune, notaire. — Fol. 29 : Service pour le dauphin. — M. Louet chargé de l'oraison funèbre. — Fol. 34 : Relation de la cérémonie. — Fol. 38 : Assemblée générale et vœux des notables et des officiers municipaux « sur les moyens de parvenir à une meilleure administration. » — Fol. 47 : Opposition du Conseil à la construction entreprise par le sieur Roger dans la rue du Canal. — Fol. 13-45 : Démarches et offres du Conseil de ville pour fixer à Angers le sieur Bourgonnier, « restaurateur très habile » des fractures de membres. — Fol. 50 : Rapport et conclusion contre les prétentions du sieur Boumier de la Connillère, lieutenant du roi aux Ponts-de-Cé, tendant à enclore la place du château, à bâtir un moulin sur la rivière de Loire et à percevoir un droit sur les pêcheurs. — Fol. 53-58 : Poursuites contre le sieur Bernault, comédien, qui a ouvert la salle de spectacle sans autorisation. — Il est remplacé par le sieur Pitrot, protégé de la comtesse de Brionne. — Fol. 56-66 : Abandon par la ville aux sieurs Coullion de ses droits de propriété sur partie du terrain formant l'encoignure des rues de la Poissonnerie et de la Bourgeoisie. — Fol. 60 : Réparation des arcades du Mail. — Fol. 61 : Ordonnance de l'intendant portant indemnité au sieur Denis Chevé, dont la maison s'est écroulée par suite des travaux de la porte Toussaint. — Fol. 60-64 : Lettre de M. de Saint-Florentin concernant le serment de fidélité du Conseil de ville. — Fol. 73 : Réception de M. de Praslin. — Fol. 70, 72, 73 : Correspondance avec l'intendant concernant les frais des casernes. — Fol. 76 : Agrandissement du Champ-de-Foire pour les évolutions des carabiniers. — Confection de marques de cuivre à distribuer aux pauvres de la ville, pour les distinguer des pauvres étrangers. — Fol. 81 : Lettre de l'intendant, concernant la milice. — Fol. 103-132 : Concession, au sieur Fouchet, d'un terrain place des Halles. — Fol. 104 : Tarif des droits que l'Hôpital général percevra en ville pour l'exercice des offices de juré-crieur. — Fol. 106 : Brevet délivré par le prince de Lambesc au sieur Bertrand, « pour exercer la fonction de maître de mathématiques et de langues étrangères » dans l'Académie d'équitation. — Fol. 114 : Le Conseil refuse au corps de carabiniers « un certificat de bien-vivre demandé par les officiers » à raison des plaintes réitérées portées contre eux. » — Fol. 118 : Requête au ministre pour qu'ils ne soient pas renvoyés en quartier d'hiver. — Concessions de terrains au sieur Bernard dans la prée des Carmes. — Fol. 119 : Instances du Conseil pour obtenir les lettres patentes autorisant la démolition de la porte Chapelière. — Fol. 120 : Devis des pieux à frapper ou à extraire dans la Maine, pour la commodité de la navigation. — Fol. 121 : Règlement pour les incendies. — Fol. 123 : Requête afin d'être déchargé du droit de remboursement des offices supprimés de jurés mouleurs et peseurs de bois à brûler. — Réparation des pompes. — Fol. 125 : Réouverture de la Bourse de commerce. — Fol. 127 : Procès intenté à la ville par le sieur Deville, notaire, en indemnité des frais de recherche et de réparation « d'un canal, égout ou ancheneau de bois, » s'étendant sous les caves de la rue Courte jusque sous l'église Sainte-Croix. — Fol. 128 : Le sieur Faure, maître de musique, autorisé à donner tous les vendredis un concert public dans la salle de la Mairie. — Fol. 128 : Plaintes contre le mauvais état d'entretien de la fontaine des Vignes. — Fol. 133 : Construction de l'égout de la rue de l'Ecorcherie. — Fol. 136 : Privilége concédé à la demoiselle Montansier de jouer la comédie à Angers. — Lettre de M. le contrôleur-général portant refus d'autoriser l'établissement d'un pensionnat et suppression de crédits superflus. — Fol. 137-139 : Rapport de la Commission chargée d'examiner l'invention présentée par le sieur Gabory, prêtre, « d'un moulin.. qui peut tourner et moudre sans eau ni vent, avec le secours d'un cheval. » — Fol. 138 : Le Conseil invité par M. Prévost à assister aux exercices de son cours de droit français. — Fol. 139-144 : Contestation de préséance entre les notables pour l'ordre des voix.

— Fol. 141 : Lettre de M. l'intendant qui nomme les sieurs Lachèze chirurgien et Raimbault apothicaire des prisons d'Angers.— Fol. 142-148 : Achat de deux nouvelles pompes à Paris. — Fol. 43-45 : Concession au sieur Gabory d'un emplacement pour l'expérience de son moulin. — Fol. 146-147 : Discussion sur les exemptions de droits dont jouissent les officiers de la Mairie pour l'entrée de leurs vins en ville. — Service funèbre pour la reine. — Fol. 142, 144, 148 : Reprise du quai projeté de la Poissonnerie. — Nouveau devis. — Mise en adjudication. — Le projet retiré faute d'adjudicataires et pour être soumis à plus ample examen. — Fol. 149 : Honneurs rendus à M. le maréchal de Brissac. — Le sieur Denechère, entrepreneur des constructions de l'Oratoire, actionné pour défectuosité des travaux. — Fol. 150 : Essai des nouvelles pompes. — Fol. 151-162 : Délibération sur l'état des travaux de la route de Paris et les embranchements proposés notamment par les propriétaires de la carrière de Pigeon. — Fol. 154-164 : Reprise projetée des travaux du quai de la Poissonnerie.—Réparation des chemins de la banlieue de Nantes.—Fol. 157 : Offres des sieurs Coulet de Beauregard, frères, d'ouvrir en ville une Académie de dessin gratuite pour un certain nombre de pauvres.— Renvoi à une commission. — Rapport. — Vote du Conseil. — Fol. 165 : Etablissement de bacs gratuits, dans les rues inondées de la ville, pour le service des pauvres. — Fol. 166 : Numérotage des maisons. — Fol. 167 : L'étude du quai projeté de la Poissonnerie interrompue par l'inondation. — Fol. 168 : Don, par les sieurs Coulet de Beauregard, d'un tableau « représentant la ville. » — Allocation, par le Conseil, d'une somme annuelle de 150 liv. pour frais de loyer. — Fol. 150 : Démarches pour l'établissement d'un hôpital d'enfants trouvés.

Trois reg. in-fol., pap., reliés ensemble, de 174 fol.; une lettre de l'intendant Ducluzel intercalée entre les fol. 140-141; trois tables de 17 fol.

BB 123.
7 août 1765.
janvier 1768.

Registre des conclusions. — Fol. 1, 73, 83, 88, 120 : Rapports sur le rétablissement d'un pensionnat dans le collège d'Anjou. — Fol. 6, 8, 9, 14, 17, 18, 98, 117, 119 : Correspondance à l'appui. — Fol. 8 : Requête de M. de Saint-Florentin pour autoriser le sieur Jean Bourgonnier à exercer en ville ses talents de rebouteur de fractures et de luxations. — Fol. 10 : Exposé, présenté à M. le contrôleur-général, des misères publiques.— Fol. 15 : Mémoire sur la fondation, les revenus, les charges, la régie, l'état des bâtiments du collège de Bueil. —Fol. 18 : Requête à l'évêque d'Angers pour autoriser l'usage du gras pendant ce carême, attendu la rigueur de l'hiver. — Fol. 20, 65, 83 : Mémoires et correspondances avec l'intendant au sujet du casernement. — Fol. 25 : Rapport sur la question de savoir si la noblesse doit être conservée et demandée pour les maires d'Angers.— Fol. 30 : Mémoire sur l'origine et l'état des privilèges, des biens et des revenus patrimoniaux de la ville d'Angers. — Fol. 46 : Rapport présenté à l'assemblée générale sur l'origine et les revenus des octrois. — Fol. 65 : Requête au roi contre les prétentions du sieur Bommier de la Connillère, gouverneur des Ponts-de-Cé. — Fol. 71 : Etat et traitement des officiers municipaux de l'Hôtel-de-Ville d'Angers et des Ponts-de-Cé, en 1764 et 1765. — Fol. 91 : Requête au Conseil d'Etat en réponse au mémoire des marchands d'Orléans concernant le balisage des rivières d'Anjou. — Fol. 94 : Mémoires au ministre en opposition à la requête du sieur Sourdil de Chambezais, tendant à être autorisé à percer de jours le mur de ville et à en raser une partie.— Fol. 96 : Mémoire sur le choix d'un emplacement pour les casernes projetées. — Fol. 99 : Marché pour la fourniture de lits aux troupes. — Fol. 103 : « Histoire de l'approvisionnement de bleds fait par l'Hôtel-de-Ville en 1738 et 1742, et des pertes qui s'en sont suivies. » — Fol. 108 : Etat et devis estimatif des travaux pour la construction d'un égout sur le quai neuf de la Poissonnerie. — Fol. 109 : Requête du Conseil de ville à M. l'intendant, portant récit des violences commises par les carabiniers en ville et dans la banlieue, et demandant leur éloignement d'Angers. — Fol. 112 : Requête des marchands au Conseil de ville, pour le nettoiement de la Maine, de la Basse à la Haute-Chaîne. — Fol. 112 : Requête au roi pour obtenir la suppression des droits sur le bois et le charbon. — Fol. 115 : Placet au roi pour la réunion de l'abbaye d'Asnières au collége d'Anjou.

Reg. in-fol., pap., de 120 fol., une table de 7 fol.

Registre des conclusions. — Fol. 4 : Urgence d'achever les travaux de la banlieue, attendu l'état de la carrière de Pigeon. — Fol. 12-41 : Approvisionnements de blé par prévision de la disette prochaine. — Fol. 13, 16, 36 : Réparation des canaux de la fontaine Pied-Boulet. — Fol. 14 : Arrêt du Conseil d'Etat qui approuve les plans et devis des travaux de la route de Paris, surseoit à la confection du port de la Poissonnerie, et réglemente l'exploitation des carrières dans le voisinage des routes. — Fol. 11, 15, 86, 97 : Nomination de boursiers à l'école de dessin. — Fol. 17 : Déclaration du roi qui interdit le pèlerinage hors du royaume sous peine des galères.— Fol. 18 : Règlement pour les boutiques des Halles. — Fol. 19-57 : Secours aux pauvres inondés. — Fol. 10, 13, 20, 25 : Emplacement des pompes de la ville. — Fol. 22-63 : Acquêt de la maison du sieur Bouchillon, dans la cour de Lancreau, pour l'agrandissement du pen-

BB 124.
4 mai 1769.
1 juillet 1773.

sionnat. — Fol. 23-33 : Abornement fixé aux entrepreneurs de la carrière de Pigeon, pour mettre fin à leurs empiétements sur la route. — Fol. 24 : Allocation de 150 liv. au sieur Coulet, peintre, pour le tableau dont il a fait don à la ville. — Fol. 25-36 : Autorisation aux dames de la communauté de la Croix d'enclore et de supprimer la ruelle des Grilles. — Opposition de la communauté des Pénitentes. — Fol. 27, 34, 52 : Chute de partie de la porte Saint-Aubin. — Indemnité aux voisins. — Pose d'une grosse cloche à l'Hôtel-de-Ville pour avertir, la nuit, en cas d'incendie. — Réformation de la milice et division de la ville en six quartiers. — Fol. 31 : Privilége accordé au sieur Durand, pour le théâtre, « jusqu'à Pâques. » — Fol. 31-33 : Massacre de bourgeois par deux carabiniers. — Fol. 41 : Projet de levée devant Saint-Serge. — Fol. 42 : Chute du pont de la porte Saint-Nicolas. — Fol. 50 : Plaques de numéros apposées sur les maisons aux frais des propriétaires. — Choix du modèle. — Apposition de plaques indicatives du nom des rues. — Fol. 53 : Le sieur Etienne Oger autorisé à construire deux parties de quai devant ses maisons à la Basse-Chaîne. — Plan visuel des travaux. — Fol. 55 : Adjudication du numérotage des maisons. — Fol. 58 : Etablissement d'un nouveau marché de bestiaux à l'embranchement de la route de Paris, près la fontaine. — Défense au sieur Bourdais d'ouvrir une carrière sur l'ancien chemin des Justices. — Fol. 59 : Le Conseil s'oppose à l'obtention de lettres patentes demandées par les Frères des Ecoles-Chrétiennes, pour être autorisés à acquérir, et leur refuse tout certificat de bonne conduite ou autre qui leur puisse servir. — Fol. 63-66 : Concession aux sieurs Coullion, dans la rue de la Poissonnerie, au coin de la rue Bourgeoise et de la rue du Griffon, à condition d'y bâtir « une façade décorée d'architecture, » sur le plan y annexé. — Fol. 70 : Lettre de félicitation du Conseil de ville au comte de Provence, apanagé du duché d'Anjou. — Fol. 73 : Réponse du duc. — Fol. 75 : Vente des ormeaux du Champ-de-Foire. — Fol. 77 : Convocation de la milice à Tours. — Fol. 80 : La demoiselle Montansier autorisée à amener sa troupe de comédie à Angers. — Fol. 81 : La grande salle de la Mairie ne sera plus absolument prêtée pour des concerts et autres fêtes publiques. — Fol. 84 : Subvention à l'école de dessin fondée par le sieur Coulet de Beauregard. — Fol. 88 : Le privilége de la salle de théâtre continué aux sieurs Thoribet et Charier. — Fol. 89 : Plan de la douve Saint-Michel. — Fol. 91 : Présents de pâtés de saumon à MM. de Fontettes, chancelier, et de Pétigny, contrôleur-général des finances du comte de Provence. — Fol. 94 : Lettres concernant l'acquisition des offices municipaux supprimés. — Fol. 95 : Réception de M. Geoffroy de Limon, surintendant de

M. le comte de Provence. — Fol. 102 : Emplacements de chantiers désignés aux maîtres maçons et entrepreneurs. — Fol. 103 : Nouvelles plaintes contre les empiétements des entrepreneurs de la carrière de Pigeon. — Fol. 110, 124, 138 : Etablissement d'un marché hebdomadaire le mardi. — Fol. 118-123 : Réparation du chemin de Saint-Samson. — Fol. 125 : Lettres patentes du roi et du comte de Provence rétablissant les anciennes formes d'élection et les priviléges des officiers municipaux. — Fol. 142 : Arrêt du Conseil d'Etat qui met à la charge des villes l'entretien et la construction du Palais-de-Justice et des prisons.

Reg. in-fol., pap., de 150 fol.; deux plans pap. annexés aux fol. 53 et 57; une table de 7 fol.

Registre des conclusions.—Rapports et correspondance.—Fol. 2 : Mémoire pour le Conseil de ville, contre le sieur Boumier, lieutenant du roi aux Ponts-de-Cé. — Fol. 5 : Requête pour le remboursement des frais de rachat du mesurage des blés et des charbons. — Rapport à l'assemblée des notables sur les moyens de trouver les fonds pour les travaux publics. — Fol. 7-85 : Requêtes à M. le contrôleur-général et à M. l'intendant pour le rétablissement et l'entretien du pensionnat. — Fol. 18-26 : Mémoire sur la régie des octrois. — Fol. 24 : Questions sur le logement des gens de guerre proposées à M. l'intendant par les députés de l'Hôtel-de-Ville. — Fol. 30 : Réclamations contre la perception prolongée du don gratuit. — Fol. 32 : Mémoire sur l'ordre de préséance des gentilshommes dans les assemblées de ville. — Fol. 34 : Etat des officiers de l'Hôtel-de-Ville. — Fol. 37-41 : Travaux du quai de la Poissonnerie. — Devis estimatif et correspondance. — Fol. 40 : Lettre de M. de Voglie, rectificative du tracé de la route de Paris. — Fol. 43-50 : Rapport et mémoire des notables pour maintenir l'ancienne forme de la comptabilité municipale, indépendante de la Chambre des comptes. — Fol. 48 : Observations contre l'exemption du logement des gens de guerre prétendue par le receveur des amendes des eaux et forêts. — Fol. 53 : Correspondance concernant les élections municipales. — Fol. 58 : Requête au roi pour conserver les enfants exposés dans la province. — Fol. 60 : Lettres à M. l'intendant contre la confection de rôles d'imposition, l'inscription abusive de privilégiés et l'augmentation des charges publiques. — Fol. 69-73 : Sur la comptabilité des octrois et l'acquisition projetée d'une maison pour le pensionnat. — Fol. 76 : Contre les prétentions du receveur et des locataires du chapitre de Saint-Maurice à l'exemption du logement des gens de guerre. — Fol. 79 : Contre les excès et violences des carabiniers. — Fol. 81 : Sur les

BB 125.
30 janvier 1768.
21 avril 1773.

motifs qui justifient l'absence du Conseil de ville à la procession générale du Jubilé. — Fol. 82 : Sur les mesures prises et à prendre contre la disette imminente. — Fol. 88 : Ordonnances pour la convocation de la milice. — Fol. 91 : Concernant l'indemnité de logement et les frais de tournée dus à M. Cadet de Linay, ingénieur en chef. — Fol. 92 : Mémoire concernant le droit de francs-fiefs. — Fol. 101 : Brevet qui proroge de dix ans le privilége concédé aux sieurs Thoribet et Charier pour la salle de spectacle. —Mémoire sur la propriété des offices municipaux. — Fol. 106 : Pour l'établissement d'un Conseil supérieur à Angers, capitale de l'apanage. — Fol. 108 : Autorisation aux sieurs Ducollet et Ducros, entrepreneurs du spectacle de Nantes, de donner des représentations à Angers.

Reg. in-fol., pap., de 110 fol.; une table de 2 fol.

BB 126.
6 juillet 1773.
21 décembre 1774.

Registre des conclusions. — Fol. 7-66 : Confection de jetons de ville. — Modèle soumis à l'approbation du comte de Provence. — Fol. 15 : Abonnement aux *Affiches d'Angers*. — Fol. 16 : Suppression des deux bourses gratuites et de l'indemnité accordée à l'école de dessin du sieur Coulet de Beauregard. — Fol. 19 : Etablissement de bureaux de secours aux noyés. — Ordonnance portant dispense d'âge en faveur de M. Allard du Haut-Plessis, pour la charge de receveur des octrois et deniers patrimoniaux. — Fol. 20 : Emplacement assigné aux charpentiers en bateaux sur le port Ligny. — Fol. 22 : Désordre des archives. — Nouvel inventaire et recollement général des anciens. — Fol. 22 : Conclusion qui déclare nulle et non avenue toute décision révoquant une délibération antérieure en l'absence des trois quarts des préopinants.—Fol. 23 : Le sieur Perrette, vétérinaire, exempté des charges publiques. — Fol. 25 : La ville lui assigne de plus une pension sur le revenu des octrois, par ordre de l'intendant. — Fol. 33 : Et la paie par avance. — Fol. 26 : Lettre de M. de Cromot, surintendant du comte de Provence, portant approbation, au nom du prince, du dessin et des inscriptions des jetons de ville, sauf rectification de l'exergue, et annonçant le don d'un portrait.—Fol. 30 : Le sieur Quentin nommé inspecteur des pompes de la ville. — Fol. 33 : Impression d'un supplément au Recueil des priviléges de la Mairie, dit le *Billot*.—Fol. 35 : Intervention du Conseil de ville contre les meuniers appelant de l'ordonnance qui réduit à une taxe fixe en argent le droit de douzième boisseau exigé pour la mouture. — Fol. 36 : Adjudication et cahier des charges du chemin de Saint-Samson. — Fol. 38 : Réparation de la fontaine Pied-Boulet. — Fol. 39 : Prime pour sauvetage d'un noyé. — Fol. 38-43 : Messe solennelle célébrée en l'église Saint-Martin pour M. le comte de Provence. — Fol. 48, 52, 53 : Règlement pour l'éclairage de la ville. — Fol. 50 : Les procureurs au Présidial tenus à la patrouille comme les autres bourgeois. — Fol. 54, 66, 74, 76, 82, 92 : Etablissement du nouveau marché du mardi. — On demande d'en réduire le nombre à douze par an, par suite d'exigences de la Ferme générale. — Fol. 52-62 : Les sacristes, bedeaux, organistes et musiciens d'église tenus à la patrouille; — ainsi que les imprimeurs et libraires. — Fol. 64-98 : Achat de réverbères à Paris. — Fol. 66 : Nouvelle modification à l'exergue des jetons de ville. — Fol. 67-76 : Etablissement de bacs dans les rues inondées. — Secours aux pauvres. — Fol. 68 : Travaux au tertre Saint-Laurent. — Fol. 70 : Rébellion des habitants réunis pour la patrouille. — Fol. 79 : Ordonnance de police pour la taxe de la viande. — Appel des bouchers. — Arrêt du Conseil. — Fol. 59 : Requête au Conseil de ville pour la démolition de l'église Saint-Maimbœuf. — Fol. 97 : Maladie du roi. — Prières publiques. — Fol. 99 : Opposition du Conseil de ville aux prétentions des invalides du château de monter la garde au théâtre. — Fol. 100 : Lettre de Louis XVI portant avis de la mort de Louis XV. — Fol. 103, 104, 120, 128, 133 : Service pour le roi. — M. Mercier, curé des Alleuds, chargé, au refus de M. Louet, de l'oraison funèbre. — Fol. 104 : Règlement pour l'adjudication des travaux de ville. — Fol. 114-116 : Instructions aux députés de la ville à Paris. — Fol. 115 : Le sieur Cobbeau, sergent de milice bourgeoise, suspendu de ses fonctions pour violences contre deux commissaires de police. — Fol. 125 : Consentement du Conseil de ville à l'acquisition par les Frères des Ecoles-Chrétiennes des maisons et enclos de la Rossignolerie et du Chatelais. — Fol. 129 : Droits perçus sur les bestiaux vendus aux marchés d'Angers. — Fol. 133 : Exhaussement de la rue Basse-Saint-Jacques. — Fol. 134 : Plainte du supérieur de l'Oratoire contre le concierge du collège et ses deux filles. — Offre du sieur Damoreau, « phisicien, » de s'établir en ville. — Fol. 138 : Plaintes des marayeurs contre la perception absurde du droit sur le poisson. — Remontrance à la femme Barra, fermière. — Règlement pour la recette des octrois. — Fol. 27, 65, 76, 90, 123, 142 : Etablissement autorisé d'un hôpital des Enfants-Trouvés. — Démarches pour l'obtention de lettres patentes. — Fol. 144 : Projet d'une place au-devant de la porte Saint-Aubin. — Fol. 147 : Sommation aux Pénitentes d'enclore, dans un délai de trois mois, la ruette des Grilles, à peine de déchéance au profit des dames de la Croix.

Reg. in-fol., pap., de 149 fol.; une table de 15 fol.

BB 127.
2 janvier 1775.
5 juillet 1777.

Registre des conclusions. — Fol. 2 : Compte-rendu des travaux d'inventaire des archives. — Fol. 3 : Licenciement du guet. — Adjudication de la glacière. — Fol. 3-8 : Le remplacement pour la milice autorisé, à charge pour la Mairie de répondre des remplaçants. — Fol. 4 : Concession aux Incurables d'un terrain sur les Lices. — Fol. 9 : Travaux au tertre Saint-Laurent. — Recherche d'un emplacement pour le dépôt des vidanges. — Fol. 13 : Refus, par M. l'intendant, des bougies à lui offertes par la ville. — On ne lui en présentera plus. — Fol. 14 : Mémoire sur les droits de prévôté perçus à la Poissonnerie. — Fol. 20 : Troubles au théâtre. — Investissement de la salle par les invalides du château. — Le public insulté par les officiers. — Le fils Bancelin, écolier, assassiné par un lieutenant.— Fol. 24 : Ordre d'arrêter les religieux et les bijoutiers italiens munis de faux passeports. — Fol. 26 : La garde du théâtre appartiendra au guet, payé par le directeur, et la police de la salle au lieutenant-général de police. — Fol. 27 : La compagnie des invalides envoyée à Saint-Malo, à la réserve d'un détachement conservé pour la garde exclusive du château. — Fol. 29 56 : Refus d'indemnité au sieur Dubois, pour un nouveau plan d'Angers dressé sans ordre. — Imminence d'une émotion populaire. — Fol. 33 : Vœu du Conseil pour la réduction à huit des cinquante-deux marchés hebdomadaires, désertés par les marchands à la suite des exigences de la Ferme générale. — Fol. 35, 38, 46 : Fête et réjouissances publiques pour la réception du portrait de Monsieur. — Discours prononcés par MM. de Limon, intendant du prince; Allard, maire; Boulay du Martray, procureur du roi. — Dîner à l'Hôtel-de-Ville. — Députation des poissardes et des enfants de chœur. — Représentation au théâtre de la *Bataille d'Yvry* et le *Bon Angevin*, par le sieur Derbois, acteur de la troupe. — Spectacle gratuit. — Fol. 49 : Seconde fête donnée par les poissardes, en armes, « le fusil sur l'épaule, un sergent de milice bourgeoise à leur tête. » — Fol. 50 : Arrêt du Conseil d'Etat qui lève et suspend toute perception d'octroi sur les blés et farines. — Fol. 52 : Le sieur Guérin aîné, avocat au Présidial, nommé franc-bourgeois par le prieur de la Haie-aux-Bonshommes. — Fol. 53 : Rapport des députés de ville de leurs démarches à Paris. — Fol. 58 : Aumône à treize pauvres, « mordus et égratignés par un chat, » pour leur aider à « aller se faire baigner dans la mer pour prévenir la rage. » — Fol. 63-64 : Le sieur Joubert nommé secrétaire-greffier du point d'honneur au bailliage d'Angers. — Ses privilèges. — Fol. 65 : Le droit de donner les alignements en ville revendiqué par la Mairie contre les trésoriers des finances de Tours. — Fol. 66 : Considérations présentées par le Conseil de ville à l'appui de M. Clémenceau de la Lande, contre le seigneur de Montjean, qui abuse du privilége exclusif de l'exploitation des mines de Montjean pour faire renchérir outre mesure le charbon de terre, et par suite entraver les travaux des fours à chaux. — Fol. 67 : Conclusions déposées au Parlement par M. Tessier du Breil, avocat de la ville, contre les boulangers. — Fol. 73 : La salle de la Mairie prêtée aux jeunes gens de la ville pour donner une fête aux dames. — Fol. 74 : Nivellement des Lices. — Fol. 76 : Arrestation de miliciens déserteurs. — Secours aux pauvres des basses rues inondées. — Fol. 79 : Discussion sur l'exhaussement projeté de la rue de la Poissonnerie. — Le sieur Damoreau, physicien, exempté des charges publiques. — Fol. 83 : Examen des titres de noblesse de la famille Le Corvaisier. — Fol. 86 : Démarches du Conseil de ville pour obtenir l'établissement d'un guet. — Autorisation aux sieurs Woilemont et Bardoul de donner un concert par abonnement, tous les vendredis, dans la grande salle de l'Hôtel-de-Ville. — Fol. 87 : Construction d'un canal navigable pour le service des fours à chaux. — Le Conseil de ville se réunira tous les samedis sans convocation. — Fol. 88 : Refus du Conseil d'acheter les maisons voisines de la porte Chapelière. — Fol. 88-89 : Réparation des pompes et de l'artillerie de ville. — Fol. 90, 97, 98 : Translation des cimetières hors ville. — Fol. 93 : Assemblée générale qui approuve l'établissement de huit nouveaux marchés mensuels, outre les quatre foires. — Fol. 100 : Compte-rendu, par M. Raimbault de la Douve, de ses démarches à Paris pour la ville. — Fol. 106 : Traité d'abonnement passé par le sieur Quinquet, directeur des aides, pour la franchise des nouveaux marchés. — Fol. 108 : Le collége de La Flèche affilié à l'Université d'Angers. — Plainte contre les priviléges abusifs qu'il en veut tirer. — Fol. 109 : Offre au Conseil, par M. Moithey, de son mémoire historique sur la ville d'Angers. — Fol. 111 : Plantation d'ormeaux sur les Lices. — Fol. 113 : Abaissement de la rue Vauvert. — Fol. 117 : Le Conseil accorde à Louis Cahu, cavalier de la maréchaussée, « tous les priviléges qu'il est possible de lui accorder, tant qu'il vivra, quelque état qu'il remplisse, regrettant de ne pouvoir davantage, » en reconnaissance du courage qu'il a montré dans l'arrestation d'un brigand. — Fol. 119 : Pose de plaques indicatives du nom des rues. — Fol. 126 : Déficit constaté dans la caisse des octrois. — Interrogatoire et destitution du sieur Lamotte, receveur. — Fol. 130-151 : Revendication, par le Conseil de ville, de la propriété de la fontaine de l'Epervière, usurpée par M. Marquis des Places. — Fol. 131 : Passage incognito à Angers de l'empereur Joseph II. — Fol. 135 : Etablissement d'un bac pour les piétons à la Haute-Chaîne.

Reg. in-fol., pap., de 135 fol.; une table de 8 fol.

BB 128.
7 juillet 1777.
27 août 1779.

Registre des conclusions. — Fol. 8 : Vente des canons de la ville. — Translation hors ville des cimetières. — Fol. 9 : Entretien de la promenade des Lices.— Fol. 10 : Construction d'une arche aux ponts des Ponts-de-Cé. — Fol. 11, 35, 40, 50, 63, 76, 82 : Offre, par M. de Saint-Germain, ministre de la guerre, d'une École royale d'artillerie à Angers. — Conditions mises par le Conseil de ville. — Instances pour réaliser ce projet. — Opposition formelle de l'intendant. —Fol. 12-17 : Lettres de M. Allard du Haut-Plessis, trésorier-receveur de l'Hôtel-de-Ville, au sujet du sieur Lamotte, ancien receveur. — Fol. 14 : Ouverture d'une voie publique de la Haute-Chaîne en Reculée, sur les terrains de l'Hôtel-Dieu. — Fol. 15 : Ordonnance du roi concernant le service de la milice bourgeoise. — Fol. 21 : Réclamation de M. Allard, conseiller honoraire de l'Hôtel-de-Ville, contre l'omission de son nom dans l'*Almanach d'Anjou*. — Fol. 22 : Indemnité aux pompiers pour le service des pompes. — Fol. 24 : Travaux projetés sur la banlieue d'Angers à Nantes.—Mariage de M. Boullay du Martrai, maire, avec mademoiselle Lepage de Varancé.—Fol. 26 : Règlement de l'uniforme de la milice bourgeoise. — Nomination des officiers.— Fol. 29 : Le Conseil, « touché de l'état du sieur Lamotte, » ancien receveur, le libère vers la caisse des octrois du déficit constaté et lui alloue une pension alimentaire. — Fol. 32 : Réparation de la fontaine Saint-Nicolas. — Fol. 33 : Défense aux propriétaires riverains de détruire les murs de ville. — Fol. 34-40 : Devis des réparations de la voie neuve du pont des Treilles ; — refusé par l'intendant. — Fol. 36 : Offre des religieux de Saint-Serge d'une rente de 1,000 liv. pour constituer le premier fonds de dotation de l'hôpital projeté des Enfants-Trouvés. — Fol. 37, 76, 79, 91 : Cours public d'accouchement professé à Angers par Mme Ducoudray. — Frais d'entretien des élèves. — Fol. 31-38 : Travaux de déblai des rues Creuse et Vauvert.— Fol. 42 : Remontrances du Conseil de ville contre l'édit qui réduit la juridiction des présidiaux. — Fol. 47 : État et solde des travaux d'ornementation de la maison du sieur Allard, trésorier de la ville. — Fol. 51 : Le commandant de la patrouille réprimandé pour violation de domicile. — Fol. 52 : Réparation de la fontaine de l'Epervière. — Fol. 55 : Les secrétaires des commandements de Monsieur chargés du gouvernement des municipalités de l'apanage. — Fol. 59 : Arrêt du Conseil d'État qui met à la charge de la ville l'entretien des bâtiments de l'Académie. — Fol. 64 : Établissement d'un droit au profit de l'hôpital des Enfants-Trouvés, sur la recette des redoutes et des bals publics. — Fol. 72, 73, 76, 79 : Établissement du dépôt de remonte à Angers. — Fol. 77 : Curement du canal du port Ayrault. — Les anciennes chaînes des rues enlevées par ordre du Conseil. — Fol. 84 : Présent à Mme Ducoudray, au nom de la ville.

— La machine de son invention, « représentant le corps d'une femme enceinte, » déposée au greffe de l'Hôtel-de-Ville.—Fol. 101 : est prêtée au sieur Lachaize, chirurgien. — Fol. 85, 106, 111, 124 : Construction du nouveau bassin du port Ayrault. — Fol. 86, 87, 89 : Rixes entre les soldats de la milice bourgeoise et les dragons du dépôt de remonte. — Fol. 92 : Lettre du roi portant annonce de la naissance d'une fille de France (Versailles, 19 décembre 1778). — Fol. 93 : Démarches auprès du sieur Clémenceau pour la reprise de l'exploitation des fours à chaux d'Angers. — Fol. 96-97 : Examen des priviléges des sieurs Lafourcade, lieutenant des perruquiers, — et Mame, garde de la librairie de l'Université. — Fol. 97 : Le maire autorisé à renforcer la patrouille de nuit. — Fol. 97 : Arrêt du Conseil d'Etat ordonnant l'adjudication des travaux des routes de la banlieue d'Angers. — Observations du Conseil de ville. — Fol. 100 : Ordre à la milice bourgeoise de prêter main-forte aux officiers de police. — Fol. 101-103 : Abandon, par l'Hôtel-de-Ville, d'une maison porte Saint-Aubin, pour l'hôpital des Enfants-Trouvés. — Fol. 104 : Projet pour l'établissement dudit hôpital. — Fol. 106-122 : Proposition pour la démolition et l'arrasement du boulevard de la porte Cupif.— Indemnité aux propriétaires. — Fol. 115, 124, 128 : Etat de l'inventaire des archives. — Reliure des titres.— Fol. 123-130 : Internement de prisonniers Anglais à Angers. — Fol. 76-125 : Le sieur Chevreul nommé démonstrateur de l'art des accouchements, « pour instruire cinq femmes par chaque année, choisies dans les paroisses des campagnes. » — Ses priviléges. — Fol. 131 : Ordonnance pour la patrouille.

Reg. in-fol., pap., de 239 fol.; une table de 9 fol.

Registre des conclusions. — Fol. 1 : Feux de joie pour les victoires d'Amérique. — Fol. 4 : Le Conseil persiste à refuser toute indemnité au sieur Dubois, pour le plan de la ville levé sans ordre. — Fol. 4-8 : Prisonniers Anglais. — Une partie s'évade. — D'autres mettent le feu au château. — Fol. 11-42 : Examen des priviléges des invalides. — Lettres de M. Necker et de l'intendant.— Fol. 16 : Abandon du pont des Treilles. — Fol. 17: Etat des indemnités de logement des officiers de dragons. — Le Conseil refuse au sieur Bardoul, architecte, le titre d'inspecteur des travaux de la ville. — Fol. 18-35 : Envoi d'un mémoire au ministre des finances. — Lettres de l'intendant au sujet de la capitation des domestiques. — Fol. 20 : Les fonctions du lieutenant-général de police sont gratuites. — Fol. 24 : Priviléges du maître de la poste aux chevaux. — Fol. 25-47 : Le dépôt du régiment de Bourbonnais établi à Angers. — Fol. 29 :

BB 129.
1 octobre 1779.
7 juillet 1781.

Exhaussement de la place Cupif. — Fol. 30, 31, 32, 38 : Travaux au port Ayrault. — Fol. 40 : Démarches pour obtenir à Angers l'établissement de l'Ecole royale d'artillerie. — Fol. 41 : Certificat délivré au sieur Quentin, pompier, attestant « de quelle utilité ont été les godets à sous-papes et les pompes qu'il a inventés pour servir à tirer les eaux du canal du port Airault. » — Fol. 22-47 : Confection de jetons. — Fol. 50-62 : Travaux sur le chemin des Ponts-de-Cé et sur la route de Nantes. — Nomination d'officiers de la milice bourgeoise. — Fol. 60-61 : Priviléges du directeur des coches d'eau. — Fol. 61 : Droit de langueyage des porcs. — Lettre de M. Racine, intendant de Monsieur.— Fol. 64-72 : Révision des baux des Corderies. Fol. 65 : Suppression des priviléges des francs-bourgeois de l'abbaye de la Haye-aux-Bonshommes. — Fol. 66 : Permission accordée aux sieurs Constantin de couvrir partie du canal de la Poissonnerie. — Fol. 46, 48, 51, 57, 59, 71, 79 : Election et installation du secrétaire-greffier de l'Hôtel-de-Ville. — Fol. 72 : Réparation du pont de la Chalouère. — Fol. 74 : Le sieur Mame nommé imprimeur de la ville. — Fol. 69, 75, 83, 86 : Le Conseil de ville prend le fait et cause des fabricants de bas contre la communauté des bonnetiers.

Reg. in–fol., pap., de 88 fol.; une table de 6 fol.

BB 130.
9 juillet 1781.
2 mars 1784.

Registre des conclusions. — Fol. 6 : Plan de M. Simonot, ingénieur, pour la création d'une place devant le port Ayrault. — Fol. 7 : Opposition aux priviléges que prétend sur la Loire le directeur des coches d'eau. — Fol. 9 : Aumônes à deux prêtres Grecs. — Fol. 11 : Les Frères Ignorantins autorisés à prendre de la terre, non dans les communs de Saint-Serge, comme ils le demandent, mais le long des luisettes de Boisnet. — Fol. 13-14 : Naissance du dauphin. — Réjouissances publiques, feu de joie. — Fontaines de vin. — Illuminations. — Souper à l'Hôtel-de-Ville. — Musique. — Mariage de quatre pauvres filles « connues pour vertueuses.» —Fol. 21 : Mesures pour saisir « le nommé Bernier, chef d'une bande de voleurs considérable. » — Fol. 27 : Il est pris. — Fol. 22 : Réparation de la rue Hannelou. — Fol. 29 : Noms des jeunes filles dotées par la ville. Fol. 34 : Anticipation dénoncée de l'hôtel de la Besnardière sur la voie publique. — Enquête. — Fol. 36, 38, 39 : Levée projetée, par M. Boreau de la Besnardière, sur le commun de Saint-Serge. — La ville offre pour sa part la somme de 15,000 liv. — Opposition du procureur du roi à toute allocation municipale. — Le Conseil passe outre. — Traité avec M. de la Besnardière. — Fol. 54 : Souscription publique pour la construction d'une frégate. — Fol. 66 : Interdite par l'intendant. — La taxe du pain appartient à l'assemblée générale et non seulement au lieutenant-général de police. — Fol. 63 : Bail de la douve de la porte Toussaint. — Fol. 68-79 : Plaintes du Conseil contre les procédés de M. Simonot, ingénieur. — Fol. 68 : Lettre de M. Simonot à M. Guérin des Brosses. — Emplacement des pompes à incendies. — Fol. 73 : Démarches pour l'établissement d'un hôpital d'Enfants-Trouvés. — Fol. 77-80 : Réparations des grosses torches du Sacre. — Fol. 77-84 : Demande, pour l'Hôpital général, d'une manufacture de bas au métier. — Fol. 77, 79, 80, 82, 83, 84, 95 : Les fonctions du lieutenant-général de police sont gratuites. — Le maire en reprendra la charge. — Fol. 82 : Etablissement de bacs dans les rues inondées. — Distribution de pain aux pauvres. — Fol. 86 : Démarches pour obtenir à Angers l'Ecole royale d'artillerie. — Fol. 90-94 : Requête pour la libre exportation dans les colonies des vins de Touraine et d'Anjou. — Fol. 91 : Sommation au chapitre de Saint-Maurice d'admettre dans l'église les grosses torches du Sacre. — Fol. 101 : Patrouilles de nuit contre les voleurs. — Fol. 102 : Le marché aux herbes et menues denrées du puits de la Trinité transféré sur le tertre Saint-Laurent. — Fol. 104 : Essai des échantillons des carrières de Soucelles, sur la banlieue d'Avrillé. — Fol. 106 : Concessions sur le pré de la Savatte, pour des magasins de bois. — Fol. 108 : Enquête contre le professeur de physique de l'Oratoire. — Fol. 110 : Adjudication des travaux au quai de la Poissonnerie. — Fol. 111 : Les alignements de petite voirie seront indiqués en Conseil de ville, dans sa séance du samedi, par M. le maire faisant fonctions de lieutenant-général de police. — Fol. 116 : Le contrôleur des octrois insulté. — Fol. 117 : Curement de la voie neuve du pont des Treilles. — Fol. 119 : Plaintes réciproques des religieux de Saint-Serge et de M. de la Besnardière, pour infraction au traité conclu. — Fol. 126 : Réduction des lits de l'Hôtel-Dieu à deux cents. — Fol. 131 : Et sur réclamations nouvelles des administrateurs, à cent vingt. — Fol. 133, 134, 141 : Acquisition du cimetière St-Pierre pour l'agrandissement de la place St-Maurille. — Fol. 134 : Union de l'abbaye St-Aubin à l'évêché de Séez. — Fol. 135 : Distribution aux ouvriers sans ouvrage par suite du froid. — Fol. 136 : Baux des bureaux des aides de la ville. — Fol. 138 : Traité avec les Cordeliers pour le libre passage du public par leur cour. — Fol. 138 : Translation, aux frais de la ville, d'une aliénée à la Salpétrière. — Fol. 138 : Nouveau secours aux ouvriers sans ouvrage. — Fol. 139 : Ouverture des travaux de charité au chemin des Ponts-de-Cé, à la turcie des Capucins, à la porte Lionnaise.

Reg. in-fol., pap., de 142 fol.; une table de 7 fol.

BB 131.
3 mars 1784.
9 juillet 1785.

Registre des conclusions. — Fol. 1 : Poursuites contre les bouchers qui vendent au-dessus de la taxe et détaillent les réjouissances. — Fol. 2 : Promenade de la Turcie des Capucins. — Fol. 3 : Conférence avec l'évêque pour l'établissement d'un hôpital d'Enfants-Trouvés. — Fol. 4-8 : Travaux pour préserver des eaux les caves de la rue Saint-Michel. — Fol. 5 : Lettre de l'intendant qui autorise le Conseil à fournir des remplaçants pour la milice. — Fol. 7 : Le cimetière Saint-Pierre réuni à la place Saint-Maurille.—Fol. 8 : Agrandissement de la salle des teigneux à l'hôpital Saint-Jean. — La milice bourgeoise ne doit point être de service pour les exécutions capitales. — Poursuites contre l'assassin Bernier, évadé du bagne. — Fol. 10 : Dépôt provisoire pour la réception des enfants trouvés. — Fol. 11 : Renouvellement des coins pour les jetons municipaux. — Modification de l'exergue. — Fol. 11-26 : Assignation donnée par le sieur Dubois au corps de ville, afin d'être payé du plan d'Angers qu'il a levé. — Fol. 12 : Brevet de douze ans accordé au sieur Moylin, dit Francisque, pour l'exploitation du théâtre d'Angers et de l'apanage. — Fol. 15 : Ordonnance qui interdit « de faire enlever des balons et autres machines aérostatiques » sans autorisation préalable de la police. — Fol. 19 : Continuation des travaux de la levée Besnardière. — Représentation théâtrale au bénéfice de l'hôpital projeté des Enfants-Trouvés. — Les grosses torches du Sacre mises en dépôt dans l'église Saint-Maimbeuf. — Opposition des Sulpiciens. — Fol. 20 . Le sieur Fombeure mis en demeure d'achever l'inventaire des archives municipales. — Remontrances du Conseil contre l'union de l'abbaye Saint-Aubin à l'évêché de Séez. — Fol. 21 : Pavage de la rue Hannelou. — Réparation de la fontaine Pied-Boulet. — Fol. 25 : Concession demandée près le pont des Treilles pour établir des bains. —Extraction de rochers dans le lit de la Maine.—Fol. 25, 28, 31 : Elargissement de la voie neuve du pont des Treilles. — Fol. 29-31 : Réparation des grands ponts. — Fol. 33 : Instruction des affaires à suivre par les députés de la ville à Tours. — Fol. 34-40 : Levée du plan d'Angers avec les alignements projetés et le tracé des travaux d'utilité publique et d'embellissement. — Rapport des députés de la ville. — Fol. 37 : Machine hydraulique pour le service de la fontaine Pied-Boulet. — Fol. 38 : Pension sollicitée par le sieur Perrette, vétérinaire.—Refusée par le Conseil.—Fol. 40 : Affaire des fabricants de bas contre les bonnetiers. — Fol. 41 : Mise aux arrêts du sieur Vanbredenbec, capitaine de milice bourgeoise, pour défaut dans le service. — Fol. 45 : Lettre de l'intendant qui approuve le Conseil de ville. — Fol. 43 : Confection de jetons. — Salaire des pompiers. — Fol. 44 : Privilége demandé par le sieur Josset, pour les mines de

Chaudefonds. — Fol. 46 : Baux des étaux des Halles. — Et des corderies. — Fol. 49 : Nouvelles démarches pour l'établissement d'un guet. — Fol. 50-52 : Union de bénéfices à l'abbaye du Ronceray. — Demande d'une nouvelle cure dans la paroisse de la Trinité. — Fol. 52 : Traité avec les Cordeliers pour la concession d'un passage public dans leur cour.—Fol. 55 : Les grosses torches du Sacre mises en dépôt dans la chapelle Saint-Eutrope. — Fol. 56 : Démarches pour obtenir la liberté d'exportation des vins d'Anjou. — Fol. 57 : Opposition à l'essai demandé par les bouchers. — Fol. 58 : Lettre du roi pour annoncer la naissance du duc de Normandie (Versailles, 28 mars 1785).—Fol. 60 : Cimetière transféré rue Hannelou.—Fol. 61 : Arrêt du Conseil d'Etat pour l'établissement des réverbères en ville. — Fol. 63 : Démolition ordonnée du cintre de la porte Cupif. — Défense aux meuniers des rivières de Sarthe et de Maine d'ouvrir, pendant un mois, leurs portes marinières pour le passage d'autres bateaux que ceux chargés de blés, attendu l'extrême sécheresse.

Reg. in-fol., pap., de 79 fol.; une table de 6 fol.

Registre des conclusions. — Fol. 5 : Arrêt contre les bouchers.— Fol. 6 : Mémoire contre les bateliers « adjudicataires de la conduite des sels, » pour maintenir la fermeture des portes marinières. — Fol. 3-7 : Pose des réverbères. — Fol. 7 : Travaux du quai de la Poissonnerie. — Travaux pour l'épuisement des caves inondées de la rue Saint-Michel. — Fol. 8 : Le corps de ville condamné à payer le sieur Dubois pour son plan d'Angers. — Fol. 5-8 : Présent à M. Barbot « des voyages de M. Cook, » en reconnaissance de la dédicace de sa thèse de mathématiques. — Fol. 9 : M. de Lantivy autorisé à baisser les murs de ville devant son hôtel, « pour y faire une promenade.» — Fol. 11 : Plaintes au ministre contre les violences et excès des dragons. — Fol. 11-15 : Démarches pour la libre exportation des vins d'Anjou. — Fol. 14 : Revendication du droit de propriété de la ville sur la prairie de la Savatte, contre M. de Serrant. — Fol. 14-29 : Nouvelles démarches pour obtenir à Angers l'établissement d'une école d'artillerie. — Fol. 18 : Partie du boulevard de la porte Lionnaise abattue, les fossés comblés.—Confection de jetons. — Fol. 23, 32, 33, 58 : Demande de fonds pour l'établissement projeté d'un hôpital d'Enfants-Trouvés. — Fol. 28 : Formation d'une tontine de 240 actions de 500 liv. pour la construction d'une salle de spectacle. — Fol. 15-29 : Alignements de la rue Saint-Blaise, de la rue Chaussée-Saint-Pierre, du chemin de Saint-Barthélemy.—Confection du plan de la ville. — Le privilége de donner des redoutes et bals publics au théâtre refusé aux comédiens. — Fol. 30 : Avis au

BB 132.
26 juillet 1785.
27 sept. 1788.

public concernant les incendies. — Fol. 31 : Distribution d'aumônes aux pauvres à cause du froid extraordinaire. — Fol. 33 : Recherche des réfractaires. — Fol. 34 : Expertise des travaux de la levée Besnardière. — Fol. 35 : Renouvellement des prudhommes chargés de fixer les mercuriales. — Fol. 38 : Alignement de la rue du Canal. — Fol. 38-145 : Trait de courage du jeune Michel Duchesne, âgé de douze ans. — La ville se charge des frais de son apprentissage. — Fol. 31 : Le théâtre de la grande salle du collége démoli pour loger les blés. — Fol. 44 : Certificat délivré par le corps de ville « de la nécessité d'établir à Angers dix offices de perruquiers-coiffeurs de femmes. » — Fol. 47 : Plaintes contre la perception du droit de prévôté. — Fol. 48 : Achèvement de l'inventaire des archives. — Fol. 52, 76, 78, 79 : Instance contre les Augustins pour la démolition d'une maison près le pont des Treilles. — Règlement des droits d'usage et de pacage dans les communs de Saint-Serge. — Appel interjeté par les bouchers. — Fol. 58 : L'entretien des égouts et canaux de la rue Saint-Michel maintenu à la charge des riverains. — Plantation de tilleuls sur la turcie des Capucins. — Fol. 59 : Brevets de MM. d'Autichamp, lieutenant du roi, et de la Dominière, major du château. — Fol. 60 : Pavage de la levée Besnardière. — Le loyer de la salle de spectacle fixé à 400 liv. par mois. — Fol. 64 : Ouverture d'un concours pour une place de chirurgien interne à l'Hôtel-Dieu. — Fol. 67 : Opposition du clergé et du corps de ville à la réunion de l'abbaye Saint-Aubin à l'évêché de Séez. — Fol. 71 : Insignes demandés par les officiers de la milice bourgeoise. — Fol. 72 : Adjudication des boucheries de Carême. — Réclamations des administrateurs de l'Hôtel-Dieu. — Fol. 73 : Concession du terrain des Petits-Champs derrière Boisnet. — Fol. 76 : Marché pour l'augmentation de la levée Besnardière. — Fol. 84 : Les sieurs Courcité et Simon commis aux octrois et aux aides, injuriés et blessés par des garçons bouchers. — Demande au roi de renforts contre les troupes de contrebandiers qui parcourent l'Anjou. — Fol. 87 : Demande d'une administration provinciale. — Fol. 91-92 : Avis, par le corps de ville, sur les projets et les plans de M. de Brie-Serrant, pour la construction d'un canal de Pornic à Nantes. — Fol. 96 : La grande salle de la Mairie prêtée pour la tenue des assemblées provinciales. — Honneurs rendus à M. de Praslin, président. — Fol. 102 : Translation du marché de la place Neuve sur la place Saint-Maurille. — Confection de jetons. — Fol. 102-104 : La grande salle de la Mairie mise à la disposition du directeur du Concert pour y donner six bals par an. — Casernement de deux escadrons de carabiniers. — Fol. 103-107 : Plaintes contre le service des réverbères. — Lettres de l'intendant concernant l'établissement projeté de l'hôpital des Enfants-Trouvés.—Fol. 106 : Aumône à une femme des Ponts-de-Cé, mordue d'un chien enragé. — Fol. 107 : Les Frères des Ecoles-Chrétiennes invités par la ville à entretenir un maître de dessin et un professeur de mathématiques, et à reculer jusqu'à 17 ans l'âge de la réception des élèves. — Fol. 108, 129, 130, 133, 145 : Etablissement de casernes sollicité à Angers. — La ville propose de les installer dans l'abbaye Saint-Serge, dans le clos dépendant du Ronceray, dans les maisons de Sainte-Catherine et des Récollets, ou aux Minimes, et offre d'y contribuer pour 100,000 liv. — Fol. 110 : Aumône aux pauvres inondés. — Fol. 111, 112, 114 : Disette de chandelle. — Mesures contre la coalition des chandeliers et des bouchers. — Fol. 116 : Projet d'un quai en Boisnet. — Fol. 118 : Lettres patentes pour l'établissement d'un hôpital d'Enfants-Trouvés. — Fol. 123 : Alignement de la rue des Zéphirs. — Fol. 124 : Avis du corps de ville sur l'établissement d'un hôpital d'Enfants-Trouvés à Angers. — Fol. 127 : Consentement de l'évêque. — Fol. 131, 132, 142 : Confection d'une pompe portative et de casques pour les pompiers. — Etablissement d'une pompe au théâtre. — Fol. 133 : Confection de vingt boutiques pour les foires. — Fol. 135 : Remontrances du Conseil contre le projet de transférer à Tours l'Université. — Fol. 136 : Le Conseil refuse d'enregistrer le brevet délivré à Elisabeth Pitrot, femme Forgeot, pour l'exploitation du théâtre, sans la clause d'une représentation au bénéfice des enfants trouvés. — Fol. 138 : Etablissement de bains chauds et froids au pont des Treilles. — Fol. 139 : Projet d'établissement d'un collège et d'un pensionnat dans l'abbaye Saint-Aubin. — Fol. 140 : Opposition du Conseil à la réunion de la vicomté de Sorges au domaine d'Anjou. — Fol. 141-144 : Démarches auprès des religieux de Saint-Serge pour l'acquisition de l'enclos des Bassins, pour l'établissement du Jardin botanique. — Fol. 142 : Confection de jetons. — Fol. 143 : Plan projeté de la ville.

Reg. in-fol., pap., de 145 fol.; un cahier détaché de 9 fol. contenant un brouillard inachevé de table.

Registre des conclusions. — Fol. 2-21 : Droits de propriété de la ville sur la place de Monsieur et sur la butte du Pélican. — Fol. 2 : Droits de propriété de la ville sur la prairie de la Savatte, contestés par M. de Serrant. — Traité pour l'apprentissage du jeune Michel Duchesne. — Fol. 5 : Commission pour recevoir la levée Besnardière. — Fol. 5, 53, 79 : Pavage de la rue Sainte-Catherine. — Fol. 6 : Plainte contre le sieur Chesneau, officier de milice bourgeoise, pour violation de domicile. — Fol. 6-9 : Assemblée générale pour le réta-

BB 133.
14 novemb. 1788.
26 juin 1789.

blissement des Etats de la province. — Avis motivé du Conseil de ville, du chapitre de Saint-Maurice, du Présidial, de l'Université, de M. Bardoul, de M. Bodard, de l'Election, des avocats, des consuls, des notaires-procureurs, des marchands, des paroisses de la ville. — Vœu favorable sous les conditions exprimées. — Fol. 15 : Quai projeté du port Ayrault à la Basse-Chaîne. — Fol. 16 : Requête des marchands forains d'être réunis sur la place des Halles. — Fol. 20 : Démolition du boulevard de la porte Lyonnaise, pour occuper les malheureux sans ouvrage. — Fol. 23 : Achat de farines et de bois, au nom de la ville, « pour les boulangers qui en manquent.»—Fol. 24 : Etablissement de chauffoirs publics. — Translation projetée des casernes à l'Académie. — Aumône aux pauvres de Saint-Aubin des Ponts-de-Cé. — Fol. 24, 25, 26, 28 : Assemblée générale pour la création d'un bureau de charité et la translation des casernes à l'Académie. — Vœu pour le maintien de l'Académie. — Fol. 34 : Un exemplaire de tous les actes imprimés par le corps de ville devra être adressé à M. Moreau, historiographe de France, pour la bibliothèque centrale de la Chancellerie. — Fol. 36 : Construction d'écuries le long des murs de ville, vers Bressigny. — Fol. 37 : Lettre du roi, règlement et ordonnances de la Sénéchaussée pour la convocation des Etats-Généraux. — Fol. 50, 51, 64, 86 : Décision du Comité supérieur de la guerre qui établit les casernes aux Minimes. — Opposition des religieux. — Fol. 55-60 : Liste de convocation des habitants qui ne sont portés au rôle d'aucune corporation. — Nomination de douze députés. — Fol. 65 : Election générale des députés à l'Assemblée du tiers état. — Motion de l'ordre des avocats pour la liberté des candidatures aux Etats-Généraux. — Nomination de trente députés et de quatre suppléants. — Fol. 72 : Rapport sur l'établissement des casernes. — Fol. 73 : Démission de M. Desmazières, lieutenant du maire. — Fol. 76, 77, 78, 79, 84, 85 : Achats de blés pour l'approvisionnement de la ville. — Fol. 80 : Rapport de M. Raimbault de ses démarches à Tours. — Fol. 82-89 : Taxe du pain. — Indemnité aux boulangers. — Fol. 89 : Acquisition des maisons de M. Cassin de la Loge pour l'agrandissement de la place des Halles. — Construction de boutiques pour les marchands des foires. — Fol. 91-95 : Protestation de M. Delaunay aîné, au nom de l'ordre des avocats, contre les restrictions mises aux libertés des élections municipales. — Avis des communautés sur la motion de M. Delaunay et la question du traitement des députés aux Etats-Généraux. — Fol. 99 : Cession consentie à la ville par la nation d'Anjou de la propriété, par les prêtres de l'Oratoire de la jouissance de la prairie d'Allemagne, pour l'établissement de casernes. — Fol. 100 : Protestation du Conseil de ville contre la motion de M. Delaunay, attentatoire et injurieuse aux droits de Monsieur.

Reg. in-fol., pap., de 100 fol.

Registre des conclusions. — Fol. 2 : Convocation demandée d'une assemblée générale pour un projet d'adresse aux Etats-Généraux. — Fol. 2-3 : Le Conseil de ville fera une adresse particulière. — Fol. 2-4 : Appropriation du jeu de paume, en Bressigny, pour les écuries des casernes. — Fol. 4 : Troubles en ville. — Etablissement d'une patrouille. — Offres de MM. Lesrat, d'Houlières, Ayrault de la Roche et Lechat, gentilshommes privilégiés, de contribuer aux charges et corvées publiques. — Fol. 5 : Offres de services des habitants des Ponts-de-Cé et du délégué « de deux mille ouvriers des carrières. » — Etablissement d'une milice angevine. — Lettre de M. de Villedeuil, annonçant le retour du calme à Paris (15 juillet). — Discours du roi aux Etats-Généraux. — Fol. 6 : Offres d'union des habitants de Châteaugontier. — Fol. 7 : Règlement de la milice angevine. — Fol. 9 : Traité avec la nation d'Anjou pour la cession de la prairie d'Allemagne. — Fol. 10-23 : Délibération en assemblée générale sur le plan du nivellement des rues de la traverse de Nantes, depuis la boucherie de la Trinité jusqu'à la porte Chapelière. — Fol. 12 : Démission du Comité de la milice bourgeoise. — Le maire prié, par une députation des habitants, de prendre le gouvernement du château et d'y établir sa demeure. — Remise à la milice bourgeoise tant des canons et drapeaux de la ville que des canons amenés de Brissac et de Serrant. — Fol. 13 : Achats de blés pour l'approvisionnement de la ville. — Fol. 14 : Demande de poudre et munitions par la milice. — Réponse du Conseil de ville. — Fol. 15 : Démarche du Conseil pour conserver à Angers le régiment Royal-Picardie mandé à Orléans. — Fol. 17 : Extrait de la délibération du Comité général et permanent des six légions de la milice bourgeoise qui refuse d'admettre à ses séances les officiers municipaux. — Fol. 18 : Traité avec les Minimes pour l'abandon de leurs maison et enclos destinés aux casernes. — Fol. 21: Rapport de la Commission chargée d'examiner l'administration de l'hôpital des Incurables. — Fol. 27 : Prestation de serment du régiment de Royal-Picardie. — Fol. 31-33 : Création de greniers de subsistances. — Souscriptions volontaires des communautés. — Protestation contre le rétablissement de l'impôt du sel voté par l'Assemblée nationale. — Fol. 32 : Mesures pour faire cesser la dévastation des bois royaux. — Fol. 45 : Réception des travaux de la levée Saint-Serge. — Fol. 67 : Confection d'un drapeau rouge. — Fol. 75 : Mé-

BB 134.
29 juin 1789.
19 février 1790.

moire adressé à l'Assemblée nationale sur l'organisation du pouvoir judiciaire. — Fol. 93 : Lettre de M. Duvau portant refus des fonctions de maire. — Fol. 96 : Dépouillement du scrutin pour l'élection du maire. — M. d'Houlières, nommé, refuse. — Sur l'insistance des districts, il retire sa démission. — Fol. 99, 104, 109 : Scrutins pour l'élection des officiers municipaux. — Fol. 107 : Lettre aux députés d'Anjou demandant qu'il ne soit nommé qu'un seul sujet pour chaque charge de magistrature, et que ces charges soient gratuites. — Fol. 108 : MM. Couraudin de la Noue et Delaunay aîné députés à la fédération de Pontivy. — Fol. 110-111 : Scrutins pour l'élection d'un procureur de la commune. — Fol. 121 : Pour la nomination de trente notables.

Reg. in-fol., pap., de 132 fol.

BB 135.
1599-1601.

Lettres et requêtes concernant les offices à la nomination du Conseil de ville. — MAIRAT : Lettres du Conseil à MM. de Montpensier et de Chavigny, portant désignation « de deux fort notables et catholicques personnages » présentés au choix du roi pour la charge de maire, avec recommandation spéciale pour M. de Boistravers, attendu la misère de la ville où « il est nécessaire avoir homme riche pour y suppléer quelque peu. » (Mai, 1565). — Du roi Charles IX, qui nomme ledit sieur de Boistravers maire (Bayonne, 8 juin 1565. — Original signé). — ECHEVINAGE : Lettres du duc de Montpensier, pour recommander au Conseil l'élection d'Estienne Berthe, sieur de la Perchaudière (1562). — Du même, en faveur de François Boylesve, « pour la peine et debvoir qu'il a faict au procès des rebelles. » — Du même, pour J. Dubreil (1563), — (signées : « *Le bien voustre, le bien fort voustre Loys de Bourbon*). » — De MM. Lemaczon (1562) et Urban Avril (1663), portant démission de leur charge de conseillers de ville. — MONNAIE : Lettres du duc d'Anjou : il recommande, pour la maîtrise de la Monnaie d'Angers, l'élection de Philippe Varice. — De M. de Puygaillard, même objet : « Monsieur le maire, je vous prye dire à messieurs voz compaignons, que s'ilz me reffuzent de si petite chose que de ma vye je ne feray service à leur république. » (Des Ponts-de-Sée, 12 novembre 1565. Olographe). — Du duc d'Anjou ; nouvelles instances : « J'estimeray le plaisir que vous me ferez en cest endroict comme faict à moy mesme, qui m'en revencheray par tout autre lieu où vous me vouldrez employer. » (13 novembre). — De M. de Chavigny, même objet ; il insiste en son nom et au nom du duc : « Je croy qu'il vous en écrit pour la seconde foix et ne demeurera pas content de vous sy vous ne luy faites connoistre combien vous aves en recommandation ceu quy est recom-

mandé de luy. » (14 novembre. Olographe). — Du duc d'Anjou :
« Messieurs, vous m'avez faict beaucoup de plaisir par les lettres que
j'ay reçues par ce porteur m'avoir faict entendre l'occasion des difficultez que vous faictes à la nomination de l'estat de maître des
monnoyes de vostre ville.. vous voulant bien asseurer que ce que
j'en ay faict a esté sur l'asseurance que M. de Puygaillard m'en avoit
donnée et faicte, que j'estime ne le vouldrès faire que bien équitable,
ny moy, messieurs, à vous oster ny diminuer le pouvoir que vous
avez à la nomination de telz estatz, estant bien fort aise de celle que
vous avez faicte de Estienne Breslay... qui vous remercye toutes fois
du différer que vous avez faict à conclure à ladite nomination attendant ceste ma volonté, qui ne sera jamais autre que de vous aymer
et faire plaisir..» (Tours, 16 novembre 1565. Les trois lettres du duc
signées : « *Le bien fort vostre François de Bourbon* »). — Requête de
« Jacques Prieur, orfebvre juré en la ville du Mans, natif de ceste
ville d'Angers.. pour estre pourveu d'office de tailleur en la Monnoye. » (Original signé). — Déclaration à l'appui de ladite requête,
par Toussainctz Colpin et René Travers, maîtres orfèvres jurés d'Angers, « de la capacité, légalité et prudhomye » dudit Prieur (Janvier
1564. Original). — Procureur de ville : Requête de Me Jehan Juffé,
comme « en son jeune eage.., bien saichant n'estre de scavoir et d'expériance tel qu'il peust aucune chose proffitèz à la chouse publicque en
général ou particulier, » il a été nommé à succéder en la charge de
son père, il demande à être dispensé de la résidence « pour se rendre
de plus en plus capable et ydoyne à l'exercice de sondit office, et pour
ce faire, soy transporter ès universitez de Poitiers, Orléans et autres, »
et présente Me Jehan d'Avoines pour suppléant (1533).— Connétables
des portes : Requête de Catherine Barillier, veuve de Jehan de Montortier, connétable du portal Toussaint, « chargée de quatre enfants
et d'une fille preste à marier, » pour obtenir provision dudit office
en faveur de son gendre, Pierre Varice (1560). — Lettres du duc de
Montpensier : « J'ay esté adverty que ung nommé [...] que j'aurois
faict destituer de la garde des clefs de la porte Saint- [.....] pour avoir
de sa seule authorité faict [entrer] ceulx de la nouvelle religion..
durant ces troubles, a obtenu lettres du roy pour y estre remys, »
qu'on les renvoie à l'examen des commissaires délégués pour l'édit
de pacification (25-26 décembre 1563). — Officiers de la garde
bourgeoise : Lettre du comte d'Harcourt, pour recommander l'élection de J.-J. Lanier, sieur de Vernusson, à la charge de capitaine
(1661. Signature et double cachet aux armes). — Lettres de démission des sieurs Gallard et Gilles de la Grue (1660). — Sergents de
ville : Requête de Jehan Tronchot, « l'un de vos sergents et cappi-

taine du guet, » portant résignation de sa charge de sergent au profit de René Davy, attendu « que son office.. ne luy vault riens, au moyen qu'il ne peult et n'oseroit lesser la ville pour faire adjournemens et autres exploictz de justice tant pour le faict du guet où il fault qu'il face chacun jour, aussi que plusieurs ont prins noyse, question et débat avecques ledit suppléant en haigne dudit guet, et se sont vantez et ventent.. que s'ilz peuvent trouver ledit suppléant à part et hors de ville qu'ilz le tueront. » (1534). — Lettre de démission de Guillaume Davy, au profit de Loys Gresle (1538). — TAMBOUR DE VILLE : Supplique d'Estienne Deslandes, « tabourin, » pour le maintien de ses priviléges, « aucuns parsonnaiges estranges et extrannes de la ville se mellant et entremectant en icelle jouer et baptre aucuns tabourins de Suisse tant jour que nuict. »

25 pièces pap., dont 10 en mauvais état.

SÉRIE CC.

Impôts et Comptabilité.

Lettres royaux concernant l'emploi ou l'administration des deniers municipaux. — Lettres : 1° de François Ier (original signé) : « Nous vous ordonnons et enjoignons bien expressément que dedans six sepmaines après la présente receue vous nous envoyez par l'un de vous un estat au vray et par le menu deuement signé et certiffié de ce que se montent chacun an les deniers communs, dons et octroys de nostre ville de Angiers et de quelque nature et qualité que soient lesdits deniers, ensemble de ce que montent aussi par le menu les charges ordinaires y estans, et les tiltres originaulx en vertu desquelz.. avez accoustumé cy devant lever lesdits deniers.. semblablement nous envoyez par mesme moyen les trois derreniers comptes rendus par vostre receveur desdits deniers... A Paris ce XXII jour de juin 1539. » — 2° De François II (original signé) : « Désirans par tous moiens pourveoir et mesmes à paciffier les troubles et divertir les dévoiez de leur maulvaise oppinion et volunté, nous avons faict lever et mectre sus certain nombre de gens de guerre, pour partie de la solde et entretenement desquelz avons advisé prandre de vous par forme de prest la somme de dix mil livres tournoys seullement, en attendant que les deniers pour ce destinez soient receuz.. laquelle somme nous vous mandons, commandons et très expressément enjoignons par la présente que incontinant.. ou pour le plus tard dedans huict jours.. vous ayez à la fournir par tous les meilleurs et plus promptz moiens.. soit par emprunct.. ou par collisation.. ou autrement.. A Orléans le XVIIe jour de novembre 1560. » — 3° De Charles IX (original signé) : « A esté advisé en nostre Conseil privé, actendu que les rebelles se sont saisiz de plusieurs des villes, esquelles sont establies nos receptes génerailles, et que par telles voyes de faict nous est osté tout le moien de nous aider des finances d'icelles, qu'il sera levé sur nos subjectz d'aucunes des villes et des provinces, qui restent en nostre obéissance, jusques à la somme de 591,800 livres tournoys, pour partie de laquelle vostre ville de Angers a esté taxée à la somme de 15,000 livres tournoys, vous mandant à ceste cause.. et très expressement enjoignans de la coltizez et deppartir et faire lever sur tous ceulx que pour ce aurez coltizez, par emprisonne-

CC 1.
1539—1562.

ment de leurs personnes, vente et exploitation de leurs biens.. et sans formalité de procès.. mesmes sur ceulx qui soubz prétexte de la religion ont esté et sont cause desdites séditions.. lesquels nous entendons en porter la plus grande partie... Au boys de Vinciennes le xxe jour de juillet 1562. »

Trois pièces papier.

CC 2.
1372—1382.

Comptes « de Jehan Sebille, maistre et gouverneur des euvres et repparacions de la clouaison (1), fortiffication et emparement de la ville d'Angers du costé devers Saint-Morice, commis à ce par messire André Mallart, chevalier cappitaine de ladicte ville d'ycelui cousté, et Jehan Courtet, lieutenant à Angers et au ressort du sénéschal d'Anjou et du Maine, si comme il appert par leurs lettres données le premier jour d'avril l'an MCCCLXXII avant Pasques, la teneur d'icelles escripte au commancement de ce compte, pour lesquelles repparacions faire et accomplir les dessus diz cappitaine et lieutenant ordenerent ledit Jehan Sebille, receveur de tous les deniers et debtes quiexconques qui povoient estre deuz et ordenez pour le fait desdictes clouaison, fortiffication, emparement et garde de ladicte ville, tant à cause du vi^e de l'imposicion de ladicte ville, donné par le roy nostre sire aus bourgoys et habitans d'icelle pour mettre et emploier en ladicte fortiffication, comme de quiexconques subsides, subvencions et aides qui ont esté, sont et seront levez en ladicte ville, si comme par lesdictes lettres appert des receptes et mises faictes par ledit Jehan Sebille, à cause de ce depuis ledit premier jour d'avril l'an mil CCCLXXII, qu'il fut institué audit office, comme dit est, jusques au lundi après Pasques l'an soixante dix et sept ; rendu à maistre Lucas Lefevre secretaire de monsieur le duc d'Anjou et clerc de ses comptes, à maistre Jacques Brient, bachelier en loys, Jehan Penet, Jehan le Saintier, et André Budoys, bourgoys de ladicte ville d'Angers, commissères en ceste partie, de par monsieur de Chasteaufromont, lieutenant général dudit monsieur le Duc, ainsi qu'il appert par ses lettres desquelles la teneur est enregistrée ci devant au blanc de la custode de cest présent compte. »
— II. Recepte faicte par moy Jehan Sebille, à cause de un quart de fouage, lequel fut ordonné estre levé le premier jour d'avril

(1) Les comptes de la Cloison, dont le titre de ce premier volume explique assez la dénomination, ont pour subdivisions régulières les chapitres suivants : *Recette.* — *Dépense.* — *Journées d'ouvriers.* — *Ouvrages faits à covenant.* — *Deniers baillés.* — *Dons et rémissions.*— *Gages d'officiers.*— *Dépense commune.*— Les extraits donnés ici, à défaut d'une analyse dont ils ne sont pas susceptibles, ne peuvent que signaler l'intérêt varié qu'en présenterait une étude approfondie.

CCCLXXVII en la ville d'Angers et ès forsbours par l'assentement des bourgoys et habitans. — Despense pour fere une bastille en Boaysnet et un angin, et pour fère une eschauguyère au portau Saint-Nycolas.»
— III. **Pappier journal de Jehan Sebille** « pour cause de fere feire deux angins pour la ville d'Angers du commendement monsieur Jehan Cheappellays, chevalier et cappitaine de ladicte ville, et de Pierres de Meindo, lieutenant de monseigneur le Sénéchal, auquilx monseigneur de Clisson, connestable de France, avoit comandé estre faiz yceulx engins; lesquelx engins sont en garde en l'hostel de la Sécherie de Saint-Jean de l'Aumosnerie d'Angers. »

Un reg. in-4º, parch., de 36 fol.; 2 cah. pap. petit in-fol., reliés ensemble, de 39 fol. — Les parchemins qui servent de couvertures à ces deux cahiers sont : pour le premier, le testament de Jean Duboays de Soucelles (1382) ; pour le second, le testament de Nicole Moyniau (1341), tous deux en latin.

Comptes de James de la Croix, « commis en l'an 1367.. à cueillir, lever, et recevoir certain subside.. par deçà les pons du costé de Saint-Morice.. pour cause de la cloaison et fortification d'icelle ville.» — **Compte de Franchequin le Lombart**, receveur des deniers de la Cloison (12 avril 1378 - 1ᵉʳ janvier 1380 N.-S.). — Fol. 13 : « Viretons, arbalestes, glaives et canons pour les neccessitez et garnison de la ville. » — Fol. 25 : « Despense pour les ystoires faiz pour le parement de la ville contre la venue et entrée de M. le duc.. lesquelles ystoires sont parfaites et en garde dans un hostel à louage en attendant ladite venue. » — **Compte de Jehan Lepevrier**, « fermier de certain subside ordonné estre levé en la ville d'Angiers et plusieurs autres lieux d'Anjou.. pour le fait de la cloison et fortification de ladite ville » (8 mai - 11 septembre 1378). — **Compte de Jehan Bourne**, « commis à recevoir et distribuer les deniers ordonnez pour la cloison » (1ᵉʳ janvier 1390 - 30 mars 1398 N.-S.). — Fol. 43 : Réparation et entretien de l'horloge. — Frais du guet « pour cause de l'esmovement de la prinse du chastel de Chastoceaux. » — Fol. 48 : Pierre Merlin, « orlegeur, » mandé de Poitiers « pour faire certaines ouvres.. à la grant orloge.» — Fol. 49 : Don au roi de Navarre « de chairs, vins, torches, flambeaux de cire et avoine pour son hostel. » — **Compte de Estienne de Beaumanoir et de Jehan Durant**, « commis de par madame la royne de Jerusalem et de Sicile.. à faire certaines œuvres.. pour un chemin et port.. au lonc de la Poissonnerie » (24 juillet - 22 septembre 1397). — **Compte de Jehan Bourne** (1ᵉʳ avril 1398 N.-S. - 31 juillet 1409). — Fol. 93 : Paiement de Pierre Merlin, « pour dessendre et desassembler toute l'opération du grant orloge.» — Fol. 132 : Allocation « à Jehan Duchet, charpentier, pour

CC 3.
1367—1447.

avoir fait une chayère et certaines tantes quant maistre Jehan Roisant vint preschier en la ville d'Angiers.» — Registre des marchés passés par les bourgeois commis aux œuvres de la cloison et fortification de la ville avec les maîtres maçons, charpentiers et autres entrepreneurs d'ouvrages (1410-1419). — Fol. 145 : Inventaire « des garnissons, artillerie, engins et autres choses appartenant à la ville d'Angiers.» — Fol. 151 : Poids des bombardes neuves. — Fol. 167 : Inventaire « des bombardes, canons, pierres, traits et autres chouses estans en la ville. » — Compte de Jehan Allaume (1ᵉʳ août 1412 - 31 juillet 1413). — Compte de Jehan Bourne (1ᵉʳ août 1409 - 31 juillet 1410). — Compte de Jehan Allaume (1ᵉʳ décembre 1415 - 30 novembre 1416). — Compte de André Lesperlant, « esleu et ordonné par les cappitaine, bourgeoys et habitans d'Angiers à recevoir les deniers appartenans à ladite ville.. pour les euvres et autres négoces et affaires touchans la chose, fortifficcation et emparement d'icelle » (1ᵉʳ avril 1425 - 31 mars 1427 N.-S.). — Fol. 199 : Gages de Jehan Potafeu et Jehan de Montfilidefeu, canonniers, « retenus pour servir en office de leur mestier au chastel et ville d'Angiers.» — Présent offert par la ville « à Mᵍʳ le duc d'Alençon, à sa venue de sa prison des Angloys où il avoit esté par longtemps après la bataille de Vernoueil.» — Fol. 201 : Relevé des pertes subies par la ville sur l'achat et la revente de la monnaie d'or, attendu « qu'en iceluy temps.. l'on doubtoit le tumbe de la monnoie, qui estoit feible, et que le roy la vouloist abatre et faire autre nouveau pié de monnoie et de plus haulte loy, fut advisé.. que pour moins perdre, si le cas advenoit, que toute la monnoye qui vendroit à la recette ou par avant receue.. seroit convertie en or et ainsi fut fait, et IIIIᶜ escuz d'or au croissant achatez le pris de 50 soulz tournois la pièce; et il fust ainsi que de longtemps après ladicte monnoie fut touzjours en un estat sans changer... et convint bailler aux ouvriers lesdits escuz en paiment pour XLIII s. IIII d. la pièce, pour XLIII s. II d. et pour XLV s. t. au plus, parce que l'or ravala, et que pour lors escuz ne valloient plus, où il eut grant perte, et que que soit, de plus de cent livres tournois (mars 1428 N.-S.). — Compte de Pierre Hamon (1ᵉʳ mai 1429 - 30 avril 1422). — Compte de André Lesperlant (1ᵉʳ avril 1428 - 31 mars 1429 N.-S.). — Compte de Guillaume de la Planche (1ᵉʳ septembre- 31 décembre 1431). — Fol. 241 : Envoi d'un messager à Pouancé « pour savoir nouvelles du siège illec mis par les Bretons.» — Compte de Yvonnet Thibault. — Fol. 249 : Allocation « à Jehan Cheval, canonnier, » pour « l'appareil de la grant aurlauge que ledit Cheval mist en point. » — Compte de Raoulet Robert (1ᵉʳ décembre 1433- 30 septembre 1442). — Fol. 274 : Ambassade de ville « devers le roy, la royne de Sicile et M. Charles, pour leur remonstrer les grans pilleries, qui sont faictes sur le peuple du païs d'Anjou par les gens de guerre. » — Fol. 278 : Présents « à madame d'Alençon, à sa nouvelle venue d'Armegnac. » — « A Chabannes et Blancheffort.. pour faire desloger leurs gens d'environ ceste ville d'Angers.» — **Compte de Jehan Landevy** (1ᵉʳ octobre 1446-1447). — Fol. 295 : « A Jehan Joye.. 50 liv. t. qu'il a paié à pluseurs marchans de poisson et autres choses pour partie de la despense du digner et présent fait à madame Yoland, fille du roy de Sicile estant en cousche au chasteau d'Angiers.. par mandement donné le 29ᵉ jour de mars l'an 1446..»

Volume grand in-4°, comprenant 31 cahiers parch., et 2 cahiers pap. in-fol. ; le tout relié et coté par fol. 1-297. — Les cahiers de 1389 et 1394 sont détachés.

Papier ordinaire de la despence « faicte pour la fortifficacion, réparacion et emparement de ceste ville d'Angers des deniers de la Cloaison (1ᵉʳ octobre 1446 - 30 septembre 1447). — **Compte de Jehan Bourne,** commis à recevoir les deniers de la Cloaison (1ᵉʳ août 1384 - 1ᵉʳ septembre 1385). — Fol. 40 : « Despense pour la orloge de la ville assise dessur un des piliers de l'église Saint-Morice d'Angiers.» — Fol. 41 : « Pour l'ouvrage et dechié de cent torches de cire achatées.. pour ardoir et faire luminaire en conduisant le cueur du corps du roi de Jérusalem et de Sicile.. depuis l'église de Saint-Aubin du Pont-de-Sée jusques au dedenz de l'église de Saint-Morice d'Angiers. » — **Comptes de Jehan Landevy,** receveur des deniers de la Cloaison (1ᵉʳ octobre 1445 - 30 septembre 1458). — Fol. 47 : Frais « pour faire ung digner au sieur de Cléré.. lequel estoit venu.. de par le roy pour faire mener des vivres au siège du Mans et aussi des mains euvres.» — Fol. 48 : Allocation « au bourgne, impotant de sa personne autrefoys bleciée au Pont-de-Sée en servant au bien de la chose publique.. pour lui aider à se faire mener à Saint-Poursaint à ung très souverain medicin et cirurgien, qui estoit pour esseaier à povoir recouvrer santé.» — Fol. 57 : Frais de voyage « de l'ambaxade des trois estaz tenuz à Saumur. » — Fol. 66 : « A Micheau, chevaucheur, 40 s. t.. pour estre alé hastivement devers le roy, son conseil M. de Tours, procureur d'Anjou et autres, pour contredire et empescher que l'impost impétré extraordinairement par Jacques Cuer sur les marchandises d'Espaigne n'ait cours » (7 mars 1349 N.-S.). — Fol. 72 : Don à frère Jehan Charpentier, franciscain, « pour luy aider à supporter les grans charges.. qu'il lui convient faire pour sa feste de maistre en théaulogie.» — Fol. 82 : « A Jehan Ferré.. 100 s. t. pour avoir sonné sa

CC 4.
1 août 1384.
30 septemb. 1473.

cloche par les carrefours de la ville troys foys par chacune sepmaine.» — Fol. 91 : « Don à messire Jehan Bellanger docteur ès lois.. pour aucunement lui aider.. a supporter les grans frais.. que faire lui convenoit à soy faire docteur régent en l'Université d'Angers pour la nacion d'Anjou, au lieu de messire Jehan Jocerale docteur ès lois, qui s'en est départy.. pour ce que de luy il n'avoit de quoy supporter lesdites despenses, et que ce ne venoit aucunement à sa requeste mais par l'éleccion des maîtres licenciés, bacheliers, suposts et escoliers de ladite nacion.» — Fol. 100 : Indemnité à Jehan Guibert de Denée, pour trois maisons abatues et rasées près la porte Saint-Aubin, « dès le temps de 35 ans ou environ.. pour doubte que les Anglois qui alors estoient nouvellement descenduz en ce royaume feissent à l'occasion desdites maisons dommage en ladite ville.» — Fol. 101 : Certificat de bons services délivré à maître Maurice Lepeletier, médecin des pauvres de l'Hôpital. — Fol. 110 : Dépenses pour la réception de madame Madeleine de France. — Fol. 111 : Deniers « baillez... pour cause de la venue et nouvelle entrée de la royne de Sicile.. c'est assavoir à Jehan Lepaintre et Jehan Lemaistre.. 50 escuz d'or pour faire certains personnages et mistères.. par aucuns lieux des carrefours de ladite ville..; à Jehan Lemercier pour faire jouer aucuns esbatemens en manière de farces.. 10 escuz d'or. » — Fol. 122 : Présent au sénéchal d'Anjou, « pour la feste des nopces de sa fille.» — Fol. 124 : Frais « de la charpenterie de l'horloge.» — Fol. 158 : A Jehan de Blandrate, « phisicien du roy de Sicile.. 20 escuz d'or.. pour le louage de la maison où il demeure à présent et à fin de le entretenir au mieulx que faire se pourra en ceste ville.» — Fol. 165 : Dépense pour la copie « et addicions.... du mystère de la Résurrection Nostre Seigneur que le sieur roy de Sicile avoit intencion faire jouer à la Penthecouste.» — Fol. 166 : « A Guillaume Dufresnay, Colas Dumolin, Michel Bachelier, et autres maistres barbiers juréz de la ville... 12 livres.... pour faire l'ouverture du corps de feu Guillaume Lemau qui estoit mort de mort soudaine, afin de cognoistre le cas pour lequel il estoit mort pour y donner provision pour le temps avenir » (27 mars 1456 N.-S.). — Fol. 175 : Indemnité de voyage de Jehan Lecronier, fontainier de Laval, appelé à Angers « pour visiter les conduiz de la fontaine de Puy-de-Boulet, le puiz des Cordelliers et autres puiz et fontaines estans en ceste ville et all'entour.» — Fol. 179 : Allocation de 100 liv. à Jehan Bohalle, « gouverneur et aiant l'administracion pour le fait de l'emparement des levées estans sur la rivière de Loire, » pour aider à la réparation des levées « avecques autres sommes de deniers que plusieurs autres estoient tenuz paiez et baillez comme l'abbé de Saint-

Florent, le chappitre de l'église d'Angiers, l'abasse de Frontevaux et aussi sur la cloaison de Saumur et pluseurs autres,... à l'occasion des rompteures qui estoient et avoïent esté faictes par le moien des grans affluences et habondances d'eaux qui estoient descendues audit pais d'Anjou dont les vallées avoient esté et sont perdues et destruites » (février 1458 N.-S.). — Fol. 198 : Marché avec l'entrepreneur des tombereaux de la ville. — **Comptes de Jehan Colin**, receveur des deniers de la Cloison (1ᵉʳ octobre 1461-30 septembre 1462). — Fol. 209, 210, 212, 215, 217, 218, 251 : Frais et dépenses occasionnés par l'insurrection « du tricotage. » — Fol. 216: Présents offerts au comte de Dunois et à M. de Montauban, amiral de France. — **Compte de feu Jamet Thibault** (1ᵉʳ octobre 1462 - 1463). — Fol. 236 : « A Gervaise Lecamus.. 600 liv. t... pour la vendicion d'un tableau d'or.. lequel fut donné au mois de janvier M.CCCCLXI par les bourgeois et marchans.. d'Angiers au roy à son premier advenement en ceste ville. » — **Comptes de Guillaume le Roy** (1ᵉʳ octobre 1465-1466). — **de Jehan de Souenne et Estienne Tireau** (1ᵉʳ octobre 1470-1471). — **de Jehan Lelou** (1ᵉʳ octobre 1472-1473), receveur des deniers de la Cloison.

Volume grand in-4°, comprenant 23 cahiers in-4° dont 19 en parchemin, reliés et cotés par fol. 1-163. — Au fol. 101 une pièce pap. annexée.

Comptes de Jehan Lepeletier (1ᵉʳ novembre 1474-1477) **et de Gervaise Lecamus** (1477-1478), receveurs des deniers de la Cloison. — Fol. 37-40 : Lettres de commission royale pour Mᵉˢ Adam Fumée, maître ordinaire des requêtes du roi; Auger de Brye, abbé de Saint-Evroult et de la Trappe, et Guillaume de Cerisay, greffier du Parlement de Paris et maire d'Angers, portant mandat auxdits commissaires de revoir à nouveau les comptes de la cloison « renduz aucuns telz quelz comptes par devant aucuns des gens de nostredit oncle et au lieu qu'ilz dient et appellent la Chambre des comptes.. oyz et clos par lesdits officiers, leurs parens, amys ou affins.. aidez de plusieurs acquitz fictifz et simullez, » et de poursuivre les malversateurs (au Plessis-du-Parc, le 3 novembre 1478). — **Compte de Jehan Raimbault** (1ᵉʳ août 1478-1479), receveur de la Cloison. — Fol. 51 : Construction de la fontaine Godeline. — Fol. 53 : Arrestation d'écoliers « pour oultraige.. faict à Estienne de la Boessière, sergent de la Mairie. » — Frais de la réception des commissaires envoyés par le roi « pour.. meictre fin en l'esmocion qui lors estoit.. touchant l'eslection que l'on voulloit faire d'un nouveau maire. » — Fol. 54 : Dépense « des challons et des notonniers qui menèrent lesdits commissaires en procession à N.-D.

CC 5.
1474—1494.

de Béhuart pour le roy nostre sire » — Comptes d'Estienne Charpentier, Jehan Guilloteau et Geoffroy Gaulteron (1ᵉʳ août 1482-1485), receveurs de la Cloison. — Fol. 96 : « A Guilleaume Jollet, chevaucheur,.. pour ung veaige qu'il a fait pour porter des herbes devers le roy.. 41 s. 8 d. » — Fol. 99 : Au même, « .. 32 s. t. pour sa despence d'aller à Tours devers M. le maire d'Angers savoir le bon plaisir du roy, qu'il seroit fait de deux gentilshommes du païs d'Almaigne qui estoient arestez en ceste ville d'Angers pour ce qu'ilz voulloient aller au païs de Bretaigne. » — Fol. 101 : Présent de perdrix, bécasses et faisant à M. du Plessis-Bourré. — Fol. 105 : A Jehan Girard, concierge de la maison de ville, et Raimbaud, l'un des conseillers, 21 l. 12 s. 2 d. pour leur voyage « d'amener et conduire devers le roy nostre souverain seigneur à Amboise deux prisonniers, l'un nommé Lancelot Lelou autres fois demourant à Arras, lequel avoit autres foiz esté envoyé, enferré de l'une des fillettes dudit sieur, à garder à MM. de la loy de ladite ville par le feu roy Loys, que Dieu absole, et l'autre prisonnier ung jeune homme natif d'Engleterre..» — Compte des pavages de la ville et banlieue d'Angiers.. rendu.. par Guillaume de Rezeau, marchant » (28 février 1480 N.-S. - 31 juillet 1482). — Compte du pavage.. que rend la veuve feu Jehan Fallet » (1ᵉʳ février 1484 N.-S. - 31 décembre 1487). — Mises et despenses.. faictes pour les fortiffications, reparacions et emparemens de la ville d'Angiers (1ᵉʳ mai 1492 - 30 avril 1493). — Compte de Jehan Lepeletier.. de la recepte et despence des deniers appartenans à la communauté de la ville (1ᵉʳ janvier 1488 N.-S. - 30 septembre 1494). — Fol. 257, 259, 260 : Mise en état de l'artillerie de ville. — Fol. 264 : Paiement de deux journaliers « mis à abatre une bute de terre et vuyder la place en laquelle furent assises les selles où se assidrent messieurs du Conseil le jour du Sacre, durant le sermon. » — Fol 281: Envoi d'un sergent et d'un maître boucher, au nom de la ville, « par devers MM. les séneschal de Thoulouze et sieur de Champéroux, chefs de guerre pour le roy nostre sire estant à Maienne-la-Juheis leur porter lectres de par ladite ville et leur faire remonstrance que la pluspart des bœufs et autres chairs que on amène en ceste ville pour la provision d'icelle viennent dudit lieu de Maienne et des environs. » — Fol. 299 : Frais de route de Pierre Davy, sergent, « naguère envoyé à Amboeze devers le roy luy porter lectres pour advertir ledit sieur touchant les ambrazemens de feu, coursses et dommaiges faictes par les Bretons tant ès églises et maisons du Liond'Angiers, à Quandé, que ailleurs en ce bas pays d'Anjou ad ce que le plaisir dudit sieur fust y obvyer envoyer de ses gens de guerre pour garder ledit pays ad ce que lesdits Bretons ne passent oultre les

rivières. » — Fol. 304 : Frais de voyage de P. Cupif, de Candé, envoyé
« jusques à Moulins en Bourbonnoys.. pour advertir le roy de la cru-
délité et énormes exceis faiz par les Bretons au chasteau de Segré. »
— Fol. 336, 337, 338, 341, 356 : Présents à M. du Plessis-Bourré. —
Fol. 350 : Frais de séjour de trois archers de la garde du roi, « eulx,
leurs gens et leurs chevaulx, lesquelx estoient en nombre six hommes et six chevaulx, envoyez de par le roy nostre sire en ceste ville
au moys de novembre mil iiii^c iiiixx et unze pour faire deslogez
pluseurs des nobles et autres gens subjetz aux ban et arriere ban,
tant des pays de Poictou, d'Armeignac, que d'ailleurs, partiz de l'ost
dudit sieur pour retourner en leurs maisons, faisans séjour à l'entour de ceste dite ville d'Angiers tant delà la rivière que deczà, à la
foulle et destriment du pauvre peuple et pays d'environ, qui estoit
à la très grant desplaisance du roy. » — Fol. 357 : Présent à Mme la
maréchale de Gyé. — Fol. 397 : Aumône « à ung pauvre homme du
pays de Bretaigne détenu prisonnier de guerre, passé a cinq ans, au
portau Saint-Aubbin de cette ville, pour aulcunement luy ayder au
paiement de sa renczon. »

Volume in-fol., relié, contenant 12 cahiers ou registres, dont 2 en parch., ensemble de 423 fol. — Les fol. 74, 419 et 420 sont détachés.

Compte de Jehan Fallet, prévôt et échevin d'Angers « des par- CC 6.
ties.. qu'il a paiées de l'ordonnance et commandement de MM. les Août 1484-1485.
maire et eschevins de la ville dudit lieu d'Angiers sur la somme de
2,000 l. t. à lacquelle lesdits maire et eschevins luy ont fait bailler à
ferme le revenu de la cloaison dudit lieu d'Angiers et des Ponts-de-
Sée (août 1484 - 1485). — Fol. 2 : « Pour achat de poysson prins à
la Poyssonnerie.. donné et envoyé à madame du Plessis-Bourré, à ce
que mondit sieur du Plessis son mary ait toujours en recommandacion les affaires de ladite ville. » — Fol. 3 : « A Jehan Leblanc, receveur d'Anjou la somme de 102 s. t. pour restitution de semblable
somme par lui prestée et baillée à Jehan Joymier, sergent royal lui
estant malade à Saumeur pour le méger et pancer de certains excés
et bleceures faictes à sa personne par ung nommé de Vallée, de la
garde des sieurs de Bretaigne estans audit Saumeur. » — Fol. 4 : Solde
« des louaiges... de la maison sisse à la porte Chappellière qui avoit
esté tenue et occuppée par longtemps par les maire et eschevins du
passé. » — Fol. 5 : Gages des officiers de ville. — Fol. 6 : « A Jacquet
Chaumart, sergent royal la somme de 10 s. t. pour ses paines.. d'a-
voir esté.... au lieu du Vergier quérir et faire amener d'illecq en ladite
ville un engin de boys a frapper les paulx pour la clôture d'icelle
ville. »

Un cahier petit in-8°, pap., de 12 fol.

CC 7.
1487 - 1498.

Compte de Jehan Lepeletier, « commis.. à faire la recepte et distribution de tous les deniers.. emploiez èz repparacions et fortifficacions d'Angiers » (1er janvier 1488 - 1494 N.-S.). — Fol. 57 : Achat « de huit tillolles.. pour servir à bander les grosses arballestes de passe que MM. les maire et eschevins ont naguères achactées des Gascons arballestiers du chasteau, pour icelles servir à la deffence de la ville. » — Fol. 77 : Fonte « de vingt grosses coulevrines à crochet de troys piez de longueur.. merchées sur le dessus d'icelles bien proprement aux armes de la ville, et du poix de 35 liv. chacune. » — — **Compte de Denis Meguyn**, « receveur des deniers communs de la ville.. de la recepte et despence par luy faicte des deniers ordonnéz par le roy.. sur les fermes des traictes d'Anjou, imposition foraine et trespas de Loyre, en oultre le principal d'icelles fermes, pour estre convertiz et employez en la repparation et entretenement des pons et pilliers.. des Pons-de-Sée » (1er octobre 1495 - 1498). — **Compte de Jehan Lepeletier**, « de la recepte et despence des deniers appartenans à la communauté de la ville » (1er janvier 1488 - 1495 N.-S.). — Double d'un registre relié à l'article précédent. — **Compte de maître Olivier Barrault**, « receveur des aides ordonnez pour la guerre en la ville et ellection d'Angers de la recepte et despense par luy faictes à cause desdits aides et équivallent » (1er octobre 1495 - 30 septembre 1496). — « Recepte du huitiesme du vin vendu à détail et taverne, » à Angers, Brain, La Haye-Joullain, Saint-Georges-sur-Loire, La Membrolle, Craon, Candé, Pouancé, Le Lion-d'Angers, Châteaugontier, entre Sarthe et Maine, entre Sarthe et Loir, Baugé, Beaufort, Cornillé, Saint-Remy-en-Mauges, La Chapelle-du-Genet, Saint-Crépin, Saint-Germain près Montfaucon, La Renaudière, Gesté, Notre-Dame et Saint-Martin de Beaupreau, Le Mesnil, Saint-Laurent-du-Mottay, Botz, Saint-Florent-le-Vieil, La Chapelle-Saint-Florent, Le Marillais, Bouzillé, Saint-Quentin, Beausse, La Boissière, Le Puiset-Doré, La Chaussaire, Saint-Pierre-Maulimart, Chaudron, La Poitevinière, Le Pin-en-Mauges, Jallais, La Jubaudière, La Salle et La Chapelle-Aubry, Saint-Philbert, Montfaucon, Andrezé, Villeneuve, La Blouère et Villedieu, Montjean, La Pommeraye, Tilliers, Fief-Sauvin, Saint-Macaire, Brissac, Chemillé, Chalonnes, Vihiers. — **Compte de Denis Meguyn.**. « de la recepte et despence par luy faicte de deniers ordonnez par le roy.. sur les fermes des traites d'Anjou, imposition foraine, et trepas de Loire.. employez en la réparation des Ponts-de-Cé » (1er octobre 1498 - 1500).

Volume in-4°, relié, comprenant 5 registres in-4°, dont 3 en parch., ensemble de 446 fol. — Les fol. 86 et 87 sont détachés.

Comptes de Denis Meguyn : I. « de la recepte et despence par luy faicte des deniers ordonnez par le roy.. estre prins et levez chacun an sur les fermiers des traictes d'Anjou, imposition foraine et trepas de Loire.. pour estre convertiz.. en la repparation et entretenement des pons et pilliers des Pons-de-Sée » (1er octobre 1500 - 1507). — II. « de la recepte et despence.. des deniers venant du proffit et revenu de la Clouaison de la ville d'Angers et autres deniers appartenant au corps et communicté d'icelle » (1er octobre 1503 - 30 avril 1507). — Fol. 107 : « A Guillaume Mullet, XII s. VI d. pour avoir fait ung huis tout neuf au bas de l'orloge de ladite ville estant au pallays.. et mis deux lymandes de boys pour clore et empescher que l'on ne puisse aller devers les mouvemens de ladite orloge. » — Fol. 113-115 : Présents de ville à M. de Nemours, à Mme de Guise, à René de Cossé-Brissac. — III. « de la recepte et despence.. des deniers venans du proffit et revenu du pavaige et barraige de ladite ville » (1er octobre 1501 - 30 avril 1507). — Fol. 135 : Frais de recherche « des tuaux estans souz le pavé par lesquels l'eau des puictz et fontaines estans en la rue Bauldrière vient à la fontaine Pié-de-Boullet pour la conservation et entretenement de ladite fontaine. » — Fol. 223 : Réparation de la fontaine du Pilory. — Fol. 252 : Remise « à Jehan Marin, boullenger de la somme de cent sols t. en laquelle il avoit autres foiz esté constitué en amende pour avoir fait petit pain et non de poix, parce quil est peauvre et est bien chargé de petiz enffans et n'a de quoi payer. » — **Compte de Jehan Lepeletier**.. « .. de la recepte et distribution de tous et chacuns les deniers que le roy.. a donnez et octroyez à la ville... pour estre le tout converty.. ès fortiffications.. » (1er octobre 1488 - 1491). — Fol. 303 : Achat de vingt grosses couleuvrines à crochet et d'un millier de traits non ferrés.— **Comptes de Guillaume Lepelé** : I. « de la recepte et despence des deniers ordonnez par le roy.. pour la réparation et entretenement des ponts, pilliers et arches du Pont-de-Sée » (1er mai 1507 - 30 septembre 1512). — II. « de la recepte de la somme de quinze cens l. t. naguères.. octroyez au roy par MM. les maire et eschevyns, manans et habitans de la ville pour luy aider à supporter les grans fraiz qu'il luy convient faire pour l'entretenement de ses guerres. »

CC 8.
1488—1512.

Vol. in-4º, relié, cont. 19 cah. ou reg., dont 14 en parch., ensemble de 391 fol. — Les fol. 50 et 51 détachés ; les fol. 348-359 en mauvais état.

Compte de Guillaume Lepelé, receveur « des deniers communs de la ville d'Angiers, de la recepte et despence par luy faite des deniers venans du prouffit et revenu du pavaige et barraige de ladite ville » (1er mai 1507 - 30 septembre 1510).

CC 9.
1 mai 1507.
30 septemb. 1510.

Un cah. petit in-4º, pap., de 44 fol.

CC 10.
1 oct. 1512—1526.

Comptes de Guillaume Lepelé : I. « .. des payemens des euvres et repparations des Ponts-de-Sée.. sur les fermes des traictes d'Anjou, impositions foraines et trespas de Loire » (1er octobre 1512-1516). — II. « de la recepte et despance des deniers venans du proffit et revenu de la Cloaison » (1er octobre 1513-1514). — Fol. 153 : Détail des travaux de restauration de la fontaine Pied-Boulet. — **Comptes de Clémens Alexandre** commis à faire les payemens des euvres et réparacions des Ponts-de-Sée. » (1er octobre 1522-1526).

Vol. grand in-4°, relié, contenant 8 cahiers, dont 7 en parchemin, ensemble de 430 fol.

CC 11.
1 oct. 1527—1537.

Comptes de Clémens Alexandre : I. « de la recepte et despence.. des deniers venans du prouffit et revenu de la Cloaison » (1er octobre 1527-1537). — Fol. 177 : A Jehan Passin, charpentier, pour avoir « mis au portal Saint-Nicollas hors icelluy ung post pour atacher colliers à mectre les jureurs et blasphémateurs du nom de Dieu, vallant 14 solz. » — Fol. 210-230 : Travaux de réparation de l'Hôtel-de-Ville. — Fol. 236 : Paiement d'écussons aux armoiries de la ville, commandés à Jehan Lagoux dit le Picart. — Fol. 248 : « Mises faictes à la venue de la royne le premier jour de septembre l'an mil cinq cens trente deux. » — Fol. 372 : « Mises pour le faict de l'artillerie. » — Fol. 419 : Présent « de huict connyns, huict beqcaces, quattre butors, huict perdriz, quattre hérons et ung phaisant » à M. le chancelier d'Alençon, « ad ce que ledit sieur, qui a le procès à rapportez au grant Conseil d'entre les marchans d'Angiers et Orléans, ayt le bon droict desdits marchans d'Angiers.. en sa recommandacion et bonne justice. » — Fol. 431 : Envoi d'un messager « au pays de Touraine pour scavoir quelle part prenoyent chemyn huict cents ou mille advanturiers qui avoient pillé n'a guères de temps le chasteau de Mongogniez et pilloient par où ilz passoient. » — II. de la dépense des œuvres et réparations des Ponts-de-Cé (1er octobre 1529-1537). — III. de la recette et dépense « des deniers venans du prouffict et revenu du pavaige et barraige de la ville. » (1er octobre 1531-1534).

Volume grand in-4°, relié, contenant 9 cahiers, dont 3 en parchemin, ensemble de 540 fol.

CC 12.
1 oct. 1537—1549.

Compte que rend honneste femme Perrine Coffin veuve de feu sire Clémens Alexandre.. tant pour elle que pour les héritiers de son mary : I. « de la recepte, mise et despence.. des œuvres et reparations des Ponts-de-Sée » (1er octobre 1537-1540). — **Compte de sire François Dodinet :** I. « des receptes, mises et despences pour les répa-

racions et entretenemens des Ponts-de-Sée » (1ᵉʳ octobre 1540-1549).
— II. « de la recepte, mise, et despence.. des deniers.. de la Cloison »
(1ᵉʳ octobre 1541-1546). — Fol. 114 : « Euvres pour l'édiffice du portal de la maison de ville.» — Fol. 142 : Travaux « pour redresser et habiller la lanterne de l'orloge estant sur la tour de la maison de ville parce qu'elle versoit et tumboit du costé de l'église Saint-Michel au moyen des fondemens que l'on prenoit lors pour le portal de ladite maison.» — Fol. 280 : « Mise et despence de l'obsèque et funéraille de noble personne maistre Pierre Poyet, lieutenant général d'Anjou, et, lors de son trespas, maire d'Angiers.» — Fol. 382 : « Mise de l'enterrement de noble homme maître René Chevalier, conterolleur général des traictes et imposicion foraine d'Anjou, et, lors de son trespas, maire et cappitaine de la ville.» — III. « de la recepte et mise par luy faicte a raison du pavage » (1ᵉʳ octobre 1545-1546).

Volume grand in-4º, relié, contenant 12 cahiers, dont 8 en parchemin, ensemble de 452 fol.

Compte de sire Dodinet, de la recette et dépense du pavage de la ville d'Angers (1ᵉʳ octobre 1548-1549). — **Du même**, des revenus de la Cloison (1ᵉʳ octobre 1550-1551). — Fol. 69-78 : Mises faites pour l'entrée du roi. — Fol. 91-97 : Dons et présents à l'occasion de ladite entrée. — Fol. 103 : Achats de toile d'or et d'argent et drap de soie ; salaire de brodeurs. — Fol. 109 : Présents de confitures. — Fol. 111 : Présents de vin blanc et clairet. — **Du même** : Comptes particuliers « du paiement des rentes constituées à aulcungs particulliers bourgeois, manans et habitans de la ville d'Angiers, ensemble de cens et rentes foncières admorties et racheptées sur eulx suivant l'édict du roy du XIIIᵉ jour de juillet Mᵛᶜ LIII » (1ᵉʳ octobre 1557-1562). — **Du même** : Comptes des revenus de la Cloison (1ᵉʳ octobre 1558-1560). — Fol. 312 : « A Guillaume Goupil et à ses quatre compaignons joueurs de haulxboys la somme de 50 s. t. pour avoir joué de leurs haulxboys au carrefour du Pillory à l'apres digner du jour que les feuz de joye furent faictz pour la paix. » — **Compte de sire Jehan Guesdon** des revenus de la Cloison (1ᵉʳ octobre 1570-1571). — **Compte de Laurent Davy** de la recepte de vingt six mil escuz ordonnez par Sa Majesté estre levez sur aulcuns habitans d'Angers » (mai 1589). — **Compte de maître Esaye Bellot** des recepte et despence par luy faicte tant à cause des restes deutz par aucuns collecteurs des paroisses de ladite ville et faulxbourgs.. que aultres deniers extraordinairement levez sur les habitans d'icelle, ecclesiastiques et laiz pour le paiement et nourriture des pauvres enfans exposez, louaige du logis du sieur comte de la Rochepot, gouverneur d'An-

CC 43.
1550 - 1642.

jou,.. et pour les aultres affaires et necessitez publicques (1ᵉʳ janvier 1600-1604). — Extrait du compte des deniers communs et d'octroi de la ville d'Angers, rendu « par deffunt maistre Joseph Jolly. » (1ᵉʳ janvier 1627-1637). — Fol. 164 : Procès-verbal d'appurement des dettes du corps de ville (16 mai 1642). — Fol. 626 : « Estat au vray des intheretz deubz à M. H.-Pierre Eveillon, sieur du Breil, bourgeois d'Angers.» — Fol. 634 : Mémoire de l'argent pris à constitution de rente pour la solde et subsistance du régiment de M. du Plessis-de-Juigné (12 mars 1639).

Vol. grand in-4º, relié, contenant 11 cahiers, dont 4 en parchemin, et 3 pièces pap.; ensemble 635 fol.

CC 14.
1484—1620.

Recueil de pièces à l'appui des précédents comptes de la cloison. — 1. « Mise et despense faicte par MM. de la ville d'Angiers qui ont esté deputez pour allez devers le roy, où estoient M. le maistre escolle à VI chevaulx, M. l'esleu Bernard à troys chevaulx, M. le général à deux chevaulx et Jehan Le Faucheurs à deux chevaulx (1489).» — 2. « Despence faite par M. l'esleu Bernard et M. de la Moute, maistre Abel de Seillons, ambassadeurs envoyez de par MM. de la ville d'Angiers devers le roy pour le faict de l'emprunct que ledit sieur vieult prendre sur les manans et habitans de ladite ville.» — 3. Requêtes de Roberde Bouju, « pauvre femme, » pour obtenir paiement de ses avances en gros bois fourni aux soldats. — 4. De Guillaume Galland, sergent royal, pour ses frais de « s'estre transporté ès villes de Beaupreau et Chemillé exprès publier.. l'impost et subside de 7 s. 6 d. par pippe de vin entrant.» — 5. D'Alain Cyquart, « povre homme, infirme d'une jambe, employé depuis longtemps à curer les rues, sans aucun gage, pour qu'il luy soit délivré de quoy avoir une povre robe de bureau dont il a grant besoign (1528).» — 6. D'Estienne Grelier, sergent royal, pour le salaire de ses peines « à aller ès visitacions des boullengiers (1529).» — 7. Des sergents de la Prévôté d'Angers, qui servent sans gages, qu'il leur soit alloué pour cette année « à chacun une paire de chausses (1534).» — 8. De Renée Lecouvreux, fille et veuve d'échevin, pour être maintenue dans ses priviléges d'exemption des aides et du huitième sur les vins (1534). — 9. D'Estienne Neron, maître menuisier, pour être payé de ses travaux à la maison de ville (1535). — 12. « Estat de la recepte et mise faicte par moy Jehan Davoynes l'un des eschevins d'Angiers en la charge et commission qui m'a esté baillée par les maire et autres eschevins de ceste dite ville pour aller à Lyon sur le Rosne vers le roy nostre sire pour avoir la main levée mise sur les deniers communs de ceste dite ville de par ledit seigneur (1535).» — 19. Requête de Macé Le Royer, lieutenant du guet, afin d'être payé des quartiers arriérés de ses gages et indemnisé « de grandes pertes et dommaiges et plusieurs excès faictz en sa personne et mesmement ung coup de traict de garrot de arbaleste tout au travers du bradz senestre, tant qu'il ne se peult aidez dudit bradz la pluspart du temps, et plusieurs autres playes en son corps (1536). » — 25. « Nombre de vin achapté par nous Clement Lecoq, P. Allart et Jehan Davoynes, commys ad ce faire par MM. les maire et eschevins d'Angers pour faire présens à MM. du Parlement (1539). » — 27. Requête des religieux de la Baumette, « vos humbles orateurs, » à ce qu'il plaise au Conseil les aider pendant la tenue du chapitre général, « et nourrir icelle compaignie le jour du dymanche qui est le principal jour du dudit chappitre » (1539). — 30. Lettre de Jacques de Mailly, premier huissier du Parlement de Paris, concernant les dispositions à prendre dans l'appropriation « du parquet des plaidoieries » pour la tenue des Grands-Jours à Angers. — 32. Nombre « des milliers d'ardoyses que P. Richart a fait passer par le portal St-Aulbin d'Angers depuis le xe jour d'avril » (1545). — 35. « Mise pour l'entrée du roy Henry faicte en sa ville d'Angiers le IIIe jour de juing l'an mil cinq cens cinquante un. » — 39. Demande de secours par dame Pannelier, « paouvre jeune veusve de.. René Preudhomme.. pourveu de l'office de sergent.. en laquelle il n'a jamais failli ne abusé ne ailleurs ; ce neanlmoins, par ne scayt quel désastre, a depuis peu de temps encore esté exécuté par justice et tous ses biens confisquez (1560). » — 43. Supplique de P. Morice, « faiseur de pouldre à canon, lequel a esté fortuné en ses mambres, comme encores apert, faisent ladite pouldre en la cyté, » pour qu'il lui soit alloué, « de quoy se faire médicamenter. » — 46. Requête des Carmes d'Angers, pour se faire rendre « les cuyvres en effigies et images » saisis dans leur église, « pour employer aux munitions et fortifications de la ville... ou bailler argent pour en faire aultres » (1562). — 47. Lettre du sieur Rabelays, commis à la généralité des finances à Tours, demandant « un petit estat contenant au vrai le nom et le surnom de ceux qui ont constitutions de rentes en la maison de ville » (30 novembre 1563). — 49. Requête de Pierre et Guy Aubert, fondeurs, afin d'être payés de cinq pièces d'artillerie fournies à la ville, et du fourneau neuf qu'il a fallu faire (1563). — 51. Demande en indemnité présentée par l'évêque d'Angers, pour deux cloches et 52 pieds de chênes enlevés par la ville dans l'église et sur les domaines de l'abbaye Saint-Nicolas (1564). — 53-54. Lettres de M. de Gonnort et Jehan Apvril, au sujet de l'impôt et subside mis sur le vin (1564). — 56-58. Lettres de M. A. Thuret, concernant ses démarches en cour. — 57. « Estat des fraiz et mises faictes par maistre Jacques

Migon pour l'entrée et joyeux advenement du roy nostre sire Charles neufviesme à présent regnant en sa ville d'Angiers.. par l'advis et ordonnance des estatz de la ville deument congregez.. en l'Hostel-de-Ville le 12ᵉ jour d'octobre dernier passé; pour le faict, conduicte et entreprinse de laquelle entrée furent audit Conseil et assemblée commis et depputez chacuns de maîtres Jehan Belhomme, Jehan Lefebvre, Jullien Gouppilleau, Pierre Guyet et ledit Migon, ausquelz par lesdictz estatz auroit esté donné pouvoir, mandement et auctorité de faire et ordonner tout ce qui seroit recquis et nécessaire pour l'entreprinse et faict de ladite entrée, eu égard au brief délay et temps, dedans lequel le roy avoit délibéré passer par ladite ville qui estoit seullement de quinze jours depuys l'advertissement certain receu par lesdits maire et eschevyns de ladite entrée; et suyvant ledit advertissement auroient esté contrainctz charcher ouvriers et artisans de toutes sortes, et iceulx appelez à grans fraiz, comme en chose pressée, les auroient faict besougner nuict et jour et à divers pris, ainsi qu'on les a peu retenir.» — 60. Requêtes de Raoul Legentilhomme, maître menuisier, pour ses frais d'être allé à Nantes à l'occasion de l'entrée du roi. — 62 : « De Jehan de Maisonneufve, poëte francois suivant la court du roy, » qui s'est présenté pour le service de l'entrée dudit prince. — 63-64. De René Gaultier et René Bault, sieur de Beaumont, pour les frais de logement et d'entretien de MM. le trésorier Bertran et de Thévalle, commissaires pour le bail à ferme du domaine du roi (1567). — 65. « Estat des taxes faictes sur les villes et gros bourgs de la seneschaussée d'Anjou.. pour partie de la solde et entretenement.. de sept cornettes de reistres et de vingt enseignes de Suisses (1586).» — 6. Supplique présentée par une députation du Conseil de ville au roi Henri IV, tendant à obtenir décharge de moitié de la solde des gens de guerre, des subventions des trois années précédentes et autres subsides (15 avril 1590), avec les réponses à la marge de chaque article et la signature autographe du roi. — 7. « Estat de la despence et fraiz faictz par les maire et eschevins de la ville d'Angers pour l'entrée et réception de la royne mère du roy gouvernante de la province d'Anjou (1620).»

65 pièces papier dont 7 cahiers de 84 fol.

CC 15.'
1 janvier 1623.
31 décembre 1624.

Compte.... que Joseph Jolly receveur des deniers communs, patrimoniaulx et d'octroy de la ville d'Angers rend à MM. les maire et eschevins tant des deniers communs et patrimoniaulx, ferme du droit de Cloison, que aultres deniers (1ᵉʳ janvier 1623-31 décembre 1624). — Fol. 13 : Dépenses pour la fête du Sacre et l'élection du maire.

Un cah. in-fol., de 35 fol., pap.

IMPOTS ET COMPTABILITÉ.

Compte du droit de simple Cloison (1) que rend Louis Goupil, sieur de Bouillé, à la décharge de Gabriel Bordereau, ci-devant fermier (1er janvier 1691 - 31 décembre 1695). — Pièces à l'appui. — 1. Note des vins donnés en présents de ville. — 4-5. Menus « du diner du roy d'Angleterre dans son second passage. » — 8. Dépenses du voyage du maire à Tours, au sujet de la réunion demandée de la ferme de la Cloison à la ferme des Aides (1692). — 10-15. Mémoires des sieurs Gelé, serrurier; Garnier, vitrier; René Boullogne, menuisier; Besnard, peintre; René Hernault, imprimeur (1690-1692). — 17. Etat des adjudications faites par le corps de ville aux sieurs Lucas, Paumier et Leconte (1694).

CC 16.
1690—1695.

20 pap., dont un cah. de 10 fol.

Comptes de la recette et dépense des menues rentes, rendus par du Rocher, Mathieu Pissard et René Morineau. — Mémoires et pièces justificatives à l'appui : N° 1. Menu du souper « où estoit le segrestère de M. l'intendant Voisin et autre de ses jant. » — Nos 60-65 : Rôle des gants fournis à MM. les échevins pour la fête du Sacre. — N° 79 : Menu du dîner de M. le maire, en tournée pour le procès-verbal des limites des barrières. — 80. Mémoire des travaux de maçonnerie faits à la fontaine Pied-Boulet (1697). — 82. Sentence de l'élection d'Angers qui autorise l'entrée en franchise des blés amenés en ville même par les marchands (19 février 1707). — 83. Mémoire des frais de la députation de M. de La Foucherie, maire, à Paris, pour la taxe des lanternes dont il a obtenu diminution du quart (1698).

CC 17.
1672—1712.

88 pièces dont un parch.

Compte que rend Toussaint Cottereau, sieur du Plessis, comme caution de François Vacquette, fermier du droit de simple Cloison pour cinq années. — Mémoires et pièces justificatives à l'appui. — N° 7. « Mémoire de ce que moy Besnard, peintre de l'Hostel-de-Ville, ay fait et livré pour ledit hôtel. » — 11, 12, 33, 34, 35, 36, 57, 65, 71. Menus des dîners de MM. du Conseil de ville au jour du Sacre et des élections. — 18, 37, 54, 69. Quittances signées par Pocquet de Livonnière. — 48. Rôle du vin donné en présent par la ville. — 50. Mémoire des gants fournis au maire et aux échevins (1713). — 60-62. Note des perdrix envoyées en présents de ville au comte d'Armagnac et au prince de Lambesc (1714).

CC 18.
1712—1717.

77 pièces dont 10 parch.

(1) Ces comptes perdent dorénavant leur principal intérêt en se contentant d'indiquer la date de la délibération du Conseil de ville qui autorise les allocations, sans en mentionner les motifs.

CC 19.
1722—1727.

Compte que rend Antoine Faurie, bourgeois, comme caution de J. Guerrier, fermier de la simple Cloison. — Mémoires d'ouvriers et quittances à l'appui de partie des dépenses. — Nos 6, 7, 35, 40, 47, 48, 60, 61, 67, 68, 74, 76 : Menus des dîners du Conseil de ville le jour du Sacre et des élections. — 9 : Réparation des fusils de la ville. — 10, 23, 24 : Etat des portraits commandés au peintre Barillot. — 15-17 : Devis des réparations des portes Toussaint, Lionnaise et Saint-Nicolas par le sieur Juin.

77 pièces papier.

CC 20.
1728—1729.

Mémoires et pièces à l'appui du compte de la simple Cloison (1728-1729). — N° 1 : « Mémoire de ce que moy Brie, peintre, ay fait par ordre de MM. les officiers du corps de ville. » — 2 : Note des perdrix envoyées en présents de ville à Paris. — 3 : Compte du pâté de saumon offert au prince de Lambesc. — 8 : Etat de la dépense faite à la procession du Sacre (1728) pour le dîner des connétables, gardes, violons, tambours et trompettes.

8 pièces papier.

CC 21.
1737.

Mémoires, états, quittances, pièces justificatives du compte de la simple Cloison. — N° 27 : Rôle des vins distribués en présents de ville. — 38 : « Compte que rend René Robert, écuyer, doyen de la Faculté des droits de l'Université d'Angers, échevin perpétuel à l'Hôtel-de-Ville, de la recette et dépense qu'il a faite pendant son séjour à Paris, pour les jetons frappés aux armes de M. de la Guerche. » — 40 : Compte que rend René Robert.. de la recette et dépense qu'il a faite « pour les affaires de l'Hôtel-de-Ville, en qualité de député pendant son séjour à Paris. » — 50-60 : Menu du dîner le jour du Sacre. — 77-78 : Quittances du peintre Ernou. — 82 : Mémoire des gants fournis aux échevins pour la procession de la Fête-Dieu (1737).

89 pièces papier.

CC 22.
1742—1746.

Mémoires, états, quittances, pièces justificatives du compte de la simple Cloison. — Nos 1-11 : Etats divers des frais « de la pompe funèbre de Mme de Brionne. » — Cérémonial observé dans l'église des Cordeliers. — 23-35 : Menu du dîner du Conseil de ville le jour du Sacre. — 40-45 : Cinq lettres (dont quatre avec le cachet aux armes) de M. de la Véroullière. — 46 : Etat de la dépense que moy Marin Jallet de la Véroullière, maire de la ville d'Angers, ay fait tant pour mon voyage de Paris en qualité de député pour l'affaire des menues rentes que pour déboursés faits pour la ville. » — 50. Lettre du sieur Lerat, mécanicien à Rouen, portant envoi des pompes achetées par la ville,

IMPOTS ET COMPTABILITÉ.   195

avec instructions pour les manœuvrer. — 60-67. Mémoire des réparations de l'horloge de ville. — 70-73 : Etats des tableaux restaurés par le peintre Raillard. — 80-94. Réparation des fontaines Godeline et Pied-Boulet.

99 pièces papier.

Compte que rend maître Simon Simon.. de la recette et dépense du droit de simple Cloison (1747-1748). — Mémoires, quittances, pièces justificatives des dépenses. — N° 1. Mémoire des gants fournis aux échevins. — 3. Note du sieur Landeau, confiseur, « pour le présent fait à Mme la princesse de Penthièvre.» — 7-9. Travaux d'embellissement de la place Romain. — 16-20 : Etats certifiés par le subdélégué des compagnies des chevaliers de Juigné, de Brie, de Genouillac, nouvellement levées à Angers. — 32. Quittance du sieur Duvivier, graveur, pour deux coins de jetons. — 40 : Mémoire des réparations de l'horloge. — 41-42. Mémoires du Conseil de ville en réponse aux reproches formulés par l'intendant contre l'administration des deniers communs et la distribution abusive de bougies et de jetons aux officiers municipaux (1747).

CC 23.
1747.

47 pièces papier.

Compte que rend maître Simon Simon de la recette et dépense du droit de simple Cloison (1748). — Mémoires, quittances, pièces à l'appui des dépenses. — N°s 3-6. Lettres de M. de la Salle, concernant la confection et l'envoi de jetons commandés par la ville à Paris. — Quittance de M. de la Cotte, graveur. — 7. Rôle de distribution des jetons, émargé par tous les ayants droit. — 24-25. Menu du dîner du Conseil de ville le jour du Sacre. — 30. Réparation de l'horloge.

CC 24.
1748.

47 pièces papier.

Compte que rend maître Simon Simon.. de la recette et dépense des produits du droit de simple Cloison. — Mémoires et quittances à l'appui des dépenses. — N°s 1-2. Lettre de M. de la Salle, concernant la confection des jetons de ville. — Etat émargé de distribution desdits jetons. — 7-8. Menu du dîner du Conseil de ville le jour du Sacre.

CC 25.
1749.

36 pièces papier.

Compte que rend maître Simon Simon de la recette et dépense des menues rentes, fermes des portes, produit des Halles couvertes et des foires.. depuis l'année 1725 qu'il en a été chargé jusqu'au der-

CC 26.
1725—1749.

nier décembre 1749. — Etats et bordereaux particuliers. — Pièces à l'appui. — N⁰ˢ 1, 2, 53. Lettres (olographes avec cachets aux armes) de M. de la Véroullière, maire, député par le Conseil à Tours et à Paris, traitant des affaires financières (août 1741-1742). — 55. de M. Ardouyn, échevin de Blois, s'enquérant au Conseil des attributions du lieutenant général de police d'Angers, des pratiques admises pour la reddition du compte des deniers patrimoniaux et les élections municipales (mars 1742). — 65-69. du prince de Lambesc et du comte de Brionne, pour remercier des présents à eux offerts par la ville (signées, dont deux avec cachet aux armes). — 71-72. de MM. Foullon et de la Guerche, concernant des expéditions de titres. — 73. de l'évêque d'Angers : remerciements et offres de service. — 74. Mémoire du vin livré lors du passage du duc de Penthièvre et de l'archevêque de Tours. — 75-80. Mémoires des perdreaux donnés en présents de ville.

99 pièces pap. dont 2 cah. de 51 fol.

CC 27.
1749—1756.

Etats pour servir à composer le compte de recette des menues rentes. — Tableaux récapitulatifs du produit des Halles couvertes, des corderies, des maisons et boutiques de ville avec les noms des locataires et le montant des loyers. — Exposé des charges et des revenus de la ville (1752).

9 papiers.

CC 28.
15 juin 1740-1757.

Livre de recette de la ferme des bancs arrentés par la ville sous les Halles couvertes.

Reg. in-fol., pap., de 119 fol.

CC 29.
1757—1760.

Etats pour servir à composer le compte de recette des menues rentes. — Tableaux récapitulatifs du produit des Halles couvertes, des corderies, des maisons et boutiques de ville avec les noms des locataires et le montant des loyers. — Pièces à l'appui des comptes (1757-1760). — N⁰ˢ 1-5. Etats émargés de distribution des jetons de ville. — 6. Mémoire des réparations faites à l'horloge. — 7. Note des portraits commandés à Boissier, peintre. — 9. « Mémoire de l'ouvrage de broderie en or et en argent fait par Pelissier sur une bourse de velours rouge cramoisi foncée de satin bleu et garnie d'une peau d'agneau entre deux, avec son carton. » — 10-11. Rôle des vins et des perdrix distribués en présents. — 20-38. Menus des dîners du Conseil de ville le jour du Sacre. — 60-64. Etats du produit des foires.

92 pièces papier.

Journaux des recettes de la simple Cloison au bureau d'Ingrandes et aux portes d'Angers.

CC 30.
1761.

99 pièces papier.

Journaux et relevés mensuels des recettes de la simple Cloison aux bureaux des portes Saint-Aubin, de la Haute-Chaîne, de la Basse-Chaîne, Cupif, Grandet, Lionnaise, Saint-Michel, Saint-Nicolas, Toussaint.

CC 31.
1766.

100 pièces papier.

Journaux et relevés mensuels des recettes de la simple Cloison aux bureaux du Bois-Baudet, de la cour Meslière, d'Ingrandes, de la messagerie de Paris, de la Pointe.

CC 32.
1766.

53 pièces papier.

Mémoires, états, quittances, pièces à l'appui des comptes de la simple Cloison, des revenus patrimoniaux et des menues rentes. — 1-2. Rôles des marchands qui ont tenu banc aux Halles pendant les foires de la Fête-Dieu et de la Saint-Martin (1761-1767). — 7. Etat des frais pour remplir la glacière de l'Hôtel-Ville. — 7. Etat des remises accordées aux comptables. — 10-12. Recette des fermes et loyers. — 13. Produit de la vente des branchages des arbres des promenades. — 14-17. Etats émargés de distribution des jetons de ville (1762-1764). — 18. « Mémoire des lettres patentes, arrêts ou autres titres concernant les deniers patrimoniaux et octrois de la ville d'Angers que les maire et échevins ont l'honneur d'adresser à M. Joly de Fleury, procureur général, en conséquence de sa lettre du 18 avril 1764. » — 19. Dépense faite par le Conseil pour le casernement de différents corps de troupes, notamment de deux brigades du corps des carabiniers de Mgr le comte de Provence, de sept détachements de cavalerie, rassemblés pour l'école d'équitation, et des soldats de recrue au régiment de Tours (1765). — 20. Rôle de l'aumône de 2,000 livres répartie aux pauvres de la ville (1766). — 22. Etat de ce qui est dû au juré-crieur pour le service du Dauphin célébré aux Cordeliers. — 24-25. Menu du dîner du Conseil de ville le jour du Sacre et le premier janvier (1767-1768).

CC 33.
1761—1768.

33 pièces papier.

Mémoires, états, quittances à l'appui des comptes de la simple Cloison et des revenus patrimoniaux. — Etats particuliers de recette de la simple Cloison aux bureaux de la Basse-Chaîne, de la Haute-Chaîne, des portes Saint-Aubin, Cupif, Grandet, Lionnaise, Saint-

CC 34.
1772—1773.

Michel, Saint-Nicolas, Toussaint, de la cour Meslière, de la messagerie de Paris, de la Pointe, des Ponts-de-Cé, Ingrandes, la Riotière. — N° 6. « Etat des frais faits par MM. Jallet et Heurtelou, députés pour réclamer le privilége des francs fiefs. » — 8. Rôle des journées des bateliers employés à passer les pauvres inondés de la ville. — 9-11. Menu du dîner du Conseil de ville le jour du Sacre. — 12. Menu du dessert servi au dîner de M. l'intendant et de M. le comte de Provence. — 13. Rôle du gibier envoyé en présent de ville.

58 pièces papier.

CC 35.
1774—1777.

Etats particuliers de recette de la simple Cloison aux bureaux de la Haute-Chaîne et de la Basse-Chaîne, des portes Saint-Aubin, Cupif, Grandet, Lionnaise, Saint-Michel, Saint-Nicolas, Toussaint, de la cour Meslière, de la messagerie de Paris, de la Pointe, des Ponts-de-Cé, Ingrandes, la Riotière.

61 pièces papier.

CC 36.
2 septembre 1773.
11 juin 1777.

Journal de recette de la simple Cloison, des menues rentes, fermes, corderies, halles.

Un reg. in-fol., pap., de 43 fol.

CC 37.
1778.

Mémoires, états, quittances à l'appui des comptes de la simple Cloison et des revenus patrimoniaux. — Etats particuliers de recette de la simple Cloison aux bureaux de la cour Meslière, Ingrandes, la Pointe, les Ponts-de-Cé, des messageries de Paris et de Tours, de l'Hôtel-de-Ville, de la Basse-Chaîne et de la Haute-Chaîne, aux portes Cupif, Grandet, Saint-Michel, Saint-Aubin, Toussaint, Saint-Nicolas, Lionnaise. — N° 1. Liste des machines que Mme Ducoudray a fournies à la ville pour son cours d'accouchement. — 2-3. Etat des meubles et des vivres livrés à Mme Ducoudray, au compte de la ville, par ordre de l'intendant. — 7. Menu du dîner donné à l'Hôtel-de-Ville à l'occasion du passage du régiment de Condé. — 9. Etat du gibier adressé en présent de ville. — 11. Note du dessert et des présents fournis à MM. du corps de ville à l'occasion du mariage de M. Boulay du Martray, maire, « une corbeille à deux anses, en forme de manne d'osier blanc, à jour, garnie de gaze, rubans, fleurs d'Italie, contenant six grandes boîtes de confitures, oranges aigres et douces, citrons confits entiers et glacés, ornés de zest d'oranges et citrons en décoration, marrons, rubans, noix et noyaux, et autres fruits en sucre montant à 101 livre 11 sols. — 15-16. Menu du dîner du Conseil le jour du Sacre et des élections. — 17. Etat des améliorations et embellissements qu'a fait faire « M. Allard du Plessis, trésorier de l'Hôtel-de-Ville, à la maison qu'il occupe et qui appartient à la ville. »

37 pièces papier.

Mémoires, états, quittances à l'appui des comptes de la simple Cloison et des revenus patrimoniaux. — Etats particuliers de recette de la simple Cloison aux bureaux des messageries de Tours et de Paris, d'Ingrandes, la Riotière, les Ponts-de-Cé, la Pointe, la cour Meslière, la Haute et la Basse-Chaîne. — N°s 21-27. Menus des dîners servis à l'Hôtel-de-Ville le jour du Sacre et pour la réception de M. Racine. — 30-35. Rôles des indemnités dues aux habitants pour les frais de logement du régiment de dragons. — 36. Etat émargé de distribution des bougies de ville.

CC 38.
1780.

49 pièces papier.

Mémoires, états, quittances à l'appui des comptes de la simple Cloison et des revenus patrimoniaux. — Etats particuliers de recette de la simple Cloison aux bureaux de l'Hôtel-de-Ville, des messageries de Tours et de Paris, de la cour Meslière, des Ponts-de-Cé, de la Pointe et des portes Saint-Aubin, Saint-Nicolas, Toussaint, Lionnaise, Grandet, Saint-Michel, Cupif, Basse-Chaîne, Haute-Chaîne. — N°s 18-24. Frais du casernement des régiments Royal-Lorraine et de Bourbonnais. — 26. Quittance du sieur Duvivier, graveur, « pour la gravure du coin des jetons pour la Mairie. » — 28. Menu du dîner du jour du Sacre. — 30. Rôle pour la distribution du pain béni aux officiers de ville. — 31-40. Certificats délivrés par des curés à des indigents mordus par des chiens enragés, pour leur obtenir libre passage et secours de route « pour aller se faire baigner à la mer. » — 58-63. Etats du produit des Halles couvertes et des corderies louées par la ville.

CC 39.
1781.

63 pièces papier.

Mémoires, états, quittances à l'appui des comptes de la simple Cloison et des revenus patrimoniaux. — Etats particuliers de recette de la simple Cloison aux bureaux des messageries de Paris et de Tours, d'Ingrandes, la Riotière, la Pointe, les Ponts-de-Cé, la cour Meslière, de la Haute et de la Basse-Chaîne, des portes Cupif, Saint-Michel, Grandet, Saint-Aubin, Toussaint, Saint-Nicolas, Lionnaise, de l'Hôtel-de-Ville (1782-1783). — N°s 1-3. Menus des dîners donnés par le Conseil de ville au jour du Sacre et à l'occasion de la naissance du Dauphin. — 9. Etat émargé de la distribution des bougies de ville. — 15-18. Relevés des maisons, écuries et lits occupés par le ré-

CC 40.
1782-1783.

giment de Royal-Lorraine et des indemnités dues aux propriétaires et aux habitants (1782). — 52. Menu du dîner pour la réception de M. Querbœuf. — 53-58. Certificats délivrés par des curés à des indigents mordus par des chiens enragés, pour leur obtenir libre passage et secours de route « pour s'aller baigner à la mer. »

71 pièces papier.

CC 41.
1784—1785.

Mémoires, états, quittances à l'appui des comptes de la simple Cloison et des revenus patrimoniaux. — Etats particuliers de recette de la simple cloison aux bureaux de l'Hôtel-de-Ville, des messageries de Paris et de Tours, d'Ingrandes, de la Pointe, de la cour Meslière, des Ponts-de-Cé, de la Riotière, de la Haute-Chaîne et de la Basse-Chaîne, des portes Saint-Michel, Cupif, Grandet, Saint-Aubin, Toussaint, Saint-Nicolas, Lionnaise. — Relevé du produit de l'affermement des corderies, des Halles couvertes et des bancs des foires. — 14-17. Menus des dîners du Conseil de ville. — 18-39. Certificats délivrés par des curés à des indigents mordus par des chiens enragés, pour leur obtenir libre passage et secours de route « pour faire le voyage de la mer. » — 46. Mémoire des réparations de l'horloge de ville. — 69. Travaux de serrurerie faits aux affuts des canons de l'Hôtel-de-Ville par Adam Ginelle. — 78. Devis des ouvrages qui sont à faire à la grande salle de l'Hôtel-de-Ville. — 87. Etat émargé de distribution des jetons de ville. — 93. Procès-verbal de visite par Garnier, maître en chirurgie, des blessés recueillis à l'Hôtel-Dieu, par suite de l'éboulement qui s'est produit à la chaussée Saint-Pierre.

95 pièces papier.

CC 42.
1786.

Mémoires, états, quittances à l'appui des comptes de la simple Cloison et des revenus patrimoniaux. — Etats particuliers de recette de la simple Cloison aux bureaux des messageries de Paris et de Tours, d'Ingrandes, de la Riotière, de la Pointe, les Ponts-de-Cé, Briolay, la cour Meslière, de la Haute-Chaîne et de la Basse-Chaîne, des portes Cupif, Saint-Michel, Grandet, Saint-Aubin, Toussaint, Saint-Nicolas, Lionnaise. — N°s 3-5. Relevé du produit de l'affermement des corderies, des Halles couvertes et des bancs des foires. — 6. Rôle des aumônes en grains et en argent distribuées aux pauvres. — 7. Compte général de la quantité et du prix des blés achetés par le Conseil de ville. — 8-18. Certificats délivrés par des curés à des indigents mordus par des chiens enragés, pour obtenir libre passage et secours de route « pour aller à la mer. » — 20. Mémoire des médicaments fournis pour les boîtes de secours aux noyés.. — 39. Certificat de réception des machines hydrauliques fournies par M. Dupuis, ingénieur, « pour

IMPOTS ET COMPTABILITÉ. 201

faire sortir l'eau de la fontaine de Pied-Boulet. » — 50. « Mémoire des omissions et augmentations faites au quay de la Poissonnerie. » — 58-59. Menus du dîner offert par le Conseil de ville à M. d'Autichamp, et de la collation servie aux lauréats de l'Oratoire. — 60. Etat émargé de distribution des bougies de ville.—62. « Ouvrages de sculptures faits à l'Hôtel-de-Ville par M. David, gendre de M. Lemasson. » — 83. Rapport des secours donnés à la petite fille de M. Durand Caurieux, qui s'est noyée le 12 avril 1783, par M. J.-F. Mirault, chirurgien en chef de l'Hôtel-Dieu. » (Olographe).

100 pièces papier.

Mémoires, états, quittances à l'appui des comptes de la simple Cloison et des revenus patrimoniaux.—Etats particuliers de la simple Cloison aux bureaux des messageries de Paris et de Tours, d'Ingrandes, des Ponts-de-Cé, de la Riotière, de la cour Meslière, des portes Saint-Aubin, Grandet, Toussaint, Saint-Nicolas, Cupif, de la Haute-Chaîne et de la Basse-Chaîne. — 3-7. Relevé du produit de l'affermement des Halles couvertes, des corderies et des bancs des foires. — 10-11. Marché avec le peintre Coulet pour la restauration du grand tableau de la chambre du Conseil. — Lettre de M. Gaudin de Boisrobert à M. Claveau, maire, portant envoi dudit marché : « Peut-être que le travail ne sera point en raison du prix de 72 livres qui n'a été accordé si fort que d'après votre avis et celui de plusieurs de vos confrères, qui jugèrent que c'étoit une circonstance d'aider honnestement un citoien chargé d'une nombreuse famille, utile par ses talents mais grevé par une affreuse misère (16 octobre 1787). — 12. Marché avec Pierre-Louis David, pour la sculpture de chapiteaux. — 15-19. Procès-verbaux de réception des pavillons nouvellement construits à la porte Cupif. — 27. Frais d'éclairage de la ville du 1er novembre 1786 au 31 mars 1787. — 50-51. Menus des dîners du Conseil le jour du Sacre et des élections municipales. — 60. Etat émargé de distribution des bougies de ville. — 61. Solde des plantations de tilleuls faites par M. Leroy, jardinier-pépiniériste, à la turcie des Capucins. — 65. Relevé des frais et de la recette du concert donné au profit des pauvres le 3 avril 1787.

CC 43.
1787.

90 pièces papier.

Mémoires, états, quittances à l'appui des comptes de la simple Cloison et des revenus patrimoniaux. — Etats particuliers de recette de la simple Cloison aux bureaux des messageries de Paris et de Tours, d'Ingrandes, la Riotière, la Pointe, les Ponts-de-Cé, la cour Meslière, la Haute-Chaîne, la Basse-Chaîne, des portes Cupif, Saint-

CC 44.
1788.

Michel, Grandet, Saint-Aubin, Toussaint, Saint-Nicolas, Lionnaise.
— Relevé du produit des menues rentes et de l'affermement des
Halles couvertes, des corderies et des bancs des foires. — 3. Etat de
la recette et des frais du concert donné au profit des pauvres. —
7. Menus du dîner du Conseil de ville le jour du Sacre, et du banquet
offert à M. le duc de Praslin. — 15-17. Mémoires des présents de
gibier et de saumon envoyés à Paris. — 20. Etat émargé de distribution des bougies de ville. — 26-55. Mémoires des jardiniers, des
maçons et des menuisiers. — 56. Etat des sommes que M. le trésorier
a reçues pour l'hôpital des Enfants-Trouvés.

87 pièces papier.

CC. 45.
1789.

Mémoires, états, quittances à l'appui des comptes de la simple
Cloison et des revenus patrimoniaux. — Etats particuliers de recette
de la simple cloison aux bureaux d'Ingrandes, de la Riotière, de la
Pointe, des Ponts-de-Cé, de la cour Meslière, des messageries de Paris
et de Tours, de la Haute et de la Basse-Chaîne, des portes Cupif,
Grandet, Saint-Michel, Saint-Aubin, Toussaint, Saint-Nicolas, Lionnaise. — Relevé du produit des menues rentes et de l'affermement
des Halles couvertes, des corderies, des bancs de foires. — « Etat
des blés que MM. les commissaires délégués par la ville ont achetés
pour procurer aux boulangers des farines pour la consommation des
habitants. » — Rôles de l'indemnité accordée aux boulangers d'Angers sur les deux dernières espèces de pain qu'ils ont fait pendant
l'espace de cinq semaines (du 20 mai au 22 juin 1789). — Mémoire
à consulter et lettres de M. Jallet de la Véroullière, curé de Marson,
Cousin, Gontard, maire d'Angers, Marchand de la Roche, Thorode,
concernant une créance de douze mille livres prétendue par l'Hôtel-de-Ville sur la succession de M. Jallet de la Véroullière, ancien maire.

56 pièces papier.

CC. 46.
1789.

Etats, mémoires, pièces à l'appui du compte des deniers patrimoniaux et des menues rentes. — Nos 1-11. Produit de la location de
bancs aux Halles couvertes et des corderies. — 13-14. Rôles pour la
distribution de pain bénit et de bougies aux officiers de la ville. —
15. Menu du dîner de la Fête-Dieu. — 17. Note des travaux exécutés
à la fontaine de l'Epervière. — 20-28. Certificats délivrés par des
curés à des indigents mordus par des chiens enragés, pour obtenir
libre passage et secours de route « pour aller à la mer. » — 30-33. Travaux de réparation du chemin des Ponts-de-Cé.

83 pièces papier.

IMPOTS ET COMPTABILITÉ. 203

Octrois. — Lettres patentes, arrêts du Conseil et pièces de règlement pour la régie des octrois.

CC 47.
1614-1753.

47 pièces, dont 11 imprimés et un parchemin.

Compte que rend Simon Simon.. de la recette et dépense par lui faite du produit des droits d'octroi. — Etats particuliers de recette sur les cabaretiers des paroisses Saint-Michel et de la Trinité.

CC 48.
Octobre
1722-1723.

67 pièces papier.

Compte que rend Simon Simon.. de la recette et dépense par lui faite du produit des droits d'octroi. — Rôles des non-valeurs. — Etats particuliers de recette sur les cabaretiers des quartiers Saint-Michel et de la Trinité.

CC 49.
Novembre
1723-1724.

53 pièces papier.

Compte que rend Simon Simon.. de la recette et dépense du produit des droits d'octroi. — Etats particuliers de recette sur les cabaretiers des quartiers Saint-Michel et de la Trinité.

CC 50.
Novembre
1724-1725.

66 pièces papier.

Compte que rend Simon Simon.. de la recette et dépense du produit des droits d'octroi. — Etats mensuels des droits perçus à l'entrée des foins aux portes Toussaint, de la Haute-Chaîne, Lionnaise, Saint-Nicolas, la Basse-Chaîne, Saint-Aubin, Grandet, Cupif et Saint-Michel.

CC 51.
Octobre
1738-1739.

44 pièces papier.

Mémoires, quittances, pièces à l'appui du compte des droits d'octroi. — Etats des droits perçus sur les cabaretiers des quartiers Toussaint et Saint-Michel.

CC 52.
Octobre
1739-1740.

60 pièces, dont 7 parchemins.

Compte que rend Jean Heurtelou de la recette et dépense du produit des droits d'octroi. — Etats et mémoires à l'appui. — Rôles des non-valeurs. — Etats mensuels des droits perçus sur les foins aux portes Cupif, Saint-Michel, Grandet, Saint-Aubin, Toussaint, la Basse-Chaîne, Saint-Nicolas, Lionnaise, la Haute-Chaîne. — Rôles de recette sur les cabaretiers des paroisses de la Trinité et de Saint-Michel.

CC 53.
Octobre
1748-1749.

38 pièces papier.

Bordereau de la recette et de la dépense des octrois du 1er octobre 1741 au 1er juillet 1746, extrait des comptes-rendus arrêtés par M. l'intendant. — Tableau de la balance générale desdits comptes. —

CC 54.
1741-1747.

Tableaux de comparaison des droits de débit payés aux octrois, avec les droits perçus par les Aides sur les cabaretiers de la ville et faubourgs d'Angers (octobre 1746-1747).

4 pièces papier, dont 2 cahiers in-fol., ensemble de 22 fol.

CC 55.
Octobre 1749—1750.

Compte que rend Jean Heurtelou de la recette et dépense du produit des droits d'octroi. — Etat des non-valeurs. — Recette perçue sur les foins aux portes Cupif, Saint-Michel, Grandet, Saint-Aubin, Toussaint, Basse-Chaîne, Saint-Nicolas, Lionnaise, Haute-Chaîne. — Rôles des droits sur les cabaretiers des paroisses Saint-Michel et de la Trinité.

38 pièces papier.

CC 56.
Octobre 1750-1753.

Compte que rend Jean Heurtelou de la recette et dépense du produit des droits d'octroi. — Rôle des non-valeurs. — Etats de la recette sur la vente au détail des vins dans les faubourgs de Lesvière et Reculée, — et sur les foins aux portes de la Haute-Chaîne, Toussaint, Saint-Aubin, Saint-Michel, la Basse-Chaîne, Saint-Nicolas, Grandet.

97 pièces papier.

CC 57.
1763-1767.

Etats, mémoires, pièces à l'appui des comptes de recette de l'octroi. — Etat des non-valeurs. — Rôles généraux des droits perçus sur les vins, bières, cidres et poirés vendus en détail. — Relevés généraux des recettes d'octroi aux portes Cupif, Lionnaise, Saint-Michel, Grandet, Saint-Aubin, Saint-Nicolas, Toussaint, à la Basse-Chaîne et à la Haute-Chaîne. — « Etat du produit et des charges des octrois dont jouit la ville d'Angers, ensemble sur cette partie de ses revenus, les mémoires et observations dressés en exécution des articles 48, 49 et 50 de l'édit du mois de mai 1765 sur les délibérations prises dans les assemblées des notables de ladite ville » (20 mars 1766).

62 pièces pap. dont un cah. in-fol. de 12 fol.

CC 58.
1776.

Etats, mémoires, pièces à l'appui du compte de recette de l'octroi. — Etats mensuels des droits perçus sur les foins aux portes Toussaint, de la Haute-Chaîne, Saint-Nicolas, Lionnaise, Saint-Aubin, Grandet, Cupif et Saint-Michel. — Etats particuliers de recette sur les cabaretiers des quartiers Saint-Michel et Toussaint.

49 pièces, dont 3 parch.

CC 59.
Octobre 1777-1778.

Etats, mémoires, pièces à l'appui du compte de recette des octrois. — Etats particuliers de recette des bureaux de la Haute-Chaîne et de la Basse-Chaîne, et des portes Lionnaise, Saint-Michel, Saint-

Nicolas, Toussaint, Saint-Aubin, Grandet, Cupif. — Rôles de ce qui est dû par les cabaretiers des paroisses de Saint-Michel et de la Trinité, pour leurs entrées de l'année.

36 pièces papier.

Etats, mémoires, quittances, pièces à l'appui des comptes des octrois. — Etats annuels des droits perçus sur l'entrée des foins et des boissons aux portes Cupif, Saint-Michel, Grandet, Saint-Aubin, Toussaint, Saint-Nicolas, Lionnaise, à la Haute-Chaîne et à la Basse-Chaîne.

CC 60.
1708—1780.

62 pièces papier.

Comptes que rendent les maire et échevins de la ville d'Angers « à Mgr Duclusel, intendant de la généralité de Tours, de la recette et dépense par eux faites.. des droits d'octroi qui se perçoivent dans la ville, faubourgs d'Angers, Lesvière et Reculée, tant sur les vins, bières, cidres, poirés et foins entrants, que sur les mêmes boissons vendues en détail par les cabaretiers et autres débitants. » (1er octobre 1779- 31 décembre 1782). — Pièces à l'appui : Etats de perception aux bureaux de la Basse-Chaîne et de la Haute-Chaîne, des portes Saint-Aubin, Toussaint, Grandet, Saint-Michel, Cupif, Lionnaise, Saint-Nicolas. — Etats des frais et des non-valeurs. — Note des vins consommés chez Olivier Leroux, cabaretier, par les officiers des régiments de Royal-Lorraine cavalerie et Dauphin-Dragon. — Etat du vin vendu en détail par René Fricard, concierge des prisons, « sur lequel vin il lui est fait remise du tiers des octrois. »

CC 61.
1779 - 1782.

66 pièces papier.

Comptes que rendent les maire et échevins de la ville d'Angers à Mgr Daine, intendant de la généralité de Tours, de la recette et dépense par eux faites des octrois. — Pièces à l'appui : Etats mensuels et annuels de recette aux bureaux des portes Cupif, Saint-Michel, Grandet, Saint-Aubin, Toussaint, Saint-Nicolas, Lionnaise, de la Basse-Chaîne et de la Haute-Chaîne. — Etats des frais de régie et des non-valeurs.

CC 62.
1783—1784.

64 pièces papier.

Comptes que rendent les maire et échevins de la ville d'Angers à Mgr Daine, intendant de la généralité de Tours, de la recette et dépense par eux faites des octrois. — Etats annuels et mensuels de recette aux bureaux de l'Hôtel-de-Ville, des portes Cupif, Saint-Michel, Grandet, Saint-Aubin, Toussaint, Saint-Nicolas, Lionnaise, de la Haute-Chaîne et de la Basse-Chaîne.

CC 63.
1785—1786.

44 pièces papier.

CC 64.
1787-1788.

Comptes que rendent les maire et échevins de la ville d'Angers à Mgr Daine, intendant de la généralité de Tours, de la recette et dépense par eux faites des octrois. — Etats particuliers de recette aux bureaux des portes Cupif, Saint-Michel, Grandet, Saint-Aubin, Toussaint, St-Nicolas, Lionnaise, de la Haute-Chaîne et de la Basse-Chaîne.

43 pap., dont 2 cah. in-fol., ensemble de 20 fol.

CC 65.
1 janvier 1789.
28 février 1790.

Etats, mémoires, pièces à l'appui des comptes de l'octroi. — Etat général de la recette aux bureaux des portes Cupif, Saint-Michel, Grandet, Saint-Aubin, Toussaint, Saint-Nicolas, Lionnaise, de la Haute-Chaîne et de la Basse-Chaîne. — Relevé de l'arriéré dû par les cabaretiers. — Etat des remises accordées par privilège à René Fricart, concierge des prisons, pour vente au détail aux prisonniers.

19 pièces papier.

CC 66.
1694.

Rôle de répartition des grandes taxes imposées sur les habitants pour la confirmation de leurs privilèges et décharge des droits de francs-fiefs, arrière-ban et affranchissement des cens, lods et ventes des maisons de la ville.

Reg. in-fol., pap., de 86 fol., couv. en parch.

CC 67.
1695.

Rôles de répartition, par paroisses, de l'impôt du quartier d'hiver et des logements militaires.

9 cahiers in-fol., pap., ensemble de 77 fol.

CC 68.
1697.

Rôle et égail « des deux tiers de la taxe imposée sur les habitants d'Angers, pour la suppression des offices de jurés mouleurs de bois à brûler et charbons,... l'autre tiers de la somme relaissée pour la contribution des ecclésiastiques et communautez de ladite ville et faubourgs. »

15 cah. in-fol., pap., de 148 fol.

CC 69.
1697.

Rôles de répartition, par paroisses, de l'impôt du quartier d'hiver et des logements militaires.

8 cah. de 76 fol., pap., in-fol.

CC 70.
1702.

Idem.

9 cah. in-fol., pap., de 81 fol.

CC 71.
1704.

Idem.

16 cah. in-fol., pap., de 169 fol.

CC 72.
1705.

Idem.

11 cah. in-fol., pap., de 88 fol.

Rôles de répartition, par paroisses, de l'impôt du quartier d'hiver et des logements militaires.

3 cah. in-fol., pap., de 32 fol.

CC 73.
1706.

Idem.

9 cah. in-fol., pap., de 71 fol.

CC 74.
1707.

Idem.

14 cah. in-fol., pap., de 261 fol.

CC 75.
1708.

Idem.

11 cah. in-fol., pap., de 80 fol.

CC 76.
1710.

Idem.

Reg. in-fol., pap., sans couv., de 202 fol.

CC 77.
1711.

Idem.

Reg. in-fol., pap., de 240 fol.

CC 78.
1711-1712.

Compte que rend M⁰ Simon Simon, receveur des impositions ordinaires et extraordinaires.. de la recette par lui faite des droits des boucheries imposés sur tous les habitants en l'année 1712 pour l'extinction des offices des inspecteurs des boucheries.. et pour la finance de l'office de l'avocat du roy en l'Hôtel-de-Ville réuni au corps de ville.

Un cah. in-fol., pap., de 18 fol.

CC 79.
1712.

Rôle de répartition « de la somme de 3,748 livres 15 sols imposée sur les officiers du Présidial, de la Maison de ville, de la Prévôté, de l'Election, du Grenier à sel, des Eaux et forêts, des Traites, de la Monnaie, sur les avocats, les notaires, les officiers du mesurage de la Pointe, sur les intéressés aux fermes du roi, sur les employez aux aides, gabelles, traite foraine, tabac et domaine, faisant partie de celle de 15,304 livres pour l'extinction des offices d'inspecteurs des boucheries. »

Reg. in-fol. pap., de 235 fol.

CC 80.
1712.

Rôles de répartition, par paroisses, de l'impôt de la capitation.

Reg. in-fol., pap., de 338 fol.

CC 81.
1712.

Idem.

Reg. in-fol., pap., de 374 fol

CC 82.
1713.

Rôles de répartition, par paroisses, de l'impôt du quartier d'hiver et des logements militaires.

Reg. in-fol., pap., de 222 fol.

CC 83.
1713.

CC 84.
1714.

Rôles de répartition, par paroisses, de l'impôt du quartier d'hiver et des logements militaires.

Reg. in-fol., pap., sans couv., de 190 fol.

CC 85.
1715.

Rôle de répartition de la somme de 1,217 livres 4 sols 3 deniers, pour le supplément de l'abonnement des francs-fiefs, imposée sur les bourgeois et habitants roturiers de la ville et faubourgs d'Angers, même sur les ecclésiastiques possédant biens-fonds qui ne dépendent point de leurs bénéfices.

Reg. in-fol., pap., de 127 fol.

CC 86.
1715.

Rôle de répartition de la somme de 26,625 liv. 5 sols imposée sur tous les bourgeois et habitants roturiers de la ville et faubourgs d'Angers, exempts et non exempts, privilégiés et non privilégiés, même sur les ecclésiastiques qui possèdent des biens fonds ne dépendant point de leurs bénéfices, sur les officiers du Présidial, de la Prévôté, de l'Election, de la maréchaussée, des eaux et forêts, du grenier à sel, leurs veuves et autres, qu'ils possèdent ou non des fiefs ou autres biens nobles, à l'exception des artisans non propriétaires ou imposés à la taxe au-dessous de 5 livres. — Compte de recette par M. Simon. — Requêtes en décharge de taxe présentées par Urbain Cassin de la Grois, Alexandre Guérin de la Piverdière, J.-P. Maréchal, Henri-Prosper Pocquet de Livonnière, doyen de Saint-Martin d'Angers, Antoine Varlet et René Debonnaire, Madeleine Yvard, veuve René Prégent.

Un reg. in-fol., pap., de 73 fol. — Un cah. in-fol., pap., de 10 fol. — 7 pap.

CC 87.
1715.

Rôle de répartition de la somme de 2,113 livres 6 sols 8 deniers, non compris les frais de perception de ladite somme, « imposée sur les habitants de la ville et faubourgs d'Angers, exempts et non exempts, pour rembourser les particuliers qui ont prêté de l'argent pour faire l'achat des bleds venus de Hollande, le tout conformément à l'arrêt du Conseil d'Etat du 26 janvier 1715, et l'ordonnance de Mgr Chauvelin, intendant de la généralité de Tours, du 13 mars de ladite année, pour la perte arrivée sur les bleds achetés en 1713, distribuez et vendus aux jours de marché à tous les particuliers de la province, pour prévenir et empêcher la disette dont la province était menacée. »

Reg. in-fol., pap., de 152 pages.

CC 88.
1715.

Rôles de répartition, par paroisses, de l'impôt de la capitation.

Reg. in-fol., pap., de 270 fol.

IMPOTS ET COMPTABILITÉ. 209

Comptes de recette de l'impôt du quartier d'hiver et des logements militaires. — Rôles de répartition par paroisses. — Etats des cadis et non-valeurs. — Requêtes en décharge présentées par René Beguier de Chancourtois, Madeleine Bénard veuve Michel Trochon, François Cacault du Coudray, Claude Cesbron de la Vilette, Maurice Cesbron, batelier, Renée Chauvel de la Boulaye, Renée Chéhéré veuve Julien Bodère, Françoise, Anne et Marthe Davy de Chavigné, Catherine Deniau veuve Mathurin Comeau, Simon Doublart sieur du Vignau, D. Drouault, Madeleine Foussier veuve Pierre Menage, Charlotte Gallichon veuve Daniel de Muncin, Abel Gouasrand, Maurice Gourreau sieur du Pont, Claude Halbert, Marie Harpin de la Gautraye, Renée Halquin veuve Nicolas Lefebvre, Marie Hardye veuve Gilles Guillot, Anne Jolly veuve Jacques Lecomte, Claude Jouanne veuve P. Marion, Guy Legouz sieur de Vaux, Louis Joubert de Lespinay, Louise Ladouche veuve J. Tadourneau, Robert Leroy, François Ligros, François Logerais, Charles Loiseau, paumier, Anne Menardeau veuve René Lefebvre de la Feronnière, Jacquine Ménardeau veuve Marin Boislève de la Maurousière, Catherine Mourault veuve Th. Desmarais, Pierre Nadreau, J. Peyot, Renée Ponneau veuve Christ. Hary, Fr. Prevost, Renée Frain veuve André Quatrembat du Pin, Suzanne Renault veuve Isaac Théard, Macé Rogue, Perrine Sanais veuve Denis Malville, Elisabeth de Saint-Ouen veuve Henri de Montigné, Jacques Serqueu, Michel Testu, Joseph Touchais, Louis Trigory et Renée Bisson, Joseph Trochon, Marie-Madeleine Vollaige veuve de Louis Pasquier sieur de Chatelais, Marie-Madeleine et Marie-Dorothée de Wimers.

CC 89.
1707–1716.

69 pièces papier.

Rôles de répartition de la taxe de 2,977 livres imposée sur la généralité des habitants d'Angers, pour l'achat de deux maisons démolies en la rue Cordelle.

CC 90.
1716.

Reg. in-fol., pap., de 159 fol.

Rôles de répartition sur les paroisses de la ville de l'impôt du quartier d'hiver et des logements militaires.

CC 91.
1717.

Reg. in-fol., pap., couv. en parch., de 76 fol.

Rôles de répartition sur les paroisses de la ville de l'impôt de la capitation.

CC 92.
1718.

Reg. in-fol., pap., de 232 fol.

Idem.

CC 93.
1 2

Reg. in-fol., pap., de 374 fol.

14

CC 94.
1720.
Rôles de répartition sur les paroisses de la ville de l'impôt du quartier d'hiver et des logements militaires.

Reg. in-fol., pap., de 124 fol.

CC 95.
1721.
Rôles de répartition sur les paroisses de la ville de l'impôt de la capitation.

Reg. in-fol., pap., de 297 fol.

CC 96.
1722.
Idem.

Reg. in-fol., pap., de 330 fol.

CC 97.
1722.
Rôles de répartition sur les paroisses de la ville de l'impôt du quartier d'hiver et des logements militaires.

Reg. in-fol., pap., sans couv., de 120 fol.

CC 98.
1723.
Rôles de répartition sur les paroisses de la ville de l'impôt de la capitation.

Reg. in-fol., pap., de 375 fol.

CC 99.
1724.
Rôles de répartition sur les paroisses de la ville de l'impôt du quartier d'hiver et des logements militaires.

Reg. in-fol., pap., de 262 fol.

CC 100.
1725.
Rôles de répartition sur les paroisses de la ville de l'impôt de la capitation.

Reg. in-fol., pap., de 417 fol.

CC 101.
1726.
Idem.

Reg. in-fol., pap., de 441 fol.

CC 102.
1727.
Idem.

Reg. in-fol., pap., de 527 fol., en partie pourri.

CC 103.
1728.
Idem.

Reg. in-fol., pap., de 415 fol., en partie pourri.

CC 104.
1729.
Idem.

Reg. in-fol., pap., de 420 fol.

CC 105.
1730.
Idem.

Reg. in-fol., pap., de 440 fol.

CC 106.
1723-1730.
Comptes « que rend François Berge, ci-devant receveur de la capitation des bourgeois de ladite ville, à cause de la recette et dépense par luy faites sur les impositions extraordinaires. » — Etats des restes à recouvrer. — Etats des non-valeurs.

47 pièces pap., dont 6 cah. ensemble de 28 fol.

CC 107.
1731.
Rôle de répartition de la somme de 27,060 livres imposée sur les habitants de la ville et faubourgs d'Angers, par forme de don gratuit,

pour la décharge des droits des francs-fiefs, jusqu'au dernier décembre 1729, « dans l'exemption desquels ils ont été maintenus à perpétuité pour tous les fiefs et autres biens nobles par eux possédés à quelque titre et en quelque lieu du royaume que ce puisse être. »

Reg. in-fol., pap., sans couv., de 172 fol.

Rôles de répartition sur les paroisses de la ville de l'impôt de la capitation.

CC 108.
1731.

Reg. in-fol., pap., de 184 fol.

Idem.

CC 109.
1732.

Reg. in-fol., pap., de 163 fol.

Idem.

CC 110.
1733.

Reg. in-fol., pap., de 120 fol.

Idem.

CC 111.
1734.

Reg. in-fol., pap., de 199 fol.

Idem.

CC 112.
1735.

Reg. in-fol., pap., de 196 fol.

Idem.

CC 113.
1736.

Reg. in-fol., pap., de 156 fol.

Idem.

CC 114.
1737.

Reg. in-fol., pap., de 152 fol.

Idem.

CC 115.
1738.

Reg. in-fol., pap., de 158 fol.

Idem.

CC 116.
1739.

Reg. in-fol., pap., de 145 fol.

Idem.

CC 117.
1740.

Reg. in-fol., pap., de 187 fol. en lambeaux.

Idem.

CC 118.
1741.

Reg. in-fol., pap., de 162 fol.

Idem.

CC 119.
1742.

Reg. in-fol., pap., de 163 fol.

Rôles de répartition sur les paroisses de la ville de l'impôt du quartier d'hiver des logements militaires.

CC 120.
1742.

Reg. in-fol., pap., de 80 fol.

Idem.

CC 121.
1743.

Reg. in-fol., pap., de 87 fol.

CC 122.
1743.
Rôles de répartition sur les paroisses de la ville de l'impôt de la capitation.

Reg. in-fol., pap., de 155 fol.

CC 123.
1744.
Idem.

Reg. in-fol., pap., de 148 fol.

CC 124.
1745.
Idem.

Reg. in-fol., pap., de 136 fol.

CC 125.
1745.
Rôles de répartition sur les paroisses de la ville de l'impôt du quartier d'hiver et des logements militaires.

Reg. in-fol., pap., de 97 fol.

CC 126.
1746.
Rôles de répartition sur les paroisses de la ville de l'impôt de la capitation.

Reg. in-fol., pap., de 165 fol.

CC 127.
1747.
Idem.

Reg. in-fol., pap., de 148 fol.

CC 128.
1731-1747.
Comptes que rend Pierre Godard, de la recette de la capitation des bourgeois et des impositions des francs-fiefs et du quartier d'hiver. — États des non-valeurs et des restes à recouvrer. — Requêtes en décharge des taxes adressées à l'intendant par Charlotte Bault veuve François Cupif, Anne Brouard veuve Chesneau, Renée Burolleau, Pierre Camus, notaire apostolique, Renée de Cierzay, Marie Desnoes veuve André Guilbault, Claude Dolbeau veuve Etienne Bregeon, Jacques Forville, Marie Gibert veuve Simphorien Jouaron, Marie-Anne Gohory veuve Charles Cochon, Claude Anizon veuve Guillaume Harivel, Louis Hernault de Montiron, J. Lepage de Varancé, Marguerite Martineau, Esther Pelletier veuve P. Phelipeaux, Arnoul Ragot sieur du Lattay, Marguerite Renou veuve Christophe Gasté, Henry Siguerre dit Lacour, soldat invalide ; Guillaume Vacherot, Perrine Volleau, de Wissière.

56 papiers.

CC 129.
1748.
Rôles de répartition sur les paroisses de la ville de l'impôt de la capitation.

Reg. in-fol., pap., de 172 fol.

CC 130.
1749.
Idem.

Reg. in-fol., pap., de 136 fol.

CC 131.
1750.
Idem.

Reg. in-fol., pap., de 148 fol.

Rôles de répartition sur les paroisses de la ville de l'impôt de la capitation. — CC 132. 1751.

Reg. in-fol., pap., de 92 fol.

Idem. — CC 133. 1752.
Reg. in-fol., pap., de 123 fol.

Idem. — CC 134. 1753.
Reg. in-fol., pap., de 82 fol.

Idem. — CC 135. 1754.
Reg. in-fol., pap., de 62 fol.

Idem. — CC 136. 1755.
Reg. in-fol., pap., de 99 fol.

Idem. — CC 137. 1756.
Reg. in-fol., pap., de 91 fol.

Idem. — CC 138. 1757.
Reg. in-fol., pap., de 84 fol.

Idem. — CC 139. 1758.
Reg. in-fol., pap., de 81 fol.

Idem. — CC 140. 1759.
Reg. in-fol., pap., de 75 fol.

Idem. — CC 141. 1760.
Reg. in-fol., pap., de 77 fol.

Idem. — CC 142. 1761.
Reg. in-fol., pap., de 82 fol.

Idem. — CC 143. 1762.
Reg. in-fol., pap., de 63 fol.

Idem. — CC 144. 1763.
Reg. in-fol., pap., de 98 fol.

Idem. — CC 145. 1764.
Reg. in-fol., pap., de 96 fol.

Idem. — CC 146. 1765.
Reg. in-fol., pap., de 94 fol.

Idem. — CC 147. 1766.
Reg. in-fol., pap., de 126 fol.

Idem. — CC 148. 1767.
Reg. in-fol., pap., de 129 fol.

CC 149.
1768.
Rôles de répartition sur les paroisses de la ville de l'impôt de la capitalion.

Reg. in-fol., pap., de 130 fol.

CC 150.
1769.
Idem.

Reg. in-fol., pap., de 124 fol.

CC 151.
1770.
Idem.

Reg. in-fol., pap., de 130 fol.

CC 152.
1771.
Idem.

Reg. in-fol., pap., de 145 fol.

CC 153.
1772.
Idem.

Reg. in-fol., pap., de 164 fol.

CC 154.
1773.
Idem.

Reg. in-fol., pap., de 161 fol.

CC 155.
1774.
Idem.

Reg. in-fol., pap., de 164 fol.

CC 156.
1775.
Idem.

Reg. in-fol., pap., de 133 fol.

CC 157.
1776.
Idem.

Reg. in-fol., pap. de 164 fol.

CC 158.
1748-1776.
Comptes que rend à MM. les maire et échevins Pierre Lesourd, chargé du recouvrement de la capitation et des impositions des francs-fiefs et du quartier d'hiver. — Etats des non-valeurs.

86 papiers.

CC 159.
1777.
Rôles de répartition sur les paroisses de la ville de l'impôt de la capitalion.

Reg. in-fol., pap., de 152 fol.

CC 160.
1778.
Idem.

Reg. in-fol., pap., de 170 fol.

CC 161.
1779.
Idem.

Reg. in-fol., pap., de 184 fol.

CC 162.
1780.
Idem.

Reg. in-fol., pap., de 188 fol.

CC 163.
1781.
Idem.

Reg. in-fol., pap., de 190 fol.

CC 164.
1782.
Idem.

Reg. in-fol., pap., de 188 fol.

Rôles de répartition sur les paroisses de la ville de l'impôt de la capitation.

Reg. in-fol., pap., de 175 fol.

CC 165.
1783.

Idem.

Reg. in-fol., pap., de 172 fol.

CC 166.
1784.

Idem.

Reg. in-fol., pap., de 188 fol.

CC 167.
1785.

Idem.

Reg. in-fol., pap., de 160 fol.

CC 168.
1786.

Idem.

Reg. in-fol., pap., de 180 fol.

CC 169.
1787.

Idem.

Reg. in-fol., pap., de 182 fol.

CC 170.
1788.

Idem.

Reg. in-fol., pap., de 175 fol.

CC 171.
1789.

Comptes que rendent à MM. les maire et échevins d'Angers François-Joseph Garnier et Wyriot de Bignicourt, chargés du recouvrement de la capitation (1777-1783). — Rôle de supplément à la capitation des nobles de la ville d'Angers, pour les années 1788-1789. — Lettre de M. de la Marsaulaye, contenant copie d'une lettre de M. Daine, intendant, qui rejette la demande du maire et des échevins tendant à faire réduire leur capitation (1789). — Mémoire des quatre professeurs de droit civil et canonique de l'Université, pour obtenir exemption de la capitation (1779). — Requêtes en décharge adressées à l'intendant par G.-F. Avril de Boutigny, chanoine de Saint-Martin d'Angers, Marcel Avril de Pignerolle, Ayrault de Saint-Henis, Marguerite Bachelot veuve Edin, Joseph-Eulalie de Beaumont comte d'Antichamp, P. Belliard, Anne-Adélaïde-Sophie de la Beraudière de Maumusson, René Bessonneau, Jean Bigot, Fr. Bodin, Marie-Victoire Boisard de l'Epinière, Joseph Boyeau, J. Calprat dit Lebreton, R. Chambault, J. Chevrier, J. Chrétien, P.-J.-Fr. Daburon de Mantelon, doyen de Saint-Pierre d'Angers, Catherine Dalibon veuve Guérin de Vilnière, Joseph-Laurent Desbrosses, capitaine au bataillon du Port-au-Prince, Louis du Buat de la Subrardière, P.-L. du Verdier de Genouillac, Esbrard des Fontaines, Jacques Gaignard, Jacques Gautier, Mélanie de Grimaudet, Gabriel-Claude Lejumeau, Marie Lachaume, Nic. Macquinon, Elisabeth-Françoise de Marguerye, Marthe-Perine Menard, Renée Moreau veuve Laurent

CC 172.
1777—1789.

Rousseau, René-André Moreau, Louise Pitard de la Brizolière, Rose de Langottière, Catherine Péhu, François Péhu, Jean-Antoine Phelipeaux, P.-F.-Jullien Raimbaud, Suzanne Raimbaud, Pierre-Simon de Villegontier, Mathurin Roger, Marie Saillant, veuve Jean Mahut, Gabriel-Jules Sourdille de Chambresais, Ch.-J.-L. Vollaige de Rouillon, Wyriot de Bignicourt (1782-1785).

64 papiers.

CC 173.
1789.

Procès-verbaux d'élection d'un député par les paroisses de Baugé, Bauné, Bazouges, Beaucouzé, Beaufort, Beaulieu, Beausse, Beauvau, Saint-Martin de Beaupreau, Bécon, Blaison, Blou, La Blouère et Villedieu, Bocé, La Bohalle, La Boissière Saint-Florent, Botz, Bouchemaine, Bourg, Bourg d'Iré, Bouzillé, Brain sur l'Authion, Brain sur Longuenée, Breil, Briolay, Brion, Brissarthe, Brissac, La Chapelle du Genêt, La Chapelle Rousselin, La Chapelle Saint-Florent, La Chapelle Saint-Laud, La Chapelle sur Oudon, Le Fuilet, Ingrandes, Jallais, Jarzé, Joué et Etiau, Juigné sur Loire, Juigné Bené, Jumelle, La Jumellière, Juvardeil, La Lande Chasle, Lasse, Lesigné, Lion d'Angers, Loiré, Louroux Béconnais, Lué, Luigné, La Marsaulaye, Neuillé, Neuville et Grez, Neuvy, Nyoiseau, Noyant près Auverse, Parcé, Petit-Paris, La Pellerine, Pellouaille, Le Pin en Mauges, Le Plessis Grammoire, Le Plessis Macé, La Poitevinière, Saint-Aubin des Ponts-de-Cé, La Potherie, Pouancé, La Pouèze, La Prévière, Pruillé, Pruniers, Le Puiset-Doré, La Renaudière, La Salle de Vihiers, La Salle et La Chapelle Aubry, Le Vieil-Baugé, Le Voide, avec pleins pouvoirs pour prendre part aux délibérations de l'assemblée, convoquée à Angers par le Comité de la milice angevine, dans le but d'aviser à remplacer par une prestation pécuniaire la gabelle maintenue par l'Assemblée constituante.

92 pap. en mauvais état.

SÉRIE DD.

Propriétés Communales.

Propriété des places et ports de ville. — Arrêt du Conseil d'Etat qui maintient les maire et échevins dans la possession des cinq places concédées par Louis XIII et du boulevard de la porte Saint-Aubin (30 octobre 1742). — Projet de requête à l'intendant afin d'obtenir maintenue des droits de la ville sur les emplacements des corderies et les dépendances des portes.—Sentence rendue aux requêtes du Palais contre les prétentions du Conseil de ville, qui maintient les chanoines de Saint-Laud dans la propriété du port de la Basse-Chaîne (1660).

DD 1.
1660—1742.

3 pièces papier.

Contrats d'acquêt, par le Conseil de ville, de l'hôtel de Casenove (1er mars 1690) et d'un logement y attenant (22 novembre 1717) pour l'installation de l'Académie d'équitation. — Arrêt du Conseil d'Etat et lettres patentes « portant union au corps de ville de soixante-sept arpens de prés dans les communs du comté de Beaufort, pour en faire une pension à l'Académie de ladite ville d'Angers » (2 mars 1720).

DD 2.
1690—1720.

4 pièces papier.

Contrats d'acquêt, par le Conseil de ville, du Champ Glastin, de maisons au boulevard de la porte Saint-Nicolas, près la porte Grandet, et dans les rues de la Poissonnerie et Bourgeoise. — « Procès-verbal estimatif » des indemnités dues aux propriétaires des maisons du boulevard de la porte Cupif, démolies par la ville « pour l'embellissement et la commodité du port Ayrault. »

DD 3.
1487—1779.

10 pièces papier.

Requêtes de particuliers pour obtenir à bail de la ville les tours Couverte et Guillou et la maison et conciergerie des Treilles, diverses portions de terrains sur les murailles, sur les grands ponts et près la Basse-Chaîne. — Demandes en autorisation d'extraire de la pierre dans les douves des portaux Saint-Michel, Saint-Aubin, Toussaint. — Supplique du roi du Papegault et des archers du jeu de l'arc afin d'être maintenus en la jouissance « des buttes » à eux concédées

DD 4.
1557—1617.

« près le portal Toussaint, lieu par avant ce jour inhabitable, plain de ronces et espines et aspicz, lequel ilz ont à grands fraiz et mises faict acommoder pour tel exercice » (1562).

15 pièces papier.

DD 5.
1514—1790.

Baux des portes Saint-Michel, Saint-Blaise, Saint-Aubin, Lionnaise, Toussaint, Grandet, Saint-Nicolas, de la Haute-Chaîne, et de terrains avoisinants (1713-1787), — des tours Guillou et Barreau (1514-1727), — d'emplacements dans les douves et fossés (1727-1790), — sur le mail Romain, dans le Champ-de-Foire, sur le chemin des Pommiers, près les Minimes, près la Visitation, entre la tour du Papegault et la porte Lyonnaise, sur la turcie de la porte Saint-Nicolas, sur le chemin du Silence, pour des corderies (1730-1774), — d'une maison près la porte Cupif pour le bureau des Aides (1788), — de la maison de la Romaine (1540), — de magasins et de maisons place des Récollets, rue Courte, au port Ayrault, en Boisnet, près Saint-Serge, au boulevard Saint-Aubin, près la culée du pont des Treilles (1718-1734), — de bancs et boutiques sous les Halles (1685-1749). — Bail à loyer de l'Hôtel-de-Ville à Mme la présidente Ayrault (1634).

100 pièces dont 1 parchemin et un plan pap.

DD 6.
1616—1751.

Etat des maisons et terrains arrentés par la ville sur les fossés, remparts et fortifications (1746). — Etat des emplacements vagues qui restent à engager. — Actes d'arrentement de places et terrains aux portes Lionnaise, Toussaint, Saint-Blaise, Saint-Michel, sur le port Ligner (1616-1751).

20 pièces papier.

DD 7.
1675—1790.

Pêche. — Bail, à François Ollivier, directeur de la manufacture des toiles à voiles, du droit de pêche sur la rivière de Maine (5 mars 1790). — Arrêt du Conseil d'Etat concernant le droit de trois livres dû au domaine par les pêcheurs (7 décembre 1675). — Sentence des Eaux et forêts portant règlement pour les pêcheries depuis la Basse-Chaîne jusqu'à Bouchemaine (17 avril 1725).—Requête des maîtres pêcheurs d'Angers au Conseil de ville, pour la liberté de la pêche, « dont le secrétaire de Monsieur, frère du roi, veut s'emparer » (10 avril 1790).

4 pièces papier.

DD 8.
1781—1786.

Bac et coches d'eau. — Mémoire adressé au Conseil de Monsieur, pour obtenir autorisation d'établir un bac au port Ayrault. — Lettre de renvoi au Conseil de ville (1786). — Extraits des arrêts et règlements concernant les messageries et les transports par eau. — Lettres des juges-consuls et des batelières de Nantes au Conseil de ville d'Angers, pour solliciter son concours contre les prétentions d'un sieur Jacques Brochet et compagnie au monopole du transport par eau des marchandises et des personnes (1781).

5 pièces papier.

Mémoire « couronné en 1786 par l'Académie royale des sciences et belles lettres d'Angers, sur la question suivante, proposée par Monsieur, pour sujet du prix qu'il a fondé : « Quels seroient les » moyens les plus simples et les moins dispendieux d'empêcher les » débordements de l'Authion en Anjou et stagnation de ses eaux, » même de rendre cette rivière navigable dans une partie de son » cours, par M. Moret, ingénieur-géographe » (Angers, 1786), — avec envoi autographe de l'auteur « à Messieurs de l'Hôtel-de-Ville d'Angers. »

DD 9.
1786.

Brochure in-4° de 26 pages.

Ponts et canaux. — **Ponts d'Angers.** — Arrêt et devis pour les réparations du grand pont et du pont des Treilles (1705-1706). — **Ponts des Ponts-de-Cé.** — « Déclaration de toutes et chacunes les journées des maczons, maneuvres et perriers, qui ont vacqué et besongné.. scavoir est lesdits maczons à faire et édiffier les avant-murs des deux coustez sur deux grans arches devant le chasteau du Pont-de-Sée et aussi à faire et construyre deux autres grans arches près le chasteau.. et à tailler grant nombre de pierres d'entablement et orvaulx à faire lesdites arches ; et lesdits maneuvres, tant à servir lesdits maczons pour faire ce que dit est, que à amener grant nombre de sablon sur lesdites arches, ad ce que on peust paver sur icelles à la haulteur et raison de l'autre pavé ; et lesdits perriers, à faire les retumbées et desgrader les pilliers, sur lesquelz ont esté assises lesdites arches, et pour avoir foncé les places et traces à mectre les pièces de boys portans les cyntres, sur lesquelz lesdites arches ont esté édiffiées et construictes ; lesquelz maczons, maneuvres et perriers.. ont vacqué par le commandement de MM. les maire et eschevyns de la ville d'Angers » (1510). — Procès-verbal d'adjudication « d'ung pont volant pour passer les gens de pied et de cheval et chevaux de charge » aux Ponts-de-Cé. — Arrêt du Parlement qui l'approuve (1624). — **Pont d'Épinard.** — Transaction entre le Conseil de ville et l'abbesse du Ronceray, pour la réfection et l'entretien du pont d'Épinard (13 août 1608). — **Quai Ligny.** — Requête des négociants, marchands et habitants d'Angers, pour la facilité des abords et des communications des ports Ligny et de la Basse-Chaîne (avril 1790).

DD 10.
1510—1790.

— **Canal de la Poissonnerie.** — Etat et devis estimatif des frais de construction d'un canal pour l'écoulement des eaux des rues de l'Ecorcherie et de la Poissonnerie (1768). — Ordonnance d'adjudication.

12 pièces papier, dont un cahier in-4º de 36 fol.

DD 11.
1778-1780.

Port Ayrault. — Mémoires et toisé d'ouvrages de maçonnerie, de serrurerie et de menuiserie exécutés pour la réparation et le curement du port Ayrault, sous la direction de M. Caperon, ingénieur. — Relevé et prix des journées de travail. — Rapport du sieur Quentin, pompier, sur les travaux d'épuisement du canal et le service des pompes par lui inventées et construites pour la ville. — Requêtes d'Urbain Prieur, géomètre, pour le paiement de ses plans et devis, — de Jean Lochet, entrepreneur, pour être indemnisé de ses pertes.

38 pièces papier.

DD 12.
1514-1768.

Devis et marchés de travaux de ville avec Estienne Godart et Pierre Beillault, maçons, Grand-Jehan Voisine, charpentier, pour la construction d'une canonnière et de l'arc de la herse du portal Saint-Nicolas, de croisées et cheminées aux portaux Saint-Nicolas et Lionnais (1514), — avec Pierre Rouillé, maçon, René Passin et Guillaume Mousset, charpentiers, pour la reconstruction des deux tours du portal Saint-Aubin (1514). — « C'est le devys de la charpenterie que MM. les maire et eschevins de ceste ville d'Angiers veullent de présent être faicte au grant corps de maison qui est près les auditoires de ladite ville, estably pour la maison d'icelle ville » (XVIe siècle). — Adjudication à André Dumont des ouvrages de charpenterie pour la réparation des portaux de la ville. — Procès-verbal de réception des travaux (1635). — Marché pour l'entretien de la couverture de l'Hôtel-de-Ville et des Halles (1681). — « Clauses, charges et conditions de l'adjudication de 4116 numéros et de leur posage aux maisons.. en exécution de l'ordonnance du 1er mars 1768. » — Traité avec Pierre Letourneux, jardinier, pour l'entretien du parterre de l'hôtel de ville (1758).

12 pièces papier.

DD 13.
1789.

Devis estimatif des écuries que MM. les officiers municipaux ont dessein de faire construire sur la place Monsieur, adossées aux murs de la ville, pour y placer partie des chevaux de la troupe. — Plans par terre et en élévation. — Toisé des ouvrages de maçonnerie exécutés par le sieur Lochet. — Vérification du toisé. — Procès-verbal de réception des travaux de charpente, de couverture et de serrurerie.

14 pièces papier.

Construction et entretien du Mail. — Marché avec le sieur Charles Gohier, adjudicataire des travaux (28 novembre 1616). — Arpentage des terres de la métairie de la Rame, dépendant de l'ancienne commanderie du Temple (2 juin 1617). — Procès-verbal des réparations « des ruines et démolitions des maisons, hayes et aisses dudit mail » (16 mars 1651). — Etats des journaliers employés aux travaux du grand mail (1704-1705). — Acquisition de partie du champ des Minimes pour l'agrandissement de l'avant-Mail (2 mars 1739).

DD 14.
1616-1739.

46 pièces papier.

Fontaine Pied-Boulet. — Requête de Jehan Hervé afin d'obtenir indemnité des dommages à lui causés par les travaux de restauration de la fontaine Pied-Boulet (1540). — Lettre de M. d'Espinay à M. le contrôleur général des traites, pour le prier « de luy vouloir faire avoir.. ung Neptune qu'estoit à ladite fontayne » (1565). — Marché avec Gilles Constantin, maître maçon, pour y faire une couverture « en daulme et impérialle » (1630).

DD 15.
1540-1630.

3 pièces papier.

Cimetières. — Convocation des assemblées des paroisses à consulter sur l'utilité de la translation des cimetières particuliers (17 août 1776). — Lettres des échevins du Mans et de Tours, en réponse aux renseignements demandés par le Conseil de ville d'Angers (5-7 septembre 1776). — Sentence de la Sénéchaussée portant règlement des frais à la charge des paroisses (6 septembre 1783). — Procès-verbal d'assemblée de la paroisse Saint-Pierre (8 septembre 1783). — Traité entre la ville et le chapitre de Saint-Pierre pour la propriété de l'ancien cimetière (9 mars 1784). — Ordonnance de l'évêque qui interdit le grand cimetière de Saint-Pierre (12 avril 1784, signée et scellée). — Protestation du curé Robin contre la translation du cimetière de sa paroisse dans le champ des Minimes, « dont les fosses... sont et seront toujours pleines d'eau à cause du roc qui est à fleur de terre, indécence révoltante à l'humanité qui veut qu'on rende à la terre les corps qui en sont sortis, et non à l'eau qui n'est pas leur élément. » (Olographe). — Requêtes du sieur Crasnier, des curés et des marguilliers de Saint-Maurille, Saint-Denis, Saint-Pierre, Saint-Julien, pour l'ouverture d'un passage vers le nouveau cimetière de la Croix-Montaillé, sur l'enclos de la Visitation (27 janvier 1786). — Mémoire

DD 16.
1776-1786.

pour M. et Mme de Gohin, afin d'être déchargés de la construction de ce chemin.

28 pièces papier.

DD 17.
1753—1765.

Procès-verbal d'adjudication de l'entretien et de la réparation des douze grosses torches du Sacre (3 août 1753). — Devis estimatif des réfections et réparations desdites torches (1765).

2 pièces papier.

DD 18.
1565—1780.

Pavage. — Toisé des travaux exécutés à la porte Toussaint, au Pilory, rue Saint-Jacques, à la porte Girard, à la fontaine Pied-Boulet, rue Baudrière, à la Croix-Dorée, à Brionneau, sur le chemin de Sainte-Gemme, rue Saint-Jean (1620). — Requêtes de Jehan Larcher et Jehan Nau, maîtres paveurs, pour l'augmentation « de leur loyer et sallaire, ou à tout le moins, réduyre chacune toize à six piedz » (1565). — de Guillaume et André Chesneau.. « qu'il plaise faire regarder là où il y a necessité de pavez, car pour le présent ilz n'ont point de besongne » (XVIe siècle). — Requête du Conseil de ville à l'intendant, pour obtenir la répartition sur les paroisses taillables de la généralité de Tours des frais du pavage des routes de Paris, du Lion-d'Angers, de Châteaugontier, de Laval, de Nantes, de Rennes et des Ponts-de-Cé (1715). — Devis du pavage des chemins d'Avrillé, de la Madeleine, des Ponts-de-Cé, de la route de La Flèche (1786), des rues Vauvert, Sainte-Catherine, Hannelou, Saint-Samson, de la place de l'Académie (1780). — Avis motivé de M. Caperon, ingénieur, arbitre élu pour la contestation entre l'Hôtel-de-Ville et l'abbaye Saint-Nicolas, au sujet du paiement des pavages du faubourg Saint-Jacques (1779).

26 pièces papier.

DD 19.
1513—1766.

Voirie. — Marchés avec des charretiers pour l'enlèvement des « bourriers, bouillons et immondicitez » de la ville (1513-1695). — Requêtes en autorisation d'ouvrir ou conserver des passages près la porte Toussaint et sur les murailles des portaux Saint-Michel et Saint-Aubin (1536-1766). — Plaintes des habitants de la porte Girard, de la rue des Aisses, de la place des Halles, contre le défaut d'écoulement des eaux par suite du mauvais entretien des égouts et canaux de ville (1536-1561). — Requête des propriétaires des moulins de Précigné sur le pont des Treilles, pour qu'il soit fait défense « à tous habitans.. de non mener, soit au dessus ou au dessoubz desdits moulins, aucuns fumiers ne aucuns encombremens » (XVIe siècle).

17 pièces papier.

SÉRIE EE.

Guerre et Marine.

Lettres de princes et de gouverneurs concernant la garde et la fortification de la ville et du château. — Lettres de *François I*er : « Nous voullons et vous prions très acertes que vous regardez aux fossez, murs, portaulx, boulevers et autres fortifflcations de nostre bonne ville de Angiers, les réduisans.. en tel estat que vous ne puissiez craindre.. gens qui pourroient vous faire force ou invasion d'hostilité. » (Lyon, 15 juillet 1536. Original signé). — Du *duc de Montpensier* : « Nous enjoignons à tous manans et habitans en général, sans aucuns excepter, prandre toutes armes offensives et deffensives, mesmes hacquebutes et pistoletz, pour soy aider et servir pour la tuilion, garde et deffense de ladicte ville, et se tenir prestz de faire monstre... » (29 novembre 1560. Signé : *Loys de Bourbon*). — De *Charles IX* : « Il nous a semblé qu'il seroyt très requis et nécessaire que des deniers qui sont ordonnez pour l'entretenement de la compaignye de quatre cens hommes de pied vous en baillassiez quarante payes aux quarante soldatz que nous avons commandé au cappitaine dudit chasteau d'y tenir pour la seureté d'icelluy, ce que nous vous mandons et ordonnons faire doresnavant. » (Vincennes, 24 novembre 1562. Original signé). — Du même : « Attendu que de la conservation dudit chasteau deppend entièrement celle de ladite ville.. nous vous mandons et commandons et très expressément enjoignons que sans vous arrester a faire en cella nouveaulx reffuz et difficultez ne vous remectre à nous faire là dessus aucunes remonstrances que nous tenons pour toutes faictes et entendues, vous aiez à faire promptement pourvoir au paiment desdits quarante soldats... » (Bloys, 2 février 1562. Original signé). — De *Catherine de Médicis* : Elle annonce l'envoi de la lettre précédente (Original signé). — Du *duc de Montpensier,* autorise la ville à prendre pour la garnison du château, « sur ledit nombre de quatre cens hommes de pied de la garnison de ladite ville d'Angers, vingt d'iceulx, desquelz tout le corps de ladite ville respondra, et vingt aultres que le sieur de la Faucille prandra soict entre lesdits quatre cens ou ailleurs au païs bien congnuz, sains et renommez, dont aussi il sera responsable.. » (Au camp devant Orléans, le 1er mars 1562. Signé : *Loys de Bourbon*). — De *M. de*

EE 1.
1536—1563.

Puygaillard : « Je vous envoye six soldatz.. ausquelz vous prye faire bon traictement, et si d'avanture vous ne les voullez retenir, je vous prye les faire payer promptement de leurs monstres, affin qu'ilz ne se consomment et qu'ilz se puissent retirer, et que une autre foys, quand vous en aurez besoing, vous en puissiez joyr aysément. » (De Jarzé, 14 octobre 1563. Original signé). — Du *capitaine La Faucille :* Il prie la ville d'approvisionner de bois au plus vite le château, car il n'en a pas pour trois ou quatre jours en cas de siége (20 novembre 1563. Original signé).

8 pièces papier.

EE 2.
1557—1666.

Artillerie de ville. — Lettres de *M. de Brissac,* pour emprunter « quelques mortiers.. pour la venue du roy » (3 octobre 1565. Olographe). — Commission délivrée par le duc de la Meilleraye, grand maître de l'artillerie de France, à Philippe de Begcon, sieur de Villemainseul, « pour doresnavant exercer l'office de garde de l'artillerie aux magasins de la ville et château d'Angers. » (1ᵉʳ janvier 1665).— De *Louis XIV,* qui en ordonne l'exécution (10 mai 1666. Original signé). — De *M. de Louvois,* qui engage le Conseil de ville à représenter ses raisons d'opposition au grand maître d'artillerie, pour lors en Bretagne, qui lui rendra justice (19 juin 1666. Olographe). — Du Conseil de ville d'Angers au Conseil de ville de Tours : Il lui envoie six milliers de salpestre (21 janvier 1557). — De *M. de Puygaillard :* Il presse l'expédition des trois milliers de poudre à canon demandés par le roi, et qui seront rendus par le magasin de Tours (12 avril 1573. Original signé). — Requête du sieur Mabilleau, qu'il plaise au Conseil commettre quelque échevin pour voir et recevoir la poudre qu'il a faite pour le compte de la ville.

7 pièces papier.

EE 3.
1539.

Requête du roi des arquebusiers, afin d'être autorisé à tirer le Papegault sur la tour du portal Saint-Michel, et à faire sonner la trompette pour annoncer la fête en ville.

1 pièce papier.

EE 4.
1775—1780.

Milice provinciale. — Instruction de M. Ducluzel, intendant, à l'usage de MM. les subdélégués et commissaires chargés de la levée des milices dans la généralité de Tours, sur les cas d'exemption (10 janvier 1776). — Etats alphabétiques, avec renseignements individuels, des soldats provinciaux levés en la ville d'Angers dans les années 1775-1780.

4 cah. in-fol., pap., ensemble de 54 fol. ; 2 pap. dont un impr. de 8 fol.

Milice bourgeoise. — Arrêt du Conseil d'Etat, « qui destitue les capitaines, lieutenants et enseignes des bourgeois de la ville d'Angers, establis avant le siège d'icelle, qui n'ont pas faict ce qui estoit de leur debvoir pour empescher la rebellion, » et nomme en leur place d'autres officiers (6 mars 1652). — Requête des procureurs en la sénéchaussée et autres juridictions royales de la ville, afin d'être déclarés exempts « de marcher à la patrouille » (6 décembre 1773). — Etat des officiers des douze compagnies, distribué par rues et par quartiers (1773). — Lettre du baron de Breteuil, qui approuve la mise aux arrêts du sieur Vanbredenbec, capitaine, « mais comme on ne peut guères lui reprocher que de l'ignorance ou de la négligence, » autorise à le remettre en liberté (16 décembre 1784). — Rapport des sieurs Goubault, capitaine-major, J. Abraham, lieutenant, Ducazeau, sergent-major de la 4e compagnie, contre l'insubordination et les propos insolents des sieurs Chassebeuf, Toutin et Geslin de la Raisnerie. — Supplique adressée au maréchal de Ségur, ministre de la guerre, par le sieur François Chassebeuf, marchand quincaillier, portant plaintes contre les vexations et les abus de pouvoir du sieur Goubault, major. — Lettre de renvoi au Conseil de ville de M. Daine, intendant. — Réponse du Conseil qui déclare la dénonciation du sieur Chassebeuf calomnieuse, et requiert qu'il lui soit enjoint « d'être plus circonspect dans sa conduite, plus vrai et plus réservé dans sa plume » (1786). — Extrait de l'ordonnance royale qui interdit aux officiers des milices bourgeoises et autres le port d'épaulettes ou de dragonnes, et « d'autres distinctions exclusivement affectées aux officiers militaires » (1er octobre 1786). — Lettre d'envoi de M. Daine (21 décembre). — Requête du Conseil de ville tendant à obtenir un règlement d'uniforme pour les officiers de la milice bourgeoise ou le maintien de l'ancien : « habit bleu de roi, avec boutonnières d'or des deux côtés, doublure de même couleur, revers, parements, veste galonnée à la Bourgogne, et culotte, le tout d'écarlate, boutons aux armes de Monsieur avec la lettre A au bas, et cocarde de basin, avec une rosette de ruban couleur de feu au milieu... et quelques marques distinctives telles que seraient deux contre-épaulettes en or sans franges pour les officiers de l'état-major, une seule aussi en or et un trèfle pour les capitaines, une d'or lozangée de soie pour les lieutenants, et une d'étoffe écarlate, bordée d'un tissu en or pour les sergents. » — Requête des officiers au Conseil de ville en faveur du sieur Roujou, lieutenant (ont signé : Goubault, Coustard-Grille, J.-C. Ollivier, majors; Robert Beaujouan, doyen des capitaines; M.-F. Tertrais, Mabille, Brouillet, Pierre Bellanger, capitaines; P. Guitet, Godelier, Denis Lachèse, Charrier,

EE 5.
1652–1789.

Agnès, Chesneau, J. Abraham, Lemercier de la Clémencière, Grille Copardière fils, Boisnier, lieutenants). — Rapport de M. Lachaise, capitaine commandant le détachement des cinquante grenadiers et chasseurs de la garde nationale angevine, commandés pour se rendre au château de Serrant, le 31 octobre 1789.

15 pièces pap., dont un impr.

EE 6.
4 août 1789.
18 février 1790.

Comité permanent de la milice angevine. — Procès-verbaux des séances. — Fol. 1 : Prestation de serment des membres du comité. — Fol. 2 : Son installation au château. — M. d'Houllières nommé président. — Plaintes des habitants d'Angers et des Ponts-de-Cé contre les boulangers. — Fol. 3-7 : Le sieur Lesellier de Beauchamp, arrêté à Beaufort pour propos injurieux et menaces contre l'administration, est amené à la prison du château, à la discrétion du comité, qui se récuse pour incompétence. — Fol. 3, 8, 9, 10 : Opposition au départ du régiment de Picardie. — Le ministre de la guerre le maintient à Angers. — Fol. 5 : Réception de MM. Legouz, Menard, Poirier, Goubault, officiers supérieurs de la milice. — Allocution de M. d'Houllières. — Fol. 8 : Expédition de la milice bourgeoise aux châteaux de Sainte-Gemme-sur-Loire et de Montsabert. — Fol. 10 : Choix de l'emplacement des Minimes pour les casernes. — Réprimande adressée au curé et au vicaire de Savennières, qui ont défendu à leurs paroissiens de porter la cocarde nationale. — Fol. 11 : Réception des curés de la ville. — Discours de M. Roussel, curé de Saint-Maurille. — Fol. 15 : Règlement constitutif du Comité. — Fol. 18 : Arrêté des jeunes gens portant organisation d'un corps de volontaires. — Fol. 21 : M. de Perrochel, abbé de Toussaint, nommé président en remplacement de M. d'Houllières; M. de la Révellière, secrétaire. — Fol. 22 : Déclaration « des jeunes amateurs en musique » qu'ils se constitueront, à partir de ce moment, en un corps de musiciens volontaires attachés à la milice nationale angevine et au corps des jeunes citoyens volontaires. — Fol. 23 : Prestation de serment du régiment de Royal-Picardie. — Fol. 29 : Le sieur Faloux, dénoncé par le Comité de Saint-Georges-sur-Loire, est déclaré coupable « tant pour les propos indécens qu'il a tenus que par le refus qu'il a fait et l'empeschement qu'il a mis à ce qu'un de ses gens montât la garde à son tour. » — Fol. 30 : Bénédiction d'une cloche du Ronceray. — Fol. 31 : Plan présenté par M. de Colasseau de Montigny pour l'armement de la citadelle et la défense de la ville. — Projet d'adresse à l'Assemblée nationale, proposé par M. d'Houllières, « tendante à lui renouveler le serment de sacrifier jusqu'à la dernière goutte de sang pour soutenir et défendre les décrets des vrais représentants de la nation, à demander à la députation la liste de tous les traîtres qui peuvent se trouver dans l'Assemblée nationale, et particulièrement ceux des députés de l'Anjou qui auroient pu violer leur serment (ce qu'il n'ose pourtant présumer) à fin de les rappeler et de leur substituer de vrais citoyens. » — Fol. 33 : Les volontaires nationaux préposés, sur leur demande, à la surveillance du marché des grains. — Condamnation de meuniers pour n'avoir point approvisionné le marché. — Fol. 35 : Dépôt, par les volontaires, d'une lettre anonyme. — Le sieur Besnard, maître d'écriture, dénoncé pour en être l'auteur, avoue et est réprimandé. — Fol. 36 : Visite des cellules de la maison des Pénitentes, sur la dénonciation « de faits graves » par la dame Frédoit, veuve Cheral, « qui y a été renfermée et détenue fort longtemps par un ordre ministériel. » — Fol. 37 : Ordre des vacances des membres du Comité. — Leur résidence hors ville. — Fol. 43 : Procès-verbal de l'assemblée générale de la province d'Anjou, tenue le 6 octobre 1789, dans l'église des prêtres de l'Oratoire, pour le remplacement de l'impôt du sel. (Ce procès-verbal est suivi de la signature autographe des 280 députés des paroisses parmi lesquels figurent MM. de Bonchamp, Touzé du Bocage, J. Chassebœuf, Aubin de Nerbonne, Duboys « citoyen et curé de la Pommeraye, » Gourreau de Chanzeaux, Gourreau de la Houssaye, de Pissonnet, Vollaige de Vaugirault, de Terves, Legouz du Plessis, le chevalier de Grammont, Lemotheux de Chitray). — Fol. 50 : Protestation des officiers des légions de la milice nationale angevine, contre la détention arbitraire du sieur Huart de la Huetterie, major de la milice nationale de la ville de Candé. — Ordre de mise en liberté sous caution. — Fol. 52 : Lettre du Comité au marquis de Lafayette. — Fol. 55 : Sommation aux députés de l'Anjou, qui sont de retour à Angers, de venir rendre compte « des raisons qui les ont portés à déserter l'Assemblée nationale. » — Semonce au curé Chatizel. — Fol. 56 : Arrêté contre les députés déserteurs de leurs devoirs. — Fol. 58-59 : Envoi d'un détachement de milice nationale à Serrant, pour protéger le château et les archives menacés d'incendie. — Fol. 60 : Distribution de bons de pain pour les indigents. — Relevé, par paroisses, du nombre des ménages indigents. — Fol. 61 : Lettre de M. Riche, député à l'Assemblée nationale, demandant au Comité et aux électeurs permission de prendre un congé de trois jours pour la foire prochaine de la Saint-Martin. — Fol. 61 : Arrêté portant tarif des différentes espèces de pain et règlement de police pour la boulangerie. — Fol. 63 : Disette de grains et de farines. — Fol. 65 : Envoi de commissaires dans les diverses parties de l'Anjou, avec charge d'acheter des seigles et des froments. — Fol. 68 : Lettre de M. d'Houllières et de M. Delaunay, députés à l'Assemblée nationale, au sujet de l'arrêté concernant le remplacement de la gabelle par une prestation en argent. — Fol. 69 : Rapport du sieur Viot, fils, capitaine des volontaires, chargé de l'inspection des livres de vente et d'approvisionnement des meuniers de la Mayenne. — Fol. 71 : Rapport des commissaires chargés d'achats de grains dans les paroisses d'Avrillé, la Meignanne, Saint-Jean du Marais, Brain-sur-Longuenée, Vern, Gené, le Plessis-Macé. — Fol. 73 : Procès-verbal de la séance d'ouverture de l'assemblée générale des actionnaires de la caisse des subsistances. — Discours de M. Delaunay et de M. l'abbé de la Brosse. — Liste des actionnaires présents. — Fol. 78 : Règlement pour le corps des volontaires. — Fol. 86 : Arrêté à l'appui du mémoire du sieur Morin, l'un des propriétaires entrepreneurs de la manufacture de toiles à voiles d'Angers, tendant à obtenir main-levée de l'opposition mise par le sieur de Basly, sur la somme de 65,000 livres assignée par le ministre des finances, et le règlement définitif de sa créance sur l'Etat. — Fol. 90 : Mesures de sûreté pour le jour de la foire. — Fol. 92 : Ordre pour l'impression de la liste générale de tous les citoyens actifs éligibles, « afin d'en être délivré un exemplaire à chaque citoyen électeur, pour les mettre dans le cas de faire un choix convenable. » — Fol. 89, 91, 93, 94 : Insurrection des habitants de Cunaud, pour empêcher le transport des grains à Angers. — Refus de la municipalité de prêter main-forte aux agents du Comité. — Lettre à ce sujet de MM. Pilastre, La Reveillère-Lepeaux, Martinet, de Ruillé, Menard, Lemaignan, Desmazières, Chatizel, Brevet de Beaujour, Allard et de Dieusie, députés d'Anjou à l'Assemblée nationale. — Réponse du Comité.

Reg. grand in-fol., pap., de 97 fol., sans couv.; trois pièces pap., annexées aux fol. 63, 65, 66.

EE 7.
29 juillet—4 août 1789.

Comité permanent de la milice angevine. — Délibérations du bureau d'ordre. — Fol. 1-2 : Arrestation et mise en liberté des sieurs Tessier et Lemotheux de Morannes. — Règlement pour le service de la milice. — Etat des postes. — Comparution en séance des clercs de carrières, pour donner des renseignements « sur les moteurs et instigateurs des troubles » de la veille. — Fol. 6 : Ordre d'arrêter les bateaux de grains qui passent journellement aux Ponts-de-Cé, — et partie de la poudre à destination de Nantes. — Semonce, en Conseil, à deux perrayeurs « soupçonnés d'être séditieux et perturbateurs. » — Fol. 8 : Défense aux postes de garde de laisser sortir de la place du marché, sous quelque prétexte que ce soit, aucun sac ni charge de blé, froment ou seigle, sans une carte imprimée délivrée par un des délégués du Comité. — Fol. 4, 8, 9 : Affaire du sieur Lesellier de Beauchamp, arrêté par la milice nationale de Beaufort et remis au Comité.

Un cah. in-fol. pap., de 20 fol., dont 10 blancs; 2 pièces pap., intercalées aux fol. 2 et 7.

Comité permanent de la milice angevine. — Lettres et adresses des paroisses de Beaulieu, Beaupréau, La Blouère, Brissac, Joué-Etiau, Landemont, le Lion-d'Angers, le Loroux-Béconnais, Pellouailles, le Plessis-Macé, la Poitevinière, la Pommeraye, Saint-Aubin des Ponts-de-Cé, la Potherie, Pouancé, portant avis de leur formation en milices nationales, avec offres de service et demande d'instructions et de renseignements.

EE 8.
Juillet-novembre 1789.

40 pièces pap., en mauvais état.

Volontaires d'Angers. — Requête de jeunes gens de la ville au Comité permanent de la milice angevine, afin d'être autorisés à constituer « un corps de musiciens volontaires, » avec uniforme « savoir : habit rouge, doublure blanche, parements, revers et collet bleus, légèrement bordés en argent, aiguillette et contre-aiguillette aussi légère et un panache blanc au chapeau » (8 août 1789). — Arrêté des volontaires qui sollicitent du Comité, « comme une récompense due à leur zèle et à leurs sentiments patriotiques, » la faveur d'être envoyés en courses, à leurs frais, dans la province, pour surveiller la circulation des blés (2 septembre. Signé par Choudieu, président et capitaine aide-major, et Cordier, secrétaire de l'assemblée des volontaires nationaux d'Anjou). — Rapport des officiers du détachement envoyé en expédition le long de la Sarthe (5 septembre. Signé par Choudieu, la Marandière, Viot fils, Gauvillier). — Arrêtés à l'appui, des municipalités du Lion-d'Angers, d'Etriché, de Morannes, de Châteauneuf, qui s'engagent à faciliter de tout leur pouvoir l'approvisionnement de la ville d'Angers. — Observations de MM. les volontaires non domiciliés à MM. les volontaires domiciliés de la milice nationale angevine (6 septembre 1789. Signé : Bouglé, contrôleur des aides, et Dubois, licencié ès-lois).

EE 9.
1789.

8 pièces papier.

Registre des étapes des troupes de passage « pour servir à enregistrer et écrire tout au long, sans chiffres ni abréviations, les extraits des routes et revues sur lesquelles seront fournis l'étape aux troupes de Sa Majesté, ensemble le reçu que les officiers auront donné à l'étapier de la quantité de rations qu'il aura fournies en con-

EE 10.
8 avril 1728.
17 décembre 1740.

formité des extraits desdites routes et revues, pour lesdites copies ainsi enregistrées être signées tant par nous dits maire et échevins, que par le commandant de la troupe, de la recrue ou de la remonte à laquelle l'étape aura été fournie, et ce, en conséquence de l'ordonnance du roy, du 13 juillet 1727, portant rétablissement et nouveaux règlements sur les étapes. »

Reg. in-fol., pap., de 300 fol.

EE 11.
18 décembre 1740.
9 octobre 1750.

Registre des étapes des troupes qui ont passé par la ville d'Angers.

Reg. in-fol., pap., de 297 fol.

EE 12.
16 novemb. 1750.
13 juillet 1761.

Registre des étapes des troupes de passage.

Reg. in-fol., pap., de 299 fol.

EE 13.
18 juillet 1761.
7 juillet 1769.

Registre des étapes des troupes de passage.

Reg. in-fol., pap., de 198 fol.

EE 14.
27 juillet 1769.
19 mai 1775.

Registre des étapes des troupes de passage.

Reg. in-fol. pap., de 88 fol., en mauvais état.

EE 15.
1 juin 1775.
15 mai 1783.

Registre des étapes des troupes de passage.

Reg. in-fol., pap., de 193 fol.

EE 16.
1565-1666.

Logements militaires. — Lettres du roi *Louis XIV,* portant ordre au Conseil de ville de loger et entretenir les troupes envoyées en garnison : — une compagnie du régiment de Champagne (14 décembre 1661), — « le nombre d'officiers et de soldats de la garnison ordinaire du château qui sera ordonnée par le gouverneur » (24 décembre 1661), — la compagnie du capitaine Brethe (16 janvier 1662. Originaux signés *Louis,* contresignés *Letellier*). — Du *comte d'Harcourt,* pour le logement de la compagnie du capitaine Brethe (16 janvier 1662. Deux pièces signées : *Henry de Lorraine, conte de Harcourt,* avec cachets aux armes). — Du *comte d'Armagnac,* pour le logement des cavaliers de sa compagnie (36 août 1666. Original signé, avec cachet aux armes). — Lettre du Conseil de ville au sieur de Strozzy, commandant de la garde du roi, pour le supplier de mettre ordre aux violences de ses soldats, et de n'en envoyer aucun en ville sans lui bailler certificats (29 octobre 1565).

7 pièces papier.

Correspondance du Conseil avec les ministres, l'intendant et la Commission intermédiaire, au sujet du logement des dragons et des carabiniers en garnison à Angers. — Lettres de MM. *de Lambert* et *Daine,* intendant.

EE 17.
1783—1790.

61 pièces, pap., dont 47 en lambeaux.

Projets pour l'établissement de casernes à Angers. — Enquêtes concernant leur installation 1° à l'Académie d'équitation ; 2° aux Minimes ; 3° à Saint-Serge. — Lettres de MM. *de Lambert, d'Autichamp, du Haut-Plessis, Daine.*

EE 18.
1788—1789.

66 pièces papier.

Montres des prisonniers de guerre Espagnols ou Wallons faits par le roi aux batailles de Lens et de Rocroi, et internés à Angers (1644-1652). — Règlement pour la garde des prisonniers de guerre (1746).

EE 19.
1644—1746.

8 pièces pap., dont 2 impr.

Inscription maritime. — Déclaration du roi concernant les priviléges des gens de mer (21 mars 1778). — Ordres de convocation pour la recrue générale des bateliers et pêcheurs de la rivière de Loire.— Lettre d'envoi desdits ordres et instructions de M. de la Marsaulaye (1780).

EE 20.
1778—1780.

5 pap., dont 2 impr.

SÉRIE FF.

Justice. — Procédures. — Police.

FF 1.
1734.

Présidial. — Extraits des registres de la Cour contenant la requête des juges-consuls des marchands « pour estre maintenus dans la possession d'être convoqués aux assemblées générales qui se tiendront à l'Hôtel-de-Ville et d'y avoir séance et voix délibérative, et aux élections des officiers municipaux, » avec les dires contraires du Conseil de ville et les répliques des deux parties.

2 pièces pap. dont 1 cah. de 54 fol.

FF 2.
1774-1784.

Présidial. — Mémoires, répliques, pièces de procédures produites dans l'instance intentée au corps de ville par Jean-Baptiste Dubois, arpenteur, en paiement du plan de la ville d'Angers, qu'il prétend avoir levé par ordre du maire. — Lettres du sieur Moithey, ingénieur-géographe du roi, requérant l'envoi de renseignements historiques pour la gravure dudit plan (1774).

14 pièces papier.

FF 3.
1026-1785.

Mémoires, répliques et pièces de procédures au soutien de l'instance défendue contre la communauté des bouchers par le corps de ville, afin de maintenir la taxe de la viande à la discrétion du comité de police sans recourir à un essai.

10 pièces pap. dont un parch. et 3 impr.

FF 4.
1750-1776.

Mémoires, répliques et pièces de procédures au soutien de l'instance défendue par le corps de ville contre la communauté des boulangers, appelants des ordonnances de la Sénéchaussée et de la Police, qui prescrivent un essai des farines pour réglementer la taxe du pain.

35 pièces pap , dont 13 impr.

FF 5.
1420-1774.

Greffe de la police royale. — Registre de transcription des édits, déclarations du roi, arrêts du Conseil, provisions d'offices du greffe et autres actes relatifs à la police. — Fol. 2 : Statuts des anciens et

JUSTICE. — PROCÉDURES. — POLICE. 233

nouveaux cordonniers de la ville d'Angers (1753) — Fol. 11 : Arrêt qui réunit l'office d'avocat du roi de la Police à celui d'avocat du roi de la Sénéchaussée. — Fol. 13 : Fondation, par les maîtres boisseliers, de trois messes annuelles aux Augustins. — Fol. 15 : Arrêt du Conseil d'Etat, concernant la vente de remèdes et spécifiques par les particuliers. — Fol. 17 : Autre arrêt qui attribue aux maîtres en chirurgie les mêmes droits qu'aux notables bourgeois des villes. — Fol. 20 : Autre, portant établissement d'une loterie en faveur de l'Ecole militaire. — Fol. 21 : Statuts concédés aux maistres corroyeurs par Yolande, duchesse d'Anjou (13 mai 1426). — Fol. 22 : Confirmation et augmentation desdits statuts par le roi Charles IX (1570). — Fol. 26 : Statuts concédés aux maîtres cordiers par René d'Anjou (7 juin 1445). — Fol. 31 : Arrêt du Parlement portant règlement entre les maîtres épiciers et les maîtres fruitiers de Paris. — Fol. 40 : Requête des marchands pelletiers-fourreurs d'Angers, afin d'obtenir défense « à toutes personnes sans qualités » de vendre aucune marchandise de pelleterie ni fourrure. — Fol. 42 : Ordonnance conforme. — Fol. 43. Concordat entre les fabricants de chapeaux et les marchands pelletiers-fourreurs. — Fol. 51 : Statuts et réglement des maîtres apothicaires-épiciers d'Angers (1619). — Fol. 60 : Statuts des maîtres ouvriers jurés du métier de baudrairie concédés par le roi Charles VIII (septembre 1490). — Fol. 67 : Arrêt du Parlement, concernant la libre circulation des grains. — Fol. 68 : Requête et brevet du sieur Antoine Fabre, cafetier à Angers, « pour le privilége.. de donner à jouer à des jeux licites, à condition de n'y admettre que des personnes connues par les officiers de police. » — Fol. 71 : Lettres de résignation, par le sieur Etienne-Henri Barbotin d'Ayrault-Bajet, de sa lieutenance générale du roi des violons de Paris, au profit des sieurs Louis Vendimène pour Tours, Olivier Josson pour Angers, André Lemierre à Rennes, Ch. Champion à Chartres (1771). — Fol. 74 : Statuts des maîtres maçons, tailleurs de pierres et architectes d'Angers (1645). — Fol. 80 · Lettres patentes érigeant en communauté « le métier et manufacture de bas, canons, camisoles, caleçons et autres ouvrages de soie qui se font au métier » (1672). — Statuts de la communauté. — Fol. 94 : Lettres patentes qui attribuent aux seuls maîtres perruquiers « la coiffure des femmes » (12 décembre 1772).

Reg. in-fol., pap., de 98 fol., sans couv.

Greffe de la police royale. — « Registre ou plumitif servant à l'enregistrement des causes audiencées au siége de la police royale d'Angers. » — Fol. 43 : Procès des maîtres charpentiers contre l'as-

FF 6.
10 août 1775.
8 janvier 1784.

sociation des compagnons charpentiers, connue sous le nom des *Bons-Drilles*, autrefois du *Devoir*.

Reg. in-fol., pap., de 268 fol., sans couv.

FF 7.
15 janvier 1784.
22 décembre 1785.

Greffe de la police royale. — Plumitif des audiences. — Sentences rendues contre des particuliers, pour dépôts de vidanges sur la voie publique, tapages nocturnes, infractions aux règlements de la boulangerie, des marchés, aux statuts des communautés, aux contrats d'apprentissage, pour usage de mesures fausses ou prohibées, et autres délits ou contraventions jugés en l'audience de la police d'Angers.

Reg. in-fol., pap., sans couv., de 150 fol.

FF 8.
12 janvier 1786.
18 février 1790.

Idem.

Reg. in-fol., pap., de 170 fol.

FF 9.
1776—1777.

Idem.

99 pièces, dont un parch.

FF 10.
1778.

Idem.

63 pièces, dont 1 parch.

FF 11.
1779.

Idem.

73 pièces dont 1 parch.

FF 12.
1780—1782.

Idem.

89 pièces papier.

FF 13.
1783—1785.

Idem.

69 pièces papier.

FF 14.
1786—1789.

Idem.

67 pièces papier.

FF 15.
1776—1787.

Greffe de la police royale. — Déclarations de grossesse par des filles-mères, en conformité de l'édit du roi Henri II.

7 pièces papier.

FF 16.
1764—1770.

Greffe de la police royale. — Procès-verbaux de levée d'enfants exposés en ville dans le domaine du roi et sur les fiefs des abbayes Saint-Aubin, Toussaint, le Ronceray, Lesvière, Saint-Nicolas, Saint-

JUSTICE. — PROCÉDURES. — POLICE.

Serge, Fontevrauld, des chapitres Saint-Martin, Saint-Maurice, Saint-Pierre, Saint-Maurille, Saint-Maimbœuf, de l'Hôpital, du Séminaire, de l'Evêché, de Sainte-Gemmes, de Serrant, de Vezins, de M. Louet de la Romanerie.

90 pièces papier.

Idem.
105 pièces papier.

FF 17.
1771.

Idem.
100 pièces papier.

FF 18.
1772.

Idem.
94 pièces papier.

FF 19.
1773—1774.

Idem.
96 pièces papier.

FF 20.
1775—1776.

Idem.
99 pièces papier.

FF 21.
1777—1778.

Idem.
85 pièces papier.

FF 22.
1779.

Idem.
89 pièces papier.

FF 23.
1780.

Idem.
98 pièces papier.

FF 24.
1781.

Idem.
89 pièces papier.

FF 25.
1782.

Idem.
93 pièces papier.

FF 26.
1783.

Idem.
89 pièces papier.

FF 27.
1784.

Idem.
99 pièces papier.

FF 28.
1785.

FF 29.
1786.

Greffe de la police royale. — Procès-verbaux de levée d'enfants exposés en ville dans le domaine du roi et sur les fiefs des abbayes Saint-Aubin, Toussaint, le Ronceray, Lesvière, Saint-Nicolas, Saint-Serge, Fontevrauld, des chapitres Saint-Martin, Saint-Maurice, Saint-Pierre, Saint-Maurille, Saint-Maimbœuf, de l'Hôpital, du Séminaire, de l'Évêché, de Sainte-Gemmes, de Serrant, de Vezins, de M. Louet de la Romanerie.

86 pièces papier.

FF 30.
1787.

Idem.

98 pièces papier.

FF 31.
1788.

Idem.

100 pièces papier.

FF 32
1789.

Idem.

78 pièces papier.

FF 33.
1784.

Greffe de la police royale. — Procédure contre les bouchers tenant boucherie de carême, prévenus de coalition pour vendre la viande au-dessus de la taxe fixée par la Police. — Interrogatoires de témoins. — Sentence qui condamne à l'amende les délinquants, au profit de l'Hôtel-Dieu.

19 pièces papier

FF 34.
1785-1788.

Greffe de la police royale. — Procès-verbaux de visites chez les boulangers et chez les cabaretiers de la ville et des faubourgs, portant constatation de délits et de contraventions aux ordonnances et règlements de police.

64 pièces papier.

FF 35.
1777-1789.

Greffe de la police royale. — Procédures, enquêtes et pièces à l'appui d'instances intentées à des particuliers par les communautés des apothicaires ; — des bonnetiers, fabricants de bas au métier, chapeliers, pelletiers et fourreurs ; — des bouchers ; — des boulangers ; — des cabaretiers, aubergistes, cafetiers et limonadiers ; — des charpentiers ; — des chirurgiens ; — des cordonniers ; — des couvreurs d'ardoise ; — des épiciers, ciriers et chandeliers ; — des maçons, plombiers, paveurs, tailleurs de pierre ; — des marchands ; — des maréchaux-ferrants, serruriers, taillandiers, ferblantiers et autres ouvriers en fer ; — des menuisiers, ébénistes, tourneurs, tonneliers et autres ouvriers en bois ; — des orfèvres, joailliers et horlogers, pour infractions aux statuts.

99 pièces papier, dont 6 impr.

Greffe de la police royale. — Procédures, enquêtes et pièces à l'appui d'instances intentées à des particuliers par les communautés des perruquiers, barbiers, baigneurs, étuvistes ; — des poêliers ; — des rôtisseurs, pâtissiers, traiteurs ; — des sergers, — des selliers ; — des serruriers ; — des tailleurs d'habits ; — des tapissiers, vendeurs de meubles en neuf et vieux, et miroitiers ; — des terrasseurs, carreleurs et blanchisseurs ; — des tisserands ; — des vinaigriers, buffetiers et moutardiers, — pour infractions aux statuts.

FF 36.
1775 - 1789.

99 pièces papier.

Greffe de la police royale. — Enquêtes et procédures au soutien d'instances intentées par les docteurs régents de la Faculté de médecine, contre le sieur Vaux, charlatan (1779), et Henri Contouly, docteur de la Faculté de Montpellier ; — par L.-J.-Barthélemy O'Sullivan et Antoine Devert, maîtres d'armes, contre Paul Hélan et Leroux dit Canon ; — par Ant. Fabre, cafetier, ayant privilège de Monsieur pour l'Académie des jeux, contre Jacques-Nic. Bardoul, limonadier.

FF 37.
1776—1779.

8 pièces papier.

Greffe de la police royale. — Enquêtes et sentences du juge de police, pour réprimer l'embauchement illicite des ouvriers des carrières et des manufactures de toiles à voiles.

FF 38.
1778 - 1789.

9 pièces papier.

Greffe de la police royale. — Arrêtés, sur requêtes, du lieutenant de police, qui autorisent les sieurs Annibal Rubini, Pierre Flabeau et J.-B. Fontaine, dit Bellièvre, opérateur, à vendre en ville « l'antidote appelée orviétan, tant en poudre que liquide et en baume, » d'après la formule brevetée du docteur Dionis, ancien professeur en la Faculté de Paris (avril 1776) ; Jean Grey, « italien, chirurgien et inspecteur général des opérateurs, » à vendre et distribuer l'antidote ou orviétan de sa composition, « ainsi qu'il l'a fait dans différentes villes du royaume, notamment en cette ville, il y a environ vingt-trois ans » (octobre 1776) ; Antoine Dumas, maître ès-arts et maître en chirurgie, « expert herniaire et bandagiste de la ville de Lyon, » à pratiquer en ville « son état de chirurgien herniaire et bandagiste seulement » (1777-1781) ; J. Tadini, à exercer « son art de professeur

FF 39.
1776—1781.

occuliste » (1777); Etienne Verrier, à prendre le titre de chirurgien ordinaire de Monsieur en son château d'Angers (1780).

13 pièces papier.

FF 40.
1702—1786.

Greffe de la police royale. — Arrêtés, sur requêtes, du lieutenant de police, portant réception des sieurs Louis-Ignace Delafosse, imprimeur-libraire à La Flèche; Louis-Victor Pavie à Angers, Michel de Gouy à Saumur (22 juin - 21 juillet 1780). — Procès-verbaux des examens de capacité subis par le sieur Mame, prétendant aux brevets de la veuve Dubé et du sieur Bonaventure Billault, démissionnaires en sa faveur (13 septembre 1777-15 mars 1781). Sont jointes deux pages d'épreuves *in folio* et *in quarto* composées sous la dictée des juges, « fisselées, coulées sur le marbre, imposées, mises en train et imprimées » par le candidat. — Procédure contre le sieur Jabier (1762), pour mise en vente de *Livres d'Heures,* au préjudice des sieurs Billault et Poinsot, imprimeurs-libraires privilégiés de l'Evêché, et de la *Petite Encyclopédie ou Dictionnaire des Philosophes,* contenant « des propositions contraires à la relligion, à l'humanité, aux bonnes mœurs et aux maximes du gouvernement » (1762-1779). — Arrêt du juge de police qui ordonne la suppression de l'édition des *Etrennes angevines,* et fait défense à l'imprimeur d'y insérer à l'avenir « aucun des détails compris dans l'*Almanach* ou *Calendrier d'Anjou* » (9 avril 1772). — Requête du sieur René Thibault-Chambault, négociant, « à ce qu'il plaise faire défenses au sieur Billault d'insérer à l'avenir dans ses *Affiches* aucuns avis contre le demandeur, et que, pour avoir inséré dans sa feuille du 21 de ce mois celui qui tend à préjudicier à sa réputation, en y annonçant contre vérité avoir vendu et livré audit sieur Chambault l'*Histoire naturelle* de M. Buffon, ledit sieur Billault soit condamné d'insérer dans l'*Affiche* qui suivra que c'est par erreur et sans intention de nuire.. qu'il l'aurait dénommé » (27 avril 1780). — Interrogatoire et ordre de mise en liberté d'un sieur Péquin, pour colportage illicite « d'une relation de la prise de Gibraltar » (8 janvier 1780). — Procédures entre les sieurs Jacques et Olivier Romain, et P. Mame, imprimeur, pour violation du contrat d'apprentissage (1786).

24 pièces papier.

FF 41.
1704—1788.

Greffe de la police royale. — Ordonnance du lieutenant général, portant, entr'autres prescriptions, tarif du prix des places : « au parterre 12 sols, à l'amphithéâtre ou secondes loges 24 sols, sur le théâtre et aux premières loges 40 sols, » et défense « à touttes personnes sans distinction, et singulièrement à ceux qui se trouvent au par-

JUSTICE. — PROCÉDURES. — POLICE. 239

terre, d'empêcher, d'interrompre et de troubler le spectacle pour quelque cause que ce soit, même sous le prétexte de vouloir faire observer d'anciennes coutumes qu'un usage contraire à une décence mieux entendue semble avoir proscrit » (9 juin 1764). — Requêtes des sieurs Joseph Valville, régisseur associé des spectacles suivant la cour, Joseph-Antoine Landini, sauteur et voltigeur, de Neuville et Montansier, afin d'être autorisés à donner des représentations au théâtre (1777-1788). — Enquêtes et procédures à l'occasion des troubles et scandales causés au théâtre par les sieurs Michel et de la Crossonnière (1778), et Jacques Louet, étudiant en médecine (1779).

18 pièces papier.

Greffe de la police royale. — Arrêtés, sur requêtes, du lieutenant de police, qui autorisent le sieur Putod dit Chivau à établir en ville des bains publics, conformément au privilége qu'il en a obtenu du Conseil de Monsieur (1780) ; — les sieurs Louis Lavigne et Jullien Buissède, à tenir des salles de danse et bal public dans l'ancien collége de Bueil (23 janvier 1790) ; — les sieurs Louis Hy et Joseph Richard dit Baugé, dans leurs demeures, rue du Petit-Prêtre et quai de la Poissonnerie (14 avril 1790). — Enquête au sujet des violences commises par le sieur Louet dans le café du sieur Fabre (1779).

FF 42.
1779-1790.

5 pièces papier.

Greffe de la police royale. — Ordonnance du lieutenant de police portant défense « à toutes personnes... de fabriquer et faire enlever aucun ballon ou autres machines aérostatiques » sans autorisation.

FF 43
19 mai 1784.

1 pièce papier.

Lettre de M. de la Varanne au maire d'Angers, portant notification des intentions du roi et des ordres donnés pour « châtier » les duellistes (Olographe avec cachet aux armes).

FF 44.
1761.

1 pièce papier.

Lettres du lieutenant général, du maire et des officiers royaux, adressées au roi et au maréchal de Vieilleville pour leur donner avis de la saisie opérée sur la Maine d'un bateau chargé d'armes, appartenant aux ducs de Poméranie, « sauf à les leur rendre lors qui se vouldront retirer de ceste ville où ilz dyent voulloir arrester et séjourner pour quelque temps pour vacquer à l'estude et aprendre la langue françoise. » (6-8 août 1566). — Réponse du maréchal « à MM. les juges et officiers du roi à Angers : « Veu la coppye du brevet et passeport du roy par lequel il permet aux sieurs ducz de Pomeranie de passer par

FF 45.
1566.

son royaulme quatorze paires de pistolles.. et aussi que se sont personnaiges de qualité, il me semble que ferez bien de leur faire entendre que toutes fois et quantes qu'ilz se vouldront retirer de vostre villes que leurs armes leur seront rendus.. Je vous conseille de les gratifier en cela le mieulx que vous pourrez de façon qu'ilz n'ayent point occasion de se mescontenter et que la prinse de leurs dites armes ne soit cause de les animer, car ilz ont estez de ceste maison là de tout temps bons serviteurs du roy ; cependant, il ne sera que bon que vous en escriviez ung mot à sadite Majesté.. » (7 août 1566. - Original signé : *Vostre entièrement bon amy*, Vieilleville).

3 pièces papier.

FF 46.
1662.

Lettres royaux portant ordre de loger dans la tour du Boulevard ou dans les prisons les faux saulniers et autres criminels condamnés aux galères, qui ont à passer en ville (16 avril - 3 juin 1662. Signées : *Louis*, contresignées : *Letellier*).

2 pièces papier.

FF 47.
1785.

Projets pour l'établissement d'un guet. — Lettres des Conseils municipaux du Mans et de Limoges, et de M. Dubois, commandant du guet à Paris, en réponse aux informations du corps de ville d'Angers.

6 pièces papier dont 2 impr.

FF 48.
1777-1788.

Règlement pour le service de la patrouille (1777). — Rapports d'officiers de la milice de rixes nocturnes et d'attaques tentées contre la patrouille par des bourgeois ou par des dragons. — Interrogatoires de témoins. — Procès-verbal de levée et de reconnaissance du cadavre du sieur Bernard de la Roche, sous-lieutenant au régiment d'Armagnac, tué dans une des bagarres. — Lettre du Conseil de ville à l'intendant, requérant instructions pour la conduite à tenir envers les malfaiteurs arrêtés.

10 pièces papier.

FF 49.
1775-1790.

Maréchaussée. — Etat des brigades de maréchaussée de la lieutenance d'Angers qui doivent arriver à Angers le 3 mai 1775 pour passer la revue. — Correspondance de la Commission intermédiaire avec le Conseil de ville, concernant le casernement de la maréchaussée et l'augmentation de la brigade établie à Angers (1789-1790).

7 pièces papier.

SÉRIE GG.

Cultes. — Assistance publique.

Actes des baptêmes (1er janvier 1588 - 27 décembre 1629), mariages (30 janvier 1612 - 20 septembre 1626), et sépultures (5 mai 1599 - 3 septembre 1626), de la paroisse **Notre-Dame de Lesvière**. — Fol. 52 : Une note marginale dit : « Cest enfant c'est trouvé baptizé deux fois, dont en est issue procès contre les fauteurs, et ont esté condamnez au fouet et à l'amande honorable. » — Fol. 153 : Réconciliation du cimetière de Lesvière, « à cause qu'il avoit esté polu de grande effusion de sanc faict à un garscon.. par une nommée Perrine, fame de Claude Bonamy » (1617).

GG 1.
1 janvier 1588.
27 décemb. 1629.

Reg. petit in-12, de 174 fol., sans couv., en mauv. état.

Actes des mariages (27 février 1612 - 15 février 1628) et des sépultures (3 février 1601 - 10 mai 1628) de la paroisse **Notre-Dame de Lesvière**.

GG 2.
3 février 1601.
10 mai 1628.

Reg. petit in-12, de 43 fol., pap.; les fol. 27 et 28 déchirés.

Actes des baptêmes (3 janvier 1627 - 29 octobre 1655) de la paroisse **Notre-Dame de Lesvière**.

GG 3.
3 janvier 1627.
29 octobre 1655.

Reg. in-fol., de 91 fol., pap.

Actes des baptêmes (29 octobre 1655 - 22 novembre 1667) de la paroisse **Notre-Dame de Lesvière**.

GG 4.
29 octobre 1655.
22 novemb. 1667.

Reg. in-fol., de 47 fol., pap., dont 15 blancs.

Actes des mariages (23 mai 1628 - 1er mai 1667) de la paroisse **Notre-Dame de Lesvière**. — Fol. 46 : Annulation d'un mariage pour cause de parenté au troisième degré.

GG 5.
23 mai 1628.
1 mai 1667.

Reg. in-fol., de 82 fol., pap., dont 28 blancs.

Actes des sépultures (10 mai 1628 - 30 novembre 1667) de la paroisse **Notre-Dame de Lesvière**.

GG 6.
10 mai 1628.
30 novemb. 1667.

Reg. in-fol., de 74 fol., pap., dont 14 blancs.

GG 7.
7 janvier 1668.
29 décemb. 1673.

Actes des baptêmes (7 janvier 1668 - 29 décembre 1673), mariages (3 juillet 1668 - 19 octobre 1673), et sépultures (7 janvier 1668 - 20 novembre 1673) de la paroisse **Notre-Dame de Lesvière.**

Reg. petit in-12, de 88 fol., pap., dont 14 blancs.

GG 8.
24 janvier 1674.
17 décemb. 1692.

Actes des baptêmes (24 janvier 1674 - 2 septembre 1692), mariages (8 mai 1674 - 23 novembre 1692), et sépultures (9 février 1674 - 17 décembre 1692) de la paroisse **Notre-Dame de Lesvière.**

Vol. in-fol., contenant 18 reg. ou cah., de 118 fol., pap.

GG 9.
18 février 1693.
10 décemb. 1739.

Actes des baptêmes (20 février 1693 - 13 novembre 1739), mariages (1er juillet 1693 - 14 juillet 1739), et sépultures (18 février 1693 - 10 décembre 1739), de la paroisse **Notre-Dame de Lesvière.**

Vol. in-fol., cont. 43 reg. ou cah., de 224 fol., pap.

GG 10.
12 janvier 1740.
20 novemb. 1769.

Actes des baptêmes (5 mars 1740 - 20 novembre 1769), mariages (12 janvier 1740 - 10 octobre 1769), et sépultures (25 janvier 1740 - 24 octobre 1769), de la paroisse **Notre-Dame de Lesvière.**

Vol. in-4°, cont. 36 reg. ou cah., de 177 fol., pap.; 3 pièces pap. intercalées aux fol. 73, 93, 153.

GG 11.
1 janvier 1770.
25 mars 1791.

Actes des baptêmes (1er janvier 1770 - 25 mars 1791), mariages (26 juin 1770 - 8 mars 1791), et sépultures (3 janvier 1770 - 4 mars 1791), de la paroisse **Notre-Dame de Lesvière.** — Fol. 120 : Procès-verbal, signé par les curés assistants, de la messe solennelle célébrée à Lesvière, pour la naissance du dauphin (22 novembre 1781).

Vol. in-4°, cont. 23 reg. ou cah., de 232 fol., pap.; aux fol. 15, 31, 35, trois pièces pap. intercalées.

GG 12.
8 décembre 1555.
29 décemb. 1699.

Actes des baptêmes (8 décembre 1555 - 29 décembre 1699), mariages (9 avril 1600 - 23 septembre 1699), et sépultures (28 mai 1556 - 2 décembre 1699), de la paroisse **Saint-Aignan.** — Fol. 444 : « Nota que dans l'année 1695 il y a eu plus de sépultures et de noces qu'à l'ordinaire, et batesmes, le livre de ladite année n'ayant pu tout contenir.. »

Vol. in-fol., cont. 36 reg. ou cah., de 480 fol., pap.

GG 13.
8 janvier 1700.
22 décemb. 1747.

Actes des baptêmes (8 janvier 1700 - 22 décembre 1747), mariages (19 janvier 1700 - 17 juillet 1747), et sépultures (21 janvier 1700 - 10 septembre 1747), de la paroisse **Saint-Aignan.** — Fol. 116 : Enquête concernant l'omission d'un acte de baptême (1741).

Vol. in-4°, cont. 39 reg. ou cah., de 347 fol., pap.

Actes des baptêmes (2 juin 1748 - 14 mars 1791), mariages (26 février 1748 - 25 janvier 1791), et sépultures (3 mars 1748 - 8 janvier 1791), de la paroisse **Saint-Aignan**. — Fol. 58 : Nouvelle de l'assassinat du roi par Damiens.

GG 14.
26 février 1748.
14 mars 1791.

Vol. in-4°, cont. 48 reg. ou cah., de 312 fol., pap.

Actes des baptêmes (31 janvier 1601 - 8 septembre 1629), mariages (5 février 1601 - 6 février 1617), et sépultures (31 janvier 1601 - 4 septembre 1608), de la paroisse **Saint-Augustin-lès-Angers**. — Fol. 111 : « Louys XIII roy de France et de Navarre passa par cy le 8ᵉ jour d'aoust vigille de S. Laurent et collationna sur une des pierres de l'entrée du grand cymetière de Saint-Augustin-lès-Angers et s'en retourna le premier de septembre (1614). »

GG 15.
31 janvier 1601.
8 septemb. 1629.

Reg. petit in-fol., de 111 fol., pap.

Actes des baptêmes (6 novembre 1629 - 27 mai 1648) de la paroisse **Saint-Augustin-lès-Angers**. — Au verso de la couverture, note sur la plantation « du pousteau ou pillier de la chastellenye et seigneurye de Sainte-Jammes autrement des Perrins » (8 février 1640). — Fol. 85 : Guérison miraculeuse d'un paralytique, par l'eau de la fontaine « édifiée par S. Augustin » (1644).

GG 16.
6 novemb. 1629.
27 mai 1648.

Reg. in-fol., de 85 fol., pap.; une pièce pap. intercalée au fol. 43.

Actes des sépultures (7 décembre 1617 - 18 mai 1648) de la paroisse **Saint-Augustin-lès-Angers**.

GG 17.
7 décemb. 1617.
18 mai 1648.

Reg. petit in-4°, de 110 fol., pap.

Actes des baptêmes (7 octobre 1652 - 6 mai 1657), et des sépultures (11 octobre 1648 - 19 juillet 1661), de la paroisse **Saint-Augustin-lès-Angers**. — Fol. 8 : Sépulture de deux pauvres « mins hors de l'hôpital Saint-Jean à cause de la maladie dangereuse. »

GG 18.
11 octobre 1648.
19 juillet 1661.

Reg. petit in-12, de 76 fol., pap.

Actes des baptêmes (16-21 septembre 1648), et mariages (12 février 1618 - 26 juillet 1667), de la paroisse **Saint-Augustin-lès-Angers**.

GG 19.
12 février 1618.
26 juillet 1667.

Reg. petit in-4°, de 109 fol., pap.

Actes des baptêmes (13 août 1648 - 8 janvier 1668), mariages (9 janvier 1668), et sépultures (9 juillet 1661 - 15 octobre 1667), de la paroisse **Saint-Augustin-lès-Angers**. — Fol. 46 : Le curé met en note, à la suite d'un acte : « Celuy que les parens avoyent désigné pour

GG 20.
9 juillet 1661.
9 janvier 1668.

parain, ne s'estant trouvé avoir esté confirmé, a esté par nous refusé et renvoyé après l'avoir exhorté de se faire confirmer. »

Reg. in-fol., de 102 fol., pap.

GG 21.
6 janvier 1668.
25 mars 1676.

Actes des baptêmes (6 janvier 1668-25 mars 1676), mariages (9 janvier 1668 - 5 février 1676), et sépultures (9 février 1668 - 7 janvier 1676), de la paroisse **Saint-Augustin-lès-Angers.**

Reg. petit in-4°, de 96 fol., pap.

GG 22.
3 janvier 1674.
30 décemb. 1692.

Actes des baptêmes (3 janvier 1674 - 25 décembre 1692), mariages (9 janvier 1674 - 15 juillet 1692), et sépultures (6 janvier 1674 - 30 décembre 1692), de la paroisse **Saint-Augustin-lès-Angers.**

Vol. in-fol., cont. 16 cah., ensemble de 130 fol., pap., en mauvais état ; les fol. 30 et 82 détachés.

GG 23.
3 janvier 1693.
25 décemb. 1712.

Actes des baptêmes (3 janvier 1693 - 25 décembre 1712), mariages (13 janvier 1693 - 25 novembre 1711), et sépultures (11 janvier 1693-25 décembre 1712), de la paroisse **Saint-Augustin-lès-Angers.**

Vol. in-4°, cont. 20 reg. ou cah., de 232 fol., pap.

GG 24.
2 janvier 1713.
20 décemb. 1736.

Actes des baptêmes (25 janvier 1713 - 15 novembre 1736), mariages (27 février 1713 - 20 novembre 1736), et sépultures (2 janvier 1713-20 décembre 1736), de la paroisse **Saint-Augustin-lès-Angers.**

Vol. in-4°, cont. 17 reg. ou cah., de 182 fol., pap.

GG 25.
7 janvier 1739.
28 décemb. 1756.

Actes des baptêmes (21 janvier 1737 - 1er novembre 1756), mariages (7 janvier 1737 - 16 novembre 1756), et sépultures (24 février 1737-28 décembre 1756), de la paroisse **Saint-Augustin-lès-Angers.**

Vol. in-4°, cont. 14 reg. ou cah., de 153 fol., pap.; les fol. 140-146 détachés.

GG 26.
19 janvier 1757.
28 décemb. 1777.

Actes des baptêmes (19 janvier 1757 - 28 décembre 1777), mariages (31 janvier 1757 - 9 décembre 1777), et sépultures (25 février 1757-16 décembre 1777), de la paroisse **Saint-Augustin-lès-Angers.**

Vol. in-4°, cont. 21 reg. ou cah., de 190 fol., pap.

GG 27.
17 janvier 1778.
27 juin 1791.

Actes des baptêmes (17 janvier 1778 - 25 juin 1791), mariages (3 mars 1778 - 2 mai 1791), et sépultures (23 janvier 1778 - 27 juin 1791), de la paroisse **Saint-Augustin-lès-Angers.**

Vol. in-4°, cont. 15 reg. ou cah., de 167 fol. pap.

GG 28.
7 juin 1572.
29 décemb. 1677.

Actes des baptêmes (9 juin 1572 - 29 décembre 1677), mariages (28 avril 1606 - 29 juin 1677), et sépultures (29 novembre 1575-19 décembre 1677), de la paroisse **Saint-Denis.**

Vol. cont. 12 reg., ensemble 661 fol., pap.

CULTES. — ASSISTANCE PUBLIQUE.

Actes des baptêmes (2 janvier 1678 - 30 décembre 1726), mariages (8 février 1678 - 14 janvier 1727), et sépultures (22 février 1678 - 11 janvier 1727), de la paroisse **Saint-Denis**. — Fol. 68 : Mort de l'évêque Henri Arnault. — Fol. 158 : Note du curé Duverger sur la perte du registre de 1688, recouvré depuis.

GG 29.
2 janvier 1678.
14 janvier 1727.

Vol. in-fol., cont. 47 cah. ou reg., ensemble de 470 fol.

Actes des baptêmes (29 janvier 1727 - 26 novembre 1740), mariages (5 mai 1727 - 25 juillet 1740), et sépultures (29 janvier 1727 - 30 décembre 1740), de la paroisse **Saint-Denis**.

GG 30.
29 janvier 1727.
30 décemb. 1740.

Vol. cont. 13 reg. ou cah., ensemble de 107 fol., pap.

Actes des baptêmes (24 février 1741 - 21 octobre 1769), mariages (15 juin 1741 - 6 novembre 1769), et sépultures (19 février 1741 - 26 novembre 1769), de la paroisse **Saint-Denis**.

GG 31.
24 février 1741.
26 novemb. 1769.

Vol. cont. 35 reg. ou cah., ensemble de 204 fol., pap.

Actes des baptêmes (23 janvier 1776 - 5 décembre 1790), mariages (14 février 1776 - 4 novembre 1790), et sépultures (16 janvier 1776 - 15 juin 1790), de la paroisse **Saint-Denis**.

GG 32.
23 janvier 1776.
5 décembre 1790.

Vol. cont. 16 cah. ou reg., ensemble de 156 fol., pap.

Actes des baptêmes (10 mars 1677 - 27 décembre 1760), mariages (12 février 1677 - 14 juillet 1760), et sépultures (5 mars 1677 - 15 août 1760), de la paroisse **Saint-Evroult**. — Fol. 173 : Annexion de la chapelle Saint-Gatien *alias* la Pie-qui-parle à la cure de Saint-Evroult. — Fol. 328 : Mandements des vicaires généraux au sujet de la mort de l'évêque Poncet de la Rivière. — Fol. 530 : au sujet de la mort de l'évêque Jean de Vaugirauld. — Fol. 544 : Acte de renonciation, par les chanoines d'Angers, à la qualité de curés primitifs de Saint-Evroult (31 décembre 1768). — Au dernier fol. est annexée l'autorisation accordée par l'évêque, sur la requête du curé Goupil, de fixer la fête patronale au 3ᵉ dimanche de l'Avent.

GG 33.
5 mars 1677.
27 décemb. 1760.

Vol. in-4°, cont. 77 cah., ensemble de 546 fol., pap.

Actes des baptêmes (7 avril 1601 - 13 février 1791), mariages (8 août 1609 - 21 février 1791), et sépultures (9 octobre 1602 - 16 février 1791), de la paroisse **Saint-Evroult**. — Fol. 363 : Mandement de l'évêque, autorisant l'usage des viandes quatre jours par semaine pendant le carême de 1766. — Fol. 416 : du même, pour le *Te Deum* en actions de grâces du sacre de Louis XVI. — Fol. 419 : Arrêt du Conseil d'Etat qui annulle la sentence rendue par le sieur Chotard, lieutenant par-

GG 34.
7 avril 1601.
21 février 1791.

ticulier de la ville d'Angers, contre le sieur Fiat, desservant de la chapelle de Beaulieu, au diocèse de Nantes, pour refus de sacrements à la dame de l'Éperonnière (1742). — Fol. 424 : Ordonnance de l'évêque, concernant les inhumations dans les églises (1776). — Fol. 450 : Du même, fixant à douze sols les honoraires des messes de fondation (1780). — Fol. 456 : Mandement des vicaires généraux à l'occasion de la mort de l'évêque Jacques de Grasse (1782). — Fol. 458 : Dispense pour cause de parenté. — Fol. 464 : Mandement de l'évêque autorisant l'usage de la viande quatre jours par semaine pendant le carême de 1784. — Fol. 470 : « L'année 1785 a été très-mauvaise ; on payoit le septier de froment 45 livres et le septier de bled seigle 33 livres. Le foin a manqué dans tout le royaume ; on acheptoit la chartée de foin 200 livres. Les bestiaux périssoient de besoin. On en a compté dans la province jusqu'à 43,000 de crevez et tuez suivant les mémoires de MM. les curés envoyez au secrétariat de l'Évêché. La mortalité sur les bestiaux a commencé au mois d'octobre 1785 et n'a fini qu'au mois de juin 1786. On payoit la viande 8 sols la livre ; on acheptoit le cent de beurre de Bretagne 115 livres. La récolte du vin fut très-abondante ; on acheptoit du bon vin 30 livres les deux busses avec les tonneaux. » — Fol. 482 : Donations de messire Nicolas-René Rousseau de Pantigny, chanoine d'Angers, aux églises de Saint-Maurice et de Saint-Evroult. — Fol. 493 : « Le froid a commencé le 22 novembre 1788 et n'a cessé que le 14 janvier 1789. Plus des deux tiers des noyers ont été gelez. Les vignes ont aussy geleez, dans les endroits moitié, et dans d'autres un grand tiers. Dans la Quinte on n'a pas eu de quoy payer la dixme. La police a fixé le prix du vin à 2 s. 6 den. Dans cette année 1789 il y a eu considérablement de cidre qui a remplacé le vin. »

Vol. in-4°, cont. 52 cah. ou reg., de 497 fol., pap.

GG 35.
21 avril 1603.
22 décemb. 1628.

Actes des baptêmes (21 octobre 1608 - 22 décembre 1628), et mariages (21 avril 1603 - 17 janvier 1605), de la paroisse Saint-Jacques.

Reg. petit in-4°, de 84 fol., pap.

GG 36.
9 octobre 1628.
20 août 1651.

Actes des baptêmes (9 octobre 1628 - 20 août 1651) de la paroisse Saint-Jacques.

Reg. in-fol., de 95 fol., pap.; le fol. 15 détaché, le fol. 4 manque.

GG 37.
27 décemb. 1617.
1 octobre 1652.

Actes des sépultures (27 décembre 1617 - 1er octobre 1652) de la paroisse Saint-Jacques.

Vol. petit in-4°, cont. 2 reg. de 115 fol., pap.; le fol. 10 détaché; aux fol. 49, 94, deux pièces pap. intercalées.

CULTES. — ASSISTANCE PUBLIQUE.

Actes des mariages (30 octobre 1617 - 24 novembre 1667) de la paroisse **Saint-Jacques.**

GG 38.
30 octobre 1617.
24 novemb. 1667.

Reg. petit in-4º, de 82 fol., pap.; les derniers détachés.

Actes des sépultures (11 janvier 1653 - 25 novembre 1673) de la paroisse **Saint-Jacques.**

GG 39.
11 janvier 1653.
25 novemb. 1673.

Reg. in-fol., de 46 fol., pap.

Actes des baptêmes (10 septembre 1651 - 19 décembre 1673), et sépultures (2 janvier 1673 - 29 mai 1673), de la paroisse **Saint-Jacques.** — Fol. 179 : Déclaration de grossesse de filles-mères, en vertu de l'édit du roi Henri II.

GG 40.
10 septemb. 1651.
19 décemb. 1673.

Reg. in-fol., de 172 fol., pap., dont 104 blancs.

Actes des baptêmes (23 mars 1668 - 16 février 1692), mariages (21 mai 1668 - 29 janvier 1692), et sépultures (1er avril 1668 - 3 mars 1692), de la paroisse **Saint-Jacques.**

GG 41.
23 mars 1668.
3 mars 1692.

Vol. in-fol., cont. 18 reg. ou cah., de 190 fol., pap.; aux fol. 98, 142, deux pièces pap. intercalées.

Actes des baptêmes (7 janvier 1674 - 17 décembre 1708), mariages (29 mai 1674 - 15 février 1678), et sépultures (25 avril 1674 - 17 décembre 1708), de la paroisse **Saint-Jacques** (Extraits et copies).

GG 42.
7 janvier 1674.
17 décemb. 1708.

Vol. in-fol., cont. 9 cah., de 40 fol., pap.

Actes des baptêmes (25 mars 1692 - 12 janvier 1718), mariages (16 mai 1692 - 9 novembre 1717), et sépultures (3 mars 1692 - 30 décembre 1717), de la paroisse **Saint-Jacques.** — En tête : Edit concernant la tenue des registres des actes des paroisses (octobre 1691).

GG 43.
3 mars 1692.
12 janvier 1718.

Vol. in-4º, cont. 31 cah., de 306 fol., pap.; au fol. 295, une pièce détachée; une table de 26 fol., pap.

Actes des baptêmes (12 janvier 1718 - 4 août 1730), mariages (23 août 1718 - 23 mai 1730), et sépultures (4 février 1718 - 15 juin 1730), de la paroisse **Saint-Jacques.**

GG 44.
12 janvier 1718.
4 août 1730.

Vol. in-fol., cont. 9 reg. ou cah., de 100 fol., pap.; une table de 11 fol., pap.

Actes des baptêmes (18 août 1730 - 30 décembre 1746), mariages (23 janvier 1731 - 9 novembre 1746), et sépultures (4 août 1730 - 22 décembre 1746), de la paroisse **Saint-Jacques.** — En tête : Déclaration du roi concernant la tenue des registres des actes des paroisses (9 avril 1736). — Fol. 30 : Bénédiction de la croix de pierre recons-

GG 45.
4 août 1730.
30 décemb. 1746.

truite dans le cimetière du tertre Saint-Laurent, « laquelle dite croix et cimetière dépendent et appartiennent à notre paroisse de Saint-Jacques. » (27 avril 1732).

Vol. in-4º cont. 19 reg. ou cah. de 268 fol. pap. — Aux fol. 30, 63, 89, 132, 151, 164, 193, 224, seize pièces pap. intercalées ; une table de 22 fol., pap.

GG 46.
4 janvier 1747.
29 décemb. 1763.

Actes des baptêmes (4 janvier 1747 - 29 décembre 1763), mariages (17 janvier 1747 - 10 octobre 1763), et sépultures (24 janvier 1747 - 15 décembre 1763), de la paroisse Saint-Jacques. — En tête : Arrêt du Conseil d'Etat, portant règlement pour les registres des paroisses (12 juillet 1746).

Vol. in-4º, cont. 12 reg. ou cah., de 290 fol.. pap.

GG 47.
6 janvier 1764.
28 décemb. 1778.

Actes des baptêmes (7 janvier 1764 - 7 décembre 1778), mariages (21 février 1764 - 16 novembre 1778), et sépultures (6 janvier 1764 - 28 décembre 1778), de la paroisse Saint-Jacques. — Fol. 94 : Demande présentée par le vicaire perpétuel de Saint-Jacques, à l'abbesse du Ronceray, curé primitif, pour l'obtention de la portion congrue, en conformité de l'édit de mai 1768. — Fol. 95 : Acte d'abandon, par l'abbesse, de son titre et de ses droits de curé primitif sur l'église paroissiale de Saint-Jacques (29 décembre 1770). — Fol. 112 : Note sur les revenus anciens de la cure.

Vol. in-4º, cont. 17 reg. ou cah., de 244 fol., pap.

GG 48.
11 janvier 1779.
30 décemb. 1792.

Actes des baptêmes (4 février 1779 - 30 décembre 1792), mariages (8 juin 1779 - 9 décembre 1792), et sépultures (11 janvier 1779 - 25 décembre 1792), de la paroisse Saint-Jacques.

Vol. in-4º, cont. 16 reg. ou cah., de 242 fol., pap.; au fol. 222, une pièce pap. intercalée.

GG 49.
8 avril 1518.
24 janvier 1668.

Actes des baptêmes (8 avril 1518 - 24 janvier 1668) de la paroisse Saint-Jean-Baptiste *alias* Saint-Julien. — Fol. 273 : « Le 7 juing 1619, la roine de France a passé par Brécigné, sur les douves de ceste ville, sans entrer en la ville, venant du Verger. On la receut en belles ordonnances d'armes à la haste, où elle ne print plaisir pour son sexe. » — « A Pasques de l'an 1623, a esté employé 460 pains pour la sainte communion des paroissiens. » — Fol. 357 : En marge d'un acte de baptême : « Nota, qu'il est bastard, attendu que le mariage a esté fait par un religieux de l'hospice d'Angers, sans le seu des curés. »

Vol. in-fol., oblong, cont. 3 reg., de 377 fol., pap.

CULTES. — ASSISTANCE PUBLIQUE. 249

Actes des mariages (8 janvier 1601 - 22 septembre 1667), et des sépultures (23 septembre 1514 - 1ᵉʳ janvier 1668), de la paroisse **Saint-Jean-Baptiste** *alias* **Saint-Julien**. — Fol. 1 : Note sur le curé François Grandin, auteur d'ouvrages de piété. — Fol. 3 : « Le 13ᵉ jour d'apvril, mademoiselle de Mue, sœur de M. le président Ayraut, en l'année 1615, a faict présent à la paroisse.. d'une coupe d'argent doré toute dorée vermeil, pour servir à la communion à toutes les festes et dimanches qu'elle est requise..; le nom de ladite damoiselle est gravé soubz le pied de ladite couppe, en latin. — Le 13 may 1618, ont esté béniz, par Mᵍʳ d'Angiers, des autelz portatifz. » — Fol. 4 : Visite de l'église Saint-Julien et des chapelles de Saint-Sauveur, Saint-Fiacre, la Madeleine, Saint-Jacques-du-Buisson, par l'évêque. — Fol. 170 : « Le 20 mars 1620, la courtine blanche de dessus les fonts, faite à careaux, a esté donnée par damoiselle Charlotte Lelièvre, dame de Leffretière....... » — Fol. 264 : Don « d'une chasuble avec l'estolle et le fanon de couleur violette, » par la dame de Mue (1629).

GG 50.
23 septemb. 1514.
4 janvier 1668.

Vol. in-fol., oblong, cont. 5 reg., de 295 fol., pap.

Actes des baptêmes (7 janvier 1668 - 24 janvier 1675), mariages (13 février 1668 - 25 novembre 1674), et sépultures (1ᵉʳ janvier 1668 - 4 janvier 1675), de la paroisse **Saint-Jean-Baptiste** *alias* **Saint-Julien**.

GG 51.
1 janvier 1668.
24 janvier 1675.

Vol. in-fol., oblong, cont. 7 reg., de 384 fol., pap.

Actes des baptêmes (5 février 1675 - 29 décembre 1689), mariages (12 février 1675 - 24 novembre 1689), et sépultures (6 février 1675 - 17 décembre 1689), de la paroisse **Saint-Jean-Baptiste** *alias* **Saint-Julien**.

GG 52.
5 février 1675.
29 décemb. 1689.

Vol. in-fol., oblong, cont. 15 reg., de 294 fol., pap.

Actes des baptêmes (16 janvier 1690 - 31 décembre 1709), mariages (27 juin 1690 - 20 août 1709), et sépultures (7 février 1690 - 31 décembre 1709), de la paroisse **Saint-Jean-Baptiste** *alias* **Saint-Julien**.

GG 53.
16 janvier 1690.
31 décemb. 1709.

Vol. in-4º, cont. 21 reg. ou cah., de 333 fol., pap.; aux fol. 125 et 168, huit pièces pap. intercalées.

Actes des baptêmes (20 janvier 1710 - 30 décembre 1720), mariages (20 janvier 1710 - 2 janvier 1721), et sépultures (21 janvier 1710 - 24 décembre 1720), de la paroisse **Saint-Jean-Baptiste** *alias* **Saint-Julien**.

GG 54.
20 janvier 1710.
2 janvier 1721.

Vol. in-4º, cont. 10 reg., de 194 fol., pap.; sept pièces pap. intercalées aux fol. 20, 90, 92, 133, 156.

GG 55.
3 janvier 1721.
31 décemb. 1732.

Actes des baptêmes (3 janvier 1721 - 31 décembre 1732), mariages (14 janvier 1721 - 10 novembre 1732), et sépultures (25 janvier 1721- 21 décembre 1732), de la paroisse **Saint-Jean-Baptiste** *alias* **Saint-Julien.**

Vol. in-4°, cont. 12 reg., de 323 fol., pap.; aux fol. 2, 116, 160, 191, 204, 217, 246, 18 pièces pap. intercalées.

GG 56.
6 janvier 1733.
13 décemb. 1746.

Actes des baptêmes (6 janvier 1733 - 13 décembre 1746), mariages (19 janvier 1733 - 8 novembre 1746), et sépultures (13 janvier 1733- 5 décembre 1746), de la paroisse **Saint-Jean-Baptiste** *alias* **Saint-Julien.** — Fol. 82 : « En cette année 1735, la chapelle Saint-Fiacre, située dans l'étendue de cette paroisse, vis-à-vis la place Martineau, fut interdite par messire Jean de Vaugirault, évêque d'Angers, à cause de son indécence, et le service d'icelle transféré dans la chapelle du prieuré de Saint-Sauveur, dépendant, ainsi que ladite chapelle de Saint-Fiacre, de l'abbaye Saint-Sulpice, prez la ville de Rennes. — Dans la mesme année, ladite chapelle du prieuré de Saint-Sauveur fut ornée de trois autels tout neufs, dont un des petits est sous l'invocation de saint Fiacre. » — Fol. 85 : « Le 2 septembre 1735, a été posée sur piloty la première pierre de la nouvelle construction de la cuisine et salon de la cure. » — Fol. 164-165 : Détail des cérémonies de la mission de l'année 1738; « elle donna occasion d'acheter un tabernacle, pour avoir de jour et de nuit le Saint-Sacrement dans la chapelle de la Magdeleine, et éviter par là l'inconvénient de faire ouvrir les portes de la ville pour le prendre à la paroisse, quand il y avoit quelque malade pressant...... » — Fol. 192 : « En ceste année 1739, se fit.. l'establissement de la communauté des prestres infirmes et pauvres dans la maison appellée la Rossignolerie, près de la croix Hannelou de cette paroisse. » — Fol. 223 : « En cette année 1740, la congrégation des hommes a été établye dans l'église collégiale de Saint-Maimbœuf.. et en même temps les reliques, vazes sacrez et la meilleure partie des ornements de ladite église ont été, avec l'office des principales fêtes, transférés dans celle de Saint-Jean-Baptiste... Cette année est remarquable par la longueur de l'hiver, la grande mortalité et le débordement des rivières. » — Fol. 252 : « Vers la fin de ceste année 1741, fut faite la petite turcie ou levée derrière la chapelle de la Magdeleine, au moyen d'une queste qui fut faite dans la paroisse. Ce fut aussi dans ladite année que messire J. de Vaugirault permit qu'il y eust un tabernacle dans la petite chapelle de la Rossignolerie. » — Fol. 383 : Bénédiction de la chapelle des Incurables (août 1745).

Vol. in-4°, cont. 15 reg., de 410 fol., pap.

CULTES. — ASSISTANCE PUBLIQUE. 251

Actes des baptêmes (20 janvier 1747 - 21 décembre 1757), mariages (9 janvier 1747 - 20 décembre 1757), et sépultures (9 février 1747 - 22 décembre 1757), de la paroisse **Saint-Jean-Baptiste** *alias* **Saint-Julien**. — Fol. 143 : « La bénédiction de la principale chapelle de la communauté de la Rossignolerie.. a été faite le 13 septembre 1751, par messire de Saint-André de Marnay de Vercel, docteur en Sorbonne, abbé de Saint-Romain de Blaye, vicaire général de Mgr l'évêque, trésorier de l'église d'Angers et official d'Anjou. »

GG 57.
9 janvier 1747.
22 décemb. 1757.

Vol. in-4°, cont. 23 reg. ou cah., de 311 fol., pap.; aux fol. 12, 50, 89, 126, 148, 168, 181, 210, 236, 245, 249, 261, 274, 288, 305, 15 pièces papier intercalées.

Actes des baptêmes (12 janvier 1758 - 20 décembre 1768), mariages (16 janvier 1758 - 7 décembre 1768), et sépultures (26 janvier 1758 - 10 octobre 1768), de la paroisse **Saint-Jean-Baptiste** *alias* **Saint-Julien**. — Fol. 340 : Prise de possession de la cure de Saint-Jean-Baptiste par le sieur Huchelou-Desroches (28 octobre 1768).

GG 58.
12 janvier 1758.
20 décemb. 1768.

Vol. in-4°, cont. 14 reg. ou cah., de 354 fol., pap.; fol. 24, 54, 76, 80, 111, 134, 139, 163, 168, 205, 234, 252, 264, 289, 14 pièces pap. intercalées.

Actes des baptêmes (1er janvier 1769 - 31 décembre 1781), mariages (6 février 1769 - 11 décembre 1781), et sépultures (26 janvier 1769 - 26 décembre 1781), de la paroisse **Saint-Jean-Baptiste** *alias* **Saint-Julien**. — Fol. 218 : Règlement pour l'heure de la messe de paroisse. — Fol. 258 : Publication aux prônes de l'édit du roi Henri II, de février 1556.

GG 59.
1 janvier 1769.
31 décemb. 1781.

Vol. in-4°, cont. 14 reg. ou cah., de 302 fol., pap.

Actes des baptêmes (21 janvier 1782 - 26 mars 1791), mariages (7 janvier 1782 - 21 mars 1791), et sépultures (16 janvier 1782 - 24 mars 1791), de la paroisse **Saint-Jean-Baptiste** *alias* **Saint-Julien**.

GG 60.
7 janvier 1782.
26 mars 1791.

Vol. in-4°, cont. 10 reg. ou cah., de 242 fol., pap.

Actes des baptêmes (19 août 1574 - 14 juillet 1583), et des sépultures (18 mars 1578 - 18 août 1583), de la paroisse **Saint-Germain en Saint-Laud**.

GG 61.
19 août 1574.
18 juillet 1583.

Reg. in-fol., de 64 fol., pap.

Actes des baptêmes (15 janvier 1600 - 13 mai 1614) de la paroisse **Saint-Germain** en **Saint-Laud**.

GG 62.
15 janvier 1600.
13 mai 1614.

Reg. in-fol., pap., de 124 fol., recouvert d'un double folio de parch. Mss. (XIe siècle), dont une rubrique porte : *Incipit vita vel actus sancti Pauli apostoli*,

GG 63.
24 octobre 1614.
30 octobre 1635.

Actes des baptêmes (24 octobre 1614 - 30 octobre 1635) de la paroisse Saint-Germain en Saint-Laud.

Reg. in-fol., de 171 fol., pap., en lambeaux.

GG 64.
27 juin 1621.
4 juillet 1646.

Actes des mariages (27 juin 1621 - 4 juillet 1646) de la paroisse Saint-Germain en Saint-Laud.

Reg. in-fol., pap., de 87 fol.; une table, en tête, de 3 fol.

GG 65.
6 juillet 1583.
16 novemb. 1649.

Actes des sépultures (6 juillet 1583 - 16 novembre 1649) de la paroisse Saint-Germain en Saint-Laud.

Reg. in-fol., pap., de 86 fol.

GG 66.
16 août 1636.
27 juin 1651.

Actes des baptêmes (16 août 1636 - 27 juin 1651) de la paroisse Saint-Germain en Saint-Laud.

Reg. in-fol., pap., de 132 fol.

GG 67.
2 juillet 1651.
22 novemb. 1667.

Actes des mariages (2 juillet 1651 - 22 novembre 1667) de la paroisse Saint-Germain en Saint-Laud.

Reg. in-fol., pap., de 64 fol.

GG 68.
27 juin 1651.
31 décemb. 1676.

Actes des baptêmes (27 juin 1651 - 31 décembre 1676), mariages (4 février 1668 - 10 novembre 1676), et sépultures (10 mars 1668 - 9 décembre 1676), de la paroisse Saint-Germain en Saint-Laud.

Vol. in-fol., cont. 6 reg., de 273 fol., pap.

GG 69.
5 janvier 1677.
29 décemb. 1690.

Actes des baptêmes (5 janvier 1677 - 28 décembre 1690), mariages (3 février 1677 - 27 novembre 1690), et sépultures (16 janvier 1677 - 29 décembre 1690), de la paroisse Saint-Germain en Saint-Laud.

Vol. in-fol., cont. 14 reg. ou cah., de 284 fol., pap.

GG 70.
5 janvier 1691.
30 décemb. 1704.

Actes des baptêmes (7 janvier 1691 - 18 décembre 1704), mariages (6 février 1691 - 23 décembre 1704), et sépultures (5 janvier 1691 - 30 décembre 1704), de la paroisse Saint-Germain en Saint-Laud.

Vol. in-4º, cont. 15 reg. ou cah., ensemble de 240 fol., pap.

GG 71.
9 janvier 1705.
20 décemb. 1717.

Actes des baptêmes (9 janvier 1705 - 7 décembre 1717), mariages (13 janvier 1705 - 22 novembre 1717), et sépultures (9 février 1705 - 20 décembre 1717), de la paroisse Saint-Germain en Saint-Laud.

Vol. in-4º, cont. 13 reg. ou cah., ensemble 218 fol., pap.

GG 72.
10 janvier 1718.
15 décemb. 1729.

Actes des baptêmes (11 janvier 1718 - 13 décembre 1729), mariages (10 janvier 1718 - 22 novembre 1729), et sépultures (11 janvier 1718 - 15 décembre 1729), de la paroisse **Saint-Germain en Saint-Laud**.

Vol. in-fol., cont. 11 reg. ou cah., de 154 fol., pap.

Actes des baptêmes (18 décembre 1729 - 20 décembre 1743), mariages (31 janvier 1730 - 19 novembre 1743), et sépultures (30 décembre 1729 - 26 décembre 1743), de la paroisse **Saint-Germain en Saint-Laud**.

GG 73.
18 décemb. 1729.
26 décemb. 1743.

Vol. in-fol., cont. 12 reg. ou cah., ensemble de 114 fol., pap.

Actes des baptêmes (17 janvier 1744 - 26 décembre 1755), mariages (7 janvier 1744 - 18 novembre 1755), et sépultures (13 février 1744 - 28 décembre 1755), de la paroisse **Saint-Germain en Saint-Laud**.

GG 74.
7 janvier 1744.
28 décemb. 1755.

Vol. in-fol., cont. 15 reg. ou cah., de 120 fol., pap.

Actes des baptêmes (17 janvier 1756 - 26 décembre 1769), mariages (10 février 1756 - 21 novembre 1769), et sépultures (8 janvier 1756 - 8 décembre 1769), de la paroisse **Saint-Germain en Saint-Laud**.

GG 75.
8 janvier 1756.
26 décemb. 1769.

Vol. in-fol., cont. 14 reg. ou cah., ensemble de 113 fol., pap.

Actes des baptêmes (4 janvier 1770 - 28 décembre 1787), mariages (8 janvier 1770 - 6 novembre 1787), et sépultures (13 janvier 1770 - 30 décembre 1787), de la paroisse **Saint-Germain en Saint-Laud**.— Fol. 136 : Abjuration de Christophe Schmidlin, de Basle en Suisse (avec sa profession de foi autographe).

GG 76.
4 janvier 1770.
30 décemb. 1787.

Vol. in-fol., cont. 23 reg. ou cah., de 224 fol., pap.; au fol. 136, une pièce pap. intercalée.

Actes des baptêmes (25 janvier 1788 - 2 janvier 1793), mariages (15 janvier 1788 - 10 décembre 1792), et sépultures (7 janvier 1788 - 8 janvier 1793), de la paroisse **Saint-Germain en Saint-Laud**. — Au fol. 50 : Autorisation du juge de paix d'enterrer trois enfants « tués par l'écroulement du mur qui séparait les terres vulgairement appellées les Belles Poitrines d'avec le chemin ou rue du Bœuf-Gorgé » (20 juin 1791). — Fol. 88, 92, 93 : Actes de divorce.

GG 77.
7 janvier 1788.
8 janvier 1793.

Vol. in-fol., cont. 7 reg. ou cah., ensemble de 98 fol.; cinq pièces pap. intercalées aux fol. 50, 77, 79, 82.

Actes des baptêmes (9 septembre 1619 - 15 août 1677), mariages (23 avril 1605 - 13 juillet 1676), et sépultures (17 septembre 1608 - 29 décembre 1677), de la paroisse **Saint-Léonard-lès-Angers**.

GG 78.
23 avril 1605.
29 décemb. 1677.

Vol. in-fol., oblong, cont. 3 reg., de 190 fol., pap.

GG 79.
1 janvier 1674.
20 décemb. 1719.

Actes des baptêmes (15 janvier 1674 - 20 décembre 1719), mariages (5 février 1674 - 12 décembre 1719), et sépultures (1ᵉʳ janvier 1674 - 20 novembre 1719), de la paroisse Saint-Léonard-lès-Angers.

Vol. in-4°, cont. 37 reg. ou cah. de 332 fol., pap.; une pièce pap. annexée au fol. 9.

GG 80.
10 janvier 1720.
7 septembre 1758.

Actes des baptêmes (10 janvier 1720 - 7 septembre 1758), mariages (22 avril 1721 - 4 juillet 1758), et sépultures (2 mars 1720 - 26 septembre 1757), de la paroisse Saint-Léonard-lès-Angers.

Vol. in-4°, cont. 34 cah. ou reg., de 240 fol., pap.; deux pièces pap. intercalées aux fol. 148-149.

GG 81.
3 janvier 1760.
24 décemb. 1792.

Actes des baptêmes (3 janvier 1760 - 15 octobre 1792), mariages (26 octobre 1760 - 24 décembre 1792), et sépultures (27 janvier 1760 - 23 novembre 1792), de la paroisse Saint-Léonard-lès-Angers.

Vol. in-4°, cont. 52 cah. ou reg., de 285 fol., pap.; deux pièces pap. intercalées aux fol. 202, 271.

GG 82.
1 juin 1548.
18 avril 1571.

Actes des baptêmes (1ᵉʳ juin 1548 - 18 avril 1571) de la paroisse Saint-Martin.

Reg. in-fol., oblong, de 51 fol., pap., en mauvais état.

GG 83.
21 janvier 1571.
20 décemb. 1587.

Actes des baptêmes (21 janvier 1571 - 20 décembre 1587), de la paroisse Saint-Martin. — Fol. 133 : « Le 18ᵉ jour de novembre 1582 fut une ordonnance que le jour et feste de la Nativité de J.-C. fût solennisée et célébré le 15ᵉ jour de décembre et furent retranchez dix jours pour la supputation des Grecz et cronograffes du pape Grégoire 13ᵉ du nom et par ordonnance du roy Henry IIIᵉ de ce nom. — L'an 1583 et 84 en suyvant la contagion fut universelle par tout le royaulme de France et en ceste ville d'Angers il en mourut environ neuf mil personnes ; le 21ᵉ jour du moys d'aoust 1584, il décéda le nombre de 17 prêtres curés de ce dyocèse d'Angers ; le premier fut Mᵉ Symon Viguer, curé de cette église de Saint-Martin d'Angers et deux segretains du cœur dudit Saint-Martin. » — Fol. 135 :

Adam deceu par femme fut
Et Vergille moqué en fut,
David en fist faulx jugement,
Salomon tristre testament,
Et Hercules au feu rendu,
Et Absalon en fut pendu,
La force de Samson ostée,

CULTES. — ASSISTANCE PUBLIQUE. 255

> Troye la grand en fut bruslée,
> Chevaucheur en fut Arristote;
> Homme n'est que femme n'asotte.

A quoi le curé Fontaine ajoute, en signant :

> Quand te pense sy dure exemple,
> En voyant gens de sy hault nom,
> Je n'ay sur moy sourcil ne temple,
> Qui de grand frayeur ne me tremble
> Craignant d'avoir ung tel renom.

Reg. petit in-fol., de 138 fol., pap.; une pièce pap. annexée au fol. 136.

Actes des baptêmes (3 février 1588 - 21 juin 1601) de la paroisse Saint-Martin. — Fol. 2 : En sous-titre est écrit :

> *Qui bibit assidue gelidam de fontibus undam,*
> *Carmina casta facit venerisque commercia vitat.*

GG 84.
3 février 1588.
21 juin 1601.

Reg. petit in-4°, de 174 fol., pap.

Actes des baptêmes (22 septembre 1601 - 20 octobre 1610) de la paroisse Saint-Martin.

GG 85.
22 septemb. 1601.
20 octobre 1610.

Reg. petit in-4°, de 123 fol., pap.; les derniers en lambeaux.

Actes des baptêmes (15 novembre 1610 - 12 août 1634) de la paroisse Saint-Martin.

GG 86.
15 novemb. 1610.
12 août 1634.

Reg. in-fol., de 189 fol., pap.; le fol. 139 manque.

Actes des baptêmes (29 août 1634 - 26 janvier 1657) de la paroisse Saint-Martin.

GG 87.
29 août 1634.
26 janvier 1657.

Reg. in-fol., de 123 fol., pap.

Actes des baptêmes (5 février 1657 - 11 mars 1668) de la paroisse Saint-Martin.

GG 88.
5 février 1657.
11 mars 1668.

Reg. in-fol., de 106 fol., pap.

Actes des mariages (25 juin 1617 - 6 septembre 1667) de la paroisse Saint-Martin. — Fol. 69 : Ordonnance de l'évêque d'Angers, Claude de Rueil, portant règlement pour les excommunications (15 mai 1631).

GG 89.
25 juin 1617.
6 septemb. 1667.

Reg. in-fol., de 236 fol., pap.; le fol. 228 manque.

GG 90.
1 mai 1617.
19 mars 1668.

Actes des sépultures (1er mai 1617 - 19 mars 1668) de la paroisse Saint-Martin.

Reg. in-fol., de 235 fol., pap., dont 62 blancs.

GG 91.
25 octobre 1667.
25 décemb. 1676.

Actes des baptêmes (9 janvier 1671 - 25 décembre 1676), mariages (25 octobre 1667 - 25 novembre 1676), et sépultures (12 janvier 1671 - 18 décembre 1676), de la paroisse Saint-Martin.

Vol. in-fol., cont. 6 reg., de 199 fol., pap.

GG 92.
6 janvier 1677.
7 mars 1692.

Actes des baptêmes (6 janvier 1677 - 7 mars 1692), mariages (7 janvier 1677 - 5 février 1692), et sépultures (16 janvier 1677 - 7 mars 1692), de la paroisse Saint-Martin.

Vol. in-4º, cont. 16 reg. ou cah., de 430 fol., pap.

GG 93.
15 mars 1692.
31 décemb. 1708.

Actes des baptêmes (16 mars 1692 - 15 décembre 1708), mariages (28 avril 1692 - 21 août 1708), et sépultures (15 mars 1692 - 31 décembre 1708), de la paroisse Saint-Martin.

Vol. in-fol., cont. 18 reg. ou cah., de 342 fol., pap.

GG 94.
3 janvier 1709.
4 mars 1726.

Actes des baptêmes (3 janvier 1709 - 24 décembre 1725), mariages (28 janvier 1709 - 17 décembre 1725), et sépultures (10 janvier 1709 - 4 mars 1726), de la paroisse Saint-Martin.

Vol. in-fol., cont. 17 reg. ou cah., de 302 fol., pap.

GG 95.
2 janvier 1726.
21 décemb. 1743.

Actes des baptêmes (2 janvier 1726 - 21 décembre 1743), mariages (15 janvier 1726 - 21 novembre 1743), et sépultures (6 janvier 1726 - 9 novembre 1743), de la paroisse Saint-Martin.

Vol. in-fol., cont. 16 reg. ou cah., de 260 fol., pap.; à la fin, 3 pièces papier annexées.

GG 96.
7 janvier 1744.
31 décemb. 1766.

Actes des baptêmes (27 janvier 1744 - 31 décembre 1766), mariages (7 janvier 1744 - 9 décembre 1766), et sépultures (7 janvier 1744 - 31 décembre 1766), de la paroisse Saint-Martin.

Vol. in-fol., de 39 cah. ou reg., de 371 fol., pap.; aux fol. 98, 131, 149, 180, 204, 290, six pièces pap. intercalées.

GG 97.
2 janvier 1767.
25 décemb. 1784.

Actes des baptêmes (8 janvier 1767 - 25 décembre 1784), mariages (7 janvier 1767 - 23 novembre 1784), et sépultures (2 janvier 1767 - 21 novembre 1784), de la paroisse Saint-Martin.

Vol. in-fol., cont. 19 cah. ou reg., de 280 fol., pap.; sept pièces intercalées aux fol. 23, 77, 96, 166, 196, 148.

CULTES. — ASSISTANCE PUBLIQUE.

Actes des baptêmes (5 janvier 1785 - 24 mars 1791), mariages (12 janvier 1785 - 28 février 1791), et sépultures (15 janvier 1785 - 16 mars 1791), de la paroisse **Saint-Martin.**

GG 98.
5 janvier 1785.
24 mars 1791.

Vol. in-fol., cont. 7 reg. ou cah. de 128 fol., pap.; aux fol. 37, 103, deux pièces pap. intercalées.

Actes des baptêmes (16 novembre 1550 - 8 janvier 1607) de la paroisse **Saint-Maurice.**

GG 99.
16 novemb. 1550.
8 janvier 1607.

Vol. in-fol., cont. 2 reg., de 711 fol., pap.

Actes des baptêmes (28 mai 1607 - 19 janvier 1668) de la paroisse **Saint-Maurice.** — Fol. 220 : Baptême « d'un sauvage du pays de Canada appellé la Nouvelle-France, du canton de la Grande-Rivière-Saint-Laurent, qui est la nation des Mango-Geriniouy, qu'on appelle le Pastre-Chouen, qui signifie en françois : Passe-Rivière, lequel auroit esté amené et instruict en la foy chrestienne par frère Jean Dolbeau, récolet de la Basmette, près ceste ville d'Angers, et interrogé des principes de la foy par le sieur Garande (grand-archidiacre et chanoine théologal), député pour ce faire par les sieurs doyen, chanoines et chapitre. Furent parain haut et puissant seigneur messire Pierre de Rohan.. gouverneur au pays et compté du Mayne; mareine haute et puissante et vertueuse dame Anthoynette de Bretagne, femme et espouse dudit sieur prince, lesquels ont nommé ledit sauvage, que ledit père Jean Dolbeau a asseuré estre le premier qui avoit esté baptisé de ladite nation, Pierre-Anthoyne. »

GG 100.
28 mai 1607.
19 janvier 1668.

Vol. in-fol., cont. 2 reg., de 263 fol., pap.

Actes des baptêmes (15 mars 1668 - 3 janvier 1684), mariages (24 avril 1668 - 9 novembre 1683), et sépultures (19 mars 1668 - 3 janvier 1684), de la paroisse **Saint-Maurice.**

GG 101.
15 mars 1668.
3 janvier 1684.

Vol. in-fol., cont. 11 reg., ensemble de 629 fol., pap.

Actes des baptêmes (9 janvier 1684 - 2 février 1700), mariages (24 janvier 1684 - 3 février 1700), et sépultures (9 janvier 1684 - 3 février 1700), de la paroisse **Saint-Maurice.**

GG 102.
9 janvier 1684.
3 février 1700.

Vol. in-fol., cont. 16 reg., ensemble de 637 fol., pap.

Actes des baptêmes (10 février 1700 - 1ᵉʳ janvier 1726), mariages (9 février 1700 - 16 novembre 1725), et sépultures (12 février 1700 - 3 janvier 1726), de la paroisse **Saint-Maurice.**

GG 103.
9 février 1700.
3 janvier 1726.

Vol. in-fol., cont. 21 reg., ensemble de 807 fol., pap.

GG 104.
1 janvier 1726.
25 décemb. 1746.

Actes des baptêmes (1er janvier 1726 - 25 décembre 1746), mariages (10 janvier 1726 - 6 décembre 1746), et sépultures (18 janvier 1726 - 22 décembre 1746), de la paroisse **Saint-Maurice**. — Fol. 235 : Conclusion du chapitre de Saint-Maurice pour suppléer à l'omission d'un acte de sépulture. — Fol. 488 : Note du curé Halnault sur les travaux de sa maison de Saint-Barthélemy.

Vol. in-fol., cont. 22 reg., ensemble de 694 fol., pap.

GG 105.
1 janvier 1747.
27 décemb. 1768.

Actes des baptêmes (1er janvier 1747 - 27 décembre 1768), mariages (17 janvier 1747 - 26 décembre 1768), et sépultures (4 janvier 1747 - 27 décembre 1768), de la paroisse **Saint-Maurice**.

Vol. in-fol., cont. 24 reg., ensemble de 785 fol., pap.

GG 106.
10 janvier 1769.
30 décemb. 1790.

Actes des baptêmes (10 janvier 1769 - 23 décembre 1790), mariages (12 janvier 1769 - 20 décembre 1790), et sépultures (13 janvier 1769 - 30 décembre 1790), de la paroisse **Saint-Maurice**.

Vol. in-fol., cont. 21 reg., ensemble de 766 fol., pap., une pièce papier intercalée au fol. 490 ; le dernier en lambeaux, le premier manque ; une table pour l'année 1772-1773.

GG 107.
4 juin 1537.
25 février 1565.

Actes des baptêmes (4 juin 1537 - 25 février 1565) de la paroisse **Saint-Maurille**.

Vol. in-fol., pap., de 240 fol.; les fol. 8, 18, 19, 35, 44, 104, 105, 114-116, 119, 158, détachés ; les fol. 174 et 177 manquent.

GG 108.
3 mars 1566.
26 octobre 1580.

Actes des baptêmes (3 mars 1566 - 26 octobre 1580) de la paroisse **Saint-Maurille**.

Reg. in-fol., de 182 fol., pap.

GG 109.
6 janvier 1580.
27 août 1595.

Actes des baptêmes (6 janvier 1580 - 27 août 1595) de la paroisse **Saint-Maurille**.

Reg. in-fol., de 229 fol., pap.; le fol. 215 détaché. — Reliure du XVIe siècle, en mauvais état, gauffrée, avec un beau fleuron d'argent au centre et une fleur de lys d'or aux quatre coins de l'encadrement.

GG 110.
1 septemb. 1595.
28 janvier 1611.

Actes des baptêmes (1er septembre 1595 - 28 janvier 1611) de la paroisse **Saint-Maurille**.

Reg. in-fol., de 267 fol., pap.

GG 111.
1 janvier 1611.
1 mai 1626.

Actes des baptêmes (1er janvier 1611 - 1er mai 1626) de la paroisse **Saint-Maurille**.

Reg. in-fol., de 271 fol., pap.; les fol. 9, 10, 127, 162, 231, détachés.

Actes des mariages (6 janvier 1580 - 6 novembre 1624), et sépultures (9 février 1580 - 18 mai 1637), de la paroisse Saint-Maurille.

GG 112.
6 janvier 1580.
18 mai 1637.

Reg. in-fol., de 280 fol., pap., couv. en peau de bique.

Actes des baptêmes (3 janvier 1626 - 7 juillet 1640) de la paroisse Saint-Maurille.

GG 113.
3 janvier 1626.
7 juillet 1640.

Reg. in-fol., de 283 fol., pap.

Actes des mariages (8 janvier 1625 - 21 mai 1646) de la paroisse Saint-Maurille.

GG 114.
8 janvier 1625.
21 mai 1646.

Reg. in-fol., de 188 fol., pap., couv. en peau de bique ; le fol. 11 détaché.

Actes des baptêmes (24 juillet 1640 - 2 janvier 1655), de la paroisse Saint-Maurille.

GG 115.
24 juillet 1640.
2 janvier 1655

Reg. in-fol., de 273 fol., pap., en mauv. état.

Actes des baptêmes (12 janvier 1655 - 2 janvier 1668) de la paroisse Saint-Maurille.

GG 116.
12 janvier 1655.
2 janvier 1668.

Reg. in-fol., de 284 fol., pap., en mauv. état ; les fol. 15, 106, 128, 160, détachés ; les fol. 190-199 manquent.

Actes des mariages (18 juin 1646 - 22 novembre 1667) de la paroisse Saint-Maurille.

GG 117.
18 juin 1646.
22 novemb. 1667.

Reg. in-fol., de 163 fol., pap.

Actes des sépultures (23 mai 1637 - 27 décembre 1667) de la paroisse Saint-Maurille. — Fol. 135 : « On a un peu changé la date des morts, à raison de la multitude d'iceux en ceste année (1662). »

GG 118.
23 mai 1637.
27 décemb. 1667.

Reg. in-fol., de 145 fol., pap.

Actes des baptêmes (4 janvier 1668 - 27 février 1673) mariages (1er février 1668 - 12 février 1673), et sépultures (3 janvier 1668 - 23 février 1673), de la paroisse Saint-Maurille.

GG 119.
3 janvier 1668.
27 février 1673.

Reg. in-fol., de 187 fol., pap.

Actes des baptêmes (4 janvier 1668 - 3 janvier 1674), mariages (27 août 1668 - 28 novembre 1673), et sépultures (6 août 1668 - 1er janvier 1674), de la paroisse Saint-Maurille (Copie, en partie, du précédent registre).

GG 120.
4 janvier 1668.
3 janvier 1674.

Reg. in-fol., de 100 fol., pap.

GG 121.
6 janvier 1674.
1 décemb. 1680.

Actes des baptêmes (6 janvier 1674 - 1er décembre 1680), mariages (7 janvier 1674 - 28 novembre 1680), et sépultures (7 janvier 1674 - 28 novembre 1680), de la paroisse Saint-Maurille.

Reg. in-fol., de 245 fol., pap.; le fol. 65 détaché.

GG 122.
4 décemb. 1680.
29 décemb. 1691.

Actes des baptêmes (4 décembre 1680 - 29 décembre 1691), mariages (7 janvier 1681 - 13 novembre 1691), et sépultures (8 décembre 1680 - 25 décembre 1691), de la paroisse Saint-Maurille.

Vol. in-fol., cont. 12 reg. ou cah., de 185 fol., pap.

GG 123.
3 mars 1692.
31 décembre 1701.

Actes des baptêmes (3 mars 1692 - 28 décembre 1701), mariages (15 avril 1692 - 31 décembre 1701), et sépultures (5 mars 1692 - 29 décembre 1701), de la paroisse Saint-Maurille.

Vol. in-fol., cont. 10 reg., de 324 fol., pap.

GG 124.
2 janvier 1702.
30 décemb. 1714.

Actes des baptêmes (2 janvier 1702 - 30 décembre 1714), mariages (17 janvier 1702 - 11 décembre 1714), et sépultures (6 janvier 1702 - 29 décembre 1714), de la paroisse Saint-Maurille.

Vol. in-fol., cont. 13 reg. ou cah., de 398 fol., pap., en mauvais état.

GG 125.
8 janvier 1715.
16 avril 1727.

Actes des baptêmes (8 janvier 1715 - 15 avril 1727), mariages (5 février 1715 - 24 février 1727), et sépultures (27 janvier 1715 - 16 avril 1727), de la paroisse Saint-Maurille. — Fol. 44 : « Le 8 juin 1716, Mgr l'évêque vint faire la bénédiction de l'église ; on rapporta le Saint-Sacrement, le jour de la Fête-Dieu, de l'église de Saint-Maimbœuf, où on faisoit l'office depuis plus de huit mois. »

Vol. in-fol., cont 12 reg. ou cah., de 364 fol., pap.; une pièce pap. intercalée au fol. 223.

GG 126.
6 avril 1727.
14 janvier 1738.

Actes des baptêmes (18 avril 1727 - 13 janvier 1738), mariages (6 avril 1727 - 14 janvier 1738), et sépultures (25 avril 1727 - 13 janvier 1738), de la paroisse Saint-Maurille.

Vol. in-fol., cont. 11 reg. ou cah., de 356 fol., pap.

GG 127.
18 janvier 1738.
1 janvier 1749.

Actes des baptêmes (18 janvier 1738 - 26 décembre 1748), mariages (28 janvier 1738 - 31 décembre 1748), et sépultures (19 janvier 1738 - 1er janvier 1749), de la paroisse Saint-Maurille.

Vol. in-fol., cont. 13 reg. ou cah., de 348 fol., pap.; aux fol. 121 et 127, deux pièces pap. intercalées.

GG 128.
8 janvier 1749.
30 décemb. 1760.

Actes des baptêmes (8 janvier 1749 - 30 décembre 1760), mariages (3 février 1749 - 11 novembre 1760), et sépultures (23 janvier 1749 - 27 décembre 1760), de la paroisse Saint-Maurille.

Vol. in-fol., cont. 25 cah. ou reg., de 436 fol., pap.; aux fol. 33, 99, deux pièces pap. intercalées.

CULTES. — ASSISTANCE PUBLIQUE.   261

Actes des baptêmes (31 décembre 1760 - 28 décembre 1773), mariages (13 janvier 1761 - 6 décembre 1773), et sépultures (22 janvier 1761 - 27 décembre 1773), de la paroisse **Saint-Maurille**.

GG 129.
31 décemb. 1760.
28 décemb. 1773.

Vol. in-fol., cont. 13 reg. ou cah., de 412 fol., pap.

Actes des baptêmes (1ᵉʳ janvier 1774 - 23 décembre 1784), mariages (10 janvier 1774 - 22 novembre 1786), et sépultures (5 janvier 1774 - 30 décembre 1784), de la paroisse **Saint-Maurille**.

GG 130.
1 janvier 1774.
22 novemb. 1786.

Vol. in-fol., cont. 13 reg. ou cah., de 411 fol., pap.; au fol. 41, une pièce papier intercalée.

Actes des baptêmes (7 janvier 1787 - 6 avril 1791), mariages (23 janvier 1787 - 27 mars 1791), et sépultures (5 janvier 1787 - 10 avril 1791), de la paroisse **Saint-Maurille**.

GG 131.
5 janvier 1787.
10 avril 1791.

Vol. in-fol., cont. 6 reg. ou cah., de 198 fol., pap.; aux fol. 3, 83, deux pièces pap. intercalées.

Actes des baptêmes (15 mars 1554 - 13 août 1602), de la paroisse **Saint-Michel-du-Tertre**. — Fol. 118 : « Mort subite, en pleine chaire, du curé Girault (14 janvier 1581). »

GG 132.
15 mars 1554.
13 août 1602.

Reg. in-fol. oblong, de 292 fol., pap.

Actes des baptêmes (14 août 1602 - 16 octobre 1620) de la paroisse **Saint-Michel-du-Tertre**.

GG 133.
14 août 1602.
16 octobre 1620.

Reg. in-fol. oblong, de 190 fol., pap.; les fol. 103-120 en lambeaux.

Actes des baptêmes (20 octobre 1620 - 11 juin 1636) de la paroisse **Saint-Michel-du-Tertre**.

GG 134.
20 octobre 1620.
11 juin 1636.

Reg. in-fol. oblong, de 188 fol., pap.

Actes des baptêmes (15 juin 1636 - 27 septembre 1657) de la paroisse **Saint-Michel-du-Tertre**.

GG 135.
15 juin 1636.
27 septemb. 1657.

Reg. in-fol. oblong, de 284 fol. pap.

Actes des baptêmes (28 septembre 1657 - 15 janvier 1668) de la paroisse **Saint-Michel-du-Tertre**. — Fol. 26 : Baptême d'un Maure nommé Mangot.

GG 136.
28 septemb. 1657.
15 janvier 1668.

Reg. in-fol. oblong, de 184 fol., pap.; une table d'un fol. pour les années 1657-1658.

Actes des mariages (7 janvier 1618 - 24 novembre 1667) de la paroisse **Saint-Michel-du-Tertre**. — Fol. 1 : Publication du décret du

GG 137.
7 janvier 1618.
24 novemb. 1667.

concile de Trente : *De reformatione matrimonii.* — Fol. 86 : Note sur un cas de bigamie.

Vol. in-fol. oblong, cont. 2 reg. de 358 fol., pap.

GG 138.
17 avril 1592.
18 décemb. 1667.

Actes des sépultures (17 avril 1592 - 18 décembre 1667) de la paroisse Saint-Michel-du-Tertre. — Fol. 28 : « Cinq jours auparavant (ce 18 avril 1615), l'inondation des eaux a esté si grande que l'on est allé en batteau jusques au collége de Bueil, et de la porte Chapelière, ou plustost de la Croix-Dorée, par la rue de la Poissonnerie, à haulteur, en telz endroictz, de deux pieds ou environ par-dessuz un homme, jusques à la grande porte du logis de feue mademoiselle des Granges, où loge maintenant M. 'de la Fautrière ; et a commencé l'eau à diminuer, ce jour susdict 18 d'avril 1615, d'un poulce ou environ. Notez que l'eau a esté si grande, qu'elle s'assembloit de la Poissonnerie avec l'eau qui venait du port Ligné. » — Fol. 56 : « Le 7ᵉ jour du mois d'aoust l'an 1620, se donna la bataille au pont de Ceez, où le courage de nostre roy très chrestien Louis XIII, la force et la prudence parurent grandement ; il gagna la bataille, se rendit maître de la ville et chasteau en huit ou dix heures. M. de Créquy conduisoit, soubs Sa Majesté, les régiments. Feu M. de Nerestant y fut blessé à la cuisse, dont il mourut 15 jours après, avant la première poincte de ceux qui donnèrent ; la déroute fut très grande du costé des vaincuz. La clémence de Sa Majesté, suivant les traces de feu son père Henry-le-Grand, pacifia toutes choses ;.. nostre roy en mesme temps porta ses armes dans le Béarn, où il se rendit maistre de son bien, rentra dans son patrimoine, contenta tout le monde, tesmoigna sa valeur, sa doulceur et le bonheur dont le ciel le favorisa..... » — Fol. 58 : Mort, obsèques et éloge de l'évèque d'Angers, Guillaume Fouquet de la Varenne. — Fol. 77 : Note « sur la coustume de porter les corps des paroissiens en leur église paroissiale auparavant que d'estre ensépulturez en l'église par eux choisie. » — Fol. 78 : « Nota que ce jour, 23 juillet 1625, il fut faict exécution, aux Halles d'Angers, d'un homme qui fut décapité ; et le bourreau, qui faisoit l'exécution, fut assommé par le peuple à coups de pierres pour avoir donné au criminel, en le décapitant, jusques à vingt coups ou davantage. Plusieurs furent blessez en ce tumulte, et entre autres un jeune homme perdit l'œil d'un coup de pierre. Le criminel, nommé Jehan Hamon, dict La Couche-Thibaudière, mourut fort constamment. » — Fol. 85 : Fondation d'une messe en musique le jour du Sacre. — Fol. 93-94 : Histoire de la peste de 1626. « Le nombre des morts, tant au Sanitat qu'en la ville, a esté de deux mille ou environ ; le nombre des malades a esté de 8,000 ou environ... Le P. Joseph a attesté publiquement que le nombre des morts à la Santé, sçavoir : Panthière et Papillaye, a esté de mille soixante-trois. » — Fol. 102 : Contestation entre le curé de Saint-Michel-du-Tertre et les P.P. de l'Oratoire, au sujet du service funèbre de M. Villeneuve du Caseau. — Fol. 104-105 : Obsèques de M. Barbot, maire. — Fol. 106 : Note au soutien du droit qu'a le curé de ne pas assister aux processions des religieux de Saint-Serge. — Fol. 109 : Réception de M. Claude de Rueil, évêque. — Fol. 111 : « Le 27 d'aoust l'an 1628, environ les deux heures de relevée, le temps estant très beau et serein, arriva à Angers un tremblement de terre, qui redoubla perceptiblement, comme quand on oit de loing, entre deux airs, des coups de canon. Cela fut apperceu de tout le monde, et par ceux qui estoient dans les maisons, par les vitres principalement et branslement de chambres et ustensiles. » — Fol. 112 : Prise de La Rochelle, « qui a rendu nostre roy le plus vertueux qui ait jamais esté au monde. » — Fol. 115 : « Nota que l'on n'enterre point les mortz ny le vendredisainct ny le jour de Pasques sans extrême nécessité. » — Fol. 119 : Mort et éloge du curé Pierre Croux (1629). — Fol. 121 : Sédition populaire et pillage de la maison du sieur La Lande, prévôt des gabelles. — Fol. 145 : Sépulture de François Lanier, lieutenant-général au Présidial, « rare personnage de grand sens, jugement, mémoire, sçavoir, expérience, qui estoit comme une teste d'or dans le corps de sa patrie...... » — Fol. 151 : Récit de la contestation survenue entre les paroissiens et le curé de Saint-Michel-du-Tertre, pour la nomination des chapelains. — Fol. 226 : Prise de possession de la cure par le P. Jacques Fournenc, de l'Oratoire (1662). — Fol. 228 : Par messire Jacques Lemercier, curé de la Trinité (1663).

Vol. in-fol. oblong, cont. 3 reg., de 249 fol., pap.

Actes des baptêmes (3 janvier 1668 - 30 décembre 1681), mariages (8 janvier 1668 - 27 novembre 1681), et sépultures (3 janvier 1668 - 30 décembre 1681), de la paroisse **Saint-Michel-du-Tertre**. — Fol. 282 : Abjuration de Marie-Cyprienne Lanier, fille d'Abraham Lanier, graveur.

GG 139.
3 janvier 1668.
30 décemb. 1681

Vol. in-fol., cont. 9 reg., de 530 fol., pap.

Actes des baptêmes (1er janvier 1682 - 15 décembre 1691), mariages (13 janvier 1682 - 27 novembre 1691), et sépultures (10 janvier 1682- 30 décembre 1691), de la paroisse **Saint-Michel-du-Tertre**. — Fol. 208 : Récit des cérémonies convenues avec le chapitre de Saint-Maurice, pour les obsèques de M. René Lanier, aumônier du roi, chanoine de la cathédrale (30 novembre 1687).

GG 140.
1 janvier 1682.
30 décemb. 1691.

Vol. in-fol., cont. 10 reg., de 372 fol., pap.

GG 141.
3 janvier 1692.
18 décemb. 1701.

Actes des baptêmes (3 janvier 1692 - 15 décembre 1701), mariages (14 janvier 1692 - 13 décembre 1701), et sépultures (3 janvier 1692 - 18 décembre 1701), de la paroisse **Saint-Michel-du-Tertre**.

Vol. in-fol., cont. 10 reg., de 355 fol., pap.

GG 142.
20 décemb. 1701.
30 décemb. 1712.

Actes des baptêmes (22 décembre 1701 - 30 décembre 1712), mariages (20 décembre 1701 - 29 décembre 1712), et sépultures (21 décembre 1701 - 28 décembre 1712), de la paroisse **Saint-Michel-du-Tertre**. — Fol. 27 : « Cérémonie de la sépulture du cœur de M. Raimbault de la Foucherie, maire d'Angers. » — Son éloge, par François Ayrault, curé de Saint-Michel-du-Tertre.

Vol. in-fol., cont. 11 reg., de 362 fol., pap.

GG 143.
2 janvier 1713.
30 décemb. 1723.

Actes des baptêmes (2 janvier 1713 - 30 décembre 1723), mariages (19 janvier 1713 - 30 novembre 1723), et sépultures (7 janvier 1713 - 30 décembre 1723), de la paroisse **Saint-Michel-du-Tertre**. — Fol. 78 : Cérémonial convenu entre le chapitre de Saint-Maurice et le curé de Saint-Michel, pour la sépulture de M. Jallet de la Véroulière, maire (1715).

Vol. in-fol., cont. 12 reg., de 345 fol., pap.; au fol. 389, une pièce papier intercalée.

GG 144.
4 janvier 1724.
29 décemb. 1732.

Actes des baptêmes (5 janvier 1724 - 24 décembre 1732), mariages (4 janvier 1724 - 29 décembre 1732), et sépultures (7 janvier 1724 - 25 décembre 1732), de la paroisse **Saint-Michel-du-Tertre**.

Vol. in-fol., cont. 9 reg., de 293 fol., pap.; au fol. 96, deux pièces papier intercalées.

GG 145.
6 janvier 1733.
30 décemb. 1742.

Actes des baptêmes (8 janvier 1733 - 30 décembre 1742), mariages (8 janvier 1733 - 20 novembre 1742), et sépultures (6 janvier 1733 - 30 décembre 1742), de la paroisse **Saint-Michel-du-Tertre**.

Vol. in-fol., cont. 10 reg., de 332 fol., pap.

GG 146.
1 janvier 1743.
3 janvier 1753.

Actes des baptêmes (2 janvier 1743 - 3 janvier 1753), mariages (8 janvier 1743 - 11 décembre 1752), et sépultures (1er janvier 1743 - 28 décembre 1752), de la paroisse **Saint-Michel-du-Tertre**.

Vol. in-fol., cont. 14 reg. ou cah., de 374 fol., pap.

GG 147.
1 janvier 1753.
29 décemb. 1762.

Actes des baptêmes (1er janvier 1753 - 29 décembre 1762), mariages (8 janvier 1753 - 16 novembre 1762), et sépultures (3 janvier 1753 - 26 décembre 1762), de la paroisse **Saint-Michel-du-Tertre**.

Vol. in-fol., pap., cont. 16 reg. ou cah., de 440 fol.; aux fol. 107, 188, 191, 292, quatre pièces pap. intercalées.

CULTES. — ASSISTANCE PUBLIQUE.

Actes des baptêmes (3 janvier 1763 - 30 décembre 1772), mariages (10 janvier 1763 - 9 novembre 1772), et sépultures (9 janvier 1763 - 23 décembre 1772), de la paroisse Saint-Michel-du-Tertre.

GG 148.
3 janvier 1763.
30 décemb. 1772.

Vol. in-fol., cont. 11 reg., de 511 fol., pap.

Actes des baptêmes (1er janvier 1773 - 30 décembre 1782), mariages (7 janvier 1773 - 26 novembre 1782), et sépultures (5 janvier 1773 - 31 décembre 1782), de la paroisse Saint-Michel-du-Tertre.

GG 149.
1 janvier 1773.
31 décemb. 1782.

Vol. in-fol., cont. 11 reg. de 514 fol. pap.

Actes des baptêmes (10 janvier 1783 - 27 mars 1791), mariages (7 janvier 1783 - 15 mars 1791), et sépultures (5 janvier 1783 - 26 mars 1791), de la paroisse Saint-Michel-du-Tertre.

GG 150.
5 janvier 1783.
27 mars 1791.

Vol. in-fol., pap., cont. 9 reg., de 450 fol.; aux fol. 63, 133, 139, 148, 370, cinq pièces intercalées.

Actes des baptêmes (2 juillet 1554 - 2 mai 1640), de la paroisse Saint-Michel-la-Palud. — Fol. 274 : « Le sabmedy, 7e jour de mars 1598, Henry de Bourbon, roy de France et de Navarre, est arryvé en ceste ville ; le jour de davant il coucha au Pont-de-Cée ; estant en ceste ville, il estoit logé au logis de Lancroc, près le portal Saint-Michel ; le mescredy ensuyvant, sa seur vint aussy en ceste ville par le Pont-de-Cée. — Le dymanche, xve jour de mars, jour et feste des Rameaux, le roy assista à la procession à Saint-Michel-du-Tertre, et le jour mesme il alla à vespres à la Basmette ; le xxiie jour de mars, qui estoit le jour de Pasques, le roy toucha ceux qui estoient mallades des écrouelles, à Saint-Maurice, et leur fist donner à chacun ii sols ; et le jour du vendredy, il lava les pieds de xiii pauvres au pallays épiscopal, et leur donna à chacun d'eux xiii libvres. »

GG 151.
2 juillet 1554.
2 mai 1640.

Vol. in-fol., cont. 6 reg., de 545 fol., pap., en mauvais état; une pièce intercalée au fol. 174.

Actes des mariages (3 février 1630 - 13 septembre 1672), et sépultures (23 novembre 1630 - 8 septembre 1672), de la paroisse Saint-Michel-la-Palud.

GG 152.
3 février 1630.
13 septemb. 1672.

Vol. in-fol., cont. 4 reg., de 348 fol., pap.; aux fol. 66, 276, deux pièces pap. intercalées.

Actes des baptêmes (4 mai 1640 - 26 décembre 1673), mariages (16 janvier 1668 - 14 novembre 1673), et sépultures (1er janvier 1668 - 21 décembre 1673), de la paroisse Saint-Michel-la-Palud. — Au

GG 153.
4 mai 1640.
26 décemb. 1673.

feuillet de garde : « Catalogue des curés de Saint-Michel-la-Palus, suivant les mémoires de la cure (1339-1762). »

Vol. in-fol., cont. 8 reg. ou cah., de 331 fol., pap.; aux fol. 114, 125, deux pièces pap. intercalées.

GG 154.
2 janvier 1674.
27 février 1692.

Actes des baptêmes (2 janvier 1674 - 27 février 1692), mariages (7 janvier 1674 - 11 février 1692), et sépultures (3 janvier 1674 - 20 février 1692), de la paroisse Saint-Michel-la-Palud. — Fol. 64 : Sépulture de M. Clément Gault, curé (2 mai 1678). « C'est par ses dons que l'église a été augmentée et que les trois autels du sanctuaire ont été construits. »

Vol. in-fol., cont. 18 reg. ou cah., de 329 fol., pap.

GG 155.
28 février 1692.
25 décemb. 1709.

Actes des baptêmes (28 février 1692 - 25 décembre 1709), mariages (29 mai 1692 - 11 novembre 1709), et sépultures (3 mars 1692 - 18 novembre 1709), de la paroisse Saint-Michel-la-Palud.

Vol. in-4º, cont. 18 reg. ou cah., de 290 fol., pap.

GG 156.
1 janvier 1710.
19 janvier 1733.

Actes des baptêmes (7 janvier 1710 - 1er janvier 1733), mariages (3 mars 1710 - 19 janvier 1733), et sépultures (1er janvier 1710 - 19 janvier 1733), de la paroisse Saint-Michel-la-Palud.

Vol. in-4º, cont. 27 reg. ou cah., de 432 fol., pap.; aux fol. 201, 306, 343, 363, 373, 374, 408, sept pièces pap. intercalées.

GG 157.
22 janvier 1733.
14 décemb. 1746.

Actes des baptêmes (22 janvier 1733 - 7 décembre 1746), mariages (16 février 1733 - 22 novembre 1746), et sépultures (30 janvier 1733 - 14 décembre 1746), de la paroisse Saint-Michel-la-Palud.

Vol. in-4º, cont. 15 reg. ou cah., de 330 fol., pap.; vingt pièces pap. intercalées aux fol. 17, 56, 92, 157, 159, 185, 219, 223, 228, 234, 256, 272, 281, 282, 294, 305.

GG 158.
1 janvier 1747.
29 décemb. 1761.

Actes des baptêmes (7 janvier 1747 - 25 décembre 1761), mariages (10 janvier 1747 - 27 octobre 1761), et sépultures (4 janvier 1747 - 29 décembre 1761), de la paroisse Saint-Michel-la-Palud.

Vol. in-4º, cont. 29 reg. ou cah., de 346 fol., pap.; aux fol. 306, 323, deux pièces pap. intercalées.

GG 159
6 janvier 1762.
20 décemb. 1781.

Actes des baptêmes (11 janvier 1762 - 29 décembre 1781), mariages (15 février 1768 - 20 novembre 1781), et sépultures (6 janvier 1762 - 26 décembre 1781), de la paroisse Saint-Michel-la-Palud. — En tête: « Mémoire pour les sieurs Adrien Chotard, Jacques-Robert Huchelou des Roches, et Joseph Roussel, prêtres curés, vicaires perpétuels des paroisses de Saint-Martin, Saint-Germain en Saint-Laud et Saint-Maurille, demandeurs et défendeurs, contre les maires chapelains, sous-chantres, prêtres habitués, etc., des églises collégiales et paroissiales de Saint-Martin, Saint-Laud et Saint-Maurille, défendeurs et demandeurs, et encore contre les chapitres desdites églises collégiales, intervenants, » pour le droit de préséance disputé par les vicaires et les officiers des chapitres (mars 1765). — 2° Précis du mémoire au soutien de l'avis de M. l'évêque d'Angers pour les curés de Saint-Laud, Saint-Martin et Saint-Maurille. — 3° Arrêt du Parlement rendu en faveur des curés (23 mars 1765). — 4° Arrêt du Parlement portant règlement pour les fabriques des trois églises paroissiales de Saumur (21 août 1762). — 5° Arrêt du Conseil d'Etat, concernant la perception des droits de contrôle des baux des biens de main-morte (2 septembre 1760). — 6° Arrêt du Parlement concernant les élections des hôtels de ville (8 juillet 1765). — Fol. 69 : Circulaire imprimée de M. de la Marsaulaye, subdélégué, réclamant des curés la récapitulation des registres de leur paroisse, pour servir à l'ouvrage que prépare l'abbé d'Expilly, « sous les yeux du Conseil, » (15 juin 1764),—et en réponse, « dénombrement des mariages, des naissances et des morts, depuis 1690 jusqu'en 1701, inclusivement, et de 1752 jusques en 1763, de la paroisse de Saint-Michel-la-Palud.» — Fol. 441: Arrêt du Parlement concernant la translation des cimetières hors ville (1777-1780). — Fol. 462 : Messe solennelle d'actions de grâces célébrée à Lesvière, pour la naissance du dauphin. « Elle fut annoncée, le dimanche précédent, aux prônes de dix-sept paroisses, et la veille, par le son de toutes les cloches des églises de Lesvière, pendant une heure, et encore par la salve de six canons qui furent tirés sur la butte de Lesvière. Il y eut sept décharges, savoir : la veille, le jour au matin, au commencement de la messe, à l'élévation du Saint-Sacrement, à l'intonation du Te Deum, au commencement du dîner et au dessert. »

Vol. in-4°, cont. 22 reg. ou cah., de 464 fol., pap.; plus, six imprimés, ensemble de 113 pages; et vingt pièces pap. intercalées aux fol. 30, 37, 69, 78, 84, 87, 150, 151, 174, 232, 371, 414, 430, 441, 460.

Actes des baptêmes (2 janvier 1782 - 25 mars 1791), mariages (4 février 1782 - 7 mars 1791), et sépultures (1er janvier 1782 - 17 mars 1791), de la paroisse **Saint-Michel-la-Palud**. — Fol. 123 : Bulle et enquête pour dispense de consanguinéité au second degré (1784).

GG 160.
1 janvier 1782.
25 mars 1791.

Vol. in-4°, cont. 12 reg. ou cah., de 269 fol., pap.; cinq pièces pap. intercalées aux fol. 90, 105, 223.

GG 161.
2 juillet 1579
9 septemb. 1608.

Actes des baptêmes (2 juillet 1579 - 9 septembre 1608), de la paroisse Saint-Nicolas. — Fol. 58 : Abjuration de Georges Seton, écossais (1603).

Reg. in-fol., de 114 fol., pap.

GG 162.
3 juin 1632.
14 mars 1655.

Actes des baptêmes (3 juin 1632 - 14 mars 1655), de la paroisse Saint-Nicolas.

Reg. petit in-4°, de 100 fol., pap.; aux fol. 1, 2, deux pièces pap. intercalées.

GG 163.
23 mars 1655.
25 juin 1677.

Actes des baptêmes (23 mars 1655 - 25 juin 1677), de la paroisse Saint-Nicolas.

Reg. petit in-4°, de 78 fol.; le fol. 77 manque.

GG 164.
29 juin 1637.
20 octobre 1677.

Actes des mariages (29 juin 1637 - 21 mai 1674), et sépultures (31 juillet 1637 - 20 octobre 1677), de la paroisse Saint-Nicolas.

Reg. in-fol. oblong, de 169 fol., dont 77 blancs.

GG 165.
7 janvier 1674.
30 mai 1720.

Actes des baptêmes (7 janvier 1674 - 29 mai 1720), mariages (18 septembre 1674 - 1er août 1719), et sépultures (25 avril 1674 - 30 mai 1720), de la paroisse Saint-Nicolas. — Fol. 212 : Prise de possession de la cure par François Guibert, sur la résignation de son frère, nommé à la cure de Champtocé (1702). — Fol. 268 : « Le 15 d'août 1708, a été posé un tabernacle sur l'autel de la paroisse de Saint-Nicolas, desservi dans l'église abbatiale.. Ledit tabernacle a été construit par les soins du curé dudit lieu, et de ses deniers et de ceux de la fabrique, ou plutôt des quêtes de la paroisse..... » — Fol. 271 : « Le 16 novembre 1708, a été commencée la muraille qui fait la clôture du cimetière de la paroisse.. sis au milieu de l'espace communément appelé les Grands-Champs, aux dépens des paroissiens dudit lieu et du curé... pour désormais être le seul cimetière de ladite paroisse... » — Fol. 273 : « En cette année 1708, a été posé, comme dit est, un petit tabernacle... aussi bien qu'une chaire où faire les prônes, qui a été posée.. la veille de Pâques, 30 mars 1709..., les religieux n'ayant rien voulu contribuer et à très grande peine consenti à tous ces accommodements. »

Vol. in-fol., cont. 45 reg. ou cah., de 366 fol., pap.

GG 166.
11 janvier 1720.
22 décemb. 1737.

Actes des baptêmes (18 janvier 1720 - 22 décembre 1737), mariages (6 février 1720 - 5 novembre 1737), et sépultures (11 janvier 1720 - 7 décembre 1737), de la paroisse Saint-Nicolas. — Fol. 61 : « Dans cette année dernière (1725) et suivante, les religieux de Saint-Nicolas, bénédictins de la congrégation de Saint-Maur..., tous les anciens non renfermés étant morts et finis par dom Pierre de Breslé, mort dès l'année 1724, ont commencé à bâtir leur maison ou nouveau couvent, et ont fait abattre et démolir l'ancien, qui étoit encore bon et pouvoit subsister longtemps, mais n'étoit à la moderne et non si magnifique, étant, selon l'ancien usage et selon l'esprit de S. Benoît, assez pauvre et à petites ouvertures pour les fenestres des cellules à deux rangs dans le dortoir, n'y ayant de magnifique que le réfectoire qui étoit voûté et d'une étendue bien plus grande qu'aujourd'huy et qu'on vouloit conserver; mais la voûte ayant cabré à cause des démolissemens d'autour, il a été refait sur l'ancien aussi bien que les cloîtres, qui étoient bas et avec beaucoup de sculptures à l'antique; il n'a resté que l'église, magnifique comme elle l'est, sans qu'on a transposé l'orgue sur la grande porte de l'église et d'un buffet bien plus magnifique, et le chœur qui étoit devant le grand autel, derrière dans le cul-de-lampe où étoit l'autel anciennement, qui a été transporté devant ledit chœur, et est présentement à la Romaine; ce qui s'est fait dans les années suivantes et avec assez de longueur; pour quoi tout bastir les religieux ont vendu près de 200,000 livres de bois de haute-futaie qui étoient sur les dépendances de ladite abbaye de la manse des religieux. » — Fol. 88 : « Le 6 mars 1729, jour du premier lundi de Carême, a commencé l'école des garçons et filles de la paroisse, dans la maison de l'Image, appartenant.. à l'Hôpital-Général, par don de feu M. Etienne Garnier de la Roussière, en son vivant curé de Saint-Nicolas, et ladite école faite par un ecclésiastique dudit Hôpital-Général pour les garçons, et par une sœur ou aide dudit hôpital pour les filles, et ce à raison de 500 liv. qui ont été données par nous, curé dudit Saint-Nicolas, le jour d'hier, au bureau dudit hôpital... *Guibert.* » — Fol. 110-112 : Note sur les usages nouveaux introduits dans les processions de la paroisse.. — Fol. 127 : « Dès le commencement de l'année 1732, le chœur des religieux, qui étoit devant le grand autel, a été déplacé et porté derrière, où étoit l'ancien autel qui n'étoit que de tuffeau, et qui a été détruit et rapporté devant ledit chœur à la Romaine, sous l'arcade de la croix, qui a été fait tout à neuf de marbre, avec tout ce qui l'accompagne, comme il paroit, le tabernacle, la suspence, qui n'avoit point été jusqu'à présent, un dais au-dessus, porté par quatre anges, le parquet et sanctuaire pavé de marbre et autre espèce de pierres particulières; la grande porte devant la paroisse a été ouverte, étant murée par ci-devant, et celle dont on se servoit pour l'entrée, vis-à-vis la tour avec clocher, a été fermée, et toute la chapelle de ladite paroisse baissée d'un pied et demi dans le roc, et qui a été pavée tout à neuf de pareil, aussi bien que le tour des chapelles, autour du chœur derrière, et toute la nef de ladite église, de grand careau neuf; le vestibule ou galerie devant la porte de la paroisse a été fait tout de neuf par les religieux, à la fin de cette dite année, et le curé l'a fait paver au commencement de la suivante (1733); de plus, ledit curé de ladite paroisse a fait dorer tous les placards qui se trouvent dans le côté de ladite paroisse, a posé les gradins dorés sur l'autel et a fait dorer le tabernacle, tel qu'il paroit, avec les autres enjolivements qui sont audit autel de la paroisse. Les cloîtres, et tout le corps de la maison conventuelle, a été parachevé cette année pour la couverture, et le premier dortoir a commencé d'être habité par les religieux, quoique tous les dedans ne soient achevés (1732). »

Vol. in-fol., cont. 16 reg. ou cah., de 182 fol., pap.

GG 167.
2 janvier 1738.
20 décemb. 1754.

Actes des baptêmes (2 janvier 1738 - 20 décembre 1754), mariages (16 juin 1738 - 16 septembre 1754), et sépultures (7 janvier 1738 - 20 novembre 1754), de la paroisse Saint-Nicolas. — Fol. 115 : Nomination de M. Toussaint Chedanne à la cure de Saint-Nicolas, en remplacement de M. André Mathurin Chedanne, transféré à celle de Saint-Léger-des-Bois (1750).

Vol. in-4º, cont. 23 reg. ou cah., de 156 fol., pap.

GG 168.
7 janvier 1755.
31 décemb. 1777.

Actes des baptêmes (13 février 1755 - 31 décembre 1777), mariages (7 janvier 1755 - 25 novembre 1777), et sépultures (5 mars 1755 - 27 décembre 1777), de la paroisse Saint-Nicolas. — Fol. 6 : Nomination de Guillaume Gaudin à la cure de Saint-Nicolas, par translation de Toussaint Chedanne à la cure de Sainte-Gemmes d'Andigné (1755). — Fol. 59 : Sépulture du sieur Jacques Mineau, « trouvé pendu et étranglé au tronc d'un charme, dans le haut-verger du lieu nommé la Charrue-à-Brionneau. » — Fol. 121 : Note sur l'option faite par le curé, et signifiée aux religieux de Saint-Nicolas, de la portion congrue. — Fol. 122 : Observation sur le droit de franc-salé reconnu au curé. — Fol. 131 : « Dans la présente année 1770, MM. de l'Hôtel-de-Ville ont fait numéroter les maisons sur une plaque de ferblanc du prix de dix sous, que les propriétaires ont payée. » — Fol. 188 : « Dans la présente année 1777, on a placé dans les rues d'Angers leur nom sur une plaque de ferblanc. » — « Le 16 juin, Joseph II, empereur d'Occident, frère de la reine, est passé par Angers à six heures un quart, en revenant de Nantes. Il ne s'est arrêté que pour changer de chevaux; il avait couché à l'auberge de Champtocé; il est allé dîner à Saumur, a fait la revue du corps des carabiniers, et le même jour est allé à Tours, d'où il est reparti le lendemain 17 pour Bordeaux. »

Vol. in-4°, cont. 24 reg. ou cah., de 188 fol., pap.; au fol. 123, une pièce pap. intercalée.

Actes des baptêmes (16 mars 1778 - 30 décembre 1791), mariages (23 février 1778 - 22 novembre 1791), et sépultures (26 janvier 1778 - 15 décembre 1791), de la paroisse **Saint-Nicolas**. — Fol. 90 : Note sur la portion congrue et le droit de franc-salé dus au curé.

GG 169.
26 janvier 1778.
30 décemb. 1791.

Vol. in-4°, cont. 17 reg. ou cah., de 156 fol., pap.

Actes des baptêmes (1448 - 21 mai 1497), mariages (1600 - 27 janvier 1668), et sépultures (1600 - 2 janvier 1668), de la paroisse **Saint-Pierre**. — En tête : « Nouveau mémoire signifié pour messire Joseph-Louis-Madeleine-Florent Mercier, sieur de Marigny et de la Gallière, contre messire Charles-Joseph de Fesques. » (Imprimé). — Fol. 63 : Lettres royaux portant concession à Jehan Grenereau, curé de Saint-Pierre, de l'abbaye des Telmites à Rennes (4 septembre 1618). — Fol. 239 : Une note marginale, du feudiste Audouys, signale des altérations du texte commises dans un intérêt nobiliaire.

GG 170.
1448.
27 janvier 1668.

Vol. in-fol., cont. 61 reg. ou cah., pap., ensemble de 982 fol.; plus, un imprimé de 42 pages.

Actes des baptêmes (7 novembre 1528 - 5 mai 1584), de la paroisse **Saint-Pierre**. — Fol. 38 : Acte de baptême rédigé en vers français (26 vers), d'Eustache et Jean, fils jumeaux d'Ymbert d'Orléans, boucher (28 mai 1533). — Fol. 425 : Liste des curés de Saint-Pierre jusqu'à « Claude Robin, prêtre, docteur en théologie, cy-devant chanoine de Saint-Maurille, et auparavant curé de Saint-Pierre de Chenehutte, arrivé de Rome en l'année sainte 1750, le 6 octobre. »

GG 171.
7 novemb. 1528.
5 mai 1584.

Vol. in-fol., cont. 55 reg. ou cah., ensemble de 691 fol., pap.; une table de 21 fol. pour les années postérieures à 1577.

Actes des baptêmes (26 décembre 1583 - 3 janvier 1625), de la paroisse **Saint-Pierre**. — Fol. 1 : Notes sur l'adoration du Saint-Sacrement à l'autel de l'église paroissiale, — sur les misères de l'année 1584. — Offrande d'un cierge en cire, blanc, « par honneste fille et de grande dévotion Bernardine Guillotin, au nom de toutes les autres filles de la paroisse. » — Fol. 90 : Baptême de la cloche de la chapelle Fallet. — Fol. 247 : Don, par J. Modière, « d'une gondole d'argent pour servir à baptiser les enfans. »

GG 172.
26 décemb. 1583.
3 janvier 1625.

Vol. in-fol., cont. 25 cah. ou reg., ensemble de 1017 fol., pap.; trois tables pap., de 123 fol.

GG 173.
3 janvier 1625.
26 décemb. 1646.

Actes des baptêmes (3 janvier 1625 - 26 décembre 1646), de la paroisse **Saint-Pierre**. — Fol. 172 : Le curé Abeslard atteste avoir marié de nouveau, après la confession de leurs fautes, deux de ses paroissiens par lui fiancés, « et espousés à Varennes, diocèse de Nantes, sans sa permission. » — Fol. 485 : Actes de mariages (12-13 janvier 1643).

Vol. comprenant 4 reg., ensemble de 585 fol., pap.

GG 174.
30 decemb. 1646.
31 décemb. 1667.

Actes des baptêmes (30 décembre 1646 - 31 décembre 1667), de la paroisse **Saint-Pierre**. — Fol. 315 : Confirmation des enfants du village d'Empiré.

Vol. in-fol., cont. 4 reg., ensemble de 667 fol., pap.; une table de 3 fol. pour les années 1660-1667.

GG 175.
1 janvier 1668.
29 janvier 1680.

Actes des baptêmes (1er janvier 1668 - 29 janvier 1680), mariages (7 janvier 1668 - 25 janvier 1680), et sépultures (2 janvier 1668 - 29 janvier 1680), de la paroisse **Saint-Pierre**.

Vol. in-fol., cont. 11 reg., ensemble de 668 fol., pap.; une table de 8 fol. pour l'année 1668.

GG 176.
1 février 1680.
30 décemb. 1690.

Actes des baptêmes (1er février 1680 - 30 décembre 1690), mariages (19 février 1680 - 28 novembre 1690), et sépultures (13 février 1680 - 27 décembre 1690), de la paroisse **Saint-Pierre**. — Fol. 76 : Abjuration de Pierre Focque, « originaire de la ville de Hamburg, au Pays-Bas. » — Fol. 176 : Prestation de serment de Joseph Ballain, élu par les maîtres bouchers maître des maîtres de ladite communauté, « pour avoir égard et pourvoir que les anciens statuts, loix et ordonnances soient observés en leur étendue, forme et teneur, par lesdits maîtres au fait et exercice de boucherie, à ce que le public soit servi ainsi qu'a été juré et affirmé par serment lors de la réception desdits maîtres bouchers. » (17 mai 1684). — Fol. 236 : Abjuration de huit soldats du régiment d'Alsace. — Fol. 241 : Pose de la grande croix du cimetière. — Fol. 277, 366, 425 : Réception des maîtres bouchers.

Vol. in-fol. cont. 12 reg., ensemble de 442 fol., pap.

GG 177.
2 janvier 1691.
28 décemb. 1700.

Actes des baptêmes (2 janvier 1691 - 23 décembre 1700), mariages (8 janvier 1691 - 23 novembre 1700), et sépultures (4 janvier 1691 - 28 décembre 1700), de la paroisse **Saint-Pierre**. — Fol. 25 : Abjuration de J. Sandeau, « originaire de la ville de Sainte-Foy, en la province de Gen en Genois. » — Fol. 166 : Réception d'un maître boucher.

Vol. in-fol., cont. 10 reg., ensemble de 382 fol., pap.

CULTES. — ASSISTANCE PUBLIQUE.

Actes des baptêmes (2 janvier 1701 - 28 décembre 1712), mariages (11 janvier 1701 - 30 novembre 1712), et sépultures (8 janvier 1701- 1ᵉʳ janvier 1713), de la paroisse **Saint-Pierre**. — Fol. 34 : Procès-verbal de réception et de prestation de serment de René-Aimé Le Monnier, maître des maîtres bouchers. — Fol. 92-337 : Réception de maîtres bouchers.

GG 178.
2 janvier 1701.
1 janvier 1713.

Vol. in-fol., cont. 12 reg., ensemble de 360 fol. pap.

Actes des baptêmes (2 janvier 1713 - 21 février 1735), mariages (17 janvier 1713 - 28 février 1735), et sépultures (2 janvier 1713 - 2 mars 1735), de la paroisse **Saint-Pierre**. — Fol. 30 : Procès-verbal de réception et de prestation de serment de Symphorien Moysant. — Fol. 87 : de Jean Courtillé. — Fol. 204 : de Joseph Brisset, maîtres des maîtres bouchers. — Fol. 271 : Pose de la première pierre du nouveau chœur de l'église paroissiale (23 juillet 1722). — Fol. 408 : Abjuration de Catherine Tafforin, de la paroisse de la Mothe-Sainte-Raye, en Poitou.

GG 179.
2 janvier 1713.
2 mars 1735.

Vol. in-fol., cont. 22 reg., ensemble de 673 fol., pap.

Actes des baptêmes (6 mars 1735 - 1ᵉʳ janvier 1757), mariages (3 mars 1735 - 11 novembre 1756), et sépultures (5 mars 1735 - 23 décembre 1756), de la paroisse **Saint-Pierre**. — Fol. 119 : Réception de maîtres bouchers. — Fol. 507 : Note du curé Robin, sur les droits curiaux de l'église Saint-Pierre dans le cimetière et l'abbaye Saint-Nicolas. — Fol. 511, 513 : « Choses mémorables concernant la paroisse et la cure Saint-Pierre d'Angers. » — Liste des curés. — « En 1751, le 15 mars, il s'est fait un ouragan universel, si épouvantable, qu'on s'est cru à la fin du monde ; il a causé un dégast qui ne sçauroit s'exprimer tant sur terre que sur mer ; ce fut une convulsion universelle de la nature. » — « En 1753, toute la rivière de Loire et toutes les rivières de Maine, Sarthe et Loir ont été prises par les glaces, de sorte qu'on passoit la Loire, depuis Nantes jusqu'à la Pointe, à pied sec. » — Pose de la première pierre de l'Académie d'équitation. — Extraits et copies de chartes du XIIᵉ siècle, imprimées dans le *Breviculum Fundationis B. Nicolai Andegavensis* (Angers, 1635, page 38), et dissertation (autographe, 2 pages in-fol.) du curé Robin, à l'appui des prétentions de la paroisse Saint-Pierre sur l'enclave de l'abbaye Saint-Nicolas. En marge, il ajoute : « J'ay fait imprimer une dissertation sur l'antiquité de l'église Saint-Pierre d'Angers... chez De Goy, imprimeur à Saumur, en 1764, où une partie des preuves cy écrites sont référées. Il y en a un exemplaire dans le pilier de tuffeau, à main droite en entrant dans le jardin de la maison

GG 180.
3 mars 1735.
1 janvier 1757.

d'Empirée, et autant dans le petit mur de la grange que j'ay fait faire, et dans la croix que j'ay fait placer vis à-vis le petit St-Jean, en 1765. » Les mêmes indications se retrouvent au registre suivant, fol. 253. — Fol. 628 : Note sur le tremblement de terre de Lisbonne. « Icy, à Angers, à pareil jour (1ᵉʳ novembre 1755), la rivière de Maine, vis-à-vis le port Ligné, s'enfla de plus de deux pieds dans un instant avec une agitation épouvantable, tandis qu'ailleurs elle étoit calme. *C. Robin, curé.* »

Vol. in-fol., cont. 24 reg., ensemble 650 fol., pap.; cinq tables de 17 fol. pour les années 1735-1749.

GG 181.
3 janvier 1757.
30 décemb. 1777.

Actes des baptêmes (3 janvier 1757 - 30 décembre 1777), mariages (14 février 1757 - 25 novembre 1777), et sépultures (4 janvier 1757 - 30 décembre 1777), de la paroisse Saint-Pierre. — Fol. 62 : « On a remarqué, cette année, que de vie d'homme l'on n'avoit vu un hyver aussy doux et aussy beau que celui-cy, à la réserve d'environ quinze jours de froid au mois de novembre (1758); tout le reste a été un printemps continuel. » — Fol. 74 : « Cet été (1759), il a fait, pendant quinze jours ou environ, une telle chaleur, que de vie d'homme il n'en avoit fait une semblable. » — Fol. 111 : Prédication de l'Avent à Saint-Maurice, par P.-F. Pauvert, vicaire de Saint-Pierre. — Fol. 253 : « Le trois septembre 1765, j'ay posé un exemplaire de mes ouvrages intitulés : *L'Amy des peuples* et *Le Camp de César,* ou dissertation sur l'antiquité de l'église de Saint-Pierre, dans la quatrième assise de pierre de rayrie, sous le premier tuffeau de ce qu'on apappelle le tableau de la porte de la principale entrée, à main droite, de la maison qu'on bâtit actuellement dans la place de Saint-Maurille, vis-à-vis l'église, appartenant à M. le curé de Saint-Maurille. On a trouvé, dans les fondements de cette maison qui ressembloit auparavant à une chapelle ancienne, quantité de tombeaux et d'ossements; on prétend que c'étoit anciennement une maladrerie. On en avoit fait des maisons à loger des particuliers. J'ay aussy placé au même endroit, dans le petit entablement qu'on a fait dans la quatrième assise de pierre de rayrie, sous le premier tuffeau, à un poulce de la feuillure, l'ordonnance pour la régie et administration des officiers municipaux de l'Hôtel-de-Ville, et l'ordonnance de Mᵍʳ l'évêque, avec le tarif concernant les honoraires des curés, vicaires et autres prêtres du diocèse. La postérité y trouvera tout cecy. *C. Robin.* » — Fol. 256 : Note sur les cérémonies religieuses célébrées à Angers pour obtenir la guérison du dauphin. — Lettre du docteur Maty, anglais, au duc de Nivernais, à l'occasion de la mort du dauphin. — « Du 25 janvier 1766, Mᵍʳ l'évêque d'Angers, sur la requeste du corps de ville et de la police.. permet de manger des viandes.. jusqu'au jeudi de la Passion inclusivement.. et ce à cause de l'année qui a été extraordinaire pour la longueur de l'hiver. Les glaces ont commencé à courir dans la rivière dès le mois de novembre; les rivières de Loire et de Mayenne ont été entièrement prises et gelées dès le 1er janvier. On a passé la Loire, de Saint-Florent-le-Viel à Varades, à pied sec et à cheval sur la glace, dès le 3 janvier 1766; le mercredi des Cendres, 12 février, nous sommes encore allés voir glisser avec des patins sur la prée de Saint-Serge; tout ceci a occasionné la rareté des vivres de caresme et occasionné cette ordonnance, qui est le seul et le premier exemple qu'on ait jamais vu en Anjou d'une pareille dispense.» — Fol. 303 : Acte de présentation à la chapelle de la Bernichère. — Fol. 305 : État des procédures pour l'entrée en possession du legs fait à la fabrique par le sieur Galais. — Fol. 306-330 : Dissertation sur l'antiquité de l'église Saint-Pierre d'Angers, par messire Claude Robin, curé dudit Saint-Pierre, et docteur en théologie (Manuscrit annoté par l'auteur d'une brochure imprimée avec suppléments en 1764). — Fol. 331 : Supplique présentée à l'évêque d'Angers, à l'appui de la précédente dissertation (18 septembre 1760). — Fol. 333 : Mémoire concernant l'affaire des douze curés qu'on nomme cardinaux, de la ville d'Angers (2 janvier 1753). — Fol. 336 : Lettre à Mgr l'évêque d'Angers au sujet de ce procès (1753). — Fol. 337 : Mémoire (imprimé) au roi, par les douze curés cardinaux d'Angers, contre ledit évêque. — Fol. 361 : Lettre (olographe) de M. Texier, « fameux avocat au Parlement de Paris, auteur du grand mémoire dans l'affaire des curés cardinaux; quoyque ce mémoire soit signé *Combault,* il est pourtant de M. Texier, sur le fond que j'avois envoyé. » Note de Cl. Robin. — Fol. 363 : Pose de la première pierre du caveau des chanoines de Saint-Pierre (13 août 1763). — Fol. 404 : Extrait de l'aveu de la seigneurie de Chateaubriand et du fief de la Quarte, pour les communs des pâtis d'Empiré (1780). — Fol. 436 : « Depuis la vigile de Noël 1767 jusqu'au lendemain des Roys, 7 janvier 1768, il a fait un froid si cuisant, que de vie d'homme il n'en a fait un pareil, pas même en 1709 qu'arriva le grand hiver; toutes les rivières ont été glacées à pouvoir les passer à pied, et il est arrivé que dans un cellier les doilles d'un tonneau sont parties et le vin est resté comme un pain de sucre en masse, sans qu'il s'en soit perdu une goutte. Les deux hivers précédents avoient été très rudes et plus longs. Les vignes, cette année, ont été toutes gelées; le vin a été extraordinairement cher, sans compter ce qu'il le sera peut-être cette année 1768, si les vignes gèlent encore. » — Fol. 464 : « Le 14 janvier 1768, les glaces, au dégel, emportèrent les ponts de Saumur, qui estoient de bois, à Nantes, à Ancenis, aux Ponts-de-Cé; et comme il y eut alors une grande crue, il en remonta des morceaux par la Maine, jusqu'à Bouchemaine; l'alarme, sur les levées, dans toutes les vallées, et surtout dans la ville de Saumur, fut extrême; heureusement les dernières arches du nouveau pont de pierre étoient achevées. On se hâta de les remplir de terre pour faciliter le passage aux piétons, en attendant qu'on fît les parapets; ce pont est un des beaux ouvrages qu'on voye sur la Loire. » — Fol. 466 : Lettre du pape Clément XIV au roi Louis XVe au sujet de l'expulsion des Jésuites et de la cession du comtat d'Avignon : « Je ne suis point propriétaire, mais administrateur du domaine du Saint-Siége. Je ne puis céder ni vendre le comtat d'Avignon ni le duché de Bénévent; tout ce que je ferois à cet égard seroit nul.. » (mai 1769). — Fol. 477 : Bénédiction de la chapelle d'Empiré. — Fol. 481 : Réception d'un maître boucher. — Fol. 559 : Prise de possession des chapelles de la Bernichère, des Ogiers, de la Bataillère, fondées en l'église Saint-Pierre. — Fol. 597 : « Catalogue des enfants de la paroisse pour la confirmation. » — Fol. 605 : Bénédiction du cimetière d'Empiré. — Fol. 764 : Liste des enfants pour la communion.

Vol. in-fol., cont. 24 reg., ensemble de 766 fol., pap.; une table de 2 fol. pour l'année 1759.

GG 182.
1 janvier 1778.
24 décemb. 1787.

Actes des baptêmes (1er janvier 1778 - 24 décembre 1787), mariages (8 janvier 1778 - 14 novembre 1787), et sépultures (5 janvier 1778 - 23 décembre 1787), de la paroisse **Saint-Pierre**. — Fol. 90 : Arrêt du Parlement, concernant l'emplacement des nouveaux cimetières (4 avril 1780). — Fol. 276 : Pose de la première pierre de la Robinerie, en Empiré. — Fol. 372 : Note sur la propriété des offices municipaux.

Vol. in-fol., cont. 10 reg., ensemble de 380 fol., pap.

GG 183.
24 juin 1781.
20 mars 1791.

Actes des baptêmes (6 janvier 1788 - 20 mars 1791), mariages (24 juin 1781 - 7 mars 1791), et sépultures (3 janvier 1788 - 15 mars 1791) de la paroisse **Saint-Pierre**. — Fol. 47 : Edit du roi, concernant ceux qui ne font pas profession de la religion catholique (novembre 1787). — Fol. 51 : Arrêt du Parlement, portant règlement pour l'administration des biens et revenus des fabriques dans l'étendue du diocèse d'Angers (11 juillet 1786). — Fol. 102 : Faits mémorables. « Le plus grand hyver qui ait existé depuis plusieurs siècles, plus rigoureux que celuy de 1709 qu'on avoit appellé jusques icy le grand hyver, plus dur que ceux mêmes dont on ait parlé dans nos archives, a commencé le 25 novembre 1788, jour de sainte Catherine, et a duré jusqu'au 13 janvier 1789. Il n'a été interrompu que par deux faux dégels fort courts, qui ont fait fondre les neiges qui étoient tombées en abondance, et qui, par le ramollissement, ont rempli d'eau toutes nos maisons. Il a fallu mettre des planches pour servir d'apontements dans la chambre de l'alcôve du presbytère de cette paroisse, sur lesquelles le sieur curé fut obligé de passer pour s'aller coucher, à une heure après minuit, après avoir célébré la grande messe de Noël; le froid, à l'exception de ces deux ramollissements, a été excessif; toutes les rivières ont été prises à pouvoir porter, dans toute leur étendue, hommes, chevaux, bœufs, charettes et voitures chargées, même la Loire, depuis sa source jusqu'à son embouchure. La misère a été extrême; le pain, faute de bois et de farine, est devenu fort cher; toute la ville, tous les corps, toutes les compagnies, l'Assemblée provinciale, de riches particuliers, ont fait des aumônes abondantes, mais qui n'ont pas été versées entre les mains des curés, à qui les pauvres ont continué de s'adresser, de sorte que n'ayant pas fait plus de 300 livres de la queste de cette paroisse, elle a été absorbée, et plus de 300 livres au-delà, dans ce que j'ay été obligé de donner; tous les batteaux ont été pris là où ils se sont trouvés; il a fallu en décharger les marchandises pour les sauver; il en a péri une quantité au dernier dégel; une arche des Ponts-de-Cé a été emportée; ceux d'Amboise l'ont été à l'entier; il est survenu une crue par la fonte des neiges et des glaces vers Orléans, qui, s'étant débordée dans les campagnes des environs, a fait périr, dit-on, plus de 4,000 personnes de tout âge et de tout sexe, a renversé les maisons, a emmené ensemble blés, fourrages, bois, bestiaux, hommes, femmes et enfants. Cette crue n'ayant pas trouvé d'issue aux ponts de Tours, qui étoient encore pris de glaces, a reflué, par-dessus la levée, dans toute la ville; il y a eu d'abord plus de quatre pieds de crue, ensuite sept pieds; cette ville alloit périr; l'allarme fut générale dans une des nuits qui suivirent le 13 janvier : chacun montoit sur les toits et dans les greniers pour se sauver, lorsqu'au milieu de cette fatale nuit les ponts se dégagèrent, les eaux s'écoulèrent, et les glaces supérieures s'étant mises en mouvement, s'accumulèrent comme des montagnes, renversant quatre arches de ce beau pont; plusieurs ont crié que cet hiver étoit le prélude de la fin du monde, que la tradition, au contraire, dit devoir périr par le feu. Nous avions lu, cinq ou six ans devant, une prophétie rapportée dans le journal politique de Genève, d'un certain Regis Montanus, trouvée dans son tombeau, dans la ville de....., en Hongrie, dont voici la teneur :

Post millesimos a partu Virginis annos
Et septingintos rursus ab inde datus,

Octuagesimus octavus miserabilis annus
Ingruet, et secum tristia fata feret.
Si non hoc anno totus malus occidet orbis,
Si non in nihilum terra polusque ruet,
Cuncta tamen mundi sursum ibunt atque deorsum
Imperia, et luctus undique grandis erit. »

— Election des députés du Tiers-État, et des officiers municipaux.
— Fol. 137 : Récit des événements d'Angers à la nouvelle de la prise de la Bastille.

Vol. in-fol., cont. 5 reg., ensemble de 206 fol., pap., et deux imprimés de 48 pages.

GG 184.
15 octobre 1572.
5 mai 1600.

Actes des baptêmes (15 octobre 1572 - 5 mai 1600), de la paroisse **Saint-Samson**.

Reg. in-fol., oblong, de 165 fol., pap., en mauvais état ; le dernier cahier détaché.

GG 185.
11 octobre 1600.
octobre 1616.

Actes des baptêmes (11 octobre 1600 - octobre 1616), de la paroisse **Saint-Samson**.

Reg. in-fol., oblong, de 142 fol. pap.

GG 186.
19 juillet 1610.
6 juillet 1660.

Actes des mariages (19 juillet 1610 - 6 juillet 1660), de la paroisse **Saint-Samson**.

Reg. in-fol., oblong, de 89 fol., pap., tout en lambeaux pourris.

GG 187.
20 février 1644.
8 mai 1667.

Actes des baptêmes (20 février 1644 - 8 mai 1667), de la paroisse **Saint-Samson**. — Fol. 1 : « Le registre précédant, depuis 1636, a esté perdu pendant le siége d'Angers, comme je l'ai appris par plusieurs personnes. — *Hubert, curé.* »

Reg. in-fol., oblong, de 184 fol., pap.

GG 188.
19 décemb. 1600.
31 décemb. 1667.

Actes des sépultures (19 décembre 1600 - 31 décembre 1667), de la paroisse **Saint-Samson**.

Reg. in-fol., oblong, de 147 fol., pap. ; la reliure brisée ; les fol. pour la plupart détachés.

GG 189.
10 mai 1667.
23 avril 1668.

Actes des baptêmes (10 mai 1667 - 3 avril 1668), mariages (9 janvier - 6 février 1668), et sépultures (26 janvier - 23 avril 1668), de la paroisse **Saint-Samson**.

Reg. in-fol., oblong, de 158 fol., pap., dont 152 blancs ; en tête cinq pièces pap. détachées.

CULTES. — ASSISTANCE PUBLIQUE. 279

Actes des baptêmes (11 mai 1668 - 26 juin 1672), mariages (2 avril 1668 - 20 juin 1672), et sépultures (24 mai 1668 - 25 juin 1672), de la paroisse **Saint-Samson**.

GG 190.
2 avril 1668.
26 juin 1672.

Reg. petit in-4°, de 93 fol., pap.

Actes des baptêmes (20 juillet 1672 - 28 décembre 1695), mariages (5 juillet 1672 - 22 novembre 1695), et sépultures (3 septembre 1672 - 23 décembre 1695), de la paroisse **Saint-Samson**. — En tête : Procès-verbal du compulsoire de l'épitaphe du curé, René Collas, gravée « en grandes lettres gothiques... sur une grande placque de cuivre en deux feilles, enchâssée d'un cadre de bois, en suitte l'une de l'autre, attachée avecq des pattes de fer à un pilier et coing de l'hostel de Nostre-Dame de lad. esglize. » (1680).

GG 191.
5 juillet 1672.
28 décemb. 1695.

Vol. in-fol., cont. 23 reg. ou cah., de 321 fol., pap. ; une pièce pap. détachée.

Actes des baptêmes (11 janvier 1696 - 20 décembre 1711), mariages (17 janvier 1696 - 20 octobre 1711), et sépultures (2 janvier 1696 - 20 décembre 1711), de la paroisse **Saint-Samson**. — Fol. 124, 160, 204, 242, 292 : Nominations de procureurs de fabrique en assemblée de paroisse. — Fol. 139 : Bénédiction de la cloche (20 janvier 1702). — Fol. 298 : « Dans la présente année 1711, ont été construites les deux ailes de cette église et la chapelle de la Vierge, la voûte et les deux grands vitraux du chœur, avec les arcades des deux ailes, charpente et couverture d'ardoise, par Louis Commeau, architecte, qui a entrepris lesdits ouvrages, le tout aux frais de M⁰ Gilles Hubert, prêtre, curé de cette paroisse, revenant, lesdits ouvrages, à la somme de 2,000 livres, sans compter les charois des matériaux et journées qui ont été faites par les paroissiens. En mémoire de quoy ledit sieur Hubert, curé, demande part en vos prières. — *Phelipeau, vicaire et témoin.* »

GG 192.
2 janvier 1696.
20 décemb. 1711.

Vol. in-fol., cont. 16 reg., de 309 fol., pap.

Actes des baptêmes (19 février 1712 - 14 janvier 1731), mariages (26 janvier 1712 - 16 janvier 1731), et sépultures (7 janvier 1712 - 19 janvier 1731), de la paroisse **Saint-Samson**. — Fol. 13 : « En la présente année 1712, la charpente du chœur de cette église, avec la couverture, ont été faites par les nommés Ortion, maître charpentier, et Bourigaux, couvreur d'ardoise, demeurant en cette ville, revenants, lesdits ouvrages, à la somme de 400 livres, dont il en a été paié 300 livres par M. de Vassé, abbé de Saint-Serge, et le reste par M. Gilles Hubert, curé de cette paroisse. De quoy nous avons été témoins et avons signé ; pour cet effet, lesdits sieurs demandent part

GG 193.
7 janvier 1712.
19 janvier 1731.

en vos prières. *Phelipeau, vicaire.* » — Fol. 31, 91, 154 : Nominations de procureurs de fabrique. — Fol. 178 : Abjuration de Pierre Fouché.

Vol. in-fol., cont. 19 reg. ou cah., de 268 fol., pap.

GG 194.
21 janvier 1731.
12 décemb. 1748.

Actes des baptêmes (21 janvier 1731 - 19 novembre 1748), mariages (26 juin 1731 - 25 novembre 1748), et sépultures (21 janvier 1731 - 12 décembre 1748), de la paroisse **Saint-Samson**. — Fol. 2, 134 : Nominations de procureurs de fabrique.

Vol. in-fol., cont. 23 reg. ou cah., de 281 fol.

GG 195.
4 janvier 1749.
30 décemb. 1772.

Actes des baptêmes (4 janvier 1749 - 30 décembre 1772), mariages (7 janvier 1749 - 1er décembre 1772), et sépultures (11 janvier 1749 - 10 décembre 1772), de la paroisse **Saint-Samson**. — Fol. 34, 245, 313, 373 : Nominations de procureurs de fabrique. — Fol. 338 : Procès-verbal (en latin) de la translation en l'église paroissiale d'une parcelle des reliques de saint Samson, conservées à Saint-Magloire du faubourg Saint-Jacques de Paris (1766 - 6 juillet).

Vol. in-fol., cont. 26 reg. ou cah., de 442 fol., pap.; deux pièces pap. intercalées aux fol. 383, 415.

GG 196.
1 janvier 1773.
6 janvier 1793.

Actes des baptêmes (2 janvier 1773 - 6 janvier 1793), mariages (12 janvier 1773 - 10 décembre 1792), et sépultures (1er janvier 1773 - 6 janvier 1793), de la paroisse **Saint-Samson**. — Fol. 33, 48 : Nomination d'un procureur de fabrique. — Fol. 357 : Procès-verbal de l'inventaire des registres de la paroisse Saint-Samson, dressé en exécution de la loi du 20 septembre 1792, par J.-Denis Evain, officier municipal.

Vol. in-fol., cont. 22 cah. ou reg., de 395 fol., pap.; aux fol. 8, 168, 172, 175, 200, 308, 313, 317, 329, 330, 337, 344, 349, 357, quatorze pièces papier intercalées.

GG 197.
24 septemb. 1498.
16 février 1585.

Actes des baptêmes (24 septembre 1498 - 16 février 1585), et des sépultures (21 mars 1540 - 16 juin 1560), de la paroisse **Sainte-Croix**. — En tête, une note du feudiste Audouys, attestant les diverses fortunes de ce volume donné par lui à la municipalité. — Fol. 203 : Entrée de l'évêque d'Angers, Gabriel Bouvery. — Fol. 203 : Procession pour la réparation d'un sacrilége commis en l'église Saint-Jean-des-Mauvrais. — Mort de Pierre Poyet, maire. — Fol. 244 : « Le IIIe jour de septembre l'an mil ve soixante et huict, fut baptizé ung enfant né trois jours d'auparavant, filz d'un huguenot et sa femme huguenotte, demeurans de naguères au derrière du logis du sieur René

Laurens, sieur de Ponfou; auquel Laurens, nous, curé soubzsigné, je feis ma plaincte que l'enfant n'estoyt aporté à l'église pour baptizer; lequel Laurens me promint en faire la remontrance à sondict hoste; et tout après la femme dudit Laurens me dict la response desdicts hoste et hostesse, que l'enfant estoyt jà porté aux champs à nourir, et que le curé ne s'en devoyt soulcier, qu'ilz n'estoyent pas de nostre religion; et toutes foiz, cedict jour l'enfant fut aresté entre les braichs d'une femme qui l'emportoyt à la desrobée, et fut raporté en la paroisse par les gardes du portal Toussainctz; et furent parrains deux nobles enfans, Jehan et Pierre Royrans d'Aubigny, et fut nommé Jehan, marraine, une jeune fille de Tessé, de Faye, fille de Pierre de Faye. Le père de l'enfant s'appelle.... (1). »

Reg. in-fol., de 249 fol., pap., en mauvais état; les premiers fol. en lambeaux; les fol. 2-4, 6-8, 10, 19, 21, 126, 196-198 manquent.

Actes des baptêmes (8 octobre 1570 - 25 octobre 1601), et sépultures (29 septembre 1570 - 5 février 1601), de la paroisse **Sainte-Croix.** — Fol. 1 :

GG 198.
29 septemb. 1570.
25 octobre 1601.

> Sainct Lezin, évesque jadis
> D'Angers et par la croix garis
> Douze pauvres, et si fondas
> Ceste église et la dédias,
> Faiz nous estre, par tes mérites,
> De tous péchez absoubz et quictes.

« Ces six vers cy-dessus furent jadis escriptz en verre de vitral de grant autel; et parce que nous, curé soubzsigné, voyant le vitral soubz l'imayge de S. Lezin jà commencée à casser par gens jeunes et débauchez de la rue Saint-Aulbin, lesquelz, par leur jeu de l'estoph, faisoyent cette fraction audit vitrail, à ceste fin d'entretenir l'antiquité et le faire réparer, ay prins pour coppie lesdits vers, le IXe jour d'oust l'an mil ve soixante et douze. *Grenyer.* » — Nominations de chapelains et de curés. — Liste des reliques conservées en l'église Sainte-Croix. — Fol. 24 : Note sur l'inondation de 1576. — Fol. 31 : Pillages commis par les soldats de Bussy-d'Amboise. — Fol. 49 : Sa mort. — Fol. 64-66 : Récit de l'assassinat de demoiselle Jehanne Jouanneaux et de sa chambrière, par Lancelot Johanne, d'Alençon. — Arrestation et supplice du coupable. — Fol. 71 : Mise en pratique du calendrier Grégorien. — Fol. 80 : Réduction du Conseil de ville. — Fol. 201 : Liste des services célébrés en l'église Sainte-Croix depuis la Toussaint 1622, sans fondations particulières. — Fol. 250-281:

(1) Le nom est resté en blanc.

Mémoires particuliers du curé de Sainte-Croix, M. Jousselin (24 octobre 1621 - 7 novembre 1652).

Reg. in-fol., de 281 fol., pap., dont 48 blancs.

GG 199.
26 mars 1601.
20 juin 1644.

Actes des baptêmes (26 mars 1601 - 20 juin 1644), de la paroisse Sainte-Croix.

Reg. in-fol., de 266 fol., pap.

GG 200.
26 juin 1644.
28 février 1657.

Actes des baptêmes (26 juin 1644 - 28 février 1657), de la paroisse Sainte-Croix. — Fol. 26 : Violences et exactions des garnisaires mis en ville par le maréchal de Brézé. — Fol. 28 : Procession du chapitre Saint-Martin en l'église Sainte-Croix.

Reg. in-4°, de 80 fol., pap.

GG 201.
10 mai 1601.
12 janvier 1665.

Actes des mariages (10 mai 1601 - 12 janvier 1665), de la paroisse Sainte-Croix. — Fol. 62 : Neuvaine pour l'heureuse délivrance de la reine. — Fol. 67 : Arrêt du Parlement, « concernant les mariages de ceux qui se prétendent en viduité. » (1640). — Fol. 85 : Sentence de l'officialité d'Angers contre Michel Petor, prêtre habitué en la paroisse d'Alonnes-sous-Montsoreau, « coustumier à faire des mariages clandestins. » (1647). — Fol 91 : Déclaration royale « portant règlement de l'ordre à observer en la célébration des mariages, et contre ceux qui commettent le crime de rapt. » (1639).

Reg. in-fol., pap., de 141 fol.

GG 202.
19 mars 1601.
1 août 1667.

Actes des sépultures (19 mars 1601 - 1er août 1667), de la paroisse Sainte-Croix. — Fol. 36 : « Mémoire de ceux qui de ceste paroisse sont décédez pendant la maladie contagieuse qui a commencé au commencement de juillet 1626. » — Fol. 50 : Neuvaine en l'honneur de Saint-Sébastien, pour l'appaisement de la peste. — Fol. 69 : Obsèques de l'évêque d'Angers, Cl. de Rueil. — Fol. 90 : Accidents survenus a Angers le premier mai 1662.

Reg. in-fol., de 139 fol., pap., dont 38 blancs.

GG 203.
4 janvier.
27 décemb. 1668.

Actes des baptêmes (4 janvier - 27 décembre 1668), mariages 4 janvier - 27 novembre 1668), et sépultures (4 janvier - 19 décembre 1668), de la paroisse Sainte-Croix.

Reg. in-fol., de 83 fol., pap., dont 60 blancs.

GG 204.
8 janvier 1669.
10 septemb. 1672.

Actes des baptêmes (18 janvier 1669 - 10 septembre 1672), mariages (8 janvier 1669 - 10 juillet 1672), et sépultures (21 janvier 1669 - 17 août 1672), de la paroisse Sainte-Croix.

Reg. petit in-4°, de 94 fol., pap.

CULTES. — ASSISTANCE PUBLIQUE.

Actes des baptêmes (30 septembre 1672 - 30 mai 1690), mariages (12 février 1665 - 29 mai 1690), et sépultures (11 septembre 1672 - 30 mai 1690), de la paroisse **Sainte-Croix**. — Fol. 60-65 : Délibérations des habitants de la paroisse Sainte-Croix (1682).

GG 205.
12 février 1665.
30 mai 1690.

Vol. in-fol., cont. 5 reg. ou cah., de 79 fol., pap.

Actes des baptêmes (8 mars 1657 - 24 décembre 1692), mariages (23 janvier 1674 - 30 juin 1692), et sépultures (1er janvier 1674 - 31 décembre 1692), de la paroisse **Sainte-Croix**. — Fol. 18 : Te Deum et feux de joie pour la naissance du dauphin (1661).

GG 206.
8 mars 1657.
31 décemb. 1692.

Vol. in-fol., cont. 3 reg., de 102 fol., pap.

Actes des baptêmes (30 mai 1679 - 26 novembre 1698), mariages (13 juin 1679 - 12 juin 1698), et sépultures (27 mai 1679 - 31 décembre 1698), de la paroisse **Sainte-Croix**.

GG 207.
27 mai 1679.
31 décemb. 1698.

Vol. in-fol., cont. 22 reg. ou cah., de 378 fol., pap.

Actes des baptêmes (6 février 1699 - 14 décembre 1710), mariages (11 février 1699 - 30 décembre 1710), et sépultures (9 janvier 1699 - 13 décembre 1710), de la paroisse **Sainte-Croix**.

GG 208.
9 janvier 1699.
30 décemb. 1710.

Vol. in-4º, cont. 12 reg. ou cah., de 189 fol., pap.

Actes des baptêmes (8 janvier 1711 - 31 décembre 1737), mariages 7 avril 1711 - 14 octobre 1737), et sépultures (7 janvier 1711 - 17 décembre 1737), de la paroisse **Sainte-Croix**.

GG 209.
7 janvier 1711.
31 décemb. 1737.

Vol. in-fol., cont. 22 reg. ou cah., de 333 fol., pap.

Actes des baptêmes (20 février 1738 - 28 décembre 1767), mariages (27 janvier 1738 - 10 novembre 1767), et sépultures (20 avril 1738 - 14 décembre 1767), de la paroisse **Sainte-Croix**.

GG 210.
27 janvier 1738.
28 décemb. 1767.

Vol. in-4º, cont. 34 reg. ou cah., ensemble de 451 fol., pap.; quatre pièces pap. intercalées aux fol. 22 et 232.

Actes des baptêmes (28 janvier 1768 - 15 mars 1791), mariages (11 janvier 1768 - 8 mars 1791), et sépultures (21 janvier 1768 - 10 mars 1791), de la paroisse **Sainte-Croix**.

GG 211.
11 janvier 1768.
15 mars 1791.

Vol. in-fol., cont. 28 cah. ou reg., de 337 fol.; dix pièces pap. intercalées aux fol. 9, 57, 139, 156, 190, 281.

Actes des baptêmes (18 janvier 1566 - 16 juin 1583), de la paroisse de la **Trinité**.

GG 212.
18 janvier 1566.
16 juin 1583.

Reg. in-fol., de 356 fol., pap., en lambeaux.

GG 213.
12 août 1583.
21 juin 1598.

Actes des baptêmes (12 août 1583 - 21 juin 1598), de la paroisse de la **Trinité**.

Reg. in-fol., de 421 fol., pap., en mauvais état ; les premiers et les derniers fol. en lambeaux.

GG 214.
12 septemb. 1598.
31 décemb. 1614.

Actes des baptêmes (12 septembre 1598 - 31 décembre 1614), de la paroisse de la **Trinité**. — Fol. 272 : Abjuration de Gamaliel Guerineau, anglais (30 octobre 1605).

Reg. in-fol., de 576 fol., pap., en mauvais état ; les premiers fol. en lambeaux.

GG 215.
3 janvier 1615.
21 mai 1628.

Actes des baptêmes (3 janvier 1615 - 21 mai 1628), de la paroisse de la **Trinité**. — Fol. 32 : « Nota, qu'en ceste année (1616) les guerres estoient grandes et que plusieurs compaignées ravageoint le plat pays, et le peuple avoit retiré en ville ce qu'il pouvoyt pour le saulver des gens de guerre et des souldatz. » — Fol. 229 : Abjuration de Catherine Girault et de Anne, Marie et Suzanne Eveillard (8 mars 1622).

Reg. in-fol., de 455 fol., en mauvais état ; les premiers et les derniers en lambeaux.

GG 216.
7 février 1601.
29 novemb. 1631.

Actes des mariages (7 janvier 1601 - 29 novembre 1631), de la paroisse de la **Trinité**.

Vol. in-fol., cont. 2 reg., de 398 fol., pap.

GG 217.
31 mai 1628.
19 juin 1636.

Actes des baptêmes (31 mai 1628 - 19 juin 1636), de la paroisse de la **Trinité**.

Reg. in-fol., de 422 fol., pap.; les fol. 110 et 398 manquent.

GG 218.
20 juin 1636.
31 décemb. 1646.

Actes des baptêmes (20 juin 1636 - 31 décembre 1646), de la paroisse de la **Trinité**. — Fol. 321 : Abjuration d'Abraham Reflanche (1644).

Reg. in-fol., de 435 fol. pap.; le fol. 194 manque.

GG 219.
27 novemb. 1631.
9 octobre 1650.

Actes des mariages (27 novembre 1631 - 9 octobre 1650), de la paroisse de la **Trinité**. — Fol. 146 : Noms et surnoms des correcteur, chanoines curés et vicaires perpétuels de la Trinité (1639).

Vol. in-fol., cont. 2 reg. de 423 fol., pap.

GG 220.
2 janvier 1647.
24 avril 1656.

Actes des baptêmes (2 janvier 1647 - 24 avril 1656), de la paroisse de la **Trinité**. — Fol. 20 : Noms et surnoms des correcteur, chanoines curés et vicaires perpétuels de la Trinité. — Fol. 117 : « En ce jour, 28 décembre 1649, il tomba grande quantité d'eau sur le

Ronceray, sur le logis abbatial, sur le pont et sur la grange, en couleur de sang, présage de ce qu'il arriva dans le mois de janvier suivant. » — « C'est en 1650, le 27 novembre, »dit une note rectificative. — Fol. 191 : « En ce jour, la ville a esté réduite en l'obéissance du roy, qui est le 29e de feuvrier, an du bissexte. — Le deuxiesme de mars, les Ponts-de-Cée ont esté pris de force par M. Daudincour, pour le roy, sur les cinq heures du soir, après avoir esté attaqué sur les deux heures après midi, et pris par le régiment de Navaille. » — Fol. 192 : « Aujourd'huy, 8 mars, le reste des soldats a sorti de ceste ville, après en avoir ravagé tout ce qu'ils ont trouvé en la campagne, mesme pillé les églises et viollé les femmes et filles, quoyque vieilles et jeunes. » — Fol. 389 : Actes de sépultures (4 novembre 1653 - 2 janvier 1654).

Reg. in-fol., de 389 fol., pap.

Actes des mariages (20 octobre 1650 - 26 novembre 1667), de la paroisse de la **Trinité**. — Fol. 219 : « Les sept curez ont cessez et ont été remis en un seul avec trois vicaires, le 7 feuvrier 1701, sous Mgr Le Pelletier, évêque d'Angers, à qui a succédé Mgr l'évêque Poncet. » — Fol. 272 : Noms et surnoms des chanoines curés et des vicaires perpétuels de la Trinité (1661).

GG 221.
20 octobre 1650.
26 novemb. 1667.

Vol. in-fol., cont. 3 reg., de 412 fol., pap., en mauv. état.

Actes des sépultures (17 février 1601 - 7 décembre 1667), de la paroisse de la **Trinité**. — Au fol. 62 : Un acte de mariage (1622). — Fol. 123 : Legs faits à la fabrique par Suzanne Hameau de la Cointrie, veuve Du Boys.

GG 222.
17 février 1601.
7 décemb. 1667.

Vol. in-fol., cont. 2 reg., de 379 fol., pap.

Actes des baptêmes (25 avril 1656 - 6 janvier 1668), de la paroisse de la **Trinité**. — Fol. 1-364 : Noms des correcteur, chanoines curés et vicaires perpétuels.

GG 223.
25 avril 1656.
6 janvier 1668.

Vol. in-fol., cont. 2 reg., de 530 fol., pap.

Actes des baptêmes (8 janvier 1668 - 8 janvier 1674), mariages (7 janvier 1668 - 28 novembre 1673), et sépultures (9 janvier 1668 - 30 décembre 1673), de la paroisse de la **Trinité**.—Fol. 122-240 : Noms des chanoines curés et des vicaires perpétuels.

GG 224.
7 janvier 1668.
8 janvier 1674.

Vol. in-fol., cont. 6 reg., de 735 fol., pap.

Actes des baptêmes (1er janvier 1674-31 décembre 1679), mariages (7 janvier 1674 - 3 décembre 1679), et sépultures (1er janvier 1674 - 16 février 1680), de la paroisse de la **Trinité**.

GG 225.
1 janvier 1674.
16 février 1680.

Vol. in-fol., cont. 5 reg., de 508 fol., pap.

GG 226.
1 janvier 1680.
1 janvier 1685.

Actes des baptêmes (1er janvier 1680 - 31 décembre 1684), mariages (16 janvier 1680 - 28 décembre 1684), et sépultures (1er janvier 1680 - 1er janvier 1685), de la paroisse de la **Trinité**.

Vol. in-fol., cont. 5 reg., de 578 fol., pap.

GG 227.
2 janvier 1685.
31 décemb. 1689.

Actes des baptêmes (3 janvier 1685 - 31 décembre 1689), mariages (8 janvier 1685 - 26 novembre 1689), et sépultures (2 janvier 1685 - 31 décembre 1689), de la paroisse de la **Trinité**.

Vol. in-fol., cont. 5 reg., de 383 fol., pap.

GG 228.
1 janvier 1690.
7 janvier 1695.

Actes des baptêmes (1er janvier 1690 - 7 janvier 1695), mariages (7 janvier 1690 - 25 novembre 1694), et sépultures (7 janvier 1690 - 6 janvier 1695), de la paroisse de la **Trinité**. — Fol. 156 : Noms des chanoines curés et des vicaires perpétuels.

Vol. in-fol., cont. 5 reg., de 336 fol., pap.

GG 229.
9 janvier 1695.
5 janvier 1700.

Actes des baptêmes (11 janvier 1695 - 4 janvier 1700), mariages (10 janvier 1695 - 5 janvier 1700), et sépultures (9 janvier 1695 - 4 janvier 1700), de la paroisse de la **Trinité**.

Vol. in-fol., cont. 5 reg. de 378 fol., pap.; au fol. 202, une pièce pap. intercalée.

GG 230.
5 janvier 1700.
30 décemb. 1702.

Actes des baptêmes (5 janvier 1700 - 30 décembre 1702), mariages (6 janvier 1700 - 11 décembre 1702), et sépultures (5 janvier 1700 - 26 décembre 1702), de la paroisse de la **Trinité**.

Vol. in-fol., cont. 3 reg. de 238 fol., pap.; une table, en tête, de 4 fol., pap.

GG 231.
1 janvier 1703.
31 décemb. 1706.

Actes des baptêmes (1er janvier 1703 - 31 décembre 1706), mariages (8 janvier 1703 - 28 décembre 1706), et sépultures (4 janvier 1703 - 29 décembre 1706), de la paroisse de la **Trinité**.

Vol. in-fol., cont. 4 reg., de 319 fol., pap.; au fol. 245, une pièce pap. intercalée.

GG 232.
1 janvier 1707.
31 décemb. 1712.

Actes des baptêmes (1er janvier 1707 - 30 décembre 1712), mariages (3 janvier 1707 - 22 novembre 1712), et sépultures (1er janvier 1707 - 31 décembre 1712), de la paroisse de la **Trinité**.

Vol. in-fol., cont. 6 reg., de 472 fol., pap.

GG 233.
1 janvier 1713.
31 décemb. 1714.

Actes des baptêmes (1er janvier 1713 - 31 décembre 1714), mariages (10 janvier 1713 - 27 novembre 1714), et sépultures (1er janvier 1713 - 30 décembre 1714), de la paroisse de la **Trinité**.

Vol. in-fol., cont. 2 reg., de 105 fol., pap.

CULTES. — ASSISTANCE PUBLIQUE.

Actes des baptêmes (3 janvier 1714 - 2 janvier 1720), mariages (7 janvier 1714 - 21 novembre 1719), et sépultures (2 janvier 1714 - 2 janvier 1720), de la paroisse de la **Trinité**.   GG 234.
2 janvier 1714.
2 janvier 1720.

Vol in-fol., cont. 5 reg., de 372 fol., pap.

Actes des baptêmes (3 janvier 1720 - 29 décembre 1723), mariages (8 janvier 1720 - 25 novembre 1723), et sépultures (5 janvier 1720 - 29 décembre 1723), de la paroisse de la **Trinité**.   GG 235.
3 janvier 1720.
29 décemb. 1723.

Vol. in-fol., cont. 4 reg., de 307 fol., pap.

Actes des baptêmes (30 décembre 1723 - 29 décembre 1724), mariages (11 janvier - 18 décembre 1724), et sépultures (11 janvier - 28 décembre 1724), de la paroisse de la **Trinité**.   GG 236.
30 décemb. 1723.
29 décemb. 1724.

Reg. in-fol., de 92 fol., pap.

Actes des baptêmes (29 décembre 1724 - 6 janvier 1726), mariages (9 janvier - 11 décembre 1725), et sépultures (31 décembre 1724 - 6 janvier 1726), de la paroisse de la **Trinité**.   GG 237.
29 décemb. 1724.
6 janvier 1726.

Reg. in-fol., pap., de 8 fol.

Actes des baptêmes (8 janvier 1726 - 5 janvier 1727), mariages (8 janvier 1726 - 7 janvier 1727), et sépultures (7 janvier 1726 - 4 janvier 1727), de la paroisse de la **Trinité**.   GG 238.
7 janvier 1726.
7 janvier 1727.

Reg. in-fol., pap., de 80 fol.

Actes des baptêmes (4 janvier 1727 - 7 janvier 1728), mariages (7 janvier - 22 décembre 1727), et sépultures (2 janvier 1727 - 5 janvier 1728), de la paroisse de la **Trinité**.   GG 239.
2 janvier 1727.
7 janvier 1728.

Reg. in-fol., de 76 fol., pap.

Actes des baptêmes (9 janvier - 31 décembre 1728), mariages (12 janvier - 27 décembre 1728), et sépultures (9 janvier - 31 décembre 1728), de la paroisse de la **Trinité**.   GG 240.
9 janvier.
31 décemb. 1728.

Reg. in-fol., de 84 fol., pap.

Actes des baptêmes (3 janvier - 24 décembre 1729), mariages (11 janvier - 6 décembre 1729), et sépultures (1er janvier - 31 décembre 1729), de la paroisse de la **Trinité**.   GG 241.
1 janvier.
31 décemb. 1729.

Reg. in-fol., de 92 fol., pap.

Actes des baptêmes (1er janvier 1730 - 2 janvier 1731), mariages (11 janvier 1730 - 2 janvier 1731), et sépultures (9 janvier 1730 - 2 janvier 1731), de la paroisse de la **Trinité**.   GG 242.
1 janvier 1730.
2 janvier 1731.

Reg. in-fol., de 75 fol., pap.

GG 243.
3 janvier 1731.
22 janvier 1732.

Actes des baptêmes (3 janvier 1731 - 22 janvier 1732), mariages (8 janvier 1731 - 22 janvier 1732), et sépultures (5 janvier 1731 - 18 janvier 1732), de la paroisse de la **Trinité**.

Reg. in-fol., pap., de 90 fol.

GG 244.
23 janvier 1732.
14 mars 1733.

Actes des baptêmes (23 janvier 1732 - 14 mars 1733), mariages (5 février-10 décembre 1732), et sépultures (25 janvier 1732-1er janvier 1733), de la paroisse de la **Trinité**.

Reg. in-fol., pap., de 87 fol.

GG 245.
2 janvier 1733.
5 janvier 1734.

Actes des baptêmes (2 janvier 1733 - 4 janvier 1734), mariages (7 janvier 1733 - 10 décembre 1733), et sépultures (3 janvier 1733 - 5 janvier 1734), de la paroisse de la **Trinité**.

Reg. in-fol., pap., de 78 fol.

GG 246.
6 janvier 1734.
6 janvier 1735.

Actes des baptêmes (6 janvier 1734 - 6 janvier 1735), mariages (11 janvier - 27 décembre 1734), et sépultures (10 janvier 1734 - 6 janvier 1735), de la paroisse de la **Trinité**.

Reg. in-fol., de 77 fol., pap.

GG 247.
7 janvier.
31 décemb. 1735.

Actes des baptêmes (7 janvier - 31 décembre 1735), mariages (8 janvier - 13 décembre 1735), et sépultures (8 janvier - 25 décembre 1735), de la paroisse de la **Trinité**.

Reg. in-fol., de 71 fol., pap.

GG 248.
3 janvier.
31 décemb. 1736.

Actes des baptêmes (3 janvier - 31 décembre 1736), mariages (9 janvier - 31 décembre 1736), et sépultures (3 janvier - 31 décembre 1736), de la paroisse de la **Trinité**.

Reg. in-fol., de 69 fol., pap.

GG 249.
1 janvier.
31 décemb. 1737.

Actes des baptêmes (1er janvier - 31 décembre 1737), mariages (14 janvier - 31 décembre 1737), et sépultures (6 janvier - 30 décembre 1737), de la paroisse de la **Trinité**.

Reg. in-fol., pap., de 72 fol.

GG 250.
1 janvier.
31 décemb. 1738.

Actes des baptêmes (2 janvier - 25 décembre 1738), mariages (7 janvier - 30 décembre 1738), et sépultures (1er janvier - 31 décembre 1738), de la paroisse de la **Trinité**.

Reg. in-fol., de 62 fol., pap.

GG 251.
2 janvier 1739.
1 janvier 1740.

Actes des baptêmes (2 janvier 1739 - 1er janvier 1740), mariages (5 janvier - 26 décembre 1739), et sépultures (3 janvier 1739 - 1er janvier 1740), de la paroisse de la **Trinité**.

Reg. in-fol., de 59 fol., pap.

CULTES. — ASSISTANCE PUBLIQUE.

Actes des baptêmes (3 janvier - 15 décembre 1740), mariages (13 janvier - 13 décembre 1740), et sépultures (4 janvier - 14 décembre 1740), de la paroisse de la **Trinité**.

Reg. in-fol., de 78 fol., pap.

GG 252.
3 janvier.
15 décemb. 1740.

Actes des baptêmes (4 janvier 1741 - 4 janvier 1742), mariages (2 janvier - 12 décembre 1741), et sépultures (10 janvier 1741 - 3 janvier 1742), de la paroisse de la **Trinité**.

Reg. in-fol., de 66 fol., pap.

GG 253.
2 janvier 1741.
4 janvier 1742.

Actes des baptêmes (6 janvier 1742 - 11 janvier 1743), mariages (8 janvier 1742 - 8 janvier 1743), et sépultures (8 janvier 1742 - 11 janvier 1743), de la paroisse de la **Trinité**.

Reg. in-fol., pap., de 61 fol.

GG 254.
6 janvier 1742.
11 janvier 1743.

Actes des baptêmes (14 janvier 1743 - 27 janvier 1744), mariages (14 janvier 1743 - 27 janvier 1744), et sépultures (15 janvier 1743 - 25 janvier 1744), de la paroisse de la **Trinité**.

Reg. in-fol., de 75 fol., pap.

GG 255.
14 janvier 1743.
27 janvier 1744.

Actes des baptêmes (29 janvier 1744 - 19 janvier 1745), mariages (28 janvier 1744 - 19 janvier 1745), et sépultures (29 janvier 1744 - 20 janvier 1745), de la paroisse de la **Trinité**.

Reg. in-fol., de 53 fol., pap.

GG 256.
28 janvier 1744.
20 janvier 1745.

Actes des baptêmes (22 janvier 1745 - 24 janvier 1746), mariages (25 janvier 1745 - 18 janvier 1746), et sépultures (24 janvier 1745 - 21 janvier 1746), de la paroisse de la **Trinité**.

Reg. in-fol., de 56 fol., pap.

GG 257.
22 janvier 1745.
24 janvier 1746.

Actes des baptêmes (25 janvier 1746 - 16 janvier 1747), mariages (25 janvier 1746 - 17 janvier 1747), et sépultures (26 janvier 1746 - 17 janvier 1747), de la paroisse de la **Trinité**.

Reg. in-fol., de 53 fol., pap.

GG 258.
25 janvier 1746.
17 janvier 1747.

Actes des baptêmes (21 janvier 1747 - 23 janvier 1748), et mariages (24 janvier 1747 - 24 janvier 1748), de la paroisse de la **Trinité**.

Reg. in-fol., de 40 fol., pap.

GG 259.
21 janvier 1747.
24 janvier 1748.

Actes des sépultures (22 janvier 1747 - 23 janvier 1748), de la paroisse de la **Trinité**.

Reg. in-fol., pap., de 10 fol.

GG 260.
22 janvier 1747.
23 janvier 1748.

GG 261.
25 janvier 1748.
11 janvier 1749.

Actes des baptêmes (25 janvier 1748 - 11 janvier 1749), et mariages (29 janvier 1748 - 7 janvier 1749), de la paroisse de la **Trinité**.

Reg. in-fol., de 37 fol., pap.

GG 262.
25 janvier 1748.
8 janvier 1749.

Actes des sépultures (25 janvier 1748 - 8 janvier 1749), de la paroisse de la **Trinité**.

Reg. in-fol., de 12 fol., pap.

GG 263.
13 janvier 1749.
17 janvier 1750.

Actes des baptêmes (13 janvier 1749 - 17 janvier 1750), et mariages (16 janvier 1749 - 15 janvier 1750), de la paroisse de la **Trinité**.

Reg. in-fol., de 50 fol., pap.

GG 264.
14 janvier 1749.
19 janvier 1750.

Actes des sépultures (14 janvier 1749 - 19 janvier 1750), de la paroisse e la **Trinité**.

Reg. in-fol., pap., de 17 fol.

GG 265.
19 janvier 1750.
7 janvier 1751.

Actes des baptêmes (19 janvier 1750 - 7 janvier 1751), et mariages (27 janvier 1750 - 29 décembre 1750), de la paroisse de la **Trinité**.

Reg. in-fol., de 52 fol., pap.

GG 266.
20 janvier 1750.
6 janvier 1751.

Actes des sépultures (20 janvier 1750 - 6 janvier 1751), de la paroisse de la **Trinité**.

Reg. in-fol., de 13 fol., pap.

GG 267.
10 janvier 1751.
4 janvier 1752.

Actes des baptêmes (10 janvier 1751 - 2 janvier 1752), et mariages (12 janvier 1751 - 4 janvier 1752), de la paroisse de la **Trinité**.

Reg. in-fol., de 40 fol., pap.

GG 268.
11 janvier 1751.
3 janvier 1752.

Actes des sépultures (11 janvier 1751 - 3 janvier 1752), de la paroisse de la **Trinité**.

Reg. in-fol., de 8 fol., pap.

GG 269.
5 janvier 1752.
2 janvier 1753.

Actes des baptêmes (5 janvier 1752 - 2 janvier 1753), et mariages (10 janvier - 18 décembre 1752), de la paroisse de la **Trinité**.

Reg. in-fol., de 47 fol., pap.

GG 270.
5 janvier.
29 décemb. 1752.

Actes des sépultures (5 janvier - 29 décembre 1752), de la paroisse de la **Trinité**.

Reg. in-fol., pap., de 12 fol.

GG 271.
6 janvier 1753.
2 janvier 1754.

Actes des baptêmes (6 janvier 1753 - 2 janvier 1754), et mariages (8 janvier - 31 décembre 1753), de la paroisse de la **Trinité**.

Reg. in-fol., de 65 fol., pap.

CULTES. — ASSISTANCE PUBLIQUE. 291

Actes des sépultures (3 janvier 1753 - 5 janvier 1754), de la paroisse de la **Trinité**.

GG 272.
3 janvier 1753.
5 janvier 1754.

Reg. in-fol., de 11 fol., pap.

Actes des baptêmes (9 janvier - 31 décembre 1754), mariages (8 janvier - 23 décembre 1754), et sépultures (11 janvier - 27 décembre 1754), de la paroisse de la **Trinité**.

GG 273.
8 janvier.
31 décemb. 1754.

Reg. in-fol., de 72 fol., pap.

Actes des baptêmes (1er janvier 1755 - 8 janvier 1756), mariages (13 janvier - 15 décembre 1755), et sépultures (5 janvier 1755 - 6 janvier 1756), de la paroisse de la **Trinité**.

GG 274.
1 janvier 1755.
8 janvier 1756.

Reg. in-fol., de 82 fol., pap.

Actes des baptêmes (11 janvier 1756 - 13 janvier 1757), mariages (12 janvier 1756 - 10 janvier 1757), et sépultures (10 janvier 1756 - 12 janvier 1757), de la paroisse de la **Trinité**.

GG 275.
10 janvier 1756.
13 janvier 1757.

Reg. in-fol., de 81 fol., pap.

Actes des baptêmes (15 janvier 1757 - 2 février 1758), mariages (18 janvier 1757 - 3 février 1758), et sépultures (15 janvier 1757 - 3 février 1758), de la paroisse de la **Trinité**.

GG 276.
15 janvier 1757.
3 février 1758.

Reg. in-fol., de 85 fol., pap.

Actes des baptêmes (6 février - 31 décembre 1758), mariages (6 février - 11 décembre 1758), et sépultures (6 février - 31 décembre 1758), de la paroisse de la **Trinité**.

GG 277.
6 février.
31 décemb. 1758.

Reg. in-fol., de 65 fol., pap.

Actes des baptêmes (5 janvier - 31 décembre 1759), mariages (2 janvier - 5 décembre 1759), et sépultures (1er janvier - 28 décembre 1759), de la paroisse de la **Trinité**.

GG 278.
1 janvier.
31 décemb. 1759.

Reg. in-fol., de 82 fol., pap.

Actes des baptêmes (2 janvier 1760 - 3 février 1761), mariages (2 janvier 1760 - 3 février 1761), et sépultures (1er janvier 1760 - 3 février 1761), de la paroisse de la **Trinité**.

GG 279.
1 janvier 1760.
3 février 1761.

Reg. in-fol., de 81 fol.; au fol. 80, une pièce pap. intercalée.

Actes des baptêmes (5 février - 28 décembre 1761), mariages (31 mars - 7 décembre 1761), et sépultures (8 février - 30 décembre 1761), de la paroisse de la **Trinité**.

GG 280.
5 février.
30 décemb. 1761.

Reg. in-fol., de 83 fol., pap.

GG 281.
1 janvier.
31 décemb. 1762.

Actes des baptêmes (1er janvier - 31 décembre 1762), mariages (11 janvier - 23 novembre 1762), et sépultures (4 janvier - 31 décembre 1762), de la paroisse de la **Trinité**.

Reg. in-fol., de 78 fol., pap.; au fol. 26, une pièce pap. intercalée.

GG 282.
1 janvier.
31 decemb. 1763.

Actes des baptêmes (3 janvier - 27 décembre 1763), mariages (10 janvier - 22 novembre 1763), et sépultures (1er janvier - 31 décembre 1763), de la paroisse de la **Trinité**.

Reg. in-fol., de 86 fol., pap.

GG 283.
1 janvier.
31 decemb. 1764.

Actes des baptêmes (1er janvier - 31 décembre 1764), mariages (7 janvier - 28 novembre 1764), et sépultures (1er janvier - 30 décembre 1764), de la paroisse de la **Trinité**.

Reg. in-fol., de 84 fol., pap.

GG 284.
1 janvier.
31 décemb. 1765.

Actes des baptêmes (2 janvier - 31 décembre 1765), mariages (7 janvier - 26 novembre 1765), et sépultures (1er janvier - 31 décembre 1765), de la paroisse de la **Trinité**.

Reg. in-fol., pap., de 88 fol.

GG 285.
1 janvier.
31 décemb. 1766.

Actes des baptêmes (1er janvier - 31 décembre 1766), mariages (7 janvier - 16 décembre 1766), et sépultures (1er janvier - 30 décembre 1766), de la paroisse de la **Trinité**.

Reg. in-fol., de 87 fol., pap.

GG 286.
1 janvier 1767.
2 janvier 1768.

Actes des baptêmes (1er janvier 1767 - 2 janvier 1768), mariages (5 janvier - 28 novembre 1767), et sépultures (2 janvier 1767 - 1er janvier 1768), de la paroisse de la **Trinité**.

Reg. in-fol., de 93 fol., pap.

GG 287.
3 janvier.
30 décemb. 1768.

Actes des baptêmes (3 janvier - 30 décembre 1768), mariages (7 janvier - 21 novembre 1768), et sépultures (3 janvier - 30 décembre 1768), de la paroisse de la **Trinité**.

Reg. in-fol., de 90 fol., pap.; au fol. 78, une pièce pap. intercalée.

GG 288.
1 janvier.
31 décemb. 1769.

Actes des baptêmes (1er janvier - 31 décembre 1769), mariages (9 janvier - 19 décembre 1769), et sépultures (5 janvier - 30 décembre 1769), de la paroisse de la **Trinité**.

Reg. in-fol., de 96 fol., pap.

GG 289.
1 janvier.
31 décemb. 1770.

Actes des baptêmes (1er janvier - 31 décembre 1770), mariages (8 janvier - 1er décembre 1770), et sépultures (5 janvier - 28 décembre 1770), de la paroisse de la **Trinité**.

Reg. in-fol., de 70 fol., pap.

CULTES. — ASSISTANCE PUBLIQUE.

Actes des baptêmes (1ᵉʳ janvier - 29 décembre 1771), mariages (8 janvier - 29 novembre 1771), et sépultures (1ᵉʳ janvier - 30 décembre 1771), de la paroisse de la **Trinité**.

GG 290.
1 janvier,
30 décemb. 1771.

Reg. in-fol., pap., de 76 fol.

Actes des baptêmes (3 janvier - 31 décembre 1772), mariages (7 janvier - 14 décembre 1772), et sépultures (2 janvier - 31 décembre 1772), de la paroisse de la **Trinité**.

GG 291.
2 janvier.
31 décemb. 1772.

Reg. in-fol., de 85 fol., pap.

Actes des baptêmes (3 janvier - 31 décembre 1773), mariages (11 janvier - 28 décembre 1773), et sépultures (1ᵉʳ janvier - 26 décembre 1773), de la paroisse de la **Trinité**.

GG 292.
1 janvier.
31 décemb. 1773.

Reg. in-fol., de 80 fol., pap.

Actes des baptêmes (5 janvier - 30 décembre 1774), mariages (10 janvier - 10 décembre 1774), et sépultures (2 janvier - 31 décembre 1774), de la paroisse de la **Trinité**.

GG 293.
2 janvier.
31 décemb. 1774.

Reg. in-fol., de 81 fol., pap.

Actes des baptêmes (2 janvier - 31 décembre 1775), mariages (9 janvier - 2 décembre 1775), et sépultures (8 janvier - 31 décembre 1775), de la paroisse de la **Trinité**.

GG 294.
2 janvier.
31 décemb. 1775.

Reg. in-fol., pap., de 81 fol.

Actes des baptêmes (1ᵉʳ janvier - 31 décembre 1776), mariages (15 janvier - 16 décembre 1776), et sépultures (1ᵉʳ janvier - 23 décembre 1776), de la paroisse de la **Trinité**.

GG 295.
1 janvier.
31 décemb. 1776.

Reg. in-fol., pap., de 84 fol.

Actes des baptêmes (4 janvier - 31 décembre 1777), mariages (4 janvier - 25 novembre 1777), et sépultures (2 janvier - 30 décembre 1777), de la paroisse de la **Trinité**.

GG 296.
2 janvier.
31 décemb. 1777.

Reg. in-fol., de 85 fol., pap.

Actes des baptêmes (3 janvier - 29 novembre 1778), mariages (5 janvier - 10 décembre 1778), et sépultures (1ᵉʳ janvier - 31 décembre 1778), de la paroisse de la **Trinité**.

GG 297.
1 janvier.
31 décemb. 1778.

Reg. in-fol., pap., de 89 fol.

Actes des baptêmes (1ᵉʳ janvier - 31 décembre 1779), mariages (11 janvier - 28 décembre 1779), et sépultures (2 janvier - 31 décembre 1779), de la paroisse de la **Trinité**.

GG 298.
1 janvier.
31 décemb. 1779.

Reg. in-fol., pap., de 100 fol.

GG 299.
1 janvier.
31 décemb. 1780.
Actes des baptêmes (1er janvier - 31 décembre 1780), mariages (8 janvier - 27 novembre 1780), et sépultures (3 janvier - 31 décembre 1780), de la paroisse de la **Trinité**.

Reg. in-fol., pap., de 90 fol.

GG 300.
1 janvier.
29 décemb. 1781.
Actes des baptêmes (1er janvier - 29 décembre 1781), mariages (8 janvier - 27 novembre 1781), et sépultures (1er janvier - 29 décembre 1781), de la paroisse de la **Trinité**.

Reg. in-fol., de 93 fol., pap.

GG 301.
1 janvier.
31 décemb. 1782.
Actes des baptêmes (1er janvier - 31 décembre 1782), mariages (15 janvier-9 décembre 1782), et sépultures (1er janvier - 31 décembre 1782), de la paroisse de la **Trinité**.

Reg. in-fol., de 93 fol., pap.

GG 302.
1 janvier.
31 décemb. 1783.
Actes des baptêmes (1er janvier - 31 décembre 1783), mariages (7 janvier - 27 novembre 1783), et sépultures (5 janvier - 27 décembre 1783), de la paroisse de la **Trinité**.

Reg. in-fol., de 83 fol., pap.

GG 303.
1 janvier.
31 décemb. 1784.
Actes des baptêmes (1er janvier - 31 décembre 1784), mariages (7 janvier - 27 décembre 1784), et sépultures (1er janvier - 30 décembre 1784), de la paroisse de la **Trinité**.

Reg. in-fol., de 99 fol., pap.

GG 304.
1 janvier.
31 décemb. 1785.
Actes des baptêmes (1er janvier - 30 décembre 1785), mariages (3 janvier - 22 novembre 1785), et sépultures (5 janvier - 31 décembre 1785), de la paroisse de la **Trinité**.

Reg. in-fol., de 92 fol., pap.

GG 305.
1 janvier.
31 décemb. 1786.
Actes des baptêmes (2 janvier - 31 décembre 1786), mariages (9 janvier - 16 décembre 1786), et sépultures (1er janvier - 31 décembre 1786), de la paroisse de la **Trinité**.

Reg., in-fol., de 86 fol., pap.; au fol. 11, une pièce pap. intercalée.

GG 306.
1 janvier.
31 décemb. 1787.
Actes des baptêmes (1er janvier - 31 décembre 1787), mariages (2 janvier - 26 novembre 1787), et sépultures (4 janvier - 26 décembre 1787), de la paroisse de la **Trinité**.

Reg. in-fol., de 76 fol., pap.

GG 307.
1 janvier.
31 décemb. 1788.
Actes des baptêmes (1er janvier - 31 décembre 1788), mariages (7 janvier - 25 novembre 1788), et sépultures (1er janvier - 31 décembre 1788), de la paroisse de la **Trinité**.

Reg. in-fol., de 92 fol., pap.; aux fol. 21, 62, deux pièces pap. intercalées.

CULTES. — ASSISTANCE PUBLIQUE.   295

Actes des baptêmes (1ᵉʳ janvier - 31 décembre 1789), mariages (7 janvier - 23 décembre 1789), et sépultures (3 janvier - 28 décembre 1789), de la paroisse de la **Trinité**.

GG 308.
1 janvier.
31 décemb. 1789.

Reg. in-fol., de 86 fol., pap.; au fol. 55, une pièce pap. intercalée.

Actes des baptêmes (4 janvier - 31 décembre 1790), mariages (5 janvier - 21 décembre 1790), et sépultures (4 janvier - 31 décembre 1790), de la paroisse de la **Trinité**.

GG 309.
4 janvier.
31 décemb. 1790.

Reg. in-fol., de 82 fol., pap.

Actes des baptêmes (1ᵉʳ janvier - 31 décembre 1791), mariages (10 janvier - 13 décembre 1791), et sépultures (2 janvier - 29 décembre 1791), de la paroisse de la **Trinité**.

GG 310.
1 janvier.
31 décemb. 1791.

Reg. in-fol., pap., de 71 fol.; au fol. 31, une pièce pap. intercalée. — Le parchemin, qui a servi au relieur, est un fragment du cartulaire de l'abbaye Saint-Nicolas d'Angers (XIᵉ siècle), et contient les fragments de quatre chartes sur Saint-Just des Verchers.

Livre des sépultures du couvent des **Cordeliers**.

GG 311.
12 avril 1674.
18 juin 1790.

Reg. in-fol., pap., de 43 fol.; la couverture est un double folio parch. d'un sermonnaire latin du XIᵉ siècle.

Livre des entrées et décès des pauvres admis à l'hôpital **Saint-Jean**.

GG 312.
1 novemb. 1605.
30 mai 1606.

Reg. in-fol., de 55 fol., pap., en lambeaux.

Livre des entrées et décès des pauvres admis à l'hôpital **Saint-Jean**.

GG 313.
1 avril 1608.
24 mars 1609.

Reg. in-fol., de 60 fol., pap., sans couverture.

Livre des entrées et décès des pauvres admis à l'hôpital **Saint-Jean**.

GG 314.
5 avril 1609.
24 mars 1610.

Reg. in-fol., pap., de 53 fol.; en mauvais état, sans couv.

Livre des entrées et décès des pauvres admis à l'hôpital **Saint-Jean**.

GG 315.
1 avril 1611.
31 mars 1612.

Reg. in-fol., de 63 fol., pap., en mauvais état.

Livre des entrées et décès des pauvres admis à l'hôpital **Saint-Jean**.

GG 316.
1 avril 1613.
8 mai 1620.

Vol. in-fol., cont. 6 reg., de 368 fol., pap., en mauvais état; les derniers fol. et la couverture enlevés.

GG 317.
18 mai 1620.
31 décemb. 1621.

Livre des entrées et décès des pauvres admis à l'hôpital Saint-Jean.

Reg. in-fol., de 113 fol., pap., en mauvais état; une table de 3 fol., pap.

GG 318.
17 février 1622.
13 septemb. 1623.

Livre des entrées et décès des pauvres admis à l'hôpital Saint-Jean.

Reg. in-fol., de 142 fol., pap.

GG 319.
9 novemb. 1623.
31 janvier 1626.

Livre des entrées et décès des pauvres admis à l'hôpital Saint-Jean.

Reg. in-fol. de 177 fol., pap.

GG 320.
1 février 1626.
27 mars 1629.

Livre des entrées et décès des pauvres admis à l'hôpital Saint-Jean.

Reg. in-fol., pap., de 188 fol.

GG 321.
28 mars 1629.
20 mars 1632.

Livre des entrées et décès des pauvres admis à l'hôpital Saint-Jean.

Reg. in-fol., de 133 fol., pap., en mauvais état.

GG 322.
18 avril 1632.
24 septemb. 1634.

Livre des entrées et décès des pauvres admis à l'hôpital Saint-Jean.

Reg. in-fol., de 66 fol., pap., en mauvais état.

GG 323.
25 décemb. 1634.
14 juillet 1638.

Livre des entrées et décès des pauvres admis à l'hôpital Saint-Jean.

Reg. in-fol., de 178 fol., pap., en lambeaux.

GG 324.
15 juillet 1638.
31 janvier 1642.

Livre des entrées et décès des pauvres admis à l'hôpital Saint-Jean.

Reg. in-fol., de 140 fol., pap., en mauvais état.

GG 325.
2 janvier.
1 mai 1645.

Livre des entrées et décès des pauvres admis à l'hôpital Saint-Jean.

Reg. petit in-4º, de 68 fol., pap., en mauvais état.

GG 326.
7 novemb. 1645.
9 juillet 1646.

Livre des entrées et décès des pauvres admis à l'hôpital Saint-Jean.

Reg. in-fol., de 40 fol., pap., en mauvais état.

Livre des entrées et décès des pauvres admis à l'hôpital Saint-Jean.

GG 327.
10 juillet 1646.
25 novemb. 1648.

Reg. in-fol., de 209 fol., pap. — Le parchemin, qui sert de couverture est un fragment d'un traité d'agriculture (XIVᵉ siècle) : *Des choses que l'en fait ou moys d'aoust. — Des choses que on fait ou moys de septembre.*

Livre des entrées et décès des pauvres admis à l'hôpital Saint-Jean.

GG 328.
6 septemb. 1648.
18 décemb. 1650.

Reg. in-fol., de 275 fol., pap., en mauvais état.

Livre des entrées et décès des pauvres admis à l'hôpital Saint-Jean.

GG 329.
28 octobre 1650.
31 décemb. 1651.

Reg. in-fol., pap., de 127 fol., en mauvais état.

Livre des entrées et décès des pauvres admis à l'hôpital Saint-Jean.

GG 330.
11 mars 1653.
12 avril 1655.

Reg. in-fol., de 122 fol., pap., en mauvais état.

Livre des entrées et décès des pauvres admis à l'hôpital Saint-Jean.

GG 331.
12 janvier 1652.
28 avril 1658.

Reg. in-fol., de 153 fol., pap., en lambeaux.

Livre des entrées et décès des pauvres admis à l'hôpital Saint-Jean.

GG 332.
1 septemb. 1655.
30 octobre 1660.

Reg. in-fol., de 177 fol., pap.; les fol. 63-68, 83-84, 99-100, 162, détachés.

Livre des entrées et décès des pauvres admis à l'hôpital Saint-Jean.

GG 333.
11 décemb. 1660.
31 décemb. 1668.

Reg. in-fol., pap., de 252 fol., en mauvais état; les fol. 125-143 manquent; un cah. détaché de 22 fol., pap.; en tête une table de 16 fol.

Livre des entrées et décès des pauvres admis à l'hôpital Saint-Jean.

GG 334.
25 juin 1667.
31 décemb. 1668.

Un reg. et un cah. de 92 fol., pap.; le parchemin qui sert de couverture est un fragment de Lectionnaire, avec annotations musicales du XIIIᵉ siècle.

Livre des entrées et décès des pauvres admis à l'hôpital Saint-Jean. — Fol. 217 : Abjuration de Louis Martin et Olivier Thibaudeau (2 décembre 1670).

GG 335.
1 janvier 1669.
8 janvier 1672.

Reg. in-fol., de 217 fol., pap.

GG 336.
1 janvier 1672.
31 décemb. 1675.

Livre des entrées et décès des pauvres admis à l'hôpital **Saint-Jean.**

Reg. in-fol., de 240 fol., pap.

GG 337.
1 janvier 1676
31 janvier 1680.

Livre des entrées et décès des pauvres admis à l'hôpital **Saint-Jean.**

Reg. in-fol., de 230 fol., pap.; les fol. 169, 222 détachés.

GG 338.
1 janvier 1689.
31 décemb. 1695.

Livre des entrées et décès des pauvres admis à l'hôpital **Saint-Jean.**

Reg. in-fol., de 444 fol., pap., en mauvais état; les fol. 1-5, 368-373 détachés.

GG 339.
1 janvier 1696.
23 décemb. 1700.

Livre des entrées et décès des pauvres admis à l'hôpital **Saint-Jean.**

Reg. in-fol., de 234 fol., pap.

GG 340.
1 février 1680.
8 septembre 1684.

Livre des entrées et décès des pauvres admis à l'hôpital **Saint-Jean.**

Reg. in-fol., pap., de 224 fol.

GG 341.
8 septembre 1684.
10 janvier 1689.

Livre des entrées et décès des pauvres admis à l'hôpital **Saint-Jean.** — Fol. 1 : « Le 5⁰ jour de septembre 1686, le sieur Symon a commencé à enterrer trois hommes et une femme dans la perrière dont on a tiré les murs du cimetière de ce lieu ; lesquels murs ont esté achevez de construire entre six semaines devant le quantiesme du mois ci-dessus, et avoient esté commencez l'hyver précédent par Pèlerin. Un des morts ci-dessus fut déterré quatre jours après, par l'ordonnance et en présence de M. le juge, pour avoir, ledit mort, esté maltraité de coups de bâton. »

Reg. in-fol., de 262 fol., pap.

GG 342.
23 décemb. 1700.
31 décemb. 1705.

Livre des entrées et décès des pauvres admis à l'hôpital **Saint-Jean.** — Sur la dernière feuille de garde : « Tarif pour les processions et grandes messes requises. » — Noms des prêtres habitués dans la maison, avec la date de leur entrée et de leur sortie.

Reg. in-fol., de 250 fol., pap.

GG 343.
1 janvier 1706.
28 avril 1710.

Livre des entrées et décès des pauvres admis à l'hôpital **Saint-Jean.** — Sur la première feuille de garde : Noms de MM. les prêtres habitués, leur entrée dans la maison, leur sortie.

Reg. in-fol., de 320 fol., pap.

Livre des entrées et décès des pauvres admis à l'hôpital **Saint-Jean**. — Fol. 1 : « Noms des prêtres habitués, avec la date de leur entrée et de leur sortie. » — Fol. 236 : « Le 21 du mois de février 1711, on alloit en batteau dans les cloistres. MM. les prêtres ont dit, pendant le temps des eaux, la messe dans la chapelle de Notre-Dame, au-dessus de laquelle repose le Saint-Sacrement à la Fête-Dieu, et le semenier a été obligé d'aller pendant deux jours en batteau jusqu'au bas du grand autel, pour prendre le Saint-Sacrement et donner la communion aux malades. »

Reg. in-fol., de 236 fol., pap.; au fol. 235, une pièce pap. intercalée.

GG 344.
28 avril 1710.
30 avril 1713.

Livre des entrées et décès des pauvres admis à l'hôpital **Saint-Jean**. — Sur la feuille de garde : « Le tabernacle qui est sur le maître-autel a été posé le 14 novembre 1714, et a été béni par M. François Mesnard, prêtre, le 16 du même mois; et M. Louis Choppin, prêtre dudit Hôtel-Dieu, a été le premier qui ait eu l'honneur d'y dire la messe. » — Fol. 1 : Liste des prêtres habitués, avec la date de leur entrée et de leur sortie. — Fol. 2 : Abjuration d'Adam Soulingue et Elie Aufman (1713). — Fol. 189 : Abjuration d'Alexandre Coulin (1716).

Reg. in-fol., de 230 fol., pap.; le fol. 224 détaché; une table de 6 fol.

GG 345.
2 mai 1713.
11 octobre 1716.

Livre des entrées et décès des pauvres admis à l'hôpital **Saint-Jean**. — Sur les feuilles de garde : « Le premier dimanche de l'Avent, arrivé le 3 décembre de l'année 1719, on a commencé à réciter en cette église le bréviaire angevin, reconnu par Mgr Michel Poncet de la Rivière, évêque d'Angers. » — Liste et date d'entrée et de sortie des prêtres habitués. — Fol. 549 : « L'année 1723, l'Hôtel-Dieu fut déchargé du paiement des décimes pour les bénéfices du prieuré et autres dudit Hôtel-Dieu. — L'an 1774, le sel fut ôté à l'Hôtel-Dieu, c'est-à-dire qu'on leur en ôta la moitié. Quelques requêtes que les administrateurs présentassent pour qu'on leur rendît, ils ne purent rien obtenir. »

Reg. in-fol., de 549 fol., pap.

GG 346.
11 octobre 1716.
4 mars 1724.

Livre des entrées et décès des pauvres admis à l'hôpital **Saint-Jean**. — En tête : Noms des prêtres habitués.

Reg. in-fol., de 375 fol., pap.

GG 347.
4 mars 1724.
24 mars 1729.

Livre des entrées et décès des pauvres admis à l'hôpital **Saint-Jean**. — En tête : Noms des prêtres habitués.

Reg. in-fol., pap., de 379 fol.

GG 348.
25 mars 1729.
1 février 1732.

GG 349.
1 février 1732.
24 mars 1735.

Livre des entrées et décès des pauvres admis à l'hôpital **Saint-Jean.** — Sur la feuille de garde : « En 1777, les mois d'avril, mai, juin furent très froids. On vit même de la gelée les premiers jours de juillet. Les vignes avoient la plus mauvaise apparence ; il y avoit peu de lames, et encore elles n'ont commencé à fleurir que plusieurs jours après la Saint-Pierre. — On saura aussi que MM. les prêtres de l'Hôtel-Dieu, l'an 1777, ont tous éprouvé différentes maladies, et qu'ils ont eu beaucoup de peine à avoir les traitements nécessaires à leur mal ; mais ils ont eu recours aux maîtres administrateurs, qui leur ont fait donner une partie de ce qui leur étoit nécessaire. Sache donc la postérité la plus reculée que, pour être bien traité, il faut être ami des sœurs, et notamment de l'apotiquéresse. » — Fol. 14 : Abjuration de Marie-Madeleine de Bisval (1732).

Reg. in-fol., de 191 fol., pap.

GG 350.
25 mars 1735.
22 septemb. 1738.

Livre des entrées et décès des pauvres admis à l'hôpital **Saint-Jean.** — Sur la feuille de garde : « M. Godin, prêtre de cet Hôtel-Dieu, a remarqué que depuis le 16 octobre 1735 jusqu'au 14 février 1737, exclusivement, il a entré dans cette maison 5,879 malades, desquels sont morts 532. » — « Le 15 juin 1738, on a célébré, avec grande solennité, dans l'église de cet Hôtel-Dieu, la canonisation de S. Vincent de Paul. »

Reg. in-fol., de 245 fol., pap.

GG 351.
23 septemb. 1738.
27 juillet 1741.

Livre des entrées et décès des pauvres admis à l'hôpital **Saint-Jean.** — Sur la feuille de garde : Liste des prêtres habitués.

Reg. in-fol., de 188 fol., pap.

GG 352.
1 janvier 1737.
30 décemb. 1753.

Actes des sépultures faites en l'hôpital **Saint-Jean.** — Sur la feuille de garde : « L'an 1737 ont commencé les registres en forme. Avant ce temps, on ne faisoit point à l'Hôtel-Dieu de double copie. » — Fol. 449 : Liste des prêtres habitués.

Vol. in-fol., cont. 17 reg. ou cah., de 449 fol., pap.

GG 353.
2 janvier 1754.
31 décemb. 1773.

Actes des sépultures faites en l'hôpital **Saint-Jean.** — Fol. 399. Liste des prêtres habitués.

Vol. in-fol., cont. 21 reg. ou cah., de 401 fol., pap.

GG 354.
8 janvier 1774.
31 décemb. 1792.

Actes des sépultures faites en l'hôpital **Saint-Jean.**

Vol. in-fol., cont. 20 reg. ou cah., de 389 fol., pap.

Actes des sépultures faites en l'Hôpital-Général ou des Renfermés. — En tête : « Copie des fondations de la chapelle de l'Hôpital-Général, suivant la réduction faite par Mᵍʳ l'évêque, le 30 janvier 1726. »

GG 355.
23 janvier 1737.
19 décemb. 1792.

Vol. in-4°, cont. 59 reg. ou cah., de 412 fol., pap.

Actes des sépultures faites à l'hôpital des Incurables. — Fol. 30 : « Le 2 février 1758, dans l'église de cet hôpital, les reliques de saint Théophile et de saint Vénérand, martyrs, ont été exposées à la vénération des fidèles, enfermées chacune dans une châsse. »

GG 356.
5 décemb. 1745.
6 décemb. 1792.

Vol. in-4°, cont. 40 cah., de 169 fol., pap.

Requête de frère Pierre Morselin, « religieux de Saint-François et commissaire du révérendissime père général de tout ledit ordre, » afin d'être autorisé à « convoquer lesdits religieux jusques au nombre de cent à six vingts seulement, à eulx trouver le troisiesme dimanche après Pasques prochain, venant.. au couvent de Saint-Françoys de ceste ville, pour faire élection d'ung ministre provincial en icelle province. »

GG 357.
1562.

Une pièce papier.

Protestation des « prieur, frères religieux et aultres administrateurs de la maison Dieu de Saint-Jehan, » contre tout projet d'abandonner « aux nouveaulx évangélistes.. le lieu des greniers esquelz sont les blez, noix et aultres provisions des supplians et povres de ladite maison, et ce pour faire leurs assemblées et presches particulliers nouvelles inventées. » (1563). — Lettre de M. de Montpensier, portant envoi « de l'ordre que le roy veult estre gardé par toutes les villes du gouvernement de ce royaulme, et mesmes du moyen, sur l'entretenement de la paix qu'il a pleu à Dieu nous donner, » et de la déclaration royale fixant « les lieux où il a pleu à Sa Majesté establir les presches de la nouvelle relligion au dedans de nostre gouvernement... à ce que chacun vive en repos et doulceur portée par les lettres patentes et intention de Sa Majesté. » (De Champigny, ce ix avril 1582 avant Pasques. — Signé : *Le bien fort vostre Loys de Bourbon*).

GG 358.
1563—1582.

Deux pièces papier.

Écoles. — Projet de règlement pour l'école de mathématiques d'Angers, présenté à MM. de l'Hôtel-de-Ville, au nom des prêtres de l'Oratoire chargés des cours, par le P. Roy, supérieur de l'Oratoire (1783, olographe). — Arrêt de la Cour du Parlement, « qui ordonne que dans toutes les villes du ressort où il y a des colléges, aucuns

GG 359.
1783—1784

particulliers, autres que les maîtres ès-arts et les maîtres de pension, ne pourront enseigner, si ce n'est dans chaque maison particulière, sous l'inspection et dans la maison des parents, les premiers éléments de la langue latine, à moins que l'enseignement ne soit absolument gratuit. » (1784).

Deux pièces papier.

GG 360.
1778 — 1781.

Cours d'accouchement. — Lettre de l'intendant Ducluzel, notifiant au Conseil de ville la nomination du sieur Chevreuil pour démonstrateur. « Pour l'avenir, la nomination appartiendra au corps de ville. » (12 juillet 1778). — Etat des élèves qui ont suivi les cours de Mme Ducoudray (1778) et de M. Chevreuil (1781).

Trois pièces papier.

GG 361.
1554 — 1567.

Hôpital des Renfermés. — « Articles faictz, convenuz et accordez par nous, Phelippes Dubec, grand doyen ; Nicollas Bouvery, trésorier de l'Eglise d'Angers ; François de la Haie, Guy d'Andigné, doiens de Saint-Laud et Saint-Martin d'Angers ; Guillaume Lesrat, lieutenant-général ; Cristophe de Pincé, lieutenant-criminel de M. le sénéchal d'Anjou ; Jehan Leconte et Nicollas Dandouet, marchands.. elleuz députez par révérend père en Dieu, M. l'évesque d'Angers et le clergé et les états de cette ville, pour donner ordre aux pauvres de cette ville et à l'aumosne que entendent faire les manans et habitans de ladite ville, ainsy que a esté faict ès autres bonnes villes de ce royaulme. » (24 mars 1554). — « Recueil des déclarations du roy, arrests de la Cour, réglemens et conclusions de l'Hôtel-de-Ville, faictes pour la police et nourriture des pauvres, et establissement d'un hospital des Renfermez en la ville d'Angers. » (Angers. — *Antoine Hernault*, 1622). — Arrêt du Parlement, qui ordonne à l'évêque d'Angers, ou son grand-vicaire, de convoquer, dans huitaine, le clergé du diocèse, pour procéder à la nomination de deux pères directeurs ecclésiastiques de l'aumône (10 juin 1623). — Conclusion de l'assemblée générale des habitants, qui rétablit l'Hôpital-Général, « pour estre en iceluy receu et renfermé tous les pauvres mandiens de l'un et l'autre sexe originaires et natifs de cette ville et fauxbourgs. » (26 août 1667).

Quatre pièces pap., dont trois imprimés.

GG 362.
1739 — 1740.

Hôpital des Incurables. — 1° Convocation des paroisses de la ville en assemblée générale, pour délibérer sur les modifications proposées à l'acte de fondation (21 janvier 1739). — 2° Articles des changements soumis à la délibération. — 3° Lettres patentes qui modifient les précédentes lettres du 12 août 1672, conformément au vœu de la ville (septembre 1740).

Trois pièces imprimées.

Hospice d'Enfants trouvés. — Projets d'actes à soumettre au Conseil de Monsieur, pour l'établissement d'un hôpital d'enfants trouvés dans la ville d'Angers. — Requêtes et mémoire présentés, au nom du maire et des échevins, à Monsieur, duc d'Anjou, pour obtenir des lettres de fondation (12 janvier 1774); à Monsieur, aux évêques de Séez et d'Autun, à MM. de Cromot, conseiller d'Etat, Guichard, intendant, pour s'opposer à l'union de l'abbaye Saint-Aubin à l'Evêché de Séez, et en faire réserver la moitié des revenus au bénéfice de l'hôpital projeté (14-21 février 1784). — Lettres de MM. de Cromot, Deville, Boullay, rendant compte au Conseil de ville du résultat des démarches faites en Cour (15 avril 1774 - 26 juillet 1684). — Lettres patentes « qui établissent dans la ville d'Angers un hôpital pour les enfants trouvés, permettent aux officiers municipaux de donner une maison, et statuent sur la composition du bureau d'administration » (novembre 1787). — Procès-verbal de visite de maisons pour l'y installer (21 mars 1788). — Projet pour l'établir à la Providence. — Circulaire des administrateurs à tous les seigneurs des fiefs de la province d'Anjou (27 juin 1788). — Lettre du Conseil de ville à MM. de Fontette, de Cromot, Taillepied, Guichard, pour obtenir du Conseil de Monsieur l'insertion d'une clause dans les priviléges du théâtre, des bals et redoutes quelconques, qui oblige chacun des concessionnaires à donner une représentation annuelle au bénéfice de l'hôpital des Enfants trouvés. — Brevet portant privilége pour les spectacles dans la province d'Anjou, en faveur de la dame Forgeot (30 mars 1788). — Lettre des administrateurs du Concert, autorisant le Conseil de ville à appliquer la réserve des bénéfices de l'œuvre, au profit des Enfants trouvés (Signé : Gastineau, le chevalier de Charnacé, Baron fils, l'abbé de Crény, Viger, Brevet de Beaujour, de Brillemont). — Extrait du registre des conclusions de la Société des nobles bourgeois d'Angers, portant union des domaines, droits, revenus et chapelles de ladite Société à l'hôpital des Enfants trouvés (19 août 1790).

GG 363.
1774 — 1790.

Trente pap. dont quatre imprimés.

Mendicité. — Circulaire de M. le marquis de Ségur, pour réprimer les quêtes et saisir les faux papiers de Frères hospitaliers et autres religieux étrangers de différents ordres, qui mendient dans le royaume (17 avril 1783). — Lettres à l'appui, de M. Ducluzel, inten-

GG 364.
1772 — 1783.

dant; de la Marsaulaye, subdélégué. — Circulaire de l'abbé Terray, pour limiter à l'arrondissement où les incendies sont arrivés, « les permissions de quêter que les officiers de police accordent sur le fondement des certificats de curés de campagne ou autres, qui attestent que les porteurs ont essuyé des incendies. » (3 décembre 1772). — Lettre d'envoi, de M. Ducluzel, « d'un arrêt du Conseil, du 24 avril dernier, qui casse et annulle la sentence de la police de Saumur, du 21 janvier précédent, qui tendoit à tolérer la mendicité dans cette ville en astreignant seulement les mendiants à être porteurs de certaines médailles. » (18 juin 1773).

Six pièces pap. dont trois impr.

GG 365.
31 mai.
4 août 1742.

Livre de la vente au détail des blés achetés par le Conseil de ville pour le soulagement des habitants pendant la disette de 1742.

Reg. in-fol., de 54 fol., pap.

GG 366.
1773.

Avis « concernant les personnes noyées qui paroissent mortes et qui ne l'étant pas peuvent recevoir des secours pour être rappelées à la vie. » (Angers. - Billault. - 1773).

Brochure in-12, de 14 pages.

SÉRIE HH.

Agriculture. — Industrie. — Commerce.

Mercuriales hebdomadaires du froment, méteil, seigle, orge, grosse et menue avoine sur le marché d'Angers.

Reg. petit in-4°, de 146 fol., pap.

HH 1.
2 juin 1742.
12 septemb. 1761.

Tableau de l'étalonnement des mesures de la province d'Anjou à la mesure royale des Ponts-de-Cé, et du cours annuel des grains sur le marché d'Angers, d'après les ordonnances régulatrices de la police.

Un cah. in-fol., pap., de 30 fol.

HH 2.
1614-1794.

Mercuriales. — Ordonnances prises dans l'assemblée générale de la police, fixant le tarif du pain, du son, de la viande, du suif et de la chandelle (1780 - 1789). — Ordonnance d'évaluation du cours moyen des grains pour l'année 1785. — Actes d'assemblée des bouchers, devant le juge de police, pour fixer le prix de la viande de carême (1786-1787). — Procès-verbaux de prestation de serment de prud'hommes nommés pour relever les mercuriales (1786 - 1790). — Sentence de la police qui interdit aux meuniers et boulangers de suivre et troubler lesdits prud'hommes dans leurs fonctions (26 juillet 1787). — Protestation de M. Boullay, prud'homme, contre des imputations calomnieuses de spéculation et d'accaparement (1789).

Quinze pièces papier.

HH 3.
1780—1790.

Procès-verbal des opérations suivies depuis le 18 juillet 1759 jusqu'au 6 juin 1763, pour l'essai des blés demandé par les boulangers. — « Tableau de la dépense journalière d'un boulanger qui fait trois fournées par jour. » — Tarif proportionnel du pain et du blé.

Un reg. in-fol., pap., de 100 fol., sans couv.; deux pièces pap.

HH 4.
1759—1763.

Foires et marchés. — Lettre de P. de Rhodes : Il offre au Conseil de ville d'obtenir du roi la concession de deux foires annuelles pour Angers, et de les approvisionner à suffisance, si la ville veut l'autori-

HH 5.
1563—1789.

ser à les solliciter en son nom (8 mai 1563). — Arrêts du Parlement —
« qui maintient et garde les marchands forains d'Angers dans la possession immémoriale.. de décharger et déballer leurs marchandises, de les vendre et débiter dans les auberges, maisons et autres lieux de la ville d'Angers où ils voudront descendre, dans le temps des foires franches de ladite ville.. et à cet effet leur permet de déballer deux jours avant l'ouverture desdites foires, et de remballer leurs marchandises deux jours après.. » (16 septembre 1717). — Qui fixe le tarif des droits à percevoir par l'exécuteur des hautes-œuvres sur les denrées et marchandises apportées aux marchés de la ville (28 août 1730). — Ordonnances de police — qui interdit à tous marchands drapiers, toiliers, merciers et cordonniers d'étaler dans la place des Halles, sous la prison et le porche de l'horloge de l'Hôtel-de-Ville et aux environs; — aux meuniers de laisser vaguer leurs chevaux (15 juillet 1743). — Qui fait défense à toutes personnes « d'aller, les jours de marchés, la veille, sur les chemins et avenues, sur les ports, dans les auberges et cabarets, acheter beurre, volailles, gibier, chanvres, lins et autres marchandises ou denrées apportées par les marchands forains; — à tout revendeur ou revenderesse d'acheter ni vendre au marché avant 9 ou 10 heures du matin, suivant la saison (1771-1776). » — Qui supprime l'usage des mesures nommées *caque* et *boite*, « et de toutes autres que du boisseau ordinaire, » pour la vente des noix et des fruits (23 mai 1771). — Qui règlent la contenance des sacs pour le commerce du charbon de bois (13 juin 1771); la hauteur, largeur et profondeur des paniers et mannequins (11 février 1789). — Qui oblige les marchands forains à étaler, vendre ou débiter, aux grandes foires, sous les halles couvertes et sur la place des Halles et non ailleurs (29 janvier 1789). — Nomination et prestation de serment de langueyeurs de porcs, pour les foires et marchés d'Angers (1780-1781).

Douze pap., dont 7 impr.

HH 6.
28 octobre 1783.

Ardoisières. — Procès-verbal d'arbitrage, par les commissaires délégués en vertu d'un jugement de la police, entre les entrepreneurs et les ouvriers d'en-bas de la carrière de la Gravelle, pour l'estimation du pied de fonsage et du pied de banc d'une nouvelle foncée « qui doit avoir 117 pieds de longueur. » — « Nous estimons que les entrepreneurs doivent payer 6 s. 6 d. le pied de fonsage, et 24 livres par chaque pied de banc, et pour denier-à-Dieu 6 liv. d'argent, 100 pintes de vin et deux journées à chaque ouvrier pour enmenchure de pointes. »

Une pièce papier.

Fours à chaux. — Requêtes du sieur René Clémenceau de la Lande, tendant à obtenir que la ville intervienne en sa cause, afin d'être autorisé, nonobstant le privilége abusif du seigneur de Montjean, à extraire librement le charbon de terre sur les terrains qu'il possède, avec ses associés, pour l'exploitation de fours à chaux, « auxquelles conditions il offre de fournir la chaux du fourneau de Saint-Samson en tous temps, tant que dureront ses priviléges, à 4 liv. la pipe, si mieux n'aime M. de Montjean donner à 120 liv. les 26 pipes, prix qu'il se vendoit avant sa permission exclusive de tirer du charbon ; auquel cas M. Clémenceau se soumet à fournir à la ville la chaux à 4 livres la pipe sans tirer de charbon. » — Mémoire adressé par le Conseil de ville à M. Turgot, contrôleur général des finances, à l'appui de la requête du sieur Clémenceau.

HH 7.
1786.

Trois pièces pap., dont un imprimé.

Manufactures. — « Instruction générale, donnée de l'ordre exprès du roy, par M. Colbert, aux commis envoyez dans toutes les provinces du royaume, pour l'exécution des réglemens généraux des manufactures et teintures. » (13 août 1669). — Arrêts du Conseil d'Etat — qui ordonne à « tous prétendans droit de visite, aunage et marque de laines et marchandises, autres que les gardes et jurez des communautez, » de justifier de leurs titres (27 juillet 1670). — Qui attribue aux maire et échevins des villes la juridiction des manufactures (27 juillet 1670). — Qui prononce des peines contre la fabrication et la vente de marchandises défectueuses (24 décembre 1670). — Qui charge les intendants « de veiller à la conduite que tiendront dorénavant.. les gardes jurez des marchands dans les visites qu'ils sont obligez de faire dans les manufactures, magasins, halles et boutiques, et s'ils s'acquittent bien de leur devoir » (10 décembre 1685). — Qui réglemente les manufactures de la ville d'Angers (12 septembre 1686). — Lettre de M. de Nointel, intendant, pour recommander aux maire et échevins la sévérité dans le jugement des contraventions en matière d'industrie (22 août 1687). — Ordonnance des juges des manufactures, portant saisie et confiscation des étoffes défectueuses, quoique marquées du plomb de la fabrique et du visa des inspecteurs (7 septembre 1686). — Règlement pour les étoffes des manufactures étrangères (22 novembre 1687). — Arrêts du Conseil d'Etat — qui porte règlement pour la juridiction des manufactures d'Angers, au profit des maire et échevins, contre M. le juge de la Prévôté et les maîtres de la communauté des sergers drapiers drapans (11 février 1688). — Qui enjoint aux ouvriers de faire leurs étoffes égales tant par le dos que par la lisière (3 octobre 1689). — Qui interdit « à

HH 8.
1669–1737.

toutes personnes, de quelque qualité et condition qu'ils soient, d'en-arrher ny acheter chez les fermiers, laboureurs et autres, qui nourrissent des troupeaux, les laines des moutons et brebis, avant qu'ils ayent été tondus. » (9 mai 1699). — Qui établit à Angers une manufacture de bas d'estame (10 septembre 1737). — Edit du roi, créant deux offices de conseillers du roi inspecteurs généraux des manufactures dans chaque province et généralité, de commissaires visiteurs contrôleurs dans chaque ville, et d'un garde concierge de chacune des halles aux draps et toiles (octobre 1704).

Dix-neuf papiers dont 18 imprimés.

HH 9.
1786—1787.

Marque industrielle. — Ordonnance des juges des manufactures qui prescrit aux maîtres chapeliers de déposer, sous quinzaine, l'empreinte de leur marque au greffe, et aux maîtres jurés de visiter et marquer les chapeaux forains (23 décembre 1687). — Délibération des fabricants de toiles et mouchoirs peints et teints d'Angers sur l'établissement projeté d'un bureau pour la marque des toiles et mouchoirs (19 octobre 1786). — Ordonnance de la police qui l'organise (7 novembre 1786). — Requête des gardes jurés de la communauté des maîtres fabricants de sergetterie et lainerie, pour la création d'un bureau de la marque des étoffes (8 novembre 1786). — Procès-verbaux d'installation des presses et des coings nouveaux envoyés par l'administration aux bureaux de la communauté des maîtres sergers (10 novembre 1796), et des fabricants de toiles (11 décembre 1786). — Acte de dépôt de la pile et des plombs anciens (11 novembre 1786). — Procès-verbaux de la réception des nouvelles estampilles des tisserands (24 mars 1787) et de la levée de l'empreinte du marteau dit marteau d'abus de la communauté des menuisiers tonneliers, « lequel doit servir de matrice et à marquer les ouvrages abusifs et en contravention aux réglements, » soit « quatre lettres moulées qui forment ensemble le mot ABUS, ornées par dessus d'un contour en forme de rabot à l'anglaise, au milieu duquel est un compas dont la tête est en haut. » (25 avril 1787).

Onze pièces pap. dont deux impr.

HH 10.
1724—1738.

Procès-verbaux de réception des maîtres et jurés des communautés d'arts et métiers de la ville (1733-1738). — Fol. 86-95 : Arrêts et transaction intervenus entre les maîtres pâtissiers-rôtisseurs, et les maîtres hôteliers-cabaretiers (1724). — Procès-verbal de teinture, par Jean de Jullienne, entrepreneur des manufactures royales.. des Gobelins.. des échantillons-matrices des draps, serge et étamine de Rheims, conformément au règlement du 15 janvier 1738. — Certificat délivré par François Chicoyneau, premier médecin du roi, au sieur Bernard Feraud, « pour la distribution de... son orviétan qui est un bon cordial.. dans les défaillances, dans les douleurs d'estomac et dans les coliques venteuses et les vermineuses, et principalement pour les maladies des bestiaux et pour la morsure des bêtes venimeuses, et son baume pour les playes, pour les ulcères, pour les brûlures, pour les engelures, pour les foulures des tendons et pour les douleurs rhumatiques. »

Reg. in-fol., pap., de 95 fol.

Procès-verbaux de réception des maîtres et jurés des communautés d'arts et métiers.

HH 11.
12 juillet 1738.
29 janvier 1749.

Reg. in-fol., pap., de 150 fol.; une table détachée de 18 fol., pap.

Procès-verbaux de réception des maîtres et jurés des communautés d'arts et métiers.

HH 12.
7 juillet 1749.
28 décemb. 1752.

Reg. in-fol., pap., de 101 fol.; une table détachée de 12 fol.

Procès-verbaux de réception des maîtres et jurés des communautés d'arts et métiers.

HH 13.
28 décemb. 1752.
11 septemb. 1755.

Reg. in-fol., pap., de 100 fol., une table détachée de 9 fol.

Procès-verbaux de réception des maîtres et jurés des communautés d'arts et métiers.

HH 14.
23 septemb. 1755.
3 janvier 1758.

Reg. in-fol., pap., de 100 fol.; une table détachée de 10 fol.

Procès-verbaux de réception des maîtres et jurés des communautés d'arts et métiers.

HH 15.
4 janvier 1758.
3 août 1763.

Reg. in-fol., pap., de 151 fol.; une table détachée de 9 fol., pap. — Une note annexée en tête dit : « Les registres de réceptions manquent au greffe depuis 1763 jusqu'en 1773, exclusivement; exercice du sieur Chaillou, greffier. — Manquent en outre audit greffe les nominations d'adjoints et réceptions des maîtres et jurés, depuis le 7 juillet 1777 jusqu'au 24 avril 1779, exclusivement. — Manquent bien d'autres objets; exercice du sieur Lefèvre, commis greffier. »

Procès-verbaux de réception des maîtres et jurés des communautés d'arts et métiers.

HH 16.
2 mars 1773.
5 septemb. 1774.

Reg. petit in-4°, de 100 fol.

Procès-verbaux de réception des maîtres et jurés des communautés d'arts et métiers.

HH 17.
9 novemb. 1774.
1 juillet 1777.

Reg. petit in-4°, pap., de 150 fol.

HH 18.
1 juillet 1777.
8 avril 1779.

Procès-verbaux de réception des maîtres et jurés des communautés d'arts et métiers.

Reg. in-fol., pap., de 199 fol.; un cah., pap., in-8°, de 6 fol.

HH 19.
24 avril 1779.
3 février 1783.

Procès-verbaux de réception des maîtres et jurés des communautés d'arts et métiers.

Reg. in-fol., pap., de 100 fol.

HH 20.
3 février 1783.
19 janvier 1786.

Procès-verbaux de réception des maîtres et jurés des communautés d'arts et métiers.

Reg. in-fol., pap., de 79 fol.

HH 21.
19 janvier 1786.
9 avril 1790.

Procès-verbaux de réception des maîtres et jurés des communautés d'arts et métiers.

Reg. in-fol., pap., de 135 fol., sans couv.

HH 22.
1770-1783.

Corporations d'arts et métiers. — Procès-verbaux de réception de gardes jurés nommés par les communautés des apothicaires-épiciers (1778-1781) et des tisserands (1778-1783). — D'un marchand (1776). — D'un maître boulanger (1770).

Douze papiers.

HH 23.
1713—1789.

Corporations d'arts et métiers. — Comptes-rendus, par les collecteurs des communautés des menuisiers (1717), des revendeurs (1730), des pâtissiers-rôtisseurs (1713), de la recette et dépense des sommes par eux perçues dans l'année. — Requête des maîtres menuisiers, pour obtenir de leurs syndics le compte d'emploi de leurs deniers (1789).

Quatre pièces pap., dont 3 cah. de 21 fol.

HH 24.
11 novemb. 1777.
21 mars 1788.

Procès-verbaux des déclarations faites en exécution de l'édit d'avril 1777, par les marchands et les ouvriers qui entendent continuer l'exercice de leur profession (1788).

Un reg. in-fol., pap., de 99 fol.; trois cah. pap., ensemble de 83 fol.

HH 25.
1626—1790.

Corporations d'arts et métiers. — Ordonnance des juges des manufactures d'Angers qui prescrit de faire « de deux sortes de chapeaux, les uns de pure et fine laine et autres bonnes matières, les autres à l'usage des artisans, païsan et menu peuple, de 18 à 20 sols, qui seront néantmoins bons et faits de pure laine, gros d'autruche.. sans aucun meslange de bourre, poil de bœuf ou de chèvre, » avec défense « d'exposer en vente, en quelque lieu que ce soit, des chapeaux

retournez, sauf aux particuliers à les faire retourner pour leur usage. »
(9 juillet 1689). — De la police, qui fait défense aux compagnons des
artisans de s'attrouper ni de s'assembler au nombre de plus de trois
et de porter aucunes cannes, bâtons ni armes (9 avril 1738). — Qui
prescrit aux maîtres de déclarer leurs ouvriers et apprentis (23 mars
1774).— Qui interdit à la communauté des maîtres maçons, couvreurs,
plombiers, paveurs, tailleurs de pierre et tous constructeurs de pierre,
plâtre ou ciment, de faire des réglements et de les mettre à exécution, sans qu'ils soient sanctionnés, et qui règle le prix des journées
de leurs compagnons (2 avril 1789). — Monitoire de l'évêque « contre
tous ceux et celles qui sçavent et ont connoissance que certains quidams tonneliers vendent et débitent.. des tonneaux à plus hault prix
que celuy porté par l'ordonnance de la police générale.. qui est 105 l.
la fourniture de pipes, et 110 liv. la double fourniture de busses. »
— Arrêt du Parlement qui impose aux tanneurs et aux bouchers
d'Angers la nomination de quatre bourgeois experts pour mettre
chaque année le prix et taux sur les peaux de bœufs et de veaux (20
juin 1626). — Nomination d'experts, et procès-verbal de vérification
de tonneaux, à la requête de la communauté des menuisiers-tonne-
liers (1786). — Actes d'élection de députés par les communautés des
drapiers-merciers (1786-1790) et des cordonniers (1790).

Treize pièces pap. dont 5 impr.

Corporations d'arts et métiers. — Procès-verbal des dires et raisons exposés par les députés des communautés des brodeurs, des
tailleurs, des menuisiers, des éperonniers et des bastiers-bourliers,
sur les modifications projetées aux statuts des maîtres selliers-
carrossiers.

HH 26.
27 juillet 1734.

Un cah. in-fol., de 20 fol., pap.

Mémoire où l'on démontre l'importance et les avantages, en temps
de paix et en temps de guerre, du canal de Pornic à Nantes, suivant
le projet soumis au gouvernement par M. le marquis de Brie-Serrant,
seigneur de Pornic.

HH 27
1787.

Un cah. in-fol., pap., de 55 pages, et un plan gravé.

Marchands de la Loire. — Arrêt du Parlement qui prononce « que
quant à présent l'assemblée accoustumée estre tenue de troys ans
en troys ans, en la ville d'Orléans, par les marchans fréquentans la
rivière de Loire et autres fleuves descendans en icelle, pour traiter
et adviser à ce qui est nécessaire pour la navigation desdites rivières,
ne sera ambulatoire de ville en autre, mais sera permanente.. en

HH 28.
1540—1756.

ladite ville de troys ans en troys ans, et que les procureurs, que les villes estans sur lesdites rivières ont accoustumé envoyer en ladite assemblée, ne seront perpétuels, mais se pourront révoquer ou continuer (1er juillet 1540). — Monitoire pour découvrir les abus dénoncés dans la perception du droit de boête levé, au profit de la société des marchands, sur les vins, marchandises et denrées descendants par le fleuve et les affluents de Loire (1756).

Un rôle incomplet, de 7 fragments de parchemin, avec sceau fruste. — Un imprimé.

HH 29.
1661—1772.

Commerce des blés.—Ordonnances du roi,—qui autorise « le transport des bleds de paroisse en paroisse et de ville en ville dans toute l'estendue de la province d'Anjou (6 septembre 1661), » avec mandement de mise à exécution, signé : *Henry de Lorraine, conte de Harcourt,* et cachet aux armes. — Qui prescrit à tous marchands et voituriers passants aux lieux de la Pointe et des Ponts-de-Cé, de venir faire déclaration, au greffe de l'Hôtel commun de la ville d'Angers, des blés qu'ils voiturent et feront voiturer (3 octobre 1661). — Du comte d'Harcourt, qui établit un poste d'habitants d'Angers à la Pointe, pour tenir la main aux ordres du roi (9 janvier 1662.—Signée et scellée aux armes). — Lettre du roi qui invite la Mairie d'Angers à laisser libre passage aux blés que les échevins du Mans sont autorisés à tirer de Nantes (11 avril 1662. — Signée : *Louis*, contresignée : *de Loménie*).—Arrêt du Parlement qui fait défense d'acheter le blé en vert et d'arrher avant la moisson (13 juillet 1662). — Déclaration du roi portant réglement sur la manière de faire le trafic des blés dans le royaume (31 août 1699). — Sentence de l'Election d'Angers contre le fermier des aides et ses commis, portant défense de prendre et exiger aucuns droits de cloison sur les blés, seigle, froment, orge, et farines amenés en ville (19 février 1707). — Lettres patentes interprétatives de la déclaration du 25 mai 1763 concernant la libre circulation des grains dans le royaume (5 mars 1764). — Ordonnance provisoire, par forme de police, qui enjoint « à toutes personnes qui ont des bleds au-delà de leur provision.. de les faire vendre dans les marchés.. sans qu'elles puissent seulement y envoyer des essais ou échantillons (11 mai 1770). »—Qui fixe le droit de mouture à 25 s. par setier de froment, seigle et orge, payable à volonté en nature ou argent (24 août 1772).

Quinze pièces pap. dont 12 imprimés.

HH 30.
1562—1789.

Commerce du bois. — Acte de convocation du Conseil de ville « pour veoirs, ordonner, et délibérer d'un marchant, lequel veult et entreprent fournir la ville d'Angiers de gros boys, paulx, solliveaulx et aultres boys. » (2 mai 1549). — Requête des marchands de bois pour obtenir de la Prévôté hausse du prix fixé à leur marchandise, attendu le renchérissement survenu depuis la taxe dernière (12 janvier 1562).— Supplique des propriétaires et marchands d'Angers signalant les coupes et pillages clandestins des bois taillis voisins de la ville et en réclamant la répression. (Signée : d'Aubeterre, abbesse du Ronceray ; Gaudon, cellerier de Saint-Aubin ; Sivault, cellerier de Saint-Nicolas ; Touzé du Bocage et Delatour, régisseurs de la Haye-aux-Bonshommes et de Saint-Aubin ; de Bercy, Guion, Mabille, Dalichoux.—Novembre 1789).—Mémoire des marchands de bois, sollicitant un règlement qui oblige les métayers à faire leurs charrois.

Quatre pièces pap.

Commerce des vins. — Lettres de M. de la Grandière, maire, Simon le jeune, échevin de Tours, et de Calonne, ministre, au Conseil de ville d'Angers, concernant la franchise d'entrée des vins en Bretagne et la liberté d'exportation aux colonies françaises, sollicitées par les villes riveraines de la Loire. — Minutes de lettres du maire d'Angers aux députés de Tours.

HH 31.
1785—1786.

Six pièces pap.

Commerce des suifs. — Sentence de la police qui fait défense aux bouchers de vendre leurs suifs hors ville (1780). — Réglement pour la fabrication et la vente de la chandelle (1785). — Arrêt du Conseil d'Etat qui interdit l'exportation des suifs (14 juillet 1786). — Procès-verbal du lieutenant-général de police « des propos et dires à lui faits par des membres de la communauté des bouchers et de celle des épiciers relativement à la disette des suifs et de la chandelle.» (19 janvier 1788). — Monitoire de l'évêque d'Angers « contre tous ceux et celles qui savent et ont connoissance que certains quidams ou quidannes auroient frauduleusement concerté ensemble de faire des amas considérables de suif et de chandelles, les auroient magasinés et tenus cachés, pour les rendre rares en cette ville, et forcé le public à les acheter au prix au-dessus de celui fixé par les ordonnances de la police. » (13 février 1788).

HH 32.
1780 - 1788.

Sept pièces dont un parch.

Poissonnerie. — Arrêts — du Parlement au profit des marchands chassemarée pour le libre transport à Paris des aloses et saumons « réputés poissons de mer, quoiqu'il y en ait qui se pêchent dans les rivières de Loire et de Seine. » (18 décembre 1703). — Du Con-

HH 33.
1703 – 1757.

seil d'Etat, qui fixe les droits d'entrée, d'abord, et de consommation dans la province d'Anjou, sur les barriques de sardines venant de Bretagne (25 novembre 1732). — Qui proroge la modération desdits droits (20 septembre 1757).

Trois imprimés.

HH 34.
9 octob. 1789.

Poste aux chevaux. — Requête d'un privilége, par le sieur Drely, maître de poste, pour l'établissement d'un service public de voitures et de chevaux.

Une pièce pap.

SÉRIE II.

Documents divers.

Inventaire analytique du Cartulaire de la Mairie (t. I).—Contient l'analyse des volumes I-XI, aujourd'hui perdus, concernant les priviléges et les offices de la ville et Mairie d'Angers. — I. Erection de la Mairie et création des offices. — II. Droits, priviléges, franchises et libertés, en nom collectifs, accordés et confirmés par les rois de France et par les ducs d'Anjou.— III. Priviléges — de la ville d'être exempte de toutes tailles. — IV. Des officiers municipaux, de nommer le receveur des revenus patrimoniaux, de recevoir, de clore et arrêter ses comptes. — V-VI. De faire faire montre et inventaire d'armes aux habitants, d'avoir la garde des clés, le gouvernement des fortifications de la ville, de tendre les chaînes, de donner ordre à la police et au nettoiement des rues, d'augmenter le nombre des échevins de six membres et d'élire parmi eux un maire; de vendre le vin de leur cru en détail, pendant la durée de leurs fonctions, sans payer aucun droit de huitième. — VII. Des habitants, de ne pouvoir être traduits en première instance ailleurs que devant M. le sénéchal d'Anjou. — VIII. Droit d'interdire la vente au détail des vins étrangers. — IX. De fournir les greniers à sel de La Flèche et d'Angers. — X. De percevoir à leur profit les amendes de la voirie et les deniers de la réception des maîtres de métiers. — XI. Exemption des francs fiefs, nouveaux acquets, ban et arrière-ban. — XII. Noblesse d'échevinage. — XIII. Elections municipales. — XIV. Nominations de par le roi. — XV. Réceptions. — XVI-XVII. Réduction et rétablissement de la Mairie. — XVIII-XIX. Démissions, destitutions. — XX. Officiers municipaux en nom collectif. — XXI. Offices supprimés et rétablis. — XXII. Réunion au corps de ville d'offices rachetés. — XXIII. Gages attribués aux assesseurs, procureur du roi, greffier et autres officiers de ville. — XXIV-XXVIII. Création, suppression, priviléges des offices de receveur et contrôleur des octrois et des revenus patrimoniaux, de secrétaire-greffier, de conseiller garde-scel, de commissaires aux revues des gens de guerre, de contrôleur des greffes, des huissiers. — XXIX. Gages des gardes du maire. — XXX. Cérémonial observé

II 1.
1788.

aux obsèques des maires et au baptême de leurs enfants. — XXXI. Formalités pour recouvrer les titres, papiers, armes, meubles de la ville détenus par le roi ou par des particuliers. — XXXII. Amnisties accordées aux officiers municipaux et aux citoyens d'Angers. — XXXIII-XXXV. Emprunts pour l'acquisition des offices municipaux réunis au corps de ville. — Pour achats de blés en temps de disette. — Pour construction des bâtiments de l'Académie et autres ouvrages publics.

Reg. grand in-fol., de 322 fol., pap.

II 2.
1788.

Inventaire analytique du Cartulaire (t. II). — Contient l'analyse des volumes XII-XXIX, aujourd'hui perdus, concernant les revenus et les biens communaux. — I-IV. Remboursement des emprunts et liquidation des dettes de la ville. — V-VI. Droits de simple cloison et de pavage et barrage. — VII. Droits des ports, bacs et passages par eau, pêcheries et saulaies en nom collectif. — VIII. Droits des bacs et pêcheries du port Ayrault. — IX. Du quai de la Poissonnerie. — X. Des ports Ligner et de Lesvière, sur la prairie des Carmes. — XI. Péage et pontonage des grands ponts. — XII. Bâtiments de l'Hôtel-de-Ville et dépendances. — XIII. Halles couvertes, hallage et étalage. — XIV. Casernes et casernement. — XV. Manége militaire des Pommiers. — XVI. Académie d'équitation. — XVII. Maison de ville des Ponts-de-Cé, et pré Bourguignon.

Reg. grand in-fol., pap., de 322 fol.

II 3.
1788.

Inventaire analytique du Cartulaire (t. III). — Contient l'analyse des volumes XXX-XXXV (AA 7-9). — Les vol. XXX-XXXII, aujourd'hui perdus, concernaient la propriété des places publiques des Halles, du Pilory, des Poëliers, Falloux, Saint-Maurille, Saint-Martin, Sainte-Croix, de Monsieur, Neuve, Cupif, de la porte Chapelière, de la Tannerie, du Champ-de-Foire, du mail Romain, du mail des Minimes, du mail des Tilleuls.

Reg. grand in-fol., pap., de 324 fol.

II 4
1788.

Inventaire analytique du Cartulaire (t. IV). — Contient l'analyse des volumes XXXVI-XLIII (AA 10-15). — Les vol. XXXVIII et XL, aujourd'hui perdus, concernaient les rentes dues sur la maison de la Fonderie, entre les deux corps de logis de la porte Saint-Aubin jusqu'en 1748 (vol. XXXVIII), sur les terrains dépendant du boulevard et aux alentours de la porte Saint-Aubin, et la redevance d'un bouquet de violettes servie par le titulaire de la chapelle de la Trinité en l'église Saint-Julien (vol. XL).

Reg. grand in-fol., de 324 fol. pap.

Inventaire analytique du Cartulaire (t. V). — Contient l'analyse des volumes XLIV-LI (AA 16-21). — Les vol. L et LI, aujourd'hui perdus, concernaient les rentes dues pour concessions sur les remparts et murs de la ville.

II 5.
1788.

Reg. grand in-fol., pap., de 333 fol.

Inventaire analytique du Cartulaire (t. VI).—Contient l'analyse des vol. LII-LXIX, aujourd'hui perdus, concernant—I. La construction et la réparation des murs, portes et tours de la ville : 1º Porte Cupif à la porte Saint-Michel. 2º Porte Saint-Michel à la porte Saint-Blaise. 3º Porte Saint-Blaise à la porte Saint-Aubin. 4º Porte Saint-Aubin à la porte Toussaint. 5º Porte Toussaint à la Basse-Chaîne. 6º Basse-Chaîne à la tour Guillou. 7º Tour Guillou à la porte Saint-Nicolas. 8º Porte Saint-Nicolas à la porte Lyonnaise. 9º Porte Lyonnaise à la Haute-Chaîne. 10º Haute-Chaîne au port Ayrault. 11º Turcie et mail des Bénédictins de Saint-Serge. 12º Portes et rue Boisnet. 13º Les portes de la Cité. — II. Le pavage de la ville, des faubourgs et de la banlieue : 1º Route de La Flèche, par Pellouaille. 2º Route de Saumur, par Sorges. 3º Route des Ponts-de-Cé. 4º Chemin de la Croix-Montaillé et des Incurables. 5º Route de Nantes, par Saint-Georges. 6º Route de Laval, par Avrillé. 7º Chemin d'Epinard. — III. La construction et la réparation des ponts et des canaux ou égouts : 1º Pont des Treilles. 2º Arche et chaussée de Saint-Samson. 3º Chaussée Saint-Pierre. 4º Grands ponts et pont des Treilles. 5º Ponts de Brionneau et arche de la prée d'Aloyau. 6º Pont de la Chalouère. 7º Ponts des Ponts-de-Cé. 8. Ponts d'Epinard. 9. Ponts de Saumur. 10. Turcies et levées de la Loire et du Cher. 11. Port Ayrault. 12. Port de l'Ancre. 13. Port de l'Abreuvoir, en Boisnet. 14. Port et quai de la Poissonnerie. 15. Port et quai du port Ligner. 16. Canal ou égout du bas de la rue Saint-Jacques. 17. Canal du bas de la rue des Aix. 18. Canal de la rue des Poêliers. 19. Canal de la rue Valdemaine. 20. Canal de la rue du Collége. 21. De la rue Saint-Gilles. 22. De la rue des Deux-Haies. 22. Du bas de la rue de la Roe. 23. Sur le quai de la Poissonnerie. 24. De la rue de la Tannerie. 25. Canal de Briare. — IV. Les fontaines : 1. De Piéboullet. 2. Fontaine des Vignes. 3. Fontaine Frottepenil. 4. Puids de la place Neuve. — V. Les casernes de la maréchaussée. — VI. La Poissonnerie couverte. — VII. Les seaux de cuir pour les incendies. — VIII. Les tombereaux pour le nettoiement des rues. — IX. Le numérotage des maisons. — X. La pose des lanternes. — XI. La construction et l'entretien des douze grosses torches de la fête du Sacre. — XII. La construction et l'entretien des tribunaux. — XIII. Des prisons.

II 6.
1788.

Reg. grand in-fol., pap., de 342 fol.

II 7.
1788.

Inventaire analytique du Cartulaire (t. VII). — Contient l'analyse des vol. LXX-LXXXVIII, aujourd'hui perdus, concernant : I. Le clergé d'Angers : 1. Chapitre de la cathédrale. 2. Grand et petit séminaires, et chapitres Saint-Julien et Saint-Maimbœuf y réunis. 3. Ordre et cérémonies de la procession du Sacre. 4. Bénédictins de Saint-Serge. 5. Cordeliers. 6. Ursulines. 7. Minimes. 8. Fidélité. 9. Bénédictins de Saint-Aubin. 10. Chanoines réguliers de Toussaint. 11. Communauté de Sainte-Catherine. 12. Récollets de la place des Lices et de la Baumette. 13. Communauté de la Visitation. 14. Frères des Ecoles chrétiennes. 15. Carmes. 16. Ronceray et moulins Barreaux. 17. Calvaire. 18. Pénitentes. 19. Bénédictins de Saint-Nicolas. 20. Capucins 21. Chartreux. 22. Prieuré de la Haye-aux-Bonshommes. 23. Abbaye de Pontron. 24. Abbaye d'Asnières. 25. Prieuré du Louet. 26. Clergé d'Anjou en nom collectif. 27. Fabriques et confréries en nom collectif. 28. Fabrique de Saint-Michel-du-Tertre.—II. La Magistrature : 1. Présidial et Maréchaussée. 2. Prévôté. 3. Siége de la Police. 4. Juridiction des eaux et forêts. 5. Juridiction de l'Election. 6. Siége du grenier à sel. 7. Siége de la Monnaie. — III. L'Université : 1. Faculté de théologie. 2. Faculté de droit. 3. Faculté de médecine. 4. Faculté des arts. 5. Université en nom collectif. 6. Privilége du droit d'appétissement des mesures à vin. — IV. Les Colléges : 1. Prêtres de l'Oratoire et collège d'Anjou. 2. Collége de Bueil. 3. Collège de la Porte-de-Fer. — V. L'Académie royale des sciences. — VI. Les Hôpitaux et aumôneries : 1. Hôpital Saint-Jean. 2. Hôpital général ou des pauvres renfermés. 3. Hôpital des Incurables. 4. Hôpital projeté pour les enfants trouvés. 5. Sanitat pour les pestiférés. 6. Refuge pour les mendiants étrangers.

Reg. grand in-fol., pap., de 350 fol.

II 8.
1788.

Inventaire analytique du Cartulaire (t. VIII). — Contient l'analyse des vol. LXXXIX-CVI, aujourd'hui perdus, concernant : I. Les affaires militaires : 1. Prisonniers de guerre. 2. Recrues. 3. Étapes. 4. Revues. 5. Routes. 6. Milice bourgeoise. 7. Guet et garde. 8. Patrouilles. 9. Régiments provinciaux. 10. Exercice du papegault ou de l'arquebuse. 11. Arsenal. 12. Artillerie. 13. Poudres et salpêtres. — II. Les finances : 1. Octrois. 2. Subvention ou Douane au lieu du sol pour livre sur les denrées et marchandises.

Reg. grand in-fol., pap., de 338 fol.

II 9.
1788.

Inventaire analytique du Cartulaire (t. IX). — Contient l'analyse des vol. CVII-CXXI, aujourd'hui perdus, concernant : I. Les finances (suite) : Impôts pour la subsistance des troupes et pour frais de guerre. 2. Aides et droits en nom collectif. 3. Jauge et courtage, et courtiers jaugeurs. 4. Inspecteurs aux entrées des boissons et aux boucheries.

5. Droits de graisse et graissage sur les bestiaux. 6. Droits d'entrée sur les bestiaux à pied fourché et à pied rond, et sur les porcs. 7. Droits d'entrée et de sortie sur les vins destinés pour la Bretagne. 8. Droits de double et triple cloison. 9. Gabelles et greniers à sel. 10. Droits de traites en nom collectif. 11. Droits sur les sardines transportées de Bretagne en Anjou. 12. Impositions foraines d'Anjou, du duché de Beaumont et de la vicomté de Thouars. 13. Droits sur les vins à la sortie d'Anjou. 14. Droits de parisis sol et six deniers pour livre sur les droits des fermes. 15. Droits sur les tonneaux. 16. Acquits à caution pour les denrées. 17. Contrôle des voitures de menues denrées. 18. Francs fiefs et nouveaux acquets.

Reg. grand in-fol., pap., de 328 fol.

Inventaire analytique du Cartulaire (t. X). — Contient l'analyse des vol. CXXII-CXXXIII, aujourd'hui perdus, concernant : I. Les finances (suite) : 1. Droits d'affranchissement des droits féodaux et casuels dus au roi pour son domaine. 2. Droit de confirmation à raison de l'avénement à la couronne. 3. Rétablissement du contrôle des actes des notaires. 4. Domaines en nom collectif. 5. Finances en nom collectif. 6. Ban et arrière-ban. 7. Droit de trépas de Loire. 8. Droits de péage en nom collectif. 9. Droits de péage aux Ponts-de-Cé. 10. Droits de prévôté et billettes en nom collectif. 11. Droit de prévôté à la Haye-Joullain. 12. Voirie.—II. Les manufactures et le commerce : 1. Foires et marchés. 2. Marchands forains. 3. Langayeurs de porcs. 4. Achat et vente de blé en temps de disette. 5. Mesurage des grains et étalonnage des mesures. 5. Manufactures en nom collectif. 6. Manufactures des toiles à voiles. 7. Juridiction des manufactures exercée par les officiers municipaux. 8. Marque, visite et saisie des marchandises. 9. Maîtres chapeliers et marchands enjoliveurs. 10. Teinturiers et tondeurs de laine. 11. Amendes et confiscations. 12. Juridiction consulaire et palais des marchands. 13. Assemblée de commerce ou Bourse projetée. 14. Marchands d'Orléans fréquentant la rivière de Loire. 15. Droit de boête et balisage.

II 10.
1788.

Reg. grand in-fol., pap., de 360 fol.

Inventaire analytique du Cartulaire (t. XI). — Contient l'analyse des vol. CXXXIV-CLI, aujourd'hui perdus, concernant : I. Les arts et métiers : 1. Arts et métiers en nom collectif. 2. Boulangers. 3. Arquebusiers et armuriers. 4. Aubergistes et cabaretiers. 5. Cloutiers et serruriers. 6. Cordiers. 7. Chirurgiens. 8. Charpentiers et menuisiers. 9. Formiers et talonniers. 10. Fabricants de bas au métier. 11. Merciers et toiliers. 12. Meuniers. 13. Orfèvres. 14. Pâtissiers et rôtisseurs. 15. Revendeurs et fripiers. 16. Taillandiers. 17. Teintu-

II 11.
1788.

riers. 18. Tapissiers. 19. Tailleurs d'habits et toiliers. 20. Tisserands. 21. Tanneurs et bouchers. 22. Jurés crieurs. 23. Jurés vendeurs de poissons de mer. 24. Jurés visiteurs de bois et charbons et jurés mesureurs de blés et farines. 25. Bourreau. — II. Les impositions royales : 1. Tailles et crues. 2. Capitation. 3. Bourgeoisie. 4. Dons gratuits et dons réservés. 5. Dîme, vingtième et autres impositions sur les biens. — III. Les réjouissances et prières publiques : 1. Pour l'avénement des rois, leur sacre, leur mariage. 2. Pour les victoires remportées sur les ennemis de l'Etat. 3. Pour la convalescence des rois et des enfants de France. 4. Pour la naissance et le mariage des enfants de France et des seigneurs de considération. 5. Pour la paix. 6. Services funèbres des princes et princesses. — IV. Le cérémonial : 1. Des entrées des rois, des princes, des gouverneurs. 2. Cérémonial et préséances en nom collectif. — V. Les régicides. — VI-VIII. Les priviléges des villes de Tours, Poitiers et Bourges. — IX.-XI. Les priviléges de noblesse des officiers municipaux de Lyon, du Mans, Saint-Jean-d'Angély. — XII. La translation de familles d'Angers dans la ville d'Arras (1479). — XIII. L'arrestation du prince de Condé, du maréchal d'Ancre, et d'autres grands seigneurs. — XIV. La pacification des troubles. — XV. Le siége et la démolition du château de Rochefort-sur-Loire et des fortifications du château d'Angers. — XVI. Les priviléges particuliers : 1. Officiers du clergé. 2. Ordre de Malte. 3. Gentilshommes verriers. 4. Secrétaires du roi. 5. Officiers commensaux. 5. Officiers du contre-mesurage des sels à la Pointe. 6. Délégués des marchands d'Orléans fréquentant la rivière de Loire. 7. Greffiers-receveurs du sceau de la chancellerie présidiale. 8. Receveurs des amendes de la maîtrise des eaux et forêts. 9. Suisses naturalisés. 10. Invalides du château d'Angers. — XVII. La suppression des priviléges et exemptions des officiers de judicature, de police et de finance. — XVIII. Les jetons et bougies. — XIX. La nomination de gouverneurs de la province et de la ville et château d'Angers. — XX. Les pompes funèbres des gouverneurs de la province. — XXI. La pension de M. le lieutenant du roi. — XXII. Les spectacles publics. — XXIII. Les gouverneurs de la ville et château des Ponts-de-Cé. — XXIV. Matières diverses.

Reg. grand in-fol., de 360 fol., pap.

II 12.
1615-1789.

Affiches et placards, portant publication d'arrêts du Parlement ou du Conseil d'Etat, sentences et réglements de police, conclusions du Conseil de ville, convocations de la milice, et autres actes pour la plupart analysés dans les précédentes Séries.

Quatre-vingt-huit imprimés.

DOCUMENTS

DOCUMENTS

I.

Despense pour les ystoires faiz pour le parement de la ville contre la venue et entrée de monsieur le duc en sa ville d'Angers ; lesquelles ystoires sont parfaites et en garde en un hostel à louage, en atendant ladicte venue et entrée dud. Mons. le Duc.

Pour II papiers d'or parti achaté de Jehan Blanchet, espicier, le XXIIe jour de juign CCCLXXIX, chacun papier XL s. valant,   IIII livres.   1379.

Pour II^cLVI feilles d'or parti achaté de Jehan le Pevrier, celui jour,   XXXV sols.

Pour II papiers d'or parti achaté dud. Jehan, le XVe jour de juillet ensuivant,   IIIIe livres.

Pour III papiers d'or parti achaté dud. Jehan, le jour Saint-Lorenz,   VI livres.

Pour II papiers d'or parti achaté de Thevenin le Bourgoignon,   IIII livres.

Pour I papier d'or parti achaté de Gilet de la Bernichière,   XL s.

Pour II papiers d'or parti achaté de la fame feu Perrot Girart,   IIII l.

Pour II^cLV feilles d'or parti, qui furent envoiées quérir et achater à Saumur par Guill. Vintsouls, pour ce qu'il n'en avoit point à Angers, en principal achat,   XXXIIII S.

Pour un papier d'argent achaté de Jehan Blanchet, le XXIIe jour de juign CCCLXXIX,   XX S.

Pour II papiers de feilles d'argent achaté de Jehan Le Pevrier, celui jour,   XL S.

Pour i papier d'argent acheté de Thevenin le Bourgoignon, xx s.
Pour i papier d'argent acheté de Gilet de la Bernichière, xx s.
Pour ii papiers d'argent acheté de la fame feu Perrot Girart, xl s.
Pour demie livre d'azur fin acheté de Jeh. le Pevrier, le xxiie jour de juign dessusdit, xx s.
Pour iii quarterons et demi de Inde fin acheté dud. Jehan, celui jour, xxx s.
Pour un quarteron de livre de safren acheté de lui, celui jour, xxii s. vi. d.
Pour une livre et demie de vermeillon fin acheté dud. Jehan le Pevrier, celui jour, xviii s.
Pour demie livre d'orpin acheté de Thevenin le Bourgoignon, xii s. vi d.
Pour lvi livres de croye, prinse de Jehan Blanchet, le xxie jour de juign ccclxxix, ix s.
Pour v xii^{aines} d'estain doré acheté de Jeh. le Pevrier, le xve jour de juillet ensuivant, xxxi s. iii d.
Pour demie livre de coton acheté de Jeh. le Pevrier, le xxiie jour de juign, iii s.
Pour iii quarterons de fil à ligneul acheté de Olivier le Gaynier, ii s. xi d.
Pour aguilles achatées à coustre les choses neccessaires, v d.
Pour ii livres de plom blanc acheté de Jch. le Pevrier, le xxiie jour de juign ccclxxix, x s.
Pour i cent et v livres d'autre plom acheté dudit Jehan, celui jour, iiii l. xiiii s. ii d.
Pour le déchié de xxv livres de plom vieil eschangé contre autres xxv livres de plom neuf, iiii s. ii d.
Pour ii livres de potin, chacune livre xviii d., valant xv s.
Pour colle achatée par plusieurs foiz paravant le xxiie jour de juign ccclxxix, viii s. iiii d.
Pour une xii^{aine} de colle de morue achatée de Jeh. Blanchet, celui jour, vii s. vi d.
Pour une main de papier Romain de grant moison, achatée de Jeh. Blanchet, vi s. viii d.
Pour xii mains de papier royal de petite moison, acheté de Jehan le Pevrier, le xxiie jour de juign ccclxxix, chacune main iii s. iiii d. valant, xl s.
Pour xxiii aulnes de toille grosse achatée de Guill. Dubois, chacune aulne ii s. vi d. valant, xlvii s. xi d.
Pour ii draps de lit, contenant viii aulnes de toille, achatés de Macé de la Haye, xv s.

Pour xv aulnes de toille achatées de Julian de Cleremont, chacune aulne II s. I d. valant, XXXI s. III d.

Pour II XII^{aines} de cuirs de veaux, achatez de II marchans de Laval, en la présence de Oudinet Marie et de Jehan le Joustours, L s.

Pour x veaux et le cuir de une vache achaté de Guillotin Lecordier par Jeh. Sebille, XXVII s.

Pour IIII veaux achatés dud. Guillotin, XI s. VIII d.

Pour une XII^{aine} de veaux achatés de Jeh. Fardeau, présens Monparent et Lecordier, XXXII s.

Pour I pois de chanvre achaté de Macé Renoul VI s. VIII d.

Pour VI sacs de charbon achatez VIII s. IX d.

Pour farine de froment achatée III s. IIII d.

Pour I millier de clou chestiveau, achaté de Jeh. Pantonnier, v s.

Pour LX cloux à grant chappe faiz par Alain de Mirepoix pour coustre les peaux des grans bestes, XII s. VI d.

Pour plusieurs tuyaux et autres choses faites par led. Alain, pour les bestes ordenées contre la venue de M. le duc, par commandement du lieutenant, C s.

Pour une once et III quarterons de soye achatée de Colin Landevy, au pris de XII s. l'once, XXI s.

Pour un piegne et un miroer achaté dud. Landevy, pour la Serine (1), v s.

Pour un pié à mettre led. miroer, pour le mettre en la main de la Serine, III s. IX d.

Pour les œilz de toutes les bestes achatez de Guillaume Le Paintre, II s. VI d.

Pour VIII saussières à mettre soubz les piez des bestes, v s.

Pour poz-terrins et une buye achatéz de Macé Julian, II s. VI d.

Pour x es (2) achatées pour mettre les bestes dessur ycelles, VII s. VI d.

Pour une banelote et demie de foign achaté par Jeh. Sebille, pour ycelle œuvre et pour l'aménage, x s. VII d. ob.

Pour III quarterons de chestivelle achatez dud. Jeh. Sebille, et pour l'aménage, XI s. III d.

Pour I quarteron de cercle achaté dud. Jeh. Sebille, xv d.

Pour I escucon de bois fait pour paindre les armes de M. le duc et pour les elles de trois angeloz, et pour une es prinse lui et pour appareiller les autres es a soustenir les bestes, XX s.

Pour une claveure et une clef, et pour II gons et II vertevelles a pendre l'uys devant de l'ostel, où furent faites lesd. bestes; ouquel

---

(1) Sirène. — La rue qui s'appelle encore de la Serine, autrefois rue Bougorge, prit son nom, au XVe siècle, à l'enseigne d'une vaste maison, formant l'encoignure et s'étendant, par des hangars, jusqu'à la rue Val-de-Maine.

(2) Ais.

hostel elles ont esté en garde depuis qu'elles furent parfaites, vii s. vi d.

Pour le salaire d'un varlet, qui ala d'Angers à Chasteaugontier pour quérir maistre Jehan le Paintre, pour aider à faire lesdites ystoires, vii s. vi d.

Pour le salaire d'un autre varlet et de son cheval, pour aler d'Angiers à Chasteaugontier quérir les molles aud. paintre, viii s.

Pour le salaire de i varlet (1), qui ala d'Angers à Nantes pour quérir de l'or parti et pour l'aporter à Angers, xv s.

Pour les dépens et salaire de Guill. Vintsouls et de son cheval, en alant d'Angers à Saumur, pour quérir de l'or parti et pour l'aporter à Angers, x s.

A maistre Jehan le Paintre, de Chasteaugontier, et à Guillaume le Paintre, d'Angers, sur ce qui puet estre deu à eulx et aux autres paintres, de leurs paines et salaires d'avoir ouvré les bestes et ystoires dessus dites par plusieurs parties, c'est assavoir le xxve jour de juign ccclxxix, c s.

Item, le ii juillet ensuivant, c s.

Item, le xve jour dud. mois, c s.

Item, le xxe jour dud. mois, c s.

Item, le xxixe jour dud. mois, xl s.

Item, le derrenier jour dud. mois, lx s.

Item, le xiiie jour d'aoust ensuivant, xx s.

Summa expensarum ystoriarum :
ci l. ix s. iii d. obol.

(CC 3 fol. 25).

II.

Inventaires de l'artillerie de ville (2).

1411 - 1417.

I.

1411 (N. S.) Si après s'ensuit l'inventoire fait des garnissons, artillerie, engins et autres choses appartenants à la ville d'Angiers, lequel fut fait le

---

(1) On envoie quérir à Saumur, à Nantes, ce que l'industrie d'Angers ne peut fournir. Au xve siècle encore, cette pénurie locale, surtout dans les métiers qui touchent à l'art, se fait souvent sentir; on appelle de Poitiers, de Doué, des horlogers; de Laval, un fontainier; en janvier 1481 (N. S.), la ville fait une commande de dagues à Bourges et à Orléans, « pour que ceux d'Angers ne peuvent fournir les 1500 et n'en ont rendu que 400 prêtes. » (BB 1. f. 93).

(2) Ces deux documents peuvent compter parmi les plus anciens qu'on ait encore publiés. Les pièces de ce genre que donne l'*Histoire de l'artillerie*, composée sous une haute direction, ne datent, je crois, que de 1420.

VIIIe jour du mois de janvier mil quatre cens et dix, et lesquelles furent trouvez et sont en la cour de desoubz Saint-Laurens et au portau Saint-Nicolas; et furent présens à faire cest inventoire Johan de la Forest, Joh. Gerbois, Guillaume Lemarié, André Treppigné, Johan Briconen, Geffray Bellier, Allain Mendon, Joh. du Vergier, Perrin de la Forest, Joh. Burnost, Perrot Hollier, et Colas Tahureau et plusieurs autres.

Et premièrement :

En ladicte tour Saint-Laurens furent trovez et inventoriez ces choses qui s'ensuivent :

Cinq poulliez de cuyvre pour engius, trois petites et deux grandes, et deux chevilles de groux fer.

Item, trois chapeaux de fer pour la grant ferure de la chesne desoubz le chateau et deux grandes barrez de fer.

Item, y a une grande chesne, où il a cent mailles de fer et un crochet pour fermer la chesne de ladicte tour Saint-Laurens;

Item, y a la chesne d'un des pons de lad. ville, où il a XXV mailles de fer et agneau au bout, et fut du portau de Toussains;

Item, y a deux autres chesnes pour led. portau de Toussains, où il a encore XVI mailles de fer, le lien et le chapeau, et en l'autre XIIII mailles et demie de fer et le chapeau;

Item, y a une autre chesne de fer, qui est pour fermer lad. chesne de lad. tour Saint-Laurens, par amont, où il a XXVIII mailles de fer et une grappe de fer;

Item, y a en lad. tour onze mays de plon, teulx quelx;

Item, y a quatre vieux liens de fer et les coublez de une des barriez de la ville, et un autre coublet ches Treppigné;

Item, y a un taz de garoz de bois, où il a environ un millier qui ne sont pas achevez de faire;

Item, y a trois cassetes de bois, où il a des virettons, les uns ferrez et les autres nom, et plain panier, et ne sont pas enpanez;

Et sont les choses dessusdictes au susserain estaige de lad. tour.

Item, ou segond estaige d'icelle tour, a une chesne longue, où il a six vins et deux maillez de fer, qui est pour fermer la chesne de au dessus de Saint-Johan;

Item, y a les braz et les courbes d'un enguin garny d'estanc, duquel enguin la ferreure de bois de la chesne desoubz le chateau fut férue;

Item, le surplus des bois, qui faillent pour led. enguin, sont en l'iglise de Saint-Laurens, pour ce que ilz ne puent estre en lad. tour;

Item, au souserain estaige de lad. tour, au bas, a 1 griffon, un lion,

1 lieppart, une serine et plusieurs autres bestes qui furent faiz pour l'entrée du roy de Sicille (1).

Item, au portau Saint-Nicolas fut trouvé et inventorié le bois de un enguin et la roue pour lever pière, trois piz (2) a peurrier, une lieve de fer, et deux pallez, tellez quelles.

Item, fut inventorié et trové en la grant grange ès greniers de Saint-Johan d'Angiers, les bois complez de deux engins a gitez pières pour assaillir une forteresse ou deffendre ;

Item, en la tour Saint-Laurens, au susserain estaige, fut inventoriez et trovez quatre bombardes, et une au portau Saint-Nicolas ;

Item, en lad. tour Saint-Laurens, quatre canons de cuyvre et un de fer ;

Item, au portau Saint-Michel, que les peiriers avoient pour tirez de la piere pour les ouvres de la ville, furent inventoriez et trovez deux lievez et un mail et plusieurs pis et alignouers.

(CC 3 fol. 145).

II.

1417.

Le IXe jour de may l'an mil IIII^c et XVII, fut fait inventoire des bombardes, canons, pierres, trait et autres chouses estans en la ville d'Angers, ès lieux que dessoubz déclairez pour la deffense de lad. ville (3) :

Et premièrement, en la tour soubz le chasteau, devers la Tennerie, une petite bonbarde ensepontée (4).

Au portau Saint-Nicolas :

Troys bonbardes de fer avecques troys sepons de boys pour lesd. bonbardes.

Item, troys petites bonbardes de cuyvre enseponnées [et] (5) un petit canon enseponné.

Item, VI^{xx} de salpestre ou environ en deux sas.

Item, du souffre en une poche.

Item, III milliers de bues de fues, qui furent amenés de Paris.

Item, une chartée de charbon de saulle.

Item, VI pavaiz, un hausepié à parer arbalaistres, et deux lances.

---

(1) V. le document précédent.
(2) Pics de carriers ou perrayeurs.
(3) Note de la marge du registre : « Plusieurs desd. bombardes ont esté refectes en autre forme par maistre Estienne Plaisance, et sont à présent partie en la maison des Halles et partie ès portaux et ailleurs en la ville d'Angiers. »
(4) Montée sur affût.
(5) C'est une correction pour *en* que porte le Mss. et qui me semble inintelligible.

Au portau Léonnays :
Cinquante pierres de bonbardes et de canon, ou environ.
Item, vi pavaiz, un haussepié à tandre arbalaistres.
En la grange de Saint-Jean :
Item, deux engins à gecter pierres à assaillir une forteresse ou deffendre une ville.
En la tour desoubz Saint-Laurens :
Item, vi^c de gairoz, ou environ, empannez d'airain, non ferrez.
Item, iiii^{xx} pierres de bonbardes et de canon, ou environ.
En la tour de la Chesne, soubz le chasteau :
Item, lx pierres de bonbardes et de canon, ou environ.
En l'hostel Davi, en la rue de la Folie :
Item, deux cens desd. pierres, ou environ.
Chiès Colas Legros :
Item, vi pavailz.
Item, ii lances.
Item, haussepié à parez arbalaistres.
Item, une grosse bonbarde de fer.
Item, lxxiii pierres de bonbarde prestes, et xli pierres à faire.
Chiès Geuffroy Gaitteron :
Item, vi pavailz, ii lances, ii bonbardes de cuyvre.
Item, i canon à main, vii^c de viretons et vi^{xx} pierres de bonbardes.
Chès Estienne Bercil :
Item, ii^c l livres de salpestre.
Item, ii^c l livres de souffre.
Chès Gervaise des Noes :
Item, iiii bonbardes de cuyvre.
Item, une grosse bonbarde de fer.
Item, un canon de fer.
Item, l viretons.
Chès Michel Thébault :
Item, iii bombardes de cuyvre.
Chès Jeh. Harel :
Item, iii cens de salpestre.
(CC 3 fol. 167).

III.

Statuts des cordiers d'Angers (1).

RENÉ, par la grace de Dieu, roy de Jerusalem et de Cecille, duc 1445.

(1) D'après une copie de 1760.

d'Anjou, de Bar et de Loraine, comte de Provance, de Fourcalquier et de Piémon,

A tous ceux qui ces présentes verront et ouiront, salut. De la partie des maistres ouvriers du mestier de cordier de cette nostre ville d'Angers, nous a été exposé, que plusieurs, non savans de faire et exercer icelui métier, se sont mis et ingérez, le temps passé, à faire et exercer icelui métier de cordrie, et en ont levé et tenu leur ouvrouer en cette nostre dite ville d'Angers, et y ont fait plusieures mauvaises pièces de cordages, tant cables qu'autres ; par quoy et par leurs dits mauvais ouvrages plusieurs grands maux, pertes, inconvénians et dommages s'en sont ensuis le temps passé, et pouroient plus faire au temps à venir, tant en la mort de plusieurs marchands notonniers, charpentiers, couvreurs et autres gens d'autres mestiers, comme en la perte de plusieurs chalons, denrées et marchandises, qui, par le deffault de bons cables et autres cordages, ont été le temps passé et pouroient estres au temps avenir perdus et noyez en montant les portes et chaussées assises sur les fleuves et rivières, tant de Mayenne, Sarte, le Loir, comme de plusieurs autres fleuves et rivières, et autrement en plusieurs manières ; et nous ont remontré que, quant aucun cordier fait ou fait faire un cable, ci en icelui cable n'avoit qu'un seul cordon mal assemblé et qui ne vienne à sa droitte retresse, et qu'il ait sa charge competante sans plus ne sans moins, il n'est pas licitte qu'iceluy cable soit baillé pour sureté à nuls notonniers, pour ce qu'il ne seroit par sûr et pouroit faire noyer et perdre les marchands, notonniers, challons et denrées qui seroient menés et conduits sous la sureté dudit cable, auquel nul ne y devoit avoir sureté ne lui bailler fais, pour monter par les portes des fleuves et rivières dessus dittes ne autres ; et n'est pas choses licitte, que en ouvrage de bon cables ne d'autres cordages, qui soit pour servir sur rivières, soit mis ne employés aucuns chambres brayés houldry, ne auquel [a] aucunne malle fasson, mais y doit estre mis et employé tout le meilleur chambre et le mieux conroyé que l'on peut faire, et pareillement des autres ouvrages de cordrie, chacun en leur endroit ;

En nous humblement supliant lesdits maistres et ouvriers dudit mestier de cordrie, que nous voullussions faire aucuns statuts et ordonnance sur ce, pour le bien, proffit et utillité de la chose publiques, et pour obvier, au temps avenir, aux malléfices desdits cordages et aux pertes, dommages et inconvéniens, fraudes et abus dessus dits, et autres qui se pouroient ensuivre ; pour ce est-il que Nous en considération aux choses dessus dittes, voulans tous marchands, notonniers, cherpentiers, couvreurs et autres gens, avec leurs challons, denrées et marchandises et autres habillemens, estre en sureté à nous possible de leurs personnes et de leurs biens, et quant au cas présent, pour ce faire, leur estre baillé et administré bon, loyal et sûr cordage par les maistres et ouvriers dudit métier de cordrie, en tel manière que nul inconveniens ne s'en puisse ensuivir au temps avenir;

Avons, par l'avis et delibération des gens de nostre Conseil et de nostre justice, pris les avisemens sur ce baillés par les maistres ouvriers dudit mestier de cordrie, certains points et articles, et sur iceux et autres choses qui faisoient à considérer, fait, ordonné et estably, et par ces présentes faisons, ordonnons et establissons audit mestier de cordrie les statuts et ordonnances qui s'ensuivent :

1. — Et premièrement, que audit mestier de cordrie ne sera usé de fil quelconques, s'il n'est bien et loyaumant fillé et conroié, à ce que l'on en puisse faire bon et sûr ouvrage.

2. — Item, que corde, appellée corde molle, sera de trente brasses et du pois de six livres; car autrement elle ne peut estre bonne et convenable.

3. — Item, que corde, appellée timail à sène, sera de trente brasses de long et du pois de trois livres et demie.

4. — Item, corde, appellée billon à saine, et bien assemblée, sera du pois de six livres et de trente brasses de long.

5. — Item, autres cordes pour senes, appellées ombrières, seront bien faittes et bien assemblées de telle longueurs comme les pescheurs et autres, qui en ont à besogner, les voudront faire faire.

6. — Item, corde, appellée corde de nappe à paischeurs, pesera une livre et demie et sera de soixante brasses de long.

7. — Item, corde de tramail sera de neuf fils, et faitte de bien fin chambre, pezera deux livres, et sera de trente brasses de longueur.

8. — Item, un trait de rais à oyseaux de rivière sera bien fait et bien assemblé de dix-huit fils, fillé de bon et fin chanvre, pezera onze livres et aura soixante-dix brasses de long.

9. — Item, cordages, appellés enarmas, pour ledit trait a oyseaux, sera de quinze fils et de bon chanvre, pezera trois livres et demie chacunne paire et aura vingt-quatre brasses de long.

10. — Item, en fasson de brayes, ne sera mis que bon chanvre et fillé par trois et par deux fils, c'est à savoir, que le fil, dont l'on fait la chausse de la braye, sera fillé par deux, et le fil à faire l'outre plus de ladite braye sera fillé par trois.

11. — Item, paires de sangle à bats renforcées pezeront, sans boucles, deux fortes livres.

12. — Item, autres sangles à bats moyennes, pezeront une forte

livre et demye, et auront lesdittes sangles, tant les fortes que les moyennes, sept pieds de long.

13. — Item, sera le tissu desdittes sangles de bon chanvre bien fillé et bien tissu, et au regard des sangles à selle, elles se pouront faire en divers fassons et moiens et de bon fil.

14. — Item, douzaine de chevestre (1) achevée pezera six livres et auront lesdittes chevestres chacun deux brasses de longueur.

15. — Item, les chevestres, appellées licouls, seront d'une brasse et demie de long et en pesera, la douzainne ensemble, cinq livres.

16. — Item, corde de coulouère, appellée cinquantaine, sera faite de bon chambre et pezera pour le moins cinq livres et aura cinq brasses de long.

17. — Item, corde de chalit, de quinze brasses le chef, pezera deux livres.

18. — Item, cordes de fardeau, de douze brasses, pezera deux fortes livres et du plus plus, du moings moings, au fur enpleigé du compte dessus dits.

19. — Item, cordage, appellée fune, pour encorder bestes à metre en pastures, pezera une livre et demie et aura six brasses.

20. — Item, corde, appellée trait a charettes, aura deux brasses et demie de long et pezera trois livres.

21. — Item, corde, appellée lievre (2), aura trois brasses de long, pezera quatre livres et demie.

22. — Item, lievre de quatre brasses pezera cinq livres et du plus plus, ou du moins moings, à celui compte.

23. — Item, payere (3) de traicts à chevaux à charettes, les prochains des limons pezeront cinq livres et auront sept pieds et demy de long, tous prest, et les autres traits du devant en dessendant.

24. — Item, cordeaux, appellez funeaux à pieds de rochelle, auront chacun douze brasses de long et pezeront six livres pour le moings et au fur enpleigé, selon la profondeur du puid, pour en user en Anjou.

25. — Item, chef de corde, de 24 brasses, pour rochelle ou autres paies, pezera cinq livres.

26. — Item, chef de corde, de 40 brasses, pour lesdits payes, pezera quatre livres.

27. — Item, que nul dudit mestier de corderie de nostre dite ville

---

(1) Brides, freins.
(2) Pour attacher le joug aux cornes des bœufs.
(3) Paire.

et quinte d'Angers ne poura lever ne tenir ouvrouer d'icelui mestier jusqu'a ce que :

28. — Premierement, il ait fait son chef d'œuvre tel comme sera cy apres dit et advisé, et qu'il ait été raporté à nostre justice par les jurez, qu'il y auront trouvé ledit chef d'œuvre, et fait en jugement le serment de bien et loyaument soy porter et gouverner audit mestier de cordrie.

29. — Item, que il n'ait payé la somme de quatre livres, et c'est à savoir : quarante sols à nostre recette ordinaire d'Anjou, et les autres quarante sols aux jurez dud. mestier, qui sont tenus les mettre en une boueste, qui fermera à deux clefs, dont lesd. jurez auront et garderont l'une desd. clefs avec lad. boueste, et l'un des autres maistres, qui ne sera pas juré, aura et gardera l'autre clef; tous lesquels deniers de lad. boueste seront par lesd. jurez et autres maistres dud. mestier, mis, convertis et employés à faire et soutenir une belle et notable torche, qui au temps à venir sera portée par lesd. maistres et ouvriers de cordrie au jour du Saint-Sacrement, à la conduitte, louange et honneur de Dieu nostre père créateur.

30. — Item, que nul ne sera receu à estre passé maistre dud. mestier, soit marié ou à marier, s'il n'est homme de bonne vie, renommée et honneste conversation, sans user de vie dissolue ne deshonneste par concubinage ne autrement.

31. — Item, que nul dud. mestier ne sera point receu à estre passé maistre d'iceluy mestier de cordrie, s'il n'a été aprentif ou servy les maistres dud. mestier ès ville et baillage d'Angers par temps suffisans, et qu'il ait fait son chef d'œuvre en la présence de deux jurez dud. mestier, s'il n'est trouvé par lesd. jurez qu'il ait été passé maistre en autre bonne ville jurée, et qu'il ait fait serment à nostre justice de tenir et garder loyaument ces presents statuts sans les enfraindre en aucune manière.

32. — Item, que à ceux, qui sont nouvellement venus en cette nostred. ville d'Angers, lesquels y ont levé leur ouvrouer dud. mestier de cordrie depuis deux ans en sa, et n'y ont point été aprentifs ne servy par temps suffisans, sera interdit et deffendu par nostre justice de plus ne tenir ouvrouer, jusqu'à ce que chacun d'eux ait fait son chef d'œuvre, qui sera un estague à lever une voille et un trail à oyseaux, qui sont les plus légers chefs d'œuvres qui se doivent faire, pour savoir s'ils seront suffisans à faire et exercer led. mestier de cordrie ; et s'ils sont trouvés suffisans, ils seront receus à faire et exercer led. mestier de cordrie, en faisant le serment à justice de bien et loyaument eux porter et gouverner aud. mestier, et en payant chacun d'eux lesd. quatre livres, comme dessus est dit, et qu'ils soient

de bonne vie et honneste conversation, et non autrement, jusqu'à ce qu'ils sachent faire leur dit chef d'œuvre, et fait ce que dit est, et qu'ils soient de la condition dessus ditte.

33. — Item, que les enfants mâles des maistres et ouvriers dud. mestier de cordrie, qui seront de père en fils, ne pouront lever ne tenir leur ouvrouer dud. mestier jusqu'à ce que par les jurez dud. mestier ilz ayent estez examinez et par justice trouvez savans et expers, et qu'ilz ayent fait le serment, ainsy que dessus est dit, de bien et loyaument eux porter et user dudit mestier, et ne metteront rien en la bouëste au regard des quatre livres dessus dittes, mais seront tenus payer chacun d'eux un disner aux maistres jurés et ouvriers dud. mestier, du prix et valleur de quarante sols tant seulement.

34. — Item, que tout homme, qui sera trouvé ouvrier et savant, et voudra estre passé maistre dud. mestier de cordrie, sera tenu payer auxd. maistres jurez et ouvriers dud. mestier un disner dud. prix de quarante sols, avant qu'il puisse ne doive lever ne tenir son ouvrouer, en outre les quatre livres dessus dites.

35. — Item, aud. mestier de cordrie aura deux jurez, lesquels seront esluz et présentez à nostre juge ordinaire d'Anjou, pour faire le serment de bien et loyaument visiter ceux dud. mestier et raporter à justice les deffaux qu'ils y trouveront, et faire au surplus ce que bons loyaux jurez doivent faire; desquels deux jurez il sera osté et depointé l'un par chacun an, et y en sera mis et institué un des autres en son lieu, pour servir aud. office à son tour, et lequel sera eslu et présenté à justice par lesd. maistres et ouvriers dud. mestier, pour illecques faire le serment, comme dessus est dit.

36. — Item, lesquels jurez seront tenus de faire les visitations sur tous les ouvrages d'icelluy mestier, et de faire bon et loyal raport à justice de touttes les fautes et maléfices, qu'ils y trouveront, sans nulles en recéler, pour estre les délinquans corrigéz par amande, selon les cas, touttes fois que mestier sera et que par justice en seront requis; et auront iceux jurez, pour leur peine et sallaire de faire lesd. visitations, sur chacun de ceux qu'ils trouveront en faute de mauvais ouvrages ou autres deffaux, la somme de deux sols six deniers, ou plus, selon l'exigence des cas, à l'arbitration de justice; laquelle somme iceux jurez seront tenus mettre en lad. boiste dud. mestier, pour ayder à soutenir et augmenter leurd. torche.

37. — Item, que chacun dud. mestier de cordrie, qui sera par lesd. jurés trouvé en faute de son ouvrage, sera pour ce convenu devant justice, et pour lad. faute sera mis en amande telle que le cas le requerra.

38. — Item, et s'il avenoit qu'aucun maistre dudit mestier allast

de vie à trespassement, en icelluy cas, sa femme pourra faire et exercer led. mestier, tant comme elle sera à marier ; et sy elle se marie secondement [avec un] (1) qui ne soit pas dud. métier, elle ne son second mary ne pouront plus faire ne exercer led. métier, mais en seront du tout forclos.

39. — Item, que tous ceux, qui seront trouvés savans et voudront user dud. mestier, ils y seront receus pour le temps avenir, moyennant qu'ils seront tenus de faire sur ce le serment à nostre justice en tel cas accoustumé, avant qu'ils tiennent ne levent leur ouvrouer; et aussy seront tenus de payer les quatre livres dessus dites, pourvu touttes fois que tous ceux, que aussy voudront user dud. mestier, soient de bonne vie, renommée et honneste conversation, comme dessus est dit.

40. — Item, s'ensuit la déclaration des chefs d'œuvres qu'un chacun, qui voudra estre cordier, sera tenu faire et savoir faire, avant qu'il soit receu à lever ne tenir ouvrouer dud. mestier :

C'est asavoir un cable ou un estague, ou un va et vient, ou un trait à oyseaulx, une braye, un estuy, un couet ou une pièce de raye à bestes sauvages, ou un billon, lequel qu'il leur sera ordonné par les maistres jurez dud. mestier.

41. — Item, lesquels statuts, introductions et articles dud. mestier dessus déclarés, Nous voulons et ordonnons estre perpetuelement gardez, maintenus et continués par tous et chacuns les maistres jurez et ouvriers d'icelluy mestier, sans aucunement estre enfrains, sur les peinnes qui appartiennent, et sans préjudice d'aucunnes autres bonnes provisions de justice qui y peuvent et pouroient estre profitables et ajoutées. Sy donnons en mandemant à tous nos justiciers, officiers et sujets, et à chacun d'eux, pour tant comme à eux appartiendra, que d'iceux statuts, instructions et ordonnance dud. mestier de cordrie ils fassent, souffrent et laissent jouir et user lesd. maistres jurez et autres ouvriers d'icelluy mestier, en les y contraignant sy mestier est, et par touttes voyes et manières deues et raisonnables; car ainsy nous plaist et voulons estre fait pour le bien, proffit et utillité de la chose publique et pour obvier aux inconvénians dessus dits.

Donné à Angers, sous nostre scel ordonné pour lettres de justice, le septiesme jour de juin l'an mil quatre cent quarante cinq (2).

(FF 5 fol. 26).

---

(1) La copie dit : chacune.
(2) Des lettres patentes du 30 mai précédent, données à Tours, confirmaient déjà les cordiers d'Anjou, du Maine et de Touraine dans leurs priviléges et exemp-

IV.

Certificat de bons services délivré à Maurice Lepeletier, médecin de l'hôpital Saint-Jean.

1454 (N. S.) Nos, Philippus, prior conventualis hospitalis Sancti Johannis Andegavis, tenore presencium certifficamus omnibus et singulis, quorum interest aut interesse poterit, magistrum Mauricium Lepeletier, in medicina licenciatum, a duobus annis citra vel tribus ter in ebdomada visitasse, prout et adhuc visitat, fideliter et caritative, tociens quociens requiritur et opus est, pauperes egrotantes in nostro hospitali, cum consolando eos, cum eciam medicinas suis casibus convenientes consulendo, prout vires sui ingenii ad hoc se extendunt, nichil de contingentibus omittens, teste meo signo manuali presentibus apposito, die vicesima sexta mensis februarii anno Domini milesimo CCCC^{mo} LIII°.

PRIEUR.

(Original en papier annexé au fol. 101 du reg. CC 4).

tion de tous droits sur les chanvres employés et sur les cordages fabriqués par eux (*Cartul. analysé*, II 2 fol. 55). Pourtant, cette industrie des chanvres, qui est aujourd'hui une des richesses de l'Anjou, eut grande peine à s'y établir dans les conditions de prospérité, que semblaient lui devoir assurer dès le premier jour la facilité des débouchés, l'abondance et la qualité des matières premières. Dès 1518, on voit Jehan Bridan, Colas Daudin et les autres, « tous pauvres gens, maistres cordiers, » supplier le prévôt, juge ordinaire de la police et des métiers : « comme ainsi soit, que par ci davant, le mestier de corderie ait esté exercé en ceste ville, et à la feste du Sacre fait porter par les maistres cordiers une torche de cyre, comme les autres maistres jurez de cested. ville, toutesfois à présent n'y a plus que deux ou troys qui aient aucun bien, et sont tous lesd. suppliants paouvres et indigens, tellement que à présent ilz n'ont de quoy satisfaire ne poier le ciergier, qui a de coustume faire leur torche ; et n'ont point de cire ne d'argent de quoy en avoir, parce que, en l'année que la feste du Sacre fut sollempnizée deux foiz, il leur convint vendre la cire de leur torche, et leur fut promis par les maire et eschevins de les récompenser et poier la faczon de la torche de l'une des processions, dont ilz n'ont eu aucune récompense ; et depuis ordinairement le chanvre a esté bien cher et encore est de présent, tellement qu'ilz ne gaignent guères et n'ont de quoy poier la faczon et déchet de lad. torche, et n'ont point de cire... et néantmoins fournissent le maistre des hautes œuvres de cordaige, qui leur couste beaucoup. » (*Biblioth. de la ville, carton du Sacre. — Arch. munic.*, BB 17 f. 8) — Ce n'est que vers la fin du XVIIe siècle, que l'État, éclairé par d'urgents besoins, découvrit ce foyer à renouveler d'une activité féconde en ressources. M. de Gastines, commissaire général de la marine, ayant demandé à la ville des cordiers pour travailler

V.

Statuts des baudrayers d'Angers (1).

Charles, par la grâce de Dieu, roi de France, sçavoir faisons à tous présents et à venir.... Nous avons receu l'humble supplication des maîtres ouvriers jurés du mestier de baudrairie en nostre ville, cité et quinte d'Angers, contenant que depuis peu, par les priviléges octroyés à lad. ville d'Angers, furent octroyez et ordonnez auxd. suppliants, par grande et mure délibération et à leur requête, pour obvier aux fraudes, abus, dommages et inconveniants qui se pouroient faire aud. mestier, tant en ouvrages de baudrairies, ganteries, éguilletries, que en la forme de baguetes, gibecières et appareils de

1490.

aux corderies royales de Nantes, le maire lui répondit « qu'il seroit plus expédient de faire venir en cette ville les chanvres du roi, ou même les prendre dans cette province, qui en produit en abondance et de la qualité nécessaire. M. de Gastines a fait partir le sieur de la Daviais Jamon, commissaire des corderies de Rochefort, pour examiner la qualité et la quantité des chanvres que peut donner cette province, et pour voir si les ouvriers et les cordiers de cette ville pourront être propres pour les ouvrages du roi. Le maire a fait assembler tous les maîtres cordiers, qui se sont trouvés au nombre de 15, par qui l'on a fait accommoder un cent de chanvre, dont l'on a pris certaine quantité de tous les endroits de la province, dont l'on tire les meilleurs, afin de faire un essai; lequel ayant été converti en fil de caret, afin de servir d'échantillon, ledit sieur de la Daviais en a paru très content, et est convenu que les corderies du roi n'étaient pas si bien servies partout ailleurs; il a fait immédiatement, avec lesdits cordiers, un état qui règle toutes leurs conventions, en conséquence duquel chaque maître se trouvera avoir plus de 30 sous par jour pour son travail. » (9 août 1692. — BB 99 f. 86). — Et l'année suivante : « M. Grandet, ci devant maire, a dit que l'établissement des cordiers dans cette ville, pour les vaisseaux du roi, avoit eu l'année dernière un succès si favorable pour le bien du service et pour l'avantage de la province, que Mgr de Pontchartrain lui avoit ordonné de renouveler cet établissement dans cette ville. Ces ordres ne lui sont adressés sans doute qu'à cause du peu d'expérience qu'il y a acquis; il prie le corps de ville de vouloir bien que l'entreprise se continue sous son patronage; il s'agit de faire tous les ans une consommation de chanvres de la province de la somme de plus de 150,000 livres ; que comme le grand mail de cette ville, où l'on avoit établi la corderie l'année dernière, avoit paru aux inspecteurs du roi un des plus beaux lieux et un des plus commodes qui fussent en France pour ces sortes de travaux, il prie la compagnie de l'y établir encore. » (5 septembre 1693. — BB 100 f. 32). On juge que le Conseil n'eut garde de s'y opposer. — C'est le début de l'ère nouvelle.

(1) D'après une copie de 1768.

conroy de cuirs en allun blanc et deppendent d'icelui mestier, au préjudice de la chose publique, certains statuts, priviléges et ordonnances cy après articulés; desquels ils ont toujours depuis jouis et usés, et en jouissent et usent en la forme et manière que s'ensuit :

Et premièrement, pour le temps avenir seront faits bien et duement les ouvrages; et pour y parvenir et ce faire, ceux, qui voudront lever leur ouvrouer, seront tenus aller devant les maîtres dud. mestier, qui les présenteront à justice, pour faire chef d'œuvre ceux qui se voudront mesler et entremettre; c'est à sçavoir : pour conroy de cuir en blanc, conroira led. ouvrier deux cent de peaux de chevreaux o toutte leur fleur; et seront lesd. peaux du temps de Pasque; et conroira led. ouvrier là où les maistres jurés ordonneront; et pareillement fera aussi des autres choses dont il voudra estre passé maistre.

2. — Item, pour le chef d'œuvre de bourserie, il fera deux bourses : l'une à homme et l'autre à femme, à six carrés, et les deux bourseaux à quatre quartiers; lad. bourse boutonnée de fil d'espinay, et au bout des quartiers, boutons demy croisés, et l'autre bourse à homme, à coin pendant, en façon de baguette à fon double.

3. — Item, pour le chef d'œuvre de gantrie, il fera une payre de gans doubles à bonbardes, brodée au poing et au pouce, fendus dessus la main, avecque deux fraises.

4. — Item, pour le chef d'œuvre d'éguilletries, fera led. ouvrier une grosse et demie d'éguillettes, dont il y aura demy grosse à armes et demy grosse de bardardes, et demy grosse marchandes; lesquelles éguillettes seront teintes en telle couleur que les maistres jurés aviseront; et seront touttes cloutées.

5. — Item, pour chef d'œuvre de baguettes, nommées gebecières en fers, fera led. ouvrier deux baguettes en fasson de croissant, planées parplets, l'une de cuir et l'autre de treillis; et seront lesdittes baguettes doublées de cuir; et ne poura aucun besogner aud. mestier de baguetrie en cuir ne autre chose, sinon qu'il soit passé maistre.

6. — Item, pour le chef d'œuvre de sainturerie, fera led. ouvrier une ferrure large pour tissus, émaillée à persis et contrepersis, estant suldé ou brazé; et besogneront lesd. sainturiers de bonnes estoffes au temps avenir, tant en fer que en leton et autres étoffes, où besogneront lesd. ouvriers.

7. — Item, sur le fait de ganterie, ne se fera nuls gans de moutons, où la taille de la peau soit mise devers les doigts ne le ventre dedans la main, mais sera mise dessus la main; et ceux qui seront de travers de lad. peau, le plus fort en sera mis devers les doigts; ne

sera fait nuls gans de poil dans la main, que le cuir ne soit conroyé en allun ou couvers de cuir conroyé dud. allun.

8. — Item, sur le fait de bourserie, ne seront faites nulles bourses de moutons doubles; et seront faites lesd. bources, tant de mouton que de chevrotin, toutes attachées à points faits, si lad. bourse passe six deniers à la vente; et cependant lesdites bourses renforcées de demy pied de long de chacun cousté devers la bourse.

9. — Item, sur le fait d'esguilletrie, ne sera fait nulles esguillettes, qu'elles ne soient taillées du long du cuir et touttes clouées ; et ne seront point meslées lesd. esguillettes de mouton avec celles de chevrotin, sur peinne d'estre l'ouvrage confisqué et d'une livre de cire d'amande, le tout au profit de ladite frairie.

10. — Item, les fils des maistres ne seront tenus payer nulles charges à la confrairie ne aux maistres, mais feront seulement ung essay du mestier, dont ils se voudront mesler, en la présence des jurés, pour sçavoir s'ils sont suffisants à tenir ouvrouer, en payant lesd. jurez de leurs peinnes d'estre présents à faire led. essay.

11. — Item, quand les filles desd. maistres seront mariées à aucuns compagnons du mestier, dont se mesleront les pères desd. filles, elles franchiront leurs maris de touttes charges dues à lad. confrairie estant maistre, mais feront leurs dits maris un chef d'œuvre du mestier dont ils se voudront mesler seulement, en payant lesd. jurez, qui seront présents à voir faire led. chef d'œuvre.

12. — Item, nuls desd. maîtres, ne ouvriers desd. métiers, ne feront ni ne pourront besogner le jour de la feste de Monsieur S. Louis, sur peinne de deux livres de cire neuve et de dix sols d'amande, appliquées lesd. deux livres de cire à lad. confrairie, et lesd. dix sols moitié à la justice et l'autre moitié à la frairie.

13. — Item, quant aucun compagnon dud. mestier, qui sera ouvrier, voudra lever ouvrouer en lad. ville d'Angers, encore qu'il puisse lever sond. ouvrouer, les maistres et ouvriers desd. mestiers le présenteront à justice, afin que par icelle soit ordonné qu'il soit examiné par lesd. maistres, qui l'examineront pour sçavoir s'il sera suffisant à faire led. mestier et ouvrages, dont il se voudra mesler; et ce fait, lesd. maistres jurez desd. mestiers en feront le rapport à justice; et fera le serment en tel cas accoustumé; et sera enregistré au papier de la Mairerie de la ville, et sera tenu en prendre registre comme il sera passé maistre; pour lequel il payera pour le maire sept sols six deniers tournois seulement ; et ne pourront les dessus dits maistres ouvrer, sinon de la sience dont led. maistre sera ouvrier et passé maistre, sur peinne de deux livres de cire et de dix sols d'amande, appliquée lad. cire et la moitié desd. dix sols à lad. con-

frairie, et l'autre moitié à justice, et auront chacun desd. maistres jurés, pour voir besogner led. compagnon qui voudra passer maistre dud. mestier, par chaque jour qu'ils vacqueront, chacun cinq sols tournois avecque leurs despenses.

14. — Item, et ne pourra aucun compagnon lever ouvrouer ne besogner en chambre, plustost qu'il ait été examiné par lesd. maistres par la manière devant dite, sur peinne de cent sols tournois d'amande appliquée moitié à lad. confrairie et l'autre à justice.

15. — Item, quant aucun ouvrage dependant dudit mestier, tant de ceux de la ville, des champs, que ceux qui sont apportés des autres villes en lad. ville d'Angers, sera trouvé mal fait, les maistres jurés dud. mestier le pourront prendre d'eux mesme, s'ils ne pouvoient trouver aucun sergent, et ce fait, seront tenus apporter iceluy ouvrage à justice, pour y estre fait ce qu'il appartien.

16. — Item, et pour maintenir lad. confrairie, qui est fondée en l'honneur et révérence de Dieu et de Monsieur S. Louis, et supporter les autres charges de chacun desd. maistres, payera et baillera par chaque semaine, pour luy et sa femme, au procureur de lad. confrairie, deux deniers tournois; et si un des maistres non marié tient ouvrouer, il payera semblablement deux deniers tournois par chaque semaine; et pareillement une femme veuve tenant ouvrouer payera semblablement par chaque semaine deux deniers tournois.

17. — Item, un varlet, qui gaignera argent au dessus de cent sols par an, il payera aud. procureur, par chaque semaine, un denier; et ne poura besogner qu'une semaine qu'il ne paye, et en répondra le maistre dud. varlet.

18. — Item, que ceux, qui doivent une grosse soulte ou pelotte le jour de Carrême prenant et un jallais de vin, c'est assavoir: tout nouveau marié dud. mestier, demeurant en cette ville d'Angers et ès quintes, la moitié de lad. jallais, qui est estimée à trois sols quatre deniers la jallais, quelque prix que vaille le vin, la moitié sera convertie au profit de lad. confrairie, et l'autre moitié sera bue ainsi qu'il est de coutume; et bailleront lesd. nouveaux mariés la moitié desd. trois sols quatre deniers tournois au procureur de lad. confrairie, quant ils bailleront lad. pelotte ou soulte; laquelle pelotte ils seront tenus présenter aux maistres dud. mestier, le jour de Caresme prenant, au lieu accoustumé, à une heure après midy en attendant deux, sur peinne de dix livres de cire et cinq sols d'amande, appliquée lad. cire au profit de lad. confrairie, et lesd. cinq sols à justice.

19. — Item, si aucun compagnon ouvrier dud. mestier, marié en autre pays, vient besogner en lad. ville d'Angers ou en la quinte, il sera tenu bailler aud. jour de Caresme prenant la pelotte avec le

jallais de vin, comme dessus est dit, tout ainsi que s'il estoit marié en lad. ville d'Angers.

20. — Item, tous compagnons qui besogneront oud. mestier seront tenus payer aux maistres dud. mestier une jallays de vin une fois en leur vie; laquelle jallays sera convertie moitié au profit de lad. confrairie, et l'autre moitié sera bue; et seront iceux compagnons tenus payer lad. jallays de vin touttefoys qu'on les requierera, en les appellant chevalliers de remiers; et s'ils sont refusants de ce faire, lesd. maistres jurez dud. mestier pourront prendre ce qu'ils auront devant eux et les engager où bon leur semblera jusqu'à plain payement de lad. jallays de vin.

21. — Item, nuls desd. maistres ne pouront avoir qu'un apprentif à la foi, fors à la dernière année que finira le temps dud. apprentif, et ne le poura tenir moin de temps que de cinq ans, s'il n'est son enfant; et quand led. apprentif viendra demeurer chez son maistre pour apprendre led. mestier, il payera une livre de cire neuve, et quant il en partira, une autre livre de cire seullement, à appliquer à la bourse de lad. confrairie; et si le maistre dud. apprentif va de vie à trespassement, avant que led. apprentif aye accomplis son service, led. apprentif sera tenu de servir sa maistresse et accomplir sond. service, pourveu qu'elle se mesle dud. mestier et qu'elle lui sache monstrer ou avoir gens qui lui sçauront monstrer.

22. — Item, quant aucun compagnon qui sera ouvrier dud. mestier voudra lever son ouvrouer, s'il a été compagnon apprentif en lad. ville d'Angers ou quintes d'icelle, il payera six livres de cire neuve, lesquelles seront appliquées à la boueste de lad. confrairie, et avec payera un denier à tous les maistres dud. mestier, et payera à justice dix sols tournois, le tout avant que lever leur ouvrouer dud. mestier.

23. — Item, si aucuns dud. mestier hors le pais venoient en ceste ville d'Angers ou en la quinte, pour demeurer et tenir leurs ouvrouers, qu'ils n'ayent contribués aux mises dessus dittes de laditte confrairie, et lesquels n'auront point estés apprentifs de lad. ville d'Angers, ils payeront deux livres de cire neuve à lad. confrairie, et à justice, dix sols et le denier aux dessus dits maistres.

24. — Item, ne pouront aucuns regratiers ou regratières achepter ou faire achepter, par eux ne par autres, en lad. ville d'Angers ne fauxbourgs, d'aucuns marchands de hors, nulles peaux, fors seullement lesd. maistres et autres qui les mettent en œuvre, sur peinne de prendre lesd. peaux.

25. — Item, que nuls ne besogneront ni ne feront besogner de fer ni de leton, sinon les sainturiers maistres dud. mestier, et nuls ne

feront et ne fassent sans ferrures d'étaing, quelles qu'elles soient, et que lesd. maistres jurez puissent avoir revisitation sur saintures et ouvrages de fer et leton; et les ouvrages qui ne seront trouvés bons, iceux maistres et jurés les pouront prendre et les apporter à justice, pour en estres punis ceux qui les auront faits, ainsi que le cas le requiert.

26. — Item, et pouront les maistres desd. mestiers, qui font de présent besogner, faire besogner de tous les mestiers, dont ils auront esté passé et receus maistres jurés, tant de cuirs en blanc, d'éguilletries, bourseries, ganteries ou baguettries, réservé que sainturiers ne pouront besogner que de leur mestier de saintureries seulement.

27. — Item, ne pouront lesd. maistres, ne aucun d'eux, fortraire les valets à louer l'un de l'autre, sur peinne d'amande.

28. — Item, ne seront tenus lesd. maistres, ne autres desd. mestiers, pour le temps avenir, payer aucunes impositions de leurd. mestier, pour ce qu'ils sont sujets à fournir de gant, quant il est fait aucunes punitions d'aucuns malfaiteurs (1), ne autres sommes ne charges que il est devant déclaré, sans plus en faire, et en la forme et manière que font les cordiers de lad. ville d'Angers, lesquels pareillement fournissent de corde pour lesd. malfaiteurs, comme dit est.

Lesquels statuts, privilèges, articles et ordonnances cy dessus transcripts...... de nostre plus ample grace espécialle, pleinne puissance et autorité royal, confirmons, louons, gréons, ratifions et approuvons, etc.

Donné à Marolles, au mois de septembre l'an de grâce 1490, et de nostre regne le huitiesme.

(FF 5 f. 60).

VI.

Extraits concernant l'histoire du Théâtre à Angers (XVe s.). — *Note sur le véritable auteur du Mystère de la Passion : Jean Michel.*

Une partie — la plus curieuse — de ces documents se rapporte à la représentation fameuse du Mystère de la Passion, dont le souvenir a laissé dans l'histoire du Théâtre français, si riche en particularités

(1) C'est une obligation générale, qui se retrouve partout. A Brissac, « les cordiers et bouriers doivent seulement fournir de cordes et gans, quand il est fait exécution de mort ou autre punition de quelque criminel. — Les coustelliers, d'un couttteau, quand il y aura quelqu'un à essoriller. » (*Droits de prévôté du comté de Brissac*, 1563. — Arch. du département. — E 215).

de ce genre, un singulier problème : — « *Cy commence le Mistère de la Passion de Nostre Saulveur Jhus Crist, avecques les addicions et corrections faictes par très éloquent et scientiffique docteur maistre Jehan Michel; lequel Mistère fut joué à Angiers moult triumphamment et sumptueusement en l'an mil quatre cens quatre vingtz et six en la fin d'aout.* » Ainsi parle l'édition de 1490, qui n'est sans doute pas la première. Outre le mérite bien surfait de l'œuvre, dont le sujet véritablement tragique et humain aurait dû, dans ces siècles de foi naïve, inspirer mieux quelque grand poète, une opinion longtemps établie et qui se discute encore, appelle l'attention sur cette pièce en lui attribuant pour auteur, d'après les données de ce titre, l'évêque d'Angers, Jean Michel, mort en odeur de sainteté (1447). Le clergé d'Anjou prenait une part active à ces fêtes; et les traits de trivialité, les scènes plus que hardies, qui révoltaient la pudeur des chanoines du xviiie siècle (1), n'avaient rien qui pût compromettre un prélat ni les mœurs du xve. Cent ans plus tard, un autre évêque d'Angers, J. Olivier, composait son poème latin de *Pandore*, dont la poésie, quelquefois légère, ne scandalisa pas l'Église, et cet argument, oublié dans cette discussion, enlève sans doute à l'attribution contestée tout caractère d'invraisemblance, mais ne prévaudra pas contre des raisons directes appuyées de faits et de textes décisifs qui en proclament l'inanité.

M. Onésyme Leroy, le rédacteur du Catalogue de M. de Soleinne, et dans ces derniers temps, avec une conviction complète et réfléchie, M. Louis Paris, copié depuis par d'autres, ont repris la thèse et l'ont presque rajeunie. Les arguments depuis longtemps connus se réduisent à l'énoncé même des éditeurs, et à une assertion poétique de Pierre Gervaise, cité par Jean Bouchet. M. Louis Paris y ajoute les inductions sensées que lui fournit la gravure préliminaire du mystère anonyme de *la Vengeance Nostre Seigneur*, qui représente le poète mitré, nimbé, écrivant son œuvre, et désigne évidemment notre évêque. C'est à peine si l'auteur de la *Description des toiles peintes de Rheims* discute une opinion autrefois présentée par Lacroix du Maine, soutenue par les frères Parfait, Niceron, l'abbé Goujet, Moréri, ou pour tout dire en un mot, par les deux Pocquet de Livonnière, ces infatigables investigateurs des origines angevines, dont la main et la pensée se retrouvent dans tous les grands travaux du xviie et du xviiie siècles. Qu'il ait existé, à cinquante ans de distance, un homonyme de l'évêque, médecin, échevin d'Angers, à qui se puisse repor-

---

(1) « Cette comédie est pleine d'impertinences, » dit Brossier dans son *Répertoire*, t. II (Mss de la Bibliothèque d'Angers), « pour ne pas dire d'impiétés; l'ignorance et la licence des temps toléraient ces extravagances. »

ter l'honneur contesté du Mystère, M. Louis Paris, loin de s'en inquiéter, en tire parti en relevant, d'après un mémoire de M. de Foncemagne (1), les contradictions et les incertitudes des auteurs qui ont pu s'y laisser tromper.

Il faudrait, ce semble pourtant, d'autres arguments pour justifier mieux une attribution qui a peine même à se comprendre. De rapporter la conception première de l'œuvre à l'évêque, il n'en est pas question; si M. Louis Paris y a pensé, il ne s'y arrête pas; une de ses notes même le nie, et M. Paulin Paris (2) a démontré depuis, à suffisance, dans une discussion toute fraternelle mais décisive, que les manuscrits auxquels correspondent les remaniements nomment, comme Jean Lemaire, Geoffroy Thory, Marot, Lacroix du Maine, Pasquier, pour auteur de cette rédaction telle qu'elle d'un sujet déjà vieux à la scène, Arnoul Gresban, dont le nom est populaire aussi chez nos vieux auteurs, et qui n'a composé que cet ouvrage, à une date (1472) et dans des circonstances connues, qui mettent hors de cause son contemporain d'Angers, mort depuis plus de trente ans. Pour contredire ce fait avéré encore par d'autres témoignages, si des inductions pouvaient suffire, au moins auraient-elles besoin de se tirer d'ailleurs que d'indications précisément contraires à ce qu'on y veut entendre. Le titre des éditions, à peine postérieures à la représentation, n'a-t-il point l'air, à l'interpréter sans prévention, d'annoncer « les addicions et corrections » d'un auteur vivant, qu'acceptent, sans attendre un demi-siècle, les acteurs de l'Anjou, à Doué, à Saumur, et les Parisiens? et comment « le très scientificque et éloquent docteur » a-t-il jamais pu désigner le bienheureux Jean Michel, évêque d'Angers par l'élection des chanoines, qui ne fut oncques ni scientifique, ni éloquent, ni, qui mieux est, docteur, mais simple bachelier en théologie, « ne appelant honneurs mondains ne terriennes richesses, » austère cénobite d'esprit rude et borné, mais « vacquant aux œuvres de miséricordes, jeusnes, oraisons et aulmosnes, » comme un simple et pauvre prêtre, insulté à titre d'intrus, bafoué, excommunié par la cour de Rome, et comme tel, par la grâce ordinaire de ces intrigues italiennes, aimé, fêté, adoré du menu peuple qui, vivant, le suivait à la trace de ses bonnes œuvres, mort, se pressait sur sa tombe encensée aux grandes fêtes et tout d'un coup illuminée de miracles solennellement recueillis et proclamés (3). Ni les instances des évêques ses successeurs, ni les solli-

---

(1) *Acad. des Inscriptions*, t. XVI, p. 240.
(2) Catalogue des manuscrits français de la Bibl. impériale, t. VI.
(3) La Bibliothèque d'Angers possède le manuscrit authentique de l'enquête, écrit presque en entier de la main du chroniqueur Jean de Bourdigné. Il a pour titre : *Gesta et miracula reverendissimi Johannis Michaelis Andegavorum episcopi.*

citations empressées de René d'Anjou, de Louis XI, de Louis XII, ne purent appaiser la cour de Rome ; mais le peuple et le clergé d'Angers, dès le lendemain de la sépulture du pieux évêque, l'avaient relevé de ces rancunes en lui consacrant un culte d'affection, et le 15 juin 1456, une procession générale était fondée qui chaque année rappelait à ses fidèles la mémoire vivante du bon prêtre.

Dans cette exaltation de l'imagination populaire, on s'explique très bien qu'à Paris, à Poitiers, à plus d'un demi-siècle et de si loin, des opinions naïves et irréfléchies reportassent au prélat vénéré l'honneur d'une œuvre dont la renommée leur venait parler. Le vers de P. Gervaise, cité dans les épîtres de J. Bouchet (1517), la gravure préliminaire de l'édition de *la Vengeance Nostre Seigneur J. - C.*, prouvent sans conteste que hors d'Angers, dans l'Anjou peut-être, les contemporains même de ces représentations fameuses n'avaient conservé d'autre souvenir que celui de l'humble évêque ami des pauvres, honni de Rome, dont la France entière semblait avoir pris à cœur de faire consacrer la canonisation anticipée par ses vœux.

Le 19 avril 1488, disent les Conclusions de la Mairie (BB 5. f. 2), « maistre Jehan Michel, docteur en médicine, présent ou Conseil de ville, a esté commis et ordonné, appellez avecques luy [....] Coppin, paintre, et autres qu'il verra estre à faire, pour adviser et escripre les faincles et esbatements qu'il conviendra faire ès carrefours de la ville et ailleurs pour la venue du Roy. »

Voilà, ce me semble, un texte précis et un argument nouveau et direct qui remet en scène un personnage méconnu et ne laisse guère prise aux conjectures. Deux ans plus tôt, aux jours mêmes de la grande fête, notre docteur était à Angers. Les registres des Conclusions, malheureusement incomplets et confus, n'indiquent d'aucune façon le rôle qu'il y put jouer ; mais vingt jours après la représentation, quand il s'agit en Conseil de ville de choisir, « pour le bien et seureté des personnes de la ville et du pays... deux médecins qui seront tenuz faire tousjours l'un d'eulx résidence en la ville, quant l'autre sera absent, et auront chacun 50 livres tournois de gages, » sur le second nom, les voix se divisent et l'on renvoie à élire ; mais à l'unanimité, pour la première place, « est nommé et esleu maistre Jehan Michel de ceste ville ; » et l'on peut imaginer sans peine une raison récente à cette popularité. Ces extraits (1), tout concis qu'ils soient, suffisent à démontrer qu'il existait bien à Angers, en 1486, un

---

(1) Les documents, rares aujourd'hui, ne manquaient pas au XVIIe siècle. Les registres capitulaires de Saint-Maurice donnaient de nombreux détails sur la fête et les attributions des acteurs, dont les frères Parfait ont eu communication.

« très scientifique docteur » du même nom que le saint évêque, chargé par la ville de la direction et de l'ornement de ses fêtes officielles, et doivent ôter toute pensée de recourir à un personnage, à qui d'ailleurs ne s'applique aucune des qualifications qui servent d'unique base aux conjectures.

« Par quelle fatalité, dit M. de Foncemagne, tous ceux qui ont eu à parler de Jean Michel [le médecin] ont-ils manqué d'exactitude? » Ce qu'on sait de certain sur sa vie, se pourrait dire en peu de mots : Il était échevin de la ville, régent en l'Université d'Angers, médecin du roi Charles VIII, et, comme on l'a vu, à la solde aussi du Conseil de ville pour le service du pays. Mal en a pris de vouloir, sans titres, ajouter à ces données insuffisantes, et les contradictions, les erreurs matérielles, les inconséquences de faits et de dates répétées de livres en livres ont justifié les défiances et rejeté d'autre côté les convictions. Qu'eût-on dit, vraiment, si l'on eût soupçonné la vérité tout entière? Avant et depuis M. de Foncemagne, un seul texte est resté hors de toute contestation. C'est André de la Vigne qui, dans son journal de la conquête de Naples (Godefroy, *Hist. de Charles VIII*, p. 173), s'exprime ainsi : « Le mardi, 18e jour d'aout, le roy partit de Turin pour aller de rechef à Quiers, et là demeura jusques au 22e jour dud. mois que trespassa Me Jean Michel, premier médecin du roy, très excellent docteur en médecine, dont le roy fut très fort marry. » Cet hommage témoigne au moins du grand renom de notre docteur angevin; et contre une assertion aussi claire et aussi précise, il n'est venu à l'idée de personne de mettre en doute un événement ainsi attesté par un témoin contemporain, oculaire peut-être, et qui en semble tout attristé. Sans m'expliquer cette étrangeté, le fait est absolument faux; il est singulier seulement qu'on le puisse si facilement démontrer.

Jean Michel est mort probablement à Angers, et n'est sans doute même jamais allé en Italie. Le premier février 1496 (N. S.), c'est-à-dire six mois après la date de son prétendu décès, il figure dans l'acte de partage des biens de sire Jehan Barraud, bourgeois et échevin d'Angers, dont il avait épousé la plus jeune fille, Perrine Barraud; c'est lui qui « baille et fournit les lots et partaiges, » et il est expressément spécifié, sous peine de nullité, « que les cohéritiers procèderont au choix et élection desd. lotz dedans lundi prochain venant inclus... parce qu'il est nécessité aud. Michel se retirer vers le roy led. jour de lundi prochain passé (1). » Or, à cette époque Charles VIII, depuis longtemps revenu d'Italie, ne devait plus y retourner. Notre

---

(1) Archives de Maine et Loire. — Famille Barraud.

docteur est présent encore au Conseil de ville le 14 avril 1501 (N. S.), et ce n'est que le 17 janvier de l'année suivante que « la veuve feu maistre Jehan Michel, en son vivant docteur en médecine, régent en l'Université d'Angers, fait requeste, que en luy gardant, durant le temps de sa viduité, le privilège dud. feu son mary, elle fust et demourast exempte du droit de Cloison d'Angers pour son vin et autres provisions qu'elle fera venir en cette ville. » (BB 13. f. 11.)

Il n'entre pas dans la pensée de ces notes de discuter autrement les questions que peuvent soulever les éditions des Mystères représentés à Angers. C'est œuvre de bibliophile qui ne se peut guère traiter en province. Un point important me semble acquis : l'évêque Jean Michel n'a nul titre à l'attribution dont on le gratifie; et le « docteur très scientifique et très éloquent » de la *Passion*, de la *Résurrection*, voire même sans aucun doute de la *Vengeance Nostre Seigneur* (1), est maître Jean Michel, docteur régent en l'Université d'Angers, médecin et conseiller de ville, né à Angers, domicilié à Angers (2), mort non en Italie en 1495, quoi qu'en ait pu dire André de la Vigne, mais probablement à Angers, et sans aucun doute en 1501, sinon en odeur de sainteté comme son vénérable homonyme, du moins au milieu des témoignages de la reconnaissance publique et de l'affection des siens.

I.

A Jehan le Paintre et Jehan le Maistre, la somme de L escuz d'or pour faire certains personnages et mistères, par l'ordonnance de messeigneurs du Conseil du Roy de Sicile, duc d'Anjou, et des gens de ceste ville d'Angiers, par aucuns lieux des carrefours de lad. ville, à XXVII s. VI deniers la pièce, vallent à celle raison,   LXVIII l. XV s. t.

1454.

A Jehan Lemercier, pour faire jouer aucuns esbatemens en manière de farces, la somme de X escuz d'or pour ce, à monnoie a XXVII s. VI d. escu,   XVIII l. XV s.

A Pierre Duperray, menuisier, la somme de VII escuz d'or, pour avoir fait certaine cloison d'essil ou meilleu des Lices (3) de Casenove, pour ce à la raison de XXVII sols VI deniers chacun escu,   IX l. XII s. VI d.
(CC 4 f. 111-165).

---

(1) La gravure préliminaire, en attribuant l'œuvre à l'évêque Jean Michel, fait foi du nom de l'auteur et se trompe sur sa qualité.
(2) Rue Haute-Saint-Martin, près l'hôtel de la Licorne.
(3) C'est à peu près la place actuelle de l'Académie.

II.

1456.

A maistre Jehan Daveluys, la somme de viii escuz d'or à lui ordonnez prandre sur les deniers de la recepte de lad. Cloaison, par le sieur roy de Sicile, pour avoir faict doubler et mettre au net le pappier de la Résurrection, et y avoir faict les adicions, ainsi qu'il appert par mandement dud. sieur, donné le xxvie jour de may mil ccccLvi, et quittance dud. Daveluys, escripte au dos, pour ce lesd. escuz à la raison de xxvii s. vi d. chacune pièce, vallent à monnoie,   xi l.

A Pierre de Hurion, la somme de x escuz d'or, à présent aians cours, à lui ordonnez par led. sieur roy, pour pareillement avoir habillé les personnages de la Résurrection, et y avoir adjousté aucunes adicions, ainsi que plus à plain peut apparoir par le mandement dud. sieur dont cy devant est faicte mention en l'article précédent, pour ce, comme appiert par quictance dud. Hurion, donnée le xixe jour de may l'an mil ccccLvi, lesd. x escuz apréciez à monnoie comme dessus,   xiii l. xv s.

A Jehan Duperier, dit Leprieur, la somme de c escuz d'or, à luy ordonnée prandre et avoir, par le roy de Sicile, duc d'Anjou, sur les deniers de lad. Cloaison, pour icelle somme estre emploiée et convertie ès faintes et despense du mistère de la Résurrection Nostre Seigneur, que led. sieur roy de Sicile avoit entencion faire jouer à la Penthecouste ensuivant le jour et la date du mandement dud. sieur sur ce fait et donné le xxixe jour d'avril mil ccccLvi, comme plus à plain peut apparoir par iceluy et par quictance dud. Perier, donnée le iie jour de may l'an mil cccc cinquante et six.., pour ce lad. somme de cent escuz aprécié à monnoie à la vallour de xxvii s. vi d. chacun escu, vallent à celle raison,   cxxxvii l. x s.

(CC 4 f. 165. r° v°).

III.

1484.
29 juillet.

A esté ordonné estre donné aux joueurs du mistère (1) de madame Sainte-Barbe, par les mains de Me Jehan Fallet, la somme de c s. t.

(BB 2 f. 32).

IV.

1486.
12 août.

Le sabmedi matin, xiie jour d'aoust, ou Conseil de lad. ville, tenu au logeis de M. le gouverneur, où estoient iceluy M. le gouverneur,

---

(1) Représenté sans doute à l'entrée du Cardinal, qui vint le 25 juillet à Angers.

le juge et maire, maistres Pierre Guiot lieutenant, le juge de la Prévosté, le déan et maistre escolle de l'église d'Angers, Mᵉ Jehan Bernart esleu, Mᵉ Jehan Muret sieur de la Bégaure, Jehan Alloff et Jehan Ferrault, gardes de la Monnoie, Jehan Bourgeolays, Jehan Lepage, Jehan Barrault le grenetier;

Pour donner ordre ou fait de la garde et seureté de la ville, pour le mistère de la Passion de Nostre Seigneur, qui est assigné à estre joué en ceste ville de demain en huit jours, a esté ordonné ce que s'ensuit :

Premièrement ont esté d'oppinion, que on doit donner des deniers communs pour y ayder à paier les fainctes dud. jeu, cent livres tournois, pourveu que les ouvrages n'en soient retardez, fors lesd. Bernart, esleu, et Ferrault, qui ont esté d'oppinion, que pour ceste matière on se doit assembler en plus grant nombre.

Et pour faire faire silence oud. jeu, ont esté esleuz et commis Messieurs maistre Pierres Guyot, lieutenant criminel; maistre Jeh. Belin, lieutenant civil; Mᵉ Jehan Lohéac, juge de la Prévosté; M. l'advocat, M. le procureur du Roy, M. Marc Travers, docteur régent en l'Université; M. le procureur général de l'Université; M. l'esleu Duvau, M. l'esleu Bernard, M. le grenetier, M. Jehan Richomme sieur du Temple, M. de la Tousche Mauviel, Jacques Lecamus, le clerc de la ville.

Item, que durant lesd. jeuz, de chacun des deux coustez de la ville n'y aura que ung portal ouvert, et encores n'y aura que la planche et le guychet; mais toutes voyes pour le jour seront baillées les clefs au cognoistable, qui pourra faire ouverture, s'il voit que besoign en soit, jusques à neuf heures.

Item, que à la garde de chascun desd. portaulx y aura xx hommes par jour, chascun en son tour, bien armez.

Item, que les xxv hommes, qui autres fois ont esté gaigées de la ville, seront mis surs et en bon habillement de guerre, accompaigneront M. le gouverneur et yront par la ville avecques l'un ou l'autre sur ce commis, pour obvier aux inconvéniens des crocheteurs et autres mauvaises gens, pour la seureté et garde de toute la ville et des habitans.

Item, que chacune nuyt le guet et arrière-guet seront renforcez, et en chacun portal y aura ung guet.

Item, sera enjoinct aux hostelliers de la ville et des faubourgs qu'ilz se prennent bien garde quelx gens arrivent à leurs maisons, et n'en reçoyvent aucuns de Broychessac (1) ne d'ailleurs, où il y a peste.

(1) Brissac.

Item, que les charières et charonneaux, qui sont près de la ville, seront amenez en icelle et y seront durant led. Mistère.

Item, que on fera visiter les chauffaulx, pour les asseurez, si besoing est, adce qu'ilz ne tunbent et que inconvénient n'en advienne.

Item, sera publié à son de trompe inhibition et deffense faicte à tous de porter bastons invasibles ne deffensables par la ville, fors seullement ceulx qui sont ordonnez pour la garde d'icelle, sur paine de prinson et d'amende arbitraire.

Item, et sur pareilles peines, que chacun face sillence et obbéisse à ceulx qui sont ordonnez estre au jeu pour faire lad. sillence.

Item, et pour mieulx commancer et avoir sillence, si l'on voit qu'il soit expédiant, sera dicte une messe ou jeu sur ung autel honnestement droissé.

Item, que durant led. Mistère les chaignes de lad. ville et le portau de Boisnet seront fermez, et les clefs baillées à M. le maire.

(BB 4 f. 29).

V.

1486.
24 août.

Pour faire présenter et distribuer, durant le mistère de la Passion, du vin qui a esté ordonné estre donné de par la ville aux gens de bien qui sourviendront, ont esté commis et ordonnez Jehan Ferrault, garde de la Monnoie, et Jehan Barrault; et le feront poier content par le receveur.

(BB 4 f. 31.)

VI.

1486.
24 août.

A esté ordonné que, oultre la somme de cent livres tournois ordonnez sur les deniers communs de la ville estre baillés pour paier les fainctes du mistère de la Passion, qui se joue présentement en ceste ville, sera encores baillé, sur lesdits deniers, la somme de 100 l. t., ou au dessobz d'icelle somme, jusques au paiement desd. fainctes, en voyant par Messieurs du Conseil les receptes et mises qui ont esté faictes par la ville pour paier lesd. mises, ad ce que led. mistère ne demeure imparfaict.

(BB 4 f. 31 v°.)

VII.

1486.
4 septembre.

Jehan Fallet, prévost et échevin d'Angers, et receveur des deniers communs dud. lieu, a rapporté sur le tablier les parties des coutz et mises dud. chauffault qu'il a fait faire pour le sieur de la Forest, gouverneur de ceste ville, qui lui a servy pour le jeu du mistère de la Passion, qui naguères a esté joué en ceste ville, montant à la somme de xxviii l. iv s. ii d. t.

A esté ordonné à Jehan Barrault, eschevin.. la somme de xxvii s. vi d. t. pour louage qu'il a certifié avoir paié de cvi flascons dont luy et Jehan Ferrault, aussi eschevin, commissaires en ceste partie, se sont servyz et aydez à faire la distribution du vin donné de par la ville durant le mistère de la Passion.

L'ordonnance ci dessus contenue et escripte du jeudi, xxive jour d'aoust derrenier, touchant le don faict pour le mistère de la Passion, a esté ratifflée et ordonnée tout de nouvel.

(BB 4 f. 32).

La minute que possède la Bibliothèque de la ville (cartons Grille), contient quelques curieux détails que les Registres n'ont pas reproduits :

Ou Conseil de la Mairie d'Angers, le lundi, 4 septembre... sur la requeste faicte dès le jeudi xxive jour d'aoust derrenier passé, par Jehan Fallet, eschevin et receveur des deniers communs de lad. ville, pour et ou nom des joueurs du mistère de la Passion de N. S., qui naguères a esté joué en ceste ville, par laquelle requeste il disoit que pour aider à paier les feintes dud. mistère, avoit esté naguères ordonné.. la somme de c livres t. seulement, soubz espérance et entencion que par lesd. joueurs ou leurs commis et députez seroient amassez et recuilliz des deniers qu'il plairoit aux gens de bien, bourgeoys, marchans et autres de la ville donner pour paier et acquitter le seurplus desd. faintes ; et disoit led. Fallet, que pour asseurez et recuillir lesd. deniers ilz avoient commis et depputez Guillaume de Rezeau, marchant de lad. ville, et aultres, lesquelx, quelque dilligence qu'ilz avoient peu faire, n'avoient peu recuillir ne recouvrer que jusques à la somme de xi^{xx}v livres xvi s. vii den. t. ou environ, lesquelles sommes ne suffisoient pas de moult à poier lesd. fainctes, et ne voulloient les joueux icelle poier, mais voulloient délaisser led. jeu imparfaict, sinon que on leur voulsist donner de quoy poier et acquitter le seurplus desd. fainctes, requérant led. Fallet que on voulsist encores donner auxd. joueurs jusques à la somme de c l. t. oultre pareille somme de c l. qui naguères a esté donné pour paier lesd. faintes, oye laquelle requeste, et ad ce que le jeu dud. mistère ne demourast imparfaict, qui eust esté on grant scandalle de lad. ville, avoit esté ordonné estre donné auxd. joueurs icelle somme de c l. t., oultre lad. somme de 100 l. t. naguères à eulx donnée, comme dit est, ou autre somme au dedans d'icelle, qui conviendroit et resteroit à poier pour lesd. faintes, et qu'il sera trouvé estre deu pour le compte de la recepte et mise d'icelles; lequel don et ordonnance a esté oud. Conseil ratiffié...

VIII.

1492.

A Jacquet Perse dit Lanceman, menuysier, demourant Angiers, et Olivier Lecoustoux, demourant en la paroisse de Saint-Jean-de-Linières, la somme de IV l. t.; ç'est assavoir : aud. Jacquet Perse, menuysier, la somme de LX s. t. pour avoir planchéé et clous d'essil les troys estaiges du chauffault de Messeigneurs les maire et eschevins de lad. ville, estans ou parc où naguères a esté joué le mistère de Madame saincte Katherine, et aud. Lecoustoux, la somme de XX s. t. pour le payement de VI clayes qu'il a amenées, rendues et destendues aud. parc des jeulx ou davant et sur les pantes dud. chauffault, ainsi que Jehan Doreau et René Touscherousse, commissaire des euvres de lad. ville, ont rapporté oud. Conseil, comme appert par ordonnance de mesd. sieurs les maire et eschevins, faicte.. ou Conseil (1) de la ville tenu le VIIe jour de septembre mil CCCCIV^{xx} douze.

(CC 4 f. 395).

IX.

1498.
29 octobre.

. . Ou Conseil de la ville d'Angiers.. touchant l'entrée du roy qu'on dit qui vient en ceste dite ville, a esté conclud et ordonné ce qui s'ensuit :

1° Monsieur le trésorier Barraud a prins charge de parler au boursier de Sainct-Jullien (2) et Pierre Leroux, paintre, pour conferer avecques eulx touchant les motz et faintes qu'il faut faire à l'entrée du roy.

(BB 10 f. 37).

16 novemb.

.. Ou Conseil de la Mairie d'Angiers.. a esté appointé que M. le maire et le greffier de céans se tireront par devers M. le trésorier de Bretaigne et feront aussy aller par devers luy le curé de Saint-Jullien et Pierre Leroux, paintre, pour adviser ensemble la forme de faire les faintes et les motz qu'il faudra faire et dire à l'entrée du roy.

(BB 10 f. 43).

---

(1) Voir BB 8 fol. 43. — Les termes sont identiques.
(2) Il s'appelait Jean de la Croix · *Joh. de Cruce* (*Reg. capitul. de Saint-Julien*, Arch. de Maine-et-Loire).

VII.

Lettres du roi Louis XII, demandant emprunt pour la guerre d'Italie.

I.

Très chers et bien amez, Nous croyons que avez sceu et entendu le mauvays et desloyal tour, que les Roy et Royne d'Espaigne nous ont fait, et ce que, après le traicté naguères fait et accordé, juré et promis entre nous et eulx, par nostre très cher et tres amé cousin l'archeduc d'Austriche, prince de Castille, leur beaufilz, par vertu de leur espécial povoir, nous ont, par leur adveu et commandement, fait faire la guerre tant sur nostre royaume de Napples que sur noz subjectz de cestuy nostre royaume, ne voullans entretenir led. traicté et venans contre leur foy et promesse, sans quelque excusacion de leur honneur; dont, comme il est notoire, plusieurs maulx et dommaiges sont advenuz, à nostre grant desplaisance, et principallement du trespas de feu nostre cousin le duc de Nemours, et autres inconvenians; et qui plus est, sommes advertiz qu'ilz ont mené et mènent plusieurs praticques envers pluseurs princes, pour les esmouvoir et inciter à la guerre contre nous et noz subjectz en cestuy nostre royaume. A quoy, pour y obvier et résister, comme il est requis, et plus pour garder noz subjectz de cestuy nostre royaume que pour le recouvrement de nostre royaume de Napples ne la repparacion de la grant injure et oultraige qu'ilz nous ont faicte, avons mis sus troys grosses et puissantes armées; car nous sommes bien asseurez que qui ne résistera à leursd. entreprinses, ilz mectront peine et est leur entencion, à l'ayde de leursd. alliez, de grever et endommaiger nos subjects d'iceluy nostre royaume; pour fournir à la despense desquelles, pour ce que nos finances et empruncts, que avons fait de plusieurs noz officiers et autres parties, dont nous sommes aydez, ne sauroient fournir, avons, par l'advis et delibéracion de pluseurs princes et seigneurs de nostre sang, et autres notables et grans personnaiges, advisé, conclud et accordé de nous ayder, par manière d'empruncts, des bonnes villes de nostre royaume, puissantes et aysées de ce faire, de quelque somme que leur ferons rembourser; et à ceste cause, avons ordonnez et depputez noz commissaires, noz amez et féaulx conseillers, les arcevesques de Bourges et d'Aix, le sieur de Segré, nostre chambellan, maistre Adan Fumée, maistre des requestes ordinaires de nostre hostel, et maistre Jehan Bourdin,

1503.
27 juin.

nostre notaire et secretaire et l'un des quatre contrerolleux generaulx de noz finances, qui vous diront et remonstreront nostred. affaire, qui est si grant et urgent que plus ne pourroit, et qui ne touche pas seullement nostre honneur et repputacion, mais aussi le vostre et de touz noz subjectz; vous priant, sur tout le service que jamais nous désirez faire, que pour y satisfaire et fournir, nous vueillez ayder, par manière de prest, de la somme de sept mil livres tournois, à quoy avez esté tauxez pour vostre porcion, et icelle baillez ès mains de nostre amé et féal conseillier Jehan Rousselet, commis à l'extraordinaire de noz guerres, qui vous en baillera sa quictance et recepissé, par vertu duquel vous en ferons rembourser sur noz finances de l'année prouchaine; mais pour ce que ceste chouse est pressée et contraincte, et où nous et la chouse publicque de nostre royaume a si grant interestz, vous avons bien voullu adviser que ny faictes faulte ne remectez ceste matière en longueur ou difficulté, ou autrement il en pourroit avenir tel inconvénient qu'il seroit irréparable; dont à jamais ne nous pourrions contenter de ceulx qui en seroient cause, et par le contraire ne mectrons à jamais en oubly le service et prest, que noz bons et loyaulx subjectz nous feront, en nous secourant et aydant à cestuy nostre grant besoing et affaire, ainsi que plus à plain saurez par nosd. commissaires, ausquelz adjousterez foy de ce qu'ilz vous en diront, comme à nous mesmes. — Donné à Lyon, le xxviie jour de juin. — Ainsi signé : Loys. — *Gédouyn*.

Et sur le doux est escript : *A noz très chers et bien amez les maire et eschevins, bourgeoys, manans et habitans de nostre bonne ville et cité d'Angiers.*

(BB 13 fol. 59).

II.

1503.
12 septembre.

Très chers et bien amez, par les lettres que cy devant vous avons escriptes, et aussi par ce que vous avons fait dire par noz commissaires, vous avez peu savoir et entendre le besoing et urgent nécessité, que avons de promptement recouvrer argent, pour fournir aux grandes et insupportables charges que avons à supporter, et espérions bien, que, en ensuyvant icelle, vous nous feissez incontinant bailler les troys mil livres tournois que vous avions fait requérir, comme le besoing en est; et à ceste intencion et sur la fiance que avions que ne fauldriez à les nous fournir, avons fait estat de lad. somme comme d'argent content, en deffault de laquelle, pour ne rompre nostre estat, avons esté contraincts les prendre et enprunpter à perte et interestz, que en brief nous fault rendre et rembourser; et toutesvoyes nous avons présentement esté adverty que de lad.

somme vous n'avez fourny que la somme de douze cens livres, qui seroit petitement nous secourir et ayder en nosd. affaires, veu la grandeur et contraincte d'iceulx, et en voye de tumber en grant inconvéniant et qui seroit irréparable à nous et à la chouse publique de nostre royaulme, ainsi que plus à plain avons donné charge à nostre amé et féal notaire et secretaire maistre Jehan Bouscher, lequel envoyons expressément devers vous le vous dire et remonstrer ; si vous prions et néantmoins mandons, sur touz les services que nous desirez faire, et d'autant que craingnez la rompture de nosd. affaires, que donnez provision de promptement fournir et faire bailler content la somme de dix-huit cens livres tournois restans desd. troys mil livres tournois, vous advisant que, en ce faisant, nous ferez ung très grant service que ne mectrons en oubly, autrement soyez asseurez que jamais ne nous en pourrons contenter ; par quoy vous prions de rechef n'y faire faulte ; car nous entendons assez que le povez aysément et facilement faire, et ne vous pourrez excuser ; et sur ce croiez nostred. secretaire de ce qu'il vous en dira de par nous. — Ainsi signé : Loys. — *Gedoyn*.

(BB 13 fol. 71).

VIII.

Réponse du Conseil de ville.

1503.
10 octobre.

En la maison de la ville se sont assemblez messieurs maistres Pierre Fournier, maire d'Angiers, Franczoys Binel, juge d'Anjou, Jehan Lecamus, juge de la Prévosté, Jeh. Charpentier, eleu d'Angiers, Thibaud Lemaczon, procureur d'Anjou, Jehan Lelou, advocat, Pierre Loriot, Hylaire Cadu, Pierre Lecouvreux, sire Jeh. Ferrault, sire Jehan Bouvery, Jehan Hellouyn, Pierre de Vaulx, Jehan Lasnier.

A esté présent maistre Jeh. Bouscher, commissaire du roy nostre sire, sur le fait de son emprunct, auquel a esté fait les remonstrances des pouvretez et nécessitez de lad. ville, et luy a esté offert prester au roy nostred. sire la somme de mil livres tournois, oultre les XII^c l. t. naguères prestez au roy ; lequel commissaire a respondu qu'il n'accepteroit point led. offre ne autre somme moindre desd. XVIII^c l. t. par lui demandez, mais bien a demandé lad. responce et offre par escript, pour icelle faire savoir au roy.

Et led. commissaire sorty hors dud. Conseil, a esté advisé et déliberé par led. Conseil, qu'il sera fait une responce par escript, de laquelle la teneur s'ensuyt :

Les maire et eschevins, manans et habitans d'Angiers, après les lettres missives du roy nostre sire à eulx adressées par eulx veues en leur assemblée, par lesquelles et pour les causes dedans contenues et autres causes et remonstrances, faictes en leurd. assemblée par honorable et saige monsieur maistre Jeh. Boucher, notaire et secretaire dud. sire et commissaire en ceste partie, il leur a fait demander la somme de dix huit cens livres tournois pour parfaire III^m l. t. naguères fait demander par le roy nostred. sire ausd. manans et habitans, ont dit et respondu, que en icelle ville n'y a ès gens laiz et seccultiers que toute pouvreté ; et n'est de merveille, veu que les deniers dud. pays et des environs, depuis XII ou XIII ans encza, ont toujours tiré contremont et ne descendent point ; et davantaige y a eu tant de famines et mortallitez, que le monde qui est eschappé a beaucoup enduré et souffert pour vivre ; et ne cognoissent pas lesd. maire et eschevins, que icelle somme de XVIIIe l. t. se puisse à présent trouver sur icelle ville, pour l'extresme pouvreté qui y est ; mesmement, que en icelle ville n'y a de gros marchans comme ès autres villes, mais consiste principallement en gens d'église, de l'Université et privilégiez ; et au regard des deniers communs d'icelle ville, lesd. maire et eschevins ont dit, que l'année dernière ont seullement eu la somme de quinze cens livres tournois, sur quoy a esté employé en repparacions et fortifficacions plus de mil livres t., et sur le sourplus a convenu entretenir portaulx, pons et autres charges de lad. ville, qui est subjecte à très graves entretenemens et deppences, tant par eaue que par terre ; et néantmoins, pour monstrer qu'ilz veullent tousjours employer corps et biens pour le roy et le servir comme bons et loyaulx subjectz et faire plus que bonnement possible ne leur est, ont offert à mond. sieur le secretaire commissaire dessusd. faire dilligence trouver et bailler par prest au roy jusques à la somme de mil livres, oultre les XII^c l. t. naguères bailliez ; et supplient très humblement qu'il plaise à mond. sieur le commissaire se contenter, et entretenir lesd. maire, eschevins et habitans d'Angiers en la très bonne grace du Roy nostre seigneur, en suppliant aussi très humblement au Roy nostre dit seigneur, actendu que son plaisir est, que ce que a esté et pourra estre payé pour les causes que dessus, soit baillé par forme de prest, son plaisir soit commander et faire expédier lettres de descharge par le moien desquelles ilz puissent recouvrer remboursement dud. prest. Fait au Conseil de la ville d'Angiers, le xe jour d'octobre l'an mil cinq cens et troys (1).

(BB 13 f. 73).

(1) Le roi, par lettre de Mâcon 24 octobre, accepte l'offre des habitants. — La lettre est sans intérêt. — (BB 13 fol. 76).

IX.

Lettres du roi Louis XII et de M. de Ganay, chancelier de France, portant nouvelles de la victoire d'Agnadel.

I.

Très chers et bien amez, nous vous signiffions, que entre les grans graces qu'il a pleu à Dieu nostre créateur nous faire, il nous en a ce jourd'huy fait une que nous repputons et tenons la plus grande ; c'est que, en deslogeant avecques toute nostre armée du camp, où estions près Veyla, nous avons tellement poursuyvy l'armée de la seigneurie de Venize, laquelle estoit, tant en gens de cheval que en gens de pié, de quarante à cinquante mille hommes, que en leur fort nous leur avons livré la bataille, et après avoir combatu l'espace de troys heures et plus, son plaisir a esté nous en donner l'honneur et la victoire; tellement que toute lad. armée est rompue et deffaicte, et par le rapport qui nous a esté fait, il en est demourré de mors sur le champ de plus de quatorze mille, et toute leur artillerie, qui est trente grosses pièces, plus grosses et plus longues que les nostres, et ung grand nombre de menue artillerie et toute leur municion prinse, et d'autre part le sieur Berthelemy d'Alviano, qui estoit leur principal chef et conducteur en ceste entreprinse, prins prisonnier et en noz mains; qui sont choses procédans de la bonté et grace de nostred. créateur; par quoy nous vous prions et requerrons très instamment et néantmoins vous mandons, que en luy en rendant la gloire et recognoyssance telle que en tel cas appartient, vous veillez par prières, oraisons, processions générales et feuz de joye, faire telle démonstracion de la grace, qu'il a faicte non seullement à nous, mais à tout nostre royaulme, que son plaisir soit nous ayder au parachevement de nostre entreprinse, et nous conserver, préserver et garder en bonne sancté, en manière que nous puyssions employer le reste de noz jours en son service, ainsi que tousjours l'avons désiré et désirons, et entendre au repox et soullaigement de nostred. royaulme et de noz subjectz.

1509
14 mai.

Donné en nostre champ, près Veyla, le xiiiie jour de may. — Et au bas : Loys. — Et signé : *Robertet.*

Et sur le dos d'icelles lettres est escript : *A noz très chiers et bien amez les gens d'esglise, bourgeoys, manans et habitans de nostre ville et cité d'Angiers.*

(BB 14 f. 45).

II.

1509.
17 mai.

Messieurs, présentement sont venues lectres du Roy et de Mons. le légat à la Royne et à moy, par lesquelles ay sceu que lundi derrenier, xiiii⁰ jour de ce moys, led. sire eut victoire contre ses ennemys, telle que de la part desd. ennemys furent occis dix mille hommes et plus, le chef de leur armée, nommé Berthelemy del Viano, prins, et toute leur artillerie et municion d'icelle gaignée, le demourant des gens d'armes mis en fuyte, sans ce que du cousté du Roy y ait eu aucun homme de nom tué ne perdu, et là acquist le Roy aussi grant honneur que fist jamais roy de France; dont led. sire m'escript vous advertir, ad ce que faictes faire processions génerralles, prières, oraisons et feuz de joye, en rendant graces à Dieu de lad. bonne victoire, luy priant qu'il veuille tousjours estre en ayde aud. sire et à son armée. Messieurs, advertissez les autres villes du pays de lad. victoire, et que semblablement ilz facent lesd. processions et feuz de joye, et adieu, Messieurs, qui vous gard.

A Lyon, ce xvii⁰ may.

Je vous pry de rechef que ainsi le veillez faire.

Et au bas est escript :   *Le tout vostre frère et amy,*
J. DE GANAY.

(BB 14 f. 44).

X.

Interdiction des farces de la Basoche.

1512.
1 mai.

Monsieur le juge d'Anjou a mis en delibéracion que le jour de demain, le roy de la Bazoche voulloit faire jouer, sur les chauffaulx davant le pillory de ceste ville ; esquelz jeuz communément sont scandalisez, diffamez et injuriez (1) plusieurs gens de bien, à ceste cause qu'il seroit expédiant de faire deffense aud. roy de la bazoche et autres de non jouer, actendu l'esmocion des guerres et aussi qu'il est bruit que la royne est encores très griefvement malade.

(1) On a une idée de ces représentations de la Basoche, qui rappellent de loin les fantaisies des Conards de Rouen, par ce passage de la *Philandinopolis* (Bibliot. d'Angers, mss., fol. 505) : « Environ 1576, il y eut de bons gausseurs Angers, qui firent préparatifs au Pilory, comme pour représenter une comédie. Ils disoient que les nimphes estoient chez Corbeau, marchand de drap de lainne du Pillory, qui avoit de très belles filles; que les Mores estoient chez Mre Anthoine Davy, sieur d'Argenté, advocat Angers, d'autant que ses enfants estoient très noirs ou basanez; et que les folz estoient chez M. de Beaumont, qui estoit noble homme René Bault,

Après laquelle matière, ainsi mise en délibéracion, par la commune oppinion de mesd. sieurs, a esté, advisé et conclud que, à la requeste du procureur du roy, présent oud. Conseil et ce requérant, inhibition et deffense sera faicte aud. roy de la Bazoche et autres qu'il appartiendra, de non jouer pour led. jour de demain, et qu'ilz diffèrent led. jeu jusques environ la fin de ce présent moys de may et jusques ad ce que l'en ayt ouy nouvelles desd. guerres et prospérité et sancté de lad. dame.

(BB 15 fol. 83).

XI.

Compte-rendu en séance de ville par M. d'Alencé de sa mission contre les brigands.

Ou convent des Cordeliers d'Angers se sont assemblez les personnes qui s'ensuivent pour tenir maison de ville...... en présence desquelz Jehan d'Alencé, escuyer, archer de la garde du Roy nostre sire et commissaire de par le dit seigneur soubz la charge des mareschaulx de France, a dit et proposé que, de par le Roy nostre sire, il est venu en cested. ville pour pourveoir et donner ordre aux mauvays garsons, qui avoient fait par cy davant et faisoient par chacun jour plussieurs volleries, larrecins, desrobemens et violances ; et que en mectant à exécuccion sa commission, il en avoit faict pugnir aucuns, les ungs penduz, ung décapité et les autres fouettez, essorillez et bannis ; et qu'il en avoit encores en ses mains quelque nombre, mais que le Roy nostred. sire luy avoit envoyé lectres pour les bailler et livrer à Mᵉ Pregent, cappitaine des gallées de France ès parties de la mer de Bretaigne, et que, ceulx qu'il avoit faict pugnir corporellement, ce avoit esté par le conseil des gens du Roy en cested. ville d'Angers, et que par les villes et lieux où il a esté en exerczant sad. commission il avoit prins certifficat des officiers des lieux de sa demeure résidence et vaccacion, requérant que le plaisir soit de mesd. sieurs luy donner lectres adressans aud. sire contenant l'espace de temps qu'il a séjourné et vacqué en ceste ville d'Angers pour exercer sad. commission.

1512.
22 décembre.

conseiller du roy au siége Présidial, dont les enfans estoient, comme le père, d'une très follastre humeur. » Et ailleurs : « En 1550 fleurissoient à Angers Lezin et Martial les Guyets. L'un a fait en vers le *Dialogue des Moynes* et l'autre le *Monde renversé* ; lesquels poëmes ont esté représentez publiquement en la place Neufve par le temps et espace de trois jours consécutifs... Les traits joyeux, brocards et facéties un peu trop libres ont rendu rares les copies qui ont esté communiquées ; entre autres, ils disoient que tout passoit par un fil de Lyon pour *fidelium*. »

Ouye laquelle requeste par mesd. sieurs, led. d'Alencé a esté remercyé des paines qu'il a prinses et eues en l'exercice de sad. commission en cested. ville, et que voluntiers luy seroient baillées lectres adressans au Roy nostred. seigneur, pour le remercier de ce qu'il luy avoit pleu envoyer led. d'Alencé en cested. ville, et aussi contenant le temps de sad. vaccacion.

Et ce fait, led. d'Alencé et autres dessus nommez sortys, fors mesd. sieurs les maire et eschevins et lesd. procureur et receveur du Roy, avecques lesquelz mesd. sieurs ont conféré sçavoir quel présent et don l'en devoit faire aud. d'Alencé, et a esté ordonné et conclud que led. d'Alencé seroit deffrayé à son logeys, ouquel il est logé en la maison du Plat-d'Estaign, ou carefour du Pillory de lad. ville, de la despense qu'il y a peu faire depuys qu'il est en cested. ville, jusques à la somme de cinquante livres tournois et au dessoubz, et enjoinct à Guill. Lepellé, receveur des deniers communs de lad. ville, de compter avec l'ostesse dud. Plat-d'Estaign, et de payer de sad. despense jusques à lad. somme de cinquante livres et au dessoubz.

(BB 15 fol. 129).

XII.

Lettre de M. de Brissac, gouverneur, au Conseil de ville, pour la réception du roi et de la reine.

1518.
15 mai.

Messieurs, tant que faire le puys, à vous me recommande. J'ay receu vostre lectre dabtée du XIIe de ce moys, par laquelle m'escripvez les dons que la ville a fait le temps passé aux Roys et Roynes, laquelle ay moustrée à Madame; et m'a dit que luy ferez très grant plaisir de recevoir la compaignye le plus honnestement qu'il vous sera possible; c'est assavoir touz les plus honnestes personnaiges qui viendront le recueillir où l'on a de coustume dedans la ville. Regardez à faire force mommeryes, afin que l'on die : « tire le rideau, » et que toutes les rues soient bien nectes et bien tendues, et que chacun se efforce de monstrer leurs belles tapiceryes; car ilz ne le feront jamais à plus honneste compaignye. J'en escry à Messieurs de l'Université, afin qu'ilz facent quelque chose de bon et que chacun face à l'envy. Faictes dilligence de faire estudier le rolle ou de parolle ou de contenance. Ainsi (1), y fauldra avoir farces morisques et farces au

---

(1) « Y avoit à lad. entrée plusieurs mommeryes et choses joyeuses, c'est assavoir entre les deux ponts dud. portal Saint-Aubin, au carefour Saincte-Croix et à la place Neufve, lesquelles estoient moult somptueuses et riches et belles à veoirs. » (BB 17 fol. 14).

chasteau, après que la seigneurie aura souppé, pour leur donner passe temps. Touchant le présent, si vous n'avez encores besongné, vous ferez présent de vin au Roy, à la Royne et à Madame. L'entrée se fera tout à ung jour, mais il faudra avoir deux poilles, l'un pour le Roy et l'autre pour la Royne; les bastons de celuy pour le Roy peincts de fleurs de lis, et à la Royne, d'ermynes. Il n'en fault point pour Madame. Je seré à Angers huyt jours d'avant que l'entrée se face; mais je ne sçay encores le jour, vous disant à Dieu, Messieurs, qui vous doient ce que désirez.

Au chasteau d'Emboyse, le xve de may. — Et au bas : *De celuy qui est bien vostre,* RENÉ DE COSSÉ. — Et dessus : *A Messieurs les maire et eschevyns d'Angers.*

(BB 17 fol. 4).

XIII.

Délibération du Conseil de ville sur les lettres du roi et de la reine mère, duchesse d'Anjou, portant ordre d'informer contre la conduite et les malversations de l'évêque d'Angers.

Du mardi, septiesme jour de décembre mil cinq cens dix huyt ; 1518. 7 décembre.
Ou convent des Cordeliers de ceste ville d'Angiers, se sont assemblez messieurs sire Robert Thevyn, maire d'Angiers ; maistres Jehan de Pincé, lieutenant de Monsieur le juge royal ordinaire d'Anjou ; Thibault Cailleau, advocat fiscal d'Anjou; Pierre Fournier, sieur de Lancerre; Jehan Lecamus, juge de la Prévosté; Pierre Loriot, commis de monsieur le lieutenant d'Angiers ; Jehan Cadu, sieur de la Tousche; Jacques de Montortier, Berthelemy Dufay, René Leloup, Pierre Poyet, sire Jehan Ragot, Olivier Bouvery, touz eschevyns; aussi ont esté présens maistre Thibault Lemaczon, procureur fiscal d'Anjou, et Me René Juffé, procureur de la ville ;

En laquelle assemblée s'est trouvé vénérable et discret missire Gilles de Commers, docteur régent en l'Université d'Angiers, lequel a dit et rapporté oud. Conseil que au Roy nostre sire, et Madame, mère dud. seigneur et duchesse d'Anjou, eulx estans en ce pays et duchyé d'Anjou, leur avoient esté faictes et rapportées plusieurs grans plainctes de la malleversacion de Monsieur l'archevesque de Lyon et évesque d'Angiers (1) ; et pour ce que lesd. sire et dame avoient désir de donner ordre ad ce, et que telz délictz publicques et notoires fussent corrigez et pugniz, à ceste cause, que led. seigneur avoit par cy

---

(1) François de Rohan, fils du maréchal de Gyé.

davant discerné lectres patentes de commission adressans à Monsieur le juge receveur d'Anjou ou son lieutenant, pour soy informer des crimes, négligences de service divin et malleversacion de vie dud. évesque d'Angers, et autres cas déclerez ésd. lectres de commission; et pour ce que aucuns de cested. ville d'Angiers dissimulloient de dire et tesmoigner la vérité desd. cas, à ceste cause, qu'il avoit apporté lectres du Roy et de Madame adressans aux maire et eschevins de ceste ville d'Angiers, faisans mencion de ce ; lesquelles led. de Commers a présenté oud. Conseil, de par lesd. seigneur et dame; et davantaige a dit et remonstré qu'il avoit quelque chose de bouche à dire et remonstrer oud. Conseil, portant créance, et dont il avoit esté chargé par mad. dame, mais pour ce qu'il avoit esté adverty que aucuns de mesd. sieurs estans oud. Conseil estoient des amys familliers, officiers et du conseil dud. évesque d'Angiers, à ceste cause il avoit et a requis, qu'ilz sortissent dud. Conseil, auparavant qu'il déclerast sad. créance, pour les causes cy après déclerées : c'est assavoir que mond. sieur le maire estoit famillier dud. évesque d'Angiers, qui estoit son compère; led. Fournier, sieur de Lancerre, estoit pensionnaire et seneschal dud. évesque d'Angiers en sa chastellenye de Saint-Almen et de Saint-Maurille-d'Esme; led. de Montortier, aussi pensionnayre et son officier en sa chastellenye, terre et seigneurie de Challonne; led. Dufay, aussi officier dud. évesque en sesd. chastellenyes de Sainct-Almen et de Saint-Maurille; et led. Olivier Bouvery, son receveur et fermier; ce fait, s'est retiré dud. Conseil led. de Commers; et ont esté leues et veues lesd. lectres desd. sire et dame; et desquelles la teneur s'ensuyt :

De par le Roy,

Très chers et bien amez, vous avez peu sçavoir, comme piecza nous avons discerné nos lectres de commission, pour faire informacion des crimes, négligences du service divin et malleversacion de vie de l'évesque d'Angiers; lequel si notoirement et publicquement se conduyt en sa mauvayse vie, que nous ne vouldrions pour riens du monde le souffrir ne endurer, tant pour ne donner exemple aux autres prélatz d'eulx ruyner en semblables crimes et délictz, que aussi pour la révérance que nous avons à la foy catholicque, laquelle led. évesque d'Angiers scandalise chascun jour par ses effectz; et pour ce que, sur l'exécution de nosd. lectres de commission, nous avons esté advertiz, que aucuns de vous différent ou dissimullent d'en dire et tesmongner la vérité, nous avons bien voullu vous en escripre pour vous faire entendre et sçavoir, affin que n'ayez cause d'inadvertance, que nous avons délibéré faire procéder contre ceulx que nous trouverons dissimullans de tesmongner et donner confort à la correction desd. abus, comme contre vroiz adhérans et complices dud. évesque d'Angiers; à ceste cause, vous y donnerez ordre et pourvoyrez, selon nostre voulloir et intencion, sans y faire faulte.— Donné à Paris, le XXIXe jour de novembre. — Ainsi signé : *Franczoys*. — Et au bas : *De Neufville*. — Et dessus : *A noz très chiers et bien amez les maire et eschevyns de nostre ville d'Angiers.*

De par la duchesse d'Anjou et d'Angoulmoys,

Chers et bien amez, en visitant nostre pays et duchié d'Anjou, avons entendu les faultes, qui sont en l'administration de l'évesque d'Angiers, qui est au très grant préjudice de nostred. pays et subjectz; et pour ce que les choses spirituelles sont plus précieuses que les temporelles, d'autant désirons que les abus y soient plustost corrigez, à ceste cause le roy envoye commission au juge d'Anjou, et en escripvons à noz officiers, ad ce que par raison y soit mis ordre; et vous prions et commandons, d'autant que nous voullez obéyr, que donnez confort et ayde au contenu de lad. commission, et vous nous ferez service très agréable, comme vous dira nostre amé et féal conseiller maistre Gilles de Commers, auquel avons donné charge de nous faire sçavoir ceulx qui luy portent faveur et ayde en sa malleversacion, pour y donner telle provision que de raison. Chers et bien amez, Dieu vous ayt en sa garde. — A Vendosme, le IIIe jour de novembre. — Ainsi signé : *Loyse*. — Et au bas : *Jouye*. — Et dessus : *A noz chers et bien amez les maire et eschevyns de nostre ville d'Angiers.*

Après lesquelles lectres veues et leues en iceluy Conseil, a esté dit et rapporté par lesd. maire, Fournier, de Montrolier, du Fay et Bouvery, qu'ilz voulloient et entendoient obéyr aux lectres et mandemens desd. sire et dame, et qu'ilz estoient prestz et appareillez d'eulx retirer dud. Conseil; et de fait se sont efforcyez de ce faire, en disant par eulx qu'ilz ne voulloient estre cause ne empescher, que led. de Commers n'eust à déclerer et dire sa créance qu'il disoit avoir desd. seigneur et dame; à quoy par led. maistre Jehan de Pincé, lieutenant susd., a esté dit qu'il estoit commissaire du Roy nostre seigneur et de Madame, pour soy informer de la malleversacion dud. évesque d'Angiers, ainsi qu'il a fait apparoir par les lectres patentes, et aussi par lectres missives desd. sire et dame, lesquelles ont esté veues et leues; que sad. commission n'avoit riens commun avecques les remonstrances et créance dud. de Commers, et à ceste cause, qu'il faisoit, et de fait a fait commandement, de par led. sieur et en vertu de sad. commission, à touz mesd. sieurs, qu'ilz eussent à obéir ausd. lectres, et en ce luy donner conseil, confort et ayde, et déclerer, si aucune chose ilz avoient à dire au contenu desd. lectres pour l'intérest de la ville ; après lesquelles lectres veues et leues, comme dit est, a esté conclud et advisé que led. de Commers pourra dire, si bon luy semble, sa créance oud. Conseil, en présence des dessusd. qu'il avoit requis eulx retirer d'iceluy Conseil pour les causes que dessus, parce que, s'ilz se fussent retirez, les eschevyns, qui demouroient, ne seroient en nombre suffisant pour faire Conseil et délibéracion de lad. ville; et à ceste cause, a esté fait venir en iceluy Conseil led. de Commers, lequel a dit et rapporté de bouche, qu'il avoit charge expresse, de par le roy nostred. seigneur et mad. dame, de soy trouver en l'hostel et maison de ville, et présenter les lectres missives desd. seigneur et dame, adressans à lad. ville cy davant mentionnées, et davantaige avoit charge de dire et remontrer de bouche à mesd. sieurs, que au roy nostre sire et mad. dame, eulx présens en ce pays et duchyé d'Anjou, estoient venues plusieurs plainctes de la malleversacion dud. évesque d'Angiers, et dont plus amplement est faicte mencion, tant par lesd. lectres patentes que missives desd. seigneur et dame, et dont le pays estoit moult scandalisé, et où ilz avoient intencion de donner ordre et provision ; à ceste cause, que mesd. sieurs du Conseil et maison de céans eussent à délibérer et adviser et sur ce conseiller et donner leurs advis, si lesd. sire et dame povoient poursuyr, et s'il leur estoit loysible et permis de faire corriger lesd. abus et crimes imposez aud. évesque d'Angiers, en disant par luy que lesd. seigneur et dame en avoient escript de ce lectres particulières et missives tant à ceulx de l'esglise d'Angiers que a ceulx de l'Université, qui de ce jà avoient fait responce ausd. seigneur et dame ; et à ceste cause, que mesd. sieurs du Conseil eussent pareillement à leur en faire sçavoir leurs advis.

Après que lad. matière a esté bien au long débatue oud. Conseil, mesd. sieurs ont esté d'avis, que de par lad. ville l'on escripve auxd. seigneur et dame lectres missives et gracieuses, contenant que l'en les mercye grandement du bon zèle, affection et voulloir qu'ilz ont à lad. ville et au pays d'Anjou, et de ce qu'ilz en ont eu mémoire et recordacion, et aussi, s'il est trouvé que led. évesque d'Angiers ayt fait et commis les faultes et abus en l'administracion de son éveschyé, dont il est chargé, qu'il leur plaise les faire corriger ; et au demourant, en obéissant ausd. lectres, sont touz mesd. sieurs prestz et appareillez de faire le bon plaisir et voulloir desd. seigneur et dame, et de donner conseil, confort et ayde à lad. commission ; et que quant ilz seront enquis particullièrement par led. de Pincé, commissaire susdit, sur le fait de sad. commission, qu'ilz en diront ce qu'ilz sçauront, sans aucune faveur.

(BB 17 fol. 26).

XIV.

*Lettres de François Ier autorisant les chanoines de Saint-Maurice
à fermer la Cité la nuit.*

Françoys, par la grâce de Dieu roy de France, sçavoir faisons à tous présens et advenir nous avoir receue humble supplication de noz chers et bien amez les doyen, chanoines et chappitre de l'église d'Angiers, contenant que lad. esglise est très belle, notable et ancienne et de fondation royal; laquel a tousjours esté garnye et remplye d'un bon nombre de chanoines de grande dévotion, littérature et bonnes meurs; lesquelz chanoines, qui par cy davant et de toute ancienneté ont esté demourans et résidans entour icelle esglise, où ilz ont leurs maisons et habitacions en faczon de cloaistre, pour plus promptement et aysément povoir assister et soy rendre à toutes heures au service de Dieu, qui se fait continuellement en lad. esglise, et que sans aucun destourbier, crainte, danger ou empeschement des gens laiz ilz puissent faire le divin service et aller à matines, ausquelles, comme dit est, de bonne coustume en lad. esglise ilz vont de nuyt mesmement aux bonnes feste à l'eure de deuz heures, ilz avoient portes fermans entour leursdictes maisons en manière de cloaistres, lesquelles ilz fermoient la nuict pour éviter que aucun scandale, danger ou inconvénient ne leur advint par les gens laiz et vaccabons de lad. ville ou escolliers, qui continuellement y sont, au moyen desqueulx souventesfois ont esté et sont faiz pluzieurs scandalles et grandes insolences, et lesquelles portes iceulx supplians anciennement fermoient et tenoient closes toutes les nuiz, pour les causes que dessus, ainsi qu'il est acoustumé faire par les chanoines des aultres bonnes villes de noustre royaulme, comme Paris, Orléans, Tours et aultres, où les chanoines ont cloaistres fermans, comme dit est; et encores sont les portaulx dudict cloaistre en nature, où il ne fault que les portes, lesquelles par desmolicion et discontinuation de les fermer sont tombées et ruynées, et n'y en a plus; dont plusieurs grands inconvéniens sont advenuz et insolences ont esté faictes ès personnes desd. supplians, leurs supposlz et autres habitans dud. cloaistre, que l'on appelle la Cité; et de jour en jour se y font et commectent, et jusques au dedans des maisons des principaulx chanoines et pareillement en ladicte esglise; esquelx lieux et par plusieurs fois, la nuyt, et à heure indeue, iceulx supplians, leursd. supposlz et aultres ont esté batuz, oultraigez et desrobez, et tellement

1521.
Avril

que, pour la crainte de telz inconvéniens ou plus grands, ilz et aultres ont délessé et délessent journellement se lever la nuyt et aller faire le divin service, craignans le danger de leurs personnes et biens, ainsi qu'ilz nous ont fait dire et remonstrer par nostre amé et féal conseillier et aumosnier ordinayre maistre Pierre Ernault, l'un des chanoines de lad. esglise, en nous humblement requérant leur permettre et donner congé de reffaire lesd. portes de leurd. cloaistre, et icelles fermer et tenir clauses de nuyt, comme faict a esté d'ancienneté, et sur ce leur octroyer noz lettres et provision nécessaires ; pour quoy nous, ces choses considérées, qui sommes fondateur et protecteur de lad. esglise, désirans singulièrement le service divin estre fait et celébré en icelle par lesd. supplians et suppostz de lad. esglise, toutes crainctes et dangiers cessans, et principallement pour la singullière dévotion que nous et noz très chières et très amés compaigne la Royne et dame et mère avons aux glorieulx sainctz monsieur S. Maurice et monsieur S. René, les corps et reliques desquelz sont révérez et honorez en lad. esglise. Pour ses causes et autres raisons et considéracions ad ce nous mouvans, avons ausd. supplians, du voulloir et consentement de nostre dicte dame et mère duchesse d'Anjou, de noustre grace espécial, plaine puyssance et auctorité royal, par ces présentes permis et octroyé, permectons et octroions, par privillège exprès et perpétuel, et voullons et nous plaist, qu'ilz puissent et leur loyse faire faire et construyre les portes dud. cloaistre d'icelle esglise d'Angiers, ès lieux où anciennement elles souloient estre, pour la closture d'iceluy, icelles tenir closes et fermées toutes les nuytz pour la seureté et deffence de leursd. personnes et biens, sans ce que en ce aucun destourbier ne empeschement leur soit fait, mis ou donné au contraire par les habitans de nostre dicte ville d'Angiers ne autres quelzquoncques, pourveu toutes voyes que iceulx supplians seront tenuz faire ouvrir lesd. portes au matin à heure deue et raisonnable, comme en cas pareil les aultres chanoines des aultres bonnes villes et citez de noustre royaulme ; et aussi que toutes et quantes fois que nous serons en lad. ville d'Angiers, iceulx chanoines seront tenuz apporter et mectre ès mains des cappitaines de nostre garde escossaise ou de leurs lieutenans les clefs dud. cloaistre, pour l'ouvrir et fermer ainsi que bon leur semblera, et que par nous sera ordonné ; et pareillement, que en temps de guerre, division ou éminent péril, et nous estans hors lad. ville, ilz bailleront lesd. clefs au cappitaine du chasteau de noustred. ville d'Angiers ou à son lieutenant, pour semblablement ouvrir et fermer led. cloaistre, ainsin qu'il sera advisé pour le bien et seureté de noustred. ville et chasteau ; et aussy, si aucuns delinquens ou malfaicteurs se retiroient au dedans dudict cloaistre pour éviter la pugnition et correction des cas et crimes par eulx commis et perpétrez, lesd. supplians seront tenuz ouvrir ou faire ouvrir, à toutes heures qu'ilz seront requis par les gens de justice dud. Angiers, les portes dud. cloistre pour quérir, prandre et enlever lesd. delincquans et malfaicteurs, s'ilz sont trouvez au dedans d'iceulx cloaistres, hors lieulx sainctz et relligieux; si donnons mandement, par ces mesmes présentes, au juge ordinaire d'Anjou, conservateur des privilleiges royaulx de l'Université dud. Angiers, et aultres noz justiciers et officiers, ou à leurs lieutenans présens et advenir, et à chacun d'eulx, si comme à luy apartiendra, que de noz présens grâce, permission et octroy ilz facent, souffrent et laissent lesd. doyen, chanoines et chappitre supplians, joyr, user plainement et paisiblement, sans en ce leur faire mectre ou donner ne souffrir estre fait mis ou donné ores ne pour le temps advenir aucun arrest, destourbier ou empeschement au contraire... car tel est nostre plaisir..

Donné à Troyes, ou moys d'avril l'an de grâce mil cinq cens vingt ung, et de nousfre règne le septiesme. — Ainsi signé sur le reply : *De Neufville*. — Et sellé en cire vert, en laz pendans de soye rouge et verte.

(BB 17 fol. 150).

XV.

Exécution de faux monnayeurs.

Le sabmedi d'après Pasques, XXVIIe jour du moys d'avril l'an mil cinq cens vingt et sept, par auctorité et ordonnance de monsieur maistre Guillaume Luillier, chevallier, maistre des requestes ordinaire du Roy nostre seigneur, et commissaire dud. sieur en ceste partie, furent exécutez en ceste ville, ou placitre des Halles, les personnes qui s'ensuivent, c'est assavoir : Jehan Ducouldray, maistre orfèvre de cested. ville, et un nommé Laurens Stelle, vénicien, et un nommé Pierre Riveron, hostellier, demourant à Suet; et lesquelz Ducouldray et Stelle, vénicien, furent bouilliz touz vifs en eaue toute bouillante, en une grande chaudière estant oud. placitre, et led. Riveron pandu à une potence estant oud. placitre; les dessusd. accusez d'estre faulx monnoyeurs et avoir fait et fait faire faulce monnoye, et en estre consentans et participans, et y avoir donné conseil, confort et ayde en ce.

Le lundi ensuivant, pénultiesme jour dud. moys, un autre nommé Jehan Le Vannier, du Pont-de-Sée, accusé de pareil cas que dessus,

1527.
27 avril.

fut aussi bouilly tout vif en lad. chaudière, aud. placitre des Halles.

Aussi furent, lesd. jours, condempnez par contumace à estre bouilliz tous vifs, comme les dessusditz, le sieur de la Mothe-d'Orvaulx, appellé Thibault d'Orvaulx en Saint-Martin-du-Boys, Jacques Le Conte, le sieur de Launay de Thunes, Jehan Durouynet de Montejehan, et autres nommez ès sentences contre eulx données, et oultre leurs biens meubles confisquez au Roy, et condemnez en grosses amendes envers led. sieur.

A l'exécution desquelz Ducouldray et Stelle, vénicien, et dud. Riveron, estoit présent et assistant sur un chauffault, assis sur une petite salle, noble homme Jehan Lebarroys, sieur de la Barrière, ayant une corde au col, une mytre sur la teste, sepmée de escuz et testons, et depuys remis ès prinsons d'Angers, pour avoir, ledit Lebarroys, esté accusé d'avoir veu et souffert en sa maison de la Barrière y avoir esté faicte la faulce monnoye; et la maison de la Barrière déclarée confisquée au Roy nostre sire, pour led. cas; et ne fut condemné à mort led. Lebarroys, obstant sa vieillesme et paouvretté.

(BB 18 fol. 95).

XVI.

Requête des sergents de la Prévôté
(original).

1534.

A nos seigneurs les maire et eschevyns de la ville d'Angiers.

Supplient très humblement les sergens de la Prévosté d'Angiers, comme ainsi soit que chacun jour lesd. sergens sont contraincts à faire plusieurs négoces concernans le bien public de lad. ville, sans avoir aucuns gaiges ne bienfaiz, où ilz vacquent par chacun jour ainsi qu'il leur est commandé, et tout incontinant sont près d'obéyr; savoir est à assister à veoir bailler et baillent la question extraordinaire aux crymminelz qui sont condampnez ad ce souffrir, à les conduire par la ville avecques l'exécuteur de la haulte justice, quant ilz sont condamnez à estre fustigez et batuz et essorillez, à les conduire pour mener faire exécuter à mort, à assister avecques nostred. sieur le maire par la ville chaque jour, quant il luy plaist, pour mectre police tant au port Linier, pour veoir dispercer le boys et fagotz, à la Boucherye, à la Poyssonnerie, à faire nectoyer les rues de cested. ville, à conduire les grosses torches et gens estans à la procession le jour du Sacre, et à plusieurs autres négoces et affaires de lad. ville, où lesd. sergens emploient beaucoup de temps, sans avoir gaiges ne bienfaiz, comme dit est; à ceste cause, vous plaise, de vostre grâce et pour ceste année seullement, leur donner et faire délivrer à chacun une paire de chausses, ad ce qu'ilz soient plus enclins à servir de mieulx en mieulx, pour l'advenir, ausd. affaires de lad. ville; et vous ferez bien.

(CC 14).

XVII.

*Lettre du roi François I*er *portant ordre d'armer la ville.*
(Original).

De par le Roy,

Chiers et bien amez, saichans le grant bruyt de guerre qui peult courir par tout nostre Royaume, et désirant le repos et transquilité de corps et d'esperit de tous noz bons et loyaulx subjectz, Nous vous avons bien voulu advertir du bon grant ordre et provision que nous avons donnée en toutes frontières, entrées et passaiges de nostre royaume, qui est telle, que quelques grans préparatifs, qu'ayent peu dresser noz ennemys, pour l'exécution de leurs malignes et dampnées entreprinses, ilz n'en pevent rapporter que honte, vitupère et dommaige. Ce néantmoins, Nous, en faisant office de bon prince et pasteur, ne nous contentans pas seullement d'avoir pourveu lesd. limites et frontières de nostre royaume, mais désirans cordiallement que le dedans soit préservé de toute moleste et oppression, et que nosdits bons et loyaulx subjectz puissent en vraye seureté et repos vivre et négocier entre eulx en leurs vaccations et mesnaiges, aussi bien en temps de guerre que de paix, Nous voullons et vous prions très acertes que vous regardez aux fossez, murs, portaulx, boullevers et autres fortiffications de nostre bonne ville de Angiers, les réduisans par voz diligences, soing et labeur, en tel estat que vous ne puissiez craindre les vacabonds, pillars, volleurs ne quelque autre manière de gens qui pourroient vous faire force ou invasion d'hostillité, vous pourvoyant quant et quant de bastons, harnoys, artillerye et toutes armes qui pevent servir à la deffense de la ville, et ce par la gracieuse remonstrance, cottisation et ordonnance que vous en saurez bien faire, tant en général que particullier, partout et ainsi que besoing sera, selon la fiance et certitude, que nouz avons, de vos obéissances et bonnes voluntez. — Donné à Lyon, le xvᵉ jour de juillet M Vᶜ XXXVI.

1536.
15 juillet.

FRANÇOYS.

Et plus bas : Babou.

(EE 1).

XVIII.

Lettre de Jacques de Mailly, premier huissier du Parlement, portant instruction pour l'installation des Grands-Jours à Angers.
(*Original*).

1539.

Messeigneurs, moy estant en une commission, par ordonnance du Roy, en Touraine et en Berry, me ont esté aporteez lettres missives de monseigneur Monseigneur Duga, dont vous envoie la coppie que j'ay collationnée à l'original; lesquelles receues j'ay incontinent expédié ce porteur pour vous en advertir, et pour ce faire ay retardé d'un jour le négoce de mad. commission pour plus loing marcher.

Messeigneurs, suivant lesd. lettres missives, en attendant que me puisse trouver vers vous, qui sera, Dieu aydant, environ la my aoust, il est besoing que faciès faire provision de bois de menuisier pour faire construire le parquet des plaidoiries, en la sorte que celui de la Court. Sy vous avés homme expert en menuiserie, qui peult venir et arriver à Paris le sept ou huitiesme ou dixiesme de juillet prochain, je le ferois instruire qu'il ne sauroit faillir, et par le premier, ne faillez, s'il vous plaist, me mander s'il viendra. Sy vous trouvès que eussez gens à ce instruictz, sans y envoier, vous en porres faire à vos discrétions, mais je crainderoys qu'il ne fut bien; car s'il a veu celui de la Court, il sera clerc, et après, maistre. A lui et aux ouvriers ferès marché de leurs journées et ung homme de bien conteroleur de leurs journées, et de ce que se prendra de boys, ayz, clou et autres négoces à ce nécessaires. Pendant qu'il viendra à Paris, on ne se peult faillir dresser le plancher dud. parquet, sur lequel sont les procureurs; et après on mectera les bancz dessus, de l'espasse, grandeur et largeur que celui de la Court, se place propre se y treuve; et aussy porront tousjours tailler et escarrir leur bois de menuiserie; et qu'on face bonne besongne, où ayès et ceulx qui s'en mesleront honneur. Quoy qu'il en soit, qu'il ne soit point petit ne affamé; car le monde est grant et croit chacun jour. Il fauldra que vostre receveur tant pour vos ouvriers, menuisiers, masons et chapentier, avance les deniers; et quant tout sera fait, le ferons taxer, et sera paié et rendu par le receveur des amendes qu'il aviendra, selon que j'entens de mond. seigneur Duga. Monseigneur Monseigneur le chancellier veult que les choses soient honnorablement en tout faictes. Le Parlement commencera le premier jour de septembre, par quoy fault faire si bonne dilligence, que le tout soit fait quatre ou six jours devant l'entrée, tendu et tapissé comme il apartient. Se quelcun de vostre ville d'entendement vient d'icy à dix ou XII jours pour le plus tart, que porrés bien avec le menusier envoier, je mecteray peine de l'instruire. S'il est possible, fault que le parqueit desd. plaidoiries soit à part, sans riens prendre sur la salle; car il est très nécessaire, que la salle soit fort grande; et deust on mectre deux en une, rompant cloisons, se mestier est; car si les procureurs et advocatz n'ont lieu convenable pour conférer avec les parties, ilz ne sauroient bien faire leurs besongnes.

Après fault une ou deux chambres tenant audict parquet pour le Conseil et pour faire les buvettes de Messeigneurs, pour lesquelz me ferés faire provision de boys à bruler gros et menu et de bon et singulier vin blanc et cleret pour lesd. buvettes, et je feray tout ce paier. Quant au reste de vos provisions particulières pour la ville et pour les logis de Messeigneurs, le remectz à voz discrections.

Il fault ung lieu assez près dud. parquet pour faire le greffe civil, où on peut aller par icellui à couvert sans passer par la salle. Il fauldra par aventure faire des cloisons; et fault une aultre petite chambre pour le parquet de Messeigneurs les gens du Roy; et adviserons d'avoir aussy lieu pour le greffe criminel et des présentacions.

Il fault pourvoir de XXVIII ou XXX maisons pour les logis de Messeigneurs, comme je l'ay mis en ce billet cy enclos.

Se n'aviés homme expert pour menusier, mandès le moy par vostre homme; il s'en trouvera à Tours. J'en ay parlé, à ce que le cas ne demeure, mais il veult gaigner pour lui et six hommes du mestier soixante solz tournois par jour. Je vous advertis de tout. Je yray, se Dieu plaist, de bonne heure à vostre secours.

Expédiès moy ce porteur, et m'escripvès bien au long et de la grandeur de vos salles et parquet pour plaider. Il fault qu'il soit à Blois mardi prochain, où seray ce jour jusques à mercredi disner.

Messeigneurs, je vous fay longue lettre, mais c'est à ce que de ma part ne demeure riens à faire. Je vous en escrips en privaulté pour l'onneur du Roy, de vous et de la bonne compaignie, que se y trouvera. J'entens ung peu que c'est; car j'ay esté à tous les grands-jours, qui puis vingt ans ont esté tenus; je vous y feray toute l'aide que possible me sera.

Messeigneurs, je prie nostre Seigneur vous donner sa grâce.

De Tours, ce samedi à deux heures après midi par

Vostre serviteur et bon amy,

Jacques DE MAILLY, premier huissier.

Je vous prie, pour Dieu, faictes dilligence. C'est le grant bien de vostre ville, du pays et de vous.

(CC 14).

XIX.

Lettre de F. Crespin, sur le même sujet.

1539.
Monsieur le premier, depuis vostre partement, nous avons advisé, Monsieur l'advocat Cappel et moy, de vous mander d'aller jusques à Angiers, pour advertir Messieurs de la ville de tenir bon ordre pour toutes les provisions nécessaires des Grans-Jours, et aussi pour vous advertir, que les Grans-Jours et Parlement se tiendra au chasteau, pour lieu plus commode et à propos pour le tenir, pour les grandes salles et nombre de chambres estans aud. chasteau, et aussy que Messieurs en seront près et tous logez en la Cité; pour ceste cause visitez led. chasteau, et ordonnez ce qui y sera nécessaire, et baillez la charge à quelqu'un de la ville pour préparer ce qu'il fauldra faire.

Quant est du pourtraict que Gabriel vous devoyt envoyé, il ne l'a sceu faire faire et ne vous en envoyra point. Prenez quelque bon menusier de la ville d'Angiers expert, ou de Tours, que menerez quant et vous, ou le menusier qui feist celuy de Tours, pour en faire ung pareil; et tout divisez le plus magnifiquement que pourrez; et à tant me recommande bien fort à vous, et priré le Créateur vous donnez ce que désirez.

De Paris, ce vendredi xx° de juing.

Vostre frère et entier amy,
F. Crespin.

Et sur la subscription est escript : *A Monsieur le premier huissier de la Court du Parlement, à Tours.*

Ces présentes ont esté prinses et collationnées à l'original par moy Jacques de Mailly, premier huissier du Roy nostre sire en sa Court de Parlement.

De Mailly.

(CC 14).

XX.

Requête de Guillaume Garnier, roi des arquebusiers, afin d'être autorisé à faire annoncer le jeu du Papegault.
(Original).

1539.
A Monsieur le maire d'Angiers,

A vous mon très honnoré seigneur Monsieur le maire, notable et principal chef de tous les manans et habitans de la très honnorable ville et cité d'Angiers, honneur et révérence avecques deue obéissance. Plaise vous sçavoir, très honnoré seigneur, je Guillaume Garnier, le vostre serf et sergent Royal ou duché d'Anjou et ordinaire du Roy nostre sire en sa Mairie à Angiers, humble supplication et requeste vous faicts, moy indigne de ce, en vous pryant excuser l'ignorance, comme officier du Roy, manant et habitant en ladite ville et natif d'icelle, après avoir eu la congnoissance de bien prouflct, qui de jour en jour peult arriver en une telle ville, que il y ayt gens accompliz de bonnes meurs et bon esprit, ayans bon sens naturel, pour bien sçavoir ayder et conduire du faict et treyn de hacquebuterie, se conduisans par faict de pouldres et aultres matières, pour en sçavoir user en temps et lieu, comme il est assez notoire, que ès notables villes de France l'on faict, et aussi qu'il est nécessaire pour la tuition et défence d'icelles; à raison de ce, mondit seigneur, comme celluy qui a mys son esprit à vaquer aud. estat par quelque espace de temps, de sorte que par gaieté de cueur quelques honnestes personnes se seroient meuz de présenter par plusieurs foiz quelque forme de papegaiz, tant pour veoirs et congnoistre les espritz des manans d'icelle en icellui jeu; aussi que sans me jacter ne chercher gloire, par deux foiz icelluy papegay j'ay mis par terre par le moien et jeu de haquebute, d'assez hault lieu pour me dire Roy d'icelluy jeu, en présence de notables seigneurs et commun populaire, acconduict par grant honneur avecques trompette et tabourin, sans aulcun proflct, et l'honneur tourné à déshonneur pour raison du mal prouflct, pour ceste cause et à raison des honnestes personnes qui se veulent représenter, et quant à moy ay bien envye de au bout d'une lance le remettre sur la tour du portal Sainct-Michel-du-Tertre dimanche prouchain; vous suppliant me octroiez, que je ays a faire sonner la trompette, demain, par ceste dite ville, pour illecques estre tiré, et veoirs si les espritz ont séjourné ou veillé au jeu d'icelle, en vous advisant, que, se de vostre grâce il vous plaisoit donner ou faire donner quelque privillège ausd. haquebutiers et que vous en fassiez le mesme moien, il ne seroit jamais possible aux manans et habitans d'icelle ville l'avoir recongneu; et en ce faisant vous ferez bien et en sera à jamais mémoire (1).

(EE 3).

(1) Séance du 16 mai 1539. — « A été entérinée lad. requeste, » dit le reg. BB 21.

XXI.

Semonce donnée en Conseil de ville au sieur de Chevillon, capitaine d'aventuriers.

1543.
17 août.

Du vendredi matin, xviie jour d'aoust l'an mil cinq cens quarante et trois,

En la chambre du Conseil de l'hostel et maison de la ville et Mairie d'Angiers, se sont trouvez.. nobles hommes René Breslay maire, Christofle de Pincé etc. — Aussi se y sont trouvez maistre Guy Lasnier, sieur de Leffretière, René Jollivet, Jehan Tronchot, Ivon Lejau, René Lefeuvre, Me Jehan Gobé, Jobeau de Denée, P. Fourmont, cappitaine du guect de cette dite ville; pareillement se y est trouvé noble homme Michel d'Amboise sieur de Chevillon, cappitaine de gens de pié, nommé le cappitaine Chevillon, accompaigné d'un souldart ou avanturier. — Mondit sieur le maire a remonstré et dit à mesd. sieurs en lad. assemblée, que led. cappitaine demande permission de passer luy et ses gens par ceste dite ville, et pour en adviser avoit faict faire assembler mesd. sieurs les eschevyns pour leur communicquer lad. requeste, aussi la commission dud. cappitaine......

Lesquelles commissions veues et leues, Mondit sieur le maire a remonstré aud. cappitaine, qu'il a la charge de lever deux cens hommes de pié, partie de cinq cens pour mener en Bretaigne ; et combien que par icelles luy soit mandé poyer et conduyre ses gens en dilligence, à la moindre foulle du peuple que faire ce pourroit, que néantmoins il, ne ses gens, ne poyent riens, et font plussieurs maulx et insolences, et dont y a de grosses plainctes; mesmes luy et ses gens ont osté le harnois au sieur de Varannes Manthelon à son lieu de Manthelon, allant à Beaufort faire sa monstre, comme les autres gentilzhommes d'Anjou, pour servir le roy en l'arriere ban, comme il leur a mandé; et qu'il fault qu'il rende led. harnois ; a led. cappitaine tué ung homme à Joué, comme l'on dit; ont osté une robbe fourrée au viccaire de Denée et l'ont blecé.

A esté présent [Jobeau] moulnier, demourant à Denée, qui a rapporté que plussieurs se plaignent desd. avanturiers, de maulx qu'ilz font sur les champs, tellement que s'est grant pitié; et que le fourrier desd. avanturiers le contraignit luy bailler dix solz, parce qu'il disoit que chacun moulnier les luy devoit; oultre icellui fourrier se transporta vers Pierre Duvau, aussi moulnier, demourant aud. lieu de Denée, luy estant à la cave de son moullin; le contraignit aussi luy bailler descharce et quictance, qu'il ne luy devoit riens, parce qu'il avoit esté en sa maison; et se transporte par les maisons, prenant deniers, disant que ceulx, qui luy bailleront deniers, n'auront gens d'armes en leurs maisons; néantmoins y en envoye.

Fergeon, enquesteur, dit avoir esté adverti, que ledit cappitaine a prins xx sols, pour faire sortir ses gens de Rochefort;

Le procureur du Roy a demandé et requis, que ledit cappitaine représente ledit fourrier, et qu'il le face venir, et en responde, actendu que l'on ne sçait le nom, et qu'il en doit respondre, veu qu'il est de ses gens, *allias*, que led. cappitaine soit retenu prinsonnier et son procès faict par le prévost des marchaulx. — Monsieur le maire a remonstré aud. cappitaine, que messieurs de la ville sont serviteurs et obéissans au Roy, et qu'il ne deust estre venu icy, pour fouller le païs, et que, si le Roy en estoit adverty, il n'en seroit contant.

Lequel cappitaine a respondu avoir avecques luy six vingts souldarts, qui sont en Brecigné, faulxbourgs de ceste ville, et quil n'y a que led. sieur de Varannes plainctif de luy et ses souldarts, disant que, eulx estans aud. lieu de Manthelon, led. sieur de Varannes se transporta vers luy à son logeis, qui luy dist, que ses souldarts estoient logez en l'une de ses mestairies, et que ce n'estoit la mode à souldarts loger ès maisons des gentilzhommes; auquel il respondit, qu'il n'en sçavoit riens, ne aussi que son fourrier ne sçavoit lad. mestairie luy apartenir; incontinant les païsans du païs arrivèrent en armes à son logeis, le voullurent tuer, et voulloient faire sonner le tocquesainct de la parroisse, pour encorres amasser du peuple; et eust esté ledit Varannes tué par ses souldarts; mais il l'empescha; ce voyant iceluy Varannes luy donna ses armes, plus par craincte que par amour; dit que led. sieur de Varannes est pugnissable d'avoir faict tel insolence vers luy; et que ses souldarts ont demandé à passer par les Ponts-de-Sée et ceste ville, pour achapter des armes et autres hardes nécessaires; et que, s'aucun s'est plainct de ses souldarts, incontinant il leur en a fait raison; dit ne sçavoir son fourrier avoir prins dud. moulnier ne aultres; et que, s'aucun se plainct de sa personne, il en veult respondre, et pugny, si faire ce doibt; et a monstré une eticquette en papier signée de deux notaires, par laquelle apert avoir faict publier à Denée à son de trompe et tabourin, que, s'aucun se plaignoit de ses souldarts, venans à luy, en feroit raison; et que autant en a faict ès aultres lieux où il a passé; quant à la robe fourrée du prebtre, dit que deux de ses souldarts, estans logez en sa maison, à l'un fut prins ung collet de cuir et ung pourpoinct de taffetas, à l'autre ung pourpoinct de demye hostade, dont luy en firent plaincte; voyans qu'ilz ne furent restituez, prindrent lad. robe, mais a dit quil la fera rendre, puisquil plaist à mesd. sieurs; et leur a promis ce faire; dit que led. fourrier est allé davant Bouchemaine prandre les logeis, et ne le sçauroit à présent représenter; et que, s'aucun de ses souldarts a faict mal, il n'en doibt respondre, quant il n'en a cognoissance; dit que quant Monsieur d'Estampes aura entendu ce que luy a faict led. sieur de Varannes, il rendra ses armes, s'il le dit, ou si par justice l'est ordonné; dit n'estre jurisdiciable de MM. de céans, parce qu'il n'est de ce ressort, ne dud. prévost des marchaulx, parce qu'il est gentilhomme, et n'a forfaict; dit qu'il représentera touz ses gens, se meslier est, et en respondra; dit que si messieurs entendent le retenir, le service du Roy sera retardé, et pourront ses gens se mutiner; et pour monstrer que autres foys il a eu aussi charge de gens de guerre, a monstré une commission en papier de feu M. de Montejehan, du IIIIe janvier mil v^c xxxviii, luy avoir donné charge de lever et conduyre gens de pié; dit, que s'il se fust sentu coulpable, ne fust venu en ville; a dit oultre et confessé, que véritablement, qu'il ne ses souldarts, ne poyent aucune chose par où ilz passent, et que l'escripture le porte; et fait comme luy est ordonné de vivre; et que telle est la coustume de souldarts qu'il dit n'avoir levée; et s'est retiré de lad. chambre.

Mondit sieur le maire a dit à mesd. sieurs qu'ilz ont entendu la forme de vivre dud. cappitaine et ses gens, à ce que mesd. sieurs en advisent.

Led. Chaloppin, lieutenant particullier, dit qu'il n'est d'avis de permectre ausd. avanturiers de passer par ceste ville, disant que, si l'on les y laisse passer, il en viendra d'autres, comme est le bruict, en plus grant bende, lesquelx y vouldront aussi passer; et, si l'on les y laisse passer et qu'ilz facent aucun mal, l'on s'en pourra plaindre à ceste maison; et que l'on ne doibt laisser aller led. cappitaine, que son procès ne luy soit faict par le prévost des marchaulx; et faire informations des plainctes dud. cappitaine et ses gens, mesmes de ce qu'il confesse qu'ilz ne poyent riens; et leur commander de bien vivre.

De Pincé, lieutenant général criminel, dit que, actendu que led. cappitaine allègue coustume de vivre sans riens poyer, fault les faire vyder o comminations, et faire registre des confessions du cappitaine, et le contraindre représenter ledit fourrier et les plus chargez de ses gens d'avoir délinqué; et passent par trente ensemble, considérans l'oppression du peuple sur champs, si le passer par la ville leur est denyé; et leur commander bien vivre.

Lebret, juge de la prévosté, est d'avis, que les confessions dud. cappitaine soient céans registrées, et luy faire commandement rendre les harnois et robe, et en son reffus le retenir, et laisser passer ses gens xii à xii.

Est entré [.....] Gouppilleau, lequel a dit, que hier lesd. avanturiers ont rompeu et brisé les portes de sa maison aux Ponts-de-Sée; et n'en sçait les noms, sinon que led. cappitaine se y trouva, et n'y avoit personne en lad. maison; duquel bris il fera faire informations à ses dépens.

Chemynard, avocat du Roy, dit qu'il seroit bien d'avis de retenir led. cappitaine, et faire son procès par le prévost des marchaulx, mais à ce que le service du Roy ne soit retardé, fault le laisser passer et ses gens par la ville xii à xii, et le cappitaine retenu, jusques à ce que ses gens soient passez, et qu'il ayt rendu lesd. harnois et robe, et baillé le fourrier, si faire ce peult.

Lemaczon, procureur du Roy, demande que le greffier registre, comme led. cappitaine est venu céans, et apporté sa commission, et qu'il a confessé qu'il ne ses gens ne poyent riens, et avoir prins la robe et harnois; et est d'avis, qu'il soit retenu jusques à ce qu'il les ayt rendu, et qu'ilz et ses gens passent par la ville xii à xii ou xx à xx.

Fergeon est d'avis, que l'on les laisse passer, et leur faire rendre les harnois et robe.

Leblanc, esleu, est d'avis, qu'on retire le nom des souldarts, et que l'on prenne le fourrier, pour faire justice de délicts par luy commis.

De Beauvais est de pareil avis.

Regnart est d'avis, que led. cappitaine baille aucuns de sa bende, jusques les autres soient passez, et les traicter le plus doulcement que faire se pourra, à ce qu'ilz ne foullent le peuple à l'issue de la ville.

Mondit sieur le maire a dit, qu'il seroit bien d'avis de retenir led. cappitaine, n'estoit que le service du roy seroit retardé; fault les laisser passer par la ville pour achapter des hardes en poyant; et leur faire commandement de bien vivre, et rendre les harnois et robe; seront acompaignez des gens du guect de ceste ville, à ce que les plainctifz les congnoissent, et facent prandre ceulx desquels ilz se plaindront; et qu'ilz passeront par la ville xii à xii, hacquebuttes deschargées; semblable sera faict commandement de représenter le fourrier, si faire ce peult; et ainsi estre faict mondict sieur le maire l'a conclud, après avoir oy lesd. oppinions.

Est rentré en lad. chambre led. cappitaine, auquel a esté dit et remonstré ce que dessus et la plaincte dud. Gouppilleau; luy a [esté] faict commandement de rendre et mectre céans lesd. harnois et robe, qui seront renduz par les gens du Roy, et de ce s'en chargent; et luy a esté remonstré, qu'il n'a bien prins son chemin, de Denée et Rochefort venir passer par les Ponts-de-Sée et ceste ville; et luy est mandé par sa commission conduire ses gens en dilligence; oultre luy a fait commandement de représenter led. fourrier et de bien vivre et de poyer luy et ses gens, sans fouller le peuple, autrement que l'on mectra gens à leur queue.

Lequel cappitaine a respondu, que la mère dud. Gouppilleau et sa seur estoient en la maison; et n'y fut faict aucun bris; de ce les en veult croire et en respondre; a confessé qu'il ne ses gens ne poyent riens, par où ilz passent, et avoir vesqu, comme ont accoustumé faire souldarts, et qu'il n'a levé la coustume; dit que, pour faire justice à la mode de la guerre, le cappitaine peult pugnir ou tuer son souldart ayant délinqué, et en a tué ung à Joué pour son forfaict; dit que, où il a cogneu les faultes de ses gens, les a pugniz; de ce les en veult croire touz; a promis bailler et mectre céans lesd. harnois et robe pour estre renduz; dit que ses gens ont voullu passer par les Ponts-de-Sée et ceste ville, pour avoir des harnois et hardes; aussi que son cappitaine luy avoit donné charge se trouver en Crannois, et avoit délibéré luy envoyer l'un de ses souldarts, pour sçavoir où il le trouveroit; de ce il en appelle Dieu à tesmoign; dit qu'il ne sçauroit représenter led. fourrier et ne sçait où il est, sinon ainsi que dessus a dit; dit que à l'advenir il et ses gens poiroit, et l'a promis faire; dit qu'il avoit délibéré faire passer ses gens par ceste ville en bataille, à ce qu'ilz fussent congneuz, s'il y avoit aucuns plainctifz d'eulx; leur fera descharger leurs hacquebuttes, puisque s'est le plaisir de Messieurs, et a en recommandation faire vivre ses gens sans fouller le peuple; et a remertié mesdits sieurs de céans, disant qu'il rendra lesd. harnois et robe, et a laissé coppie signée de luy de sad. commission, ce requérant led. procureur du Roy pour la registrer au long céans.

(BB 22 f. 188).

XXII.

Sentence capitale contre des nouveaux réformés.

1556.

Veu les procès criminelz faictz à la requeste du procureur du roy, appellez avec nous Mes Mathieu Ory, inquisiteur général de la foy en ce royaulme, et René Vallin, viccayre et official de l'évesque d'Angiers, à l'encontre de Mes François Chacebeuf, Jehan Gentil, ung appellé le seigneur Désespoir, aultre appellé le sieur de Longueville et des Roziers, Me Léonard Leroyer seigneur du Jaulnay, Jehanne de

Crespy sa femme, Lezin Guiet, Gilles Doysseau appothicquaire, et Matheline Cupif sa femme, André Henry notaire et sa femme, Guillaume Prieur orpheuvre, Thomas de Laillée, Anne Millon sa femme, Marie Bicle cousine d'icelle Millon, Jacques d'Escuillard parchemynier, ung nommé Le Sire orphèvre, naguères demorant Angiers rue Baudrière, Estienne Deheryz marchant drappier, Michel de Laillée sergent royal, Guill. Dupont mercyer, Jehanne Peju sa femme, Simonne chambrière dud. Lezin Guyet, Jehan Bouju dict Boictleau tailleur, Françoise Bordier femme de M° Jehan Denouereux seigneur du Cormier, Denys Boismort dict le grant Denys, Pierre Viredoux appothicquaire, Jacques Lemeignean, ung nommé M° Vincent naguères pédagogue des enfans dud. Lezin Guyet, ung nommé Fleury aussy naguères pédagogue des enfans de M° François Gaultier, seigneur du Rotay, ung surnommé le Liepvre naguères demorant au collége de la Porte-de-Fer d'Angiers, Marcial Guyet, Jehan de Flottes, Jehan Yvon dict Dandrye, Jehan Allain, la femme de René Belhomme drappier, et Roberde Sinault sa chambrière (1), accusez de crime d'hérésie, défaillans; les charges et informations par nous faites, décrectz de prinse de corps, adjournemens à trois briefs jours, défaulx et contumaces contre lesd. desfaillans, sentences et jugemens interlocutoires par nous donnez les XXIII° et XXVII° jours de juing et dernier jour de juillet derrenier passez, exploictz et rellation sur ce faictz par Jehan Corbineau sergent royal, défaulx sur ce obtenuz, recollemens de tesmoings, conclusions dud. procureur du roy, les lettres patentes du roy des XXVII° apvril, XXVIII° may et XIX° jour de juing derniers passez, contenant nostre commission, et tout considéré par nostre jugement; appellez en icelluy les lieutenans général, criminel et particullier, conseilliers et advocatz du siége royal et Présidial d'Angiers, estans en nombre de vingt ung; avons dict et disons, que lesd. défaulx ont esté et sont bien et deument obtenuz, et pour le profficl d'iceulx, que lesd. M° François Chacebeuf, Jehan Gentil, lesd.

(1) Parmi ces noms recommandés au martyrologe protestant, l'histoire littéraire revendique aussi ceux des deux Guyet. Lezin Guyet, conseiller au présidial d'Angers, que Ménage confond avec le fils d'un échevin du même nom, est l'auteur de la première carte d'Anjou publiée en 1573 sous le titre : *Andegavensium ditionis vera et integra descriptio*. Plus d'un bibliographe s'y est trompé et sur la foi du titre, en a fait un livre. Elle est d'ailleurs peu exacte et fut rééditée avec corrections par Ortelius (1578-1603) et de Blæuw (1637). Martial Guyet a traduit du latin la *Pandore* de l'évêque Olivier, dont Coupé dans ses *Soirées littéraires* donne l'analyse. Un curieux fragment cité ci-dessus page 359 *note* attribue aux deux frères d'autres œuvres, moins sans doute de poésie que de foi active et de propagande publique, qui les signalaient des premiers aux persécutions.

appellez le sieur Desespoir, le sieur de Longueville et des Rouziers sont actains et convaincuz d'avoir, en assemblées de gens et conventiculles faictes tant de jour que de nuict ès maisons privées, tant en ceste ville d'Angiers que hors et ès environs d'icelle, presché, dogmatisé et faict certaine forme de prières contre nostre saincte foy et religion chrestienne, les sainctz sacremens, traditions et cérymonies de l'Église chrestienne et catholicque; lesd. M⁰ Léonard Leroyer, Jehanne de Crespy sa femme, Lezin Guyet, Gilles Doysseau, Matheline Cupif sa femme, André Henry et sa femme, Guillaume Prieur, Thomas de Laillée, Anne Millon sa femme, Jacques d'Ecuillard, d'avoir baillé et presté leurs maisons et chambres pour faire lesd. assemblées, prières et prédications, assisté et adhéré à icelles, mal parlé et blasphémé contre nostre saincte foy et religion chrestienne; lesd. Cire, orpheuvre, Estienne de Heryz et Michel de Laillée sergent, d'avoir assisté et adhéré èsd. prédications et assemblées, faict la collecte en icelles pour certains prisonniers pour hérésie, qu'ils disoient estre leurs confrères, et aussi d'avoir tenu propos héréticques; et oultre lesd. Cire et de Herys, d'avoir invité et convié les aultres à se trouver èsd. assemblées et prédications; lesd. Marie Bicle, cousine dud. Thomas de Laillée, sa femme Jehanne Péju, Simonne servante de Lezin Guyet, Jehan Bouju dict Boyleau, Françoise Bordier et Denys Boismort, d'avoir assisté ès dictes prédications et assemblées illicites, et mal parlé contre les sainctz Sacremens, traditions et cérimonyes de nostre saincte foy et religion chrestienne; et lesd. Pierre Viredoux, Jacques Lemeignan, les nommez Vincent Fleury et surnommé [Le Liepvre] d'avoir mal parlé contre le sainct Sacrement de l'autel et tenu aultres propos scandalleux et héréticques; pour réparation desquelx cas, crimes et délictz, les avons condampnez et condampnons a estre ars et bruslez vifz en la place du Marché de ceste ville d'Angiers, et déclairons leurs biens acquis et confisquez au Roy; et quant ausd. Guillaume Dupont, Jehan de Flottes et Jehan Yvon dit Dandrye, la femme de René Belhomme, et Roberde Sinault sa chambrière, sont actains et convaincuz respectivement d'avoir assisté et adhéré èsd. assemblées et prédications et forme de prières, et mal parlé contre nostre saincte foy; pour réparation desquelx cas, les avons condampnez et condempnons, assavoir lesd. Dupont, de Flottes, Guyet et Yvon, à estre panduz et estranglez ès potences, qui seront dressées en la place dud. marché publicq d'Angiers, et leurs corps estre ars et bruslez; et si, desclairons leurs biens acquis et confisquez au roy; et que lesd. femme et chambrière de René Belhomme abjureront, en la manière acoustumée, toute hérésie pardavant l'évesque d'Angiers et inquisiteur général de la foy ou leurs viccaires; et ce faict, chacune d'icelles, ayans en leurs mains ung cierge de cire ardant du poix d'une livre, en jour de Dimanche, à huict heures du matin, assisteront en une messe de sainct Sacrement qui sera dicte en l'église parochial de Sainct-Maurice d'Angiers; et leur est enjoinct de bien et catholicquement vivre sur peine du feu; et quant aud. Jeh. Allain, disons qu'il est attainct et convaincu d'avoir mal parlé contre nostre saincte foy et religion chrestienne; pour réparation de quoy le condempnons à faire amande honorable, teste et piedz nudz et en chemise, tenant en ses mains une torche de cire ardante du poix de deux livres, et estre mené des prisons royaulx d'Angiers, à jour de Dimanche, yssue de la grant messe, et illec estant à genoulx demander pardon à Dieu, au Roy et à justice, de ce que dessus, et de abjurer toute hérésie, en la manière susdite, luy enjoignant bien et catholicquement vivre sur peine du feu; et l'avons bany et banissons du royaulme pour deux ans; et. pour ce que lesd. condampnez sont absens et fugitifz, ordonnons que ce présent jugement sera exécuté par figure; et est inhibé et deffendu à toutes personnes de quelque estat, quallité et condition qu'ilz soint, de menacer, injurier, baptre, oultraiger, par eulx ne par aultre, ceulx qui ont porté ou porteront tesmoignage, faict et feront desclarations ou poursuite contre les chargez d'hérésie, ne user d'aulcune vengence directement ou indirectement en leurs personnes ne en leurs biens sur peine de la harde et autre arbitraire; et sera la présente sentence de jugement leue par les lieux et carrefourgs de ceste ville d'Angiers et publiée en l'auditoire de cested. ville, l'audiance du siége Présidial tenant, et enregistrée au greffe criminel.

Faict à Angiers par nous, Remy Ambroys, conseiller du roy, président en sa court de Parlement de Provence; et par les dessusd. commissaires depputés en ceste partie, conformément aud. procureur du roy, le XXIIe jour d'aoust M V^c cinquante six.

LECARON, greffier en lad. commission.

(BB 27 f. 59).

XXIII.

Requête des Carmes d'Angers pour être indemnisés de la confiscation des statues de cuivre de leur église.
(Original).

A Monsigneur Monsieur du Puygaillard gouverneur pour le roy, nostre sire, en la ville d'Angiers et païs d'Anjou, et à Messieurs les maire et eschevins d'Angiers.

1562.

Supplient humblement vos pauvres religieux mendians des Carmes d'Angiers, comme ainsi soit que, soubz l'authorité de nostre sainct père le pape et du roy nostre sire, ilz soint instituez pour vivre en mendicité en leur ordre régulière, pour prescher et adnuncer la parole de Dieu et de son sainct Evangile, servir à Dieu, faire prières, et oraisons, et tendre à fin à leur povoyr d'appaiser l'ire de Dieu commue par nos peschez, où, non pas selon leur devoir, mais selon leur povoyr, ilz se soint amploiez, néantmoins leur mendicité a esté de néant, depuys quelques années, au moyen de la pauvreté du temps, que chacun congnoist; ces pauvres supplians, par avant ce jour, de leurs aulmosnes, restraignant leur dépense, auroynt faict orner leur église, à grandz fraiz, d'ymages, ornements, et d'aultres chose honnestes, pour inciter le peuple à dévotion, prière et oraison; ont esté troublez et mollestez en particullier et en général; leurs images, aultelz, ornemens, rompuz par nos ennemys, contraires à nostre église catolique et Romaine; sont demeurez sans bledz, sans vin, sans provision; aujourd'huy n'ont moyen de vivre; depuys, par commandement de vous, Monsieur, et de messieurs, ont esté prins, en l'église de leur couvent, grant numbre de cuyvres en effigies et images, jusques au numbre de huit cens livres ou environ, dont les faczons estoient de plus grand poix et prix, que le pezant des cuyvres; en le prenant leur a esté dict, que ce estoit, pour employer aux munitions et fortifications de vostre ville, et qu'ilz seroint satisfaictz; qu'il plaise à vous, Monsieur et vous, Messieurs, leur faire rendre lesdictz cuyvres, ou bailler argent pour en faire aultres, et décorer leur église, et qu'ilz ne demeurent dénuez de chose ornante vostred. église; et vous, Messieurs, ferez bien et justice, et demeureront les supplians de plus en plus tenuz de prier Dieu pour la prospérité et santé du roy nostre sire et de vous, Messieurs (1).

(CC 14).

XXIV.

Lettre du receveur Charlot contenant relation de l'assassinat du duc de Guize par Poltrot.
(Original).

1563 (N. S.)
19 février.

Messieurs Messieurs les maire et eschevins d'Angiers.
Messieurs, je vous ay escript par deux fois la dilligence que j'é faicte,

---

(1) Présentée à la séance du 12 octobre 1562 « la requête des Carmes est sourcise. » C'est la seule mention qu'en fasse le registre BB 29 f. 167.

pour m'aquiter de la charge qu'il vous a pleu me donner, mesmes pour avoir modérasion des cent muictz de blé, à quoi le païs d'Anjou a esté taxée ; et depuis me suis encores conseillié à des secretaires du Roy, mes amis, quel moyen je pourois tenir, pour nous faire rendre quites de se que nous avons fourny de blez par desà ; et ay trouvé qu'il n'y a aultre moyan, attendu la requeste que j'é présenté, et le ranvoy que le Roy m'a faict à monsieur de Guize, et la responce dud. sieur de Guize, qui est de fournir en toute diligence le nombre de bletz, à quoy avons esté taxés, de faire recharches par les greniers du païs, et en présence, s'il est possible de monsieur Moictivier, commins des commissaires généraulx des vivres, qui est par delà, en captivant sa faveur, et faire faire procès verbal du peu de blez que trouvoirès, par lequel led. commissaire y fera son raport favorable ; lequel procès verbal et raport dudict commissaire faudra présenter avecques requeste au privé conseil remontrant l'inposibilité et indigence du païs, pour, suivant icelles, estres deschargés du sourplus. Nous partirons dimenche, pour retourner au camp retirer noz recepissés des commissaires généraulx, et mettre painne d'avoir assignation, vous assurant que eussions mieulx faict noz affaires que ne ferons, n'eust esté le grant désastre qui est arivé du jour d'hier en France en la personne de monseigneur le duc de Guize ; lequel allant sur le soir reconnoistre les murailles d'Orléans et voir nos tranchés, accompaigné seullement de monsieur de Rostin et de monsieur de Ville-Goubelin, passa ung traitre paillart, portant morion en teste et l'escharpe blanche, monté sur ung quavallain d'Espaigne poil boy, auprès de mondict sieur de Guize ; et, estant passé oustre environ de quarante pas, se relessa derrière une haie, attandant, de pié quoy, ledict sieur ; auquel il donna ung coup de harquebuze au travers du cors, luy prenant au cousté gauche près de l'espaulle ; et puis mint la main à l'espée, criant en fuiant : « Prenès le paillart, » de sorte qu'il se sauva, et ne saict on où ny quel est. L'on espère par le raport des sirurgians que ledict sieur n'en moura pour ce coup, pour n'avoir rien offancé que la chair, graces à Dieu, auquel suply tres humblement luy donner bonne et brifve guarison ; combien que l'on crainct que la balle fust enpoisonnée, ce que Dieu ne vielle ; vous assurant que la court est fort troublée ; et a aujourd'huy esté proclamé à son de trompe, que quiconque rendra mort ou vif ledict traitre, qui a faict le coup, le roy lui donnera trente mille escuz, et celluy qui le nommera aura dix mille escuz contant. Monsieur d'Estampes a esté incontinent envoyé au camp, pour commander en l'armée en attendant monseigneur de Monpensier et Monsieur de Brissac. La Raine mère partira demain de matin pour aller voir ledict sieur de Guize. Messieurs de Doizel et de Limoges, envoiés par le roy à Orléans pour traicter la pais, sont arivés à se soir en ceste court, et n'ay encores entandeu quelles nouvelles ilz ont aportés d'Orléans de la pais, combien que vous puis assurer que le Roy ne vieult du jourd'huy aulcune pais et n'espéré qu'il s'en fase. L'on tient que noz gens ont gaigné le pié de la muraille d'Orléans du cousté de la porte Bannier; et avons perdeu environ de quatre vingtz hommes.

Messieurs, je vous supplie humblement de prandre garde à la ville et sur tout garder les traitres; quar je vous puis assurer, pour l'avoir ouy dire à hommes, qui savent les secrès des affaires du Royaume, que l'admiral et sa quavallerie, tant raitres que françois, estant en nombre de environ six mil chevaulx, ont délibéré se joindre avecques la quavallerie de monsieur de Rohan, et passer par le Mans et païs d'Anjou, pour gaster tout le plat païs, et saquaiger les villes par surprinse, sy l'on ne s'en donne de garde; et mesme ceste fortune leur augmentera encor leurs furies; et croy que Monsieur de Chavigné a commendement de se retirer au Mans avecques toutes les forces qu'il poura, pour empescher le dessin des annemis. Dieu vielle par sa grasse nous garantir de tès persécuteurs de ces fidelles serviteurs de son esglize quatollicque, qui sera l'androict, Messieurs, où il vous plaira me commender, pour estre obais d'ausy bon cœur, que vous presente mes tres hunbles recommendations à voz bonnes graces, et suply humblement le créateur vous donner, Messieurs, en santé longue et heureuse vie, — de Blois ce xix^{esme} de febvrier 1562.

Vostre très humble et obéissant serviteur,
Le Receveur Charlot.

(AA 3).

XXV.

Lettre de P. de Rhodes pour la création de foires royales à Angers.
(Original).

1563.
8 mai.

Messieurs, d'aultant que c'est chose louable de faire et procurer le bien, prolfict et utilité de la chose publique, j'ay prins l'hardiesse de vous escrire la présente, pour vous advertir, que, moy estant par de çà avecques le sieur Scipion Sardini, lequel je treuve grandement affectionné et désirant le bien de la pauvre ville d'Angiers, d'aultant qu'il n'y a chose en ce monde qui face plus florir les villes et pays que le commerce et trafic des marchandises, led. sieur a mis cy avant qu'il seroit bon pour vostred. ville et pour le pays, aussi pour la commodité du pays circonvoisin de vous faire donner et octroyer par le Roy deux foires par an, et les assigner pour la première au lendemain du jour du Sacre durant huict jours, et l'aultre au moys d'octobre, au retour des foyres de Poictou, durant pareillement huict jours, avecques toutes les franchises en tel cas requises; et pour y commencer, l'on vous fournira de toutes sortes de marchandises de draps de soye, en tel nombre qu'il suffira pour vous et pour tous les pays de Bretaigne, Poictou et le Mayne et aultres qui s'y pourront trouver, et non seullement ceste marchandise, mais aussi de drogueriees, sucres et espiceriees, et toutes aultres marchandises, qui sera de besoing; pour quoy, Messieurs, je vous pry ne perdre une tant bonne occasion de redresser le commerce en vostre ville, sy voyez que bon soyt et l'ayez pour agréable. Cella servira beaucoup à exercer les jeunes hommes du pays avecques profficit et honneur de la chose publicque. Led. sieur Scipion n'a voullu passer plus oultre sans avoir premièrement vostre advis, sçavoir sy vous aurez ce pour agréable, vous asseurant que, s'il vous plaist la chose estre requise en vostre nom, elle sera obtenue, et n'en faictes aulcune doubte, vous en verrez les effectz. Sy tost que aurez receu la présente, il vous plaira en adviser ensemble avecques les marchans, le plus tost que faire le pourrez, et nous mandez vostre voulloir en dilligence à la court, qui sera fin après vous avoir présenté mes humbles recommendations, je pry Dieu, Messieurs, vous donner en sancté bonnes, longues et heureuses vyes. — De Paris ce VIIIe may 1563 (1).

Vostre humble et obéissant serviteur,
P. DE RHODES.

(HH 5).

XXVI.

Compte des dépenses pour l'entrée du roi Charles IX.

Estat des frais et mises faictes par Me Jacques Migon, pour l'entrée et joyeux advénement du roy nostre sire, Charles neufiesme, à pré-

1566.
20 avril.

---

(1) Séance du 24 may 1563 : « Les lettres missives envoyées par Pierre de Rodes.... seront envoyées aux commissaires estants de présent à la court pour les affaires de lad. ville pour icelles foyres obtenir moyennant qu'il n'en couste riens aux habitants, que le coust du parchemin et le scel ou bien peu de chose. » (BB 30 fol. 14). — Le voyageur Legouz la Boullaye rencontra, un demi-siècle plus tard, en Perse, à Rome et ailleurs, maintes fois dans ses courses, un jésuite d'Avignon, nommé de Rhodes, parent sans doute de celui qui a écrit la lettre ci-dessus.

sent régnant, en sa ville d'Angiers, que led. Migon présente par devant vous M. le lieutenant général de M. le séneschal d'Anjou, pour estre par vous ouy, examiné et arresté; lesquelz fraiz ont esté faictz par l'advis et ordonnance des estatz de la ville deuement congrégez et assemblez en l'hostel de lad. ville, le douziesme jour d'octobre dernier passé; pour le faict, conduicte et entreprinse de laquelle entrée furent oud. Conseil et assemblée commis et depputez chacuns de Mes Jeh. Belhomme, Jehan Lefebvre, Jullien Gouppilleau, Pierre Guyet et led. Migon; ausquelz par lesd. estatz auroit esté donné pouvoir, mandement et auctorité de faire et ordonner tout ce qui seroit recquis et nécessaire pour l'entreprinse et faict de lad. entrée, eu égard au brief délay et temps, dedans lequel le roy avoit délibéré passer par lad. ville, qui estoit seullement de quinze jours depuys l'advertissement certain receu par lesd. maire et eschevyns de lad. entrée; et suyvant led. advertissement auroient esté contrainctz chaircher ouvriers et artisans de touttes sortes; et iceulx appellez a grans fraiz, comme en chose pressée, les auroient faict besongner nuict et jour et à divers pris, ainsi qu'on les a peu retenir; au faict de laquelle entrée ilz ont vacqué ainsi que s'ensuyt:

Mise et despence faicte par led. Migon par ordonnance desd. commissaires et entrepreneurs pour le faict de lad. entrée :

Premier.

Le lundy vingt deuxiesme octobre mil v^c soixante cinq, après avoir eu advertissement du chemin, que le roy tenoit retournant de Bretaigne, furent faictz les préparatifz à la porte Sainct-Nicollas et sur les ponts; et led. jour fut prins le logis des Augustins, pour faire besongner les painctres, et donné charge à Me Jehan de Lespine de mander des painctres par touttes les maisons où ilz besongnoient; et attendant que lesd. painctres viendroient, l'on feist besongner Gilbert Vandelant et aultres, qui estoient en la ville, qui y ont vacqué ainsi que s'ensuyt:

Ledict Vandelant, tant pour ses protraictz faictz par avant led. jour, que ses aultres journées jusques au deuxiesme novembre, qu'il demera mallade, qui se montent en tout dix sept journées à cinquante solz par jour, XLII l. X s.

Pierre Coquet, pour seize journées et pour ung grant escusson en bois, oultre lesd. journées, painctures des bastons des sergens, pour le louaige de ses chauldrons et marbres, au pris de quarante cinq solz par jour, XXXIX l. II s.

Nicollas Duguet, pour luy et ses deux garsons à cinquante six solz par jour, pour dix sept journées, XLVII l. XII s.

Mᵉ Jacques Prévost, aultrement dict Fondettes, painctre du roy, à deux escuz et demy par jour, pour quinze journées, ivˣˣ xiv l.

Rolland Lagouz, pour dix journées, pour ung grant escusson en bois, pour la paincture de partie des bastons des sergens et de la carie du poille du roy, et pour une journée de son serviteur, à cinquante solz par jour, xxxiv l. v s.

Porsainct Landry, pour seize journées et demie et une nuictée, à vingt solz par jour, pour ce, xvi l. x s.

Jehan Busigné, pour dix journées à trente solz par jour, xv l.

Claude Martin, pour quatorze journées à trente solz par jour, xxi l.

Jehan Cavalle, pour quatorze journées à vingt solz par jour, xiv l.

Jehan Morin, pour dix journées à douze solz par jour, vi l.

Pierre Gaultier, pour douze journées à douze solz par jour, vii l. iv s.

Loys Petit, pour quinze journées à douze solz par jour, ix l.

Jehan de Brie, pour douze journées à trente solz par jour, xviii l.

Jehan Percher, pour dix journées à douze solz par jour, vi l.

Duron Legay, pour dix journées à douze solz par jour, x l.

Nicollas Chevenier, à quarante solz par jour, pour huict jours deux tiers, xvii l. vi s. viii d.

Pierre de Seille, à quarante solz par jour, pour neuf jours deux tiers, xix l. vi s. viii d.

Nicollas Vautrou, à trente cinq solz par jour, pour neuf jours deux tiers, xvi l. xviii s. iv d.

Philippes Langlois, à quarante solz par jour, pour neuf jours deux tiers, xix l. vi s. viii d.

Mᵉ Jehan Chamus, pour luy et son homme, pour huict jours deux tiers, à soixante solz par jour, xxvi l.

Symon Collart, à trente solz par jour, pour huict journées, xii l.

Mᵉ Nouel Loutrel, pour huict journées deux tiers, à quarante solz par jour, xvii l. vi s. viii d.

Franczois Galliczon, pour huict journées à trente solz par jour, xii l.

Nicollas Poulcet, à vingt solz par jour pour huict journées, viii l.

Pierre Guyon, pour quatre jours et deux tiers à vingt solz par jour, iv l. xiv s. iv d.

Claude Legrant, à huict solz par jour pour huict journées, lxiv s.

Somme, vᶜ xxxii l. v s. iv d.

Matières et estoffes pour les painctres.

Fault notter que lesdictz maire et eschevyns ont esté contraincts fournir lesd. painctres de logis et touttes matières, qui ont été achactées tant par led. Migon, de Lespine, que Vandelant, par ordonnance desd. commissaires, ainsi que s'ensuyt par le menu :

Le vingt uniesme dud. moys d'octobre fut prins chez Titus par led. Migon, présens Vandelant et Coquet,

Douze onces cendrée d'azur à VII s. VI d. once,	IV l. IV s.
Diz onces cendrée d'azur d'esmail au pris de cinq solz once,	L s.
Deux onces et demye azur fin à XII s. VI d. once,	XXXI s. III d.
Neuf onces et demie aultre azur à VII s. VI d. once,	LXI s. III d.
Six onces vert d'azur à VI s. once,	XXXVI s.
Sept livres et demie de plomb au pris de III s. VI d. livre,	XXVI s. III d.
Quinze livres céruze de Venize à VII s. livre,	CV s.

Le vingt deuxiesme dud. moys prins de Grimaudet, présent Vandelant :

Deux pappiers d'or, contenant six cens, au pris de X s. le quarteron,	XII l.
Deux livres Inde à L s. livre,	C s.
Une livre et demie fleurée à LV s. livre,	IV l. XI s. VI d.
Deux livres gomme arabic,	XX s.
Craye blanche, XXVI l.,	XXI s. VIII d.
Charbon à protraire,	III s. IV d.

Le vingt septiesme desd. moys et an prins chez led. Titus, en présence de Monsieur Lefebvre et Vandelant,

Quatre onces lacque à V s. once,	XX s.
Six onces vermillon à IV s. once,	XXIV s.
Une livre et demye sehy de grenne à XX s. livre,	XXX s.
Cinquante deux livres craye blanche,	XLI s. VIII d.

Le trentiesme dud. moy chez Marsault, présent led. Vandelant,

Deux quarterons vert de terre à XVI s. quarteron,	XXXII s.
Demye livre sehy de grenne,	X s.
Trois quarterons Inde,	XLVIII s.
Trois cens et demy d'argent,	XLII s.
Trente deux livres craye blanche,	XXVI s. VIII d.

Le dernier jour dud. moys par Vandelant vingt deux livres noir,

	XXII s.
Demie livre listre de Flandres,	X s.
Dix livres d'ocre,	X s.
Deux quarterons ocre de rue,	VIII s.
Une livre vermillon,	LX s.
Deux livres myne,	XX s.
Quatre onces lacque,	XXV s.
Une livre tournesson,	XXX s.
Une livre et demye macicquot,	XXXII s. VI d.

Craye blanche et pour faire gris xxxvi livres,   xxx s.
Prins par M⁰ Jeh. de Lespine pour de Fondettes
Estain doré,   xvii s. vi d.
Estain à paindre,   x s.
Pour azur fin,   xl s.
Un quarteron d'or,   xi s.
Pour couleur d'orpin et aultres choses,   xv s.
Trente livres de craye,   xxv s.
Le premier jour de novembre pour cinq quarterons d'or prins de Poursainct,   l s.
Pour argent et vert de vessie,   xxiv s.
Pour vermillon et cendrée,   xv s.
Pour vert de terre, pour Fondettes,   xii s.
Pour trente livres craye blanche,   xxv s.

Item, a esté achacté pour lesd. painctres, tant par Vandelant que par de Lespine, cent dix livres colle de cuyr, à vingt deniers livre,   ix l. iii s. iv d.

Item, en colle de Partenay, achactée par led. Vandelant,   vi s.

Item, pour lesd. painctres, tant pour les Augustins que M⁰ Jacques, pour cuyre la colle, plastre et couleurs, que aultres affaires, a esté achacté sept chartées de charbon à divers pris,   xxi l. xv s.

Item, pour l'achact de cinquante six fagotz et unze grosses busches pour lesd. painctres et pour cuyre lad. colle et plaistre, tant aux Augustins qu'au portal,   xliii s. iv d.

Item, pour lesd. painctres, pour deux nuytz qu'ilz ont besongné et pour le soir, y a d'achact vingt une livre et demye chandelle,   lxxi s. viii d.

Item, pour M⁰ Jacques de Fondettes,   xi s. viii d.

Item, pour quatre grans potz de terre, huict douzaines de pichers et potins de terre, trois douzaines tasses de Beauvoys, pour M⁰ Jacques, deux seilles, deux godetz, une gede,   lv s. viii d.

Item, en farine pour lesd. painctres,   iii s.

Item, pour le louaige de deux chambres pour M⁰ Jacques de Fondettes,   l s.

    Somme de chappitre,   vi^{xx} iv l. vii s. iii d.

Enlumineurs.

A esté ordonné par lesd. commissaires estre faict cent sept escussons du roy, la royne mère et Monsieur d'Orléans, pour mectre aux lices et parquetz, et pour ce faire marchandé à Ollivier Lagouz, à neuf solz pour chacun escusson,   xlviii l. iii s.

Item, pour l'estoffe et doreure de six grans escussons pour mectre aux portaulx et eschaffault du roy, pour quatre ponmettes faictes exprès dorées et goderonnées de fin or, pour la faczon et doreure de deux coulonnes, pour présenter les clefz au roy, pour la dorreure et estoffe d'ung aultre baston a esté marchandé à Rhodes (1) et à Corbin à XXVI l. VIII s.

Item, à ung pappetier, nommé Vites, pour cent feuilles de grant pappier double, pour lesd. armoyries, X l.

Item, pour les painctres et enlumineurs, a esté achacté de plusieurs personnes, et à divers pris, quatre vingts draps et linceux de touttes sortes, et tant pour l'achact que ceulx qui les ont faict vendre, et femmes qui les ont recousuz, pour le tout, IV^{xx} I l. XII s.

Somme de chappitre, VIII^{xx} VI l. III s.

Maczons.

A esté ordonné, que Me Jehan de Lespine, m^e maczon, seroit retenu pour la conduicte des affaires de lad. entrée, et que pour quinze journées, qu'il y a esté, lui seroit payé quinze escuz pistolletz, XXXVII l. X s.

Item, a esté poyé à Me Nicollas Leloran, qui avoit la conduicte des maczons et tailleurs, pour quinze journées à XXXV s. par jour, XXXVI l. V s.

Item, payé à Nicollas de Maurdon, m^e tailleur, pour neuf journées à XXIV s. par jour, X l. XVII s. VI d.

A Jeh. Giffard (2), aussi tailleur, pour pareil temps et pris, X l. XVII s. VI d.

Item, à Jeh. Rabault, pour treize journées à neuf solz par jour, CXVII s.

A Jeh. Bouvet, pour unze journées à pareil pris, IV l. XIX s.

Item, parce que, par ordonnance desd. commissaires, avoit esté rompu une muraille des jardrins de Mgr d'Angiers, pour faire l'entrée pour le roy en son eschauffault, et aussi abaptu à l'estimation de six aultres toizes de murailles desd. jardrins, à ce que ceulx, qui seroient avecques le roy, veissent les compaignies à leur aise, pour reclore lad. huysserie et refaire lad. muraille et rebouscher les trouz faictz pour le chauffault, avoir fourny de terre, pierre et choses nécessaires, a esté poyé CX s.

Somme de chappitre, VI^{xx} VIII l. VII s.

Matières pour maczons.

Item, a esté prins par Me Jeh. de Lespine sur le port de Me Chris-

---

(1) C'est le même sans doute qui écrit au Conseil de ville, ci-dessus, page 384.
(2) V. plus loin n° XXXVI des Documents.

tofle Chartier deux grandes courges de cinq piedz de long vaillent
                            IIII l. V s.
 Item,..... Somme de chappitre,   XXVI l. XV s.

Menuysiers.

Le vingt deuxiesme octobre Roullet Legentilhomme, marché faict avec M. le maire de trouver gens dud. estat, et avoir la conduicte de ce que estoit requis de son mestier pour lad. entrée, à vingt solz par jour pour luy et pour chascun de ses gens, dix solz t.
 Led. Legentilhomme, pour quinze journées,   XV l.
 Allain Bourdesseul, pour treize journées,   VI l. X s.
 .... Plus poyé à ung aultre menuzier, qui feist la carie du poille du roy par deux fois, parce que la première mesure, qui luy fut baillée par le connestable Guyet, estoit trop petite, et la convint refaire en toutte dilligence,   XXVII s. VI d.
 Item, a poyé à ung artilleux, qui a fourny les quatre bastons dud. poisle de bon fresne, et iceulx tournez,   XL s.
  Somme de ce chappitre, VI^{xx} V l. IX s. II d.

Esseil.

Le vingt ungiesme octobre mil V^e LXV fut prins et toysé par Legentilhomme de Michel Plessis le nombre de quinze toyzes et demye esseil, à trente deux solz six deniers, toysé et poyé aud. Plessis, présent led. Legentilhomme, aud. pris,   XXV l. III s. IX d.
 ..... Item, a esté fourny par M. le maire le nombre de vingt quatre toizes d'esseil, parce que les menuziers n'en avoient plus, qu'il a baillé au pris de trente cinq solz toize, pour ce,   XLII l.
  ..... Somme de ce chappitre, II^c LI l. X s. X d.

Charpentiers.

Michel Plessis, m^e charpentier, par marché faict avec M. le maire et commissaires, pour l'eschauffault du roy et aultres affaires pour le faict de lad. entrée, à vingt solz par jour, a faict dix journées, X l.
 Ambrois Chollet, à huict solz par jour, dix journées, IV l.
 ...... Jehan Herault, m^e charpentier, pour le porticque et arc de dessus les pons et l'eschaffault de la Laicterie, marché faict à luy, tant pour le bois que pour ses journées,   XIV l.
 .... François Jehannet, aultre m^e charpentier, auquel pareillement a esté faict marché pour la porte Saint-Nicollas, au pris de quinze solz par jour... pour neuf journées,   VI l. XV s.
 ... Plus a led. Jehannet, oultre lesd. journées, fourny à lad. porte et chauffault de la fontaine Pied-de-Boullet le bois nécessaire pour

lad. entrée, revenant en tout nombre VIIe IV^{xx} piedz de tout bois, vallant au pris fait en l'hostel de ville par lesd. commissaires, XXVII l. II s. VIII d.
    Somme de ce chappitre, II^c XXI l. XVI s. X d.

Serruriers.

.... Item, pour avoir reblanchy les clefz des portaulx et argentées, poyé au connestable Sireul, XXX s.
    Somme de ce chappitre, XXVI l. XI s.

Clouttiers.

..... Item, pour ung cent et demy guynesson doré et soixante solz d'Allemaigne, pour tendre le poille et attacher les fleurs de lys sur les quenouilles du poylle, VII s. VI d.

Item, pour l'eschauffault de la fontaine Pied-de-Boullet et l'eschauffault de chez Leconte, XX s.

Item, pour l'eschauffault du roy, pour le tendre, et pour deux tentes qu'on feist pour la royne, sçavoir chez la Daburonne, et chez Du Cimetière, XIII s. IV d.
    Somme du chappitre, XXXIX l. X s. IV d.

Pour les chappeaux et festons.

Fut ordonné par les commissaires, qu'on feroit festons, chappeaulx de triumphe, et bordeures de lyerre à tous les arcs, porticques, chauffaulx et parquetz; pour quoy faire, sçavoir pour cuillir, lier et amasser led. lierre ont vacqué plusieurs personnes ainsi que s'ensuyt :

Loys Toucault, six journées, XXIV s.
Nicollas Gaudin, neuf journées, XXXVI s.

..... Item, par ce que ceulx qui amassoient led. lierre alloient trop loing et faisoient petites journées, fut advisé qu'on prendroit deux couvreux, qui abatteroient du lierre des tours du portal Lyonnois; et y fut mys :

François Jardrin, couvreur, III journées, XXIV s.
Marin Crochet, dix journées, XL s.

..... Item, pour mettre à l'entour des festons et chappaulx de triumphe, deux cens de vieilles oranges, XVI s. VIII d.

Item, tous lesd. festons et lyerres furent liez sur corde et fisselle, pour faire lesd. bordeures; pour ce, en corde et fisselle, et pour les corniches et mestiers des painctres, en a poyé led. Mygon, tant à ung nommé Henry Robin que aultres, la somme de IX l. XVI s. VI d.
    Somme du chappitre, XLI l. XVII s. VIII d.

Perriers et pyonniers.

Fut advisé par lesd. commissaires, pour l'aise des compaignies qui viendroient par davant le chauffault du roy, que ung roc, estant près led. chauffault, seroit rompu, et le chemin explanadé jusques aux forsbourgs, et le lieu pour seoir l'artillerie hors la porte, pour quoy faire y a esté besongné comme s'ensuyt :

..... Somme du chappitre,   xiv l. ii s. vi d.

Couvreurs d'ardoyse.

Pour dresser sur le pont au Melle ung porticque et arc triumphant, fut ordonné que le davant d'ung porche, estant sur led. pont, seroit descouvert, et une eschelle sourpendue ostée, et pour ce faire, Jeh. Crouzillon avecques ses gens y a vacqué six journées,

..... Somme du chappitre,   xliii l. xvi s. ii d.

Voyaiges.

Le roy approchant si près d'Angiers que Brissac, et estant bruict, que sa majesté vouloit faire son entrée aud. Angiers, les maire et eschevyns, se voulant asseurer, auroient commis M. Lebret, conseiller et eschevyn de lad. ville, pour aller vers M. le gouverneur, pour entendre de luy, s'ilz debvoient entrer en fraiz pour lad. entrée, et seroit allé led. Lebret jusques à Gonnort, et pour sa despence,   xl s.

Item, auroit esté envoyé René Guérin à Brissac le vingt ung octobre, pour ramener quelques pieczes d'artillerie, que M. le conte de Brissac avoit prinses par prest de lad. ville ; auquel Guérin led. Migon auroit, par commandement de M. le maire, baillé ung escu solleil pour sa despence,   lii s.

Item, ayans receu lesd. maire et eschevyns advertissement certain de lad. entrée, auroyent envoyé vers M. le mareschal de Vieilleville M. Lefebvre, l'ung desd. eschevyns, pour certains et urgens affaires concernans lad. entrée, où il auroit esté contrainct mener deux hommes ; et pour la despence de luy et de ses deux hommes, pour trois journées,   xiii l. x s.

Item, auroit led. Migon poyé à Mᵉ Toussaincts Colpin, lequel led. Lefebvre auroit mené avecques luy pour les affaires de lad. ville et entrée,   vii l. xvi s.

..... Item, à ung messagier nommé Symon Goderon envoyé par M. le maire vers M. le cappitaine Strossi (1) pour l'advertir des malversations de ses souldarts ; lequel Symon y alla par deux ou trois fois,   lxx s.

---

(1) V. la lettre du Conseil de ville BB 30 f. 231 et EE 16.

Item, a esté nécessité envoyer quérir des painctres à Gonnort, Beaupreau, Mortaigne, Puydufou, Durestal et aultres lieux, où ilz estoient, pour besongner au faict de lad. entrée ; et en auroit esté prié M⁰ Jeh. de Lespine par lesd. maire et eschevyns, et pour lesd. voyaiges auroit esté poyé　　　　　　　　　　　　　CII s. VI d.

Item, a esté poyé à ung sonneur de Tours, qui se disoit avoir esté envoyé quérir par ceulx de ceste ville, et, oultre une livrée de taffetas, a receu en l'hostel de ville dud. Migon, présens lesd. commissaires,　　　　　　　　　　　　　　　　　　　　　XXV s.

Item, seroit venu Angiers, par commandement desd. maire et eschevyns, ung passager de Briollay, lequel auroit amené une charière pour passer le roy au château ; et pour ce,　　　　　　　　L l.

Item, à sire Pierre Guyot, qui alla par le commandement des maire et eschevyns à Thouars et Loudun vers M. le gouverneur pour lad. entrée,　　　　　　　　　　　　　　　　　　　　　C s.

　　　　　　Somme du chappitre,　　　LXXII l. XVII s. V d.

Brodeurs.

Les maires et eschevyns, asseurez de lad. entrée et brief délay de se pourveoir, auroient esté contrainctz marchander à pris excessif avecques Pierre Beuzan, Jeh. Renou, René Perrault et Anthoine Voisin, orfeuvres, pour faire le poille et ciel pour porter sur le roy, sçavoir pour faire et fournir de fil d'or et d'argent fin et soye pour les devyses dud. ciel, et icelluy faire bien et deuement, et le rendre prest dedans le deuxiesme novembre ensuyvant ; pour ce leur auroit esté poyé par led. Migon la somme de　　　　　　　　　　VI^{xx} x l.

Item, parce que les bastons dud. poille n'estoient que painctz, fut ordonné qu'ilz seroient couvertz de veloux bleu, et semez de fleurs de liz, et pour la faczon desd. fleurs de lys,　　　　　　　L s.

Item, a esté poyé à Abel Butin pour la faczon de douze escussons d'orfaverie pour les sergens de la Mairie,　　　　　　VII l. XVI s.

..... Item, pour les cordons des clefz de l'entrée du roy et gouverneur poyé à Cyreul et Repussart, et pour les houppes et cordes du sac à mectre lesd. clefz,　　　　　　　　　　　　　　　C s.

Item, à M⁰ Toussainctz Colpain, pour ung pivot et une boucle d'argent pour le baston faict à coulonnes pour présenter au roy, marchandé par gens,　　　　　　　　　　　　　　　　XL s.

Ne sont comprins en ce compte les cordons des estuiz des couppes, deuz à Repussard, et depuys accordé, pour neuf onces de soye, et pour la faczon,　　　　　　　　　　　　　　　　　IX l. XIV s.

　　　　　　Somme du chappitre,　　　　　VIII^{xx} III l. X s.

Veloux et soyes.

Après la conclusion faicte en l'hostel de ville de ce que estoit nécessaire pour lad. entrée, fut prins et levé de sire Pierre Guyart, pour faire le poille et enrichissemens et divises, ce que s'ensuyt :

Pour deux aulnes fine toille d'or envoyée quérir exprès à Tours, pour faire les divises et colonnes dud. poille à neuf escuz l'aulne, pour   XLV l.

Pour une aulne et demie fine toille d'argent à pareil pris,   XXXIII l. XV s.

Item, pour faire le poille du roy, fut levé sept aulnes et demye velours bleu d'Avignon, pour couvrir les bastons dud. poille ; et pour faire ung grand sac dud. velours par commandement de M. le gouverneur pour mectre les clefz, tout led. veloux montant en somme neuf aulnes trois quars, vallans, à sept livres dix solz l'aulne,   LXXIII l. II s. VI d.

Item, douze onces, moins ung gros, soye blanche incarnalle et bleue, à seize solz once, vallans   IX l. X s.

..... Item, pour cinq aulnes ung quart de taffetas bleu pour doubler led. poille à cinquante solz l'aulne,   XIII l. II s. VI d.

Item, pour trois aulnes et demye taffetas blanc bleu et incarnal pour les sonneurs, à cinquante solz l'aulne,   VIII l. XV s.

Item, pour deux onces ung gros soye blanche, bleue et incarnalle, baillé à Cyreul, pour les cordons et houppes,   XXXIV s.

..... Item, une once fin d'or superfin, pour achever la petite frange pour le bort dud. poille,   LXV s.

Item,..... deux marcs de fil d'or en bobine, au pris de vingt cinq francs le marc,   L l.

Item, une aulne trois quarts taffetas incarnat en six fils, IV l. X s.

..... Plus six aulnes d'or clinquant,   VI l. XVIII s.

Somme du chappitre,   II^c LXII l. XVIII s.

Charroiz faictz pour lad. entrée.

..... Item, poyé à quatre hommes, qui portèrent les mestiers, depuys le portal S. Nicollas jusques aux Augustins et sur les pons, pour Me Jacques de Fondettes,   X s.

Item, à deux portefès, qui ont porté depuys la Croix-Blanche jusques aux Augustins, cinquante linceux pour les painctres,   IV s.

..... Item, à ung homme, qui porta depuys le logis dud. Migon dix linceux, pour couvrir les peinctures tendues au portal et sur le pont, et deux cens d'oranges jusques aux Augustins,   II s. VI d.

..... Item, pour huict hommes, qui portèrent le tableau d'Hercules et la grant carie, depuys le portal jusques à la porte Chapelière,   XIII s. IV d.

Item, poyé à six hommes, qui aidèrent à descendre led. tableau, et le portèrent à la maison de ville, depuys la porte Chappelière, VIII s. IV d.

..... Item, pour ceulx, qui ont porté de la tappisserie chez la Daburonne et chez Du Cymetière, et illec tendu, espérant que la royne mère veoiroit en l'ung des lieux l'entrée, IV s.

Item, pour ceulx, qui ont porté les tappisseries de madamoiselle des Granges et madamoiselle la présidente au chateau, pour tendre pour le roy, et icelle rapportée, IX s. VI d.

..... Item, pour le charroy de la tappisserie de M. de Puygaillard, depuys le Pont-de-Sée jusques à S. Nicollas, à René Guérin, XXX s.

Item, pour le port de trois grans marbres, depuys le logis de Gilbert jusques aux Augustins, III s.

Somme de chappitre, XLVIII l. IX s. IV d.

Dons et présens.

Pour le présent du roy présenté au nom de la ville, suyvant les anciennes et louables coustumes, et par l'advis et délibération des eslatz en plain Conseil de ville, a esté offert à sa majesté dix grandes couppes doubles, de faczon exquise, dorées dedans et dehors, revenans en tout achact à la somme de IXe XXIX l.

Item, lad. entrée durant et paravant icelle, pendant le temps que le roy séjournoit en Bretaigne et plusieurs princes et seigneurs et aultres du conseil du roy passoient et venoient séjourner en lad. ville, attendant lad. entrée, a esté faict présent de vins tant au roy, royne mère, M. d'Orléans, que aultres princes et seigneurs, du meilleur qu'on a peu recouvrer, revenant lesd. présents de vin au nombre de dix pippes de vin, vallans II^c XIX l.

Item, le lendemain de l'entrée et jour d'icelle, fut faict dons et présens aux officiers du roy, ainsi que s'ensuyt :

Au mareschal des logis et fouriers du roy, baillé par monsieur le maire, LXV l.

Aux quatre trompettes du roy, par ledict sieur maire, quatre escuz, X l.

Item, par led. sieur maire, aux huyssiers de salle et varletz de chambre de la royne mère, deux escuz, C s.

Item, le lendemain de lad. entrée, la plus grant partie desd. eschevyns estans assemblez pour aller offrir le présent au roy, y arrivèrent les officiers, qui s'ensuyvent, demandeurs qu'on leur feist présent ; ce qui fut conclud par toutte la compaignée :

Aux sonneurs et ménestriers du roy, VII l. X s.
Aux héraulx du roy, cinq escuz, XII l. X s.

Aux portiers et huyssiers du roy, quatre escuz, x l.
Aux laccays du roy, trois escuz, vii l. x s.

A la garde escossoise, pour retirer les clefz de la ville, qu'ilz avoient retenues, six escuz, xv l.

A ung poëte nommé Maison neufve, qui se disoit envoyé de la part de M. le Connestable pour le faict de lad. entrée; auquel pour l'honneur et révérence dud. sieur Connestable, jaczoit qu'il n'eust faict aucun service à la ville, fut ordonné sept escuz (1), xvii l. xvii s.

Item, à M. Conguet.. pour luy recommander les affaires de la ville, et le prier vouloir continuer en la bonne volunté qu'il a tousjours porté à la ville, xv l.

Item, passant M. le prince de Condé par ceste ville, à son retour de Bretaigne, fut ordonné par le Conseil de ville, qu'on luy feroit présent de vins, confictures, dragées et flambeaux, scelon l'ancienne coustume observée de tout temps en lad. ville ; et pour lesd. confictures, a esté poyé à Roullet Fauveau, xxxvi l. xi s.

..... Item, à M. le chancelier, présent de confictures, de muscades, mirabolans et dragées, pour xlvi l. ix s.

..... Item, à M. le connestable fut présenté dragées, muscades et mirabolans confictz, vallans xliv l. vi s.

..... Item, à M. le gouverneur, entrant comme gouverneur, fut pareillement faict présent de confictures et dragées de touttes sortes, qu'on avoit lors, pour ce, xvii l. vii s. iv d.

..... Aux tabourins, haulxbois et sonneurs de la ville, qui estoient à la Laiclerie, et aux chantres de la fontaine Pied-de-Boullet, xii l. x s.

   Somme du chappitre, xv^c iv^{xx} xv l. xv s. iv d.

Ramboursements et aultres mises.

Estant lad. entrée pressée, n'a esté possible que ung feist touttes les mises, mais auroit esté prié M. Gohin faire tout ce qui estoit necessaire pour le faict de l'artillerie, ce que led. Gohin auroit faict et

---

(1) Le compte est ici un peu plus généreux que la délibération du Conseil de ville qui n'avait accordé que six écus (BB 30 f. 225) à la requête du poète ainsi conçue :

« Plaise à Messieurs les Maire, eschevins, et députez d'Angers pour l'entrée du Roy, ordonner quelque récompense à Jehan de la Maison neufve, poète françois suivant la court du Roy, qui depuis troix sepmaines a faict séjour en ceste ville et s'est présenté pour le service de l'entrée dudict Prince. Vostre prudence, Messieurs, (s'il vous plaist), aura égart à la requeste qui vous est ores par luy présentée. » (*Original* CC 14). Notre homme est sans doute Jean d'Aubusson, dit Maisonneuve, dont font mention Lacroix du Maine et Duverdier.

icelle curer, nettoier et charroyer, et remonter où il estoit nécessité; pourquoy faire il auroit desbourcé la somme de XXIX l. XIII s.

..... Item, a esté poyé et donné aux Augustins de ceste ville pour rescompence de la tollérance qu'ilz ont faicte aux painctres et faiseurs de festons, par le temps de quinze jours, en leurs salles et cloistres, et pour deux chambres, qu'ilz ont baillée ausd. painctres, pour retirer leurs matières et choses nécessaires, C s.

Item, pour la despence des quatre commissaires et aultres eschevyns, qui se sont assemblez par trois fois pour adviser ensemble tant des arcs triumphans, porticques que divises et escriptz, qu'ilz vouloient escripre ès tableaux, et à ce qu'il n'y eust chose qvi offensast personne, LXXII s. VI d.

Somme du chappitre, IV^{xx} XIII l. IV d.

Drappiers et cousturiers.

Par ordonnance des maire et eschevyns, a esté délibéré, que les sergens de la maison de ville seroient abillez des livrées du roy aux despens de la ville, et mesmes la trompette, et ce sans tirer à conséquence.

Somme du chappitre, IV^{xx} XVIII l. V s. IV d.

Par audicion et examen du présent compte avons trouvé la mise totale d'icelluy monter et revenir à la somme de quatre mil soixante dix sept livres huict solz cinq deniers tournois, sauf tout erreur de gect et calcul.

Faict et arresté aud. Angiers par nous, lieutenant susd., le vingtiesme jour d'apvril après Pasques mil cinq cens soixante six.

(CC 14).

XXVII.

Lettre du duc de Montpensier, demandant emprunt sur le gage de sa vaisselle d'argent.

Messieurs,

1575.
15 janvier.

La nécessité, en quoy ceste armée est réduicte, faulte que les assignations, qui ont esté ordonnées par le Roy monseigneur, n'ont sorty à tel effect que j'estimois, ont esté cause, que, recherchant de tous les pars moiens de pouvoir satisfaire les compaignées des gens de pied, ausqueulx j'ay faict faire monstre ces jours passez, je me suys advisé de la bonne volunté que, il me souvient, avez tousjours porté au bien et service de sa majesté ; et en ceste oppinion dépesche par devers vous ce porteur, avec la présente, pour vous priez me voulloir secourir de xii ou xv mil livres sur telle seureté que pouvez désirez de moy et de mon bien; vous envoyant oultre cela de la vaisselle et joyaulx d'argent, pour autant que peult valloir lad. somme; laquelle je vous pry encores unes fois me faire tenir au plus tost par ced. porteur, accompaigné de quelqun de vous ayant charge, prenant de moy toute seureté, dont vous pourez adviser, de la vous rendre dedans trois mois au plus tard, ne voullant vous sceller, que sy je ne suys par tel moien de vous secouru, je seray contrainct, à mon très grand regret, pour l'amitié que je vous ay tousjours porté, envoyer ceste armée refrachir le long de la rivière de Loyre pour d'icy au mois d'avril; et sy je suys secouru, je la feray incontinant desloger, pour l'envoyer ès païs d'Angoulmois et Xaintonge, n'estant plus nécessaire en ce païs de Poictou, que j'ay, par la grâce de Dieu et des bons seigneurs cappitaines et gens de bien, remis en la première liberté et obéissance de sa majesté; m'assurant qu'estes tant amateurs du bien de son service, que ne deffauldrez à ce besoing, joinct l'amitié particullière que m'avez tousjours porté; je me tiens tout asseuré de ceste partie et en faictz estat. Sur ce je prie Dieu vous donner, Messieurs, sa saincte et digne grâce.

Du camp de Luzignan, ce xve janvier v^c lxxv.

Vostre entierement bon amy : Loys de Bourbon.

A Messieurs de la justice, maire et eschevins de la ville d'Angiers.

(BB 34 f. 142).

XXVIII.

Rôle de la vaisselle d'argent offerte en gage par M. de Montpensier.

Mémoire du meuble d'argent, contenu en ung escript fourny et baillé au greffe de ville par M. de la Bouessière, gentilhomme envoyé de la part dudit seigneur duc de Montpensier le xxie janvier v^c lxxv.

1575. Janvier.

Ung calice avec sa platine d'argent;
Ung sainct Sébastien;
Un pillier doré;
Quatre flèches;
Deux couppes;
Ung petit aspergees;
Ung petit bonnet;
Le tout ensemble pesant dix livres : x livres.

Ung veu d'un petit enffant en mailleu,
Une croix d'argent doré, où y a du cristal, ·   x livres demye.

Ung calice d'argent doré et sa platine,
Une ymaige sainct Jehan-Baptiste;
Ung cul de lampe d'argent;   x livres demye.

Deux lampes et ung ensensouer, garniz de chesnes d'argent, pesant;   xvii l. demye.

Deux bassins;
Ung pied de chandelier;
Une ymaige, qui a ung cueur d'argent pendu au col;
Une lance d'argent, en faczon de mitre;
Une pièce d'argent en table, semée de fleurs de lys de manteau royal, pesant   xi livres.

Ung oriller semé de fleurs de lys;
Une couronne tenant au bout d'une verge, pesant quatre livres et demie quatre onces;
Ung priant avec des heures d'argent, pesant xiii l. demye iv onces.

Ung aultre grand ymaige priant, ayant ung ordre au col et une espée, pesant   xxviii l.
Ung aultre ymaige priant en chemise, pesant   xxxii l.
Plus une aultre avec ses soubastemens;
Ung loppin de la queue du manteau semé de fleurs de lys, pesant   xlviii l.
Ung drap de pied couvert de fleurs de lys avec ung chappeau d'argent, pesant   xxvi l.

Plus un grant reliquaire d'argent doré, au dessus duquel y a une Nostre-Dame, led. reliquaire porté par deux anges, pesant x l. demye.

Plus ung aultre reliquaire aussy d'argent doré, au dessus duquel y a une croix et deux couettes couvertes d'argent doré, pesant vii l.

Plus ung aultre reliquaire, porté par deux anges, servant à mettre la saincte hostie, d'argent doré, et deux chandeliers servants à mettre cierges ardans, pesant   ix l. demie.

Plus ung grand calice d'argent doré avec sa platine, pesant quatre livres et demye,   iv l. et demie.

(BB 34 f. 143).

XXIX.

Du même, pour la même affaire.

Messieurs,

J'ay oy par le sieur de la Boissière ce que vous avez négocié pour le faict de l'emprunct, que je vous ay demandé sur gaiges d'orphefvrie d'argent, et les difficultez que vous faictez d'y entendre en forme de corps de ville; ce qu'il me semble, vous ne debveriez faire, à tout le moings de respondre avec moy de la garantye des dictz gaiges, tant pour ce qu'ils vallent le pris de quoy ilz seront délivrez, que pour ce que je les garantiz soubz l'obligation de tous mes biens, ayant passé et faict délivrer aud. sieur de la Boissière procuration spécialle à ceste fin, avecq instruction et mémoires amples pour le faict de l'angaigement et vente pure et simple de ladicte orphefverie, suyvant lesquelz je vous prie qu'il soit besongné avecq les achapteurs, et moienner avecq eulx qu'ils se contentent de l'intérest, qu'il leur sera promis en cas de recousse, ou du proffit qu'il leur reviendra. si ladicte orpheverie leur demeure, lequel ne peult estre moindre de quatre cens escuz, qui est, ce me semble, honnestement gaigné pour accommoder les affaires du roy, avecq lequel et ceulx qui lui font service de la vie et des biens, pour établyr ung repos en son royaulme, il ne fault sy lucrativement chercher de proffict, comme on pouroit faire avecq ung estrangier ou personne de traficq; et m'asseurant que vous luy vouldrez bien faire paroistre et moy aussi, que vous portez quelque bonne affection au bien de son service, je voys me remectre sur ladicte instruction et ce que led. syeur de la Boissière vous scaura plus amplement dire de nostre part, priant Dieu vous donner, Messieurs, sa saincte et digne grâce.

1575.
25 janvier.

Du camp davant Luzignan, ce xxve jour de janvier mil cinq cens LXXV.

Vostre bien bon amy,
LOYS DE BOURBON.

A Messieurs les officiers de la justice pour le roy monseigneur à Angiers.
(BB 34 f. 150).

XXX.

Remontrances des maîtres bouchers contre les vexations de la police avec offre de démission de leurs étaux.

A Messieurs les maire et eschevins d'Angiers en l'hostel de ville,

Les maistres bouchers de la ville d'Angiers vous remonstrent et font entendre, que suyvant les statuz de leur mestier et receptions

1578.

à leur maistrisse, ilz se sont obligez fournir la ville de chairs et bonnes viandes, dont ilz ont baillé bonnes et solvables cautions de payer les marchans de bestiail, jusques à la somme de cent mars d'argent; et suyvant ce, ont tousjours faict tout debvoir au contentement du public; en quoy faisant en ont faict grand proffict : grande partie d'eulx ont perdu leurs biens et l'exercice de leur estat; que toutes fois, sans avoir égard à ce que dessus, messieurs les esleus commissaires au faict et exercice de la police, dès et depuys deux ans encza, les ont si mal traictez et par telles rigueurs fatiguez en leur mestier, les contraignans vendre à vil pris leur marchandie, les condampnant en grosses amendes pécunières et emprisonnement de leurs personnes, qui leur a causé une telle et si grande ruyne, qui leur est impossible continuer l'exercice de leur estat et mestier, lequel il leur est nécessaire quicter et du tout abandonner pour obvier à leur totalle ruyne et de leur famille; et quelques requestes qu'ils ayent faictes et présentées ausd. commissaires de police, jamais ne leur a esté faicte justice; ains lesd. commissaires députtés à la police se délectent en la ruyne desd. bouchers, relaissent de visiter et polisser tous autres vivandiers et les autres mestiers, pour continuer la ruyne desd. bouchers, contre lesquels sans intermission font ordonnances contraires à leurs statuz et aux arrestz de la court, et par confusion font bouchers nouveaux et nouvelle boucherie, de façon que à présent toutles personnes sont receues au faict de boucherie en ceste ville; à ceste cause lesd. bouchers, par permission de justice, se sont assemblez et conféré ensemblement de ce que dessus, pour adviser s'en pouroient continuer l'exercice de leurs estatz et se saulver de grandes pertes, en icelluy exerczant au pris qui leur est baillé de vendre, et ont trouvé, par gect et calcul qu'ils en ont faict, leur perte et détriment évidens et ruynes prochaines; partant, Messieurs, vous plaise pour l'advenir donner ordre au faict de voz boucheries et recepvoir lesd. bouchers acquicter, renoncer et du tout abandonner leurd. estat et mestier et maistrisse, bancs et places de boucheries, ausquelz ilz ont renoncé et renoncent, délibérant de prendre aultre forme de vivre, ou exercer leur mestier en aultre ville, et se pourvoir de leur forme de vivre, ainsi qu'il plaira à Dieu leur suggérer et conseiller; vous suppliant leur décerner acte de ce que dessus, sinon que le juste pris de débiter leur marchandie leur soit baillé avecques essay et expériance de la valleur des chairs, et avecques bonne cognoissance de cause et suyvant l'édict, et à ceste fin vous assembler en bonne congrégation, suivant l'édict de police tout notoire.

Signé : Héard pour lesd. suppliants, qui ont constitué procuration.

(BB. 36 f. 51).

XXXI.

Lettre du roi Henri III concernant l'exercice de la religion réformée.

Monsieur de Bussy, la royne, ma dame et mère, m'a mandé, qu'elle désiroit, sçavoir à la vérité, quelz lieux ont esté baillez en vostre gouvernement à ceulx de la religion prétendue réformée, pour faire l'exercice de leur religion, suyvant ce qui leur a esté accordé par mon eedit de paciffication, à fin qu'elle en puisse respondre en la conférence, où est ces jours icy entrée avec mon frère le roy de Navare, pour l'entière exécution de mond. édict; au moyen de quoy je vous prie, incontinant la présente receue, de m'escrire et à elle aussi ce qui est de ce faict là, comment vous vous y estes gouverné et en usent ceulx de lad. religion; ausquels, s'il n'a esté donné satisfaction pour ce regard, il ne fault pas doubter, qu'ilz n'en facent plaincte et instance à la royne mad. dame et mère en lad. conférence; partant il sera nécessaire, que vous luy en mandiez les raisons; et là où il n'auroit esté pourveu desd. lieux, que vous nous mandiez ceulx que vous estimerez estre plus à propos qui leur soient accordez, affin de le leur faire entendre, et, s'il est besoing, en convenir avec eulx; priant Dieu, Monsieur de Bussy, vous maintenir en sa saincte garde. — Escript à Hivry le XXIXe jour de janvier 1579. — Ainsi signé : HENRY, et plus bas : *De Neufville.* — A monsieur de Bussi, chevallier de mon ordre, gouverneur et mon lieutenant-général en Anjou, et en son absence, à celui qui commande aud. pais.

(BB. 36 f. 98).

1579.
29 janvier.

XXXII.

Requeste de ceulx de la religion réformée pour avoir lieux pour l'exercice de leur religion.

A Monseigneur.

Monseigneur, vos très humbles subjectz d'Angiers, qui font profession de la religion réformée, louent Dieu et le supplient incessamment pour vostre altesse, d'aultant que, depuys qu'ilz ont receu de luy d'estre vos subjectz, en ont receu tout aultre et meilleur traictement qu'ilz n'avoient faict le passé; et ayant desjà par plusieurs fois senty vostre libéralle bonté et gousté la doulceur, que porte à son peuple ung prince débonnayre comme vous, Monseigneur, envers lequel prenons la hardiesse de vous remonstrer en toute humilité, que ayant sceu que le roy a commandé à Monsieur

1579.
26 mars.

de Tilly, lieutenant de M. de Bussy au pais d'Anjou, de nommer lieux aud. pais pour faire l'exercice de lad. religion, et que led. sʳ de Tilly voulloit pour cest effect nommer Baugé et aultres lieux incommodes, vos subjectz ont présenté requeste au roy et à la royne, vostre mère, en la conférance tenue à Nérac, pour l'exécution de l'eedict, et là ont requis, que Sorges, Apvrillé ou Cantenay leur fussent baillez, pour faire led. exercice; et sur ce la royne a voullu que led. lieu de Cantenay leur soit assigné, d'aultant que en icelluy lieu led. exercice a esté faict auparavant le xxiiiiᵉ jour d'aoust 1572, aussi que led. lieu apartient au sʳ de la Fourerye, lequel est prest de le bailler, pourveu qu'il luy soit permis; se sont davantage les supplians adressez au roy et royne de Navarre, et les ont supplié obtenir de vostre altesse seigneuriale, que les supplians puissent obtenir de vous chose à eulx tant nécessaire.

A ces causes, monseigneur, vosd. subjectz vous suplient en toutte humilité commander aud. sʳ de Tilly, qu'il les face jouir de l'édict, et que, suyvant la volonté du roy et de la royne, vostre mère, et ce qui a esté accordé en lad. conférance de Nérac, il ayt à assigner led. lieu de Cantenay, pour y faire led. exercice de la religion; ce faisant Monseigneur, vosd. subjectz seront de plus en plus affectionnez à vostre service, et priront Dieu perpétuellement et d'une sincère affection pour vostre très noble prospérité et santé.

Sont signez au dessoubz de la requeste et ordonnance cy dessus : Lemercier, Alexandre, P. Grimaudet, Descuillard, Ravard, Poisson et Jousselin.

(BB. 36 f. 113).

XXXIII.

Requeste des maire et eschevins au Roy pour establir le lieu de l'exercice de la religion réformée ès forsbourgs de Baugé.

Au Roy,

1579.

Sire, vos très humbles et très obéissans subjectz, les maire et eschevins, manans et habitans de vostre ville d'Angers, vous remonstrent, que par vostre eedict de pacifficacion du mois de septembre 1577, article huictiesme, vous avez ordonné, qu'en chacune des antiennes seneschaucées de vostre roiaulme il y auroit ung seul lieu assigné pour l'exercice public de la religion prétendue réformée, ès faulxbourgs de l'une des villes d'icelles seneschaucées; en l'exécution duquel eedict, le sʳ de Bussi, gouverneur d'Anjou, auroit par vostre auctorité, au mois d'octobre ensuyvant, convoqué vos principaulx officiers de la Séneschaussée d'Anjou; par l'advis desquels fut trouvé, s'il failloit qu'il y eust ung lieu de presche public estably aud. païs, qu'il ne se pouvoit assigner plus commode, que ès faulxbourgs de la ville de Baugé, estant au milieu du pais d'Anjou, et auquel lieu cy davant, en conséquence d'aultres vos eedictz de pacifficacion, lesdits de la religion avoient faict bastir ung temple, et là esleu le lieu de l'exercice de leurd. religion ; toutes fois, que sept particuliers habitans d'Angiers, hommes de néant, relaissant l'advis qui de ce vous fut donné par led. s^r de Bussy, font des poursuites secrètes, pour faire establir l'exercice de lad. religion en l'un des villages de Sorges, Apvrillé ou Cantenay, estans aux portes de vostre ville d'Angiers, comme appert par la coppie de leur requeste cy attachée ; chose répugnante aud. eedict, qui porte que lesd. presches ne seroit establiz en bourgs et villaiges, sinon ès seneschaucées où il n'y auroit aulcunes villes ; aussi que la commodité de sept particulliers n'est considérable contre les aultres de la religion, qui peuvent estre dispersez par tout le pais d'Anjou ; joinct qu'il y a plusieurs gentilshommes, qui se sont licentiez faire presche en leurs maisons, èsquelles ils donnent libre accès à tous ceulx de lad. religion qui s'y veulent trouver ; à ces causes, sire, vous plaise ou du tout descharger vostre pais d'Anjou dud. presche public, ou, s'il plaist à vostre majesté y en establir ung, qu'il soit mis aud. lieu de Baugé ou ailleurs, hors toutes fois vostre ville d'Angers, capitalle du païs, faulx bourgs et environs d'icelle, et comme il se trouvera plus commode par le conseil et advis de vos officiers ; et les supplians priront Dieu pour vostre prospérité et santé.

(BB. 36 f. 114).

XXXIV.

Lettre du conseil de ville à l'évêque d'Angers sur le même sujet.

Monsieur, nous avons cinq ou six petiz huguenotz en ceste ville, qui se sont advisez depuys naguères de vouloir obtenir à nos portes ung presche pour l'exercice de leur religion ; et par ce que nous avons descouvert, qu'ilz se cachent en leurs poursuittes, cela nous a d'aultant plus donné d'occasion d'y chercher remède, lequel nous croirons aisé, s'il vous plaist y mettre la main. Nous en escrivons à Monseigneur et à messieurs de Bussy, père et fils, et vous envoyons deux requestes sous le nom du public, que vous, Monsieur, ferez, s'il vous plaist, présenter, l'une au roy et l'aultre à mond. seigneur, et en obtenir les résolutions, telles que vous sçavez estre nécessaires pour le repos de ceste vostre pauvre paroisse. Messieurs vos grans vicaires nous ont promis vous escripre les particularitez ; qui sera

1579.
11 avril.

cause que nous ne la ferons plus longue, sinon pour supplier le Créateur vous donner, Monsieur, en parfaicte sancté longue et heureuse vie. — Angiers, ce xi⁰ apvril 1579. Vos humbles et obéissans serviteurs, les maire, eschevins, manans et habitans d'Angiers. — Et à la supscription : *A monsieur l'évesque d'Angiers, aulmosnier et confesseur ordinaire du roy, en court.*

(BB. 36 f. 106).

XXXV.

Extraits concernant le fait des monnaies de France (xv-xvi⁰ s.).

I.

1485 (N. S.) 12 janvier.

Ou Conseil tenu en la Chambre des Comptes de la ville d'Angers, auquel estoient MM. maistre Jeh. de la Vignolle.., maistre Jeh. Belin..., etc... pour illec oppiner et avoir advis sur le contenu ès lettres missives du Roy, nostre sire, données à Gien sur Loire le x⁰ jour de décembre derrenier passé, envoiées à la ville par led. sieur, touchant le fait de ses monnoies,

A esté en premier lieu par M. le président, et par l'advis oppinion et consentement des gens dud. conseil, prins et receu le serment de tous les dessus nommez, que bien et loyaument selon leur pouvoir ils conseilleroient le roy et la chose publicque de son royaume en ceste matière, sans avoir regard à quelque gaign ou perte que leur en peust avenir; et ce fait, après leurs oppinions et advis sur ce eues et perscructées consécutivement de l'un après l'autre, et eue sur ce meure délibération, ont esté et sont d'oppinion la plus grant et saine partie d'iceulx, que pour réprimer et corriger les abus faiz esd. monnoies estrangières, est besoign et necessité, que toutes icelles monnoies estrangières soient abolies et mises à billon, sans leur donner aucun pris ne cours en ce royaume; et que marc d'or soit mis au pris et valleur de six vingts dix livres tournois, et marc d'argent au pris de douze livres tournois; et aussi y a eu aucuns des marchans, qui ont esté d'oppinion, que l'abolicion du cours desd. monnoies estrangières pourroit estre endommageuse au fait des marchandises, et que le mieulx seroit, selon leur oppinion, que le roy leur donnast cours à semblable, ou maindre pris, comme ses monnoies, eu regart à la valleur de chacune d'icelle monnoie.

(BB. 2 f. 49 v⁰).

II.

1486. 11 juillet.

Le mardi matin xi⁰ jour de juillet l'an MIIII⁰IIII^{xx} et six, en la maison de la ville, où estoient M. le maire, le procureur, MM. Jeh. Lohéac, etc.

Lesd. Jehan Barrault et Guillaume Le Roy, qui arrivèrent sabmedi derrenier de Paris, où ilz avoient esté envoyez, en obéissant aux lettres du roy, pour pourveoir au désordre qui est ès monnoies, ont decleré ce qu'ilz ont besongné en leur dite charge, et rapporté par escript les articles qui s'ensuit :
Coppie.

Le premier jour de juillet, la plus grande et saine partie des depputez et des envoyez des villes et autres, assemblez par l'ordonnance du Roy en ceste ville de Paris, pour mectre provision sur le fait des monnoies, ont esté d'advis comme s'ensuit :

Primo, que la monnoie blanche du coign du Roy demourra en son cours, c'est assavoir les onzains à xi deniers tournois et les dozains à xii d. t. et les autres monnoies dud. sieur, au dessobz d'icelles, selon leur pris et valleur ;

Item, quant aux autres monnoies blanches, elles doyvent estre avalluées à celles du Roy, et baillé cours selon leur bonté et valleur, tousjours la tenant plus forte, eu esgard à lad. monnoie du Roy ;

Item, touchant les monnoies d'or, que l'escu à la couronne ait cours à xxxv s., et l'escu au soullail à xxxvi s. iii d. t., et le demy escu à l'équivalent ;

Item, au regard des autres monnoies d'or, elles auront cours, selon leur bonté et valleur, avalluées ausd. escuz du Roy, en tenant lesd. monnoies estrangières plus fortes, que celles du Roy ;

Item, et tout ce que dessus a esté advisé, soit fait et tolléré par provision, et jusques au jour de la Toussains ; après lequel jour, toutes lesd. monnoies estrangières, tant d'or que d'argent, seront repputées pour billon ; et qu'il soit advisé pendant led. temps de réduire et proporcionner l'escu avecques la monnoie d'argent ; sauf et réservé, les monnoies anciennes, dont l'on ne forge plus, auront leur cours selon leur bonté et valleur après le temps expiré et durant iceluy ;

Aucuns autres sont d'avis, que l'escu à la couronne soit réduit et remis à xxxiii s. ix d., et l'escu au soullail à xxxv s., et demy escu à l'équivallent ; et en tant que touche les autres monnoies, sont de l'advis dessus dit.

Les autres dient, par leur advis, que on doit remectre les monnoies du Roy, tant d'or que d'argent, en l'estat qu'elles estoient au temps du feu Roy Loys, que Dieu absoulle : l'escu à la couronne à xxxii s. i d. et l'escu au soullail à xxxiii s., en avalluant lesd. monnoies, comme dit est ;

Autres sont d'advis de haulser le marc d'argent et le mectre à xii l. t., et du surplus, en faire comme ès advis précédans; et le tout sobz la correction et bon plaisir du Roy, en luy suppliant qu'il ait tousjours regart au bien et entretenement du peuple et de la chose publicque de ce royaume.

(BB. 4 fol. 22).

III.

1580.
26 janvier.

En la convocation et assemblée, tenue en l'hostel et maison commune de la ville d'Angiers, le vingt sixiesme jour de janvier l'an mil cinq cens quatre vingts, où estoient les maire, eschevins, procureur du Roy et de monseigneur duc d'Anjou, et plusieurs des manans et habitans de lad. ville, pour délibérer sur les remonstrances faictes au Roy, le troisiesme jour de décembre mil cinq cens soixante dix neuf dernier passé, par MM. tenans sa court de monnoyes, de la rareté et nécessité des monnoyes de billon, qui est en plusieurs provinces de ce roiaulme, et des moiens d'y rémédier, lesd. remonstrances envoyées par sa majesté à monsieur de Symiers, gouverneur de ce païs d'Anjou, avec ses lettres closes du cinquiesme du présent mois de janvier, signés : HENRY, et plus bas : *Boulard*;

Après que meurement a esté délibéré sur les trois moiens, contenuz esd. remonstrances, pour repeupler ce roiaulme de menue monnoye, lesd. maire, eschevins et habitans de lad. ville d'Angiers sont demeurez d'accord, que les inconvéniens procédans du premier moien, qui est de faire la menue monnoye d'argent, et du troisième, de empirer le fin et rehausser le pris du marc d'argent de bas aloy, sont de telle conséquence, que ny l'ung ny l'autre ne doibvent aulcunement estre suyviz, mesmement le troisiesme, puisque mesd. sieurs de la court des monnoys ne trouvent pas bon que d'une monnaye, à laquelle ilz donneroient cours entre le peuple, en fust aulcunement faict recepte pour le Roy;

Supplient sa majesté faire suyvre le second moien, ce que faisant, le dernier eedict des monnoyes demeurera en son entier, et lequel, pour avoir esté meurement digéré, il est très nécessaire faire inviolablement garder, et tenir la main, que le cours de touttes monnoyes de billon estrangères soit expressément deffendu, et enjoinct sur grandes peines à ceulx qui en auront de les porter ès Monnoyes, pour y estre fondues et servir de matière pour la monnoye de billon nécessaire à forger aux armes du roy;

Quelque perte, qu'on vueille dire led. second moien attirer avec soy, elle ne semble estre de telle conséquence et préjudice que les aultres; et partant, de plusieurs inconvéniens fault suivre le moindre;

Quant à la faulte et rareté de monnoye de billon, qui est de présent en ce royaulme, lesd. habitans estiment, plus tost que autrement, qu'elle provient pour n'avoir les maistres particulliers des monnoyes esté contrains fabricquer, suyvant ce qu'ilz estoient tenuz par leurs baulx à ferme, le tiers de leur ouvraige de billon ; à quoy, si messieurs de la court des monnoyes eussent tenu la main, lesd. maistres se fussent efforcez de trouver des matières, et en auroient tant fabricqué, qu'il seroit imposible d'en épuiser ce roiavlme ; mais le profict ne retournant pas si grand auxd. maistres et aultres officiers des Monnoyes de la fabrication de la menue monnoye, comme il faict de celle d'or et d'argent, et de la conivence qui a esté en cest endroict avec lesd. maistres des Monnoyes, vient infailliblement le désordre qui est à présent.

Ne semble considérable de dire, que, pour fabriquer la monnoye de billon, il fauldroit, à faulte de matière, empirer l'argent fin par la conversion de hault en bas aloy ; et que seroit apouvrir ce roiaulme, parce que, soubz correction, les richesses d'icelluy ne gisent en l'or ni en l'argent, qui ny croissent poinct, ains en bledz, vins, leines, toilles ne pruneaulx et aultres fruictz et marchandises, dont les provinces circonvoisines ayans nécessité, seroient toujours contrainctes les venir quérir et nous apporter leur or et leur argent.

Et, quoy qu'il en soit, quand l'argent sera meslé avec le cuivre, il n'y aura pas icy moins d'argent pour cela ; et sera plus difficile à transporter, estant confus avec une aultre matière plus grosse et moins propre au traffic ;

Et en tout événement ne semble pas que le transport du billon hors ce royaulme soit de telle conséquence que l'on veult dire, moyennant que l'on y empesche le cours de toutte monnoye de billon estrangière ; car il est tout certain, que pour les marchandises que l'on tire de France, on y apporte de la bourse de l'estranger plus gros d'argent fin, que l'on n'en sauroit par ailleurs tirer de billon ; et se perdra bientost la curiosité du transport dud. billon, si l'estranger void que, pour l'avoir fondu en son païs, il ne s'en puisse plus ayder en France.

Puys que nous n'avons poinct faulte de cuivre, et qu'il est indubitable, que l'estranger sera tous jours contrainct nous apporter son argent, quant les maistres des monnoyes feront leur debvoir, il se trouvera tous jours assez de matière, bien que l'on ne print, pour mesler avec le cuivre et convertir en billon, que le vingtiesme de l'argent estranger, qui de jour à aultre est apporté en ce royaulme, joinct la quantité de billon, qui y est encores, et celuy qui y pourra estre attiré de dehors ;

Et néanmoins, où les pertes et fraiz de la fabrication de menue monnoye seroient aulcunement considérables, qui est le seul inconvéniant de cest advis, lesd. habitans d'Angiers supplient très humblement le roy, qu'il luy plaise les porter, attendu mesmes, que sa majesté a faict lever d'extraordinaire en l'année présente la crue du Parisii sur le tournois sur toutte nature de deniers, laquelle creue excède dix fois plus que ne monsteront lesd. fraiz de fabrication de mesme monnoye ;

Mais puys qu'il est constant et certain, que les baulx à ferme des monnoyes ont esté cy devant faictz à la charge de faire fabricquer par les maistres ung tiers de monnoye de billon, et pourveu que cy après l'on face lesd. baulx à pareille charge, qui soit observé inviolablement, il ne sera besoing au Roy tirer aulcuns deniers de son espargne ; car ceste fabrication, qu'on trouve si nécessaire et qui a esté intermise par négligence de ceulx qui y debvoient avoir l'œil, se fera peu à peu sans diminution des fermes desd. monnoyes, ou, s'il y en a aulcune, à cause de ce que l'on fera garder aux maistres la teneur de leurs baulx, elle ne sera grandement considérable ny préjudiciable ; car aussi bien, tous lesd. deniers provenans desd. fermes, ou la plus part d'iceulx, n'entrent ès coffres du Roy, et sont employez au paiement des gaiges de plusieurs officiers de nouvelle érection sur le faict desd. monnoyes, qu'il seroit très requis et nécessaire, pour le bien du public, estre supprimez, pour éviter aux grands fraiz et incommodité qu'ilz aportent.

Faict et delibéré Angiers aud. hostel de ville, les jour et an que dessus.

(BB. 36 f. 199).

IV.

Au roy,

1581.
18 mai.

Sire, vos très humbles et très obéissans subjectz, les maire eschevins, manans et habitans de vostre ville d'Angiers, vous remonstrent, que, à l'occasion des guerres et par la malice de quelques ungs, qui se sont licenciez de mettre en commerce la monnoye de billon, la vendant au marc, pour en tirer profflct à la refonte, qu'ilz en font soubz les marques des princes estrangiers, ou aultrement, le traffic des menus denrées se faict malaisément en ce royaume, signaument en vostre païs d'Anjou, où il ne se trouve presque plus de menue monnoye, mesmes de liars, doubles, et petitz deniers ; à quoy il plaira à vostre majesté pourvoir, en ce faisant, pour le soulaigement desd. supplians, ordonner commandement estre faict au maistre de vostre Monnoye de la ville d'Angiers de faire battre et fabricquer telle quantité de menue monnoye quil vous plaira arbitrer, pour le fournissement dud. païs d'Anjou; et les suppliaus priront Dieu pour l'accroissement de vostre prospérité et grandeur.

(BB. 36 f. 235).

XXXVI.

Documents concernant le sculpteur Fr. Giffard.
(Originaux).

I.

A Messieurs les mère et eschevins et les gens du Roy de ceste ville d'Angiers 1581.

Supplye tres humblement Francoys Giffard, seculteur et tailleur en pierre, comme ainsy soyt, que, pour l'exercice de son art, lui soyt besoin [d'une] place, ouvrouer, ou hastelyer sur la grant arche, et que sur la grant arche, près et du costé de la Croix Dorée de ceste dicte ville, y ait une place de largeur de dix piedz, ou environ, et de six piedz en aultre sen, joignant d'un costé aulx maisons deppendans de l'abbaye de [nostre] Dame du Ronceray de ceste ville, et d'aultre costé au pied de ladicte Croix, laquelle place vacque et inutille, ainsy qu'yl a pleu à M. de Leffretière de voir la place, ensemble M. le receveur d'Anjou, ausy M. le recefveur Bouju et M. le [...] de Sauteré; et en laquelle place ledict suppliant désireroict volunliers luy estre par vous, mesdictz seigneurs, permys édiffier un ourvrouer ou boulicque pour l'exercice de sondict [mestier] en faisant et payant par luy, au profict de la ville, ce qu'il vous plaira le charger; ce considéré, mesd. sieurs, sy trouvez sa requeste raisonnable et que elle vous vienne à plaissir de la octroyer et bailler oudict suppliant, à telle charge qu'il vous plaira, vous ferez bien et le profict et embellissement de la ville.

GIFFARD.

(DD 4).

II.

Ce nom inconnu d'une famille d'artistes angevins, mérite d'être recueilli. Un curieux document (1) montre la part prise vingt ans auparavant par notre « ymaigier » à l'ornementation de l'hôpital Saint-Jean, et ce n'est point celle d'un artiste vulgaire.

† Je Francoys Giffard, tailleur d'ymages, confesse avoir receu de honeste homme, Me Jehan Philoche, prestre religieux de Saint Jehan, 1557-1558.

(1) Archives départementales. — Fonds de l'Hôtel-Dieu d'Angers (H. D. 251).

chappelain de la Saullaye, la somme de 7 livres 10 sols tournois, sur la somme contenue en l'obligation passée par Jehan Lemesle, notaire royal de ceste ville d'Angers, qui est pour la faczon d'une figure de Nostre Dame gisant en ung lict, comme il est contenu en lad. obligation; de lacquelle somme de 7 livres 10 sols je me tiens content. Faict soubz mon seing manuel cy mis, le quinziesme jour de may mil cinq cens cinquante sept. — GIFFARD.

† Plus ay receu dud. Philoche la somme de 7 livres 10 s. t., pour la faczon d'une figure de S. Pierre, qui [est] la seconde pièce ; de laquelle somme.. je me tiens content... le pénultiesme may 1557. — GIFFARD.

† Item, plus receu dud. Philoche la somme de 7 l. 10 s. t., pour la faczon de la troisièsme figure de pierre, qui est S. Jehan ; de laquelle somme, etc. — Le 20 juing 1557. — GIFFARD.

† Item, plus receu dud. Philoche la somme de 7 l. 10 s. t., pour la faczon de la quatrièsme figure du trespassement de Nostre Dame ; de laquelle somme.... — Le 7e jour de juillet 1557. — GIFFARD.

† Item, receu dud. Philoche la somme de 7 l. 10 s. t., pour la faczon de la cinquièsme hystoire dud. trespassement de Nostre Dame ; de laquelle somme.... — Le 21e jour de juillet 1557. — GIFFARD.

† Item, receu dud. Philoche la somme de 7 l. 10 s. t., pour la faczon de la sixièsme histoire dud. trespassement Nostre Dame, de laquelle somme... — Le 30e octobre 1557. — GIFFARD.

† Item, receu dud. Philoche la somme de 7 l. 10 s. t., pour la faczon de la septiesme histoire dud. trespassement Nostre Dame, de laquelle somme... — Le 17e novembre 1557. — GIFFARD.

† Je, Francoys Giffard, connoys et comffesse avoy eu et receu la somme de sy livres sinq sous de Jehan Philoche, pour la dixsiesme pièce ; dont je m'en tien content et bien payé, et de toute les dix pièsez quy sont faicttez; ausy confesse avoir eu d'avence sur la Nostre Dame la somme de trente et six soulz VI den. tournois, tesmoin mon sein cy mys le XIme jour de mars my cens sinquante et sept. — GIFFARD.

Cejourd'huy, XXIXe jour de may l'an MV^c cinquante huyt, a esté compté par moy, Francoys Giffard, et frère Jehan Philloche, s^r de la Saullaye ; par lequel compte demeurons quicte l'un vers l'aultre de la besongne que lui ay faictes ; qui est la dernière besongne quatre angelotz ; desqueulx je suys poyé entierrement, et de la Nostre Dame cy davant mentionné ; et en ce faisant je demeure quicte d'une pippe de vin, que led. Philloche m'avoyt baillée ; et partant sommes quictes l'un vers l'aultre jusques à ce jour, que j'ay esté desd. angelotz, de tout le temps passé ; dont je quicte led. Philloche de toute la besonne faicte, soubz mon seign cy mis, les jour et an susdits.

Constant, ced. jour, m'a payé pour cinq pièces faictes, sçavoir la Nostre Dame et lesd. quatre angelotz, qui sont pendues à l'aultel par led. Philloche faict faire en l'église dud. S. Jehan. — GIFFARD.

Item, plus receu pour deulx piesses, qui sont sur l'autel, la somme de douze livres dix soulz, dont je m'en tiens contemps, tesmoin mon sein cy mys, le xie jour de septembre myl cinq sens sinquente et huy. — GIFFARD.

XXXVII.

Conclusion du conseil de ville en l'honneur de René Chopin.

Sur ce que, en assemblée des maire et eschevins de la ville d'Angiers tenue le xxiv novembre mil cinq cens quatre vingts et ung, l'on est entré en commémoration de ceulx qui avaient bien mérité de lad. ville, Monsieur maistre René Choppin, escuyer, sieur de Chaston, advocat en la cour de Parlement de Paris, y a esté mis des premiers, pour, après aultres beaulx et doctes traictez, qu'il a exposez en public, avoir orné et illustré de ses commentaires la Coustume de ce pays d'Anjou ; pourquoy, la matière mise en délibération, a esté conclud, que led. sieur Choppin, pour avoir d'ung tel œuvre honoré sa patrie, luy vouant et dédiant partie de son érudition rare et exquise, sera au nom du public, remercié du digne et beau commencement qu'il en a faict, prié et supplyé de continuer, ne se laissant poinct en si vertueuse et généreuse entreprise, par laquelle il rend son nom et le nom de sa patrie immortel et perdurable à tousjours ; que pour ce bien faict et continué jusques à huy mérite public, les maire et eschevins d'Angiers l'ont tenu et tiennent pour l'ung de leurs confrères, citoiens et eschevins, et, comme tel, l'ont dès à présent esleu et eslisent d'ung commun advis, luy ont donné entrée, séance et délibération en toutes leurs convocations et assemblées, et où les descendens de luy esliroient demeure et habitation en lad. ville, la mémoire de leur progéniture et prédécesseur les rendra et d'ajourd'huy les rend capables de tous les honneurs, prérogatives et prééminances qu'elle a à départir et distribuer à ses bons et notables citoiens.

Faict en l'hostel et maison commune de la ville d'Angiers, soubz le seel de la mairie d'icelle et seings de nous, Jehan Ayrault, maire et cappitaine de lad. ville, et de maistre Francoys Alexandre, nostre greffier, le jour et an que dessus.

(BB. 36 f. 395).

1581.
24 novembre.

XXXVIII.

Charge et office du prévost et des corbeaux de la santé.

1584.
22 août.

Premier led. provost de la santé sera tenu avec ses quatre corbeaux aller, chacun jour, par toutte la ville et faulxbourgs d'icelle, scavoir pour le matin depuys cinq heures jusques à huict, et depuis troys de l'après dinée jusques à six, pour et afin qu'ilz soient veuz et appellez par les habitans, qui auront besoing [de leurs secours;

Item, led. provost de la santé et ses corbeaux ne pourront aller par la ville et faulxbourgs, qu'ilz n'ayent leurs cazacques sur eulx, à chacune desquelles il y aura deux grandes croix blanches, l'une davant et l'autre derrière, et porteront chacun d'eux en leurs mains une houssigne blanche de longueur d'une aulne ou environ;

Led. provost et corbeaulx yront ès églises oyr messe, le plus matin que faire ce pourra, et se tiendront ensemble, sans se mesler parmy le peuple;

Seront lesd. provost et corbeaulx tenuz aller en toutes les maisons, dont ilz seront requis par les habitants de la ville et faulxbourgs, où il y aura des malades ou personnes morts de la contagion; ès quelles maisons lesd. corbeaux entreront pour en lever le corps du trépassé, et le porteront en terre ou cymetière de la paroisse, où sera led. corps; et lequel ilz enterreront six piedz bas en terre pour le moins, et, led. corps inhumé, le recouvriront de terre;

Quant aux mallades, lesd. corbeaux les porteront, dans les chaires pour cest effect destinées, dans l'hostel Dieu, le plus doulcement que faire ce pourra, sans les incommoder;

Lesquelz enterrements et transportz desdictz malades se feront chacunes heures qu'ilz en seront requis;

Marchera led. provost de la santé au davant de sesd. corbeaux, faisant sonner une petite clochette, à ce qu'ilz soient tant myeulx aperceuz desd. habitans ou estrangiers, ausquelz néantmoins led. provost fera signe de se retirer;

Quant aux corps de ceulx qui seront trépassez ès faulxbourgs de Brécigné, Hannelou, S. Michel du Tertre et ès environs, ilz seront portez par lesd. corbeaulx dans le cymetière neuf, appellé le cymetière Saint Saulveur;

Ne pourront lesdits provost et corbeaulx prendre ne exiger d'aulcun habitant, pour l'accomplissement de leurs charges susdites, aulcuns deniers ne meubles; et néantmoins leur est permis de prendre ce qui leur sera voluntairement donné avec leurs gaiges ordonnez par la ville;

Ledict provost de la santé sera responsable du faict de ses corbeaux; et à ceste fin, aura l'œil et sera soigneux, que à l'issue des maisons ilz ne prennent ne transportent aucuns meubles; et pour cest effect, est permis aud. provost de prendre et choisir lesd. corbeaux et iceulx changer en cas de deffault; et lui est enjoinct de s'informer et demander à celuy ou celle, qui sera en la maison où lesd. corbeaulx entreront, s'ilz y auront pris quelque chose, pour, en cas de délit, en advertir la justice;

Et enjoinct aud. provost et corbeaulx de enlever des maisons et porter en toutte diligence les corps morts dans le cymetière, sans les porter à l'église, et les enterrer, sans aulcunement dilayez.

Led. provost advertira les habitans allant par la ville de nettoier, chacun endroict soy, les bourriers et immondices, qu'il apercevera; et advertira la justice de ceulx qui seront délaians ou refusans, à fin de les y faire contraindre par amandes;

Led. provost sera tenu de cadener les portes et bouticques des maisons contagieuses et pestiférées, et icelles fermer de cadenatz, qui luy seront pour cest effect baillez; et ceulx, qui seront dedans, pourront se faire administrer de vivres par les fenestres;

Led. provost et corbeaux seront tenuz d'acomplir ce que dessus, à peine de prison et de pugnition corporelle;

Et à fin que ces présentes soient congneues et notoires à ung chacun des habitans de ceste ville et faulxbourgs, a esté conclud, qu'elles seront publiées par les careffours de ceste ville et à l'entrée de chacun des faulxbourgs.

Faict et délibéré, en l'hostel et maison commune de lad. ville, par les maire, eschevins et conseillers d'icelle, le vingt deuxiesme jour d'aoust mil cinq cens quatre vingtz quatre.

(BB. 38 f. 41).

XXXIX.

Ordre du convoy, des funérailles et obsèques de défunct monsieur Puchairic.

Quatre crieurs; — Les compagnies de ville; 1605.
Quatre crieurs; — Quatre pleureurs; 31 mars.
Les mendians; — Quatre crieurs; — Les pauvres;
Les esperons — les gantelets — le heaulme — l'espée — la cotte d'arme — l'escu — le cheval de bataille et l'escuyer;

Le trompette — le guydon — l'enseigne — le lieutenant de la compagnie.

Quatre crieurs — quatre pleureurs;

Les colléges;

L'évesque officiant;

Le corps, porté par le président du présidial, le lieutenant général, le maire de la ville, et Quétin, ancien eschevin;

Le maistre des cérémonies — quatre pleureurs — le grand deuil — les parens.

Les compagnées de la ville, en armes, avec leurs drapeaulx; — Messieurs de la justice et de la ville, coste à coste, scavoir : Messieurs de la justice à main droite, et Messieurs du corps de ville à main gauche.

(BB. 52 f. 105).

XL.

Conclusions du conseil de ville pour la répression des violences des écoliers.

I.

1607.
8 novembre.

Sur la remonstrance, faicte par M. le maire, de l'insolence commise, le jour d'hier, en la maison de M. l'assesseur, par grand nombre d'escolliers armez d'armes à feu, commettans forces publicques, avec fraction de la porte dud. s^r assesseur, et attentatz faictz à sa personne et de ses domesticques; et que, en telle assemblée illicite, jusques au nombre de cent ou six vingts, ayans marques de laurier à leurs chappeaux, se seroient saisiz pour un temps du portal Toussainct, et de là, se seroient allez barricader dedans le cimetière de S. Laud; à quoy est besoing de pourvoir, tant pour le service du Roy que pour la seureté des habitans;

A esté conclud, qu'il sera enjoinct aux habitans de ceste ville d'obéir à leurs capitaines, et se trouver en leur maison au premier mandement qui leur sera faict, en tel estat, qui leur sera par eulx commendé, à peine de dix livres d'amande contre chacun des désobéissans; et seront Messieurs de la justice priez par M. le maire de pourvoir à ce que telles insolences n'arrivent à l'advenir, et que telles voyes de faict soient réprimées pour le bien du service du roy et conservation des subjectz de sa majesté.

(BB, 54 f. 80).

II.

1607.
11 novembre.

En la convocation des députez des paroisses et capitaines assemblez au conseil de la ville, a esté par M. le maire représenté l'ordonnance faicte par MM. de la justice sur la plaincte et remonstrances à eulx faicte, de la part de ceste compagnie, des insolences et voies de faict, que commettent les escoliers de ceste ville, tant de jour que de nuict, retenans les habitans en telle craincte et oppression, qu'ilz n'ont aulcune seureté de leurs personnes et familles; à quoy il sera malaisé d'aporter les remèdes nécessaires, sans amploier les forces de la ville, au désir de lad. ordonnance, de laquelle a esté faict lecture, et de la conclusion faicte à mesme fin, le huictième novembre dernier; a prié la compagnie d'y vouloir adviser. — Sur quoy les opinions prises, a esté conclud, qu'il est expédient, voire nécessaire, d'amploier tout ce que dépendra des moiens des habitans, pour tenir la main à l'exécution de lad. ordonnance; que pour cest effect, il sera enjoinct ausd. habitans par leurs capitaines, chacun en son quartier, de se pourvoir d'armes et munitions requises, selon qu'il sera ordonné, et se tenir prestz à suivre leurs capitaines, et repousser les violences desd. escoliers aux premières occasions; et seront lesd. habitans tenuz d'obéir aux commandemens de leurs capitaines, sur peine de cinquante livres d'amande et de prison; sans que néantmoins lesd. habitans soient tenuz attendre aultre commendement de leurs capitaines, au cas qu'ilz fussent attacquez par lesd. escoliers; ains pouront et leur est permis en ce cas, suivant lad. ordonnence, et en conséquence d'icelle, s'opposer ausd. violences et repousser la force d'iceulx escolliers, se saisir de leurs personnes, les désarmer et constituer prisonniers, et faire en sorte que la force en demeure à la justice, pour la liberté et seureté desd. habitans, et pour le peu d'espérance qu'il y a de faire cesser les insolences et assemblées, que font lesd. escoliers en trouppes et en armes, sans y aporter toute la rigueur requise en telles nécessitez, au péril de ceulx qui troubleront le repos de ceste ville et desd. habitans; à quoy lesd. capitaines présents ont promis tenir la main.

(BB. 54 f. 80-93).

XLI.

Lettre de M. de Laval, gouverneur, au maire d'Angers, au sujet de tentatives dénoncées par la ville sur le château de Dieusie.

Monsieur, je vous envoie une lettre, que le Roy vous escrit, et vous puys asseurer, qu'estes loué d'un chacun de vostre vigilance. Continuez, je vous prie; vous ne mancquerez de suport contre ceulx qui auseront vous attacquer. Ce n'est vous, qui accusez M. d'Andigné; sont ceulx qu'avez interrogez; c'est à luy à s'en purger et se justiffier, s'il y a quelque accusation contre luy. Ce matin, M. de

1611.
4 mars.

Vilarmon m'est venu voir, et m'a faict plaincte de ce qui s'est passé. Je luy [ay] faict voir clair en cest affaire, et luy ay dict ce que le Roy en a ordonné : il a été contant. Faictes ce qui est de vostre charge; vous en serez loué et prisé et soustenu et maintenu. Je vous prie encore d'avoir tousjours l'oil ouvert; nous sommes à un temps où il nous fault veiller. J'espère faire un tour par delà, pour vous veoir, et adviser à ce qui sera besoin au bien du pays, et pour Dieusie. Je ne désire que le bien; vous verrez par effect. J'ay veu les deux requestes, que m'avez envoyées; elles sont un peu en colère. Si vous congnoissez, qu'il y ait chose qui vous importe à l'honneur, vous aurez raison de vous en plaindre; et si le faictes, on fera réparer ce que mal à propos il y aura mis; c'est le Roy qu'il offense et non vous. Vous avez pouvoir de faire ce qu'avez faict jusques icy, et sommes joinctz avec vous, pour vous maintenir contre tout le monde, faisant bien votre charge, comme vous faictes. Continuez, je vous en conjure, et me tenez, Monsieur, pour vostre plus affectionné à vous servir. — DE LAVAL.

A costé est escript : *A Paris, ce quatriesme mars* 1611, et au dessus: *A Monsieur Monsieur Dumesnil, maire et capitaine de la ville d'Angers, à Angers.*

(BB. 57 fol. 128).

XLII.

Lettre du roi Louis XIII, à l'occasion de l'arrestation du prince de Condé.

De par le Roy,

1616.
1 septembre.

Chers et bien amez, les advis, que nous avons euz de divers endroictz, des factions et monopoles, qui se faisoient en ceste ville, de diverses entreprises et desseings, que l'on projectoit sur nostre propre personne et celle de la Royne, nostre très honnorée dame et mère, nous ont contrainct, à nostre grand regret, de nous résoudre d'en faire arrester les autheurs; mais comme eulx mesmes se sont sentis coulpables de ce crime, ilz se sont évadez; et parce que l'on nous avoit advertiz, qu'ilz vouloient persuader nostre cousin, le prince de Condé, de se joindre avec eulx, et ses mauvaises intentions, nous avons esté conseillez de nous asseurer de sa personne, comme nous avons faict, l'ayant faict loger en une chambre de ce chateau du Louvre, sans que pour ce nous voulions luy faire aulcun mauvais traictement; de quoy nous vous avons voulu advertir, et mander, que chaicun se tienne en devoir en nostre ville d'Angers, comme l'on est par deçà, et que l'on ne s'émeuve de ce qui s'est passé, ainsy que vous sçaurez particulièrement du sieur de Dyvet. Nous n'adjouterons donc rien davantaige à ceste lettre, sinon que vous ayez à faire bonne garde en nostred. ville, en sorte qu'il n'y puisse arriver aulcun inconvéniant préjudiciable à nostre authorité et service ; et à ce ne faictes faulte ; car tel est nostre plaisir.

Donné à Paris le premier jour de septembre 1616. — Signé : Louis. — Et plus bas : *Potier*. — Et scellé de cire rouge, et sur la suscription est escript : *A noz chers et bien amez les Maire et eschevins de nostre ville d'Angers.*

(BB 63 fol. 60).

XLIII.

Du même, portant notification de la mort du maréchal d'Ancre.

De par le roy,

Chers et bien amez, le désir, que nous avons de donner la paix en ce royaulme et asseurer nostre personne, nous a obligé de faire arrester le maréchal d'Ancre, lequel, s'estant mis en deffiance, a esté tué. Nous vous en avons bien voulu donner advis, et, par la mesme dépesche, vous asseurer de la continuation de nostre bonne volonté en vostre endroict, et de la confiance que nous prenons de vostre fidélité ; ne faictes donc faulte de la nous continuer.

1617.
24 avril.

Donné à Paris le xxive jour d'apvril 1617. — Signé : Louis. — Et plus bas : *Pottier*. — Et sur la suscription est escript : *A noz chers et bien amez les Maire, eschevins, manans et habitans de nostre ville d'Angers.* — Et scellée de cire rouge du petit cachet.

(BB 63 f. 136).

XLIV.

Sédition pour l'abolition de la maltote.

Messieurs les officiers de ce corps, Monsieur le maire absent, s'estant assemblez en la maison de Monsieur Syette, premier eschevin, ès personnes dud. sieur Syette et de MM. de Vernusson Lanier, de Marthou Belot, eschevins, de la Grange Gaultier, conseiller et cappitaine de ville, Verdier et de Crespy, conseillers, et de Monsieur le controlleur Rousseau, capitaine de la paroisse S. Martin, sont partiz, sur les deux heures de la relevée, de lad. maison et sont venuz en cet hostel, fors mesd. sieurs de Vernusson et Verdier, quy ont esté priez d'aller à l'évesché accompagner M. de la Varrenne, pour venir à cette assemblée ; et estans arrivez en cet hostel, auroient trouvé, tant dans la place de la Halle, cour de cet hostel, que grande salle et

1656.
22 octobre.

chambre du Conseil, grande quantité de personnes de l'un et de l'autre sexe et de touttes aages, la plus grande partye gens de basse condition et incognuz ; entre lesquelz un homme assez aagé, qui est mandiant, quy estoit proche la grande porte de cet hostel, se seroit addressé aud. sieur Syette, le prenant pour M. de la Daulmerye, et luy auroit dict ses motz : « Monsieur de la Daulmerye, c'est vostre père, quy a mis le premier la malthoste Angers; fault que vous l'en ostiez ; » et, ayant lesd. sieurs pris leurs places dans lad. chambre du Conseil, y sont entrez MM. Brouard, juge des marchandz, et Guinoiseau, consul, MM. Pestrineau, advocat, et du Tramblay Frain, députté de S. Michel du Tertre, et Davy député de S. Michel de la Palludz ; et ont demeuré, tant lesd. officiers de ce corps que députtez, en cet estat, à attendre mond. sieur le lieutenant du roy, comme à l'estimation de deux heures ; pendant lequel temps sont entrez en lad. chambre du Conseil sy grande quantitté desd. personnes incognues, gens muttinez et en fureur, qu'elle c'est incontinant trouvée remplye ; lesquelles auroient commencé de s'escrier, qu'ilz ne voulloient plus de malthostes ny de malthoutiers, plus de pancartes ny de sol pour pot, plus de corps de garde ny de gabeleurs aux portes de ville ; qu'il failloit tuer et exterminer tous les malthoutiers, et commencer par ceulx du corps de ville. Et sur ce, seroit entré dedans le parquet un homme, lequel ayant passé par dessoubz le crochet de fer, quy ferme led. parquet, ayant un gros soullier chargé de clou dans la main, lequel en auroit voullu frapper led. Syette et autres officiers jusques dans leurs chaizes, disant : « Qu'attendons nous, que nous ne les assommons, ces malthoustiers du corps de ville ? » Et les eust frappez, sans qu'il en fut empesché par les archers et par un certain d'entre eulx, quy luy auroit dict : « Tout beau ; il fault attendre ; ilz ne sont pas encore tous venuz ; » et à mesme temps, un aultre se seroit addressé aud. sieur controlleur Rousseau, le prenant par l'estomach, et le voullant entraisner de sa place pour l'assommer, l'appellant malthoustier et filz de malthoustier ; dont il fut pareillement empesché par lesd. archers ; pendant lequel bruict et désordre, seroient entrez dans lad. chambre du Conseil MM. le lieutenant criminel au Présidial et de Souvigné, procureur du Roy au siége de la Prévosté de cette ville ; lesquelz, voyant le peuple aussy muttiné et le bruict qu'il faisoit, ont esté d'advis de parler au peuple ; et de faict, led. sieur de Souvigné, s'estant monté sur ung bancq, leur auroit remonstré, que led. seigneur lieutenant du Roy estoit venu exprès, pour entendre leurs plainctes et y mettre l'ordre, et faire entendre les vollontez du Roy ; qu'il les avoit envoyez, M. le lieutenant criminel et luy, pour les en asseurer et pour remettre l'assemblée à une autre fois; sur quoy led. peuple muttiné auroit dict par une infinitté de voix, qu'ilz voulloient, que l'on feist une conclusion, avant que de sortir, par laquelle la pancarte et le sol pour pot et touttes les autres malthostes nouvelles fussent révoquées et abattues; ce quy auroit obligé tant lesd. sieurs lieutenant criminel et procureur du Roy, que officiers de ce corps, de dresser une conclusion sur le champ, conforme aux vollontez dud. peuple muttiné; de laquelle il auroit esté faict lecture à haulte voix par led. sieur de Souvigné, monté sur led. bancq, comme il est dict cy dessus; après laquelle lecture, il auroit esté faict ung cry de : « Vive le Roy et M. de Souvigné; » et à mesme temps, leur en auroit esté deslivré plusieurs coppies; et finallement l'original auroit esté osté de force d'entre les mains de nostre greffier. Ce qu'estant faict et les officiers de ce corps s'estant levez de leurs places, pour sortir avecq mesd. sieurs le lieutenant criminel et de Souvigné, lesd. muttins les ont repoussez dans leurs places avecq menaces, et forcez d'y demeurer, disans qu'ilz voulloient, qu'ilz attendissent mondit sieur de la Varenne, quy avoit dict qu'il viendroit à l'assemblée; qu'ilz voulloient qu'il y vinst, et que, s'il n'y venoit, qu'ilz l'yroient bien quérir, et sçavoient bien où il estoit; l'un desquelz, s'estant approché dud. sieur de la Grange Gaultier, luy a dict : « Pour vous, Monsieur, vous n'aurez poinct de mal; je vous respondz corps pour corps de vostre vie; car vous n'êtes poinct malthostier comme les aultres; il fault qu'ilz rendent compte. » Pendant lequel débat, mesd. sieurs le lieutenant criminel et de Souvigné s'estant retirez de lad. chambre du Conseil, et avecq eulx, ceux quy à leur faveur ont peu sortir pour éviter le péril, auquel nous sommes, seroit peu de temps après rentré dans lad. chambre led. sieur de Souvigné avecq led. sieur de Lestortière, maistre d'hostel dud. seigneur de la Varenne, ayant en main une ordonnance dud. seigneur, conforme à celle cy dessus, et qu'il auroit envoyée à mesme dessein; après la lecture de laquelle ordonnance faitte par led. sieur de Souvigné en la mesme forme que celle cy dessus, le peuple auroit de rechef cryé : « Vive le Roy et M. de Souvigné, » et pris et emporté de force lad. ordonnance; pendant laquelle lecture aulcuns desd. muttins auroient insulté sur le lacquais, quy avoit suivy led. sieur de Lestortière, luy auroient osté son espée, l'auroient beaucoup exceddé et blessé et engagé de sauver sa vie par la fuitte. Comme aussy seroit venu ung aultre desd. muttins, prenant led. sieur Syette par le poing, et le voullant tirer de force de son siége, luy disant en jurant le saint nom de Dieu : « Esse vous, Monsieur, quy dittes qu'il fault pendre demye douzaine d'habittans? » puis en seroit intervenu un autre qui auroit dict au premier : « Non, ce n'est pas luy, mais c'est celluy qui est à costé de luy ; » en monstrant led. sieur de Marthou ; à quoy led. sieur Syette auroit faict responce, que ny l'un ny l'autre ne l'avoient dict, et que bien loin de ce, ilz estoient là pour les conserver, et deffendre leurs interestz ; et finallement, led. sieur de Souvigné et partye des officiers s'estans retirez et n'estant restez que lesd. Syette et de Marthou, lorsqu'ilz ont voullu sortir, ont esté attaquez par lad. multitude muttinée, battuz, exceddez et mal traittez de coups de poin, de bastons et de pierres, leurs habitz deschirez et emportez, en sorte qu'ilz ont esté obligez de sauver leurs vyes par la fuitte ; sçavoir led. sieur Syette, ès maisons de MM. Grimaudet, de Segré et Durseau, esleu, et led. sieur de Marthou en celle du sieur Rossignol, chirurgien, où ilz ont esté obligez de se tenir cachez jusques à la nuict, et attendre que le peuple muttiné soit retiré ; entre lesquelles personnes, quy maltraictoient lesd. sieurs Syette et de Marthou, il y auroit eu un homme, quy auroit dict aud. sieur Syette ses motz : « Te voyla, toy quy ne veulx pas que nous soyons maistres tissiers ! Ho ! il y aura des maistres tissiers Angers, que tu ne seras plus au monde. »

Dont et de tout ce que dessus a esté dressé le présent procès verbal, lesd. jour et an que dessus. — Signé : N. Syette, vice maire.

(BB 86 f. 170).

XLV.

Lettre du roi Louis XIV, portant ordre pour le logement du sieur d'Artagnan, chargé de conduire au château le surintendant Fouquet.

De par le Roy,

1661.
2 septembre.

Chers et bien amez, ayant donné nos ordres au sieur d'Artagnan, soubz lieutenant de nos mousquetaires à cheval, pour conduire au chasteau de nostre ville d'Angers le sieur Fouquet, surintendant de nos finances, que nous avons faict arrester, nous faisons cette lettre, par laquelle nous vous mandons et ordonnons très expressément de donner logement en nostred. ville d'Angers aud. d'Artagnan et aux gens de guerre qui l'accompagnent, avec toute l'assistance, dont vous pourez estre par luy requis, et de leur fournir les vyvres necessaires et les autres choses, dont ilz auront besoin, en payant de gré à gré. N'y faites donc faulte ; car tel est nostre plaisir. — Donné à Nantes le deuxiesme septembre 1661. — Signé : Louis. — Et plus bas : *Le-teiller.*

(BB 89 f. 26).

XLVI.

Lettre de M. de la Varanne, pour le châtiment des duellistes.
(Olographe avec cachet aux armes).

De la Flèche se 25 julet 1661.

Monsieur,

J'ay reseu eunne lestre deu roy, par laquelle sa magesté, me tesmoignent les soings, qui prent et veust prendre de la conservation de sa noblesse, pour abolir tout à faict seste méchante coustume, qui s'est establie parmy eux, de se battre en duel, elle m'ordonne, que sur la simple notoriété, que j'auray, de quelque combat, que je luy donne avis deu non, de la maison, des charges, des maisons et biens de ceux qui en viendront à sest effect, o lieu de se plaindre aus gouverneurs et lieutenens généros et maréchos de France, pour resevoir réson de leur offense par leur jugement et selon ses ordonnenses; sa magesté me mandant de plus, qu'elle a en son pouvoir des moiens de les châtier sur mon raport, en les privent de touttes sortes d'honneurs et de récompense et en les éloignent de son roiôme, quand, par les formalités de sa justice et manque de tesmoins, on ne poura pas trouver de preuves convinquentes pour leur parfaire leur prosès; et comme sa magesté est bien aise, que sa noblesse sache le soing paternel, qu'elle a, de leur couservation, je vous prie, Monsieur, en suivent la volonté deu roy, de vouloir la faire cognoistre os principos de se cors et o plus gran nombre, que vous pourès, et ausy, comme sa magesté m'oblige de luy rendre eun fidelle raport de ses choses, à quoy elle m'oblige sur ma consiense, et de répondre à Dieu des âmes, qui se perdroit par le manque de mon soing ou de luy en donner avis, me remetent en vous de faire bien congnoistre l'intention de sa magesté; il ne me reste qu'a vous asseurer que je suis

Monsieur

Vostre très humble serviteur

DE LA VARANE.

1661.
25 juillet.

Au dos : *Monsieur le mère de la ville d'Engers ou o premier eschevin qui resevra le pacquet.*

(FF 44).

XLVII.

Journal de M. Jousselin (1), *curé de Sainte-Croix d'Angers.*
(1621 - 1652).

1621.   Cejourd'huy 24 octobre 1621, en présence de maistre René Le Large, prebtre habitué en Sainte-Croix, Michelle Cochu, femme de Jeh. Soussé, dit Mouchi, tailleur, m'a dit qu'il peult y avoir.... qu'un matin, estant comme attédiée, après avoir habillé quatre filles, dont la plus grande n'avoit plus de huict ans, disant : « Mon Dieu ! que nous serions bien tous en Paradis ! » ceste plus grande, nommée Magdelaine, la caressant, luy dist : « Ma mère, je m'y en iray bien tôst, et prieray tant Dieu pour vous et mes sœurs, que vous ne demeurerez guères après moy ! » et de fait trois ou quatre jours après, la maladie de la mort la prict. Peu après, sa puisnée dit un un soir, que sa sœur Magdelaine l'appelloit, et mourut trois jours après ; et quelques jours après, une plus jeusne, un soir, dist quelle voyoit Magdelaine en forme d'ange, qui venoit la quérir, et mourut peu après ; si qu'en moings de trois semaines, ces trois petites filles moururent.

— La nuict d'entre le samedy 23 d'octobre 1621 et dimanche 24, les ponts de Paris furent bruslés, ce qui causa une perte inestimable; et le bruict estoit, que c'estoient quelques huguenots, qui, désespérés à cause des terreurs qu'eux mesmes se donnoient, mirent le feu en leurs maisons sur le minuit, pour se perdre avec beaucoup d'autres ; néantmoings depuys, il y en eust arrest de la cour de Parlement.

— Le jour Ste Catherine, 24 de novembre 1621, le corps de monsieur le mareschal de Brissac de Cossé fust conduict par toute la ville, tout le clergé tant régulier, mesme les capucins et Basmetiers, que

---

(1) Tout ce qu'on sait de ce personnage, qui semble avoir eu quelque importance, se réduit aux données que ce Journal peut fournir. Le manuscrit autographe, d'une écriture très-compacte et souvent difficile à déchiffrer, comprend 62 pages in-folio d'un des registres de baptêmes de la paroisse Sainte-Croix. Il y était resté absolument inconnu. Je le donne dans son intégrité, à partir de 1644, avec les rubriques marginales, partout où il en existe, me permettant seulement dans la première partie quelques suppressions où l'histoire ne peut avoir de regret, et que j'ai pris soin d'indiquer. J'y ai réuni, à leur date, comme partie intégrante, diverses notes de la même main, dispersées dans le volume, et comme commentaire courant, l'extrait de documents contemporains inédits qui peuvent servir à compléter cette curieuse chronique de la Fronde provinciale.

séculier, l'estant allé quérir en l'église des Augustins. S. Maurice n'alla qu'en la rue Baudrière... (1).

— Le sixièsme mars 1622, j'ay mis, en un petit reliquiaire d'argent doré fait exprès, deux petites parcelles de la croix de Nostre Seigneur, trouvées avec une plus grandette dans la croix garnie de grains d'argent et de pierres bleues, vertes et rouges, soubz un cristal au milieu de lad. croix, envelopées d'un petit papier, contenant que M. Alardeau, évesque de Marseille, auroit donné lesd. parcelles de la vraye croix de Nostre Seigneur, bien approuvée par le Roy de Sicile; l'aultre partie je l'ay mise dans la mesme croix au dessoubz dud. cristal du milieu; ce que j'ay fait en présence de M. Quetin, MM. Momussart, Chartier, Bienvenu, Eveillon, Branlard, Defaye, Guynoiseau et autres paroissiens de Ste Croix.

— Le 5 jour de may 1622 en faisant les fondements, à costé de l'église Ste Croix, pour bastir la chapelle fondée par défunt M. de Boistravers, ont esté trouvées en terre quatre ou cinc pièces d'argent de la grandeur d'un double tournois, ou environ, ayant d'un costé ceste marque.... (2), qui est une croix entre quatre piliers, et au dessus, une forme de dôme, avec inscription : *Religio christiana;* d'aultre costé, une croix avec cestre inscription : *Ludovicus imperator ;* une autre aussi d'argent de pareille grandeur, ayant ceste forme..... et autour · *Signum Dei vivi;* d'autre costé ceste inscription : *Conscendimus* ou *Comes andinus,* et au dedans, un chiffre de lettres entrelassés, comme ƒ † Ͳ, ce semble; une autre d'airain doré de la grandeur d'une pièce de 21 s. 4 d., mais de plus de poix, ayant, d'un costé, une face à la couronne de laurier, avec ceste inscription : *Antoninus Augustus* (3).

1622.

— La maladie contagieuse, pendant toute l'année 1626, affligeat grandement la ville, grandement incommodée par ailleurs des pauvres du plat pays, qui, à cause de la disette presque générale, s'estoient réfugiez en si grand nombre, qu'on fut contrainct, pour les exempter par quelque sorte de police, de les faire travailler à des turcies faites aux portaux S. Nicolas et Lyonnois, pendant les mois de mars et avril; sur la fin duquel mois on fut réduict à une autre

1626.

---

(1) Je supprime quelques lignes qui n'apprennent rien de plus que la relation officielle (BB. 66 f. 65).

(2) Le Mss. donne ici et plus loin deux petits dessins à la plume, trop informes pour être reproduits, et qui n'apprendraient d'ailleurs rien de plus que le texte même, aux numismates.

(3) Suit le récit des funérailles de Marie Myron, comtesse de Caravas — et des querelles de l'évêque Charles Miron avec le chapitre de S. Maurice.

1626. nécessité de distribuer les pauvres, en sorte que ceux qui en auroient fussent contraints de les nourir ou de leur donner 2 s. par jour les moys de may, juin et juillet, jusques à ce qu'on peust aller aux bleds nouveaux, dont il y eut plus grande quantité que d'autres provisions, y ayant fort peu de fruicts, peu de foings, à cause des inondations et des pluyes, qui furent continuelles tout l'esté; et encores ce peu qui resta de foings, sy mauvais, que les bestiaux ne pouvoient en estre nourris et n'eurent aulcune force, jusques aux herbes nouvelles. Il y eut si peu vin, qu'en la pluspart des pays les décimateurs ne daignèrent envoyer chercher leurs dismes, ny beaucoup de propriétaires vandanger; mais la maladie fut si estrange, qu'aux mois de juin et suivants, jusques en novembre, chascun s'en alla aux champs. où d'autre part on n'eust guères meilleur marché, à cause de fièvres, qui faisoient ordinairement en chasque famille les deux parts de malades, et par fois d'avantage; fièvres si générales, qu'il y en avoit partout; mesmes me fut-il mandé de Bordeaux, qu'on estoit grandement affligé. On ouvrit la Santé à Angers en février, après avoir enduré trois ou quatre mois, que le mal ne s'estoit tant opiniastré, et logé les malades près du fauxbourg S. Michel, qui le premier fust attaqué. Il mourut à la Santé un chirurgien nommé Lagarde, et un autre nommé Poignart. On fut contrainct de prendre les lieux proches de la Santé pour la commodité des malades, mesmes jusques à la maison du prieuré de la Papillaye, qu'on prist au moys d'aoust, pour mettre les malades un peu au large, après qu'on eust esprouvé que des huttes, qu'on avoit fait, jusques au nombre de cinquante ou plus, (et dit-on que monseigneur d'Angers les fournissoit) ne serviroient de rien. — Les rues les plus attaquées furent l'Eguillerie, dont on dit, qu'il mourut 52 personnes pour le moings, (et y a il eu 25 de la paroisse Ste Croix (1) depuys la my-juillet jusques à la my-septembre), et la rue S. Nicolas; et fut estimé prodige de désolation d'avoir veu, un matin, au moys d'aoust, à huict heures, qu'il n'y avoit personne en lad. rue de l'Eguillerie. Le long du jour, ce qu'on voyoit le plus, c'estoient ou malades à leurs portes ou bien les officiers de la Santé. — Il mourut (2) un ecclésiasticque séculier, nommé M. Beauvais, habitué de S. Michel du Tertre, à la Santé, à la fin du caresme; auquel temps le P. Pierre Joseph, récolet, s'y en alla; et depuis les re-

(1) On en trouve la liste au fol. 36 du reg. GG. 202.
(2) Tous les documents du temps sont unanimes sur la conduite admirable du P. Joseph et de ses religieux « si zélés et si prompts à l'assistance des malades, qu'aucun curé de la ville n'a couru hasard ou risque de la maladie. » (V. surtout le registre GG 138 fol. 93, et les conclusions de la mairie BB 68 et 69).

ligieux dud. ordre assistèrent continuellement les malades, qui furent en si grande quantité et en si divers lieux, que lesd. PP. furent logez à S. Sauveur et au S. Esprit, outre le logement de la Pantière, où est la Santé. Leur charité fut très grande et en fist exposer plusieurs, dont la maladie en emporta cinq (1), le P. Raphael, le P. Béning, le P. Maurille, [le P. Florent, le P. Maximin]. — Mais la prudence fut aussi très grande au susd. P. Pierre, pour l'assistance des âmes et conservation des commodités de beaucoup de personnes, dont les biens eussent esté pillez ou par les corbeaux (2) ou par autres volleurs, sans le soing qu'il y apporta. Dieu préserva grandement la ville de voleurs pendant l'abandon si général ; auquel temps MM. de la justice se saisirent de quelques mauvais garçons ; ce qui donna de la frayeur aux autres. — Le mal commença à se diminuer en novembre, et néantmoins persista jusques en juin suivant, et s'appaisa du tout en juillet ; au 28 duquel mois on rendit grâces à Dieu par une procession générale... A lad. procession fut porté la vraye Croix qui est gardée par MM. de S. Laud...

— La mesme vraye Croix fut portée processionnellement..... en l'église de la Trinité, le jour de la Trinité d'hyver aud. an, pour rendre grâces à Dieu de la victoire, qu'il avait donné quelques jours auparavant, en l'isle de Ré contre les Angloys... On chanta le *Te Deum* en l'église d'Angers à l'yssue de vespres, qui ne peurent estre parachevées, qu'avec grande difficulté, à cause du tumulte survenu du débat des Esleus et de la maison de ville pour la préséance ; tumulte si grand, que par la ville le bruict courut que les huguenots massacroient les catholiques dans l'église ; ce qui occasionna mesmes quelques uns d'accourir en lad. église, l'espée nue. Il ne faut pas s'estonner, si en ville il y en eut de trompez sur ce bruict, attendu, que mesmes ceux qui estoient soubs le crucifix, se persuadèrent que ce tumulte, qui se fist entre le grand autel et le chœur, provenoit desd. huguenots.

1627.

— L'an 1628, à caresme entrant, se fist un ballet, Angers, sous le nom du *Berger Extravagant* : de vray extravagant pour le temps, auquel chascun devoit estre en dévotion pour l'heureux succès des armes du roy, pour lequel subject, le bal fut défendu en quelques villes de France. Les auteurs de ce balet, ne pouvants trouver de sale, furent contraincts de prendre un tripot. On leur refusa la sale de la maison

1628.

---

(1) Une note du reg. GG 202 fol. 36 en compte six et permet de suppléer les deux derniers noms omis et d'y ajouter celui du P. Hilaire Gaille. — Le P. Joseph fut atteint du mal, mais guérit. V. GG 138 fol. 93.

(2) V. ci-dessus, page 414.

1628. de ville, peut estre par quelque respect des affaires du roy, peut estre à cause de la proximité de l'église S. Michel, et peut estre aussi que la maladie de M. le maire colora ce refus. Led. sieur maire, M⁰ Jean Barbot, sʳ du Martray, advocat, fut longtemps malade, et décéda le le 24 de mars... Il y eut une oraison funèbre faicte par le prédicateur provincial des Cordeliers, qui entre autres choses remarqua, que le chirurgien l'ayant adverty, qu'il se disposast, il l'en remercia, comme estant de médecin du corps devenu médecin de l'âme, et dist le commencement du psalme : *Lætatus sum in his quæ dicta sunt mihi : in domum ibimus.*

— Le 12ᵉ jour de may 1628 commença le chapitre provincial des PP. Augustins de la province de Bourges en leur couvent Angers...

— Le 6ᵉ jour de juillet 1628, messire Claude de Rueil, évesque d'Angers, fist son entrée en l'église cathédrale...

— Audit mois furent fondus à S. Aulbin deux cloches, l'une pezant 8000, l'autre cinq ou six mil; et pour faire lesd. deux cloches d'accord, on en rompit une, dont l'inscription portoit qu'elle avoit esté donnée par un abbé de lad. abbaye, nommé Guy de Baïf, et l'année que la Pucelle chassa les Anglois d'Orléans (1).

— Le 13ᵉ jour de novembre 1628, fut chanté Angers fort solennellement le *Te Deum* en action de grâces de la réduction de la ville de la Rochelle en l'obéissance du roy. Les articles furent arrestez le samedy 28 jour d'octobre, et la nouvelle en fut sceue Angers le lundy 30 dud. moys et annoncée publiquement led. jour au peuple, qui sur les dix heures du soir assistoit au salut devant le S. Sacrement exposé en l'église Sᵗᵉ Croix pour les oraisons des quarante heures y commencées le jour précédent pour l'heureux succès des armes du roy contre les rebelles de lad. ville. Auparavant lad. action de grâces publiques, quoy qu'on creust la nouvelle asseurée, néantmoings on n'osoit s'en resjouir publiquement, Dieu voulant peut estre retenir la liesse du peuple, jusques à ce qu'on l'eust publiquement recognu de ceste grande bénédiction venue de sa part; mais depuys, la resjouissance en a esté grande. Les huguenots ont eux mesme donné subject à une infinité de brocards, qu'ils ont esté contraincts de souffrir soubs le nom de *Perrette*, dont ils s'estoient servis ramassant les contributions par entre eux pour assister ces obstinez. Il n'y a

---

(1) Suit la copie de la Bulle du pape Paul II (8 mai 1470) et des autres actes à l'appui de l'authenticité de la parcelle de la vraie croix donnée par le roi René à Sainte-Croix d'Angers (9 pages). — J'ai supprimé ci-dessus, aux endroits notés par des points, des détails, qui m'ont paru oiseux.

eu personne, qui n'ait senty ceste liesse; mesme une bonne damoyselle nommée... Belin, veufve de noble homme... Colasseau, vivant sieur de Chasteaugaillard, de laquelle on disoit que le père estoit décédé, il y avoit près de vi^{xx} ans, malade au lict de la mort, de laquelle maladie elle déceda quatre ou cinq jours après, commanda à la servante, qui l'assistoit, d'aller rendre grâces à Dieu, et pour elle elle mourroit contente, puis que la Rochelle estoit rendue au roy. Ceste bonne damoyselle alloit tous les jours aux Cordeliers, où elle a esté enterrée, avoit encore le jugement bon, prenoit cognoissance de ses affaires domestiques, mesmes qu'un ecclésiasticque l'estant allé visiter en sad. maladie, elle demanda un teston pour le récompenser... (1).

1628.

L'an bissextil qu'un sept à l'autre se joindra,
Six croissants et deux croix et la tenaille close,
D'Albion bouc chassé Lucian lors rendra
La pucelle Santone, et sy perdra sa cause.

Deux sept, П; six croissants, CCCCCC, deux croix, ou deux ciseaux ouverts : XX. La tenaille close 8. (1228). Le bouc d'Albion, Angleterre, Boukingam; Lucian, par transposition Calvin; la pucelle Santone, *Portus Sanctonum*, la Rochelle, qui n'avoit jamais esté prise, en la prise de laquelle on espère que l'hæresie de Calvin donnera du nez en terre.

Ce qui s'est passé tant au siége qu'à la prise ou réduction de la Rochelle a donné de l'exercice aux beaux esprits. Ce poesme m'est tombé entre les mains (2).

— Le dimanche 14 aoust 1644, sur les cinq heures du soir, arriva au port de la Bassechesne, du costé à tirer à la porte S. Nicolas, Henryette Marie, fille de défunt Henry le Grand, femme de Charles Stuard, roy de la Grande Bretagne, à desseing d'aller aux eaues de Bourbon, ainsi qu'on disoit, s'estant retirée d'Angleterre, à cause des grandes guerres, qui y sont, pour la mutinerie des parlementaires contre le roy, son mary, ayant esté contraincte de quiter la ville de...., quinze jours après ses couches, et poursuivie en mer jusques au premier havre de France, proche de Brest en Bretagne, par les vaisseaux ennemys, qui l'avoient destinée à la mort, et l'eussent prise, sinon la vistesse du vaisseau, où elle se sauva. Son entrée fut

1644.
Arrivée
de la reyne
d'Angleterre.

---

(1) Suivent deux pages sans détails nouveaux sur la famine éprouvée par les assiégés.
(2) C'est le poëme imprimé qui débute ainsi :
Clara meis, Rupella, malis, quæ sola tot hostes...

1644. fort (1) solennelle en la ville d'Angers et autres du royaume, par le commandement du roy et de la royne régente, estant receue par M. le mareschal de Brezé, gouverneur de la province, qui estoit allé au davant jusques à Ancenys (2), par le clergé, qui alla tout chapé jusques à la porte S. Nicolas, où (3) M. le prieur de S. Aulbin luy fist la harangue, assisté de son couvent, des chapitres S. Laud et S. Martin, religieux de Toussaint et S. Jan, les colléges de S. Pierre, S. Julien, S. Maurille et S. Maimbœuf et église de la Trinité, avec les Augustins, Carmes, Cordeliers, Jacobins, Minimes et Capucins. A ladite porte elle fut receue par M. de la Grue (4), maire, qui luy fist la harangue, accompagné des eschevins, MM. des Chasteliers, conseiller au siége présidial, de la Cour, de Crespy et Avril, avec les compagnies de la ville au meilleur ordre, que faire se peut, fors qu'on fut un peu pressé, à cause que lad. dame estoit indisposée ; qui occasionna mesme led. s^r mareschal de presser le clergé, dont tout le monde n'estoit content, à cause que sa dignité semblait estre peu considérée. Aussi arriva-t-il quelque désordre de compagnies pour mesme raison, aucuns ayant esté blessez au susd. ordre, qui par la longueur du chemin se remist aulcunement. Lad. dame fut conduite portée dans une chaire de velours rouge par quatre hommes, soubs un dais ou poisle de velours bleuf, avec les armes de France et Angleterre my parties, porté par lesd. mayre et eschevins, à l'aide de leurs archers et autres, depuis lad. porte S. Nicolas jusques à l'église S. Maurice par la place Neufve et vieille Chartre, en laquelle M. d'Angers l'attendoit avec tout le chapitre et habituez en lad église, tous chapez, les portes fermées et depuis ouvertes à son arrivée, où elle fut receue, au parvis de l'église, par M. d'Angers aussi chapé et mytré assisté de tout le chœur. Lad. dame agenouillée, ayant baisé la croix présentée par mond. sieur d'Angers, fut par luy conduite jusques au grand autel (5), les orgues et cloches sonnants. Elle es-

(1) Le cartulaire de Saint-Nicolas d'Angers. (Mss. Bibl. de la ville) en contient un récit que la *Revue d'Anjou* a publié. Voir celui des registres de la ville BB 79 fol. 193-194.

(2) La reine avait couché à Ancenis et y avait séjourné un jour. M. de Brezé, ayant appris ce retard à Serrant, était revenu en ville, pour repartir le lendemain et rencontrer la reine à la Pointe « en huict batteaux couvertz de tapisserie que M. le maire avoit faict préparer pour luy et pour sa suite. » (BB 79 f. 193).

(3) « Et là s'estant démasquée et mise dans la chaire, qui luy avait esté préparée, elle fut complimentée... » (ibid.)

(4) Lequel salua sad. majesté un genoul en terre, et, s'estant relevé, parla debout... » (ibid.)

(5) « Monsieur le maire portant la queue de sa robbe. » (ibid.)

loit près dud. grand autel, soubs un daix de lad. église supendu, et au dessoubz de celuy du S. Sacrement. Fut commancé un *Te Deum* solemnel, mais interrompu au sept ou huictiesme verset, à cause de l'indisposition de lad. Dame, qui fut reconduite par le chœur même, par MM. les mareschaux de Souveré, envoyé au davant d'elle par la royne régente, et de Brezé, gouverneur susdit, qui à l'entrée du logis Barault, qu'il avoit quité à lad. dame, fist, à ce qu'on disoit, défenses d'introduire dans le logis de la royne autres, que gentilshommes, qui n'estoient pas en grand nombre, à cause des différents, qu'ils ont avec led. s^r, à raison de la chasse, qui par ainsi ne sont entierrement assoupiz par l'accommodement qu'en avait voulu faire M. le duc d'Orléans, oncle du roy, au camp davant Gravelines, le 5 juin dernier. Lad. dame séjourna (1) jusqu'au mardy suivant, sept à huit heures du matin, qu'elle partit pour aller à Saumur, ayant tousjours esté gardée par les habitants, dont une compagnie la conduisit environ demie lieue (2). On a dit depuis, que la noblesse d'Angers l'estoit allée complimenter sur les extrémitez de la prouince. Quelques Anglois catholiques, réfugiez en ceste ville, l'estant alé saluer, ne furent pas tant bien venus, leur disant qu'elle ne pouvoit les voir à bon œil en France, leur roy estant en peine.

1644.

—[Ce jour jeudi 9 janvier 1648 (3), est venue une compagnie de gensdarmes écossois, qui a logé en la paroisse, et y a demeuré jusques au vendredy 7 feubvrier; et prenoient 4 l. 10 s. par jour. Le lundy précédent, estoient arrivées autres conpagnies de gendarmerie françoise (4), qui a logé en la paroisse S. Maurille, qui prenoient LX s.; et à plusieurs jours différents, sont entrées 36 cornettes de cavaliers et gensdarmes, qui ont fait plus de XII^m livres de despense ordinaire pour chasque jour, outre les voleries et violences; pour lesquelles éviter, plusieurs se rédimoient par de grosses sommes, n'osants monstrer la moindre résistance, pour n'irriter Mgr le mareschal de Brézé, gouverneur de la province, indigné de quelques paroles indis-

1648.

(1) « Le lundi XVe dud. moys, jour de l'assumption Notre-Dame, sa majesté Britanicque... ouit la messe en la salle de son hostel, et l'après disnée fut visitée de touttes les dames de la ville, qui furent reçues à luy baiser le bas de sa robbe; sur le soir, pour contenter la curiosité du peuple, qui c'estoit rendu en la cour en très grande foulle, elle parut aux fenestres, et receut avec plaisir toutes les bénédictions qui luy furent données. » (ibid.)

(2) « Elle fut accompagnié... de deux compaignies des habitants de cette ville jusques à la Magdeleine, et de là, par M. le maire et MM. les eschevins et quantité d'aultres habitants à cheval, jusques au port de Sorges. » (ibid.)

(3) Le fragment entre [ ] est intercalé ici d'après le reg. GG 200 fol. 26.

(4) Ou cavaliers. — *Note du Mss.*

crètes de quelques maladvisez ; outre que ceste gendarmerie estoit venue pour presser les payemens des subsistances de 1644, 45, et 46, différez par l'opiniastreté d'aulcuns, qui a esté cause, qu'au lieu de xxxii^m livres, qu'on en avait modéré chasque année, il en a fallu payer plus de 57^m, et par an les deux sols pour livre et viii s. par commandement ; ce qui a desnué entièrement la ville d'Angers d'argent, jusques à ce que plusieurs ont esté obligez de fondre leur vaisselle d'argent, vendre ou engager leurs perles (1).

Le reste de lad. gendarmerie a défilé peu à peu, en sorte que le mercredy 2 feubvrier la ville en a esté entièrement purgée.

Pendant ce temps on a fait prière continuelle pour la conservation des oppressez, le S. Sacrement estant exposé en plusieurs églises, successivement quatre jours en chascune ; et le dimanche 16 dud. mois de feubvrier s'est faite en action de grace une procession générale en l'église S. Aulbin, avec grande affluence de peuple ; mesme les Récolez, Capucins et Minimes y ont assisté ; Mgr d'Angers y a célébré la messe solennellement.

Ce logement a ruiné plusieur familles médiocres, et incommodé des riches. Il n'y a eu qu'un ecclésiastique chargé en ceste occurrence, sçavoir M. Gaultier, chanoine curé de la Trinité, qui a esté contraint, par billet exprès, de payer par aide à M. le juge de la prévosté 10 l. par jour, pour aider à faire subsister M. le marquis de Marcilly, logé chez led. sieur juge pendant 24 jours. Ce qu'on a dit estre à cause que, le jour de l'Ascension, comme on faisoit un salut en lad. église, et prières pour la reconvalescence du défunt roy, le S. Sacrement exposé, le sieur Martineau de Princé, lors prévost, avec le sieur d'Aubigné, officier au chasteau, ayant voulu prendre le nommé La Roche Chaudet, sergent, à cause qu'il avoit affiché à la porte dud. chasteau un exploit contre un soldat, led. Chaudet s'es-

(1) « Le jour des Rois 1648, fut fait un logement de gens de guerre Angers de 32 cornettes de cavalerie, qui fisrent un tel désordre en la ville, que, si une armée de Turcs l'eut prise, on n'eut tant souffert de désordres ; ils emportèrent de la ville plus de 150,000 livres. Il en fut encore fait un en 1559 ; les soldats vécurent plus discrètement. » — *Mss. de Thouraille*, fol. 489, à la Biblioth. de la ville. — « Ingentes equitum copiæ in hac urbe stationem hybernam acturi, die sexta hujus mensis januarii advenerunt, qui, per sex hebdomadarum spatium ibidem insolenter degentes, tam variis, diris atque feris vexationibus.. in cunctos suos hospites inhospitaliter sævierunt, ut universi cives, mœrore et squalore contabescentes, ab omni prorsus negotiorum studio cessaverint, jura legum inter arma siluerint, forensia et civilia negotia intermissa et mercaturæ commercia interturbata fuerint.. » (*Reg. Capitul. de S. Pierre d'Angers, fol. 240.* Arch. de Maine et Loire.)

tant sauvé dans l'église, il se fist un tumulte, qu'on accusoit led. Gaultier d'avoir excité; auquel lesd. Princé et d'Aubigny furent en hazard. Led. Gaultier dit au contraire, que sans luy, qui appaisa le peuple, ils n'en eussent pas eschappé; mais, quoi qu'il en soit, il a payé les 240 livres.]

1648.

Le [26] aoust 1648, arriva un grand tumulte à Paris, à cause que MM. du Parlement, ayant longtemps travaillé pour la réformation de l'Estat et diminution des subsides, qui avoient réduict le peuple aux abois, les ministres d'Estat, qui pour lors exerçoient en leur liberté l'oppression susdite, conceurent une très grande indignation contre lesd. sieurs du Parlement, et prirent occasion d'un *Te Deum*, qui se chanta pour une victoire emportée par M. le prince de Condé sur l'archiduc Léopold à Lens en Flandre; après lequel on alla prendre M. Broussel, conseiller en lad. cour pour le mener prisonnier au bois de Vincennes et M. de Blammenye, président, destiné à un autre endroit; ce qui obligea le peuple de Paris à se mettre soubs les armes; auquel tumulte M. Séguyer, chancelier, ayant voulu aller au Parlement pour l'interdire, eut beaucoup de peine à se sauver, et fut longtemps caché en la maison de M. de Luynes où il s'estoit réfugié; ce qui obligea la Reyne régente à rendre lesd. prisonniers; après quoy en vertu d'un arest de la cour, le peuple quita tout aussitost les armes. La reyne tesmoigna une grande satisfaction de ce procédé, mais peu de jours après emmena clandestinement le roy à S. Germain; dont le peuple estant esmeu pour une seconde fois, elle le ramena à Paris, disant y estre conviée par la prière du cardinal Mazarin, mais en vérité plus tost obligée par une lettre de M. de Servient, qui estoit plénipotentiaire de la France à Munster pour la paix générale, et manda que cet esloignement enfloit le cœur aux ennemys de la France. Le roy retourné à Paris fist publier une déclaration, qui avoit esté minutée par le Parlement. On vescut en telle quelle tranquillité, jusques au jour des Roys 1649, qu'on enleva nuitamment le roy de Paris, sans l'ordre accoustumé; et prit-on prétexte, qu'il y avoit dans le Parlement des traistres, qui vouloient livrer le roy à l'estranger; ce qui occasionna le Parlement de faire mettre tout le peuple soubs les armes, se retrancher dans la ville et fauxbourgs, à cause qu'en un instant la ville fut bloquée, le Conseil pensant l'affamer dans huit jours; mais l'ordre fut tel dans le soing de faire venir des convois de vivres, dans la distribution d'iceux, lesquels des marchands préposez à ce achetoient aux mots de ceux qui les amenoient et après les distribuoient par les marchez à meilleur prix, dont ils estoient récompensez sur les deniers publics provenus des réceptes et des con-

Mouvements de Paris.

1649.

28

fiscations et descouvertures de thrésors; ce qui a toujours fait subsister la ville de Paris, contre l'attente du Conseil.

1649. Janvier-février.

Sa longue conservation a obligé les autres Parlements et villes à se joindre aux mesmes intérests. La ville d'Angers n'a esté la dernière, nonobstant la crainte de M. le mareschal de Brezé, gouverneur de la province; car les lettres circulaires de la cour de Parlement du 18 janvier, adressants à MM. du Présidial d'Angers, n'ayant esté rendues qu'un moys après par une voye indirecte, on se persuada, que le pacquet auroit esté intercepté ou retenu; si que le peuple, en ayant ouy parler, demanda haultement la garde. Les principaux officiers, tant du Présidial que de la maison de ville, ne s'y rendant faciles, en fin, au commancement du moys de mars, grand monde s'assembla au corps de ville, qui en extorqua l'establissement, qui se fist premièrement en deux compagnies. Aux premiers jours d'icelle garde, deux ou trois gentilshommes, l'un d'eux nommé baron de Crissé, un autre Plainchesne de Sépaux, se présentèrent après disner à un corps de garde par bravade, tirèrent sur la sentinelle, qui les avoit voulu arrester, menez au corps de garde, furent bien battus, et leurs habits tous deschirez; menez en prison, quand M. le maire se présenta, firent semblans, au moings l'un d'eux, d'estre pris de vin, et peut estre en estoit il quelque chose. Le conseil de guerre s'assembla le jour suivant (1), où on se con-

Angers joint

contre le sentiment des principaux.

On establit la garde.

Gentilshommes veulent braver la garde.

(1) V. BB 81 fol. 284-286 : « ... et estans lesd. gentilshommes entrez en l'assemblée et intérogés par M. le maire sur le subject de lad. risque, et le serment pris d'eux.., le sieur Charle Despeaux, sieur de Beauchesne, agé d'environ de 36 ans, demeurant à la Roche de Noyant, paroisse de Noyant, lequel a dist estre en cette ville de mardy pour affaire particulière, voulant hier dernier sortir de la ville, accompagné des sieurs de Crissé et de l'Aubinière, voullant passer par la porte Saint-Nicolas, pour s'en aller en sa maison, il luy fut dist par quelques soldatz, qui estoient en garde, qu'il debvoit saluer les armes; que là dessus il y eut quelque risque, mais qu'il n'a tiré ny l'espée ny le pistollet, ny eu intention, et qu'en effect, il avoit un peu faict la desbauche, et ne se souvient de ce qui se passa. — Le sieur de Crissé.. a dict n'avoir tiré, ny heu intention de tirer son espée ny pistollet, et ne sçait, qui fut le subject de la risque. — François le Restre, escuyer, sieur de l'Aubinière..., a dict ne se souvenir du subject de la risque, ny de ce qui se passa le jour d'hier. — Veu lesd. dépositions... a été conclud, que les troys accusez seront mandés en cette compagnie, et qu'en présence d'icelle, M. le maire leur fera voir le péril, où ilz se sont mis, et les convier d'aimer les habitans de cette ville, qui gardent la ville capitale d'Anjou, où ilz ont intérest, comme gentilzhommes de la province; ce qui a esté fait par mond. sieur le maire; ce que lesd. sieurs ont receu avecq humilité, et demandent excuse à la compagnie de leur promptitude, et protesté de servir le général et particulier des habitans..... »

tenta, en considération de la noblesse, qu'on ne voulut pas désobliger, de leur remonstrer leur témérité, qui eust mérité un chastiment exemplaire, et de les obliger à faire satisfaction à la ville, en la personne de M. le maire, et aux particuliers offensez. La garde continua quelques jours en ceste fasson; mais peu de temps après, pour ne vexer les habitans, on ne voulut mettre qu'une compagnie en garde; mais incontinent l'appréhension de surprise obligea le peuple à demander un major; ce qui n'estant au gré de tous, le peuple se trouva en l'hostel de ville le 16 de mars; et tous unanimement nommèrent M. de Lespiné Lemarié, conseiller aud. siége Présidial, pour major. Ses excuses, ses allégations de jeune aage et d'inexpérience pour le fait de la guerre ne peurent empescher, que le peuple ne l'enlevast et portast à la maison de ville, pour y prester serment davant M. le maire, qu'on fist de sa maison retourner aud. hostel de ville à cet effect.

1649.
Mars.

Major créé.

Peu de temps après, on commença à changer de batterie; car, au lieu d'une et de deux compagnies, on en mist trois en garde, à cause qu'on appréhendoit surprise de la part du chasteau. On commença à se défier de tout, si que une dame de Poitou, nommée la dame des Bruères, voulant de Cornillé aller en Poitou, envoya à Brain sur l'Aulion voir, si on pourroit joindre deux bateaux, pour passer son carosse, et de là gaigner la levée; dont l'advis estant venu Angers, on envoya incontinent cent hommes aud. lieu de Brain, pour sçavoir que c'estoit.

Gardes redoublées.

Rien négligé.

Le 24 dud. mois de mars, arrivèrent des cavaliers envoyez par M. le marquis de la Boulaye, et un gentilhomme, envoyé par M. le duc de la Trimouille, avec lettres adressantes à M. le maire et à M. le major, qui ne voulut ouvrir la sienne, qu'en présence dud. sieur maire, ou plus tost, ny l'un ny l'autre n'en firent ouverture qu'en présence de l'assemblée générale de toutes les paroisses et tous les corps de la ville; pour laquelle assemblée furent, led. jour 24, décernez mandements, afin de députer, le jour suivant, des habitants notables de chasque paroisse, icelle députation faite avec tant d'ardeur, qu'on voulut que les charges fussent exprimées; qui estoient de déclarer qu'on feroient les submissions à M. de la Trimouille pour l'exercice de ses commissions pour le service du roy, soubs l'autorité du Parlement (1).

Cavaliers de M. le marquis de la Boulaye, député de M. le duc de la Trimouille.

(1) *Note du Mss.* : « Led. 25, pendant le sermon, sur les 3 heures après midy, quelques jeunes hommes essayants des mousquets tirèrent par imprudence au vitrail de sur l'orgue de S. Maurice. La balle, ou un morceau de tuffeau, tomba sur une damoiselle et la blessa; ce qui donna de l'épouvante, et fist interrompre le sermon, qui néantmoings, le tumulte estant cessé, fut continué. »

1649.
Mars.

Députez vers
lesd. seigneurs.

Tous les sentiments furent uniformes, tant au Présidial qui regestra lad. commission, qu'à l'assemblée susdite, qui députa huit ou six, tant officiers qu'aultres, vers Monsieur de la Trémouille, qui estoit lors à Laval, et quatre ou deux vers monsieur de la Boulaye, qui estoit à la Flèche, pour les asseurer des submissions susdites. Durant lad. assemblée (1) on rapporta que le sieur Grandet, lieutenant en la mareschaussée et capitaine des gabelles, prenoit du monde pour jeter dans le chasteau; ce qui occasionna d'envoyer des soldats pour le faire venir rendre compte de ses actions en icelle; mais il se retira promptement, sur l'advis qui luy fut donné, qu'il ne faisoit pas bon pour luy. M. Du Pas, aide major, fut envoyé avec des soldats,

Grandes pilles.

pour empescher le désordre et la populace, qui ne fist rien en la présence dud. Du Pas; mais, luy retiré, tout aussitost, on se jeta dans la maison, qu'on pilla entièrement, jusques aux grilles, vitres, fenestres et goutières. M. le major et ses soldats en furent repoussez par la violence de la populace, qui crioit, que la femme dud. Grandet se faisoit nommer Marie Sans-pitié à l'esgard des porteurs de sel, contre lesquelz son mary exerçoit de grandes rigueurs, et qu'à ce jour de Notre-Dame de Pitié, il falloit aussy estre sans pitié à leur endroit. La crainte, que la violence susdite ne se portast ailleurs ou à d'autres extrémitez, fist mettre la ville soubz les armes, corps de de garde establis en divers endroits, et les chaisnes tendues. On faisoit courir le bruit qu'on avoit trouvé en sa maison un pauvre saulnier, emmamotté de quantité de crapaux morts et vifs. Le premier estoit assez à croire; mais les uns l'affirmoient et accusoient led. Grandet de magie; autres l'atténuoient et disoient que les crapaux secs, appliquez sur un charbon pestilenciel, attirent le venin jusques à crever; autres disoient, qu'un pescheur de grenouilles vida son sac, pour le remplir de ce qu'il pouroit attraper du pillage.

Le chasteau tire sur les habitants.

La nuit du samedy 27 au dimanche 28, M. le commandeur de Jalesne fist descendre du monde du chasteau par le boulevart de la Basse chaisne, qui alla couper la corde du bateau, dans lequel y avoit un corps de garde pour empescher l'enlevement des bleds de la ville

(1) « Et à l'instant s'est excité un bruit sourd, et jetté un billet en l'assemblée, sans avoir peu aprendre par qui, dont le sens estoit, qu'il y avoit quantité de personnes en armes en la maison du sieur Grandet, lieutenant en la mareschaussée et capitaine des gabelles de cette province; ce qui a donné subject, que le sieur Dupas lors présent en l'assemblée, eut ordre de prendre 40 ou 50 de ses amys habitans, avec armes, pour aller à la maison dud. Grandet, pour aprendre la vérité de ce qui s'estoit passé et s'y passoit, et faire en sorte, qu'il n'arivas aucun désordre. » (BB 81 fol. 296). — Un arrêt du Conseil privé lui fit restituer ses meubles « qui ont esté enlevez de sa maison et qui se trouveront en essence. » (BB 82 fol. 16).

ou autre commerce préjudiciable. Ce poste fut assez laschement abandonné par ceux, qui sont vaillants en leur cheminée ou à leur table; et ensuite, une pièce tirée sur la tour Guillou, lors entre deux et trois heures après mynuit; auquel instant tombèrent deux arches du pont des Treilles. Ceste conjoncture causa une alarme générale, qui fist cantonner la ville corps de garde au parvis de l'église Sainte-Croix, qui y fut tout le jour, à la porte de la vieille Chartre, qui y fut deux ou trois jours, dans la gallerie de S. Maurice, qui y a continué, avec sentinelles avancées à toutes les avenues de la Cité, dont les portes furent dégontées, pour empescher surprise de la part du chasteau, de peur qu'en sortants les plus forts et se saisissants des portes, ils n'esgorgeassent le corps de garde et se saisissent de la Cité. La nuit du dimanche, M. le major voulant sortir par la porte Toussaint, pour aller voir les cavaliers de M. de la Boulaye, qui tenoient le corps de garde près l'église S. Laud, on tira sur luy. La balle toucha un sergent, nommé Charrault, qui l'accompagnoit.

Led. jour de dimanche 28 (1), furent détachez 200 hommes, tant cavaliers que fantassins, qui allèrent à la Pointe, retraite ordinaire des gabeleurs, qui ne s'y trouvèrent. Ceux d'Angers firent le mesnage, délivrèrent quelques personnes, distribuèrent du sel, amenèrent le reste Angers.

Le lundy 29, sur les six heures du soir, arriva M. de la Trimouille, ensemble M. de la Boulaye, au davant duquel estoient allez MM. les maire et eschevins (2) et quantité de cavalerie jusques à Espinard, et les compagnies jusques au dehors de la porte Lyonnoise. Led. jour, un corps de garde, estably dans la boucherie près la Trinité, eut ordre de tenir des sentinelles tout autour du Ronceray; mesmes mist on un petit corps de garde à la porte de lad. maison, proche la rivière; toutes les portes dud. endroit bouchées de pierres et bois,

1649.
Mars.

La ville en armes.

On va à la Pointe.

Arrivée de M. de la Trimouille et de M. de la Boulaye.

Le Ronceray investi par les habitants.

(1) « Sur ce que M. le major a dit, qu'il a eu advis de plusieurs endroits, qu'il se faisoit à la Pointe un grand amas d'armes à feu et munitions de guerre, et mesmes, qu'il y a quelques pièces d'artillerie cachées dans les maisons de quelques particuliers, pour estre employées contre le service du roy et celuy de la ville.. a esté conclud que les sieurs de la Grue, de la Voisinière et de la Serine.. se transporteront aud. lieu, accompagnés de six vingts mousquetaires choisis de toutes les compagnies.. et que pour la plus grande seureté de leurs marches, le sieur de la Grandmaison fera monter à cheval et conduira à mesme effect cinquante cavalliers, ce qui sera présentement exécuté. » (BB 81 f. 297).

(2) « ... A esté conclud d'un commun advis que suivant l'offre de M. Louet, M. de la Trémoille prendra son logement chès mond. sieur Louet, et qu'il sera complimenté, et offert les clefs de la ville, avec prière de conserver la liberté et privilége d'icelle. » (BB 81 fol. 298).

pour empescher l'évasion de madame l'abbesse du Ronceray et des religieuses, et les retenir comme otages, à cause que lad. dame est tante de M. le mareschal de Brezé, et qu'il y a de ses religieuses parentes aud. sieur commandeur, qui menassoit d'abastre les ponts et tirer sur la ville ; mais on luy respondit ou qu'on seroit obligé d'exposer lesd. dames aux volées de ses canons, ou qu'on ne pouroit empescher le peuple de faire violences sur lad. maison, puisqu'on avoit assez de peine à le retenir.

Le mardy 30, MM. de la Trimouille et de la Boulaye recognurent le chasteau, qui tira sur led. sieur de la Trimouille ; les balles tombèrent entre les jambes de ses chevaux.

Le jeudi 1ᵉʳ avril M. de la Trimouille desira, que de tous les corps on fist des desputez, pour l'assister en toutes les délibérations concernant les affaires publiques.

Le vendredy sainct au matin, sur les sept heures, en l'assemblée du clergé, on députa MM. de la Barre, chanoine en l'église d'Angers, et Chaston, chantre en l'esglise S. Laud, qui, s'estants trouvez led. jour à une heure en lad. assemblée, firent, le samedy saint 3 avril à huit heures, leur raport, qu'on demandoit un secours à tous les corps, montant, quant à présent, à 2000 l., pour commancer les frais du siége du chasteau, que tous les habitants demandoient. Ils heurent ordre de voir Mond. sieur en particulier, et l'asseurer qu'encores que l'estat ecclésiastique ne se deust mesler de la guerre, néantmoings on rendroit les assistances possibles aux nécessitez de la ville et de la province. Mond. sieur, ayant encore fait assembler les corps, tous unanimement conclurent au siége, prise et rasement du chasteau, nonobstant qu'aucuns de la justice et du corps de ville voulussent biaiser, et qu'à cet effet, on feroit jusques à 15000 l., eux se promettants, que le clergé contribueroit de 5000 ; laquelle somme ilz se promettoient recuillir des volontaires payements d'un chascun ; à l'effet de quoy, le dimanche de Pasques, la plupart des paroisses s'estants assemblées en vertu de commandement de mond. sieur, députèrent des receveurs desd. contributions volontaires.

Led. jour, sur les quatre heures du matin, la foudre, après trois ou quatre esclats de tonnoirre, tomba dans la gallerie de S. Maurice, où estoit le corps de garde, tua un des soldats, qui mourut incontinent, blessa quantité d'autres, notamment un qu'on dist estre mort sur le soir ; le corps de garde, au nombre de six vingts, tout terrassé à la réserve de deux. Un qui dormoit fut blessé, de mesme qu'un fouetté ; à l'un son chapeau percé et passé du pied jusques à la creste ; à un autre les semelles de ses souliers descousues, sans autre mal. Cet accident donna à parler au prédicateur Jacobin, qui dist que c'estoit prognosticq de quelque plus grande calamité, à cause des irrévérences, que cette garde commettoit contre le lieu saint ; et à la vérité les plus honestes des soldats voulloient s'establir en un autre endroit, si MM. de S. Maurice eussent voulu le leur bailler. Led. soldat fut enterré dans le cimetière de S. Maurice. Le capitaine, nommé Seguin, et quantité de sa compagnie, qui estoit à la Trinité, accompagnèrent le corps; lequel mis en terre, ils tirèrent plusieurs coups de mousquet dans la fosse, avec le tambour couvert de deuil, les armes basses, quoy que ce ne fust qu'un pauvre homme.

1649. Avril.

Le lundy 5, partie de la compagnie de Ste Croix fut conduite par les nommez Grandmaison Guilbault, capitaine, de la Motte Bourjoly, lieutenant, près le chasteau hors la ville, se campa dans la maison, où pend pour enseigne *le Mont-Saint-Michel*, à cause qu'on fist plainte de ce que ce jour on avoit, à la veue de tout le monde, monté des caques de poudre et provisions de bouche dans le chasteau, et qu'on craignoit qu'il y entrast du monde, à cause qu'on avoit veu baisser le pont de la porte des champs. Le chasteau fut grandement harcelé par le feu continuel d'une petit corps de garde avancé dans le pavillon du s^r des Loges ; et tient on que si on eust continué huit jours durant, on l'eust réduit aux abois, tant il avoit peu de monde et peu de provisions. On tira du chasteau quelques coups de coulevrine, qui percèrent le pavillon, et coupèrent une branche de cyprès. Un boulet fut ramassé qui pesoit huit livres. La nuit se passa assez doucement de ce costé, à cause que ceux du chasteau furent occupez, pour empescher le travail des mineurs, qu'on avoit attaché à la grande tour et défait les chastelets. L'ingénieur nommé Danfleur fut blessé d'un coup de mousquet tiré du chasteau.

Corps de garde près le chasteau, du costé des champs.

Mardy 6, au matin, fut prise une nommée la Reyne ou la Gillotte, revenderesse, qu'on disoit avoir jeté des piq [.....] dans le fossé du chasteau et que ce n'estoit la première fois. On tira fort du chasteau, sur le pavillon du logis de Caseneuve, appartenant aud. s^r des Loges, où il y avoit un petit corps de garde de la part de la ville, dont on avoit tiré et tué une ou deux sentinelles du chasteau. A l'après disnée, fut encore prise la femme d'un soldat du chasteau, nommée Liger, accusée de donner des vivres aud. chasteau. — Une maison, appartenant au s^r Chaumineau (1), canonnier du chasteau, sise près

(1) 28 mai 1649. « M. le maire a dit qu'hier le s^r du Chaumineau, canonnier du château, le vint trouver, et lui apporta un estat du débris, qui avoit esté fait pendant les troubles derniers en sa maison, près d'Epluchard; lequel estat se monte à 2700 l. ou plus,... et remonstra mond. s^r le maire, que la volonté de

1649.
Avril.

le chemin du Pont de Sée, et une, appellée la Brancheraye, près les Andouillières, appartenant au s^r Guilloyseau, soldat aud. lieu, ont esté ravagées.

Nouvelles de la paix.

Le mercredy 7, nouvelles sont venues de la paix par une lettre de M. le procureur général du Parlement, adressant à M. le procureur au siége, que MM. du Présidial ayant fait voir à M. de la Trimouille ont publiée à l'audience tenue exprès, nonobstant les vacances de Pasques, fait publier par les carrefours, et envoyé à M. le commandeur de Jalesnes, commandant au chasteau. Les peuples n'en ont pas tesmoigné de grands agréements, tant à cause des menasses qu'il viendroit bientôst des soldats en ville (qui ont occasionné, qu'on n'a si tôst conclu quitter les armes, et mesmes le s^r Louet, un des capitaines, contrainct de poser la garde), que de quelques paroles un peu haultes, dites par aulcuns officiers du siége, qui desja n'estoient pas trop bien voulus. La populace a tesmoigné (1) de grandes aversions contre M. de la Marée Cupif, maire, qui l'ont obligé de se retirer la nuit et quiter la ville, de laquelle on l'accusoit de n'embrasser beaucoup les interests et de les avoir entièrement abandonnés, l'année précédente, dans l'oppression faite par les cavaliers, qui, l'année précédente, la ruisnèrent de plus de XII^c m. livres.

Mgr le maréchal de Brezé estoit, que led. s^r Chaumineau fust dédommagé, pour led. débris avoir esté faict par les habitans... » La commission, déléguée par le conseil, en trouva les demandes exagérées, et il fut conclu que la ville ferait à ses frais les réparations (BB. 82 fol. 15-21).

(1) «... Sur ce que M. Moynard a représenté à la compagnie que, dès les quatre heures du matin, il luy a esté aporté une lettre par M. de Teildras de la part de M. le maire, par laquelle il luy mande que le jour d'hier, peu d'heures après que le traité de paix eut esté publié en l'audiance de la Sénéchaussée, certain nombre d'habitans mal intentionnés pour luy, l'auroient attaqué, mis sa vie au hazard et poursuivy, en sorte qu'il auroit esté contraint de se retirer en la maison de Mgr de la Trémoille, en laquelle il n'auroit pas trouvé plus grande seureté de sa personne, à cause que la noblesse, que mondit seigneur avait fait venir en cette ville, luy demandoit instamment de l'argent, en sorte qu'avec toute peine il évita ce péril, et mande avoir esté convié par ses amis de se retirer de cette ville, offre aller à Paris en qualité de député, si la compagnie l'a agréable ; qui est le subject de lad. lettre, que mond. s^r le vice maire a leue et représentée ; or parce qu'il y a encore à présent la pluspart des habitans, qui pour une certaine crainte, qui leur a esté mise en l'esprit par des personnes mal affectionnées, sont soubs les armes, crient et font bruit, il est nécessaire, pour faire cesser ce tumulte, de prier Mgr de trouver bon que l'on face chanter le *Te Deum*... et ensuite faire les feux de joie ; ce qui a esté approuvé par la compagnie ; et ont esté députés et priés MM. les vice maire et Verdier de voir mond. seigneur sur ce subject, et MM. de la Guerche et Girault eschevin, de voir MM. de l'église...» (BB 81 f. 302).

Le jeudy 8, a esté chanté le *Te Deum* pour la paix, suivant la déclaration du roy du mois dernier, publiée en Parlement le jeudy premier de ce mois. M. de la Trimouille y a assisté et ensuite allumé les feux de joye, mais sans grandes acclamations ; point de canon tiré ; et au mesme instant les gardes levées.

1649.
Avril.

Te Deum chanté.

Le vendredy 9, à l'après dinée, son altesse de la Trimouille s'en alla vers Thouars, accompagné (1) de plusieurs personnes qualifiées de la ville, après avoir receu les compliments de tous les ordres, et les avoir advertiz, que la ville avoit besoing d'assistance, à cause des grands ennemis, quelle avoit au dedans et au dehors. Il arriva le jour mesme des députez de Bordeaux qui lui offroient la qualité de général, avec viii^m hommes de pied et iiiie chevaux, de la part du Parlement et de la ville. Depuis l'establissement de la garde, le sel a esté vénal publiquement ; mais notamment quelques jours avant et après la publication de la paix, les habitants, mesmes qualifiez, l'alloient quérir à charges et pleins bateaux ès endroits, où il se débite ; et fut amené en si grande abondance, que tel habitant le fesoit mener à chartées ; ce qui donna lieu à une ordonnance de police, faite le 12, par laquelle estoit défendu à toutes personnes de vendre du sel ny d'en acheter ailleurs, qu'ès greniers, et que les officiers de la gabelle seroient requis de remettre leurs gardes ès lieux ordinaires. Cette ordonnance n'eut autre effet que la publication, ainsi que les autres ordonnances de la police d'Angers ; car les habitants s'esmeurent davantage et s'atroupèrent pour continuer ce traffic.

Retraite de M. de la Trimouille.

Trafic du sel.

Le mercredi 14, à 6 heures du soir, arriva en ceste ville et alla loger à S. Nicolas R. P. en Dieu Messire Henry Arnault, nommé à l'évesché d'Angers et abbé dud. S. Nicolas ; où le lendemain il fut complimenté par tous les ordres de ville et remercié par plusieurs de ce que il s'estoit employé, pendant son séjour à Saumur, à destourner les mauvaises impressions, que la mauvaise conjoncture du temps, ou plus tost les mauvais esprits, avoient voulu donner à M. le mareschal de Brezé, gouverneur de la ville et province, à cause des mouvements derniers.

Arrivée de M. Arnault, nommé à l'évesché d'Angers.

Le mesme jour, un courier aporta la paix de la part du Parlement qui avoit peur qu'on ne l'eust pas receue auparavant, ou qu'on n'y eust pas référé. La croyance de Paris estoit, qu'on avoit rasé le chasteau et tout le monde tousjours soubs les armes.

Courrier du Parlement.

Le vendredy 16, on eut advis, que M. le marquis de Jarzé venoit avec grandes troupes, tant de cavalerie que d'infanterie, et aussi des canons, et commission de secourir le chasteau, démanteler la ville,

Effroy de la ville.

(1) « Avec toute sa noblesse. » (BB 81 f. 303).

1649.
Avril.

Députez vers M. le maréchal de Brézé, gouverneur.

Leur employ.

luy oster ses priviléges et la rendre taillable. L'effroy fist assembler la maison de ville et envoyer quatre députez vers M. le mareschal de Brézé, gouverneur, pour lui demander pardon de ce qu'avoit fait la ville et le prier de destourner l'orage (1).

Le samedi 17, les députez, du nombre desquels estoit M. de S. Lambert, messire Jacques Lanier, président au siége présidial, le rencontrèrent au Pont de Cée, où il s'asseura du chasteau, que M. de la Trimouille avoit mis entre les mains des habitants; et lors M. de S. Lambert luy fist les excuses, les soumissions de la ville, mais avec tant d'affection, que les larmes accompagnoient ses paroles (2); ausquelles M. le mareschal répartit avec estonnement de ce que celuy qui avoit auparavant esté en grande presse, menassé du pillage, contraint de se faire garder, intercédoit pour des mutins; que néant-

(1) « Et ont esté priez et députez MM. de S. Lambert, conseiller de cet hostel, Girault et Verdier, eschevins, Me Gaspard Le Poictevin, greffier de ced. hostel. » (BB 81 f. 304).

(2) « M. de S. Lambert, conseiller de cet hostel, a dit à la compagnie qu'en conséquence des conclusions de ce corps... il se seroit transporté vers Mgr le mareschal;.... qu'ilz ont fait tout leur effort, pour empescher que les troupes s'advançassent et vinsent en cette ville; que lorsqu'ilz alloient pour le trouver à Milly, ilz en feirent rencontre aux Ponts de Cée; auquel parlant avec tous les respects et soumissions imaginables, luy faisant voir que l'arrivée des gens de guerre en cette ville en causeroit l'accablement et la totalle ruisne, le suppliant, avec toute soumission, d'en avoir considération; lequel seigneur luy dist, qu'il estoit party de son chasteau pour s'en aller à la Flèche au davant desd. troupes; ce qui obligea lesd srs députés de suivre mond. sgr. Et allèrent ensemble jusques à Suet, où, par bonheur, ils aprirent, que M. de S. Nicolas nostre [évesque] et M. Lanier estoient au château du Verger, où mond. sr alla coucher; et toute la soirée se passa en prières et supplication, faites à mond. sgr, de divertir cet orage par l'employ et entremise de Mesd. srs l'évesque, Lanier et luy, S. Lambert, mesmes de M. et madame de Guéménay; et ne purent avoir autre parolle, sinon qu'il y adviseroit, estant à la Flèche, ayant conféré avec ledit sr marquis de Jarzé. Ce qui les obligea d'aller, jusques à la Flèche, mesmes mond. sr d'Angers, qui eut la bonté de les assister, affin de continuer son employ et prières. Et estans à la Flèche et après y avoir séjourné, ilz ne purent obtenir autre chose, si non qu'il ne viendroit en cette ville, de tous les gens de guerre conduits par led. sr marquis de Jarzé, que le régiment d'infanterie de la royne et le régiment de la cavallerie du sr de la Villette... M. le lieutenant de le Prévosté a dit qu'il venoit des rues pour porter la parolle, que luy avoit donnée M. de S. Nicolas, et que mesmes il avait trouvé mond. sr, qui assuroit les habitans et les prioit de vivre doucement, et les assuroit, ce faisant, de l'affection de mgr le maréchal; et led. sr lieutenant a assuré, que tout estoit fort calme en toute la ville et qu'il n'y a pas un habitant, qui ne soit en résolution d'obéir aux ordres du roy et volonté de mond. sgr. » (BB 81 f. 307).

moings il luy donneroit ce qu'il pourroit; et alla au Verger, maison de M. le prince de Guymené, suivy desd. députez. Mgr d'Angers s'y rencontra, qui, n'ayant peu obtenir la grâce pour la ville, quelque prière qu'il en fist avec M. le prince et Mme la princesse de Guymené, luy dist qu'il ne l'abandonneroit point, qu'il n'eust quelque bonne parole de luy; et de fait alla à la Flesche avec ou après mond. s^r le mareschal, où ne pouvant lui parler facilement à cause de ses grandes affaires, il eut une patience de huit heures entières, pour l'attendre, et enfin, après une longue conférence, obtinst qu'en cas que les habitans luy rendissent les déférences deues à un gouverneur, il leur feroit voir sa bienveillance, et qu'en considération des prières qui luy estoient faites, il destourneroit la pluspart des troupes; dont le raport fut fait dès le lundi 19, au soir; et le mardy 20, au matin, mond. seigneur d'Angers, à la prière de quelques personnes d'honneur, alla, luy quatrième, à cheval, par la pluspart des rues de la ville, pour asseurer les habitants et calmer leurs esprits, la pluspart effarez et songeants au deslogement des femmes et filles ou au desménagement, ou se déterminants à la résistance en cas de violence; si que mond. sieur le mareschal entra par la porte S. Michel, sur les quatre heures du soir, avec acclamations du peuple, qui remplissoit les rues depuis lad. porte jusques au logis Barault; et crioient tous « Vive le Roy et Monseigneur le mareschal ! » au davant duquel estoit allé mondit seigneur d'Angers, avec grande cavalerie d'habitants de tous les ordres, jusques à trois ou quatre lieues. Il ne voulut point qu'on se mist soubs les armes. Il ne fut tiré que du chasteau quelques 18 volées de canon, comme il approchoit de la ville. Incontinent après son arrivée, il despescha un courier pour destourner les troupes.

1649. Avril.

Instance de Mgr d'Angers et Mme la princesse de Guimenée.

Le trafic du sel continuoit tousjours; mais les archers, commençans à se restablir à la Pointe, arrestèrent des habitants, ayans mesmes tué un batelier. Lesd. habitans furent délivrez par l'autorité de M. le Mareschal, mais leur sel perdu et leurs armes. Les Tourangeaux et Orléanois ne furent si faciles; car venant à grandes troupes, mesmes jusques à trente ou quarante bateaux, avec fauconneaux et arquebuses à croc, forcèrent les gardes à la Pointe et aux Ponts de Cée, en tuèrent aulcuns, entre autres un jeune garçon, nommé Malacquet en la maison du s^r Lelièvre, garde au mesurage, et plus grand nombre à la chapelle Bohale. Plusieurs autres, allants au sel, se noyèrent.

Confirmation du trafic du sel.

M. le mareschal voulut voir tous ceux, dont on luy avoit parlé, notamment MM. le major, aide-major, docteur Voisin et la compagnie, qu'on disoit du Loricard, qui estoient ceux de la rue Baudrière,

Les plus accusez remis en grâce.

1649.
Avril.

Arrivée des gents de guerre.

Ordre pour leur subsistance.

Pyramide des Loricards.

du port Ligner et de la Poissonnerie ; ausquels tous il tesmoigna de la bienveillance, disant qu'il estimoit leur résolution.

Le jeudy 22, il commença à venir Angers de l'infanterie du régiment de la Reyne cinq à six cents, et le samedy 24, la cavalerie de la Vilette, jusques au nombre de 400, avec quantité de femmes. On composa avec l'infanterie à 700 livres ou environ, et la cavalerie, à XVIe livres par jour, qu'on prist sur les habitants, sans aulcune exemption, à raison des taux de la subsistance de l'année 1643, et pour ceux qui ne se trouvoient taxez en lad. année, il estoit en l'option des collecteurs, en chaque paroisse, à les taxer. On logea l'infanterie ès cabarets, à quatre par chasque lit, et la cavalerie ès hosteleries des fauxbourgs. Il fut aussy advisé, que si aulcun faisoit difficulté de payer ses taxes, on bailleroit des billets aux soldats, qui promirent de les prendre pour argent content; et de fait en ayant pris, et allants aux maisons de ceux qui refusoient de payer, tout incontinent, ils touchoient leur argent. M. le mareschal luy mesme voulust contribuer, afin de s'exempter des importunitez de ceux qui demandoient des exemptions, et fist bailler aux collecteurs de la paroisse S. Michel de la Paluds, sa demeure, 150 livres, qu'il les força de prendre.

Le mardy 27, les nommez Loricards (1) prièrent M. le mareschal de poser la première pierre d'une pyramide, qu'ils avoient dessein de faire bastir en son honneur sur le port Ligner; et de fait il s'y transporta le 4 may, où il trouva des outils, sçavoir, marteau, truelle et bassin d'argent pour mettre le mortier, et descendit dans la foncée et mist douze pistoles sur lad. pierre.

(1) « 14 mai... sur la requeste présentée à cette compagnie par les habitans de la Paroisse de S. Maurice de cette ville de l'une des compagnies d'icelle appellée le Loricat, signée de la Marqueraye, capitaine en chef... pour les supplians, disants que, de tout temps immémorial, il a esté eslevé et entretenu aux despens de cet hostel, à l'entrée du port Ligner, un posteau de bois, dans lequel estoit enchassé l'image de la Vierge, que vulgairement l'on appelle la Nostre Dame du Loricat, les armes de cette ville y estant, lequel posteau est ruisné par les eaux et longueur du temps; au lieu duquel ilz estimoient estre nécessaire et advantageux pour l'ornement de la ville d'eslever une pyramide de pierre, dans laquelle seroit posée l'image de la Vierge et les armes de monseigneur le maréchal de Brezé, avec les armes d'icelle ville gravées avec autres enrichissements, pour quoy faire ilz offrent contribuer partye de la dépense, en cas que MM. de cet hostel en ayent agréable la confection et d'y contribuer à leur volonté, veu lad. requête,... a esté conclud que cette compagnie consent que la Pyramide se face aux fins de la requête, et que, pour contribuer à la confection d'icelle, il sera deslivré aud. s^r de La Marqueraye la somme de 80 l. par le receveur des deniers communs. » (BB. 82 f. 12).

Le lundy 3 may, quelques soldats ayant maltraité M. de la Boulaye, procureur du roy au Présidial, furent arrestez le lendemain ; et néantmoings, le mercredi 5, au matin, furent eslargis, du consentement dud. s^r, après une rude réprimende, que leur fist mond. sieur, qui partit le jour mesme pour aller à Millé, après avoir exhorté les capitaines de tenir les soldats en leur devoir ; mais dès l'instant mesme, trois soldats tuèrent un jeune escolier d'Ancenys, venu en ville depuis peu, parce qu'il ne voulut leur laisser aller son manteau. Ils furent arrestez par le major de la cavalerie, mais un d'eux s'eschappa. On fist le procès aux deux autres, qui furent, le jour suivant, jeudy, exécutez par le boureau, aux hales, l'un décolé, à cause qu'il estoit cavalier, l'autre pendu, qu'on disoit avoir depuis trois ans tué un laquais de défunt M. d'Angers. Les capitaines firent assembler les compagnies, tant de cavalerie que d'infanterie, pour empescher le désordre.

Le samedy 8, M. de S. Lambert, président, et du Mont, conseiller au siége présidial, députez de la ville, se trouvèrent en l'assemblée générale du clergé, eurent séance entre M. Lanier, trésorier, présidant à l'assemblée, comme grand vicaire, et M. Davy, chanoine de l'église d'Angers et député d'icelle ; où ayants représenté les grandes incommoditez de la ville, à l'occasion des gens de guerre, pour lesquels on avait desjà dépencé environ XL^m livres, prièrent le clergé de vouloir rendre quelque assistance, asseurants qu'ils donneroient telle déclaration, qu'on voudroit, de la part de la ville, pour la seureté du clergé. S'estants retirez, fut arresté qu'on en communiqueroit à M. d'Angers. Les députez raportèrent, le lundy 10, qu'il auroit esté d'advis d'une charité de XII^m IIII^c livres, pourveu qu'on eust conclusion de la ville, portant que le corps de ville ne prétendoit rendre le clergé contribuable en ceste occurrence, et que la charité, qu'ils demandoient, ne donnoit aucune atteinte aux exemptions et immunitez du clergé ; et pour trouver et traiter avec lesd. du corps de ville, furent députez MM. le trésorier susd. Brécheu, chanoine en lad. église, et le syndic, avec charge de ne rien faire qu'en présence et de l'advis de mond. seigneur d'Angers.

Le jeudy 13 may, jour de l'Ascension de Nostre Seigneur, sur les cinq heures du soir, quelques habitants près la vieille Chartre, passants leur temps au jeu de maistre, un soldat du corps de garde qui estoit au logis Barault, où loge M. le mareschal, quoique pour lors absent, ayant esté prié par lesd. habitants de se retirer pour n'empescher point leur jeu, se moqua d'eux et usa de parole de contumélie, qui les eschaufèrent ; en sorte qu'on en vinst aux espées ; et les soldats, ayants pris leurs pistolets et mousquets, obligèrent lesd.

1649 (mai).
Insolence des gens de guerre pardonnée.

Assassinat d'un jeune escholier puny.

Député du corps de ville vers le clergé.

Tumulte

1649-1650.

appaisé par Mgr d'Angers.

habitants à la mesme chose, qui incontinent furent secondez de ceux de la place Ste Croix. Et y avoit danger de très grande sédition, sans que Dieu permist que Mgr d'Angers, accompagné de mond. s^r de S. Lambert, M. Lanier, maistre des requestes et M. de Varennes Godes, s'estant rencontré fortuitement, appaisa le tumulte; ce qui fut une grande bénédiction à la ville, à laquelle les capitaines donnèrent satisfaction par l'emprisonnement de deux de leurs soldats, qui avoient le plus contribué au désordre.

Retraite des gens de guerre.

Le lundy 17 dud. mois de may, toute la gendarmerie s'est retirée d'Angers. *Deus custodiat exitum eorum ex hoc nunc et usque in seculum.*

Entrée de M. Chabot, duc de Rohan, gouverneur.

Le mardy 29 mars 1650, sur les quatre heures du soir, fist son entrée M. Chabot, duc de Rohan à cause de sa femme, gouverneur de la ville et chasteau d'Angers et de la province, par la démission de M. le mareschal de Brézé, moyennant IIIe mille livres, à la réserve du gouvernement de Saumur, qui, depuis la mort dud. sieur mareschal de Brezé, qu'on disoit estre du [....] feubvrier dernier, a esté donné à MM. de Guitault et de Comminges, qui auroient arresté et mené au bois de Vincennes M. le prince de Condé et MM. le prince de Conty et duc de Longueville, un an après et jour pour jour, ainsi qu'on disoit, que le premier avoit commis des inhumanitez et impiétez autour de Paris, qu'on n'eust pas deu appréhender des plus cruels ennemys du royaume, et que les deux autres favorisoient ou dissimuloient, n'employans pas pour les empescher les forces des Parisiens, qui se confioient en eux.

L'ordre de ceste entrée fut (1) en ceste manière: premièrement

(1) « Mgr le duc de Rohan... arriva aux Ponts de Cée avec Mme la Duchesse, sa femme, les damoiselles de Rohan, sa fille aisnée, et Chabot, sa sœur, le 24e jour de mars 1650. Les maire et eschevins, en ayants eu advis, allèrent au devant d'eux et les rencontrèrent en la prée d'entre les Ponts de Cée et le port de Sorges, où ilz feirent compliment à mond. seigneur, qu'il receut ayant sorty de son carosse. Ilz salluèrent aussy Mme la duchesse et les damoiselles de Rohan et Chabot, et ensuite les accompagnèrent jusques à Ste Gemme, en la maison de M. Lanier, conseiller d'Estat; auquel lieu M. le duc et sa compagnie s'estans reposez, et après y avoir receu les visites, durant cinq jours, des chefs et députez de tous les corps et compagnies de la ville, et de plusieurs particuliers gentilzhommes et plus nobles habitans, comme aussy fait Mme la Duchesse, de la part des Dames et plus quallifiées damoiselles de la ville, il partit le mardy XXIX... sur le midy, estant richement vestu d'un habit et casaque de drap brun en broderie d'or et d'argent, monté sur un cheval harnaché d'une housse de velours rouge cramoisy rehaussée de pareille broderye, ayant sa bride, son crin et sa queue ornés de plusieurs rubans incarnadins et blans attachés en forme de galents... » (BB 82 f. 105).

mondit seigneur le duc, venant par eau, fut visité à S. Maturin par quelques particuliers, et encore plus, à Ste Jamme en la maison de M. Lanier, maistre des requestes, en laquelle il séjourna quatre ou cinq jours. Il se fist beaucoup de conférences, non sans chaleur, à l'occasion de M. Lemarié, que les habitants avoient l'année précédente esleu major; lequel pour honorer lad. entrée avoit voulu faire faire l'exercice à des cavaliers, et l'avoit, un dimanche, fait avec l'approbation de plusieurs habitants; mais aulcuns donnèrent à cet exercice nom d'assemblées illicites; et furent en l'audience du siége présidial faites et publiées défenses de non faire des assemblées contre le service du roy; lors de laquelle publication led. Lemarié remonstra n'avoir rien fait que par permission du corps de ville, ou, quoy que ce soit, de M. le vice maire, qu'il représenta et mist au gréffe; et M. l'advocat du roy déclara qu'il ne croyoit point, que ceste action, qu'il ne jugeoit qu'innocente, deust estre comprise en ces défenses. Aucuns passèrent plus outre; car ils supposèrent, qu'il avoit voulu exciter sédition tant en ville qu'en la campagne, notamment en la paroisse de Courné, en laquelle ils disoient avec vérité que led. sieur avoit une maison; calomnies qui furent haultement contre-carrées par un capitaine de la compagnie de Ste Croix, le sieur de la Grand-maison, duquel on n'attendoit que une parolle, pour se jeter sur le calomniateur; duquel les emportements furent si peu considérés par mond. seigneur le duc, qu'il voulut en son entrée avoir led. sieur Lemarié proche de sa personne, au second rang de ceux qui le suivoient, et la damoiselle (1), sa femme, dans le carosse de madame la duchesse.

Toutes les compagnies de la ville s'en allèrent au davant dans le fauxbourg de Brécigné et sur le rempart d'entre les portes S. Aulbin et S. Michel, par laquelle se fist l'entrée en ceste sorte : Le sieur de la Lorie Peletier, prévost, accompagné de ses archers et de quelques soldats alloit le premier; ensuite, M. Mesnage, lieutenant particulier député du corps de ville, conduisoit la cavalerie de la ville (2), composée de quelques soixante personnes d'honneur, advocats, bons bourgeois, marchands et notaires, et de quantité de clercs, facteurs de boutique, cabarettiers, frippiers, la pluspart montez sur chevaux de mestairies, déferrez et aussi bien équippez, que ceux qui les montoient, gens

1650.

(1) Le récit officiel des Conclusions ne fait aucune allusion à cette particularité.
(2) « M. le duc... fut premièrement rencontré et complimenté à demie lieue de la ville par le s^r Ménage... à la tête de 300 jeunes hommes des plus qualifiez de cette ville, qui, après le compliment fait, prirent leur marche entre la compagnie des gardes et les pages de Mgr le duc. » (BB 82 f. 105.)

448 DOCUMENTS.

1650. sans ordre, séparez quelques foiz plus de cent pas les uns des autres; suivoient les gardes de mond. seigneur; en après, les sieurs Verdier, conseiller au Présidial, des Cousteaux Cochelin, esleu, Duport, marchand, eschevin, et Camus, marchant, conseiller de ville, au lieu du sieur Danne, eschevin absent, portants un poesle ou dais emprunté du chapitre de S. Maurille au davant dud. seigneur. qui refusa de se mettre dessoubs, dès lad. porte S. Michel, où il entendit la harangue de M. de la Blanchardière Audouyn conseiller aud. Présidial et maire (1), ayant mis pied à terre. Remonté, il continua par la rue S. Laud, suivy de quelques gentilshommes les plus considérables, led. sieur Lemarié entre eux, au second rang d'après monseigneur le duc; en après, le carosse de madame la duchesse tout couvert de velours rouge et clinquant d'or, dans lequel estoient, avec lad. dame, aux deux portières, la dame des Aubiers, parente, à cause de son mary, de lad. dame duchesse, et la damoiselle Lemarié; suivoient deux autres carosses; et après, la noblesse de la province, suivie du sieur du Halot (2), avec son Académie en bon ordre. Led. seigneur duc alla droit à l'église S. Maurice par la porte Angevine. Il y fut receu par M. le doyen de lad. église et tout le chœur, adora la croix à la porte et y entendit le compliment dud. sieur doyen, par lequel il fut conduit jusques au grand autel, le *Te Deum* chanté, alla dans le chasteau et tout incontinent, par la vieille Chartre, au logis Barault, où il fut salué par les descharges de toutes les compagnies, et complimenté par les corps de la ville, qui auparavant luy avoit fait porter .... flambeaux jaunes de .... et .... livres de bougie.

Le mercredy 30, il délivra quantité des pauvres collecteurs, que la pauvreté du peuple avoit réduit dans l'impuissance de payer, ne laissant dans les prisons que ceux qui avoient receu plus qu'ils n'avoient payé (3).

Le jeudy 31, il disna à l'hostel de ville, et y eut le bal; et comme aulcuns luy voulurent persuader d'user de son pouvoir, pour expulser quantité de personnes, luy et madame firent réponse, que tous les habitans avoient droit de se trouver en ce lieu, et qu'on ne

(1) « Et suitte led. sieur maire salua et baisa Mme la duchesse, qui estoit en son carosse, et après luy avoir aussy fait le compliment, il monta à cheval en housse, se mist à la gauche de Mgr le duc qui l'attendoit et ainsy l'accompagna... » (Ibid.)

(2) Chef d'un manége établi aux Halles et qui devait devenir l'Académie d'équitation.

(3) « Le landemain 30, on fist le présent de 12 bouteilles de vin et celuy d'orfevrerie, scavoir trois grands bassins, deux ronds et un en ovalle, six flambeaux, deux éguères ou pots couverts, le tout d'argent façon de Paris, dont le prix revenoit à la somme de 1795 livres. » (Ibid.)

faisoit point sortir le monde entré dans la chambre du Roy et de la Reyne (1).

Le lundi, 14 novembre 1650, sur les cinq heures du soir, arriva Angers monseigneur messire Henry Arnauld, évesque d'Angiers, incognito, descendit en la maison de M. de Rohan, gouverneur, et s'en alla à l'évesché, accompagné de plusieurs personnes qualifiées, notamment de l'église d'Angers, dont aulcuns estoient allez au davant de luy jusques à Tours, autres à Saumur seulement. La grosse cloche ayant sonné, au soir, à 7 heures, son arrivée, le jour suivant presque tous les corps luy firent leurs compliments. Les curez en deça dépendants de luy firent les leurs après disner en ces termes (2).......... — Led. seigneur ayant entendu avec une grande patience ces mots repartit avec très grande douceur et tesmoigna agréer ces devoirs. Ce fut en la haulte sale de l'évesché, du milieu de laquelle il vint avec les curez jusques au degré, tesmoignans vouloir descendre, sinon qu'ils le supplièrent très humblement de vouloir rester, et néantmoings fist venir avec eux un de ses aumosniers jusques à la porte de la rue.

1650.
Novembre.
Arrivée de Mgr d'Angers.

Le mercredy 16, sur les huit heures du matin, tous les corps ecclésiastiques, séculiers et réguliers de la ville et fauxbourgs, fors les Bénédictins, s'assemblèrent au palais épiscopal, d'où ils le conduisirent processionnellement en l'église d'Angers passant contre Sainte-Croix, pour aller à la vieille Chartre. S. Martin et S. Laud les plus proches de sa personne chantoient. La foule fut si grande, que plusieurs en furent incommodez, mesme des ecclésiastiques. La porte de l'église fermée, on luy demanda : *Pacificus-ne est ingressus tuus ?* — Il répondit : *Pacificus.* — Fut introduit en l'église, en laquelle fut célébrée la messe par M. Arthaud, archediacre d'outre Loire. On espère que, suivant ce qui est porté par l'Évangile de l'office de S. Mar-

---

(1) « Et le jeudy.. Mgr et Madame furent traitez à disner à cent couverts et servis de poisson, en la grande salle de l'hostel de ville, qui à cette fin avoit esté préparée et tapissée, et divertiz en suitte par un bal général aux flambeaux, durant lequel il fut présenté aux dames une colation de 12 bassins de dragées et confitures. Mgr le duc et Madame la duchesse ont tesmoigné grande satisfaction de tout ce que dessus dont a esté dressé le présent procès verbal. » (Ibid.) — Le 26 avril il est payé 50 l. « à dix joueurs de viollon de cette ville tant pour le bal.. donné à Mgr le duc de Rohan.. le jour du festin à luy fait en la grande salle de cest hostel que aubades données à la porte S. Michel et au souper » le jour de l'entrée. (Ibid. f. 113.)

(2) Suit un assez long discours en latin, qui n'a d'autre intérêt que d'avoir évidemment été prononcé par le curé rédacteur de ce journal.

tin, il sera d'une grande lumière du diocèse, le corps duquel, par la splendeur que luy donnera son évesque, *erit lucidum totum.*

Il traita, led. jour, M. de Rohan, gouverneur, madame sa femme, M. Lanier, conseiller d'Estat, Chizé Bitaud, conseiller au Parlement de Paris, médiateur de la paix de Bordeaux, de la Ferronnière Lefeuvre, conseiller au Parlement de Bretagne et autres.

Le vendredy 18, luy furent présentez les chapelains de Ste Croix par le curé (1). — Led. seigneur a continué tous ses fonctions avec grande édification, rendant une très exemplaire assistance au divin service en l'église d'Angers, par sa douceur a fait que les curez luy ont rendu l'assistance, qu'on appelle de cardinaux, à la feste de Noel, au *Confiteor* de la grande messe, que depuis trente ans ses prædécesseurs n'avoient peu tirer d'eux par autorité, mesme les ayant fait convenir en justice pour ce subjet. Il est vray qu'il s'est contenté, qu'ils ayent assisté seulement au *Confiteor,* en considération de leurs fonctions a fait présenter à chascun cinq sols de festage qu'aucuns ont pris, autres refusé, n'a manqué à aulcune cérémonie publique ; comme à un *Te Deum* chanté pour la victoire obtenue en novembre contre le mareschal de Turenne en Champagne (qu'on croit avoir esté acharnée, y ayant eu des morts esgalement de part et d'autre, seulement la place et le canon estant demeuré à l'armée du Roy), aux processions générales, notamment à une, faite le jour S. Sébastien 20 janvier 1651, laquelle quoy qu'ordinaire a esté extraordinairement solemnelle. Tous les corps ecclésiastiques, tant réguliers que séculiers, fors ceux du costé de la Trinité et les Bénédictins, y assistoient, Recolez et Minimes, M. de Rohan gouverneur, tous les corps de justice. Bien est vray, que le Présidial fust prest de se retirer, voyant le sieur de la Lorie Peletier, prévost, costoyer les chefs ; mais la bonté de mond. sieur de Rohan empescha le désordre, ayant licencié led. prévost.

Au droit du carrefour, qui regarde sur la rue de la Roe, on chanta des suffrages particuliers contre l'inondation, qui estoit si grande, que de mémoire d'homme on ne l'avoit veue telle, et approcha jusques à trois pieds de hault près de la fontaine Pied de Boulet, et proportionnellement aux autres endroyts bas de la ville. La procession, en laquelle mond. seigneur l'évesque officia pontificalement, achevée, et la vraye croix reportée au son de toutes les cloches de lad. église d'Angers ; l'eau commença à se baisser, non sans grand dommage ; car elle abbattit 28 maisons de sur les grands ponts et autres endroits à divers jours, et emporta tous les meubles qui y estoient,

(1) Suit un autre compliment en latin.

abatit 2 arches des grands ponts et presque tout le pont des Treilles, et sapa les fondements de plus de trente autres maisons, laissant en divers endroits des fossez de plus de dix pieds et dépavant les rues pour la plus grande part, notamment en la rue des Carmes et en la porte Chapelière. Il y avoit aussi eu le 24 janvier 1576 un très grand débordement. *Vide* fol. XXIV verso de ce livre (1).

1651.

Les Carmes furent contraints d'abandonner leur église, l'eau estant jusques sur le grand autel, dont ils furent contraints d'oster le saint Sacrement. L'église de la Trinité fut aussi pleine d'eau, et le destroit des Tourelles tellement assiégé d'eau de toutes parts, qu'un nombre de personnes, qui s'y estoient retirées, furent contraintes de demander permission à Mgr d'Angers de faire dire la sainte messe en une sale dud. logis, qui par sa bonté leur accorda. C'estoit chez la dame Moreau, où les Carmes la disoient par fois en présence de plus de 200 personnes.

Il fist aussi de très grandes charitez à assister ceux qui estoient assiégez et incommodez des eaues. Mond. seigneur de Rohan donna jusques à v^e livres à une fois pour mesme subjet; alloit luy mesme, pour faire faciliter les passages, tenir des bateliers à conserver les meubles, qui se perdoient, et à sauver du monde, Dieu bénissant ce soing, qu'il ne fut perdu personne. — On fust contraint d'oster les pauvres de l'hospital et les faire transférer aux greniers d'iceluy.

Charitez vers les affligez.

Les PP. Récollets, entre autres le P. Cyrille Arnoul, tesmoignèrent un grand zèle en l'affection de ces pauvres gents, allants eux mesmes leur amener des bateaux pour se sauver et desménager, leur portants des vivres, contribuant à arrester les meubles, que l'eau emmenoit.

Les soings de mond. seigneur le gouverneur firent, que dans le premier de feubvrier le passage fut restably, en mettant deux grands bateaux dans la place des arches rompues, et sur iceux des poutres et carreaux; et comme l'eau baissoit, le charpentier mettoit des careaux ou calles soubs le pont, pour le tenir tousjours dans une juste haulteur. Le payement du charpentier se faisoit sur ce qu'il pouvoit retirer de ceux qui passoient sur le pont, à un denier par homme de pied, 6 deniers par cheval, 2 s. par carosse et par charté chargée. On a fait par fois 40 livres en un jour.

Le payement estoit facilité par l'assistance d'un garde de mond.

---

(1) Fol. XXIV v°. « Le 24e et 25e dud. moys de janvier, l'an 1576e, les rivières de Mainne, Sarte et le Loyr furent tant raides de leurs cours, que par la reddeur les maysons de sur les ponts de ceste ville d'Angers et une grande arche tumbèrent en l'eaue et emmenoyt l'eau lesd. maysons, et se y noya plusieurs personnes. »

1651.

sieur le gouverneur (1), duquel la charité parut aussi dans la vigilance pour le recouvrement des meubles, que l'eau emportoit, envoyant de ses gardes aux endroits où on pouvoit croire qu'il y en eust. La police y travailla aussi, faisant des ordonnances, à ce que ceux qui auroient cognoissance desd. meubles en fissent raport à justice, aux fins de restitution d'iceux. En suite il y eut monitoire contre les receleurs et ceux qui en avoient cognoissance. On fist queste générale pour le soulagement et restablissement des submergez, aucuns donnèrent grandes preuves de leurs charitez. Tel habitant chargé de grande famille, jusques au nombre de onze enfans, (la modestie a requis le silence, mais l'exemple requiert qu'il soit nommé ; c'est le sieur Chotard, natif ou venu de Tours) donna dix escus, et, pendant l'inondation, donnoit tous les jours demie pistole pour avoir du pain aux assiégez ; autres, deux, trois escus ; enfin il y eut grand zèle, comme raportèrent des damoiselles notables, qui eurent la peine de faire la queste, qui toute fut mise entre les mains de mond. seigneur d'Angers. Le chapitre de S. Maurice, quoyque en danger de perdre pour le moings 5000 l. de la dixme de la Valée toute submergée, donna 150 l., les chapelains, 25 livres.

Soldats en ville. — Pendant ce temps là, il y a eu une autre charge, en la ville, de .... (2) compagnies de bélistres, soubs le nom de régiment Mazarin, dont un fut pendu, ayant esté surpris volant un tronc dans l'église S. Michel du Tertre ; un autre, voulant déserter la milice, fut passé par les armes, seul de cinq ou six complices ayant tiré le billet de mort. Ils n'ont pas osé faire toutes insolences militaires, à cause qu'aussitost on s'asseuroit de leurs personnes, mesme par l'ordre de monseigneur de Rohan, aussi affectionné au peuple, que son prédécesseur dans le gouvernement luy avoit esté ennemy ; mesme que lors de la publication par les rues d'un arrest du Parlement en datte du 7 feubvrier, quelques capitaines ayant mal traité les pauvres contreporteurs, ils en furent blasmez aigrement.

Recherche de la part du corps de ville pour néant. — MM. du corps de ville députèrent MM. Eveillard, président de la Prévosté, et Avril, conseillers de ville, pour implorer l'assistance du

(1) Une commission du Conseil de ville avait charge d'en surveiller la perception, qui n'était pas toujours facile. Le 12 mai 1651 « Me René Babin, advocat, et Mathurin Destriché, marchand droguiste, délégués de la ville, déclarent que led. Destriché auroit esté battu et outragé de divers coups de poings par une femme nommée Lambert et autres homes et femmes accouruz en foulle, ce qui les auroit obligez de quitter led. pont. » (BB 83 f. 5).

(2) Ces « belistres » se composoient de « quinze compagnies et de l'état major du régiment d'infanterie de nostre très cher et très amé cousin le cardinal Mazarini. » (Lettres royaux du 20 novembre 1650. — BB 82 f. 195).

clergé; auquel ils eurent séance, comme en 1649, et firent les mesmes remonstrances, prière et promesses; et parce qu'ils se doutoient de n'estre trop bien receus, ils se voulurent fortifier de l'autorité de M. le gouverneur, disants venir par son ordre. Après délibération, MM. le thrésorier Brescheu et Syndil furent députez vers mond. seigneur, pour luy représenter les exemptions du clergé à l'esgard des gens de guerre, les grandes surcharges et taxes, outre les pertes des inondations et les mauvais traitements, vexations du corps de ville, quand il avoit occasion de maltraiter le clergé, dont toutes fois on n'avoit tant de sentiment, qu'il empeschast les charitez, si on eust veu que de celle de 49 eust servy au soulagement des pauvres habitans, comme on avoit fait espérer; mais que l'impuissance et le désir de conserver nos exemptions nous en empeschoient, et que nous scavions, qu'un précaire continué se tourne en fin en possession. Led. seigneur dist, qu'il scavoit nos priviléges et qu'il n'avoit eu autre dessein, sinon que d'obliger à la contribution ceux qui se prétendent exemptez par l'exemple des charitez du clergé. M. le syndic et l'escrivain des présentes furent chargez de faire ceste response aud. sieur présidant.

1651.

Le dimanche, 18 fevrier 1651, se fist à la porte du logis Baraut, demeure de M. le gouverneur, feu de joye et salve de mousquets; et à mesme temps furent tirez les canons du chasteau, en resjouissance de la libération de MM. les princes de Condé, Conty et duc de Longueville, tirez du Hâvre de Grace, le 13 de ce mois, où ils auroient esté menez Marcoussy, et là au bois de Vincennes, qui avoit esté leur prison, depuis le 18 de janvier 1650.

La prudence de M. le gouverneur empescha un grand désordre, qui se préparoit, touchant l'élection d'un maire et de deux eschevins; car MM. du Présidial, désirants conserver en leur corps toute l'autorité dans la ville, vouloient faire nommer aulcuns d'entre eux, ou à leur dévotion; le reste des habitants disoient, qu'il n'estoit juste, que ces charges fussent entre les mains de personnes exemptes de censure à cause de leurs offices, auroient jetté les yeux sur le sieur Voisin, docteur en droit, l'estimant courageux à poursuivre les affaires desd. habitants et procès qu'ils ont contre ceux, qu'ils prétendent avoir malversé en l'administration des deniers publics; mais en fin il fut aresté, que le sieur de la Gilletterye Bruneau, ancien advocat, seroit maire, et ce, en la présence de mond. sieur le gouverneur et approbation de Mgr d'Angers, et au grand contentement de tout le peuple; mais la feste fut aulcunement troublée par une rencontre, qui néantmoings appresta à rire à beaucoup de monde; car comme ce soit la coustume que le premier de may, jour de l'élection du

Election d'un maire.

1651.

Disner desconfit.

maire, il se fait un festin auquel participent tous ceux du corps de ville et quelquefois les députez des paroisses qui ont nommé le maire et les eschevins, on avoit commandé un festin fort somptueux (soubs prétexte qu'on disoit, que M. d'Angers et M. le gouverneur y seroient, mais plus tost, disoit le peuple, à desseing d'incommoder le maire, qu'on prévoyoit estre par les voix du peuple, ou l'obliger à faire ce dont le peuple accusoit les autres, pour se desdommager de ceste despense immense) et qu'à cest effet, on ait acoustumé de mettre les armes du maire sur les viandes exquises et dessert, le patissier Chompaing, estant allé demander les armes aud. sieur maire, pour les mettre à des pans (1), il leur fist response que si les pans avoient les ailes assez fortes, il avoit un vieil mousquet. Led. Chompaing ayant envoyé ses tables et baucelles pour dresser le festin en la maison dud. sieur, il ne voulut ouvrir sa porte ; ce qui obligea le pastissier de dresser son banquet en la sale de la maison de ville, où néantmoings led. sieur maire ne se voulut trouver, ayant dès le jour précédent protesté aux habitants, qui luy tesmoignèrent le désir, qu'ils avoient de sa personne, et encore chez M. le gouverneur, que, si on le forçoit en son aage de soixante et quatre ans, de subir ceste charge, il n'entendoit traiter ny estre traité ; aussi que M. d'Angers et M. le gouverneur firent bien voir qu'ils ne s'y trouveroient, M. d'Angers ayant prié M. le gouverneur de prendre son disner à l'évesché. Le pastissier Chompaing fut conseillé de présenter sa requeste à M. le lieutenant général ; lequel se transporta au lieu du festin avec experts, qui l'estimèrent à onze cents IV^{xx} III livres, sans le pain et le vin, et le jour suivant, permist aud. pastissier de vendre led. festin au deschet, dont il seroit creu à son serment décisif, à laquelle vente pouroit assister le sieur Thomas, procureur de ville, ou autre de sa part, et que led. Thomas mettroit en cause qui bon luy sembleroit, pour venir plaider au fonds, d'autant que le pastissier disoit que led. Thomas avoit commandé ce festin, et Thomas, que c'estoit par conclusion du corps de ville ; mais ayant porté la conclusion à quelques uns pour la signer, ils en furent refusants. Le festin fut donc vendu led. jour, 2 may 1651, à très grande perte ; ce qui avoit cousté un escu estoit vendu 10 s., sans la perte qu'aporta la grande confusion du monde, qui prist beaucoup de choses sans payer (2).

(1) Paons.

(2) 12 mai 1651 « sur ce que Me Mathieu Thomas, procureur de cet hostel, a dit que, par conclusion du XXI avril dernier, il luy fut enjoinct par cette compagnie de commander le festin accoustumé pour le jour de la mairie, suivant l'an-

Aux quatre temps de la Pentecoste, led. seigneur évesque conféra les ordres en l'église d'Angers pour la seconde fois, et à icelle fois, aussi bien qu'à la précédente, qui fut aux quatre temps de Noel ou de Caresme, il fist une charité non encor pratiquée; car au lieu de profiter des ordres, il entretenoit à ses despens tous ceux qui estoient admis aux ordres sacréz, pendant quinze jours, dans les PP. de l'Oratoire, pour y faire les exercices spirituels.

1651.

Zèle charitable de Mgr d'Angers.

Le lundy 26 juin, s'assembla le clergé en la sale de l'évesché, pour envoyer des députez, au mercredy suivant, au Palais Royal, où se devoient trouver les députez de la noblesse et du Tiers Estat. Mgr d'Angers s'y trouva avec les députez des compagnies ecclésiastiques d'Angers, sans que le clergé en corps en députast d'autres, nonobstant que le mandement fust aux fins de députés, parce que l'on dist qu'il n'y avoit que les députez des compagnies, qui s'y deussent trouver; en quoy le mandement se trouva illusoire ou éludé. A lad. assemblée du palays royal, après une docte remonstrance, faite par M. Dumesnil, advocat du roy, au subjet de la convocation des Etats, de la nécessité et utilité d'iceux et des mesures que l'on devoit tenir pour les rendre efficaces, M. le lieutenant général Boylesve ordonna, que le clergé s'assembleroit, à l'après diner dud. jour, en l'évesché, pour y nommer ses députez à se trouver le 8 de septembre à Tours, où estoit assignée la convocation des Estats généraux. On y députa mond. seigneur, et avec luy, messire René Lanier, trésorier et chanoine en l'église d'Angers et [.....], Heurtault abbé de S. Maur.

Députation aux Estats généraux

par le clergé,

Il y eut de la conteste au subjet dud. sieur trésorier, à cause qu'il est grand vicaire; et aulcuns nommèrent messire Gabriel Constantin, doyen à lad. église; et aulcuns dirent n'avoir nommé led. sieur Lasnier, que pour complaire à Mgr l'évesque, et que, si on eust

tiene usance, et qu'il est poursuivy pour le payement d'icelluy par Jacq. Champain, paticier, demeurant *Au petit Louvre* de cette ville, led. sieur Thomas retiré, M. le maire a dit, qu'il est poursuivy à la requête dud. Thomas, pour estre acquité de lad. demande, proteste de s'en deffendre et que ce qui sera aresté et délibéré en ce corps pour ce subject, ne luy poura nuire ny préjudicier; que led. festin doit estre payé par celuy qui l'a commandé ou ceux qui l'ont ordonné; et a supplié ceux de MM. qui estoient à la délibération de s'abstenir d'y opiner, n'estant raisonable, qu'ilz opinent en leur propre cause; et ce faict, s'est led. maire retiré. A esté conclud que M. le maire sera très humblement suplié par cette compagnie de trouver les expédients de sortir honorablement de cette affaire là, et cependant qu'en cas de procès, ce corps prendra le fait et cause dud. procureur, comme son mandataire, et en cas de plaidoirie, M. Chevrollier sera prié de plaider pour cette compagnie. — (BB 83 f. 4).

1651.

par la noblesse avec générosité,

donné les suffrages par billets, ils eussent fait autre nomination ; lâcheté, car outre que Monseigneur avoit convié chascun à nommer selon sa conscience, on ne doit jamais soubmettre sa liberté aux complaisances. La noblesse fut bien autrement généreuse; car encore que M. le gouverneur désirast, que l'on nommast M. le chevalier de Jarzé et M. le marquis de la Barre, néantmoings, à cause que ce dernier est de la religion prétendue, la pluspart de la noblesse n'y voulut point entendre, et envoyèrent quatre députez en l'assemblée du clergé, pour demander sa jonction en l'opposition, qu'ils faisoient, à la nomination dud. de la Barre, qui leur fut accordée. Le sieur de la Mothe Ferchault dist un bon mot ; car pendant qu'au clergé on délibéroit sur la séance desd. députez de l'église d'Angers, il dist qu'il vouloit estudier son rolet, de peur que Pythagore le prist à la gorge; à cause que peu de temps auparavant un homme de condition estoit demeuré court en un discours entamé soubs le nom de Pythagore. Tout cela se fit le mercredy 28 juin. Le 29 la noblesse fist son assemblée au Palays Royal, où enfin lesd. de Jarzé et de la Barre l'emportèrent ; et disoit on, qu'on avoit fait intervenir par procuration, ou autrement, quantité de nobles de ville, qui fut cause que ceux qui estoient contraires aud. de la Barre députèrent en cour le sieur baron de Vihiers. Il y eut bien d'autre bruit en la députation du Tiers Estat (1) ; car le vendredy 30 on voulut empescher, qu'on ne receust quantité de forains, comme ne s'estants jamais trouvez en pareilles occasions, et qu'on disoit avoir esté mandez et mandiez, pour donner leurs voix à un homme, qui n'estoit tant aymé des habitants. Aucuns furent maltraitez à ceste occasion et menassez de prison ; et néantmoings la réconciliation se fist par le moyen de M. le gouverneur, qui vinst à cest effect en la maison de ville, où se faisoit l'assemblée, et en sortant dist que, si on le vouloit croire, on nommeroit MM. le lieutenant général et le maire; ce qui fut fait ; et pourtant, le samedy suivant, on mist en prison un nommé Hubon, pastissier, demeurant soubz les caves du Palays, pour quelques insolences, dont on l'accusoit, et qu'on qualifioit de sédition ; et luy vouloit on faire faire un procès ; mais l'appréhension du peuple, qui commençoit à s'esmouvoir, luy fist bientost ouvrir la prison.

par le tiers estat avec grand bruit.

1652.
Janvier.

La guerre de M. le prince de Condé a exercé de grands tumultes et causé de grandes ruines par toute la France. L'Anjou en a eu sa bonne part au moyen des passages et logemens des gens de guerre.

(1) Voir BB 83 f. 29, 33, 37-40.

M. de Rohan, gouverneur de la province, trouva moyen de s'en emparer, tant par le moyen desd. gens de guerre que de la garnison du chasteau d'Angers, et assistance des habitants d'Angers, particulièrement des bateliers du port Ligner et de la Poissonnerie ; et mesmes fist mener des pièces de canon de la maison de ville. Quelques temps après, il vinst un exempt, pour dire à mond. seigneur de Rohan qu'il rendist le Pont de Cé ; ce qu'au lieu de faire, au contraire, il y a establi une forte garde et l'a fait grandement (1) fortifier, et pour la seureté de sa personne a redoublé ses gardes, estably un corps de garde au logis, appelé le petit Barault, proche de son logement ; de plus pour empescher surprise de la ville, a accordé aux habitants de faire la garde le jour seulement, leur a tesmoigné de grandes affections, les asseuroit qu'il périroit plustôt et toute sa maison, que de permettre qu'il leur arrivât de desplaisir ; que mesmes, s'ils vouloient eux-mesmes garder le chasteau, qu'il leur confieroit, afin qu'ils ne creussent point que par la considération dud. chasteau, il se voulust avantager sur lesd. habitants.

1652. Janvier.

M. le duc de Rohan s'empare des Ponts de Cé,

redouble ses gardes.

(2) Le dimanche 21 janvier 1652, Mgr d'Angers, retournant de chez M. de Servien, qu'il estoit allé consoler sur le décéds de madame sa femme, fut prié par M. de la Violaye, capitaine des gardes de M. le gouverneur, de se dispenser pour quelques jours d'entrer Angers, soubs prétexte de l'animosité de quelques habitants et mesmes de ceux du Pont de Cé. Il respondit, que n'ayant jamais fait aulcune chose contre les uns ny les autres, au contraire, s'estant employé d'affection pour la ville d'Angers, contre laquelle défunt M. le mareschal de Brezé estoit irrité en 1649, et que les habitants du Pont de Cé estants la pluspart ses subjects, il ne se pouvoit persuader aversion de leur part ; mais, arrivant au premier corps de garde, il fust arresté avec paroles et menaces indignes ; mesmes, quoyqu'il fust presque nuit, on ne luy voulut permettre le logement chez le s^r curé de S. Maurille dud. lieu ; ce qui l'obligea de retourner à Brissac, dis-

Entrée refusée à M. d'Angers. *Initium dolorum.*

(1) V. *Lettre de Mgr le duc de Rohan à S. A. R. sur les entreprises du cardinal Mazarin contre la ville d'Angers* (Paris, J. de la Caille, 1652, 8 pages). — *Manifeste de Mgr le duc de Rohan, contenant les raisons de son armement et de sa jonction avec S. A. R. et MM. les princes* (Paris, jouxte la copie imprimée à Angers, 1652, 15 pages). — *Relation véritable de ce qui s'est passé à la prise des Ponts-de-Cé, par les troupes de M. le Prince, commandées par M. le duc de Rohan, le 15 du mois présent* (8 pages). — N°s 2004, 2371, 3215 de la *Bibliographie des Mazarinades*, par M. Moreau.

(2) Du 19 septembre 1651 au 13 mars 1652 (et non *mai*, comme il est imprimé par erreur p. 106), les délibérations du conseil de ville manquent. Elles ont été arrachées du registre BB. 83, sans doute par ordre du roi.

1652.
Janvier.

tant de deux grandes lieues. La chose sceue Angers donna grande consternation en beaucoup d'esprits. Le jour suivant, par ordre de M. Lanier, grand vicaire, on fist des prières pour mond. seigneur, non pas publiques, mais seulement aux messes. MM. de l'église d'Angers allèrent trouver en corps Mgr de Rohan, pour luy demander la liberté du retour de mond. seigneur; lequel leur respondit que, pourveu que mond. seigneur d'Angers donnast sa parole, dont M. Du Tronchay, conseiller au Parlement, commissaire pour la réfection des levées de la rivière de Loire, demeureroit dépositaire, de ne se mesler d'aulcune chose concernant le gouvernement politique, il estoit content qu'il retournât. La proposition faite à mond. seigneur d'Angers, il ne peut l'accepter, disant que c'eust esté se rendre coupable d'avoir voulu entreprendre sur lad. charge, et qu'il ne pouvoit retourner à ceste condition, quoyque Mgr de Rohan promist d'aller au davant de luy. Tout le clergé alla le jour suivant, qui estoit le mardy 23, en corps, trouver monseigneur le gouverneur pour le mesme subjet, et en eust la mesme response par un très beau discours, quoyque non prémédité, et retourné s'assembler en la chapelle S. Jean, dans la nef de S. Maurice au lieu de l'Evesché, lieu ordinaire, à cause que toutes les portes estoient fermées, députa MM. Denyau et Brécheu, chanoines de l'église d'Angers pour le chapitre d'icelle, De Goubis, prieur de S. Nicolas pour les religieux, Chaston, chantre et chanoine de S. Laud pour les chapitres royaux, Descharmes pour les colléges épiscopaux, Le Testu, curé de S. Martin, pour les curés, et de S. Denys, chanoine de S. Maimbœuf et syndic du clergé; lesquels partirent le mercredy 24, et allèrent à Saumur, pensants y trouver mond. seigneur, croyants qu'il y fust allé droit de Brissac; mais ils furent contraints d'aller le jeudy 25 à S. Maur-sur-Loyre, où ils le trouvèrent; et de la part du clergé, M. Denyau parlant, quoyque non si ancien que M. Brécheu, mais par ordre du chapitre, à cause qu'il estoit son député extraordinaire, luy tesmoignèrent les regrets, qu'avoit tout le clergé de son esloignement, avec prière de vouloir rendre le bonheur de sa présence à la ville principale de son diocèse; mais ils ne peurent obtenir de luy, sinon des recognoissances et gratitudes de leurs peines et remerciements au clergé, avec protestation de bonne volonté, et leur fist voir copies des lettres, qu'il avoit escrites au roy et à mond. sieur du Tronchay, narratives de ce qui s'estoit passé, et la première d'icelles déprécatoire vers sa majesté, pour empescher les troupes de passer par ceste province innocente et desja misérable. Lesd. sieurs députez ne retournèrent, que le samedy 27, sans avoir rien fait; auquel jour, sur les dix heures du matin, Mgr le Duc, bien accompagné, alla au palays; où il aborda

Employs pour son retour

Inutilement.

M. Boylesve, lieutenant général, auquel il fist reproches de ce qu'au préjudice de son autorité, il faisoit assembler quelques corps des habitants, et qu'il disoit avoir receu de M. Archambault, ordinaire du roy, arrivé le jour précédent, quelques ordres, dont il ne luy donnoit cognoissance. Led. sieur lieutenant respondit assez haultement; si que led. seigneur le prist et en force l emmena avec sa robe et son bonnet dans le chasteau, ses gardes au nombre d'environ soixante, criants et faisants crier : « Vive le roy et Monsieur le Duc et point de Mazarin ! » Led. sieur lieutenant dist en passant : « si Mazarin est serviteur de roy, je le suis. » Led. jour et les suivants, MM. les officiers cessèrent toute jurisdiction, au grand estonnement d'un chascun. Aucuns pensèrent faire esmouvoir le peuple ; mais pas un ne se remua, par la considération de quelques exactions receues dix ans auparavant pour le remboursement de quelques sommes avancées par led. s^r pour la ville, aucuns disants que du lieu où pour le subjet susdit on avoit aud. temps traisné des advocats avec leur habit en prison, le mesme désastre luy estoit arrivé.

Quelques jours auparavant, led. seigneur avoit congédié deux frères dud. sieur et fait commandement de sortir d'Angers ; mais par amis l'affaire fut raccommodée. Le s^r de Monac, exempt des gardes du roy, fut aussi congédié, et le s^r d'Amenay, gentilhomme ; le mardi 30, le s^r des Chemineaux, capitaine de la compagnie de Ste Croix, fut commandé de se retirer en sa maison. Le s^r Eveillart, président en la Prévosté, avoit aussi eu, le 29, commandement de se retirer de la ville ; des amis raccommodèrent. On disoit qu'il accusoit quelques curés de luy avoir causé cela, mais il se trompoit ; car il est vray que led. s^r ayant fait rencontre d'un curé, qui ne se nomme pas, luy demanda que faisoient les curez en l'absence de leur évesque ; lequel luy respondit, qu'ils prioient Dieu pour lui, comme estant leur mestre. Led. sieur ayant répliqué aud. curé, qu'il falloit prescher haultement, pour que les peuples prissent part en cet esloignement, led. curé luy respondit sans esmotion, qu'ils n'avoient pas eu cet ordre. Ce qu'estant sceu dud. seigneur duc, il en tesmoigna des agréments, aussi bien comme d'un autre curé, qui, estant en son église lors de la traduction dud. s^r lieutenant général, sommé de faire sortir le peuple de l'église, ne voulut jamais y porter personne. Que si led. sieur Eveillard se persuade que sa disgrâce soit venue de là, *suo indicio sibi vim peciit* : car il est très constant, que led. curé, parlant de ceste rencontre, ne l'a jamais nommé ; ce que l'escrivain sçait de science certaine (1).

(1) C'est du curé de Ste Croix qu'il s'agit.

1652.
Février.

Officiers retenuz.

Députez de la ville pour aller saluer le roi.

Fourriers empêchez.

Députez du clergé a mesme fin traitez de mesme.

Alarme dans la ville

Le mardy 6 feubvrier, on commença à faire la garde aussi la nuit; led. sr des Chemineaux, convié à faire démission de sa charge de capitaine, ayma mieux sortir de la ville. MM. Mesnage, lieutenant particulier, et la Boulaye, procureur du roy au siége présidial, furent retenuz en la maison dud. seigneur et traitez honorablement, ensemble le sr Sicault, lieutenant de la Prévosté.

Le mercredy 7, sur l'avis qu'on eut de l'arrivée du roy à Saumur, furent en la maison de ville et de l'ordre dud. seigneur duc députez MM. de S. Lambert, président aud. siége, Martineau, juge de la Prévosté, Syette, syndic des advocats, et Gouyn, juge des marchands, pour aller aud. Saumur faire les submissions de la ville au roy; duquel les fouriers venants en la compagnie du sr de Beauvais Herbereau, valet de chambre de la maison du roy, pour marquer les logis Angers, furent arestez aux Banchets, à demie lieue de lad. ville, par des gardes de M. le duc, et contraints de retourner.

Les députez susdits ne partirent que le jeudy 8, par la permission et soubz le sauf conduit dud. seigneur, qui néantmoings les envoya arester à Sorge, l'exempt, nommé Lignerolle, qui dès le commancement estoit venu le sommer de rendre le Pont de Cé, ayant eu seul la liberté de passer, et lesd. députez emmenez aud. lieu du Pont de Cé, dont ilz furent amenez au chasteau d'Angers, et le vendredy matin 9, au logis Barault, d'où par après ils sortirent le mesme jour avec toute liberté, ensemble les arestez du 7.

Led. jour jeudi 8, le clergé, assemblé à mesme fin, députa MM. Arthaud, archidiacre d'oultre Loyre, et Bonchamps, chanoine de l'église d'Angers, MM. de Goubis, prieur de S. Nicolas, Martineau, chanoine de S. Martin, Descharmes, chanoine de S. Julien, et de S. Denys, syndic, pour avec MM. Syette, chantre, Forveille, aussi chanoine de ladite église d'Angers, aller faire les submissions pour le clergé; mais estants prests de partir et ayant appris ce qui s'estoit passé à l'occasion des autres députez, ils furent conseillez par personnes, qui avoient de l'accez en la maison dud. seigneur duc, de ne se hazarder à recevoir quelque desplaisir. On a interprété ceste action à une bonté dud. seigneur, qui ayant trouvé de la facilité aux habitants pour suivre ses ordres, a voulu faire en sorte qu'ils fussent exempts de blasme vers le roy, quand il paroistroit par le raport de l'exempt et mesme du général des Carmes, qui en avait cognoissance, ayant eu un carosse de mond. seigneur, et, party après les desputez et chargé de tesmoigner le desseing de mond. seigneur à la reyne mère, pouvoit asseurer la cour des devoirs de la ville.

Led. jour jeudi au soir, toute la ville fut soubs les armes et y demeura jusques au matin de suivant, sur le raport qu'on eut, que quelque capitaine de la ville avait intention de faire entrer du monde en ville; et de fait on vit à demie lieue quantité de cavalerie incognue. Led. capitaine fut, le vendredy matin, mis dans le chasteau, où néantmoings il ne fut longtemps, à cause que son innocence fut recognue. Ce qui fascha aussi led. seigneur duc à l'esgard des deputez de la ville, fut qu'on luy raporta, que quelques particuliers officiers du Présidial avoient, en qualité de députez, parlé au roy, et que à ce néantmoings ils furent assez maltraitez au conseil d'avoir esté auteurs de faire persuader le voyage au roy, l'asseurant qu'à la première semonce les habitants luy ouvriroient les portes; ce qui n'estoit tant aisé à faire, attendu qu'ils estoient obligez de suivre les ordres dud. seigneur duc; lequel, le samedy 10, se saisit des canons de la maison de ville, a fait commencer des tranchées aux dehors de la ville entre la porte Toussaint et la porte S. Aulbin, et depuis en Boisnet.

1652.

non sans subjet.

Travaux commencez.

Led. jour samedy 10, Mgr le duc, en qualité de lieutenant général de son Altesse royale pour l'expulsion du Mazarin (qui est la pierre d'achopement et le motif de ceste guerre), fait une ordonnance, icelle mesme imprimée, par laquelle commandement estoit fait à tous ceux, qui avoient quelque attache au Mazarin, de vuider la ville dans vingt et quatre heures; mais la publication n'en fut faite; seulement fut fait commandement aux s^{rs} des Pictières Blouyn, domestique de Mgr d'Angers, de la Grand Maison Guilbault, son fermier, gendre du s^r des Chemineaux, qui desja avoit prévenu le commandement. Aussi de ce jour aulcuns ont creu, que le subject pour led. Guilbault estoit de ce qu'estant lieutenant de la compagnie dud. s^r des Chemineaux, il n'avoit voulu recognoistre le s^r de la Vionnière Blouyn, nommé capitaine au lieu dud. s^r des Chemineaux, les sieurs Quetin, lieutenant, et Guinoiseau, enseigne. Le mesme jour, les gardes ont esté redoublées, et depuis jeudy, mond. seigneur a mis des corps de garde de sa garnison du chasteau en divers endroits de la ville, comme à la Vieille-Chartre, porte Angevine, et porte Chapelière, qui néantmoings se levoient le jour du repos à l'Evesché; et lesd. gardes n'estoient point ostées.

Ordonnance supprimée.

Le dimanche 11, quelques troupes de cavalerie s'approchèrent de la barrière de Brécigné, qui furent repoussées; et disoit-on, qu'elles estoient conduites par les s^{rs} Lanier, m^e des requestes, et d'Amenay, gentilhomme, qui ne furent accueillis favorablement. Les mesmes troupes enlevèrent la nuit tous les chevaux et mulets, qui servoient aux perrières.

Approche des troupes du roy

La nuit du dimanche au lundy 12, sur les trois heures du matin, ils s'emparèrent du fauxbourg de Brécigné et des maisons adja-

qui se saisissent de Brecigné.

1652.
Février.

centes, mesmes du couvent de la Fidélité. On tira fort, le lundi, de la ville sur led. fauxbourg; et y eut aulcuns de tuez, entre autres le fils de Monsieur le mareschal d'Hoquincour.

Pillage empesché.

Le matin, aucuns habitants ayant tesmoigné du desseing de piller la maison dud. s^r des Chemineaux, Mgr fut prié par l'escrivain de ne le permettre; lequel promist, mais bien déclara-il qu'il la rendroit, ensemble celles des sieurs Lanier, maistre des requestes, et Peletier, provost, responsables des désordres qui se feroient en Brécigné. Led. jour au soir, sur les neuf heures, se fit une alarme, qu'on forçoit le portal Toussaints; ce qui fist aussitost mestre Ste Croix soubs les armes; toute la nuit on tira à bon escient du chasteau et des portaux S. Aulbin et Toussaints, sans grand effet.

Processions en l'honneur de St Lezin.

Le mardy 13, se firent des processions de la paroisse Ste Croix en l'église S. Julien, en l'honneur de S. Lezin, fondateur des deux églises, et par la prière de Mgr le duc, de l'église d'Angers, qui y chanta la messe célébrée par M. Arthaud, archidiacre d'outre Loyre et chanoine de lad. église. Deux escholiers allèrent faire le coup de pistolet jusques au logement de ceux de dehors dans le logis du s^r de la Menardière Trochon, grand boursier de l'église d'Angers, et rentrèrent dans la ville sans inconvénient. Sept ou huit volontaires prirent, auprès du corps de garde, trois soldats, qui furent mis dans le chasteau. De jour en jour les troupes de dedans s'augmentoient par la jonction de MM. le comte de Rieux, baron de Soucelle, marquis de la Roche-Giffart, [....] du Plessis Clerembault, et autres; et ce jour est venue la nouvelle de l'approche de secours amené par M. de Beaufort de la part de M. d'Orléans.

Escarmouches.

Jonction des troupes.

Secours espéré.

Gardes en plusieurs maisons.

Le mercredy 14, il ne se passa rien de mémorable, fors que Mgr le duc mist de ses gardes en diverses maisons de personnes suspectes. Le prédicateur Jacobin dist qu'à cause de ces troubles, il ne prescheroit que trois fois la semaine. Les volontaires prirent trois soldats de dehors. On avoit eu desseing de arrester les chefs; mais quelques mal affectionnez, comme la ville en est pleine, en ayant donné nouvelle, l'afaire fut remise. Environ ce temps, M. Danne, cy davant eschevin, fut mis au chasteau, pour estre retourné Angers sans ordre, dont il estoit sorty avec sauf conduit.

Desseing décelé.

Offres faites à M. le duc.

Le jeudy 15, au matin, on prit encore quatre soldats de dehors. Ceux de dehors, ayant demandé à parlementer et faire proposer à Mgr le duc choses concernant le service du roy, il donna heure à deux heures après midy, en ayant communiqué aux habitants; à laquelle heure, M. le conte de Quincé venu, il fist offre de ses services à mond. seigneur et qu'on estoit résolu de luy laisser le Pont de Cé, et que le roy désiroit venir en ville avec sa cour, mesme le

Mazarin. Led. seigneur, après avoir hault loué la fidélité des habitants pour le service du roy, se plaignit, qu'au préjudice des lettres, qu'il avoit escrites à M. Le Tellier, on avoit ajousté foy à des traistres de leur patrie, remist la response au suivant, à huit heures. Led. sr conte de Quincé s'estonna de voir l'affluence des habitants mis en un instant soubs les armes, et de leur résolution. Led. jour mond. seigneur envoya par les églises défendre, qu'on sonnast plus tost que six heures du matin, et plus tard que six heures du soir ; ce qui fut observé jusques au 1er mars au soir, avec ordre aux habitants de s'arranger soubs les armes au son de la cloche de S. Maurice entre lesd. heures, suivant l'advertissement, que donneroit la sentinelle posée au clocher de lad. église, par le son de la cloche.

1652. Février.

qui se plaint d'être maltraité.

Sonnerie réglée.

Le vendredi 16, on prist quantité de soldats ou voleurs de dehors, en volant dans les closeries et autres maisons. Les sieurs Eveillard!, président, et Chevrolier, conseiller de la Prévôté, furent arrestez en l'abbaye de s{t} Serge et menez dans le chasteau. M. le duc envoya la response par escrit à M. le conte de Quincé, qu'estant engagé avec M. d'Orléans et MM. du Parlement, il ne pouvoit rien faire sans leur en avoir conféré. La nuit, on fist force feu ; mais il arriva qu'un canon de dessus le boulevard S. Aulbin, estant trop chargé, creva et blessa le canonnier. Le sieur Mézille, officier de chez le roy, fut arresté, et, mené à Mgr le duc, luy fist response qu'il n'avoit point ordre de parler à luy, mais aux habitants ; ce qui le fist mener au chasteau.

Officiers arrestez.

Excuse sur l'engagement à M. d'Orléans.

Le samedy 17, partirent après disner 400 hommes, tant fantassins que cavaliers volontaires, pour tascher d'arester des canons, que Mgr de Vandosme envoyoit à ceux de dehors. On aresta deux religieux Bénédictins réformez de S. Serge, un d'iceux, nommé Dom Hyacinthe, frère de M. Eveillard, président de la Prévosté ; lesquels on renvoya en leur cloistre. Ils arrestèrent une chaloupe chargée de poudre, balles et boulets et d'un perrier, et se fussent emparez de tous les canons, si la cavalerie eust secouru les volontaires, ou que celuy qui conduisoit le trait n'eust envié l'honneur, qu'eussent mérité les volontaires (1).

Partie pour prendre les canons venants de Bretagne.

Le dimanche 18 fust mis dans le chasteau le sr de la Fontaine [Cuillé], grefier des eaux et forests, capitaine du fauxbourg S. Michel. Led. jour fut remonté dans le boulevard S. Aulbin un canon

(1) *La Véritable relation de ce qui s'est passée entre les habitants de la ville d'Angers et les troupes du cardinal Mazarin, conduites par le maréchal d'Hocquincourt. — D'Angers, les 14 et 17 février 1652* (Paris, veuve J. Guillemot, 1652, 8 pages). — N° 3947 de la *Bibliographie des Mazarinades*.

1652.
Février.

de 36 livres de boulet, au lieu de celuy qui fut rompu; et comme chascun estoit curieux de voir cet accommodement, le fils du sr de la Noe Le Rat, advocat, agé de 18 ans ou environ, fut attaqué d'un coup de mousquet, qui luy transperça la cervelle.

Troupes se saisissent du fauxbourg Saint-Michel.

La nuit du dimanche au lundy 19, arriva le régimens de Navaille au dehors, qui s'empara du fauxbourg de S. Michel; et les soldats, qui gardoient la porte soubs la conduite du sr des Coustaux, ayant fait la desbauche, ceux de dehors prirent le corps de garde proche la barrière, dont la nuit suivante ilz furent repoussez avec perte de gens de part et d'autre.

Le mardy, on mist le feu dans les maisons proches led. portail, d'où par ce moyen ceux de dehors furent entièrement repoussez; et fut mis au chasteau un savetier, nommé Lerouet, pour avoir enseigné à ceux de dehors le moyen de descendre dans les fossez de la porte S. Michel.

Ils prennent tous les postes du dehors sans résistance.

Le mercredy 21, il se fist feu à la porte S. Michel, et en fut tué de part et d'autre; à toutes heures, prisonniers amenez au chasteau, ou pour volerie ou pour avoir favorisé ceux du dehors; lesquels ne trouvants de résistance, s'emparèrent de tous les postes, que bon leur sembloit, comme de Saint-Serge, d'où ils tiroient sur le boulevart de Boisnet, pour empescher les travaux, qu'on y faisoit faire, entrè-

Monastère du Perray pillé.

rent la nuit précédente dans le monastère du Perray près Angers, qu'ils volèrent, nonobstant les sauve gardes du roy et du cardinal Mazarin et un hoqueton du roy, qu'ils dépouillèrent.

M. le lieutenant général sort du chasteau.

Le jeudy 22, M. le lieutenant général fut (1), à cause d'une indisposition, renvoyé en sa maison, assisté de deux gardes de Mgr le duc. La garde fut triplée, dont y eut une compagnie en ville, les deux autres sur les murs. On abattit le corps de garde de dehors des portaux Lyonnois et S. Nicolas, et quelques maisons des fauxbourgs voysins des portes. Arriva de Saumur M. Garande, grand archidiacre de l'église d'Angers, avec M. de Lortic, officier des gardes du roy,

Proposition.

qui rapportèrent, que le conseil entendoit, que le roy entrast dans la ville avec M. le cardinal Mazarin et autant de troupes que bon luy sembleroit, pour y vivre pendant trois jours à discrétion, et après, qu'il adviseroit à ce qu'il feroit pour le gouvernement et pour la ville, avec promesse néantmoins d'amnistie. Les habitants, qui se trouvèrent aud. rapport, dirent, qu'ils aymoient autant mourir à une

---

(1) *Seconde relation de ce qui s'est fait et passé devant la ville d'Angers par M. le duc de Rohan et les habitants, entre les troupes du cardinal Mazarin.* — D'Angers, les 21 et 22 février 1652 (Paris, 1652, 7 pages). No 3620 de la *Bibliographie des Mazarinades*.

brèche que de se soubsmettre à ceste discrétion de l'ennemy de l'Estat, et n'estre point asseurez de leur vie.

Le vendredy 23, Mgr le duc renvoya led. sʳ Dortic avec response de traiter, si le suivant il n'entendoit nouvelle de la marche de son secours; duquel ayant esté raporté qu'il estoit près la Flèche, ce furent de grandes joyes chez mond. seigneur et par toute la ville, qui se sentoit fort obligée de ce que le matin, sur les conférences de l'accommodement, M. le duc avoit dit, qu'il estoit tout prest de mettre le chasteau entre les mains des habitants, s'ils pensoient en pouvoir mieux faire leur pacification.

Le samedy 24, retourna led. Dortic, comme venant de Saumur, mais peut estre de son camp, et encore, à l'après disnée les sieurs de Grancey et de Monstreuil, raporter à M. le duc, que la paix se feroit avec amnistie générale pour luy et les habitans, pourveu qu'il s'absentast deux ans de son gouvernement, avec asseurance de la part de M. de Mazarin, qu'il luy seroit conservé; auxquels il dist pour toute réponse, qu'ayant eu asseurance de la marche de M. de Beaufort, il ne pouvoit traiter, qu'après le temps nécessaire à l'approche dud. sieur duc de Beaufort, qui pouvoit être mercredy ou jeudy, à toute extrémité. Cependant il faisoit travailler continuellement à faire un cavalier entre les portes Toussaints et S. Aubin. Ceux de dehors avoient fort insisté à ce que le pourparler de M. le duc et M. le mareschal d'Hoquincourt se fist entre les deux portes de S. Aulbin; mais les habitants unanimement prièrent M. le duc, que cela ne fust point, de peur de quelque malheureuse adventure, attendu que le jour précédent, pendant une trefve, ils avoient tué un seigneur estranger, dont ils se resjouirent fort, pensant que ce fust M. le duc.

Le dimanche 25, allèrent encore à la Pointe (1) huit à neuf cents hommes, tant cavaliers que fantassins et volontaires. Ceux de dehors s'estoient le matin emparez du corps de garde de la Pointe, dont néantmoings ils furent par après repoussez; mais ils reprirent la chaloupe qui avoit esté prise sur eux le 17. Il y eut combat, où aulcuns furent tuez, autres prisonniers, entre autres le sʳ chevalier de Jarzé; mais il en fut aussi amené 25 cavaliers Angers. M. le duc

1652.
Février.

Délay pris sur la nouvelle de l'aproche de M. de Beaufort.

Autres propositions,

encore remises.

On demande à parlementer entre les portes,

dont les habitants par leurs prières empeschent M. le duc.

Nouvelle partie pour la Pointe.

(1) A ces escarmouches se rapportent sans doute les deux factums : *Relation véritable de ce qui s'est passé à la prise du village de la Pointe, situé à la chute du Maine dans la Loire, envoyée à Messieurs les prévost des marchands et échevins de sa* (sic) *bonne ville de Paris* (Pierre Rocollet, Paris, 1652, 8 pages). — *Relation véritable contenant la défaite des forces, que le maréchal de la Meilleraye envoyoit contre Angers, par Mgr le duc de Rohan* (Angers, J. Martin, 1652, 8 pages). — Nᵒˢ 3216 et 3182 de la *Bibliographie des Mazarinades*.

1652.
Février.

le Pont de Cé se défend.

receut encore un advis de l'approche du secours. Ceux de dehors avoient eu desseing sur le Pont de Cé, et à cet effet, s'estoient emparez du fauxbourg de Saint Aulbin dud. lieu ; mais le sieur Alexandre, qui y commande, les fist attaquer par les derrières ; et sur le pont levis avoit fait mettre deux fauconneaux, dont il les receut, et en tua trente ou quarante.

Progrès des troupes du roy

Le lundy 26, rien de notable (1), sinon que ceux de dehors ont tousjours fait grands progrez, personne ne leur résistant.

qui braquent le canon;

Le mardy 27, chascun fut en grande consternation, sur ce qu'on apperceut ceux de dehors braquer du canon vers le jardin du sieur Trouillet, se rendre maistre de la rivière vers la Haulte Chesne; et point de nouvelles de secours. On alla faire instance chez le duc; le-

ce qui oblige les habitants à presser pour la paix,

quel et madame asseurèrent avoir comme demeuré d'accord avec M. le mareschal d'Hoquincourt de luy livrer le chasteau sur sa parole, pourveu que la ville fut jouissante de l'amnistie, exempte de pillage, contribution et logement de gents de guerre, sauf du régi-

qui est promise par M. de Rohan,

ment des gardes pour passage seulement, et que cela se devoit résoudre le suivant.

La nuit et le jour suivant les canons de part et d'autre ont fort tiré; d'un costé ont fait quelque dommage dans les murailles, d'autres ont tué quantité de ceux de dehors, entre autres le neveu de M. le mareschal d'Hoquincourt. Enfin les articles cy dessus ont esté signez de Mgr le duc et de M. le conte de Quincé ou autre commandant, pour estre portez au Conseil du roy, et trefve de part et d'autre, jusques à demain huit heures. La résolution des habitants recognue par ceux de dehors, et le peu d'espérance de secours, ont contribué à l'accommodement. Les remonstrances de M. Du Mont, ancien conseiller du présidial, ont fait une forte impression sur les esprits

qui tesmoigne de grandes bontez pour les habitants,

de M. et de madame de Rohan, pour les faire condescendre à l'accommodement, par la considération des habitants, qu'ils ont tousjours eu en singulière recommandation; dont encore lad. dame donna un tesmoignage remarquable, en ce que luy ayant esté remonstré, que les commissaires de l'artillerie pourroient avoir

mesme en la conservation des cloches.

quelque prétension sur les cloches, d'autant que les canons du roy avoient salué la ville, elle, quoyque de religion contraire, dist qu'elle aymoit mieux rompre le traité, que de souffrir l'injure ou perte des églises; led. sieur mareschal l'asseura qu'il ne seroit fait aulcune violence.

(1) Une neuvaine est ordonnée « attendu que les guerres s'augmentent de plus en plus, la ville estant investie de tous costés, assiégée et près d'estre battue de 15 pièces de canon par l'armée du roi. » (*Reg. capit. de S. Laud*, fol. 174. Archives de Maine et Loire).

Le jeudy 29, en exécution du traité susdit, le chasteau fut livré aud. sieur mareschal, qui y fist entrer sept compagnies du régiment des gardes et en mettre.... aux portes de la ville, pour loger dans les corps de garde, qui devoient avoir l'estape de la ville ; et fist défense, au son de tambour, aux soldats de rien prendre des habitants, sinon en payant au juste prix, ny faire aulcune violence, à peine de la vie ; et de fait quelques soldats, ayants voulu faire violence à un habitant, un officier les fist mettre prisonniers, et au soir, aulcuns, ayant voulu loger chez un habitant, en furent empeschez par un officier.

1652. Février-mars.

M. le mareschal d'Hoquincourt entre dans le chasteau, met des garnisons en ville à charge d'y vivre modestement.

Le sieur de la Lorie, prévost, qui avoit assisté les troupes dud. s^r mareschal, ayant fait quelques reproches à des habitants, sur leur plainte fut mal traité dud. sieur mareschal et commandé de sortir la ville.

Le vendredy 5 mars, M. le duc de Rohan et madame, avec leurs gardes et maison, s'en allèrent pour Paris, et partirent par la porte Toussaints, faisant espérer aux habitants, qui lors se trouvèrent en grand nombre avec des témoignages de regret, qu'il les verroit bientost. Dieu veille que ce soit au contentement général, ou bien point (1) !

Retraite de M. de Rohan et de Madame.

Articles accordez entre M. le mareschal d'Hoquincourt, général de l'armée du roy servant près la personne de sa majesté et employé présentement au siége d'Angers, et M. le duc de Rohan :

Articles de la paix.

Que la ville et chasteau d'Angers seront remis présentement de bonne foy avec toutes les pièces, armes et munitions de guerre, qui sont dedans, suivant les inventaires faits par les officiers de sa majesté, pour estre mis dans led. chasteau telle garnison, que led. sieur mareschal jugera nécessaire, réservé cinq pièces de fonte, qu'il sera permis à M. le marquis de la Barre de faire retirer en sa maison ;

Que les maire, eschevins, officiers du roy et généralement tous les habitants de lad. ville d'Angers et tous ceux qui se sont trouvez engagez avec led. s^r duc de Rohan, jouiront de l'amnistie générale,

---

(1) On peut encore rechercher, parmi les factums du temps, *la Prise du bagage, meubles et cabinet de Mazarin par les habitants de la ville d'Angers avec la liste de tout ce qui s'y est trouvé* (Paris, Ant. du Hamel, 1652, 8 pages, rare). — *Journal de ce qui s'est passé à Angers depuis l'entrée du C. Mazarin en France avec les articles du traité* (Paris, J. Brunet, 1652, 15 pages, curieux et rare). — *Réduction de la ville et chasteau d'Angers sous l'obéissance du roy avec les articles de sa capitulation fait le 26 février 1652* (Paris, Salomon de la Fosse, 1652, 7 pages, rare). — *Relation véritable de ce qui s'est passé au siège de la ville et chasteau d'Angers* (Sans lieu ni date, 4 pages). — N°s 2875, 1745, 3057 et 204 (appendice) de la *Bibliographie des Mazarinades*.

que sa majesté leur accorde, à condition qu'ils renonceront à toutes ligues, associations, et intelligences contre le service du roy;

Que M. le duc de Rohan se poura retirer, avec sa famille et ses amis, équipages et meubles, en tel lieu du royaume qu'il luy plaira, à la réserve du Pont de Cé; lesquels meubles il luy sera loisible de laisser en son logis, si bon luy semble. Ceux des amis dud. sieur duc, qui sont avec luy et qui se voudroient retirer chez eux, pouront le faire avec toute seureté et liberté;

Au cas que led. sieur mareschal d'Hoquincourt trouve à propos pour l'autorité de sa majesté, de faire entrer quelques compagnies des gardes de sa majesté, promet qu'il ne sera fait aucun désordre ny imposition nouvelle dans la ville;

Que les choses demeureront en l'estat où elles sont présentement pour la police de la ville, et que pas un des bourgeois ne sera mal traité, ny en sa personne ny en ses biens;

Que les prisonniers de part et d'autre seront renduz sans rançon;

Que madame de Rohan pourra demeurer dans la ville d'Angers, huit ou dix jours, pour ses affaires domestiques, sans desloger du logis Barault, et aura pareille seureté de se retirer que led. sieur duc;

Que led. sieur duc de Rohan ne recevra aulcuns secours.

En foy de quoy a esté signé par led. sieur mareschal d'Hoquincourt et led. sieur de Rohan, le xxvIII° jour de feubvrier 1652. *Signé:* D'Hoquincourt, et le duc de Rohan.

Le samedy 2 mars, le Pont de Cé fut pris par assault et le s^r Alexandre, qui y commandoit, fait prisonnier. Il y eut beaucoup de monde tué et noyé de part et d'autre et quelques prisonniers du costé dud. Alexandre (1).

(1) « Le mercredi 28 ceste ville s'est rendue, comme le chasteau, à l'obéissance du roy; et le sieur duc de Rohan, gouverneur, a quitté la place et s'est retiré avec sa maison seulement, bien que ceste ville ni les habitants n'ayent eu aucune répugnance contre sa majesté, ains led. sieur de Rohan Chabot, qui avoit par surprise engaigé les habitans à ceste révolte, comme le roy l'a très bien recogneu et qui pour ce, par sa clémence, en a donné amnistie, c'est à dire, oubliance et pardon général de tous crimes et actes d'hostilité, et empesché la pille, qui avoit esté donnée aux chefs et soldats de son armée assiégeante; mais le Pont de Cé, n'ayant voulu se rendre comme ceste ville, a esté prins par force, le samedi 2 mars ensuivant, par les gens du roy sur un nommé le capitaine Alexandre, qui y avoit esté mis, avec 4 ou 500 hommes, par led. sieur duc de Rohan Chabot, et qui disoit vouloir garder lad. place pour Mgr le prince de Condé et aultres adversaires du roy, qui prennent prétexte à n'en vouloir qu'au cardinal Mazarin qui est revenu en

Le lundy 4, les troupes commencèrent à défiler ; mais pendant leur séjour elles firent d'estranges hostilitez, ruisnants entièrement les logis des fauxbourgs de Brécigné et S. Michel, levant les vitres et toutes sortes de ferrures, les apportant avec les linges et habits et autres meubles, qu'ils pouvoient apporter, bruslant ceux qu'ils ne pouvoient apporter, et amenant tous les bestiaux d'autour de la ville jusques aux beufs, et vendant tout aux habitants, qui, nonobstant les remonstrances, qui leur estoient faites par les curez, et défenses de MM. de la Prévosté, achetoient tout, alléchez par le bon marché, et par ceste facilité obligeoient les soldats à voler tout le pays, qui d'autre part estoient enragez de n'avoir pillhé la ville, comme on leur avoit fait espérer.

1652. Mars.

Désordres par les soldats

fomentez par les habitants malitieux.

Le mercredy 6, retourna Mgr d'Angers, au grand contentement des gens de bien, qui ont veu que son retour estoit une asseurance de la paix, à laquelle chascun s'est persuadé que par son affection paternelle vers le peuple il a grandement contribué. De là luy soit récompense.

Retour de Mgr d'Angers

Le jeudy 7, il fut visité par plusieurs corps, entre autres des ecclésiastiques, ausquels il fit rude réprimande, particulièrement aux curez et prédicateurs, pour ne s'estre pas fortement opposez à M. le duc de Rohan, les rendant comme coupables des désordres et horreurs arrivées autour de la ville, comme s'ils eussent appellé les gens de guerre ou qu'ils eussent deu se faire casser la teste à faire des entreprises en l'absence de leur Evesque, et n'ayant aucun ordre de luy ny de MM. les grands vicaires ; un desquels, asçavoir M. Lanier, thrésorier et chanoine de l'église d'Angers, s'estoit aussi absenté ; et de depuis led. seigneur tesmoigna aux curez tout autre sentiment, après avoir esté désabusé des calomnies et qu'il sceut que ce traitement avoit fait impression ès esprits du peuple.

visites qu'on luy a rendues

mais qu'il a receues avec rigueur depuis modérée.

France, après en avoir esté chassé, et qui est avec sad. majesté. C'est pourquoy tous ceux, qui estoient auxd. Ponts de Cé, ont esté presque tous tués par une furieuse attaque de 18 pièces de canon et grande quantité de mousquetaires dans des bateaux, comme une armée navale ; et ceulx, qui ont resté, menés partie prisonniers à Saulmeur, où est le roy, les aultres avec led. Alexandre reçus à composition. Et par un bonheur et grâce spéciale de Dieu, ce cloistre a esté conservé et par l'assistance de Mgr le compte de Quincé et de son fils, qui ont pris leur logis en ced. cloistre au logis de M. le doyen, et n'a esté pillé comme les aultres lieux hors ville, mesme réguliers, comme le prieuré de Lesvière, le couvent de Ste Catherine des Lices et l'abbaye du Perray aux Nonnains et autres églises parochiales, où lad. armée a passé, où en la pluspart d'icelles n'est rien demeuré du tout, non pas mesmes les calices ne aultres ornemens, et commis de cruelles abominations dans lesd. esglises (*Reg. capitul. de S. Laud*, fol. 174, Arch. de Maine et Loire). »

1652.
Mars.

Départ des gens de guerre ; leurs cruaultez.

Le vendredy 8, les gens de guerre achevèrent leur départ après avoir commis autour d'Angers des excès et violences auparavant inouyes, et qu'on n'eust pas deu appréhender des Turcs, les logis bruslez après les meubles, toutes provisions gastées, meurtres, viols, sacriléges jusques aux calices et custodes, églises converties en estables (1).

Quis talia fando
Temperet a lacrymis ?

A la vérité, MM. les généraux et officiers n'en ont souffert, que le moings qu'ils ont peu dans la ville, chastiant les insolences aux occurences ; mais il est certain que depuis la réduction de la ville, qu'il sembloit que tout deust estre paisible, il s'est fait incomparablement plus de malheurs qu'auparavant, de pauvres hommes pendus effectivement pour trouver de l'argent, femmes violées en la présence des maris roués de coups, enfants à la mamelle tuez, églises pillées et prophanées.

Gouvernement par commission.

Le samedy 9, furent leues en l'audiance du Présidial les lettres données par le roy à M. de Fourille, capitaine des gardes de sa majesté, luy donnant commission du gouvernement de la ville et chasteau d'Angers, pour tant qu'il plairoit à sa majesté.

Serment de fidélité presté par les habitants.

Le lundy 11, les habitants prestèrent serment de fidélité en la maison de ville, entre les mains de M. de Heere, maistre des requestes et commissaire pour sa majesté en exécution des lettres d'abolition, auquel mot avoit esté changé celuy d'amnistie accordé par le traité de M. d'Hoquincourt, non compris en lad. abolition MM. du Présidial, comme ne s'estans départis de leur devoir et service du roy ; lesquels par ce moyen ne furent obligez au serment susdit, mais seulement au serment de continuation de fidélité; en laquelle assemblée le clergé n'ayant comparu par députez, pour n'avoir esté convoqué par mandement délivré à M. le syndic ou advis donné par le procureur de ville au chapitre de l'église d'Angers, mond. sieur de Heerre en dressa son procès verbal, dont Mʰr d'Angers, ayant esté informé, convoqua le clergé mercredy 13, à huit heures, qui députa MM. Arthaud, archidiacre d'outre Loyre en l'église d'Angers, et Chaston, chantre de S. Laud (2), pour aller en la maison de ville offrir la confirmation

---

(1) Consulter la *Très humble remonstrance faite au roy et à la reyne par Mʰr l'évêque d'Angers sur les actes d'hostilité, sacriléges, violences et incendies commis par les troupes du mareschal d'Hocquincourt dans plusieurs lieux de son diocèse et singulièrement ès environs de la ville d'Angers* (Paris, Salomon Delafosse, 1652, 15 pages).

(2) Le procès-verbal dit seulement : « Les sieurs Arthault, archediacre de S. Mau-

DOCUMENTS. 471

de fidélité, comme MM. du Présidial, n'ayants pas moings demeuré ès termes de leur debvoir; mais M. de Heerre ne voulut entendre ce mot de continuation, et les députez, assez facilement et au préjudice de leur charge, se laissèrent aller au serment commun de tous les habitants. Ensuitte, en vertu d'une lettre de petit cachet, les maire, eschevins et capitaines de ville furent changez, en vertu d'une lettre de petit cachet (1), dont ceux qui sortoient ne demandèrent communication, estants bien aises d'estre deschargez des peines et soings desd. officiers et mesme de l'envie, qu'alloit causer l'esgail de XLVIIIᵐ livres, faisant partie de LXᵐ offertes par ceux qui demeuroient, en charge de don gratuit au roy, renvoyant les XIIᵐ au clergé.

1652. Mars.

Mais eschevins et capitaines changez.

Le lundy 18 mars, arriva un accident dont peu s'en faillit qu'il ne survint un grand malheur. M. le mareschal de la Meilleraye, arrivé à Angers vers la fin de la semaine précédente, comme général des armées du roy dans l'Anjou, Mayne et Poitou, et ayant, pour avoir l'amour des peuples, fait retirer les troupes qu'on avoit mises à l'éveschié, où il estoit logé, pour luy servir de gardes, ayant désiré que les habitants fissent un compromis sur les différents en général desd. habitants et clergé contre les officiers de la maison de ville, le clergé, quoyque MM. Brehier, député ordinaire, et de S. Denys, syndic, eussent été présents, mais non signé, ne le voulut ratifier, d'autant que dans led. compromis, dressé par le sieur Eveillard, présidant de la Prévosté, on nommoit pour arbitres des habitants d'Angers tous ennemys du clergé, et que les maire et eschevins avoient la faculté de lever Vᵐ l. ou plus grande somme, s'il estoit jugé expédient. Au soir, fut tué un de ses gardes par un autre, à ce qu'on dist de depuis, estants tous deux en desbauche. A mesme temps, qui estoit sur les neuf heures du soir, décéda un ancien chanoine de S. Maurice, nommé M. Bruslé, pour les clas duquel on appela long-temps les sonneurs par le petit sing. Ce qui fist une alarme parmy le peuple, s'imaginant que c'estoit un toquesin; ce que M. de la

M. de la Milleraye vient Angers,

veut réunir les habitants par un compromis

que le clergé ne veut agréer.

Un de ses gardes tué,

qu'il prend pour une partie dressée contre luy

rice, et Chaston, chantre de S. Laud, se seroient levez et dict avoir pouvoir spécial du clergé de prester serment de fidellité au roy; sur quoy après avoir mis la main au pect, ont juré fidellité au roy entre les mains de mond. sieur de Heere et ont promis de renoncer à touttes ligues, associations et intelligences contre son service. » (BB 84 f. 2). — Les députés de l'Université et des paroisses S. Jacques, S. Nicolas, Lesvière et S. Laud font défaut « pour n'estre les habitans encore de retour. » (fol. 8).

(1) V. *Factum pour les habitants de la ville d'Angers demandeurs en requête du 19 avril dernier* (Sans lieu, 1652, 6 pages). — C'est une protestation, dont les exemplaires sont très rares, contre la destitution du maire et des échevins, comme contraire à la capitulation.

1652.
Mars.

ce qui occasionne l'emprisonnement d'aucuns habitants,

néantmoins délivrez.

Autres prisonniers trouvez innocents,

néantmoings affligez;

autres jugés par coutumace.

Meilleraye creut estre une partie faite contre luy, et se retira le mardy 19 à Brissac, menassant la ville de garnison; mais les employs de M{{gr}} d'Angers luy ayant fait recognoistre le contraire (1), et que ce n'estoit point du défault des habitants, il s'appaisa. Néantmoings M. de Fourilles, commandant au chasteau, fist dans la chaude emprisonner dans led. chasteau les sieurs Théard, cy davant eschevin, demeurant en la rue Baudrière, en laquelle s'estoit commis le meurtre dud. garde, et Du Pin, notaire, demeurant en la rue S. Michel, qu'on accusoit d'avoir dit haultement, que M. de Rohan viendroit bientost Angers, et qu'en se parlant, en l'assemblée de la paroisse S. Michel le dimanche précédent, du compromis susdit et qu'il falloit compromettre en la personne de M{{gr}} d'Angers, il auroit dit, que la ville n'avoit point plus grand ennemy que luy; qui néantmoings par sa bonté procura, dès le jour mesme, l'eslargissement des deux, et le mercredy 21, tous les notaires allèrent en corps remercier mond. sieur de Fourille. En voulant rechercher des preuves de cet assassinat, on mist ès prisons royaux les nommez Du Pas, gendre du nommé Hérard, praticien, demeurant en la rue S. Julien, et Morin, esplinguer, demeurant en la rue Baudrière. L'un et l'autre, après quelque temps de prison, plus long pour Morin, furent eslargis, ne se trouvant de preuve contre eux; mais la femme dud. Du Pas estant en couche, lors de la capture dud. Du Pas, en eut une telle appréhension, causée par la rigueur des sergents ou archers et du greffier, que, peu de temps après, elle en mourut, aussi bien que la femme du nommé ....., lequel, s'estant mis en fuite, aussi bien que

(1) 19 mars « Sur ce que M. le maire a représenté, que M. le mareschal de la Meilleraye venoit partir de cette ville, en résolution d'y envoyer son régiment, à cause du desplaisir qu'il a receu de l'homicide commis en la personne d'un de ses gardes, et de l'opinion qu'on luy a donnée, que l'action avoit esté commise par un concert de plusieurs habittans, quoyqu'il soit vray que c'est par une querelle impréveue; a esté conclud que mond. sieur le maire et M. Verdier, conseiller de cet hostel iront, aussy tost après le disner, aux Pontz de Cée, ou à Brissac, trouver mond. sieur le maréchal, pour luy représenter, que l'action, qui s'est passée, n'a esté concertée par aucuns habittans, qu'elle est condamnée par tous et qu'on fera touttes dilligences pour en découvrir les autheurs et les faire punir, et cependant le supplier de ne voulloir poinct imputter au général des habitans la faulte de quelques particulliers, et d'avoir la bonté de n'envoyer aucuns gens de guerre en cette ville; et que pour obtenir cette grace, MM. du Présidial, de la Prévosté, Election, Grenier à sel, et juges et consulz des marchands seront priez de députter avecq ce corps vers mond. sieur le mareschal, et que les chefz desd. compagnies en seront présentement advertiz par le procureur de cet hostel. » (BB 84 fol. 20).

— La députation arrivée à Brissac n'y trouva pas M. de la Meilleraye, parti pour Beaupréau, et se contenta de lui écrire. (Ibid. fol. 23).

le nommé ....., on procéda contre eux et furent exécutez par effigie le samedy..... avril suivant.

Il arriva un autre désordre pendant led. temps. Monseigneur d'Angers, ayant à son retour voulu tesmoigner son soing, adressa une lettre pastorale aux habitants d'Angers, en datte du 23 mars, les exhortans à la considération des causes de leurs malheurs, qui estoient les péchez et désobéissance au roy et leurs divisions, et à la réunion des esprits dans le sentiment de leur devoir pour le service de Dieu et obéissance au roy. Le dix avril suivant, fut veu en la ville un imprimé soubs le nom de *Response par les habitants d'Angers à la lettre pastorale de M*^{gr} *d'Angers en date du 24 mars,* qui, comme séditieux, fut désadvoué dans le corps de ville par tous les corps des habitants (1), et, comme tel, fut bruslé par l'exécuteur des sentences criminelles aux portes des palays royal et épiscopal et au puy Nostre Dame le... dud. mois, en exécution de la sentence rendue le 12 dud. mois par MM. du Présidial en dernier ressort; mais ses cendres en ont produit d'autres (2), qui ne valoient pas mieux.

1652.
Mars–avril.

Désordre d'un imprimé portant titre de *Response à la lettre de M. d'Angers,*

bruslé par sentence présidiale.

(1) 11 avril « M. le maire a dict, qu'il auroit convoqué cette assemblée, pour luy faire scavoir, qu'en conséquance de la conclusion de ce corps du jour d'hier, il se seroit transporté avecq MM. les eschevins en la chambre du Conseil de MM. du Présidial, pour leur donner advis, qu'il avoit parru en cette ville depuis deux jours un imprimé intitullé : *Lettre pastoralle de monseigneur l'évesque d'Angers, avecq la Responce des habittants à lad. lettre pastoralle;* qu'ilz auroient dénoncé à M. le procureur du roy; que lad. responce est un libelle diffamatoire, préjudiciable à l'auctorité royale et à la tranquillité publique, et que les sieurs Gilleterie Bruneau, cy davant maire, Martineau, advocat, et Le Lièvre, orfèbvre, en auroient receu des exemplaires; qu'à leur réquisition, ilz auroient esté mandez à la chambre, pour les représenter; ce qu'ayant fait à l'après dinée dud. jour, l'un desd. exemplaires auroit esté communicqué par led. sieur procureur du roy à mond. sieur le maire, lequel il a mis sur le bureau....; lecture faicte dud. imprimé.., a esté conclud d'une commune voix, que MM. les maire et eschevins désadvoueront, par devant MM. du Présidial et partout où besoin sera, au nom de cette compagnie et du général desd. habitans, la *Responce des habitants d'Angers..* et déclareront qu'ilz recognoissent lad. pièce faulce, calomnieuse, tendante à seddition, préjudiciable à l'authorité royalle et tranquilité publicque; qu'ilz sont priez de faire touttes les perquisitions possibles, pour en descouvrir les autheurs, les déférer à justice et administrer à M. le procureur du Roy touttes les preuves, qu'ilz pouront avoir; et affin que le présent désadveu soit notoire à tout le monde, a esté arresté que la présente conclusion sera imprimée.. et envoyée partout où besoin sera. » (BB 84 fol. 38).

(2) Entre autres : *Procès des véritables habitants de la ville d'Angers contre l'évêque avec les pièces justificatives de leur différend : Lettre pastorale de M*^{gr} *l'évêque d'Angers avec la réponse des habitans d'Angers à lad. pastorale de mond.*

1652.
Avril-août.

Emprisonnements continuez.

Pancarte proposée.

Le lundy 29 dud. mois, fut emprisonné dans le chasteau, par l'ordre de M. de Fourille, le nommé Besnard, apoticaire près la Trinité, comme trop affectionné à M#gr# de Rohan. Cependant on continuoit à demander (1) à la ville LX#m# livres, tantost soubs prétexte de subventions non payées, quoy qu'on fist voir des acquits de plus de L#m# livres et au delà, des subsistances, tantost du don gratuit que la ville deust accorder au roy, soubs ombre de ce que, comme l'on demandoit des C#m# livres, un homme dist, qu'on seroit bien aise d'en avoir LX#m#. Ceux qui avoient espérance de profiter insistoient à ce qu'on establist une pancarte à prendre 4 livres pour pipe de vin entrant en ville, et y avoient fait condescendre quantité d'habitants; mais le plus grand nombre ne pouvant approuver, le desseing demeura pour le coup.

Cependant nonobstant l'exhortation de M#gr# d'Angers, qui en sa lettre pastorale convioit son peuple à supprimer ces mots de Mazarin et de Loriquard, on n'entendoit que bravades, que menasses, que M. le mareschal de la Meilleraye envoyeroit une garnison Angers pour domter ces Loriquarts, et qu'on en chasseroit de la ville plus de cinquante.

Enfin la menasse s'effectua. On alla premièrement faire courir un bruit, qu'il y avoit une puissante garnison à Sablé, qu'avoit acheté M. le président de Maisons, laquelle seroit capable de ruiner l'Anjou et le Maisne. On en donna advis à M. le mareschal de la Meilleraye, qui, le jeudy 1#er# aoust, vient loger (2) aux Ponts de Cée. On luy

seigneur l'évêque, et la plainte de la réponse à la lettre pastorale de l'évêque d'Angers brûlée par les Mazarins de la ville d'Angers, aux habitants de la ville. (Sans lieu, 1652, 12 pages, rare).

(1) « *A nos chers et bien amez les maire et eschevins et habitans de nostre ville d'Angers.* — DE PAR LE ROY, chers et bien amez, ayans esté informez qu'au préjudice des asseurances, que vous nous avez cy davant données, vous avez faict reffus, jusques à présent, de payer les 60#m# livres, que vous debvez fournir, sur ce que vous pouvez debvoir de la subsistance des gens de guerre... nous vous faisons ceste lettre pour vous dire, que nous ne pouvons doresnavant prendre ces retardemens, que pour un manquement de respect et d'affection à nostre service ; c'est pourquoy nous vous mandons et ordonnons de n'aporter d'advantage de difficulté ni délay au paiement desd. 60#m# livres, afin de ne nous pas obliger d'employer nostre authorité, pour vous y contraindre, mesmes par logement de gens de guerre..., St Germain en Laye, le XXI#e# jour de may 1652. » — *Signé :* LOUIS. — Le même jour un ordre royal envoyait en ville « par bonnes considérations.... les régimens de cavallerie Gramont, d'Esclauvilliers, de la Vilette, de Mercœur, de Morret, du chevallier de la Vieuville et de Baradas, commandez par le sieur de la Vilette.. » (BB 84 f. 67).

(2) Aussitôt une députation de ville, le maire en tête, alla au devant du maréchal. M. de la Meilleraye déclara « qu'il avoit connoissance que les autheurs des

nomme ceux de qui on se vouloit vanger, afin de les exiler, dont l'advis fut donné, le dimanche 4, aux dénommez, par un billet portant ces mots : « Monsieur de Fourille, gouverneur, ordonne à Monsieur N. d'aller aujourd'huy, à une heure de relevée, en la maison de M. le maire, pour prendre les ordres de M. le mareschal de la Meilleraye et l'oserver. Ce 4 aoust 1652. »

1652.
Août.

Pusieurs estants allez chez M. Mesnage, lieutenant particulier et maire subrogé, et luy demandants l'ordre susdit, il respondit n'en avoir autre, que la lestre cy après, dont il consentit, avec tesmoignage d'indifférence, qu'on eust copie collectionnée de l'ordre, ainsi que s'ensuit :

« Liste des habitants qui se doivent absenter de la ville et province, et s'en aller où il leur sera ordonné, qui est à Quimper-Corentin, Carzay (1) ou proche la personne du roy; lequel récollé a esté mis entre les mains de M. le maire d'Angers pour le présenter à ceux de la ville.

Michel Bruneau Giletterie, advocat et cy davant maire;
Gabriel Blouyn, marchand et auparavant eschevin;
Jaques Théard,   *idem;*
Philippe Le Marié, conseiller au Présidial, qui estoit à Paris, un an auparavant, à la suite d'un procès contre le Présidial;
Le s^r Princé Martineau, auparavant lieutenant du Prévost;
Le s^r Souvigné, procureur du roy à la Prévosté;
Jacques Lemarié, lieutenant criminel de l'Election;
Charles Goupilleau, esleu;
Les trois Langloys, frères;
René Breslay, officier aux traites;
Francoys Tartaret;
René Bienvenu dit Béchalière;

troubles excittez dans ce royaume avoient des intelligences et dans cette ville et à la campagne, et qu'ilz espéroient, par leurs artifices et supositions ordinaires, de faire un soulèvement dans la province; qu'il vouloit destruire tous leurs desseins, et qu'il avoit besoin pour cet effect de son régiment; que quelques uns de nos concittoyens avoient part à ces pernicieuses entreprises; qu'il en voulloit purger la ville, pour y affermir la tranquilité, et l'asseurer au service du Roy, et qu'il promettoit que ses troupes ne serviroient poinct à nous contraindre au payement de la somme de 60^m livres; qu'il l'avoit déclaré à M. de Heere, ne désirant autre chose de nous, que la paix et le service du roy; et que pour son régiment, il ne falloit poinct parler de le renvoyer, qu'après les ordres donnez et exécuttez pour l'establissement d'une bonne paix; mais qu'il feroit vivre ses soldats avec une telle discipline que leur subsistance ne nous seroit pas beaucoup à charge... » (BB 84 f. 91).

(1) Jersey ?

1652.
Août.

Claude Martineau, advocat;
Les deux Laurens Gaults, advocats;
Antoine Deschamps Boulerie, advocat;
Giles Gouyn, juge des marchands;
La Serine Huet, marchand, beau-frère de Théard;
Charles Marié, pastissier;
Simon Coustard de la Caboche, gendre de Marié;
Les deux Avrils, un libraire, l'autre boutonnier;
Hubon, pastissier;
M. Tremblay, chanoine en l'église d'Angers;
Jacques Esnault, dit petit Brusselles, marchand;
Lagouz, demeurant en Brécigné, cierger;
Claude Garnier, apotiquaire;
Daumouche, demeurant à la Trinité;
Pierre Cochon, au lieu de Thomas, marchand de bois, qui a creu que c'estoit à luy;
Habert, apotiquaire sur les ponts;
Brisset, boucher;
Bédasne, voicturier;
Dupin, notaire;
Le docteur Voysin, qui desja s'en estoit allé avec M. de Rohan, aussi bien que Tartaret et Bienvenu;
Les sieurs Martineaux, archidiacre et chanoine de l'église d'Angers, frères dud. Princé;
Le s^r Bonchamps, chanoine en l'église d'Angers;
Le s^r Jousselin, curé de Ste Croix (1);
Adrien Blanchard, chapelain de S. Michel, domestique du s^r Lemarié;
Fromentière, prêtre de S. Maurille.
Fait et arresté aux Ponts de Cée, le deuxième jour d'aoust 1652. »
Signé : LA MELLERAYE, FOURILLE.

Il y avait deux ratures dans led. rolle, qui firent dire aud. s^r Mesnage, qu'il avoit eu le crédit d'en faire oster de ses amis, mais qu'il n'y avoit fait mettre personne (2).

---

(1) L'auteur de ce journal.
(2) « Dimanche 4 août. — M. le maire a dict avoir convocqué extraordinairement cette assemblée, pour luy faire voir un ordre, qui luy auroit esté mis en main, ce mattin, par M. de Fourille, gouverneur, signé de luy et de M. le maréchal de la Meilleraye, portant commendement aux y desnommez de se retirer de la ville; que mond. sieur de Fourille auroit chargé M. de la Barre, chanoine en l'église d'Angers, d'en advertir les ecclésiastiques employez aud. ordre, M. le président

Le lundy 5, ceux qui estoient en ville, commencèrent à prendre quartier, sur ce notamment qu'on disoit que leur séjour pouroit irriter M. de la Meilleraye, et faire qu'à leur occasion il chargeroit la ville de troupes. Il les avoit, dès le samedy, fait filer vers Sablé, où en chemin elles avoient exercé des actes de grande vaillance, mesme bruslant les gerbes à la campagne. On avoit aussi le dimanche envoyé des canons du chasteau à Sablé, où on trouva pour toute garnison deux lacquais et une servante, qui n'empeschèrent les gardes de mond. sieur de s'en emparer. Les troupes retournèrent Angers dès le lundy, où de pas en pas il y avoit des corps de garde, pendant que les proscripts allèrent qui çà qui là. Le curé de Ste Croix fist son voyage de son pied, et premièrement alla en trois jours à Chasteaugontier voir Mgr d'Angers; et luy ayant monstré la liste cy dessus et dit, qu'au moings il estoit en compagnie de gens d'honneur, ce mot choqua mond. seigneur, disant, que si ceux qui avoient occasionné la ruisne de sa province, y attirant des troupes, estoient des gents d'honneur, ceux qui, comme luy, avoient demeuré dans le service du roy, devoient donc estre appellez des coquins, et qu'à l'esgard dud. curé de Ste Croix, il avoit haultement presché, que les soldats du roy avoient prophané les églises, mais que ceux de M. le Prince n'en avoient pas moings fait. De plus, mond. seigneur reprocha avec aigreur aud. curé de Ste Croix, qu'il avoit raporté à M. de Rohan, que M. le président de la Prévosté l'avoit convié de prescher séditieusement, lorsque luy seigneur d'Angers fut empesché d'entrer dans la ville. Led. de Ste Croix ne répartit pas tout ce qu'il pouvoit, mais seulement qu'il n'entroit point en examen des divers senti-

1652.
Août.

Serezin, ceulx de la compagnie, les sieurs Leroyer et Syettes, sindics des advocatz, ceux de leur communaulté, Lestang Gaudon, consul, ceulx qui sont du corps des marchandz, et que pour les aultres, il auroit enjoinct aux huissiers du corps de ville de les advertir de venir voir en la maison dud. maire led. ordre, lequel à cette fin il luy auroit relaissé; a prié la compagnie d'en entendre la lecture, et d'adviser ce qu'on peult faire en cette occasion pour le bien commun de tous les habitants, mond. sieur le maréchal ayant déclaré, que son régiment ne se retirera poinct, que lesd. ordres ne soient exécuttez, et mond. sieur de Fourille ayant faict voir à mond. sieur le maire une lettre de Mgr de la Vrillère Phelipeaux, par laquelle il luy est mandé de chasser de la ville tous ceux quy luy sont suspectz et qu'il croit estre attachez aux interestz des ennemis de l'Estat et de ceulx qui ont donné cause aux mouvements passez. — Lecture faicte dud. ordre et les opinions prises, a esté conclud, que pour la descharge de cette compagnie, il demeurera entre les mains du greffier de cet hostel, et que pour tesmoigner aux desnommez aud. ordre qu'elle plainct leur disgrace, leurs maisons seront examptes de logemens de gens de guerre pendant leur absence, et qu'on procurera leur retour par touttes sortes de moyens. » (BB 84 f. 98).

1652.
Août.

ments des particuliers, mais que la pluspart des dénommez estoient gens de naissance et de qualité ; que les actions des gents de guerre, de quelque party qu'ils fussent, n'en estoient meilleures, estants contre l'honneur de Dieu ; que M. de Rohan avoit sceu d'autres, que de luy, les propositions du s^r présidant de la Prévosté. Mond. seigneur, appaisé par led. sieur, commanda aud. sieur de Ste Croix de disner le suivant à sa table. Comme le disner s'accommodoit, estant en un jardin avec M. Brecheu, chanoine de l'église d'Angers, le s^r lieutenant général de Chasteaugontier, nomme Foureau, s^r de la [Francoisière], pour se tesmoigner passionné au service du roy, dist ne pouvoir souffrir aud. lieu les exilez d'Angers. On lui repartit, que, sans le commandement de Mgr d'Angers, on ne s'y seroit arresté. Il adjousta, qu'il prioit de ne le trouver mauvais. On répartit qu'on ne le trouvoit ny bon ny mauvais, et que cela estoit indifférant, et qu'aussitozt après disner, on tireroit païs (1). Mond. seigneur, après le disner, ayant pris à part led. curé de Ste Croix et tesmoigné de grands sentiments de son desplaisir, et demandé où il iroit donc, il respondit, que suivant l'ordre il seroit peut estre dans trois mois à Quimper-Corentin, ne pouvant, attendu son aage sexagénaire, faire plus de deux ou trois lieues par jour. Il le convia de voir ses amis, s'il en avoit en quelques lieux proches, et qu'asseurément il s'employeroit pour son restablissement ; dont luy ayant rendu grâces avec soubmission, il dist donc, que par son ordre il iroit à Laval visiter un amy, dont led. seigneur fist prendre le nom ; ce qui empesche led. s^r de Ste Croix de croire, que mond. seigneur eust contribué à son desplaisir, et que ce que disoient aulcuns malveillans, que tout s'estoit comploté en sa présence, et qu'il s'estoit absenté exprès, lorsque le desseing devoit esclorre, pour éviter les importunitez, tout cela, dis-je, n'est à croire à l'esgard de l'escrivain, qui, à tout le plus, ne sçauroit croire de mond. seigneur, sinon que, sçachant ce qui se tramoit, il n'auroit peut estre fait ce qu'il auroit désiré, crainte que ses dessins ne fussent mal interprétez. Quoy qu'il en soit, led. de Ste Croix, prenant congé de mond. seigneur l'asseura d'estre demeuré dans l'ordre, ayant soubs son autorité préposé un prêtre, pour la conduite de sa paroisse en son absence, et

(1) « Aucuns ont voulu glosser, que cela s'estoit fait à desseing, pour que led. seigneur ne fust embarassé de la personne dud. Ste Croix, et qu'il luy vouloit faire donner son congé par led. Foureau ; mais il n'y a apparence de croire telle bassesse en un homme, qui dès la première veue pouvoit donner le congé, ou, ne le voulant donner, en cas qu'on ne se retirast, n'étoit contrainct d'inviter. A quoy bon faire donc alors jouer ce jeu ? » — *Note du Mss.*

demandé une testimonie à M. son grand vicaire, pour s'en servir en son voyage. Il alla donc à Laval en la maison du sieur Montrond, advocat, où il fut trois ou quatre jours, et par son moyen, receut de M. le lieutenant général dud. Laval une recommandation fort ample à un amy, qu'il avoit à Quimper-Corentin, pour s'en servir en cas de besoing.

1652.
Août.

La ville de Laval est fort peuplée; les maisons assez propres, les jardins garnis de belles fontaines, particulièrement aux Cordeliers, desquels les cloistres sont supportez par des piliers de marbre. Dans iceux cloistres y a un fort bel auditoire et une chaire de marbre pour le prédicateur; dans l'église y a de beaux balustres de marbre; et universellement les églises de lad. ville sont très belles en structure et vitres et richement ornées. Le jansénisme y estoit en horreur, quoy qu'approuvé de personnes qui se piquoient d'avoir de l'esprit; mais ce n'estoit pas du bon. Les peuples y ont de la dévotion à Nostre Dame, mesme qu'au soir les enfants, soubs la conduite d'autres, vont au soir chanter les litanies davant son image, qui est dans la halle. Mond. seigneur d'Angers y fist escrire aud. de Ste Croix, l'asseurant de ses soings, dont il le remercia et luy escrivit, que dans peu il seroit à Sablé pour y recevoir ses ordres. Il alla de Laval à Mayenne, où il estoit le jour de Nostre Dame de my aoust; et y remarqua une grande aversion du Jansénisme, en ce que, des yvrognes disputants en un cabaret, l'un dist à l'autre pour toute bravade: « Va te faire janséniser! »

Pendant tout ce temps, Angers ne fust exempt d'appréhension; car, si quelqu'un des proscrips estoit venu, quoy que secrètement, il se trouvoit de faux frères, qui le décelloient, en sorte que les maisons estoient investies de gardes et de soldats, mesme dans les maisons de campagne. Led. jour de Nostre Dame, la dame Lemarié, revenue de Paris, receut un exprès et rigoureux commandement de se retirer; à quoy il fallut obéir. Le s^r Blanchard, prêtre, précepteur des enfants dud. s^r Lemarié, ayant fait ung tour en ville, à desseing de se retirer deux jours après, dont un curé avoit cognoissance, le jour qu'il devoit partir et que par bonheur il avoit avancé, des gardes allèrent de grand matin à la maison, dont la sœur de lad. damoiselle, malade de longue main, prist une telle espouvante qu'elle mourut.

De Mayenne j'allé à Esvron, où il y a un très beau monastère de Bénédictins réformez; en iceluy une portion du lait de la Ste Vierge, mère de Dieu, trouvée miraculeusement; de là Ste Suzanne, puis aux Chartreux de St Denys d'Ocques, ensuite à Sablé, chez le sieur Graud, son oncle (1), où il fut six ou sept jours, ou aux lieux cir-

(1) L'auteur oublie plusieurs fois qu'il parle maintenant à la première personne.

1652.
Août-sept.

convoisins, comme à Bellebranche, abbaye de l'ordre de Cisteaux, en laquelle se fist, le jour S. Barthélemy, l'élection capitale du s^r Brignon pour prieur, suivant le privilége dont ils avoient jouy longtemps (1). Il y a en ceste église une très belle croix d'argent doré, garnye de pierreries, dans laquelle y a une parcelle de la vraye Croix. Il fut aussi à Soulesme proche Sablé, qui est un prieuré de S. Benoist dépendant de la Cousture, abbaye du Mans. A Sablé, je receu une lettre, que mond. seigneur, partant de Chasteaugontier, me fist escrire par le P. Bonichon, de l'Oratoire, curé de S. Michel du Tertre d'Angers, par Laval, d'où pourtant je luy avois escrit, que j'attendrois ses ordres à Sablé, où en effet je receut une lettre de luy, par laquelle il m'asseuroit, que je pouvois aller sur mon bien à Cornillé. Ayant donc séjourné cinq ou six jours à Sablé, et deux jours à Durestal, je me rendy à la foire S. Giles près Baugé, d'où je m'en allé coucher à la Bédodière, paroisse de Sarigné, de là à Voysin, paroisse de Corzé, et ensuite à Challoché, abbaye du mesme ordre de Cisteaux. Le commencement de l'ordre de Cisteaux est en ce distique :

Anno milleno centeno bis minus uno,
Sub patre Roberto cœpit Cistertius ordo.

La dédicace de l'église est inscripte sur un pilier, en allant à la sacristie, en ces mots : *Anno 1222, dedicavit ecclesiam Calloceti, in honorem beatæ Mariæ Virginis et omnium sanctorum, Guillelmus de sancta Suzanna, episcopus Andegavensis.*

De la il se rendit à Cornillé, assez tost pour s'obliger, avec aulcuns habitants dud. Cornillé, afin de se libérer des excès, que commettoient cent ou six vingts voleurs, envoyez par M. le marquis de Ste Suzanne, lieutenant du Roy en la province (qui par ces actions et semblables donna le démenty à M. Mesnage, advocat du roy Angers, qui, lors de la lecture des lettres dud. sieur de Ste Suzanne, dist que la province avoit grand subjet de se resjouir d'estre soubs le gouvernement d'un Angevin); lequel, pour v^c livres, qui luy avoient esté assignées sur ceste misérable paroisse, la ruisna de plus de II^m livres, et eust fait davantage, au moings les voleurs venus soubs son auctorité, sans les soings du s^r de Bois de l'Hommeau Blanche, qui fist emprunter II ou IIIe livres du s^r des Bruères et les porta toute nuit à la Flesche, et n'eut terme, que de huit jours, pour le surplus. Ayant passé quelques jours à Cornillé, j'allay, par le prieuré de Monnaye de l'ordre de S. Estiene de Grandmont, et le Loroux, an-

(1) « Par arrest de 1653, confirmé sur requeste civile, ils ont perdu ce privilége. » Note du Mss.

ciene abbaye de l'ordre de Cisteaux, à Nuillé, où je fus quelques jours avec M. Lemarié; et estant allé à Saumur, je vids, au dessus de Villebernier, la reprise de la brèche de la levée, dont la rupture avoit quatre ans durant ruiné toute la Valée. Retourné à Cornillé, je fis mes vendanges assez heureusement, pendant lesquelles il arriva un désordre en la maison dud. sieur Lemarié Angers. Led. s^r Blanchard, s'estant, environ la S. Michel, rendu Angers, où il tesmoigna vouloir séjourner deux ou trois jours, et toutefois n'y arresta pas si longtemps, s'estant sorty plus tost qu'il n'avoit dit, M. de Fourille envoya des gardes le chercher en lad. maison, qui, faisants assez de bruit, donnèrent telle espouvante à la sœur de la damoiselle Lemarié, laissée au logis à cause de son infirmité, qu'elle en mourut dans le jour. Mes vandanges faites, je retourné à Nuillé, et encore à Saumur, où on mena dans le chasteau le s^r Pegault, curé de Saint Georges de Chastelaison, accusé d'avoir dit quelques mots contre M. de Comminges, gouverneur dud. chasteau, où il fut si bien traité, qu'en peu de temps il y mourut, et sa cure donnée au précepteur des enfants dud. s^r de Comminges ou homme à sa dévotion. De Saumur j'allé à S. Urban de Rillé par Bourgueil, abbaye de S. Benoist, Benaist, prieuré curé de l'ordre de S. Augustin, dépendant de la Roe ou Réalle en Poitou, ensuite passé à Chinon, de là à Champigné, qui autrefois estoit un beau chasteau, appartenant à M. de Montpensier, maintenant à Madamoiselle, fille de M. le duc d'Orléans, oncle du roy. Il ne reste aud. chasteau, qu'un pavillon et une sainte chapelle couverte de plomb, dans laquelle y a plusieurs reliques, un collége de chanoines, avec un doyen, que le défunt cardinal de Richelieu avoit voulu transférer en Auvergne, et ruisner la chapelle, comme il avoit fait du chasteau; mais ses desseings ne réussirent pas, d'autant que les chanoines dud. lieu ne voulurent consentir la translation, qu'on vouloit faire, de leur chapitre en Auvergne, quoy qu'on leur proposât du profit; et d'autre part à Rome fut contrecarré l'exposé dud. cardinal, qui supposoit, que c'estoit une chapelle champestre toute ruisnée et incapable de servir à l'office divin, où au contraire c'est une bien belle chapelle, couverte de plomb et enrichie de belles reliques, et ornée de beaux vitraux. De là j'allé à Richelieu, qui n'est qu'à deux lieux. C'est un riche lieu en bastiment enrichy par led. cardinal aux dépens de toute la France. Les logis de la ville sont tous bâtis d'une symmettrie, et les rues semblent plus tost une cour d'un grand bastiment, que des rues publiques. Le chasteau ou plustost maison de plaisance porte les marques de la vanité de son constructeur, remply des despouilles ou plustost voleries faites sur le duc de Loreine et autres, la cour remplie de fi-

1652.
Sept.-nov.

1652.
Novembre.

gures lascives, les escuryries plus belles que les églises. Il y en avoit une dans lieu, où est à présent le parc, mais elle faisoit défaut à la quadrature, tellement qu'il fallut l'oster de là et le S. Sacrement et ce qu'il y avoit de marques du service de Dieu. Il y a une belle église dans la ville bastie à la moderne, où il y a des prestres missionnaires, gens de bien et fort utiles à la conversion des peuples ; mais aussi tirent-ils une partie de leur subsistance de la maletoste du huictiesme sur le vin. Le mauvais air et le défault de protection fait que ceste ville se déserte; et des logis, qui ont cousté à bastir des 10 et 12^m livres, se donnent maintenant pour deux ; joint que le fond n'estant solide, il n'y a apparence, qu'ils puissent longtemps subsister ; car, à deux pieds de fond, on trouve l'eau, qui est cause qu'on n'a peu bastir aulcune cave. Un ingénieur s'estoit obligé d'en faire une toute de plomb, de l'enfouir en terre; mais aussitôt elle creva. Je retourné, par Chinon, Candes où je fis mes dévotions au tombeau de S. Martin. A Saumur je donné asseurance à mes amis d'Angers, qui eurent nouvelles que j'estois mort dans le chasteau dud. Saumur, à cause que, le jour de l'emprisonnement du pauvre curé, dont a esté parlé cy dessus, on me vit parler à un soldat de la garnison. Estant peu après la Toussaints de retour à Cornillé, je fis prier Mgr d'Angers de trouver bon, que, si je ne pouvois si tost retourner Angers, il trouvast bon que je prisse mon habitude à Beaufort, où j'ay une chapelle. Il me fist mander (1) que je pouvois retourner, mais à petit bruit. Ce que je fis donc par la grâce de Dieu, le dimanche 17 de novembre, ayant employé en mon voyage de

(1) 15 novembre 1652 « M. le maire a dit qu'en conséquence de la commission qu'il auroit pleu à ce corps luy donner et à MM. Narbonne, eschevin, et Thomas, procureur de cet hostel, par conclusion du 8 de ce mois, ils se seroyent transportez au chasteau, pour supplier M. de Fourille, gouverneur de la ville et chasteau, de consentir au retour des habitans, qui auroyent cy devant esté esloignez de la ville, la déclaration du roy, portant administie générale, ayant esté envoyée par M. le procureur général à M. le procureur du roy au siége Présidial de cette ville, pour la faire publier; et que mond. sieur de Fourille leur auroit dit, qu'il n'avoit pas encore receu la response du Conseil à la lettre, qu'il avoit escrite, à la suplication qui luy en avoit esté faite au nom de cette compagnie le 30 du mois passé, et que si tost qu'il l'auroit receue il le feroit scavoir; que depuis et le 13 de ce mois, l'ordre du roy pour le rappel des exillez seroit arivé, dont il a eu advis par mond. sieur de Fourille et M. de Heere, lesquelz en veullent différer l'exécution jusques à la response de M. le maréchal de la Meilleraye, vers lequel a esté envoyé homme exprès ; dont mondit sieur le maire a esté remercyé par M. de Monstreul, au nom de la compagnie, et prié de continuer ses soings, pour advencer le retour desd. habitans. » (BB 84 f. 140).

promenade trois moys et demy. Il fallut aller avec autres faire le compliment à M. de Fourille, et ensuite on désira, en exécution d'arrest du conseil ou lettre de cachet, qu'on disoit estre de fasson d'Angers, que ceux qui avoient esté exclus allassent prester serment, davant M. le lieutenant général, d'estre fidelle au roy, et de ne lever du monde contre son service, sinon en exécution de lettres patentes. Cette dernière clause fut trouvée ridicule, de sorte que ceux qui ne se hastèrent pas en furent deschargez. Les oppresseurs de leurs concitoyens n'eurent jamais de repos, qu'ils n'eussent fait establir un rolet de quatre sols par pipe de vin entrant en ville, et 60 sols sur le destail, pour ainsi faire payer le droit d'entrée aux pauvres, et non contents de ceste exaction, n'en rien payer de leur chef, et encore profiter dans les adjudications. Le maire Mesnage ne fut pas longtemps à aller rendre conte à Dieu ; car l'an révolu, il mourut au mesme temps, qu'il estoit allé solliciter la venue des gens de guerre et l'expulsion des habitants. Il fut dit un bon mot dans le chasteau du Verger par un marchand ; lequel estant allé voir M. le prince de Guymené en son chasteau, led. seigneur dist en très bonne compagnie : « Voyla un de ceux qui sont sortis d'Angers *propter metum Judæorum.* » Il dist : « Monsieur, je n'entends point le latin ; mais il est certain que sont des vault-riens, qui ont chassé les gents de bien d'Angers. »

1652.
Novembre.

A tant cesse la tragédie pour entrer en une matière beaucoup plus agréable. C'est le GRAND JUBILÉ que nostre S. Père le pape [accorde] à Mgr d'Angers pour lad. ville en faveur des diocésains... (1).

— Le lundy premier jour de may 1662 a esté fort désastreux : premièrement au chasteau, comme l'on voulut se disposer à la réception de MM. les maire et eschevins de la ville, selon la coustume, les nommez Delorme, soldat et canonnier aud. chasteau, et Lafontaine, homme de chambre de M. de Camarsac, lieutenant du chasteau, descendirent dans le magazin, où estoient les poudres, et voulant ouvrir une caque ou baril, frappèrent du marteau sur un boulet ou grez, dont s'estant sorty du feu, la poudre en fut aussitost accueillie, et lesd. deux hommes tuez, et d'une pierre, que le feu emporta, un jeune homme, fils d'un apoticaire, nommé Besnard, fut tué.

1662.

Le mesme jour, M. de Chenedé, maire, qui avoit cy davant travaillé avec grand zèle pour le bien des habitants, voulut, par principe de charité (2), changer le disner qu'avoit accoustumé le maire

(1) Ici s'arrête le Mss. Le fragment qui suit, écrit de la même main, se trouve au fol. 90 du reg. GG 202.

(2) 28 avril 1662 « MM. les maire et eschevins.. représenteront à M. le lieute-

de ville de faire en la maison de ville pour les députez des paroisses et autres pricipaux de la ville, en une aumosne générale ; et pour ce faire, fist assembler en ses cours tous les pauvres, tant habitants que forains, dont il y avoit grand nombre, à cause des voyages de S. Eutrope, qui estoit le jour précédent, et de S. Marcoul, qui estoit ce jour là en l'église de S. Michel du Tertre, proche la maison de mond. sieur le maire. Lesd. pauvres assemblez, se respandit un bruit, qu'on vouloit arrester tous les valides, tant masles que femelles, pour les enverser en Terre Neufve ; ce qui les fist se retirer sur les murailles de la ville, d'où voyants qu'on n'arestoit personne, et que chascun s'en alloit avec son aulmone, qui estoit d'un pain et deux sols ou environ, ils retournèrent par divers endroits en lad. maison, et firent une très grande confusion, laquelle ne put estre empeschée par les gardes de la ville et autres, qui estoient préposez à cet effect, en sorte qu'il y eut plus de trente personnes estoufées et crevées, dont il en eut jusques à 20 enterrez en une fosse du cimetière de lad. paroisse, 15 ou 16 d'estouffez en lad. presse, et plusieurs aultres en d'aultres paroisses où leurs accès les firent transporter.

XLVIII.

Conclusion du Conseil de ville sur le projet d'une histoire d'Anjou proposé par M. Pétrineau des Noulis.

1689.
21 mai.

Du samedi vingt un may 1689, au conseil tenu aud. hostel de ville ;

... M. le maire a dict, que le 14 de ce mois, il se trouva, avec partie de MM. de ce corps, à l'assemblée publique de l'Académye, où M. l'abbé Lepeletier s'aquita parfaitement de l'éloge du roy, que le corps de ville a demandé à l'Académye tous les ans à pareil jour, et il a suivi en cela l'exemple de MM. le président Gohin et Verdier, qui ont parfaitement remply leurs devoirs en pareille ocazion, dans les années 87 et 88 ; que dans la mesme assemblée, M. Pétrineau, cy devant président de la Prévosté de cette ville, et eschevin, l'un des secrétaires de l'Académye, fit lecture d'un plan général de l'his-

---

nant général, qu'il est à propos qu'il soit fait un roolle de tous les pauvres de cette ville et fauxbourgs, pour estre distribuez et noriz, jusques au premier juillet prochain, par les habitans acommodez de cette ville et fauxbourgs.. et atendu la grande mizère et le nombre de pauvres, qui sont en cette ville et fauxbourgs, lesquelz souffrent tout à fait manque de pain, M. le maire est prié de convertir le festin, qu'il doit faire le 1er jour de may prochain, à l'eslection de MM. les maire et eschevins, dans une aumosne publique. » (BB 89 f. 80).

toire universelle d'Anjou, à laquelle il travaille depuis quelques années sur les ordres, que M. de Nointel, cy devant intendant de cette générallité, receut du roy, de charger quelqu'un d'escrire cette histoire ; que suivant ce plan, M. Pétrineau divise tout son ouvrage en trois parties. La première, qui est l'histoire séculière, contient l'Anjou Gaulois, l'Anjou Romain, l'Anjou sous la première race de nos roys jusqu'au temps des Comtes héréditaires, l'histoire des trois différentes familles des Comtes, l'histoire des Ducs en proprietté, l'histoire de ce qui s'est passé dans l'Anjou depuis la réunion à la couronne. La seconde partie contient l'histoire Ecclésiasticque par les pontificatz de nos évesques. Dans la troisiesme, il fait premièrement l'histoire particulière de toutes les villes de la province ; il examine ensuite ce qui regarde la noblesse, et enfin ce qui regarde la robe et l'administration de la justice.

Après la lecture de ce plan, M. Pétrineau adjouta qu'il en donnoit la conessence, parce que ceux qui travaillent à l'histoire, ayant besoin de plusieurs secours, ilz sont obligez de rendre leurs desseins publics, et pria les personnes, qui ont des tittres et des mémoires propres à son dessein, de vouloir bien les luy communiquer. Sur quoy M. le maire a dit qu'il luy semble que le public se doit interresser dans un ouvrage dont tous les ordres peuvent espérer quelque aventage, et que cette compagnie y doit d'autant plus entrer, qu'outre l'interest, qu'elle doit prendre en ce qui regarde la ville et la province d'ailleurs, M. Pétrineau se propose dans son plan de faire en particulier l'histoire de l'hostel de ville et des hommes qui s'y sont distinguez ; que cette histoire nous doit estre d'autant plus agréable, que nous y trouverons l'origine de nos plus beaux establissements, et des exemples de politique pour tous les temps, des règlements pour la sûreté des villes, pour leur tranquilité, pour leurs embellissements, enfin des hommes telz que nous devons estre et dont la vie doit estre d'autant plus précieuse, que nous y reconessons presque tous nos pères, et qu'elle a quelque rapport à nostre fortune et à nos ocupations ; mais parce que cette histoire ne se peut faire sans la lecture d'un très grand nombre de registres et de tittres, qui sont dans nos archives, et qu'un homme seul, qui d'ailleurs a un aussi grand dessein, ne peut suffire à cette recherche, il luy semble qu'il est du devoir de cette compagnie de prévenir M. Pétrineau par des offres de le soulager en ce travail ; sur quoy la chose mise en délibération et les opinions prises, MM. de cette compagnie se sont tous offerts de lire chascun deux des registres de cet hostel et d'en fournir les mémoires et les extraicts à M. Pétrineau ; et, afin qu'il peut estre aidé plus aventageusement, il a esté conclud que l'on demenderoit à mond. sieur Pétrineau autant de ce qu'il avoit leu à l'assemblée de l'Académie, pour estre imprimé aux frais de ce corps, afin que, son plan estant mieux conneu, il puisse estre aidé plus utillemant par les personnes habilles et intelligentes de la province.

(BB 98 f. 3).

XLIX.

Relation de ce qui s'est fait au sujet du passage de Jacques II, roi d'Angleterre, par la ville d'Angers.

1691-1692.

M. le maire a dit que le voiage du roy d'Angleterre aiant été résolu en cour pour dessendre en Bretagne, Mgr de Louvoy luy auroit donné advis par un courier du passage de sa Majesté Britannique par cette ville, affin de donner tous les ordres nécessaires pour sa réception, sans néantmoins aucune cérémonie, attandu que S. M. y devoit venir en poste et sans y faire aucun séjour; de sorte que le Roy étant parti de Tours le 18 du mois de décembre (1691), S. M. Britannique est arrivée le même jour dans cette ville, sur les quatre heures du soir, accompagnée du milord Bervic, fils naturel de sa majesté, et de milord Strafort, premier gentilhomme de sa chambre, avec MM. de la Motte, lieutenant des gardes du corps, et de Louvain, escuier du roy, suivi de dix ou douze autres de ses officiers; que sa majesté auroit esté reçue à la grande porte de cet hostel avec l'acclamation de tous les peuples, par M. de Miribel, lieutenant du roy de la ville et château, et par tous MM. les officiers de ce corps, M. le maire à leur tête, qui complimenta S. M. Britannique, au nom et de la part de toute la compagnie : auquel le Roy a eu la bonté de répondre en peu de mots, mais d'une manière très obligeante. Ensuite de quoy, sa majesté dessendant de chaise, elle a été conduite par les officiers de cet hôtel dans l'apartement, que l'on luy avoit préparé au dessus de la grande salle, où S. M. auroit été complimentée de la part des corps et de toutes les communautés de la ville. Le Roy étant fatigué de la route et du grand concours de monde, que le devoir et la nécessité faisoit venir de toutes pars, S. M. marqua souhaitter, que l'on fît retirer tout le monde, pour se rafraichir en particulier. Sur les six heures, le roy auroit bien voulu permettre à M. le maire de faire entrer dans son apartement les officiers de cet hôtel pour se tenir auprès de S. M. jusqu'au souper. Et en effet le roy les receut avec des marques d'une bonté extraordinaire, jusqu'à vouloir bien entrer dans une conversation familière avec tout le monde, et fit conêtre à la compagnie, qu'après la prise de Lemeril en Irlande, S. M. auroit fait passer beaucoup de ses troupes et de ses sujets en France (dont le nombre s'est trouvé être de 24 à 25,000, tant hommes que femmes) qui étoient nouvellement débarqués à Brest, mais que comme le nombre étoit composé du débris de plusieurs régimens et qu'il y avoit quantité d'officiers généraux sans commendement, S. M. voulant en former des corps complets pour les atacher au service de France, elle avoit jugé à propos d'aller au lieu du débarquement, pour y doner ses ordres nécessaires et faire conêtre à ses sujets, en arivant dans un royaume qui leur est étranger, que S. M. avoit toujours conservé pour eux sa même affection, et qu'ils n'avoient point changé de maitre, quoique dans un autre royaume.

Après une conversation de plus d'une heure, le Roy aiant marqué vouloir souper en particulier, pour éviter la grande foule du monde, cela dona lieu à M. le maire de changer de dessein et de faire dresser le couvert dans l'apartement, qui regarde sur la terrasse de l'hôtel de ville, et de mettre le buffet dans la chambre d'à côté; mais comme par respect l'on n'avoit disposé qu'un seul couvert, avec un fotueil pour le roy, S. M. en se mettant à table fit adjouter six autres couvers et prandre place à quelques milors et officiers de sa suitte, et voulut que MM. de Miribel et le maire se minsent à table auprès d'elle. M. le maire dona à laver au roy (qui est le plus grand honeur que S. M. Britannique luy put faire), et ensuite s'étant mis à table, après un ordre réitéré de la part du roy, MM. les eschevins servirent S. M. pendant tout le repas, aiant toujours un genou en terre, à la manière d'Angleterre.

Le repas avoit été ordoné par le corps de ville et fut servi aussi magnifique, que la saison et le peu de temps que l'on avoit eu pour le préparer le peurent permettre. Quelque précaution que l'on eut pu prendre pour ampescher la foule, la grande quantité de persones de condition, qui se présentèrent et à qui l'on ne pouvoit refuser l'entrée, avoient tellement remply tous les apartemens, que la compagnie eut beaucoup de peine, au sortir de table, de conduire S. M. dans son apartement. Toute la compagnie resta dans la chambre du roy près de demi heure, jusqu'à ce que milord Bervic prît congé de S. M.; et ensuite il fut remené par toute la compagnie dans l'apartement, que l'on luy avoit dressé dans la chambre, où le roy avoit mangé. Milord Strafor et le premier valet de chambre restèrent à coucher dans la chambre du roy, dans laquelle M. le maire retourna prendre les ordres de S. M. pour son départ du landemain. Toutes choses ainsi disposées, M. le maire établit dans le salon de l'hôtel de ville un corps de garde d'habitans de la ville, commandés pour cet effet, affin de faire la garde pendant toute la nuit, et posa deux sentinelles, l'une à la porte de la chambre du roy et l'autre au bas du degré à la porte d'entrée, lesquelles furent relevées par le corps de garde de deux heures en deux heures.

Suivant l'ordre du roy, le landemain matin, M. le maire se trouva, à cinq heures, dans la chambre de S. M., qui lui marqua souhaitter entendre la messe dans l'église le plus proche; sur quoy M. le maire luy proposa celle des PP. de l'Oratoire, où S. M. voulut aller de son pied; et y fut suivie de plusieurs officiers, qui s'étoient rendus à l'hôtel de ville; mais comme il n'étoit pas encore jour, S. M. y fut conduite par 24 valets, portant des flambeaux de cire blanche. S. M. en entrant à l'église y fut receue et complimentée par le supérieur de la maison, à la tête de sa communauté toute en surplis; et pendant la messe l'on a fait à S. M. tous les honneurs, que l'on a accoutumé de rendre aux personnes royales. S. M. en sortant de l'église fut conduite par les mêmes Pères jusque dans la rue, où sa chaise de poste l'atandoit. Auparavant que de monter en chaise, S. M. Britannique eut la bonté, en se tournant vers M. le maire et MM. de l'hôtel de ville, de leur marquer combien elle étoit satisfaite de la réception, qui luy avoit esté faite à l'hôtel de ville, et, après en avoir remercié M. le maire en particulier et toute la compagnie présente, le roy monta en chaise de poste, sur les sept heures, et prit le chemin de Bretagne avec quinze ou seize persones de sa suitte, pour se randre à Nantes le mesme jour.

Le lundy 7 du moy de janvier 1692, M. de Louvain, préposé de la part du roy à la conduite de S. M. Britannique, envoya un courier de Rennes à M. le maire, pour luy doner advis du retour du roy d'Angleterre par Angers avec ordre de la part de S. M. B. de luy envoyer le mesme jour un relais de seize chevaux de poste à la Grande maison sur le chemin de Bretagne, et de tenir le landemain, sur le midy, de la viande en état que le roy en put prendre dans sa chaise, avec un nouveau relais, S. M. ne voulant perdre aucun moment, étant au dessein d'aller ce même jour coucher à Saumur. Sur cet advis M. le maire convoqua extraordinairement la compagnie, qui aréta que l'on tiendroit le landemain un disner prest, le plus magnifique (1) que l'on pouroit, pour le roy et pour les officiers de sa suitte, et que S. M. seroit servie dans la salle basse de l'hôtel de ville, que l'on feroit tapisser à cet effet. Toutes choses ainsi disposées, le roy d'Angleterre étant parti, led. jour de mardi, de Candé, S. M. arriva sur le midy dans cette ville et fut receue à la grande porte de cet hôtel et complimentée par M. le maire à la tête de toute la com-

(1) On en peut voir le menu à l'article CC 16.

pagnie. Comme toutes choses étoient disposées pour servir sur table, dans le tems que S. M. dessenderoit de chaise, le roy se mit à table en entrant dans la salle, et fit prandre place à cinq officiers de sa suitte, aussi bien qu'à MM. de Miribel et le maire, que S. M. fit mettre auprès d'elle. Le roy ne fut pas plus de demi heure à table ; ensuite de quoy S. M. remonta promtement en chaise, et marqua à MM. le maire et aux officiers de cet hôtel être extraordinairement satisfaite de leur réception, et reprit ensuite sa route pour se randre à Saumur ; et après le départ du roy, M. le maire dona à dîner à la plus grande partie des persones de considération, que la curiosité et le devoir avoient fait venir à l'hôtel de ville.

(BB 99 f. 119).

L.

Rapport fait en Conseil par le maire du jugement d'un soldat Irlandais coupable de viol.

En la chambre du Conseil... M. le maire a dict, que le régiment de la marine Irlandoise, venant de Nantes en cette ville, auroit commis beaucoup de désordres à la couschée de Chantocé, et que le sindiq de ce lieu, luy ayant faict plainte d'un viol commis par un sergent dud. régiment, il a esté trouver M. le colonel, qui estoit arrivé le jour précédant avec le premier bataillon, pour luy demander justice d'un aussy grand désordre ; ce qu'ayant bien voulu, le régiment passant par la porte S. Nicolas, M. de la Forestrie, qui faisoit la reveue, a faict arrester prisonnier le soldat coupable, et le landemain, les officiers dud. régiment ont demandé permission à mond. sieur le maire d'assembler le Conseil de guerre dans la salle de l'hôtel de ville, pour juger le prisonnier, et l'ont mesme prié, avec mond. sieur de la Forestrie, de prendre séance dans leur assemblée, ce qu'ils auroient accepté ; mais ayant esté justifié que l'action du viol n'avoit pas entièrement esté consommée, le coupable a esté seulement condamné d'avoir sa hallebarde cassée sur la teste et d'estre dégradé des armes à la teste du régiment, qui est le chastiment en Angleterre le plus sévère parmy les troupes, après le supplice de la mort ; que néantmoins le coupable auroit esté condamné aux gallères, sans que cette peine n'est point establye en Angleterre, et que les officiers de ceste nation, estant en France en corps de troupes, et qui reconnoissent l'autorité de sa majesté Britannique, ne sont pas en liberté de donner un des sujets de ce prince en qualité d'esclave au roy de France.

1692.
2 mars.

(BB 99 f. 70).

LI.

Prêt consenti par la ville aux entrepreneurs de la carrière de marbre de Saint-Samson.

1722.
21 avril.

En la chambre du Conseil... M. le maire a dit que les nommez Jean Berthelemy Esloy et Jacques Brandy, demeurans paroisse de S. Maurille de cette ville, sont venus le trouver et luy ont représenté, qu'ils auroient pris à ferme du sieur Roustille une carrière de marbre, scittuée paroisse S. Samson, pour neuf ans, à condition expresse qu'ils ne pourront faire tirer le marbre de lad. carrière depuis le dernier jour de may jusqu'à la Toussaint de chacune année de leur bail; qu'ils auroient dessein de travailler à lad. carrière jusqu'au dernier jour de may prochain avec beaucoup de diligence, affin de fournir à différents particuliers de cette ville et de la province les ouvrages de marbre qu'ils leur ont demandez; mais que, n'étant pas en état de faire les avances convenables pour exécuter leurs desseins, ilz supplient le corps de ville de leur prester la somme de deux cents livres, dont ils consentiront obligation devant notaires, solidairement avec leurs femmes, avec promesse de la rendre dans un an; qu'il croit qu'il est de l'intérêt public de les ayder dans une entreprise qui peut estre avantageuse à la ville; que cette carrière de marbre ayant été depuis peu découverte, il est à propos d'en faciliter l'exploitation, affin que ceux qui auront besoin de marbre ne soient pas obligez, comme cy davant, de le tirer de Sablé et de Laval avec des dépenses extraordinaires; que d'ailleurs le marbre de cette carrière étant fort beau et lad. carrière devant selon les apparences en fournir une grande quantité, le commerce qu'on en pourra faire sera très avantageux à cette ville; qu'il estime qu'on ne doit pas refuzer auxd. Esloy et Brandy le petit secours, qu'ils demandent, aux conditions par eux proposées; sur quoy il a prié la compagnie de délibérer. Les opinions prises, a été conclu d'un consentement unanime, que le receveur de la simple Cloison remettra au sieur Dupin, secrétaire de cet hostel, la somme de 200 livres, qui sera délivrée auxd. Esloy et Brandy, dont ils consentiront obligation devant notaires, solidairement avec leurs femmes, au profit de ce corps, en promettant de la rendre dans un an.

(BB 107 f. 40).

LII.

Approbation du traité, passé avec les sieurs Delisle, pour la confection de la carte d'Anjou.

1723.
27 février.

Sur ce qui a été marqué par la lettre de Monsieur le maire, dattée à Paris le 20 de ce mois, que MM. Delisle frères, géographes de l'A cadémie des Sciences de Paris, proposent de faire la carte d'Anjou en quatre feuilles, et qu'un d'eux se transporteroit sur les lieux, si cet hôtel de ville vouloit contribuer à la dépense qu'il conviendroit faire ; laquelle il fait monter à huit mille livres, y compris la planche, le papier et l'impression ; moyennant quoy, il abandonneroit tous les exemplaires de cette carte, dont on se chargeroit pour en recevoir le prix ; qu'il demande qu'on luy assure lad. somme de 8,000 l., dont il ne s'agiroit que de faire l'avance, qui seroit ensuite reprise sur le débit desd. cartes, qui se vendroient à raison de quatre livres pièce ; que, pour pouvoir exécutter ce projet, le sieur Coignard, qui imprime actuellement la *Coutume d'Anjou,* pouroit se charger de mil exemplaires qui feroient la somme de 4,000 l., dont il feroit l'avance ; lesquels exemplaires seroient insérez dans les exemplaires de lad. *Coutume ;* et à l'égard des 4,000 livres restant, M. l'évesque d'Angers a dit à M. Dupont, procureur de cet hôtel, qu'il feroit faire l'avance par le clergé de la somme de 2,000 livres, au cas que cette compagnie voulust aussi faire l'avance des 2,000 l. restant, pour parvenir à l'exécution de ce projet qui seroit très utille à cette ville et à toutte la province. La matière mise en délibération, a été conclu et arresté, que cette compagnie fera l'avance de 2,000 livres auxd. sieurs Delisle, qui travailleront à la confection de la carte d'Anjou, à condition que led. sieur Coignard fera l'avance de 4,000 livres et le clergé de cette province l'avance de 2,000 livres, et qu'il sera envoyé par M. Delisle en cette ville mille exemplaires de lad. carte d'Anjou, qui seroit débitée en commun, pour le prix en provenant estre partagé par moitié entre le clergé et cet hôtel, à proportion que le débit en aura été fait ; et que led. sieur Coignard ne pourra débiter aucuns exemplaires de lad. carte, jusqu'à ce que les mil exemplaires destinez pour le compte du clergé et de cet hôtel de ville ayent été entièrement débitez ; et se raporte au surplus à M. Robert, maire, pour arrester led. traité, ainsi qu'il jugera à propos.

(BB 107 f. 57).

LIII.

Conclusion de ville en l'honneur de M. Robert.

Du jeudi 20 mars 1748... en la chambre du Conseil... M. le maire a dit que M. Robert, conseiller à cet hôtel, ayant été prié par MM. de ce corps, il y a quelques années, d'examiner aux archives tous les titres des droits et priviléges de cette ville et mairie, d'en composer un recueil pour être imprimé, à l'effet de faciliter, tant aux officiers de cette compagnie qu'aux habitans, une connoissance exacte de tous

1748.
20 mars.

ceux qu'ils sont souvent obligés de réclamer contre l'oppression des traittans, se seroit prêté de bonne grâce à donner de nouvelles preuves de son zèle et de son affection au service du public, en se chargeant de la rédaction d'un ouvrage aussi pénible ; que sans se dispenser des obligations de son état, qu'il a toujours dignement rempli jusqu'à ce jour, il a bien voulu employer à cette compilation, pendant l'espace de trois années, tout le temps qu'il devoit à ses affaires domestiques et à son repos ; que d'ailleurs cette compagnie et la ville étoient ses tributaires à bien des titres, tant pour les services signalés qu'il leur avoit rendus depuis 33 ans, soit en les faisant maintenir par ses soins, son crédit et la sagesse de ses conseils, dans leurs priviléges, exemptions et immunités, soit en les deffendant de plusieurs recherches, qui ont été pratiquées en différents temps ; que lui maire, estimoit qu'à raison de tant de peines et de soins, que cet officier a pris pour les intérêts du corps, et pour le travail immense qu'il a employé à la rédaction et impression du recueil dont il s'agit, il étoit du devoir de cette compagnie de lui donner quelques témoignages particuliers de sa juste reconnoissance, pour quoi il a supplié chacun de MM. de délibérer sur les démarches qu'il convient faire auprès de mondit sieur Robert en pareil cas.

La matière mise en délibération, et après que chacun de MM. s'est expliqué avec éloge sur la reconnoissance qui lui est due, il a été conclu d'une voix unanime de députer deux de la compagnie vers mond. sieur Robert, pour au nom de ce corps le remercier des soins qu'il a pris à la compilation (1) du recueil dont il s'agit, et en outre qu'il lui seroit fait présent de flambeaux d'argent d'un travail recherché, lesquels seroient gravés aux armes de la ville, dont la dépense

(1) C'est un énorme in-4º de 1310 pages (Angers, Barrière, 1748), dont l'édition, longtemps considérée comme épuisée, a été retrouvée en partie, il y a quelques années, dans les réserves de la Mairie. Composé surtout au point de vue des intérêts contentieux de la ville, ce recueil parut bientôt insuffisant, et une nouvelle conclusion fut prise le 19 septembre 1773 : « Considérant que dans le Billot de l'hôtel de ville il a été omis des pièces très importantes ; que les listes des maires et autres officiers sont interrompues,...... toutes les pièces omises, ensemble les loix nouvelles.. et les listes des officiers depuis leur interruption seront continuées, et le tout rassemblé, mis par ordre avec des notes en marge ; et il sera fait une table alphabétique, outre celle des matières, pour être imprimée et jointe soit au Billot ou former un second volume, selon l'étendue que l'ouvrage aura ; et pour y parvenir, le secrétaire, en arrangeant le trésor et en travaillant à l'inventaire, aura intention de tenir note des pièces essentielles ; après led. inventaire, il sera nommé des commissaires pour la confection de cet ouvrage. » (BB 126 f. 33). — Il ne paraît pas qu'il ait été donné suite à ce projet.

pouroit être portée jusqu'à la somme de 500 livres, à prendre sur le produit des menues rentes.. et à l'instant ont été commis pour députés MM. Romain et Delorme, conseillers de cet hôtel, pour voir mond. sieur Robert et remplir lad. commission.

(BB 114 f. 60).

LIV.

Conclusion de ville qui assure aux ouvriers de la manufacture de toiles à voiles, malades à l'Hôtel-Dieu, le privilége de coucher seuls dans leurs lits.

Du mardy 19 janvier 1751.. en la chambre du Conseil.. M. le maire a dit, que, depuis que la compagnie a pensé à l'établissement d'une manufacture de toiles à voiles dans cette ville, elle a eu l'attention de prendre toutes les mesures convenables, pour y attirer tous les différens ouvriers qui doivent y être employés; que tous ces gens, étant le plus ordinairement hors d'état de se procurer les secours dont ils ont besoin dans un temps de maladie, seroient très flattés de trouver quelque soulagement particulier à l'Hôtel-Dieu; qu'il regarde comme un des premiers secours, qu'on puisse procurer à un malade, l'avantage de coucher seul dans un lit. Il est persuadé que MM. les administrateurs, infiniment touchés du bien public, voudront bien seconder les intentions de la compagnie et donner des ordres pour faire mettre seuls dans un lit tous les ouvriers de la manufacture, qui seront dans la nécessité de se retirer à l'Hôtel-Dieu dans un temps de maladie.

1751.
19 janvier.

Sur quoi il a été arrêté d'une voix unanime, que MM. les administrateurs de l'Hôtel-Dieu seront priés de faire donner un lit à chaque ouvrier de la manufacture de toiles à voiles, lorsque la maladie les obligera à se retirer à l'Hôtel-Dieu, comme aussi de leur faire donner le meilleur gouvernement, qui dépendra d'eux; et pour éviter les abus qui pouroient naître à ce sujet, et empêcher que d'autres personnes ne se servent du titre d'ouvrier de la manufacture pour jouir du privilége qui leur est accordé, a été arrêté, qu'aucun ouvrier de la manufacture ne pourra être reçu à l'Hôtel-Dieu, sans représenter un certificat de M. le maire ou de M. le procureur de ville, comme le porteur sera réellement de la manufacture.

(BB 114 f. 204).

LV.

Rapport fait en Conseil de ville des violences commises au théâtre par les invalides du château.

Du 31 mars 1775, sur les onze heures du matin, en la chambre du Conseil, où étoient MM. Allard, maire, Prévost, lieutenant de maire,

1775.
31 mars.

Berger et Bayon, échevins, Claveau, Gourreau de l'Epinay, Raimbault de la Douve, Legris, Jouin, Bucher de Chauvigné, et Bardoul, conseillers,

M. Boullay du Martray, procureur du roy [a dit] :

Messieurs,

On dit que depuis trois mois une troupe de comédiens de la direction de la demoiselle Montansier, sous la régie de Francisque, joue en cette ville ; qu'il est d'usage qu'on donne des représentations au bénéfice de certains acteurs ; que cette grâce a été accordée à deux.

On prétend, que quelques jeunes gens ont dit, qu'ils auroient demandé, hier jeudi 30, une pièce au profit de la dame Dormeval, dont les talents ont intéressé le public, et que Francisque s'oposoit à cette demande ; que l'après midy dud. jour jeudy 30, quarante invalides du château ont chargé leurs fusils à balles, se sont munis de chacun cinq autres coups à tirer ; qu'ils ont parti du château à quatre heures, ayant à leur teste M. de Renty, capitaine, et le sieur Cazeau, lieutenant.

Qu'en passant dans la ville, les officiers ont été entendus convenir, qu'ils se montreroient, qu'ils tireroient un coup de pistolet sur les personnes du parterre : « Malheur, disoient-ils, à celui que nous tuerons ; mais cela fera peur aux autres. » Arrivés sur la place des Halles, le public a été frapé de voir 40 hommes, au moins, sur deux lignes, la garde ordinaire du spectacle ne se faisant qu'avec dix ou douze hommes, et rarement avec vingt.

Que les deux officiers ont fait faire quelques évolutions à leurs invalides ; et qu'ayant fait mettre la baguette dans le canon de leurs fusils, le public a remarqué, qu'elle l'excédoit de quatre à cinq pouces.

La troupe s'est séparée et promenée ; les officiers leur ont donné des ordres secrets. Plusieurs personnes les ont entendus recommander aux soldats de faire feu au premier signal. Des soldats ont répondu qu'ils obéiroient sans restriction ; d'autres, quand on leur commanderoit des choses justes ; des personnes ont été prévenues de ne point aller au parterre, de monter aux secondes loges ; des acteurs de la comédie sont les auteurs de cette confiance.

Les deux officiers ont distribué leurs invalides, qu'on croyoit être destinés à garder le spectacle. — La pièce commence à 5 heures 1/2. — Le premier acte fini, la toile se baisse pour changer les décorations.

Dans cet entr'acte, un laquais, aux secondes loges, avec un chapeau de livrée sur la tête, fut aperçu ; deux voix s'élèvent et crient : « Bas le laquais ! » Il ôte son chapeau et se retire.

L'orchestre joue quelques airs ; les spectateurs s'amusent à en marquer la mesure ; l'élasticité des planchers leur communique un balancement, qui dure quelques minutes ; il cesse. Cinq à six minutes après, sans qu'il y eût de bruit, de mouvement ni aucune action quelconques, que non seullement la police mais que la politesse la plus exacte pût désavouer, M. de Renty et son lieutenant, suivi d'environ 8 ou dix soldats, la bayonnette au bout du fusil, entrent dans le parterre, eux, officiers, les pistolets à la main. Dans l'instant, on apperçoit le théâtre, les amphithéâtres, premières et secondes loges, remplis de soldats, disposés à faire un feu croisé ;

Ces officiers crient à leurs soldats d'avoir attention au comandement, de mettre leurs fusils en joue et de faire feu au premier commandement.

« Croyez-vous, ont dit alors ces deux officiers au parterre, croyez-vous, gens-f......, f..... gueux, f..... manans, nous imposer la loi ? » Ils ont répété ces jurements, et d'autres infiniment plus exécrables, avec une rage marquée. Ils écumoient ; ils étoient hors d'eux-mêmes ; ils se sont portés avec leur monde jusqu'au centre du parterre, qui alors s'est séparé en deux. Le sieur de Renty et son lieutenant s'y sont promenés à grands pas, d'un bout à l'autre ; il ont menacé de tuer celui qui feroit le moindre mouvement.

Quoique personne n'ait ni levé la canne ni tiré l'épée, ni tenu le moindre propos, ils ont arrêté un jeune homme, ils ont fait donner à un autre vingt bourrades ; il tombe ; le sieur de Renty le fait relever et conduire en prison.

Le lieutenant porte ses pistolets à la gorge de dix pères de famille ; il arrête un jeune homme : « Où vas-tu ? » lui crie-t-il. Il lui répond qu'il sort. Cazeau lui réplique : « Je te tue. » En même temps lui porte un pistolet armé sur la poitrine. Ce citoyen lui répond les deux bras croisés : « Je reçois la mort ; tire et m'assassine. » Ce lieutenant, entendant le mouvement des personnes effrayées qui vouloient se soustraire à la mort, un jeune écolier, le sieur Bancelin, âgé de 14 ans, le voit, se jette entre les bras d'un ami de son père et le prie de le cacher, sinon qu'ils vont être tués. Dans le moment où cet ami lui prêtoit la main pour l'enlever sur les bancs qui reignent le long du parterre, Cazeau, lieutenant, lui tire un coup de pistolet chargé à balle, qui l'atteint au dessus de la troisième boutonnière ; l'enfant voit son sang, découvre sa poitrine, se jette à la garde, pour s'en aller chez son père. Sur-le-champ les officiers donnent ordre de l'arrêter et le constituer prisonnier. Un invalide l'arrête, l'enfant lui échappe, il est conduit chez un chirurgien.

Ce coup de pistolet étoit sans doute celui du signal; ces officiers crient : « Gardes, tirez! » Les détentes de plusieurs fusils partent sans faire feu; des personnes respectables courent aux soldats, leur deffendent de tirer. Une voix s'éleva du parterre et proposa la fuite. « Non ! s'écrièrent ces deux officiers, non, f..... gueux, vous ne sortirez pas; nous allons vous faire assassiner tous. »

Le capitaine attaqua un jeune homme, M. Botte, armé d'un couteau de chasse, et en le traitant de f.... gueux, de f.... mâtin, il lui demanda, en le tutoyant, s'il étoit marchand, commis, ou garçon apoticaire. Il lui répondit qu'il étoit un honnête homme, et qu'il n'assassinoit personne. Le capitaine lui ordonna la prison, et de suite il porta le pistolet à la gorge de ceux qui étoient dans le parterre, et donna ordre à un soldat de tirer, mais le coup ne partit pas. Ce capitaine est entouré; un soldat lui crie de se retirer, qu'il alloit tuer tous ces b.......-là. Il se plaça effectivement dans les premières loges, d'où il écarta à coups de bayonnettes tous ceux qui s'approchèrent de la porte pour sortir.

Le sieur Bancelin père, instruit de l'assassinat de son fils, entre au parterre, s'adresse au capitaine, lui demande si c'est à balle ou à poudre qu'il a tiré sur son fils. Ce capitaine nie ce coup de feu. Un citoyen instruit le sieur Bancelin que le coup a été tiré par le lieutenant. Il prie le capitaine de le lui faire parler; il dit qu'il est sorti, et sur-le-champ donne ordre de mettre en prison celui qui avoit nommé l'auteur de l'assassinat; et parvenu sur la place des Halles, ce citoyen trouva le moyen de s'échapper; les conducteurs le couchèrent en joue; l'un d'eux le rata, et il ne put être tiré à cause des personnes qui passoient.

Le sieur Cazeau, lieutenant, étoit aux secondes loges, où il consigna plusieurs personnes,

Le sieur Bancelin père revint, se tint hors du parterre et fit demander par deux gardes de cet hôtel à parler au lieutenant. Il descendit, armé d'un pistolet chargé et d'un autre vide, précédé et suivi d'invalides. Le sieur Bancelin lui demanda s'il avoit tiré son fils à plomb ou à poudre; et sur ce que le lieutenant tergiversoit, il lui dit qu'il le vouloit savoir, parce que cela importoit, à ce qu'il pensoit, au traitement de son fils. Ce lieutenant assura qu'il n'étoit chargé qu'à poudre. Le père lui dit qu'il le souhaittoit, mais qu'il n'étoit que trop certain qu'il étoit chargé à balle; et comme cet officier commençoit à lui tenir de mauvais propos, et que le sieur Bancelin craignit d'être vengé, il se retira. On prétend qu'alors le sieur Cazeau dit qu'il se repentoit de n'avoir pas tué le père.

Qu'il y a encore trois personnes en prison, que les invalides y ont conduites par ordre de leurs officiers, qui ne sont point écrouées et qui n'ont commis ni crime ni indécence;

Que ces officiers prétendent avoir la police des spectacles, d'arrêter et conduire en prison qui bon leur semble, et quant ils le jugent à propos;

Que cela est si vrai, que, le 10 février dernier, le sieur de la Dublière a été écroué par M. Bardoul, conseiller de police, et qu'au dessous de son écrou, M. de Renty, capitaine, a mis un autre écrou, comme il suit : *Comme étant* (dit-il) *chargé spécialement du spectacle, et en attendant les ordres de M. le duc de la Vrillière à nous annoncés sur cet objet, nous écrouons led. sieur de la Dublière, pour qu'il ne puisse sortir sans que nous en soyons informés et que nous ayons eu des ordres du ministre en réponse du compte que nous allons lui en rendre aujourd'huy.* Signé : *Comte* DE RENTY.

Le sieur de la Dublière a été interdit pour cause de démence. La prétention du comte de Renty fut aussi mise en avant par le sieur de Laudonnet, son prédécesseur, qui vint, il y a environ un an, avec 40 invalides armés de fusils chargés et ayant plusieurs coups à tirer, se présenter sur la place des Halles pour faire la police des spectacles, et à dessein de faire le coup de feu contre douze hommes faisant le guet de la ville, et qui servoient à la police du spectacle à la satisfaction du public et des acteurs, sous les ordres de M. Allard, maire et lieutenant général de police;

Qu'après tous ces faits, qui causent une émotion générale dans toute la ville, et qui peuvent avoir des suites fâcheuses, la compagnie, considérant combien l'ordre public intéresse la sûreté et la tranquillité des citoyens, et combien il est important de réprimer les attentats commis sous les ordres des officiers des invalides en garnison au château, contre la vie et la liberté des bourgeois et habitans de la ville d'Angers; que ces officiers n'ont aucune police à exercer dans la ville, à l'occasion des spectacles, ni autrement; que, quand ils y assistent, ce ne peut être qu'à la réquisition des magistrats; qu'ils ne peuvent arrêter que ceux qui troublent l'ordre, ni emprisonner que par les ordres de M. le lieutenant général de police; qu'ils n'ont pas droit de venir aux spectacles, armés de pistolets ni accompagnés d'un plus grand nombre d'hommes que celui requis par les magistrats, ni de faire charger leurs fusils à balles; qu'enfin ils ont encore moins le droit d'ordonner de faire feu sur les habitans et, par des voies de fait inouïes, de les mettre eux-mêmes à mort;

Pourquoi et comme la conservation de la vie des habitans est ce qu'il y a de plus précieux à la compagnie, elle a délibéré de députer

M. Allard, maire, et M. Boullay, procureur du roy, et les a priés de vouloir bien partir incessamment pour Paris, pour instruire Sa Majesté et ses ministres des voies de fait préméditées qui viennent d'être détaillées, et de solliciter les ordres nécessaires pour rétablir le bon ordre.

MM. Allard et Boullay ont accepté la députation et ont promis en même temps de s'occuper des autres affaires de la ville, et pour faire les frais du voyage, il a été arrêté qu'il leur sera délivré par le trésor de cet hôtel la somme de 1200 livres (1). — Ont signé : Allard, maire, Prévost, Bayon, échevin, Raimbauld de la Douve, Gourreau de Lespinay, Guillotin du Bignon, Boullay, Bucher de Chauvigné, Claveau, Jouin.

(BB 127 fol. 20).

LVI.

Ordonnance du maire, faisant fonctions de lieutenant de police, au sujet des expériences aérostatiques.

1784.
19 mai.

Il nous a été remontré par le Procureur du Roy que, depuis quelque temps, il se fait dans cette ville et aux environs un grand nombre d'expériences sur les machines aérostatiques, nommées ballons; que la plupart de ces machines ont été garnies de mèches enflammées, ou ne se sont élevées qu'après avoir été enflammées elles-mêmes, et ont exposé au danger le plus prochain des magazins de paille et autres matières combustibles; que déjà les officiers chargés de veiller à la sûreté de la capitale ont reconnu la nécessité d'arrêter l'abus d'une découverte, peut-être utile en elle-même, mais que le défaut de précaution rend extrêmement dangereuse; et qu'il paraît urgent d'y pourvoir également pour cette ville, en ne permettant ces sortes d'expériences qu'après nous être assurés, par la capacité de ceux qui les entreprendront et la manière dont elles seront exécutées, qu'il n'en résultera aucun accident.

Sur quoi faisant droit, nous deffendons très expressément à toutes personnes, de quelque qualité et condition qu'elles soient, de fabriquer et faire enlever aucuns ballons, ou autres machines aérostatiques de cette espèce, avant d'en avoir obtenu de nous une permission, qui contiendra le lieu, le jour et l'heure, où l'expérience poura être faite, à peine contre les contrevenants de 500 livres d'amande; mandons à tous officiers de police de tenir la main à l'exécution de

---

(1) La ville obtint gain de cause et fit renvoyer d'Angers les invalides, sauf une escouade pour la garde du château.

notre présente ordonnance, qui sera imprimée, publiée et affichée partout où il sera besoin, à la requête du Procureur du Roi. Donné en la chambre du conseil de la police à Angers le 19 mai 1784.

Bucher, maire, lieutenant général de police.
Bodard, conseiller de police en exercice.

Murault, procureur du roi.

(FF 43).

LVII.

Marchés de travaux de sculpture conclus par la ville et par le chapitre S. Maurice d'Angers avec Louis David (1),
(Originaux).

I.

Ouvrages de sculptures faites à l'hôtel de ville par M. David, gendre de M. Le Masson.   1786. 17 janvier.

Un trophée en plastre dans la chambre de Monsieur le Maire, 24 l.
Autre dans la chambre de Mad^{lle} Claveau, 24 l.
Autre dans la chambre de M. de Grancière, 24 l.
Autre dans le sallon de compagnie, en y comprenant les deux pilastres et autres accessoires, 80 l.
Un rosastre de plafond en feuille d'acante, 12 l.
Autre dans le second sallon de compagnie, 12 l.
Dans la même salle six écoinsons au plafond, 12 l.
Plus, 32 rosastres dans les panneaux, 24 l.
Plus, pour le pied de la table de marbre richement sculpté, ayant fourni le bois, et payé la façon de la menuizerie, 180 l.

Certifions que le présent mémoire, cy dessus détaillé, a été exécuté dans toutes ses parties avec goût et beaucoup d'art; pourquoy nous l'avons réglé et arrêté à la somme de trois cent quatre vingt dix livres.

A Angers, ce dix sept janvier mil sept cents quatre vingt six.

Cahouet de Combré. — Allard du Haut Plessis.

(Au dos). Reçu de M. Allard du Haut Plessis la somme... portée au tradat cy dessus. Angers, le 18 janvier 1786.

David, sculpteur.

(CC 42)

II.

Nous soussignés Jean Gaudin de Boisrobert, commissaire nommé par l'hôtel de ville, et Pierre-Louis David, sculteur, sommes con-   1787.

---

(1) C'est le père de David d'Angers.

venus de ce qui suit : sçavoir que moi David m'oblige de sculter, selon les règles de l'art et conformément au plan, qui m'en a été fourni et que j'ai adopté, quatre chapitaux d'ordre ionnique d'après ledit plan, sauf le retranchement des culots sur les coussinets des volutes, où en place seront des feuilles d'o ; la guirlande sera à l'entier en laurier, et les feuillages qui couronnent les oves un peu plus étendues ; en place du fleuron montant droit, sera placée une rosasse antique; toute laditte sculture bien finie à paine d'être recusée, si elle n'étoit point nette, exacte, ou les volutes mal contournées. S'oblige ledit M. David livrer faits et parfaits lesd. chapitaux et placés au plus tard le 24 de mars prochain, condition expresse du présent marché, sans laquelle il n'eut point eu lieu, s'obligeant led. M. Boisrobert de payer aud. M. David l'ouvrage rendu à place, bien fini et parfait, ainsi qu'il est dit, la somme de 90 l. au total, évaluant les deux chapitaux de retour ou d'arreste de l'avant corps à raison de 25 l. la pièce, et les deux autres à raison de 20 l., s'obligeant en outre de lui fournir la menuiserie desd. chapitaux, qui sera faitte et collée par M. Duforest, menuisier, ainsi que ce dernier en est convenu avec M. Boisrobert, par le marché qu'il a fait de la boiserie de laditte salle. — Ainsi convenu et arresté en double sous nos seings, ce vint neuf février 1787.

    David, sculpteur. — Gaudin de Boisrobert.

En outre du marché ci dessus, convenu que led. David gravera sur rayrie deux écussons aux armes du roy et de la ville pour la somme de six livres; aussi qu'il gravera 56 chiffres au moins de quatre lignes de profondeur et 4 pouces de hauteur sur un pieux indiquateur de la hauteur des eaux et servant à garentir l'une des masses de la voie neuve, et ce pour la somme de neuf livres.

Angers, ce 15 mai 1787.

  (CC 43),

III.

L'intérêt, qui s'attache au nom de l'artiste et à tous les documents dont peut tirer partie l'histoire des beaux arts, marque ici sa place à la pièce suivante conservée sinon aux Archives, du moins à la Bibliothèque de la ville :

1785.
29 avril.
  Les nobles et vénérables doyen, chanoines et chapitre de l'église d'Angers, d'une part, et le s^r Pierre-Louis David, sculpteur, demeurant en cette ville d'Angers, paroisse de S. Maurille, d'autre part, ont fait entre eux le marché de sculpture, et sont convenus de ce qui suit :

1° Que dans l'espace de cinq mois, led. s^r David s'oblige de faire la sculpture de deux trophées différents et de deux cassolettes pareilles, selon la hauteur, épaisseur et longueur indiquées par l'échelle qui est au bas des trois plans, qui ont été signés par MM. les commissaires du chapitre, le s^r Duforest, maître menuisier, et led. s^r David, sculpteur ;

2° Que les deux cassolettes et les deux trophées seront en tout conformes aux plans ci dessus mentionnés, sans que led. s^r David y puisse rien changer ou omettre, sans l'exprès consentement de MM. les commissaires du chapitre ;

3° Led. s^r David fera en terre glaise un modèle de chaque trophée et une des deux cassolettes de quatre pouces par pied tant en hauteur qu'en longueur, qu'il fera recevoir par MM. les commissaires du chapitre, sans qu'il puisse rien exiger pour le prix et confection de ces trois modèles, qui sont payés dans la somme dont il sera parlé ci après ;

4° S'engage led. s^r David à rendre la sculpture des deux trophées et des deux cassolettes si sensible, qu'on puisse aisément la distinguer du milieu du chœur de l'église d'Angers, en observant toutes les règles de l'optique et de la perspective, donnant à chaque objet la grosseur et la proportion convenable ;

5° Il sera payé au s^r David 620 livres, dont 320 pour les deux trophées et leurs deux modèles et 300 livres pour les deux cassolettes et leur modèle, dont moitié de chaque somme lui sera payée à proportion, que chaque partie de l'ouvrage sera finie, et le restant, lorsque les quatre pièces seront en place et reçues par des experts ;

6° S'obligent MM. de l'église d'Angers de fournir pendant l'espace de cinq mois au s^r David ou la chapelle Ste Anne ou la partie de la galerie de l'église, qui touche la paroisse de S. Maurice, fermant à clef, pour que led. s^r David puisse y déposer et travailler sa sculpture ;

7° S'engage le s^r David à faire une cassolette et un trophée en commençant, et s'il venoit à n'être pas reçu quand il sera en place, par les experts,... le présent marché sera nul, sans que led. s^r David puisse rien exiger ni pour les trophées et cassolettes, qui seront faits, ni en dédommagement de ceux qui resteront à faire et que le chapitre pourra faire faire par tel sculpteur qu'il avisera ;

8° Ne sera tenu led. s^r David à fournir aucun bois ; mais il lui sera fourni tout tourné et préparé en bon bois et traitable à sa demande, et selon les clauses et conditions seulement du marché, qui a été conclu entre MM. de l'église d'Angers et le s^r Duforest, m^e menuisier, le 1er de ce mois.

Fait à Angers... le 29 avril 1785.

Signé : Pierre-Louis DAVID.

IV.

1786.
23 janvier.

Les nobles et vénérables doyen, chanoines et chapitre de l'église d'Angers... et le sr Pierre-Louis David, me sculpteur, demeurant... rue de l'Hôpital, sont convenus de ce qui suit :

1º Led. sr David s'oblige de faire, avant la feste de Pâques, toute la sculpture des deux crédences, qu'on mettra aux deux côtés du grand autel de l'église d'Angers, et dont le sr Duforest, menuisier, fournira tout le bois nécessaire, pour le prix et somme de 764 livres, qui lui seront payées lors de la réception des deux crédences par deux experts...; laquelle sculpture desd. crédences sera faite dans la plus grande perfection et conforme en tout au plan, qui en a été fait à Paris et qui a été présentement signé par MM. les commissaires du chapitre et par led. sr David ;

2º Led. sr David ne pourra rien attendre ni solliciter de la générosité et libéralité du chapitre pour les deux trophées et cassolettes fumantes, qu'il a déjà faites, sous prétexte qu'ils ne lui ont pas été payés suffisamment par le chapitre, celui-ci ne payant si cher les deux crédences, que par une espèce de compensation de ce que led. sr David auroit pu gagner davantage sur le prix desd. deux trophées et cassolettes fumantes ;

3º S'engage led. sr David de descendre les deux figures en terre cuite, qui sont aux deux bouts du fond du chœur de l'église d'Angers pour le prix et somme de 36 livres et de les porter ou faire porter dans la chapelle Ste Anne, sans les briser en totalité ou en partie, sans endommager en rien les vernis, boiserie et sculpture du chœur déjà faite, et dans le cas, où par sa faute ou par accident imprévu et dont il se constitue garant, il viendroit à endommager, écorner ou le vernis ou la sculpture ou la boiserie des stalles et du chœur, il sera tenu de les réparer à ses frais et dépens ;

4º Ne pourra led. sr David travailler ni faire travailler à descendre lesd. statues pendant la durée des offices..., mais uniquement pendant l'intervalle entre lesd. offices, comme aussi se fournira de tous étagères, échaffaux, cordes, etc., sans pouvoir pour cela rien exiger dud. chapitre ;

..... Art. 6. Pourront MM. les commissaires du chapitre avancer au sr David une partie de la somme totale qui lui sera due au fur et à mesure qu'il leur constatera que la sculpture des deux crédences avancera.

Angers, ce 23 janvier 1786.

(Biblioth. d'Angers. — *Carton de S. Maurice.*)

LVIII.

*Marché passé par la ville avec le peintre Coulet de Beauregard
pour la restauration d'un tableau.*
(*Original*).

Nous soussignés, Monsieur Gaudin de Boisrobert, échevin commissaire nommé pour veiller aux travaux de la grande salle de l'hôtel commun de cette ville, d'une part, et moi, Coulet, peintre, chef de l'Académie de dessin, établie par la ville, sommes convenus de ce qui suit : sçavoir que moi, Coulet, ai consenti de ralonger de ce que besoin sera un grand tableau d'environ neuf pieds quarrés, représentant un duc de Brionne à cheval, et dans le lointain, des troupes, de peindre une bonne terrasse et convenante au surplus dud. tableau et ledit ralongement ; de plus m'oblige de réparer dans led. tableau tous les endroits écaillés, crevassés ou ayant des empoules, d'i faire revenir les couleurs, ôter tout le noir et le rendre comme neuf et d'un ton aussi frais, que les grands tableaux placés dans la salle du conseil, m'obligeant en outre de remonter led. tableau sur le chassis neuf, que led. s^r Gaudin de Boisrobert me fournira, d'ailleurs me chargeant, moi Coulet, peintre, de fournir toutes autres choses nécessaires pour donner aud. tableau la perfection requise, comme toile, peinture et vernis, etc., et au moien de mes obligations cy dessus remplies, mond. sieur Boisrobert me fera pour ce compter la somme de 72 l., prix convenu pour le susd. ouvrage, ralongement, autres réparations et vernis. Fait en double sous nos seings, Angers, ce 10 juillet 1787. — M'oblige en outre, moi Coulet, de rendre, l'ouvrage fini et parfait de ce jour, dans deux mois, à peine d'une réduction de 12 l. dud. prix.

(CC 43).

1787.
17 juillet.

LIX.

*Adresse de la municipalité de Beaupréau à la municipalité d'Angers,
au sujet des événements de Paris.*

Le vingt six juillet mil sept cent quatre vingt neuf,
Messieurs de la municipalité de la ville de Beaupréau et de la paroisse de S. Martin de cette ville, les jeunes gens et habitans, en état de porter les armes, instruits que des troupes, qui remplissent et environnent Paris, ont déjà lâchement assassiné une infinité de leurs frères, et que repoussées ont réclamé d'autres forces ; qu'à cet effet plusieurs régiments maintenant en Bretagne, même des troupes

1789.
26 juillet.

étrangères, ont eu ordre de partir pour Paris; que leurs frères, tant Bretons qu'Angevins, ayant vu le danger où alloient se trouver leurs illustres et immortels représentants, se sont préparés et préparent à s'opposer au passage de toutes espèces de troupes, qui voudroient sortir de Bretagne pour aller à Paris ;

Ce récit de malheurs et d'inquiétude mis en délibération, il a été arrêté unanimement et avec la plus grande acclamation [que (1) malgré que l'on promette au roi la fidélité la plus inviolable] que l'on juroit et affirmoit, sur l'honneur le plus sacré, qu'au premier signal de leurs frères, tant Bretons qu'Engevins, on les rejoindra et aidera de tout secours de fortune et de bras jusqu'au dernier soupir, avec tout l'honneur dont un bon François peut être animé.

Les officiers de la municipalité et habitants de Beaupréau ont nommé pour leurs députés au commité Angevin Mre Paumard Bourjaudière et M. Pichery, qu'ils ont chargés de faire agréer audit commité leur serment et offres, comme les surs garans de leur cœur patriotique; et Messieurs de la municipalité et habitans de S. Martin, M. Bory, leur sindicq, et M. Hervé, porteurs des mêmes intentions et sermens.

Arrêté audit Beaupréau ledit jour, et ont signé Messieurs :

BRUNET, M. D. M. ; COYCAULT, syndic de Beaupreau, D'ELBÉE (2), membre ; PAUMART.

(Suivent 65 signatures, dont celles de trois chanoines).

(EE 8).

---

(1) Les mots entre crochets sont effacés, quoique encore lisibles, sur l'original, et cette suppression est particulièrement significative.

(2) La signature de d'Elbée donne à cet acte une valeur singulière et fait songer, par analogie, à Bonchamps, acquéreur en 1790 de biens nationaux. Ce n'est là d'ailleurs qu'un document, entre tant d'autres, que pourraient offrir les archives de la ville et celles du Département, à qui voudrait démontrer combien est grande l'erreur des historiens, qui persistent à voir dans la Vendée angevine le foyer constant de la contre-révolution. Nulle part peut-être, il le faudrait dire, la grande réforme de 1789 ne fut applaudie avec plus de vivacité et d'enthousiasme par toutes les classes de la société, peuple, clergé, noblesse, unis, on le voit, dans un même élan sincère de liberté et de patriotisme.

TABLE DES NOMS DE LIEUX.

A.

ABBEVILLE (*Somme*), BB 78 fol. 20.
AGDE (*Hérault*), AA 23.
AIGREFOIN (*Maine-et-Loire*), BB 114 fol. 135.
AIRE (*Pas-de-Calais*), BB 94 f. 161.
AIX (*Bouches-du-Rhône*), AA 23. BB 88 f. 95.
ALBERT (*Somme*), AA 23.
ALENÇON (*Orne*), AA 23. CC 3. GG 198 f. 64.
ALLEMAGNE, CC 5 f. 99.
ALLEUDS (les) (*M.-et-L.*), BB 26 f. 133.
ALLOYAU (pré d') à Angers, BB 52 f. 23.
ALLONNES-SOUS-MONTSOREAU (*M.-et-L.*), GG 201.
AMBOISE (*Indre-et-Loire*). BB 8 f. 64, 16 f. 24, 54, 58, 115; 17 f. 92; 28 f. 206; 35 f. 189; 45 f. 143, 164. CC 5 f. 105, 299. GG 183 f. 102.
AMÉRIQUE, BB 129 f. 1.
AMIENS (*Somme*), BB 23 f. 14; 46 f. 108; 65 f. 216; 73 f. 313; 81 f. 73; 83 f. 22.
ANCENIS (*Loire-Inférieure*), AA 4. BB 45 f. 136. GG 181 f. 464.
ANDART (*M.-et-L.*), BB 50 f. 31; 69 f. 55.
ANDRÉZÉ (*M.-et-L.*), CC 7.
ANGERS (*M.-et-L.*), AA 1; 3-6; 22-24. BB 1-5; 8-9; 11-13; 14-24; 26-43; 45-53; 55-58; 60-73; 75-132; 134; 135. CC 1-9; 11-15; 18; 19; 21; 22; 23; 26; 33; 45; 54; 57; 61; 68; 85; 87; 90; 107; 172. DD 7-10; 12; 16. EE 1; 2; 5; 6; 9-17-19. FF 2; 5; 6; 7; 44; 47; 49. GG 33; 34; 50; 83; 100; 138; 168; 180; 181; 187; 201; 221; 346; 359; 361; 363. HH 8; 29-31. II 1; 7; 11.
ANGLETERRE, BB 28 f. 145; 30 f. 229; 92 f. 59; 95 f. 46; 97 f. 99; 98 f. 12; 99 f. 56, 60, 119; 105 f. 64. CC 5 f. 105.

ANJOU, AA 22. BB 7; 11; 14; 16; 17; 18; 23; 24; 29-38; 40; 42; 43; 45-56; 61; 64; 66; 67; 72; 73-76; 78; 81; 82; 86; 88; 93; 96; 98; 99; 103; 104; 107-110; 123; 124; 130-135. CC 2-8; 10; 12-14. DD 3. EE 9. FF 5; 40. GG 57; 181; 361; 363. HH 2; 29. II 1; 7; 9.
ANVERS (*Belgique*), BB 36 f. 434, 435.
ARMAGNAC, BB 98 f. 54; 105 f. 36; 106 f. 91, 93. CC 18. EE 16.
ARMAGNAC (*Gers*), CC 3 f. 278; 5 f. 336, 337, 338, 341, 356.
ARMAILLÉ (*M.-et-L.*), AA 22.
ARRAS (*Pas-de-Calais*), CC 5 f. 105. II 11.
ARTOIS, BB 117 f. 168.
ASNIÈRE (Abbaye d') (*M.-et-L.*), BB 123 f. 115. II 7.
AUBUSSON (*Creuse*), BB 101 f. 158.
AUTHION (l') rivière (*M.-et-L.*) DD 9.
AUTUN (*Saône-et-Loire*), GG 363.
AUVERGNE. BB 30 f. 193; 50 f. 25.
AUXERRE (*Yonne*), BB 55 f. 130; 64 f. 121.
AVIGNON (*Vaucluse*), BB 34 f. 127.
— (Comtat d'), GG 181 f. 466.
AVRILLÉ (*M.-et-L.*), BB 36 f. 113, 354; 100 f. 26; 130 f. 104. DD 18. EE 6 f. 71. II 6.

B.

BANCHETS (les) (*M.-et-L.*), BB 98 f. 64.
BAPAUME (*Pas-de-Calais*), BB 78 f. 48.
BARCELONNE (*Espagne*), BB 101 f. 37.
BARRE (la), près Angers. BB 98 f. 64.
BASLE (*Suisse*), GG 76 f. 136.
BASMETTE (la), v. *la Baumette*.
BASTILLE (la), à Paris, GG 183 f. 137.
BATAILLÈRE (chapelle de la), à Angers, GG 181 f. 481.
BAUGÉ (*M.-et-L.*), AA 23. BB 31 f. 419; 35 f. 288; 36 f. 113, 116, 350; 47 f. 83; 49 f. 50; 50 f. 31. CC 7 f. 173.
BAUMETTE (couvent de la), près Angers,

BB 21 f. 93; 46 f. 50; 48 f. 68; 55 f. 96; 69 f. 34, 41; 76 f. 18; 99 f. 20; 117 f. 38. CC 14. GG 100, f. 220; 151 f. 274.
BAUNÉ (*M.-et-L.*), CC 173.
BAYONNE (*Basses-Pyrénées*), AA 23. BB 30 f 171; 74 f. 179; 135.
BAZOUGES (*Sarthe*), BB 45 f. 20. CC 173.
BÉARN, GG 138 f. 56.
BEAUCOUZÉ (*M.-et-L.*), BB 6. CC 173.
BEAUFORT (*M.-et-L.*), AA 22. BB 10 f. 7; 32 f. 47; 35 f. 288; 36 f. 397; 50 f. 31; 60 f. 112; 66 f. 122, 153; 122 f. 10. CC 7; 173. EE 6 f. 37.
— (comté de), DD 2.
BEAUGENCY (*Loiret*), AA 3. BB 45 f. 143, 164.
BEAULIEU (*M.-et-L.*), CC 173. EE 8.
BEAULIEU (chapelle de) (*Loire-Inférieure*), GG 34 f. 419.
BEAUMONT (duché de), JJ 9.
BEAUPRÉAU (*M.-et-L.*), AA 3. CC 7; 14; 173. EE 8.
BEAUSSE (*M.-et-L.*), CC 173.
BEAUVAU (*M.-et-L.*), CC 173.
BÉCON (*M.-et-L.*), CC 173.
BEHUARD (*M.-et-L.*), BB 1 f. 3. CC 5 f. 54.
BELLEPOULE (forêt de), près Angers, BB 60 f. 112; 85 f. 247.
BELLES-POITRINES (enclos des) à Angers, GG 77 f. 50.
BÉNÉVENT (duché de), GG 181 f. 466.
BERNICHERE (chapelle de la) à Angers, GG 181 f. 559.
BERRY, BB 99 f. 34.
BESANÇON (*Doubs*), BB 94 f. 51.
BÉZIERS (*Hérault*), AA 23.
BIERNÉ (*M.-et-L.*), BB 49 f. 71, 79.
BIGEOTIÈRE (la) (*M.-et-L.*), BB 7 f. 27.
BLAIN (*Loire-Inf.*), AA 4. BB 17 f. 21.
BLAISON (*M.-et-L.*), CC 173.
BLAYE (*Gironde*), GG 57 f. 143.
BLÉRÉ (*M.-et-L.*), BB 16 f. 61.
BLOIS (*Loir-et-Cher*), AA 3. BB 10 f. 25; 13 f. 7; 14 f. 32; 15 f. 97, 104, 120, 124, 148; 28 f. 198; 31 f. 40, 248; 33 f. 37; 34 f. 249; 35 f. 129, 134, 136; 36 f. 240; 45 f. 143, 164; 64 f. 160. CC 26. EE 1.
BLOU (*M.-et-L.*), CC 173.
BLOUÈRE (la) (*M.-et-L.*), CC 7; 173. EE 8.
BOCÉ (*M.-et-L.*), CC 173.
BOHALLE (la) (*M.-et-L.*), BB 66 f. 217. CC 173.
BOISBERNIER (château de) (*M.-et-L.*), BB 56 f. 36.
BOIS-L'ABBÉ (le) (*M.-et-L.*), BB 1 f. 1.

BOISNET (quartier d'Angers), AA 16; 17. BB 16 f. 87; 36 f. 42, 240; 46 f. 65; 56 f. 27, 28; 63 f. 7; 65 f. 31; 67 f. 24, 35; 75 f. 121; 78 f. 92, 172; 83 f. 61; 91 f. 92; 93 f. 16; 95 f. 152, 171; 94 f. 169; 107 f. 43; 117 f. 152; 118 f. 11, 25, 62; 132 f. 116; 121 f. 100; 129 f. 11. CC 2. DD 5.
BOISSIÈRE-SAINT-FLORENT (la) (*M.-et-L.*), CC 7; 173.
BORDEAUX (*Gironde*), BB 13 f. 130; 62 f. 70, 100. GG 168 f. 188.
BOTZ (*M.-et-L.*), CC 7; 173.
BOUCHAIN (*Nord*), BB 94, f. 144.
BOUCHEMAINE (*M.-et-L.*), BB 7, f. 53; 66 f. 33; 79 f. 148, 152; 89 f. 26. CC 173. DD 7. GG 181 f. 464.
BOUCORNU (le grand), près Angers, BB 27 f. 129.
— (le petit), BB 36 f. 305.
BOULOGNE (*Pas-de-Calais*), BB 33 f. 208.
BOURBONNAIS, CC 5 f. 304.
BOURG (*Gironde*), AA 23.
BOURG-D'IRÉ (*M.-et-L.*), CC 173.
BOURG-L'ÉVÊQUE (*M.-et-L.*) AA 22; CC 173
BOURGES (*Cher*), AA 23; BB 5 f. 47; 16 f. 27; 34 f. 274, 276; 90 f. 128. II 11.
BOURGOGNE, BB 30 f. 193; 76 f. 29.
BOURGON (*Mayenne*), EB 59 f. 36.
BOURGUEIL (*Indre-et-L.*), BB 36 f. 225; 66 f. 26.
BOURGUIGNON (pré), aux Ponts-de-Cé (*M.-et-L.*), II 2.
BOURMONT (*M.-et-L.*), BB 7 f. 27.
BOUZILLÉ (*M.-et-L.*), CC 7 f. 173.
BRAIN-SUR-L'AUTHION (*M.-et-L.*), BB 50 f. 31. CC 7, 173.
BRAIN-SUR-LONGUENÉE (*M.-et-L.*), CC 173 EE 6.
BRÉCIGNÉ. V. *Bressigny*.
BREIL (*M.-et-L.*), CC 173.
BRESSIGNY, faubourg d'Angers, BB 3 f. 24; 4 f. 18; 73 f. 292. GG 49 f. 273.
BREST (*Finistère*), AA 4; 23.
BRETAGNE, BB 5 f. 79; 15 f. 89; 30 f. 193; 32 f. 222; 46 f. 135; 73 f. 98; 81 f. 215, 227; 89 f. 45; 100 f. 63, 68. CC 5, f. 99, 397; 6 f. 3. EE 2. GG 34 f. 470. HH 31, 33; JJ 9.
— (duché de), BB 79 f. 241.
BRIARE (*Loiret*), II 6.
BRIOLLAY (*M.-et-L.*), BB 40 f. 77; 48 f. 21. CC 42; 173.
BRION (*M.-et-L.*), CC 173.
BRIONNEAU (quartier), à Angers, BB 86 f. 117. DD 18. JJ 6.
BRISSAC (*M.-et-L.*), BB 12 f 25; 16 f. 105; 28 f. 136; 30 f. 205; 31 f. 399; 40

TABLE DES NOMS DE LIEUX.

f. 106, 108, 114; 41 f. 52; 59 f. 27; 61; 65 f. 139, 174; 100 f. 60; 120 f. 43; 134 f. 12. CC 7; 173. EE 8.
BRISSARTHE (*M.-et-L.*), CC 173.
BROUAGE (le), BB 7 f. 38, 41, 64; 81 f. 236.
BRUGES (*Belgique*), BB 37 f. 46.

C.

CAEN (*Calvados*), AA 23. BB 76, f. 14.
CAHORS (*Lot*), BB 48 f. 77.
CALAIS (*Pas-de-Calais*), BB 27 f. 145.
CAMBRAI (*Nord*), AA 23. BB 14 f. 32; 19 f. 93; 95 f. 3.
CANADA (le), GG 100 f. 220.
CANDÉ (*M.-et-L.*), CC 5 f. 299, 304; 7. EE 6, f. 50.
CANTENAY-ÉPINARD (*M.-et-L.*), BB 30 f. 70; 36 f. 113, 350, 354.
CARBAY (*M.-et-L.*), AA 22.
CARCASSONNE (*Aude*), AA 23.
CASAL (*Piémont*), BB 71 f. 129.
CASSEL (*Nord*), AA 3.
CATALOGNE, BB 100 f. 22, 68.
CAYENNE, BB 95 f. 7.
CHALONNES-SUR-LOIRE (*M.-et-L.*), AA 3. BB 58 f. 132. CC 7.
CHALOUÈRE (la), à Angers, II 6.
CHAMBORD (château de) (*Loir-et-Cher*), BB 23 f. 123; 96 f. 168, 169.
CHAMBOURG. V. *Chambord*.
CHAMPIGNÉ-SUR-SARTHE (*M.-et-L.*), BB 100 f. 60.
CHAMPIGNY-SUR-VOIDE (*Indre-et-Loire*), AA 3. BB 66 f. 45.
CHAMPROBERT, près Angers, BB 65 f. 118, 119.
CHAMPS (les grands), près Angers, GG 165.
CHANTOCÉ (*M.-et-L.*), BB 7 f. 27; 99 f. 70. GG 165 f. 212; 168 f. 188.
CHANTOCEAUX (*M.-et-L.*), BB 79 f. 241. CC 3.
CHAOURCE (*Aube*), AA 23.
CHAPELLE-AUBRY (la) (*M.-et-L.*), CC 7; 173.
CHAPELLE-BOHALLE (la) V. *Bohalle*.
CHAPELLE-DU-GENÊT (la) (*M.-et-L.*), CC 7; 173.
CHAPELLE-HULLIN (la) (*M.-et-L.*), AA 22.
CHAPELLE-ROUSSELIN (la) (*M.-et-L.*), CC 173.
CHAPELLE-SAINT-FLORENT (la) (*M.-et-L.*), CC 7; 173.
CHAPELLE-SAINT-LAUD (la) (*M.-et-L.*), CC 173.
CHAPELLE-SUR-OUDON (la) (*M.-et-L.*), CC 173.
CHARITÉ (la) (*Nièvre*), BB 35 f. 196.

CHARRUE-A-BRIONNEAU (la), près Angers, GG 168 f. 6.
CHARTRES (*Eure-et-Loir*), AA 23. BB 32 f. 222. FF 5 f. 71.
CHASTOCEAUX. V. *Chantoceaux*.
CHATEAUBRIAND, près Angers, GG 181 f. 404.
CHATEAUBRIAND (*Loire-Inf.*), AA 3.
CHATEAU-DU-LOIR (*Sarthe*), AA 3.
CHATEAUGIRON (*Ille-et-Vilaine*), AA 23.
CHATEAUGONTIER (*Mayenne*), BB 3 f. 45; 31 f. 5; 41 f. 37; 73 f. 26, 248; 77 f. 33, 151, 153; 134 f. 6. CC 7. DD 18.
CHATEAUNEUF-SUR-SARTHE (*M.-et-L.*), BB 54 f. 102; 96 f. 112; 99 f. 6. EE 9.
CHATEAU-THIERRY (*Aisne*), BB 37 f. 117.
CHATELAIS (le), près Angers, BB 126 f. 125.
CHAUDEFONDS (*M.-et-L.*), BB 131 f. 44.
CHAUDRON (*M.-et-L.*), CC 7.
CHAUFOUR (*M.-et-L.*), BB 45 f. 9.
CHAUMINEAU (le), près Angers, BB 82 f. 16.
CHAUSSAIRE (la) (*M.-et-L.*), CC 7.
CHAUSSÉE-HUE (la) (*M.-et-L.*), BB 77 f. 120, 121; 78 f. 22, 33; 79 f. 94, 99, 107, 111.
CHAUVIGNY (*Loir-et-Cher*), AA 3.
CHAVAGNE (*M.-et-L.*), BB 72 f. 28.
CHAVIGNY. V. *Chauvigny*.
CHAZÉ-HENRY (*M.-et-L.*) AA 22.
CHEMILLÉ (*M.-et-L.*), CC 7; 14.
CHEMIRÉ-SUR-SARTHE (*M.-et-L.*), BB 104 f. 50.
CHENEHUTTE (*M.-et-L.*), GG 171 f. 425.
CHENONCEAUX (*Indre-et-Loire*), BB 35 f. 218, 219, 233.
CHER, rivière, II 6.
CHERBOURG (*Manche*), AA 23.
CLERMONT (*Sarthe*), BB 17 f. 157.
CLERMONT-FERRAND (*Puy-de-Dôme*), AA 23.
CLISSON (*Loire-Inf.*), BB 45 f. 189.
COMPIÈGNE (*Oise*), BB 46 f. 21; 82 f. 139.
CONDÉ (*Nord*), BB 94 f. 144.
CONDOM (*Gers*), AA 23.
CONGRIER (*Mayenne*), AA 22.
CONY (*Piémont*), BB 78 f. 48.
CORBEIL (*Seine-et-Oise*), BB 23 f. 98.
CORNÉ (*M.-et-L.*), BB 50 f. 31.
CORNILLÉ (*M.-et-L.*), CC 7.
CORNUAILLE (*M.-et-L.*), BB 45 f. 230.
CORZÉ (*M.-et-L.*), BB 48 f. 21; 69 f. 55.
COURTOISERIE (la) (*M.-et-L.*), BB 45 f. 62.
CRAON (*Mayenne*), BB 34 f. 21, 109; 43 f. 5; 47 f. 80, 205, 227, 232; 62 f. 121, CC 7.

TABLE DES NOMS DE LIEUX.

CRAONAIS (le), BB 100 f. 63, 68.
CRÉMIEUX (*Isère*), BB 30 f. 102.
CROIX-DORÉE (la), à Angers, GG 138.
CROIX-MONTAILLÉ (la), à Angers, BB 119 f. 98, 100. DD 16. II 6.
CULLAY (*M.-et-L.*), BB 35 f. 188.
CUNAUD (*M.-et-L.*), EE 6 f. 89, 91, 93, 94.

D.

DAGUENIÈRE (la) (*M.-et-L.*), BB 66 f. 153, 217; 106 f. 69, 74; 107 f. 2.
DANGÉ (*M.-et-L.*), BB 43 f. 26, 55.
DANZICK, BB 73 f. 19; 79 f. 110.
DENAIN (*Nord*), BB 105 f. 48.
DENÉE (*M.-et-L.*), BB 79 f. 148-152. CC 4 f. 100.
DIEPPE (*Seine-Inf.*), AA 3
DIEUSIE (*M.-et-L.*), BB 47 f. 19; 57 f. 122; 62 f. 51, 54.
DIJON (*Côte-d'Or*), AA 3. BB 73 f. 143; 82 f. 109, 114.
DOL (*Ille-et-Vil.*), BB 94 f. 55.
DOUCES (*M.-et-L.*), BB 43 f. 55.
DOUÉ (*M.-et-L.*), BB 4 f. 34; 76 f. 82.
DOUTRE (la), quartier d'Angers, BB 69 f. 70.
DRAGUIGNAN (*Var*), AA 23.
DREUX (*Eure-et-Loir*), AA 3.
DUNKERQUE (*Nord*), BB 80 f. 154.
DURTAL (*M.-et-L.*), BB 48 f. 35.
— (comté de), BB 49 f. 50.

E.

ECOUFLANT (*M.-et-L.*), BB 99 f. 19.
EMPIRÉ, près Angers, GG 174 f. 315; 180 f. 512; 181 f. 404, 477, 605; 182 f. 276.
ENGHIEN (*Seine-et-O.*), BB 99 f. 90.
EPERVIÈRE (l') (*M.-et-L.*), BB 127 f. 130, 151; 128 f. 52. CC 46.
EPINARD (*M.-et-L.*), BB 42 f. 31; 47 f. 18; 49 f. 69; 54 f. 102; 55 f. 6, 25; 61 f. 133; 63 f. 14, 20; 65 f. 17; 66 f. 72; 71 f. 20; 73 f. 26. DD 10. II 6.
EPIRE (*M.-et-L.*), BB 39 f. 13.
EPLUCHARD (*M.-et-L.*), BB 82 f. 16.
ESPAGNE, BB 19 f. 3; 47 f. 200; 88 f. 95; 95 f. 83. CC 4, f. 66.
ETAIN (*Meuse*), AA 23.
ETIAU (*M.-et-L.*), CC 173. EE 8.
ETRICHÉ (*M.-et-L.*), EE 9.

F.

FAYE (*M.-et-L.*), BB 63 f. 10.
FÈRE (la) (*Aisne*), BB 46 f. 5.
FESLIÈRE (la) (*M.-et-L.*), BB 43 f. 26.
FIEF-SAUVIN (*M.-et-L.*), CC 7.

FLANDRE, BB 36 f. 253, 258, 298, 309, 339; 73 f. 19; 81 f. 67; 92 f. 131; 94 f. 161.
FLÈCHE (la) (*Sarthe*), AA 3; 22. BB 31 f. 5, 419; 34 f. 305; 36 f. 349; 45 f. 175; 99 f. 116; 102 f. 101, 102, 114; 112 f. 111; 127 f. 108. DD 18. FF 40. II 1; 6.
FOIX (*Ariège*), AA 23.
FONTAINE-BERSON (*M.-et-L.*), BB 35 f. 188.
FONTAINEBLEAU (*Seine-et-Marne*), AA 3; 5. BB 19 f. 85, 104; 20 f. 20; 22 f. 108, 109; 38 f. 34; 54 f. 1; 89 f. 38, 45; 90 f. 112; 105 f. 48; 106 f. 105.
FONTEVRAULD (abbaye de) (*M.-et-L.*), BB 61 f. 20. CC 4, f. 179. FF 16.
FOUDON (*M.-et-L.*), BB 69 f. 55.
FRANCE (la Nouvelle), GG 100 f. 220.
FRONTEVAUX V. *Fontevrauld*.
FRIBOURG (*Suisse*), BB 95 f. 29.
FUILET (le) (*M.-et-L.*), CC 173.

G.

GAND (*Belgique*), BB 95 f. 48.
GASCOGNE, BB 21 f. 85.
GENÉ (*M.-et-L.*), EE 6 f. 71.
GÊNES (*Piémont*) BB 22 f. 87. GG 117 f. 25.
GENÈVE (*Suisse*), GG 183 f. 102.
GESTÉ (*M.-et-L.*), CC 7.
GIBRALTAR, FF 40.
GILBOURG (*M.-et-L.*), BB 42 f. 6.
GIRAUDIÈRE (la) (*M.-et-L*), BB 51 f. 80.
GIRONE (*Espagne*), BB 100 f. 71.
GIZEUX (*Indre-et-Loire*), BB 34 f. 170; 75 f. 99.
GOBELINS (les), à Paris, HH 10.
GONNORD (*M.-et-L.*), AA 3. BB 30 f. 214, 225; 31 f. 32; 32 f. 123. CC 14.
GRAVELINE (*Nord*), BB 79 f. 200.
GRAVELLE (la), carrière près Angers, HH 6.
GRENOBLE (*Isère*), AA 3.
GREZ (*M.-et-L.*), BB 47 f. 18. CC 173.
GRUGÉ-L'HOPITAL (*M.-et-L.*), AA 22.
GUÉNAUDIÈRE (la) (*M.-et-L.*), BB 49 f. 71, 79.
GUÉRANDE (*Loire-Inf.*), AA 23.

H.

HAMBOURG, GG 176 f. 76.
HANNELOU, à Angers, GG 56.
HAVRE (le) (*Seine-Inf.*), AA 23.
HAYE-AUX-BONSHOMMES (la) (*M.-et-L.*), BB 1 f. 1; 13 f. 117; 95 f. 49, 70; 113; 106 f. 31, 36; 117 f. 149; 122 f. 26; 127 f. 52; 129 f. 65. HH 30.
HAYE-JOULLAIN (la) (*M.-et-L.*), CC 7. JJ 10.

TABLE DES NOMS DE LIEUX.

HEILDELBERT, BB 100 f. 16.
HOLLANDE, BB 93 f. 235; 105 f. 64. CC 87.
HONFLEUR (*Calvados*), AA 23.
HONGRIE, BB 5 f. 25. GG 183 f. 102.
HUILLÉ (*M.-et-L.*), BB 45 f. 9.

I.

IMAGE (l'), près Angers, GG 166 f. 88.
INDES (les), BB 97 f. 44; 115 f. 129.
INGRANDE (*M.-et-L.*), BB 15 f. 123; 20 f. 180; 33 f. 270; 68 f. 85; 85 f. 189; 97 f. 34; 99 f. 66. CC 32-35; 37-38; 40-45; 173.
ITALIE, BB 111, f. 53.
IVRY (*Eure*), BB 36, f. 98; 40 f. 118.

J.

JALLAIS (*M.-et-L.*), CC 7 173.
JARZÉ (*M.-et-L.*), CC 173. EE 1.
JOUÉ (*M.-et-L.*), CC 173. EE 8.
JUBAUDIÈRE (la) (*M.-et-L.*), CC 7.
JUIGNÉ-BENÉ (*M.-et-L.*), CC 173.
JUIGNÉ-SUR-LOIRE (*M.-et-L.*), CC 173.
JUMELLE (*M.-et-L*), CC 173.
JUMELLIÈRE (la) (*M -et-L.*), CC 173.
JUVARDEIL (*M.-et-L.*), CC 173.

L.

LAMBARDIÈRES (les) (*M.-et-L.*), BB 79 f. 148, 152.
LANCREAU, logis à Angers, GG 151.
LANCROC V. *Lancreau.*
LANDE-CHASLE (la) (*M.-et-L.*), CC 173.
LANDEMONT (*M.-et-L.*), EE 8.
LANDRECIES (*Nord*), BB 86 f. 42.
LANGEAIS (*Indre-et-Loire*), BB 79 f. 74, 91; 85 f. 42; 86 f. 134.
LAON (*Aisne*), AA 23.
LASSE (*M.-et-L.*), CC 173.
LAVAL (*Mayenne*), BB 46 f. 130; 48 f. 58; 51 f. 57; 80 f. 135; 101 f. 140. CC 4, f. 175 DD 18. JJ 6.
LENS (*Pas-de-Calais*), BB 81 f. 223. EE 19.
LESIGNÉ (*M.-et-L*), CC 173.
LESVIÈRE, faubourg d'Angers, BB 5 f. 1; 10 f. 52; 90 f. 5. GG 1-11.
LIBAN (mont), BB 111 f. 53.
LIBOURNE (*Gironde*), AA 23.
LIMOGES (*Haute-Vienne*), AA 23. FF 47.
LION-D'ANGERS, BB 23 f. 123, 127, 130; 40 f. 49; 42 f. 6; 47 f. 18; 100 f. 60, 62, 63. CC 5 f. 299; 7. DD 18. EE 8; 9.
LISIEUX (*Calvados*), AA 23.
LOIR, rivière, BB 55 f. 108; 99 f. 57, 71. CC 7. GG 180, f. 511.

LOIRE, fleuve, BB 10 f. 7; 14 f. 40; 45 f. 143, 164; 67 f. 97; 73 f. 17; 94 f. 69; 103 f. 56. CC 4, f. 179, 7, 10. EE 20. GG 180, f. 511; 181 f. 256; 183 f. 102. HH 28; 31; 33. II 6; 10; 11.
LOIRÉ (*M.-et-L.*), CC 173.
LONGUENÉE (forêt de) (*M.-et-L.*), BB 77 f. 123; 78 f. 22.
LOUDUN (*Vienne*), BB 32 f. 104.
LOUET (le), rivière (*M.-et-L.*), BB 4 f. 14, 15; 18 f. 119; 95 f. 4.
LOUROUX-BÉCONNAIS (le) (*M.-et-L.*), BB 77, f. 120-121. CC 174. EE 8.
LUÇON (*Vendée*), BB 66 f. 173.
LUÉ (*M.-et-L.*), CC 173.
LUIGNÉ (*M.-et-L.*), CC 173.
LUNÉVILLE (*Meurthe*), AA 23.
LUSIGNAN (*Vienne*), BB 34 f. 128, 142, 150.
LYON (*Rhône*), AA 23. BB 8 f. 65; 13 f. 53, 59; 16 f. 28, 54, 58; 20 f. 120, 151, 232; 66 f. 204. CC 14. EE 1. II 11.

M.

MACON (*Saône-et-Loire*), AA 4. BB 13 f. 71, 76.
MAINE (province du), BB 34 f. 175; 36 f. 59; 81 f. 215, 227. CC 2. GG 100.
MAINE (la), rivière (*M.-et-L.*), BB 28 f. 105; 46 f. 123; 55 f. 9; 60 f. 49; 61 f. 26, 30; 62 f. 91; 80 f. 135; 89 f. 89; 99 f. 50, 57, 71; 122 f. 120; 123 f. 112; 131 f. 25, 63. CC 7. DD 7. EE 6, f. 69. FF 44. GG 180, f. 511; 181 f. 464.
MAISON-BLANCHE (la), près Angers, BB 69 f. 9; 73 f. 166.
MALTE, AA 3. II 11.
MANGO-GERYNIOUY (les) (*Canada*), GG 100 f. 220.
MANS (le) (*Sarthe*), BB 21 f. 172, 209; 90 f. 140, 135. CC 4 f. 47. DD 16. FF 47. II 11.
MARILLAIS (le) (*M.-et-L.*), CC 7.
MARLY (*Seine-et-Oise*), BB 105 f. 31.
MARSAILLE (*Piémont*), BB 100 f. 30.
MARSON (*M -et-L.*), CC 45.
MARTIGNÉ-BRIAND (*M.-et-L.*), BB 13 f. 66; 72 f. 28.
MAUGES (les) (*M.-et-L.*), BB 56 f. 111. CC 7.
MAULEVRIER (*M.-et-L.*), BB 107 f. 22.
MAYENNE (la), rivière, EE 6 f. 69. Voir *la Maine.*
MAYENNE-LA-JUHEIS (*Mayenne*), CC 5 f. 281.
MAZÉ (*M.-et-L.*), BB 50 f. 31; 69 f. 55.

TABLE DES NOMS DE LIEUX.

MEAUX (*Seine-et-Marne*), AA 23.
MECRIN (*M.-et-L.*), BB 40 f. 106, 108.
MEIGNANNE (la) (*M.-et-L.*), EE 6 f. 71.
MEMBROLLE (la) (*M.-et-L.*), CC 7.
MESNIL (le) (*M.-et-L.*), CC 7.
MESSAS (*Loiret*), AA 3.
METZ (*Moselle*), AA 23.
MILAN, BB 22 f. 87; 49 f. 41; 111 f. 49.
MIREBEAU (*Vienne*), BB 60 f. 65.
MOLIÈRES (*M.-et-L.*), BB 47 f. 66.
MONGOGNIEZ (château de) (*Indre-et-L.*), CC 11 f. 431.
MONS (*Belgique*), BB 75 f. 89; 99 f. 89.
MONTFAUCON (*M.-et-L.*), CC 7.
MONTILS-LES-TOURS (*I.-et-L.*), BB 12 f. 16.
MONTJEAN (*M.-et-L.*), BB 127 f. 66. CC 7. HH 7.
MONTMÉLIAN (*Savoie*), BB 48 f. 94.
MONTREVEAU (*M.-et-L.*), BB 43 f. 55.
MONTRIOU (*M.-et-L.*), BB 43 f. 55; 117, f. 178.
MONTPELLIER (*Hérault*), BB 20 f. 263.
MONTREUIL-BELLAY (*M.-et-L.*), AA 23. BB 18 f. 131.
MONTSABERT (*M.-et-L.*), EE 6 f. 8.
MORANNES (*M.-et-L.*), BB 42 f. 6; 43 f. 26. EE 7; 9.
MORTAGNE (*Orne*), AA 23.
MOTHE-SAINTE-HERAYE (la) (*Deux-Sèvr.*), GG 179 f. 408.
MOULINS (*Allier*), BB 8 f. 65; 20 f. 258; 45 f. 143, 164. CC 5, f. 304.

N.

NANCY (*Meurthe*), AA 23.
NANTES (*Loire-Inf*), AA 3; 4; 23. BB 18 f. 71; 21 f. 85; 28 f. 198, 200; 34 f. 21; 37 f. 49, 56, 58; 38 f. 133; 39 f. 16; 58 f. 125; 65 f. 172, 175; 66 f. 134; 69 f. 52, 58; 73 f. 17, 19; 80 f. 121; 89 f. 26; 95 f. 191; 99 f. 66, 94; 100 f. 59; 112, f. 62, 186; 115 f. 33, 48; 118 f. 55; 122 f. 154, 164; 125 f. 108; 128 f. 24; 129 f. 50, 62; 134 f. 10, 23. CC 14. DD 8, 18. EE 7. GG 34 f. 416; 168 f. 188; 173 f. 172; 180 f. 511; 181 f. 464. HH 27. II 6.
NAPLES, BB 9 f. 65.
NARBONNE (*Aude*), AA 23.
NAVARRE (la), GG 154.
NERWINDE (*Belgique*), BB 100 f. 29.
NESLE (*Somme*), BB 78 f. 48.
NEUILLE (*M.-et-L.*), CC 173.
NEUVILLE (*M.-et-L.*), BB 47 f. 18. CC 173.
NEUVY (*M.-et-L.*), CC 173.
NICE (*Alpes-Maritimes*), BB 21 f. 50; 99 f. 23.
NISMES (*Gard*), AA 23.

NOELLET (*M.-et-L.*), AA 22.
NORMANDIE, BB 81 f. 215-227.
NOUE (la), carrière à Angers, BB 65 f. 118.
NOYANT (*M.-et-L.*), CC 173.
NYOISEAU (*M.-et-L.*), CC 173.

O.

ORBITELLO (*Toscane*), BB 80 f. 125.
ORLÉANS (*Loiret*), AA 3; 23. BB 10 f. 9; 19 f. 171; 21 f. 6, 85; 28 f. 261; 29 f. 206; 30 f. 97, 100; 31 f. 40, 248; 32 f. 40, 123; 45 f. 143, 164; 48 f. 54. 87; 76 f. 29; 91 f. 126; 99 f. 48; 123 f. 91; 134 f. 15, 135. CC 1; 11 f. 419. EE 1. GG 183, f. 102. HH 28. II 10; 11.

P.

PALATINAT (le), BB 94 f. 57; 100 f. 16.
PANTIÈRE (la), près Angers, BB 51 f. 19, 32, 53; 69 f. 9, 64, 418. GG 138.
PAPILLAYE (la), près Angers, BB 47, f. 56, 66; 69 f. 57. GG 138.
PARC-AU-MAINE (abbaye du) (*Sarthe*), BB 90 f. 108.
PARCÉ (*Sarthe*), CC 173.
PARIS, AA 1; 5; 23. BB 4 f. 22; 13 f. 130; 14 f. 40; 16 f. 13, 61; 17 f. 36; 18 f. 136; 19 f. 3, 65, 104; 22 f. 236; 23 f. 35, 111; 24 f. 290; 29 f. 49; 30 f. 275, 285; 31 f. 91, 99, 155, 224, 296; 32 f. 220; 33 f. 102; 34 f. 19, 61, 172, 175, 196, 197, 214, 250, 252, 274; 35 f. 28, 41, 52; 36 f. 141, 170, 381, 427; 37 f. 126; 38 f. 72, 137, 139; 47 f. 143, 163, 200; 48 f. 132; 49 f. 67; 52 f. 67; 56 f. 118; 57 f. 15, 103, 128; 58 f. 136; 60 f. 97; 61 f. 82, 125; 62 f. 54; 63 f. 60, 97, 136; 64 f. 6, 32, 113; 66 f. 35; 67 f. 27, 29, 91, 98, 100, 184; 68 f. 24; 72 f. 90; 73 f. 102, 103, 119, 125, 287; 74 f. 60; 75 f. 76; 76 f. 138; 77 f. 151, 153, 158; 78 f. 5; 79 f. 25, 27, 28, 74, 91, 153; 80 f. 163; 81 f. 17, 130, 229; 82 f. 86, 114, 155, 195; 83 f. 63, 86, 114; 84 f. 37, 38, 118; 85 f. 42, 60, 195; 86 f. 3, 18, 113, 179; 87 f. 3; 88 f. 71; 89 f. 89, 98, 129; 90 f. 48; 91 f. 120, 126; 92 f. 76, 170; 99 f. 51; 105 f. 90; 107 f. 22; 118 f. 55; 122 f. 151, 162; 124 f. 14; 125 f. 40; 127 f. 100; 134 f. 5. CC 1; 5 f. 37, 40, 14, 17, 21, 22, 24, 26, 32, 34, 35, 37, 45. DD 18. FF 5 f. 31. HH 33.
PARIS (petit) (*M.-et-L.*), CC 173.
PAYS-BAS (les), BB 95 f. 75.
PELLERINE (la) (*M.-et-L.*), CC 173.
PELLOUAILLE (*M.-et-L.*) CC 173. EE 8. II 6.

PERRAY (abbaye du) (*M.-et-L.*) BB 76 f. 32.
PERRINS (châtellenie des). Voir *Sainte-Gemmes*.
PICARDIE, BB 15 f. 165; 75 f. 76.
PIERRE-LISE, près Angers, BB 83 f. 61.
PIGEON, carrière près Angers, BB 122 f. 151-162; 124 f. 4, 23, 33, 103.
PIN-EN-MAUGES (le) (*M.-et-L.*), CC 7 173.
PALAMOS (*Catalogne*), BB 100 f. 68.
PLESSE (landes de la) (*M.-et-L.*), BB 6.
PLESSIS-BOURRÉ (le) (*M.-et-L.*). BB 45 f. 10, 52; 46 f. 4, 31; 48 f. 107. CC 5 f. 101; 6 f. 2.
PLESSIS-DU-PARC. V. *Plessis-lès-Tours*.
PLESSIS-GRAMMOIRE (*M.-et-L.*), BB 16 f. 92; 67 f. 55.
PLESSIS-LÈS-TOURS (*Indre-et-L.*), BB 32 f. 95, 104. CC 5, f. 37, 40.
PLESSIS-MACÉ (le) (*M.-et-L.*), CC 173. EE 6 f. 71, 8.
— (forêt du), BB 77 f. 66.
PLOERMEL (*Morbihan*), AA 23.
POINTE (la) (*M.-et-L.*), BB 68 f. 85; 73 f. 25; 79 f. 148, 152; 81 f. 297; 84 f. 64; 89 f. 46 ; 99 f. 66; 100 f. 59 ; 101 f. 100. CC 32; 34; 35; 37, 42; 44; 45; 80. GG 180 f. 511. HH 29. II 11.
POITEVINIÈRE (la) (*M.-et-L.*), CC 7; 173. EE 8.
POITIERS (*Vienne*), AA 23. BB 23 f. 126; 31 f. 33, 57, 77; 32 f. 95; 48 f. 54; 58 f. 49, 135. CC 3 f. 48. II 11.
POITOU, BB 17 f. 161; 30 f. 45; 32 f. 95; 52 f. 22; 65 f. 57. CC 5 f. 336, 337, 338, 341, 356. GG 179 f. 408.
POMÉRANIE, BB 30 f. 186. FF 45.
POMMERAYE (la) (*M.-et-L.*), CC 7. EE 8.
PONTIVY (*Morbihan*), BB 134 f. 108.
PONTOISE (*Seine-et-Oise*), BB 84 f. 118.
PONTS-DE-SÉE. V. *Ponts-de-Cé*.
PONTS-DE-CÉ (*M.-et-L.*), BB 4 f. 14, 15; 6 f. 45; 8 f. 63 ; 9 f. 36, 76, 78, 85, 86 ; 12 f. 8 ; 15 f. 123; 16 f. 92; 18 f. 63, 95; 24 f. 290; 25 f. 64; 31 f. 355, 356, 381, 382, 399; 32 f. 10, 62; 33 f. 204; 34 f. 328, 336; 35 f. 61, 131; 36 f. 141, 354; 39 f. 2; 40 f. 29; 41 f. 58; 43 f. 57; 45 f. 4, 136, 143, 164; 55 f. 6, 25, 52; 56 f. 40; 62 f. 84; 65 f. 174; 66 f. 60, 118, 121, 163 ; 67 f. 94, 100, 141; 68 f. 57; 69 f. 91, 128; 70 f. 69; 71 f. 79; 74 f. 11, 196; 75 f. 3, 41 ; 76 f. 82, 196, 268; 77 f. 94, 131; 78 f. 168; 79 f. 126 ; 81 f. 272; 84 f. 141, 154; 85 f. 189, 213; 89 f. 25; 95 f. 176; 96 f. 142; 99 f. 66; 101 f. 56, 58 ; 103 f. 56 ; 105 f. 65;
106 f. 64 ; 107 f. 83 ; 111 f. 67, 83, 101, 111, 157, 160; 112 f. 30, 174, 186; 113 f. 190; 115 f. 88; 122 f. 50; 123 f. 65, 71; 125 f. 2; BB 128, f. 10; 129 f. 50, 62; 130 f. 139; 132 f. 106; 133 f. 24; 134 f 5, 135. CC 4 f. 41, 48; 6, 7, 8, 10-12, 34, 35, 37-46, 173. DD 10, 18. EE 6, f. 1; 7 f. 6, 8. GG 138, f. 56; 151 f. 274; 181 f. 464; 183 f. 102; 220 f. 191. HH 2; 29. JJ 2; 6; 10.
PORNIC (*Loire-Inf.*), HH 27.
PORT-LOUIS (*Morbihan*), BB 67 f. 183.
FOSSONNIÈRE (la) (*M.-et-L.*), BB 7 f. 27; 43 f. 55; 45 f. 213.
POTHERIE (la) (*M.-et-L.*), CC 173. EE 8.
POUANCÉ (*M.-et-L.*), AA 22. CC 3 f. 241, 7, 173. EE 8.
POUÈZE (la) (*M.-et-L.*), CC 173.
PRÉVIÈRE (la) (*M.-et-L.*), AA 22. CC 173.
PROVINS (*Seine-et-Marne*), BB 45 f. 111.
PRUILLÉ (*M.-et-L.*), CC 173.
PRUNIERS (*M.-et-L.*), CC 173.
PRUSSE, BB 105 f. 64.
PUICERDA (*Espagne*), BB 95 f. 64.
PUISET-DORÉ (le) (*M.-et-L.*), CC 7; 173.

Q.

QUANDÉ. V. *Candé*.
QUARTE (la), près Angers, GG 181 f. 404.
QUIMPER (*Finistère*), AA 23.
QUIMPERLÉ (*Finistère*), AA 23.

R.

RECULÉE, faubourg d'Angers, BB 49 f. 78; 53 f. 43; 58 f. 75.
RENAUDIÈRE (la) (*M.-et-L.*), CC 7; 173.
RENAZÉ (*Mayenne*), AA 22.
RENNES (*Ille-et-V.*), AA 23. BB 99 f. 51. DD 18. FF 5 f. 71. GG 170 f. 63.
RHÉ (île de), BB 70 f. 53.
RHEIMS (*Marne*), AA 23. HH 10.
RIOM (*Puy-de-Dôme*), AA 23.
RIOTIÈRE (la) (*M.-et-L.*), CC 34; 35; 38; 40, 41-45.
ROANNE (*Loire*), BB 45 f. 143-164.
ROBINERIE (la), près Angers, GG 182 f. 276.
ROCHE-DE-SERRANT (la) (*M.-et-L.*), BB 39 f. 13; 42 f. 6; 46 f. 24.
ROCHE-D'IRÉ (château de la) (*M.-et-L*), BB 45 f. 9.
ROCHEFORT-SUR-LOIRE (*M.-et-L.*), BB 29 f. 108; 34 f. 28, 247, 256; 37 f. 88; 39 f. 8; 42 f. 23; 43 f. 34, 46, 53; 46 f. 173, 181; 47 f. 19, 42, 227; 67 f. 167; 79 f. 148, 152; 97 f. 9; 100 f. 60. II 11.

ROCHELLE (la) (*Charente-Inf.*), BB 46 f. 51; 71 f. 38, 42, 69. GG 138 f. 112.
ROCROY (*Ardennes*), BB 79 f. 20, 29. EE 19.
ROME, BB 22 f. 87; 23 f. 129; 67 f. 10; 89 f. 115. GG 171, f. 425.
ROMORANTIN (*Loir-et-Cher*), AA 23.
RONCERAY (abbaye du), à Angers, BB 17; 46; 53; 60; 61; 75; 90; 114; 131; 132. DD 10. EE 6. GG 47. HH 30.
ROSE (*Catalogne*), BB 100 f. 22.
ROSIERS (les) (*M.-et-L.*), BB 112 f. 186.
ROTTERDAM (*Hollande*), BB 105 f. 79.
ROUAUDIÈRE (la) (*M.-et-L.*), AA 22.
ROUEN (*Seine-Inf.*), AA 23. BB 13 f. 130; 23 f. 7; 46 f. 26, 27, 31, 42; 67 f. 27, 29; 73 f. 83; 92 f. 131; 113 f. 65, 112. CC 22.
RUZEBOUC (*M.-et-L.*), BB 28 f. 105; 73 f. 25.

S.

SABLÉ (*Sarthe*), BB 3 f. 45; 73 f. 83.
SAINT-AUBIN (abbaye), à Angers, BB 29; 34; 38; 39; 130; 131; 132. GG 363. HH 30.
SAINT-AUGUSTIN (*M.-et-L.*), BB 80 f. 108. GG 15-27.
SAINT-BARTHÉLEMY (*M.-et-L.*), BB 106 f. 97; 132 f. 15, 29. GG 104 f. 488.
SAINT-CRÉPIN (*M.-et-L.*), CC 7.
SAINT-FIACRE (la chapelle), à Angers, GG 50 f. 4; 56 f. 82.
SAINT-FLORENT (abbaye de) (*M.-et-L.*), BB 7 f 33; 34 f. 45; 38 f. 137, 139. CC 4 f. 179. GG 181 f. 256.
SAINT-GATIEN (la chapelle), à Angers, GG 33 f. 173.
SAINT-GEORGES-SUR-LOIRE (*M.-et-L.*), BB 45 f. 213. CC 7. EE 6 f. 29. II 6.
— (abbaye de) (*M.-et-L.*) BB 100 f. 10.
SAINT-GEORGES-CHATELAISON (prieuré de) (*M.-et-L.*), BB 90 f. 183.
SAINT-GERMAIN-DES-PRÉS (*M.-et-L.*), BB 32 f. 199.
SAINT-GERMAIN-EN-LAYE (*Seine-et-Oise*), AA 3. 4. BB 18 f. 104, 105, 141; 143; 19 f. 54; 23 f. 15; 73 f. 287, 291; 76 f. 146, 178; 84 f. 76.
SAINT-GERMAIN-LAVAL (*Loire*), AA 23.
SAINT-GERMAIN, près Montfaucon (*M.-et-L.*), CC 7.
SAINT-HERBLON (*Loire-Inf.*), AA 22.
ST-JACQUES (faubourg) à Paris, GG 195.
SAINT-JACQUES-DU-BUISSON (chapelle), à Angers, GG 50 f. 4.
SAINT-JEAN-D'ANGÉLY (*Charente-Infér.*), BB 58 f. 136, 138; 66 f. 21. II 11.
SAINT-JEAN-DES-MAUVRETS (*M.-et-L.*), BB 40 f. 106, 108. GG 197 f. 203.
SAINT-JEAN-DU-MARAIS (*M.-et-L.*), EE 6 f. 71.
SAINT-JUST-DES-VERCHERS (*M.-et-L.*), GG 310.
SAINT-LAURENT (la rivière), GG 100 f. 220.
SAINT-LAURENT-DU-MOTTAY (*M.-et-L.*), CC 7.
SAINT-LÉGER-DES-BOIS (*M.-et-L.*), GG 167 f. 115.
SAINT-LÉONARD-LÈS-ANGERS, GG 78-81.
SAINT-MACAIRE (*M.-et-L.*), CC 7.
SAINT-MAGLOIRE-DE-PARIS (église), GG 195 f. 338.
SAINT-MALO (*Ille-et-Vil.*), BB 127 f. 27.
SAINT-MATHURIN-SUR-LOIRE (*M.-et-L.*), BB 43 f. 55; 95 f. 170.
SAINT-MAUR (abbaye de) (*M.-et-L.*), BB 92 f. 36.
SAINT-MICHEL-DU-BOIS (*M.-et-L.*), AA 22. BB 7 f. 27.
SAINT-NICOLAS (abbaye), à Angers, BB 29; 63; 91; 92; 93. CC 14. GG 166; 180; 310. HH 30.
SAINT-OMER (*Pas-de-Calais*), BB 95 f. 3.
SAINT-PHILBERT-EN-MAUGES (*M.-et-L.*), CC 7.
SAINT-PIERRE-MAULIMART (*M.-et-L.*), CC 7.
SAINT-POURÇAIN (*Allier*), CC 4 f. 48.
SAINT-QUENTIN-EN-MAUGES (*M.-et-L.*), CC 7.
SAINT-REMY-EN-MAUGES (*M.-et-L.*), BB 45 f. 62. CC 7.
SAINT-ROMAIN (abbaye de) (*Gironde*) GG 57 f. 143.
SAINT-SAUVEUR (la chapelle) à Angers, GG 50 f. 4; 56 f. 82.
SAINT-SERGE (abbaye), à Angers, BB 28; 39; 94; 101; 128, 132. DD 5. EE 18.
SAINT-SULPICE-DE-RENNES (abbaye) (*Ille-et-Vil.*), GG 56 f. 82.
SAINTE-CATHERINE-DE-LAVAL (prieuré de) (*Mayenne*), BB 48 f. 58; 51 f. 57.
SAINTE-GEMMES-D'ANDIGNÉ (*M.-et-L.*), GG 168 f. 6.
SAINTE-GEMMES-SUR-LOIRE (*M.-et-L.*), BB 89 f. 24. DD 18. EE 6 f. 8. FF 16.
SAINTE-GEMMES *alias* DES-PERRINS (châtellenie de) (*M.-et-L.*), GG 16.
SAINTE-JAMMES. V. *Sainte-Gemmes*.
SALINS (*Jura*), BB 94 f. 57.
SALLE-AUBRY (la) (*M.-et-L.*), CC 7; 173.
SALLE-DE-VIHIERS (la) (*M.-et-L.*), CC 173.
SALPÉTRIÈRE (hôpital de la), à Paris, BB 130 f. 138.

TABLE DES NOMS DE LIEUX. 513

SARRELOUIS (*Prusse*), AA 23.
SARTHE (la), rivière, BB 21 f. 209; 99 f. 57, 64, 71; 131 f. 63. CC 7. EE 9. GG 180 f. 511.
SAUMUR (*M.-et-L.*), AA 23. BB 1 f. 4; 31 f. 355, 356, 410; 32 f. 104, 207; 33 f. 102; 34 f. 20, 218; 35 f. 48, 288; 38 f. 137, 139; 43 f. 80; 45 f. 143, 164; 46 f. 116; 52 f. 22; 60 f. 65; 63 f. 56; 65 f. 20; 66 f. 5, 9, 118, 165; 69 f. 33; 79 f. 115; 84 f. 3. 31; 85 f. 42; 86 f. 54; 89 f. 33; 95 f. 147, 170; 96 f. 175; 109 f. 143; 111 f. 101, 111, 157, 160; 112 f. 85; 113 f. 11. CC 4, f. 57, 179; 6 f. 3. FF 40. GG 168, f. 188; 181 f. 464; 364. II 6.
SAUTRAY (château de) (*M.-et-L.*), BB 42 f. 29, 30.
SAVENNIÈRES (*M.-et-L.*), BB 39 f. 13. EE 6 f. 10.
SAVOIE, BB 103 f. 100; 105 f. 64.
SÉEZ (*Orne*), BB 130, f. 134; 131 f. 20; 132 f. 67. GG 363.
SEGRÉ (*M.-et-L.*), BB 7 f. 54; 100 f. 63. CC 5 f. 304.
SEINE, fleuve, HH 33.
SENLIS (*Oise*), BB 8 f. 67.
SENONNE (*Mayenne*), AA 22.
SENS (*Yonne*), AA 23.
SERRANT (château de) (*M.-et-L.*), BB 39 f. 13; 42 f. 6; 46 f. 24; 134 f. 12. EE 5 f. 58, 59.
— (fief de), à Angers, FF 16.
SIAM BB 97 f. 34, 44.
SICILE, CC 3 4.
SORGES (*M.-et-L.*), BB 36 f. 113, 354; 47 f. 170, 173; 66 f. 134, 153; 89 f. 26; 112 f. 150; 113 f. 24; 114 f. 23, 105. II 6.
— (vicomté de) (*M.-et-L.*), BB 132 f. 140.
SOUCELLES (*M.-et-L.*), BB 130 f. 104. CC 2.
SUISSE, GG 76 f. 136.
SUZE (*Piémont*), BB 71 f. 129.

T.

TELMITES (abbaye des) (*Ille-et-Vil.*), GG 170 f. 63.
TERRE-ROUGE, près Angers (*M.-et-L.*), BB 91 f. 167.
THOUARCÉ (*M.-et-L.*), BB 64 f. 32; 70 f. 63.
THOUARS (*Deux-Sèvres*), AA 3.
— (vicomté de), II 9.
TIGNÉ (château de) (*M.-et-L.*), BB 45 f. 213.
TILLIERS (*M.-et-L.*), CC 7.

TOULON (*Var*), AA 23.
TOULOUSE (*Haute-Garonne*), BB 13 f. 130; 48 f. 54; 88 f. 125; 103 f. 56. CC 5 f. 281.
TOURAINE, BB 20 f. 206; 34 f. 175; 66 f. 45; 79 f. 82; 130 f. 90, 94. CC 11 f. 431.
TOURNUS (*Saône-et-Loire*), AA 4.
TOURS (*Indre-et-Loire*), AA 5; 6; 23. BB 13 f. 130, 134; 28 f 103; 31 f. 109; 33 f. 37, 187; 34 f. 54; 36 f. 418; 40 f. 8, 105; 43 f. 74; 45 f. 143, 164; 52 f. 67; 61 f. 22; 62 f. 49; 65 f. 28, 30; 83 f. 22, 29, 33; 84 f. 154; 90 f. 135; 91 f. 47; 98 f. 28; 100 f. 63, 68; 107 f. 37; 109 f. 127; 111 f. 38; 113 f. 11; 124 f. 65; 131 f. 33; 133 f. 80, 135. CC 4; 5; 14; 16; 26; 33; 37, 45; 61. DD 16. EE 2. FF 5 f. 71. GG 168 f. 188; 183 f. 102. HH 31. II 11.
— (généralité de), BB 78 f. 90. CC 61; 62; 63; 64; 87. DD 18. EE 4.
TOURVES (*Var*), AA 23.
TOUSSAINT (abbaye de), à Angers, BB 80; 85; 90; 93. EE 6.
TRAPPE (abbaye de la) (*Orne*), CC 5 f. 37.
TRÉLAZÉ (*M.-et-L.*), BB 38 f. 133; 50 f. 31; 106 f. 97.
TRENTE (*Tyrol*), GG 137.
TROYES (*Aube*), AA 23. BB 17 f. 150.
TROYE (*Asie-Mineure*), GG 83 f. 135.
TULLE (*Corrèze*), AA 23.
TURQUIE, BB 78 f. 190.

V.

VANNES (*Morbihan*), AA 3; 23.
VARADES (*M.-et-L.*), GG 181 f. 256.
VARENNE (la) (*M.-et-L.*), GG 173 f. 172.
VARENNES. V. *la Varenne*.
VENCE (*Var*), AA 23.
VENDOME (*Loir-et-Cher*), BB 55 f. 108.
VENISE, BB 22 f. 87.
VERDUN (*Saône-et-Loire*), BB 68 f. 91.
VERGER (château du) (*M.-et-L.*), BB 13 f. 89; 65 f. 20. CC 6 f. 6. GG 49 f. 273.
VERGONNE (*M.-et-L.*), AA 22.
VERN (*M.-et-L.*), BB 85 f. 181. EE 6 f. 71.
VERNEUIL (*Eure*), CC 3 f. 199.
VERRON (*Sarthe*), AA 3. BB 21 f. 85, 92.
VERSAILLES (*Seine-et-Oise*), BB 103 f. 71, 101, 155; 109 f. 120; 110 f. 14; 128 f. 92; 134 f. 58.
VESOUL (*Haute-Saône*), AA 23.
VEZINS (fief de), à Angers, BB 53 f. 75. FF 16.
VIARRON. V. *Verron*.
VIC (*Meurthe*), BB 73 f. 248.

33

VIEIL-BAUGÉ (le) (*M.-et-L*), CC 173.
VIENNE (*Isère*), AA 23
VIHIERS (*M.-et-L.*), BB 36 f. 283. CC 7.
VILLEDIEU (*M.-et-L.*), CC 7; 173.
VILLEFRANCHE (*Alpes-Mar.*), BB 99 f. 23.
VILLENEUVE (*M.-et-L.*), CC 7.
VILLENEUVE-DE-BERG (*Ardèche*), AA 23.
VILLESICART (*M.-et-L.*), BB 71 f. 64; 77 f. 62.
VILLEVÊQUE (*M.-et-L.*), BB 16 f. 92; 48 f. 21; 69 f. 55; 73 f. 59.

VINCENNES (*Seine*), BB 15 f. 165; 17 f. 31; 18 f. 109; 33 f. 265; 34 f. 54. CC 1. EE 1.
VIRE (*Calvados*), AA 23.
VITRÉ (*Ille-et-Vil.*), BB 38 f. 101.
VIVIERS (*Ardèche*), AA 23.
VOISDE (le) (*M.-et-L.*), CC 173.

Y.

YPRES (*Belgique*), BB 95 f. 53.

TABLE DES NOMS DE PERSONNES.

A.

ABESLARD, curé de Saint-Pierre d'Angers, GG 173 f. 172.
ABRAHAM (F), EE 5.
ABSALON, GG 83 f. 135.
ACOSTA, BB 48 f. 77.
ADAM, GG 83 f. 135.
AGNES, EE 5.
AHUILLÉ (Martin d'), BB 39 f. 26.
AISNAY (d'), abbé de Saint-Nicolas d'Angers, BB 62 f. 97.
ALCANTARA (Pierre d'), BB 93 f. 94.
ALENCÉ (Jehan d'), BB 15 f. 129.
ALENÇON (duc d'), BB 34 f. 252, 249; 35 f. 41, 45, 46, 58. CC 3.
— (chancelier d'). CC 11 f. 419.
— (Mme d'), BB 15 f. 28. CC 3 f. 278.
ALEXANDRE (Clémens), CC 10; 11; 12.
ALLARD (Jean-François), maire d'Angers, BB 127 f. 35, 38, 46.
— (Louis-François), député à l'Assemblée nationale, EE 6 f. 94.
— DU HAUT-PLESSIS, BB 126 f. 19; 128 f. 12, 17, 21, 47. CC 37. EE 18.
ALLART (P.), CC 14.
ALLAUME (Jehan), CC 3.
AMBOISE (Michel d'), sieur de Chevillon, BB 22 f. 184, 187, 188.
AMBROISE, BB 75 f. 66.
AMBROISE (le P.), récollet, BB 73 f. 195.
AMBROYS (Remy), BB 27 f. 59.
ANCRE (maréchal d'), BB 63 f. 136. II 11.
ANDELOT (d'), BB 30 f. 131.
ANDIGNE (d'), BB 57 f. 128.
— (Guy d'), doyen de St-Martin d'Angers, GG 361.
ANGLETERRE (Henriette d'), BB 79 f. 187-191, 193-194.
— (roi d'). V. *Jacques II.*

ANGOULÊME (duchesse d'), BB 15 f. 28; 16 f. 24; 19 f. 20.
ANIZON (Claude) V. *Harivel (veuve).*
ANJOU (duc d'), BB 96 f. 139; 104 f. 73; 100 f. 14; 135. CC 2. GG 363. V. *Bourbon (François de).*
— (duchesse d'), BB 17 f. 26, 36; 18 f. 56.
APVRIL (Abel), BB 28 f. 32.
— (Georges), BB 27 f. 145.
— (Jehan), CC 14.
ARBOUGE (le capitaine d'), BB 71 f. 42.
ARDOUYN, échevin de Blois, CC 26.
ARGENTÉ (d'). V. *Davy d'A.*
ARISTOTE, GG 83 f. 135.
ARMAGNAC (comte d'), BB 98 f. 54; 105 f. 36; 106 f. 91, 93. CC 18. EE 16.
— (comtesse d'), BB 98 f. 54; 104 f. 23.
ARMENAULT, BB 111 f. 181.
ARMENONVILLE (d'), BB 103 f. 24.
ARNAUD (Henri), évêque d'Angers, BB 99 f. 80. GG 29 f. 68.
ARNOUL, peintre, BB 94 f. 13. V. *Ernoul.*
ARTAGNAN (d'), sous-lieutenant des mousquetaires, BB 89 f. 24.
ARTEZAY (d'), ingénieur, BB 111 f. 101, 111, 157, 160.
ARTHAUD, BB 100 f. 15.
ARTOIS (comte d'), BB 117 f. 168.
AUBÉRY, maître des requêtes, BB 65 f. 160.
AUBERT, menuisier, BB 102 f. 11.
— (Guy), fondeur, CC 14.
— (Pierre), fondeur, CC 14.
AUBETERRE (Mme d'), abbesse du Ronceray, BB 120 f. 73. HH 30.
AUBIGNÉ (d'), BB 31 f. 441; 32 f. 134; 34 f. 8, 11, 12, 50, 52, 73.
AUBIGNY (d'). V. *Royrans d'A.*
AUBIN (René), avocat, BB 93 f. 205.

TABLE DES NOMS DE PERSONNES. 515

AUBINIÈRE (de l'). V. *Lereste de l'A*.
AUBRY, BB 34 f. 158.
— (René), chirurgien, BB 72 f. 30.
AUDOUIN DE DANNE, BB 101 f. 84.
AUDOUYS, feudiste, GG 170 f. 229; 197 f. 1.
AUFMAN (Elie), GG 345 f. 2.
AUMALE (d'), BB 36 f. 187.
AUMONT (maréchal d'), BB 40 f. 1, 2, 15; 43 f. 34.
AUTICHAMP (marquis d'). V. *Beaumont d'A*.
AUTUN (l'évêque d'), GG 363.
AUVERGNE (comte d'), BB 50 f. 25.
AUXERRE (l'évêque d'), BB 55 f. 130; 64 f. 121.
AVANTIGNY (d'), BB 38 f. 101.
AVAUGOUR (d'), BB 45 f. 189.
AVOINES (Jehan d'). V. *Davoines*.
AVRIL, major du château d'Angers, BB 102 f. 16.
— (Urban), échevin, BB 85 f. 196, 135.
— DE BOUTIGNY (G.-F.), chanoine de Saint-Martin d'Angers, CC 172.
— DE PIGNEROLLES, directeur de l'Académie d'équitation d'Angers, BB 97 f. 80; 98 f. 6; 103 f. 20; 107 f. 85; 109 f. 119. CC 172.
AYRAULT, BB 33 f. 103; 51 f. 193; 90 f. 95.
— (le président), GG 50 f. 3.
— (Mme la présidente), DD 5.
— (François), curé de Saint-Michel-du-Tertre d'Angers, GG 142 f. 27.
— DE LA ROCHE, BB 134 f. 4.
— DE SAINT-HÉNIS, CC 172.
— (Jacquine), dame de Mue, BB 66 f. 148. GG 50 f. 264.
AYRAULT-BAJET (d'). V. *Barbotin d'A*.

B.

BABIN (René), avocat, BB 83 f. 5.
BACHELIER (Michel), CC 4 f. 166.
BACHELOT (Marguerite). V. *Edin (veuve)*.
BAGUETTE, BB 107 f. 5.
BALASZECKI (P. Thimothée), jacobin, BB 103 f. 117.
BALDOUIN (François), docteur-régent, BB 30 f. 151; 33 f. 228.
BALLAIN (Joseph), GG 176 f. 176.
BALSAMO (Joseph), BB 57 f. 84.
BANCELIN fils, BB 127 f. 20.
BANCHEREAU DU PORTAL, BB 83 f. 13.
BARAUDRIE, sculpteur, BB 103 f. 113, 148.
BARAUT. V. *Barrault (Ol.)*.
BARBOT. BB 132 f. 5-8.
— DU MATRAS, BB 68 f. 5, 24, 26; 70 f. 109, 110, 122. GG 138 f. 104, 105.
BARBOTIN D'AYRAULT-BAJET (Etienne-HENRI), lieutenant-général du roi des violons de Paris, FF 5 f. 71.

BARCLAY (Guillaume de), docteur-régent, AA 5. BB 51 f. 137, 148, 157, 160, 161; 52 f. 19, 26; 55 f. 107.
BARDOUL, AA 6 f. 30. BB 133 f. 6, 9.
— échevin, BB 111 f. 239.
— architecte, BB 129 f. 17.
— musicien, BB 127 f. 86.
— (Jacques-Nic.), limonadier, FF 37.
BARILLAT, peintre, BB 108 f. 39, 69, 85. CC 19 f. 10, 23, 24.
BARILLIER (Catherine), BB 135.
BARJON, BB 101 f. 158.
BARJOT, BB 21 f. 78.
BARON fils, GG 363.
BARON (Louis), AA 6.
BARRA (femme), BB 126 f. 138.
BARRAULT (Olivier), receveur des Aides, AA 4. CC 7.
BARRE (de la), BB 68 f. 91.
BASLY (de), EE 6 f. 86.
BAUDRY, trésorier de France, BB 48 f. 82.
BAUGÉ. V. *Richard (Joseph)*.
BAULT (Charlotte). V. *Cupif (veuve)*.
— DE BEAUMONT (René), CC 14.
— DE VILNIÈRES, BB 102 f. 49.
BAUTRU (Maurice), juge des cens d'Anjou, BB 29 f. 117, 153.
— DE SERRANT, BB 79 f. 82.
BAZOURDY (Hiérome), chirurgien, BB 71 f. 52.
BEAUCHAMP (de), BB 21 f. 186.
BEAUCHAMP (de). V. *Lesellier de B*.
BEAUCHESNE (de). V. *D'Espeaux*.
BEAUGEAIS, BB 82 f. 213.
BEAUGRAND, BB 62 f. 67, 68.
BEAUJOUAN (Robert), EE 5.
BEAUJOUR (de). V. *Brevet de B*.
BEAULIEU, BB 68 f. 14.
BEAUMANOIR (Estienne de), CC 3.
BEAUMONT (de) V. *Bault de B*.
— (Louis de), BB 102 f. 68.
— D'AUTICHAMP (Charles de), commandant du château d'Angers, BB 92 f. 29, 133; 93 f. 294, 307; 95 f. 55; 99 f. 3, 6, 78, 110.
— (Ant. de), commandant du château d'Angers, BB 105 f. 2, 31; 106 f. 105; 109 f. 81; 112 f. 155; 113 f. 38, 43, 57; 114 f. 42; 115 f. 146.
— (J.-Thérèse-Louis de), commandant du château d'Angers, BB 121 f. 75; 132 f. 59; CC 42 f. 75. EE 18.
— (Jos.-Eulalie de), CC 172.
— (Mme de), BB 117 f. 71, 74, 78.
— DE FLORENTVILLE, BB 117 f. 166.
BEAUNE (général de), BB 15 f. 123.
BEAUREGARD, BB 51 f. 37.
— (de). V. *Bourdigné* et *Coulet de B*.

BEAUVAIS (de), BB 81 f. 80.
BÉGEON DE VILLEMAINSEUL (Philippe de), BB 91 f. 67, 97. EE 2.
BEILLAULT (Pierre), maçon, DD 12.
BÉGUIER DE CHANCOURTOIS (René), CC 89.
BELHOMME (Jean), AA 3. BB 24 f. 123; 29 f. 112; 30 f. 30, 54. CC 14.
BELLANGER (Jehan), CC 4 f. 91.
— (Pierre), EE 5.
BELLIARD (P.), CC 172.
BELLAY (du). V. *Dubellay.*
BELLE-ISLE (marquis de), BB 40 f. 29.
— (maréchal de), BB 118 f. 86.
BELLOT (Esaye). CC 13.
BELLIÈVRE. V. *Fontaine (J.-B.).*
BÉNARD. V. *Trochon (Madeleine).*
BENOIST, AA 6.
BERAUDIÈRE DE MAUMUSSON (Anne-Adélaïde-Sophie de la), CC 172.
BERCY (de), HH 30.
BÉREAU (Guillaume), BB 48 f. 119.
BERGE (François), BB 108 f. 97; 109 f. 111. CC 106.
— (Jacques), BB 81 f. 145.
BERITAULT, BB 31 f. 86.
BERNARD, BB 122 f. 118.
— élu, CC 14.
— (Isaac), BB 58.
— DE LA ROCHE, FF 48.
BERNAULT, comédien, BB 112 f. 53, 58.
BERNIER, sculpteur, BB 111 f. 173.
BERNIER, chef de brigands, BB 130 f. 21; 131 f. 8.
BERRY (duc de), BB 97 f. 37.
BERTHE DE LA PERCHAUDIERE (Etienne), BB 135.
BERTRAN, trésorier, CC 14.
BERTRAND, maître de mathématiques et de langues, BB 122 f. 106.
BESNARD, peintre, BB 95 f. 183; 97 f. 109; 99 f. 13, 101; 102 f. 121; 103 f. 77, 130; 104 f. 87; 105 f. 41, 110. CC 16 f. 10, 15; 18.
— (Pierre), apothicaire, BB 86 f. 117; 97 f. 31.
— le jeune, médecin. BB 97 f. 31.
— maître d'écriture, EE 6 f. 35.
BESNARDIÈRE (de la). V. *Boreau de la B.*
BESSONNEAU (René), CC 172.
BEUCHER, BB 103 f. 130.
BEZONS (de), BB 115 f. 88.
BIGNICOURT (de). V. *Wyriot de B.*
BIGNON, BB 47 f. 211.
BIGOT (Jean), CC 172.
BILLAULT (Bonaventure), imprimeur, à Angers, FF 40.
BINEL (François), BB 11.
BIRON (duc de), BB 50 f. 25, 34.

BISSON (Renée), CC 89.
BISVAL (Madeleine de), GG 349 f. 14.
BLANCHEFFORT, CC 3.
BLANDINIÈRE (de la). V. *Cotelle de la B.*
BLANDRATE (Jehan de), physicien du roi de Sicile, CC 4 f. 158.
BLEGNY (de), médecin, BB 101 f. 125.
BLONDEAU, BB 96 f. 40.
— (Jehan), BB 73 f. 155.
BLOUIN (Mathieu), chirurgien, BB 72 f. 80.
BOCAGE (du). V. *Touzé du B.*
BODARD, BB 133 f. 6, 9.
BODERE (Renée Chéhéré, v^e Julien), CC 89.
BODIN (Fr.), CC 172.
BOESSIÈRE. V. *Boissière (de la).*
BOGUAIS, BB 103 f. 130.
BOGUET, sculpteur, BB 112 f. 39; 113 f. 20, 21, 186; 114 f. 6, 17.
BOHALLE (Jehan), CC 4 f. 179.
BOHIER, BB 21 f. 8.
BOISARD DE L'ÉPINIÈRE (Marie-Victoire), CC 172.
BOIS-DAUPHIN (de), gouverneur d'Anjou, BB 45 f. 91, 162, 165; 56 f. 64, 101, 118; 57 f. 13; 58 f. 136; 59 f. 36, 46, 47; 62 f. 108, 121; 63 f. 64, 67, 72.
BOISINEUX (Jullian), médecin, BB 37 f. 111.
BOISMIER (Pierre), BB 97 f. 31.
BOISNIER, EE 5.
BOISROBERT (de). V. *Gaudin de B.*
BOISSIER, peintre, BB 116 f. 64; CC 29.
BOISSIÈRE (Etienne de la), BB 34 f. 143. CC 5 f. 53.
BOISSIMON. V. *Héard de B.*
BOISSY (de), BB 16 f. 105.
BOISTRAVERS (de), BB 45 f. 230; 135.
BOMMIER DE LA CONNILLÈRE, lieutenant du roi aux Ponts-de-Cé, BB 122 f. 50; 123 f. 65; 125 f. 2.
BONAMY (Perrine), GG 1 f. 153.
BONCHAMP (de), EE 6 f. 43.
BONVOISIN (Jehan), garde de la Prévôté, BB 29 f. 117; 31 f. 165.
BORDEREAU (Gabriel), CC 16.
BOREAU DE LA BESNARDIÈRE, BB 130 f. 36, 38, 39, 119.
BOUCAULLE (de). V. *Normanville (de).*
BOUCAULT, BB 109 f. 91.
BOUCHARD, échevin, BB 103 f. 57.
BOUCHILLON, BB 124 f. 26, 63.
BOUÈRE (de la). V. *Minsonnière de la B.*
BOUGLÉ, contrôleur des Aides, EE 9.
BOUGLER, AA 6.
BOUILLÉ (de). V. *Goupil de B.*
BOUJU (Roberde), CC 14.
BOULAY DU MARTRAY, BB 127 f. 35, 38, 46; 128 f. 24. CC 37.

TABLE DES NOMS DE PERSONNES. 517

Boulaye (de la), commandant à Angers, BB 31 f. 357.
— V. *Chauvet de la B.*
Boullay, GG 363.
Boulogne (René), menuisier, BB 99 f. 35, 88, 91, 107; 102 f. 11; 104 f. 23. CC 16.
Boumier. V. *Bommier.*
Bourbon (Antoine de), AA 3.
— (Charles de), BB 27 f. 17.
— (François de), duc d'Anjou, AA 3. BB 30 f. 214, 225; 31 f. 29, 66, 100, 247, 258, 273, 339, 355, 356, 393, 402, 404, 410; 32 f. 40, 67, 76, 95, 134, 176; 33 f. 58, 100, 108, 110, 112, 113, 119; 35 f. 62, 68, 69, 86, 97, 300, 307, 310, 333; 36 f. 94, 113, 115, 138, 170, 195, 196, 206, 225, 240, 249, 253, 266, 285, 339, 354, 355, 391, 403, 434; 37 f. 46, 52, 117, 126; 38 f. 21; 135.
— (Louis de). V. *Montpensier (duc de)* et *Condé (prince de).*
Bourceau, échevin, BB 83 f. 31; 85 f. 141.
Bourdais, BB 124 f. 58.
— (Benjamin), fontainier, BB 66 f. 45.
Bourdigné (de), dit Beauregard, BB 29 f. 105.
Bourgogne (duc de), BB 96 f. 95; 103 f. 71; 115 f. 54; 116 f. 18.
Bourgonnier (Jean), rebouteur de membres, BB 122 f. 13, 45; 123 f. 8.
Bourigault, BB 67 f. 100, 107.
Bourigaux, couvreur, GG 193 f. 13.
Bourjollais (Jehan), BB 10 f. 61.
Bourne (Jehan), receveur, CC 3; 4.
Bourré du Plessis-Bourré (famille), BB 45 f. 55.
— (Jean), BB 4 f. 52. CC 5 f. 336, 337, 338, 341, 356.
— (Mme du), CC 4 f. 2.
Boutigny (de). V. *Avril de B.*
Boutillier, BB 71 f. 82.
Boutonnais (Michel), BB 12 f. 16.
Bouvery (Gabriel), évêque d'Angers, BB 33 f. 61. GG 197 f. 203.
— (Nicolas), trésorier de Saint-Maurice, GG 361.
Boyeau (Joseph), CC 172.
Boyleau (Jeh.), BB 40 f. 105; 41 f. 72.
Boylesve (François), BB 29 f. 111; 135.
— (l'abbé), BB 111 f. 38, 40.
— de la Gilière, BB 104 f. 37.
— de la Maurousière (Jacquine Ménardeau, veuve Marin), CC 89.
Brandy, BB 107 f. 40.
Breau (Guill.), BB 78 f. 152; 79 f. 6, 7, 14, 15.
Brécheu, échevin, BB 87 f. 3.

Bregeon (Claude Dolbeau, veuve Etienne), CC 128.
Breil (du). V. *Tessier du B.*
Brerond, AA 4.
Breslay (Estienne), BB 135.
Bretagne (Jehan de), AA 4.
— (Antoinette de), GG 100.
— (duc de), BB 3 f. 24; 103 f. 155.
Breteuil (baron de), EE 5.
Brethe, capitaine du régiment de Champagne, EE 16.
Brevet de Beaujour, EE 6 f. 94. GG 363.
Brézé (maréchal de), BB 75 f. 88; 76 f. 146, 226; 77 f. 96; 78 f. 33; 79 f. 25, 27, 28, 76, 88, 91; 80 f. 33, 125, 190; 81 f. 67, 73, 127, 134, 148, 149, 229, 277, 306; 82 f. 32. GG 200 f. 26.
Briacé (de), gouverneur des Ponts-de-Cé, BB 41 f. 58.
Briant (Charles), BB 73 f. 302.
Brie, peintre, BB 106 f. 73; 107 f. 23; 109 f 113; 111 f. 69, 137, 169, 238; 112 f. 49; 113 f. 23, 119, 171; 114 f. 22, 77, 116, 190; 116 f. 8, 26, 51. CC 20.
— (chevalier de), CC 23 f. 16, 20.
— de Serrant, BB 132 f. 14, 91, 92; 133 f. 2, 21. HH 27.
Brient (Jacques), CC 2.
Brillemont (de), GG 363.
Brionne (comte de), BB 105 f. 36; 117 f. 60, 61, 178; 118 f. 30; 119 f. 125. CC 26.
— (comtesse de), BB 112 f. 161; 113 f. 165; 117 f. 71, 74, 78; 122 f. 53, 58. CC 22.
Brissac. V. *Cossé-Brissac (de).*
Brisset (Joseph), GG 179.
Brizolière (de la). V. *Pitard de la B.*
Broce des Haies-de-Brion (de la), BB 34 f. 172.
Brochet (Jacques), DD 8.
Brossay, BB 6 f. 52.
Brossay (du). V. *Marchand du B.*
Brosse (l'abbé de la), EE 6 f. 73.
Brosses (des). V. *Guérin des B.*
Brouard (Anne). V. *Chesneau (veuve).*
Brouillet, EE 5.
Bruand (Jacques), fermier des Aides, BB 113 f. 11.
Brulart, BB 21 f 78.
Bruneau, BB 100 f. 15.
— docteur en droit, BB 81 f. 85.
Brunetière (de la). V. *Ménard de la B.*
Brye (Auger de), abbé de la Trappe, CC 5 f. 37-40.
Buard (le P.), BB 102 f. 149.

518   TABLE DES NOMS DE PERSONNES.

Budoys (André), CC 2.
Bué (du), BB 15 f. 202.
Buffon, FF 40.
Buissède (Jullien), FF 42.
Buret (Guy), BB 66 f. 49.
Burolleau (Renée), CC 128.
Busson (Pierre), BB 75 f. 75.
Bussy d'Amboise, BB 35, f. 42, 43, 47, 58, 99, 113, 114, 129, 134, 170; 36 f. 98, 113, 137, 141, 149, 158. GG 198 f. 31, 49.
Butte Sarra (de la), BB 99 f. 116.

C.

Cabassolle du Réal, AA 4.
Cacault du Coudray (François), CC 89.
Cadet de Linay, BB 125 f. 91.
Cadu (Jeh.), BB 21 f. 105.
Cahu (Louis), BB 127 f. 117.
Cailleau (frère Nic.), BB 29 f. 105.
— (René), forgeron, BB 83 f. 61.
Calonne (de), ministre d'État, HH 31.
Calprat (J.), dit Lebreton, CC 172.
Camarsac, lieutenant du château d'Angers, BB 88 f. 224.
Camus (Pierre), notaire apostolique, CC 128.
Canon. V. Leroux.
Caperon, ingénieur, DD 11; 18.
Caravas (comtesse de), BB 68 f. 95.
Caseau (du). V. Villeneuve du C.
Cassin de la Grois (Urbain), CC 86.
— de la Loge, BB 133 f. 89.
Caurieux (Durand), CC 42 f. 83.
Cazenault (Arnault), maître d'armes, BB 74 f. 179.
Cercueil, BB 78 f. 33.
Cerisay (Guill. de), maire d'Angers, CC 5 f. 37-40.
Cesbron (Maurice), CC 89.
— de la Vilette (Claude), CC 89.
Chabannes, CC 3.
Chacebeuf (François), BB 27 f. 59.
Chaillou, greffier, HH 15.
Chalopin, BB 33 f. 103.
Chambault (René-Thibault), CC 172. FF 40.
Chamboy (de), BB 82 f. 63, 81.
Chambresais (de). V. Sourdille de C.
Chamillard (de) BB 102 f. 74.
Chamoreau, peintre, BB 101 f. 137; 102 f. 78.
Champéroux (de), CC 5 f. 281.
Champion (Ch.), FF 5 f. 71.
Chancourtois (de). V. Béguier de C.
Chantepie (René), BB 65 f. 141; 66 f. 135.
Chanzeaux (de). V. Gourreau de C.
Chapay, BB 97 f. 31.

Chapelle (de la), prêtre, BB 93 f. 26.
— (sœur Françoise de la), BB 17 f. 36.
Charbonnier, BB 32 f. 104.
Charier, directeur du théâtre d'Angers, BB 120 f. 30; 124 f. 88; 125 f. 101.
Charles VIII, roi de France, BB 10 f. 24. FF 5 f. 60.
Charles IX, roi de France, AA 3. BB 30 f. 239; 34 f. 22; 135. CC 1; 14. EE 1. FF 5 f. 22.
Charlier, BB 21 f. 78.
Charlot, AA 3.
Charnacé (le chevalier de), GG 363.
Charpentier (Estienne), BB 13 f. 53. CC 5.
— (Jehan), franciscain, CC 4 f. 72.
— (fils), docteur-régent, BB 47 f. 211, 231; 48 f. 10, 14, 54; 49 f. 26, 68, 76, 87; 50 f. 141, 153, 163; 51 f. 51.
Charrier, EE 5.
Chartier, BB 24 f. 290.
Chassebeuf (François), EE 5.
— (Jean), EE 6 f. 43.
Chasteaufromont (de), CC 2.
Chastel (Pierre), BB 45 f. 80.
Chaston (Franç.), BB 25 f. 101.
Chateauneuf (de), ministre d'État, BB 96 f. 6.
Chatelais (de). V. Pasquier de C.
Chatizel, député à l'Assemblée nationale, EE 6 f. 55, 89, 94.
Chaumart (Jacques), CC 6 f. 6.
Chaussée (de la), BB 48 f. 10-14.
Chauveau, BB 114 f. 199.
— (Gilles), BB 35 f. 188.
— de Rousson, AA 6.
Chauvel de la Boulaye, BB 89 f. 23.
— (Renée), CC 89.
Chauvelin, intendant de Tours, CC 87.
Chauvin, BB 50 f. 72, 82, 103, 104, 106.
Chavigné (de), BB 39 f. 26.
— V. Davy de C.
Chavigny (de), gouverneur d'Anjou, AA 3. BB 29 f. 5; 30 f. 245; 135.
Cheappelays (Jehan), capitaine du guet d'Angers, CC 2.
Chedanne (Mathurin), curé de Saint-Léger-des-Bois, GG 167 f. 115.
— (Toussaint), curé de Saint-Nicolas d'Angers, GG 167 f. 115; 168 f. 6.
Chéhéré (Renée). V. Botère (veuve).
Chemineau, BB 96 f. 107.
Chemineaux (H. des). V. Herbereau des C.
Chenedé (de), échevin, BB 87 f. 116.
Chéral (Frédoit, veuve), EE 6 f. 36.
Chesneau, BB 133 f. 6. EE 5.
— (André), DD 18.
— (Guill.), ib.

CHESNEAU (Anne Brouard, ve), CC 128.
CHEVAL (Jehan), canonnier, CC 3 f. 249.
CHEVALIER (le président), BB 66 f. 95.
— (René), CC 12.
CHEVÉ (Denis), BB 122 f. 61.
CHEVERUE (le président de), BB 71 f. 82; 72 f. 65.
CHEVILLON (de). V. d'Amboise.
CHEVREUL, chirurgien, BB 128 f. 76, 125; GG 360.
CHEVRIER (J.), CC 172.
CHICOYNEAU (François), premier médecin du roi, HH 10.
CHIRON (du). V. Davy du C.
CHITRAY (de). V. Lemotheux de C.
CHIVERNY (de), BB 31 f. 439.
CHIVAU. V. Putod.
CHOISEUL (duc de), BB 121 f. 30.
CHOPIN (René), BB 36 f. 395.
CHOPPIN (Louis), GG 345.
CHOTARD, lieutenant particulier d'Angers, GG 34 f. 419.
— (Adrien), curé d'Angers, GG 159.
CHOUANIÈRE (de la). V. Guérin de la C.
CHOUDIEU, EE 9.
CHRÉTIEN (J.), CC 172.
CIERZAY (Renée de), CC 128.
CIRILLE (P.), récollet, BB 71 f. 63.
CLAVEAU, maire d'Angers, CC 43.
CLÉMENCEAU DE LA LANDE, BB 127 f. 66; 128 f. 93. HH 7.
CLÉMENCIÈRE (de la). V. Lemercier de la C. EE 5.
CLÉMENT X, pape, BB 93 f. 87.
— VIII, pape, BB 119 f. 41-45.
— XIV, pape, GG 181 f. 466.
CLÉRÉ (de), CC 4 f. 47.
CLISSON (de), connétable de France, CC 2.
CLOPPIN, BB 34, f. 324.
COBBEAU, BB 126 f. 115.
COCHON, BB 92 f. 119.
— (Marie-Anne Gohory, veuve Charles), CC 128.
COESME (de), BB 79 f. 251.
CŒUR (Jacques), CC 4 f. 66.
COFFIN (Perrine), CC 12.
COINTRIE (de la). V. Duboys (veuve).
COLBERT, ministre d'État, BB 90 f. 117, 140; 96 f. 112; HH 8.
— intendant à Tours, BB 90 f. 135; 91 f. 47.
COLIN (Jehan), receveur de la Cloison, CC 4.
COLLAS (René), curé de Saint-Samson, GG 191.
COLLASSEAU DE MONTIGNY, EE 6 f. 31.
COLLINIÈRE (Guill. de la), BB 29 f. 117.
COLLOMBEL (Jehan), BB 66 f. 35.

COLLOMBON, BB 63 f. 95.
COLPIN (Gilb.), orfèvre, BB 35 f. 307, 310.
— (Toussainctz), orfèvre, BB 135.
COMBAULT, GG 181 f. 361.
COMEAU (Catherine Deniau, veuve Mathurin), CC 89.
COMMARQUE, chef d'aventuriers, BB 18 f. 131.
COMMEAU (Louis), architecte, GG 192.
COMMERS (Gilles de), BB 17 f. 26.
CONDÉ (Louis de Bourbon, prince de), AA 3. BB 29 f. 196; 31 f. 54, 96, 444.
— (Henri de Bourbon, prince de), BB 49 f. 107; 59 f. 25; 63 f. 46, 57, 60. JJ 11.
— (d'Enghien, prince de), BB 94 f. 63-68. CC 37.
CONNILLÈRE (de la). V. Bommier de la C.
CONSTANTIN (Gilles), maçon, BB 129 f. 66. DD 15.
CONTADES (de), BB 80 f. 79.
CONTI (le prince de), BB 42 f. 23, 46, 55, 73; 43 f. 10, 26, 34.
CONTRÉE, plombier, BB 105 f. 78.
COOK (le capitaine), BB 132 f. 5, 8.
CORBEL (Jacques), maître d'œuvres, BB 14 f. 51, 54, 57, 58.
CORDIER BB 119 f. 87, 90, 93, 99, 109, 119, 129.
— secrétaire des volontaires d'Anjou, EE 9.
CORMEILLES (l'abbé de), BB 31 f. 219.
CORNUAU DE LA GRANDIÈRE, BB 76 f. 138. HH 31.
COSSÉ, échevin, BB 89 f. 33.
COSSÉ-BRISSAC (René de), gouverneur d'Anjou, BB 16 f. 119; 17 f. 4; 18 f. 14, 60. CC 8 f. 15.
— (Arthus de), gouverneur d'Anjou, BB 23 f. 89, 113, 118, 119; 24 f. 66, 79; 30 f. 183, 206; 31 f. 33. EE 2.
— (Charles de), maréchal de France, gouverneur d'Anjou, BB 36 f. 71, 74; 38 f. 33, 58, 76, 81, 97, 99; 66 f. 65.
— (duc de), BB 67 f. 183.
— (le maréchal de), BB 122 f. 149.
— (la duchesse de), BB 88 f. 223; 93 f. 157; 120 f. 43.
COTELLE DE LA BLANDINIÈRE (l'abbé), BB 117 f. 178.
COTTARD, BB 96 f. 107.
COTTE (de la), graveur, CC 24.
COTTEREAU DU PLESSIS (Toussaint), CC 18.
COTTON (le P.), BB 55 f. 35.
COUCHE-THIBAUDIÈRE (la). V. Hamon (J.).
COUDRAY (du). V. Cacault du C.
COULET DE BEAUREGARD, peintre, BB 122 f. 157, 168; 124 f. 24, 84; 126 f. 16. CC 43.

520   TABLE DES NOMS DE PERSONNES.

Coullion, BB 122 f. 55, 56; 124 f. 63, 66.
Couraudin de la Noue, BB 134 f. 108.
Courcité. BB 132 f. 84.
Courtet (Jehan), CC 2.
Courtillé (Jean), GG 179.
Cousin, CC 45.
Coustard, BB 65 f. 118, 119.
Coustard-Grille, EE 5.
Coutouly (Henry), médecin, FF 37.
Coutrie (François), BB 79 f. 97.
Crasnier, DD 16.
Crény (l'abbé de), GG 363.
Créquy (de), GG 138 f. 56.
— (duc de), BB 89 f. 115.
Crissé (de), BB 81 f. 284.
Croix (James de la), receveur, CC 3.
Cromot (de), surintendant du comte de Provence, BB 126 f. 26. GG 363.
Crossonnière (de la), FF 41.
Croux (Pierre), curé de Saint-Michel-du-Tertre d'Angers, GG 138 f. 119.
Crussol (comte de), BB 28 f. 205.
Cuer (Jacq.). V. *Cœur (Jacq.)*.
Cujas, professeur de droit, BB 30 f. 151; 34 f. 274, 276, 307, 308.
Cupif (Christophe), maire d'Angers, BB 86 f. 3.
— (Nicolas), maire d'Angers, BB 94 f. 13, 18.
— (Pierre), CC 5 f. 304.
— (Charlotte Bault, veuve François), CC 128.
Cyquart (Alain), CC 14.

D.

Daburon, BB 99 f. 110.
— de Mantelon (P.-J.-Fr.), CC 172.
Daine, intendant de Tours, CC 62, 64; 172. EE 5; 17; 18.
Dali, BB 98 f. 22.
Dalibon (Catherine). V. *Guérin de Vilnière*.
Dalichoux, HH 30.
Dallair (Mathieu), orfèvre, BB 97 f. 31.
— (Philippe), orfèvre, BB 97 f. 31.
Damiens, BB 117 f. 109. GG 14 f. 58.
Damoreau, physicien, AA 6. BB 126 f. 134; 127 f. 79.
Daudouet (Nic.), GG 361.
Dangeau (le marquis de), gouverneur, BB 94 f. 99.
Danne (de). V. *Audouin*.
Danton, BB 121 f. 95.
Daudincourt. V. *Hocquincourt (d')*.
Davenel, BB 30 f. 214-225.
Davenne (Guillaume), facteur d'orgues, BB 106 f. 30.
Davoines de la Meignannerie (Jehan),

BB 20 f. 21; 21 f. 50; 135. CC 14.
David, GG 83 f. 135.
David (Pierre-Louis), sculpteur, CC 42 43.
Davy, peintre, BB 116 f. 14.
— (Guillaume), BB 135.
— (Laurens), BB 44 f. 150. CC 13.
— (Pierre), CC 5 f. 299.
— (René), BB 135.
— (Simon), BB 48 f. 77.
— d'Argenté, BB 52 f. 19.
— de Chavigné (Françoise), CC 89.
— (Anne), ib.
— (Marthe), ib.
— de la Faultrière, BB 54 f. 1. GG 138.
— de la Roche, BB 105 f. 45.
— du Chiron, BB 84 f. 3, 13; 85 f. 4.
Debonnaire (René), CC 86.
Delafosse (Louis-Ignace), imprimeur, à la Flèche, FF 40.
Delatour, HH 30.
Delaunay (aîné), député à l'Assemblée nationale, BB 133 f. 91, 95, 100; 134 f. 108. EE 6 f. 68.
Delaure (René), BB 20 f. 88-90.
Delisle (MM.), géographes de Paris, BB 107 f. 57.
Delorme, échevin, BB 109 f. 69.
Dené (J.-B.), professeur de flûte, BB 106 f. 76.
Dénéchau, BB 115 f. 30.
Denechere, BB 122 f. 149.
Deniau, doyen de Saint-Maurice, BB 95 f. 76.
Deniau. V. *Comeau (Catherine)*.
Derbois, acteur, BB 127 f. 35, 38, 46.
Desbrosses (Joseph-Laurent), capitaine, CC 172.
Deschamps (Guillaume), BB 33 f. 76, 103.
Désespoir (le seigneur), BB 27 f. 59.
Deslandes (Estienne), BB 135.
— (Maurille), BB 46 f. 19.
Desloges, écuyer, BB 67 f. 58.
Desmarais (Catherine-Mourault, veuve Th.), CC 89.
Desmarets, directeur du théâtre d'Angers, AA 6.
Desmazières, député à l'Assemblée nationale, BB 133 f. 73. EE 6 f. 89-94.
— (Michel), BB 93 f. 205.
Desnoes (Marie). V. *Guilbaut (veuve)*.
Desroches, commandant du château de Rochefort, BB 37 f. 88.
Devert (Antoine), maître d'armes, AA 6. BB 121 f. 79. FF 37.
Devienne (Dom), BB 120 f. 60.
Deville, GG 363.

DEVILLE (P.-Roch, jeune), notaire, BB 122 f. 26, 127.
DIEUSIE (de), BB 69 f. 9.
— député à l'Assemblée nationale, EE 6 f. 89, 94.
DIONIS, médecin, FF 39.
DODINET (François), CC 13.
DOLBEAU (Claude). V. *Bregeon (veuve)*.
— (Jean), récollet, GG 100.
DOMINIÈRE (de la), major du château d'Angers, BB 132 f. 59.
DORLÉANS, docteur en droit, BB 51 f. 46; 55 f. 107.
DOUBLART DU VIGNAU (Simon), CC 89.
DOUVE (de la). V. *Raimbault de la D.*
DROUAULT (D.), CC 89.
DROUET (André), principal du collège d'Anjou, BB 65 f. 201.
— DE LA FÉROUSSIÈRE (Joseph), BB 112 f. 18.
DUBÉ (veuve), imprimeur, FF 40.
DUBEC (Phil.), doyen de Saint-Maurice d'Angers, GG 361.
DUBELLAY (Jacques), gouverneur d'Anjou, BB 33 f. 220, 238; 34 f. 169-173, 214; 35 f. 39.
— (Martin), lieutenant-général d'Anjou, BB 66 f. 103, 215; 68 f. 14, 18; 70 f. 63; 71 f. 26, 82; 72 f. 65; 75 f. 99.
DUBOIS, commandant du guet de Paris, FF 47.
— licencié ès-lois, EE 9.
— (J.-B.), géomètre, BB 127 f. 29, 56; 129 f. 4; 131 f. 11, 26; 132 f. 8. FF 2.
DU BOUCHAGE (comte), gouverneur d'Anjou, BB 39 f. 17, 25.
DUBOYS, docteur en droit, BB 112 f. 72, 82, 103, 104, 106.
— curé de la Pommeraye, EE 6 f. 43.
— (Jean), CC 2.
— (Suzanne Hameau de la Cointrie, veuve), GG 222 f. 123.
DUBREAU, BB 71 f. 42.
DUBREIL (J.), BB 135.
DU BUAT DE LA SUBRARDIÈRE, CC 172.
DUBUT, BB 67 f. 83.
DUCAZEAU, EE 5.
DUCHESNE (Michel), BB 132 f. 38, 145; 133 f. 2.
DUCHET (Jehan), charpentier, CC 3.
DUCLUZEL, intendant de Tours, BB 122. CC 61. EE 4. GG 360; 364.
DUCOLLET, entrepreneur du théâtre à Nantes, BB 125 f. 108.
DUCOUDRAY (Mme), sage-femme, AA 6. BB 128 f. 37, 76, 79, 84, 91. CC 37. GG 360.
DUCOULDRAY (Jeh.), BB 18 f. 95.

DUCROS, entrepreneur du théâtre à Nantes, BB 125 f. 108.
DU FAU, BB 47 f. 162.
DUFRESNAY (Guillaume), CC 4 f. 166.
DU FRESNE, échevin d'Angers, BB 39 f. 9.
— docteur-régent, BB 65 f. 1.
DU GAST, BB 34 f. 175; 35 f. 52.
DUMANDET (Claude), BB 67 f. 10.
DUMAS (Antoine), chirurgien, FF 39.
DUMESNIL, maire d'Angers, BB 43; 57 f. 14; 61 f. 124.
— chirurgien, BB 96 f. 146.
DUMOLIN (Colas), CC 4 f. 166.
DUMONT (André), charpentier, DD 12.
DUNOIS (comte de), CC 4 f. 216.
— (Mme de), BB 15 f. 28.
DUPERCHÉ, médecin, BB 97 f. 31.
DUPINEAU, BB 73 f. 313.
DU PLESSIS DE JUIGNÉ, BB 67 f. 187.
DUPONT, échevin d'Angers, BB 110 f. 150.
— (Pierre), tapissier du roi, BB 78 f. 190, 199; 79 f. 182.
DUPRÉ (François), chirurgien, BB 69 f. 95; 73 f. 133; 75 f. 96.
DUPUIS, ingénieur, CC 42 f. 39.
DURAND, directeur du théâtre d'Angers, BB 124 f. 31.
DURANT (Jehan), CC 3.
DURFORT DE DURAS (Henriette de), BB 114 f. 184.
DU ROCHER, CC 17.
DUSSAULT, BB 30 f. 167.
DU TREMBLAY. V. *Frain du T.*
DUVAU. V. *Pays du V.*
DU VERDIER DE GENOUILLAC, CC 172.
DUVERGER, chirurgien, BB 112 f. 85, 147.
— curé de Saint-Denis d'Angers, GG 29 f. 158.
DUVIVIER, graveur, CC 23; 39.

E.

EDIN (Étienne), BB 93 f. 287.
— (Marguerite Bachelot, veuve), CC 172.
EFFIAT (marquis d'), BB 71 f. 82; 72 f. 90, 91; 73 f. 119, 143.
EFFRETIÈRE (de l'), BB 27 f. 17.
ELBEUF (d'), BB 46 f. 25.
ELISABETH (la princesse), BB 32 f. 199.
ELOY, BB 107 f. 40.
EMERY (d'), BB 36 f. 246; 46 f. 25.
EON, échevin d'Angers, BB 116 f. 64.
EPERONNIÈRE (la dame de l'), GG 34 f. 416.
EPINIÈRE (de l'). V. *Boisard de l'E.*
ERNOUL, peintre, BB 106 f. 104, 110; 112 f. 18, 27. CC 21 f. 77, 78. V. *Arnoul.*
ESLIS, maire d'Angers, BB 88 f. 3; 89 f. 97, 106.
ESNAULT, BB 116 f. 14.

33.

ESNAULT (Jacquine), BB 68 f. 134.
ESPAGNE (l'infante d'), BB 88 f. 95.
ESPEAUX DE BEAUCHESNE (Charles d'), BB 81 f. 284.
ESPINAY (de l'), BB 30 f. 141. DD 15.
ESTAMPES (duc d'), AA 4.
ETRICHÉ (d'), prêtre, BB 106 f. 91.
— (Math. d'), droguiste, BB 83 f. 5.
— (Pierre d'), BB 9 f. 55.
EVAIN (J.-Denis), GG 196.
EVEILLARD (M.), maire d'Angers, BB 73 f. 98; 79 f. 2; 91 f. 47.
— (Anne), GG 215 f. 229
— (Marie), GG 215 f. 229.
— (Suzanne), GG 215 f. 229.
EVEILLON, sieur DU BREIL (Pierre), CC 13 f. 626.
EXPILLY (l'abbé d'), GG 159 f. 69.

F.

FABRE (Antoine), AA 6. FF 5; 37; 42.
FALLET (Jeh.), BB 9 f. 74. CC 6.
— (veuve Jehan), CC 5.
FALLOUX, ancien maire, BB 106 f. 57.
FALOUX, EE 6 f. 29.
FAUCILLE (de la), capitaine du château d'Angers, BB 30 f. 12. EE 1.
FAULTRIERE (de la). V. *Davy de la F.*
FAURE, maître de musique, BB 122 f. 128.
FAURIE (Antoine), CC 19.
FAYE (Pierre de), GG 197 f. 244.
FERAUD (Bernard), HH 10.
FERONNIÈRE (de la). V. *Lefebvre de la F.*
FEROUSSIÈRE (de la). V. *Drouet de la F.*
FERRAGU (Jacques), BB 29 f. 117.
FERRE (Jehan), CC 4 f. 82.
FESQUES (Ch.-Jos. de), GG 170.
FESTIN (Christian), horloger, BB 87 f. 242.
FEUILLADE (le duc de la), BB 94 f. 69.
FIAT, curé de Beaulieu, GG 34 f. 419.
FIGEREL. V. *Filgerald.*
FILGERALD, BB 102 f. 29; 116 f. 11, 49.
FLABEAU (Pierre), charlatan, FF 39.
FLEURIAU, BB 38 f. 104.
FLEURY (de). V. *Joly de F.*
FLON, BB 115 f. 30.
FLORENTVILLE (de). V. *Beaumont de F.*
FOCQUE (Pierre), GG 176 f. 76.
FŒNEL DE PONTGOLLO, BB 94 f. 148; 95 f. 46; 96 f. 160; 97 f. 3.
FOMBEURE, BB 131 fol. 20.
FONDEVILLE-LABALUT, AA 24.
FONTAINE, curé de Saint-Martin d'Angers, GG 83 f. 135.
FONTAINE (J.-B.), charlatan, FF 39.
FONTAINES (Esbrard des), CC 172.
FONTETTES (de), chancelier, BB 124 f. 91. GG 363.

FORGEOT (El. Pitrot, femme), BB 132 f. 136. GG 363.
FORTIN, BB 119 f. 29.
FORVILLE (Jacques), CC 128.
FORVILLE (de). V. *Fourille (de).*
FOSSE (de la), BB 34 f. 264.
FOUCAUDIÈRE (de la), BB 34 f. 54.
FOUCHÉ (Pierre), GG 193.
FOUCHERIE (de la). V. *Raimbault de la F.*
FOUCHET, BB 122 f. 103, 132.
FOUGEROLLE (de). V. *Guyonnet de F.*
FOULARD, BB 115 f. 185; 117 f. 48.
FOULLON, CC 26.
FOUQUET, surintendant des finances, BB 84 f. 186; 85 f. 66, 195; 89 f. 26.
— DE LA VARENNE (Guill.), évêque d'Angers, BB 65 f. 223. GG 138 f. 58.
FOURILLE DE MONTREUIL, gouverneur d'Anjou, BB 84 f. 31, 138, 140; 86 f. 179.
FOURNENC (Jacques), oratorien, GG 138 f. 226.
FOURNIER (René), BB 47 f. 62.
FOUSSIER. V. *Ménage (veuve).*
FRADET (Gilles), BB 55 f. 128.
FRAIN (Renée). V. *Quatrecubat du Pin (veuve).*
— DU TREMBLAY, secrétaire de l'Académie d'Angers, BB 99 f. 6.
FRANCE (Claude de), BB 13 f. 134.
— (Louise de), régente, BB 16 f. 70; 18 f. 21, 51.
— (Madeleine de), CC 4 f. 110.
FRANCISQUE. V. *Moylin.*
FRANÇOIS Ier, roi de France, AA 1. CC 1. EE 1.
FRANÇOIS II, roi de France, AA 1. CC 1.
FRÉDOIT. V. *Cheral (veuve).*
FRICARD (René), CC 61; 65.
FROGER, BB 65 f. 118, 119.
FRONSAC (duc de), BB 80 f. 125.
FROUILLE (Adrian de), BB 73 f. 262.
FUMEE (Adam), maître des requêtes, CC 5 f. 37-40.

G.

GABORY, prêtre, BB 122 f. 43, 45, 137, 139.
GAIGNARD (Jacques), CC 172.
— (Luc), BB 55 f. 105.
GALAIS, GG 181 f. 305.
GALLAND (Guillaume), CC 14.
GALLARD, BB 135.
GALLICHON (Charlotte). V. *Muncin (veuve).*
GALLIÈRE (de la). V. *Mercier de la G.*
GALLONNIÈRE (Mme de la), BB 32 f. 7.
GALPIN, BB 111 f. 8.
GARNIER, vitrier, CC 16 f. 10, 15.

GARNIER, chirurgien, CC 41 f. 93.
— (François-Joseph), receveur, CC 172.
— DE LA ROUSSIÈRE (Etienne), curé de Saint-Nicolas d'Angers, GG 166 f. 88.
GARANDE (Pierre), docteur en théologie, BB 47 f. 64; 51 f. 211. GG 100 f. 220.
GARSAULAN (Charles), principal de la Porte-de-Fer, BB 65 f. 201.
GASTE (Marguerite Renou, veuve Christophe), CC 128.
GASTEAU, chirurgien, BB 40 f. 15.
GASTINEAU, GG 363.
— docteur en droit, BB 112 f. 72, 82, 103, 104, 106.
GAUDICHER, gentilhomme de la grande vénerie du roi, BB 109 f. 57.
GAUDIN (Guill.), curé de Saint-Nicolas d'Angers, GG 168 f. 6.
— (Michel), prêtre du Sanitat, BB 74 f. 112.
— DE BOISROBERT, CC 43.
GAUDON, cellerier de Saint-Aubin d'Angers, HH 30.
GAULDIN (René), sculpteur, BB 61 f. 72.
GAULT (Clément), curé de Saint-Michel-de-la-Palud d'Angers, GG 15 f. 64.
GAUTEREAU (Simon), BB 94 f. 181.
GAULTERON (Geoffroy), receveur, CC 5.
GAULTIER, contrôleur des octrois, BB 120 f. 3.
— (René), CC 14.
GAUTIER (Jacques), CC 172.
GAUTRAYE (de la). V. *Harpin de la G.*
GAUVILLIER, EE 9.
GELÉ, serrurier, CC 16 f. 10, 15.
GENDRON (Pierre), BB 73 f. 113.
GENOUILLAC (chevalier de), CC 23 f. 16, 20.
— V. *du Verdier de G.*
GENTIL (Jehan), BB 27 f. 59.
GEOFFROY DE LIMON, surintendant du comte de Provence, BB 124 f. 95; 127 f. 35, 38, 46.
GERBY (Paul de), BB 48 f. 87.
GESLIN DE LA RAISNERIE, EE 5.
GESTÉ (de). V. *Plessis de G.*
GIBERT (Marie). V. *Jouaron (veuve).*
GIFFARD, chirurgien, BB 38 f. 52.
GIGAULT, BB 115 f. 88.
GILIERE (de la). V. *Buylesve de la G.*
GINELLE (Adam), CC 41 f. 19.
GILQUIN, BB 114 f. 78, 236.
GIRARD (Jehan), CC 5 f. 105.
GIRARD (Pierre de), BB 71 f. 98.
GIRARDIÈRE (de la), BB 45 f. 252.
GIRAULT, curé de Saint-Michel-du-Tertre d'Angers, GG 132.
— (Catherine), GG 215 f. 229.
GISEUX (de), BB 115 f. 77, 78, 160.

GODART (Estienne), maçon, DD 12.
— (Pierre), architecte, BB 101 f. 153; 102 f. 30.
— (Pierre), receveur, CC 128.
GODELIER, EE 5.
GODET (Philibert), commissaire général des poudres, BB 57 f. 55.
GODIN, prêtre, GG 350.
GOHIER (Charles), DD 14.
GOHIN DE MONTREUIL, BB 84 f. 3; 85 f. 4; 87 f. 33. DD 16.
GOHORY. V. *Cochon (veuve).*
GONDOUIN, architecte, BB 86 f. 54.
GONNORD (maréchal de), AA 3. BB 30 f. 214, 225; 31 f. 32; 32 f. 123. CC 14.
GONTARD, maire d'Angers, BB 114 f. 75. CC 45.
GOUASRAND (Abel), CC 89.
— chirurgien, BB 93 f. 205.
GOUIN, échevin, BB 111 f. 239.
GOUJON, BB 110 f. 32.
GOUPIL, curé de Saint-Evroul d'Angers, GG 33 f. 546.
— (Guillaume), joueur de hautbois, CC 13 f. 312.
— DE BOUILLÉ (Louis), CC 16.
GOUPILLEAU (Jullien), CC 14.
— (Pierre), BB 32 f. 48.
GOURREAU, BB 92 f. 91; 93 f. 136; 109 f. 73.
— (Jacq.-Fr.), maire d'Angers, BB 117 fol. 9.
— DE CHANZEAUX, EE 6 f. 43.
— DE LA HOUSSAYE, EE 6 f. 43.
— DE LA PROUSTIÈRE, BB 43 f. 64.
— DU PONT, CC 89.
GOUY (Michel de), imprimeur-libraire à Saumur, FF 40.
GOYER (Charles), BB 63 f. 89.
— médecin, BB 97 f. 31.
— (jeune), BB 97 f. 31.
GRAMMONT (chevalier de), EE 6 f. 43.
GRANDET, conseiller de ville, BB 104 f. 53.
GRANDIÈRE (de la). V. *Cornuau de la G.*
GRANDIN (François), curé de Saint-Julien d'Angers, GG 50 f. 1.
GRAND-MAISON (le capitaine), BB 34 f. 339.
GRANGER (Galien), horloger, BB 33 f. 56.
— (René), horloger, BB 63 f. 99.
GRANGES (des). V. *Simon des G.*
— (Mlle des), GG 138.
GRANGIER (frère Math.), BB 15 f. 78.
GRASSE (Jacq. de), évêque d'Angers, BB 119 f. 14. GG 34 f. 456.
GRÉGOIRE XIII, pape, GG 83 f. 133.
GRELIER (Estienne), CC 14.
GRENEREAU (Jeh.), curé de Saint-Pierre d'Angers, GG 170 f. 63.

GRENYER, curé de Sainte-Croix d'Angers, GG 198 fol. 1.
GRESLE (Loys), BB 135.
GRÉSIL (Robert), peintre, BB 35 f. 307, 310; 59 f. 45, 53.
GREY (Jean), charlatan, FF 39.
GRILLE-COPARDIÈRE, fils, EE 5.
GRIMAUDET, BB 86 f. 170.
— (François), avocat du roi, BB 29 f. 117; 33 f. 103.
— (Jeh.), BB 33 f. 102.
— (Mélanie de), CC 172.
GROIS (de la). V. *Cassin de la G.*, CC 86.
GRUE (Gilles de la), maire d'Angers, BB 79 f. 2; 135.
GRUGET (Florent), BB 53.
GRUME (Jean-Henri), BB 103 f. 117.
GUÉMENÉ (de), BB 2 f. 4, 5; 9 f. 37; 30 f. 8.
GUERCHE (de la). V. *Lanier*.
GUÉRIN aîné, avocat, BB 127 f. 52.
— DE LA CHOUANIÈRE, AA 6.
— DES BROSSES, BB 130 f. 68.
— DE LA PIVERDIÈRE, CC 86.
— DE VILNIERES (Catherine Dalibon, veuve), CC 172.
GUERINEAU (Gamaliel), GG 214 f. 272.
GUERRIER (J.), CC 19.
GUESDON, BB 36 f. 283.
— (Jehan), CC 13.
GUIBERT (François), curé de Saint-Nicolas d'Angers, GG 165 f. 212; 166 f. 88.
— (Jehan), CC 4 f. 100.
GUICHARD, GG 363.
GUILBAULT (Marie Desnoes, veuve André), CC 128.
GUILLOT (Dagobert), AA 5.
— (Marie Hardye, veuve Gilles), CC 89.
— (Jehan), BB 74 f. 112.
GUILLOTEAU (Jean), receveur, CC 5.
GUILLOTIN (Bernardin), GG 172 f. 1.
GUILMET, docteur-régent, BB 112 f. 72, 82, 103, 104, 106.
GUION, HH 30.
GUISE (de), BB 13 f. 87.
— (François, duc de), AA 3. BB 29 f. 199, 206.
— (Mme de), CC 8 f. 113, 115.
GUITET (P.), EE 5.
GUITTON, BB 100 f. 15.
GUNY (de). V. *Turban de G.*
GUYET (Lezin), BB 27 f. 59.
— (Marcial), ibid.
— (Pierre), CC 14.
GUYONNET DE FOUGEROLLES (Jean), BB 78 f. 138, 142.
GUYOT (Hardouin), BB 28 f. 111, 117.
GYÉ (maréchal de), BB 7 f. 33; 9 f. 37.
— (Mme de), CC 5 f. 357.

H.

HAIE (Franç. de la), doyen de Saint-Laud d'Angers, GG 361.
HAIES-DE-BRION (des). V. *de la Broce*.
HALBERT (Claude), CC 89.
HALLOT, directeur du manége, BB 81 f. 250; 85 f. 218.
— (de ou du), gouverneur d'Anjou, BB 36 f. 403; 37 f. 46; 38 f. 21; 39 f. 11; 42 f. 14.
HALNAULT, curé de St-Maurice d'Angers, GG 104.
HALQUIN (Renée). V. *Lefebvre (veuve)*.
HAMEAU DE LA COINTRIE. V. *Duboys (veuve)*.
HAMON, BB 107 f. 53.
— (Pierre), CC 3.
— dit LA COUCHE-THIBAUDIÈRE (Jehan), GG 138 f. 78.
HARCOURT (Henri de Lorraine, comte d'), gouverneur d'Anjou, AA 3. BB 88 f. 125, 168, 178, 183, 189, 224; 89 f. 162; 90 f. 36; 135. EE 16. HH 29.
HARDYE (Marie). V. *Guillot (veuve)*.
HARPIN DE LA GAUTRAYE (Marie), CC 89.
HARY (Renée Ponneau, veuve Christ.), CC 87.
HAUTEVILLE (Hélène de), BB 102 f. 17.
HAUT-PLESSIS (du). V. *Allard du H.*
HAYENEUVE (Jeh.), BB 28 f 111-117.
HEARD DE BOISSIMON, BB 84 f. 3.
HELAN (Paul), FF 37.
HENRI II, roi de France, AA 1; 3; 4. BB 40 f. 55, 56. CC 14. FF 15.
HENRI IV, roi de France, AA 5. BB 46 f. 163; 57 f. 8, 35; 58 f. 14. CC 14. GG 138 f. 56; 151 f. 274.
HENRIETTE D'ANGLETERRE, BB 79 f. 187, 191, 194, 195.
HÉRAULT, lieutenant-général de police de Paris, BB 111 f. 184.
HERBEREAU DES CHEMINEAUX (Noël), échevin, BB 85 f. 4, 60, 141; 86 f. 3, 83.
HERCULE, GG 83 f. 135.
HERNAULT (François), imprimeur à Angers, BB 115 f. 159; CC 16.
— DE MONTIRON (Louis), CC 128.
HERVÉ (Jehan), DD 15.
HEURTELOU (Jean), CC 34; 53; 55; 56.
HOCQUINCOURT (le maréchal d'), GG 220 f. 191.
HOULLIÈRES (d'), maire d'Angers, BB 134 f. 4, 96. EE 6 f. 1, 31, 68.
HOULLAY (Eustache), jacobin, BB 34 f. 90, 118.
HOUSSAYE (de la). V. *Gourreau, Saint-Offange* et *Thomas de la H.*

TABLE DES NOMS DE PERSONNES.

HUART DE LA HUETTERIE, EE 6 f. 50.
HUBERT (Gilles), curé de Saint-Samson d'Angers, GG 187, 192, 193.
HUBERTIÈRE (Joseph de la), BB 107 f. 28.
HUCHELOU DES ROCHES (J.-R.), curé d'Angers, GG 58 f. 340; 159 f. 1.
HUET (Trajan), BB 50 f. 161.
HUETTERIE (de la). V. *Huart de la H.*
HULLIN (Michel), architecte, BB 65 f. 45.
HUNAULT DE LA THIBAUDIÈRE, BB 43 f. 15; 70 f. 25.
HY (Louis), maître de danse, FF 42.

J.

JAHIER, imprimeur-libraire à Angers, FF 40.
JACQUES II, roi d'Angleterre, BB 97 f. 99, 100; 99 f. 56-60, 119 CC 16.
JALLET DE LA VÉROULIÈRE, maire, BB 106 f. 6, 8; 111 f. 239; 114 f. 34; 115 f. 99. CC 22; 26; 34; 45. GG 143 f. 78.
—, curé de Marson, CC 45.
JANVIER (Gratian), canonnier, BB 37 f. 129.
JARDIN, BB 34 f. 188.
JARRY, BB 103 f. 130.
JARY (René), BB 29 f. 140.
JAUNEAUX, docteur en droit, AA 6. BB 111 f. 239; 112 f. 72, 82, 103. 104, 106.
JOCERALE (Jehan), doct. ès-lois, CC 4 f. 91.
JOHANNE (Lancelot), GG 198 f. 64, 66.
JOLLET (Guillaume), CC 5 f. 96.
JOLLIVET, conseiller de ville, BB 83 f. 24.
JOLLY (Anne). V. *Lecomte (veuve).*
— (Joseph), receveur, CC 13; 15.
— Anglais réfugié, BB 102 f. 17.
— DE FLEURY, procureur-général, CC 33.
JOMINIÈRE (de la), BB 119 f. 109.
JOSEPH II, empereur, BB 127 f. 131. GG 168 f. 188.
JOSEPH (le P. Pierre), récollet, EB 69 f. 64, 67. GG 138 f. 93.
JOSSELIN, AA 23.
JOSSET, BB 131 f. 44.
JOSSON (Olivier), FF 5 f. 71.
JOUANNE (Claude). V. *Marion (veuve).*
JOUANNEAUX (Jehanne), GG 198 f. 64, 66.
JOUARON (Marie Gibert, veuve Symphorien), CG 128.
JOUBERT, secrétaire-greffier du Point d'honneur, BB 127 f. 63, 64.
— orfèvre, BB 115 f. 178.
— DE LESPINAY (Louis), CC 89.
JOUENNAUX (Urbain), dit PATOUL ou REMOLIÈRE, BB 29 f. 105.
JOUET, soldat, BB 66 f. 222.
— (Gabriel), maire, BB 67 f. 206; 68 f. 5, 18, 26.

JOUIN, architecte, BB 104 f. 35; 106 f. 94, 97, 99; 111 f. 34. CC 19.
JOULLAIN (Jeh.), statuaire, BB 61 f. 30.
JOUNOT (Pierre), libraire, BB 30 f. 125.
JOUSSELIN, curé de Sainte-Croix d'Angers, GG 198 f. 250-281.
— (Anne), médecin, BB 79 f. 84.
— (Mathurin), BB 47 f. 163.
JOUSSELINIÈRE (de la), BB 63 f. 10.
JOYAU (Maurice), médecin, BB 45 f. 111.
JOYE (Jehan), CC 3 f. 295.
JOYMIER (Jehan), CC 6 f. 3.
JUFFÉ (Jehan), BB 135.
JUIGNÉ (de). V. *Plessis de J. (du).*
— (Chevalier de), CC 23, 16, 20.
JUIN. V. *Jouin.*
JULIEN. BB 104 f. 103.
JULLIENNE (Jean de), HH 10.
JUMELLE, sculpteur, BB 111 f. 103.

K.

KESSEROUANNE-KASEN (Jean), prince du Mont-Liban BB 111.
KIFFÉ DE PONTGOLLO (Claire), BB 96 f. 12.

L.

LACHAIZE, chirurgien. V. *Lachèze.*
LACHAUME (Marie), CC 172.
LACHEZE, chirurgien, BB 122 f. 141; 128 f. 101.
— (Denis), EE 5.
LACOUR. V. *Siquerre.*
LADOUCHE (Louise). V. *Tadourneau (veuve).*
LAFOURCADE, lieutenant des perruquiers d'Angers, BB 128 f. 96, 97.
LAFAYETTE (marquis de), EE 6 f. 52.
LAGARDE. V. *Marc.*
LAGOUX (Claude), peintre, BB 82 f. 31; 85 f. 64.
— (Jehan) dit LE PICARD, peintre, BB 61 f. 30; 65 f. 45. CC 11 f. 236.
LAIR (Etienne), BB 28 f. 103.
LALANDE (de), prévôt provincial d'Anjou, BB 73 f. 24, 203, 229. GG 138 f. 121.
LALLIER, échevin d'Angers, BB 73 f. 83.
LAMBERT (de), EE 17; 18.
LAMBESC (prince de), BB 108 f. 16, 96; 109 f. 18, 28, 97; 112 f. 111; 113 f. 29; 121 f. 5; 122 f. 106. CC 18, 20, 26.
LAMOTTE, receveur, BB 127 f. 126; 128 f. 12, 17, 29.
LANCEL (Claude), sculpteur, BB 35 f. 307, 310.
LANCREAU (Mlle de), BB 38 f. 81.
LANDE (de la). V. *Clémenceau de la L.*
LANDEAU, confiseur, CC 23.

Landes (des). V. *Deslandes*.
Landry BB 100 f. 15.
— (Jehan) CC 3; 4.
Landini (Jos.-Antoine), acrobate, FF 41.
Landreau (de), BB 32 f. 98.
Langottière (Rose de), CC 172.
Lanier (Abraham), graveur, GG 139 f. 282.
— (Cyprienne), GG 139 f. 282.
— (François), lieutenant-général d'Anjou, BB 61 f. 124; 66 f. 95. GG 138 f. 145.
— (Guy), maire d'Angers, BB 29 f. 1
— (René), aumônier du roi, GG 140 f. 208.
— de la Guerche, BB 82 f. 31. CC 21; 26.
— (J. J.) de Vernusson BB 135.
Lantivy (de). BB 132 f. 9.
Larcher (Jehan) DD 18.
La Roche, musicien, BB 114 f. 128.
Lasnier. V. *Lanier*.
Lattay (du). V. *Ragot du L.*
Laubardemont (de), commissaire du roi, BB 76 f. 61.
Laudière (de la), maire de Nantes, BB 73 f. 19.
Launay, architecte, BB 113 f. 24.
Launay de Thunes (de), BB 18 f. 95.
Laurens de Ponfou (René), AA 3; BB 29 f. 140; GG 197 f. 244.
Laval (de), AA 3; BB 38 f. 101.
— (comtesse de), BB 3 f. 9.
Lavergne (Martial), BB 40 f. 15.
Lavigne (Louis), mᵉ de danse, FF 42.
Leblanc (Jehan), CC 6 f. 3.
Lebloy (Estienne), ministre protestant, BB 71 f. 98.
Lebreton. V. *Calprat*.
Lecamus (Gervaise), CC 4; 5.
Lece (de), BB. 22 f. 140.
Lechat, BB 134 f. 4.
Leclerc (Jean-Bapt.), BB 95 f. 15, 16, 19, 72.
Lecommandeur, BB 70 f. 56.
Lecompte, chirurgien, BB 70 f. 43.
Lecomte (Anne Jolly, veuve Jacques), CC 89.
Leconte, CC. 16.
— (Jacques), BB 18 f. 95.
— (Jeh.); GG 361.
— architecte, BB 98 f. 28, 55.
Lecoq (Clément), CC 14.
Le Corvaisier, BB 127 f. 83.
Lecouvreux (Renée), CC 14.
Lecronier (Jehan), fontainier, CC. 4 f. 175.
Ledevin, BB 63 f. 121.

Ledoisne, médecin, BB 100 f. 28.
Ledoux, BB 96 f. 40.
Le Faucheur (Jehan), CC 14.
Lefebvre (Jehan), CC 14.
— (Renée Halquin, veuve Nicolas), CC 89.
— de la Féronnière (Anne Ménardeau, veuve), CC 89.
Lefèvre, commis greffier, HH 15.
— (Lucas), secrétaire du duc d'Anjou, CC 2.
— (René), chirurgien, BB 51 f. 128.
Legauffre (Samson), BB 36 f. 153.
Legentilhomme (Raoul), maître menuisier, CC 14.
Legouz de Vaux (Guy), CC 89.
— du Plessis, EE 6 f. 5, 43.
Legrand, docteur en droit, BB 55 f. 107.
— (Raoul), chirurgien, BB 72 f. 80.
Legris, BB 87 f. 159; 93 f. 16; 121 f. 110.
Legros, BB 78 f. 152.
Leissner, sculpteur, BB 121 f. 100.
Lejumeau (Gabriel-Claude), CC 172.
Leliepvre (Pierre), BB 67 f. 39.
Lelou (Jehan), receveur, CC 4.
— (Lancelot), CC 5 f. 105.
Lemaczon, BB 135.
Lemaignan, député à l'Assemblée nationale, EE 6 f. 89, 94.
Lemaitre (Jehan), peintre, CC 4 f. 111.
Lemal (Pierre), AA 3. BB 29 f. 112; 30 f. 54.
Lemanceau, architecte, BB 87 f. 159.
Lemasson, CC 42 f. 62.
Lemau (Guillaume), CC 4 f. 166.
Lemarie (Jeh.), BB 40 f 33.
Lemasson, menuisier, BB 119 f. 101.
Lemercier (Jacques), curé d'Angers, GG 138 f. 228.
— (Jehan), CC 4 f. 111.
— de la Clémencière, EE 5.
Lemierre (André), FF 5 f. 71.
Lemoine (Richard), BB 15 f. 103.
Lemonnier (René-Aimé), GG 178 f. 34.
Lemotheux, EE 7 f. 1, 2.
— de Chitray, EE 6 f. 43.
Léon XI, pape, BB 52 f. 116.
Le Page de Varancé, BB 111 f. 239; 128 f. 24. CC 128.
Lepaintre (Jehan), peintre, CC 4 f. 111.
Lepelé (Guillaume), CC 8; 9; 10.
Lepeletier (Jehan), receveur de la Cloison, CC 5; 7; 8.
— (Maurice), médecin, CC 4 f. 101.
Lepelletier, évêque d'Angers, BB 99 f. 89, 110. GG 221 f. 219.
— abbé de Saint-Aubin, BB 99 f. 37.

Lepelletier, ministre d'Etat, BB 99 f. 89.
— (Charles), horloger, BB 95 f. 159.
Lepevrier (Jehan), CC 3.
Lerat, mécanicien. BB 113 f. 112. CC 22.
Lerat. V. *Lesrat (de)*.
Lereste de l'Aubinière (François), BB 81 f. 284.
Leroux dit Canon, FF 37.
— (Olivier), CC 61.
Leroy, jardinier-pépiniériste, CC 43 f. 60.
— musicien, BB 114 f. 128.
— (Guillaume), receveur, CC 4.
— (Laurent), BB 100 f. 46.
— (Robert), CC 89.
Leroyer, avocat. BB 98 f. 44.
— (Macé), CC 14.
Lescalopier, BB 118 f. 86.
Lescot (François), orfèvre parisien, BB 82 f. 104.
Lesellier de Beauchamp, EE 6 f. 3, 7; 7 f. 4, 8, 9.
Lesourd (Pierre), CC 158.
Lesperlant (André). CC 3.
Lespinay (de). V. *Joubert de L.*
Lespine (Jean de), maître d'œuvres, BB 20 f. 82.
Lesrat (de), BB 134 f. 4.
— (Guill. de), lieutenant-général, AA 3. BB 33 f. 103. GG 361.
Letellier, ministre d'Etat, BB 82 f. 109. EE 16. FF 46.
Lethielleux (François), médecin, BB 37 f. 111.
Letourneux (Pierre), jardinier, DD 12.
Levannier (Jehan), BB 18 f. 95.
Lézineau, BB 95 f. 183.
— banquier, BB 105 f. 75.
Lhoste (Nicolas), BB 51 f. 210.
Liberge (Marin), docteur-régent, BB 34 f. 33; 36 f. 360; 38 f. 61; 46 f. 23; 47 f. 206; 48 f. 88, 109.
Liger (Guill.), BB 29 f. 152.
Ligros (François), CC 89.
Limon (de). V. *Geoffroy de L.*
Linay (de). V. *Cadet de L.*
Livonnière (de). V. *Pocquet de L.*
Lochet (Jean), entrepreneur, DD 11; 13.
Loge (de la). V. *Cassin.*
Logerais (François), CC 89.
Lointier, architecte, BB 98 f. 28.
Loiseau (Charles), CC 89.
— (Pierre), BB 97 f. 34.
— de Maulny, BB 113 f. 98, 101.
Lombard (Franchequin le), receveur, CC 3.
Loménie (de), HH 29.
Longueville (de), BB 27 f. 59.

Lorges (chevalier de), BB 23 f. 127, 130, 131, 144, 147.
Lorrain (le). V. *Viriau (Nic.).*
Lorraine (Henry de). V. *Harcourt (d').*
Louet, BB 33 f. 103.
— (Charles), maire d'Angers, BB 73 119, 153, 287.
— lieutenant particulier, BB 95 f. 55; 96 f. 42.
— abbé, BB 119 f. 126, 142; 122 f. 29; 126 f. 103, 133.
— (Jacques), étudiant, FF 41; 42.
— de la Romanerie, FF 16-32.
Louis XI, roi de France, AA 1. BB 66 f. 215. CC 5 f. 105.
Louis XII, roi de France, AA 1. BB 16 f. 14.
Louis XIII, roi de France, AA 1. BB 57 f. 15; 66 f. 215; 79 f. 6, 21. DD 1. GG 15 f. 111; 138 f. 56.
Louis XIV, roi de France, AA 3. EE 2; 16. FF 46. HH 29.
Louis XV, roi de France, BB 126 f. 100. GG 181 f. 466.
Louis XVI, roi de France, BB 126 f. 100. GG 34 f. 416.
Louise de France, BB 16 f. 70; 18 f. 21, 51.
Lourdet (Simon), BB 71 f. 62.
Louvet (Jehan), BB 60 f. 11.
Louvois (de), ministre d'Etat, BB 91 f. 105; 95 f. 125; 96 f. 168, 169. EE 2.
Louzil, échevin d'Angers, BB 92 f. 47, 58.
Lucas, CC 16 f. 17.
Luçon (évêque de). V. *Richelieu.*
Lude (comte du), BB 31 f. 30; 36 f. 417.
Luzerne (de la), BB 112 f. 111, 219.

M.

Mabille, EE 5. HH 30.
Mabilleau. EE 2.
Macé, échevin, BB 116 f. 64.
Macon (cardinal de), BB 21 f. 170, 172.
Macquinon (Nic.), CC 172.
Madeleine de France, CC 4 f. 110.
Magdelin (René), chirurgien, BB 50 f. 107.
Mahut (Marie Saillant, v^e Jean), CC 172.
Maignannerie (de la). V. *Davoines.*
Maillet (Jeh.). BB 12 f. 25.
Mailly (Jacques de), CC 14.
Maisonneufve (Jean de), poète français, CC 14.
— (Henri), orfèvre, BB 97 f. 31.
Malicorne (de). BB 46 f. 25.
Mallart (André), CC 2.
Malpère (de), BB 67 f. 42.
Malville (Perine Sanais, v^e Denis), CC 89.

MAME, imprimeur d'Angers, AA 6. BB 128 f. 96, 97; 129 f. 74. FF 40.
MANGOT, GG 136 f. 26.
MANTELON (de). V. *Daburon de M.*
MARANDIERE (la), EE 9.
MARBRAULT, serrurier, BB 113 f. 114.
MARC dit LAGARDE, chirurgien, BB 68 f. 101, 134.
MARCHAND DE LA ROCHE, procureur du roi, BB 114 f. 196; 115 f. 99; 117 f. 109, 121; 119 f. 35; 120 f. 37, 39. CC 45.
— DU BROSSAY, BB 120 f. 37, 39.
MARCILLAC (prince de), BB 82 f. 107, 114.
MARECHAL (J.-P.), CC 86.
— premier chirurgien du roi à Angers, BB 111 f. 8.
MARGUERYE (Elisabeth-Françoise de), CC 172.
MARIGNY (de). V. *Mercier de M.*
MARILLAC (de), BB 68 f. 91.
MARIN, intendant de Tours, BB 92 f. 89.
— (Jehan), CC 8 f. 252.
MARION (Claude Jouanne, veuve), CC 89.
MARNAY DE VERCEL (F.-André de), official d'Anjou, GG 57 f. 143.
MARQUERAYE (de la), BB 70 f. 13.
MARQUIS DES PLACES, BB 127 f. 130, 151.
MARSAULAYE (de la), CC 172; 173. EE 20. GG 159 f. 69; 364.
MARTHOU (de), BB 86 f. 170.
MARTIN (frère François), prieur de la Chartreuse du Mans, BB 90 f. 108.
— (Louis), GG 335 f. 217.
MARTINEAU (Gilles), BB 92 f. 42, 176; 93 f. 293.
— (Marguerite), CC 128.
— (Nicolas), BB 59 f. 58, 63, 70.
MARTINET, député à l'Assemblée nationale, EE 6 f. 89, 94.
MARTRAY (du). V. *Boulay du M.*
MATHURIN (le P.), récollet, BB 69 f. 124; 73 f. 155.
MATIGNON (de), BB 35 f. 219.
MATRAS (du). V. *Barbot du M.*
MATY, docteur, GG 181 f. 256.
MAULEVRIER (comte de), gouverneur d'Anjou, BB 117 f. 22.
MAULNY (de) V. *Loiseau de M.*
MAUMUSSON (René), BB 93 f. 205.
— (de). V. *Béraudière (de la).*
MAUROUSIÈRE (de la). V. *Boyslève de la M.*
MAZARIN (cardinal), BB 82 f. 195.
MAZURE (de la), BB 65 f. 28.
MEDICIS (Catherine de), BB 29 f. 222; 31 f. 101, 180, 225, 273; 34 f. 50, 250. EE 1.
— (Marie de), BB 78 f. 145.

MÉGUYN (Denis), receveur, CC 7; 8.
MÉGUYON (de), BB 92 f. 87.
MEILLERAYE (de la), BB 80 f. 160; 86 f. 18. EE 2.
MEINDO (Pierre de), CC 2.
MÉNAGE (Guill.), BB 81 f. 129; 84 f. 3; 85 f. 64.
— (Madeleine Foussier, veuve Pierre), CC 89.
MÉNAGER (Mme), BB 96 f. 107.
MÉNARD, BB 106 f. 70.
— échevin, BB 34 f. 350.
— docteur régent, BB 58 f. 49.
— député à l'Assemblée nationale, EE f. 5, 89, 94.
— (Claude), BB 61 f. 20.
— (Michel), joueur de hautbois, BB 65 f. 57.
— DE LA BRUNETIÈRE, BB 72 f. 97.
— (Marthe-Périne), CC 172.
MÉNARDEAU (Anne). V. *Lefebvre (veuve).*
— (Jacquine), V. *Boislève de la Maurousière (veuve).*
MERCIER, curé des Alleuds, BB 126 f. 103, 104, 120, 128, 133.
— DE MARIGNY ET DE LA GALLIÈRE (L. M. Fl.) GG 170.
MERCŒUR (le duc de), BB 39 f. 4; 42 f. 55, 73; 43 f. 63, 115, 259; 46 f. 2, 25, 63, 71.
MERLIN (Pierre), horloger, CC 3 f. 48, 93.
MESNAGER, BB 33 f. 208.
MESNARD (François), GG 345.
MICHEAU, CC 4 f. 66.
MICHEL, FF 41.
— (Jeh.), docteur-médecin, BB 5 f. 2; BB 13 f. 11.
MIETTE (Guillaume), BB 4 f. 79.
MIGON (Jacques), BB 32 f. 151. CC 14.
— (Loys), BB 13 f. 137.
MINEAU (Jacques), GG 168 f. 6.
MINGON (Jacques), BB 97 f. 31.
— (Isaac), BB 97 f. 31; 98 f. 24.
MINSONNIÈRE DE LA BOUÈRE, BB 58 f. 61.
MIRAULT (J.-F.), chirurgien, CC 42 f. 83.
MIREPOIX (de), BB 47 f. 19.
MIRGALLET, peintre, BB 88 f. 38.
MIRON, évêque d'Angers, BB 65 f. 224.
MODIÈRE (J.), GG 172 f. 247.
MOISY (Lazare), BB 71 f. 115.
MOITHEY, géographe, BB 127 f. 109. FF 2.
MONAC (de), maire d'Angers, BB 87 f. 3.
MONNET, maître d'armes, BB 67 f. 186.
MONSELET (François de), échevin, BB 87 f. 3.
MONTALET, BB 100 f. 85-86.
MONTANSIER (Mlle), BB 122 f. 136; 124 f. 80. FF 41.

TABLE DES NOMS DE PERSONNES.

MONTAUBAN (de), amiral de France, CC 4 f. 216.
MONTFILIDEFEU (Jehan), canonnier, CC 3 f. 199.
MONTIGNÉ (Elisabeth de Saint-Ouen, veuve Henri de), CC 89.
MONTIGNY (de). V. *Collasseau de M.*
MONTIRON (de). V. *Hernoult de M.*
MONTJEAN (de), BB 127 f. 66. HH 7.
MONTORTIER (Jeh. de), BB 28 f. 11; 135.
MONTPENSIER (duc de), AA 3. BB 28 f. 243, 263; 29 f. 90, 93, 101, 111, 112, 119, 153; 34 f. 8, 20, 96, 128, 143, 150, 151; 36 f. 360, 419, 422; 38 f. 82; 39 f. 4; 135. EE 1. GG 358.
MONTREUIL (de). V. *Fourille et Gohin de M.*
MONTRIOUX (abbé de), BB 117 f. 178.
MONTSOREAU (de), BB 33 f. 101, 102, 103, 111, 113.
MORAN, BB 61 f. 115, 118.
MOREAU, échevin d'Angers, BB 88 f. 3.
— historiographe de France, BB 133 f. 34.
— (René), jardinier, BB 73 f. 113.
— (René-André), CC 172.
— (Renée). V. *Rousseau (veuve).*
MOREL, artificier, BB 61 f. 31.
— (Joseph-Marie), BB 114 f. 12.
MORET, ingénieur-géographe, DD 9.
MORICE (P.), CC 14.
MORIN, entrepreneur de la manufacture de toiles à voiles d'Angers, EE 6 f. 86.
— (René), maire d'Angers, BB 36 f. 81.
— (René), joueur de hautbois, BB 65 f. 57.
MORSELIN (frère Pierre), BB 29 f. 210. GG 357.
MOUFFLART (Jacques), peintre, BB 65 f. 45.
MOUNEAU (René), CC 17.
MOURAULT (Catherine). V. *Desmarais (veuve).*
MOUSSET (Guillaume), DD 12.
MOUTE (de la), CC 14.
MOYLIN, dit FRANCISQUE, directeur du théâtre, BB 131 f. 12.
MOYNEAU (Nicole), CC 2.
MOYSANT (Symphorien), GG 179 f. 30.
MUE (dame de). V. *Ayrault (Jacquine).*
MULLET (Guillaume), CC 8 f. 107.
MUNCIN (Charlotte Gallichon, veuve Daniel de), CC 89.

N.

NADREAU (Pierre), CC 89.
NARBONNE (de), échevin d'Angers, BB 84 f. 3.
NARGONNE (de), BB 81 f. 308.
NAU, herboriste, BB 107 f. 9.
— (Jehan), DD 18.

NAVARRE (Marguerite de) BB 20 f. 218.
— (roi de), BB 36 f. 98. CC 3 f. 49.
NECKER, ministre d'Etat, BB 129 f. 11, 42.
NEMOURS (de), CC 8 f. 113, 115.
— (Mme de), BB 13 f. 89.
NEPVEU (Pierre), BB 47 f. 42.
NERBONNE (Aubin de), EE 6 f. 43.
NÉRESTAN (de), GG 138 f. 56.
NÉRON (Estienne), CC 14.
NERY (de), BB 35 f. 61.
NEUFCHATEL DE PLANCHY (Nicolle de), BB 11.
NEUVILLE (de), comédien, FF 41.
NEVERS (duc de), BB 63 f. 103, 104.
NICOLLE, peintre, BB 111 f. 102.
NOË (René de la), BB 20 f. 180.
NOINTEL (de), intendant de Tours, HH 8.
NORMANDIE (duc de), BB 131 f. 58.
NORMANDIN (Mat.), joueur de hautbois, BB 65 f. 57.
NORMANVILLE DE BOUCAULLE (Pierre de), lieutenant du château d'Angers, BB 38 f. 58.
NOUE (de la). V. *Couraudin de la N.*
NOUE-SICAULT (de la), échevin d'Angers, BB 87 f. 116.
NOULLEAUX (Robert), BB 34 f. 82.
NOULLIN, BB 103 f. 88.

O.

ODIAU (François) BB 67 f. 175.
OGER (Étienne), BB 124 f. 53.
OHEIN (Georges) BB 117 f. 47.
OLLIVIER, BB 112 f. 111.
— (J. C.), EE 5.
— (François) directeur de la manufacture de toiles à voiles d'Angers, DD 7.
ORANGE (prince d'), BB 2 f. 4, 5.
ORLÉANS (duc d') AA 3. BB 73 f. 125, 143; 79 f. 94, 99, 107; 82 f. 155.
ORRY, contrôleur-général, BB 112 f. 196.
ORTION, charpentier, GG 193 f. 13.
ORVAUX (Thibault d'), BB 18 f. 95.
ORY (Mathieu), BB 27 f. 59.
— (Médard), BB 66 f. 54.
OSSANT BB 65 f. 1.
OSSARD (Lezin), BB 62 f. 67, 68.
O'SULLIVAN (Barthélemy), maître d'armes BB 115 f. 45; 121 f. 79. FF 37.
— (fils) BB 120 f. 8; 121 f. 79.
OUDIN, BB 63 f. 121.

P.

PANNELIER. V. *Preudhomme (ve René).*
PANTIGNY (de). V. *Rousseau de P.*
PAPIAU (Charles), BB 73 f. 113.

PASQUIER DE CHATELAIS (Madeleine Vollaige, veuve Louis), CC 89.
PASSIN (Jehan), charpentier, CC 11 f. 177. DD 12.
PASTORELLUS, docteur régent de l'Université de Poitiers, BB 23 f. 126.
PATOUL. V. *Jouennaux*.
PAULMY (de), ministre de la guerre, BB. 115 f. 152.
PAUMIER, CC 16.
PAUVERT (P. F.), GG 181 f. 111.
PAVIE (Louis-Victor), imprimeur à Angers, FF 40.
PAYS-DUVAU, maire d'Angers, BB 116 f. 64.
PAZZI (Marie-Madeleine de), BB 93 f. 73.
PEGON (de) BB 90 f. 140; 91 f. 47.
PEHU Catherine), CC 172.
— (François), CC 172.
PELETIER (André), orfèvre, BB 97 f. 31.
PÉLISSIER, brodeur, CC 29.
PÉLISSON (Isaac), chirurgien, BB 73 f. 126; 74 f. 110; 75 f. 96.
— (Samuel), BB 71 f. 98.
PELLÉ (Nicolle), lieutenant des eaux et forêts, BB 29 f. 117.
PELLETIER (Esther) V. *Phélipeaux (veuve)*.
PENET (Jehan), CC 2.
PENTHIÈVRE (duc de), CC 26.
— (princesse de), CC 23.
PÉQUIN, CC 40.
PERCHAUDIÈRE (de la). V. *Berthe de la P.*
PERET (Pierre), maître d'œuvres, BB 13 f. 66.
PERRETTE, vétérinaire, BB 126 f. 23; 131 f. 38.
PERRIER (Jehan), chirurgien, AA 5. BB 50 f. 92.
PERROCHEL (de), abbé de Toussaint d'Angers, EE 6 f. 21.
PERTUS (Pierre), BB 47 f. 42.
PÉTIGNY (de), contrôleur des finances, BB 124 f. 91.
PÉTOR (Michel), prêtre, GG 201 f. 85.
PETRINEAU DES NOULIS, BB 98 f. 3, 66; 101 f. 149.
PEYOT (J.), CC 89.
PHÉLIPEAU, vicaire de Saint-Samson d'Angers, GG 192 f. 278; 193 f. 13.
— (Jean), marchand, BB 97 f. 31.
PHÉLIPEAUX (Jean-Antoine), CC 172.
— (Esther Pelletier, veuve P.), CC 128.
PICART (le). V. *Lagoux (Jehan)*.
PIGNEROLLES (de). V. *Avril de P.*
PILASTRE, député à l'Assemblée nationale, EE 6 f. 89, 94.
PILLAVOINE (de). V. *Tenouain de P.*
PIN (du). V. *Quatrembat du P.*

PINARD, BB 37 f. 126.
PINCÉ (de), BB 55 f. 35.
— (Christ. de), lieuten.-criminel, GG 361.
— (Hervé de), BB 21 f. 186.
— (Jehan de), BB 10 f. 61; 15 f. 48; 21 f. 20, 23.
PINEAU (Jehan), BB 29 f. 117.
PIOLIN, BB 65 f. 118, 119.
— (Claude), BB 91 f. 167.
PISSARD (Mathieu), CC 17.
PISSONNET (de), EE 6 f. 43.
PITARD DE LA BRIZOLIÈRE, CC 172.
PITROT, comédien, BB 122 f. 53, 58.
— (Elisabeth). V. *Forgeot (veuve)*.
PIVERDIÈRE (de la). V. *Guérin de la P.*
PLACES (des). V. *Marquis des P.*
PLANCHE (Guillaume de la), receveur, CC 3.
PLANCHY (de). V. *Neufchâtel de P.*
PLANTE (de la), BB 45 f. 259.
PLESSIS (Robert), BB 65 f. 145; 73 f. 272.
PLESSIS (du). V. *Cottereau* et *Legouz du P.*
PLESSIS-BOURRÉ (du). V. *Bourré*.
PLESSIS-DE-GESTÉ (du), BB 45 f. 252.
PLESSIS-DE-JUIGNÉ (du), BB 67 f. 187; 73 f. 248. CC 13 f. 634.
PLESSIS-MORNAY (du), BB 46 f. 25; 63 f. 36; 64 f. 162.
PLUVIER, sculpteur, BB 96 f. 129, 150; 97 f. 34; 99 f. 111.
POCQUET DE LIVONNIÈRE, BB 96 f. 156; 99 f. 45. CC 18.
— (Henri-Prosper), doyen de St-Martin d'Angers, CC 86.
POIGNARD (Antoine), chirurgien, BB 69 f. 36.
POINSOT, imprimeur à Angers, FF 40.
POINTIER (René), architecte, BB 113 f. 41; 114 f. 7; 115 f. 138; 119 f. 79.
POIRIER, EE 6 f. 5.
POISSON (aîné), médecin, BB 97 f. 31.
— (Baptiste), BB 62 f. 52.
— (Pierre), BB 29 f. 117.
POLOGNE (roi de), BB 33 f. 204; 34 f. 90.
POMÉRANIE (prince de), BB 30 f. 186. FF 45.
POMMEREUIL (de), BB 109 f. 107, 108.
PONCET DE LA RIVIÈRE (Michel), évêque d'Angers, BB 103 f. 147; 110 f. 10. GG 33 f. 328; 346 f. 1.
PONNEAU (Renée). V. *Hary (veuve)*.
PUNFOU (de). V. *Laurens de P.*
PONT (du). V. *Gourreau du P.*
PONTCHARTRAIN (de), ministre d'Etat, BB 101 f. 117.
PONTGOLLO (de). V. *Fœnel de P.* et *Kiffé de P.*
PORTAL (du). V. *Banchereau du P.*

TABLE DES NOMS DE PERSONNES. 531

Porte (de la), gouverneur d'Angers, BB 65 f. 32; 71 f. 82; 72 f. 65.
— (de la), conseiller au Parlement de Bretagne, AA 4.
Potafeu (Jehan), canonnier, CC 3 f. 199.
Potherie (de la), BB 119 f. 14.
Pottier (Dubois), major du château d'Angers, BB 118 f. 30.
Poulain (Gilles), chirurgien, BB 51 f. 128, 201, 206.
Poupard, BB 96 f. 107.
Poyet (Guill.), chancelier de France, AA 4. BB 19 f. 179; 21 f. 52, 85; 22 f. 59, 95.
— (Pierre), maire d'Angers, CC 12. GG 197 f. 203.
Praslin (duc de), BB 122 f. 73; 132 f. 96. CC 44.
Pregent (veuve René), CC 86.
Préhoust (Marin), sculpteur, BB 65 f. 105.
Prestet (le P.), BB 92 f. 42.
Preudhomme (Pannelier, veuve René), CC 14 f. 39.
Prévost (François), CC 89.
— (François), docteur en droit, BB 112 f. 72, 82, 103, 104, 106; 114 f. 135; 122 f. 138.
Prieur (Guill.), orfèvre, BB 27 f. 59.
— (Jacques), orfèvre, BB 135.
— (Urbain), géomètre, DD 11.
Proustière (de la). V. *Gourreau de la P.*
Provence (comte de), AA 6. BB 124 f. 70, 91, 95, 125; 126 f. 7, 26, 66. CC 33, 34.
Provost (Pierre), BB 68 f. 97.
Puicharic (de), gouverneur d'Anjou, BB 38 f. 120; 40 f. 37, 39, 43; 41 f. 79; 42 f. 6, 29; 43 f. 5, 8, 26, 46; 47 f. 93, 211; 52 f. 105; 55 f. 9; 64 f. 121.
Putaud (Pierre). V. *Putod.*
Putod dit Chivau (Pierre), AA 6. FF 42.
Puygaillard (Jehan de), gouverneur d'Anjou, BB 29 f. 93, 105, 139, 140, 143; 30 f. 242, 262; 31 f. 39, 219, 272, 357, 381, 382, 393, 399, 441, 442; 32 f. 40, 95, 134, 199; 33 f. 58, 101, 102, 110, 113, 114, 119, 229, 230; 34 f. 11, 12, 14, 22, 50, 52, 73; 35 f. 281, 283; 38 f. 110; 135. EE 1; 2.

Q.

Quatrembat du Pin (Renée Frain, veuve André), CC 89.
Quentin, BB 126 f. 30; 129 f. 41. DD 11.
Querbœuf (de), CC 40 f. 52.
Quincé (de), BB 48 f. 107.
Quinquet, direct^r des Aides, BB 127 f. 106.

R.

Rabelays, commis des finances à Tours, CC 14.

Racine, intendant de Monsieur, BB 129 f. 61. CC 38.
Rafray (Antoine), BB 52 f. 27.
Ragot (Denis), BB 56 f. 88, 137; 72 f. 37.
— du Lattay (Arnoul), CC 128.
Raillart, peintre, BB 110 f. 150; 111 f. 36, 106, 177; 112 f. 5; 113 f. 60, 85, 186; 114 f. 69, 81; 116 f. 35. CC 22.
Raimbault, BB 133 f. 80.
— apothicaire, BB 122 f. 141.
— conseiller de ville, CC 5 f. 105.
— (Jean), receveur, CC 5.
— (P.-F.-Jullien), CC 172.
— (Suzanne), CC 172.
— de la Douve, BB 127 f. 100.
— de la Foucherie, maire d'Angers, BB 102 f. 140, 145; 105 f. 7, 9. CC 7. GG 142 f. 27.
Raisnerie (de la). V. *Geslin de la R.*
Rézeau (Guillaume de), BB 13 f. 91; CC 5.
Rhodes (P. de), HH 5.
Richard dit Baugé (Joseph), maître de danse, FF 42.
Richardin (Jeh.), joueur de hautbois, BB 65 f. 57.
Richart (P.), CC 14.
Riche, député à l'Assemblée nationale, EE 6 f. 61.
Richelieu (de), BB 35 f. 39.
— (cardinal de), BB 66 f. 173; 71 f. 82; 72 f. 65.
Ricoulaye (de la), BB 66 f. 122.
Riolland, échevin d'Angers, BB 101 f. 104, 108.
Ris (de), BB 47 f. 162.
Riveron (Pierre), BB 18 f. 95.
Rivière (de la). V. *Poncet de la R.*
Robert (Raoulet), receveur, CC 3.
— (René), BB 101 f. 84; 114 f. 60. CC 21.
Robillon (Michel), charpentier, BB 69 f. 51.
Robin (Claude), curé de St-Pierre d'Angers, DD 16. GG 171 f. 425; 180 f. 507, 628; 181 f. 253, 306, 361.
Robinière (de la), BB 76 f. 158.
Robinières (des), commissaire des poudres, BB 37 f. 129; 43 f. 3.
Roche (de la). V. *Ayrault, Bernard, Davy et Marchand de la R.*
Rochefort (de), BB 67 f. 167.
Rochepot (de la), gouverneur d'Anjou, AA 5. BB 40 f. 37, 39, 43; 41 f. 58; 43 f. 5, 24; 45 f. 115, 205; 46 f. 71; 47 f. 200, 211, 227; 52 f. 37. CC 13.
Roches (des). V. *Huchelou des R.*
Roches-Béritault (des), BB 31 f. 86.
Roche-sur-Yon (prince de la), BB 27 f. 17.

RODOLPHE, peintre, BB 88 f. 178, 189; 89 f. 97, 106; 92 f. 87; 93 f. 293.
ROGER, BB 92 f. 45, 58; 115 f. 185; 122 f. 47.
— (Jacques), chirurgien, BB 69 f. 91, 128.
— (Mathurin), CC 172.
ROGUE (Macé), CC 89.
ROHAN (de), BB 66 f. 198.
— (duc de), gouverneur d'Anjou, BB 82 f. 80, 102, 105, 113; 85 f. 245.
— (Pierre de), gouverneur du Maine, GG 100 f. 220.
ROISANT (Jean), CC 3.
ROMAIN, fils, BB 104 f. 58.
— (Olivier), FF 40.
ROMANERIE (de la). V. *Louet de la R.*
ROSE, BB 93 f. 5.
ROSNY (de), gouverneur du Poitou, BB 52 f. 22.
ROSSIGNOL, BB 86 f. 170.
ROUILLÉ (Pierre), maçon, DD 12.
ROUILLON (de). V. *Vollaige de R.*
ROUJOU, EE 5.
ROULLEAU, BB 92 f. 42.
ROUSSEAU (Renée Moreau, veuve Laurent), CC 172.
— DE PANTIGNY, échevin, BB 109 f. 97.
— (Nic. René), chanoine d'Angers, GG 34 f. 482.
ROUSSEL (Joseph), curé de St-Maurille d'Angers, EE 6 f. 11. GG 159.
ROUSSIÈRE (de la). V. *Garnier de la R.*
ROUSSON (de). V. *Chauveau de R.*
ROUVROY (du), BB 82 f. 86.
ROY (le P.), oratorien, GG 359.
ROYE (de), docteur en droit, BB 81 f. 85.
ROYRANS D'AUBIGNY (Jehan), GG 197 f. 244.
— (Pierre). GG 197 f. 244.
ROZIERS (des), BB 27 f. 59.
RUBINI (Annibal), charlatan, FF 39.
RUEIL (Claude de), évêque d'Angers, GG 89 f. 69; 138 f. 109; 202 f. 69.
RUELLAN (Guillaume), docteur-médecin, BB 47 f. 75; 69 f. 7, 64.
RUILLÉ (de), député à l'Assemblée nationale, EE 6 f. 89, 94.

S.

SABLÉ (le marquis de), BB 99 f. 64.
SAILLAND, BB 117 f. 87.
— (Marie). V. *Mahut (veuve)*.
SAINT-AIGNAN (de), gouverneur d'Anjou, BB 36 f. 434, 438.
SAINT-AUGUSTIN, GG 16 f. 85.
SAINT-FLORENTIN (de), BB 109 f. 42, 68, 85, 107, 108, 123; 110 f. 120; 112 f. 77, 86, 88, 109, 166, 128, 133; 114 f. 7, 29, 33, 44, 63, 105, 143, 235; 115 f. 67, 90, 110, 122, 173, 217, 225; 117 f. 99, 133, 178, 191; 118 f. 30; 119 f. 63, 64, 102; 120 f. 17, 35, 71; 121 f. 55, 77, 127, 130; 122 f. 60, 64; 123 f. 8.
SAINT-FRANÇOIS (le P. Hugues de), BB 85 f. 268.
SAINT-GERMAIN (de), ministre de la guerre, BB 128 f. 11, 35, 40, 50, 63, 76, 82.
SAINT-HÉNIS (de). V. *Ayrault de S.*
SAINT-JULIEN (de), BB 115 f. 43.
SAINT-LAMBERT (le président de), AA 3.
SAINT-LÉZIN, GG 198 f. 1.
SAINT-MARTIN, prévôt des maréchaux de France, BB 63 f. 10.
SAINT-OFFANGE (de), BB 68 f. 97.
— (René de), BB 47 f. 97.
— DE LA HOUSSAYE (Amaury), BB 45 f. 91, 259; 47 f. 19.
— DE HURTAULT (François), BB 39 f. 8; 45 f. 189, 259; 47 f. 19.
SAINT-OUEN (Elisabeth de). V. *Montigné (veuve).*
SAINT-RENÉ, BB 15 f. 5.
SAINT-SAMSON, GG 195 f. 338.
SAINT-SÉBASTIEN, GG 202 f. 50.
SAINT-SIMON (frères), sculpteurs, BB 106 f. 91.
SAINT-THÉOPHILE, GG 356 f. 30.
SAINT-VÉNÉRAND, GG 356 f. 30.
SAINT-VICTOR, BB 79 f. 55.
SAINT-VINCENT DE PAUL, BB 109 f. 148.
SAINTE-MARTHE (de), supérieur-général de l'Oratoire, BB 98 f. 40-42.
SAINTE-SUZANNE (de), gouverneur d'Angers, BB 58 f. 65; 60 f. 105; 62 f. 97; 82 f. 138, 152.
SAINTIER (Jean le), CC 2.
SALERNE (prince de), BB 3 f. 24.
SALLAS (Jean), charpentier, BB 65 f. 45.
— (René), ibid.
SALLAT (Jeh.), BB 15 f. 103.
SALLE (de la), CC 24, 25.
— (le capitaine de la), BB 35 f. 58.
SALOMON, GG 83 f. 135.
SAMSON, GG 83 f. 135.
SANAIS (Perrine). V. *Malville (veuve).*
SANCIER, BB 69 f. 52.
SANDEAU (J.), GG 177 f. 25.
SANGEBERT (Polycarpe), BB 72 f. 62, 72; 73 f. 57, 61.
SARGUYN, BB 33 f. 103.
SARRED (Pierre de), trésorier de France, BB 31 f. 247, 248; 32 f. 177; 36 f. 240; 37 f. 21.

Sartre, échevin d'Angers, BB 117 f. 139, 152.
Sausac (de), BB 36 f. 249.
Savyne (Julien), BB 46 f. 142; 52 f. 34.
Savoie (duc de), BB 103 f. 100.
Schmidlin (Christophe), GG 76 f. 136.
Schomberg (de), BB 46 f. 25.
Sebille, couvreur, BB 101 f. 155; 103 f. 57.
— (Jehan), CC 2.
Sédik (Elie), prince maronite, BB 114 f. 214.
Séez (l'évêque de), GG 363.
Ségur (maréchal de), ministre de la guerre, EE 5.
Seigneuret, menuisier, BB 119 f. 101.
Seillons (Abel de), CC 14.
Serezin, maire, BB 91 f. 120; 92 f. 176.
Serqueu (Jacques), CC 89.
Serrant (de). V. Bautru et Brie de S.
Servien, surintendant des finances, BB 84 f. 186; 85 f. 195; 86 f. 37.
Séton (Georges), GG 161 f. 58.
Séverie (de la), BB 45 f. 252.
Sforce (Ludovic), BB 12 f. 1.
Sicault, BB 99 f. 97.
Sicile (roi de), CC 4 f. 41, 165.
— (reine de), CC 3; 4.
Siette, échevin, BB 86 f. 3, 170.
Siguerre dit Lacour (Henry), CC 128.
Simon des Granges, BB 108 f. 96, 97; 109 f. 107, 108, 111, 147; 111 f. 29, 34, 130, 134.
— (Simon), BB 132 f. 84. CC 23-26; 48-51; 79; 86.
— (le jeune), échevin de Tours, HH 31.
Simonne, BB 27 f. 59.
Simonnot, AA 6. BB 130 f. 68, 79.
Sivault, cellerier de Saint-Nicolas d'Angers, HH 30.
Smith (lord), BB 30 f. 229.
Soubise (de), BB 30 f. 131.
— (prince de), BB 78 f. 20.
Souenne (Jehan de), receveur, CC 4.
Soulingue (Adam), GG 345 f. 2.
Sourdil de Chambezais, BB 123 f. 94.
Sourdis (de), cardinal, BB 65 f. 156.
Stella (Laurent), BB 18 f. 95.
Strozzi (le capitaine), BB 30 f. 231. EE 16.
Stuart (Marie), reine d'Ecosse, AA 4. BB 24 f. 204, 207.
Subrardière (de la). V. Du Buat de la S.
Surgere (de), gouverneur du château d'Angers, BB 38 f. 76.
Sursin (Jehan), docteur-régent, BB 46 f. 188; 49 f. 135; 51 f. 48.
Symon, GG 341 f. 1.

T.

Tadini (J.), oculiste, FF 39.
Tadourneau (J.-Louise Ladouche, veuve), CC 89.
Tafforin (Catherine), GG 179 f. 408.
Taillandier, BB 113 f. 125.
Taillepied, GG 363.
Tassin, BB 114 f. 128.
Teildras (de), BB 93 f. 325.
Tenouain de Pillavoine (Henri), écuyer, BB 62 f. 64.
Terray (l'abbé), GG 364.
Tertrais (M.-F.), EE 5.
Terves (de), EE 6 f. 43.
Tessé (de), GG 197 f. 244.
Tessier, EE 7 f. 1, 2.
— du Breil, BB 127 f. 67.
Testu (Michel), CC 89.
Texier, avocat, GG 181 f. 361.
Thavard, docteur-régent, BB 30 f. 15, 56.
Théart (Isaac), BB 97 f. 31.
— (Suzanne Renault, veuve Isaac), CC 89.
Thévalle (de), BB 28 f. 206; 31 f. 180. CC 14.
Thévin (Pierre), BB 13 f. 90.
Thibaudeau, géomètre, BB 104 f. 5.
— (Olivier), GG 335 f. 217.
Thibaudière (de la). V. Hunault de la T.
Thibault (Abel), orfèvre, BB 97 f. 31.
— (Jamet), receveur, CC 4.
— (Yvonnet), CC 3.
Thibaut, BB 99 f. 6.
Thomas de la Houssaye (Mlle), BB 117 f. 9.
Thomasseau, BB 34 f. 108, 114, 131.
Thoribet, directeur du théâtre d'Angers, BB 120 f. 30; 124 f. 88; 125 f. 101.
Thorode, CC 45.
Thou (l'avocat de), BB 24 f. 270.
— (le président de), BB 36 f. 266; 46 f. 25.
Thouarcé (marquis de), BB 42 f. 30; 64 f. 32, 35; 70 f. 63.
Thunes (de), V. Launay de T.
Thuret (A.), CC 14.
Tilly (de), gouverneur d'Angers, BB 35 f. 42, 91, 288, 291; 36 f. 47, 265, 388, 391.
Tireau (Estienne), receveur, CC 4.
Tiretay (Antoine), BB 93 f. 268.
Tonduty, docteur en droit, BB 81 f. 85; 83 f. 47.
Touchais (Joseph), CC 89.
Touche (de la), capitaine du château d'Angers, BB 33 f. 102, 103, 114; 34 f. 339.
Touche-Chéreau (de la), BB 81 f. 292.

TOULOUSE (comte de), BB 103 f. 56.
TOURS (archevêque de), CC 26.
TOUTIN, EE 5.
TOUZÉ DU BOCAGE, EE 6 f. 43. HH 30.
TRAVERS (René), orfèvre, BB 135.
TRÉMOUILLE (de la), BB 7 f. 39; 34 f. 28; 46 f. 25; 47 f. 19; 81 f. 302.
TRIGORY (Louis), CC 89.
TROCHON, lieutenant de police, BB 101 f. 104, 108; 102 f. 39; 103 f. 130.
— (Joseph), CC 89.
— (Madeleine Bénard, veuve Michel), CC 89.
TRONCHOT (Jehan), BB 20 f. 180; 21 f. 99, 135.
TROYE (Martin de), BB 11.
TURBAN DE GUNY, AA 24.
TURENNE (vicomte de), BB 82 f. 183; 94 f. 63, 68.
TURGOT, contrôleur général des finances, BB 110 f. 71, 78, 103. HH 7.

U.

URSIN (Nicolas), BB 67 f. 10.

V.

VACHEROT (Guillaume), CC 128.
VACQUETTE (François), CC 18.
VAIRIE (Claude de la), BB 29 f. 117.
VALETTE (cardinal de la), gouverneur d'Anjou, BB 73 f. 249; 74 f. 24; 78 f. 20; 81 f. 308.
VALLÉE (de), CC 6 f. 3.
VALLET (Estienne), sculpteur, BB 65 f. 105.
VALLIN (Jacques), BB 8 f. 60.
— (Renée), BB 27 f. 59.
VALVILLE (Joseph), régisseur des spectacles suivant la Cour, FF 41.
VANBREDENBEC (Gaspard), BB 94 f. 82; 131 f. 41. EE 5.
— (veuve), BB 50, f. 114.
VANDELANT (Adam), sculpteur, BB 35 f. 307, 310.
— (Gilbert), peintre, BB 61 f. 30; 65 f. 45; 66 f. 215.
VAN-KEULEN, BB 112 f. 62.
VARANCÉ (de), V. Le Page de V.
VARANNE (de la), gouverneur d'Anjou, BB 52 f. 36, 38; 56 f. 36; 62 f. 91; 64 f. 32; 86 f. 173; 89 f. 19.
VARENNE (de la), V. Fouquet de la V. et Varanne (de la).
VARICE (Philippe), BB 30 f. 135, 242.
— (Pierre), BB 135.
VARLET (Antoine), CC 86.
VARY, BB 93 f. 325.

VASSÉ (de) gouverneur d'Angers, BB 31 f. 73, 137, 139, 149, 219, 224; 35 f. 219.
— abbé de St-Serge d'Angers, GG 193 f. 13.
VAUDIN (Pierre), BB 16 f. 22.
VAUGIRAULT (de), V. Vollaige de V.
VAUX, charlatan, FF 37.
— (de), V. Legouz de V.
VENDIMÈNE (Louis), FF 5 f. 71.
VENDOME (de), BB 61 f. 14; 62 f. 108; 63 f. 14, 20.
— (Mme de), BB 22 f. 154.
VERCEL (de), V. Marnay de V.
VERDIER, docteur en droit, BB 96 f. 42.
VERNIER (Michel), BB 98 f. 29.
VERNUSSON (de), V. Lanier de V.
VÉROULIÈRE (de la) V. Jallet de la V.
VERRIER (Étienne), chirurgien. FF 39.
VIEILLEVILLE (le maréchal de), AA 3. BB 30 f. 127, 228, 230, 234; 31 f. 32, 271. FF 45.
VIÉMONT (Jehan) principal du collége de la Fromagerie, BB 65 f. 201.
VIGER, GG 367.
VIGNAU (du) V. Doublart du V.
VIGUER (Symon), curé de Saint-Martin d'Angers, GG 83 f. 133.
VILETTE (de la). V. Cesbron de la V.
VILLEDEUIL (de), BB 134 f. 5.
VILLEGONTIER (Pierre-Simon de), CC 172.
VILLEMAINSEUL (de). V. Béjeon de V.
VILLENEUVE DU CASEAU, GG 138 f. 102.
VILLEROY (de), BB 35 f. 206; 51 f. 210.
— (le maréchal de), BB 89 f. 25.
VILLETTE (de la), BB 84 f. 67.
VILNIÈRES (de). Voy. Bault et Guérin de V.
VIOT fils, EE 6; 9.
VIRGILE, GG 83 f. 135.
VIRIAU dit le LORAIN (Nicolas), architecte, BB 35 f. 307, 310.
VOGLIE (de), BB 118 f. 11, 25, 62; 119 f. 52; 121 f. 12, 25, 75; 125 f. 40.
VOISIN, intendant, CC 17.
— docteur-régent, BB 81 f. 292; 98 f. 62.
VOISINE (Grand-Jehan), charpentier, DD 12.
VOLLAIGE (Madeleine). Voy. Pasquier (veuve).
— DE BOUILLON (Ch.-J.-L.), CC 172.
— DE VAUGIRAULT (J.), évêque d'Angers, BB 110 f. 29; 118 f. 12. EE 6 f. 43. GG 33 f. 530.
VOLLEAU (Perrine), CC 128.
VRILLERE (de la), AA 3. BB 72 f. 65; 106 f. 105.

W.

WANDELANT. V. *Vandelant.*
WIMERS (Marie-Madeleine de), CC 89.
— (Marie-Dorothée de), ibid.
WOILEMONT, musicien, BB 127 f. 86.
WYRIOT DE BIGNICOURT, receveur, CC 172.
WISSIÈRE (de), CC 128.

Y.

YMBERT D'ORLÉANS, GG 171 f. 38.
YOLANDE, duchesse d'Anjou, CC 3 f. 295. FF 5 f. 21.
YVARD (Madeleine). V. *Prégent (veuve René).*
YVER, échevin, BB 85 f. 4.

TABLE DES MATIÈRES.

A.

ABBAYE D'ASNIÈRES-BELLAY. La ville en demande la réunion au collége d'Anjou, BB 123 f. 115. II 7.
— DE PONTRON, II 7.
— DU PERRAY fonde un prieuré aux Lices d'Angers (1637), BB 76 f. 32.
— ST-FLORENT est approvisionnée de poudre, BB 34 f. 345.
— ST-SULPICE de Rennes possède à Angers le prieuré St-Sauveur, GG 58 f. 82.
ABBAYES D'Angers, On y fait recherche de salpêtre, BB 62 f. 46. - (analyse d'actes relatifs aux), II 7. - du RONCERAY (union de bénéfices à l'), BB 131 f. 50-52. - bénédiction d'une cloche, EE 6 f. 30. - le clos qui en dépend proposé pour emplacement de casernes, BB 132 f. 108, 130, 140. - les religieuses s'opposent au passage de la procession du Sacre par le chœur de leur église, 60 f. 14, 15. - décision du conseil de ville, 61 f. 12 ; 62 f. 17. - V. *Abbesse.* - ST-AUBIN recueille les malades et les blessés de l'armée royale, 29 f. 108 ; 38 f. 125 ; 39 f. 20. - le Jacobin Eustache Houllay y prêche, 34 f. 90. - projet de la réunir à l'évêché de Séez, 130 f. 134. - opposition de la ville et du clergé, 131 f. 20 ; 132 f. 67. GG 363. - projet d'y établir un collége et un pensionnat, BB 132 f. 139, V. *Abbé.* - ST-NICOLAS, 29 f. 105 - détails sur sa reconstruction (1724), GG 166. - droits prétendus sur son enclave par le curé de St-Pierre, GG 180 f. 507, 511. - conteste aux habitants le droit de chasse sur ses terres, BB 63 f. 135. - réclame indemnité pour réquisitions opérées sur ses domaines, CC 14. - le conseil de ville y approuve la réforme mitigée, 91 f. 109, et s'oppose à l'admission des religieux de St-Maur, 92 f. 36, 45, 55, 76, 93, 126, 155, 166, 170 ; 93 f. 44, 47, 50, 59, 63, 67, 69, 106, 110, 258. - fragments de son Cartulaire perdu, GG 310. V. *Faubourg St-Jacques.* - ST-SERGE, les religieux empruntent poudre et armes pour leur défense, BB 39 f. 21. - offrent de servir une rente de mille livres à l'hôpital des enfants trouvés, 128 f. 36. - projet d'y établir les casernes, 132 f. 108, 129, 130, 145, EE 18. - ses droits sur la nouvelle turcie, BB 94 f. 20. - (baux de propriétés communales près l'), DD 5. V. *Abbé, Curés, Communs, Levée Besnardière.* - TOUSSAINT, les religieux desservent l'Hôtel-Dieu, BB 80 f. 163 ; 85 f. 199, 201. - sont autorisés à s'agrandir sur la rue, 90 f. 40. - obtiennent concession d'une tour de ville, 93 f. 243. V. *Abbé.*
ABBÉ DE CORMEILLES proteste en conseil de ville contre des calomnies, BB 31 f. 219.
— de ST-AUBIN s'oppose à l'installation du Sanitat à la Papillaye, 47 f. 66, et à l'introduction des religieux de St-Maur dans son abbaye, 99 f. 37.
— de ST-FLORENT-SUR-LOIRE, tenu à partie des frais de l'entretien des levées, CC 4 f. 179.
— de ST-SERGE d'Angers requiert la reconstruction de sa prison abattue pour l'entrée du roi, BB 28 f. 92. - autorisé à combler la perrière de St-Samson, 101 f. 125.

ABBÉ DE TOUSSAINT préside le Comité permanent de la milice (1789), EE 6 f. 21.

ABBESSE DE FONTEVRAULT, tenue à partie des frais d'entretien des levées de Loire, CC 4 f. 179.

— DU RONCERAY d'Angers, sa réception, BB 120 f. 73. - est recommandée par le roi et la duchesse d'Anjou, 17 f. 36. - ne recevra plus le bouquet du maire nouvel élu, 90 f. 102. - renonce à son titre de curé primitif de St-Jacques d'Angers (1770), GG 47 f. 95. - est autorisée à combler une boire de Maine, BB 46 f. 123. - à démolir les moulins Barrault, 111 f. 134. - tenue aux réparations du pont d'Epinard, 75 f. 26. - passe transaction avec la ville, DD 10. - avec les capucins, BB 53 f. 48. V. *Abbayes d'Angers*.

ABJURATIONS DE PROTESTANTS, BB 103 f. 117. GG 76 f. 136; 139 f. 282; 161 f. 58; 176 f. 76, 236; 177 f. 25; 179 f. 408; 193 f. 178; 214 f. 272; 215 f. 229; 218 f. 321; 335 f. 217; 345 f. 2, 189; 349 f. 14.

ABONNEMENT de la ville avec la direction des aides pour la franchise des nouveaux marchés, BB 127 f. 106. - aux *Affiches d'Angers*, 126 f. 115.

ABSOLUTION du roi Henri IV, BB 45 f. 194.

ACADÉMIE DES BELLES-LETTRES d'Angers, II 7. - est demandée par la ville, BB 96 f. 156. - fondée (1685), 97 f. 13. - cérémonie d'ouverture, f. 32. - reçoit de la ville deux médailles d'or à décerner en prix, f. 48. - elles sont décernées solennellement, f. 61. - compte-rendu d'une séance, 98 f. 3. - réception de l'évêque Poncet de la Rivière, 103 f. 148. - un discours de l'abbé Cotelle, dénoncé aux ministres comme séditieux, 117 f.178. - la boiserie de la grande salle commandée, 99 f. 107. - installation d'une bibliothèque, f. 72, 88, 91.

— D'ÉQUITATION d'Angers, II 2. - la ville décide l'acquisition d'un hôtel pour l'y établir, BB 96 f. 98; 97 f. 80. - discussion des projets, 98 f. 31. - le devis des travaux modifié, BB 106 f. 16-34. - acquisition de Casenove (1690), 98 f. 35. DD 2. - addition de trois nouveaux corps de logis, 115 f. 7-19. - les plans dressés par le s^r de St-Julien, f. 43. - les dépenses prises sur le produit des octrois prorogés, f. 132. II 1. - adjudication des travaux, BB 115 f. 138; 119 f. 79, 101. - pose de la première pierre, f. 139. GG 180 f. 511. - les devis modifiés, BB 119 f 145. — commande de sculptures, *ibid*. - décoration des bâtiments intérieurs, 118 f. 83, 85, 90. - arrêt du conseil d'Etat qui ordonne la réédification, 119 f. 52. - l'entretien mis à la charge de la ville, 128 f. 59. - projet d'y transférer les casernes; opposition du conseil de ville, 133 f. 24, 25, 26, 28. EE 18. - Don par le roi de partie des communs de la Daguenière, 106 f. 69-74; 107 f. 2. DD 2. - requête du directeur, BB 103 f. 20. - il sollicite des lettres de garde gardienne, 108 f. 76. - ses avances lui sont remboursées, 107 f. 85. - il s'associe son frère, 119 f. 109. - il est tenu d'y recevoir gratuitement les enfants des maires, 106 f. 34, et ceux des conseillers de ville et du procureur du roi, 119 f. 3-22. - ceux des habitants d'Angers à moitié prix, 98 f. 6. - brevet accordé à un maître de langues et de mathématiques, 122 f. 106.

ACADÉMIE D'EQUITATION de Saumur. - le conseil de ville d'Angers en demande la suppression (1680), BB 95 f. 147.

— PROTESTANTE de Saumur. - l'évêque d'Angers en obtient la démolition, BB 96 f. 175.

— GRATUITE de dessin pour les pauvres (Fondation d'une) (1769) BB 122 f. 157. - la ville alloue une indemnité de loyer, f. 168, et une subvention au directeur, 124 f. 84. - nomme des boursiers, 124 f. 11, 15, 86, 97. - retire ses allocations (1773) 126 f. 16.

— DE MUSIQUE (projet approuvé par la ville d'une) (1727) BB 108 f. 62.

ACCAPAREURS. V. *Blés*.

ACCIDENTS (mentions d'), CC 41. GG 77 f. 50; 202 f. 90.

ACIER. V. *Fabrique d'acier*.

ACCOUCHEMENT (cours d'). V. *Cours*.

ACQUETS (droit de nouveaux), la ville d'Angers en est exempte, II 1; 9.

ACQUIT à caution pour les denrées (droit d'), II 9.

ADJUDICATIONS de travaux de ville (règlement pour les), BB 126 f. 104.

ADMINISTRATION des finances et de la justice (déclaration du roi concernant l'), BB 38 f. 72.

TABLE DES MATIÈRES.

ADMINISTRATION provinciale (demande d'une), BB 132 f. 87.
— communale, BB 1-154. CC 1-170.
ADRESSE aux Etats généraux (projet d'), BB 134 f. 2-3. - à l'Assemblée nationale (1789), EE 6 f. 31.
ADRESSES des paroisses d'Anjou au Comité permanent de la milice, EE 8.
AÉROSTATS. V. *Ballons.*
AFFICHES. V. *Placards.*
AFFICHES D'ANGERS. - l'éditeur requis de rectifier des assertions mensongères, FF 40. - la ville s'y abonne, BB 126 f. 15.
AGRICULTURE (fragment d'un traité d'), XIVe siècle, GG 327.
— (Société d'), fondée à Angers (1761), BB 119 f. 101.
AIDE de fruiterie (brevet d'), AA 6 f. 63.
AIDES (droits d'), II 9. - les abus des baux de la ferme réprimés, BB 33 f. 187-210. - comparés aux droits d'octrois, CC 54.
— et équivalents (comptes de la recette et dépense des), XVe siècle, CC 7.
AISÉS, portés d'office aux rôles des emprunts, BB 29 f. 250; 31 f. 44, 77; 32 f. 140; 33 f. 265; 34 f. 175, 249, 250; 75 f. 78-79, 85; 76 f. 146.
AISSES ou AIX (rue des). V. *Rues.*
ALIÉNÉE transférée aux frais de la ville à la Salpétrière, BB 130 f. 138.
ALIGNEMENTS (ancien usage local pour les), BB 1 f. 72. - le droit de les donner, prétendu par le trésorier des finances de Tours, revendiqué par la ville, BB 127 f. 65 - sont indiqués dans la séance du samedi par le maire, faisant fonctions de lieutenant de police, BB 130 f. 111. - (rectifications d'), BB 64 f. 23 ; 65 f. 199. V. *Anticipations, Rues, Voirie.*
ALMANACH D'ANJOU (réclamation contre une omission de l'), BB 128 f. 21. V. *Etrennes angevines*
ALOSES données en présent de ville, BB 92 f. 89. - sont réputées poisson de mer, HH 33. V. *Poissonnerie.*
AMBASSADE d'Ecosse passe à Angers, BB 23 f. 70.
— de Hongrie, sa réception (1487), BB 5 f. 25.
— de Flandre, le corps de ville lui rend visite et l'invite à un banquet (1580), BB 36 f. 253, 298, 309.
— de Siam, BB 97 f. 34-44.
AMENDE remise à un boulanger chargé de famille, CC 8 f. 252.

AMENDE honorable exigée pour paroles séditieuses, BB 94 f. 181.
AMENDES de la voirie et des métiers appartiennent à la ville, BB 21 f. 142. II 1; 10.
AMI DES PEUPLES (l'), ouvrage de Claude Robin; dans quel endroit l'auteur en dépose un exemplaire, GG 181 f. 253.
AMNISTIES royales accordées à la ville, II 1. BB 84 f. 138, 160.
AMOUR DE L'ORDRE (l'), brochure, AA 24.
ANDOUILLES envoyées en présents de ville, BB 71 f 82 ; 72 f. 65.
ANGLAIS en Anjou (courses des), XVe siècle, BB 6 f. 59. CC 4 f. 100. - en Bretagne, BB 15 f. 89. - (défaite des) à l'île de Ré, BB 70 f. 53. - détenus par ordre du roi Louis XI, CC 5 f. 105. V. *Prisonniers de guerre.*
ANTICIPATIONS sur la voie publique (répression d'), BB 102 f. 33 ; 130 f. 34. V. *Alignements, Ferrières, Port Ligner, Ursulines, Voirie.*
ANTIDOTE, dit ORVIÉTAN (vente autorisée d'un), FF 38. V. *Charlatans.*
APANAGE du duc d'Alençon, augmenté, BB 35 f. 41.
— de Monsieur ; le gouvernement des municipalités y est confié aux secrétaires des commandements du prince, BB 28 f. 55.
APOTHICAIRES - ÉPICIERS. Voy. *Apothicaires.*
APOTHICAIRES d'Angers, leurs statuts, FF 5 f. 51. - réception de gardes jurés, HH 22. - procédures intentées à des particuliers par la communauté, FF 35. - sont convoqués à la mairie, BB 47 f. 55, et leurs approvisionnements vérifiés en prévision de peste, 107 f. 34.
— (nomination des) de l'Hôtel-Dieu, 37 f. 110. - du Sanitat, BB 51 f. 82-90 ; 69 f. 54 ; 70 f. 136. - des prisons, BB 122 f. 141. V. *Remèdes.*
APPÉTISSEMENT (droit d'), la ville en requiert le maintien au profit de l'Université, BB 50 f. 104. II 7. - procès entre les docteurs pour le partage des revenus, BB 51 f. 136.
APPRENTIS (les maîtres tenus de déclarer leurs), HH 25.
APPRENTISSAGE (la ville paie au jeune Duchesne les frais de son), BB 132 f. 145 ; 133 f. 2. - (procédures pour violation de contrats d'), FF 40.
ARBALÈTE (frères de l'). V. *Arbalétriers.*
ARBALÈTES (achat d') par la ville, XVe siècle, CC 3 f. 13.

ARBALÉTRIERS d'Angers. - requièrent la conservation de leur maison des Halles, BB 36 f. 242. - règlement pour leur jeu du Papegault, BB 28 f. 13. - ils le transfèrent au tertre St-Laurent, BB 47 f. 190, 197. - réclament leur subvention annuelle de la ville, BB 7 f. 36; 8 f. 67; 13 f. 52. - se plaignent qu'on ait démoli la courtine de la tour où ils tirent, BB 65 f. 220. - le conseil maintient leurs priviléges, BB 64 f. 27; 70 f. 78. V. *Archers, Arquebusiers, Roi du Papegault, Château d'Angers.*

ARCHE d'Alloyau. V. *Pré d'Alloyau.*
— St-Samson. V. *Ponts d'Angers.*

ARCHERS d'Angers. - leurs priviléges et leur règlement confirmés, BB 58 f. 50. - expulsent un blasphémateur de leur compagnie, BB 47 f. 42. - requièrent la maintenue de leur enclos du portal Toussaint, BB 37 f. 56; 42 f. 35. DD 4. - le conseil de ville intervient dans une de leurs querelles et l'apaise, BB 47 f. 35. - tirent le Papegault avec les arbalétriers, 28 f. 13. V. *Arquebusiers, Arbalétriers, Roi du Papegault.*
— de la Gabelle (plaintes contre les), BB 63 f. 102; 64 f. 46, 58; 72 f. 99; 76 f. 53; 79 f. 62; 118 f. 63. AA 6 f. 125. - font tumulte la nuit avec les écoliers, BB 67 f. 127. - tenus de résider à Ruzebouc et à la Pointe, malgré les menaces du populaire, BB 73 f. 25. - expulsés des faubourgs, BB 81 f. 222; 83 f. 18. V. *Gabelle.*
— de la garde du roi envoyés en ville pour en déloger les gentilshommes étrangers, CC 5 f. 350.
— de la mairie (règlement des), BB 16 f. 85; 20 f. 26. - se prennent de querelle avec les gens du grenier à sel, 20 f. 86. - sont armés de hallebardes neuves et de parade, 98 f. 41.

ARCHITECTES. V. *Maçons*, et, à la table des noms propres, les articles *Bardoul, Commeau (L.), Corbel (Jacq.), Godard (P.) Gondouin, Hullin (Mic.), Jouin, Launay, Lecomte, Lemanceau, Lespine (J. de), Lointier, Péret (P.), Pointier (René), Viriau (Nic.).*

ARCHIVES de la mairie. - Il en est dressé inventaire (1519), BB 17 f. 55. - enquête et monitoire pour retrouver les titres perdus, BB 66 f. 208; 67 f. 7; 101 f. 106. II 1. - confection d'armoires (1622), BB 66 f. 208. - sont mises à la disposition de M. Pétrineau, BB 98 f. 3, et réclamées au bout de onze ans, BB 101 f. 149. - (remise des) par l'ancien greffier, BB 40 fr. 33. - leur désordre; confection prescrite d'un nouvel inventaire (1715), BB 106 f. 13; 111 f. 130-134; 126 f. 22; état du travail, BB 127 f. 2; 128 f. 115, 124, 128. - reliure des titres, *ibid.*; ordre pour en presser l'achèvement, BB 131 f. 20. - il est terminé (1786), BB 132 f. 48.

ARCS DE TRIOMPHE élevés pour l'entrée du duc d'Anjou, BB 35 f. 310.

ARDOISES. - compte de ce qu'il en est entré par la porte St-Aubin en 1545, CC 14. - (requête pour l'élévation de la taxe sur les), BB 110 f. 71. V. *Tables d'ardoise.*

ARDOISIÈRES. V. *Perrières.*

ARMÉE ROYALE. - est approvisionnée par la ville, BB 5 f. 12, 17, 18, 19; 6 f. 19; 15 f. 165; 23 f. 15; 29 f. 206; 34 f. 259, 260, de blés, vins, fourrage, 31 f. 410; 32 f. 40, 67, 107; de dix mille pains de munition, 45 f. 205; de chausses et souliers, 31 f. 339, 359; 39 f. 24; de charrettes, 32 f. 104; de piques, pelles, hoyaux, 31 f. 304; d'habits, 70 f. 58-61. - campée à Bouchemaine se révolte (1490), 7 f. 53. - requise pour le siége de Rochefort, 42 f. 23, 46, 55, 73. - se disperse sur les campagnes, qu'elle ruine, 43 f. 10-18; ralliée, marche au siége, f. 34. - la ville l'y entretient de vivres, de poudre, d'armes, de bateaux, f. 44, 46, 47, 51. - les malades sont envoyés à Angers, 31 f. 417. - les blessés recueillis dans l'abbaye St-Aubin, 39 f. 20. - se débande et pille le pays (XVIe siècle), 42 f. 54. - saccage la banlieue d'Angers après la capitulation de la ville (1652), GG 220 f. 192. V. *Gens d'armes, Garnison, Solde.*

ARMES DE GUERRE, défense aux habitants d'en porter, BB 29 f. 22; 30 f. 285; 45 f. 95. - sont recherchées dans les maisons des particuliers et confisquées, 31 f. 84; 53 f. 37; 56 f. 73. - sont restituées à qui de droit, 34 f. 158; 65 f. 173, 177, 180. - (recensement général des), 34 f. 325. - la vente et le transport interdits, 63 f. 65. - dépôts saisis en ville, 81 f. 280.

— à la Pointe, f. 297. - la ville en envoie aux Ponts-de-Cé, 39 f. 2. - les habitants et les religieux en demandent pour leur défense, 29 f. 24, 29. - ordre à chacun de s'en munir, 57 f. 33-120; d'en louer pour la réception du gouverneur. 56 f. 125.

ARMOIRIES des gentilshommes qui ont secouru la ville, placées dans la salle du conseil, BB 29 f. 25. - ainsi que celles des maires, 66 f. 215. V. *Cachets armoriés*.

ARMURIERS (visite de police chez les), BB 61 f. 24. II 11.

ARQUEBUSE donnée au P. Récollet du Sanitat pour se défendre contre les loups, BB 69 f. 28.

ARQUEBUSIERS d'Angers, II 1. - leur communauté comprise dans les distributions du Sacre, BB 67 f. 17. - fondation d'un prix, BB 20 f. 140, et concession d'une place pour leur jeu au portal Toussaint, BB 30 f. 255. V. *Archers*, *Arbalétriers*, *Roi du Papegault*.

— à cheval (levée d') (XVIe siècle), BB 34 f. 339; 40 f. 106-108.

ARRENTEMENTS de propriétés communales, AA 7-21. BB 52 f. 27; 114 f. 135. DD 6.

ARRESTATION du comte d'Auvergne et du duc de Biron (1602), BB 50 f. 25. - du prince de Condé (1616), 63 f. 57-60. - de gentilshommes suspects (XVe siècle), f. 3.

ARRIÈRE-BAN (rôle des taxes pour la décharge de l'), CC. 26. V. *Ban*.

— du Berry (gentilshommes de l') entretenus en ville, BB 99 f. 34.

ARROSAGE des promenades, BB 117 f. 69.

ARSENAL (inventaire des armes de l'), BB 89 f. 55. - la garde, confiée à M. de Villemainseul contre le droit de la ville, est revendiquée par la mairie, BB 91 f. 67, 93, 105. EE 2. II 8. V. *Artillerie*.

ARTILLERIE de ville, II 8. - (inventaires de (l'), XVe siècle, CC 3 f. 145, 167. BB 13 f. 91. - réparée, CC 5 f. 257, 259, 260; 11 f. 372. BB 29 f. 245; 31 f. 64, 250, 252; 127 f. 89. - tirée le jour du Sacre, BB 96 f. 78. - prêtée pour la représentation de mystères, BB 20 f. 88, 90; 24 f. 123. - à M. de Brissac pour la réception du roi, BB 30 f. 206. EE 2. - refusée au maréchal de Gyé, BB 7 f. 33. - requise pour la défense des Ponts-de-Cé, BB 31 f. 381-382; 35 f. 61. - déposée dans la cité sous la garde des portefaix, BB 29 f. 76; 30 f. 90. - défense d'y toucher sous peine de mort, BB 34 f. 349. - les pièces de fer vendues au roi et remplacées par des pièces de cuivre, BB 15 f. 192. - (refonte de l'), BB 29 f. 128. - emploi des cloches et des métaux des églises, BB 29 f. 81; 31 f. 68, 69. - requête des fondeurs pour leur paie, CC 14. - est portée au château, AA 3. - envoyée à Paris par ordre du roi, BB 97 f. 56. - la ville vend ses derniers canons, BB 128 f. 8. V. *Bombardes, Canons, Canonnières, Couleuvrines, Engins, Arbalètes, Arsenal, Boulets*.

ARTILLEURS de ville, leurs gages, CC 3 f. 199. BB 3 f. 31.

ARTISANS protégés contre les recruteurs, BB 43 f. 52. - déchargés pour moitié de l'impôt des loyers, BB 90 f. 59. V. *Apprentissage, Corporations, Industrie, Commerce*, etc.

ARTISTES. V. *Architectes, Graveurs, Musiciens, Peintres, Sculpteurs*.

ASSASSINAT du maréchal d'Ancre (lettre du roi au sujet de l'), BB 63 f. 136. - de Me Jeh. Blondeau, prêtre du Sanitat, BB 73 f. 155. - de Bussy d'Amboise, BB 36 f. 158. GG 198 f. 49. - de l'amiral de Coligny (avis de l'), BB 33 f. 102. - de M. Goupilleau, échevin, BB 32 f. 48. - (lettre sur l') du duc de Guise, AA 3. - du roi Henri III, BB 40 f. 39. - du roi Henri IV, par Pierre Chastel (nouvelles de l'), BB 45 f. 80. - par Ravaillac, BB 57 f. 8. - envoi d'un député de ville en cour pour y porter certains indices et conjectures sur ce crime, ibid. f. 14. - de Jehanne Jouanneaux, GG 198 f. 64-66. - de Joubert, orfèvre, par un officier des grenadiers royaux, BB 115 f. 178. - de Louis XV, par Damiens, GG 14 f. 58. - de Martin de Troyes, BB 11. - de la dame Ménager, BB 96 f. 107. - d'un écolier, BB 16 f. 72. - de deux gabeloux, BB 73 f. 203. - du ministre protestant de Château-du-Loir, AA 3. - du maire, BB 38 f. 104, 73 f. 24.

ASSASSINATS sous prétexte de politique ou de religion (ordonnance pour réprimer les), BB 29 f. 139.

ASSEMBLÉE des notables, convoquée à Lyon, BB 8 f. 65. - à Compiègne, BB 46 f. 21. - à Rouen, ibid. f. 26-27. -

- cabales dénoncées dans les élections de 1789, BB 121 f. 142.
ASSEMBLÉE provinciale tenue dans la grande salle de la mairie, BB 132 f. 96. - honneurs rendus à M. de Praslin, président, ibid.
— nationale (projet d'adresse à l'), EE 6 f. 31.
— des états de la ville n'admet que partie du conseil de ville, BB 31 f. 59.
— des actionnaires de la caisse des subsistances (séance d'ouverture de l'), EE 6 f. 73.
— des députés des paroisses d'Anjou pour le remplacement de la gabelle, EE 6 f. 43.
— de commerce. V. *Bourse*.
ASSEMBLÉES secrètes des réformés, BB 27 f. 36; 29 f. 13. - de la noblesse, BB 47 f. 35.
ASSESSEUR du corps de ville (gages de l'), II 1. - rachat projeté de l'office, BB 103 f. 24-25. - (destitution de l'), BB 105 f. 45.
ASSISTANCE PUBLIQUE. V. *Aumône publique*, *Bons de pain*, *Bureau de Charité*, *Bains*, *Chauffoirs*, *Hôpitaux*, *Pauvres*, *Quêtes*, *Travaux de charité*.
AUBERGISTES, II 11. - procédures intentées par la communauté à des particuliers, FF 35. V. *Hôtelliers*, *Taverniers*, *Cabaretiers*.
AUDITOIRE de la sénéchaussée, construit et meublé pour les Grands jours (1539) BB 21 f. 89. - instructions à cet effet, CC 14.
AUGUSTINS (religieux), gratifiés d'une subvention pour la tenue de leur chapitre provincial, BB 35 f. 184. - leur général visité par la mairie, 102 f. 59. - (deux frères) recommandés par la ville à leur départ pour Tours, 28 f. 103. - sont contraints à rétablir dans leur église les insignes d'un ancien maire, 70 f. 25. - à démolir une maison près les Treilles, 132 f. 52, 76, 78, 79.
AUMÔNE publique (organisation et règlements de l'), BB 28 f 310; 33 f. 238-244; 36 f. 57, 301; 37 f. 71; 45 f. 154; 46 f. 52; 62 f. 33; 64 f. 28. V. *Pauvres*, *Hôpital général*.
AUMÔNES de ville (rôles de répartition des), CC 33 f. 42. - distribuées sur l'argent du dîner des élections, BB 115 f. 63. - aux inondés de la ville, 119 f. 50; 132 f. 110. - de St-Aubin des Ponts-de-Cé, 133 f. 24. - aux ouvriers sans ouvrage à cause du froid, 132 f. 31. - à un convoi de galériens, 69 f. 22. - pour le rachat des captifs, 106 l. 77. - à des captifs rachetés, 117 f. 47. - à des protestants convertis, 117 f. 166. - à des catholiques anglais réfugiés, 94 f. 148; 95 f. 46; 96 f. 12, 160; 97 f. 3; 111 f. 12; 116 f. 11, 49. - à un gentilhomme irlandais, 98 f. 22. - à des religieux grecs, 65 f. 204; 71 f. 12; 130 f. 9. - à un prince maronite, 114 f. 214. - à un prince du mont Liban, 111 f. 53. - à des Turcs convertis, 73 f. 103; 114 f. 12.
AUMÔNERIES d'Angers (analyse des titres relatifs aux), II 7. - FILS DE PRÊTRE; les lits en sont transportés à l'Hôtel-Dieu, BB 37 f. 107. - les pauvres s'y réfugient, 62 f. 32. - projet de les y renfermer, 64 f. 48. - on y recueille les pestiférés, 74 f. 107. - ST-MICHEL DU-TERTRE. - on y soigne les blessés du siége de Rochefort, 29 f. 108. - est abandonnée aux oratoriens (1620), 65 f. 130.
AUMÔNIERS des régiments. - ont défense du roi de marier aucun soldat avec fille ou femme de sa garnison, BB 96 f. 52.
AUTELS du sanctuaire de Saint-Michel-la-Palud (construction des trois), GG 154 f. 64.
— portatifs bénis par l'évêque en l'église Saint-Jean-Baptiste (1618), GG 50 f. 8.
AUTOGRAPHES de MM. Allard du Haut-Plessis, EE 18. - Apvril (Jehan), CC 14. - d'Armagnac, EE 16. - Audouyn, échevin de Blois, CC 26. - Audouys, feudiste, GG 170 f. 239; 197. - d'Autichamp, EE 18. - Avril (Urban), BB 135. - Baron fils, GG 363. - de Bercy, HH 30. - de Bonchamp, EE 6 f. 43. - Boullay, GG 363. - Bourbon (Antoine de), AA 3. - (François de), AA 3. BB 135. - (Louis de), duc de Montpensier, AA 3. BB 135. EE 1. GG 358. - (Louis de), prince de Condé, AA 3. - Bretagne (Jeh. de), AA 4. - le baron de Breteuil, EE 5. - Brevet de Beaujour, GG 363. - de Brillemont, GG 363. - de Brionne, CC 26. - de Brissac, EE 2. - Cabassolle du Réal, valet de chambre du roi Henri II, AA 4. - de Calonne, ministre d'État, HH 31. - Charles IX, roi de France, AA 3. BB 135. CC 1. EE 1. - le receveur Char-

lot, AA 3. – de Charnacé, GG 363. – J. Chassebeuf, EE 6 f. 43. – de Chavigny, AA 3. BB 135. – Choudieu, EE 9. – Colpin (Toussaint), orfèvre, BB 135. – Cordier, EE 9. – Cousin, CC 45. – l'abbé de Crény, GG 367. – de Cromot, GG 363 – Daine, intendant, EE 17, 18. – Dalichoux, HH 30. – Davy (Guill.), BB 135. – Deville, GG 363. – Dubois, commandant du guet de Paris, FF 47. – Duboys, curé de la Pommeraye, EE 6 f. 43. – Ducluzel, intendant, BB 122 f. 140. GG 360. – Foullon, CC 26. – François Ier, roi de France, CC 1. EE 1. – François II, roi de France, CC 1. – Gallard, BB 125. – Gastineau, GG 363. – Gaudin de Boisrobert, maire d'Angers, CC 43. – Gaudon, cellerier de Saint-Aubin, HH 30. – Gauvillier, EE 9. – de Gonnort, maréchal de France, AA 3. CC 14. – Gontard, maire, CC 45. – Gourreau de la Houssaye, EE 6 f. 43. – Gourreau de Chanzeaux, EE 6 f. 43. – de Grammont, EE 6 f. 43. – de la Grandière, HH 31. – de la Grue (Gilles), BB 135. – Guion, HH 30. – le duc de Guise, AA 3. – le comte de Harcourt, AA 3. BB 135. EE 16. – Henri II, roi de France, AA 3, 4. – Henri IV, roi de France, CC 14 p. 66. – Jallet de la Véroullière, maire, CC 22, 26. – Jallet de la Véroullière, curé de Marson, CC 45. – Juffé (Jeh.), BB 135. – le capitaine La Faucille, EE 1. – de Lambert, EE 17, 18. – le prince de Lambesc, CC 26. – Lanier de la Guerche, CC 26. – de Laval, AA 3. – Legouz du Plessis, EE 6 f. 43. – Lemaczon, BB 135. – Lemotheux de Chitray, EE 6 f. 43. – Letellier, ministre d'Etat, FF 46. – de Loménie, ministre d'Etat, HH 29. – des rois de France Louis XI, AA 1. – Louis XIII, AA 1. – Louis XIV, AA 3. EE 2. 16 FF 46. HH 29. – de Louvois, ministre d'Etat, EE 2. – Mabille, HH 30. – de Mailly (Jacques), CC 14. – de Maisonneufve (Jean), poète français, CC 14. – de la Marandière, EE 9. – Marchand de la Roche, CC 45. – de la Marsaulaye, EE 20. – Médicis (Catherine de), EE 1. – Mirault, chirurgien, CC 42. – Moithey, ingénieur-géographe, FF 2. – le duc de Montpensier. V. *Bourbon (Louis de)*. – Morel, ingénieur-géographe, DD 9. – le P. Roy, oratorien, GG 359. – Nerbonne (Aubin de), EE 6 f. 43. – de Pissonnet, EE 6 f. 43. – Pocquet de Livonnière, CC 18 p. 18-69. – de la Porte, AA 4. – Prieur (Jacques), orfèvre, BB 135. – de Puygaillard, gouverneur du château d'Angers, BB 135. EE 1, 2. – Rabelays, commis aux finances de Tours, CC 14. – Rhodes (Pierre de), HH 5. – Robin (Cl.), curé de St-Pierre, GG 180 f. 507, 511, 628; 181 f. 62, 74, 111, 253, 306-330, 361, 436. – de la Salle, CC 24. – Simon le jeune, HH 31. – Sivault, HH 30. – de Terves, EE 6 f. 43. – Texier, avocat, GG 181 f. 361. – Thorode, CC 45. – Thuret, CC 14. – Touzé du Bocage, EE 6. – Travers (René), orfèvre, BB 135. – de la Varanne, gouverneur d'Anjou, AA 3. FF 44. – de Vieilleville, maréchal de France, AA 3. FF 45. – Viger, GG 363. – Viot fils, EE 9. – Vollaige de Vaugirault, EF 6 f. 43. – de la Vrillère, ministre d'Etat, AA 3. – Mme d'Aubeterre, abbesse du Ronceray, HH 30.

AUTOPSIE commandée à des barbiers dans l'intérêt de la science (1456), CC 4 f. 166.

AVANT-MAIL. – on y commence la construction de casernes, BB 107 f. 3. – on le replante, 111 f. 167, 200. V. *Mails*.

AVENTURIERS pourchassés sur les champs, BB 18 f. 64. – défaits à Montreuil-Bellay, ib., f. 131. — leur marche sur Angers annoncée, BB 20 f. 206. – demandent libre passage en ville. – interrogatoire de leur chef, BB 22 f. 184-188. – mesures contre eux, BB 23 f. 56. – pillent la Touraine. – envoi aux nouvelles (xve s.), CC 11 f. 431. V. *Gens d'armes*.

AVEU de la seigneurie de Chateaubriand (extrait de l'), GG 181 f. 404.

AVIS pour porter secours aux noyés GG 366

AVOCAT de ville. – ses gages, BB 42 f. 45. – est remplacé, BB 114 f. 199.

— du roi au siége de la police. - (taxes pour le rachat de l'office de l'), CC 79. - il est réuni à celui de l'avocat du roi de la Sénéchaussée, FF 5 f. 11.

AVOCATS consultations d'), BB 21 f. 78; 24 f. 290. – sont portés au rôle pour la garde, BB 31 f. 379. – l'ordre fait une motion pour la liberté des candidatures aux États généraux (1789) 133 f. 65. – et proteste contre toutes restrictions mises aux élections municipales, f. 91-95.

AVOCATS-JURÉS (la ville s'oppose à la création d'), BB 21 f. 113.

B.

BACS établis à la Haute-Chaîne (1777), BB 127 f. 135. - à Lesvière (1487), BB 5 f. 1 ; 90 f. 5. - au port Ayrault, DD 8. - à Epinard, BB 42 f. 31. - dans les rues inondées de la ville, BB 122 f. 165 ; 126 f. 67, 76; 130 f. 83. - (droit perçu par la Mairie sur les), II 2. V. *Ports.*
BAGUE (jeu de). V. *Jeux.*
BAIGNEURS font partie de la communauté des perruquiers-barbiers (XVIIIe s.), FF 36.
BAINS doivent être tenus par les maîtres chirurgiens et non par des compagnons (XVIIe s.), BB 75 f. 59.
— publics autorisés FF 42. - (établissement de) chauds et froids au pont des Treilles (1788), BB 131 f. 25; 132 f. 138. - (projet de) gratuits pour les pauvres, AA 6 f. 191.
— de mer prescrits contre la rage, BB 127 f. 58. CC 39-42; 46.
BALS DU CONCERT autorisés dans la grande salle de la Mairie, BB 132 f. 102-104.
— DU THÉATRE (le privilége des) refusé aux comédiens, BB 132 f. 29.
— publics interdits le jour du Sacre, BB 57 f. 29. - doivent une part de leur recette à l'hôpital des Enfants-Trouvés, BB 128 f. 64. - autorisés dans l'ancien collége de Bueil, FF 42. - dans la salle de la Mairie, BB 114 f. 128; 115 f. 163. V. *Hôtel-de-Ville, Fêtes.*
BALISAGE des rivières d'Anjou (réponse au mémoire des marchands d'Orléans sur le), BB 123 f. 91. - (droit de), II 10.
BALLONS (défense de lancer ni fabriquer des) sans autorisation (1784), BB 131 f. 15. FF 43.
BAN ET ARRIÈRE-BAN. La ville en est exempte, II 11 ; 10. BB 97 f. 107. - (convocation du), BB 75 f. 22. V. *Gentilshommes, Arrière-ban.*
BANCS (pose de) au Mail et sur la place Martineau, BB 102 f. 51. V. *Promenades.*
— DES HALLES. V. *Halles.*
BANDAGISTE. V. *Herniaire.*
BANLIEUE D'ANGERS (le pavage de la) rétabli, BB 95 f. 158. - projets et adjudications pour l'achèvement des chemins, BB 124 f. 4; 128 f. 24, 97. Voir *Routes, Paroisses rurales.*
BANQUET offert par la ville aux ambassadeurs de Flandre, BB 36 f. 309. - à M. de Puygaillard, BB 35 f. 281-283. V. *Diners.*

BAPTÊME des enfants du maire (cérémonial du), BB 117 f. 71, 74, 76, 78. II 1. - de la fille du comte de Brissac, BB 8 f. 81. - d'un enfant huguenot malgré ses parents (1568), GG 197 f. 244. - d'un Maure, 136 f. 26. - d'un sauvage Canadien, 100 f 220. - administré deux fois ; punition des coupables, 1 f. 52. - de la cloche de la chapelle Fallet, 172 f. 90. - (acte de) en vers français (1533), 171 f. 38.
BAPTÊMES (actes des) des paroisses d'Angers, GG 1-310.
BARBACOLLE (jeu de). V. *Jeux.*
BARBIERS D'ANGERS (révision des statuts des), BB 1 f. 4. - procédures intentées par la communauté à des particuliers, FF 36. - convoqués pour une autopsie (1456), CC 4 f. 166. - consultés à l'occasion de la peste, BB 17 f. 136. Voir *Baigneurs, Chirurgiens, Perruquiers.*
BARRIÈRES d'Angers (établissement et délimitation des) (1702), BB 102 f. 138. CC 17.
BAS D'ESTAME. V. *Manufacture, Fabricants.*
BASOCHE. V. *Roi de la Basoche.*
BASSETTE (jeu de la). V. *Jeux.*
BASSINS (enclos des). V. *Enclos des B.*
BASTIERS. V. *Bourreliers.*
BASTILLE (construction d'une) en Boisnet, CC 2.
BATAILLE de Dreux (nouvelles de la), AA 3. BB 29 f. 199. - d'Enghien, BB 99 f. 90. - d'Ivry, BB 40 f. 118. - de Lens et de Rocroi, BB 79 f. 20. EE 19. - de Nerwingue et de Marsalle, BB 100 f. 29-30. - des Ponts-de-Cé, GG 138 f. 56. - de Verneuil, CC 3 f. 199.
BATARDISE résultant de la célébration d'un mariage sans autorisation du curé paroissial, GG 49 f. 357.
BATEAUX (main mise en Loire sur les) par mesure de guerre, BB 31 f. 72, 357; 33 f. 270; 38 f. 137, 139; 39 f. 6. - émeute à Saumur pour s'opposer à cette mesure, 38 f. 139. - fournis par la ville pour le siége de Briollay, BB 40 f. 77. - chargés d'armes, saisis sur la Maine et relâchés par ordre du roi, BB 30 f. 286. FF 45. - munis de troupes, postés sur les rivières, BB 39 f. 15. V. *Charpentiers en bateaux.*
BATELIERS sont enrôlés par classes, BB 99 f. 57, 58, 65-67, 70, 71. - (ordre pour une levée générale des), EE 20.

— ne peuvent circuler sans passeport, BB 99 f. 66. - enquête au sujet de leurs exigences pour le passage des Ponts-de-Cé, BB 101 f. 56-58. - ceux du Port-Ligner se soulèvent contre des recruteurs, BB 117 f. 195.

BATELIÈRES de Nantes réclament l'aide de la mairie d'Angers contre le monopole des transports par eau, prétendu par une compagnie, DD 8.

BAUDRAYEURS d'Angers (statuts des) (1490) FF 5 f. 60.

BAUDRIÈRE (rue). V. *Rues*.

BAUME pour la guérison des plaies et ulcères (vente autorisée d'un), HH 10. V. *Charlatans*.

BAUMETTE (couvent de la). V. *Récollets*.

BAUX des propriétés communales, AA 7-21. BB 60 f. 111; 91 f. 167; 93 f. 277; 102 f. 11; 115 f. 106; 129 f. 64-72; 130 f. 63; 131 f. 46. DD 4-7.

BÉCASSES données en présent de ville, CC 5 f. 101; 11 f. 419.

BEDEAUX de l'Université. V. *Université*.

BÉNÉDICTINES réformées, autorisées à s'établir à Angers, BB 65 f. 51.

BÉNÉDICTION de l'église Saint-Maurille par l'évêque (1716), GG 125 f. 44. - de la chapelle et du cimetière d'Empiré, GG 181 f. 477, 605. - de la croix du cimetière St-Laurent (1732), GG 45 f. 30. - des cloches du Ronceray, EE 6 f. 30, et de Saint-Samson, GG 192 f. 139. - des drapeaux de la milice, BB 112 f. 42.

BESTIAUX (droits perçus sur les) à l'entrée en ville, II 9. - dans les marchés, BB 126 f. 129. - sont exempts de droits d'attache et de stationnement, BB 103 f. 165. - envoi d'un commissaire à Vihiers pour s'enquérir des cours, BB 36 f. 283. - noyés, enterrés par mesure de salubrité, BB 18 f. 107. V. *Epizootie, Boucherie, Viande*.

BEURRE est exempt de tout droit d'entrée BB 86 f. 168 ; 112 f. 45 – (cherté extraordinaire du) (1785), GG 34 f. 470.

BIBLIOTHÈQUE pour le conseil de ville (formation d'une) (1764), BB 121 f. 76.
— publique (projet d'une) (1691), BB 99 f. 72.
— centrale de la chancellerie réclame un exemplaire de tous les imprimés publiés par la mairie, BB 133 f. 34.

BIÈRE est sujette à l'octroi, BB 113 f. 100. - compte de la recette des droits, CC 57; 60; 61.

BIGAMIE (note sur un cas de), GG 137 f. 86.

BILLETTES (droit de), II 10.

BILLOT. V. *Recueil des Priviléges*.

BLANQUE (jeu de). V. *Jeux*.

BLASPHÉMATEUR mis au carcan près le portail Saint-Nicolas, CC 11 f. 177; expulsé de la compagnie des archers, BB 47 f. 42. - (jugement d'un), BB 1 f. 14.

BLÉS (réquisition de) pour l'armée royale AA 3. BB 29 f. 206; 31 f. 410; 32 f. 123; 34 f. 241. - (prix des) en 1785, GG 34 f. 470. - (tableau comparé des prix du pain et des), HH 4. - enquête sur la récolte, XVIe s., BB 17 f. 142. - observations du maire sur les cours, BB 100 f. 36. - (arrêts et ordonnances concernant le commerce et le transport des), HH 29. FF 5 f. 67. BB 45 f. 69; 46 f. 55; 62 f. 8, 108; 74 f. 148; 78 f. 192; 79 f. 76; 89 f. 33. - défense d'en acheter en vert, ni ailleurs qu'au marché, BB 89 f. 108. HH 29. - ont l'entrée franche en ville, BB 86 f. 168; 127 f. 50. CC 17. HH 29. - requête pour la libre importation de ceux d'Auvergne, Bourgogne et Bretagne, BB 30 f. 193. - démarches auprès des villes riveraines de la Loire pour en obtenir le passage, 45 f. 143-164. - mesures contre la cherté, 19 f. 47, 73, 76. - recherches domiciliaires et ventes forcées, 29 f. 21, 210, 211; 79 f. 4; 89 f. 74. - poursuites contre les accapareurs, 17 f. 135; 29 f. 210; 115 f. 30. - le Conseil de ville en achète, pour prévenir la disette, à l'étranger, BB 73 f. 48, 52, 59, et dans le Maine, la Normandie, la Bretagne, ib. f. 83, 98. - refuse d'en céder à la ville de Nantes (1630), ib. f. 19-20. - les habitants avertis de s'en approvisionner (1633), 74 f. 148. - les corps-de-garde spéciaux chargés d'en empêcher la sortie, 76 f. 51. - arrivages de Dantzick vendus en ville, 79 f. 110. - défense d'en faire sortir sous peine de mort, 81 f. 62, 70. - mesures contre les accaparements des marchands des provinces voisines, f. 215-217. - ordre d'arrêter à la Pointe les bateaux qui en sont chargés, 84 f. 64. - le roi autorise l'importation de 600 tonneaux de Bretagne, 89 f. 45. - et le passage de 600 autres pour le Maine, ib. f. 89. - achats pour le compte de la ville (1682), 96 f. 99. - qui en distribue aux paysans affamés, ib. f. 123. - nouveaux achats. - le roi en envoie (1686), 97 f. 38, 41-49. - achats à Nantes et en Craonais (1693), 100 f. 47-68. - ceux de Saint-Georges-sur-Loire sont arrêtés en route par le soulèvement des campagnes, 100 f. 10-13. - vendus au prix coûtant partie en ville, partie à la Pointe, f. 47-59. - visites domiciliaires et enquête sur les approvisionnements des principaux marchés, ib. f. 60. - la milice chargée des escortes, f. 62-63, 104-150. - nouveaux achats (1700-1703), 101 f. 178; 103 f. 47-51; 104 f. 44-58. - le bénéfice des lots gagnants de la loterie de l'Hôpital y est employé, f. 60. - la ville en vend aux échevins de Laval, 101 f. 140. - taxe pour le remboursement de l'emprunt spécial de 1713, CC 87. - nouvel emprunt (1715), BB 105 f. 71-79. - 106 f. 109-111. - les restes distribués aux boulangers pour maintenir le prix du pain, 107 f. 4. - état des pertes sur la revente en 1720, 108 f. 8. - nouveaux achats (1724), 108 f. 22-25. - établissement à la Mairie d'un bureau spécial (1738), 112 f. 8-12. - émeute aux Ponts-de-Cé et aux Rosiers contre les marchands, 112 f. 174. - demande d'indemnités, f. 186. - prêt de 50,000 l. sollicité du roi par la ville, ib. f. 183. - le contrôleur-général les offre en nature, f. 196. - la ville les refuse, 198. - curieuse note à ce sujet, f. 196. - vote d'un emprunt, f. 204. - nouveaux achats (1738), 112 f. 19, 55, 173, 176. - histoire détaillée des opérations de 1738 et 1742, 123 f. 103. GG 365. - (1751-1752), 115 f. 67, 90, 110, 122, 173, 217, 225. - les corps et communautés invités à contribuer pour leur quote-part, f. 28. - le roi avance 20,000 livres, f. 46. - approvisionnement de la ville (1769-1788), 124 f. 12-41; 125 f. 82; 133 f. 76, 85. - les grains logés dans le théâtre du collège Neuf, 132 f. 41. - manquent en ville (1789). - le Comité permanent en requiert par tout l'Anjou, EE 6 f. 65-71. - les peuples s'opposent au transport, f. 89-94. - la municipalité de Cunault refuse son concours, ib - offres d'assistance, EE 9. - la ville approvisionne les boulangers, CC 45. BB 134 f. 13. - aucun sac ne sort du marché sans laisser-passer, EE 7 f. 8. - V. *Disette, Grenier d'abondance, Mercuriales, Pain, Boulangers.*

BLESSÉ envoyé aux frais de la ville en traitement à Saint-Poursaint (XVᵉ s.), CC 4 f. 48.

BLESSÉS de l'armée royale soignés dans l'abbaye Saint-Aubin, BB 29 f. 108; 38 f. 125; 39 f. 20; 43 f. 35. - à l'Hôtel-Dieu, BB 65 f. 174. - à Poitiers, par deux médecins d'Angers, BB 32 f. 98.

BŒUF-GORGÉ (rue du). V. *Rues.*

BOHÉMIENS. V. *Egyptiens, Vagabonds.*

BOIS (le commerce du), réglementé, BB 1 f. 1; 2 f. 87, 89; 18 f. 69; 23 f. 94; 25 f. 6, 14, 28; 29 f. 211; 30 f. 125. - offre d'en approvisionner la ville à forfait, HH 30. - (requête pour la suppression des droits sur le), BB 123 f. 112. - les marchands demandent l'élévation du maximum fixé par la police, 29 f. 211. HH 30. - dénoncent la maraude, ibid. - demandent des corvées obligatoires pour leurs charrois, ibid. - visites chez les marchands, BB 98 f. 11. - la Mairie en fournit les boulangers, 133 f. 23. - magasins autorisés sur le pré de la Savate, 130 f. 106. - requête pour faire interdire l'exportation des merrains, 107 f. 5. V. *Mouleurs jurés.*

BOIS ROYAUX. V. *Domaine royal.*

BOISNET. - une bastille y est construite (1377), CC 2. - une porte projetée, BB 16 f. 87; 17 f. 116. - on y place une cloche pour annoncer la fermeture, 36 f. 42. - la vieille porte démolie, ibid. f. 240. - les portes murées par précaution, 46 f. 65. - réouvertes, 63 f. 7. - brisées pendant la nuit, 65 f. 31. - ouverture d'une nouvelle, 75 f. 121; 91 f. 92; 93 f. 16. - on la supprime, 95 f. 152-171. - le canon y est tiré aux fêtes, 94 f. 169. - le canal déblayé (1556), 27 f. 37. - la saulaye comblée et convertie en promenade (1623), 67 f. 24. - la douve curée, 67 f. 35. - le quartier aplani et remblayé, 78 f. 92, 172. - planté d'ormeaux (1642), ib. f. 172. la rue et la place pavées, 107 f. 43. - étude du quai projeté, 117 f. 152; 118 f. 11, 25, 62; 132 f. 116. - autorisation de commencer partie de la chaussée dans le marais, 121 f. 100. - de prendre de la terre dans les luisettes, 129 f. 11. - suppression d'un établissement de forges, 83 f. 61. - projet d'y transférer le marché aux bestiaux (1609), 56 f. 27-38. - vente et concessions d'emplacements de ville, AA 16, 17. - BB 78 f. 44; 86 f. 80, 101,

102, 104; 87 f. 159; 111 f. 26; 132 f. 73. DD 5.
BOISSEAU. - seule mesure autorisée pour la vente des fruits, HH 5.
BOISSELIERS (les), fondent trois messes annuelles aux Augustins, FF 5 f. 13.
BOITE (la) est supprimée comme mesure, HH 5.
BOITE des marchands (droit de), II 10. - doit fournir aux frais des travaux pour la canalisation du Loir, BB 55 f. 119. - (monitoire contre la perception abusive du), HH 28.
BOMBARDES (poids des) (xve s.). CC 3 f. 151. - (inventaire des), ibid. f. 167. V. *Artillerie.*
BONNETIERS. - procédures intentées au nom de la communauté, FF 35. Voir *Fabricants de bas.*
BONS DE PAIN distribués aux indigents (1789), EE 6 f. 60.
BOUCHERIE (projet d'une nouvelle), BB 36 f. 211; 49 f. 139. V. *Bouchers.*
BOUCHERIE (police de la), BB 9 f. 32; 13 f. 106; 14 f. 4; 28 f. 27; 29 f. 229. EE 6 f. 61. - (condamnations pour infractions aux règlements de la), FF 7-14. - détail des prix par catégories d'espèce et de morceaux (1557), BB 28 f. 27. V. *Bouchers.*
— DE CARÊME. - vœu de la Mairie pour en maintenir le privilége à l'Hôtel-Dieu, BB 90 f. 101. - (adjudication de la), 132 f. 72. - la taxe arrêtée en assemblée générale des bouchers, HH 3. - ils sont convaincus de coalition, FF 33.
BOUCHERS d'Angers, II 11. - réception de maîtres, GG 180 f. 119, 181, 481. - de maîtres des maîtres, GG 176 f. 176; 178 f. 34; 179 f. 30, 87, 204; 180 f. 119. - la ville revendique du roi la libre disposition des étaux qu'elle leur concède, BB 45 f. 240. - offrent leur démission à défaut d'une taxe régulière, 36 f. 51. - ont ordre de doubler leurs approvisionnements, 39 f. 1. - défense de souffler la chair qu'ils vendent, pour l'enfler, 47 f. 58. - demandent contre la ville un essai des viandes pour établir les prix, 131 f. 57. FF 3. - arrêt contre eux, BB 132 f. 5. - tirent leurs achats du Maine, CC 5 f. 281. - s'abonnent au droit de subvention, BB 87 f. 10. - leurs plaintes contre les commissaires royaux, 45 f. 94. - contre la perception du droit de pied-fourché, 64 f. 31. - ont ordre de réouvrir leurs étaux sous peine de déchéance et de prison, ib. f. 34. - poursuivis pour vente au-dessus de la taxe, 131 f. 1. - pour coalition, FF 33. - expulsés des communs de Beaufort, BB 66 f. 153. - la ville prend fait et cause pour eux, ib. f. 217. - appellent contre le règlement des communs de Saint-Serge, 132 f. 52. - s'opposent à l'établissement d'une nouvelle boucherie, 49 f. 139. - demandent un emplacement de tuerie, 37 f. 14. - leur procès contre les rôtisseurs, 34 f. 49; 47 f. 38, 46, 84; 49 f. 96. - des garçons maltraitent les commis des Octrois, 132 f. 84. - (droits prétendus par le bourreau sur les), 108 f. 53, 72, 76. - procédures intentées par la communauté, FF 35. V. *Tanneurs, Inspecteurs des boucheries, Boucherie, Chandeliers, Rôtisseurs, Bestiaux, Viande.*
BOUGIES DE VILLE, II 11. - (état de distribution des), CC 38; 40; 42-44; 46. - envoyées en présent et trouvées de qualité inférieure, BB 118 f. 59; 121 f. 41. - refusées par l'intendant, 127 f. 13. - on ne lui en enverra plus, ibid. - mémoire en réponse aux reproches contre cet usage, CC 23.
BOULANGERIE (police de la), BB 13 f. 31-32; 14 f. 4; 20 f. 200; 23 f. 194; 24 f. 202; 29 f. 229.
BOULANGERS, II 11. - leurs obligations, BB 1 f. 12. - réception d'un maître, HH 22. - réclament et obtiennent essai des farines pour fixer la taxe, FF 4. BB 95 f. 33. - en contestent les résultats, 120 f. 25. - obtiennent nouvel essai, HH 4. BB 127 f. 67. - dépense journalière pour trois fournées, HH 4. - visites de police et saisies de pains pour défaut de poids, FF 34. BB 95 f. 81. - procédures intentées par la communauté, FF 35. - opposition à leurs nouveaux statuts, BB 103 f. 151. - sont exemptés de justifier de la provenance de leur sel, BB 45 f. 251. - refusent de payer le droit de Trépas de Loire, 66 f. 33. - la ville les soutient, ibid. - émeute contre eux à l'occasion de la disette, BB 73 f. 48. - la ville admet les boulangers forains, ibid. - les maîtres jurés prétendent faire taxer le pain des forains, 27 f. 84; 103 f. 147. - contestent à un particulier le droit de prêter son four, 79 f. 97. - sont mis en réquisition pour l'armée royale, 34 f. 349; 39 f. 1. - proposent un nouveau pain bis blanc, refusé à l'unani-

mité par les paroisses, moins celle de Saint-Maurice, 119 f. 134, 137, 141. - sont approvisionnés de bois, de farines par la ville et indemnisés de leurs pertes, 133 f. 23, 82, 85. CC 45. - plaintes contre eux, EE 6. - défense de troubler les prud'hommes, HH 3. V. *Blés, Disette, Pain, Mercuriales.*

BOULETS DE CANON (fourniture de), BB 32 f. 62. V. *Artillerie.*

BOULEVARD DE LA HAUTE-CHAINE est concédé à l'Hôtel-Dieu, BB 89 f. 161.

— DE LA PORTE CUPIF est rasé, BB 128 f. 106-122. - indemnités aux propriétaires dépossédés, ibid. f. 22. DD 3.

— DE LA PORTE LYONNAISE démoli, BB 132 f. 18; 133 f. 20.

— DU PORT AYRAULT. - on y emploie les poutres du pont des Treilles, BB 93 f. 125. - concédé à rente, ib. f. 268.

— SAINT-AUBIN construit, BB 18 f. 24-25. - projet d'y établir une batterie, BB 22 f. 28. - une glacière de ville, 96 f. 25. - baux et concessions de ville, DD 1-5. II 4.

— SAINT-NICOLAS. - acquisitions de ville, DD 3.

— SAINT-SERGE fortifié, BB 42 f. 64.

BOUQUETS dus, le 1er mai et le jour du Sacre, au maire, BB 52 f. 27; 90 f. 102; 93 f. 222. II 4. - le maire nouvel élu n'en portera plus à l'abbesse du Ronceray qui en prétend faire une obligation, BB 90 f. 102.

BOURGEOIS (société des Nobles). V. *Confrérie.*

BOURGEOISE (rue). V. *Rues.*

BOURREAU, II 11. - est lapidé par le peuple pour sa maladresse, GG 138 f. 78. - chargé d'appréhender au corps les pauvres valides et de les mener aux tranchées, BB 39 f. 1. - ses gages, 96 f. 111, 141; 100 f. 46. - logé par la ville ou indemnisé, 15 f. 8; 24 f. 15; 36 f. 62; 65 f. 41; 66 f. 206. - droits qu'il prétend sur les bouchers, 96 f. 374; 108 f. 53, 72, 76. - dans les marchés, HH 5. - plaintes contre ses exactions, BB 100 f. 120.

BOURRELIERS d'Angers. - avis du Conseil de ville sur leurs statuts, BB 105 f. 21. - leur avis sur les statuts des selliers, HH 26.

BOURSE DE COMMERCE, II 10. - (recherche d'un emplacement pour la) (1720), BB 106 f. 118. - est ouverte dans le palais des marchands, 115 f. 167. - avis du Conseil de ville, f. 203. - répartition d'un emprunt sur les communautés pour les frais d'établissement, 117 f. 30. - subvention de la ville, ib. f. 118. - (réouverture de la), BB 122 f. 125.

BOURSIERS (nomination de), à l'école de dessin, BB 124 f. 11, 15, 86, 97.

BOUTIQUES (adjudication de), sous les Halles, BB 112 f. 50, 51, 52. - (construction de), ib. f. 57; 132 f. 133.

BRANCARDS pour le transport des pestiférés (commande de), BB 37 f. 90.

BRETONS (les) domiciliés à Angers pendant la guerre prêtent serment, BB 5 f. 79.

— (ravages des) en Anjou (xve s.), BB 6 f. 59; 7 f. 52. CC 5 f. 299, 304.

BREVIAIRE ANGEVIN (introduction du nouveau) (1717), GG 346.

BREVICULUM FUNDATIONIS BEATI NICOLAI ANDEG. (extraits du), GG 180 f. 511.

BRIGANDAGE nocturne en ville (répression du), BB 9 f. 39; 10 f. 17, 18; 15 f. 23, 129; 16 f. 81; 27 f. 36. V. *Coureurs de nuit, Mauvais garçons.*

BROCHURES politiques, AA 24.

BRODERIE (ouvrage de) pour le compte de la ville, CC 29.

BRODEURS d'Angers. - leur avis sur les statuts nouveaux des selliers, HH 26.

BUANDERIE (construction de la), à l'Hôtel-de-Ville, BB 100 f. 140.

BUDGET MUNICIPAL. V. *Revenus, Dettes, Comptes, Cloison, Octroi, Rentes, Charges, Finances.*

BUFFETIERS d'Angers. V. *Vinaigriers.*

BUREAU pour l'achat et la revente de blés au compte de la ville (création d'un), BB 112 f. 8, 12.

— DE LA MARQUE INDUSTRIELLE (organisation du) HH 9.

— DES MANUFACTURES établi à l'Hôtel-de-Ville (suppression du), BB 103 f. 150.

— DES AIDES à Saumur (demande d'un) BB 113 f. 11.

— DE CHARITÉ projeté (1788), BB 133 f. 24-26, 28. V. *Assistance publique.*

— DE SECOURS aux noyés (établissement de) (1773), BB 126 f. 19.

BUSTE du roi acheté à Paris, BB 96 f. 152, 163. - inauguré, 97 f. 32.

BUTORS donnés en présent de ville (xvie s.) CC 11 f. 419.

BUTTE DU PÉLICAN (la) est propriété de ville, BB 133 f. 2, 21.

C.

CABARETIERS d'Angers, II 11. - leur métier rendu héréditaire par édit royal. - délibération de ville (1627), BB 70

TABLE DES MATIÈRES.

f. 10. - le Conseil met opposition à l'érection de leur maîtrise, BB 101 f. 139. - leurs plaintes contre les fermiers du dixième, BB 50 f. 155. - contre les fermiers du huitième, BB 61 f. 47. - contre les officiers du roi, BB 46 f. 26. - (état de recette des droits d'octroi sur les), CC 48-56; 58; 59; 61. - (visites de police chez les), FF 34. - procédures intentées par la communauté, FF 35. V. *Aubergistes, Hôteliers, Taverniers.*

CACHETS ARMORIÉS du comte d'Armagnac, EE 16. - du comte de Brionne, CC 26. - du comte d'Harcourt, AA 3. BB 135. EE 16. HH 29. - du duc de Montpensier, AA 3. - de M. de la Varanne, AA 3. FF 44. - de M. de la Véroullière, CC 22.

CAFETIER privilégié pour tenir salle de jeux, FF 5. - maintient son droit, FF 37.

CAFETIERS d'Angers. - procédure intentée par la communauté, FF 35.

CAGES DE FER dites *Fillettes* de Louis XI. - on en extrait deux prisonniers, CC 5 f. 105.

CAHIERS du Tiers-Etat aux Etats-Généraux de 1614 (rédaction des), BB 61 f. 48, 69. - aux Etats de Tours (1651), BB 83 f. 29, 33, 40.

CAISSE DES SUBSISTANCES (assemblée générale des actionnaires de la) (1789), EE 6 f. 73.

CALENDRIER GRÉGORIEN (mise en vigueur du), GG 83 f. 133; 198 f. 71.

CALENDRIER D'ANJOU. V. *Etrennes angevines.*

CALVAIRE D'ANGERS (religieuses du), II 7. - obtiennent concession d'une tour de ville sous la redevance annuelle d'un bouquet, BB 93 f. 222.

CAMP DE CÉSAR (le), ouvrage de Cl. Robin. - dans quel endroit l'auteur en dépose un exemplaire, GG 181 f. 253.

CANAL (rue du). V. *Rues.*

CANAL DE BRIARE, II 6.

— DE CHAMBORD (demande d'ouvriers pour le), BB 96 f. 168.

— DE PORNIC A NANTES (projet et plan d'un), HH 27. - avis du Conseil de ville, BB 132 f. 91-92.

— pour le service des fours à chaux de Saint-Samson (construction d'un), BB 127 f. 87.

— DE BOISNET, DU PORT AYRAULT. V. *ces mots.*

— DE LA TANNERIE, desséché par les grandes chaleurs, est curé, BB 86 f. 157, 152. - nouveaux travaux, 97 f. 90.

CANALISATION des rivières d'Anjou. Voir *Rivières.*

CANAUX DE VILLE (analyse des actes relatifs à la construction et à l'entretien des), II 6. - plaintes des habitants à ce sujet. DD 19. V. *Rues, Quais, Ports.*

CANONISATION de Pierre d'Alcantara, BB 93 f. 94. - de Marie-Madeleine de Pazzy, 93 f. 73. - de Rose, 93 f. 5. - de Vincent de Paul, 109 f. 148. GG 350.

CANONNIÈRE du portal Saint-Nicolas (marché pour la construction de la) (XVIe s.) DD 12.

CANONNIERS DE VILLE. - leurs gages (XVe s.) CC 3 f. 199. - l'un d'eux répare la grande horloge, CC 3 f. 249.

CANONS (achat de) (XIVe s.), CC 2 f. 13. - leurs affûts réparés, CC 41. - prêtés à M. le prince de Conti, BB 43 f 26. - à M. de la Rochepot, 41 f. 58. - confisqués par le roi, 97 f. 56. - la ville en achète quatre petits en fonte pour servir aux fêtes publiques, 117 f. 28. - sont remis à la milice bourgeoise, 134 f. 12. V. *Artillerie.*

CAPITAINE DU CHATEAU (nomination du), BB 38 f. 34.

CAPITAINES DE VILLE (liste des), BB 33 f. 103. - (règlement pour l'élection des) 46 f. 96. - leur rang tiré au sort pour l'entrée du gouverneur. - cérémonial pour leurs obsèques, 87 f. 33; 89 f. 23. V. *Milice bourgeoise.*

CAPITATION, II 11. - (rôles de répartition de la), CC 81; 82; 88; 92; 93; 95; 96; 98; 100-105; 108-119; 122-124; 126; 127; 129; 157; 159-171. - comptes de recette, 106; 128; 158; 172. - (requêtes en décharge de la), 128; 172. - des domestiques (mémoires et correspondance au sujet de la), BB 129 f. 18-35. - (conférence avec l'intendant pour la réduction de la), 119 f. 82.

CAPUCINS d'Angers, II 7. - transigent avec le Ronceray pour la séparation des dépendances de leur couvent. - local choisi pour leurs religieux pestiférés, 51 f. 106. - dédicace de leur église (1600), 48 f. 58. - l'église et le couvent pris à rente par la ville, AA 5 f. 166.

CAQUE (la) est supprimée comme mesure, HH 5.

CARABINIERS. - frais de casernement de deux escadrons, BB 132 f. 102. CC 33. - leur logement en ville, EE 17. - le champ de foire agrandi pour leurs évolutions, BB 122 f. 76. - massacrent des bourgeois, 124 f. 31, 33. - le Conseil de ville requiert leur éloignement d'Angers, 122 f. 114, 118; 123 f. 109; 125 f. 79. V. Casernes, École de carabiniers.

CARCAN (pose d'un) pour exposer les blasphémateurs, CC 11 f. 177.

CARDEURS FILEURS DE LAINE sont compris dans les distributions du Sacre, BB 87 f. 135. - traitent avec les sergers, 101 f. 147, 163.

CARDINAUX D'ANGERS. V. Curés-cardinaux.

CARÊME. - l'usage du gras sollicité de l'évêque par la Mairie, BB 123 f. 18. - autorisé en 1766 et 1784, GG 34 f. 363, 464; 181 f. 256. V. Boucheries de Carême.

CARILLONS. V. Tapages nocturnes.

CARMÉLITES (les religieuses) s'établissent à Angers, BB 68 f. 71, 77, 79. - autorisées à construire une arche voûtée sur la rue du Tabourin, 74 f. 88.

CARMES (religieux), II 7. - élection d'un provincial. GG 357. - tiennent leur chapitre général à Orléans, BB 21 f. 6. - reçoivent de la ville 800 livres pour agrandir leur église, 72 f. 49. - requièrent restitution ou indemnité de leurs vases et statues confisqués, CC 14. - exercent le droit de refuge dans leur église (XVe s.), BB 6 f. 46. - refusent d'assister aux enterrements, 70 f. 26. - condamnés à restitution d'héritage. - en appellent. - la ville intervient contre eux, 99 f. 116. -(la Mairie atteste, à la demande des intéressés, qu'il n'existe ni île ni faubourg. des), 110 f. 140.

— (PRÉ DES). V. Pré de la Savatte.

CARRIÈRE DE MARBRE de Saint-Samson (prêt de ville pour l'exploitation de la), BB 107 f. 40.

CARRIÈRES. - arrêt du Conseil d'Etat qui en réglemente l'exploitation dans le voisinage des routes, BB 124 f. 14. V. Perrières.

CARTE D'ANJOU (marché avec MM. Delisle, pour l'impression de la), BB 107 f. 57.

CARTES (droit prétendu sur les marchands de), BB 50 f. 128.

CARTONS DE PEINTURES reportés sur bois et placés dans la salle de la Mairie (XVIe s.), BB 36 f. 249.

CARTULAIRE de l'abbaye Saint-Nicolas d'Angers (fragments du) (XIe s.) GG 310.

— de la Mairie, AA 7-21. - (inventaire analytique du), II 1-11.

CASEMATE SAINT-BLAISE fortifiée, BB 42 f. 64. - on y ouvre une porte de ville, BB 80 f. 115; 85 f. 55. V. Portes de ville.

CASENEUVE (maison de). V. Académie d'équitation.

CASERNEMENTS MILITAIRES (relevé des frais de), CC 33; 39.

CASERNES (pose de la première pierre de), dans l'avant-Mail, BB 107 f. 3. - (projet de) dans la Doutre, 111 f. 18. - plans, f. 34. - la ville refuse l'offre de l'intendant d'en établir à Angers, 121 f. 56, 83. - correspondance au sujet des frais de construction, 122 f. 70, 72, 73; 123 f. 20, 65, 83. - emplacements proposés, 123 f. 96. - (la ville sollicite des), BB 132 f. 108, 129, 130, 133, 145. - rapports et enquête, 133 f. 24, 72. EE 18. - sont établies aux Minimes par ordre supérieur, 133 f. 50, 51, 64, 86. - (propriété des), II 2.

— de la maréchaussée (construction des) FF 49. II 6.

CATHOLIQUES (les) ont ordre de s'armer (XVIe s.), BB 31 f. 69. - sont seuls tolérés en ville, ib. f. 84. - jurent obéissance au roi, ib. f. 280.

CAVES (les) pratiquées dans les piles des grands ponts sont supprimées, 114 f. 158. V. Rues des Deux-Haies et St-Michel.

CENDRES. (commerce de). V. Salpêtriers

CÈNE DES RÉFORMÉS célébrée à Cantenay-Epinard. BB 30 f. 70. V. Protestants.

CÉRÉMONIAL. V. Baptême, Entrées, Obsèques, Palais des marchands, Préséance, Processions générales, Te Deum, Service funèbre, Feux de joie.

CERF chassé dans les douves, BB 15 f. 174. - (alarme donnée à la ville par un), BB 36 f. 227.

CHAINE (Construction d'un pilier à la BASSE), (XVIe s.) BB 13 f. 66. - on mande exprès et sans résultat utile le maître d'œuvre du château de Martigné-Briant, J. Peret, et Jacques Corbel, maître d'œuvre du pont Notre-Dame de Paris, 14 f. 51, 58. - travaux de clôture, BB 13 f. 66; 18 f. 56; 23 f. 82; 35 f. 263. - pose d'une cloche, 18 f. 72. - vente de l'ancienne patache établie sur la Maine, 55 f. 9, remplacée par un chaland armé, 62 f. 91. - travaux de fortification ordonnés par la reine mère, 66 f. 26. - la ville en demande la cessation, ibid. Réponse de la reine, ib. f. 28. - un

TABLE DES MATIÈRES.   549

poste y est chargé d'empêcher la sortie des blés, 73 f. 20. - requête pour l'établissement d'une communication avec le quai Ligner, DD 10. - baux d'emplacements de ville, DD 4. Voir *Quais*, *Ports*.
— (HAUTE-) - les fortifications intérieures démolies, BB 46 f. 65. - les faux saulniers y sont logés, 89 f. 98. - on y ouvre une rue publique sur les terrains de l'Hôtel-Dieu, 128 f. 14. - chute d'un pan de mur de ville, 30 f. 159. - travaux de réparation et d'entretien, 23 f. 82; 85 f. 97; 103 f. 144. - le concierge autorisé à y construire un réservoir de poisson, 67 f. 49. - établissement d'un bac, 127 f. 135. - rentes et baux de ville, AA 14 V. *Boulevards*.
CHAINES (pose de) dans les rues (xve s.) BB 2 f. 29. - ordre de les tendre, 39 f. 6. - sur la Maine, 17 f. 31. - aux avenues des halles, les jours d'exécution, 68 f. 98. - supprimées (1778), 128 f. 77.
CHAIRE A PRÊCHER de l'église Saint-Nicolas (pose de la), GG 165 f. 273. - (frais de construction d'une), sur le Tertre Saint-Laurent (1408), CC 3.
CHAIRE DE DROIT en l'Université. - offres et démarches de la ville pour en remplir la vacance, BB 47 f. 211 - 231; 48 f. 10, 14, 54, 77; 49 f. 26, 76, 88, 87; 50 f. 151, 153; 51 f. 46. - concours 63 f. 121; 72 f. 70; 75 f. 75; 76 f. 3, 6, 7; 78 f. 152; 79 f. 6, 7, 14, 15; 112 f. 72, 82, 103, 104, 106. - un arrêt y supplée. - plainte des candidats, 81 f. 85. - un autre en fixe l'ouverture à Paris. - protestation du conseil de ville, 98 f. 62; 101 f. 24; 115 f. 213. - (érection d'une sixième), 79 f. 253; 80 f. 35. - elle est supprimée, 80 f. 140.
— DE GREC. - érigée, BB 46 f. 188. - le roi y nomme, 49 f. 135. - est prétendue par un des professeurs de la faculté de médecine, 51 f. 48.
— DE MATHÉMATIQUES à l'Oratoire, BB 96 f. 11, 19. - le P. Prestet professeur, ib. f. 42.
CHAISES A PORTEURS (service, autorisé en ville, de) BB 79 f. 251.
CHALEURS extraordinaires (1759), GG 181 f. 74.
CHAMBRE DES COMPTES de Paris (la ville soutient ses anciennes formes de comptabilité indépendantes de la), BB 125 f. 43, 50.

CHAMBRE DES COMPTES d'Angers. - termes insultants dont le roi la désigne (xve s.), CC 5 f. 37.
CHAMP DE FOIRE (le champ Glastin acquis par la ville pour), BB 81 f. 86; 103 f. 115. DD 3. - déclaré exempt des droits d'octroi, BB 100 f. 112. - agrandi pour les manœuvres militaires, 122 f. 76. - les ormeaux vendus, 124 f. 75. - les couvreurs sont autorisés à y couvrir la pelotte, 88 f. 88. - (rentes et baux de ville au), AA 11. DD 5.
CHAMP GLASTIN. V. *Champ de foire*.
CHANDELIERS d'argent (don par la ville de deux), BB 112 f. 62.
CHANDELIERS d'Angers. - procédures intentées par la communauté, FF 35. - coalisés avec les bouchers pour hausser les prix, 132 f. 111, 112, 114.
CHANDELLES. V. *Suifs*.
CHANGE de la monnaie nouvelle (Bureau de), BB 98 f. 36, 38. - réglement pour les changeurs, ib. 5, 49. Voir *Monnaies*.
CHANTIERS désignés aux maîtres maçons et entrepreneurs (emplacement de), BB 124 f. 102. - aux marchands de bois, 130 f. 106.
CHAPELAINS de Saint-Michel-du-Tertre (contestation pour la nomination de), GG 138 f. 151, - de Sainte-Croix, GG 198 f. 1.
CHAPELIERS d'Angers, II 10. - procédures intentées par la communauté, FF 35. - sont compris dans les distributions de ville pour le Sacre, BB 67 f. 17. - le conseil les appuie contre les maîtres enjoliveurs, 101 f. 24. - transigent avec les pelletiers-fourreurs, FF 5 f. 43. - tenus à marquer leur marchandise, HH 9. - les jurés visitent celle des forains, ibid. - réglement concernant l'emploi des matières à ouvrer, HH 25. - ne peuvent vendre chapeaux retournés, ibid.
CHAPELLE DE BEAULIEU, GG 34 f. 416.
— DE LA BATAILLÈRE (prise de possession de la), 181 f. 559.
— DE LA BERNICHÈRE (acte de présentation et prise de possession de la), 181 f. 303, 559.
— DE LA MADELEINE, autrefois léproserie (xve s.), BB 4 f. 18. - est visitée par l'évêque, GG 50 f. 4. - acquiert un tabernacle, 56 f. 164, 165. - est protégée par une petite levée, ibid. f. 252.
— DE LA TRINITÉ en l'église Saint-Jean-

Baptiste. - le titulaire doit chaque année un bouquet de violettes au maire, II 4.

CHAPELLE DE L'HOPITAL-GÉNÉRAL. - fondations qui y sont desservies, GG 355.

— D'EMPIRÉ (bénédiction de la), 131 f. 477.

— DES INCURABLES (bénédiction de la), 56 f. 383.

— DES OGIERS (prise de possession de la), 181 f. 559.

— DU COLLÈGE de l'Oratoire (1719), (construction de la), BB 106 f. 94, 97.

— FALLET (fondation de la), BB 6 f.41. - baptême de la cloche, GG 172 f. 90.

— NOTRE-DAME, GG 344 f. 236.

— SAINTE-ANNE en Saint-Michel-du-Tertre (1724) (pose de la première pierre), BB 107 f. 70.

— SAINT-EUTROPE. - on y dépose les torches du Sacre, BB 131 f. 55.

— SAINT-FIACRE visitée par l'évêque, GG 50 f. 4. - interdite (1735), 56 f. 82.

— SAINT-GATIEN, annexée à la cure de Saint-Evroult, 33 f. 173.

— SAINT-JACQUES-DU-BUISSON visitée par l'évêque, 50 f. 54.

— SAINT-SAUVEUR. - le service de la chapelle Saint-Fiacre y est réuni (1735), 56 f. 82. - est ornée de trois autels neufs, ibid. V. *Cimetières*.

CHAPITRE général des Carmes, réuni à Orléans, BB 21 f. 6. - des Cordeliers à Paris, 36 f. 138. - des Franciscains à Angers, 29 f. 210.

— provincial des Augustins (tenue du), BB 25 f. 184.

CHAPITRES d'Angers. - ST-JULIEN. - projet de le réunir au séminaire, BB 100 f. 123, 125. - ST-LAUD. GG 361. - transige avec la ville pour l'abandon de son droit de seigneuriage sur la monnaie d'Angers, BB 106 f. 32, 36. - ST-MAIMBŒUF, projet de le réunir au séminaire, BB 102 f. 122. - ST-MARTIN, GG 361. - demande la fermeture d'une ruelle, BB 27 f. 3. - se rend en procession à Ste-Croix, GG 200 f. 28. - ST-MAURICE, II 7. - est tenu à partie des frais d'entretien des levées de la Loire, CC 4 f. 179.-autorisé par le roi à fermer la cité la nuit, BB 17 f. 156. - son droit contesté par la ville, 18 f. 74, 77, 80. - maintenu et rappelé par la duchesse d'Angoulême, 19 f. 20. - accusé par le lieutenant de la Prévôté, se justifie,

56 f. 89, 92. - s'excuse de l'incivilité commise par son doyen, 95 f. 76. - offense le conseil de ville, 108 f. 19. - renonce au titre de curé primitif de St-Evroult, GG 33 f. 544. - son receveur et les locataires prétendent être exemptés des logements militaires, BB 125 f. 96. - ST-MAURILLE, autorisé à clore la rue des Curés, 113 f. 161.

CHAPONS ayant sonnettes aux pieds (redevance annuelle de deux), BB 52 f. 126.

CHARBONS (rachat des offices du mesurage des), BB 125 f. 5. - (requêtes pour la suppression des droits sur les), 123 f. 112. - la contenance des sacs réglementée, HH 5.

CHARGES PUBLIQUES - plaintes contre leur aggravation continue, BB 55 f. 129.

— de la ville (état des) (XVIIe siècle), 96 f. 64. V. *Finances municipales*.

CHARLATANS. V. *Antidote*, *Baume*, *Elixir*, *Orviétan*, *Remèdes*, *Médecins*, *Opérateurs*, et, à la table des noms propres, *Balsamo (J.)*, *Féraud (B.)*, *Flabeau (P.)*, *Fontaine (J.-B.)*, *Grey (J.)*, *Rubini (Annibal)*.

CHARPENTIERS d'Angers, II 11 (marchés avec des) (XVIe siècle). DD 12. - requis pour le rasement du château, BB 39 f. 28. - procédures intentées par la communauté, FF 35. - elle est comprise dans les distributions du Sacre, BB 73 f. 18. V. *Compagnons*.

— en bateaux. - emplacements qui leur sont assignés sur le port Ligner, BB 126 f. 20.

CHARRETIERS passent marché avec la ville pour l'enlèvement des boues, DD 19. - mis en réquisition pour travaux urgents, BB 34 f. 104; 100 f. 36. - par l'armée royale, 32 f. 104.

CHARRETTES ne doivent pas être amenées en ville avant midi les jours de marchés, BB 74 f. 35. - mises en réquisition, 34 f. 96; 95 f. 170; 99 f. 9. - le propriétaire, qui s'y refuse, emprisonné, 99 f. 9.

CHARTREUSE près Angers (fondation d'une), BB 90 f. 108.

CHARTREUX (analyse des actes relatifs aux), II 7.

CHASSE (le droit de) appartient aux habitants d'Angers dans toute la Quinte, BB 63 f. 135.

— d'un cerf dans les douves, 15 f. 174.

CHASSE-GUEUX (nomination de) pour expulser les mendiants, BB 52 f. 146.

CHASSE-MARÉE (marchands) ont libre transport à Paris des aloses et saumons, HH 33.
CHAT enragé (ravages commis par un), BB 127 f. 58. V. *Rage*.
CHATEAU D'ANGERS est gardé par des arbalétriers gascons (XVe siècle). CC 7 f. 57. - muni de garnison, BB 18 f. 53. - ordres pour la solde, 29 f. 260. EE 1. - (les avances du) déblayées, BB 29 f. 71. - est préparé pour recevoir le roi, AA 3. BB 30 f. 208. - approvisionné de vivres par les marchands d'Orléans pendant les troubles, 30 f. 97, 100. - état de ses défenses, 31 f. 208, 212. - ordres du roi pour le fortifier, 315, 393. EE 1. - est muni de fascines, de bois, de poudre, BB 31 f. 36; 32 f. 40, 76, 95; 34 f. 51, 160, 214; 35 f. 62, 86, 97. EE 1. - ordre au commandant de s'entendre avec M. de Montsoreau pour l'exécution de la St-Barthélemy, BB 33 f. 102. - on y détient ceux qu'on épargne, sous prétexte de conspiration, ibid. f. 112. - mesures de garde, 34 f. 160. - le duc d'Anjou y loge, 35 f. 300. - enquête sur une tentative nocturne pour le surprendre, 36 f. 225. - tout l'émoi n'est venu que du cerf et de la biche qui gitent dans les douves, ibid. f. 227. - violences de la garnison, 36 f. 206. - (surprise du) (1584), 38 f. 29; 39 f. 5. - on emprisonne les parents des auteurs de ce coup de main, ibid. f. 12. - la démolition en est promise à la ville, 38 f. 120. - sa reddition, 39 f. 22. - noms des soldats qui s'en étaient emparés, ibid. - réquisition d'ouvriers pour procéder à la démolition, 39 f. 25, 28. - les travaux sont commencés, ibid. f. 30. II 11.-frais qu'a coûtés le siège, BB 40 f. 56; 42 f. 32. - est occupé par l'exempt des gardes de la reine-mère (1619), 65 f. 28. - par un exempt du roi en l'absence du commandant, 74 f. 204. - des cas de peste s'y déclarent, 72 f. 50. - le surintendant Fouquet y est enfermé, 89 f. 26. - le major commandant insulte la ville, 102 f. 16. - il s'excuse, ibid. f. 19, 20. - ses prétentions, AA 6 f. 43, 66. - on y consigne les recrues de peur de désertion, BB 81 f. 76. - des prisonniers anglais y mettent le feu, 129 f. 4, 8. - le Comité permanent s'y installe (1789), EE 6. - plan proposé pour le défendre. EE 6 f. 31.

- nominations de gouverneur et du capitaine commandant, BB 31 f. 271; 36 f. 403; 38 f. 34, 58, 76; 52 f. 36; 84 f. 31; 92 f. 29. - visite du corps de ville, 36 f. 249. V. *Cages de fer, Invalides*.
CHATEAU DE BEAUFORT est assiégé, BB 66 f. 122.
— DE BOISBERNIER assiégé, BB 56 f. 36.
— DE CHAMBORD - plans et devis des travaux envoyés par Louvois, BB 96 f. 169.
— DE CHANTOCEAUX (prise du), XIVe s., CC 3 f. 43.
— DE LA COURTAISERIE est dégarni, BB 45 f. 62.
— DE CRAON - la démolition en est demandée par la mairie d'Angers, 47 f. 80.- les Etats de Bretagne refusent leur concours, f. 205, 212. - nouvelles instances, f. 232. - (règlement des dettes contractées pour le siège du), 47 f. 227. - démolition requise des bâtiments reconstruits, 62 f. 121.
— DE DIEUSIE - la démolition en est autorisée, sauf indemnité, BB 47 f. 19. - est entreprise, 57 f. 122. - instances pour qu'elle soit achevée, 62 f. 51, 54.
— DE LA CORNOUAILLE est pillé et incendié, BB 45 f. 230.
— DE MARTIGNÉ-BRIANT est construit par P. Péret (1501), BB 13 f. 66.
— DE MILAN (prise du), BB 111 f. 49.
— DE MONTGOGNIEZ en Touraine est pillé, CC 11 f. 431.
— DE MONTAIGU en Poitou, BB 32 f. 98.
— DE LA ROCHE DE SERRANT. - les paroisses d'Epiré et de Savennières y doivent la garde de jour et de nuit, BB 39 f. 13. - est surpris par les ligueurs, 46 f. 24.
— DE ROCHEFORT réparé et approvisionné d'arquebuses par la ville, BB 34 f. 247, 256; 39 f. 8. - de vivres par les fermiers du seigneur, 34 f. 28. - maintien du Sr Des Roches pour y commander, 37 f. 88. - préparatifs du siège, 42 f. 23 -la démolition en est requise, 46 f. 173, 181. II 11.- autorisée, sauf indemnité, 47 f. 19. - frais de travaux, f. 42. - René de St-Offange prie qu'on y épargne sa petite maison, f. 97. - règlement des dettes du siège, f. 227.
— DE SAUMUR - on y transfère des prisonniers Maures, BB 95 f. 170.
— DE SAUTRAY surpris, BB 42 f. 29. - assiégé ibid. - la ville d'Angers en requiert le démantèlement, f. 30.

CHATEAU DE SERRANT, protégé par un détachement de la milice bourgeoise d'Angers (1789) EE 5; 6 f. 58, 59.
— DES PONTS DE CÉ. - approvisionné de munitions, de vivres, de soldats BB 31 f. 381, 382; 39 f. 2; 41 f. 58; 43 f. 57. - pris d'assaut par l'armée royale (1620) GG 138 f. 56; 220 f. 191.
— nomination du gouverneur II 11. - ses prétentions combattues par la ville d'Angers, BB 122 f. 50; 123 f. 65. - la garnison entretenue avec le produit des biens confisqués sur les protestants, BB 32 f. 62; 71 f. 79. - intercepte le passage des poudres, 76 f. 82. - rançonne les bateaux de Loire, BB 62 f. 84; 66 f. 60.
— DE TIGNÉ assiégé par l'armée royale, 45 f. 205, 213.
— DU PLESSIS BOURRÉ est repris sur les rebelles, 45 f. 10. - envahi par M. de Rambouillet et revendiqué par la famille, 45 f. 55. - le tarif, qu'on y levait sur les marchands, supprimé, 45 f. 52; 46 f. 4, 31. - M. de Quincé en est expulsé par M. de Rambouillet, 48 f. 107. - la ville d'Angers y met garnison, ibid.
— DU VERGER - le corps de Mme de Nemours y est transporté, BB 13 f. 89.
CHATEAU GAILLARD (maison du), on y établit des fours à chaux, BB 43 f. 28.
CHATELLENIE DE STE-GEMMES (plantation du poteau de la), GG 16.
CHAUFFOIRS PUBLICS (projet de), BB 133 f. 24.
CHAUSSÉE ST-PIERRE (rue). V. Rues
CHAUSSES (réquisition de) pour l'armée royale, BB 31 f. 339, 359; 32 f. 402, 414.
CHAUSSETIERS V. Drapiers-chaussetiers.
CHEFS DE MÉNAGES astreints personnellement à la garde, BB 31 f. 179.
CHEMIN D'ANGERS A SORGES, achevé sur le revenu des octrois prorogés, BB 112 f. 150; 114 f. 23, 105.
— D'AVRILLÉ (corvées commandées pour le), 100 f. 26.
— DE ST-BARTHÉLEMY (alignement pour le), 132 f. 15, 29.
— DE ST-SAMSON réparé, 124 f. 118, 123; 126 f. 36.
— DE STE-GEMME (pavage sur le), DD 18.
— DES JUSTICES (défense d'ouvrir une carrière sur l'ancien), BB 124 f. 58.
— DES LICES à la croix Montaillé, (construction du), 119 f. 98, 100.

CHEMIN DES POMMIERS (baux et rentes de ville sur le) AA 8. DD 5.
— DES PONTS DE CÉ (travaux sur le). BB 120 f. 139. CC 46 - pavage DD 13.
— DU SILENCE (baux d'emplacements sur le), DD 5.
— DE LA BANLIEUE vers Nantes, réparé, BB 122 f. 154.
CHEVALIER DU GUET. V. Guet.
CHEVAL MOREAU (maison du). V. Raffinerie.
CHEVAU-LÉGERS (levée de), BB 31 f. 86; 35 f. 248. - (la ville demande une garnison de), 46 f. 75.
CHEVAUX (réquisitions de), BB 34 f. 96; 98 f. 43. - sont exempts aux foires de tout droit d'attache et de stationnement, 103 f. 165. - de service en ville (dénombrement des), AA 6 f. 37.
CHIRURGIE. V. Cours d'accouchement, Autopsie, Chirurgiens.
CHIRURGIEN du roi (nomination à Angers d'un lieutenant du premier), BB 111 f. 8.
— du prince de Condé demande l'exemption des tailles, 50 f. 107.
— autorisé à prendre le titre de chirurgien ordinaire de Monsieur en son château d'Angers, FF 39.
— LITHOTOMISTE. V. Hôpital St-Jean.
— DES PRISONS (nomination du), BB 122 f. 141.
— DU SANITAT (nomination du), AA 5. BB 50 f. 92; 51 f. 82, 90; 60 f. 101; 73 f. 126, 133; 74 f. 110. - ses gages, 38 f. 52 ; 52 f. 176; 68 f. 130; 72 f. 30. - ne doit rien exiger des malades, 69 f. 120. - les soigne en ville en attendant l'ouverture du Sanitat, 68 f. 101. - logé dans la tour Guillou, 76 f. 142. - la ville demande pour lui la maîtrise, 51 f. 201, 206; 73 f. 269. - réclame l'aide d'un médecin, attendu le caractère nouveau de la maladie, 69 f. 71. - refuse de se soumettre aux ordres du P. Joseph, 69 f. 67. — est autorisé à se retirer, et remplacé, ib., f. 90, 91. - meurt de la contagion, (1603), 51 f. 128. - (1625), 68 f. 134. - (1626), 69 f. 36. - (1630), 72 f. 80. - sa veuve indemnisée, son fils aîné exempté des droits de maîtrise, 68 f. 134.
CHIRURGIENS D'ANGERS sont convoqués à l'occasion de la peste, BB 47 f. 55. - ont les mêmes droits que les notables des villes, FF 5 f. 17. - leurs exigences déraisonnables dénoncées par un can-

didat à la maîtrise, BB 67 f. 175. - la ville prend leur parti et maintient leurs privilèges, 66 f. 35 ; 75 f. 59. - offrent de traiter gratis les pauvres de l'Hôtel-Dieu, 57 f. 28. – d'y servir à tour de rôle par trimestre, 93 f. 128, 206. - procédures intentées par la communauté, FF 35. II 11. – V. *Autopsie, Bains, Cours d'accouchement, Hôpital, Oculiste, Herniaire,* et, à la table des noms propres, *Aubry (René), Bazourdy (J.), Blouin (Mat.), Bourgonnier (J.), Collombel (J.), Ducoudray (Mme), Dumas (Ant.), Dumesnil, Dupré (F.), Duverger, Garnier, Gasteau, Giffard, Goubault, Lachèse, Lecompte, Lefèvre (R.), Legrand (R.), Magdelin (R.), Marc dit Lagarde, Maréchal, Mirault (J.-F.), Pélisson (Isaac), Périer (J.), Poignard (Ant.), Poullain (Gilles), Renou (J.), Roger (J.), Tadini (J.), Verrier (Ét.).*

CHŒUR de l'église St-Pierre (pose de la première pierre du) (1722), GG 179 f. 271.

CIDRE soumis à l'octroi pendant quinze ans, BB 111 f. 234. - comptes des recettes, CC 57, 60, 61. - abondante récolte (1789), GG 34 f. 493.

CIERGE de cire blanche offert par les filles de la paroisse St-Pierre, GG 172 f. 1.

CIGNE (hôtellerie du), BB 79 f. 4.

CIMETIÈRE DE SAINT-AUGUSTIN. - le roi Louis XIII y déjeune (1614), GG 15 f. 111.

— D'EMPIRÉ béni, GG 181 f. 605.

CIMETIÈRES D'ANGERS. - leur translation hors ville, BB 127 f. 90, 97, 98 ; 128 f. 8. DD 16. GG 159 f. 441. – (emplacement des nouveaux), GG 182 f. 59. - DE LESVIÈRE réconcilié, 1 f. 153. - DE L'HOPITAL SAINT-JEAN clos de murs, 341 f. 1. - DES REFORMÉS assigné près l'église Saint-Ladre, BB 36 f. 331, 334, 359. - DU SANITAT dévasté par les loups et par les chiens, 69 f. 28. - clos de murs, ib. f. 118. - DU TERTRE SAINT-LAURENT (bénédiction de la Croix du), GG 45 f. 50. - est sur la paroisse Saint-Jacques, ib.-SAINT-LAUD envahi par les étudiants, BB 54 f. 80, 93. - SAINT-MARTIN. les habitants de Bressigny y amènent de force les corps des pestiférés, 38 f. 48. - SAINT-NICOLAS (1708) clos de murs, GG 165 f. 271. – SAINT-PIERRE. pose de la grande Croix, GG 176 f. 241. - acquis par la ville pour agrandir la place Saint-Maurille (1784), BB 130 f. 133, 134, 141 ; 131 f. 7. - interdit par l'évêque, DD 16. - transféré rue Hannelou, BB 131 f. 60. - protestation du curé, DD 16. - SAINT-SAMSON. - on y enterre les pestiférés, BB 47 f. 59. - SAINT-SAUVEUR, 37 f. 113 ; 47 f. 59.

CIRCULAIRES pour la récapitulation statistique des actes des paroisses (1764), GG 159 f. 69. - pour la répression de la mendicité, GG 364. - aux seigneurs de fiefs de l'Anjou pour l'entretien de l'hospice des enfants trouvés, GG 363.

CIRIERS d'Angers - la ville s'oppose à la réception de leurs statuts, BB 100 f. 127. - procédures intentées par la communauté, FF 35.

CITÉ d'Angers est infestée par les mauvais garçons, BB 22 f. 56. - on y garde l'artillerie, 29 f. 76. - le gouverneur y est logé par la ville, AA 55. V. *chapitre Saint-Maurice.*

CLERGÉ d'Angers, II 7. - offre de prendre part à la garde, BB 29 f. 123. - se charge du cinquième des frais pour la nourriture des pauvres, 33 f. 244. - du quart pour la levée des gens de guerre, f. 250. - se refuse au doublement des taxes pour la réception du roi, 46 f. 151. - V. *Ecclésiastiques, Chapitres, Evêque, Eglises, Paroisses, Cures, Curés, Chapelles d'Angers.*

CLÉS de la ville sont portées au château par ordre du gouverneur qui en prétend la garde, BB 60 f. 105 ; 82 f. 32 ; 112 f. 155. - la mairie maintient son droit, 60 f. 107 ; 88 f. 184. II 1. - (réparation du manche des), BB 58 f. 135.

CLOCHE sonnée en ville trois fois par semaine, CC 4 f. 82. - placée à l'Hôtel-de-Ville pour avertir, la nuit, des incendies, BB 124 f. 27. - (don à l'Oratoire pour la fonte d'une). - (baptême de la) de la chapelle Fallet, GG 172 f. 98. - (bénédiction d'une) au Ronceray, EE 6 f. 30. - à Saint-Maurice, BB 108 f. 16. - à Saint-Samson, GG 192 f. 139. V. *Boisnet, Portes de ville.*

CLOCHES des églises envoyées à la fonte pour faire des canons, BB 29 f. 81 ; 31 f. 68, 69. CC 14.

CLOCHER de Saint-Maurice incendié. - sa restauration, BB 20 f. 13.

CLOISON (droits de simple), II 2. - (droits de double et triple), II 9. - lettre du roi, BB 20 f. 43. - comptes des recettes

36

et dépenses, CC. 2-8; 10-13; 15; 16; 18; 19-25; 29-45. – envoi de commissaires royaux pour les réviser, 5 f. 37, 40. – les revenus s'appliquent au paiement des charges ordinaires de la ville, BB 90 f. 97. – et pour une part à l'entretien des levées, CC 4 f. 179. – la ville en demande le doublement sur les denrées et marchandises, BB 41 f. 79. – est accordé pour six ans, 65 f. 240. – le quart employé à la construction du Palais des marchands, ib. f. 243 ; 71 f. 86. – (bail de la), 102 f. 79. – la réunion demandée de la ferme à celle des aides, CC 16. – doléances du receveur, BB 9 f. 72 – il est ruiné, 13 f. 53. – tarif établi sur les marchandises, 86 f. 191. – tous les habitants y sont sujets, même les ecclésiastiques, 87 f. 82. – exemption demandée par M. de Guémené, BB 9 f. 37. – ne doivent rien : les marchands de la ville non plus que les forains, pendant les foires franches, 112 f. 132. – les veuves d'échevins, 10 f. 59. – les denrées pour l'approvisionnement personnel des habitants, 95 f. 14. – les blés, farines, pain, beurre, œufs, lait, fruits, légumes, souliers ni autres menues marchandises, 86 f. 168. – les vins ni l'eau-de-vie, 50 f. 39. – décision contraire, 89 f. 100. – annulée, 103 f. 156. – les tonneaux, 74 f. 164. – y sont soumis les livres, 12 f. 27.

CLOITRE de l'Hôtel-Dieu (don pour la construction du), BB 67 f. 42.

CLOS du Présidial. V. *Hôpital des incurables*.

CLOUTIERS d'Angers, II 11. – les habitants de la rue Baudrière se plaignent de leur voisinage, BB 96 f. 56.

COALITIONS. V. *Boucherie de carême*, *Suifs*.

COCARDE nationale (la) interdite par le curé de Savennières à ses paroissiens (1789), EE 6 f. 10.

COCHES D'EAU. – un service d'Orléans à Nantes établi sur la Loire (1666), au profit du duc de la Feuillade, BB 91 f. 126. – la ville d'Angers s'y oppose, 94 f. 69. – priviléges du directeur, 129 f. 51, 61. – sont contestés, 130 f. 7. – monopole prétendu par une compagnie, DD 8. – arrêts et règlement spéciaux, ib. – un service extraordinaire est établi d'Angers à Orléans, à l'occasion du jubilé, BB 48 f. 87.

CŒUR de M. Raimbault de la Foucherie (sépulture du), GG 142 f. 27.

COLLÉGE (rue du). V. *Rues*.

COLLÉGE de la Flèche affilié à l'université d'Angers, BB 127 f. 108.

COLLÉGES d'Angers. – les habitants se plaignent de l'insuffisance des régents (1620), BB 65 f. 185. – les principaux se justifient, f. 201. – (analyse de titres relatifs aux), II 7. V. *Université*, *Pensionnat*. – D'ANJOU restauré d'urgence (1601), 49 f. 50, 160 ; 50 f. 17. – avec le produit de la vente du collège de la Porte de Fer, 57 f. 7. – et de quêtes publiques, 56 f. 128. – est inhabité, par suite en ruine, 75 f. 94. V. *Oratoriens*. – le principal autorisé à sortir de cette ville avec ses écoliers pendant la peste, BB 47 f. 64 ; 51 f. 80. – demande une subvention, 67 f. 10. – requête pour y réunir l'abbaye d'Asnières, BB 123 f. 115. – projet d'y établir un pensionnat, 123 f. 1, 6, 8, 9, 14, 17, 18, 120. – DE BUEIL, les écoles de droit y sont transférées, 46 f. 139, 48 f. 22. – (Etat de situation du), 123 f. 16. – converti en salle de danse et bal public (1790), FF 42. – DE LA FROMAGERIE, vœu de la ville pour sa réunion aux Renfermés, 91 f. 156. – l'université abandonne tous ses droits, 92 f. 73. – DE LA PORTE DE FER (réouverture du), 46 f. 23. – la ville vote une subvention, ib. f. 142. – est vendu, 50 f. 17 ; 55 f. 7. – (vœu exprimé pour le rétablissement du), 62 f. 40. – NEUF. V. *Collége d'Anjou*.

COLPORTAGE interdit, BB 4 f. 36. V. *Revendeurs*.

COLPORTEUR arrêté pour vente non autorisée d'une brochure, FF 40.

COMBAT de Montreuil-Bellay, BB 18 f. 131. — des Ponts-de-Cé (1620), 65 f. 174. V. *Bataille*. — naval de l'île de Rhé, BB 70 f. 53. — naval sur la Maine (simulacre d'un), BB 95 f. 329 ; 61 f. 27, 35, 41.

COMÉDIENS (expulsion de) (1630), BB 73 f. 25. V. *Théâtres*, *Mystères*, *Farces*.

COMITÉ PERMANENT de la milice angevine. – ses délibérations, EE 6. – s'installe au château, ib. f. 2. – ordre de ses vacances, f. 37. – lettre au marquis de Lafayette, f. 52. – refuse d'admettre à ses séances les officiers municipaux, BB 134 f. 17. – convoque une assemblée des paroisses d'Anjou pour aviser au remplacement de la gabelle, CC 173.

COMMANDERIE de Saint-Blaise (destruction du porche de la), BB 99 f. 27, 29.

COMMANDERIE de Saint-Laud, acquise par les Récollets, 99 f. 85.

COMMERCE, II 10. - a cessé absolument en ville (1676), BB 94 f. 75. V. *Blés, Bois, Canalisation, Courtiers, Foires, Forains, Manufactures, Marchands, Marchés, Juges-consuls, Poissonnerie, Rivières, Bourse, Palais des marchands, Coches d'eau, Trépas de Loire, Industrie.*

COMMISSAIRES aux revues. - leurs privilèges, leurs gages, II 1.
— de police établis dans chaque quartier, BB 33 f. 3.
— des œuvres de la ville (nomination d'un), BB 20 f. 82.
— des vivres (réquisition des) BB 32 f. 144.
— des poudres et salpêtres, BB 43 f. 3; 57 f. 55.
— priseurs. V. *Crieurs-jurés de meubles.*
— royaux pour la révision des comptes, CC 5 f. 37, 40. - pour maintenir l'édit de pacification, BB 47 f. 163.
— pour recueillir les doléances de l'Anjou, BB 37 f. 53. - pour la répression d'une émeute (XVe s.), CC 5 f. 53. - vont en procession à Béhuard, ib. f. 54.
— visiteurs des manufactures (création de), HH 8.

COMMISSION nommée pour assister le gouverneur dans les cas extraordinaires, BB 43 f. 8.

COMMUNAUTÉS RELIGIEUSES.—la ville d'Angers proteste contre leurs envahissements et leurs acquisitions continues (1689-1693), BB 98 f. 14; 99 f. 116. - et s'oppose à la fondation de plusieurs établissements projetés par des particuliers, 105 f. 113. V. *Dots des religieuses.*

COMMUNS de Beaucouzé (droits d'usage dans les), BB 6.
— de Beaufort; les habitants en expulsent les bouchers d'Angers, 66 f. 153, 217. - une partie concédée par le roi à l'Académie d'équitation, 106 f. 69, 74; 107 f. 2. DD 1. - vœu du Conseil en faveur de la vaine pâture, BB 122 f. 10.
— de la Daguenière. V. *Communs de Beaufort.*
— d'Empiré (extrait d'aveu pour les), GG 181 f. 404.
— de Saint-Serge. - défense d'y prendre de la terre, BB 130 f. 11. - construction d'une levée au travers, ib. f. 36, 38, 39. - règlement des droits d'usage, 132 f. 52.

COMMUNION des enfants de la paroisse Saint-Pierre (liste pour la), GG 181 f. 764.

COMPAGNIE DES INDES. - son établissement, BB 90 f. 112. - la ville refuse d'y souscrire, attendu la pauvreté générale, ib. f. 117. - sur nouvelles instances, l'abstention persiste, 91 f. 2. - (passage de recrues pour la), 115 f. 129.

COMPAGNIES DE VILLE. V. *Milice bourgeoise.*

COMPAGNONS. - patrouilles mises sur pied pour réprimer leurs rixes nocturnes, BB 119 f. 144. - ont défense de s'attrouper et de porter des armes, HH 25. - doivent être déclarés par leurs patrons, ibid. V. *Drapiers, Menuisiers, Coiffeurs, Chirurgiens.*
— DU DEVOIR ou BONS DRILLES. - ont procès avec les charpentiers, FF 6.

COMPTABILITÉ COMMUNALE, CC 1-172. - mémoire pour maintenir les anciennes formes indépendantes de la Chambre des comptes de Paris, BB 124 f. 43-50.
— DES CORPORATIONS d'arts et métiers, HH 23.

COMTAT d'Avignon (lettre du pape au sujet de la cession du), GG 181 f. 466.

CONCERT (le directeur du) autorisé à donner six bals annuels dans la salle de la Mairie, BB 132 f. 102, 104. - la Société cède ses bénéfices à l'hospice des Enfants-Trouvés (1790), GG 363.

CONCERTS publics autorisés tous les vendredis à l'Hôtel-de-Ville, BB 122 f. 128. - n'y seront plus tolérés, 124 f. 81. - donnés au profit des pauvres (frais de), CC 43; 44.

CONCESSIONS DE VILLE. V. *Boisnet, Tours, Portes, Boulevards, Plans, Prée des Carmes, Baux, Rentes de ville.*

CONCIERGES des Halles aux draps (création de), HH 8.
— des prisons. V. *Prisons.*

CONCIERGERIE de l'Hôtel-de-Ville donnée au secrétaire des finances du duc d'Anjou (1568), BB 31 f. 247.
— des Treilles (bail de la), DD 4.

CONCILE DE TRENTE (publication d'un décret du), GG 137 f. 1.
— provincial d'Angers, BB 37 f. 105.

CONCLUSIONS DU CONSEIL DE VILLE, BB 1-134.

CONCOURS DE L'UNIVERSITÉ. V. *Chaires de droit.*
— pour une place de chirurgien interne à l'Hôtel-Dieu, BB 132 f. 64.

CONFÉRENCE pour la réduction de M. de

Mercœur, BB 46 f. 25. - de la reine-mère avec le roi de Navarre, 36 f. 98.

CONFESSEUR des pestiférés (nomination du), BB 47 f. 62.

CONFIRMATION des enfants de la paroisse Saint-Pierre (liste pour la), GG 181 f. 597. - du village d'Empiré, GG 174 f. 315.

CONFISEUR (note du), pour fournitures de ville, CC 23.

CONFITURES offertes en présent de ville, CC 13 f. 109.

CONFLITS pour la présidence du Conseil, BB 21 f. 186. - entre le Conseil de ville et le Présidial, 115 f. 182, 186, 188, 198, 214. - entre le maire et le lieutenant général, 35 f. 228, 273. - - entre le lieutenant particulier et le lieutenant criminel, 37 f. 122. - entre le connétable et le lieutenant du sénéchal, 10 f. 61. - entre le capitaine et le lieutenant du guet, 24 f. 64. - entre le député et le procureur général de l'Université, 65 f. 1. - entre les archers du guet et les officiers du grenier à sel, 20 f. 86.

CONFRÉRIE des nobles bourgeois d'Angers abandonne tous ses biens et revenus à l'hôpital des Enfants-Trouvés GG 363. - le maire et le Présidial s'y disputent la préséance, BB 95 f. 59, 110, 112, 115, 116, 131; 96 f. 4. Il 7.
— de Saint-Sébastien autorisée aux Cordeliers, 78 f. 224.

CONGÉS SCOLAIRES. V. *Université d'Angers, Oratoriens*.

CONJURATION dénoncée contre la ville, BB 2 f. 23. V. *Protestants*.

CONNÉTABLES DES PORTES (règlement pour le service des), BB 37 f. 55; 90 f. 172. - ont seuls le droit de faire sonner le tocsin, BB 7 f. 55. - sommés de remplir leur charge en personne pendant la peste, 37 f. 112. - l'un d'eux réprimandé pour oubli du cérémonial, 95 f. 127. - (requêtes pour l'office de), BB 135.

CONNINS. V. *Lapins*.

CONSEIL DE VILLE. - ses droits et ses privilèges, II 1. - sont confirmés, BB 117 f. 39; 124 f. 125. - maintenus contre les prétentions du major du château, 118 f. 3. - a la juridiction sur les manufactures, HH 6. - le droit de donner les alignements BB 127 f. 65. - de posséder poudres et poudrières, 43 f. 3. - de garder les clés de la ville, 60 f. 105, 107. V. *Clés*. - de faire sonner le tocsin en cas d'incendie, 113 f. 128. - proteste contre la détention de l'ancien maire et lui rend visite en corps au château, 94 f. 18. - prend l'engagement de donner aux échevins toutes les compensations possibles de leurs privilèges supprimés, 95 f. 35. - sa réduction, 32 f. 33, 117; 38 f. 1; 49 f. 1-12. GG 198 f. 80. - donne sa démission qui est refusée, BB 3 f. 45. - est nommé par lettres de cachet, 84 f. 3 et suiv. - règlement nouveau des assemblées, 6 f. 30; 82 f. 240. - réclame en cour l'ancienne liberté des élections, 73 f. 301; 109 f. 35. - lettres patentes qui le rétablissent, 124 f. 125. - déclare injurieuse la protestation de l'ordre des avocats contre les restrictions mises aux votes des électeurs (1789), 133 f. 100. - tient séance quotidienne (1567) 31 f. 43 - deux fois la semaine (1575), 34 f. 253. - tous les samedis sans convocation (1777), 127 f. 87. - ses délibérations enregistrées séance tenante, 51 f. 9. - deux échevins protestants exclus et remplacés par ordre, 29 f. 112. - rentrent en leur charge, 30 f. 30. - mais sans voix délibérative, ib. f 54. - refus de réintégrer un des réformés, nonobstant l'édit, 46 f. 19. - en sont exclus les nouveaux convertis, 97 f. 94. - passe transaction avec le prieur de la Haye-aux-Bonshommes et le chapitre de Saint-Laud pour l'abandon de privilèges, 106 f. 31, 32, 36. - tenu d'assister aux cérémonies en robes noires, 105 f. 25. - sa place aux obsèques de l'évêque, 99 f. 80. - dans le chœur de Saint-Maurice, 98 f. 25. - il en est expulsé par le doyen, 95 f. 76. - doit un exemplaire de tous ses actes imprimés à la Bibliothèque de la Chancellerie, 133 f. 34. - se réunit aux Ponts-de-Cé pour y maintenir ses droits de Mairie, 105 f. 65; 106 f. 64; 107 f. 63; 111 f. 119; 112 f. 30; 113 f. 190. - suspend ses séances pendant la peste, 5 f. 57. - les tient au palais à cause du verglas, 66 f. 75. - chez un échevin, à cause des lessives qui occupent la salle de la Mairie, 114 f. 196. - est reçu de façon inconvenante par le major du château, 120 f. 24. - prétend la préséance sur la Faculté de droit, 117 f. 94, 96, 97. - sur le Présidial, 70 f. 30; 95 f. 59, 110, 112, 115, 116, 131; 96 f. 4; 100 f. 62, 63; 103 f. 35, 76; 113 f. 122; 115 f. 182, 186, 188,

198, 214. - sur la Prévôté, 109 f. 73. - sur l'Election, 70 f. 57. - refuse d'assister à la procession du Jubilé, 125 f. 81. - fait visite à M. d'Emery, 36 f. 266. - au général des Augustins, 102 f. 59 - au commandant du château, 36 f. 249. - aux ambassadeurs de Flandre, 36 f. 298. - aux pauvres de l'Hôtel-Dieu, 28 f. 104. - recommande deux religieuses augustines, 28 f. 103. - doit être invité aux concours universitaires et proteste de nullité en cas d'oubli, 63 f. 121 ; 72 f. 70 ; 73 f. 41; 75 f. 75; 76 f. 3, 6, 7; 114 f. 75; 117 f. 87, 92; 122 f. 138. - est convié à l'ouverture des grandes écoles, 96 f. 42. - à la bénédiction de deux cloches, 108 f. 16. - aux représentations de l'Oratoire, 98 f. 15, 16. - se plaint à Mme de Brissac de n'avoir pas reçu d'invitation pour les obsèques du duc, 88 f. 223. - s'oppose à l'établissement de nouveaux subsides, 55 f. 129; 56 f. 70, 72. - à l'érection des seigneuries de Brissac et de Mirebeau en duchés-pairies, 59 f. 27, 61 ; 60 f. 65; 65 f. 139. - d'un présidial à Château-gontier, 77 f. 33. - à la création d'une justice consulaire à Saumur, 109 f. 143. - au projet des Jésuites d'ouvrir une raffinerie de sucre en ville, 115 f. 165, 199. - à la fondation du cours de droit coutumier, 119 f. 35. - à l'établissement en ville des frères Ignorantins, 120 f. 72, 74; 127 f. 59. - à l'installation d'un général surintendant des deniers communs pour la généralité, 40 f. 105. - à celle d'un garde de l'arsenal, 91 f. 67, 93. - à l'immunité prétendue par les médecins, 117 f. 180, 183, 193. - refuse, faute d'argent, l'offre faite par la ville de Nantes d'une part d'intérêt dans ses entreprises de commerce et de navigation, 80 f. 120. Voir *Bourse*, *Canal de Pornic*. - maintient les droits des habitants dans la Quinte, 63 f. 135. - ses démarches pour attirer et fixer en ville des professeurs célèbres, des artistes, des industriels. V. *Cujas*, *Charpentier*, *Chopin*, *Pastorellus*, *Barclay*, *Université*, *Cordonnier*, *Raffinerie de sucre*. - a un échafaud réservé au parc des jeux qu'il fait restaurer, 24 f. 121. - requiert des mesures de rigueur contre les nouveaux réformés, 29 f. 101. - avertit le roi de leur prise d'armes, 31 f. 27. - proteste contre de faux rapports adressés au roi, 29 f. 28. - contre son exclusion de l'assemblée des Etats de la ville, 31 f. 59. - désavoue des calomnies qu'on lui attribue, 31 f. 459. - proclame son intention de maintenir l'édit de pacification, 32 f. 193. - admet à ses séances des délégués des paroisses, 34 f. 329. - s'oppose à l'établissement de prêches en ville, 35 f. 291 ; 45 f. 162, 163, 170, 173. - promet au roi obéissance, 31 f. 280; 40 f. 1. - dépose sa démission entre les mains du maréchal d'Aumont, qui le réintègre et remplit les vacances, 40 f. 1. - à la nouvelle de l'assassinat de Henri III, s'en remet à la discrétion des gouverneurs royaux, et proteste de son dévouement à la religion catholique, 40 f. 39, 43. - revendique les immunités financières de la ville, 40 f. 118. - récuse le sieur de la Proustière pour intendant de justice, 43 f. 64. - reçoit les adieux de M. de Puycharic, 47 f. 53. - offre un souper au nouveau gouverneur, 52 f. 38. - est félicité par le roi de sa fidélité, 62 f. 70. - s'enquiert à la ville de Tours de la conduite à tenir par suite de l'évasion de la reine-mère, 65 f. 28. - rappelle à la concorde catholiques et protestants, 66 f. 47. - félicite l'évêque de Luçon de son avénement au cardinalat, 66 f. 173. - résiste à la reine-mère et au roi qui veulent continuer les pouvoirs du maire sortant, 68 f. 5, 26. - proteste contre les envahissements des communautés. V. *Communautés*. - Requiert de l'évêque la réduction des fêtes, 99 f. 62. - le remercie d'avoir obtenu la suppression du temple de Saumur, 96 f. 175. - partage entre ses membres le dépouillement des registres de conclusions pour aider à la rédaction d'une histoire d'Anjou, 98 f. 3. - se plaint des violences de M. de Vassé, gouverneur, 31 f. 149. - des ordonnances abusives du Présidial, 104 f. 48. - de l'administration de la police, 114 f. 141, 157. - des procédés du sieur Simonot, ingénieur, 130 f. 68, 79. - dénonce à l'intendant les excès des carabiniers. V. *Carabiniers*. - aux ministres un discours d'Académie, 117 f. 78. - défend contre le prince de Lambesc son secrétaire indignement sacrifié, 108 f. 96-98. - est envahi par l'émeute, insulté, battu, 81 f. 292; 86 f. 170. - réclame le maintien à Angers du régiment Royal-Picardie, 134 f. 15. - fait une adresse particulière aux Etats-Généraux, 134 f. 2, 3. V. *Hôtel-de-Ville, Mairie, Maire, Echevins, Offices municipaux, Blés, Délibérations municipales..*

Conseil de ville de Nantes propose à celui d'Angers une part d'intérêt dans des entreprises de commerce et de navigation, BB 80 f. 121. - lui demande un secours de blés, 73 f. 19.

— de Tours (lettres du) sur les affaires de l'Etat, 31 f. 109; 36 f. 418.

Conseil supérieur (établissement demandé d'un) à Angers, 125 f. 106.

Consultations d'avocats, BB 21 f. 78; 24 f. 290.

Contraventions de police (arrêts et procès-verbaux en matière de), FF 6-14; 34.

Contrebandiers (répression des), BB 132 f. 84. V. *Faux saulniers.*

Contrescarpe St-Serge (pose de la première pierre de la), BB 43 f. 46. V. *Portes de ville.*

Contribution forcée mise par le roi sur les ligueurs d'Angers, BB 40 f. 23.

— volontaire pour les fortifications, BB 29 f. 239.

Contrôle des actes des notaires (droit de), II 10.

— des baux de main morte (droits de), GG 159.

Contrôleur de ville (création et priviléges de l'office de), II 1.

— des octrois. V. *Octrois.*

Contrôleurs des greffes, leurs priviléges, leurs gages, II 1.

Convalescence du roi (Te Deum pour la), 87 f. 149. - procession, 90 f. 16. - feu de joie, 97 f. 46. - réjouissances, 107 f. 29; 117 f. 121. - de la reine (prières pour la), 90 f. 152.

Convertis (nouveaux). - sont désarmés, 37 f. 90, 97. - exclus des charges municipales, f. 94. - exemptés des logements militaires, 95 f. 196. - (noms des) qui reçoivent de la ville une torche de cire blanche le jour du Sacre, 97 f. 31. - semonce publique à l'un d'eux, 98 f. 24. V. *Protestants.*

Corbeaux du Sanitat. V. *Prévôt du Sanitat.*

Corbeille de fruits glacés offerte par la ville au maire en présent de noces, CC 37.

Cordeliers (religieux), II 7. - gratifiés par la ville pour la tenue de leur chapitre général (1539). BR 21 f. 14. CC 14. - leur réformation, BB 13 f. 24, 35; 66 f. 85, 87, 95; 78 f. 110.

- demandent des armes pour leur défense personnelle, 29 f. 29. - tiennent leur chapitre général à Angers, f. 210. - le duc d'Anjou les recommande à la ville, 39 f. 138. - livre des sépultures du couvent, GG 311. - leur principal prononce l'oraison funèbre du maire, BB 70 f. 128. - la messe du St-Esprit se célèbre dans leur église avant les élections communales, 46 f. 70. - percement d'une rue dans les dépendances du couvent, de la rue de l'Hôpital à la rue St-Michel, 54 f. 66. - requièrent du roi l'autorisation de la continuer, 58 f. 89; 65 f. 158. - les Oratoriens demandent qu'on en rectifie l'alignement, 65 f. 199; 66 f. 204. - concession en est faite aux Ursulines pour y bâtir leur église, 76 f. 37. - puis révoquée, f. 269. - consentent libre passage par leur cour, 130 f. 138; 131 f. 52. - V. *Fontaines de ville, Confrérie, Canal.*

Cordelières projettent un établissement aux Ponts-de-Cé, BB 66 f. 163.

Cordelle (rue). V. *Rues.*

Corderies royales (établissement de) à Angers, BB 99 f. 86; 100 f. 32.

— de ville (propriété des emplacements des), DD 1. - (baux et rentes des), AA 7. BB 129 f. 64, 72; 131 f. 46. CC 26, 29, 36, 39, 41-66. DD 5.

Cordiers d'Angers, II 11. - leurs statuts (1445), FF 5 f. 26. - requièrent don d'une torche de ville pour le Sacre, BB 17 f. 8.

Cordonniers d'Angers, leurs statuts (1753), FF 5 f. 2. - mis en réquisition pour des fournitures de souliers à l'armée royale, BB 31 f. 349-314. - ont défense d'étaler aux abords des halles pendant la foire, HH 5. - procédures intentées par la communauté, FF 35. - (nomination de députés des), HH 25. - le maire chargé d'acheter une lettre de maîtrise pour fixer à Angers un habile ouvrier, BB 107 f. 57.

Cornet (rue du). V. *Rues.*

Corporations d'arts et métiers, II 11. - réceptions de maîtres jurés, HH 10-20. - comptes financiers, HH 23.

Corps de garde établis sur les ponts, BB 29 f. 137. - aux portes, 35 f. 136. - leur droit sur les charrettes de bois entrant en ville, 65 f. 6. - établis la nuit à l'hôtel-de-ville, 30 f. 41. - (marchés pour l'entretien et l'approvisionnement des), 41 f. 65.

TABLE DES MATIÈRES. 559

CORROYEURS d'Angers, leurs statuts, FF 5 f. 21-22.
CORVÉES commandées pour la réfection des grands ponts. BB 99 f. 46. - du pont St-Samson. ib. f. 19. - des routes, 99 f. 94; 100 f. 26. - pour les travaux de ville, 29 f. 186.
COSTUME du conseil de ville aux cérémonies, BB 105 f. 25. - du maire, 102 f. 129. - du colonel de la milice bourgeoise, 112 f. 42. - des officiers, 132 f. 71. - défense de porter des boutons de drap à ses habits, 100 f. 82. V. *Uniforme.*
COULEUVRINES à crochet (fonte de), xve s., CC 7 f. 77. - (achat de), CC 8 f. 303. - leur emploi, BB 15 f. 202.
COULEUVRINIER du roi, BB 15 f. 202.
COUPE d'argent doré donnée à l'église St-Julien d'Angers, GG 50 f. 3.
COUPEURS DE MARÉE. V. *Poissonnerie.*
COUR (liste des seigneurs et dames de la) à gratifier de présents de ville, BB 46 f. 157, 158.
COUR des Cordeliers. V. *Cordeliers.*
— de Lancreau. - la ville y achète une maison, BB 124 f. 22, 63.
COUREURS DE NUIT (mesures contre les), BB 56 f. 43; 58 f. 15, 35, 55; 67 f. 127. - un gentilhomme dénoncé comme leur complice, 58 f. 61. - (monitoire contre les), 101 f. 48. V. *Brigandage, Mauvais garçons.*
COURS d'accouchements (organisation du) (1778), AA 6 f. 222. BB 128 f. 37, 76, 79, 91, 125. - machines fournies par Mme Ducoudray, CC 37. - sont déposées au greffe de la mairie, BB 128 f. 84. - entretien des élèves aux frais de la ville, GG 360. BB 128 f. 37-125. - priviléges et nomination du professeur, BB 128 f. 125. GG 360. CC 37.
— de droit coutumier (ouverture d'un), (1759), BB 119 f. 32. - le conseil de ville s'y oppose comme déshonorant pour le professeur de droit français, f. 35.
— de droit français. - la mairie invitée aux exercices, BB 112 f. 138.
COURSE DE LA PELOTTE. V. *Couvreurs.*
COURTAGE (droit de), II 9.
COURTE (rue). V. *Rues.*
COURTIERS royaux des vins (opposition à la création de), BB 66 f. 165; 71 f. 55; 72 f. 44, 51.
COUTUME d'Anjou réformée. BB 14 f. 28, 29. - projet de réformation nouvelle,

53 f. 122. - (édition de la), 30 f. 125.
COUTURIÈRES d'Angers. - la ville s'oppose à l'érection de leur maîtrise, BB 102 f 77; 105 f. 35.
COUTURIERS d'Angers s'opposent aux statuts des drapiers, BB 32 f. 164,178.
COUVENTS d'Angers. - leurs cloches et métaux saisis pour la fonte de canons, (xvie s.), BB 29 f. 81. - défense d'y retirer des contribuables, 81 f. 148, 149. - (état des charges et revenus des), 93 f. 219. V. *Communautés.*
COUVREURS requis pour le rasement du château d'Angers, BB 39 f. 28. - courent la pelotte, le mardi-gras, dans le champ Glastin, 88 f. 88. - la communauté comprise dans les distributions du Sacre, 69 f. 123. - procédures intentées en son nom, FF 35.
CREUSE (rue). V. *Rues.*
CRIEUR DE PATENÔTRES (nomination d'un), BB 63 f. 89; 70 f. 56; 76 f. 208; 98 f. 29; 103 f. 125. - reçoit une donation, 6 f. 24.
CRIEURS JURÉS de meubles. - leurs prétentions combattues par les notaires et par la ville, BB 105 f. 16.
— d'enterrement, II 11. - procès soutenus par la ville contre le propriétaire de leurs offices, BB 119 f. 87, 90, 93, 99, 109, 119, 129. - (tarif des droits perçus par l'Hôpital général sur les), 120 f. 53; 122 f. 104. - (gages des) pour le service du Dauphin, CC 33.
CROIX (les dames de la). - autorisées à enclore la rue de grilles, BB 124 f. 25, 36. - elle leur appartiendra dans un délai de trois mois si elle n'est close par les Pénitentes, 126 f. 147.
CROIX de St-Laud (serment prêté sur la vraie), BB 5 f. 79.
— des cimetières St-Laurent et St-Pierre. V. *Cimetières.*
CROIX DORÉE sur le grand pont réparée BB 50 f. 75. - (pavage près la), DD 18.
— MONTAILLÉ. - un cimetière y est établi, DD 16. - un chemin ouvert des Lices, BB 119 f. 98, 100.
CURE (demande d'une nouvelle) dans la paroisse de la Trinité (1785), BB 131 f. 50. - DE ST-EVROULT. la chapelle St-Gatien y est annexée, GG 33 f. 173. - DE ST-JACQUES (revenus de la), GG 47 f. 112. - DE ST-JEAN-BAPTISTE (construction de la) (1735), GG 56 f. 85.
CURÉ de Savennières réprimandé pour

insulte à la cocarde nationale, EE 6 f. 10.
CURÉS (rue des). V. *Rues.*
CURÉS d'Angers. - leur procès contre les maires chapelains, sous-chantres et officiers des chapîtres pour la préséance, GG 159. - sont admis à une séance du Comité permanent de la milice. - allocution du curé de St-Maurille, EE 6 f. 11. — DE St-MICHEL-DU-TERTRE n'est point tenu d'assister aux processions de St-Serge, GG 138 f. 106. - DE SAINT-MICHEL-LA-PALUD (liste des) depuis le XIVe s., GG 153. - DE SAINT-PIERRE. ses droits sur l'enclave de Saint-Nicolas, GG 180 f. 107-511. - (liste des), 171 f. 425. V. *Eglises, Paroisses.*
CURÉS-CARDINAUX d'Angers (procédure au soutien des prétentions des douze) contre l'évêque, GG 181 f. 39, 361.

D.

DANSE (maîtres de), autorisés à ouvrir des cours FF 42.
DAUPHINS de France (naissance, mort, mariage de). V. *Feux de joie, Te Deum, Services funèbres.*
DÉBACLE des glaces. - emporte les ponts du Louet (1677), BB 95 f. 4. - mesures pour protéger les Ponts-de-Cé, 95 f. 176; 96 f. 142. - emporte les ponts de Saumur (1768), GG 181 f. 464. - ses ravages en 1789, 183 f. 102.
DÉCLARATION royale contre le duc de Nevers et ses adhérents, BB 63 f. 103-104.
— de guerre à l'Angleterre, 98 f. 12.
— de résidence exigée de tout nouveau venu en ville, 64 f. 113.
DÉDICACE de l'église des Capucins (1600), BB 48 f. 58. - du cimetière des pestiférés, 37 f. 112.
— de thèses universitaires et de tragédies classiques au Conseil de ville, BB 104 f. 58; 102 f. 117; 106 f. 106; 111 f. 167; 132 f. 5.
DÉLIBÉRATIONS MUNICIPALES (registres des), BB 1-153. - relues en séance et signées du maire, 62 f. 4. - dépouillées pour la composition d'une histoire d'Anjou, 98 f. 3. - ne peuvent être révoquées sans un vote des trois quarts des préopinants, 126 f. 22. - celles qui portent emplois de fonds, enregistrées à part, 115 f. 5. V. *Conseil de ville.*
DEMISSION du Conseil de ville refusée par le roi, BB 3 f. 45. — du maire,
22 f. 59; 73 f. 94, 153. - du lieutenant du maire, 113 f. 73. - d'officiers municipaux, II 1.
DÉMONSTRATEUR DE PHYSIQUE de Monsieur (brevet de), AA 6 f. 200. V. *Physicien.*
DENIERS PATRIMONIAUX. - comptes des recettes et dépenses, CC 5; 7; 8; 15; 33; 34; 37-46.
DENRÉES entrant en ville (taxe sur les), BB 76 f. 115; 77 f. 106. - tarif, 86 f. 191. - projet d'une surtaxe, 78 f. 162. - pour l'approvisionnement personnel des habitants, sont exemptes des droits de cloison, 95 f. 14. - pour les étapes (tarif des), 98 f. 18; 100 f. 80, 160; 101 f. 39, 160; 102 f. 70, 134.
DÉPÔT pour les enfants trouvés (établissement provisoire d'un) (1784), BB 131 f. 10. V. *Hôpitaux.*
— DE MENDICITÉ. V. *Vagabonds.*
— DE REMONTE. - établi à Angers (1778), BB 128 f. 72, 73, 76, 79.
DÉPÔT LÉGAL des imprimés. V. *Bibliothèque de la Chancellerie.*
DÉPUTATIONS de ville, BB 8 f. 60, 65; 16 f. 61; 26 f. 101; 32 f. 222; 34 f. 264; 35 f. 174; 36 f. 144; 37 f. 70; 39 f. 25; 45 f. 136; 47 f. 226; 48 f. 132; 52 f. 22; 61 f. 22; 62 f. 49, 100; 64 f. 90; 65 f. 174; 66 f. 5, 26, 118; 68 f. 24; 69 f. 33; 71 f. 74; 73 f. 96; 75 f. 99; 81 f. 306; 84 f. 13, 138, 140; 89 f. 26; 91 f. 152-173; 96 f. 156. - (frais de voyage de), CC 14; 21; 22; 34.
DÉPUTÉS aux Etats généraux (1560), (nomination de), BB 28 f. 248. - (1614). - 61 f. 52. - leur retour en ville, 124. - (requête présentée au roi par les), f. 127. - (1651), (élection de), 83 f. 29, 33, 37. - (1789), GG 183 f. 102. BB 133 f. 55, 60, 65. — avis des communautés sur la question de leur traitement, f. 91-95. — arrêté du comité permanent contre ceux qui s'absentent de Paris sans congé, EE 6 f. 55, 56.
— à l'assemblée de Compiègne, BB 46 f. 21. - à l'assemblée de Rouen (1596), ib., f. 26, 27. - leurs instructions ib., f. 21-42. - leur rapport, f. 46-47.
— à la fédération de Pontivy, BB 134 f. 108.
— des paroisses d'Anjou (réunion de). CC 173.
— de la ville assistent aux séances de la mairie, BB 34 f. 329.

TABLE DES MATIÈRES.

Dés et tarots (droit prétendu sur les marchands de), BB 55 f. 128.

Désaveu de fausses nouvelles, BB 83 f. 13. - d'un libelle, 84 f. 37-38.

Dessin (l'enseignement du) recommandé aux frères Ignorantins, BB 132 f. 107. V. *Ecole de dessin.*

Destitution d'officiers municipaux, II 1. BB 127 f. 126.

Détailleurs de marée (prestation de serment de), BB 1 f. 10. - (ordonnance concernant les), 19 f. 160. - sentence du présidial contre les particuliers qui prétendent en exercer l'office, 104 f. 12. V. *Poissonnerie.*

Dettes de la ville, II 2. - assemblée générale pour aviser à les payer, BB 41 f. 95. - contractées pour la prise des châteaux forts, réglées, 47 f. 227; 48 f. 8; 51 f. 15. - (état au net des), (1606), 53 f. 10. - convocation des créanciers, 56 f. 12. - le clergé refuse d'en payer sa part, f. 33. - celles de la guerre des Mauges liquidées, 56 f. 111; 65 f. 204. - (nouvel état des) (1639), 76 f. 243. CC 13. - arrérages des rentes, BB 82 f. 82. - sentence arbitrale du gouverneur, 88 f. 192. - impôt proposé sur les loyers, 89 f. 145. - nouveau règlement, 92 f. 67. - sont pour partie assignées sur les octrois, 107 f. 75. V. *Finances municipales, Emprunts.*

Deux-Haies (rue des). V. *Rues.*

Devis et marchés de travaux de ville, DD 12. V. *Marchés, Traités.*

Diane (la) battue chaque matin sur les murailles, BB 34 f. 239.

Dimes (titres relatifs aux), II 11. - une part demandée pour les enfants-trouvés et l'Université, BB 45 f. 129.

Diner des élections institué (1522), BB 15 f. 85. - (menus du), CC 18-22; 24; 29; 33; 34; 37-44; 36. - l'argent converti en aumônes, 89 f. 89; 104 f. 47-76; 116 f. 63.

— du Sacre supprimé au profit de l'hopital général, BB 96 f. 154.

— offert au gouverneur (liste des invitations pour le), BB 59 f. 50. - à M. de Lézineau, banquier expéditionnaire en cour de Rome, 105 f. 75. - au sr de Cléré (frais du), CC 4 f. 47. - pour l'inauguration du portrait de Monsieur, BB 127 f. 35-38, 46. - pour le baptême de l'enfant du maire, 117 f. 76. V. *Banquets, Menus.*

Discours du roi aux Etats-Généraux (1789), BB 134 f. 5. - de M. Cotelle de la Blandinière, dénoncé par la ville au ministère comme séditieux, 117 f. 178. - de MM. Delaunay et de la Brosse, dans l'assemblée de la caisse des subsistances, EE 6 f. 73. - de M. Lanier, maire sortant, BB 29 f. 1. - de M. Marchand, à l'occasion de l'attentat de Damiens, 117 f. 109. - pour l'installation de son fils en la charge de procureur du roi, 120 f. 37-39. - pour la convalescence du roi, 117 f. 121. - de MM. de Limon, Allard, Boulay du Martray, pour l'inauguration du portrait de Monsieur, 125 f. 35-38.

— d'ouverture des cours de M Verdet et du P. Prestet, imprimés aux frais de la ville, BB 96 f. 42.

Disette (mesures de police en prévision de), BB 30 f. 193; 46 f. 106; 54 f. 140, 143. HH 29. - de 1785 (détails sur la), GG 34 f. 470. - de 1789, GG 183 f. 102. V. *Blés.*

— de bois, BB 1 f. 1; 25 f. 6-14, 28. V. *Bois.* - de chandelle, 132 f. 111, 112, 114. V. *Suifs.*

Dispenses pour mariage (bulle de), GG 160 f. 123. - d'âge pour la charge de receveur des octrois, BB 126 f. 19.

Divorce (actes de), GG 77 f. 88-93.

Docteurs-régents, Doctorat. V. *Université d'Angers.*

Domaine royal (entretien des enfants exposés sur le), BB 113 f. 95. - projet d'y réunir la vicomté de Sorges, 132 f. 140. - mesures contre la dévastation des bois, 134 f. 32; — perçoit un droit de 3 livres sur les pêcheurs, DD 7.

Domestiques (recensement secret des), BB 29 f. 124, 157. - les maîtres responsables de leur religion, 30 f. 15. - doivent-ils être soumis à la capitation? 129 f. 18-35.

Don fait à la ville de 200 mousquets par la reine-mère, BB 65 f. 180. - de 6,000 livres pour réparer les ruines de la guerre, ib. f. 240. - aux hôpitaux, de 8,000 l. par M. de Malpère, 67 f. 42. - de 2,000 l. par Jacquine Ayrault, 66 f. 148. - d'une rente par Mme de Brissac, 93 f. 157. - aux églises par divers particuliers, GG 34 f. 482; 50 f. 3, 170, 264; 172 f. 247; 192 f. 298; 193 f. 13.

Don gratuit, II 11. - (assemblée des paroisses pour le), BB 33 f. 126-132.

— offert au duc d'Anjou, 36 f. 285. - au roi, 84 f. 13. - imposé au prorata des loyers, 88 f. 176. - (réclamation contre la perception prolongée du), 125 f. 30.
DORTOIR (don pour la construction d'un) à l'Hôtel-Dieu, BB 67 f. 42.
DOT des religieuses. - plaintes de la ville contre les exigences des communautés (XVIIe siècle), BB 85 f. 105. - mesures pour les réprimer, 97 f. 10-51. - poursuites judiciaires contre les Visitandines, 90 f. 44.
— de filles pauvres mariées par la ville, BB 115 f. 54; 116 f. 14.
DOUAIRE de la femme (mémoire sur le), AA 6 f. 96.
DOUANE (titres relatifs à la), II 8. - (la ville s'oppose à l'établissement de la), BB 47 f. 146. - perçue sur les marchandises, 54 f. 120; 55 f. 94. - remplacée par une subvention, 52 f. 67-69; 56 f. 107; 58 f. 123. - tarif de la taxe, 78 f. 32.
DOUVES d'Angers sont affermées pour la pêche, BB 11 f. 6-20. - creusées, 42 f. 64. - permis d'y extraire de la pierre, DD 4. - défense d'y prendre de la terre, BB 71 f. 36. - (baux d'emplacements dans les), 130 f. 63. DD 5. - DE BOISNET curées, 67 f. 35. - DE ST-AUBIN, on y chasse le cerf, BB 15 f. 174. - DU CHATEAU, cerf et biche y gîtent, 36 f. 227. - ST-MICHEL (plan des), 124 f. 89.
DRAGONS logés en ville, BB 98 f. 14. EE 17. - (frais de casernement des), CC 38. - attaquent la patrouille, FF 48. - la ville dénonce au ministère leurs excès, BB 132 f. 11.
DRAPEAU ROUGE (confection d'un) (1789), BB 134 f. 67.
DRAPEAUX de la milice bourgeoise (bénédiction des), BB 112 f. 42.
DRAPERIE est déchargée du sol pour livre, AA 5. V. *Marchands de draps, Teinturiers.*
DRAPIERS d'Angers. - opposition mise à leurs nouveaux statuts, BB 32 f. 164-178. - la ville prend le parti des maîtres contre les compagnons, 55 f. 134. - requièrent l'établissement d'un moulin à foulon, AA 6 f. 19. - ont défense d'étaler aux abords des halles pendant les foires, HH 5.
DRAPIERS - CHAUSSETIERS requis de fournir l'armée royale de chausses, BB 31 f. 346, 352, 359. 414.

DRAPS DE SOIE (achat par la ville de), CC 13 f. 103.
DRILLES (BONS). V. *Compagnons du Devoir.*
DROGUES ET ÉPICES (projet d'un impôt sur les), BB 73 f. 17.
DROIT COUTUMIER. V. *Douaire.*
DROIT DES NATIONS (le), brochure politique (1789), AA 24.
DROITS FÉODAUX et casuels dus au domaine royal (affranchissement des), II 10.
— LOCAUX OU CONCÉDÉS (mémoire sur les), BB 115 f. 99.
— RÉSERVÉS (analyse des titres relatifs aux), II 11.
DUCHÉ DE BEAUMONT (actes relatifs à l'imposition foraine du), II 9.
DUCHÉS-PAIRIES (érection projetée des seigneuries de Brissac et de Mirebeau en) est combattue par les villes de Saumur et d'Angers, BB 59 f. 27, 61; 60 f. 65; 65 f. 139.
DUEL (lettre de M. de la Varanne pour la répression du), FF 44. BB 89 f. 19.
DUELLISTE abandonné sans sépulture, enterré par ordre, BB 51 f. 37.
DYSSENTERIE en ville (épidémie de), BB 54 f. 90.

E.

EAU-DE-VIE est exempte de la Cloison, BB 50 f. 39. - (privilège du commerce de l') concédé à un marchand de Nantes (1612), 58 f. 125. - la ville en sollicite la révocation, ibid. - et intervient pour la maintenir libre de tout droit, 68 f. 45. - elle est déclarée sujette à la Cloison (1662), 89 f. 100. - droit prétendu par les Aides, 96 f. 168. - elle est de nouveau exemptée de la Cloison (1707), 103 f. 156.
EAUX ET FORÊTS (analyse des actes relatifs au tribunal des), II 7.
EBENISTES D'ANGERS - procédures intentées par la communauté, FF 35.
ECCLÉSIASTIQUES sommés de donner aux pauvres le tiers de leur revenu, BB 17 f. 161. - requièrent qu'il soit mis ordre au fait des pauvres, 22 f. 2. - dénoncent les excès des mauvais garçons, 22 f. 6. - tenus à monter la garde, 62 f. 78, 97. - sous le commandement de l'abbé de Saint-Nicolas, f. 97. - doivent le droit de Cloison, 87 f. 82. V. *Clergé.*
ECHANTILLONS-MATRICES des draps, serge et étamine de Rheims (procès-verbal de teinture des), HH 10.
ECHELLES des couvreurs et des perrayeurs

saisies par mesure de sûreté publique, BB 31 f. 22. - détruites, f. 308.

ECHEVINS D'ANGERS élus au scrutin secret, BB 13 f. 107; 22 f. 87; 30 f. 77. - présentés désormais au choix du roi sur une liste double, 30 f. 102. - leur nombre réduit, 32 f. 33, 117; 49 f. 1, 12. V. *Conseil de ville, Mairie.* - réprimandés pour leur inexactitude aux séances, 31 f. 156; 41 f. 2. - tenus à se munir chacun de six piques, 31 f. 283. - à prêter serment de résidence et de foi catholique dans le délai de vingt jours, 31 f. 321, 334. - portés au rôle pour la garde, 31 f. 379.- débats entr'eux pour la préséance, BB 36 f. 318; 47 f. 22. - le titre en est décerné à René Chopin, 36 f. 395. - sont exempts de logements militaires dix ans durant après leur sortie de charge, 106 f. 100. - leurs veuves, de la Cloison, 10 f. 59. - à défaut de leurs priviléges supprimés, obtiendront de la ville toutes les compensations possibles, 95 f. 35. - autorisés à mettre leurs portraits dans la salle des séances, 94 f. 194. - leurs siéges et bureaux recouverts d'une tapisserie armoriée, 101 f. 119.

ECLAIRAGE des maisons la nuit imposé aux habitants par mesure de sûreté publique, BB 31 f. 27, 356; 33 f. 100. - de la ville (règlement pour l'), 126 f. 48, 52, 53. V. *Lanternes, Réverbères.*

ECLIPSE de soleil (16 mars 1415), BB 2 f. 94.

ECLUSE de Brionneau (demande en autorisation de construire l'), BB 86 f. 117.

ECOLE ROYALE D'ARTILLERIE. - offre du ministre de l'établir à Angers (1777). - opposition de l'intendant aux conditions mises par la ville, BB 128 f. 11, 35, 40, 50, 63, 76, 82. - Démarches de la ville pour l'obtenir, 129 f. 40; 130 f. 86; 132 f. 14, 29.

— DE CARABINIERS (offre du ministre, refusée par la ville, d'y créer une), BB 121 f. 30.

— DE DESSIN. V. *Académie, Dessin.*

— DE DROIT transférée au collège de Bueil BB 46 f. 139; 48 f. 22.

—. DE MATHÉMATIQUES de l'Oratoire. - projet de règlement, GG 359.

— MILITAIRE (loterie au profit de l'), FF 5 f. 20.

— libre (demande en autorisation d'ouvrir une), BB 81 f. 145. - renvoyée à l'Université, ib.

ECOLE de la paroisse Saint-Nicolas (fondation de l'), GG 166 f. 88.
— (rue de l'). V. *Rues.*

ECOLES CHRÉTIENNES (frères des), II 7.- la Mairie s'oppose à leur établissement en ville (1763), BB 120 f. 72, 74. - et à l'autorisation, qu'ils demandent, d'acquérir, 124 f. 59. - consent enfin à ce qu'ils achètent de l'évêque la Rossignolerie et maisons voisines, 126 f. 125. AA 6 f. 166. - leur permet de prendre de la terre en Boisnet, BB 130 f. 11. - les invite à enseigner le dessin et à reculer jusqu'à 17 ans l'âge d'admission de leurs écoliers, 132 f. 107.

ECOLIERS d'Angers obtiennent un moniteur pour la délivrance de leurs camarades arrêtés, BB 15 f. 33. - assassinent un des leurs, 16 f. 72. - plaintes au Conseil contre leurs désordres, 21 f. 92; 46 f. 97. - chassés par les troubles, reviennent à la paix, 30 f. 8. - l'un d'eux tué en duel, 51 f. 37. - d'autres arrêtés pour insultes à un sergent de la Mairie, CC 5 f. 53. - leurs délits jugés désormais par le sénéchal et non par le prévôt, BB 54 f. 45. - font barricades, occupent la porte Toussaint et le cimetière Saint-Laud (1607), 54 f. 90-93. - mesures décrétées contre eux, ib. et 55 f. 101. - défense spéciale de porter des armes la nuit, 67 f. 5. - la patrouille rétablie pour les contenir, f. 127. V. *Université.*

— de Bretagne prêtent serment pendant la guerre, BB 5 f. 79.

— de Flandre sont arrêtés, BB 15 f. 178.

ECORCHERIE (rue de l'). V. *Rues.*

ECOSSAIS établis en ville (mesures contre les), BB 23 f. 58.

ECRITS CLANDESTINS (poursuites d'), BB 120 f. 60. V. *Pamphlets, Libelles.*

ECROUELLES (le roi Henri IV touche à Angers les), GG 151 f. 274.

ECURIES MILITAIRES. - la construction en est imposée à la ville (1765), BB 121 f. 102, 105, 106; 133 f. 36. - sont installées dans le Jeu-de-Paume de Bressigny, 134 f. 2-4. - plans et devis, DD 13.

EDIT DE PACIFICATION. - est rappelé au peuple par le gouverneur, BB 30 f. 7. - sera maintenu par le Conseil de ville, 32 f. 193. - recommandé aux habitants des deux religions, 25 f. 129. - envoi de commissaires royaux pour en assurer l'exécution, 47 f. 163.

Église de Saint-Jean-des-Mauvrets (l') est souillée et réconciliée, GG 197 f. 203.

Églises d'Angers. - les cloches, statues et vases sacrés envoyés à la fonderie de canons (1561), RB 29 f. 81. - (ordonnance pour les inhumations dans les), GG 34 f. 424. –de l'Oratoire. - s'y tient l'assemblée pour le remplacement de la Gabelle (1789), EE 6 f. 43. - des Capucins. V. *Capucins*. - des Cordeliers. V. *Cordeliers*. - Saint-Jacques. - l'abbesse du Ronceray abandonne son titre et ses droits de curé primitif (1770), GG 40 f. 95. - Saint-Jean-Baptiste. - bénédiction d'autels portatifs (1618), GG 50 f. 3. - les ornements et les reliques de St-Maimbœuf y sont transférés (1740), 56 f. 223. Saint-Julien. V. *Saint-Jean-Baptiste*. - Saint-Ladre ou Saint-Lazare, BB 36 f. 359. - Saint-Laud (serment prêté sur la vraie croix de l'), 5 f. 79. - les reliques de Saint-Victor en sont transférées à la cathédrale, 79 f. 55. - Saint-Laurent arrentée pour magasin à fourrage (1763), 121 f. 31. - Saint-Maimbœuf sert aux paroissiens pendant les restaurations de Saint-Maurille (1716), GG 125 f. 44. - la démolition en est demandée, BB 120 f. 70, 75; 126 f. 59. - on y dépose les torches du Sacre, 131 f. 19. - le service divin, les vases et reliques sont transférés à Saint-Jean-Baptiste, GG 56 f. 223. - Saint-Martin. - projet d'une place au devant, BB 106 f. 68, 103. - Saint-Maurice. - l'horloge appartient à la ville qui la fait restaurer, CC 4 f. 40. - le roi Henri IV y touche les écrouelles, GG 151 f. 274. - les officiers du bas chœur, même mariés, exempts des charges publiques, BB 117 f. 171. - restauration du clocher incendié, 20 f. 18. - Saint-Maurille bénite par l'évêque et rendue au culte (1716), GG 125 f. 44. - projet d'une place au devant, BB 111 f. 165, 166. - Saint-Michel-du-Tertre. - construction de la chapelle (1724), 107 f. 70. - Saint-Michel-la-Palud. - construction des trois autels du sanctuaire, GG 154 f. 64 - Saint-Nicolas. - sa reconstruction (1725-1732), GG 166 f. 61, 127. - pose du tabernacle et de la chaire, 165 f. 268, 273. - St-Pierre. - construction du chœur, (1722), GG 179 f. 271. - du caveau des chanoines (1763), 181 f. 363. - (dissertation sur l'antiquité de l'), 181 f. 306-330. - Saint-Samson. - construction des deux ailes, de la chapelle de la Vierge et du chœur (1711-1712), 192 f. 298; 193 f. 13. - partie des reliques du saint patron y est transférée (1766), 185 f. 338. - Sainte-Croix. - plaintes des paroissiens contre le Conseil de ville, BB 28 f. 229. - liste des services non fondés, GG 198 f. 201. - des reliques, ib. f. 1. - nominations de chapelains et de curés, ib. - inscription du vitrail du grand autel, ib. - de la Trinité. - les sept curés supprimés par l'évêque et remplacés par un curé et trois vicaires (1701), GG 221 f. 219.

Églises de la banlieue pillées par les soldats du roi (1662), GG 220 f. 192.

— paroissiales. - les corps doivent y être toujours présentés, sauf à être inhumés ailleurs, GG 138 f. 77.

Égouts de ville. V. *Canaux de ville, Rues*.

Égyptiens expulsés d'Angers, BB 10 f. 61; 24 f. 183; 58 f. 60.

Électeurs reçoivent chacun un exemplaire imprimé de la liste des éligibles (1789), EE 6 f. 92.

Élection d'Angers (analyse des actes relatifs à la juridiction de l'), II 7 - les officiers prétendent l'exemption des charges publiques, BB 118 f. 86. - et la préséance sur le corps de ville, 70 f. 57.

— (érection projetée d'une), à Beaufort, BB 36 f. 397.

Élections municipales, II 1. V. *Conseil de ville, Maire, Mairie, Échevins, Officiers de ville, Milice bourgeoise*. - lettres de recommandation pour des candidats, BB 135. - (lettres du roi et des ministres au sujet des), 119 f. 63, 64, 102; 120 f. 17, 35, 71; 121 f. 55, 77, 127, 130; 125 f. 53. - (arrêt concernant les), GG 159.

— de députés. V. *Députés, Etats généraux, Notables*.

Élèves sages-femmes choisies dans les campagnes et entretenues aux frais de la ville, BB 128 f. 76, 91, 125.

Élixir (vente autorisée d'un), BB 57 f. 84. V. *Charlatans*.

Éloge des évêques H. Arnauld, BB 99 f. 80. - Fouquet de la Varenne, GG 138 f. 58. - Poncet de la Rivière, BB 110 f. 10. - de M. d'Autichamp, 99 f. 110. - de Pierre Croux, curé de St-Michel-du-Tertre, GG 138 f. 119. - de

François Lanier, GG 138 f. 145. - de M. Raimbault de la Faucherie, 142 f. 27.

EMEUTE A ANGERS. - dite du Tricotage (1461), CC 4 f. 209, 210, 212, 215, 217, 218, 251. - pour l'élection du maire (1478), CC 5 f. 71. - de bateliers contre des recruteurs, BB 47 f. 195. - contre la maltote, 72 f. 97; 86 f. 170, 173, 179. - contre la Gabelle, 73 f. 24. GG 138 f. 121. - contre le bourreau, à cause de sa maladresse, GG 38 f. 78. - des boulangers, BB 73 f. 48. - à l'occasion des élections de la milice, 81 f. 292. - le Conseil de ville envahi, ibid. - le maire, poursuivi par les furieux, s'enfuit de la ville, f. 302. - à Saumur, pour s'opposer à la main mise sur les bateaux de Loire, 38 f. 139. - aux Ponts-de-Cé, pour empêcher le transport des blés, 112 f. 174. - (imminence signalée d'une), 127 f. 29. - des perrayeurs (1789). - (renseignements fournis par les clercs des carrières sur l'), EE 7 f. 2.

EMPRUNTS levés sur la ville par le roi, BB 5 f. 4; 9 f. 6; 13 f. 59, 73; 15 f. 106; 16 f. 28; 20 f. 232; 32 f. 125; 33 f. 265; 34 f. 200; 35 f. 52, 196, 233; 41 f. 22; 42 f. 37; 76 f. 61-64, 164, 178, 226; 77 f. 51, 151, 153. - compte de recette de 1589, CC 13. - demandés par le duc d'Anjou, BB 38 f. 21. - par M. de Montpensier sur le gage de sa vaisselle d'argent, 34 f. 142, 143, 149, 150, 151.

— FORCÉS. V. *Aisés.*

— DE VILLE pour acheter une suspension d'armes des ligueurs, BB 45 f. 165. - pour les frais de la peste, 51 f. 118. - pour le rachat des offices municipaux, 107 f. 63; 111 f. 171. II 1; 2. - les rentes instituées sur ce fonds sont exemptes de la retenue du dixième, BB 111 f. 232. - pour acquisition de blés, 73 f. 52; 105 f. 71; 115 f. 34. - pour la construction d'une Bourse, 117 f. 30. - pour les logements militaires, 81 f. 134. - pour avance de solde au régiment du Plessis de Juigné, 73 f. 251. - pour l'équipement de miliciens, 113 f. 33. - état des sommes remboursables, f. 63. V. *Dettes.*

ENCLOS des bassins acquis pour le jardin botanique, BB 132 f. 141-144.

ENCYCLOPÉDIE (la petite) saisie et condamnée en justice, FF 40.

ENFANTS DE CHŒUR envoient une députation à l'hôtel-de-ville pour l'inauguration du portrait de Monsieur, BB 127 f. 38, 46.

— TROUVÉS (procès-verbaux de levée d'), FF 16-32. - recherche de ceux qui en exposent, BB 56 f. 88. - partie des dîmes ecclésiastiques demandée pour leur entretien, 45 f. 129. - levée de deniers pour y aider, 47 f. 119; 49 f. 147. CC 13. - plaintes contre l'adjudicataire chargé de les nourrir, 56 f. 137. - règlement avec lui, 64 f. 21. - doivent être mis à huit ans en apprentissage, 72 f. 37. - sont visités par une commission, 51 f. 60; 54 f. 39; 83 f. 31. - le domaine doit prendre à sa charge ceux qui y sont exposés, 113 f. 95. - démarches pour la fondation d'un hôpital spécial (1769), 122 f. 170. - mémoires, enquêtes, correspondances, GG 363. - projet de l'établir à la Rossignolerie, BB 121 f. 125. - il est autorisé, 126 f. 27, 65, 76, 90, 123, 142. - aura droit à une part de la recette des bals publics, 128 f. 64. - les religieux de St-Serge offrent une rente de 1,000 livres pour premier fonds, f. 36. - la ville fait abandon d'une maison, f. 101, 103. - nouvelles démarches, 130 f. 73. - conférence avec l'évêque pour la réalisation définitive, 131 f. 3. - établissement d'un dépôt provisoire (1784), f. 10. - représentation au bénéfice de l'œuvre, f. 19. - le directeur du théâtre y est tenu annuellement, 132 f. 136. - appel de fonds, f. 23, 32, 33, 58. - état de recettes, CC 44. - lettres de l'intendant, BB 132 f. 103. - lettres patentes qui l'autorisent, f. 118, 124, 127.

ENGIN de bois à frapper les pilotis, amené en ville du château du Verger, CC 6 f. 6.

ENGINS DE GUERRE (confection et achat d'), XIVe s., CC 2; 7. V. *Artillerie, Viretons, Arbalètes, Canons.*

ENIGME dédiée au conseil de ville par les écoliers de l'oratoire, BB 100 f. 114, 115.

ENJOLIVEURS. V. *Chapeliers.*

ENRÔLEMENTS FORCÉS (ordonnance contre les), BB 99 f. 56. V. *Recruteurs.*

ENSEIGNEMENT - arrêt du Parlement concernant les leçons particulières et l'enseignement privé dans le ressort des collèges (1784), GG 359. V. *Uni-*

versité, Colléges, Ecoles, Cours publics, Musique, Dessin, Académies.
ENTERREMENT (la ville demande l'autorisation de nommer des gens capables de faire les convois et cérémonies des), BB 90 f. 70. V. *Crieurs jurés, Obsèques.*
ENTRÉES de rois (cérémonial des), II 11. - de Charles VIII (1487), BB 4 f. 44, 5 f. 2. - (1494), 8 f. 64. - de Louis XIII et de la reine (1498), 10 f. 38, 54 - de François I (1518), 17 f. 5, 14. - de Henri II (1550) (mises pour l'), CC 13 f. 69, 78, 91, 97. - (1551), CC 14. - de Charles IX (1565), BB 30 f. 198, 205, 214, 225, 239. CC 14. - (1567) (préparatifs pour l'), BB 32 f. 118, 120. - de Henri IV (1598), 46 f. 131, 147, 163. - de Louis XIII (1614), 61 f. 26, 30, 32, 68, 75. - de Louis XIV (1661) (préparatifs pour l'), 80 f. 23. - de la reine (préparatifs pour l'), 15 f. 23-25. - (1532), CC 11 f. 248. - de la reine-mère, BB 65 f. 57, 34, 38, 45. CC 14. - de la reine de Sicile, duchesse d'Anjou (1454), CC 4 f. 111. - de Marguerite de Navarre annoncée, BB 20 f. 218. - de Marie-Stuart (1548). AA 4. BB 24 f. 204, 207. - d'Henriette d'Angleterre (1644), 79 f. 187, 191, 193, 194. - du duc d'Anjou (1378), CC 3 f. 25. - de François de Bourbon (1575), BB 30 f. 237. - (1578), 35 f. 68, 94, 99, 300, 309, 310. 316, 329, 330, 333; 36 f. 195, 196. - des gouverneurs d'Anjou (ordre qui s'observe aux), BB 52 f. 37. - du duc de Montpensier, 28 f. 243. - de M. de Chavigny, 29 f. 5. - de M. de Bussy, 35 f. 113-114. - de M. Dubellay, 35 f. 169-173. - du maréchal de Brezé, 77 f. 96. - de M. de Rohan, 82 f. 102-113. - du comte d'Harcourt, 88 f. 179-183. - de légats, 14 f. 22; 17 f. 16. - de l'évêque d'Angers, 13 f. 115-116; 22 f. 62. GG 197 f. 203. - des Grands-Jours (1540), 21 f. 112. V. *Réception.*
ÉPÉE (don d'une) par le maire sortant à son successeur, BB 79 f. 2.
ÉPERONNIERS d'Angers consultés sur les nouveaux statuts des selliers, HH 26.
ÉPICIERS d'Angers. - procédures intentées par la communauté, FF 35. V. *Apothicaires.*
— de Paris passent transaction avec les fruitiers, FF 5 f. 31.

ÉPIDÉMIES. V. *Peste, Dyssenterie, Epizootie.*
ÉPITAPHE d'un curé de Saint-Samson (compulsoire de l'), GG 191.
ÉPIZOOTIE extraordinaire (1785), GG 34 f. 470.
ÉPREUVES D'IMPRIMERIE composées et tirées par les candidats au brevet d'imprimeur-libraire, FF 40.
ESCADRE espagnole (avis de l'approche d'une), BB 46 f. 7.
ESCORTE du maire. V. *Maire.*
ESCRIME. V. *Maître d'armes, Instructeur.*
ESPAGNOLS V. *Prisonniers de guerre.*
ESPIONS envoyés aux nouvelles, BB 30 f. 46.
ESSAI demandé par les bouchers pour la taxe de la viande, BB 36 f. 51. - contesté par les boulangers pour la taxe du pain, BB 119 f. 13, 50, 72, 75; 120 f. 29. HH 4.
ESTAMPILLE des étoffes. V. *Tisserands.*
ESTOPH (jeu de l'), GG 198 f. 1.
ÉTABLISSEMENTS INSALUBRES ou incommodes. V. *Fabrique de corde à boyau, Cloutiers, Poëliers, Raffinerie de sucre.*
ÉTALONS DES MESURES de capacité (confection d'), BB 111 f. 215. - tableau des mesures ramené à celui des Ponts-de-Cé, HH 2. II 10.
ÉTAPES MILITAIRES, II 8. BB 23 f. 123. - (règlements pour les), 96 f. 58; 109 f. 2. - (prix du remboursement des), 96 f. 176. - des troupes de passage (registre des), EE 10-15. - (tarif des denrées pour les), BB 100 f. 80.
ÉTATS GÉNÉRAUX de 1560, assemblées préparatoires, élections des députés, BB 28 f. 231, 248. - de 1614, BB 61 f. 48, 52, 69. - rapport des députés et requête par eux présentée au roi, 125-127. - de 1651 à Tours, 83 f. 29, 33, 37, 40. - de 1789, 133 f. 37, 55-65. - (délibérations des municipalités étrangères au sujet des), AA 23. - brochures politiques, AA 24.
— PROVINCIAUX (demande d'), AA 22. BB 133 f. 6, 9.
ÉTOFFES défectueuses sont saisies nonobstant les marques et cachets légaux, HH 8. - doivent être égales de dos comme de lisières, ibid.
— étrangères (règlement pour l'admission des), ibid. V. *Echantillons, Tisserands, Marques.*
ÉTRANGERS (police des), BB 17 f. 134. - sont expulsés, 23 f. 56; 31 f. 180; 32 f. 98. - recensés, 31 f. 183. -

tenus, en s'établissant en ville, d'en faire déclaration à la mairie, 64 f. 113.

ÉTRENNES ANGEVINES – l'édition de 1772 supprimée pour plagiat du *Calendrier d'Anjou*, FF 40.

ÉTUVES d'Angers, BB 5 f. 24. V. *Bains, Baigneurs.*

ÉTUDIANTS. V. *Ecoliers.*

ÉVASION d'un larron réfugié en franchise aux Carmes, BB 6 f. 46.

ÉVÊCHÉ de Séez – projet d'y réunir l'abbaye St-Aubin, BB 130 f. 134; 131 f. 20; 132 f. 67.

ÉVÊQUE d'Angers assiste à la séance de l'Académie, BB 99 f. 110; 103 f. 148. – réglemente les inhumations dans les églises, GG 34 f. 424. – fixe les honoraires des messes de fondation, ib.. f. 450. – les règles pour les excommunications, 89 f. 69. – autorise l'usage de la viande en carême, 34 f. 363, 464; 181 f. 256. – accusé par le roi de malversations, 17 f. 26. – envoyé par la ville près le duc de Montpensier, 36 f. 360. – est prié de modérer les prédicateurs, CC 14. – discute avec le conseil de ville la question de la dot des religieuses, 85 f. 105, 128. – obtient la destruction du temple et de l'académie protestante de Saumur, 96 f. 175. – plaide contre les douze curés cardinaux d'Angers, GG 181 f. 339, 361. – son avis dans la querelle entre les officiers et les chantres de St-Laud, de St-Maurille et de St-Martin, GG 159. – donne 250 l. pour les pestiférés, BB 69 f. 48. – s'entend avec la mairie pour l'établissement d'un hôpital d'enfants trouvés, 131 f. 3. V. *Obsèques, Eloges, Entrées, Installation, Mandements, Monitoires, Chapelles, Eglises.*
— de Nantes loue au conseil de ville la maison Godeline pour y tenir mairie, BB 18 f. 70. – (lettre de l') au sujet de la mort de Charles IX, 34 f. 21.
— de Rennes chargé d'assister Marie Stuart de ses conseils, AA 4.

EXALTATION du pape Clément X, BB 93 f. 87.

EXAMENS DE CAPACITÉ subis par les imprimeurs libraires (procès verbaux d'), FF 40.

EXCOMMUNICATION (règlement épiscopal concernant les), GG 89 f. 69.

EXECUTIONS CAPITALES. – la milice bourgeoise n'y doit être de service, BB 131 f. 8.

EXEMPTION de la milice (instruction sur les cas d'). EE 4.

EXEMPTIONS des charges publiques. V. *Priviléges, Privilégiés.*

EXHUMATION par mandat judiciaire, GG 341 f. 1.

EXPERTISE du fief de Villesicard, mis en vente par l'Hôtel-Dieu, BB 77 f. 62.
— du prix de la main d'œuvre dans les perrières, HH 6.

EXPORTATION des vins de Touraine et d'Anjou (démarches pour obtenir la libre), BB 130 f. 90, 94; 131 f. 56; 132 f. 11, 15.

EXPROPRIATION pour cause d'utilité publique, BB 6 f. 41.

EXPULSION d'un docteur régent, BB 30 f. 15. – des réfugiés des villes rebelles, 42 f. 15. – de comédiens, 73 f. 25. – d'Egyptiens, 10 f. 61; 24 f. 183; 58 f. 60. – de pestiférés, 3 f. 45. – des Jésuites demandée par la ville, 45 f. 81. V. *Pauvres, Vagabonds.*

F.

FABRICANTS DE BAS au métier, II 11. – s'opposent aux prétentions des bonnetiers et sont appuyés par la ville, AA 6 f. 245. BB 129 f. 69, 75, 83, 86; 131 f. 40.

FABRIQUES (analyse d'actes relatifs aux), II 7. – d'acier (établissement d'une), (1760). – (1761), BB 119 f. 56. – de corde à boyau éloignée des murs de ville pour cause d'insalubrité, 96 f. 40. V. *Manufactures, Raffinerie, Industrie.*
— DU DIOCÈSE (arrêt du parlement réorganisant l'administration des), GG 183 f. 51.
— de Saumur (règlement pour l'), GG 159. V. *Paroisses.*

FACTEUR D'ORGUES exempté des taxes à condition d'entretenir l'orgue de St-Michel-du-Tertre, BB 106 f. 30.

FAISANT donné en présent de ville, CC 5 f. 101; 11 f. 419. V. *Gibier.*

FAMILLES d'Angevins transférées à Arras par Louis XI, II 11.

FAMINE dans les campagnes, BB 96 f. 123. V. *Disette.*

FARCES (représentation de), CC 4 f. 111. – interdites, BB 17 f. 59. V. *Roi de la Basoche.*

FARINES sont exemptes de tout droit d'entrée, BB 87 f. 168. – achetées par la ville pour l'approvisionnement des boulangers, 133 f. 23. V. *Blés.*

TABLE DES MATIÈRES.

FASCINES (confection de), BB 34 f. 337.
FAUBOURGS d'Angers. - les habitants requièrent exemption de l'impôt du sel. BB 48 f. 117. - expulsent les gabeleurs, 81 f. 222; 83 f. 18. - la ville en fait dresser le plan, 102 f. 30. - et fixer les délimitations pour la perception des octrois, ibid., f. 138. - BRESSIGNY - la reine y passe, (1619), GG 49 f. 273. - le régiment de la Meilleraye y loge, BB 80 f. 160. - les corps pestiférés en sont amenés de force au cimetière St-Martin, 38 f. 48. - DE LA MADELEINE ruiné par la guerre, (1620), et indemnisé, 65 f. 240. - DE RECULÉE jouit des priviléges de la ville, 49 f. 78 ; 58 f. 75. - ST-JACQUES ; le régiment de la Meilleraye y loge et y pille, 86 f. 16-20. - transaction entre la mairie et l'abbaye St-Nicolas, pour les frais du pavage, DD 18. - les prêtres du séminaire autorisés à s'établir en ville, 93 f. 324. - ST-LAUD jouit des priviléges de la ville, 94 f. 133. - ST-LAZARE ; on en expulse les vagabonds, 100 f. 130. - plaintes des habitants contre le fermier de la cloison, 93 f. 187, 200. - DE LESVIÈRE - il y est établi un bac pour le service de la poste, 5 f. 1 ; 10 f. 52. V. *Quais, Prieurés*. - ST-MICHEL (rentes de ville dans le), AA 10. - la peste s'y déclare (1626), BB 68 f. 98. - on le barricade, ib. f. 108.
FAUX en écriture publique signalé, GG 170 f. 239.
FAUX PAPIERS saisis sur des religieux étrangers d'ordres mendiants, GG 364.
FAUX SAULNIERS (mesures de police contre les), BB 17 f. 31 ; 18 f. 129, 130, 141. - contre ceux qui les recueillent, 74 f. 191. - détenus à la haute Chaîne, 89 f. 98.
FÉDÉRATION de Pontivy (députés à la), BB 134 f. 108.
FEMMES (vers satiriques contre les), GG 83 f. 135.
FERBLANTIERS d'Angers - procédures intentées par la communauté, FF 35.
FERME GÉNÉRALE - ses exigences, BB 126 f. 82, 92.
— DES AIDES. V. *Aides*.
FERMIERS de la seigneurie de Rochefort sont tenus d'approvisionner le château, BB 34 f. 28.
FÊTE offerte aux dames d'Angers par les jeunes gens dans la salle de la mairie. (1776), BB 127 f. 73.

FÊTE NAUTIQUE sur la Maine, BB 35 f. 329; 61 f. 27, 35, 41.
— PATRONALE de la paroisse St-Evroult (fixation de la), BB 33 f. 546.
FÊTES PUBLIQUES, II 11. V. *Te Deum, Feux de joie, Inauguration, Bals, Diners*.
— RELIGIEUSES (requête pour la sanctification des), BB 96 f. 158. - leur réduction demandée, 99 f. 62.
FEU D'ARTIFICE pour l'entrée du roi Louis XIII, BB 61 f. 31. - (marché pour faire tirer un), 65 f. 51.
— pour l'entrée du comte d'Harcourt (frais du), 88 f. 178, 189.
FEUX allumés sur les places publiques en temps de peste, BB 47 f. 51; 69 f. 55.
FEUX DE JOIE - le connétable de la mairie n'y doit donner qu'un flambeau à MM. du Présidial, BB 95 f. 127. - pour la délivrance des fils de France, 19 f. 132. - pour la paix avec l'Angleterre, 28 f. 145. - pour la prise du prince de Condé, 29 f. 196. - pour le retour du roi de Pologne, 34 f. 90. - pour l'absolution de Henri IV, 45 f. 194. - pour le mariage du roi, 32 f. 99 ; 62 f. 62. - pour l'arrivée de la reine en France, 48 f. 124. - pour l'heureuse délivrance de la reine, 54 f. 104; 56 f. 76. pour la naissance de fils et filles de France, 8 f. 44 ; 22 f. 222; 76 f. 146; 77 f. 133; 91 f. 141; 92 f. 127; 96 f. 95, 139; 97 f. 37; 109 f. 118; 130 f. 13, 14. - pour les victoires du roi, 40 f. 118; 46 f. 106; 71 f. 72; 79 f. 20; 80 f. 154; 81 f. 223; 93 f. 51, 55, 57, 63, 66; 94 f. 144, 153, 161; 95 f. 3, 7, 29, 48, 53, 64; 99 f. 23, 24; 129 f. 1. - pour la convalescence du roi, 97 f. 46. - pour l'élection et l'exaltation du pape, 52 f. 116; 93 f. 87. - pour la publication de la paix, 112 f. 39, 42.
FIDÉLITÉ (religieuses de la) projètent de s'établir à Casenove, BB 73 f. 94, 270. - s'installent en Bressigny, (1682), dans l'hôtel de Robert Plessis, ibid., f. 262. II 7.
FIEF DE VEZINS à Angers (prêche projeté dans le), BB 53 f. 75.
FIFRES DE VILLE (nomination de deux), BB 38 f. 132. - leurs gages augmentés, 34 f. 15, 239. - l'un d'eux dégradé pour insulte aux officiers de la gabelle, 74 f. 153. V. *Tambourins*.
FILASSIERS d'Angers se plaignent du fermier de la Prévôté, BB 68 f. 69, 78.

TABLE DES MATIÈRES.   569

- sont indemnisés de l'établissement de la manufacture de toiles, 85 f. 45.
- de la suppression de leur maîtrise, 93 f. 116.
FILLES-DIEU (rue des). V. *Rues*.
FILLES PUBLIQUES (police des), BB 19 f. 170. - sont renfermées (1715) dans les tours des portes St-Nicolas et Lyonnaise, 106 f. 21.
FILLES MÈRES (déclarations de grossesse par des), FF 15.
FILLETTES du roi Louis XI. V. *Cages de fer*.
FINANCES MUNICIPALES (sommaire d'actes relatifs aux), II 8; 9; 10. V. *Revenus, Dettes, Rentes, Cloison, Octrois, Emprunts, Comptes*.
FLACONS d'étain (commande par la ville de) pour éviter les frais de bouteilles, BB 85 f. 148.
FLAMBEAUX d'argent donnés en présent de ville, BB 102 f. 149; 114 f. 60.
FOINS (réquisitions de). V. *Armée royale*. - enchéris en ville par le séjour des chevau-légers; sont soumis à un maximum, BB 91 f. 72. - (disette de) (1785), GG 34 f. 470. - soumis pendant quinze ans à l'octroi, BB 111 f. 234. - comptes des recettes, CC 51; 53; 55; 56; 58; 60; 61.
FOIRES ET MARCHÉS, HH 5. II 10. - demande par la ville d'une foire franche, BB 4 f. 41. - offre d'un particulier d'obtenir le rétablissement des deux anciennes et de les approvisionner, HH 5. - la ville consent, 30 f. 14. - instances du conseil de ville, BB 58 f. 27; 64 f. 26. - elles sont rétablies (1646), 81 f. 17. - les marchands tenus d'y étaler sous peine de perdre leurs étaux, f. 32. - ouverture solennelle faite par le maire, f. 40. - règlement, f. 94. - défense d'y vendre le dimanche, 84 f. 140. - celles des bestiaux réduites de huit jours à deux (1669) sur la demande des marchands, 93 f. 12-13. - deux nouvelles pour les bestiaux concédées par le roi (1690), 98 f. 39, 50, 56, 59. - (arrêts et règlements pour la police des), HH 5. - mesures de sûreté (1789), EE 6 f. 90. - (état du produit des), CC 26-29 ; 33 ; 39-48. V. *Marchands*.
— royales à Saumur (établissement de trois) (1653), BB 85 f. 42.
FONDATIONS desservies dans la chapelle de l'Hôpital général (liste des), GG 355.
FONDERIE (rentes sur la maison de la), AA 12. II 4.

FONDEURS V. *Artillerie*.
FONTAINE (rue de la petite). V. *Rues*.
FONTAINE DE L'EPERVIÈRE appartient à la ville d'Angers, BB 127 f. 130, 151. - qui la fait restaurer, 128 f. 52. CC 46.
— FROTTEPÉNIL restaurée (1635), 75 f. 41. - (agrandissement demandé de la), 47 f. 187.
— DE ST-AUGUSTIN guérit miraculeusement un paralytique (1644), GG 16 f. 85.
FONTAINES d'Angers (construction et réparations des), II 6. - sont inspectées par un fontainier de Laval, CC 4 f. 175. - projetée aux Cordeliers, BB 37 f. 48. - DE LA DOUVE (réparation de la), 118 f. 31. - DES VIGNES (curage de la), 112 f. 97. - (plaintes contre le défaut d'entretien de la), 122 f. 128. - DU PILORY restaurée, CC 8 f. 223. - projet pour la rétablir, BB 99 f. 35, 79. - GODELINE construite, CC 5 f. 51. - restaurée, 88 f. 3; 114 f. 7. CC 22. - PIEDBOULET restaurée, BB 11 f. 2, 7. - recherche des tuyaux et des sources qui l'alimentent, CC 8 f. 135. - détail de travaux, CC 10 f. 153. - on la décore, BB 21 f. 170. - la ville vend à M. d'Espinay la statue en cuivre de Neptune qui la surmontait, 30 f. 141. DD 15. - et la fait rechercher, comme volée, après les troubles, BB 40 f. 33. - nouvelle restauration (1603), 50 f. 118. - visite et réparation des canaux, 58 f. 114-117. - défense d'y puiser pour autres besoins que ceux du ménage, f. 118. - adjudication de travaux, 65 f. 120, 141. - restaurée par un fontainier de Champigné-sur-Voisde, 66 f. 45. - nouveaux travaux, 73 f. 29, 33, 38. - marché avec un maçon pour la couvrir d'un dôme (1630), DD 15. BB 66 f. 135. - recherche des sources, 95 f. 15. - marché avec un fontainier, f. 16. - solde des travaux, f. 19, 72. - pose de canaux, 100 f. 111. - réparation des tuyaux, 105 f. 44; 108 f. 16; 124 f. 13, 16, 36. - du bassin, 101 f. 35; 102 f. 35. - confection d'un nouveau, 105 f. 78. - travaux d'entretien ou de restauration, 110 f. 71, 78, 103; 126 f. 38; 131 f. 21. CC 17 ; 22. - installation d'une machine hydraulique (1785), 131 f. 37. CC 42. - (pavage près la), DD 18. - ST-NICOLAS restaurée, BB 97 f. 3; 108 f. 84; 128 f. 32.
FONTAINES DE VIN, BB 109 f. 118; 130 f. 13, 14.

36*

FONTAINIERS. V. *Fontaines d'Angers.*
FONTE. V. *Cloches, Artillerie.*
FORAINS (marchands), II 10. - obtiennent gain de cause contre les marchands de la ville, BB 81 f. 99. - ont droit de vendre en ville pendant les foires, à défaut de place dans les halles, 106 f. 40. - demandent à être réunis sur la place des halles, 133 f. 16. V. *Bouchers, Boulangers, Foires, Marchés.*
FORÊT de Bellepoule (la ville s'oppose à la mise en vente de la), BB 85 f. 247.
— de Beaufort. - les pauvres de l'Hôtel-Dieu ont droit d'y prendre leur bois, 60 f. 112.
— de Longuenée et du Plessis-Macé. V. *Forges.*
FORGES en Boisnet supprimées (1651), BB 83 f. 61. - interdites dans un rayon de douze lieues d'Angers (1641), 78 f. 22. - la ville fait supprimer celles qu'on veut établir à la chaussée Hue, dans les forêts de Longuenée et du Plessis-Macé, 77 f. 66, 120, 121, 123; 78 f. 22, 33; 79 f. 94, 99, 107, 111.
FORMIERS d'Angers, II 11.
FORTIFICATIONS d'Angers. - comptes des frais de construction et d'entretien, CC 2-8. - travaux décidés en assemblée générale des paroisses, BB 18 f. 4, 19. - recommandés par M. de Brissac, ibid. f. 14. - par le roi, ibid. f. 20; f. 152. EE 1. - ordres pour les corvées, 29 f. 186. - contributions volontaires, f. 239. - nouveaux travaux, 31 f. 250; 32 f. 65; 34 f. 322, 340; 35 f. 260, 263. - on y emploie les pauvres valides et les perreyeurs, 39 f. 1, 3, 12. - reprise des travaux et des corvées, 41 f. 79, 80; 42 f. 11, 14, 64, 68. - doublement demandé du droit de cloison pour solder les frais, 41 f. 79. - relevé des dépenses, 43 f. 22. - nouveaux travaux par ordre de la reine-mère, 65 f. 171. V. *Tours, Murs, Château d'Angers, Portes.*
— de Saumur, BB 64 f. 162.
FORTS de la Feslière et de Morannes. - la mairie offre de participer aux frais des siéges, BB 43 f. 26, 55.
— de la Guénaudière (la ville s'oppose à la construction du), 49 f. 71, 79. V. *Châteaux.*
FOSSÉS DE VILLE. V. *Douves.*
FOUAGE imposé sur la ville (1377) (compte de recette du), CC 2.
FOURS A CHAUX établis près St-Serge,

BB 43 f. 28. - construction d'un canal navigable pour les desservir, 127 f. 87. - l'exploitation en est suspendue par le manque de houille et les priviléges abusifs du Sr de Montjean, f. 66. HH 7. - plaintes du propriétaire, ibid. - démarches du conseil pour leur réouverture, BB 128 f. 93.
FOURBISSEURS D'ANGERS. - dénoncent leurs confrères de religion suspecte, BB 29 f. 241.
FOURCHES PATIBULAIRES des Justices (déplacement des), BB 115 f. 130-134.
FOURREURS. V. *Pelletiers-fourreurs.*
FRANCS - BOURGEOIS (priviléges des). Voir *Prieuré de la Haye-aux-Bonshommes.*
FRANC-SALÉ. - le privilége en est réclamé par le curé de Saint-Nicolas, GG 168 f. 122; 169 f. 90.
FRANCS-FIEFS. - la ville en est exempte, II 1. CC 34. - ainsi que les officiers municipaux et leurs descendants, BB 88 f. 162. II 9. - rôles des taxes imposées pour le rachat desd. droits, CC 66; 85; 86; 106; 107; 128. - comptes de recette, CC 86; 158. - requêtes en décharge, CC 86. - (mémoire sur les droits de), BB 125 f. 92.
FRÉGATE (projet d'une souscription pour la construction d'une), BB 130 f. 54.
FRÈRES IGNORANTINS. V. *Ecoles chrétiennes.*
FRIPIERS D'ANGERS, II 11. - leurs boutiques fermées en temps de peste, BB 69 f. 56. - s'opposent aux nouveaux statuts des drapiers, 32 f. 164-178. - leur avis sur ceux des menuisiers, BB 88 f. 28, 58.
FRONDE à Angers (la), BB 83-84. GG 198 f. 250-281.
FRUITIERS de Paris. V. *Epiciers.*
FRUITS. - ne paient pas d'entrée, BB 86 f. 168. - glacés offerts en présent de ville, CC 37.
FUSILS DE VILLE (réparation des), CC 19.

G.

GABELLE (lettres du roi et de M. de Brissac pour la perception de la), BB 16 f. 107, 117. - assemblée des Etats de la ville, 17 f. 15, 17; 24 f. 169, 215. - (requête au roi pour l'allégement de la), 28 f. 307. - (émeute contre un officier de la), GG 138 f. 121. - projets de la noblesse contre les commissaires royaux, BB 48 f. 35. - (mémoire sur la), AA 6 f. 125. - protestation contre le rétablissement de l'impôt par

TABLE DES MATIÈRES. 571

l'Assemblée nationale, BB 134 f. 31. - assemblée des paroisses d'Anjou convoquée à Angers pour aviser à le remplacer, EE 6 f. 43. CC 173. II 9. Voir *Archers de la Gabelle.*

GAGERS DE VILLE sont supprimés, BB 19 f. 140.

GAGES du lieutenant du roi, II 11. - de l'avocat de la ville, BB 42 f. 45. - du bourreau, 96 f. 111, 141; 100 f. 46.- des canonniers de ville, CC 3 f. 199 - du chirurgien et des officiers du Sanitat, BB 52 f. 176; 68 f. 130; 72 f. 30. - de l'horloger de ville, 33 f. 224. - de l'instructeur de la milice, 63 f. 95. - des médecins et chirurgiens de l'Hôtel-Dieu, 37 f. 110. - des officiers municipaux, II 1. CC 6 f. 5. - de la police, BB 102 f. 83. - des paveurs, 30 f. 267. DD 18. - des pompiers, BB 131 f. 43 - des tambours et fifres de ville, 34 f. 15; 68 f. 42.

GAHOUÈRE (rue de la). V. *Pénitentes.*

GALÉRIENS (aumône à un convoi de), BB 69 f 122.

GALIOTE armée au confluent de la Maine et de la Loire, BB 43 f. 55.

GANTS BLANCS dus comme redevance annuelle au maire par des particuliers, BB 52 f. 27; 98 f. 66. - fournis aux échevins pour le Sacre, CC 17, 18, 21, 23. - offerts en présent à la reine, BB 65 f. 28.

GARDE D'HONNEUR du maire. V. *Maire.*

GARDE DE LA LIBRAIRIE de l'Université; ses privilèges, BB 128 f. 97.

— DE L'ARTILLERIE de ville (commission de). - la ville s'oppose à ce qu'elle sorte effet, BB 91 f. 67, 93, 105. EE 2. II 8.

GARDE-SCEL de la ville. - ses privilèges, ses gages, II 1.

GARDES DE VILLE. V. *Sergents de ville.*

GARDES JURÉS des marchands. V. *Marchands.*

GARDES DE NUIT. V. *Milice bourgeoise.*

GARNISAIRES logés chez les habitants par le roi pour hâter la rentrée des taxes, BB 35 f. 210; 77 f. 51; 81 f. 126, 127; 99 f. 37. GG 200 f. 26. - par le maire pour réprimer la fureur du jeu de lansquenet (1692), 99 f. 84.

GARNISON imposée à la ville, BB 23 f. 71, 81; 24 f. 269; 29 f. 74. - instructions pour l'approvisionnement, 28 f. 256. - entretenue par la ville, CC 1. BB 29 f. 22, 155, 222; 30 f. 34. - (les habitants demandent une), 31 f. 66. - elle est réduite, 34 f. 280. - le comte de Brissac s'engage à n'en point mettre qu'à la requête de la Mairie, 38 f. 97, 99. - la ville demande des chevau-légers, 46 f. 74. - ordonnances et règlement pour la solde, 40 f. 121; 81 f. 148, 149. - démarches pour en épargner la charge à la ville, 81 f. 306; 82 f. 4, 7. - envoi de deux régiments, 81 f. 308. - nouvel envoi de soldats, 82 f. 63. - assemblée des paroisses, f. 57. - ses prétentions rabattues par le gouverneur, f. 80. - elle est licenciée, f. 81. - envoi annoncé de nouvelles troupes, f. 86. - arrivée de quinze compagnies d'infanterie. 82 f. 195. - levée d'argent pour les défrayer, f. 198. - envoi de dix compagnies des gardes, 86 f. 179. - plaintes contre leurs exigences, f. 205. V. *Régiments, Châteaux d'Angers et des Ponts-de-Cé, Gens d'armes.*

GARNISONS établies par la ville d'Angers dans le bas Anjou, 7 f. 27. - au Lyon-d'Angers, 23 f. 123. - à Montriou, Douces, St-Mathurin, la Possonnière, BB 43 f. 54. - retirées de Chauffour, Huillé, la Roche-d'Iré, 45 f. 9.

GÉNÉRALITÉ de Tours, BB 34 f. 54; 78 f. 90; 79 f. 82. DD 18.

GENOVÉFAINS. V. *Abbaye de Toussaint.*

GENS D'ARMES - ambassade en cour pour remontrer les maux qu'ils causent, CC 3 f. 274. - demandés au roi pour la défense du pays contre les Bretons (XVe s.), CC 5 f. 299. - menacent Angers de pillage, BB 7 f. 53. V. *Armée royale.* - leur solde mise à la charge de la ville, BB 18 f. 136; 20 f. 258; 21 f. 8; 22 f. 108; 28 f. 253; 29 f. 101, 155, 180; 31 f. 137, 141; 32 f. 5; 35 f. 31. - (mesures de sûreté contre les), 16 f. 92; 24 f. 163. - dégâts des traînards, 18 f. 64. - (passage de), 24 f. 275. - leurs excès et pillages, 29 f. 135. EE 16. - logés, nourris chez les habitants, BB 31 f. 396. - approvisionnés par la ville, f. 469. - sont licenciés à la demande des paroisses, 31 f. 214, 224-226. - pillent le pays, 32 f. 180. - sont logés chez les huguenots, 33 f. 105. - leurs pillages, 33 f. 166; 34 f. 324. - (levée de), 34 f. 328. - remontrance au roi contre leur entrée en Anjou, 35 f. 39. - leur éloignement demandé, 35 f. 174; 36 f. 47. - ceux qui ont défendu Angers gratifiés, 39 f. 25. - désolent la ville et l'Anjou, 35 f. 248; 36 f. 47, 71, 74; 37 f. 25; 43

f. 18, 24, 54; 45 f. 115; 61 f. 14; 62 f. 76, 108; 65 f. 178; 67 f. 187. GG 198 f. 31; 215 f. 32. - on envoie contre eux le prévôt des maréchaux de France, BB 63 f. 10. - taxes mises sur la ville pour leur entretien. V. *Emprunts, Taxes.* - les portes gardées pour leur interdire l'entrée, 81 f. 282. - sont logés dans les hôtelleries, 82 f. 193. - leurs pillages, GG 220 f. 192. - règlement de leurs frais de séjour, 90 f. 48 ; 91 f. 85. - détournés de la ville moyennant finance, 94 f. 95. V. *Armée royale, Aventuriers, Garnison, Solde, Taxes, Emprunts.*

GENTILHOMME DE LA GRANDE VÉNERIE du roi (nomination d'un), BB 109 f. 57.

GENTILSHOMMES allemands (deux), arrêtés à Angers par ordre de Louis XI, CC 5 f. 99.

— D'ANJOU. - enquête contre ceux qui troublent la ville, BB 18 f. 44. - l'un d'eux accusé de complicité avec les coureurs de nuit, 22 f. 140; 58 f. 61. - sont convoqués à son de trompe contre les réformés (1560), 28 f. 306. - pour la défense de la ville (1567), 31 f. 39. - retenus pour la garde et défrayés (1568), f. 389. - plaintes contre leurs excès, 32 f. 180. - convoqués pour surveiller les passages des rivières, 34 f. 34. - pour la garde de la ville, logés et entretenus à ses frais (1575), f. 333-336. - poursuites contre ceux qui ont maltraité un député de la Mairie, 35 f. 172. - de nouveau appelés à la défense de la ville (1585), 39 f. 1. - logés dans les faubourgs, ib. - les armoiries de ceux qui ont répondu sont placées dans la salle du Conseil, f. 25. - nouvel appel, 40 f. 121. - rachat par la ville de prisonniers, 45 f. 189. - convoqués pour faire la huée aux loups, 47 f. 78. - projettent une assemblée pour résister aux commissaires de la Gabelle royale, 48 f. 35. - trois d'entr'eux se prennent de querelle avec des bourgeois ; sont arrêtés, interrogés, relâchés après semonce, 81 f. 284, 286. - ceux qui ont servi la ville réclament indemnité pour leurs frais de séjour, f. 302. - (scandale commis aux Minimes par des), 95 f. 48. - sont tenus, sur l'ordre du maire, à loger des gens de guerre, 99 f. 70. - (ordre de préséance des) dans les assemblées de ville, 125 f. 32. - (offre par quatre) de participer aux charges publiques (1789), 134 f. 4.

GENTILSHOMMES du ban et de l'arrière-ban de Poitou et d'Armagnac délogés d'Angers par les archers du roi (1491), CC 5 f. 350.

— de l'arrière-ban du Berry entretenus par la ville (1691), BB 99 f. 34.

— VERRIERS. - leurs priviléges, II 11.

GÉOGRAPHES. - V. à la table des noms propres les mots *Delisle, Moitet, Moret.*

GÉOMÈTRES. - V. à la table des noms propres *Dubois (J.-B.), Moithey, Prieur (Urbain).*

GIBIER offert en présent de ville, BB 117 f. 43. CC 34; 37; 44.

GLACE (privilége pour la vente de la), BB 102 f. 68.

GLACIÈRES DE VILLE (ordre de l'intendant d'établir deux), BB 96 f. 16. - l'une est ouverte au boulevard Saint-Aubin, f. 25. - la ville la prend en régie à défaut d'adjudicataire, BB 96 f. 151; 101 f. 24. - recherche d'un nouvel emplacement, 102 f. 38. - il est choisi près la porte Saint-Michel, f. 68; 103 f. 42. - (adjudication de la), 127 f. 3. - frais pour la remplir, CC 33.

GODELINE (rue). V. *Rues.*

— (maison). V. *Maisons.*

GONDOLE d'argent donnée à Saint-Pierre d'Angers, GG 172 f. 247.

GOUVERNEUR d'Anjou (nominations du), II 11. AA 3. BB 29 f. 93; 31 f. 219; 35 f. 42; 36 f. 434; 37 f 46; 56 f. 64; 72 f. 90; 88 f. 125; 107 f. 22. - est logé aux frais de la ville, AA 5. BB 30 f. 28; 38 f. 21; 52 f. 142; 56 f. 101, 118. - fourni de linge, 39 f. 17. - proteste en Conseil de ville contre des imputations calomnieuses, 31 f. 459. - en son absence, ses pouvoirs maintenus au maire, 34 f. 14. - commande et instruit la milice, 34 f. 241. - engagement pris par la ville avec lui, 38 f. 97-99. - nommé ambassadeur en Espagne, 47 f. 200. - a seul le droit, avec le maire, de faire armer les habitants, 60 f. 90. V. *Entrées, Obsèques.*

— des châteaux d'Angers et des Ponts-de-Cé. V. *Château.*

— de Saumur (lettre du), BB 34 f. 20. - autorisé à lever un impôt sur les vins passant en Loire, 63 f. 36.

GRAISSAGE (droit de). - la perception en est interdite, BB 112 f. 45. II 9.

GRANDS-JOURS D'ANGERS - préparatifs pour leur réception, BB 21 f. 85, 88,

111. CC 14. - leur entrée en ville, BB 21 f. 112.

GRANDS-JOURS DE POITIERS, 31 f. 33, 77.
GRAVEURS. V. à la table des noms propres, *De la Cotte, Duvivier, Lanier (Abraham)*.
GREFFE DE LA POLICE royale (archives du), FF 5-43.
GREFFIER DU POINT D'HONNEUR. - ses priviléges, BB 127 f. 63-64.
— DE LA MAIRIE. V. *Secrétaire*.
GREFFIERS DU SCEAU de la chancellerie présidiale. - leurs priviléges. II 11.
GRENIER A SEL d'Angers, II 7 - donné à bail, BB 28 f. 218. - droits qu'il perçoit, 24 f. 279. - (plaintes contre les officiers du), 59 f. 95. - est approvisionné par la ville d'Angers, ainsi que celui de la Flèche, II 1.
— d'Ingrandes et de la Pointe. - plaintes contre les officiers, 68 f. 85.
— D'ABONDANCE créé à Angers par souscription (1789), BB 134 f. 31, 33.
GRENIERS de l'hôpital demandés par les réformés pour leur prêche (1561), BB 29 f. 36. GG 368. - convertis en Sanitat (1584), 38 f. 40.
GRIFFON (rue du). V. *Rues*.
GRILLES posées au pré de la Savate, BB 12 f. 5, 11.
— (rue des). V. *Rues*.
GUÉRISON MIRACULEUSE d'un paralytique, GG 16 f. 85.
GUET (organisation du), II 8. - mis en ville (XVe s.), CC 3 f. 43. - réorganisé, BB 18 f. 10. - augmenté, f. 53. - création d'un office de capitaine (1531), 19 f. 140. - démission et remplacement de l'officier, 20 f. 180. - réorganisé, 21 f. 99. - assemblée des paroisses pour y aviser, 22 f. 40. - attaqué par les coureurs de nuit, f. 159. - nouvelle assemblée, 23 f. 197. - conflit entre le capitaine et le lieutenant, 24 f. 64. - requête d'indemnités par le lieutenant pour blessures reçues dans l'exercice de ses fonctions, CC 14. - (armement du), 24 f. 90. - vœu des paroisses pour son rétablissement, 27 f. 36. - il est remis sus, 28 f. 228. - remplacé par des patrouilles, 35 f. 321. - la ville s'oppose à la création d'un office de chevalier, 73 f. 306. - est licencié (1775), 127 f. 3. - sera chargé de la garde du théâtre, f. 26. - démarches pour en obtenir la réorganisation. f. 86; 131 f. 49. FF 47.
GUEUX. V. *Vagabonds*.

H.

HABITANTS d'Angers ne peuvent être traduits en première instance ailleurs que devant le Sénéchal, II 1. - (transportation d') par ordre du roi Louis XI à Arras II 11. - leurs priviléges contestés par le prévôt, BB 36 f. 223. - demandent à être armés contre les séditieux, 29 f. 24. - autorisés à s'accoutrer le plus richement possible pour l'entrée du roi, 30 f. 238. - à porter des armes par arrêt des grands jours de Poitiers, 31 f. 57. - ont ordre de s'armer, 31 f. 280; 32 f. 72; EE 1. - M. Dubellay, chargé de recueillir leurs doléances, 33 f. 220. - tenus de s'approvisionner de poudre et de munitions, 34 f. 241 ; 40 f. 20; 43 f. 5. - recensement général des gens valides, 34 f. 325. - protestent de leur fidélité, 35 f. 45. - chargés de garnisaires. V. *Garnisaires*. - un tiers meurt de peste ; le reste émigre (1584), f. 51. - demandent le rasement du château, 39 f. 25. - travaillent par corvées aux fortifications, 41 f. 80. - sont autorisés à repousser par la force les violences des étudiants, 54 f. 80, 93. - à louer des armes pour l'entrée du gouverneur, 56 f. 125. - ne doivent pas s'armer sans ordre, 60 f. 90. - ont droit de chasse dans la quinte, 63 f. 135 - dénoncent la décadence de l'université, 65 f. 185. - ont défense d'émigrer pour éviter les taxes, 81 f. 148, 149. - le conseil de ville demande le rappel des exilés des derniers troubles, 84 f. 138, 140. - des ôtages sont pris pour répondre de l'arriéré des impôts, 89 f. 33. V. *Ville d'Angers, Conseil de Ville, Armes de guerre, Milice bourgeoise, Faubourgs*.
— de la campagne d'Angers dénoncent les excès des gabeleurs, BB 63 f. 102. - meurent de faim, 96 f. 123. - défense à ceux des paroisses contagiées d'entrer en ville, 48 f. 21 ; 69 f. 55.
— de Craon (lettres des), BB 34 f. 21, 109.
— d'Écouflant requis par corvées pour les travaux du pont St-Samson, BB 99 f. 19.
HALLAGE ET ÉTALAGE (droit de) perçu par la ville, II 2.
HALLEBARDES (achat de) pour les archers de ville, BB 78 f. 41.
HALLES COUVERTES (propriété des), II 2.

- projet d'y établir une troisième boucherie, BB 36 f. 211. - d'y transférer le marché des toiles, AA 6 f. 29. - sont closes, 36 f. 256; 46 f. 4. - les marchands de la ville autorisés à y étaler, 50 f. 59. - sont restaurées, 64 f. 189. - la ville y établit un jeu de bague, 59 f. 85. - et y autorise l'ouverture d'un manége, 67 f. 58. - défense d'y garder les chevaux des marchands, 74 f. 50. - (droits et servitudes reconnues à des particuliers dans les), 100 f. 15. - sont pavées, 119 f. 51. - traité pour l'entretien de la couverture, DD 12. - les titres des étalagistes vérifiés et renouvelés sur nouveaux tarifs, BB 56 f. 79; 66 f. 76, 84; 106 f. 46. - construction de boutiques dans les rues de Rouen et de Paris, 112 f. 57. - baux d'étaux et de boutiques, 97 f. 69, 89; 131 f. 44; 112 f. 50, 51, 52, 57. DD 5. - révocation de droits de passage, BB 112 f. 62. - règlement pour les étaux, 66 f. 167 ; 124 f. 18. - rôle des marchands qui y ont tenu banc aux foires, CC 33. - compte des recettes des fermages, CC 26; 29; 39; 41-46. - noms et titres des concessionnaires, BB 81 f. 107. V. *Place des Halles.*

HALLES (ouverture d'une rue nouvelle aux VIEILLES), BB 36 f. 189, 239; 41 f. 34; 43 f. 93.

HANNELOU (rue). V. *Rues.*

HAUTBOIS (gratification à des joueurs de), CC 13 f. 312. BB 65 f. 57.

HERBES (envoi d') au roi Louis XI malade, CC 5 f. 96.

HERBORISTE (achat de drogues à un) pour les peintures du cadran et des appartements de l'Hôtel-de-Ville, BB 107 f. 5, 9.

HERNIAIRE et bandagiste expert de Lyon autorisé à exercer à Angers, FF 39.

HÉRONS donnés en présent de ville, CC 11 f. 419.

HEURES DU DIOCÈSE saisies chez les libraires non autorisés, FF 40.

HISTOIRE D'ANJOU - le plan proposé par M. Petrineau est imprimé aux frais de la ville, BB 98 f. 3; 99 f. 79. - chaque échevin se charge d'une partie des recherches dans les titres de la ville, 98 f. 3.

HISTOIRE NATURELLE de Buffon - le sieur Chambault porte plainte en diffamation contre l'éditeur des *Affiches* qui annonce la lui avoir vendue, FF 40.

HIVER rigoureux (1740), GG 56 f. 223. - (1753), 180 f. 511. - (1765-1766), BB 123 f. 18. GG 181 f. 256. - (1768), f. 436, 463. - (1789), 34 f. 493; 183 f. 102. — extraordinairement doux, (1758-1759), 181 f. 62.

HÔPITAL DES INCURABLES de Rome, cité pour modèle (1545), BB 23 f. 129.

HÔPITAUX d'Angers (analyse des actes relatifs aux), II 7. - ST-JEAN, mémoire au soutien de ses priviléges, AA 6 f. 19. - certificat délivré au médecin des pauvres, CC 4 f. 101. - est visité par le conseil de ville, BB 28 f. 104. - est réformé, 28 f. 121, 151, 158, 161-163, 190. - projet de prêter les greniers pour le prêche (1563), 29 f. 36. GG 358. - on y recueille les soldats blessés, 29 f. 108. - plaintes contre le prieur, 36 f. 266. - menacé d'abandon pendant la peste par les religieux qui le desservent, 37 f. 103. - la ville accorde une subvention à cause de l'affluence des pestiférés, f. 106. - on y transporte les lits des aumôneries, f. 107. - gages des médecins, chirurgiens, apothicaires, 37 f. 110. - refus de tous les médecins, un seul excepté, d'y servir en temps de peste, f. 111. - levée extraordinaire de deniers pour l'entretien des malades, f. 112. - les greniers convertis en Sanitat, 38 f. 40. - nouvelle subvention de ville, 42 f. 28. - est autorisé à combler une boire de Maine, 46 f. 123. - les pestiférés y sont de nouveau transportés, 47 f. 58. - l'argent manque pour le grand nombre des malades, f. 73. - règlement, 49 f. 83, 99. - les administrateurs s'opposent au projet d'y recueillir les pestiférés, 50 f. 39. - on les installe dans la Chartrerie, f. 51, 81. - est indemnisé de frais extraordinaires, 54 f. 90. - demande à profiter des rentes supprimées de la Baumette, 55 f. 96. - les chirurgiens offrent d'y traiter les pauvres gratis, 57 f. 28. - a droit de prendre son bois dans les forêts de Bellepoule et de Beaufort, 60 f. 112. - assemblée des paroisses pour lui aider, 62 f. 114. - nouvelle réforme, 64 f. 166, 177. - quêtes à domicile à son profit, 65 f. 120. - on y recueille les blessés du combat des Ponts-de-Cé, f. 174. - les chirurgiens refusent de les soigner, f. 181. - est autorisé à accepter un don de 2,000 liv., 66 f. 148. - et un autre de 8,000 liv.

pour la construction d'un dortoir et d'un cloître, 67 f. 42. - les pauvres protestants y sont admis (1624), f. 154. - est envahi par la peste, 69 f. 49. - est gratifié des meubles du Sanitat, 70 f. 96. - réforme des religieux, 74 f. 170. - projet d'y établir des Génovéfains, 80 f. 163. - le service remis aux religieux de Toussaint, 85 f. 199, 201. - obtient concession du boulevard de la Haute-Chaîne, 89 f. 161. - revendique les boucheries de carême, 90 f. 101. - autorisé à appeler de nouvelles sœurs de charité, 92 f. 145; 93 f. 331. - le médecin payé par la ville et non plus à l'année, 93 f. 15. - reçoit de madame de Brissac une rente de 1,500 liv., f. 157. - les chirurgiens offrent d'y servir à tour de rôle par trimestre, f. 182, 206. - la charge de chirurgien en chef est rétablie (1672), f. 285. - visité par le conseil de ville, 99 f. 71. - les cloîtres inondés (1711), GG 344 f. 236. - autorisé à enclore partie des rues Saint-Jacques-la-Forêt, Malmort et Tiremanteau, BB 103 f. 106. - établissement demandé de chirurgiens, 106 f. 84. - assemblée pour aviser aux moyens de l'entretenir, 107 f. 14. - est déchargé du paiement des dîmes pour ses bénéfices (1723), GG 346. - opposition de la ville à l'installation d'un chirurgien lithotomiste, BB 112 f. 75. - un arrêt l'impose, f. 85. - il est révoqué, f. 147. - les honoraires des médecins doublés, 114 f. 129. - plaintes des chirurgiens contre les administrateurs, 114 f. 151, 159. - le lieutenant-général de police obligé par arrêt à recevoir le serment des administrateurs, f. 171-178. - (privilège des ouvriers de la manufacture de toiles à l'), f. 204. - règlement pour la nomination des chirurgiens, f. 210. - le médecin n'est pas exempt des charges publiques, 115 f. 37. - plaintes contre les chirurgiens, f. 196. - construction d'annexes pour les trépanés, les galeux, les fous (1755), 117 f. 51. - le privilége du sel lui est enlevé, GG 346. - tous les prêtres habitués y sont malades (1777), et n'obtiennent qu'avec peine des médicaments, GG 349. - le nombre des lits réduits à deux cents, 130 f. 126; puis à cent vingt, f. 131. - agrandissement de la salle des teigneux (1784), 131 f. 8. - concours pour une place de chirurgien interne, 132 f. 64. - livres des entrées et décès des pauvres, GG 312-354. - relevé des entrées et décès de 1735 à 1737, GG 350. V. *Chirurgiens, Médecins, Peste, Sanitat.* - D'ENFANTS-TROUVÉS. V. *Enfants-trouvés.* - GÉNÉRAL, règlements et organisation, GG 361. - projet d'y établir un atelier de tapisserie, BB 71 f. 62; 78 f. 199; 79 f. 182. - reçoit un legs, 78 f. 138, 142. - son dénûment, 81 f. 22. - on y réunit le collège de la Fromagerie, 91 f. 156; 92 f. 73. - requête pour obtenir à son profit 18,000 liv. provenant de Saint-Nicolas, f. 158. - est rétabli, 92 f. 53, 137. - destitution des prêtres habitués, 93 f. 26. - les paroisses en demandent unanimement la translation au prieuré de Lesvière, 96 f. 54. - dénonce l'établissement fondé dans la maison du Saint-Esprit, 101 f. 125. - - loterie organisée à son profit, 102 f. 13, 14, 29, 69. - tarif des droits qu'il perçoit sur les crieurs jurés, 120 f. 53; 122 f. 104. - projet d'y établir une manufacture de bas au métier, 130 f. 77, 84. - liste des fondations desservies dans la chapelle, GG 355. - DES INCURABLES. - assemblée pour son établissement, BB 111 f. 70. - est réorganisé, GG 362. - et transféré dans le clos du Présidial, 112 f. 20, 23, 33. - obtient concession d'un terrain sur les Lices, 127 f. 4. - bénédiction de la chapelle (1745), GG 56 f. 383. - exposition de reliques, 356 f. 30. - rapport de la commission chargée d'en examiner l'administration, BB 134 f. 21. - DES RENFERMÉS. V. *Hôpital général.*

HORLOGES DE VILLE - entretenues par un horloger de Poitiers, CC 3 f. 43. 48, 93. - la plus grande, réparée par un des canonniers de ville (XIVe s.), CC 3 f. 249. - frais de charpenterie, CC 45 f. 124. - réparée par un horloger de Doué (1486), BB 4 f. 34. - établie sur les prisons royales, aux frais de la mairie (1495), BB 9 f. 42. - à charge d'être reprise, quand on aura un Hôtel-de-Ville, 10 f. 18. - frais de la fonte, 13 f. 94-102. - réparée par un horloger de Clermont, 17 f. 157. - transférée sur la tour de l'Hôtel-de-Ville (1534), 20 f. 56. - réparation de la lanterne, CC 12 f. 142. - mesures pour préserver celle du Palais royal, CC 8 f. 107. - frais de réparation, BB 30 f. 269. - celle de l'Hôtel-de-Ville est remplacée (1649), 87 f. 242. - est mise à pendule (1680), 95 f. 159. - ornée de peintures (1702), 102 f. 78; 107 f. 5. - réparations diverses, CC 23; 29; 41.

HORLOGE (petite). V. *Montre*.

HORLOGER DE VILLE s'engage à régler les deux horloges de la ville, BB 22 f. 2. - (nomination d'un), 33 f. 56; 63 f. 99; 99 f. 68. - ses gages augmentés, f. 224. V. *Horloges de ville*.

HORLOGERS d'Angers, procédures intentées par les communautés, FF 35. V. à la table des noms propres, *Festin (Ch.), Granger (Gat.), Granger (René), Lepelletier (Ch.), Merlin (P.)*.

HOSPICE DES RÉCOLLETS. V. *Récollets*.

HOTEL-DE-VILLE - (titres de propriété de l') Il 2. - rente due sur son emplacement, BB 37 f. 21. - (projet d'un) dans la grande maison des halles reconstruite, 18 f. 90. - (construction de l'); (1529), 19 f. 65. 78, 149, 151, 159, 167, 186. CC 11 f. 210, 230. - on y transfère l'horloge des prisons, DD 20 f. 56. - construction du portail, CC 12 f. 114. - restauration de la lanterne de la tour, f. 142. - devis des travaux de charpenterie; marché pour l'entretien de la couverture,, DD 12. BB 101 f. 155. - requête du menuisier, CC 14. - demandé à bail par M. de Brissac pour sa résidence, BB 24 f. 66. - la conciergerie donnée à un secrétaire des finances du duc d'Anjou, 31 f. 247. - le conseil de ville proteste, f. 249. - prêté à M. de Puygaillard pour son banquet de veuvage, 35 f. 281, 283. - la salle des séances ornée des cartons des peintures faites pour l'entrée du duc d'Anjou, 36 f. 249. - des armoiries des gentilshommes qui ont secouru la ville, 39 f. 25. - des portraits des maires, 63 f. 95. - du roi et de la reine, 66 f. 196. - des officiers de la ville, 94 f. 194. V. *Portraits, Tableaux*. - donné à bail à Mme Ayrault (1635), DD 5. - le bureau de la marque des draps y est installé dans une des salles, BB 93 f. 80. - et supprimé, 103 f. 150. - le maire tenu d'y habiter, 96 f. 119. - le jardin transformé en promenade publique pour les personnes de qualité, f. 23. - et orné de sculptures, f. 129, 150. - travaux de décoration, f. 95, 101. - achat de maisons pour l'agrandir, f. 161. - on creuse un nouveau puits dans la cour, 98 f. 4. - pose des lambris du cabinet, 99 f. 38. - construction d'une buanderie et d'une orangerie, BB 100 f. 140. - acquisition d'une tapisserie pour la grande salle, 100 f. 147. - le jardin est replanté; marché pour son entretien, 103 f. 42. DD 12. - les appartements du maire restaurés, 107 f. 9. - la salle du conseil occupée par des lessives, 114 f. 196. - on y donne un grand bal, f. 128. - restauration du grand escalier, 118 f. 48. - et des fenêtres - pose de balcons, 119 f. 31. - les Juifs étalaient aux foires dans la grande salle; on la leur refuse, 118 f. 7. - un concert hebdomadaire y est autorisé, 112 f. 228. - pose d'une grosse cloche pour annoncer de nuit les incendies, 124 f. 27. - défenses réitérées de prêter jamais la grande salle pour bal ni concert public, 114 f. 128, 196; 124 f. 81. - les jeunes gens de la ville y donnent une fête aux dames, 127 f. 73. - le concert hebdomadaire y continue ses séances, 127 f. 86. - l'assemblée provinciale s'y réunit, 132 f. 96. - le directeur du Concert y donne six bals par an, 132 f. 102-104. - elle est restaurée, CC 41. V. *Mairie, Conseil de ville*.

HOTEL-DE-VILLE de Paris - toutes ses décisions prises ou à prendre entachées de nullité pendant l'absence du roi (1652), BB 84 f. 118.

HOTEL-DIEU. V. *Hôpital St-Jean*.

HOTEL. V. *Logis*. - DE LA BESNARDIÈRE empiète sur la voie publique, BB 130 f. 34. - DE CASENOVE. V. *Académie d'équitation*. - DE GISEUX meublé par la ville pour l'intendant, 115 f. 48. - DE LANCREAU le roi Henri IV y loge (1598), GG 151. - loué pour l'habitation du gouverneur, BB 56 f. 101. - acquis par l'Oratoire, 65 f. 130. - LANTIVY. V. *Murs de ville*. - DE LA MONNAIE. V. *Monnaie d'Angers*.

HOTELIERS reçoivent un maximum à la venue du roi, BB 6 f. 17. - tenus de donner le nom de leurs hôtes, 29 f. 233; 58 f. 12, 102. - requièrent indemnité pour avoir défrayé l'armée, 49 f. 18. - relevé des chambres et des lits disponibles à l'occasion de l'entrée de la reine mère, 65 f. 47. - on leur donne à loger les gens de guerre, 82 f. 193. - transigent avec les pâtis-

siers rôtisseurs, HH 10. V. *Taverniers, Aubergistes, Pâtissiers.*
HOTELLERIES de la Baleine, BB 3 f. 24.
- du Cigne, 79 f. 4.
HUISSIER DU PARLEMENT de Paris (lettre de l'), CC 14.
HUISSIERS DE VILLE - leurs priviléges; leurs gages, II 1.
HUITIÈME (droit de) - les échevins en sont exempts pour le débit de leur vin, II 1. - plaintes contre le fermier, 61 f. 47. - (modération demandée du), 76 f. 29. - (comptes de recette du), CC 7.
HYDRAULIQUE. V. *Machine.*

I.

IGNORANTINS. V. *Ecoles Chrétiennes.*
IMPOSITIONS - plaintes contre la confection des rôles, BB 125 f. 60. - rapport sur le moyen de les alléger, 122 f. 22.
— FORAINES (analyse des actes relatifs aux), II 9. - (lettre au sujet des), BB 65 f. 160. - comptes de recette, CC 7; 8; 10.
IMPRIMEUR DE VILLE (nomination de l'), BB 129 f. 74. - (Note de l'), CC 16.
— DE MONSIEUR (brevet d'), AA 6 f. 253.
IMPRIMEURS-LIBRAIRES requièrent réduction du droit de cloison sur les livres, BB 12 f. 22, 27. - sont tenus aux gardes, 126 f. 82. - sont au nombre de quatre à Angers et suffisent à la ville, BB 95 f. 104. - doivent participer aux frais des torches du Sacre, 113 f. 26. - demande au roi par la mairie d'un brevet pour le sieur Hernault, BB 115 f. 159. - sont reçus par le lieutenant de police d'Angers pour La Flèche et Saumur, FF 40. - Procès-verbaux d'examens. - Epreuves tirées par les candidats, ibid. - sont poursuivis pour vente d'ouvrages prohibés ou impressions frauduleuses, ib.
INAUGURATION du portrait de Monsieur (fête de l') (1775) BB 127 f. 35, 42, 49.
INCENDIE du Lion d'Angers et de Candé par les Bretons (XVe siècle), CC 5 f. 299. - de Bourges, BB 5 f. 47. - de Segré, 7 f. 54. - de la Cornuaille par les ligueurs, 45 f. 230. - du Palais-Royal d'Angers, 113 f. 65. - en Boisnet, 102 f. 49. - de la porte Saint-Michel, 78 f. 70.
INCENDIES (achat de seaux de cuir pour les), BB 115 f. 195, 205. - (règlement d'ordre pour les), 122 f. 121. - avis au public, 132 f. 30. - les victimes autorisées à quêter dans leur arrondissement, GG 364. V. *Tocsin, Hôtel-de-ville, Pompiers.*
INCURABLES. V. *Hôpitaux.*
INDEMNITÉ de logement allouée par la ville aux ingénieurs des châteaux royaux, BB 111 f. 101, 111, 157, 160. - aux officiers de dragons, 129 f. 17. - au bourreau. V. *Bourreau.*
INDIGENTS secourus par des distributions de pain, EE 6 f. 60. - nombre des ménages par paroisse (1789), ibid. V. *Pauvres, Assistance, Aumônes.*
INDUSTRIE. - déclaration des marchands et ouvriers qui entendent continuer l'exercice de leur profession (1777), HH 24. V. *Manufactures, Raffinerie, Forges, Fabriques, Verrerie*, et l'article de chaque corporation.
INGÉNIEUR EN CHEF. - règlement de ses frais de tournée, BB 125 f. 91.
INHUMATIONS. V. *Eglises, Sépultures, Obsèques.*
INONDATIONS en Anjou et à Angers (1458), CC 4 f. 179. - (1527), BB 18 f. 102-123. - (1576), 34 f. 314. GG 198 f. 24. - (1615), GG 138 f. 28. - (1650), BB 82 f. 201. - (1711), BB 104 f. 103; 105 f. 8. GG 344 f. 236. - (1728), BB 109 f. 21. - (1740), GG 56 f. 223. - (1751), BB 114 f. 216-217. AA 6 f. 13. - (1755), BB 117 f. 45. - (1760), 119 f. 50. - (1769), 122 f. 165; 124 f. 19, 57. - (1773), 126 f. 67, 76. - (1776), 127 f. 76. - (1782), 130 f. 82. - (1788), 132 f. 110. - (1789), GG 183 f. 102.
INQUISITEUR DE LA FOI EN FRANCE condamne à mort des protestants d'Angers (1556), BB 27 f. 59.
INSCRIPTION MARITIME, BB 99 f. 57-71. EE 20.
INSCRIPTION de la porte Grandet, composée par M. Frain du Tremblay, BB 99 f. 6. - à la gloire du roi, par M. Pétrineau, 98 f. 66. - commémorative de la construction du port de l'Ancre, 117 f. 164.
INSINUATIONS LAÏQUES (prétentions du fermier des), AA 6 f. 96.
INSPECTEUR GÉNÉRAL DES OPÉRATEURS autorisé à vendre ses drogues en ville, FF 39.
— GÉNÉRAUX DES MANUFACTURES (création de deux), HH 8.
— DES BOUCHERIES, II 9. - leurs exactions dénoncées à l'intendant, BB 407 f. 42. - leurs offices supprimés, 105

37

f. 28. - recette de la taxe spéciale pour le rachat, CC 79; 80.

INSPECTEUR DES POMPES (nomination d'un), BB 126 f. 30.

— DES TRAVAUX de ville. - le titre en est refusé au Sr Bardoul, BB 129 f. 17.

INSTALLATION du lieutenant général de police, BB 102 f. 39. - de l'évêque, 110 f. 29. V. *Réception.*

INSTRUCTEUR DE LA MILICE bourgeoise. - reçoit un traitement fixe de la ville, 63 f. 95. - une gratification, BB 74 f. 179. - est autorisé à annoncer ses leçons à son de tambour, 75 f. 66. V. *Maître d'armes.*

INSTRUCTION PUBLIQUE. V. *Enseignement, Université, Ecoles, Ecoliers, Maîtres, Académies.*

INTENDANT de la généralité (nomination d'un), BB 79 f. 82. - sa réception à l'hôtel-de-ville, 96 f. 133. - est logé dans l'hôtel Giseux, 115 f. 28. - la ville loue pour lui un pied à terre, 111 f. 38.

INVALIDES du château. - leurs priviléges, II 11. BB 129 f. 11, 42. - le conseil s'oppose à ce qu'ils montent la garde au théâtre, 126 f. 99. - sont renvoyés de la ville, sauf un détachement pour la garde exclusive du château (1775), 127 f. 20, 27.

INVENTAIRE des archives (ancien), II 1-11. V. *Archives.*

— des registres de la paroisse Saint-Samson, GG 196.

— de l'artillerie de ville, CC 3 f. 145, 167. BB 13 f. 91; 89 f. 55.

INVENTIONS. V. *Moulin, Pompes.*

IRLANDAIS (une compagnie d') logée en ville, BB 94 f. 47. - (soldat) condamné pour viol, 99 f. 70. - (mendiants) encombrent la ville et sont chassés, 52 f. 146; 99 f. 103.

J.

JACOBINS d'Angers. - la ville se charge de leur servir la rente fondée par M. de Puicharic, BB 64 f. 121.

JAILLE (rue de la). V. *Rues.*

JARDIN de l'hôtel-de-ville. V. *Hôtel-de-ville.*

— BOTANIQUE transféré dans l'enclos des Bassins, BB 132 f. 141, 144.

JARDINIER de la mairie (marché avec le), DD 12.

JAUGE sur le vin (droit de), AA 5. II 9.

JAUGEURS DE TONNEAUX. - leur suppression demandée, BB 49 f. 47, 57, 75; 51 f. 132. - (opposition à la création d'offices de), 72 f. 44, 51.

JÉSUITES. - la ville sollicite leur expulsion (1594), BB 45 f. 81. - s'oppose à ce qu'ils entreprennent une raffinerie de sucre rue de la Roë, AA 6 f. 33. BB 115 f. 163-178. - (lettre du pape au sujet de la suppression des), GG 181 f. 466.

JETONS DE VILLE (confection de), II 11. BB 93 f. 136, 325; 96 f. 153; 99 f. 83, 104; 100 f. 94; 101 f. 3; 102 f. 69; 103 f. 75; 104 f. 90; 105 f. 97; 107 f. 77; 111 f. 174; 112 f. 15, 238; 113 f. 17; 114 f. 238; 115 f. 195; 116 f. 15, 30, 45; 117 f. 144; 118 f. 52; 119 f. 80; 129 f. 22, 47; 131 f. 43; 132 f. 18, 102, 142. CC 21; 24. - quittances des graveurs, CC 23; 24; 39. - (forme et inscriptions des), 102 f. 154. - le modèle soumis au comte de Provence, qui l'approuve, sauf l'exergue, 126 f. 7, 22, 66. - renouvellement des coins, 131 f. 11 - règlement pour leur distribution, 117 f. 114. - réponse du conseil au reproche d'abus, CC 23. - états émargés de distribution, CC 24; 29; 41.

JEUX (privilége pour tenir salle de), AA 6 f. 14. FF 5 f. 68. - défense de tenir blanques en ville, BB 59 f. 79. -
DE BASSETTE, barbacolle, du pour et du contre interdits, 99 f. 9. - DU PHARAON (renouvellement des ordonnances contre le), 100 f. 2. - DE LANSQUENET. - le maire autorisé à établir des garnisaires chez les particuliers qui s'y livrent (1692), 99 f. 84. - DE L'ARC. V. *Archers.* - DE L'ARQUEBUSE. V. *Arquebusiers.* - DE BAGUE établi aux halles par la ville, 59 f. 85. - DE L'ESTOPH, GG 198 f. 1 - DE MAIL installé dans la prairie d'Allemagne, 63 f. 52. V. *Mail.* - DU PAPEGAULT. V. *Archers, Roi du Papegault.*

— DE PAUME de Bressigny approprié à des écuries militaires, BB 134 f. 2, 4. - du Pélican, 55 f. 105. - de la Serine, 50 f. 161.

— DE THÉATRE. V. *Mystères, Farces, Roi de la Bazoche.*

JOURNAL du curé de Sainte-Croix, Jousselin (1621-1652), GG 198 f. 250-281.

JUBILÉ du Sacre, BB 20 f. 31. - ouvert à Orléans, 48 f. 87. - pour l'exaltation du pape Clément XIII, 119 f. 41, 45.

JUGES-CONSULS des marchands (élections des), BB 30 f. 176. - signalent les abus

commis dans le commerce, 61 f. 112. - leurs plaintes contre le fermier de la Subvention, 63 f. 42. - prétendent séance et voix délibérative aux assemblées générales de l'Hôtel-de-Ville, 111 f. 56. FF 1. II 10.
— de Nantes (lettre des), DD 8.
Juifs ne pourront plus étaler aux deux foires dans la salle de la Mairie, BB 118 f. 7.
Juridiction consulaire à Saumur (la ville d'Angers s'oppose à l'érection d'une), BB 109 f. 143.
Juridictions d'Angers (analyse des actes relatifs aux diverses), II 7.
Justice (réformation de la), BB 38 f. 72; 40 f. 9. - (les gens de) portés au rôle des gardes, 31 f. 359.

L.

Laboureurs sont protégés contre les recruteurs (XVIe s.), 43 f. 52. - enlevés par les ligueurs, 46 f. 71. - sont exempts des gardes, 67 f. 196.
Laine. - défense de l'acheter avant la tonte, HH 8. V. *Sergers, Tondeurs de laine.*
Lait est exempt de tout droit d'entrée, BB 86 f. 168.
Lamproies. - la ville en distribue chaque année aux membres du Parlement de Paris, BB 22 f. 104, 128; 23 f. 111; 24 f. 145, 178; 28 f. 25, 202, 298; 29 f. 49; 33 f. 160 et suiv.
Lancreau (logis de). V. *Logis.*
Langues de bœuf données en présent de ville, BB 30 f. 275.
— de porc envoyées aux ministres, 71 f. 82; 72 f. 65.
Langues étrangères (maître de). Voir *Académie d'équitation.*
Langueyeurs de porcs (nomination de), HH 5. II 10. - demandent priviléges, BB 67 f. 147, 161; 129 f. 61.
Lansquenet (jeu de). V. *Jeux.*
Lansquenets envoyés en garnison à Angers, BB 23 f. 71, 88.
Lanternes (pose des) à Angers (1697), BB 101 f. 33, 40-47, 69, 79, 91, 155; 102 f. 8, 14, 15, 26, 35 37; 52. II 6. - troubles et meurtre d'un des allumeurs, 101 f. 48. - frais d'éclairage, CC 43. - arrêt du Conseil qui en ordonne l'établissement, BB 131 f. 61.
Lapins donnés en présent de ville, CC 11 f. 419.
Latrines publiques (réparation des), BB 115 f. 82.

Lectionnaire (fragment d'un) (XIIIe s.), GG 335.
Légat (entrée du) à Angers, BB 14 f. 22; 17 f. 16.
Legs aux fabriques de Saint-Pierre, GG 181 f. 305. - de la Trinité, GG 222 f. 123. - à l'Hôtel-Dieu; est refusé, BB 70 f. 13.
Lépreux (requête des) (XVe s.), BB 4 f. 18. (ordonnance contre les), 18 f. 23.
Lesvière (faubourg de). V. *Bacs, Quais, Poste royale, Prieurés.*
Lettre a MM. du Tiers-Etat, brochure, AA 24.
Lettre anonyme dénoncée; l'auteur réprimandé, EE 6 f. 35.
Lettres du duc d'Alençon, BB 35 f. 46, 58. - de M. Allard du Haut-Plessis, EE 18. - la duchesse d'Angoulême, BB 19 f. 20. - G. Apvril, 27 f. 145. - le comte d'Armagnac, EE 16. - d'Armenonville, BB 103 f. 24. - Aubéry, maître des requêtes, 65 f. 160. - Audouyn, échevin de Blois, CC 26. - d'Autichamp, BB 114 f. 42. EE 18. - Anne d'Autriche, BB 66 f. 204. - d'Avantigny, 38 f. 101. - Urb. Avril, BB 135. - J. Ayrault, maire, 36 f. 114, 115, 116. - de Bellisle, 118 f. 86. - de Biron, 50 f. 34. - Bohier, général des finances, 21 f. 8. - de Bois-Dauphin, 57 f. 128; 63 f. 64. - Boullay, député de ville, GG 363. - Antoine de Bourbon, AA 3. BB 29 f. 140. - François de Bourbon, duc d'Anjou, AA 3. BB 30 f. 214, 242, 245; 31 f. 100, 247, 258, 339, 357, 393, 402, 404, 410, 416, 417; 32 f. 40, 76, 98, 134, 176; 33 f. 58, 101, 108; 35 f. 62, 69, 86, 97, 99; 36 f. 94, 137, 138, 170, 225, 240, 253, 258, 344, 354; 36 f. 403, 434, 435; 37 f. 46, 53, 117; 38 f. 21; 135. - Louis de Bourbon, duc de Montpensier, AA 3. BB 28 f. 263; 29 f. 111, 153, 199; 34 f. 5, 20, 96, 128, 142, 150; 36 f. 422; 38 f. 82; 135. EE 1. GG 358. - de Breteuil, EE 5. - de Brézé, BB 76 f. 146, 226; 78 f. 31, 33; 79 f. 88; 81 f. 67, 229. - de Brionne, 117 f. 60, 61. CC 26. - de Brissac, BB 16 f. 119; 17 f. 4; 18 f. 14, 60; 24 f. 66, 79; 30 f. 206; 38 f. 58, 76. EE 2. - Bussy d'Amboise, BB 35 f. 43, 47, 58, 99; 36 f. 149. - Cabassolle du Réal, AA 4. - Chamillard, BB 102 f. 74. - des rois de France Charles VIII, 8 f. 64, 65. - Charles IX, AA 3. BB 29 f. 124, 180, 222; 30 f. 102, 171, 285; 31 f. 99,

137, 155, 224, 272, 296; 32 f. 40, 95, 104, 107, 199, 220; 33 f. 37, 187, 208, 265; 135. EE 1. - Charlot, AA 3. - de Chavigny, AA 3. BB 135; 30 f. 245.- du P. Chevalier, 66 f. 95. - du pape Clément XIV, GG 181 f. 466. - du prince de Condé, AA 3. - de MM. Cousin, CC 45. - de Cromot, surintendant du comte de Provence, BB 126 f. 26. GG 363. - Cujas, BB 34 f. 308. - Daine, EE 5: 17; 18. - Davenel, BB 30 f. 214. - Delaunay, EE 6 f. 68. - Deville, GG 363. - Dubellay, BB 33 f. 238; 34 f. 214; 35 f. 170; 64 f. 33; 66 f. 103. - Dubois, commandant du guet de Paris, FF 47. - Ducluzel, GG 360; 364. - d'Effiat, BB 72 f. 91. - duc d'Etampes, AA 4. - capitaine La Faucille, EE 1.- de Fourille, BB 86 f. 179. - de la Foucaudière, BB 34 f. 51. - Foullon, CC 26. - Fouquet, BB 85 f. 195. - Louise de France, 18 f. 21, 51, 56. - des rois François Ier, AA 1. BB 10 f. 25; 16 f. 13, 24, 27, 28. 58, 61, 107, 115; 17 f. 21, 26, 31, 36, 92, 150; 18 f. 104, 105, 109, 136, 141, 148; 19 f. 3, 54, 85, 104; 20 f. 43, 120, 151, 232, 258, 263; 21 f. 103; 22 f. 108, 209, 236; 23 f. 7, 15, 35, 90, 123. EE 1. - François II, AA 1. BB 28 f. 206, 261. - de M. de Ganai, BB 14 f. 44.- Gaudin de Boisrobert, CC 43. - maréchal de Gonnord, AA 3. BB 30 f. 214, 225; 32 f. 123. CC 14. - Gontard, maire d'Angers, CC 45. - de la Guerche, CC 26. - duc de Guise, AA 3. BB 29 f. 206.- maréchal de Gyé, 9 f. 37, 55. - d'Harcourt, AA 3. BB 135. EE 16. - des rois de France Henri II, AA 1; 3; 4. - Henri III, BB 34 f. 127, 172, 196, 214, 250, 274; 35 f. 28, 31, 41, 129, 134, 136, 189, 218, 219, 233; 36 f. 98, 285, 381, 419, 427; 38 f. 72, 137, 139; 40 f. 8. - Henri IV, AA 5. BB 47 f. 163, 200; 50 f. 25, 34; 51 f. 111, 130, 210; 52 f. 36; 54 f. 1; 56 f. 118.- de M. d'Houllière, maire d'Angers, EE 6 f. 68 - Jallet de la Véroullière, maire, CC 22; 26.- Jallet de la Véroullière, curé de Marson, CC 45. - de Lambert, EE 17; 18. - de Lambesc, BE 109 f. 28. CC 26.- de Laval, AA 3. - Lemaczon, BB 135. - Lepelletier, évêque d'Angers, 99 f. 89. - Lepelletier, ministre d'État, 99 f. 89. - Lerat, mécanicien, CC 22. - Lescalopier, BB 118 f. 86. - Letellier, ministre d'Etat, 82 f. 109. - de Lorges, 23 f. 131, 144, 147. - des rois Louis XI,

AA 1. - Louis XII, AA 1. BB 12 f. 16; 13 f. 7, 53, 59, 71, 76, 130; 15 f. 97; 14 f. 32. - Louis XIII, AA 1. BB 57 f. 15, 103; 61 f. 82, 125; 62 f. 54, 70; 63 f. 60, 97, 136; 64 f. 6, 32, 160; 65 f. 174, 216; 66 f. 21; 67 f. 184; 71 f. 38, 47; 72 f. 90; 73 f. 102, 135, 145, 161, 189, 203, 248, 287, 291, 313; 74 f. 60; 75 f. 76. 89; 76 f. 146, 178, 226; 77 f. 158; 78 f. 20, 48. - Louis XIV, AA 3. BB 79 f. 25, 27, 28, 74, 91, 190; 80 f. 33, 140; 81 f. 67, 73, 76, 130, 229; 82 f. 63, 81, 109, 139, 155, 195; 84 f. 31; 85 f. 60, 195, 196, 199; 86 f. 18, 24, 179; 88 f. 95, 125; 89 f. 26, 38, 45, 67, 68. 89, 98, 129; 90 f. 112; 91 f. 124; 103 f. 71, 100, 155; 104 f. 73; 105 f. 2, 31. EE 2; 16; 46. - Louis XV, BB 106 f. 105; 107 f. 22; 109 f. 120; 110 f. 14; 114 f. 9, 29, 33, 44, 63, 105, 143, 235; 115 f. 67, 90, 110, 122, 173, 217, 225; 117 f. 99, 133, 191; 119 f. 63, 64, 102; 120 f. 17, 35, 74; 121 f. 55, 77, 127, 130. - Louis XVI, 126 f. 100; 127 f. 92; 131 f. 58; 133 f. 37.- de M. de Louvois, 91 f. 105; 95 f. 128. EE 2.- du Lude, BB 36 f. 417. - de Mailly, huissier au Parlement, CC 14. - Marchand de la Roche, CC 45. - de la Marsaulaye, EE 20. GG 364. - des reines Catherine de Médicis, BB 29 f. 222; 31 f. 101, 180, 225, 273; 34 f. 50, 259. EE 1. - Marie de Médicis, BB 58 f. 136; 60 f. 97; 61 f. 82; 65 f. 175, 176, 216; 67 f. 98, 107. - de M. Miron, évêque d'Angers, 65 f. 224. - de Montsoreau, 33 f. 111. - Necker, 129 f. 11. - Pinard, 37 f. 126. - de Pommercuil, 109 f. 108. - de Pontchartrain, 101 f. 117. - de la Porte, AA 4. - Guill. Poyet, chancelier de France, BB 19 f. 179; 21 f. 85. - comte de Provence, 124 f. 73. - de Puygaillard, 30 f. 242; 31 f. 357, 381, 382, 399, 442; 33 f. 102, 110, 113, 114, 229, 230; 34 f. 22, 52; 135. EE 1; 2. - Rabelays, commis des finances, CC 14. - Racine, intendant de Monsieur, BB 129 f. 61. - de Rambouillet, 79 f. 66. - prince de la Roche-sur-Yon, 27 f. 17. - de Rohan, 82 f. 80. - G. Ruzé, évêque d'Angers, 34 f. 118; 36 f. 137. - Saint-Florentin, 109 f. 42, 68, 85, 123, 107; 110 f. 120; 114 f. 9, 29, 33, 44, 63, 105, 143, 235; 115 f. 67, 90, 110, 122, 172, 217, 225; 117 f. 99, 133, 191; 118 f. 30; 119 f. 63, 64, 102; 120 f. 17, 35, 71;

TABLE DES MATIÈRES. 581

121 f. 55, 77, 127, 130; 122 f. 60, 64.
- de la Salle, graveur, CC 24. - Sarred, secrétaire des finances du duc d'Anjou, BR 32 f. 177. - Servien, 85 f. 195. - Sainte-Suzanne, 82 f. 138, 152. - Thorode, CC 45. - de la Valette, AA 3. BB 73 f. 249. FF 44. - de la Varanne, BB 89 f. 19. FF 44. - J. de Vaugirault, évêque d'Angers, CC 26. - maréchal de Vieilleville, AA 3. FF 5. - de Villedeuil, BB 134 f. 5. - de Voglie, 125 f. 40. - de M. de la Vrillère, AA 3. BB 106 f. 105. V. *Autographes.*
— des habitants de Craon, BB 34 f. 109. - du gouverneur et de la Mairie de Saumur, 34 f. 20. - des Conseils de ville de Paris, 34 f. 19. - du Mans et de Limoges, FF 47. - de Tours, BB 31 f. 109; 36 f. 518. - de l'évêque, 34 f. 21. - de la ville, 28 f. 200. - des juges-consuls et des batelières de Nantes DD 8. - des délégués des marchands de Loire, BB 34 f. 197. - du premier président du Parlement de Paris, 60 f. 14, 15. - des députés de l'Anjou (1789), EE 6 f. 94.
Levée de gens d'armes autorisée en ville, BB 6 f. 59; 31 f. 86, 102, 180, 187; 33 f. 250; 34 f. 328, 339; 36 f. 258; 39 f. 4; 40 f. 106, 108; 46 f. 105; 76 f. 58; 81 f. 67. CC 23.
— (procès-verbal de) du cadavre d'un sous-lieutenant d'Armagnac tué dans une bagarre, FF 48.
Levée Saint-Serge construite par l'abbaye. - droits d'usage et de propriété qu'elle s'y réserve, BB 94 f. 20. - projets de nouveaux travaux sur les communs, 124 f. 41; 130 f. 36-39. - traité avec M. de la Besnardière, ib. - plaintes réciproques, f. 119. - continuation des travaux, 131 f. 19. - expertise, 132 f. 8. - est prolongée, f. 76. - (pavage de la), 132 f. 60. - réception des ouvrages, 133 f. 5; 134 f. 45.
Levées de la Loire (analyse des actes relatifs aux), II 6. - sont rompues; réquisition de deniers sur les abbayes tenues à les entretenir, CC 4 f. 179. - (réparation des), BB 10 f. 7; 33 f. 188. - deux bourgeois élus pour en surveiller l'entretien et la construction, 29 f. 3. - règlement pour les travaux, 33 f. 188. - requête au roi, qu'il y veuille aider, 36 f. 243. V. *Rivières.*
Libelle (désaveu par la ville d'un) distribué à Paris, BB 73 f. 119. - intitulé *Lettre pastorale*, 84 f. 37, 38. - répandu par les religieux de Lesvière (protestation contre le), 97 f. 63.
Liberté du travail autorisée au profit des compagnons drapiers et teinturiers par sentence du prévôt (1609), BB 55 f. 134. - les maîtres et la ville en appellent, ib.
— de la pêche. V. *Pêche.*
Libraires. V. *Imprimeurs-libraires.*
Lices. V. *Place des Lices.*
Lieutenant général du royaume (nomination d'un), BB 82 f. 155.
— du roi à Angers (traitement du), II 11. - prétend sur le maire la présidence du conseil, 35 f. 228, 273. - (obsèques du), 36 f. 389. - la ville demande qu'il ne soit pas remplacé, f. 391. - (nomination du), 66 f. 103. - réception, 95 f. 135. - (brevet de), 132 f. 59. - aux Ponts-de-Cé. - ses prétentions combattues par la mairie d'Angers, BB 122 f. 50; 123 f. 65; 125 f. 2.
— général de police. - ses attributions, BB 121 f. 65. CC 26. - (installation du), BB 102 f. 39. - le conseil de ville décide d'en racheter la charge vacante, pour la réunir, comme autrefois, aux fonctions du maire, 104 f. 26, 27, 29. - arrêt du conseil d'Etat qui l'unit au corps de ville, f. 63. - le conseil de ville charge le maire d'en acquérir l'office, 109 f. 137-139. - et s'oppose à sa réunion au corps de ville, 110 f. 113. - (les bougies et jetons seront attribués à l'assesseur du), 115 f. 167. - ses fonctions sont gratuites et gérées par le maire, 129 f. 20; 130 f. 77, 79, 80, 82-84, 95. - ne peut fixer la taxe du pain qu'en assemblée générale, 130 f. 66.
Lieutenant particulier dispute la préséance au lieutenant criminel, BB 37 f. 122. - est arrêté par ordre du gouverneur, 95 f. 55.
— de robe courte soumis aux maréchaux de France, BB 36 f. 80.
— du maire. - rachat projeté de son office par la ville, BB 103 f. 24, 25. - sa démission, 133 f. 73.
— du roi des violons de Paris. - passe cession de ses privilèges, FF 5 f. 71.
— des perruquiers (privilèges du), BB 128 f. 96.
Linge loué et acheté par la ville pour le gouverneur, BB 39 f. 17. - quêté en ville pour l'hôpital, 71 f. 125; 46 f. 77.

582 TABLE DES MATIÈRES.

LITS MILITAIRES (adjudication de la fourniture des), BB 108 f. 12-14.
LIVRES. - sont soumis au droit de cloison, BB 12 f. 27. - donnés en présent de ville, BB 50 f. 163; 132 f. 5-8. - de droit, achetés pour l'usage de la mairie, 114 f. 34.
LODS ET VENTES (rôles des taxes imposées pour la décharge des), CC 66.
LOGEMENTS MILITAIRES (ordonnances et règlements pour les), BB 81 f. 130; 86 f. 18, 24; 89 f. 67, 68; 94 f. 178; 96 f. 58; 97 f. 11, 18, 40, 41, 45; 114 f. 181. EE 16. - relevé des lits disponibles en ville, BB 100 f. 85, 86. - (questions soumises à l'intendant au sujet des), 125 f. 24. - indemnité aux officiers de dragons, 129 f. 17. - aux habitants, CC 38. - le secrétaire de la mairie insulté, BB 95 f. 81. - - semonce à l'auteur d'un billet falsifié, 96 f. 146. - (rôle de répartition de la taxe des), CC 67; 69-78; 83; 84; 89; 91; 94; 97; 99; 106; 120-121; 125-127; 128; 158. - requêtes en décharge, CC 89. BB 82 f. 7.
LOGIS d'Angers. - BARRAULT préparé pour Marie Stuard, AA 4. - pour le roi, BB 46 f. 131-147. - plantation d'un mai, 82 f. 123. - le gouverneur y loge, 88 f. 130. - DE CASENOVE. - M. de Rohan y meurt, 66 f. 198. V. Académie d'équitation. - DE CLERMONT occupé en temps de peste par deux récollets, 69 f. 70. - DE HAUTE-MULE, loué pour logement du gouverneur, 52 f. 142. - DE ROBERT-PLESSIS. - les religieuses de la Fidélité s'y établissent, 73 f. 292. - ST-ELOI occupé par les Visitandines, 75 f. 103. V. Hôtels.
LOTERIE au profit de l'hôpital général (1700), BB 102 f. 13, 14, 29, 69. - la ville prend cent billets pour en employer le gain en achats de blés, 104 f. 60. - pour la reconstruction de la chapelle du collége d'Anjou (1715), 105 f. 102; 106 f. 12, 63. - pour l'établissement d'une Ecole militaire, FF 5 f. 20.
LOUEUR DE VOITURES et de chevaux. HH 34.
LOUPS ENRAGÉS s'attaquent aux personnes ; la noblesse convoquée pour faire la huée, BB 47 f. 78. - dévastent le cimetière du Sanitat (1636), 69 f. 28. - ravagent la province. - procession générale pour en obtenir l'éloignement (1715), 105 f. 89. - primes de 10 livres par tête, f. 91. - courent la banlieue (1719). 106 f. 97.
LOYERS (enchérissement des), BB 33 f. 224. - (don gratuit réparti sur les maisons au prorata des), 88 f. 176. - projet de les imposer, 89 f. 145.

M.

MACHINE AÉROSTATIQUE. V. Ballons.
— HYDRAULIQUE établie à la fontaine Piedboulet, BB 131 f. 37. - (réception de la), CC 42.
— PLASTIQUE D'ANATOMIE pour le cours d'accouchements, CC 37. BB 128 f. 84. - déposée au greffe de la ville, ibid. - et prêtée au chirurgien Lachèse, f. 101.
MAÇONS–TAILLEURS DE PIERRE ET ARCHITECTES. - leurs statuts (1645), FF 5 f 74. - requis pour la fortification du Brouage, BB 71 f. 38. - pour le rasement du château d'Angers, 39 f. 28. - la création de leur maîtrise combattue par les terrasseurs et le conseil de ville, 80 f. 71; 87 f. 39. - ont défense de faire des règlements sans avis de la police, HH 25. - ordonnance pour le prix de journée de leurs compagnons, ibid. - (marchés passés par la ville avec des), DD 12, 15. - emplacements qui leur sont assignés pour chantiers, BB 124 f. 102. - procédures intentées par la communauté, FF 35.
MADELEINE (chapelle de la). V. Chapelles.
MAGISTRATURE (mémoire à l'Assemblée nationale sur l'organisation de la), BB 134 f. 75. - lettre et proposition des députés d'Anjou sur ce sujet, f. 107.
MAI (plantation d'un) devant le logis Barrault, BB 82 f. 123.
MAILS d'Angers (propriété des), AA 7. II 3. - (GRAND), marché pour sa construction (1616), DD 14. - réception des travaux, BB 64 f. 18. - on y ajoute une allée nouvelle, 65 f. 124. - le jeu y est délaissé ; la ville diminue la ferme, 74 f. 200; 75 f. 129. - et la donne, à charge seulement d'entretien, 82 f. 213. - addition d'avenues nouvelles. 93 f. 217. - est prolongé, f. 249. DD 14. - obligations du concierge, BB 93 f. 306. - enquête contre les malfaiteurs qui gâtent les arbres, 94 f. 13. - est restauré, 95 f. 33. - garni de bancs, 102 f. 51. - les arbres renouvelés, 103 f. 28, 32, 39, 161. - nouvel agrandissement aux dépens des Minimes, f. 35, 78, 127, 128, 138. - construction de casernes sur l'avant-Mail, 107 f. 3. -

qu'on replante, 111 f. 167, 200. - réparation des arcades, 115 f. 16; 122 f. 60. - GIZEUX ou DES LICES. Voy. *Place des Lices.* - MARTINEAU (titres de rente et de propriété du), AA 7. - il est replanté. BB 115 f. 156. - arrosage des arbres, 117 f. 69. - ROMAIN (plantation du), 113 f. 298. - (baux d'emplacements de ville près le), DD 5.

MAIRE. - ses gages, II 1. - ne peuvent être augmentés par des gratifications, BB 8 f. 56. - élu échevin, 9 f. 79. - offre sa démission que le Conseil refuse, 22 f. 59. - réélu remercie le Conseil, 32 f. 151. - prend les pouvoirs du gouverneur absent, 34 f. 14. - se plaint aux échevins de leurs absences fréquentes, 34 f. 156; 41 f. 2. - est député auprès du roi, f. 268; 47 f. 80 *et sæpius*. - conteste au lieutenant-général la présidence du Conseil, 35 f. 228, 273. - présente au duc d'Anjou les doléances des habitants, 36 f. 206. - prétend la préséance sur la magistrature, 37 f. 79. - au nom de la ville est parrain de la fille du comte de Brissac, 38 f. 81. - assailli par un assassin, f. 104. - obtient une escorte personnelle, 31 f. 131; 40 f. 26; 42 f. 1. - gages de ses gardes, II 1. - redevances singulières qu'il reçoit chaque année, BB 52 f. 27, 126; 90 f. 102; 93 f. 222. II 4. - sollicite en cour pour la décharge des nouveaux subsides, 57 f. 65. - a seul le droit, avec le gouverneur, de faire armer les habitants, 60 f. 90. - de donner le mot aux patrouilles, f. 87. - a la garde des clés, f. 105-107. - son portrait mis dans la salle du Conseil, 63 f. 95; 66 f. 215. - est mandé auprès de la reine-mère, 65 f. 160. - et exilé à Nantes, f. 172. - est rappelé, f. 175. - est continué en fonctions par la reine, malgré lui, 65 f. 245. - assailli par un laquais, pardonne au coupable, 67 f. 60, 63. - continué en charge par ordre du roi, malgré le Conseil, 67 f. 206. - qui proteste et procède à une élection contraire, 68 f. 5. - elle est cassée, f. 9. - dénoncé comme auteur d'un pamphlet, est néanmoins maintenu, f. 18, 26. - visite le Sanitat, 73 f. 24. - se démet de sa charge par ordre, f. 91-153. - le roi refuse sa démission, f. 161-287. - fait l'ouverture solennelle des foires, 81 f. 40 et suiv.; 102 f. 31. - Rapport de ses démarches en cour pour le soulagement des misères de la ville, f. 173. - poursuivi par une émeute populaire, s'enfuit de la ville, 302. - passe une visite générale des manufactures, 93 f. 139. - en a la juridiction, HH 8. - député pour obtenir réduction des taxes, BB 94 f. 75. - a seul droit d'autoriser de battre le tambour en ville, 95 f. 125, 128. - tenu à habiter dans l'Hôtel-de-Ville, 96 f. 119. - a droit d'imposer aux gentilshommes des logements militaires, 99 f. 70. - quoique élu et non perpétuel, est autorisé à porter la robe rouge, 102 f. 129. - est parrain du fils d'un des prisonniers de guerre, 103 f. 122. - (les enfants du) instruits gratuitement à l'Académie d'équitation, 106 f. 34. - passe la revue de la milice en costume de colonel-général, 112 f. 42. - va à Nantes acheter des blés, 115 f. 48. - reprend les fonctions de lieutenant-général de police, 130 f. 77, 79, 80, 82-84, 95. - prié de prendre le commandement du château et d'y résider (1789), 134 f. 12. - sa demande en réduction de taxes rejetée par l'intendant, CC 172. - (émeute à l'occasion de l'élection du) (xvᵉ s.), CC 5 f. 53. - (élection du), BB 2 f. 10; 5 f. 11; 102 f. 106; 134 f. 93, 96. - se fait au scrutin secret, ibid. - sera suivie désormais d'un dîner donné par le nouvel élu (1512), 15 f. 82. - et précédée d'une messe du Saint-Esprit (1572), 33 f. 76. - est nommé au choix du roi sur une liste double de candidats, BB 135; 30 f. 171. - par lettres de cachet, 84 f. 3; 86 f. 3. - la liberté ancienne rétablie, 86 f. 113. - nouvelles lettres de cachet, 87 f. 3; 88 f. 3. - requête pour le rétablissement des élections libres, 102 f. 74; 109 f. 43. - recherches prescrites, dans les archives, des usages anciens, 109 f. 69. - lettres patentes qui les rétablissent, 24 f. 125. - (mariage du), 117 f. 9. - (obsèques du), 15 f. 51; 21 f. 20-23; 22 f. 95; 24 f. 38, 44; 43 f. 15; 70 f. 109, 110. 122; 102 f. 140, 145; 106 f. 6, 8. CC 12 f. 280, 282. GG 138 f. 104, 105; 142 f. 27; 143 f. 78. V. *Conseil de ville, Noblesse d'échevinage, Mairie, Portraits.*

MAIRIE d'Angers (création de la), AA 1. II 1. - ses statuts modifiés, BB 2 f. 10. - ses séances se tiennent dans la maison Godeline (1484), f. 32. - puis à la porte Chapelière (1520-1521), 17 f. 85-153. CC 6 f. 4. – de nouveau dans la maison Godeline en attendant la construction décidée de l'Hôtel-de-Ville (1522), BB 18 f. 71, 90. V. *Hôtel-de-Ville*. – (instances pour recouvrer l'ancienne constitution de la), 33 f. 43, 48. – elle est rétablie, 40 f. 2. – démarches pour en empêcher la réduction, 47 f. 226. – elle est décrétée, 49 f. 1, 12; 91 f. 130. V. *Maire*, *Officiers*, *Officiers municipaux*, *Conseil de ville*.

MAIRIE de Bourges; ses priviléges maintenus, 90 f. 128. II 11.

— de Nantes. – démarches pour en obtenir la création sur le modèle d'Angers, AA 3. – lettres qui l'érigent, BB 28 f. 198.

— de Poitiers et de Tours. – leurs priviléges, II 11.

MAISON GODELINE. V. *Mairie*.

MAISONS éclairées par ordre la nuit, BB 31 f. 356; 33 f. 100. – sont numérotées, BB 124 f. 50, 53.

MAITRE D'HÔTEL DU ROI se noie au passage du Rhône, BB 34 f. 127.

— D'ARMES (brevet de), AA 6 f. 217. – autorisé à enseigner à Angers, BB 62 f. 64; 67 f. 186. – concession d'un privilége pour l'ouverture d'une salle, 115 f. 45; transmissible au fils du professeur, 120 f. 8. – et partagé avec un autre maître, 121 f. 79. – ils le maintiennent pardevant justice, FF 37. V. *Instructeur de la milice*.

— DE DANSE autorisé à ouvrir des cours, FF 42. V. *Bals*, *Collège de Bueil*.

— D'ÉCOLE nommé par la ville d'Angers aux Ponts-de-Cé, BB 6 f. 45. V. *Ecoles*.

— DE LANGUES ET DE MATHÉMATIQUES (brevet de) à l'Académie d'équitation, 122 f. 106.

— DE MUSIQUE autorisé à donner par semaine un concert à la mairie, 122 f. 128.

— DE POSTE (brevet de), AA 6 f. 190. – ses priviléges, BB 129 f. 24. – a défense de fournir des chevaux sans ordre, 67 f. 183. – plaintes du public contre le service des lettres, 94 f. 8.

— D'ŒUVRE. V. *Architectes*. – DES HAUTES-ŒUVRES. V. *Bourreau*.

— VOYEUR d'Anjou (brevet de), AA 5.

MAÎTRES ARTISANS sont responsables de la religion de leurs serviteurs, BB 30 f. 15.

— DE LA MONNAIE. V. *Monnaie d'Angers*.

MAÎTRISES des corporations d'arts et métiers (procès-verbaux de réception aux), HH 10-22. – les deniers des réceptions appartiennent à la mairie, II 1.

MAJOR DU CHATEAU (brevet de), BB f. 59. V. *Château d'Angers*.

MAL DE NAPLES (mesures contre le), BB 9 f. 65.

MALADRERIE (emplacement sur la place St-Maurille d'une ancienne), GG 181 f. 253.

MALMORT (rue). V. *Rues*.

MALTOTE (émeutes contre la), BB 72 f. 97; 86 f. 170, 173, 179.

MALVERSATEURS des deniers publics (poursuites contre les), BB 51 f. 17; 53 f. 23. CC 5.

MANDAT D'ARRÊT contre Nicolas Lhoste, traître au roi, 51 f. 210.

MANDEMENTS de l'évêque pour l'usage du gras en carême, GG 34 f. 363, 464. – des vicaires généraux du diocèse au sujet de la mort de l'évêque, GG 33 f. 328, 350, 456.

MANÉGE (ouverture autorisée d'un) sous les halles (1623), BB 67 f. 58. – subvention de ville pour sa construction, 81 f. 250. – les immunités du directeur confirmées et renouvelées, 85 f. 218. V. *Académie d'équitation*.

— MILITAIRE des Pommiers. – la construction en est imposée à la ville, 121 f. 102. II 2.

MANNEQUINS. – leur contenance réglementée, HH 5.

MANŒUVRES envoyés au siège du Mans, CC 4 f. 47. – au Brouage, BB 71 f. 38.

MANUFACTURES (instructions, arrêts et règlements concernant les), II 10. HH 8. – (création d'inspecteurs généraux et d'officiers royaux des), ibid. – (offres et avis des marchands sur l'établissement projeté à Angers de), BB 96 f. 87. – le maire en a la juridiction, II 10. HH 8. – il les visite, BB 93 f. 139. – DE BAS DE FIL, demandée par l'hôpital général, AA 6 f. 274. BB 130 f. 77-84. – DE BAS D'ESTAME établie en ville (1737), HH 8. – DE COTONS ET COTONNADES (démarches pour solliciter la création à Angers d'une), BB 114 f. 134. – les entrepreneurs exempts des charges publiques, 115 f. 185. – la ville leur refuse une subvention, 117 f. 48. – DE DENTELLES (création d'une succursale de la), 92 f. 154. – DE TAPIS projetée dans l'hôpital des Renfermés, 78 f. 190. - traité avec les directeurs, f. 199. - il est annulé, 79 f. 182. — DE TOILES A VOILES (demande au roi d'une), AA 6 f. 3. BB 81 f. 173. - lettres patentes qui l'érigent (1649), 82 f. 114. II 10. - avertissement donné aux paroisses d'Anjou, BB 86 f. 33. - arrêt du conseil d'Etat qui lui accorde le titre de royale, 117 f. 151. - les filassiers sont indemnisés, 85 f. 45. - les entrepreneurs traitent avec les salpêtriers pour le commerce des cendres, 117 f. 49. - (ouverture d'une route sur les dépendances de la), 117 f. 116. - construction autorisée d'un portail sur le champ de foire, 118 f. 14. - concession gratuite par la ville du terrain nécessaire pour enclore, f. 40, 51. - l'entreprise mise en demeure de restituer les avances de la ville, 119 f. 110. - le directeur réclame le règlement définitif de sa dette sur l'Etat, EE 6 f. 86. - l'embauchement des ouvriers interdit aux concurrents, FF 38. - privilège des ouvriers malades à l'Hôtel-Dieu, BB 114 f. 204.

MARBRE. V. *Carrière de marbre*.

MARCHANDISES soumises en ville au pontonnage, BB 36 f. 181. - frappées d'un impôt nouveau pour compléter un emprunt, 76 f. 115. - projet d'une surtaxe, 78 f. 162. - (tarif des droits de cloison sur les), 86 f. 191. - les ballots marqués aux armes de la ville, 107 f. 28. - les défectueuses saisies, HH 8.

— d'Espagne imposées au profit de Jacq. Cœur, CC 4 f. 60.

MARCHANDS d'Angers protégés contre les recruteurs, 43 f. 52. - réclament comme un droit l'élection d'un marchand à l'échevinage, 16 f. 99 ; 57 f. 56 ; 117 f. 139. - autorisés à étaler aux halles, 50 f. 59. - réclament contre le sol pour livre, 54 f. 120. - leurs députés prétendent le pas sur ceux des notaires, 108 f. 49. - sont déboutés de leur requête contre les marchands de toiles, 111 f. 8-11. - sont exempts de la cloison pendant les foires, f. 132. - procédures intentées par la communauté, FF 35. - rapport sur la conduite des gardes-jurés chargés de visiter les magasins et boutiques, HH 8. - réception des gardes-jurés, HH 22. V. *Juges consuls, Palais des marchands, Foires*.

MARCHANDS DE DRAPS DE LAINE dénoncés par les teinturiers drapants, BB 45 f. 246. - soutenus par la ville contre les fermiers du droit de petit sceau et de la marque, 53 f. 68. - réclament un droit sur les drapiers étrangers, 76 f. 14. - prétendent se séparer du corps des marchands, 85 f. 227. - établissent avec les teinturiers un bureau de marque à l'hôtel-de-ville, 93 f. 80.

— DE VINS en gros. - leur trafic rendu héréditaire par édit royal, 70 f. 10. - (imposition nouvelle sur les), 50 f. 48. V. *Cabaretiers*.

— DE CARTES et de dés (droit prétendu sur les). BB 55 f. 128.

— D'ORLÉANS ou de la Loire, II 10. BB 19 f. 171. - arrêt du Parlement en leur faveur, HH 28. - privilèges de leurs délégués, II 11. - réclament paiement de vivres fournis à la ville, BB 30 f. 97, 100 ; 34 f. 197. - se plaignent du défaut d'entretien des rivières, 54 f. 49 ; 123 f. 112. - réponse de la ville, 123 f. 91.

MARCHÉS d'Angers (règlements et arrêts concernant la police des), HH 5. - rapports de contraventions, FF 7-14. - tarif des droits qu'y perçoit le bourreau, HH 5. - hebdomadaire du mardi (établissement d'un), BB 124 f. 110, 124, 138. - les exigences de la ferme générale en éloignent les marchands, 126 f. 54, 66, 74, 76, 82, 92 ; 127 f. 33. - huit nouveaux par mois autorisés, outre les quatre foires, 127 f. 93. - convention avec les Aides pour leur franchise, f. 106. - tiennent hors ville à cause des troubles, 29 f. 239 ; 31 f. 88. — à cause de la peste, 37 f. 108 ; 47 f. 58. — AUX BESTIAUX (translation projetée du), des halles en Boisnet, 56 f. 27, 38. - demandé par la ville par suite de la cessation des marchés voisins, 114 f. 49. - il est autorisé à l'embranchement de la route de Paris, 124 f. 58. - droits perçus sur les bestiaux, 126 f. 129. - AUX CHEVAUX se tient dans le champ Glastin, 103 f. 115. - les bêtes amenées en vente exemptes de tout droit d'attache et de stationnement, 103 f. 165. - (entretien des arbres du), f. 161. - AUX HERBES transféré de la Trinité sur le tertre St-Laurent, 130 f. 102. - de la place Neuve sur la place Saint-Maurille, 132 f. 102. - AUX TOILES (établissement le samedi d'un), 86

37.

f. 33. - son déplacement projeté, AA 6 f. 22. V. *Foires, Mercuriales.*

MARCHÉS avec des maçons et entrepreneurs pour les fortifications et autres travaux de ville (xve-xvie s.), CC 3, DD 12. - avec les peintres Gilbert Vandelant, pour la confection des portraits du roi et des maires, BB 66 f. 215. - et Coulet pour la restauration de tableaux, CC 43. - avec P.-L. David pour les sculptures de l'Hôtel-de-Ville, CC 42; 43. - avec des jardiniers pour l'entretien des arbres du Mail et des promenades, BB 103 f. 42; 104 f. 102. DD 12. V. *Fontaines, Horloge de ville, Voirie.*

MARÉCHAUSSÉE - deux archers mandés de La Flèche pour presser la rentrée des taxes, BB 102 f. 101, 102, 114. - état des brigades à inspecter (1775), FF 49. - augmentation de celle d'Angers, ibid. - (construction du tribunal de la), BB 74 f. 74, et de casernes, II 6.

MARÉCHAUX FERRANTS - procédures intentées par la communauté, FF 35.

MARÉYEURS. V. *Détailleurs de marée.*

MARGUILLIERS chargés de faire un recensement secret des domestiques, BB 29 f. 124.

MARIAGE de Claude de France (assemblée de députés des villes, convoquée à Tours au sujet du), BB 13 f. 134. - de Louise de France (consentement de la ville demandé par le roi pour le), 16 f. 70. - des rois Charles IX (notification du), 32 f. 199. - Louis XIII, 62 f. 62. - Louis XIV, 88 f. 95. - de maires d'Angers, 117 f. 9; 128 f. 24.

— annulé pour défaut d'autorisation du curé de la paroisse, GG 49 f. 357. - pour parenté, 5 f. 46. - (publication du décret du Concile de Trente sur la réformation du), GG 137.

— des soldats (ordre aux aumôniers concernant le), BB 96 f. 52. - des veufs (arrêt du Parlement au sujet du), GG 201 f. 67. - de filles pauvres dotées par la ville pour la naissance du duc de Bourgogne et du Dauphin, BB 115 f. 54; 130 f. 13, 14, 29.

MARIAGES (Actes de) des paroisses d'Angers, GG 1-310.

— CLANDESTINS (sentence contre un prêtre coutumier de), GG 201 f. 85. - (Déclaration royale contre les), f. 91.

MARINE ROYALE (emprunt pour relever la), BB 34 f. 200.

MARINS - leurs priviléges, EE 20.

MARQUE DES TOILES et mouchoirs (bureau de la), HH 9, II 10. - DES DRAPS (droit de), BB 53 f. 68. - DES POIDS et des boisseaux, 111 f. 215; 112 f. 19. - DU CUIR, 51 f. 138.

MARTEAU D'ABUS des tonneliers (description de l'empreinte du), HH 9.

MASSACRE de la Saint-Barthélemy (ordres pour le), BB 33 f. 102.

MATHÉMATIQUES (création d'une chaire de), BB 96 f. 11-16. - (organisation d'une école de), GG 359. - (l'enseignement des) recommandé aux frères des écoles chrétiennes, BB 132 f. 107. V. *Académie d'Equitation.*

MAUVAIS GARÇONS infestent la ville ; mesures contre eux, BB 18 f. 10, 91 ; 19 f. 69, 112; 22 f. 140; 28 f. 282. - masqués et armés attaquent le guet, 22 f. 195. V. *Coureurs de nuit.*

MAXIMUM mis sur le bois, 29 f. 211. HH 25. - sur le foin et l'avoine, 91 f. 72. - sur les tonneaux, les suifs, HH 25; 30; 32.

MÉDECIN-JURÉ ordinaire du roi ; ses priviléges, BB 100 f. 28.

— DU CHATEAU d'Angers est exempté des taxes, 79 f. 84.

— de Saint-Poursaint (envoi d'un malade à un célèbre) (xve s.), CC 4 f. 45.

— de Provins déchargé des taxes, BB 45 f. 111.

— ou physicien du roi de Sicile (indemnité au) pour le retenir en ville, CC 4 f. 158.

MÉDECINS d'Angers convoqués pour consulter sur le danger de peste, BB 4 f. 79; 47 f. 22, 55. - requis pour soigner à Poitiers les blessés, 32 f. 98. - refusent leur service pendant la peste, 37 f. 111. - sont sommés de résider en ville, 47 f. 59. - offrent de traiter à tour de rôle les pestiférés, ib. f. 61 ; 68 f. 105. - requièrent l'exemption des charges de ville, 115 f. 11 ; 117 f. 19, 180, 183, 193. - maintiennent leurs droits contre des charlatans, FF 37. V. *Hôtel-Dieu, Sanitat, Charlatans, Opérateurs, Herniaire, Oculiste, Rebouteur de membres, Médecine, Chirurgiens,* et à la table des noms propres, *Besnard le jeune, Blandrate (Jeh. de), Bléyny (de), Boisineux (Jull.), Chevreul, Chicoyneau (Fr.), Coutouly (Henri),*

Dionis, Duperché, Goyer, Jousselin (Anne), Joyau (M.), Ledoisne, Lepeletier (M.), Lethielleux (Fr.), Michel (Jeh.), Poisson ainé, Ruellan (G.).
— de ville (nomination de), BB 2 f. 33; 5 f. 64; 8 f. 56.

MÉDECINE. V. *Autopsie, Mal de Naples, Herbes, Rage, Cours d'accouchement, Remèdes, Orviétan, Peste, Dyssenterie*.

MELONS de Langeais envoyés en présent de ville, 85 f. 42; 87 f. 60.

MENDIANTS expulsés par des chasse-gueux, 52 f. 146. - arrêtés, 107 f. 49. - internés dans une maison de refuge, II 7. BB 107 f. 49. V. *Vagabonds, Pauvres, Hôpital général*.
— (religieux). - leurs prédications signalées à la surveillance de l'évêque, BB 40 f. 6. - sont priés de quitter la ville en temps de peste, 69 f. 56. - reçoivent, pendant ce temps, une aumône hebdomadaire de la Mairie, f. 81. - leurs quêtes réprimées, GG 364.

MENDICITÉ (mesures pour la suppression de la), 33 f. 232-233; 09 f. 4. - circulaires et correspondances à cet effet, GG 364.

MENUES RENTES (comptes de recette et dépense des), CC 17, 26-29, 33, 36, 44-46.

MENUISIERS d'Angers, II 11. - avis des fripiers sur leurs nouveaux statuts, 88 f. 28, 58. - la ville y met opposition, 115 f. 165-199. - sont consultés sur les statuts des selliers, HH 26. - requièrent de leurs syndics reddition de comptes, HH 23. - procédures intentées par la communauté, FF 35. - rixes entre les compagnons, BB 119 f. 144.

MENUS DE DINERS offerts par la ville au roi Jacques II, CC 16. - à l'intendant, 17; 34. - au comte de Provence, 34. - au régiment de Condé, 37. - à M. Racine, 38. - à M. d'Autichamp, 42. - aux lauréats de l'Oratoire, 42. - à M. de Praslin, 44. - pour la naissance du dauphin, 40.

MERCIERS d'Angers, II 11.

MERCURIALES des grains aux marchés d'Angers, HH 1, 2, 3. - sont recueillies par des prud'hommes, HH 3. BB 132 f. 35.

MESSAGERS. - leur tarif fixé, BB 85 f. 74.
- de Châteaugontier intente procès à l'abbesse du Ronceray pour défaut d'entretien du pont d'Epinard, 73 f. 26.
- de Paris; plaintes contre ses exactions, 78 f. 5. - de Saumur (plaintes contre le), 79 f. 115.

MESSAGERIE D'ANGERS à Paris; le double service maintenu, 49 f. 67. - à Laval; demande d'un second service, 46 f. 130.
- à la Rochelle (établissement de la), 46 f. 51.

MESSE DE MINUIT (les portes de ville restent ouvertes pour la), 24 f. 267.
— DU SAINT-ESPRIT pour l'élection du maire (1571) (fondation d'une), 33 f. 76.
- est rétablie, 46 f. 70.
— en musique, le jour du Sacre, à Saint-Michel-du-Tertre, fondée, GG 138 f. 85.
— solennelle pour la naissance du dauphin, GG 11 f. 120; 159 f. 462.

MESSES DE L'HÔTEL - DIEU (tarif des grandes), GG 342.

MESURES (étalonnage des), II 10. - réduites à la mesure d'Angers, HH 2. - (proposition tendant à l'uniformité des) (XVIe s.), BB 18 f. 19. - des noix et des fruits réduites au boisseau ordinaire, HH 5. - fausses ou prohibées (poursuites pour usage de), FF 7-14. Voir *Caque, Boisseau, Mannequin, Boîte, Etalons*.

MESUREURS JURÉS des grains, II 11.

MÉTIERS d'Angers organisés pour l'entrée du roi, BB 30 f. 214-225. - ordre qu'ils tiennent à la procession du Sacre, BB 65 f. 152. V. au nom de chaque métier.

MEUNIERS. - la mouture est fixée à la somme de 25 s. payables en argent ou en nature, à volonté, HH 29. II 11. - appellent de cette ordonnance, BB 126 f. 35. - sont tenus d'approvisionner le marché (1789), EE 6 f. 33. - (rapport sur la tournée d'inspection chez les), f. 69. - ceux de la Sarthe et de la Mayenne ont défense d'ouvrir les portes marinières pendant un mois, attendu la sécheresse, 131 f. 63. - ceux des Ponts-de-Cé sont tenus à l'entretien des ponts, au droit de leurs moulins, 12 f. 8; 76 f. 268.

MILICE BOURGEOISE (analyse des actes relatifs à la), II 8. - ordre de faire les gardes, BB 18 f. 60. - le clergé offre d'y contribuer, 29 f. 123. - elle partage avec les soldats la surveillance des portes, 30 f. 44. - une compagnie formée de jeunes volontaires, 31 f. 55, 61. - (montre de la), f. 74.
- organisation du service, f. 50. - les chefs de ménage y sont tenus personnellement, f. 179. - se prend de

querelle avec le gouverneur, f. 147.
— ordonnances et rôles pour les gardes et patrouilles, 230, 242, 260, 290, 302, 379, 401 ; 32 f. 134, 170 ; 33 f. 100, 108, 118, 142, 173, 223, 267 ; 34 f. 10, 26, 200. — on y adjoint des gentilshommes, 31 f. 389 ; 34 f. 333.
— une sentinelle insultée par un particulier, 34 f. 188. — défense de quitter les portes pour déjeuner ou dîner, f. 236. — est commandée et instruite par le gouverneur, f. 241. — les compagnies réduites en centaines (1576), f. 341. — ordonnances pour les gardes, 35 f. 134, 153, 218. — celles de nuit cessent, f. 283. — nouveaux ordres, 38 f. 75, 137, 139. — les officiers remettent leurs charges entre les mains du maréchal d'Aumont, qui leur donne institution nouvelle (1589), 40 f. 1-3. — chaque compagnie tenue à se munir de quatre moulins à bras, f. 22. — les gardes et patrouilles mises sur pied, 39 f. 50 ; 40 f. 21, 68, 160 ; 43 f. 56, 71 ; 46 f. 63 ; 50 f. 25 ; 57 f. 11 ; 58 f. 15, 35 ; 60 f. 87. — elles prennent le mot d'ordre du maire, 60 f. 87. — les blessés sont soignés aux frais de la ville, 58 f. 23. — les gardes reprises, f. 15-23 ; 62 f. 50. — doublées, 62 f. 104. — triplées, f. 105. — ordres des rondes, f. 59. — punition des absents, f. 67-68. — les ecclésiastiques y sont tenus sous les ordres de l'abbé de Saint-Nicolas, f. 98, 97. — cessent 63 f. 7. — sont reprises, f. 59, 97. — des volontaires s'organisent, f. 69. — un maître d'armes, payé par la ville, montre l'exercice aux habitants, f. 95 ; 74 f. 179 ; 75 f. 66. — cessation des gardes, 64 f. 6. — sont reprises, 65 f. 163, 216. — les protestants en sont dispensés, f. 221. — les suppôts de l'Université y sont tenus, 66 f. 62. — envoi de compagnies au siége de Rochefort, f. 122. — indemnité à un blessé, f. 222. — les gardes remises sus par ordre, 67 f. 127, 184.
— les vignerons et les laboureurs en sont exempts, f. 296. — règlement pour les gardes, 66 f. 96. — elles cessent, 68 f. 104. — elles reprennent, 72 f. 70. — convocation des compagnies pour empêcher le passage ou le séjour à Angers de régiments royaux, 79 f. 117 ; 80 f. 160. — est chargée de la garde des recrues, 81 f. 76. — les bourgeois délinquants renvoyés devant un conseil de guerre, f. 80. — Emeute à l'occasion d'élections, f. 292. — places de ralliement des compagnies, f. 294. — les officiers sont cassés et remplacés, à la suite des troubles, par le roi (1652), 84 f. 4 ; EE 5. — le nombre des capitaines est doublé par arrêt du conseil d'Etat, BB 86 f. 206. — règlement pour les officiers, 103 f. 102. — ils ne jouiront d'aucun privilége, 107 f. 11. — les sergents sont exempts des logements militaires, 105 f. 55. — les conseillers de ville demandent l'exemption du service pour eux et leur famille, AA 6 f. 155. — revue passée par le maire, en costume de colonel-général ; bénédiction des drapeaux, BB 112 f. 42. — les officiers, rebelles aux ordres du maire, mis aux arrêts, 113 f. 85. — et exilés à trente lieues de la ville, f. 101. — l'un d'eux expulsé, 119 f. 29. — ordonnance pour le service des gardes et patrouilles, 112 f. 206 ; 115 f. 192 ; 117 f. 35 ; 124 f. 27 ; 128 f. 15, 151 ; FF 48. — elles sont renforcées, 128 f. 97. — y sont tenus les procureurs, les sacristes, les bedeaux, les organistes, les imprimeurs-libraires, 126 f. 50, 52, 62. — les bourgeois s'y mutinent, EE 5 f. 70. — un sergent destitué pour violences contre deux commissaires de police, 126 f. 115. — Etat des officiers par quartiers et par rues (1773), EE 5. — leur uniforme, EE 5, BB 128 f. 26 ; 132 f. 71. — ne doit pas de service dans les prisons, 115 f. 176. — ni pour les exécutions capitales, 131 f. 8. — doit prêter main-forte à la police, 128 f. 100. — mise aux arrêts d'un capitaine, approuvée par l'intendant, 132 f. 41, 45, EE 5. — Contestation entre officiers et soldats, ibid. — (plaintes pour violation de domicile par la), BB 128 f. 51 ; 133 f. 6. — sa réorganisation (1789), 134 f. 5. — règlement nouveau, f. 7 ; EE 7 f. 2. — l'artillerie, les drapeaux de la ville, les canons de Brissac et de Serrant lui sont confiés, f. 12. — Rapports des détachements envoyés à Serrant, à Ste-Gemme-sur-Loire, à Montsabert, EE 5 ; 6 f. 8, 58, 59. — réception des officiers supérieurs par le comité, EE 6. — demande de munitions, BB 134 f. 14. — élection et démission d'officiers, 28 f. 265, 270 ;

46 f. 96; 129 f. 50, 135. V. *Comité permanent, Patrouilles.*
MILICE PROVINCIALE. - Instructions et état pour le recrutement (XVIIIe s.), EE 4. - levée de 30,000 hommes sur les villes exemptes et à leurs frais, BB 112 f. 211, 212; 113 f. 33. - (convocation à Tours de la), 124 f. 77 ; 125 f. 88. - le remplacement y est autorisé sous la responsabilité de la ville, 127 f. 3, 8; 131 f. 5. - arrestation de déserteurs, 127 f. 76.
MINAGE établi sur le quai de la Poissonnerie, BB 46 f. 99.
MINES de Chaudefonds (privilége demandé pour les), BB 131 f. 44.
— de Montjean. - plainte contre les abus du privilége de la concession, BB 127 f. 66. HH 7.
MINIMES d'Angers, II 7. - sont autorisés à bâtir leur couvent dans la prairie d'Allemagne, BB 63 f. 115. - à percer une porte dans la casemate Saint-Blaise, 85 f. 55. - scandale commis dans leur église, 95 f. 48. - ont défense d'affermer aux marchands forains, 103 f. 114. - font abandon d'un terrain pour agrandir le Mail, 103 f. 127, 128. DD 14. - (translation projetée du cimetière de Saint-Pierre dans le champ des) DD 16. - leur couvent proposé pour les casernes, BB 132 f. 108, 145. EE 18. - est choisi, nonobstant leur opposition, BB 133 f. 50, 51, 64, 86. EE 6 f. 10. - traité pour l'appropriation du bâtiment à sa destination nouvelle, BB 134 f. 18. - (baux d'emplacement près les), DD 5.
MINISTRE PROTESTANT, est porté au rôle des contributions, BB 89 f. 96. - celui du Château-du-Loir assassiné, AA 3. Voir *Protestants.*
MIRACLE. V. *Guérison miraculeuse.*
MISÈRES de la ville et du pays d'Anjou (exposé au roi des), BB 34 f. 264; 43 f. 24; 45 f. 106 ; 46 f. 104, 111; 91 f. 158; 94 f. 75; 123 f. 10.
MISSION de 1739 (cérémonies de la), GG 56 f. 164, 165.
MISSION (prêtres de la) s'établissent en ville, BB 94 f. 84.
MONITOIRE obtenu par des écoliers contre la mairie, BB 15 f. 33. - dénoncé par la ville comme scandaleux et tendant à sédition, 43 f. 87. - contre les auteurs de placards diffamatoires, 73 f. 35. - contre les coureurs de nuit, 101 f. 48. - pour recouvrer les titres égarés des archives de la ville, 67 f. 7; 101 f. 106. - contre les malfaiteurs qui dévastent les promenades, 106 f. 30; 108 f. 2 ; 111 f. 13, 220. - contre les abus du commerce des tonneaux, HH 25. - contre la perception de taxes illégales sur les marchandises de Loire, HH 28. - contre les coalitions des bouchers et des chandeliers, HH 32.
MONNAIE d'Angers (analyse des actes relatifs à la juridiction de la), II 7. - requête des monnayeurs, BB 24 f. 288. - (nomination d'un maître et d'un tailleur de la), 28 f. 11, 111, 117. - requêtes de candidats et lettres de recommandation à l'appui, BB 135. - ses priviléges confirmés, 30 f. 80. - demande d'un subside au roi pour en restaurer l'hôtel, 30 f. 256. - autorisée à fabriquer du billon, 36 f. 233, 235 ; 37 f. 44. - démarches pour en obtenir la réouverture, 105 f. 103 ; 106 f. 26, 83, 89; 108 f. 65. - projet d'en reconstruire l'hôtel dans la rue Godeline, 106 f. 74.
MONNAIES ROYALES. - spéculation malheureuse de la ville sur le change (1428), CC 3 f. 201. - (instructions fournies aux officiers de ville sur le fait des), BB 2 f. 59. - articles arrêtés dans l'assemblée de Paris (1486), 4 f. 22. - (ordonnance royale sur les) (1487), 6 f. 4. - convocation d'une assemblée nouvelle à Paris, 8 f. 60. - (délibération en conseil de ville sur le fait des) (1516), 16 f. 61. - mesures pour remédier à la rareté du billon, 36 f. 199. - requête qu'il en soit fabriqué d'urgence en la Monnaie d'Angers, f. 233-235. - nouvelles plaintes, 48 f. 82, 61 f. 118. - (bureau établi pour le change des nouvelles), 98 f. 36, 38. - règlement pour les changeurs, f. 49. - (arrêt concernant le cours des), 98 f. 47. V. *Change.*
MONNAYEURS (supplice de faux), BB 18 f. 95.
MONTAUBAN (rue). V. *Rues.*
MONT-DE-PIÉTÉ (droit prétendu sur le), AA 6 f. 84.
MONTRE de la garnison, BB 28 f. 263. - de la milice bourgeoise, 31 f. 74. - des prisonniers de guerre, EE 19.
MORT des rois Charles VIII, BB 10 f. 24. - Louis XII, 16 f. 14. - Charles IX, 34 f. 19, 22. Henri III, 40 f. 43. - Henri IV, 57 f. 8, 15. - Louis XIII, 79

f. 6. - Louis XV, 126 f. 100. - du Dauphin, 105 f. 2, 31. - de la Dauphine, f. 31. - du maître d'hôtel du roi, 34 f. 127. - de MM. de Tilly, 36 f. 388. - Bussy d'Amboise, GG 198 f. 49. - de Rohan, BB 66 f. 198. - de Thouarcé, 70 f. 63. - Duhellay, 75 f. 100. - d'Autichamp, 99 f. 78 ; 115 f. 146. - de Brionne, 119 f. 125. - Jeh. de Pincé, 21 f. 105. - P. Poyet, 22 f. 95. GG 197 f. 203. - Barbot du Martras, BB 70 f. 109. - du cardinal de Mâcon, 21 f. 170. - des évêques d'Angers Fouquet de la Varenne, GG 138 f. 58. - Henri Arnauld, BB 99 f. 80. GG 29 f. 68. - Poncet de la Rivière, BB 110 f. 10. GG 33 f. 328. - de Vaugirauld, BB 118 f. 12. GG 33 f. 531. - J. de Grasse, GG 34 f. 456. - du curé de St-Michel-du-Tertre, GG 138 f. 119. - de Jeh. Cadu, BB 21 f. 105. - Marin Liberge, 47 f. 206. - Ménage, 81 f. 129. - Boislève de la Gilière, 103 f. 37.

MORT SUBITE de Guill. Lemau, CC 4 f. 166. - du curé Girault, GG 132 f. 118.

MORTALITÉ EXTRAORDINAIRE (1740), GG 56 f. 223.

MOUCHOIRS (fabrique de). V. *Manufactures.*

MOULEURS JURÉS de bois à brûler et charbons (rachat par la ville des offices de), BB 122 f. 123; 125 f. 5. CC 68.

MOULIN (rapport de la commission chargée de l'examen d'un nouveau système de), BB 122 f. 137, 139. - emplacement concédé pour l'expérience (1768), f. 143, 145. - A FOULON demandé par les marchands de draps, AA 6 f. 19. - A MONNAYER (requête pour l'établissement d'un), 61 f. 115. - A POUDRE établi sur les murs de ville, 73 f. 302. - A VENT autorisé en Pierre-Lise, 83 f. 61. - A BLÉS (construction de six) en ville, 43 f 44. - chaque compagnie de la milice tenue d'en avoir quatre à bras, 40 f. 22.

MOULINS des grands ponts. - du pont des Treilles. - Trippault. - Barrault. V. *Ponts d'Angers.*

— de Ruzeboug entravent le cours de la Maine, BB 15 f. 36; 28 f. 105.

— de Dangé sont fortifiés. - préparatifs pour le siège, dont Angers offre de payer partie des frais, 43 f. 26, 55.

— du Louet sont réparés, 13 f. 116.

— de la Vallée sont saisis par mesure de guerre, 39 f. 21.

MOUSQUETS confectionnés avec les « métaux » des églises (1567), BB 31 f. 68, 69. - la reine-mère en donne deux cents à la ville, 65 f. 180.

MOUTARDIERS d'Angers. V. *Vinaigriers.*

MOUTON (rue du). V. *Pénitentes.*

MULE (logis de haute). V. *Logis.*

MUNITIONS DE GUERRE (achat de), BB 29 f. 126, 172; 31 f. 64. - fournies par la ville aux Ponts-de-Cé, 31 f. 381-382; 35 f. 131 ; 39 f. 2. - à l'armée royale, 31 f. 469; 40 f. 49, 77 - pour les sièges de Brissac et de Boisbernier, 40 f. 114; 46 f. 36. - défense d'en vendre hors ville, 60 f. 110. V. *Poudres, Réquisitions, Canons, Armée royale.*

MURS DE VILLE (construction et réparation des), II 6. - on y établit un moulin à poudre, BB 73 f. 302. - les brèches fermées, 99 f. 10. - marché pour les restaurer, 104 f. 35. - M. de la Potherie autorisé à s'y construire un belvéder, 119 f. 14. - défense aux riverains d'y percer des jours ou d'en raser quelque partie, 122 f. 94 ; 128 f. 33. - permis de les abaisser devant l'hôtel Lantivy, 132 f. 9. - (rentes dues pour concessions sur les), II 5. AA 7-14. V. *Tours, Fortifications.*

MUSICIENS. - exemptions accordées à un professeur de flûte, 106 f. 76. - à un professeur de basse de viole, 107 f. 28. V. *Musique, Facteurs d'orgues,* et à la table des noms propres, *Barbotin d'Ayrault, Bardoul, Davenne, Dené (J.-B.), Faure, Hubertière (J. de la), Laroche, Leroy, Ménard (Mic.), Morin (R.), Normandin (M.), Richardin (J.), Vendimène (L.), Woilemont.*

MUSIQUE. - fragment d'un mss. avec annotations musicales du XIIIe s., GG 834. V. *Académie, Concert public.*

MUSIQUE DE VILLE. V. *Tambourins, Fifres.*

— DE LA MILICE (organisation d'amateurs volontaires en corps de), EE 6 f. 22. - leur uniforme, EE 9.

MYSTÈRES (représentation de), CC 4 f. 111. BB 5 f. 2. - DE LA RÉSURRECTION (1456) (frais de copie et d'additions du), f. 165. - DE SAINTE-BARBE (1484), BB 2 f. 32. - DE LA PASSION (1486), 4 f. 29. - DE SAINTE-CATHERINE (1492), 8 f. 43. CC 4 f. 395. - DE LA RÉDEMPTION DE NATURE HUMAINE (1507), BB 13 f. 137. - DE LA SAINTE-HOSTIE (1535), 20 f. 88, 90. - DE SAINT - JACQUES (1547), 24

N.

f. 123. - l'artillerie de ville prêtée aux entrepreneurs, à charge que l'entrée soit gratuite, 13 f. 137.

NAISSANCE de fils et de filles de France. V. *Te Deum, Feux de joie.*

NATION D'ANJOU (la) fait abandon à la ville de la propriété de la prairie d'Allemagne, BB 133 f. 99; 134 f. 9.

NAVIGATION. V. *Rivières, Balisage, Canaux, Levées, Coches d'eau, Commerce.*

NAVIRES DU ROI construits par voie d'emprunt sur les habitants d'Angers, BB 34 f. 200. V. *Frégate.*

NEPTUNE (statue de). V. *Statues.*

NEUVAINE pour la délivrance de la reine, GG 201 f. 62. - à Saint-René, par des dames de la cour, BB 15 f. 5. - à Saint-Sébastien, pour la cessation de la peste, GG 202 f. 50.

NOBLES BOURGEOIS (société des). V. *Confrérie.*

NOBLESSE (examen des titres de), BB 127 f. 83.

— D'ANJOU. V. *Gentilshommes.*

— D'ÉCHEVINAGE, II 1. - maintenue aux villes de Lyon, du Mans, de St-Jean-d'Angély, II 11. - de Bourges, BB 90 f. 128. - d'Angers, 75 f. 19; 79 f. 261; 86 f. 199. - est supprimée. - démarches de la ville pour en obtenir le rétablissement, 91 f. 152, 173; 92 f. 91; 93 f. 28, 49, 57, 62, 122, 157, 302. - est rétablie, 111 f. 234. - ses conséquences dans le partage des successions, 52 f. 74. - le maintien doit-il en être demandé? Rapport. 123 f. 25.

NONCE DU PAPE requis par la ville de maintenir les Récollets à la Baumette, BB 48 f. 68.

NORMANDIE (rue). V. *Rues.*

NOTABLES internés à Saumur pendant le séjour du roi à Angers (noms des), BB 1 f. 5. - chargés de veiller à l'exécution des règlements de police, BB 95 f. 40; 96 f. 106. - (élection de), BB 121 f. 142; 122 f. 1, 139, 144; 134 f. 121.

NOTAIRES. - le contrôle de leurs actes rétabli, II 10. - réclament la suppression du droit de petit sceau, BB 78 f. 85. - leur réduction combattue par la ville, 90 f. 110. - s'opposent aux prétentions des crieurs jurés, 105 f. 16. - disputent la préséance aux marchands, 108 f. 49.

NOYERS gèlent en 1789, GG 34 f. 493.

NOYÉS. - Instruction pour les rappeler à la vie, GG 366. - entretien de boîtes de secours CC 42. - rapport du chirurgien Mirault, CC 42.

NUMÉROTAGE des maisons aux frais des propriétaires (1768-1770), BB 122 f. 166; 124 f. 50. - adjudication des travaux, f. 55. DD 12. II 6. GG 168 f. 131.

O.

OBSÈQUES du roi René (frais des), CC 4 f. 41. - des gouverneurs de Tilly, BB 36 f. 389; de Puicharic, 52 f. 105; d'Autichamp, 115 f. 146. - du maréchal de Brissac, 76 f. 65. - des évêques d'Angers, Gabriel Bouvery, 33 f. 61; Fouquet de la Varenne, 65 f. 223. GG 138 f. 58; Henri Arnauld, BB 99 f. 80; Cl. de Rueil, GG 202 f. 69; Poncet de la Rivière, BB 110 f. 11. - de René Lanier, aumônier du roi, GG 140 f. 208. - des maires, Jeh. de Pincé, BB 21 f. 20-23; P. Poyet, 22 f. 95. CC 12 f. 280; R. Chevalier, BB 24 f. 38-44. CC 12 f. 382; Hunauld de la Thibaudière, BB 43 f. 15, Barbot du Martras 70 f. 109, 110, 122. GG 138 f. 104-105; Raimbault de la Foucherie, BB 102 f. 140-145; Jallet de la Véroullière, 106 f. 6-8. - Des capitaines de ville, Dufresne et Martin d'Ahuillé 39 f. 9, 26; Gohin de Montreuil, 87 f. 33; Chauvet de la Boulaye, 89 f. 23. - (Règlement pour les) des officiers de ville, 103 f. 18.

OBSERVATIONS SUR L'ORGANISATION DE L'ASSEMBLÉE NATIONALE, brochure, AA 24.

OCTROIS. - Lettres-patentes et arrêts concernant la régie, CC 47. II 8. - (Mémoires sur les), BB 125 f. 18-26; CC 33, 57. - le bail prolongé d'un an pour le paiement des gens de guerre, BB 94 f. 128. - ne se perçoivent pas sur le champ de foire, 100 f. 112. - les faubourgs fermés pour assurer la perception, 102 f. 138. - sommes dues par la ville sur la recette, 107 f. 75. - le conseil demande qu'elle continue à appartenir tout entière à la ville, 108 f. 38. - et se plaint de la création des offices de receveur et de contrôleur, f. 43. - (demande d'une prolongation des), 111 f. 18. - seront exclusivement employés au rachat des offices municipaux, f. 92-97. - une compagnie offre de s'en charger moyennant l'abandon de 12 années de recettes, f. 104. - refus du conseil, f. 105. - sont établis pour quinze ans sur les boissons et les foins, f. 234; 113 f. 100. - prorogés pour l'achèvement du chemin de Sorges, 112 f. 150. - règlements de régie, f. 13 ; f. 183; f. 126; f. 138. - prorogés pour 32 ans au profit de l'Académie d'équitation, 115 f. 132. - le contrôleur dénoncé comme concussionnaire et révoqué après enquête, 120 f. 3. - déficit constaté dans la caisse, destitution du receveur, 127 f. 126. - la ville, par pitié, lui accorde une pension alimentaire et couvre le déficit, 128 f. 29. - le contrôleur insulté, 130 f. 116. - les commis maltraités par les bouchers, 132 f. 84. - comptes de recette, CC 13; 15; 48-66. - correspondance au sujet de leur comptabilité, BB 125 f. 69-73.

OCULISTE autorisé à exercer en ville, FF 39.

ŒUFS sont exempts de droits d'entrée, BB 88 f. 168.

OFFICES MUNICIPAUX (propriété et priviléges des), AA 2. BB 125 f. 101. GG 182 f. 362. II 1. - le prix en est fixé par arrêt du conseil d'État, BB 107 f. 63. - état des sommes payées pour leur rachat, 108 f. 7. V. Octrois. - la ville autorisée à ouvrir un emprunt spécial, 111 f. 110-113. - les rentes constituées pour cet effet exemptées de la retenue du dixième, f. 232. - (suppression d'), II 1; BB 123 f. 94. V. Conseil de ville.

— PRIVILÉGIÉS (rachat d'). V. Mouleurs, Jurés de bois, Inspecteurs des boucheries, Lieutenant général de police, Avocat du roi.

OFFICIALITÉ d'Angers (sentence de l') contre un prêtre coutumier de mariages clandestins, GG 201 f. 85.

OFFICIERS DE VILLE (état et traitement des), BB 123 f. 71 ; 125 f. 34. - règlement pour leurs obsèques, 103 f. 18. - sont exempts des droits de francs fiefs, 88 f. 162. II 9. - sont privilégiés pour l'entrée de leurs vins, 122 f. 146-147. - pour l'instruction de leurs enfants, 119 f. 3, 22. - réclamation contre la suppression de certains offices, 108 f. 27; 88 f. 162. - (nomination d'), II 1. V. Offices.

— DU BAS CHŒUR de la cathédrale. -
leurs prétentions, BB 117 f. 171.

OFFICIERS DU CONTREMESURAGE DES SELS (priviléges des), II 11.

— COMMENSAUX (priviléges des), II 11.

— DE LA MILICE. V. Milice bourgeoise.

— ROYAUX (réduction demandée des), BB 31 f. 291.

— DE L'ARTILLERIE royale indemnisés de leurs frais de séjour en ville, BB 43 f. 29.

OPÉRATEURS autorisés à vendre leurs drogues en ville, FF 39. V. Charlatans.

ORAISON FUNÈBRE de M. Barbot du Martras est prononcée par le provincial des Cordeliers, BB 70 f. 128. - du duc de Fronsac, 80 f. 125. - du maire, Raimbauld de la Foucherie, par le P. Buard, 102 f. 149. - du comte d'Armagnac, par M. d'Etriché, 106 f. 91. - du comte de Brionne, par M. Louet, 119 f. 126; 142. - du Dauphin, par le même, 122 f. 29. - du roi Louis XV, par le curé des Alleuds, au refus de M. Louet, 12 f. 133.

ORANGERIE de l'Hôtel-de-Ville construite, BB 100 f. 140.

ORATORIENS s'établissent à Angers, II 7. BB. 65 f. 101. - autorisés à acquérir l'hôtel de Lancreau et à disposer de l'aumônerie de Saint-Michel-du-Tertre, f. 130. - la reine les recommande au conseil, 66 f. 204 ; 67 f. 98. - sont installés dans le collége d'Anjou, 67, 128. - témoignage rendu en leur faveur par la ville, 69 f. 141. - contestation avec le curé de Saint-Michel-du-Tertre, 138 f. 102. - leurs écoliers non admis aux examens par la faculté des Arts, BB 82 f. 23. - la ville atteste l'insuffisance de leurs revenus, 89 f. 42. - le prieuré de Saint-Georges-Châtelaison réuni à leur maison, 90 f. 183. - sont priés de faire accorder leurs vacances avec celles du Palais, 95 f. 65, 106. - création d'une chaire de mathématiques pour le P. Prestet, 96 f. 11, 16, 42. - requièrent la reconstruction du collége, f. 146. - la rentrée des classes reportée à la saint Luc, f. 183. - les Ursulines s'opposent avec la ville à la reconstruction projetée sur l'ancien emplacement, 98 f. 20, 21. - discussion du plan proposé, f. 31, 40, 42. - adjudication des travaux, f. 55. - pose de la première pierre, 99, f. 1. - les entrepreneurs réprimandés pour avoir commencé sans ordre, f. 2. -

plaintes contre l'abus des congés scolaires, f. 22; 114 f. 215. - subvention de ville pour l'achèvement du collége, 100 f. 151; 101 f. 16; 102, f. 57. - transaction avec les Ursulines, f. 47. - dédicace par les écoliers d'une énigme et d'une tragédie au conseil de ville. - harangue des acteurs, 100 f. 114, 115; 102 f. 117. - dénoncent les privilèges prétendus par le Séminaire pour ses élèves de philosophie, 103 f. 65, 67. - loterie autorisée par le roi pour la reconstruction de la chapelle, 105 f. 102; 106 f. 12, 63. - traité avec l'architecte Jouin, 106 f. 94, 97. - la pension augmentée de 24 sous par an pour frais d'achat de livres de prix, 117 f. 73. - don par la ville de deux globes terrestres et d'un télescope, 120 f. 44, 47. - réparations du collége, 111 f. 20, 23. AA 6 f. 157. - l'entrepreneur des constructions nouvelles actionné pour défectuosité des travaux, 122 f. 149. - démarches pour la création d'un pensionnat 113 f. 80; 118 f. 47; 121 f. 35, 36, 114, 118. - le supérieur dénonce la conduite du concierge et de ses deux filles, 126 f. 133. - enquête contre le professeur de physique, 130 f. 108. - le théâtre du collége démoli pour y loger les blés, 132 f. 41. - cèdent à la ville la jouissance de la prairie d'Allemagne, 133 f. 99. V. *Collége d'Anjou*, *Université*.

ORDONNANCE ROYALE sur les monnaies (1487), BB 6 f. 4.
ORDRE DE MALTE. - privilèges des chevaliers, II 11.
ORDRES MENDIANTS. V. *Mendiants (religieux)*.
ORFÉVRES d'Angers, II 11. - vœu du conseil de ville pour que le nombre en soit augmenté, BB 65 f. 44. - procédures intentées par la communauté, FF 35. V. à la table des mots propres les mots *Colpin* (*Gilb.*), *Colpin* (*Touss.*), *Dallair* (*Matth.*), *Dallair* (*Ph.*), *Joubert*, *Lescot* (*Fr.*), *Maisonneuve* (*H.*), *Peletier* (*André*), *Prieur* (*Guill.*), *Prieur* (*Jacq.*), *Thibault* (*Abel*), *Truvers* (*René*).
— de Paris. V. *Lescot* (*Fr.*)
ORFÉVRERIE. V. *Présents de ville*, *Vaisselle*.
ORMEAUX plantés en Boisnet, BB 78 f. 172. - de la porte Saint-Michel à la place Martineau, 99 f. 48. - aux Lices,
127 f. 111. - ceux du Champ-de-Foire vendus, 124 f. 75.
ORVIÉTAN (vente autorisée d'un), HH 10; FF 39. V. *Charlatans*.
OURAGANS EXTRAORDINAIRES - (1632), BB 74 f. 11. - (1751) GG 180 f. 511.
OUVRIERS. V. *Perrières*, *Perrayeurs*, *Manufactures*, *Compagnons*.

P.

PAIN - les forains autorisés à en vendre sur la place Neuve, BB 1 f. 85. - de munition (confection de deux sortes de), 39 f. 1. - la ville en approvisionne l'armée, 45 f. 205. - et les Ponts-de-Cé, 31 f. 381, 382. - (saisie de) pour défaut de poids, 95 f. 81; 96 f. 136. - (taxe du), 1 f. 47; 17 f. 142; 27 f. 84; 133 f. 82, 89. HH 3. EE 6 f. 61. - le juge de la prévôté n'a pas le droit de la fixer, BB 24 f. 133. - non plus que le lieutenant de police seul, 130 f. 66. - (tarif proportionnel du blé et du), HH 4. V. *Blés*, *Boulangers*. - (cherté du), (1789) GG 183 f. 102.
— BÉNIT (rôle de distribution du) aux officiers de ville, CC 39; 46.
PAIX (publication de la). V. *Te Deum*, *Feux de joie*.
PALAIS ROYAL (mesures pour préserver l'horloge du), CC 8 f. 107. - insuffisance du local de la juridiction, BB 33 f. 169. - est fermé à cause de la guerre civile, 33 f. 104; 34 f. 11, 240; 35 f. 152, 305. - pendant la peste, 47 f. 58; 51 f. 90. - (paiement des travaux de sculpture faits au), 65 f. 105. - on y affiche des placards diffamatoires, 72 f. 93. - (incendie du), 113 f. 65. - les frais de construction et d'entretien sont à la charge de la ville, 124 f. 142.
— DES MARCHANDS construit avec la recette du quart de la double cloison, BB 65 f. 243. II 10. - on y voulu la Bourse, BB 115 f. 167. - cérémonial pour la réception du conseil de ville, 117 f. 115.
PAMPHLET contre le gouverneur, BB 68 f. 14. - l'ancien maire accusé d'en être l'auteur, f. 18. V. *Ecrits clandestins*, *Libelles*, *Placards*.
PANCARTE des marchandises soumises au pontonnage d'Angers, BB 36 f. 181.
PANIERS et mannequins; leur contenance réglementée, HH 5.
PAPEGAULT. V. *Roi du Papegault*.

38

594 TABLE DES MATIÈRES.

PARALYTIQUE guéri miraculeusement, GG 16 f. 85.
PARC DES JEUX restauré, BB 24 f. 121.- un échafaud spécial y est réservé au corps de ville, 8 f. 43. - la propriété lui en est contestée, 24 f. 123. Voir *Théâtre, Mystères.*
PARCHEMINERIE (rue de la). V. *Rues.*
PARCHEMINIER DE L'UNIVERSITÉ (brevet de), AA 6 f. 179.
PARLEMENT (requête pour l'établissement à Angers d'un), BB 9 f. 43.
— de Paris; ses décisions prises pendant les troubles annulées (1652), BB 84 f. 118.
PAROISSES d'Angers. - se font représenter aux séances de la Mairie, 34 f. 329.
- appelées à délibérer sur le déplacement des cimetières, DD 16. - (relevé par) des ménages indigents (1789), EE 6 f. 60. - règlements concernant la tenue de leurs registres, GG 43; 45; 46. - circulaire qui en prescrit la récapitulation statistique (1764), GG 159 f. 69. - (actes des), GG 1-310. - SAINT-DENIS proteste contre tout subside nouveau applicable à des frais de guerre, BB 29 f. 284. - SAINT-EVROULT. - le chapitre de Saint-Maurice y renonce à son titre de curé primitif, GG 33 f. 544.
- la fête patronale fixée au 3e dimanche de l'Avent, f. 546. - SAINT-JACQUES. - le curé demande la portion congrue, GG 47 f. 94. - l'abbesse du Ronceray renonce à son titre de curé primitif, f. 95. - SAINT-JEAN-BAPTISTE - construction de la cure (1735), GG 56 f. 85.
- règlement pour l'heure de la messe, 59 f. 218. - nombre des communiants, 49 f. 273. - SAINT-MAURICE fait les frais de la pyramide du Loricart, BB 82 f. 12. - SAINT-MICHEL-DU-TERTRE perd son procès contre la ville, 21 f. 121.
- se plaint de l'administration de la Mairie, 31 f. 78. - SAINT-PIERRE. legs faits à la fabrique, GG 181 f. 305.
- liste des curés, 180 f. 511. - leurs droits sur l'enclave de Saint-Nicolas, f. 507. - liste des enfants pour la Communion et pour la Confirmation, 181 f. 597, 764. - SAINT-SAMSON - nomination de fabriciens, GG 192-195. - inventaire des registres, GG 196.- SAINTE-CROIX - liste des paroissiens morts de la peste en 1626, 202 f. 36. - délibérations, 205 f. 60-65. — DE LA TRINITÉ demande une seconde cure, BB 131 f. 50, 52. - noms des chanoines, curés et vicaires perpétuels, GG 219-221, 223, 224, 228.
PAROISSES RURALES organisées contre les courses des Bretons, BB 5 f. 59.- travaillent par corvées aux fortifications d'Angers, 32 f. 65 ; à la réparation des ponts de la ville, 99 f. 46. - celles de Savennières et d'Epiré sont tenues à la garde de la Roche-de-Serrant, 39 f. 13.
— (actes des) de Saint-Léonard, GG 78-81 ; et de Saint-Augustin, GG 15-27.
— de la généralité de Tours (rôles de répartition d'un impôt royal sur les) (1574), BB 34 f. 54-62.
PARRAIN refusé pour n'avoir pas reçu la Confirmation, GG 20 f. 46. V. *Baptême, Maire, Ville d'Angers.*
PARTERRE DU THÉATRE. - les manifestations y sont interdites, BB 117 f. 7. FF 41.
PASSEPORT est exigé aux passages des rivières, BB 30 f. 44. - de lord Smith, ambassadeur d'Angleterre, 30 f. 229.
PATACHE établie à la Basse-Chaîne. - s'effondre, est vendue, BB 55 f. 9. - autorisation de la retirer de l'eau, 60 f. 49-50.
PATÉ de saumon envoyé en présent de ville, BB 124 f. 91. CC 20.
PATISSIERS d'Angers sont compris dans les distributions du Sacre, BB 74 f. 79. II 11. - transigent avec les hôteliers, HH 10. - procédures intentées par la communauté, FF 36.
PATROUILLES DE NUIT (organisation des), II 8. - remplacent le guet, BB 35 f. 321.
- prennent le mot d'ordre du maire, 60 f. 87. - les ecclésiastiques y sont contraints sous les ordres de l'abbé de Saint-Nicolas, 62 f. 97. - sont maintenues malgré le gouverneur, 113 f. 38, 43, 57. - sont attaquées par des bourgeois et par des dragons, FF 48. Voir *Milice bourgeoise.*
PAUVRES valides employés à curer les rues, BB 17 f. 141. - les étrangers expulsés, f. 143; 19 f. 110; 30 f. 278.
- le clergé sommé d'abandonner à leur profit le tiers de ses revenus, 17 f. 164.
- mesures de police, 20 f. 117, 118, 196; 22 f. 2; 23 f. 117, 126, 129; 30 f. 13, 182, 184, 188. - leur grand nombre en ville, 22 f. 56. - délibérations sur le projet de leur ouvrir un refuge, 23 f. 129, 136, 194, 241. - sont occupés aux travaux de ville, 24 f. 19. - puis expulsés faute d'argent,

f. 33. - employés à curer les égouts, 28 f. 7. - internés à l'hôpital Saint-Jacques, 29 f. 166. - nomination de commissaires pour aviser à leur subsistance, 33 f. 231-238. - organisation de l'aumône publique, f. 234, 238, 244 ; 38 f. 37. - sont menés par le bourreau aux tranchées, 39 f. 1. - admis à passer la nuit dans les hôpitaux et les aumôneries, 46 f. 131. - expulsés à cause de la peste, 47 f. 50, 103. - occupés aux travaux du port Ayrault, 54 f. 65. - les étrangers renvoyés, 61 f. 107; 96 f. 105, 190. - sont recueillis dans l'aumônerie Fils-de-Prêtre, 62 f. 32. - on propose de les y renfermer, 64 f. 28, 29, 48. - sont recensés et employés aux travaux de ville, 68 f. 123-131. - les frais de leur nourriture égaillés sur les habitants, 68 f. 133-139; 69 f. 8; 73 f. 131. - défense d'entrer en ville pendant la peste, f. 42. - la ville achète, le roi envoie des blés pour leur subsistance, 97 f. 38-49. - difficultés survenues dans la répartition, règlement, f. 49, 50. - ouverture de travaux, subventionnés par le roi, pour les occuper, 101 f. 121 ; 102 f. 51. - distributions de secours aux inondés des rues basses, 114 f. 216, 217; 115 f. 12 ; 217 f. 45 ; 124 f. 19, 57. - représentation au théâtre à leur bénéfice, 117 f. 61. - ceux de la ville distingués des étrangers par une marque de cuivre, 122 f. 76. - (aumônes aux), 126 f. 76; 130 f. 82; 132 f. 31. - ateliers de charité, 119 f. 45; 130 f. 135, 139; 133 f. 20. V. *Hôpitaux*, *Irlandais*, *Indigents*, *Bains*, *Chauffoirs publics*.

PAVAGE de la ville et des faubourgs, II 6. - est demandé à bail pour sept ans, BB 30 f. 267. - (règlement pour le), 57 f. 91. - prix des travaux. 95 f. 47 - les propriétaires tenus à l'entretenir devant leurs maisons, 100 f. 20. - la Mairie maintient contre les trésoriers de Tours son droit de le surveiller en ville, 109 f. 125. - devis de travaux, DD 18. - (comptes du), CC 5, 8, 9, 11-13. V. *Routes*, *Rues*.

— ET BARRAGE (droit de), II 2 - (perception du), BB 38 f. 64.

PAVEURS requièrent augmentation de leur salaire, BB 30 f. 267. DD 18. - demandent du travail, ibid.

PÉAGE (droit de), perçu sur les ponts d'Angers et des Ponts-de-Cé. V. *Ponts*, *pontonnage*.

PÊCHE de la Maine (bail et règlements de la), DD 7. - (droit perçu par la ville sur la), II 2. - des douves (ferme de la), BB 11 f. 6-20.

PÊCHEURS (droit prétendu par le fermier des Traites sur les), BB 79 f. 148-152. -droit qu'ils doivent au Domaine, DD 7. - (prétentions du lieutenant des Ponts-de-Cé sur les), BB 122 f. 50. - (ordres pour une levée générale des), EE 20. - ceux du faubourg de Reculée, ont droit de vendre en la Poissonnerie d'Angers, BB 49 f. 77.

PEINTRES. V. à la table des noms propres, les mots *Arnoul*, *Barillat*, *Besnard*, *Boissier*, *Brie (de)*, *Chamoreau*, *Coulet de Peauregard*, *Davy*, *Ernoul*, *Grésil (R.)*, *Lagouz (Cl.)*, *Lagouz (Jeh.)*, *Lemaistre (Jeh.)*, *Lepaintre (Jeh)*, *Mirgallet*, *Moufflart (J.)*, *Nicolle*, *Raillart*, *Rodolphe*, *Vandelant (Gilb.)*.

PEINTURES (les cartes des) de l'entrée du duc d'Anjou, mises en tableaux de bois dans la salle du Conseil, BB 36 f. 249. V. *Tableaux*, *Portraits*, *Peintres*.

PÈLERINAGE de Béhuard ordonné à un sergent de ville, BB 1 f. 3. - fait par des commissaires au nom du roi Louis XI, CC 5 f. 54. - de Saint-René, BB 15 f. 28. - de Rome (certificat délivré à un menuisier partant pour le), 167 f. 10. - à l'étranger interdit sous peine des galères, 124 f. 17.

PELLETIERS FOUREURS d'Angers. - requièrent privilége de pelleterie, FF 5 f. 40. - transigent avec les chapeliers, f. 43. - procédures intentées par la communauté, FF 35.

PÉNITENTES. - autorisées à s'établir en ville, II 7. BB 79 f. 24-34. - à s'agrandir sur la rue voisine, 94 f. 98. - à enclore un terrain vague entre les rues de la Gahouère et du Mouton, 121 f. 99. - s'opposent à la suppression de la rue des Grilles, 124 f. 25, 36. - sont sommées de l'enclore sous peine de déchéance au profit des dames de la Croix, 126 f. 145. - dénonciation contre le régime de la maison (1789). - visite judiciaire des cellules, EE 6 f. 36.

PENSIONNAT (démarches de la ville pour l'établissement d'un), AA 6 f. 109. BB 120 f. 16, 26, 40, 73 ; 121 f. 10, 25, 27, 30, 32, 86, 109 ; 122 f. 10, 12, 13, 18, 20, 68, 71, 88, 133. - refus du contrôleur général, 122 f. 136. - nouvelles instances, 123 f. 1, 6,

8, 9, 14, 17, 18, 73, 83, 88, 98, 117, 119, 129 ; 125 f. 7, 85. V. *Oratoire, Abbaye de St-Aubin*.

PERDRIX données en présent de ville, BB 108 f. 16. CC 5, 11, 13, 20, 26, 29.

PERRAYEURS requis pour les fortifications d'Angers, BB 39 f. 12. - pour celles du Brouage, 71 f. 38. - à défaut d'ouvrage, sont employés aux travaux de ville, 119 f. 45. - défense aux entrepreneurs d'embaucher ceux de leurs voisins, FF 38. - deux mille d'entre eux offrent leurs services au corps de ville (1789), BB 134 f. 5. - semonce à deux des séditieux, EE 6 f. 6.

PERRIÈRES. - les échelles en sont détruites par mesure de guerre, BB 31 f. 308. - (privilège de nouvelles), 62 f. 52. - les clercs mandés pour renseigner sur la dernière émeute, EE 7 f. 2. - SUR LE CHEMIN DE SAINT-AUGUSTIN (plaintes contre l'ouverture de) (1645), BB 80 f. 39. - PRÈS BRIONNEAU, desservie par une écluse (1656), 86 f. 117. - DU GRAND ET DU PETIT BOUCORNU, en parties ruinées, 27 f. 129 ; 36 f. 305. - affermées, 38 f. 68 ; 49 f. 84. - DE LA GRAVELLE (expertise du prix de main-d'œuvre dans la), HH 6. - DE HANNELOU comblée, BB 103 f. 119-120. - SUR L'ANCIEN CHEMIN DES JUSTICES (ouverture interdite d'une), 124 f. 58. - DE LA NOUE ET DE CHAMPROBERT. - contestation des fermiers avec l'Hôtel-Dieu, 65 f. 118, 119. - DE PIGEON (embranchements proposés sur la route de Paris pour le service de la), 122 f. 151-162. - (état désastreux de la) (1769), 124 f. 4. - abornements donnés aux entrepreneurs, f. 23-33. - nouveaux empiétements, f. 103. - SAINT-SAMSON appartient à l'abbé de St-Serge qui autorise de la combler, 101 f. 125. - on y déverse les vidanges de ville, 114 f. 214. - DE SOUCELLES (essais d'échantillons des), 130 f. 104. - DE TERRE-ROUGE (ouverture de la) (1667), 91 f. 167. - A TRÉLAZÉ (enquête pour l'ouverture d'une) (1586), 38 f. 133. V. *Carrières, Ardoises*.

PERRUQUIERS d'Angers doivent participer aux frais des grosses torches du Sacre, BB 113 f. 26. - arrestation de garçons pour tapages nocturnes, 121 f. 29. - sont privilégiés pour la coiffure des femmes, FF 5 f. 94. - demandent la création de dix officiers pour cette spécialité (1786), BB 132 f. 44. - (examen des privilèges du lieutenant des), 128 f. 96. - procédures intentées par la communauté, FF 36.

PESTE à Angers (1487), le Conseil de ville suspend ses séances, BB 5 f. 57. - (1488-1497) (mesures préventives), 6 f. 41-49 ; 10 f. 37 - (1515), 16 f. 21, 29. - (1518), 17 f. 22, 59. - (1552), 26 f. 9. - (1565), 30 f. 27. - (1582), 37 f. 49, 56, 58, 87, 88, 90, 99. - Fuite des magistrats, f. 109. - des connétables des portes, f. 112. - les médecins refusent leur service, f. 110. - (1584), abandon de la ville, 38 f. 38, 40, 41, 46, 48, 51. - nombre des morts, GG 83 f. 133. - (1586), BB 38 f. 114. - (1598), 47 f. 50, 65, 98, 124. - (1600), 48 f. 70. - (1602), 50 f. 39. - (1603), 51 f. 53, 111, 130. - (1605), 52 f. 110. - (1606), 53 f. 66. - (1626), 68 f. 98 ; 69 f. 31, 39. - curieux détails, GG 138 f. 93, 94 ; 202 f. 36, 50. - gagne l'hôpital Saint-Jean, BB 69 f 49. - redouble, f. 58. - décroît, f. 92. - on supprime par crainte les prédications de l'Avent f. 99. - a cessé (mai 1627), 70 f. 23. - (1628), 71 f. 49, 52. - (1629), 72 f. 28, 50. - (1630), 73 f. 125, 170, 221, 243. - (1632), 74 f. 17, 100, 114. - (1636), 75 f. 86, 127 ; 76 f. 60. - (1639) 77 f. 35, 46. - établissement d'une confrérie de saint Sébastien pour en conjurer le retour, 78 f. 224. - (1721) mesures préventives, 107 f. 31, 33. - assemblée à Tours pour y aviser. - visites chez les apothicaires, f. 37, 40. V. *Sanitat, Médecins, Chirurgiens, Hôpitaux, Processions, Voirie, Pestiférés, Corbeaux*.

— dans la campagne d'Angers. - (1600) l'entrée est interdite sous peine de mort aux habitants des paroisses infectées, BB 48 f. 21. - (1602) 50 f. 31. - (1625) 68 f. 46.

— aux Ponts-de-Cé (1627), 70 f. 69. - à Martigné-Briand et Chavagnes (1629), 72 f. 28. - à Châteaugontier, Sablé (1485), 3 f. 45. - à Nantes (1582), 37 f. 49. - à Rouen (1623), 67 f. 27, 29. - (1668), 92 f. 131. - à Paris (1623), 67 f. 27, 29.

PESTIFÉRÉS (création d'un hôpital spécial aux). V. *Sanitat*. - (moyens de transport des), BB 37 f. 90. - encombrent l'Hôtel-Dieu, f. 106. - leurs maisons marquées d'une croix et cadenassées, 30 f. 15; 38 f. 46; 47 f. 59. - sont enterrés dans les cimetières St-Samson et Saint-Sauveur, la nuit, 37 f. 112; 47 f. 59; 69 f. 55. - recueillis à la Tour-Guillou, 52 f. 147. - soignés à domicile par les médecins, à défaut de place dans le refuge, et assistés par les Récollets, 68 f. 101, 105, 107; 69 f. 7, 36, 41. - marché avec des déhaireux de Nantes pour désinfecter leurs maisons, 69 f. 52, 78. - défense de sortir en ville, après guérison, sinon avec une baguette blanche en main, 69 f. 77. V. *Hôpitaux, Aumôneries, Peste.*

PHARAON (jeu du). V. *Jeux.*

PHÉNOMÈNES PHYSIQUES. V. *Inondations, Eclipses, Pluie de sang, Tremblements de terre.*

PHYSICIEN exempté des charges publiques, BB 127 f. 79. V. *Médecin, Démonstrateur de physique.*

PIED FOURCHÉ (droit de), BB 64 f. 31.

PILORI. V. *Place du Pilori.*

PIQUEUR AU VOL de la grande fauconnerie du roi (commission de), BB 112 f. 15.

PLACARDS (recueil de), II 12. - diffamatoires et séditieux dénoncés en conseil de ville, BB 72 f. 93, 97, 109, 111. - monitoire pour en découvrir les auteurs, 73 f. 35. - députation en cour pour protester auprès du roi, f. 96. V. *Libelles.*

PLACES DE VILLE (titres de propriété des), DD 1. II 3. BB 112 f. 227. - sont fermées de chaînes les jours d'exécutions, 68 f. 98. - DE L'ACADÉMIE pavée, DD 18. - DE LA CHEVRIE construite, BB 93 f. 292, 326, 330. - exhaussée, 129 f. 29. - CORDELLE (concessions de ville sur la), 110 f. 32. - DES HALLES. - On y exécute des faux monnayeurs, 18 f. 95. - le parc des jeux y est situé 24 f. 121. - on le restaure, 30 f. 15. - les arbalétriers y possèdent une maison, 36 f. 242. - (la ville défend toute aliénation de la), 42 f. 26. - est agrandie, 96 f. 161; 133 f. 89. - on n'y tirera plus le canon aux fêtes, 94 f. 169. - construction de boutiques pour les forains, BB 133 f. 89. - défense aux drapiers et cordonniers d'y étaler pendant les foires, HH 5. - est envahie par les eaux des égouts, DD 19. - (rentes de ville sur la), AA 15. BB 122 f. 103, 132.

- DES LICES (travaux à la), AA 7. BB 115 f. 129. - plantée d'ormeaux, f. 160. - (rentes de ville à la), AA 13. BB 119 f. 46. - DU PORT LIGNY est propriété de ville, AA 5. - (rentes à la), AA 19. - MARTINEAU plantée, 99 f. 3. - garnie de bancs, 102 f. 51. - DE MONSIEUR projetée, 126 f. 144. - appartient à la ville, 133 f. 2-21. - on projète d'y construire les écuries militaires, DD 12. - NEUVE (entretien du puits de la), II 6. BB 101 f. 176; 103 f. 144. - le marché en est transféré place Saint-Maurille, 132 f. 102. - révision des concessions d'étaux, 62 f. 7, 10, 11, 28. - rentes de ville, AA 15. - DU PILORI. - les jeux de la Basoche y sont interdits, BB 15 f. 83. - est pavée, DD 18. - rentes de ville, AA 15. - DU PORT-AYRAULT projetée. BB 130 f. 6. - DE LA PORTE CHAPELIÈRE projetée, 106 f. 63. - DES RÉCOLLETS (baux de magasins sur la), DD 5. - ROMAIN (travaux à la), CC 23. - SAINT-MARTIN projetée, 106 f. 68, 108. - SAINT-MAURILLE tracée, 111 f. 165, 166. - agrandie du cimetière Saint-Pierre, 130 f. 133, 144; 131 f. 7. - le marché de la place Neuve y est transféré, 132 f. 102. - emplacement d'une ancienne maladrerie, GG 181 f. 253. - DE LA TANNERIE (rentes de ville à la), AA 21.

PLAN d'une *Histoire d'Anjou* est imprimé aux frais de la ville, BB 98 f. 3, 99 f. 79.

PLANS DE LA VILLE d'Angers dressé par le sieur Thibaudeau, ne sera pas gravé (1707), 104 f. 5. - commandé au sieur Simon des Granges (1733), 111 f. 29. - levé par le sieur Dubois, ne sera pas payé par la ville, 127 f. 29, 56; 129 f. 4; 131 f. 11, 26. - arrêt qui l'y contraint (1784), 132 f. 8. FF 2. - avec le tracé des alignements et des embellissements projetés (ordres pour la levée du) (1785-1788), 131 f. 34, 40; 132 f. 29, 143. - des faubourgs, commandé à l'architecte Godard (1700), 102 f. 30.

— du château de Chambord (envoi des), 96 f. 169.

— de la façade des maisons imposés aux concessionnaires de ville, rue de la Poissonnerie, 121 f. 63, 66. - visuel de partie des travaux du quai du Roi de Pologne, 124 f. 53. - de la douve Saint-Michel, 124 f. 89. - des écuries

projetées pour les troupes, DD 13.
PLOMBIERS d'Angers. - procédures intentées contre la communauté, FF 33.
PLUIE DE SANG à Angers (1650), GG 220 f. 117.
POÊLIERS d'Angers tenus à loger dans la même rue, BB 99 f. 41, 55. - opposition des habitants de la rue du Cornet à ce qu'ils s'y installent, 101 f. 30. - procédures intentées par la communauté, FF 36.
POÈTE FRANÇAIS suivant la Cour (requête d'un) (1565), CC 14.
POIDS ET BALANCES (marque obligatoire des), BB 111 f. 215. V. *Mesures*.
POINT D'HONNEUR (privilèges du greffier du), 127 f. 63, 64.
POIRES DE BON CHRÉTIEN données en présent de ville, 74 f. 30.
POIS vendus aux pauvres par la ville en temps de disette, 100 f. 63, 68.
POISSARDES envoient une députation à l'Hôtel-de-Ville pour l'inauguration du portrait de Monsieur, 127 f. 38. - donnent une fête et passent la revue en armes, f. 49.
POISSON BLANC (construction d'un réservoir de), 67 f. 49.
POISSONNERIE d'Angers (police de la), 1 f. 2; 23 f. 59. - la ville réclame la libre disposition de ses étaux, 45 f. 240. - les pêcheurs de Reculée y ont mêmes droits que ceux de la ville, 49 f. 78. - (reconstruction partielle de la), 101 f. 146, 153. II 6. - obligations des propriétaires, BB 101 f. 146, 147, 163. - règlements et taxes pour la vente du poisson de mer, 20 f. 9, 11, 12; 22 f. 105, 232; 65 f. 102; 103 f. 156. - les exigences de la fermière dénoncées, 126 f. 138. - (Mémoire sur les droits de prévôté perçus en la), 127 f. 14. - (rentes de ville sur la motte de la), AA 18. V. *Détailleurs de Marée*.
— (rue de la). V. *Rues*.
POLICE (analyse des actes relatifs à la), II 7. - (commissaires de) établis par quartiers (1571), BB 33 f. 7. - archives du Greffe, FF 5-43. - gages des officiers, BB 102 f. 83. - arrêt qui en réunit les offices au corps de ville, 104 f. 63. - (la ville se plaint de l'administration de la), 114 f. 141, 157. V. *Lieutenant général de police*.
— de la Boucherie, - du Commerce, - des Foires, - de la Prostitution, - des Pauvres, - du Théâtre. -V. ces mots.
POMPES FUNÈBRES. V. *Obsèques*.
POMPES A INCENDIE achetées à Rouen par la ville, 113 f. 65, 112, 114. - Instructions pour les manœuvrer, CC 22. - autres achetées à Paris, BB 122 f. 142, 148. - (essai des), f. 150. - (réparations des), 122 f. 123; 127 f. 88. - (confection de), 132 f. 131, 132. - (emplacement des), 124 f. 10, 13, 20, 25; 130 f. 68; 132 f. 142. - (nomination d'un inspecteur des), 126 f. 30.
— D'ÉPUISEMENT (nouveau système de) (1780), 129 f. 41. - rapport sur leur service, DD 11.
POMPIERS sont exemptés des charges publiques (1758), BB 118 f. 61. - indemnisés, 128 f. 22. - reçoivent une solde, 131 f. 43. - (confection de casques pour les) (1788), 132 f. 131, 132.
PONT Notre-Dame-de-Paris (le maître d'œuvre du) mandé à Angers (1509), 14 f. 51, 54, 57, 58.
PONTS d'Angers (analyse des actes relatifs à la construction et à l'entretien des), II 6.¹ DD 10. - rentes de ville sur les), AA 21. - (GRANDS). - sont achetés par la ville (1541), BB 22 f. 45. - ainsi que les moulins, f. 93. - sont emportés par les grandes eaux, 34 f. 314. - reconstruits, f. 319. - réparés, 35 f. 177. - construction de deux arches en pierre (1578), 36 f. 49. - réparés, f. 108. - reconstruction des maisons, 43 f. 86. - réparés, 48 f. 49. - restauration de la Croix-Dorée, 50 f. 77. - chute de plusieurs arches (1651), 83 f. 52. - état des travaux d'urgence, 84 f. 118. - travaux, 85 f. 83. - reconstruits, 86 f. 50. - travaux et devis, 94 f. 4, 151. reconstruction des arches en bois, 95 f. 54. - offres d'un entrepreneur, 96 f. 165. - sont couverts de tentures le jour du Sacre, f. 13. - les eaux emportent une arche (1689), 97 f. 96. - reconstruction, 98 f. 2, 3. - les paroisses rurales tenues par corvées à y travailler, 97 f. 46. - chute de deux maisons, f. 48. - défense d'en bâtir désormais, ibid. - (état des), f. 50. - les charretiers requis pour les transports de matériaux, 100 f. 36. - devis, 103 f. 137. - reconstruction d'une arche, 105 f. 43, 52. - on y transfère la Pyramide des Treilles,

113 f. 48, 58. - sont réparés, 114 f. 22, - ordre de combler les caves pratiquées dans les piles, f. 158. - sont restaurés, 131 f. 29-31. - (baux d'emplacements sur les). - DES TREILLES. - les moulins appartiennent à l'Hôtel-Dieu, 15 f. 36. - est restauré, 50 f. 30 ; 67 f. 18, 113. - adjudication de travaux, f. 39. - confection du terre plain, 67 f. 180, 196. - réception des travaux, 68 f. 117. - est réparé, 75 f. 37. - chute de trois arches (1649), 71 f. 36 ; 82 f. 68. - les propriétaires des maisons et des moulins sont tenus aux réparations, 82 f. 200 ; 98 f. 9. - devis de travaux, 83 f. 31. - l'entretien en est baillé au rabais, 89 f. 110. - chute de deux arches (1663), f. 170. - reconstruction 93 f. 5. - les poutres en sont employées au pilotis du port Ayrault, f. 225, - travaux, 94 f. 5. - offres d'un entrepreneur, 96 f. 165. - la culée baillée à ferme, 102 f. 11. - (réparation du), 102 f. 117 ; 103 f. 130 ; 110 f. 72, 83, 135. - protégé par des tonneaux contre les grandes eaux, 104 f. 103. - les moulins de l'Hôtel-Dieu démolis, 105 f. 7. - les autres réparés, 107 f. 49. - les moulins Barrault détruits, 111 f. 134 ; 117 réparations projetées de la voie neuve (1778), 128 f. 34. - le devis refusé par l'intendant f. 40. - est abandonné à l'état de ruine (1779). 129 f. 16. - la voie neuve curée (1783), 130 f. 117. DD 19. - élargie (1784), BB 131 f. 25, 28, 31. - (rentes et baux de ville près le), AA 18 ; DD 5. V. *Pyramide*. - (PETITS). - (restauration des), BB 105 f. 10, 11, 20. - (rentes de ville sur les), AA 21. - SAINT-SAMSON. - (réfection du) (1601), 49 f. 71. - est intercepté, 98 f. 30. - nouveaux travaux (1691), 99 f. 17. - les habitants d'Ecouflant requis par corvées, f. 19. - restauré, 129 f. 72. - DE LA TANNERIE. V. *Petits ponts*.

PONTS D'AMBOISE sont emportés par les glaces (1789), GG 182 f. 102.

— DE CHALONNE-sur-Loire réparés, BB 58 f. 132.

— DE CHATEAUNEUF-sur-Sarthe (requête pour la reconstruction du), 54 f. 102. - (plaintes contre le défaut d'entretien du), 196 f. 112. - (instance intentée contre le marquis de Sablé pour la reconstruction du), 99 f. 64.

PONTS D'EPINARD sont reconstruits, 47 f. 18 ; 49 f. 69. - sont réunis depuis 1589. - démarches pour obtenir la réfection, 54 f. 102 ; 55 f. 6. - la ville y contribue pour une part. f. 25. - plaintes contre leur mauvais entretien, 61 f. 133 ; 63 f. 14, 20. - sont rompus, 65 f. 17. - réparés, 66 f. 72 ; 71 f. 20. - accident causé par le mauvais état de la voie, 73 f. 26. - responsabilité de l'abbesse du Ronceray, ibid. - elle transige avec la ville, DD 10.

— DE GREZ-NEUVILLE reconstruit, BB 47 f. 18.

— DE LA FLÈCHE (refus de contribuer à la construction du), 34 f. 305 ; 36 f. 349.

— DU LOUET réparé, 8 f. 38. - rompu par les grandes eaux et reconstruit en bois, 18 f. 119. - emporté par les glaces, 95 f. 4.

— DES PONTS-DE-CÉ entretenus avec une allocation spéciale sur les revenus royaux de l'Anjou, CC 7, 8, 10-12. - réparés, BB, 4 f. 14 ; 9 f. 36, 86 ; 12 f. 8. - comptes de travaux de reconstruction, DD 10. - confection d'un pont volant, ibid. - péages illicites prétendus sur les passants, BB 25 f. 64. - nouvelles ruines (1677). - démarches pour en obtenir la réparation, 55 f. 6. - la ville y contribue, f. 25. - adjudication des travaux de charpente, f. 30, 35-52. - confection de deux arches de bois au pont Bourguignon (1620), 65 f. 145. - sont emportés par les eaux (1624), 67 f. 94. - sont reconstruits en pierre, 67 f. 100, 107, 141. - plaintes contre l'entrepreneur, 68 f. 51, 57. - sont rompus (1628), 71 f. 43. - on y établit un pont volant, f. 44. - un ouragan emporte deux arches (1632), 74 f. 11-96. - travaux, 76 f. 196 ; 77 f. 131, 268. - plaintes contre l'entrepreneur, 77 f. 94. - travaux, 78 f. 168. - sont ruinés en partie (1644), 79 f. 126. - un péage perçu pour en solder la réfection, f. 129. - nouvelles ruines (1748), 81 f. 272. - travaux, 84 f. 141. - demande au roi d'un secours, f. 154. - procès-verbal de visite, 85 f. 213. - précautions pour le défendre contre les glaces, 95 f. 176 ; 96 f. 141. - requête pour le rétablissement de la voie, 111 f. 67, 83. - construction d'une arche (1777), 127

f. 10. - dégâts commis par la débâcle de 1789, GG 183 f. 102.

PONTS DE SAUMUR sont emportés par les glaces (1768), GG 181 f. 464.

PONTONNAGE (la ville d'Angers acquiert avec les ponts le droit de), BB 22 f. 45. - Détails du tarif, 36 f. 181. - il est perçu par des délégués de la mairie, qui sont battus par le peuple, 82 f. 212; 83 f. 5. - la perception en est rétablie, 84 f. 162; 85 f. 83. - nouveau tarif, 85 f. 154. - les droits de la ville sont confirmés, 111 f. 31 ; AA 5. II 2. - la recette donnée à bail, AA 5. BB 111 f. 39.

PORTEFAIX gardent l'artillerie, BB 29 f. 76.

PORTES DE VILLE (construction et réparation des), II 6. BB 20 f. 190. DD 12. (mesures pour la garde des), BB 15 f. 160; 29 f. 99; 30 f. 44; 34 f. 168 ; 35 f. 136; 81 f. 282; 92 f. 131. - ouvertes pour la messe de minuit, 24 f. 267. - les passants fouillés à l'entrée, 29 f. 136. - la fermeture annoncée au son de cloches. 36 f. 42. - règlement pour les heures d'ouverture, 99 f. 101. - les cloches enlevées, 105 f. 63. - (baux des), DD 5. V. *Connétables, Boisnet.* - CHAPELIÈRE. le Conseil de ville y tient ses séances (1521), BB 17 f. 85, 153. V. *Mairie.* - vente de la maison de ville, 18 f. 78. - solde des loyers, CC 6 f. 4. - (en 1615 l'eau monte jusqu'à la), GG 138 f. 28. - (projet d'une place à la), 106 f. 63. - la Mairie en décide la démolition, 111 f. 141. - demande l'autorisation d'y procéder, 122 f. 119. - refuse d'acheter les maisons voisines, 127 f. 88. - CUPIF. la perception du droit de passage y est supprimée, 93 f. 257. - une maison prise à bail pour le bureau des Aides, DD 5. - ordre d'en démolir la voûte (1785), BB 131 f. 63. - construction de pavillons neufs, CC 43. - (rentes de ville à la), AA 8. - GAULTIER démolie, 117 f. 161. - GIRARD (travaux de passage à la), DD 18. - les habitations envahies par les eaux des égouts, DD 19. - LIONNAISE. chute d'un pan de murailles, BB 30 f. 159. - on en abat la voûte (1673), 94 f. 16. - travaux, 98 f. 38. CC 19. - on y renferme les filles et les vagabonds, BB 106 f. 21. - nouveaux travaux, 130 f. 139. - rentes de ville, AA 14. - GRANDET. V. *Porte Saint-Blaise.* - NEUVE. *Id.* - SAINT-AUBIN. les maisons d'alentour rasées par mesure de guerre (XVe s.), CC 4 f. 100. - est tenue close pour interdire l'entrée des pestiférés de Bressigny, BB 38 f. 48. - (concessions de passages sur les murs de la), BB 19. - marché pour la reconstruction des deux tours, DD 12. - s'écroule en partie, BB 124 f. 27, 34, 52. - place projetée au devant, 126 f. 144. - la ville y cède une maison à l'hôpital des Enfants-Trouvés, 128 f. 101, 103. - rentes de ville, AA 12. II 4. - (ruelle près la), BB 27 f. 3. - SAINT-BLAISE ouverte dans la casemate, 80 f. 115. - (construction de la), 98 f. 60-65. - concessions des terrains avoisinants, f. 66; 99 f. 30. - pose de la première pierre par M. d'Autichamp, 99 f. 6, 22 - teneur de l'inscription, f. 14. - projet pour la décoration des abords, f. 29. - commande d'écussons au sculpteur Pluvier, f. 101. - rentes de ville, AA 9-11. DD. 3. V. *Rues, Commanderie.* - SAINT-JEAN, BB 27 f. 3. - SAINT-MICHEL. on y tire le Papegault, EE 3. - (refonte de la cloche de la), BB 64 f. 153. - la contrescarpe plantée d'ormeaux, 73 f. 113. - incendiée par des malfaiteurs, 78 f. 70. - concession de passages sous les murs, DD 19. - rentes de ville, BB 52 f. 27. AA 8-10. - ST-NICOLAS fortifiée. - devis (XVe-XVIe s.), DD 12. CC 2, 19. - on y expose les blasphémateurs, CC 11. - refonte de la cloche, BB 64 f. 153. - la voûte abattue, 94 f. 15. - le pont en est incendié, 103 f. 88. - et rétabli, f. 93. - il s'effondre, 124 f. 42. - on y enferme les filles et les vagabonds, 106 f. 21. - rentes de ville, 60 f. 11, 115 f. 106. AA 14. - DE LA TANNERIE. construction de la turcie, BB 66 f. 170. - TOUSSAINT. devis de réparations, CC 19. - pose d'une cloche, BB 18 f. 72. - les archers y ont un emplacement pour leur jeu, DD 4. BB 30 f. 255; 37 f. 56; 47 f. 190, 197. - est déblayée, 29 f 71. - prise par les écoliers, 54 f. 80, 93. - plantation d'ormeaux sur la contrescarpe, 73 f. 113. - les abords nivelés, 96 f. 29. - le portier emprisonné par des soldats, 97 f. 87. - est réparée, 103 f. 58. - concession de ville à M. de Gizeux, sous réserve d'un passage, 115 f. 77, 78, 157. - reconstruction projetée. - discussion du plan, 120 f. 66; 121 f. 12, 25. - ordres de procéder aux travaux, f. 47. – la ville demande des modifications aux devis, f. 75. – et un délai de dix ou douze ans, f. 98, 101. – les travaux sont suspendus, 121 f. 137. – indemnité à un propriétaire, 122 f. 61. – pavage, DD 18. – rentes de ville, AA 13.

PORTRAIT du comte de Provence donné par le prince à la ville, BB 126 f. 26. AA 6 f. 150. – fête publique pour l'inauguration, 127 f. 35-46.

PORTRAITS des maires mis dans la salle du Conseil (1616), BB 63 f. 95; 66 f. 196, 234. – ainsi que celui du roi et de la reine, ibid. – abrités par des rideaux, 98 f. 54. – discussion à l'occasion du costume attribué à un des maires représentés, 93 f. 294-307. – (commandes de), 66 f. 215; 82 f. 31; 85 f. 64; 89 f. 97-106; 92 f. 87, 176; 93 f. 293; 94 f. 13; 95 f. 183; 97 f. 109; 103 f. 130; 104 f. 87; 105 f. 41, 110; 106 f. 57, 73, 110; 108 f. 39, 69, 85; 109 f. 113; 110 f. 150; 111 f. 69, 137, 169, 238; 112 f. 5, 18, 27, 49; 113 f. 23, 60, 85, 119, 171, 186; 114 f. 22, 69, 77, 78, 81, 116, 190, 236; 116 f. 8, 14, 26, 35, 51, 64. CC 19; 29. – (restauration des), CC 22; 43. V. *Tableaux, Statues, Peintres.*

PORTS D'ANGERS (titres de propriété sur les), DD 1. – leur entretien, II 6. – DE L'ANCRE (inscription commémorative de la construction du), BB 117 f. 164. – – AIRAULT (travaux de ville au), 43 f. 25. – (marché pour le curage du), 54 f. 64. – les pauvres valides y sont occupés, f. 65. – nouveaux travaux, 95 f. 277; 96 f. 164. – projet pour la construction du nouveau bassin (1707), 104 f. 6. – mémoires (1719), 106 f. 99. – travaux et devis (1778), 128 f. 85, 106, 111, 124; 129 f. 30-38. DD 11. – embellissement des abords, DD 3. – (projet d'une place au-devant du), BB 130 f. 6. – (baux d'emplacements au), BB 52 f. 126. DD 5. V. *Boisnet.* – DE LA BASSE-CHAINE appartient aux chanoines de Saint-Laud, DD 1. – LIGNER (subvention à l'entrepreneur d'une portion de quai au), BB 34 f. 82, 88. – travaux, 36 f. 25. – (projet d'aliénation du), 50 f. 137. – débarrassé des ateliers qui l'encombrent, 51 f. 52; 96 f. 164. – révision des titres de concessions, 60 f. 88; 87 f. 125 – répression des empiétements de particuliers sur la voie, 64 f. 23. – emplacements de chantiers assignés aux charpentiers en bateaux, 126 f. 20. – (rentes de ville au). AA 19, 20. – DE LA POISSONNERIE (construction d'un) (1397), CC 3. – projet et enquête de nouveaux travaux, BB 66 f. 79. – déblayé, 96 f. 164. – DE LA TEINTURE (construction de partie de quai au), 34 f. 108. V. *Quais, Bacs.*

POSE de la première pierre des bâtiments neufs de l'Académie (1753), BB 115 f. 139. GG 180 f. 511. – des casernes (1720), BB 107 f. 3. – du chœur de Saint-Pierre (1722) et du caveau des chanoines (1762), GG 179 f. 271; 181 f. 363. – de la chapelle Sainte-Anne (1724), BB 107 f. 70. – du couvent des Récollets des Lices (1692), 99 f. 73. – des contrescarpes Saint-Serge (1592), 43 f. 46. – de la porte Grandet (1691), 99 f. 22. – du Collége neuf (1691), 99 f. 1, 18. – de la Robinerie, GG 182 f. 276.

POSTE ROYALE – (création d'officiers de la), BB 73 f. 102. – (entretien d'un bac à Lesvière pour le service de la), BB 5 f. 1 ; 10 f. 52. V. *Maître de poste.*

POUDRE de guerre (réquisition de charrettes pour transport de), BB 34 f. 96. – envoyée par la ville aux Ponts-de-Cé, 31 f. 382, 442; 34 f. 336; 35 f. 131. – à Saint-Florent, 34 f. 345. – à Rochefort, 39 f. 8. – au siège de Brissac, 41 f. 52. – à l'armée royale, 34 f. 128; 43 f. 46; 46 f. 15. EE 2. – prêtée à la ville de Nantes, BB 38 f. 133. – aux religieux de Saint-Serge, 39 f. 21. – aux joueurs de mystères. V. *Artillerie de ville.* – les habitants tenus à s'en approvisionner, 40 f. 20. – (achat de), 39 f. 16; 43 f. 7; 60 f. 104. – (saisie de) en ville, 81 f. 280. – à la Pointe, f. 297. – à destination de Nantes, arrêtée par ordre aux Ponts-de-Cé (1789), EE 7 f. 6. – un dépôt en est établi à l'Hôtel-de-Ville, BB 95 f. 49. – règlement pour la vente, 81 f. 271. – saisies opérées chez les marchands pour vente et fabrication illicites (1584), 37 f. 129. – la ville, qui les a autorisés, prend fait et cause (1599), 47 f. 143. – nouvelles saisies par le commissaire général, 57 f. 55. – (analyse des titres relatifs aux fournitures de), II 8.

POUDRIÈRE (la ville maintient son droit d'avoir une), BB 43 f. 3.

POUDRIERS tenus à s'approvisionner, BB 70 f. 45. – dénoncent les accaparements de la garnison des Ponts-de-Cé, 76

f. 82. - requête du fournisseur de la ville, EE 2. - d'un ouvrier blessé par une explosion, CC 14.

POUR ET DU CONTRE (jeu du). V. *Jeux.*

POURPOINTIERS d'Angers s'opposent aux nouveaux statuts des drapiers, BB 32 f. 164-178.

PRÉ BOURGUIGNON (titres de propriété de la ville sur le), II 2. - D'ALLEMAGNE. - un jeu de mail s'y établit, BB 63 f. 52. V. *Mail.* - est cédé à la ville par l'Oratoire et par la nation d'Anjou, 133 f. 99. - D'ALLOYAU. - l'arche reconstruite, 52 f. 23. - DE LA SAVATTE, muni de grilles (1500), 12 f. 5, 11. - coupé de tranchées, 34 f. 347. - défense d'y prendre de la terre, 71 f. 36. - exhaussé (1689), 97 f. 90. - désigné pour recevoir les vidanges de la Doutre, 119 f. 77. - (bac et pêcherie du), II 2. - (concessions de ville sur le), AA 21. BB 122 f. 118; 130 f. 106. - la mairie y maintient son droit de propriété contre M. de Serrant, 132 f. 14; 133 f. 2. - DE LA TANNERIE. - défense d'y prendre de la terre, 71 f. 36. - SAINT-SERGE, rendez-vous des patineurs (1766), GG 181 f. 256. V. *Communs, Levée.*

PRÊCHE PROTESTANT. - la translation en est requise des Halles aux greniers de l'hôpital St-Jean (1561), BB 29 f. 36. - opposition des administrateurs, ibid. et GG 358. - (demande par les réformés d'un emplacement pour leur) (1579), 35 f. 288-291. - discussion et correspondance à ce sujet, 36 f. 113, 114, 115, 116, 132, 137, 350-354, 358. - le duc d'Anjou désigne Cantenay, f. 354. - le roi confirme, f. 355. - la ville s'y oppose, f. 359. - ainsi qu'à l'installation dans le fief de Vezins, ou à Sorges, BB 47 f. 162, 170, 173; 53 f. 75.

PRÉDICATEUR proposé par l'évêque au choix de la ville, BB 34 f. 118. - gratifié, 15 f. 78; 16 f. 22-45. - débouté de sa requête, 18 f. 99.

PRÉDICATIONS des ordres mendiants signalées à la surveillance de l'évêque (1590), BB 41 f. 6.
— de l'Avent interdites par crainte de peste, BB 69 f. 99. V. *Sermon.*

PRÉDICTION de la Révolution pour l'année 1788, GG 183 f. 102.

PRÉSÉANCE contestée entre les notables, BB 122 f. 139, 144. - entre les députés du corps des marchands et ceux des notaires, 108 f. 49. - entre les échevins, 36 f. 318; 47 f. 22. - entre les docteurs, 52 f. 19, 26. - entre le lieutenant criminel et le lieutenant particulier, 37 f. 122. - entre les curés et les officiers des chapitres, GG 159. - entre le conseil de ville et divers corps constitués. V. *Conseil de ville.* - (ordre de) des gentilshommes dans les assemblées de ville, 125 f. 32. - (analyse d'actes relatifs aux droits de), II 11.

PRÉSENTS DE VILLE. - au duc d'Alençon, CC 3 f. 199. - à Mme d'Alençon, ibid. f. 278. - au duc d'Anjou, BB 35 f. 326. - à M. de Boissy, 16 f. 105. - à M. de Brezé, 75 f. 88. - à M. de Chabannes, CC 3 f. 278. - à M. Charpentier, BB 50 f. 163. - aux PP. Buard, 102 f. 149. - Cirille, 71 f. 63. - et Cotton, 55 f. 35. - à M. du Bois de Pincé, ibid. - au comte de Crussol, 28 f. 205. - à Mme Ducouldray, 128 f. 84. - au comte de Dunois, CC 4 f. 216. - à M. et à Mme du Plessis Bourré, CC 5 f. 101, 336, 337, 338, 341, 356, 6 f. 2. - à M. d'Emery, BB 36 f. 266. - à MM. de Fontette et de Pétigny, 124 f. 91. - à M. Gourreau, 117 f. 9. - à M. et Mme de Gyé, CC 5 f. 357; 7 f. 51. - à M. d'Harcourt, qui le refuse, BB 88 f. 224. - à M. Hérault, 111 f. 284. - à M. de Lambesc, 108 f. 16. - au cardinal de Mâcon, 21 f. 170. - à l'amiral de Montauban, CC 4 f. 216. - à MM. de Nemours et de Cossé Brissac, à Mme de Guise, CC 8 f. 113, 115. - au maréchal de Retz, BB 46 f. 155. - au cardinal de Richelieu, à MM. d'Effiat, Dubellay, Boutiller, de Cheverue, BB 71 f. 82; 72 f. 62. - à M. Robert, 114 f. 60. - à M. de Rohan, 82 f. 104. - au cardinal de Sourdis, 65 f. 156. - à M. de la Trémoille, 7 f. 39. - au cardinal de la Valette, 74 f. 30. - à la duchesse Yolande d'Anjou, CC 3 f. 295. - à l'ambassade d'Ecosse, BB 23 f. 70. - au roi de Pologne, 33 f. 204. - à la reine mère, 65 f. 42. - au général des Augustins, 102 f. 59. - à un marchand de Nantes, 112 f. 62. - à des nouveaux convertis, 97 f. 31. - au sénéchal d'Anjou, CC 4 f. 122. — aux seigneurs de la cour, pour l'entrée du roi, BB 30 f. 225; 46 f. 157, 158, 164. - d'aloses, 92 f. 89. - d'andouilles, 71 f. 82; 72 f. 62. - de bougies, ibid et 88 f. 182. - de deux chandeliers d'argent, 112

f. 62; 114 f. 60. - de confitures, CC 13 f. 109. - de fruits glacés, CC 37. - de gibier, BB 117 f. 43. CC 5 f. 101 ; 18; 20; 34; 37; 44. - d'une horloge avec réveille-matin, BB 71 f. 63.- de langues de bœuf, 30 f. 275; 71 f. 82; 72 f. 62. - de melons de Langeais, 85 f. 42 ; 87 f. 60. - d'orfèvrerie, 82 f. 104. - de pâtés de saumons, 124 f. 91. CC 20. - de poires de Bon Chrétien, BB 74 f. 30. - de poisson, 85 f. 66; 92 f. 89; 111 f. 184. CC 3 f. 295 ; 6 f. 2. 44. - d'un tableau d'or, CC 4 f. 236. - de vins , BB 32 f. 121 ; 88 f. 182. CC 3 f. 49; 13 f. 111; 14; 16; 18; 21; 29. - des *Voyages de Cook*, BB 122 f. 5-8.

PRÉSIDIAL (opposition du Conseil de ville à l'érection d'un) à Châteaugontier, BB 77 f. 33. - à La Flèche, 45 f. 175. — d'Angers, II 7. - les procureurs tenus à la patrouille, BB 126 f. 50. EE 5. - projet d'y réunir La Flèche et Châteaugontier, 31 f. 5. - d'en distraire Baugé, 47 f. 83. - débat de préséance avec la Mairie, 70 f. 30; 95 f. 59, 110, 112, 115, 116, 131; 96 f. 4; 100 f. 62, 63; 103 f. 35, 76 ; 115 f. 182-214. - sa place aux obsèques de l'évêque , 99 f. 80. - dans la confrérie des bourgeois, 113 f. 112. - est expulsé du chœur de St-Maurice par le doyen. - excuses du chapitre, 95 f 76. - (dossiers d'instances jugées au), FF 1-2. — de Baugé. - projet d'en distraire le comté de Durtal, 49 f. 50.

PRÉSIDIAUX (arrêt qui réduit la juridiction des), BB 128 f. 42.

PRESSES à marquer les étoffes (installation de), HH 9.

PRÊT de ville aux entrepreneurs de la carrière de marbre de Saint-Samson, BB 107 f. 40.

PRÊTRES HABITUÉS de l'hôpital St-Jean (liste des), GG 342-348, 351-353.

PRÉVOT d'Angers, suspecté de protestantisme, s'en défend, BB 31 f. 165. - accusé de paroles injurieuses au corps de ville, 59 f. 58-63. - se justifie, f. 70. - son rang à la procession du Sacre, 76 f. 44. - attente aux privilèges des habitants , 36 f. 233. - chargé de réprimer les voleurs, 57 f. 17. - ne jugera plus les délits des écoliers, 54 f. 45. - n'a pas le droit de décréter la taxe du pain, 24 f. 133. V. *Prévôté*.
— du Sanitat et de ses corbeaux (nomination du), BB 38 f. 41; 47 f. 59; 51 f. 72. - leur costume , leurs attributions, ibid.

PRÉVÔT de Paris (lettre du), BB 34 f. 19.
— DES MARÉCHAUX de France envoyé contre les pillards, BB 63 f. 10.
— PROVINCIAUX. - ordonnance royale qui les soumet aux maréchaux de France, BB 36 f. 80. - celui d'Anjou indemnisé du pillage de sa maison, BB 73 f. 203, 229.

PRÉVOTÉ d'Angers (analyse d'actes relatifs à la), II 7. - ordre aux magistrats, que la peste a fait fuir de rentrer, sous peine de révocation , BB 37 f. 109. - prétend la préséance sur le corps de ville, 109 f. 73. - (les sergents de la) requièrent indemnité pour leur peine, CC 14.

PRÉVOTÉ (analyse de titres concernant les droits de), II 10. - plaintes contre leur perception, BB 132 f. 47. V. *Poissonnerie*.
— de la Haye-Joullain (droit de), II 10.

PRIÈRES PUBLIQUES, II 11. - ordonnées par le roi pour la naissance d'un dauphin, BB 36 f. 381. - pour la convalescence de la reine, 90 f. 152. - à l'occasion de la mort du dauphin et de la dauphine, 105 f. 31. - de l'attentat de Damiens, 117 f. 109. - pour la guérison du prince de Lambesc, 109 f. 19; 121 f. 5. - du roi, 126 f. 97.

PRIEUR DE LA CHARTREUSE du Mans autorisé à en fonder une près Angers (1664), BB 90 f. 108.
— DE SAINTE-CATHERINE de Laval indemnisé, 48 f. 58. - débouté de toute réclamation, 51 f. 57.

PRIEURÉ DE FONTEVRAULT (la ville acquiert un emplacement pour un), 61 f. 20.
— DE LA HAYE-AUX-BONSHOMMES. - privilèges de ses quatre bourgeois, II 7. AA 6 f. 30. BB 13 f. 117; 95 f. 49, 70, 113; 117 f. 149; 122 f. 26; 127 f. 52. - la ville obtient transaction, 106 f. 31-36. - et les supprime (1781), 129 f. 65.
— DE LA PAPILLAYE. - projet d'y établir le Sanitat. - opposition de l'abbé de Saint-Aubin et du prieur, BB 47 f. 56, 66. - converti en Sanitat, 69 f. 57.
— DE LESVIÈRE. - on y fait recherche de salpêtre, BB 62 f. 46. - Vœu unanime des paroisses pour y transférer l'Hôpital-Général. 97 f. 54-63. - mémoire injurieux des religieux, f. 63.
— DE ST-GEORGES-CHATELAISON réuni à l'Oratoire d'Angers (1665), BB 90 f. 183.

PRIEURÉ DE St-SAUVEUR. - deux religieux de la Baumette y logent en temps de peste, BB 69 f. 50. V. *Chapelle.*
— DU LOUET (analyse d'actes relatifs au), II 7.
PRIMES pour têtes de loups, BB 105 f. 91; 114 f. 133. - pour sauvetage de noyés, 126 f. 39.
PRIMEVERT (droit de) prétendu par M. de la Luzerne, BB 112 f. 111, 219.
PRISE D'ARMES des protestants. V. *Protestants.* - du duc d'Orléans et de la reine-mère (1631), BB 73 f. 135, 143, 189. - du prince de Marcillac (1650), 82 f. 109, 114.
PRISE d'Aire, BB 94 f. 161. - d'Amiens, 46 f. 108. - d'Angers (1652), GG 220 f. 191. - de Bapaume, BB 78 f. 48. - de Barcelone, 101 f. 37. - de la Bastille (1789), GG 183 f. 137. - de Besançon, 94 f. 51. - de Bouchain, 94 f. 144. - de Cambrai, 95 f. 3. - de Cassel, AA 3. - de Cayenne, 95 f. 29. - de Chantocèaux, CC 3 f. 43. - de La Charité, BB 35 f. 196. - de Condé, 94 f. 144. - de Cony, 78 f. 48. - de Dol, 94 f. 51. - de Dunkerque, 80 f. 154. - de La Fère, 46 f. 5. - de Fribourg, 95 f. 48. - de Gand, 95 f. 53. - de Gibraltar, FF 40. - de Girone, BB 100 f. 71. - de Graveline, 79 f. 200. - d'Heildelbert, 100 f. 16. - de Landrecies, 86 f. 42. - du château de Milan, 111 f. 49. - de Mons, 99 f. 24. - de Montmélian, 48 f. 94. - de Nice, 99 f. 23. - de Palamos, 100 f. 68. - des Ponts-de-Cé (1620), GG 138 f. 56. - (1652), 220 f. 191. - de Puicerda, BB 95 f. 53. - de la Rochelle (1628), 71 f. 69, 72. GG 138 f. 112. - de Rose, 100 f. 22. - de Saint-Jean-d'Angély, 66 f. 21, 22. - de Saint-Omer, 95 f. 7. - de Salins, 94 f. 51-57. - de Suze, 71 f. 129. - de Villefranche, 99 f. 23. - d'Ypre, 95 f. 64.
PRISON DE SAINT-SERGE démolie pour l'entrée du roi, BB 28 f. 92.
PRISONS ROYALES. - les frais de construction et d'entretien mis à la charge de la ville, BB 124 f. 142; II 6. - munies d'une horloge, BB 9 f. 42. - le concierge a remise du tiers des octrois sur la vente au détail du vin, CC 61 ; 65. - nomination du médecin et de l'apothicaire, BB 122 f. 141. - (révolte dans les), 115 f. 176. - la milice bourgeoise n'a pas en charge d'y rétablir l'ordre (1764), ibid. - les concessions d'étaux sous le porche révoquées, 104 f. 81.
PRISONNIERS délivrés par Marie Stuard dans les villes où elle est reçue, AA 4.
— D'ETAT. V. *Cages de fer*, et à la table des noms propres, *Lancelot Lelou, Dubreau, Fouquet.*
— DE GUERRE (analyse d'actes relatifs aux), II 8. - rachetés par la ville, CC 5 f. 397. BB 45 f. 189. - détenus par les ligueurs au mépris des trèves, f. 252. - (montres de), EE 19. - (règlements pour la garde des), ibid. - BB 70 f. 190; 113 f. 148. - ANGLAIS internés en ville, BB 128 f. 123-130. - s'évadent ou mettent le feu au château (1779), 129 f. 4, 8. - ESPAGNOLS - ordre pour leur logement (1643), 79 f. 25-28. - rôles des officiers et des soldats, f. 28-31. - les officiers gardés au château, f. 28. - autre envoi, f. 74. - refus de les recevoir, f. 91. - lettres impératives du roi, ibid. - solde des frais de séjour en ville, f. 102. - se révoltent, f. 176. - s'évadent, 80 f. 144. - nouvel envoi, 81 f. 226. - noms des officiers et soldats, f. 231. - leurs plaintes, f. 241. - on leur accorde des secours, 82 f. 5. - nouvelles réclamations, 85 f. 89. - (état de situation des), f. 218. - HOLLANDAIS, 113 f. 147. - logés à leurs frais en ville, 114 f. 8. - MAURES transportés d'Angers à Saumur, 95 f. 170. - PIÉMONTAIS, 103 f. 100, 110. - l'un d'eux abjure, f. 117. - le maire est parrain d'un de leurs enfants, f. 122.
PRIVILÉGE sollicité pour les mines de Chaudefonds, BB 181 f. 44. - pour l'ouverture de nouvelles perrières, 62 f. 52. - pour une édition des *Coutumes d'Anjou*, 30 f. 125. - pour la vente de la glace dans tout le royaume, 102 f. 68. - pour le commerce de l'eau-de-vie (révocation demandée par la ville du), 58 f. 125. - accordé pour tenir académie de jeux, AA 6 f. 14. FF 5 f. 68. - des bals du théâtre refusé aux comédiens, BB 132 f. 29. V. *Boucheries de carême, Théâtre.*
PRIVILÉGES décernés à René Chopin et à ses descendants, 36 f. 395. - à un cavalier de la maréchaussée pour services rendus, 127 f. 117. - des pères de famille, ayant dix enfants en vie, sont revendiqués par quatre habitants, BB 93 f. 205. - (suppression de), II 11.

PRIVILÈGES de la ville et des habitants d'Angers. V. *Ville d'Angers, Conseil de ville, Mairie, Maire, Échevins, Offices municipaux, Chasse, Habitants.*

PRIVILÉGIÉS (analyse des titres relatifs aux offices), II 11. - (la ville dénonce sur les rôles l'inscription abusive de), BB 124 f. 60. V. *Arbalétriers, Roi du Papegault, Maître de poste, Médecins, Monnaie d'Angers, Prieuré de la Haye-aux-Bonshommes, Greffier du point d'honneur, Université, Cours d'accouchement, Invalides, Suisses, Perruquiers, Coches d'eau, Échevins, Veuves d'échevins, Receveurs, Séminaire, Manufacture des toiles, Hôtel-Dieu.*

PRIX d'éloquence et de poésie fondés par la ville en l'Académie des Belles-Lettres, BB 97 f. 48. - procès-verbal de la séance de distribution, f. 61. - pour le jeu de l'arquebuse, 20 f. 140. - pour les étudiants du cours de droit coutumier, 119 f. 32.

PROCÈS intentés ou soutenus par la ville, FF 1-4. - par des communautés d'arts et métiers, FF 6; 35-37. - par les curés d'Angers contre les officiers du chapitre, GG 159. - contre l'évêque, GG 181 f. 333-361. - entre les docteurs de l'université pour le droit d'appétissement, BB 51 f. 136. - du sieur Du Hallot (commission pour le), BB 39 f. 11.

PROCESSION du chapitre Saint-Martin en l'église Sainte-Croix, GG 200 f. 28.

— GÉNÉRALE pour implorer la naissance d'un dauphin, BB 36 f. 381. - pour l'ouverture du Jubilé (scandales survenus à la), 108 f. 19. - le conseil de ville refuse d'y assister, 125 f. 81. - pour la translation des reliques de Saint-Victor, 79 f. 55. - pour la prospérité du chancelier Poyet, 21 f. 52. - pour la réparation d'un sacrilège, GG 197 f. 203. - pour la cessation de la peste, BB 47 f. 98; 69 f. 39; 70 f. 23; 73 f. 243; 76 f. 60. - à l'occasion de l'inondation, 109 f. 21. - pour la conservation des biens de la terre, 74 f. 106. - pour obtenir du beau temps, 104 f. 96. - pour éloigner les loups enragés, 105 f. 89. - à l'occasion de la paix, 20 f. 137. - pour les succès du roi, 35 f. 196; 45 f. 164; 93 f. 244. - pour sa guérison, 90 f. 16. - à l'occasion de l'attentat de Damiens, 117 f. 113.

PROCESSION DU SACRE. V. *Sacre.*

PROCESSIONS - (ordre aux Huguenots de tendre leurs maisons sur le passage des), BB 31 f. 254; 96 f. 6. - DE LA PAROISSE SAINT-NICOLAS - usages nouveaux, GG 166 f. 110-112. - DE ST-SERGE - le curé de Saint-Michel-du-Tertre n'est pas tenu d'y assister, GG 138 f. 106.

PROCUREUR DE VILLE (élection du), BB 134 f. 110-111. - requiert dispense de résidence pour achever ses études, BB 135. - autorisé à mettre son portrait dans la salle des séances, 94 f. 194.

— DU ROI en l'Hôtel-de-Ville. - ses gages, II 1. - s'oppose à toute gratification en supplément des gages du maire, BB 8 f. 56. - dénonce les pillages des gens d'armes, 33 f. 166. - a droit à l'admission gratuite de ses enfants à l'Académie d'équitation, 119 f. 3, 22. - défense au procureur du roi en la sénéchaussée de le troubler dans ses fonctions, f. 24. - installation de M. Marchand du Brossay, 120 f. 37, 39.

— DU PRÉSIDIAL. V. *Présidial.*

PROFESSEUR de flûte, de violon. V. *Musiciens.* - de physique. V. *Oratoire, Physicien.*

PROFESSION DE FOI d'un échevin suspect de religion réformée, BB 29 f. 152. - d'un nouveau converti, GG 76 f. 136.

PROMENADES PUBLIQUES (titres concernant les), AA 7. - sont dévastées par des malfaiteurs, BB 106 f. 30; 108 f. 2; 111 f. 13, 220. - produit de la vente de la tonte des arbres, CC 33. V. *Mails, Lices, Turcie des Capucins, Boisnet, Hôtel-de-Ville.*

PROPAGATION DE LA FOI (Filles de la) s'établissent à Angers, BB 96 f. 175; 97 f. 7, 9.

PROPRIÉTÉS COMMUNALES (titres des), AA 7-21. DD 1-19. II 2-3.

PROSTITUTION (police de la), BB 28 f. 107. V. *Filles publiques.*

PROTESTANTS se réunissent la nuit, BB 27 f. 36. - sentence de mort contre des ministres et des néophytes (1556), 27 f. 59. - brisent les images, 28 f. 6. - accusés de conspirations en France, 28 f. 206. - à Angers, f. 208, 228. - leurs assemblées nocturnes, 29 f. 13. - leurs envahissements, f. 36. - sont expulsés du Conseil de ville, AA 3.

BB 29 f. 112. – ordre aux fonctionnaires absents de revenir sous peine de destitution, f. 117. – leurs biens saisis (1562), f. 90-101. – leur « poelerie » envoyée à la fonte, f. 128. – les suspects expulsés de la ville, portés sur des rôles secrets, f. 114, 132, 152. – et taxés au double, f. 167. – les meubles des émigrants saisis aux portes, f. 196. – lettres de sauvegarde qui protègent deux d'entre eux, f. 140. – nouvel ordre de vider la ville, f. 238. – les artisans dénoncés par leurs confrères, f. 241. – les maîtres responsables de leurs ouvriers, BB 30 f. 15. – défense aux soldats congédiés de leur vendre des armes, BB 29 f. 283. – sont réintégrés en leurs charges d'échevins (1563), 30 f. 30. – sans voix délibérative, f. 54. – s'assemblent en Poitou pour marcher, dit-on, sur Angers, f. 45. – célèbrent la Cène à Cantenay, f. 70. – accusés par la clameur publique de se préparer à la guerre, 31 f. 25. – se soulèvent, f. 27. – gagnent l'armée du prince de Condé, f. 54, 96. – visites domiciliaires chez les suspects, f. 63, 84. – défense de donner asile aux fugitifs, f. 69. – tenus à tendre leurs maisons sur le passage de la procession du Sacre, f. 254. – reprennent les armes, f. 260. – les échevins, au nom de leurs coreligionnaires, promettent au roi obéissance et fidélité, f. 280. – sont tenus, dans le délai de 20 jours, à renouveler leur serment, f. 321, 334. – leurs biens recherchés et saisis, f. 392. – sont chargés de nourrir et loger les soldats, f. 396. – la garnison des Ponts-de-Cé entretenue avec le produit de leurs ventes, 32 f. 62. – nouvelles mesures de rigueur, f. 170. – ordre de les massacrer en ville à l'exception de Jeh. Grimaudet (1572), 33 f. 102. – sont sommés de comparaître au Palais-Royal, f. 103. – enfermés au château sous prétexte de complot, 113. – intentions du roi à leur égard notifiées à M. de Montsoreau par le duc d'Anjou, f. 113. – leurs biens saisis, f. 111. – sont accusés de vouloir surprendre la ville, f. 166. – demandent lieu pour leur prêche. V. *Prêche.* – un emplacement de cimetière leur est assigné près l'église Saint-Ladre, 36 f. 331, 334, 359. – une bande s'empare du château (1585), 38 f. 29. – ceux de la ville internés dans leurs maisons, 39 f. 12. – leurs meubles confisqués au profit des malades et blessés, f. 20. – refus du Conseil, nonobstant l'édit de pacification, de réintégrer un échevin, 46 f. 19. – sont dispensés des gardes, 65 f. 221. – rendent au roi la ville de Saumur, 66 f. 9. – leur temple de Sorges saccagé par les soldats (1622), f. 134. – leurs pauvres malades admis à l'Hôtel-Dieu (1624), 67 f. 154. – tiennent assemblée à Villesicart, 71 f. 64. – se plaignent à la Mairie des insultes populaires, f. 98. – baptême, malgré les parents, d'un enfant (1568), GG 197 f. 244. – (édit royal concernant les) (1787), GG 183 f. 47. – ordonnance pour la régie générale de leurs biens (xviiie s.), AA 6 f. 80. V. *Convertis (nouveaux), Abjuration.*
— de Saumur. – la suppression de leur temple et de leur Académie obtenue par l'évêque d'Angers, BB 96 f. 175.
PROVIDENCE (filles de la). – s'établissent en ville (1689), BB 97 f. 77; 98 f. 13. – projet d'installer chez elles l'hospice des Enfants-Trouvés, GG 363.
PRUD'HOMMES pour les mercuriales (nomination de), BB 119 f. 143; 132 f. 35. – prêtent serment, HH 3. – défense aux boulangers et aux meuniers de les troubler ou de les suivre, ib. – protestation contre des calomnies, ib.
PUITS d'Angers. V. *Hôtel-de-Ville, Place Neuve.*
PUITS-ROND (rue du). V. *Rues.*
PYRAMIDE DE SORGES (construction de la) (1743), BB 113 f. 24.
— DU LORICART, BB 82 f. 12.
— DU PONT DES TREILLES. – confection du terre-plain, BB 71 f. 36. – est restaurée, 102 f. 66-71; 112 f. 17. – est transférée sur les grands ponts, 113 f. 48, 58.
— DES GRANDS PONTS d'Angers (1689), BB 98 f. 27.

Q.

QUAIS d'Angers (état de situation des), BB 103 f. 72. – (autorisation de construire une partie de) près les Carmes, 92 f. 42. – sur le port de la Teinture, 34 f. 108. – DE BOISNET ou DES LUISETTES projeté, 118 f. 11, 25, 62; 132 f. 116. – DE LA POISSONNERIE. – décomptes de premiers travaux (1397), CC 3. – arrêté qui en ordonne l'exécution (1566) BB 30 f. 277. – reprise du projet (1596)

46 f. 11. - enquête et devis (1692), 99 f. 36, 109. - concession d'un terrain, 111 f. 69. - reprise des travaux (1764-1769). - l'adjudication retirée faute de soumission. - réouverture d'enquête, 121 f. 91; 122 f. 142, 144, 148; 154, 164. - l'étude, interrompue par l'inondation, f. 167. - un arrêt du Conseil d'Etat surseoit à la confection du port, 124 f. 14. - devis estimatif et correspondance, 125 f. 37-41. - adjudication et reprise des travaux (1783), 130 f. 110; 132 f. 7. CC 42. - devis pour la construction d'un égout de déversement (1767), BB 123 f. 108. - (bac et pêcherie du), II 2. - DU PORT AYRAULT au port Ligner. V. *Quai de la Poissonnerie* et *Boisnet*. - DU PORT LIGNER. autorisation d'en construire des parties, BB 34 f. 82; 92 f. 119. - requête pour en faciliter les abords et les communications avec la Basse-Chaîne, DD 10. - DE LESVIÈRE OU DU ROI-DE-POLOGNE. - autorisations à des particuliers pour construire, BB 36 f. 232, 241; 114 f. 128; 124 f. 53. - RICHARD. rentes de ville, AA 18. V. *Quai de la Poissonnerie*. - DU RONCERAY (confection de partie du), BB 70 f. 60. - rentes de ville, AA 21. - SAINT-JEAN. - rentes de ville, ib. - THOMASSEAU. - rentes de ville, AA 19. V. *Quai Ligner, Ports*.

QUARANTAINE imposée à tout habitant ayant eu rapport avec les pestiférés, BB 69 f. 89.

QUARTIERS d'Angers. V. *Ville d'Angers*. — D'HIVER (Rôles de répartition de l'impôt des), CC 67; 69-78; 83-84; 89; 91; 94; 97; 99; 120-121; 125; 127; 128; 158. - requêtes en décharge, 89; 128. - comptes de recette, 106; 128; 158.

QUÊTES à domicile autorisées au profit de l'hôpital Saint-Jean, BB 45 f. 136; 46 f. 77; 65 f. 120; 71 f. 125. - pour la réparation du collège d'Anjou, 56 f. 128. - pour secours de route à des indigents irlandais, 99 f. 103.

R.

RAFFINERIE de sucre établie en ville sur l'invitation et avec l'aide de la mairie, BB 94 f. 82. - entreprise par les jésuites dans la maison du Cheval-Moreau. - la ville s'y oppose (1754), BB 111 f. 163, 172, 178. AA 6 f. 33.

RAGE (mesures de police contre la), BB 66 f. 6. - les bains de mer considérés comme remède souverain, 127 f. 58. - secours de route à des indigents pour s'y aller soigner, ibid. CC 39; 40; 41; 42; 46. - impression ordonnée d'une recette infaillible envoyée de Paris, BB 105 f. 90. V. *Loups, Chat*.

RANÇON des fils de France (1528). - la ville invitée à y contribuer, BB 19 f. 3. - du père prédicateur du saint Sépulcre (aumône pour la), 71 f. 12. - de prisonniers de guerre, 45 f. 189. CC 5 f. 397.

RAPTS (déclaration royale contre les auteurs de) XVIIe siècle, GG 201 f. 91.

REBOUTEUR de membres gratifié par la ville (1501), BB 12 f. 25. - sollicité de venir s'y fixer (1765), 122 f. 13-45; 123 f. 8.

RECENSEMENT secret des domestiques (XVIe siècle), BB 29 f. 124, 157. - des étrangers dans les hôtelleries, f. 233. - général des hommes valides et des provisions pour la défense de la ville, 34 f. 325. - pour la taxe de l'ustensile, 98 f. 28.

RÉCEPTION du roi Jacques II, BB 97 f. 99-100; 99 f. 56, 60, 119. - de la reine Anne d'Autriche (1619), 65 f. 20. - de Madeleine de France (XVe siècle), CC 4 f. 110. - de Mme de Vendôme, BB 22 f. 154. - des ambassadeurs de Flandre, 36 f. 253. - de Hongrie (1487), 5 f. 25. - de M. d'Aumale, 36 f. 187. - du prince de Condé, 59 f. 25. - du comte de Toulouse, 103 f. 56. — du maréchal de Vieilleville, 30 f. 127; 31 f. 261. - de M. de Villeroy, 35 f. 206. - de M. Arthus de Cossé Brissac, 23 f. 89, 113, 118, 119; 30 f. 183. - de Charles de Cossé Brissac, 38 f. 33. - de M. de Boisdauphin, 57 f. 148; 58 f. 23, 59; 59 f. 44, 46, 47, 50. - du marquis de Thouarcé, 64 f. 35, 42. - de M. de Servien, 86 f. 37. - de M. de Dangeau, 94 f. 99. - du lieutenant-général, 95 f. 37, 135. - de l'intendant de Tours, 96 f. 133. - de M. de Paulmy, 115 f. 152. - de M. Geoffroy de Limon, 124 f. 95. - de M. de Praslin, 122 f. 73. - du maréchal de Brissac, f. 149. - de Mme de Brissac, 120 f. 43. - de l'évêque d'Angers à la cathédrale, 103 f. 147. GG 138 f. 109. - à l'Académie des belles-lettres, BB 103 f. 148.

RÉCEPTION du lieutenant du gouverneur différée par les Etats de la ville, BB 34 f. 11, 12, 52, 54, 73. - d'officiers municipaux (actes de), II 1. - de Mme d'Aubeterre dans son abbaye du Ronceray (récit de la), BB 120 f. 73. - d'imprimeurs libraires, FF 40.

RECEVEUR DE VILLE (analyse des titres concernant l'office de), II 1. - (édit concernant le), BB 22 f. 171. - percevra directement les amendes des quatre métiers, 21 f. 142. - (lettre de M. Sarred au sujet de la charge de), 32 f. 177. - sa maison restaurée aux frais de la ville, 128 f. 47. CC 37.

— DES AMENDES des eaux et forêts. - ses priviléges, II 11. - prétend exemption des logements militaires, BB 125 f. 48.

— DU CHAPITRE Saint-Maurice a même prétention, BB 125 f. 76.

— DES OCTROIS. - V. *Octrois*.

RÉCOLLETS (analyse des actes relatifs aux), II 7. - s'établissent à la Baumette, BB 46 f. 50. - la ville prie le nonce du pape de les y maintenir, 48 f. 68. - projet de transférer partie de leurs rentes à l'Hôtel-Dieu, 55 f. 96. - offrent d'assister les pestiférés, 68 f. 107. - s'installent au Sanitat, f. 119. - reçoivent de la ville une rente hebdomadaire de 6 livres, 69 f. 34. - priés de prêter nouveau secours, 69 f. 41. - deux d'entre eux logés dans le prieuré de Saint-Sauveur, f. 50. - deux autres dans la Doutre, f. 70. - sont autorisés à établir un hospice en ville, f. 93. - l'installent près les Lices (1627), f. 136. - encore appelés au Sanitat, 73 f. 155. - l'un d'eux logé près du portal Saint-Nicolas, f. 195. - un autre dans la tour Guillou, 76 f. 142. - leur couvent transféré en ville dans la commanderie de Saint-Laud (1692), 99 f. 20, 85. - construction de leur maison des Lices (1692), f. 73. - leur maison proposée pour les casernes, 132 f. 108, 145. - la ville entretient l'escalier de la Baumette, 76 f. 18; 117 f. 38.

RÉCOLTE (enquête sur la) (1572), BB 33 f. 117, 118. - celle des habitants est privilégiée pour l'entrée en ville, AA 6 f. 143-202. - violation de ce privilège, BB 58 f. 131.

RÉCONCILIATION du roi et du duc d'Anjou (1584) (nouvelles de la), BB 37 f. 126.

RECRUES MILITAIRES (actes relatifs aux), II 8. - (levée autorisée en ville de), BB 68 f. 91; 73 f. 262. - mises sous la garde des milices bourgeoises, 81

f. 76. - internées dans un bastion du château de peur de désertions, ibid. - rixes avec les habitants, 118 f. 70, 78.

RECRUTEURS. - leurs violences réprimées, BB 43 f. 52; 99 f. 58, 97.

RECUEIL DES PRIVILÉGES de la Mairie (présent de ville à l'auteur de la compilation du *Billot* ou), BB 114, f. 60. - ordre pour y ajouter un supplément, 126 f 33.

RECULÉE (faubourg de), V. *Faubourgs*.

REDEVANCES CURIEUSES. V. *Chapons*, *Gants blancs*, *Bouquets*.

RÉFORME de l'Administration, - (vœux formulés en assemblée générale pour la), BB 122 f. 38. - de la Justice (commission pour la), 37 f. 53; 40 f. 9. - de la Coutume d'Anjou, 55 f. 122. - des Cordeliers, de l'Hôtel-Dieu. V. *ces mots*.

RÉFORMÉS. V. *Protestants*.

RÉFRACTAIRES (recherche des), BB 132 f. 33.

REFUGE (maison de) pour les mendiants étrangers, II 7.

— (droit de) dans les églises, BB 6 f. 46.

RÉGENCE de la duchesse d'Angoulême (notification de la), BB 16 f. 24.

RÉGENCES DE L'UNIVERSITÉ. V. *Université*.

RÉGICIDES (actes concernant les), II 11.

RÉGIMENT D'ALSACE - abjuration de huit soldats, GG 176 f. 236. - D'ARMAGNAC - meurtre d'un sous-lieutenant, FF 48. - DE BEZONS, BB 115 f. 88, - DE BOURBONNAIS, CC 39. - le dépôt se fixe à Angers, BB 129 f. 25, 47. - DE BROUAGE passe en ville malgré la garde bourgeoise, 81 f. 236. - DE CHAMBOY - l'état-major logé à Angers, 82 f. 63. - DE CHAMPAGNE, 89 f. 67, 68. EE 16. - DE CONDÉ fêté à son passage, CC 37. - DAUPHIN-DRAGONS, CC 61. - DUPLESSIS DE JUIGNÉ prend garnison à Château-Gontier, BB 73 f. 248. - DU ROUVROY, 82 f. 86. - DU DUC D'ENGHIEN, 83 f. 22. - IRLANDAIS, 89 f. 15. - ROYAL-LORRAINE, CC 39; 40; 61. - DE MARILLAC, 68 f. 91. - DU CARDINAL MAZARIN, 82 f. 195. - DE LA MEILLERAYE, 80 f. 160; 86 f. 18. - DE MONTALET, 100 f. 85, 86. - DE NARGONNE, 81 f. 308. - DE NAVAILLE prend d'assaut les Ponts-de-Cé, GG 219 f. 191. - DE NAVARRE prétend faire étape à Angers, malgré la ville, BB 79 f. 117. - DE NORMANDIE, 73 f. 262. - DE PICARDIE retenu

TABLE DES MATIÈRES.

par les habitants. - prête serment, 134 f. 15, 27; EE 6 f. 3, 10, 23. - DE LA VALETTE, BB 81 f. 308. - DE LA VILLETTE, 84 f. 67.

RÉGIMENTS PROVINCIAUX. V. *Milice provinciale.*

RÉGISSEUR DES SPECTACLES suivant la cour autorisé à donner des représentations à Angers, FF. 41.

REGRATIERS. V. *Revendeurs.*

REINE DE FRANCE passe en Anjou, AA 3, 4;. BB 10 f. 54; 20, f. 218; 45 f. 4, 136; 65 f. 20; GG 49 f. 273. - V. *Entrées, Mariages.* - (neuvaine pour l'heureuse délivrance de la), GG 201 f. 62.

— D'ANGLETERRE à Angers, BB 79 f. 18, 191, 193-194.

REITRES - la ville requise de contribuer à leur solde, BB 32 f. 220. - entretenus aux frais de la Sénéchaussée, CC 14.

RELATION des affaires de Rome (1662), BB 89 f. 115. - des troubles de St-Jean-d'Angély (1612), 58 f. 138. - de la prise de Gibraltar (1780) saisie sur un colporteur, FF 40.

RELIQUES (translation des) de Saint-Samson (1766). GG 195 f. 338. - de saint Victor, BB 79 f. 55. - de saint Théophile et saint Vénérand exposées dans l'église des Incurables (1758), GG 356 f. 30. - de l'église de Sainte-Croix (liste des), GG 198 f. 1.

RELIURE remarquable, GG 109.

REMEDES ET SPÉCIFIQUES - arrêt qui en réglemente la vente, FF 5 f. 15. V. *Orviétan, Elixir, Rage, Charlatans, Médecine.*

REMPLACEMENT MILITAIRE. V. *Milice provinciale.*

RENTE due par M. de Puicharic aux Jacobins, BB 64 f. 121. - par la ville aux Récollets, 69 f. 34. - à Marin Liberge, 38 f. 61 - pour l'emplacement de la mairie, 37 f. 21.

RENTES constituées sur la ville (comptes des), CC 13. - (état demandé des), CC 14. - au profit de la ville, AA 7-21. V. *Concessions, Revenus de ville.*

REPRÉSENTATIONS THÉATRALES. V. *Théâtre, Mystères.*

RÉQUISITIONS MILITAIRES. V. *Armée royale.*

RÉVEILLE-MATIN donné par la ville au P. Cirille, BB 71 f. 60,.

REVENDEURS, II 11. - (ordonnances de police contre les), BB 1 f. 69 ; 4 f. 36; 24 f. 167; 108 f. 72. - ont défense d'acheter ni vendre en dehors du marché ou avant l'heure, HH 5.

REVENUS COMMUNAUX (analyse d'actes relatifs à la gestion des), II 2. - le roi s'en fait rendre compte, BB 16 f. 27; 21 f. 103. CC 1. - et les emploie à ses frais de guerre, BB 18 f. 148; 23 f. 35. - (levée de la main mise sur les). 20 f. 120. - (Lettre de l'intendant au sujet de l'administration des), 113 f. 86. - réponse de la ville, f. 87. - (état des), 96 f. 64; 176 f. 238. - (titres des), AA 8-27. - comptes, CC 2-65.

— PATRIMONIAUX (comptes des), CC 15; 33; 34; 38-46. - (Mémoire sur l'état et l'origine des), BB 123 f. 30.

RÉVERBÈRES (achat à Paris de), BB 126 f. 64, 98. - (pose des) (1785), 132 f. 3, 7. - plaintes contre le service, f. 103-107. V. *Lanternes, Eclairage.*

RÉVOLTE de l'armée royale au camp de Bouchemaine (1490), BB 7 f. 53. - dans les prisons, 115 f. 176.

REVUE de la milice - des poissardes. V. ces mots.

RIVIÈRES D'ANJOU sont mal entretenues. - plaintes du commerce, BB 54 f. 49. - (réponse au Mémoire des marchands d'Orléans sur le balisage des), 123 f. 91. - les ports et passages gardés par des gentilshommes, 31 f. 466; 33 f. 250; 34 f. 8, 34; 38 f. 137, 139. - à Bouchemaine par une galiote armée, 43 f. 55. - DE L'AUTHION (Mémoire sur la canalisation de la), DD 9. - DU LOIR (projet pour la canalisation de la), BB 55 f. 108, 119. - est prise par les glaces (1753), GG 180 f. 511. - DE LA LOIRE - le commerce y est rançonné par la garnison des Ponts-de-Cé, BB 66 f. 60. - la boire de Rochefort envahie par des particuliers, 97 f. 9. - est prise par les glaces de Nantes à la Pointe (1753), GG 180 f. 511. - de Saint-Florent-le-Vieil à Varades (1766), 181. f. 256. - de sa source à son embouchure (1789), 183 f. 102. V. *Bateaux, Bateliers, Coches d'eau, Commerce, Debacle, Levées, Marchands, Trépas de Loire.* - DU LOUET - les moulins réparés, BB 13 f. 116. - les eaux emportent une partie du pont, 18 f. 119, 95 f. 4. - DE MAINE entravée à Ruzebouc par des moulins, 15 f. 36 : 28 f. 105. - travaux projetés au-dessus de Laval, 80

39

f. 135. - gardée par des postes armés, 31 f. 63 ; 62 f. 91. - deux boires comblées près Boisnet, 46 f. 123. - travaux de curage dans la traverse de la ville, 99 f. 50 ; 122 f. 120 ; 131 f. 25. - effet qu'y produit le tremblement de terre qui détruit Lisbonne, GG 180 f. 628. - est prise par les glaces, 180 f. 511. - V. *Ponts d'Angers, Fête nautique, Bacs, Portes marinières, Quais, Pêche, Chaîne (Haute), Chaîne (Basse).*
- DE LA SARTHE - projet pour la canaliser, BB 21 f. 209. - est prise par les glaces, GG 180 f. 511. V. *Ponts.*
RIXES entre le gouverneur et les compagnies bourgeoises, BB 31 f. 147. - entre un poste de garde et des gentilshommes, 81 f. 284. - entre la milice et des dragons, 128 f. 86, 87, 89. - entre bourgeois et soldats, 65 f. 29 ; 115 f. 88. - entre habitants, 97 f. 32. - entre compagnons menuisiers, 119 f. 69. - nocturnes sont réprimées par la patrouille, FF 48.
RIZ (envoi de) par l'intendant de Tours pour les pauvres, BB 100 f. 63, 68.
ROE (rue de la). V. *Rues.*
ROI DE FRANCE concède la charte de la commune d'Angers, AA 1. - la confirme, ibid. - nomme directement le maire, 30 f. 171 et suiv. - loge au château, 30 f. 208. - déjeune dans le cimetière de St-Augustin, GG 15 f. 111. - passe dans la banlieue sans entrer en ville, BB 89 f. 26. - la ville envoie le saluer à Bordeaux, 62 f. 100. - à Tours, 43 f. 74 ; 61 f. 22 ; 62 f. 49. - à Brissac, 65 f. 174. - aux Ponts-de-Cé, 66 f. 118, 121. GG 151 f. 274. - à Saumur, 43 f. 80 ; 69 f. 33. - à Nantes, 69 f. 58. - assiste à la procession, touche les écrouelles, lave les pieds des pauvres à Saint-Maurice d'Angers, GG 151 f. 274. V. *Autographes, Lettres, Entrées, Emprunts, Armée royale.*
ROI D'ANGLETERRE passe deux fois à Angers (1691-1692), BB 97 f. 99, 100 ; 99 f. 56, 60, 119. - menu du dîner offert par la ville, CC 16.
— DE POLOGNE est salué aux Ponts-de-Cé, BB 33 f. 204. - feux de joie pour son retour en France, 34 f. 90.
— DE LA BASOCHE. - défense lui est faite de jouer ses farces au Pilori, BB 15 f. 83 ; 17 f. 59.
— DES VIOLONS de Paris. - son lieutenant cède ses privilèges à Angers, à Tours, à Rennes, à Chartres, FF 5 f. 71.
ROI DU PAPEGAULT est autorisé, sur sa demande, à le tirer en ville, EE 3. BB 21 f. 83 ; 34 f. 186. - ses privilèges confirmés, 46 f. 133 ; 51 f. 50 ; 66 f. 211 ; 70 f. 78 ; 72 f. 54. II 8. V. *Arquebusiers, Arbalétriers.*
ROMAINE (la maison de la) donnée à bail par la ville, BB 34 f. 184, 191. DD 5.
— (rue de la). V. *Rues.*
ROMAN DE CHEVALERIE, XIVe siècle, (fragments d'un), BB 45.
ROSSIGNOLERIE (communauté de la) - fondée pour les prêtres pauvres et infirmes (1739), GG 56 f. 192. - acquiert un tabernacle, ibid f. 152. - bénédiction de la grande chapelle (1751), GG 57 f. 143. - est cédée par l'évêque aux frères des écoles chrétiennes, AA 6 f. 166.
ROTISSEURS d'Angers, II 11. - la ville prend leur parti contre les bouchers, BB 34 f. 49 ; 47 f. 46. - arrêt du Parlement en leur faveur (1601), AA 5. BB 48 f. 113. — emplacements qui leur sont assignés, 49 f. 96. - la ville s'oppose à l'ouverture de leur boucherie projetée rue des Tonneliers, 50 f. 15, 18. - se plaignent de la perception du droit de pied fourché, 64 f. 31. - sommés de rouvrir leurs étaux sous peine de saisie et de prison, 64 f. 34. - autorisés à établir leurs tueries rue de l'Ecorcherie, 68 f. 52. - procédures intentées par la communauté, FF 36. V. *Bouchers, Pâtissiers.*
ROUTES. - les frais de pavage répartis sur la généralité, DD 18. - adjudication de travaux dans la banlieue, BB 128 f. 97. - DE LA BARRE et DES BANCHETS rétablies, 98 f. 64. - DE CHATEAUGONTIER pavée, DD 18. - DE LA FLÈCHE, id. ibid. - DE LAVAL, id., ibid. - DE NANTES, corvées pour les travaux, BB 95 f. 191 ; 99 f. 94. - (construction de la), 118 f. 55 ; 129 f. 50, 62. - nivellement de la traverse d'Angers, 134 f. 10, 23. - pavée, DD 18. - D'ORLÉANS interceptée par la guerre, BB 31 f. 40. - DE PARIS (construction de la) (1758), 118 f. 55. - état des travaux, discussion des embranchements, 122 f. 151, 162. - arrêt du conseil d'Etat qui approuve les plans et devis, 124 f. 14. - rectification du tracé par l'ingénieur, 125 f. 40. - pavage, 99 f. 51. DD 18. - (un nouveau

marché établi à l'embranchement de la), BB 124 f. 58. – DES PONTS-DE-CÉ. - travaux, 129 f. 50, 62. – DE RENNES. - pavage, DD 18.
RUES d'Angers sont éclairées la nuit, par ordre, aux frais des habitants, 31 f. 27; 33 f. 100. – défense d'y circuler après sept heures du soir, 33 f. 100. – nettoyées en temps de peste, BB 47 f. 51. – et arrosées trois fois par semaine, 69 f. 55, 69. – (apposition de plaques indicatives du nom des) (1770-1777), 124 f. 50; 127 f. 119. GG 168 f. 188. V. *Chaînes*, *Pavage*, *Alignement*, *Eclairage*, *Voirie*.
– DES AISSES envahie par les eaux des égouts, DD 19. – rentes de ville, AA 15. – BAUDRIÈRE. – un cas de peste s'y déclare, BB 71 f. 52. – plaintes des habitants contre le voisinage des cloutiers, 96 f. 56. – les protestants forcés d'y tendre leurs maisons pour le sacre, 96 f. 6. – pavage, DD 18. V. *Fontaine Pied-Boulet*. – DU BŒUF-GORGÉ, GG 77 f. 50. – BOURGEOISE. - rentes et acquisitions de ville, AA 21. DD 3. V. *Rue de la Poissonnerie*. – DU CANAL. – la ville s'oppose à la construction entreprise par le sieur Roger, BB 122 f. 47. – alignement donné, 132 f. 38. – DES CARMES. - rentes de ville, AA 21. – CHAPERONNIÈRE. – un cas de peste s'y déclare, BB 72 f. 28. - CHAUSSÉE-SAINT-PIERRE. – des passants y sont blessés par un éboulement, CC 41. – alignement donné, BB 132 f. 15, 29. – DU COLLÈGE. – rentes de ville, AA 10. – DU COMMERCE (percement de la), BB 36 f. 189, 239; 41 f. 34; 43 f. 93. – les caves envahies par les eaux des sources, 67 f. 31. – NEUVE DES CORDELIERS. V. *Cordeliers*. – CORDELLE élargie. BB 105 f. 81, 85, 107; 106 f. 20, 29, 32. - rôle de la taxe pour l'achat de deux maisons, CC 90. – (rentes de ville dans la), AA 15. – DU CORNET. - plaintes contre les poêliers qui prétendent s'y fixer, BB 101 f. 32. – autorisation pour bâtir, 111 f. 190. – rentes de ville, AA 15. – COURTE. – baux de maisons, DD 5. – construction de l'arcade (1705), BB 103 f. 116. – recherche de l'égout, 122 f. 127. – (élargissement de la), 119 f. 24. – CREUSE. - travaux de déblai, 128 f. 31. – DES CURÉS. – le chapitre de Saint-Maurille autorisé à la clore, 76 f. 88; 90 f. 54; 113 f. 161. - DES DEUX HAIES. - construction d'un égout pour garantir les caves envahies par les eaux, 114 f. 112. – DE L'ECOLE. – recherche de l'égout, 66 f. 79. – DE L'ECORCHERIE. – les rôtisseurs autorisés à y établir leurs tueries, 68 f. 52. - devis et construction de l'égout, 122 f. 133. DD 10. – DES FILLES-DIEU exhaussée, 64 f. 121. – DE LA PETITE FONTAINE. – recherche des sources et des canaux, 95 f. 109. – DE LA GAHOUÈRE. V. *Pénitentes*. – GODELINE. V. *Fontaines*, *Mairie*, *Monnaie d'Angers*. – DU GRIFFON. - concession de ville, 106 f. 70. V. *Rue de la Poissonnerie*. – DES GRILLES. V. *Pénitentes*. – DE LA JAILLE. V. *Rue de la Roë*. – HANNELOU pavée, 130 f. 22; 131 f. 21. DD 18. - le cimetière Saint-Pierre y est transféré, BB 131 f. 60. V. *Perrières* – MALMORT. – l'Hôtel-Dieu autorisé à l'enclore en partie, 103 f. 106. – MONTAUBAN élargie, 115 f. 14. – DU MOUTON. V. *Pénitentes*. – NORMANDIE. – on en expulse les vagabonds, 100 f. 130. – DE LA PARCHEMINERIE. – les habitants s'opposent à l'exhaussement du pavé, 66 f. 110-115, 130. – DE LA POISSONNERIE. – partie des propriétaires demandent l'autorisation de l'exhausser (1609), 56 f. 94. – opposition des autres, f. 115. – (élargissement de la), 120 f. 18, 19, 26, 28, 31, 36; 121 f. 29. – concession gratuite du terrain formant l'angle de la rue Bourgeoise, 122 f. 55, 66. – plan de la façade imposée aux concessionnaires, 124 f. 66. – (discussion sur l'exhaussement projeté de la), 127 f. 79. – acquisitions de ville, DD 3. – devis pour la construction de l'égout, DD 10. – autorisation de le couvrir, BB 129 f. 66. – DES GRANDS PONTS (rentes de ville dans la), AA 21. – DU PUITS ROND élargie, 115 f. 14. – DE LA ROE. – la peste s'y déclare, 74 f. 100. – la ville s'oppose au projet des Jésuites d'y ouvrir une raffinerie de sucre, 115 f. 163, 172, 178. – DE LA ROMAINE. – rentes de ville, AA 18. – SAINT-AUBIN. – GG 198 f. 1. – DU PORTAL SAINT-AUBIN, BB 27 f. 3. – SAINT-BLAISE (alignement pour la), 132 f. 15. – SAINT-GEORGES élargie, 115 f. 148. – SAINT-JACQUES pavée, exhaussée, 126 f. 133. DD 18. - SAINT-JACQUES DE LA FORÊT. – l'Hôtel-Dieu autorisé

à l'enclore en partie, BB 103 f. 106. - SAINT-JEAN pavée, DD 18. - (rentes de ville dans la), AA 21. - SAIND-LAUD. - la peste s'y déclare. - SAINT-MICHEL. - les caves envahies par les eaux, BB 67 f. 31; 131 f. 4, 8. - travaux d'épuisement, ibid; 132 f. 7. - l'entretien des égouts est à la charge des riverains, ibid. f. 58. - (rentes de ville dans la), AA 9. - SAINT-NICOLAS. - plaintes contre les infections des bouchers, 95 f. 92. - SAINT-SAMSON pavée, DD 18. - SAINTE-CATHERINE pavée, BB 133 f. 5, 53, 79. DD 18. - DU TABOURIN. - construction d'une arcade, BB 74 f. 88. - DE LA TANNERIE. - rentes de ville, AA 21. - TIREMANTEAU. - l'Hôtel-Dieu autorisé à l'enclore, BB 103 f. 106. - DES TONNELIERS. - la ville empêche les rôtisseurs d'y établir leur boucherie, 50 f. 15, 18. - VALDEMAINE. - l'égout réparé, 117 f. 70. - les habitants s'opposent à son exhaussement (1622), 66 f. 110, 115 - la ville fait droit à leur requête, f. 130. - rentes de ville, AA 15. - VAUVERT. - travaux de déblai, BB 127 f. 113; 128 f. 38. DD 18. - DES ZÉPHIRS (alignement de la), BB 132 f. 123.

S.

SABOTS sont exempts de tout droit d'entrée, BB 86 f. 168.
SACRE DU ROI Louis XVI, GG 34 f. 416.
SACRE D'ANGERS (procession du). - ordre et cérémonies, II 7. - règlement de police, BB 16 f. 51; 17 f. 8; 20 f. 31; 24 f. 36, 120; 29 f. 10. - ordre tenu par les métiers et par les communautés laïques et religieuses, 65 f. 152; 119 f. 15. - rang du prévôt, 76 f. 44. - les anciens usages maintenus par la ville malgré l'évêque, 98 f. 49; 112 f. 128, 133, 143, 167. - liste de ceux à qui la Mairie distribue des torches et flambeaux, 47 f. 8, 150. - mesures de sûreté pendant la fête, 30 f. 90; 71 f. 26. - les protestants tenus à tendre leurs maisons, 31 f. 254; 96 f. 6. - les bals publics interdits, 57 f. 29. - ordre de tirer dorénavant le canon, 96 f. 78 - dépenses de ville pour le dîner et les présents, CC 15; 18-22. - le dîner supprimé, BB 95 f. 8. - les frais de construction et d'entretien des grosses torches répartis sur les communautés, 113 f. 26. - devis et adjudication des travaux, ib. f. 41; 121 f. 95, 100; 130 f. 77, 80. DD 17. II 6. - le chapitre de Saint-Maurice sommé de les recevoir dans la cathédrale, BB 130 f. 91. - elles sont déposées à St-Maimbœuf, 131 f 19. - puis à Saint-Eutrope, f. 55. V. *Abbaye du Ronceray, Tertre Saint-Laurent, Gants blancs.*
SACREMENTS (arrêt concernant un refus de), GG 34 f. 419.
SACRILÈGE commis en l'église St-Jean-des-Mauvrets (réparation d'un), GG 197 f. 203.
SACS DE CHARBON. leur contenance réglementée, HH 5.
SAGE-FEMME (brevet de maîtresse), AA 6 f. 200. V. *Cours d'accouchements.*
ST-AUBIN, ST-BLAISE, ST-GEORGES, ST-NICOLAS (rues, abbayes). V. *Rues, Abbayes.*
SAINT-ESPRIT (maison du). - plaintes de l'Hôpital-Général contre l'établissement qui y est fondé, BB 101 f. 125.
SAINTE-CATHERINE (religieuses de), II 7. - leur couvent proposé pour les casernes, BB 132 f. 108, 145.
SALLE D'ARMES. V. *Escrime.*
— DE SPECTACLE V. *Théâtre.*
SALPÊTRE - ordre à la ville de s'en approvisionner, BB 20 f. 263; 22 f. 209; 23 f. 7, 98. - on en fait recherche dans les abbayes, 62 f. 46.
SALPÊTRIERS d'Angers passent accord avec les entrepreneurs de la manufacture de toiles pour le commerce des cendres, BB 117 f. 49.
SALUBRITÉ (mesures et règlements de), BB 18 f. 23, 107; 20 f. 126, 132, 133; 26 f. 9; 30 f. 27; 37 f. 49, 56, 58; 99; 47 f. 50, 57, 124; 50 f. 32; 68 f. 46; 69 f. 55; 71 f. 49. V. *Voirie, Peste, Sanitat, Médecine.*
SANCTIFICATION des fêtes et dimanches (requête pour la), BB 96 f. 158. - maintenue pendant les foires, BB 84 f. 140.
SANITAT (construction projetée d'un) (1582), BB 37 f. 87, 88. II 7. - recherche d'un emplacement, f. 100. - est établi dans les greniers de l'Hôtel-Dieu, 38 f. 40. - choix proposé de la Papillaye, 47 f. 51, 56, 66. - assemblée pour aviser à le déplacer, f. 106. - état des frais, f. 137. - projet d'achat de l'Ile Briant, 50 f. 43. - opposition des paroisses, f. 45, 64. - choix provisoire, puis définitif, de la Chartrerie de l'hôpital St-Jean, f. 51, 81. - projet d'achat de la Pantière, 51 f. 19. - opposition des paroisses, f. 32. - il

y est installé, f. 53. - règlement intérieur, f. 114. - (visite du), f. 144. - frais de médicaments, f. 118-166. - (fermeture du), f. 185, 190. - il est réouvert, 52 f. 157.- vote des dépenses, f. 171. - (fermeture du), f. 205. - réouvert de nouveau et fermé, 53 f. 66, 91. - réouvert, 68 f. 107. - on y installe les Récollets (1626), f. 119. - les officiers de l'établissement logés à la Maison-Blanche, 69 f. 9. - les médicaments fournis par l'Hôtel-Dieu. f. 13. - le cimetière est saccagé par les chiens et les loups, f. 28. - construction de huttes pour les malades, f. 36. - une succursale établie à la Papillaye, f. 57. - toute communication avec les malades interdite, f. 62, 84. - nombre des malades, f. 87. - l'évêque fait don de 250 livres, 69 f. 48. - la direction confiée au P. Joseph, f. 64. - le chirurgien refuse de lui obéir et se retire, f. 67. - licenciement partiel des officiers, f. 92, 106. - le P. Mathurin succède au P. Joseph, f. 124. - recherche d'un nouvel emplacement, 70 f. 2. - (fermeture du), f. 21. - les meubles donnés à l'Hôtel-Dieu, f. 96. - règlement et solde des frais, f. 100; 71 f. 10. - il est réouvert, 72 f. 28. - et fermé, f. 34. - les malades aisés se traitent à leurs frais, f. 101. - visite du maire, 73 f. 24. - (fermeture du), f. 28. - réouvert, f. 125. - les convalescents installés à la Maison-Blanche, f. 166. - renvoi de partie des officiers, f. 221. - réouvert, 74 f. 17; 75 f. 86. - fermé, f. 95; 76 f. 60, 70. V. *Peste, Chirurgiens, Récollets, Médecins, Prévôt du Sanitat.*

SARDINES (tarif des droits perçus sur les), HH 33. II 9. - réduction demandée, BB 108 f. 30. - accordée, 109 f. 18; 113 f. 83.

SAUMONS donnés en présent de ville, BB 85 f. 66; 92 f. 89; 111 f. 184; 112 f. 111, 219. CC 44.

SAUTEUR-VOLTIGEUR autorisé à donner des représentations au théâtre, FF 41.

SAUVEGARDE en faveur de protestants (lettres de), BB 29 f. 140.

SAVATTE (pré de la). V. *Pré.*

SCEAU (petit). plaintes des marchands de drap, BB 53 f. 68. - des notaires, contre les adjudicataires du droit, 78 f. 85.

SCULPTEURS exemptés des charges publiques, BB 106 f. 91. V. à la table des noms propres *Baraudrye, Bernier, Boguet, David (P.-L.), Gauldin (René), Joullain (Jeh.), Jumelles, Lancel (Cl.), Leissner, Pluvier, Préhoust (Marin), Saint-Simon, Vallet (Et.), Vandelant (Adam).*

SCULPTURES (devis de), CC 42; 43.

SEAUX DE CUIR achetés pour les incendies, BB 96 f. 163; 115 f. 195, 205. II 6.

SECRÉTAIRE-GREFFIER de la mairie - ses privilèges, ses gages, II 1. BB 75 f. 6. - (élection, installation du), 129 f. 46-79. - est autorisé à mettre son portrait dans la salle des séances comme les échevins, 94 f. 194. - est insulté par les habitants au sujet des logements militaires, 95 f. 81. - chargé de l'inventaire des archives, 106 f. 13. - arrêté par ordre du prince de Lambesc (1727), 108 f. 96. - protestation du conseil de ville, ibid. - il est remplacé d'office et la protestation rayée des registres, f. 97. - démarches inutiles à Paris, f. 98. - il est réintégré (1728), 107-108.

SECRÉTAIRES DU ROI - leurs privilèges, II 11.

— DES COMMANDEMENTS de Monsieur chargés du gouvernement des municipalités de l'apanage, BB 128 f. 55.

SEIGNEURIAGE DE LA MONNAIE (droit de). V. *Chapitre de St-Laud.*

SEL - les boulangers n'ont pas à justifier de la provenance de celui qu'ils emploient, BB 45 f. 251. - les habitants des faubourgs requièrent exemption de l'impôt, 48 f. 117. - (le mesurage du) transféré d'Ingrandes aux Ponts-de-Cé, 15 f. 123. V. *Gabelle, Archers, Faux saulniers.*

SELLIERS-CARROSSIERS d'Angers - avis des corporations intéressées sur leurs nouveaux statuts, HH 26. - procédures intentées par la communauté, FF 36.

SÉMINAIRE d'Angers - le directeur autorisé à construire une arcade sur la rue Courte, BB 105 f. 116. - projet d'y réunir les chapitres de St-Julien, 100 f. 123, 125 - et de St-Maimbœuf, 102 f. 122. - privilèges prétendus par ses élèves de philosophie, 103 f. 65, 67. - (analyse des actes relatifs au grand et au petit), II 7. V. *Faubourg Saint-Jacques.*

SÉNÉCHAL D'ANJOU chargé de dresser les étapes des gens d'armes, BB 23 f. 123. - de lever l'emprunt au nom du roi, 34 f. 200. - de juger les délits des écoliers, 54 f. 45. - la ville lui fait un présent pour le mariage de sa fille, CC 4 f. 122. V. *Auditoire.*

Sénéchaux - édit qui les concerne, BB 21 f. 78.

Sépultures interdites le jour de Pâques et le vendredi saint, GG 138 f. 115. - les corps doivent toujours être présentés à l'église paroissiale, f. 77. V. *Obsèques.* - (actes de) suppléés par conclusion capitulaire, GG 104 f. 235. - modifiés dans la date pour la commodité de la rédaction, 118 f. 135. - des paroisses d'Angers, GG 1-310. - du couvent des Cordeliers, 311. - des hôpitaux, 312-356.

Sergent du roi traité de ses blessures aux frais de la ville, CC 6 f. 3.
— de ville - l'un d'eux envoyé en pèlerinage, BB 1 f 3. - admonesté, 43 f. 19. - destitué pour insulte à un échevin, 92 f. 47, 58. - leur uniforme, 117 f. 177. - (démission de), BB 135. V. *Archers, Guet.*

Sergers d'Angers - leur corporation comprise dans les distributions du Sacre, BB 73 f. 309. - les maîtres se plaignent des compagnons, deux sont arrêtés et punis, 101 f. 25-26. - convention avec les cardeurs pour le commerce des laines, f. 147, 163. - - déboutés de leur instance contre la ville, HH 8. - requièrent la création d'un bureau de la marque des étoffes, HH 9. - procédures intentées par la communauté, FF. 36.

Serment sur la vraie croix de St-Laud, BB 5 f. 79. - des consuls des marchands, 30 f. 194. - de résidence et de foi catholique exigé des échevins, 31 f. 321, 334. - du conseil de ville renouvelé (1589) (teneur du), 40 f. 2. - du crieur de paternôtres, 63 f. 89.

Sermon prêché par le jacobin Eustache Houllay, BB 34 f. 90. - du jour du Sacre (dispositions sur le tertre St-Laurent pour le), CC 5 f. 264. V. *Prédications.*

Sermonaire latin du XIe siècle (fragment d'un), GG 311.

Serruriers d'Angers, II 11. - procédures intentées par la communauté. FF 35-36.

Services célébrés sans fondations en l'église Sainte-Croix (liste des), GG 198 f. 201.
— Funèbres de princes et princesses, II 11. - pour Mme de Puygaillard, suivi d'un banquet à l'Hôtel-de-Ville, BB 35 f. 281. - pour le roi Henri III, 40 f. 55, 66. - pour la reine-mère, f. 120. - pour le roi Henri IV, 57 f. 35; 58 f. 14. - pour Mme de Caravas, 68 f. 95. - pour la reine Marie de Médicis, 78 f. 145. - pour le roi Louis XIII, 79 f. 21. - pour le duc de Fronsac, 80 f. 125. - pour M. de Rohan, 85 f. 245. - pour la reine Anne d'Autriche, 91 f. 57. - pour la reine Marie Thérèse, 96 f. 102. - pour Mme d'Armagnac, 104 f. 23. - pour le dauphin (1711) et la dauphine, 105 f. 6, 34. - pour M. d'Armagnac, 106 f. 93. - pour Mme de Brionne, 112 f. 161; 113 f. 165. CC 22. - pour M. de Lambesc, BB 113 f. 29. - pour Mme de Durfort de Duras, 114 f. 184. - pour la reine, 122 f. 146. - pour le dauphin, f. 29, 34. CC 33. - pour le roi Louis XV, 126 f. 103, 104, 120, 128, 133. V. *Cérémonial.*

Siége de Bazouges, BB 45 f. 20. - de Beaufort, 66 f. 122. - de Boisbernier, 56 f. 36. - de Brissac, 40 f. 114; 41 f. 52. - de Casal, 71 f. 129. - de Malte, AA 3. - du Mans, CC 4 f. 47. - de Port-Louis, BB 67 f. 183. - de Pouancé, CC 3 f. 241. - de Rochefort, BB 29 f. 108; 42 f. 23; 43 f. 34, 46, 83. II 11. - de Sautray, BB 42 f. 29. - de Tigné, 45 f. 205, 213.

Silence (chemin du). V. *Chemins.*

Société d'agriculture (fondation du Bureau ou), BB 119 f 101.
— des nobles bourgeois. V. *Confrérie.*

Sœurs de charité. V. *hôpital Saint-Jean.*

Soie. - (le métier et manufacture des ouvrages de), érigé en communauté jurée, FF 5 f. 80.

Sol pour livre (taxe du). V. *Douane.*

Soldats. V. *Gens d'armes.*
— Provinciaux. V. *Milice provinciale.*

Solde des Suisses et des Reîtres. - la ville requise d'y contribuer, BB 32 f. 220. - de cent hommes de pied, mise pendant quatre mois à la charge de la ville, 20 f. 258. - de deux cents hommes, pendant un mois, 29 f. 101. - de gens de guerre, 18 f. 136; 21 f. 8; 22 f. 108; 28 f. 253; 29 f. 180; 31 f. 137, 141; 32 f. 5; 35 f. 31. - payée sur les avances offertes par des particuliers, 35 f. 170. - avancée par ordre

TABLE DES MATIÈRES.   615

au régiment du Plessis de Juigné, 73 f. 248. V. *Gens d'armes, Garnison, Taxes.*
Son (taxe du), HH 3.
Souliers exempts de tout droit d'entrée, BB 86 f. 168 - (réquisition de), pour l'armée royale, 31 f. 339, 359, 402 ; 39 f. 24.
Souper offert par la ville au gouverneur. - liste des invitations, BB 52 f. 38. - à M. de Sainte-Suzanne, 58 f. 65.
Sources (recherche de) V. *Fontaines, Rues.*
Souscription publique pour la construction d'une frégate, BB 130 f. 54. - est interdite, f. 66. - pour la création d'un grenier d'abondance, 134 f. 31, 33.
Spectacles publics, II 11. V. *Fêtes, Théâtres, Farces, Mystères.*
Statistique des décès et naissances (circulaire pour dresser la), GG 159 f. 69. - chevaline, AA 6 f. 37.
Statue équestre du roi Louis XIII, commandée à René Gauldin. BB 61 f. 72. - de Neptune, en cuivre, posée sur la fontaine Pied-Boulet, est vendue par la ville, 30 f. 141. - est recherchée comme volée, 40 f. 33.
Statuts des vingt-cinq archers de la ville, BB 16 f. 85. - *des Apothicaires, des Barbiers, des Baudrayeurs, des Boulangers, des Bourreliers, des Ciriers, des Cordiers, des Cordonniers, des Couturières, des Tailleurs,* etc. V. *ces mots.*
Subsides de guerre demandés par le roi à la ville, CC 8. BB 18 f. 104, 105, 136; 28 f. 166, 261 ; 29 f. 134 ; 33 f. 37 ; 43 f. 37, 45, 53; 46 f. 135; 75 f. 78, 85. - par le duc d'Anjou, 36 f. 339 ; 37 f. 117 - refusés par les paroisses, 36 f. 341; 37 f. 118, 126. - au roi par la ville pour l'entretien de l'Université, 67 f. 70. - V. *Emprunts, Taxes.* - (création de nouveaux), 56 f. 47, 70, 72. - décharge demandée par la ville, 57 f. 50. - rapport du maire délégué en cour, f. 65. V. *Vin, Marchandises, Drogues.*
Subvention (établissement d'une), en remplacement de la Douane, BB 52 f. 57, 69 ; 56 f. 107 ; 58 f. 123. - plaintes des juges-consuls contre les commis du fermier, 63 f. 42. - les bouchers s'y abonnent, 87 f 10. V. *Douane.*
Subvention de ville demandée pour la construction du pont de pierre de la Flèche, BB 34 f. 305. - par le principal du Collége d'Anjou. 67 f. 10. - accordée à Marin Liberge, docteur régent, 34 f. 33. - à l'Hôtel-Dieu, 42 f. 28.
Suif (taxe du), HH 3. - (mesures de police contre les manœuvres frauduleuses tendant à hausser le prix des chandelles et du), HH 32.
Suisses (vingt enseignes) entretenus aux frais de la Sénéchaussée, CC 14.
— (militaires), leurs priviléges, AA 6 f. 78. II 11.
Supplice de faux-monnayeurs, BB 18 f. 95.
Suppots de l'Université. V. *Université.*
Surintendant du comte de Provence. - sa réception, BB 124 f. 95.
— général des deniers communs de la Généralité (nomination d'un), BB 40 f. 105.
Surprise de la ville de Parthenay par les huguenots, BB 31 f. 91. - du château d'Angers, 38 f. 29. - du château de Serrant par les ligueurs, 46 f. 24.
Suspects (mesures contre les). V. *Protestants.*

T.

Tabernacle (pose du) de l'église Saint-Nicolas (1708), GG 165 f. 268. - de la chapelle de la Rossignolerie (1751), 56 f. 152. - du maître-autel de l'Hôtel-Dieu (1714), GG 345 f. 1.
Tables d'ardoise données en présent de ville, BB 23 f. 168.
Tableau d'or offert au roi par la ville (1461), CC 4 f. 236.
— représentant le comte d'Harcourt, commandé par la ville (1660), BB 88 f. 168. - est restauré par le peintre Coulet (1787), CC 43.
— représentant la ville d'Angers (don d'un), BB 122 f. 168; 124 f. 24.
Tableaux - défense de déplacer ni altérer en rien ceux qui sont installés dans la salle du Conseil, BB 93 f. 286. - achat de rideaux pour les protéger, 99 f. 17, 18. - sont restaurés par les peintres Raillard, 111 f. 36. - et Coulet, CC 43. - ceux qui ont été volés sont retrouvés, 45 f. 49. V. *Portraits, Peintres, Peintures.*
Tabourin (rue du). V. *Rues.*
Taillandiers d'Angers. - la ville s'oppose à la création de leur maîtrise, BB 100 f. 29, 148. II 11.

TAILLES. - (plaintes contre l'exagération des), BB 48 f. 82. - protestation contre leur répartition inégale sur les paroisses, 49 f. 56. II 11.
TAILLEURS DE LA MONNAIE: V. *Monnaie d'Angers.*
— DE PIERRE. V. *Maçons.*
— D'HABITS, II 11. - leur est interdit de mettre aux habits des boutons de drap, BB 100 f. 82. - avis contraire à leurs nouveaux statuts, BB 105 f. 35 ; 106 f. 46. - articles rectifiés , 108 f. 29. - sont consultés sur ceux des selliers, HH 26. - procédures intentées par la communauté, FF 36.
TALONNIERS-FORMIERS. - la Mairie appuie leur demande pour leur érection en métier juré, BB 79 f. 201. II 11.
TAMBOUR. - défense d'en battre en ville sans l'autorisation du maire , BB 48 f. 54; 95 f. 125-128 — elle est accordée aux jeunes volontaires, 31 f. 55.
TAMBOURS DE VILLE (règlement pour les), 49 f 59; 65 f. 196, 233. - leurs gages, 34 f. 15, 239; 68 f. 42. - leurs privilèges, 20 f. 210; 59 f 61; 135. - emprisonnés pour avoir battu sans ordre, 73 f. 24.
TANNERIE (rue et canal de la). V *Rues, Canaux.*
TANNEURS d'Angers, II 11. - ordonnance concernant leur métier, BB 29 f. 229. - mis en réquisition, 31 f 352. - s'opposent, de l'aveu de la ville, à la taxe des cuirs, 49 f. 129; 51 f. 138. - revendiquent contre l'évêque d'Angers le droit de chasse des habitants dans la Quinte, 63 f. 135. - le prix des peaux, fixé annuellement par arbitres, entre eux et les bouchers, HH 25.
TAPAGES NOCTURNES et carillons (répression des), BB 114 f. 42. FF 7-14.
TAPISSERIE d'Aubusson acquise pour la salle du Conseil , BE 100 f. 147; 101 f. 158.
TAPISSIERS d'Angers, II 11. - procédures intentées par la communauté, FF 36. V. *Manufacture de tapis.*
TARIF pour les messes et processions de l'Hôtel-Dieu, GG 342. - de la simple, double et triple Cloison, BB 86 f. 191. - des bancs des Halles, 56 f. 79. - des messagers, 85 f. 74.
TAVERNIERS d'Angers. - leurs plaintes contre les fermiers du dixième, BB 50 f. 155. - leur métier rendu héréditaire par édit royal. - délibération à ce sujet, 70 f. 10.

TAXE du blé. - du bois. - du pain. - de la viande. - du poisson. Voir ces mots.
TAXES pour la pose des lanternes. - démarche pour en obtenir la réduction , CC 17. - des subsistances militaires, BB 78 f. 63 , 90; 80 f. 95; 81 f. 73, 126, 127; 82 f. 46; 89 f. 33; 90 f. 36. CC 14. - sur les marchandises et denrées , BB 76 f. 115; 77 f. 106. - sur la vente au détail du vin, 76 f. 131. - sur les cuirs, 49 f. 129; 51 f. 138. - sur les marchands et gens de métier (réduction demandée de la), 94 f. 75. - elle est reportée sur la recette des droits d'entrée, f. 79. - (remontrance au roi contre les), 34 f. 234. - la ville revendique son privilége d'en être exempte, 40 f. 117. - (requêtes en modération des), 78 f. 200-300.
TE DEUM pour la levée du siége de Malte. AA 3. - pour la paix, BB 28 f. 145; 63 f. 7; 65 f. 173; 72 f. 15: 95 f. 75, 76; 101 f. 43. - pour le retour du roi de Pologne, 34 f. 90. - à l'occasion de l'attentat de P. Chastel, 45 f. 80. - pour l'absolution d'Henri IV, 45 f. 194. - pour les victoires du roi, AA 3. BB 46 f. 5; 48 f. 91; 70 f. 53; 71 f. 72, 129; 79 f. 200; 86 f. 42; 93 f. 256; 99 f. 90; 100 f. 16, 22, 29, 36, 68, 71; 101 f. 37; 111 f. 49. - pour la naissance de fils de France , 49 f. 93 ; 76 f. 146; 77 f. 133; 93 f. 260; 103 f. 155; 104 f. 73; 109 f. 120; 110 f. 14; 117 f. 168. GG 206 f. 18. - pour l'arrivée de la reine en France, BB 48 f. 124. - pour la convalescence du roi, 87 f. 149; 108 f. 66; 117 f. 121. - pour l'heureux accouchement de la Dauphine , 114 f. 185. - pour le sacre de Louis XVI, GG 34 f. 416. V. *Feux de joie, Fêtes.*
TEINTURE (procès-verbal de) des échantillons-matrices de draps, serge et étamine de Reims, HH 10.
TEINTURIERS d'Angers, II 10-11. - portent plainte contre les marchands de drap, BB 45 f. 246. - la ville prend le parti des maîtres contre les compagnons 55 f. 134. - contre les adjudicataires des droits de marque et de petit sceau, 53 f. 68.
TÉLESCOPE (achat d'un), pour le collége d'Anjou, BB 120 f. 44. 47.
TERRASSIERS d'Angers demandés pour les travaux du canal de Chambord, BB 96 f. 168. - s'opposent à l'érection de la maîtrise des maçons, 80 f. 71. -

procédures intentées par la communauté, FF 36.
TERTRE SAINT-LAURENT (préparatifs pour le sermon du Sacre au), CC 5 f. 264. - les arbalétriers y installent leur jeu, BB 47 f. 190, 197.- le marché aux herbes y est transféré, 130 f. 102. - (travaux au), 126 f. 68; 127 f. 9. - rentes de ville, AA 21. V. *Cimetières*.
TESTAMENTS de J. Duboays de Soucelles (1382) et de Nicolle Moyniau (1341), CC 2. - de Jeh. Guyonnet, prêtre, BB 78 f. 138, 142.
THÉATRE est restauré, BB 30 f. 15. - celui élevé pour l'entrée du roi, vendu, f. 241. V. *Places des Halles, Parc des jeux, Mystères, Farces*. - réparation des abords de la salle, 121 f. 69. - brevets et priviléges pour la salle et l'exploitation, AA 6 f. 209. BB 120 f. 30; 122 f. 53, 58, 136; 124 f. 80, 88; 125 f. 101; 127 f. 31; 131 f. 12. GG 363. - les directeurs de Nantes autorisés à donner des représentations à Angers, BB 125 f. 108. - prix des places (1764), FF 11. - les manifestations interdites, spécialement au parterre, BB 117 f. 7. FF 41. - poursuites pour ouverture non autorisée de la salle, BB 122 f. 53, 58. - les invalides du château prétendent au droit d'y monter la garde, 126 f. 99. - troubles et meurtre de bourgeois par les militaires (1775). - le guet y fera dorénavant la garde, le lieutenant-général la police, 127 f. 20, 26, 27. - représentations gratuites pour l'inauguration du portrait de Monsieur, 127 f. 35, 46. - au profit des pauvres, 117 f. 61. - le directeur en doit une chaque année au bénéfice des Enfants-Trouvés, GG 363. BB 132 f. 136. - création d'une tontine pour la construction d'une nouvelle salle (1785), 132 f. 28. - le loyer fixé à 400 l. par mois, f. 60. - il y est établi une pompe à incendie, f. 142. V. *Bals publics*.
— DU COLLÉGE démoli pour loger les blés, BB 132 f. 41.
THÈSES présentées au Conseil de ville, BB 85 f. 268; 104 f. 58; 105 f. 7, 9; 132 f. 5.
TIERS-ÉTAT (rédaction des cahiers, élection de députés du). V. *États-Généraux*.
TILLEULS (plantation de) sur la turcie des Capucins, BB 132 f. 58. CC 43.
TIRAGE AU SORT du rang des capitaines de ville pour l'entrée du gouverneur, BB 59 f. 44.

TIREMANTEAU (rue). V. *Rues*.
TISSERANDS d'Angers indemnisés de la suppression de leur maîtrise, II 11. BB 91 f. 12. - la ville s'oppose à ce qu'elle soit rétablie, 102 f. 61; 103 f. 23. - réception de gardes jurés, HH 22. - de nouvelles estampilles des étoffes, HH 9. - procédures intentées par la communauté, FF 36.
TOCSIN ne doit être sonné sans ordre des connétables et du corps de ville, BB 7 f. 55; 113 f. 128.
TOILES d'or et d'argent (achat par la ville de), CC 13 f. 103. - salaire des brodeurs, ibid.
TOILES ET MOUCHOIRS (marque des), HH 9. V. *Manufactures*.
TOILIERS (les) ont défense d'étaler, pendant les foires, aux abords des Halles, HH 5. II 11.
TONDEURS DE LAINE. - II 10.
TONNEAUX (droit perçu sur les), II 9. - sont exempts de la cloison, BB 74 f. 164. - requête pour en faire interdire la sortie, 107 f. 5. - (vérification de), HH 25. V. *Tonneliers*.
TONNELIERS d'Angers n'y ont jamais formé corporation jurée, BB 46 f. 116. - ceux du port Ligner sommés de produire les titres des places qu'ils y occupent, 60 f. 88. - leurs empiètement réprimés, 64 f. 23. - les ouvrages défectueux marqués de l'empreinte d'un marteau spécial dit *d'abus*, HH 9. - monitoire contre ceux qui prétendent un prix supérieur au maximum fixé par la police, HH 25. - procédures intentées par la communauté, FF 35. V. *Tonneaux*.
— (rue des), V. *Rues*.
TONTINE pour la construction d'une nouvelle salle de théâtre, BB 132 f. 28.
TORCHES DU SACRE. V. *Sacre*.
TOURS DE VILLE (construction et réparations des), II 6. - baux et concessions de), AA 14; 21. BB 60 f. 11; 93 f. 222, 242, 277, 287. DD 4, 5.- GUILLOU.- on y recueille les pestiférés, BB 52 f. 147. - on y loge le chirurgien et le récollet du Sanitat, 76 f. 142. - PRÈS LA TOUR SALVERTE, ruinée et reconstruite, 34 f. 320.
TOUSSAINT (abbaye de). V. *Abbayes d'Angers*.
— (porte). V. *Portes de ville*.
TRAGÉDIE (représentation d'une) à l'Oratoire, BB 98 f. 15, 16. - dédicace

au Conseil de ville d'une), 102 f. 117; 106 f. 106; 111 f. 167.

TRAIT DE COURAGE d'un enfant. - la ville se charge de son apprentissage, BB 132 f. 38; 133 f. 2.

TRAITÉ DE SENLIS - (formule de l'engagement pris par la ville au), BB 8 f. 67. - DE CAMBRAI. - la ville prête serment de l'observer, 19 f. 93.

TRAITEMENT des députés aux Etats généraux (discussion sur la question du), BB 133 f. 91, 95.

TRAITÉS passés par la ville avec les munitionnaires de l'armée royale, BB 22 f. 15. - avec les manœuvres envoyés aux travaux des fortifications du Brouage, 71 f. 41. - avec des « déhaireux » de Nantes pour désinfecter les maisons des pestiférés, 69 f. 52, 78. - avec un horloger pour la transformation de l'horloge de ville, 95 f. 159. - avec M. Barclay pour une régence en l'Université, 51 f. 193. V. *Marchés*.

TRAITES D'ANJOU (actes et comptes relatifs à la perception des droits des), CC 7; 8; 10. II 9. - prétentions du fermier de la Pointe sur les pêcheurs, BB 79 f. 148, 152.

TRANSLATION DE RELIQUES. V. *Reliques*.

TRAVAUX DE VILLE (rapport sur les moyens de subvenir aux frais des), BB 125 f. 5.

— DE CHARITÉ (ouverture de), BB 119 f. 45; 130 f. 139; 133 f. 20. V. *Pauvres*.

TREILLES. V. *Pont des Treilles*.

TREMBLEMENT DE TERRE à Angers (14 mars 1485), BB 2 f. 94. - (22 mars 1487), 4 f. 76. - (27 août 1628), GG 138 f. 111.

— à Lisbonne. - ses effets à Angers, GG 180 f. 626.

TRÉPAS DE LOIRE (droit de), II 10. - plaintes contre le fermier, BB 64 f. 127. - prétendu par les boulangers de Bouchemaine, 66 f. 33. - l'eau-de-vie en doit être exempte, 68 f. 45. - (lettre au sujet du), 79 f. 66. - compte de recette, CC 7; 8; 10.

TRÉS-COURTES RÉFLEXIONS sur les Etats généraux, brochure, AA 24.

TRESORIER DE VILLE. V. *Receveur*.

— DES SALPÊTRES gratifié par la ville, BB 23 f. 168.

TRÈVE avec les ligueurs, BB 45 f. 28, 32. - est achetée par la ville à prix d'argent, 45 f. 91, 162. - violée, f. 115. - consentie de nouveau pendant la durée de la récolte, f. 165. - renouvelée avec le duc de Mercœur, 46 f. 2.

TRIBUNAUX (construction et entretien des) mis à la charge des villes, BB 124 f. 142. II 6. V. *Maréchaussée, Auditoire, Election, Palais-Royal*.

TRICOTAGE (émeute du). V. *Emeute*.

TROMPETTES DE VILLE. - leurs gages, BB 68 f. 42; 70 f. 91.

TRONC PUBLIC posé à la mairie pour recevoir les avis et mémoires des particuliers pour la rédaction des cahiers du Tiers-Etat, BB 61 f. 69; 83 f. 40.

TURCIE de la Tannerie (construction de la), BB 66 f. 170. - DES CAPUCINS. - une voie publique y est ouverte, 128 f. 14. - est plantée de tilleuls, CC 43. BB 132 f. 58. - (travaux entrepris à la), 130 f. 139; 131 f. 2.

TURCIES ET LEVÉES DE LOIRE. V. *Levées*.

U.

UNIFORME de la milice bourgeoise, BB 128 f. 26. - des sergents de ville, 117 f. 177. V. *Costume*.

UNION projetée de la châtellenie de Chantoceaux au duché de Bretagne (avis sur l'), BB 79 f. 241. - des chapitres Saint-Maimbœuf et Saint-Julien au séminaire, 100 f. 123, 125; 102 f. 122. - de l'abbaye Saint-Aubin à l'évêché de Séez, 130 f. 134; 131 f. 20; 132 f. 67. GG 363. - de l'abbaye d'Asnières au collége d'Anjou, BB 123 f. 115. II 7. - de la vicomté de Sorges au Domaine, 132 f. 140.

UNITÉ DE MESURES. - le roi propose, la ville consent l'adoption d'un boisseau commun à tout l'Anjou, d'usage facultatif aux marchands (1525), BB 18 f. 19.

UNIVERSITÉ D'ANGERS (analyse des titres relatifs à l'), II 7. - gratification de ville à des docteurs pour payer leurs frais de réception, CC 4 f. 72, 91. - le maire présenté pour une régence de droit civil, BB 16 f. 36. - (mesures pour arrêter la décadence de l') (1519), 17 f. 41. - marchande la grande maison des Halles pour y fonder un collége (1521), 17 f. 146, 147. - ses remontrances sur la cherté des vivres, 18 f. 127. - (requête au roi pour la réformation de l'), 21 f. 113. - demande que la ville aide aux frais de réception des docteurs, 22 f. 142. - plaintes contre l'insuffisance des régents (1544), 23 f. 45. - (réformation de l'), 23 f. 70. - une régence proposée au docteur Pastorellus de Poitiers, 23 f. 126. - requiert de la ville une subvention pour attirer des docteurs célèbres, 24 f. 175; 30 f. 151. - offres à Cujas et à François Baldouin, 30 f. 151. - expulsion d'un régent, 30 f. 15. - il est réintégré, f. 56. - (nouveaux projets pour le rétablissement de l'), 31 f. 258. - la ville accorde une subvention de 200 livres pour l'entretien d'un docteur célèbre, 32 f. 132. - gratification à la veuve d'un régent, 33 f. 228. - nouvelles offres à Cujas, 34 f. 274, 276. - requête au roi pour obtenir quelque subside, 37 f. 70. - projet d'y employer une partie des dîmes, 45 f. 129. - nouvelles instances auprès du roi, 46 f. 139. - érection d'une chaire de grec, 46 f. 188. - offres de la chaire de droit à M. Charpentier, ou à son refus, à M. Bignon, 47 f. 211, 231; 48 f. 10, 14, 54, 77, 109; 49 f. 26, 68, 76, 87; 50 f. 151, 153; 51 f. 46, 137, 148, 160, 161. - à M. Barclay qui l'accepte, 51 f. 193. - traité passé avec lui, ibid et AA 5. - nomination à la chaire de grec, 45 f. 135. - contestation entre les docteurs pour le partage des droits d'appétissement, 50 f. 104, 136. - pour la préséance, 52 f. 19, 26. - offres au docteur Dorléans, 55 f. 107. - à M. Ménard, de Poitiers, 58 f. 49. - (le député et le procureur général de l') se disputent le droit de participer à l'élection du maire, 65 f. 1. - décision du Conseil de ville, f. 3. - plaintes du Conseil de ville contre l'insuffisance des régents. - ils se justifient (1620), 65 f. 185, 201. - (les suppôts de l') tenus aux gardes, 66 f. 62. - le Conseil de ville proteste contre les concours publics où il n'a pas été convoqué, 73 f. 41. - la Faculté des arts renie toute société avec l'Oratoire, 82 f. 23. - priée de faire concorder ses vacances avec celles du Palais, 95 f. 65, 106. - séance d'ouverture des grandes Ecoles, 96 f. 42. - les nations s'assemblent pour faire restituer à leurs bedeaux leurs masses saisies par le recteur, 103 f. 84. - la ville appuie la réclamation, ibid. - la sénéchaussée prononce contre le recteur, f. 85. - la Faculté de droit dispute la préséance au corps de ville, 117 f. 94, 96, 97.

- le collége de La Flèche est affilié, 127 f. 108. - les régents sont exempts de l'impôt des francs-fiefs, 106 f. 123. - les professeurs de médecine exempts de l'impôt du quartier d'hiver et du casernement, 113 f. 132. - ceux de droit prétendent décharge de la capitation, AA 6 f. 238. CC 172. - examen des priviléges du garde de la librairie, BB 128 f. 97. - (brevet de parcheminier de l'), AA 6 f. 179. - (rôle des officiers de l') (1780), AA 6 f. 240. - protestation contre le projet de la transférer à Tours, BB 132 f. 135. - V. *Conseil de ville, Ecoliers, Colléges, Concours*, et à la table des noms propres les mots *Baldouin (Fr.), Barclay (Guill.), Bellanger (Jeh.), Bereau (Guill.), Breau (Guill.), Bruneau, Charpentier, Chopin (René), Cujas, Dubois, Jeanneaux, Jocerale (Jeh.), Liberge (M.), Ménard, Pastorellus, Prévost (Fr.), Robert (René), Sursin (Jeh.), Thavard, Tonduty, Voisin.*

URSULINES, II 7. - autorisées à s'établir en ville, BB 64 f. 65. - obtiennent la concession d'une rue pour la construction de leur église, 76 f. 37. - le conseil la leur retire, f. 269. - mettent opposition à la construction du collége neuf de l'Oratoire sur l'emplacement de l'ancien, 98 f. 20, 21. - en sont déboutées, 100 f. 135. - leurs usurpations dénoncées, 102 f. 33. - transigent avec l'Oratoire, f. 47. V. *Cordeliers.*

USAGES LOCAUX pour les sépultures, GG 138 f. 77, 115. - pour les processions, ibid. - 166 f. 110, 112. - pour l'alignement des maisons, BB 1 f. 72.

USTENSILE (taxe de l'). V. *Quartiers d'hiver.*

V.

VACANCES SCOLAIRES - la ville prie l'Oratoire et l'Université de les faire concorder avec celles du Palais, BB 95 f. 65, 106.

VAGABONDS sont expulsés de la ville, BB 51 f. 176. - du faubourg Saint-Lazare et de la rue Normandie, 100 f. 13. - l'entrée de la ville leur est interdite, 101 f. 152. - sont renfermés dans les tours des portes Saint-Nicolas et Lyonnaise, 106 f. 21. - internés dans un dépôt, 107 f. 49. - l'évêque prié d'y autoriser le service divin, f. 53. - sont expulsés, 115 f.

111. V. *Egyptiens, Pauvres, Mendicité.*

VAISSELLE d'argent doré (achat de) pour le présent du roi, BB 30 f. 228, 234. offerte par M. de Montpensier en gage d'un emprunt (rôle de la), 34 f. 142-143.

VALDEMAINE (rue). V. *Rues.*

VALETS DE VILLE armés de mousquetons au lieu de hallebardes, BB 112 f. 147.

VALLÉE SAINT-SAMSON (rentes de ville dans la), AA 8.

VAUVERT (rue). V. *Rues.*

VENDANGES abondantes en 1785, GG 34 f. 470. - nulles en 1789, f. 493. V. *Récolte, Vignes, Vins.*

VENDEUR JURÉ DE POISSON DE MER (opposition de la ville à la création d'un office de), BB 98 f. 19. II 11

VENTE interdite le dimanche pendant les foires, BB 81 f. 140. (règlement pour la) de la poudre de guerre, BB 81 f. 271. - des remèdes, FF 5 f. 15.

VERGLAS extraordinaire, BB 66 f. 75.

VERRERIE (rapport sur l'établissement à Vern d'une), BB 85 f. 181.

VERS LATINS, GG 84 f. 2; 183 f. 102.
— FRANÇAIS (acte de baptême rédigé en), GG 171 f. 38. - inscription du vitrail de Sainte-Croix, 198 f. 1. - contre les femmes, 83 f. 135.

VÉTÉRINAIRE exempté, par ordre de l'intendant, des charges publiques, BB 126 f. 25, 33.

VEUFS (arrêt du Parlement concernant le mariage des), GG 201 f. 67.

VEUVE du gouverneur maintenue dans les privilèges de son mari, BB 38 f. 110. - d'un maire exemptée d'impôt, BB 9 f. 74. - d'échevins exemptée de la Cloison, 10 f. 59; 13 f. 11. CC 14. - d'un docteur-régent gratifiée par la ville, BB 33 f. 228. - d'un charpentier tué par accident dotée d'une rente viagère, 77 f. 124. - du chirurgien du Sanitat, mort en fonctions, indemnisée, 68 f. 134.

VIANDE - les bouchers accusés de l'enfler pour la mieux vendre, BB 47 f. 58. - est taxée après essai, 36 f. 51. - envoi d'un commissaire à Vihiers pour s'instruire des cours, f. 283. - ordonnance de police pour la taxe, 126 f. 79. HH 3. - protestation des bouchers. - arrêt, BB 126 f. 79. - (cherté extraordinaire de la) (1785), GG 34 f. 470. V. *Carême, Bouchers.*

VINS (distributions de) dans les carrefours aux fêtes, BB 12 f. 1. - (ordonnance sur le commerce des), 14 f. 4. - Défense de vendre au détail, en ville, d'autres crus que d'Anjou, 19 f. 9; 13 f. 45, 140; 14 f. 57, 72; 15 f. 4, 158; 18 f. 88; 19 f. 51; 21 f. 137; 46 f. 31; 57 f. 66. II 1. - d'Orléans, de Gascogne, de Verron achetés pour la buvette des Grands-Jours d'Angers, BB 21 f. 85, 92. - frappés d'une taxe de 7 sous 6 den. par pipe, 29 f. 51. - nouvelle taxe, 32 f. 47. - requis pour l'armée royale, 32 f. 40; 34 f. 241. - rapport sur les moyens de s'en procurer, 32 f. 41. - relevé du produit de la taxe, 33 f. 208, 214. - Lettres à ce sujet, 34 f. 109. CC 14. - nouvelle imposition pour l'entretien de la garnison du Plessis-Bourré, 45 f. 52. - la ville demande qu'il soit prélevé à son profit un droit de débit (1595), 45 f. 132. - (règlement pour l'entrée des), 47 f. 70. - nouvelle taxe, 50 f. 48. - la ville requiert la suppression du droit perçu à Saumur sur les bateaux de Loire, 63 f. 36. - d'Anjou, d'Orléans, de Bourgogne; leur valeur comparative (1637), 76 f. 29. - taxe de la vente au détail, 131. - le droit de 30 s. par pipe déclaré abusif, 79 f. 88. - imposition nouvelle de 4 l. par pipe perçue à l'entrée en ville, 84 f. 27. - les anciens droits rétablis, ainsi que sur les cidres et poirés, 85 f. 195. - (observations du maire sur le cours des), 100 f. 36. - ne doivent pas le droit de Cloison, 103 f. 136. - sont soumis pour quinze ans à l'octroi, 111 f. 234. - les officiers municipaux ne doivent rien pour l'entrée ni pour la vente de leur récolte, 122 f. 146, 147. II 1. - comptes de recette du droit de débit, CC 56, 57, 60, 61. - remises accordées au concierge des prisons, CC 65. - arrêt concernant le droit de jauge, AA 5. - droits perçus à l'exportation en Bretagne, II 9. - démarches de ville pour en obtenir une réduction de deux tiers pendant un an, BB 108 f. 64; 109 f. 54. - elle est accordée, 109 f. 121. - démarches pour en obtenir la libre exportation aux colonies, 130 f. 90, 94; 131 f. 56; 132 f. 11, 15. HH 31. - cherté extraordinaire en 1768, GG 181 f. 436. - ils gèlent en cave cette année, ibid. - récolte abondante en 1785, GG 34 f. 470. - manquent et sont remplacés par le cidre en 1789, f. 493. - V. *Courtiers royaux, Marchands de vins en gros, Huitième (droit de), Présents de ville, Vendange.*

Vinaigriers-buffetiers et moutardiers d'Angers - érection de leur maîtrise, AA 5. - sont compris dans les distributions du sacre, BB 73 f. 309. - se plaignent du nouveau droit prétendu sur l'eau-de-vie, 96 f. 168. - procédures intentées par la communauté, FF 36.

— de Tours - leurs statuts, AA 5.

Vingtième (droit de), II 11.

Viol commis à Chantocé par un soldat irlandais, BB 99 f. 70.

Violonneux qui ont joué à l'entrée du duc de Rohan (solde des), BB 82 f. 113.

Viretons (achat de), CC 3 f. 13.

Vicaires généraux de l'évêque sollicitent la suppression de la mendicité, BB 33 f. 232-233.

Vicomté de Sorges - projet de la réunir au domaine, BB 132 f. 140.

— de Thouars (actes relatifs à l'imposition foraine de la), II 9.

Vignerons sont exempts des gardes, BB 67 f. 196.

Vignes gèlent pendant l'hiver de 1768, GG 181 f. 436. - et celui de 1789, 34 f. 493. - ne fleurissent qu'après la St-Pierre en 1777, GG 349.

Ville d'Angers est érigée en commune par Louis XI (1474), AA 1. - est exempte de tailles, II 1. - priviléges de ses habitants, AA 6. BB 36 f. 223 ; 97 f. 107 ; 122 f. 30. II 1-3. - comprend dix-sept quartiers, BB 95 f. 40, qui sont réduits à huit, 96 f 106. - tient sur les fonts du baptême la fille du comte de Brissac, 38 f. 81. - est prise par le roi Louis XIV, GG 220 f. 191. - émotion qu'y produit la nouvelle des événements de Paris (1789), GG 183 f. 137. V. la Table des Matières, et notamment les articles *Murs, Tours, Fortifications, Château, Portes, Ponts, Quais, Ports, Rues, Places, Mails, Fontaines, Promenades, Faubourgs, Tertre Saint-Laurent, Boisnet, Hôtels, Logis. Mairie, Conseil de ville, Hôtel-de-Ville, Maire, Milice bourgeoise, Garnison, Guet.* - *Abbayes, Prieurés, Eglises, Chapitres, Chapelles, Cimetières, Clergé, Paroisses, Cures, Curés,* et chaque Communauté à son article. -

Hôpitaux, Aumôneries, Sanitat, Pestes. - Université, Académies, Colléges, Oratoriens, Ecoles, Ecoliers. - Foires, Marchés, Halles, Marchands, Manufactures, Fabriques et chaque corporation à son article. - *Entrées, Sacre, Protestants,* etc.

— des Ponts-de-Cé dépend de la mairie d'Angers, AA-1. - qui y possède une maison, II 2. - y nomme le maître d'école, BB 5 f. 45. - y doit entretenir le pavage, 18 f. 63. - et y tient séance par intervalles pour maintenir son droit, 105 f. 65 ; 106 f. 64 ; 107 f. 63 ; 111 f. 119 ; 112 f. 30 ; 113 f. 90 et suiv. - le roi Charles VIII y passe, 8 f. 63. - le roi Henri IV y couche, GG 151 f. 274. - est infectée de peste, BB 70 f. 69. V. *Ponts et Château.*

Visitation (religieuses de la), autorisées à fonder un établissement II 7. BB 74 f. 202. - s'installent au logis Saint-Eloi, 75 f. 103. - en ville 77 f. 172. - leurs exigences excessives pour les dots des novices poursuivies en justice par la ville, 98 f. 44. - la croix du carrefour rétablie, 117 f. 69. - ouverture demandée d'un passage par l'enclos, DD 16. - (baux d'emplacement près la) DD, 5.

Visite du Sanitat, BB 51 f. 144. - de l'Hôtel-Dieu, 99, f. 71. - des enfants trouvés, 51 f. 60 ; 54 f. 30 ; 83 f. 31. - de blessés par le chirurgien de l'Hôtel-Dieu (procès-verbal), CC 41.

— de police chez les armuriers, BB 61 f. 24. chez les apothicaires et droguistes pour vérifier leurs approvisionnements, 107 f. 34. - chez les boulangers, 95 f. 81. FF 17-4.

— domiciliaire chez les suspects, 29 f. 157, 210 ; 31 f. 63, 183 ; 56 f. 73. - pour la recherche des blés, 39 f. 21 ; 100 f. 60 V. *Blés, Protestants.*

Visiteur juré des marchandises (création projetée d'un office de) BB 56 f. 33. II 11.

Vitrail de l'église Sainte-Croix, d'Angers, (inscription d'un), GG 198 f. 1.

Vitriers d'Angers, la ville s'oppose à l'érection de leur maîtrise, BB 102 f. 56.

Vivres (réquisition de) V. *Armée royale.* - (cherté des) (XVIe siècle). BB 18 f. 127 ; 33 f. 224 (1766). GG 181 f. 256. V. *Blés, Vins.*

Voirie (la police de la), est dans les attributions de la mairie qui en perçoit les amendes, II 1-10. - (ordonnances sur la), BB 21 f. 175, 184. V. *Alignements*. - mesures proposées pour l'enlèvement des boues, 36 f. 244. - ordre pour le nettoiement des rues en temps de peste 47 f. 51. - marchés passés par la ville, 66 f.49; 95 f. 50. CC 4 f. 198. DD 19. - entretien des tombereaux, II 6. - emplacements assignés aux vidanges, 67 f. 180; 114 f. 214; 119 f. 77; 127 f. 9. - l'adjudicataire requiert indemnité pour la suppression du parc aux boues en Boisnet, 117 f. 173. - V.*Egouts, Rues, Anticipations, Pavage.*

VOITURES DE LOUAGE (entreprise de), HH 34.

VOITURIERS PAR EAU. V. *Coches d'eau.*

VOL de la vraie croix, de la Sainte-Chapelle de Paris dénoncé, BB 34 f. 185. - de tableaux de la ville, 45 f. 49.

VOLEURS infestent les champs le jour, de nuit la ville, BB 57 f. 17; 72 f. 70; 130 f. 101. - (poursuites contre une bande de), 130 f. 21. - le chef arrêté, f. 27.

VOLONTAIRES-levée d'une compagnie de jeunes gens pour la garde de la ville. BB 31 f. 55, 61; 63 f. 60.

— DE LA MILICE bourgeoise (organisation du corps des) (1789), EE 6 f. 18. - sont chargés sur leur requête de la surveillance du marché des grains, 5 f. 33. EE 9. - (règlement pour le corps des), EE 6 f. 78. V. *Musiciens.*

VOTE au scrutin secret adopté pour les élections d'échevins, BB 22 f. 87; 30 f. 77. - par procuration admis et contesté, 13 f. 20.

VOYAGE (comptes des frais de), d'ambassadeurs de ville, BB 21 f. 50; 26 f. 201. CC 14.

Z.

ZÉPHIRS (rue des). V. *Rues.*

TABLE DES DOCUMENTS.

Pages

I. Despense pour les ystoires faiz pour le parement de la ville contre la venue et entrée de Monsieur le duc en sa ville d'Angers (1379),.... 323
II. Inventaires de l'artillerie de ville (1411-1417)..................... 326
III. Statuts des Cordiers d'Angers (1445)............................ 329
IV. Certificats de bons services délivrés à Maurice Lepelletier, médecin de l'hôpital Saint-Jean (1454)...................................... 336
V. Statuts des Baudrayers d'Angers (1490). 337
VI. Extraits concernant l'histoire du théâtre à Angers (XVe siècle). — Note sur le véritable auteur du mystère de la Passion, Jean Michel (1486). 342
VII. Lettres du roi Louis XII, demandant emprunt pour la guerre d'Italie (juin-septembre 1503)... 353
VIII. Réponse du Conseil de ville d'Angers (octobre 1503)........... 355
IX. Lettres du roi Louis XII et de M. de Ganay, chancelier de France, portant nouvelles de la victoire d'Agnadel (mai 1509).......... 357
X. Interdiction des farces de la Basoche (mai 1512)................. 358
XI. Compte rendu en séance du Conseil de ville par M. d'Alencé de sa mission contre les brigands (1512)................................... 359
XII. Lettre de M. de Brissac, gouverneur, au Conseil de ville, pour la réception du Roi et de la Reine (1518) 360
XIII. Délibération du Conseil de ville sur les lettres du Roi et de la Reine-mère, duchesse d'Anjou, portant ordre d'informer contre la conduite et les malversations de l'évêque d'Angers (7 décembre 1518)........ 361
XIV. Lettres du roi François Ier, autorisant les chanoines de Saint-Maurice à fermer la Cité la nuit (1521)..................................... 365
XV. Exécution de faux monnayeurs (1527)........................... 367
XVI. Requête des Sergents de la Prévôté (1534)...................... 368
XVII. Lettre du roi François Ier portant ordre d'armer la ville (1536) 369
XVIII. Lettre de Jacques de Mailly, premier huissier du Parlement, portant instruction pour l'installation des Grands Jours à Angers (1539).... 370
XIX. Lettre de F. Crespin sur le même sujet........................... 372

624   TABLE DES DOCUMENTS.

Pages

XX. Requête de Guillaume Garnier, roi des arquebusiers, afin d'être autorisé à faire annoncer en ville le jeu du Papegault (1539)....... 372
XXI. Semonce donnée en Conseil de ville au sieur de Chevillon, capitaine d'aventuriers (1543)............................. 374
XXII. Sentence capitale contre des Nouveaux Réformés (1556)......... 378
XXIII. Requête des Carmes d'Angers pour être indemnisés de la confiscation des statues de cuivre de leur église (1562)............ 381
XXIV. Lettre du receveur Charlot contenant relation de l'assassinat du duc de Guize par Poltrot (1563) 382
XXV. Lettre de P. de Rhodes pour la création de foires à Angers (1563). 384
XXVI. Compte des dépenses pour l'entrée du roi Charles IX (1566)..... 385
XXVII. Lettre du duc de Montpensier demandant emprunt sur le gage de sa vaisselle d'argent (1575)................................. 398
XXVIII. Rôle de la vaisselle d'argent offerte en gage par M. de Montpensier. 399
XXIX. Lettre du même, pour la même affaire (1575)................. 401
XXX. Remontrances des maîtres bouchers contre les vexations de la police, avec offre de démission de leurs étaux (1578)............ *ibid.*
XXXI. Lettre du roi Henri III, concernant l'exercice de la religion réformée (janvier 1579)..... 403
XXXII. Requeste de ceulx de la religion réformée pour avoir lieux pour l'exercice de leur religion (mars 1579).................... *ibid.*
XXXIII. Requeste des maires et échevins d'Angers au Roi pour establir l'exercice de la religion réformée ès forsbourgs de Baugé (1579). 404
XXXIV. Lettre du Conseil de ville à l'Evêque d'Angers sur le même sujet (avril 1579)... 405
XXXV. Extrait concernant le fait des monnaies de France (xve-xvie siècle). 406
XXXVI. Documents concernant le sculpteur Fr. Giffard (1557-1581)...... 411
XXXVII. Conclusion du Conseil de ville en l'honneur de René Chopin (1581). 413
XXXVIII. Charge et office du prévôt et des corbeaux de la santé (1584) 414
XXXIX. Ordre du convoy, des funérailles et obsèques de défunct Monsieur de Puchairic (1605) 415
XL. Conclusions du Conseil de ville pour la répression des violences des écoliers (1607)....................................... 416
XLI. Lettre de M. de Laval, gouverneur, au maire d'Angers, au sujet de tentatives dénoncées par la ville sur le château de Dieusie (1611). 417
XLII. Lettre du roi Louis XIII à l'occasion de l'arrestation du prince de Condé (1616)..... 418
XLIII. Du même, portant notification de la mort du maréchal d'Ancre (1617)... 419
XLIV. Sédition pour l'abolition de la maltote (1656).................. *ibid.*
XLV. Lettre de Louis XIV portant ordre pour le logement du sieur d'Artagnan, chargé de conduire au château d'Angers le surintendant Fouquet (1661).. 422
XLVI. Lettre de M. de la Varanne pour le châtiment des duellistes (1661). 423
XLVII. Journal de M. Jousselin, curé de Sainte-Croix d'Angers (1621-1652). 424

		Pages.
XLVIII.	Conclusion du Conseil de ville sur le projet d'une histoire d'Anjou proposé par M. Pétrineau des Noulis (1689)...............	484
XLIX.	Relation de ce qui s'est fait au sujet du passage de Jacques II, roi d'Angleterre, par la ville d'Angers (1691-1692)..............	486
L.	Rapport fait en conseil par le maire, du jugement d'un soldat irlandais coupable de viol (1692)........................	489
LI.	Conclusion de ville autorisant l'avance d'argent demandée par les entrepreneurs de la carrière de marbre de Saint-Samson (1722).	490
LII.	Autre, qui approuve le traité passé avec les sieurs Delisle pour la confection de la carte d'Anjou (1723).....................	ibid.
LIII.	Conclusion de ville en l'honneur de Monsieur Robert (1748).....	491
LIV.	Autre, qui assure aux ouvriers de la manufacture de toiles à voiles, malades à l'Hôtel-Dieu, le privilége de coucher seuls dans leurs lits (1751)..	493
LV.	Rapport fait en Conseil de ville des violences commises au théâtre par les invalides du château (1775).......................	ibid.
LVI.	Ordonnance du maire, faisant fonctions de lieutenant de police, au sujet des expériences aérostatiques (1784)..................	498
LVII.	Marchés de travaux de sculpture conclus par la ville et par le chapitre St-Maurice d'Angers avec Pierre-Louis David (1785-1787).	499
LVIII.	Marché passé par la ville avec le peintre Coulet de Beauregard, pour la restauration d'un tableau (1787)......................	503
LIX.	Adresse de la municipalité de Beaupréau au sujet des événements de Paris (juillet 1789)...................................	ibid.

TABLE DU VOLUME.

	Pages.
Préliminaires	v
Cadre du classement	xv
Inventaire analytique des Archives	1-320
Série AA. Actes constitutifs et politiques de la commune	1
Série BB. Administration communale	12
Série CC. Impôts et Comptabilité	177
Série DD. Propriétés et Travaux de ville	217
Série EE. Guerre et Marine	223
Série FF. Justice. — Procédures. — Police	232
Série GG. Cultes. — Assistance publique	241
Série HH. Industrie. — Commerce	305
Série II. Documents divers. — Inventaires	315
Documents	321-504
Tables de l'inventaire analytique	505-622
Table des noms de lieux	508
— des noms de personnes	514
— des matières	535
Table des Documents	623

ERRATA ET ADDENDA.

Page	lignes		
8	19, 25, 33, 49, 42,	*au lieu de* JJ 3, JJ 4, JJ 1-11 *lisez* II 3, 4, 1-11.
12	32	*au lieu de* fol. 94-80 *lisez* fol. 94 v°.
14	33	—	DES DÉLIBÉRATIONS *lisez* DES CONCLUSIONS.
17	18	—	au Me Louis M. *lisez* à Me Louis M.
17	22	—	de 443 fol. *lisez* de 143 fol.
28	22	—	Lézin Guyet *lisez* Marcial Guyet.
34	11	—	fol. 141 *lisez* fol. 144.
35	10	—	fol. 167 *lisez* fol. 267.
Ibid.	17	—	fol. 186 *lisez* fol. 286.
38	37	—	du duc de Puygaillard *lisez* du duc d'Anjou et du sieur de Puygaillard.
39	28	—	fol. 439 *lisez* fol. 459.
40	26	—	fol. 207 *lisez* fol. 107.
Ibid.	35	—	du roi *lisez* au roi.
41	17	—	des voyageurs *lisez* des compagnies.
Ibid.	19		*ajoutez* fol. 7.
45	34	—	fol. 131 *lisez* fol. 191.
46	18	—	fol. 249 *lisez* fol. 259.
47	10	—	493 fol. *lisez* 393 fol.
51	6	—	fol. 331-134 *lisez* fol. 331-334.
53	28	—	31 fol. *lisez* 131 fol.
57	32		*ajoutez* fol. 2.
60	29	—	à l'article BB 38 *lisez* à l'article précédent.
62 *en marge*	—	BB 44 *lisez* BB 46.
63	42	—	289 fol. *lisez* 189 fol.
75	33	—	198 fol. *lisez* 108 fol.
77	13	—	même *lisez* menue.
78	6	—	fol. 70 *lisez* fol. 80.
82	30	—	fol. 204 *lisez* fol. 234.
86	2	—	fol. 127 *lisez* fol. 172.
94	6	—	fol. 125 *lisez* fol. 135.
99	7	—	Couy *lisez* Coni.

ERRATA ET ADDENDA.

Page 106 ligne 6   ajoutez : La partie du registre qui contenait les délibérations, du 19 septembre 1651 au 13 mars 1652, a été arrachée.

Ibid. en marge au lieu de 13 mai lisez 13 mars.

114	20	—	Surezin lisez Serezin.
115	9	—	fol. 219 lisez fol. 189.
Ibid.	22	—	religieuses lisez religieux.
116	25	—	les marchands gens de métier lisez les marchands et gens de métier.
119	24	—	professeurs lisez professeur.
120	14	—	la reine-mère lisez la reine.
126	34	—	221 fol. lisez 121 fol.
145	2	—	fol. 298 lisez fol. 198.
147	34	—	de la rue lisez dans la rue.
152	16	—	fol. 143 lisez fol. 145.
156	3	—	fol. 43-45 lisez fol. 143-145.
Ibid.	27	—	fol. 150 lisez 170.
Ibid.	34	—	requête de lisez requête à...
158	21	—	près la fontaine lisez près la maison de la Fontaine.
165	27	—	239 fol. lisez 132 fol.
167	22	—	au quai lisez du quai.
170	7	—	fol. 31 lisez fol. 41.
183	21	—	fol. 1-163 lisez fol. 1-263.
192	27	—	fol. 6 lisez fol. 66.
Ibid.	31	—	fol. 7 lisez fol. 67.
Ibid.	35	—	fol. 65 lisez fol. 67.
271	10 et en marge		1448 lisez 1488.
Ibid.	16	—	des Telmites à Rennes lisez des Tel.... au diocèse d'Angers. » — Il ne s'agit peut-être que de l'abbaye Rabelaisienne de Thélème, dont un plaisant gratifie le bon curé.
Ibid.	33	—	en cire, blanc lisez en cire blanche.
272	3	—	leurs fautes lisez leur faute.
429	18	—	(1228) lisez (1628).
484 ap. la l. 18			ajoutez : (GG 198 fol. 250-281).
500	33	—	partie lisez parti.
503	30	—	à la municipalité lisez au Comité permanent de la milice.

511 colonne 1, supprimez les lignes 48 et 49.

519 — 1, entre les lignes 28 et 29, ajoutez : Claude de France, BB 13 f. 134.

528 — 1, entre les lignes 17 et 18, ajoutez : Marguerite de Navarre, BB 20 f. 218.

Angers, imp. de Cosnier et Lachèse.

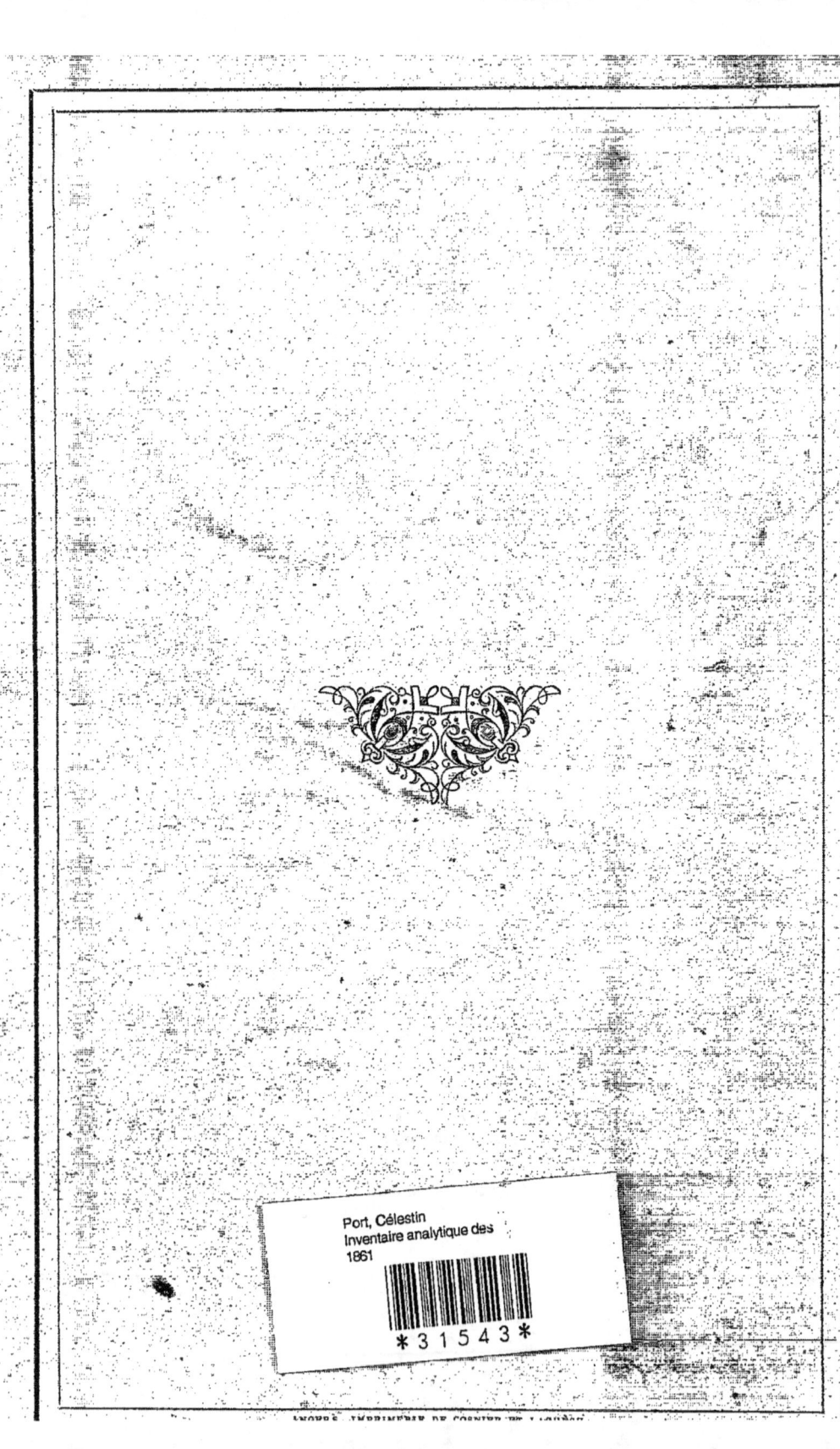

www.ingramcontent.com/pod-product-compliance
Lightning Source LLC
Chambersburg PA
CBHW071151230426
43668CB00009B/911